Literaten an der Wand
Die Münchner Räterepublik und die Schriftsteller

Herausgegeben von Hansjörg Viesel

Literaten an der Wand
Die Münchner Räterepublik und die Schriftsteller
Herausgegeben von Hansjörg Viesel
Büchergilde Gutenberg 1980

Die Münchner Räterepublik und die Schriftsteller

Literaten an der Wand

Oskar Maria Graf. Erich Mühsam.
Gustav Landauer. Ernst Toller.
Eugen Leviné. Ret Marut.
Ernst Niekisch. Albert Daudistel.
H. F. S. Bachmair. Erich Wollenberg.
Jakob Haringer. Rudolf Hartig.
Alfred Wolfenstein.

Texte, Materialien und Dokumente (186 Abbildungen)

Gesamtausstattung Juergen Seuss, Niddatal bei Frankfurt am Main

 Satz und Druck Richard Wenzel, Goldbach bei Aschaffenburg. Lithografie Paja-Klischees, Frankfurt/Main. Bindearbeiten R. Oldenbourg, München (Großbuchbinderei Monheim). Schrift Borgis Excelsior Linotype mit Cicero Times Antiqua und Korpus Amtsfraktur als Auszeichnung. ISBN 3 7632 2426 2. Printed in Germany 1980

Inhaltsübersicht

Erich Mühsam. Trutzlied, März 1919 *(Aus: ›Brennende Erde‹)*

Nennt uns nur höhnisch Weltbeglücker,
weil wir das Joch der Unterdrücker
nicht länger dulden und die Schmach.
Lacht nur der neuen Ideale,
leert auf die alten die Pokale –
Wir geben nicht nach!

Legt nur die Stirn in ernste Falten,
schreckt auf im Bette ungehalten
und scheuert euch die Augen wach.
Flucht auf die unerwünschte Störung,
reißt's Fenster auf und schreit:
Empörung!
Wir geben nicht nach!

Setzt euch nur auf die Geldkassette,
daß Gott die arme Seele rette
aus Not, Gefahr und Ungemach, –
und ruft nach euren guten Geistern,
nach Polizei und Kerkermeistern –
Wir geben nicht nach!

Daß den Verrat der Teufel hole,
langt nur die Repetierpistole
samt den Patronen aus dem Fach,
und schmückt den Hut mit der Kokarde
der geldsacktreuen weißen Garde –
Wir geben nicht nach!

Laßt Volkes Blut in Strömen fließen,
laßt uns erhängen und erschießen,
setzt uns den roten Hahn aufs Dach.
Laßt Mörser und Haubitzen wüten,
um euer Diebesgut zu hüten –
Wir geben nicht nach!

Laßt euer Höllenwerkzeug toben!
Die Sehnsucht selbst hat sich erhoben
des Volkes, das seine Ketten brach.
Freiheit und Recht stehn auf der
Schanze.
Sieg oder Tod – jetzt geht's ums Ganze! –
Wir geben nicht nach!

Erich Mühsam. Aquatinta-Radierung von Klaus Böttger

Ernst Toller. *(Aus: ›Das Schwalbenbuch‹)*

Ein Freund starb in der Nacht.
Allein.
Die Gitter hielten Totenwacht.

Bald kommt der Herbst.

Es brennt, es brennt ein tiefes Weh.

Verlassenheit.

Ernst Toller. Aquatinta-Radierung von Klaus Böttger

1 Literaten an der Wand. Vorwort und Einführungen

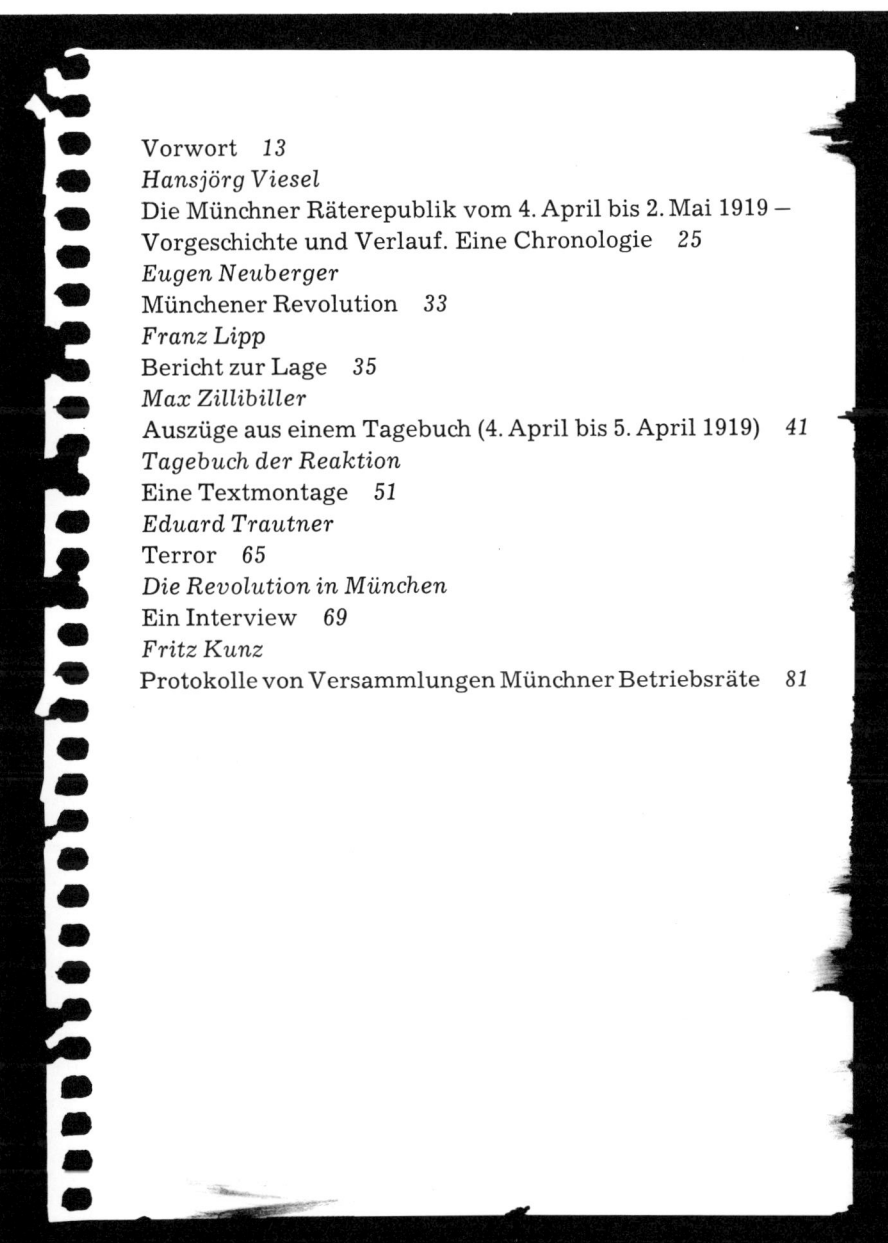

Vorwort

In Wirklichkeit gibt es nicht einen Augenblick, der seine *revolutionäre Chance nicht mit sich führte – sie will nur als eine spezifische definiert sein, nämlich als Chance einer ganz neuen Lösung im Angesicht einer ganz neuen Aufgabe. Dem revolutionären Denker bestätigt sich die eigentümliche revolutionäre Chance jedes geschichtlichen Augenblicks aus der politischen Situation heraus. Aber sie bestätigt sich ihm nicht minder durch die Schlüsselgewalt des Augenblicks über ein ganz bestimmtes, bis dahin verschlossenes Gemach der Vergangenheit. Der Eintritt in dieses Gemach fällt mit der politischen Aktion strikt zusammen; und er ist es, durch den sie sich, wie vernichtend immer, als eine messianische zu erkennen gibt.* Walter Benjamin

I.

›Von mancher Seite will man jetzt den Dichter, indem man ihn den Geistigen nennt, schlechtweg zur Führung der allgemeinen Volksangelegenheiten berufen. Man sehe sich vor und vergesse eines nicht: die Psychologie. Dem Volk und dem Dichter tut es in der Tat not, daß sie zusammenkommen. Der Dichter aber ist nicht immer Dichter, und es wird gut und natürlich sein, daß er als einer unter vielen, als Mensch unter Menschen, zu den Beratungen seiner Gemeinde und seines Volkes geht. Blieben er und seinesgleichen gar unter sich und bildeten als neuer Schaum oder Adel einen Senat über den Delegierten der Hefe oder des Volkes, so wäre das ein Herrenhaus, das sich den Namen Tollhaus bald und billig verdient hätte.‹

Gegen Kurt Hillers Logokratie im engeren, gegen jede Ansätze eines elitär abgehobenen Rede-Kollegiums vom Schlage der Räte der Geistigen Arbeiter im allgemeinen, richten sich Gustav Landauers Worte am Vorabend der deutschen Revolution. ›Wir brauchen den Frühling, den Wahn und den Rausch und die Tollheit, wir brauchen – wieder und wieder und wieder – die Revolution, wir brauchen den Dichter‹ (›Eine Ansprache an die Dichter‹). Zugleich lesen sich diese Sätze wie eine vorweggenommene Entgegnung auf jenen behäbig-gehässigen Spießer, der in seiner niemals angekränkelten Loyalität zu denen da oben von wild gewordenen Literaten am Stammtisch schwadroniert, aber auch auf jenen verbiesterten Politikanten, der bei jedem Umsturzverdacht Morgenluft wittert, weil er endlich die große Stunde kommen sieht, um seinen Lebenszweck zu realisieren: die Eroberung der Macht im Staat, und der folgerichtig Dichter wie Landauer nur als Konkurrenten um sein ›Allerheiligstes‹ mißverstehen kann und sich mit dem Stammtischbruder einig weiß: wild gewordene Literaten.

Kaffeehausrevolution, Literatenrepublik – die Fronten sind geklärt. Auch das Ende visiert der Bürger in seinem Tagebuch: ›Jede Revolution beginnt damit,

daß die Literaten mit Tendenzen kokettieren, durch deren Sieg sie selbst entweder an die Wand gedrückt oder an die Wand gestellt werden‹ (Josef Hofmiller, Revolutionstagebuch 1918/19).
Was die Dichter dann tatsächlich an die Wand gedrückt und auch an die Wand gestellt hat, war identisch mit der Niederlage der Revolution. Mit den Schriftstellern wurde das Gewissen, die Moral, die Ethik, das *Andere* getroffen: die Utopie einer Gesellschaft, die sich frei von den Zwängen eines sie überwältigenden Staat weiß.
Räterepublik: 1919 aus realen Kämpfen hervorgehend und sich tastend im Nachkriegsdeutschland ausbreitend, eine für viele radikale, praktische und vor allem gewollte Alternative zu allem, was so sichtbar in den Jahren des Krieges endgültig gescheitert war – eine fast magische Metapher und eine widersprüchliche Praxis, allzusehr überschattet von zwangsläufigen Notwendigkeiten und deutscher Routine. Richtig zur Strecke gebracht wurde die Räterepublik von der unseligen Komplizenschaft von Sozialdemokratie mit der bewaffneten Reaktion. Und nicht nur in München. In umliegenden Städten (so in Rosenheim, in Fürstenfeldbruck) und Wochen zuvor in Norddeutschland (Braunschweig, Bremen) gab es Räterepubliken als Chancen einer ganz neuen Lösung angesichts neuer Aufgaben. Sie alle wurden militärisch niedergeschlagen vom durchs Land walzenden Noske-Zug, der – je eher, je lieber – ein für allemal mit der Narrenhauspolitik der Räte Schluß zu machen gedachte.
Und doch schien alles so greifbar nah! Einem alten Freund schreibt Landauer im November 1918: ›Nicht auf irgendeine Zentrale warten; die Räte in den Bezirken müßten Dekrete erlassen und Tatsachen schaffen.‹ Es ging um die Holzversorgung und Landgewinnung in irgendeiner kleinen Stadt in Deutschland. ›Jetzt ist die Zeit, wo das Beil klingen muß; aus den heimkehrenden Soldaten müßten Holzfäll- und Rodungskompanien gebildet werden. Die Revolution hat in ihrem ersten Akt gesiegt, weil die Soldaten sofort glücklicher durch sie geworden sind; jetzt muß das ganze Volk, müssen die Arbeiter und kleinen Bauern, sofort durch wirtschaftliche Tatsachen beglückt werden.‹ (Abgedruckt in ›Gustav Landauer, Sein Lebensgang in Briefen‹.) Freiheit und Glück, eine Utopie? Eine Spinnerei weltentrückter Literaten? Es war der immer wieder thematisierte Slogan der deutschen Revolution, solange sie noch jung war und solange sie noch nicht als typisch *deutsche* Revolution zum Scheitern verurteilt war. Elf Tage vor seiner Ermordung deutet Kurt Eisner in einem Vortrag vor Studenten in Basel die Aufbruchsstimmung an, die gerade so viele Literaten und Künstler Ernst machen ließ mit der Revolution: »Diese Lehre (die Einheit von Tat und Gedanke – HjV), . . . daß man entschlossen sein müsse, das, was man im Geiste trüge, auch wirklich zu machen, die ganze Person einzusetzen, ist der geistige Ursprung unserer deutschen Revolution gewesen, und es war die Jugend, die uns Alten half, jenes Wunder einer deutschen Revolution zu vollbringen: mitten im Krieg auf der Höhe des Entsetzens plötzlich ein Rausch neuer Gedanken, einer Freiheit, von der wir nie ahnten, daß sie so rasch über uns kommen könnte, ein Traum von neuem Menschenglück . . .«
(Kurt Eisner, Die 1/2Macht der Räte). Freiheit und Glück! Daß einem solche in-

flationär mißbrauchten Begriffe zunehmend nichtssagend geworden sind, sollte man mit der eigenen Haltung zum aufwendig routinierten, rhetorischen Leerlauf heutiger Politiker konfrontieren.

II.

Jede geschichtliche Episode hat ihre Vorgeschichte, ihre Vorbedingungen, Gründe, Kausalketten, Beziehungen. Wo anfangen, wo aufhören, was ist wichtig; was erhellt, was verwirrt, was lenkt ab, was ist überflüssig? Jedes Erleben eines Geschehens hängt ab vom Erlebenden; wie hat er gelebt, wie lebt er? In diesem Buch ›Literaten an der Wand‹ geht es um vier Wochen Räterepublik, auf eine Stadt beschränkt, dort wiederum auf die aktiven Militanten, von diesen wiederum sollen es nur die Schriftsteller sein – eine zunehmende Reduzierung auf wenige und weniges, eingeschränkt noch einmal durch das Vorhandene, Auffindbare, Rekonstruierbare.
Natürlich erstreckt sich das Handeln und Beteiligtsein der Literaten nicht allein auf die insgesamt knapp vier Wochen vom 4. April bis 2. Mai 1919; diese Tage waren aber für alle Beteiligten eine erzwungene, jedoch auch gewollte Verdichtung. In diesem Band geht es um jene Mutigen und Entschlossenen, die zu einer bestimmten Zeit wußten, daß es kein Zurück für sie gibt, daß sie ihre Existenz für ›die Sache‹ aufs Spiel setzen werden. Mehr oder weniger intensiv wußten sie darum, und es ist nur bezeichnend, daß Eisner, Leviné und auch Landauer von sich selbst als ›Toten auf Urlaub‹ gesprochen haben.
›Der Münchner Räterepublik konnte schon deshalb kein Erfolg beschieden sein, weil sie von Anfang an mit geradezu unüberwindlichen Schwierigkeiten zu rechnen hatte‹, schrieb der deutsche Anarchist Rudolf Rocker, Freund Landauers und Mühsams, in seinen Memoiren. Ähnliche Beurteilungen, mehr oder weniger umfangreich vom Material her und selbstbewußt in der wertenden Aussage, lassen sich nach Belieben zusammenstellen. Doch damit wäre der Aussagegehalt einer Anthologie über die Aktivitäten von Literaten in der Münchner Räterevolution verpaßt. Nicht das Ex-post-Getöse mehr oder weniger sattelfester historischer Materialisten (objektive Notwendigkeit des Scheiterns etc.) oder bürgerlicher Historiker (›Männer machen Geschichte‹) interessiert, sondern die Sichtbarmachung eines subjektiv erfahrenen Zeitraumes, der vier Wochen etwa dauerte und im Jargon der Geschichtsbücher und des chronologisierenden Geschichtsverständnisses schon längst seinen festen Platz in der entsprechenden Schublade hat: Erste oder anarchistische oder Scheinräterepublik und Zweite oder kommunistische oder reale Räterepublik. Hier soll der Versuch unternommen werden, mit diesem Verständnis zu brechen; dabei soll jedoch nicht – gleichsam im Austauschverfahren – die richtige Interpretation der Räterepublik in München angeboten werden. Der Anspruch ist wesentlich bescheidener als derjenige der im Zugzwang sich befindenden Historiker aller Lager; er versucht – wenn auch auf wenige Literaten reduziert – die tatsächlich agierenden, die historischen Subjekte der Revolution in ihrem Engagement sichtbar zu machen in ihrem Handeln, ihren Zweifeln, Hoffnungen und Wünschen – bis hin zur Verhaf-

tung, Vertreibung oder Ermordung. Ein solches Hervorheben der handelnden Menschen versucht, Momente des wirklichen Lebens der Revolution zurückzurufen, die bei den sonst üblichen Ex-post-Analysen zugunsten der ›So-mußte-es-ja-kommen-Mentalität‹ zum zweitenmal auf dem Papier vernichtet werden. Nirgendwo in der Geschichte gibt es eine Garantie auf Erfolg, am allerwenigsten bei dem Versuch, etablierte und verfestigte herrschende Machtstrukturen in Frage zu stellen und zu zerbrechen. Revolutionen sind historische Prozesse, die von Menschen *gemacht* werden, von anderen Menschen *verhindert* werden und von den meisten Menschen (so zeigt die bisherige Geschichte) *ertragen* werden. Die gängigen Ex-post-Analysen der gelehrten Welt sagen über Hoffnungen und Verzweiflungen, über Mut und Feigheit wenig aus. Eher dienen sie dazu, das Gewordene und Erreichte zu stabilisieren, es als gut, nützlich und richtig darzustellen. Walter Benjamin hat in seinen ›Geschichtsphilosophischen Thesen‹ davon gesprochen, daß »auch die Toten vor dem Feind, wenn er siegt, nicht sicher sein werden«, und von der Notwendigkeit, die Geschichte »gegen den Strich zu bürsten«; ähnliches meint Theodor Lessing, wenn er von der »Geschichte als Sinngebung des Sinnlosen« schreibt; Karl Korsch wiederum konnte sich in seinem Versuch, diesem (sowohl rechts wie links gehandhabten) Verfahren die *aktivistische Geschichtsauffassung* entgegenzusetzen, zu Recht auf den vergessenen Proudhon berufen. Für uns reduziert sich die Geschichte nicht auf Geschehenlassen, auf eine Anpassung an deterministische Gesetzmäßigkeiten. Daß die Menschen ihre Geschichte unter vorgefundenen Bedingungen machen, ist richtig. Sie machen ihre Geschichte aber selbst, und mit ihr verändern sie auch die vorgefundenen Bedingungen. »Die Geschichte tut nichts, sie besitzt keinen ungeheuren Reichtum, sie kämpft keine Kämpfe. Es ist vielmehr der Mensch, der wirkliche lebendige Mensch, der das alles tut, besitzt, kämpft; es ist nicht etwa die ›Geschichte‹, die den Menschen zum Mittel braucht, um ihre – als ob sie eine aparte Person wäre – Zwecke durchzuarbeiten, sondern sie ist nichts als die Tätigkeit des seine Zwecke verfolgenden Menschen« (Marx 1845). Dem entspricht auch Landauers ›Hier und Heute‹; Sozialismus, als Willenstendenz geeinter Menschen, ist immer möglich, wenn ›man‹ nur will. »Sozialismus ist zu allen Zeiten möglich, wenn eine genügende Zahl Menschen ihn will. Nur wird er je nach dem Stand der Technik, das heißt nach der Zahl Menschen, die ihn beginnen, und immerhin auch nach den Mitteln, die sie mitbringen oder sich vom Erbe der Vergangenheit nehmen können – nichts fängt mit nichts an – immer anders aussehen, anders beginnen, anders weitergehen.« (›Aufruf zum Sozialismus‹) Und: »Für uns sind die Träger der Geschichte Personen, und für uns gibt es auch Schuldige.«

Selten hat eine historische Episode in Deutschland in der ›Nach-Richtung‹ ähnlich viele Gehässigkeiten und Beschimpfungen mobilisiert wie die Münchner Räterepublik. Die Titel der damaligen Broschüren sprechen vom ›Blutigen Fiasko der Räterepublik‹, von ›München auf dem Kopf‹, von der ›Schreckensherrschaft in München‹, von ›Münchens dunklen Tagen‹, ›Bayerns schwersten Tagen‹ und ›Münchens schwerster Zeit‹. Josef Hofmillers ›Revolutionstagebuch‹ spricht von der ›Strizzikratie‹, der ›Dreiquartel-Revolution‹, Kurt Martens erledigt die

Revolution als ›Spitzbubenkomödie‹, und Ludwig Thoma sieht sie als ›rohen Gaudi des Vorstadtpöbels‹. ›Blutiger Karneval‹ taucht öfter auf – nicht immer denunziatorisch gemeint; Klaus Mann etwa erinnert einen ›exzessiven Fasching‹: »Ein grelles, klirrendes Tohuwabohu von schreienden Plakaten, Steinwürfen, Menschenansammlungen, improvisierten Rednerbühnen, roten Fahnen und offenen Lastwagen voll verwegener Gestalten mit roten Armbinden.«
Wen wundert dann noch, wenn ein in Fachkreisen gerühmtes Buch wie das des amerikanischen Historikers Mitchell ›Revolution in Bayern 1918/19‹ die Erste Räterepublik nur in einem Anhang behandelt. Für Mitchell war sie lediglich »eine Woche schlimmer und zuzeiten lächerlicher Verwirrung«, die »nichts als Unordnung« zuwege brachte; Eugen Leviné habe »Hunderte von Bayern in ›Kampf und Tod für den Kommunismus‹ geschickt«. Ein anderes umfangreiches Buch von Jürgen Rühle ›Literaten und Revolution‹ vermerkt gerade zwei Sätze zum Thema: »Eine Laune der Geschichte spülte einige Schriftsteller wie Eisner, Landauer und Toller an die Spitze der Revolution in Bayern, ein Abenteuer, das der Demokratie und dem Sozialismus nicht genützt, Eisner und Landauer aber das Leben gekostet hat. Die Münchner Räterepublik der Literaten wurde zuerst von den Kommunisten übermannt, dann von den Freikorps niedergewalzt.«
Man kann nicht darüber hinwegsehen, daß die knapp vier Wochen Räterepublik, in Anbetracht der jahrhundertelangen Herrschaft und Unterdrückung mit wechselnden Masken, dem Weiterexistieren der kapitalistischen Totalität nichtssagend war, nicht mehr als ein Aufbäumen. Aber: in diesen Wochen kristallisierte und konzentrierte sich auf einmal das *ganz Andere*. Revolutionen als Momente in der Geschichte, wo man wissen will, wie es um den Menschen bestellt ist (Hugo Ball). »Puppen werden zu Menschen; eingerostete Philister werden der Erschütterung fähig«, sagt Landauer 1919 über die Revolution. Erich Mühsam erklärt zur gleichen Zeit in seiner Revolutionszeitschrift ›Kain‹, was mit dem *ganz Anderen* gemeint ist: »Revolution hat nichts mit Politik zu schaffen. Politik ist die Anwendung von bestehendem Recht mit vereinbarten Mitteln, Revolution die Schaffung von neuem Recht mit den Mitteln spontaner Eingebung oder für den besonderen Fall geschaffener Vereinbarung. Politik ist stabil, Revolution muß labil bleiben . . .« Im Grunde genommen zeigt die historische Episode der Räterepublik von München die Auswirkungen des ›banalen‹ Machtkampfes zwischen bürgerlich-kapitalistischer Welt und den dagegen Revoltierenden: einen *geschlagenen* Versuch im Sinne einer unabdingbaren *Kraftprobe*. »Revolte setzt die Gesinnung voraus, daß diese indifferente Welt, deren Resultat nicht abzusehen, menschlich belanglos ist, daß nur die Realisierung einer Idee wichtig ist. Daß diese aber, wenn sie jeweils realisiert zu sein scheint, bereits geschändet ist im Zusammenfluß der unabsehbaren Nuancierungen, Gegenströmungen usw. Revolte ist undogmatisch, denn das Dogma gibt stets der Idee die Fassung einer gewünschten Wirklichkeit.« So schreibt Carl Einstein, der 1919 in Berlin und 1937 in Barcelona bewaffnet an der unabdingbaren Kraftprobe teilgenommen hatte. Auch nach der Niederschlagung der Räterepublik in München wurde er, ein Mann der Revolte, im Juni 1919 aus dem Zug heraus verhaftet, als er sich auf dem Weg zu einer Solidaritätsveranstaltung mit der Räterepublik befand.

Im Rahmen eines globaleren Verständnisses von Revolution (als sozialer Prozeß, der nicht sein Ende in der Ersetzung einer Herrschaftsclique durch eine andere findet) geht es immer um den Versuch, herauszufinden, wie die Macht *real* verteilt ist. Die bürgerliche Welt hat dabei immer schon ein großes Plus auf ihrer Seite: die *Zeit.* Sie macht sich davon, sammelt sich in gefahrloser Entfernung, hetzt, verleumdet und wartet ab. Die Konflikte innerhalb der Revolution, die erwachenden Ängste, die Unzufriedenheit von Teilen der Bevölkerung (die ja nie total beteiligt und betroffen ist), die ›Weltlage‹, Politik etc. gewähren das Vertrauen, daß die Zeit ›die Wunden heilt‹.

So taucht bei den Münchner Revolutionären immer wieder das Motiv auf: läßt man uns Zeit . . . ein paar Monate . . . wenn man uns in unserer Arbeit nicht stört . . . etc. »Läßt man mir nur ein paar Wochen Zeit, so hoffe ich, etwas zu leisten; aber leicht möglich, daß es nur ein paar Tage sind, und dann war es ein *Traum*«, schreibt Landauer an seinem ersten ›Arbeitstag‹ als Volksbeauftragter für Volksaufklärung an seinen Freund Fritz Mauthner . . .

So wird man wohl den Ereignissen der Münchner Räterepublik mehr gerecht, wenn man sie nicht in den Kategorien von historischer Kontinuität und bisheriger Politik sieht, wo lediglich – mit den Literaten – eine andere ›Mannschaft‹ versucht, *Politik* zu machen. Denn im herkömmlichen Sinne waren Mühsam, Toller, Eisner, Marut etc. natürlich die ›schlechteren‹ Politiker – weil sie im etablierten Sinn eben keine Politiker mehr sein wollten. Ihnen ging es ums *Ganze,* ums *ganz Andere.* Sie begriffen sich als bestimmte Negation der bürgerlichen Welt mit ihrer Ruhe & Ordnung, Macht & Politik.

So zeigt sich auch eine der wenigen Untersuchungen, in der die Rolle der Literaten in der Münchner Revolution von einem Literaturhistoriker abgehandelt wird – Helmut Kreutzers ›Bohème‹ –, gerade in diesem Politik-Verständnis befangen. Kreutzer interpretiert an Mühsam, Landauer, Toller etc. vorbei, wenn er deren Aktivitäten »vom Außenseitertum ihrer Träger, von ihrem Mangel an *politischer Praxis und Erfahrung*« bestimmt sieht und so deren ›Scheitern‹ erklärt. Ein anderer Literaturhistoriker, Wolfgang Frühwald, weist ausdrücklich auf Eisners und Landauers »Irrglauben, die Kluft zwischen Gedanken und Tat durch die Revolution geschlossen zu haben« hin, obwohl doch gerade hier das zentrale Problem beginnt. Vergleiche Landauers ›Ansprache an die Dichter‹: »In der Revolutionszeit kann er der Vorderste sein, so sehr der Vorderste, daß er der erste ist, der wieder auf die Erhaltung, das neu Errungene wie das ewig Bleibende drängt.«

Wenn Ruhe und Ordnung, Politik und Macht im weitesten Sinne, also der *Staat,* den Zusammenhalt einer großen Fraktion ausmachen, dann sind die Kennzeichen der anderen Seite: Autonomie, Selbstorganisation, Aktivismus, schöpferische Mitarbeit aller an allem, Spontaneität, also *Gesellschaft* weit gefaßt. SPD, KPD, Gewerkschaften als Institutionen, von den sonstigen ganz zu schweigen, auf der einen Seite – freiheitliche Schriftsteller, radikale Bauern, sozialistische Arbeiter, Anarchisten, Kommunisten, Künstler, Liberale aus vielen Bereichen auf der anderen Seite.

Wollten die einen Ordnung, so die anderen schöpferische Unruhe; die einen

Macht, die anderen Abschaffung von Herrschaft von Menschen über Menschen – die ganze Skala also, die bekannt sein sollte aus der realen Geschichte, die immer ein Kampf zwischen Freiheit und Ordnung war. Nur – da die Ordnung bisher noch immer triumphierte – gibt es (bis hinein in die parteikommunistische Arbeiterbewegungs-Hagiographie) keine veritable Geschichtsschreibung, die unter diesem methodischen Gegensatz versucht, Geschichte als tatsächliches Geschehen zu begreifen.
So aber wäre es möglich, in Landauer, Mühsam, Toller, Marut etc. keine wirren Phantasten und in ihrem Werk keinen blutigen Revolutionskarneval Schwabinger Bohemiens zu sehen, der dann – von den sich selbstlos opfernden Kommunisten ins rechte Lot gerückt – gegen die weiße Konterrevolution verteidigt wurde. Vielmehr erlaubt dieser Ansatz dem Neuen, das sich gegenüber dem Alten und Erstarrten durchzusetzen versuchte, gerecht zu werden, ohne in die gewohnten und bekannten Formulierungen zu verfallen. Der Schriftsteller Eduard Trautner, der wegen Beihilfe zur Flucht Tollers von einem Standgericht zu fünf Monaten Gefängnis verurteilt wurde, schreibt 1924: »Natürlich wissen wir alle Viel und Zu-Vieles aus diesen Jahren; so viel, daß dessen Last uns ängstigte und nicht mehr tragbar war. Da setzten wir an Stelle der Wahrheit leicht benutzbare Urteile, nach ihrem Propagandawert ausgewählt! Und machten die Gegenwart uns dadurch erträglich ... Wir haben eine tote Vergangenheit; nicht etwa, daß sie leer wäre; nur: sie ward nie lebendig ... Wir deckten unsere Erinnerungen mit unseren Formulierungen zu ... und eiferten uns in die Berechtigung unserer Ziele.«

III.

Ein paar Worte zur Konzeption dieses Bandes. Anmerkungen betreffen Zusammenhänge und Hintergründe, die für die jeweils abgedruckten Texte von Belang sind. Gespräche und Korrespondenz mit noch lebenden Beteiligten der Räterepublik haben mich in diesem Vorgehen bestärkt. Zum einen trat rasch eine Situation auf, wo ich über einzelne Schritte vormittags oder nachmittags – sagen wir einmal vom 12. April 1919 – eines bestimmten Militanten besser Bescheid wußte als dieser selbst – und die feine Ironie habe ich aus der feststellenden Frage auch herausgehört, nachdem ich mein aus Quellen geschöpftes Wissen vom 12. April 1919 losgeworden war: »So, habe ich das getan?« Zum anderen ging für die Militanten der Räterepublik – soweit sie überlebt haben – das Leben in einem beinahe typischen Verlauf weiter: ›In Dachau sehen wir uns wieder!‹ Was nach dem Sieg der Räterepublik am 16. April 1919 über die Weißen zur Widerstandsparole der geschlagenen Revolution wurde, pervertierten die Nazis 1933/34, als sie im ersten KZ auf deutschem Boden, in Dachau, den ehemaligen Räterepublikanern ein Schild umhängten: In Dachau sehen wir uns wieder.
So sind die vier Wochen vom April 1919 überlagert von anderen Erfahrungen, von Gefühlen und Stimmungen, die viel mehr ein Interesse für das Morgen als für das Gestern bewirkten. Ihr Kampf ging weiter. Typischerweise gibt es bei den wenigen Überlebenden keine ›Veteranenmentalität‹, wie sie am Stammtisch blüht.

Viel Material, das von heutiger Sicht die damalige Situation erhellt, stammt aus den Akten der Polizei und der Gerichte. Der Anarchist sieht sich der oft zitierten Forderung Bakunins konfrontiert, als wichtigen Akt jeder Revolution die Vernichtung der Polizei- und Gerichtsakten zu inszenieren. Sitzt man dann in den Archiven deutscher Gründlichkeit und öffnet ein Aktenbündel nach dem anderen und findet Briefe, Flugblätter, Manuskripte – nun ... Im Tagebuch des russischen Revolutionärs Iwan Slessarew, neben Axelrod maßgeblicher Verbindungsmann zur Sowjetrepublik, eingeschnürt bei den Leviné-Akten im Münchner Staatsarchiv, lese ich dann: »Nicht alles was man möchte kann ich in mein Tagebuch hineinschreiben. Weiß der Teufel wer und wann und unter welchen Umständen es gelesen wird.« So viel zur Arbeit in Archiven.
Auch in München kam es in den letzten Tagen der Kämpfe zur Vernichtung der Polizeiakten von kompetenter Seite. Karl Retzlaw, als KPD-Mitglied in der Schlußphase der Räterepublik zusammen mit Mairgünther im Polizeipräsidium tätig, organisierte die Aktenvernichtung im Bakuninschen Sinne: »Zu den Schutzmaßnahmen gehörte es auch, die Akten des Polizeipräsidiums zu vernichten. Das Prüfen der Akten würde eine Zeit von Monaten in Anspruch genommen haben, auch das Heraussuchen nur der politischen Akten würde lange dauern. Bedenken brauchten nicht zu bestehen, weil kulturell wertvolle Dokumente nicht in den Polizeiakten zu finden sind. So war es am zweckmäßigsten, alles zu vernichten. Menschenleben sind wichtiger als bedrucktes Papier. Zwei Tage lang brannten die Akten auf dem zementierten Hof des Polizeipräsidiums. Wohl an die hundert Helfer aus der Bevölkerung, der Partei und der Roten Armee warfen die Akten aus den Fenstern in die Flammen. Damit retteten wir Hunderten von politisch und antimilitärisch Verdächtigten . . . Freiheit und Leben. Auch Tausende von Kleinbürgern atmeten auf« (Spartakus. ›Aufstieg und Niedergang. Erinnerungen eines Parteiarbeiters‹).
Die Konzeption, die Beteiligten zu Wort kommen zu lassen, führt dazu, daß alte Kontroversen wieder auftauchen, daß Widersprüche und Unstimmigkeiten gegenübertreten. Diese Widersprüche waren die Widersprüche der revolutionären Situation, und eine Entscheidung im nachherein für die eine oder die andere Position mag der Leser selber fällen. Mit der Anthologie über die Schriftsteller in der Räterepublik will ich eine Zeit aus ihr selbst heraus sichtbar machen. Im letzten Werk, das Gustav Landauer noch Anfang 1919 herausgeben konnte, den zwei Bänden Briefe aus der Französischen Revolution, schreibt er, dies solle weniger ein Buch sein, das »von irgendeinem nachträglichen Standpunkt aus über die Revolution sprechen will, sondern in dem die Revolution selbst sich aussprechen will«. Auch in diesem Band soll sich die Revolution aussprechen über ›jenen seltsamen Frühling zu München, den noch immer niemand kennt, der ihm nicht beiwohnte‹ (Alfred Wolfenstein).
Das vorliegende Buch baut auf dem Ausstellungskatalog auf, den der Herausgeber anläßlich einer Ausstellung der Akademie der Künste in Westberlin im Juni/Juli 1976 verfaßte. Ein Teil der Texte des rasch vergriffenen Kataloges wurde – mit freundlicher Zustimmung der Akademie der Künste – in diesen Band aufgenommen.

Aber der Geist Lassalles schwebt durch die laue Frühlingsnacht über das schlummernde München und hält Zwiesprache mit dem Geiste Kurt Eisners.

Und siehe! Als der Morgen des 7. April anbricht, verkünden die Zeitungen die Ausrufung der Räterepublik Baiern und die Erklärung des Blauen Montags zum gesetzlichen Nationalfeiertag. Zunächst stellt der Bürger nur mit Entrüstung fest, daß das Wort Baiern von der neuen Regierung mit i statt Ypsilon geschrieben wird.

An das Volk in Baiern!

Die Entscheidung **ist gefallen. Baiern ist Räterepublik.** Das werktätige Volk ist Herr seines Geschickes. Die revolutionäre Arbeiterschaft und Bauernschaft Baierns, darunter auch alle unsere Brüder, die Soldaten sind, durch keine Parteigegensätze mehr getrennt, sind sich einig, daß von nun an jegliche Ausbeutung und Unterdrückung ein Ende haben muß. Die Diktatur des Proletariats, die nun zur Tatsache geworden ist, bezweckt die Verwirklichung eines wahrhaft sozialistischen Gemeinwesens, in dem jeder arbeitende Mensch sich am öffentlichen Leben beteiligen soll, einer gerechten sozialistisch-kommunistischen Wirtschaft

Der Landtag, das unfruchtbare Gebilde des überwundenen bürgerlich-kapitalistischen Zeitalters, ist aufgelöst, das von ihm eingesetzte Ministerium zurückgetreten. Von den Räten des arbeitenden Volkes bestellte, dem Volk verantwortliche Vertrauensmänner erhalten als Volksbeauftragte für bestimmte Arbeitsgebiete außerordentliche Vollmachten. Ihre Gehilfen werden bewährte Männer aus allen Richtungen des revolutionären Sozialismus und Kommunismus sein; die zahlreichen tüchtigen Kräfte des Beamtentums, zumal der unteren und mittleren Beamten, werden zur tatkräftigen Mitarbeit im neuen Baiern aufgefordert. Das System der Bureaukratie aber wird unverzüglich ausgetilgt.

Die Presse wird **sozialisiert.**

Zum Schutz der baierischen Räterepublik gegen reaktionäre Versuche von außen und von innen wird sofort eine rote Armee gebildet. Ein Revolutionsgericht wird jeden Anschlag gegen die Räterepublik sofort rücksichtslos ahnden.

Die Baierische Räterepublik folgt dem Beispiel der russischen und ungarischen Völker. Sie nimmt sofort die brüderliche Verbindung mit diesen Völkern auf. Dagegen lehnt sie jedes Zusammenarbeiten mit der verächtlichen Regierung Ebert, Scheidemann, Noske, Erzberger ab, weil diese unter der Flagge einer sozialistischen Republik das imperialistisch-kapitalistisch-militaristische Geschäft des in Schmach zusammengebrochenen deutschen Kaiserreichs fortsetzt.

Sie ruft alle deutschen Brudervölker auf, den gleichen Weg zu gehen. Allen Proletariern, wo immer sie für Freiheit und Gerechtigkeit, wo immer sie für den revolutionären Sozialismus kämpfen, in Württemberg und im Ruhrgebiet, in der ganzen Welt, entbietet die Baierische Räterepublik ihre Grüße.

Zum Zeichen der freudigen Hoffnung auf eine glückliche Zukunft für die ganze Menschheit wird hiemit der 7. April zum **Nationalfeiertag** erklärt. Zum Zeichen des beginnenden Abschieds vom fluchwürdigen Zeitalter des Kapitalismus ruht am Montag, 7. April 1919, in ganz Baiern die Arbeit, soweit sie nicht für das Leben des werktätigen Volkes notwendig ist, worüber gleichzeitig nähere Bestimmungen ergehen.

Es lebe das freie Baiern! Es lebe die Räterepublik! Es lebe die Weltrevolution!

München, 6. April 1919.

Der revolutionäre Zentralrat Baierns.

4 Seiten aus: O. Estée, München auf dem Kopf.
Die Geschichte einer Räterepublik in vierzig Bildern. München 1919

Ganz verwirrt eilt er auf die Straße, allwo an jeder Ecke verwegen aussehende Redner auf die Burrschuasih und den Kapitalismus schimpfen und die Massen über die Ziele des Bolschewismus aufzuklären suchen.

Automobile mit roten Fahnen und Wimpeln sausen pfeifend, tutend und wild puffend mit hundert Kilometer Geschwindigkeit durch die Gassen.

Beängstigt zieht sich der Bürger hinter die schützende Säule des Stammtisches zurück, um mit Gesinnungsgenossen **die neugeschaffene Lage zu** erörtern und an Hand der Zeitungsberichte **sich zu orientieren.**

Der Aufruf der Kommunistischen Räterepublik an das Proletariat, zur Waffe zu greifen, wird von dem feiernden Volk freudig begrüßt. Und bald sieht man in den Straßen der Kunststadt malerische Gestalten auftauchen, die für die Zerstreuung des Bürgers sorgen und den Kollektivnamen „Rote Garde" tragen.

Nachdem die landesübliche Polizei auf Befehl der ihr abholden Regierung beseitigt ist, vollziehen sich die einschneidendsten gesellschaftlichen und sonstigen Umordnungen geräuschlos und mit großer Selbstverständlichkeit.

Die Hochschulen dürfen nur noch von Arbeitern besucht werden, die an dem Studieren ein kolossales Gefallen finden.

In den Theatern werden nur noch für das bolschewistische Proletariat zerme Vorstellungen gegeben, die auf den Lucke und Kare außerordentlich bildungsfördernd wirken und den Leiter des Nationaltheaters auf den Gedanken bringen, im früheren Kgl. Marstallgebäude als Filiale des Großen Hauses ein Kino mit 1500 Sitzen zu errichten.

Der Revolutionäre Zentralschülerrat.

Der am 15. April 1919 in München gebildete Revolutionäre Zentralschülerrat ist ein Organ der Freien Vereinigung sozialistischer Mittelschüler. Er setzt sich zusammen aus den revolutionären Führern der einzelnen Schulen, die alle auch der Organisation der freien sozialistischen Jugend angehören müssen.

Die engere Arbeitsgemeinschaft des Revolutionären Zentralschülerrates besteht aus 6 Schülern, je einem für jede Schulgattung. Sie erstrebt die Diktatur der Minderheit der Schüler mit revolutionärer sozialistischer Überzeugung in den Schulen, entgegen der im Dünkel oder verwässerten Sozialismus befangenen großen Mehrheit der Mittelschüler. Ihre Hauptaufgabe sieht die Arbeitsgemeinschaft darin, im Sinne der Jugend mitzuarbeiten an dem Abbau der heutigen Mittelschulen und mitzuhelfen am Neuaufbau nach den Richtlinien der Einheitsschule und der Schulgemeinde. Für diese Aufgabe setzt sie sich unter Heranziehung des kleinen Kreises revolutionär-sozialistischer Schüler zur Mitarbeit in bewußten Gegensatz zu fast allen Lehrern und Schülern der heutigen Mittelschulen, denen sie offen den Kampf erklärt.

Die Fühlung mit der organisierten Arbeiterjugend wird aufgenommen.

Die Arbeitsgemeinschaft des Revolutionären Zentralschülerrates.

Die Freie Vereinigung sozialistischer Mittelschüler.

Selbst die Schüler erfassen den Zug der großen Zeit und erlassen revolutionäre Aufrufe, die an Überzeugungskraft hinter denen der Räteregierung nicht zurückstehen.

Erschauernd liest der Bürger an der nächsten Plakatsäule, daß jeder Bourgeois, der binnen zwölf Stunden seine Schieß-, Hieb- und Stichwaffen nicht abliefert, ohne Gnade und Pardong sofort erschossen werden soll.

Stadt-Kommandantur München

Beschluß

Sämtliche Bürger haben binnen 12 Stunden jede Art Waffen in der Stadt-Kommandantur abzuliefern. Wer innerhalb dieser Zeit die Waffen nicht abgegeben hat, wird erschossen.

München, den 14. April 1919.

R. Egelhofer, Stadtkommandant.

Zur Sicherung der Revolution

Wer in Wort, Schrift oder Tat öffentlich gegen den Vollzugsrat, seine Organe und seine amtlichen Anordnungen auftritt, wird unverzüglich vor ein Revolutionstribunal gestellt und sofort abgeurteilt.

München, den 14. April 1919.

Vollzugsrat der Betriebs- und Soldatenräte Münchens.

Zur Bewaffnung!

Die Bewaffnung der Arbeiter erfolgt in den Betrieben durch die Betriebsräte. In erster Linie werden die Waffenkundigen bewaffnet.

Für Waffenunkundige werden sofort Übungen unter Leitung von Waffengeübten abgehalten. Alle Waffendienste sind nur von Waffenkundigen ausgeübt.

Die Arbeiter müssen ihre Waffen auf dem Wege zu und von der Arbeitsstätte ständig bei sich tragen. Die Betriebsräte haben an Hand von Listen, welche Namen und Waffennummern enthalten, eine strenge Waffenkontrolle auszuüben.

München, den 14. April 1919.

Vollzugsrat der Betriebs- und Soldatenräte Münchens.

Wortlaut der amtlichen Bekanntmachungen.

In begreiflicher Sorge um sein Leben eilt er behende nach Hause, um alle Gebrauchsgegenstände, so von dem Stadtkommandanten und früheren Zuhälter Egelhofer als Waffen erachtet werden könnten, schleunigst an vorgeschriebener Stelle abzuliefern, wobei er sich, seiner Bürgertugenden bewußt, durch das stundenlange Anstehen nicht verdrießen läßt.

Hansjörg Viesel

Die Münchner Räterepublik vom 4. April bis 2. Mai 1919 — Vorgeschichte und Verlauf. *Eine Chronologie*

1918

7. November
Gemeinsame Friedensdemonstration von SPD und USPD auf der Theresienwiese. Einige zehntausend Teilnehmer. Bildung eines Arbeiter- und Soldatenrats unter Eisners Vorsitz. Ausrufung der Republik.

8. November
Koalition SPD (Auer) und USPD (Eisner). Eisner wird Ministerpräsident und Außenminister, Auer Innenminister.

24. November
Eisner veröffentlicht Dokumente zur deutschen Kriegsschuld.

5. Dezember
Festsetzung der Landtagswahlen auf den 12. Januar 1919 durch das Kabinett.

6. Dezember
Mühsam spricht gegen Wahlen auf Großveranstaltung. Im Anschluß an eine Demonstration gegen die Pressehetze werden die Münchner Zeitungen besetzt; Eisner interveniert dagegen.

27. Dezember
Auer und Justizminister Timm und andere rufen zur Gründung der Bürgerwehr auf; Kasernenräte und Landessoldatenrat, Eisner und andere dagegen. Auer gibt auf.

1919

9. Januar
Arbeitslosendemonstrationen, drei Tote durch Schutztruppe. Regierung Eisner läßt Levien, Mühsam und acht weitere Mitglieder des RAR (Revolutionärer Arbeiter-Rat) verhaften.

10. Januar
Demonstration erzwingt Freilassung der Inhaftierten.

12. Januar
Landtagswahlen in Bayern: Bayrische Volkspartei 35%, SPD 33%, Deutsche Demokratische Partei 14%, Bauernbund 9%, USPD 2,5%; Kommunisten und Anarchisten hatten die Wahl boykottiert.

3. Februar
Eisner in Bern, Konferenz der II. Sozialistischen Internationale (bis 11. Februar 1919).

7. Februar
Verhaftung Leviens, Demonstration erzwingt Freilassung am 11. Februar 1919.

11. Februar
Der Münchner Arbeiterrat stimmt dem Antrag von Landauer zu, für den 16. Februar eine Massendemonstration für das Rätesystem einzuberufen.

16. Februar
Massendemonstration unter Beteiligung von Eisner für das Rätesystem.

20. Februar
Der Rätekongreß stimmt einem Kompromißantrag von Landauer zu und wird vertagt. Ohne eine eindeutige Entschei-

dung für das Rätesystem zu fassen, geht der Kongreß auseinander. Eisner entschließt sich auf Einwirken der SPD-Minister, zurückzutreten. Er will seinen Entschluß am 21. Februar im Landtag bekanntgeben.

21. Februar
Einberufung des Landtages; Eisner auf dem Weg dorthin ermordet. Landtag läuft auseinander nach Attentat auf Auer. Bildung eines Zentralrats unter Ernst Niekisch.

23. Februar
Öffentliche Versammlung aller Münchner Räte: Proklamierung der Räterepublik angenommen.

25. Februar
Erneuter Zusammentritt des Rätekongresses.

26. Februar
Beisetzung Eisners; Trauerzug von über 100000 Menschen; Landauer hält die Gedächtnisrede.

28. Februar
Mühsam stellt im Rätekongreß einen Antrag zur Ausrufung der Räterepublik; mit 234 zu 70 (auch von Landauer!) abgelehnt. Levien, Mühsam, Landauer verhaftet, wieder befreit.

4. März
Nürnberger Kompromiß zwischen SPD, USPD und Bayrischem Bauernbund: Einberufung des Landtages, Bildung einer Koalitionsregierung, Neuwahl und Ablösung der Räte.

5./7. März
Rätekongreß lehnt Nürnberger Kompromiß ab. Akzeptiert revidierte Fassung.

8. März
Der Rätekongreß vertagt sich erneut.

18. März
Landtag tritt zusammen; Kabinett Hoffmann gebilligt, darauf Vertagung.

3. April
In Augsburg beschließt eine Versammlung der Arbeiter- und Soldatenräte, eine Delegation nach München zu schicken, um die sofortige Ausrufung der Räterepublik für Bayern zu verlangen. In München wird auf einer Versammlung der Soldaten der Münchner Garnison einstimmig die Räterepublik auf kommunistischer Grundlage gefordert. Die Regierung Hoffmann plant die Einberufung des Landtages zum 8. April.

4. April
Im Außenministerium findet nachmittags eine Sitzung statt, auf der Vertreter revolutionärer Organisationen und Gruppen (außer KPD) und Zentralratsmitglieder über die sofortige Proklamation der Räterepublik beraten. Landauer und Mühsam werden beauftragt, den Text der Proklamation zu entwerfen. Die Sitzung wird auf den Abend vertagt. Auf einer Versammlung im Löwenbräukeller kündigt der spätere Wohnungskommissar der 1. Räteregierung, Wadler, die bevorstehende Ausrufung an. Spät abends findet die berühmte Nachtsitzung statt; nach längeren Diskussionen erscheinen drei bis dahin unbekannte Delegierte der KPD, unter ihnen Leviné, die kategorisch die Teilnahme der KPD an der Räterepublik ablehnen. Auf Betreiben der SPD wird eine Vertagung der Ausrufung der Räterepublik um achtundvierzig Stunden, auf den 7. April durchgesetzt; die Zeit bis dahin soll genutzt werden, die anderen Städte vorzubereiten. – Die Kasernenräte der Münchner Garnison beschließen, im Falle eines Generalstreiks neutral zu bleiben, und lehnen den Schutz des Landtags ab.

5. April
Der Ältestenrat des Landtags stellt sich hinter die Regierung Hoffmann und protestiert gegen die geplante Räterepublik. In allen großen Sälen Münchens finden Veranstaltungen und Diskussionen zur Räterepublik statt. Die Soldaten des 1. Bayrischen Infanterieregiments fordern vom Zentralrat die sofortige Ausrufung der Räterepublik; Kasernen werden in ›Kurt-Eisner-Kaserne‹ und ›Karl-Liebknecht-Kaserne‹ umbenannt. Zweite Verhandlungssitzung über die Ausrufung der Räterepublik: USPD, SPD, Bauernbund, Anarchisten, Armee, Zentralrat, Revolutionärer Arbeiterrat (RAR), KPD. Mühsam fährt nach Nürnberg und diskutiert mit der dortigen Ortsgruppe der KPD, die sich auf seine Seite stellt. Am Abend fährt er mit Toller nach München zurück.

6. April
Eine vom ASTA der Münchner Universität einberufene Studentenversammlung löst den bisherigen Senat auf und überträgt alle Hochschulangelegenheiten einem Studentenrat, der zusammen mit einem Beirat von Professoren arbeiten soll. In der folgenden Nacht wird er von einem Revolutionären Hochschulrat beseitigt, der von Landauer ermächtigt wird, am 7. April die Universität zu schließen. Der Revolutionäre Hochschulrat soll den Aufbau einer neuen sozialistischen Hochschule vorbereiten. Generalversammlung der KPD; Mühsam will dort über die Gespräche mit den Nürnberger KPD-Genossen berichten. Leviné greift Mühsam als Kollaborateur mit der SPD an, worauf Mühsam erregt die Versammlung verläßt (›mein entscheidenster Fehler‹). Am Abend tritt die Versammlung vom Freitag, dem 4. April, im Wittelsbacher Palais wieder zusammen, um die endgültige Proklamation der Räterepublik zu beschließen. Der RAR stimmt fast vollzählig für die Ausrufung; darunter auch KPD-Mitglieder, die bereit sind, selbst gegen einen Parteibeschluß mitzuarbeiten.
Wahl der Volksbeauftragten. Ergebnis: Vorsitzender und Auswärtige Politik: Franz Lipp (USPD); Innenpolitik: Fritz Soldmann (USPD); Volksaufklärung: Gustav Landauer (RAR); Volkswohlfahrt: August Hagemeister (USPD); Militärwesen: Killer (USPD); Finanzen: Silvio Gesell (RAR); Justiz: Konrad Kübler (BBB); Verkehr: Gustav Paulukum (USPD); Landwirtschaft: Martin Steiner (BBB); Wohnungskommissar: A. Wadler (USPD); Ernährungswesen: Johann Wutzelhofer (BBB); Zentralwirtschaftsamt: Otto Neurath (USPD). Erich Mühsam erhält keinen offiziellen Posten, bleibt als Zentralratsmitglied und RAR-Mitglied jedoch treibende Kraft der Räterepublik bis zu seiner Verhaftung am 13. April 1919. Noch in der Nacht werden alle Zeitungen besetzt, um sicherzustellen, daß die Proklamation in den Montagsausgaben erscheint.

7. April
Aufruf ›An das Volk in Bayern‹: ›Bayern ist Räterepublik ... Das System der Bürokratie wird unverzüglich ausgetilgt. Die Presse wird sozialisiert . . .‹
Mühsam gibt Funksprüche an Moskau und Budapest auf. Auf einer Sitzung des provisorischen Zentralrats wird die ablehnende Haltung der KPD scharf kritisiert; ihr wird vorgeworfen, sie erstrebe lediglich eine Diktatur ihrer Partei. Mühsam unternimmt noch einmal den Versuch, auf einer KPD-Versammlung zu sprechen, er wird tätlich angegriffen und als SPD-Kollaborateur beschimpft. – Killer (Militärwesen) tritt zurück, an seine Stelle tritt das KPD-Mitglied Wilhelm Reichart, der daraufhin aus der KPD ausgeschlossen wird. Mühsam übernimmt bei Lipp das

Ressort Rußland/Ungarn, veranlaßt die Freilassung der russischen Kriegsgefangenen. Landauer überträgt dem Revolutionären Hochschulrat das Recht, allein in Universitätsangelegenheiten tätig zu werden. Die versammelten Betriebsräte, Arbeiterausschüsse und der Münchener Arbeiterrat nehmen am Abend eine Resolution Tollers an, die die KPD auffordert, an der Räterepublik teilzunehmen. Ebenfalls stimmt der Vollzugsausschuß des Soldatenrats von München der ›auf sozialkommunistischer Grundlage aufgebauten Räterepublik‹ zu. Eine bedingt zustimmende Erklärung gibt Gandorfer für den Landesbauernrat ab. Der revolutionäre Bankrat gibt die Schließung der Banken für den 8. April bekannt. Die bürgerliche Presse wird unter Zensur gestellt. Marut/Traven wird zum Leiter der Presseabteilung des Zentralrats ernannt.

8. April
Ernst Niekisch (SPD) tritt als Vorsitzender des Revolutionären Zentralrats zurück, seinen Platz übernimmt Toller. Ein von Toller unterzeichneter Aufruf fordert Arbeiterräte auf, eine Bestandsaufnahme der Lebensmittelvorräte in Hotels und Gaststätten vorzunehmen. Sitzung der Presse-Sozialisierungs-Kommission; der Revolutionäre Zentralrat erläßt eine Anordnung über die Sozialisierung der Presse; auf einer Sitzung für Pressevertreter verliest Marut/Traven den Sozialisierungsplan. Eine Verfügung des Zentralrats gibt die Sozialisierung des Geldwesens bekannt. Die Kasernenräte stehen hinter der Regierung, die Bewaffnung der Arbeiter beginnt in den Maffei-Werken. Beschlagnahme und Rationierung der Wohnräume angekündigt. – KPD lehnt die Räterepublik als ›Scheinräterepublik‹ ab; SPD ist gespalten.

9. April
Die Vertreter aller Regimenter erklären, daß sie geschlossen hinter der Räterepublik stehen. Der Volkskommissar für Wohnungswesen erläßt eine Verordnung gegen Mietwucher. In der ›Roten Fahne‹ erscheint ein Artikel von Leviné gegen die Räterepublik: ›Drei Tage der Räterepublik ohne Räte. Die Volksbeauftragten sitzen zusammen im Wittelsbacher Palais und dichten Dekrete.‹ Die KPD beruft Volksversammlungen ein; auf der Sitzung des von der KPD beherrschten Rates Revolutionärer Betriebsobleute und Revolutionärer Soldatenvertreter wird ein zehnköpfiger Revolutionärer Zentralausschuß gebildet, der mit beratender Stimme an Sitzungen des Zentralrats teilnimmt. Mühsam wendet sich in einem als Plakat und Flugblatt verbreiteten Aufruf an alle Proletarier: er tritt dafür ein, durch Neuwahlen der Betriebsräte auf revolutionärer Grundlage das Rätesystem zu konsolidieren und die Gegensätze zu überbrücken.

10. April
Einsetzung von Revolutionstribunalen. Aufbau der Roten Armee begonnen. Freilassung aller noch internierten Kriegsgefangenen (Franzosen, Russen). Mühsam versucht erfolglos, Leviné umzustimmen und die KPD zur Mitarbeit zu gewinnen. In den ›Münchner Neuesten Nachrichten‹ veröffentlicht Marut seinen ›Sozialisierungsplan für die Presse‹ vom 8. April sowie einen Artikel über ›Pressefreiheit oder Befreiung der Presse‹.

11. April
Die bürgerliche Bevölkerung wird durch Plakate des Revolutionären Zentralrats (Toller) aufgefordert, innerhalb von vierundzwanzig Stunden alle Waffen abzugeben. Auf einer mehrstündigen Massenversammlung im Hofbräuhaus sprechen

Mühsam, Toller, Landauer und Levien. Toller gibt bekannt, daß die Entwaffnung der Bourgeoisie fortschreite ebenso wie die Bewaffnung des Proletariats. Landauer verteidigt die Ausrufung der Räterepublik, während Mühsam sich nachträglich zur ablehnenden Haltung der KPD bekennt, ihren gegenwärtigen Boykott jedoch scharf kritisiert. Levien erklärt noch einmal den Standpunkt der KPD bezüglich ihrer Nichtteilnahme. Als Werner (Frölich) die Spaltung verteidigt, kommt es zu anhaltenden Tumulten; selbst KPD-Mitglieder wenden sich gegen die intransigente Haltung ihrer Zentrale. Ein Antrag der Betriebsräte, der gegenwärtigen Räteregierung das Vertrauen auszusprechen, wird mit überwältigender Mehrheit (Mühsam stimmt dagegen) angenommen. Die Münchner SPD führt bei ihren Mitgliedern eine Urabstimmung zur Räterepublik durch, bei der – von 7000 abgegebenen Stimmen – die Hälfte der Mitglieder sich für die Räterepublik ausspricht. Regierung Hoffmann inzwischen vollständig in Bamberg versammelt.

12. April
Die Besetzung der Banken, die Rationierung der Depotabhebungen, die Aufhebung des Bankgeheimnisses, die Entwaffnung der Polizei, die Errichtung des Revolutionstribunals, die Wohnraumrationierung und die Entwaffnung der Bourgeoisie konkretisieren den Unterschied der Räterepublik zum bisherigen Staat. Zusammen mit den Veränderungen im Kulturbereich (Hochschulrevolution) ein ansehnliches Ergebnis von einer knappen Woche Aktivität der Räterepublik gegenüber dem Widerstand aus allen Richtungen. Semesterende an der Universität: Landauer verlängert das Mandat des Revolutionären Hochschulrats. Auf einer Sitzung des Revolutionären Zentralrats über die politische, militärische und wirtschaftliche Situation der Räterepublik gibt Landauer einen zuversichtlichen Bericht über die derzeitige Lage.

13. April
Teile der Republikanischen Schutztruppe putschen unter Billigung der Bamberger Regierung gegen die Räterepublik; dreizehn Mitglieder des Zentralrats, unter ihnen Mühsam, Soldmann und Wadler, werden verhaftet und aus München ins Zuchthaus Ebrach, dann Ansbach, entführt. Der Gesamtausschuß der Münchener SPD stellt sich hinter den Putsch. Der Zentralrat ruft die Bevölkerung zu einer Demonstration auf: ›Laßt Euch nicht verwirren und verhetzen.‹ Landauer entgeht knapp seiner Verhaftung, taucht für zwei Tage bei einem Freund unter. Nachmittags kommt es zu spontanen Kämpfen gegen die im Hauptbahnhof zusammengezogenen Putschisten. Nach heftigen Kämpfen wird der Hauptbahnhof eingenommen (über zwanzig Tote auf beiden Seiten). Besetzung aller öffentlichen Gebäude. Eine Versammlung der (KP-orientierten) Betriebs- und Soldatenräte erklärt den Zentralrat für abgesetzt und überträgt die Exekutive einem vierköpfigen Vollzugsrat mit Leviné und Levien und einem fünfzehnköpfigen Aktionsausschuß. Landauer gibt eine öffentliche Erklärung ab, worin er die neue Lage anerkennt und seine Mitarbeit anbietet; ähnlich Toller und Klingelhöfer. Die neue Räteregierung ruft den Generalstreik aus.

14. April
Beginn des Generalstreiks ›bis zum vollen Sieg‹. Aufruf des Vollzugsrates zur sofortigen Bewaffnung. Der neue Stadtkommandant Eglhofer fordert die Bürger auf, innerhalb von zwölf Stunden alle Waffen abzuliefern. Beschlagnahme über-

flüssiger Lebensmittel in Hotels, Gaststätten und bei ›Besitzenden‹. Erscheinungsverbot aller Zeitungen. Als Ersatz werden kostenlos die ›Mitteilungen des Vollzugsrates der Betriebs- und Soldatenräte‹ verteilt. Die Hoffmann-Regierung kündigt an, daß sie Freikorpshilfe angenommen und Berlin um ›Reichshilfe‹ ersucht hat.

15. April
Nummer eins der ›Mitteilungen‹ erscheint. Neben Kritik an der bisherigen Räterepublik zustimmende Erklärung zur neuen Lage durch die Revolutionären Künstler: unter anderen Georg Kaiser, Schrimpf, Wolfenstein, Trautner. Flugblätter und Plakate rufen die Bauern auf, München zu unterstützen und der reaktionären Hetze nicht zu glauben. Weiße Verbände beginnen mit der Einkesselung von München; erste erfolgreiche Kämpfe der Roten Armee, die inzwischen auf 15 000 Mann angewachsen ist. Rotgardisten besetzen Dachau. Ein Revolutionärer Zentralschülerrat wird gegründet.

16. April
Der Stadtkommandant Eglhofer übernimmt das Oberkommando der Roten Armee. Toller und Klingelhöfer werden zu Abschnittskommandanten ernannt.
E. K. Maenner wird Volksbeauftragter für Finanzen; er setzt eine ›Zwangsanleihe‹ der Safebestände durch, um Löhne und Gehälter auszahlen zu können. Endgültige Einnahme Dachaus durch die Rote Armee; 200 Gefangene werden entwaffnet und freigelassen. Noske sagt in Berlin offiziell ›Hilfe‹ zu: 20 000 Mann aus Berlin, 3700 aus Württemberg, 22 000 Mann Freikorps und Volkswehr. Mühsam tritt im Zuchthaus Ebrach in einen Hungerstreik, um gegen seine Verhaftung und die Zustände im Zuchthaus zu protestieren.

Landauer distanziert sich in einem Brief an den Aktionsausschuß der Räteregierung von der Praxis der Kommunisten: ›Inzwischen habe ich Sie am Werk gesehen, habe Ihre Aufklärung, Ihre Art den Kampf zu führen, kennengelernt.‹

17. April
Besprechung im Preußischen Kriegsministerium in Berlin unter Vorsitz Noskes entscheidet hartes Vorgehen gegen München; Generalleutnant von Oven erhält den Oberbefehl. München wird zunehmend eingeschlossen. An der Universität beginnen Ferienkurse für Proletarier.

18. April
Verstärkte Aktivitäten zur Sicherung der Nahrungsmittel. Der Aktionsausschuß der Betriebs- und Soldatenräte beschließt Leitsätze für die Geschäftskontrolle durch die Betriebsräte. Die Betriebsräte kontrollieren die Leitung der Betriebe vollständig. Jedes Mitglied des Betriebsrates ist jederzeit durch die Belegschaft abwählbar. Bei Beschlagnahmen kommt es zu ›privaten Aneignungen‹.

19. April
Aufruf des Militärkommissars Reichart gegen unberechtigte Requirierungen und Plünderungen: ›Schützt Euch vor den Revolutionsschmarotzern‹. Auf der Betriebsräteversammlung berichtet Toller über die Kämpfe in Dachau und über den ihm unverständlichen Befehl des Münchner Generalstabs, die Truppen sofort zurückzuziehen. Nach Tollers Ansicht wäre es möglich gewesen, ohne Blutvergießen ganz Südbayern für die Räterepublik zu gewinnen. Auf seinen Vorschlag wählen die Betriebsräte eine Kontrollkommission für den Generalstab. Errichtung einer Auskunftsstelle für politisch Verfolgte und auswärtige Revolutionäre beim Zentralrat.

20. April
Regierung Hoffmann läßt Flugblätter über München abwerfen, auf denen ›Befreiung‹ in wenigen Tagen in Aussicht gestellt wird. Verhandlungen zwischen Bamberg und München über Lebensmittellieferung.

21. April
Auf der Sitzung der Betriebsräte wird beschlossen, den Generalstreik am folgenden Tag, 24 Uhr, zu beenden. Der letzte Tag soll zu einer ›wuchtigen Demonstration des Münchener klassenbewußten Proletariats‹ werden. Beerdigung der bei Dachau gefallenen Rotgardisten. Bamberger Flugzeuge werfen Flugblätter ab: ›Kopf hoch, Mut nicht sinken lassen! Hilfe naht baldigst‹, unterzeichnet von Hoffmann und Schneppenhorst.

22. April
Letzter Tag des neuntägigen Generalstreiks. ›Roter Tag von München‹. Massendemonstration der Roten Armee mit über 15 000 Teilnehmern. Nachmittags elf Großveranstaltungen in verschiedenen Bezirken.

23. April
Wiederaufnahme der Arbeit. Die Münchener Post wird als erste Tageszeitung zugelassen; zugleich erscheint Nummer zehn der ›Mitteilungen‹.

24. April
Aufruf zum Generalappell durch den Oberkommandierenden der Roten Armee, Eglhofer, und den Vorsitzenden der Roten Garde, Wiedemann. Die Betriebsräte beschließen, daß weiterhin keine bürgerlichen Zeitungen erscheinen dürfen.

25. April
Verstärkte Werbung zum Eintritt in die Rote Armee. Die Weißen werden in Flugblättern der Kasernenräte aufgefordert, sich selbst einen Eindruck über die wirkliche Lage in München zu verschaffen: ›Das Proletariat Münchens garantiert Eurer Abordnung absolute Sicherheit, Ihr könnt jederzeit kommen, Euch alles ansehen und jederzeit ungehindert zurückkehren.‹ Lebensmittelknappheit.

26. April
Auf der Versammlung der Betriebsräte erklären Maenner (Finanzen), Toller und Klingelhöfer ihren Rücktritt als Kommandeure der Dachauer Front. Kontroverse Leviné—Toller. Toller betrachtet die gegenwärtige Regierung als Unheil für das Volk, die führenden Männer als Gefahr für den Rätegedanken: ›Wir Bayern sind keine Russen!‹ Toller verurteilt, daß das Volk über die wirkliche Lage im unklaren gelassen wird, und veröffentlicht eine diesbezügliche Erklärung. – Verhaftung von Mitgliedern der rechtsradikalen Thule-Gesellschaft.

27. April
Fortsetzung der Kontroverse Toller/Klingelhöfer/Maenner gegen Leviné/Werner/Levien auf der Versammlung der Betriebsräte. Nach einer Abstimmungsniederlage tritt der bisherige Aktionsausschuß mit Leviné zurück. Ein provisorischer Aktionsausschuß mit Toller, Klingelhöfer und anderen wird gewählt. Landauer bietet diesem seine Mitarbeit wieder an. Verhandlungen Tollers mit Vertretern der Hoffmann-Regierung ergebnislos. Auf Weisung Berlins drängt Bamberg auf ›Befreiung‹, fordert bedingungslose Übergabe und Auslieferung aller Führer.

28. April
Sitzung der Betriebsräte zur endgültigen Neuwahl des Aktionsausschusses. Lediglich gewählte Betriebsräte sind zugelassen; der als Mitglied der Pressekommission anwesende Landauer muß den Saal ver-

lassen. Toller erklärt, der gestrige Beschluß der Betriebsräte richte sich nicht gegen die KPD allgemein, sondern gegen Einzelpersonen, die zufällig der KPD angehören. Ebenso betont Klingelhöfer, daß er sich nur gegen die diktatorischen Maßnahmen einzelner Führer wende und nicht gegen die KPD insgesamt. Wahl eines neuen zwanzigköpfigen Aktionsausschusses, ohne KPD-Führer und ohne Toller, bestehend aus Arbeiter- und Soldatenräten. In der Nacht wird das Polizeipräsidium gestürmt und zahlreiche Akten verbrannt.

29. April
Der Vollzugsrat der Betriebs- und Soldatenräte fordert die Arbeiter auf, bewaffnet in die Betriebe zu gehen. Eglhofer ruft zum Generalstreik und zum Kampf gegen die Weißen auf, die schon in den Vororten Münchens sind. Die letzte Ausgabe der ›Mitteilungen‹ (Nummer fünfzehn) erscheint.

30. April
Generalstreik. Im Luitpoldgymnasium werden die verhafteten Mitglieder der Thule-Gesellschaft zusammen mit zwei Weißgardisten erschossen. Die Betriebsräteversammlung protestiert gegen diese ›Geiselerschießung‹. Kämpfe in und um München. Bürgerkrieg führt zu Massaker an Rotarmisten und unbeteiligter Bevölkerung: über 1000 Tote. In der Folgezeit werden über 5000 Menschen wegen ihrer Beteiligung an der Räterepublik vor Gericht gestellt.

1. Mai
Landauer wird im Hause Eisners verhaftet. Marut wird verhaftet und ins Kriegsministerium gebracht. Nach einem Verhör gelingt es ihm zu fliehen.

2. Mai
Landauer wird ermordet.

13. Mai
Verhaftung Levinés; auf Tollers Ergreifung 30 000 Mark ausgesetzt.

3. Juni
Leviné zum Tod verurteilt; am 5. Juni erschossen.

4. Juni
Toller verhaftet.

12. Juli
Mühsam zu fünfzehn Jahren Festungshaft verurteilt.

16. Juli
Toller zu fünf Jahren Festungshaft verurteilt.

Eugen Neuberger
Münchener Revolution

München, die Stadt der Künste und der Bierkeller, ist eine Hauptstadt der Revolution geworden. Die Insassen der Bierkeller haben nichts dazu beigetragen. Im Gegenteil: sie und ihre große Brüderschaft wundern sich, daß im gemütlichen München so etwas, nein so etwas möglich sei. Die Künstler, die namhaften Dichter, Maler, Bildhauer, Musiker, die hier wohnen, waren es auch nicht, die die Revolution geschürt und entfacht haben. Und doch: die Kunststadt München hat die Revolutionsstadt München gezeugt. Denn München als Kunststadt hat seit je geistige Menschen, Menschen mit dem Sprengstoff der Idee, angezogen und festgehalten. Von solchen geistigen Menschen aber und nicht von Berufspolitikern ist die Münchener Revolution ausgegangen und in den Stadien, die sie bis jetzt durchgemacht hat, belebt worden. Die Namen, die hauptsächlich bekannt geworden sind, Eisner, Landauer, Mühsam, Levien, Toller, durchwegs Intellektuelle. Ohne sie hätte München, durch den Aufstand in Berlin bezwungen, als letzte deutsche Stadt von seinem König höflich Abschied genommen. Mit ihnen stand München an der Spitze der deutschen Revolution.
Münchens erste Revolution ist eine Glanztat, blank und frank, rund und ganz. Sie lag, wie man sagen darf, den geistigen Männern, die sie durchgeführt haben. Denn sie war vor allem eine Tat der Menschlichkeit. Vernichtung des Krieges, Entthronung der Gewalt, Triumph des Geistes: das hat sie bedeutet. Alle Bürger waren einverstanden; aber ihre große Erlösung hat nur der gefühlt, der den knechtischen Zwang der Kriegsjahre bis ins Letzte erduldet hatte. Brüder dieser Duldenden, Genossen dieser Leidenden waren es, die sich erhoben, um den Menschen die Freiheit wiederzubringen. Der Krieg wurde abgebrochen, die Soldaten kehrten heim, aber ach: die Freiheit war nicht geschaffen, Glück und Friede kehrten nicht zurück. Menschenherzen voll Güte hatten sich ganz hingegeben, aber es entstand nicht ein Reich des Vertrauens und der Verbrüderung. Es gab unzufriedene arbeitslose Menschen, weil die Wirtschaft durch den Krieg und die Absperrung Deutschlands ruiniert war; es gab reiche Menschen, die, durch eine Änderung der Wirtschaftsstruktur bedroht, die Männer der Revolution und ihr Werk durch Verleumdung besudelten. Es fanden sich wieder ein die Alltagspolitiker, denen die Revolution ein hassenswertes Abenteuer ist. Sie haben recht: Revolution ist nicht Politik. Revolution ist Tat, Politik aber ist Getue. Jeder hat seine Zeit: der Revolutionär und der Politiker. Leider wurde dem Revolutionär seine Zeit nicht voll gewährt. Sofort stellte sich neben den Revolutionsdurchglühten der politisch Verwässerte. Das lag nicht nur daran, daß auch in München die Zahl der tatkräftigen Revolutionäre klein war; der Verstand, der Meister des Alltags, fürchtete, zu kurz zu kommen; alle Welt prophezeite den nahen Untergang, weil es Stunden gab, in denen nur das Herz, die Begeisterung und die Phantasie am Werk waren. Der Alltagspolitiker sprang hinzu. Sein Eingriff

aber, darüber kann kein Zweifel sein, war der erste heftige Griff an die Gurgel der Revolution.

Von diesem Griff hat sich die Münchener Revolution noch einmal frei gemacht, als am 6. April die Räterepublik ausgerufen wurde. Eisner war von der Kugel eines jungen Grafen niedergestreckt worden. Seit diesem Tage gärte es in den Massen, die Räterepublik drängte immer wieder ans Tageslicht, bis sie sich sechs Wochen nach der Ermordung Eisners durchsetzte. Levien war ihr Vater, wenn er sich auch anfangs nicht an ihr beteiligt hat. Aber er war es, der in den ersten Spartakusversammlungen in München im Dezember 1918 auftrat und dabei als dogmatischer Bolschewist in heftige Fehde geriet mit Eisner, der es übrigens auch als Ministerpräsident nicht unter seiner Würde fand, eine Versammlung des Spartakusbundes zu besuchen. Levien hat seine Ideen nicht erlebt, sondern erlernt. Er betet sie nach, leidenschaftlich, voll Emphase.

Die Räterepublik soll eine Ausgeburt der Hölle gewesen sein. Wäre es nicht richtiger zu sagen, daß ein Lichtschein vom Himmel unter ihrem Regime auf die Erde gefallen sei? Der Vollzugsrat der Betriebsräte hatte die Staatsgewalt inne. Diejenigen, die arbeiteten, sollten angeben, wie die Arbeit zu verwalten ist. Gibt es eine einfachere Formel für die Ordnung der menschlichen Gesellschaft, gibt es ein besseres Lösungs-Losungs-Wort? Nicht mehr von oben herab sollte befohlen, sondern von unten herauf organisiert werden. Der Versuch mißlang, aber an diesem Versuch werden die Menschen weiter arbeiten, bis er glückt.

Die blutige Arbeit der Reichswehr hat unter vielen Namenlosen oder weniger Bekannten einen zweiten Helden der Münchener Revolution zu Fall gebracht: Gustav Landauer, neben Eisner den besten der Revolutionskämpfer. Er ist eines herzzerbrechenden Todes gestorben. Von Soldaten ist er im Gefängnisgang niedergeschlagen worden. Sein Wesen ist gekennzeichnet, wenn wir von ihm berichten, daß er tief vertraut war mit einem unserer edelsten Dichter, mit Hölderlin. Bei der Proklamierung der Räterepublik war er beteiligt und hat in ihrem ersten Manifest einen Nationalfeiertag angeordnet ›zum Zeichen der freudigen Hoffnung auf eine bessere Zukunft für die ganze Menschheit‹. Von Feierlichkeit voll war dieser Mensch, seine Stimme klang immer festtäglich; wenn er sprach, wölbten sich kahle Decken zu weihevollem Tempelrund. Wenn heute noch ein Volk auf den Messias wartete, Landauer hätte ihm seine Erwartung erfüllen können.

Heute schweigt der Kampf, aber hinter dem dumpfen Vorhang des Schweigens lauert die Gefahr neuer blutiger Zusammenstöße. Die Aufgabe besteht darin, zu verhindern, daß Gewalt immer wieder neue Gewalt erzeugt, daß die Revolution sich selbst im Kampf aufzehrt. Die Schrecken eines neuen Militarismus dürfen nicht mehr über uns kommen. München muß seinen Ehrgeiz darin sehen, auch als Revolutionsstadt eine Stadt des Geistes zu bleiben, eine Stätte des neuen machthassenden, liebeverlangenden Geistes.

Franz Lipp
Bericht zur Lage

Weltwende ist, Zeitalter ringen miteinander in politischen, sozialen, religiösen Revolutionen, die die ganze Menschheit in ein schäumendes, wogendes Meer nach Erlösung ringender Geister aufzuwallen begonnen haben. Die Räterepublik ist proklamiert. Das Kind ist von der Nabelschnur gelöst, die Mutter stirbt, wird das Kind am Leben bleiben? Wie es kam, wohin die Reise geht, was ist zunächst zu tun – das sind die Fragen, die gebieterisch vor uns aufsteigen als Rätsel der Sphinx. Weh uns, wenn wir sie nicht zu lösen vermögen. Die jetzt zusammengebrochene kapitalistische Wirtschaftsordnung wurde gezeugt im Zeitalter der großen Entdeckungen und Erfindungen. Mit der Entdeckung von Amerika und der Auffindung des Seeweges nach Ostindien erschlossen sich dem europäischen Gewerbe neue Weltmärkte mit unstillbarem Hunger nach Produkten. Nach Produkten, die innerhalb der Schranken der Zünfte nicht produziert werden konnten. Was notwendiger, was selbstverständlicher, als daß diese Schranken gesprengt wurden für die Arbeitsleistung, für die Kooperation der Manufaktur, deren Arbeitshände bald durch die willenlose, nimmermüde Arbeitskraft der Maschine ersetzt wurden. Die Maschine, welche die Konkurrenz der Handarbeit bald außer Atem setzte und rascher als der Boden produzierte, hob den bürgerlichen Unternehmer im Sturmeslaufe an Reichtum und so sehr an wirtschaftlicher Bedeutung, daß der dritte Stand politisch eine Null, wirtschaftlich die wichtigste Klasse, während der feudale Adel zur untätigen lediglich Revenuen einstreichenden Drohne der Gesellschaft geworden war, deren Vorrechte und besonders deren Zollschranken als unerträgliche Schikane des Wirtschaftslebens empfunden wurden. Die Zeit hat sich erfüllt. Unter den Wehen der bürgerlichen Revolution ist die kapitalistische Ära angebrochen mit dem freien Spiel der Kräfte, deren von Tag zu Tag verbesserte Maschinen, von Tag zu Tag anschwellende Reservearmee von Arbeitslosen auf die Straße, in Not, Elend, Verzweiflung und Gefängnisse warfen, daß die Kadaver der Verhungerten, die um Arbeit gebrüllt, zahllos die Erde düngen; die Knochen der verhungerten Handweber bleichten die Ebenen Indiens, die Verzweiflung der europäischen schrie zum Himmel. Neben dem bittersten Elend ragten die Paläste maßlosen Reichtums höhnend als geronnene unbezahlte Arbeitszeit frühzeitig ins Grab sinkender Proletariermassen. Die rastlos steigende Produktivkraft der Maschine überschwemmte die Welt derart mit Produkten, daß den blindwütenden Industrien in ihrer Jagd nach neuen Märkten und Absatzgebieten keine andere Lösung blieb, als in einem Krieg der Nationen um neue Möglichkeiten und Gewinne zu ringen, Gewinne aus dem Blut von Millionen betörter Opfer, aus dem Wahnsinnsschreien einer gefolterten, geschlachteten Menschheit.
Nun ist die kapitalistische Wirtschaftsordnung an ihrem Wachstum zusammengebrochen, wie jede Entwicklung ihren eigenen Todeskeim, aber auch den Keim

zu neuem Leben in sich trägt. Sie ist zusammengebrochen wie ein Turm, der in allzu große Höhe gestrebt, bis die Last der übereinanderlagernden Steinmassen den Unterbau zermalmte. Wofür einst so viele prächtige Menschen mit dem Gesang der Marseillaise das Schafott bestiegen, ist durch das jeder Entwicklung innewohnende Naturgesetz zum Widerspruch seiner selbst geworden, zu dem Wahnsinn, zu dem Irrsinn, daß aus Überfluß an Lebensmitteln Millionen verhungerten, daß vor Reichtum die Welt verarmte, daß vor Fülle Millionen blühendster Menschenleben sterben mußten als Schlachtopfer des Dämons Maschine, der mit den Strömen Menschenbluts soviel Menschenglück und Menschenhoffnung trank. Wieder hatte sich die Zeit erfüllt. Mit der Geburtszange der politischen Revolution wurde die neue Wirtschaftsordnung geboren, der Sozialismus, der die Überführung aus der Anarchie einer nur durch das Fatum Angebot und Nachfrage regulierten Produktion in die organisierte, aus berechnetem Bedarf bedeutet, die Erklärung der Produktionsmittel zum Gemeineigentum, die verteilten Produkte zu persönlichem Lebensunterhalte als persönliches Eigentum. So ist die Maschine, aus einem Dämon zum Diener der Menschheit werdend, durch allmähliche Ausschaltung der Handarbeit den Menschen mehr und mehr auf das Gebiet geistiger Tätigkeit verweisend, daran, materialistische Zivilisation, die sie geschaffen, zur Kultur zu erheben. Die bisherige Menschengeschichte, die noch in primitiven Anfängen steht, umfaßt den Zeitraum von der Erfindung des Reibfeuers (Bewegung in Wärme), das ihn dereinst vom Tierreich schied, bis zur Erfindung der Dampfmaschine (Wärme in Bewegung). Erst jetzt soll der Mensch durch rationellste Wirtschaft des tierischen Daseinskampfes enthoben, durch Erkenntnis der Naturgesetze zu ihrem Herrscher werden, um zu echtem freiem Menschentum zu gelangen. Das Bewußtsein von der Bedeutung der hohen Mission, die wir zu erfüllen haben, wird uns in den vielleicht schweren Tagen, die uns bevorstehen, mit jener sittlichen Kraft erfüllen, die sich bei den großen Führern der Menschheit bis zum Jauchzen nach dem Opfertod gesteigert hat in ihrer ganzen Reihe, die jener Jude und Revolutionär auf Golgatha nicht eröffnet und Eisner nicht geschlossen hat.
Was ist zunächst zu tun? Die stetig steigende maschinelle Durchdringung der Produktionsweise, die ein immer größeres konstantes Kapital erforderte, zwang die einzelnen Unternehmer, ihre Kapitalien in Aktiengesellschaften zusammenzuwerfen, in denen der Großbourgeois wie der Großgrundbesitzer wieder das geworden ist, was der feudale Adel vor 1789 war, eine untätige, Revenuen einstreichende Drohne der Gesellschaft. Die Ausbeutung einer solchen Gesellschaftsklasse ist ohne Störung der Produktion mit einem Federstrich zu beseitigen. So daß die Sozialisierung der Großbetriebe sowohl Großgrundbesitz wie Großindustrie sofort zu realisieren ist. Aber nur ein Ignorant der ökonomischen Naturgesetze fordert Vollsozialisierung über Nacht. Den Kleinbetrieb mit politischer Macht sozialisieren zu wollen, hieße denselben Irrtum begehen, den Preußen machte, als es mit Soldaten und Bajonetten Kolonialreiche zu gründen hoffte statt mit Farmern und Kaufleuten. Der leere Geldbeutel der siegreichen Eroberer ist sprichwörtlich. Ohne Armeen und ohne Flotte ist Rothschild König der Könige geworden. Die politische Revolution ist, wie gesagt, nur die Geburts-

zange der sozialen, aber die Zange allein macht noch kein Kind. Das Kind ist ein Produkt ökonomischer Faktoren, und sein Heranreifen kann nur beschleunigt werden durch ökonomische Maßnahmen. Hier durch die Konkurrenz der Produktiv- und Konsum-Genossenschaften, in die sich der sich nur selbständig glaubende Kleinbürger bald um der besseren Arbeits- und Lebensbedingungen willen wird aufnehmen lassen. Verteilung des Besitzes wäre eine reaktionäre Tat, ein Zurückwerfen an den Anfang der kapitalistischen Entwicklung.
Wie die antike Kultur ein Produkt der Sklavenarbeit war, so wird die kommende aufgebaut sein auf der Produktivkraft der Maschine. Heute ist der Ultraradikale Trumpf, wie es während des Krieges der alldeutsche Phrasendrescher war. Und doch ist das Kennzeichen des Reifen der nüchterne Blick und der Mut, auch ernsten Tatsachen ins Auge zu schauen. Das Schreckensregiment Robespierres hat dereinst dem Diktator Napoleon den Weg bereitet. Der Erfolg der Revolution hängt ab von der gesteigerten Produktion. Darum ist die Parole Arbeit. Wir arbeiten für uns und unsere Späteren.

Der letzte Tag des Generalstreiks

Dienstag, den 22. April 1919

Demonstration der Rotarmisten in der Ludwigstraße am 22. April 1919

Programm

für den Demonstrationstag des Münchener Proletariats

(Dienstag, den 22. April 1919)

Um 11 Uhr:

Truppenschau sämtlicher bewaffneter Arbeiter und Soldaten

vor dem Kriegsministerium in der Ludwigstraße

Um 3 Uhr:

Elf große öffentliche Versammlungen

(Arzbergerkeller, Bürgerbräukeller, Hofbräuhaus-Festsaal, Löwenbräukeller, Mathäser-Festsaal, Münchner Kindl-Keller, Kath. Gesellschaftshaus (Kreuzbräu), Schwabingerbräu, Thomasbräu, Tonhalle, Wagnersaal.)

Um 5 Uhr:

Massen-Versammlung auf der Theresienwiese

(Die Versammlungsteilnehmer in den obengenannten Sälen ziehen in geschlossenen Zügen dorthin).

Nach kurzen Ansprachen:

Demonstrationszug

durch die Lindwurm-, Sendlinger-, Theatiner-, Ludwigstraße zum Siegestor; von dort zurück zur Briennerstraße. Vor dem Wittelsbacher Palais löst sich der Zug in einzelne Trupps auf, welche geschlossen in ihre Quartiere abmarschieren.

Rote Fahnen enthüllen. Gebäude rot beflaggen.

Die Arbeiter-Sängerschaft verteilt sich gruppenweise auf den Zug.

München, den 21. April 1919.

Der Vollzugsrat der Arbeiter- und Soldatenräte Münchens

Wenden!

Flugblatt (Vorder- und Rückseite) zum ›Roten Tag von München‹

Die Internationale.

Wacht auf! Verdammte dieser Erde,
Die stets man noch zum Hungern zwingt,
Das Recht wie Glut im Kraterherde
Nun mit Macht zum Durchbruch dringt!
Reinen Tisch macht mit dem Bedränger!
Heer der Sklaven, wach auf!
Ein Nichts zu sein, trag' es nicht länger!
Alles zu werden, strömt zu Hauf!

Völker, hört die Signale!
Auf zum letzten Gefecht!
Die Internationale
Erkämpft das Menschenrecht!

Es rettet uns kein höh'res Wesen,
Kein Gott, kein Kaiser noch Tribun.
Uns aus dem Elend zu erlösen,
Können nur wir selber tun!
Leeres Wort von des Armen Rechte!
Leeres Wort von des Reichen Pflicht!
Unmündig nennt man uns und Knechte,
Duldet die Schmach nun länger nicht!

Völker, hört die Signale!
Auf zum letzten Gefecht!
Die Internationale
Erkämpft das Menschenrecht!

Gewölbe, fest und stark bewehret,
Die bergen, was man dir entzog.
Dort liegt das Gut, das dir gehöret,
Und um das man dich betrog!
Ausgebeutet bist du stets geworden,
Ausgesogen dein bestes Mark!
Auf Erden rings, in Süd' und Norden
Das Recht ist schwach, die Willkür stark.

Völker, hört die Signale!
Auf zum letzten Gefecht!
Die Internationale
Erkämpft das Menschenrecht!

In Stadt und Land, ihr Arbeitsleute,
Wir sind die größte der Partei'n.
Die Müßiggänger schiebt beiseite!
Diese Welt soll unser sein!
Unser Blut sei nicht mehr der Raben
Und der mächtigen Geier Fraß!
Erst, wenn wir sie vertrieben haben,
Dann scheint die Sonn' ohn' Unterlaß!

Völker, hört die Signale!
Auf zum letzten Gefecht!
Die Internationale
Erkämpft das Menschenrecht!

Die Arbeitsmänner.

Wer schafft das Gold zutage?
Wer hämmert Erz und Stein?
Wer webet Tuch und Seide?
Wer bauet Korn und Wein?
Wer gibt den Reichen all ihr Brot
Und lebt dabei in bitt'rer Not?

[: Das sind die Arbeitsmänner,
Das Proletariat! :]

Wer plagt vom frühen Morgen
Sich bis zur späten Nacht?
Wer schafft für andre Schätze,
Bequemlichkeit und Pracht?
Wer treibt allein das Weltenrad
Und hat dafür kein Recht im Staat?

[: Das sind die Arbeitsmänner,
Das Proletariat! :]

Wer ward von je geknechtet
Von der Tyrannenbrut?
Und mußte für sie kämpfen
Und opfern oft sein Blut?
O Volk erkenn', daß du es bist,
Das immerfort betrogen ist!

[: Wacht auf! Ihr Arbeitsmänner,
Du Proletariat! :]

Rafft eure Kraft zusammen
Und schwört zur Fahne rot!
Kämpft mutig für die Freiheit!
Erkämpft euch bess'res Brot!
Beschleunigt der Despoten Fall!
Schafft Frieden bald dem Erdenball!

[: Zum Kampf! Ihr Arbeitsmänner,
Du Proletariat! :]

Ihr habt die Macht in Händen,
Wenn ihr nur einig seid,
Drum haltet fest zusammen,
Dann seid ihr bald befreit!
Marsch, vorwärts, Sturmschritt, in den [Streit,
Wenn auch der Feind Kartätschen streut!

[: Dann siegt ihr Arbeitsmänner,
Du Proletariat! :]

Max Kegel.

Arbeiter-Marseillaise.

Wohlan, wer Recht und Freiheit achtet,
Zu unsrer Fahne steh' zu Hauf:
Wenn auch die Lüg' uns noch umnachtet,
[: Bald steigt der Morgen hell herauf! :]
Ein schwerer Kampf ist's, den wir wagen,
Zahllos ist unsrer Feinde Schar,
Doch, ob wie Flammen die Gefahr
Mög' über uns zusammenschlagen.

Nicht zählen wir den Feind,
Nicht die Gefahren all',
[: Der Bahn, der kühnen, folgen wir,
Die uns geführt Lasall'. :]

Der Feind, den wir am tiefsten hassen,
Der uns umlagert schwarz und dicht,
Das ist der Unverstand der Massen,
[: Den nur des Geistes Schwert durch- [bricht. :]
Ist erst dies Bollwerk überstiegen,
Wer will uns dann noch widersteh'n?
Dann werden bald auf allen Höh'n
Der wahren Freiheit Banner fliegen.

Nicht zählen wir den Feind,
Nicht die Gefahren all',
[: Der Bahn, der kühnen, folgen wir,
Die uns geführt Lasall'. :]

Von uns wird einst die Nachwelt zeugen,
Schon blickt auf uns die Gegenwart,
Frisch auf, beginnen wir den Reigen!
[: Ist auch der Boden rauh und hart. :]
Schließt die Phalanx in dichten Reihen!
Je höher uns umrauscht die Flut,
Je mehr mit der Begeist'rung Glut
Dem heil'gen Kampfe wir uns weihen!

Nicht zählen wir den Feind,
Nicht die Gefahren all',
[: Marsch, marsch, und wär's zum Tod,
Denn unsre Fahn' ist rot! :]

Auf denn, Gesinnungskameraden,
Bekräftigt heut aufs neu den Bund,
Daß nicht die grünen Hoffnungssaaten
[: Geh'n vor dem Erntefest zugrund'. :]
Ist auch der Säemann gefallen,
In guten Boden fiel die Saat,
Uns aber bleibt die kühne Tat,
Heil'ges Vermächtnis sei sie allen!

Nicht zählen wir den Feind,
Nicht die Gefahren all',
[: Marsch, marsch, und wär's zum Tod,
Denn unsre Fahn' ist rot! :]

Jakob Audorf.

Sozialistenmarsch.

Auf, Sozialisten, schließt die Reihen!
Die Trommel ruft, die Banner weh'n.
Es gilt die Arbeit zu befreien,
Es gilt der Freiheit Aufersteh'n!
Der Erde Glück, der Sonne Pracht,
Des Geistes Licht, des Wissens Macht,
Dem ganzen Volk sei's gegeben!
Das ist das Ziel, das wir erstreben.

[: Das ist der Freiheit heil'ger Krieg!
Mit uns das Volk, mit uns der Sieg! :]

Ihr ungezählten Millionen
In Schacht und Feld, in Stadt und Land,
Die ihr um kargen Lohn müßt fronen
Und schaffen treu mit fleiß'ger Hand:
Noch seufzt ihr in des Elends Bann!
Vernehmt den Weckruf! Schließt euch an!
Aus Qual und Leid euch zu erheben,
Das ist das Ziel, das wir erstreben.

[: Das ist der Freiheit heil'ger Krieg!
Mit uns das Volk, mit uns der Sieg! :]

28. 50000

Druck Münchner Buchgewerbehaus: M. Müller & Sohn.

Max Zillibiller
Auszüge aus einem Tagebuch *(4. April bis 5. August 1919)*

4. April – München –
etc. etc. daß man für morgen mit der Räterepublik zu rechnen habe. Gott sei Dank scheinen wir endlich soweit zu sein, und das erreicht zu haben, was wir immer wollten und worauf wir hingearbeitet. Leider sind ja die Massen noch nicht reif dazu, aber es wird und muß gehen. Ich glaube an die gute Kraft unseres Volkes.

5. April – München –
Andererseits soll aber die Ausrufung der Räterepublik vom Zentralrat beschlossen sein, soviel ich heute wenigstens hinter den Kulissen im Wittelsbacher Palais durch Marut und Stückgold hörte. Die ›Sozialistischen Akademiker‹ haben einen vierten Ausschuß gewählt, der die ganze Leitung in der Hand hat und vor allen Dingen die politische Lage stark verfolgen soll.

6. April – München –
Nachmittags Sitzung des vierten Ausschusses. Abends sechs Uhr im Wittelsbacher Palais beim Künstlerrat. Abends um einhalb acht Uhr beim Hagen, wo wir einstimmig beschlossen, keine Aktion zu unternehmen, da nach allgemeiner Erwartung die kommende Räterepublik auf ziemlich schwachen Füßen stehen wird.

7. April – München –
Leider ließen wir den gestern abend gefaßten Beschluß schnell fallen und ließen uns zu einer nicht ganz glatten Hochschulaktion hinreißen. Wenigstens scheint es mir heute so, bin begierig, ob ich recht ahne. Um einhalb vier Uhr klingelte mich Bloch aus dem Bett, ich eilte ins Wittelsbacher Palais, wohin noch kamen: Paraquin, Strasser, Fischer, Hagen, Klein und Bloch. Nachts war nämlich von Dr. Muckle ein dreigliedriger, ziemlich reaktionärer Hochschulrat eingesetzt worden. Hagen erfuhr davon und wollte uns die Aktion doch nicht aus der Hand winden lassen und trommelte uns deshalb zusammen. Wir besprachen uns und beschlossen mit Muckles Hochschulrat nicht zu paktieren, sondern uns allein von Landauer, der zum Volksbeauftragten ernannt war, bevollmächtigen zu lassen. Pallobene spielte uns gegenüber eine ziemlich zweifelhafte Rolle. Wir drangen dann ohne zu fragen beim Zentralrat ein. Der Eindruck, den ich dort empfing, bestärkte mich in meinem Mißtrauen gegen die ganze Sache, es herrschte wenig Begeisterung, viel persönliche Eitelkeit und viel gegenseitiges Mißtrauen und Mißgönnen. Mit Landauer besprachen wir dann den ganzen Plan, er erklärte sich mit uns einverstanden und stellte uns alleinige Vollmacht aus. Unterschriftsberechtigt sollten sein: Wertheimer, Strasser und ich. Strasser war der einzige Kommunist, der mittat. Alle anderen weigerten sich, da die kommunistische Par-

tei in Opposition gegen die jetzige Räteregierung trat. Landauer selbst machte mir durchaus guten, aber etwas weichen Eindruck. Dann gingen wir zur Universität, Strasser hißte natürlich wieder seine alte rote Fahne. Anschlag vor Universität, in dem die Schließung der Universität bis nach den Ferien bekanntgegeben wird. Bald große Ansammlung von wild erregten Studenten, die Fortsetzung der Vorlesungen verlangten und besonders gegen Strasser schimpften. Unter dem Eindruck dieser Demonstration ließen wir uns leider verleiten, mit Muckles Hochschulrat, dem auch die Professoren Rottenbucher, Bonn, Geiger und Schminke angehörten, zu verhandeln, wir litten aber zum erstenmal unter der Schwäche der neuen Räteregierung, die nicht fähig war, die scharfen, gegen sie gerichteten Demonstrationen zu unterdrücken. Nachmittags fand in der Universität Mitgliederversammlung statt, in der sehr stark gegen uns opponiert wurde, und in der wir unsere Ämter niederlegten, zum Schluß wurde uns aber doch das Vertrauen ausgesprochen. Ich weiß noch nicht, ob unsere Taktik heute bei der unsicheren Lage der Räteregierung falsch war oder nicht; ich glaube nicht, der Fehler liegt darin, daß wir uns überhaupt zu einer Aktion hinreißen ließen. Am besten von allen arbeitete ich mit Alex Strasser zusammen, er ist ein zwar noch junger, aber hochanständiger, energischer, zielbewußter Kerl, er hat einige Male meinen innersten Gedanken ausgesprochen und auch ich einige Male die seinigen, wie ich aus seiner Zustimmung erfahren konnte.

8. April — München —

Zuerst las Hagen die Zusammensetzung und die Pläne des Hochschulrates, er konnte sich vor Gejohle gar nicht verständlich machen, dann wollte Paraquin über ›Was wir wollen‹ sprechen, mußte aber bald abbrechen. Schmid-Noerr wurde halbwegs ruhig angehört, und es schien vieles gewonnen, als das unglückselige Telegramm der Regierung Hoffmann hereinplatzte und die ganze ruhige Stimmung ins Gegenteil kehrte. Nach einigen beruhigenden Worten Rottenbuchers und Kischis legte sich der Sturm, aber Professor Friedrich Müller peitschte durch einige Sätze, in denen er die Autonomie der Hochschule forderte, die ganze Stimmung wieder so gegen uns auf, daß man überhaupt kein Endergebnis erhoffen konnte. Nachher setzten wir uns wieder zu einer endlosen Besprechung mit Muckles Rat zusammen. Ich erklärte zu Beginn sehr energisch, daß wir gar keine Lust hätten, uns der Regierung gegenüber als Deckmantel benutzen zu lassen.

9. April — München —

Vormittags hatten wir Besprechung mit Gustav Landauer, der dann in einem Schreiben an den Senat den Punkt V milderte, von einer Entlassung absah und Lehrfreiheit garantierte. Die Dozentenversammlung hatte inzwischen langen Beschluß gefaßt, worin sie die Sache selbst in die Hand nahm, aus sich einen Aktionsausschuß bildete, zu dem auch zwei sozialdemokratische Akademiker und allenfalls ein Arbeiter gehören sollten. Durch den neuen Landauer-Erlaß waren neue Verhältnisse geschaffen, Hagen und ich wurden vor den Senat zitiert, um dort den Erlaß zu erklären.

Der dortige Eindruck wird mir unvergeßlich bleiben, mit diesen Leuten wird man nie etwas anfangen können.
Hagen berichtete darüber Landauer, der mit völliger Ausschaltung der Universität bei der Umgestaltung drohte. Abends bei einer Arbeiterjugend.

10. April – München –
Es wird zum Eintritt in die Rote Armee aufgefordert. Zehn Uhr Sitzung. Sechster Rat stellt an den Betriebsrat das Ultimatum, in dem er volle Anerkennung und die gewünschte Bildung des Aktionsausschusses mit sogenannter Mehrheit verlangt. Bis sechs Uhr abends sollte Antwort erfolgen, sie fällt ausweichend aus und so werden die Beziehungen abgebrochen.

11. April – München –
Wir verlangen vom Syndikus, daß in Zukunft alle Anschläge von uns gestempelt sein müssen, die heutigen nachträglich. Er telefoniert mit Rektor Müller, der das Anersuchen abweist, wir erklären, die Sache an den Zentralrat melden zu müssen. Abends auf Räteversammlung im Hofbräuhaus.

12. April – München –
Vormittags bei Landauer, der unsere Vollmacht verlängerte. Wir berichteten ihm über die Stempelangelegenheit, worauf er erklärte, er werde die Sache dem Zentralrat vorlegen. Wir nahmen die Universitätssachen nun selbständig in die Hand und luden von jeder Fakultät einen Professor zur Besprechung für abends, wo wir die einzelnen Fakultäts-Ausschüsse bilden wollten. Die Professoren willigten nicht ein, sondern forderten uns auf, in den Aktionsausschuß der Universität einzutreten und dort mitzuarbeiten. Wir lehnten dies ab.

13. April – München –
Früh acht Uhr rief mich bereits Sontheimer an mit der Nachricht, der Zentralrat sei gestürzt und die Stadt in den Händen Hoffmanns.
Ging sofort auf die Universität und rettete unsere Akten, auf Denunziation des Baurats Kollmann hin wurden wir zum Prorektor gerufen, dem wir garantieren mußten, keine Akten der Universität mitgenommen zu haben. Dann bei Kaestner. Tatsächlich erreichte dieser Putsch das Gegenteil, er begeisterte die Massen, die sofort die Gefahr erkannt hatten. Versammlungen auf der Theresienwiese beschlossen die Ausrufung einer rein kommunistischen Räterepublik. Abends mit Kaestner und Bernd bei der Erstürmung des Hauptbahnhofes, in der Nacht wurden von den Kommunisten noch die Stadtkommandantur, die Nebenbahnhöfe etc. besetzt.

14. April – München –
Generalstreik, Eglhofer Stadtkommandant, ordnete die sofortige Entwaffnung der Bürgerschaft und der Polizei an, mit Alex auf Stadtkommandantur, wo ich mir Waffenschein und Ausweis bestätigen ließ. Zogen wieder in die Universität ein und erklärten Senat für abgesetzt und schlossen sie ab. Holte Schmid-Noerr

vom Bahnhof ab. Am Hochschulrat nahmen jetzt auch Kommunisten teil. Abends mit Bernd in der Pressezentrale, dann mit G. O. im Englischen Garten. Große Begeisterung bei den Massen.

15. April — München —
Gegen Waffenandrohung und nach aufgenommenem Protokoll öffnete uns Syndikus den Senatsaktenschrank, an dessen Durchsicht ich mich zusammen mit Kaestner sofort machte. Interessantes über Fall Förster und den Begriff Lehrfreiheit.
Abends in Pressezentrale und im Luitpold, plötzlich Alarmgeläut. Epp sollte kommen, große Aufregung, Gefecht bei Allach mit günstigem Ausgang. Dann zu Kaestner, bei Alex übernachtet.

16. April — München —
Die Gefahr Weiße Garden war also für diesmal abgewiesen, es wurde mit großem Eifer die Organisation der Armee in die Wege geleitet. Vormittags und nachmittags Durchsicht der Akten. Doch waren die Herren speziell seit November-Revolution sehr vorsichtig. Im allgemeinen beurteilen wir die Lage sehr optimistisch.

17. April — München —
Gewaltandrohung gegen Rektor wegen der Herausgabe der Schlüssel zu den Fakultätsakten. Nachmittags Sitzung mit Anwesenheit von Thomas. Zunächst sollen Abendvorlesungen für die Proletarier stattfinden, dann soll eine Verwaltungs- und Räte- und Aufklärungsschule errichtet werden.
Alex, Edi, Dich, Wertheimer und ich wollen morgen früh nach Jena fahren.

18. April — Fahrt nach Jena —
In Regensburg stand auf dem andern Geleise ein Zug mit Weißen Garden. Sofort wurde er von uns bestürmt, und wir versuchten die Leute über die wirklichen Münchner Verhältnisse zu unterrichten, und es wäre sogar zur Prügelei gekommen, wenn nicht die Bahnhofswache eingeschritten wäre und uns Zivilisten den Verkehr mit dem Militär verboten hätte. Um zwölf Uhr vierzig mit demselben Zug weiter, traf unterwegs Troch.

19. April — Karsamstag, Fahrt nach Jena —
Traf ich einen Nürnberger U.S.P.-Genossen, der mich genau mit den Nürnberger Verhältnissen vertraut machte, so daß mir unsere Aussicht in Nürnberg als hoffnungslos erschien.
Um sechs Uhr zurück nach Goßlitz, von dort nach Gera.
Überall herrscht finsterste Reaktion. Militaristischer als im Krieg. Überall Freikorps-Aufrufe etc. Um zwölf Uhr dreißig ab nach Jena. Dort um drei Uhr standen wir Münchner natürlich sofort im Mittelpunkt des Interesses. Abends besprachen sich noch der linke Flügel der U.S.P. und die Kommunisten über das Verhalten in den nächsten Tagen und ich gewann da schon den bestimmten Ein-

druck, daß die Berliner kommunistische Gruppe die Sache sprengen wollte. M. selbst wäre ja leicht zu überzeugen gewesen, aber er hatte zu strenge Richtlinien von der Parteileitung.

20. April — Jena —
Vorbesprechung der radikalen Teilnehmer um sieben Uhr, wir wollen, solange auch Diktaturgegner teilnehmen, nur eine ganz lose Verkehrsorganisation. Um neun Uhr Beginn des Kongresses, Begrüßung durch Seidel-Berlin, Bekanntgabe der Teilnehmer, Wahl des Vorstandes, Bildung einer Hochschulkommission, zu der auch ich gehöre, Berichte der einzelnen Gruppen, die zeigen, daß keine Gruppe nur annähernd so tätig war wie unsere Münchner. Nachmittags Bericht des Amtes für auswärtige Propaganda, Referat von Engelbert Graf über die Aufgaben der Studentenbewegung innerhalb des Sozialismus.

21. April — Jena —
Nachmittags Bericht der Redaktionskommission, Beratung der einzelnen Satzungspunkte, endgültige Annahme erst morgen, da sich der radikale Flügel noch für sich beraten will. Mit Friedmann-Kiel arbeitete ich in kürzester Zeit das Diktatur-Programm aus. Um einhalb neun Uhr Vortrag von Genossen Walinkow über Rußland, sehr interessant, doch einseitig vom menschewistischen Standpunkt aus. Um zehn Uhr Fraktionssitzung der Radikalen, Genehmigung des radikalen Hochschulprogramms, Umarbeitung der Verkehrsorganisation.

22. April — Jena —
Referat der drei Hochschulkommissionen, Dr. Seligmann für Reformen, Schuller die großen Richtlinien, ich, unter großem Beifall der Radikalen und Scharren der Mehrheitler, radikales Hochschulprogramm. Dann weitere Auseinandersetzungen über Grenzschutz, Bruch mit Berliner Kommunisten. Um acht Uhr große Volksversammlung im Löwen. Ich halte großes eineinhalbstündiges Referat über die Münchner Ereignisse, geringer Widerspruch, großer Beifall. Nach mir Leichler-Wien, Walinkow-Rußland, Scheidler-Italien. Großer Erfolg der ganzen Veranstaltung.

23. April — Jena —
Sehr nette und innige Unterstützung fand ich in Alex, während alle anderen mitgekommenen Treudeutschen nur erleben mußten statt arbeiten.

24. April — Jena —
Vormittag mich mit politischen Flüchtlingen aus Württemberg, Braunschweig sehr anregend unterhalten.

25. April — Wichersdorf —
Früh sechs Uhr ab Jena zusammen mit Maenne, Knittau, Hans, Rudi, Ernst und einem Tübinger Studenten. Bis Saalfeld per Bahn, dort lag die Zweite Marine-Brigade zum Abtransport gen München bereit, man hat sich ja nachgerade an

diesen Anblick gewöhnt, aber trotzdem — — — — — — — Nachmittags dann über Merna, Schmiedberg nach Wallendorf, dort gut untergekommen. Marsch 0,30 km war wunderschön, durch den Thüringer Wald. Rudi mit seinem glänzenden Humor wußte immer trotz Schneegestöber lustige Stimmung aufrechtzuerhalten, hat auch sehr nett und begeistert über die Eßlinger Unruhen erzählt, derentwegen er ja jetzt als Hauptbeteiligter flüchtig ist.

26. April — Lauscha —

etc. etc. Dann bei Abmarsch hellte es auf, Blick auf Maintal, — ? —, Staffelstein. Vom Bahnhof Staffelstein mit Personenzug nach Bamberg, dort genaueste Leibesvisitation zur Sicherung von Exzellenz Hoffmann etc. etc., um sechs Uhr ab von dort, neun Uhr an Nürnberg, Unterkunft auf Matratze im Wandervogelnetz in der Lauferingmauer.

28. April — Nürnberg —

In Nürnberg ist alles zur Abwehr gerüstet. Die hochlöbliche Bürgerschaft bis an die Zähne bewaffnet, mir scheint ein Umsturz dort unmöglich. Leider war Bill sehr schlecht orientiert.

Mußte leider in letzter Zeit oft diese Erfahrung machen, es gibt so wenig wirklich dauernd tätige, furchtlose Gruppenmitglieder, so daß mir schon aus diesem Grunde die Freude an einer weiteren Tätigkeit innerhalb der Gruppe verleidet ist, die Gruppe gehört gesprengt.

29. April — Plattling —

Fünf Uhr ab nach Regensburg, dort musikalische Einleitung zum kommenden Bürgerkrieg. Weiter nach Plattling, dort an drei Uhr dreißig. Wir hätten uns damals in der Bahn beinahe verraten, und wären beinahe geschnappt worden, aber Gott sei Dank, ein niederbayerisches Bauernhirn arbeitet nicht so rasch. In Plattling übernachtet. Durch Gespräche mit den Bauern konnte ich mich überzeugen, daß die Stimmung sehr radikal, daß sie nur in Angst gehalten werden durch den alten Witz, die Spartakisten kommen und würden plündern. Sie behaupteten zwar auch, auf den bezahlten Schmarrn des Pfarrers würden sie gar nichts geben.

30. April — Mühldorf —

Ab Plattling sechs Uhr dreißig, an Mühldorf ein Uhr. Mühldorf war nachts vorher stark durch Weiße Garde ›befreit‹ worden. Man merkte aber innerhalb der Bevölkerung schon verflucht wenig Begeisterung.

etc. etc. Wo bleibt die versprochene Freiheit, während unsere Parole für alle, die es sehen wollen, klar und deutlich lautet: ›Diktatur des Proletariats‹. Wahre Freiheit kann weder die Regierung Hoffmann noch Levien bringen. Der Unterschied ist nur, daß die eine ›Freiheit‹ auf ihre Fahne schreibt, die andere ›Diktatur‹. Leider sehe ich da, daß die Spannung in München zwischen U.S.P. und K.P.D., wie ich erwartet habe, ziemlich groß geworden ist.

1. Mai – München –
Zu Fuß auf den Schienen bis Feldkirchen, dann auf Landstraße nach München. Die Weißgardisten ließen uns nach etwas Überredung und ein paar Zigaretten ruhig passieren, sie standen bereits in Zamdorf. Beim Einmarsch nach München war ich bitter enttäuscht, nicht einmal auf eine Postierung der Roten Armee zu stoßen. Nach fünfstündigem strammem Marsch kam ich um zwei Uhr nach Hause. Es ist in diesen Tagen immer ein Pflichtenkonflikt in mir, es widerstreiten sich die Pflichten als dankbarer Sohn und die Pflichten im Interesse der von mir verfochtenen Sache. Das ist auch der Hauptgrund, warum ich eigentlich auch nicht die letzte Konsequenz gezogen habe und jetzt in der Roten Garde stehe. Mein Vater ist das letzte Hemmnis, das mich an der vollen Hingabe für meine Sache hindert. Dann zu Traud und Bernd. Zufällig erfahre ich, daß Hagler in Freimann verwundet wurde. Sehr niederschmetternd wirkte auf mich die Geiselerschießung. Sie war politisch so unklug wie nur möglich, es war reinster Fanatismus und blinde Wut, aber solche Dinge dürfen ja nur die jeweiligen Machthaber walten lassen, wenn sie eine gefügige Presse hinter sich haben, bin wirklich walten lassen, wenn sie eine gefügige Presse hinter sich haben, bin wirklich begierig, was bei den Weißen alles mit ›Erbitterung, Wut‹ entschuldigt wird und vor der Bourgeoisie damit auch entschuldigt ist. Auf dem Odeonsplatz bewaffnen sich die Bourgeois, die Spitzen der Regierungstruppen erscheinen, heiß umjubelt (vergleiche unsern Einzug nach viereinhalbjährigem Feldzug). Unsere alte Universität zieht schnell den roten Schornfetzen ein und hängt ihre weißblauen Tücher heraus, sorgsam verschwinden alle roten Fahnen.
etc. etc. da krachen die ersten Schüsse, der Bürgerkrieg beginnt, die Befreier wissen nichts Besseres, als ihre Musikkapellen stolze alte Preußenmärsche dazu spielen zu lassen, es zeigt von tiefem Gefühl und vollstem Verständnis für die Kämpfe zwischen Klassen, die jetzt ihren ersten, aber nicht letzten blutigen Austrag finden. Bernd erzählt mir, oft unterbrochen vom Jubel und von Musikklängen, die letzten Ereignisse in der abgeschnittenen Räterepublik. Die schwierigste Frage war die Frage der Feldwirtschaft und in dieser Frage kam es zum Bruch zwischen Maenner und Axelrod und damit zwischen der gemäßigten und radikalen Richtung. Die Sache der Auslandspresse sei nur kurz erwähnt, die Betriebsräte stellten sich auf Seite Maenners, Levien und Genossen treten zurück, es bildet sich ein Vollzugsausschuß, der sich durch vollkommene Hilflosigkeit auszeichnete. Abends erfahren wir durch S. L., daß nach uns gesucht wird. Ich gehe also nicht nach Hause, sondern bleibe bei M.

2. Mai – München –
etc. etc. Mich betrübt das Schicksal dieser Tapfern schwer, die in letzter Konsequenz für ihre aussichtslose Sache mit dem gewissen Tod vor Augen kämpfen, es sind leider Gottes nicht die schlechtesten Elemente, sondern die besten, die uns beim nächsten Kampf bitter fehlen werden. Mögen sie in einem Aufruf des Generals Möhl hundertmal als Verbrecher und Gesindel verzeichnet sein.
etc. etc. Mittag im Parkhotel bei Paul, wo mich ein Herr erkannt und Miene machte, mich verhaften zu lassen.

Als ich nach Hause wollte, waren Soldaten vor dem Haus, ich dachte natürlich sofort, das gilt dir und ging zu Bloch.
etc. etc. Überall toben schwere Kämpfe. Ich will in Zukunft in der Wohnung bleiben und will voll und ganz die Folgen meiner Handlung auf mich nehmen, mehr als erschießen können sie mich nicht. Den Glauben an den Sieg unserer Sache können sie mir nicht rauben.

3. Mai – München –
Hagemeister wurde verhaftet, aber bald wieder freigelassen. Nachmittags Dr. Wallach mit einigen bei mir. Martine war verhaftet, wurde aber bald wieder frei, Thomas ist Gott sei Dank in Sicherheit. In der Stadt wird massenhaft und planlos erschossen, entschuldigt natürlich durch Erbitterung und Wut. Denunziantentum blüht. – – Abends telephoniert die aufgeregte Traud, Däumler sei verhaftet, ich solle mich doch verziehen, ich will aber bleiben.

4. Mai – München –
etc. etc. Traud erzählt mir die entsetzliche Schlüsselgeschichte. Ich gehe daraufhin zu Rottenbucher und stelle mich zur Verfügung.

5. Mai – München –
Früh vorgeladen zur Universität. etc. Nachmittags war Karl Hagler bei mir, mich zu warnen, doch ich bleibe.

6. Mai – München –
Nachmittags bei Junker erfahre ich, daß Beisson bereits am 1. Mai früh einen Haftbefehl gegen uns hintangehalten hat, es ist gut, denn sonst würde ich diese Zeilen sonst kaum mehr schreiben.
etc. Uns ist der Mund verstopft, aber die Handlungen der Regierungstruppen machen für uns eine Propaganda, wie sie besser nicht mehr gewünscht werden kann.

7. Mai – München –
Hausdorf, Hagen ist verhaftet. Eben kommt Dietl mit der Nachricht, Strasser soll erschossen sein, ich bin wütend und empört. Wäre im Moment zu allem fähig.

8. Mai – München –
Wallach, Soboljeff, Rubiner verhaftet, Bernd erzählt mir den Roman der Aktenablieferung durch Ev. und S. L. Soviel habe ich diesmal gelernt, daß ich bei einer Revolution mit Weibern nichts mehr zu tun haben will.

11. Mai – München –
Nachts große Zimmerdurchsuchung bei mir. Sie schleifen alles mögliche mit, Akten der Gruppe und die Jenaer Berichte. Immer wieder Frage nach Alex. Ich weiß aber nichts und wenn ich was wüßte, so würde ich nichts sagen.

13. Juli — München —
etc. etc. Habe die von Hagen an den Staatsanwalt und den Rektor gerichtete Denkschrift durchgesehen und finde ich darin ein jämmerliches zu Kreuze Kriechen.

19. Juli — München —
etc. etc. Nicht die, die auf die Revolution hereingefallen sind, sondern die Revolutionen von früher und nachher im metaphysischen Sinne werden die Weltrevolution machen.

5. August — München —
Stehe noch immer unter dem Eindruck von St. Erzählungen und habe eben doch das bestimmte Bewußtsein, wir stehen hier an der Quelle des Neuen, und das ist ein schönes Gefühl. Für mich gibt es zwei gangbare Wege aus meiner jetzigen Sammlungszeit, entweder ich gehe ganz in die Wüste, oder ich gehe durch die K. P. D. ins politische Leben mit allen Konsequenzen, aber erst wenn ich in mir geschlossen und eins mit dem All bin. Sind nicht die Leute, die eigentlich in die Wüste ihrer ganzen Verfassung nach gehörten und doch ins politische Leben gehen, mit ihren literarischen Fragen die eigentlichsten und die gefährlichen Saboteure einer richtigen wirtschaftlichen politischen Revolution?

Ernst Kiesewetter, Brief an seine Mutter (20. April 1919). Dieser Brief charakterisiert die Stimmung der ›normalen‹ unbekannten Aktivisten der Räterepublik. – Kiesewetter, 1897 geboren, Chemie-Laborant, desertiert in den letzten Kriegsmonaten, geht nach Berlin, tritt in die KPD(S) ein, wird Hilfsredakteur bei der ›Roten Fahne‹ und fährt am 9. April 1919 nach München. Er geht zu Erich Mühsam, der ihn an Landauer weiterverweist. Landauer beauftragt ihn, einen Plan zur Sozialisierung der chemischen Industrie auszuarbeiten. Gleichzeitig arbeitet er bei der ›Roten Fahne München‹. Er wird zu 2½ Jahren verurteilt

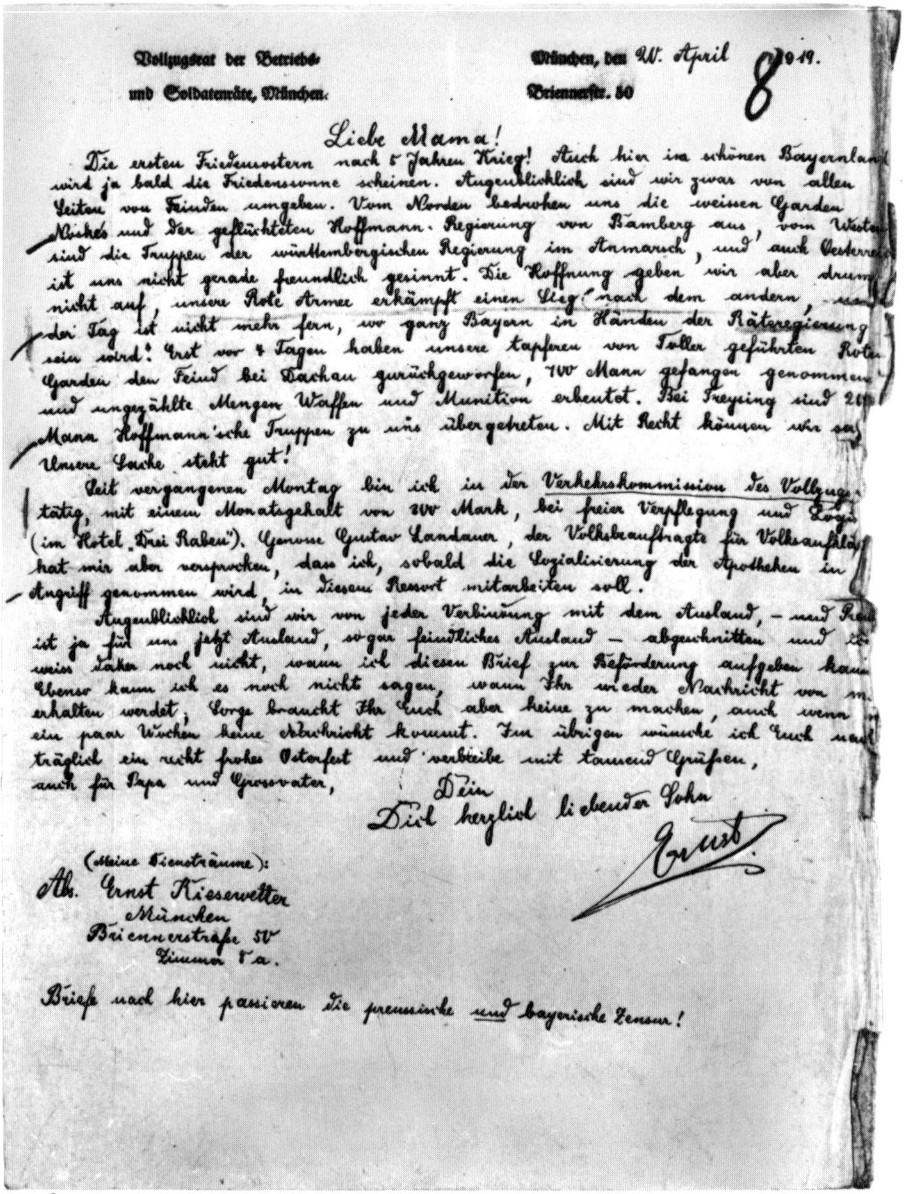

Vollzugsrat der Betriebs- und Soldatenräte, München.

München, den 20. April 1919.
Briennerstr. 50

8

Liebe Mama!

Die ersten Friedensostern nach 5 Jahren Krieg! Auch hier im schönen Bayernland wird ja bald die Friedenssonne scheinen. Augenblicklich sind wir zwar von allen Seiten von Feinden umgeben. Vom Norden bedrohen uns die weissen Garden Noskes und der geflüchteten Hoffmann-Regierung von Bamberg aus, vom Westen sind die Truppen der württembergischen Regierung im Anmarsch, und auch Oesterreich ist uns nicht gerade freundlich gesinnt. Die Hoffnung geben wir aber drum nicht auf, unsere Rote Armee erkämpft einen Sieg nach dem andern, und der Tag ist nicht mehr fern, wo ganz Bayern in Händen der Räteregierung sein wird. Erst vor 4 Tagen haben unsere tapferen von Toller geführten Roten Garden den Feind bei Dachau zurückgeworfen, 700 Mann gefangen genommen und ungezählte Mengen Waffen und Munition erbeutet. Bei Freysing sind 2[illegible] Mann Hoffmann'sche Truppen zu uns übergetreten. Mit Recht können wir sagen: Unsere Sache steht gut!

Seit vergangenen Montag bin ich in der Verkehrskommission des Vollzugsrates tätig, mit einem Monatsgehalt von 300 Mark, bei freier Verpflegung und Logis (im Hotel „Drei Raben"). Genosse Gustav Landauer, der Volksbeauftragte für Volksaufklärung, hat mir aber versprochen, dass ich, sobald die Sozialisierung der Apotheken in Angriff genommen wird, in diesem Ressort mitarbeiten soll.

Augenblicklich sind wir von jeder Verbindung mit dem Ausland, – und Preussen ist ja für uns jetzt Ausland, sogar feindliches Ausland – abgeschnitten und ich weiss daher noch nicht, wann ich diesen Brief zur Beförderung aufgeben kann. Ebenso kann ich es noch nicht sagen, wann Ihr wieder Nachricht von mir erhalten werdet, Sorge braucht Ihr Euch aber keine zu machen, auch wenn ein paar Wochen keine Nachricht kommt. Im übrigen wünsche ich Euch nachträglich ein recht frohes Osterfest und verbleibe mit tausend Grüßen, auch für Papa und Grossvater,

Dein
Dich herzlich liebender Sohn
Ernst

(Meine Diensträume):
Abs. Ernst Kiesewetter
München
Briennerstraße 50
Zimmer 8a.

Briefe nach hier passieren die preussische und bayrische Zensur!

Tagebuchnotizen der Reaktion. *Eine Textmontage*

7. April 1919
Seit heute früh haben wir die Räterepublik nach russischem und ungarischem Muster. Ich wollte um einhalb neun Uhr in die Klasse gehen, da fiel mir auf, daß sehr viele Leute aus der Stadt zurückkehrten. Am Max-Monument begegnete mir Kollege Alzinger, der mir sagte, die Schule sei geschlossen. Ich ging mit ihm wieder zurück, bis mir Kollege Mertel begegnete, mit dem ich doch in die Schule ging, um mich verschiedener Bücher zu entledigen, die ich lieber in der Schule als daheim aufbewahre. Es ist mir gelungen, noch der heutigen Nummer der ›Neuesten Nachrichten‹ habhaft zu werden, in der die Proklamation der Räterepublik steht, die übrigens auch auf gelben und roten Plakaten von der Größe der Tagesberichte angeschlagen ist. Der 7. April ist als Nationalfeiertag erklärt. Keine Trambahn geht. Alle öffentlichen Betriebe ruhen. Ich begreife nur nicht, daß die Herrschaften das nicht eine Woche früher gemacht haben. Ich hätte den 1. April passender gefunden. *(H)*

8. April 1919
Die bayrische Räterepublik von der früheren Regierung nicht anerkannt!
Wie vorauszusehen war, hat die frühere Regierung die über Nacht ausgerufene Räterepublik und die neue, dem Volke dem Namen nach noch unbekannte Regierung *nicht anerkannt.* Das Ministerium Hoffmann *regiert von Nürnberg aus weiter.* Die Münchner Bevölkerung ist außerordentlich erbittert über die Art des Vorgehens der fremden Eindringlinge, die niemand gerufen hat und die mit ihren unerhörten Eingriffen in das Leben und die persönliche Freiheit des einzelnen bereits störend in das Geschäftsleben eingreifen. Sämtliche Banken sind auf Anordnung des Zentralrates heute geschlossen. Trotz des Regenwetters stehen Hunderte von Leuten, die ihr Geld haben wollen, vor den Bankhäusern und machen ihrer Erbitterung nicht gerade in Segenswünschen auf den Zentralrat Luft. Auch zahlreiche Geschäfte haben heute während des Tages geschlossen, es macht den Eindruck, als wenn sich ein Bürgerstreik vorbereiten würde. Die Stimmung ist außerordentlich gespannt, und es wird des Aufgebots aller Besonnenheit und Ruhe seitens der Bürgerschaft bedürfen, um nicht einen blutigen Umschlag herbeizuführen. Am meisten Erbitterung herrscht in den Kreisen der Mehrheitssozialisten, die ihre Führer, die bis jetzt und seit vielen Jahrzehnten das Wohl und die Rechte der Arbeiter erfolgreich vertreten haben, von den hergelaufenen und meistenteils jüdisch-anarchistischen Volksverhetzern einfach kaltgestellt sehen, weil sich die Masse von den gewissenlosen Elementen gedankenlos wie eine Schafherde führen läßt.
Wie schwankend die Volksstimmung übrigens ist, beweist die Tatsache, daß gestern der Edelanarchist *Mühsam* von seinen eigenen Anhängern nicht weniger

als dreimal richtig verprügelt und für den Fall seines Wiederauftretens in einer Versammlung mit Erschlagen bedroht wurde. Auch sein Genosse Landauer ist bei der Menge des eigenen Anhanges in Ungnade gefallen. ›*Wer Wind sät, wird Sturm ernten!*‹ *(K)*

10. April 1919

Der Fernsprechverkehr nach auswärts ist teilweise wieder frei. Dieser wie der Telegrammverkehr werden vom Zentralrat überwacht. Die Bewaffnung der Arbeiterschaft und die Einschreibungen zur Roten Armee, zu deren Bildung in öffentlichen Anschlägen aufgefordert wurde, haben begonnen.

Wegen des Bahnverkehrs wird von der Verwaltung erklärt, daß der Kohlenvorrat nur noch auf wenige Tage ausreicht. Im Direktionsbezirk Würzburg ist ein gegen die Räterepublik gerichteter Beamten-, Bauern- und Bürgerstreik ausgebrochen; Kohlen und Lebensmittel für München werden dort zurückgehalten.

Holzschnitt aus der ›Süddeutschen Freiheit‹

Über München erscheinende Flieger werfen eine Kundgebung des Ministeriums Hoffmann und einen Aufruf der Bauernschaft des Rieses ab. Diese teilt mit, daß die Bauern von Franken, der Oberpfalz und dem Ries von Dienstag, 8. April, ab die Lebensmittelsperre über München und Augsburg verhängten. Diesem Vorgehen beabsichtigten sich die Bauern von Oberbayern anzuschließen. Die Milch aus dem Allgäu ist bereits vollständig ausgeblieben ...
Der Verein Jüdischer Staatsbürger schlägt Erklärungen an gegen die in Flugblättern erhobenen Beschuldigungen, die die Juden als eigentliche Triebkräfte der Revolution bezeichnen. *(K)*

14. April 1919
Gestern, Sonntag, kam L. und sagte, die Räteregierung sei oder scheine über Nacht gestürzt. Es seien Plakate angeklebt worden ›von der gesamten Garnison Münchens‹, daß sie sich hinter die Regierung Hoffmann stelle. Das ist sehr hübsch seitens dieser kostümierten Strolche, die noch vor einer Woche den Schutz der Regierung und des Landtags mit großem Pathos abgelehnt haben; damals stellten sie sich hinter die Räteregierung. Sollte die Bamberger Regierung ihre Löhnung um 50 Pfennig für den Tag erhöht haben? Wir gingen spazieren und sahen durchwegs zwei Plakate, ein gelbes und ein weißes. Auf dem weißen stand unter anderem zu lesen, der Genosse Lipp habe Eisner verraten und der Genosse Wadler die belgischen Arbeiter. Ich weiß nicht, wer dieser Genosse Lipp ist. Vermutlich ein halbverrückter Schulmeister, da er mit Kenntnissen prunkt, die er nicht hat. So schrieb er in einem Telegramm nach Berlin lateinische Phrasen und an den päpstlichen Nuntius ein fragwürdiges Italienisch. Mit L. bis zum Marienplatz, dann auf der Tram zurück. Der Nachmittag verlief bei uns in Haidhausen ganz ruhig. Abends, gegen einhalb neun Uhr, hörten wir mehrere starke Schüsse, wie von Artillerie, aber in einiger Entfernung. Um zehn Uhr gingen wir ins Bett. Als hätten die Schweine nur auf diesen Augenblick gewartet, fangen sie plötzlich an, in unmittelbarer Nähe zu schießen, vermutlich aus der Kirchenschule; mit Gewehren, Handgranaten und Maschinengewehren. Die nächtliche Ruhestörung dauerte etwa bis halb elf Uhr. Beide Kinder wurden wach und drückten vernehmlich ihre Mißbilligung der neuen Zeit aus. Dann schliefen wir ein, meine Frau schlief sogar besser als alle bisherigen Nächte. Wir hörten heute früh, die Leute in unserm Haus seien alle aufgestanden und in den Hof gegangen. In der Tat hörten wir viel auf und ab gehen, Türen zuschlagen, alle Augenblicke ging die automatische Treppenhausbeleuchtung an usw. Auf der Straße hörten wir viel schreien, Autos hin und her rasen, einmal sogar den Ruf ›Stillgestanden‹, so daß wir schon befürchteten, der Unfug möchte wieder losgehen. Heute fährt keine Trambahn, eine Menge sogenannten Volks strolchte auf der Straße umher, wobei der männliche Teil die Hand in den Hosentaschen hat, vermutlich um sie daselbst zu ballen. Alles hat den Anschein eines blauen Montags oder, wie man seit neuestem sagt: Nationalfeiertags. *(H)*
Die Führer der ›Schein-Räterepublik‹, *Toller, Niekisch, Klingelhöfer* und *Landauer,* beugten sich unter die neue Gewalt der Spartakisten, indem sie folgende Erklärungen abgaben:

An das werktätige Volk Bayerns.

Die Sozialverräter haben versucht, im Verein mit der Bourgeoisie und bezahlten Söldnern die Macht der Arbeiter zu stürzen.

Der Versuch ist mißlungen! Die Arbeiterschaft, geeint durch das gleiche Ziel und den gleichen harten Willen, hat mit ihren Leibern den Sieg über die Konterrevolution errungen. Wir neigen uns vor den toten Kämpfern in Ehrfurcht.

Ein neues Stadium der Revolution ist eingetreten. Der alte provisorische revolutionäre Zentralrat, dessen Mitglieder zum größten Teil verhaftet sind, ist durch den Gang der Ereignisse erledigt. An seine Stelle trat der von der Arbeiterschaft Münchens gewählte Aktionsausschuß, der die Macht übernommen hat.

Arbeiter! Euer Werk ist in Gefahr! Schützt die Revolution mit Euren Leibern, Eurem Willen und Eurem Herzen!

Es lebe die bayrische Räterepublik!

Es lebe die Weltrevolution!

München, den 14. April 1919. Ernst Toller.

Durch den gegenrevolutionären Putsch, der am 13. April 1919 unverantwortlicherweise gegen den provisorischen Zentralrat ausgeführt worden ist und in dessen Verlaufe es zur Verhaftung einer Reihe von Zentralratsmitgliedern kam, hat der provisorische Zentralrat tatsächlich aufgehört zu existieren. Es hat sich ein fünfzehngliedriger Ausschuß gebildet, der sich im Besitze der gesamten Macht befindet, die bisher in Händen des provisorischen Zentralrats gelegen war. Um Verwirrungen und Kämpfe unter dem Proletariat zu verhindern und alles fernzuhalten, was die Sache des Rätegedankens schädigen könnte, erkläre ich für meine Person, daß es Pflicht des provisorischen Zentralrats ist, auf alle Machtansprüche endgültig Verzicht zu leisten und den bestehenden fünfzehngliedrigen Ausschuß als den augenblicklich rechtmäßigen Zentralrat anzuerkennen.

München, 14. April 1919. Niekisch.

Erklärung.

Durch das tatkräftige Eingreifen des Proletariats in München ist die Räterepublik vor dem frechen Putschversuch der Gegenrevolution gerettet worden. Die Umgestaltung, die sich anschloß, erkenne ich an und begrüße ich. Der alte Zentralrat existiert nicht mehr; dem Aktionsausschuß stelle ich meine Kraft, wo immer man mich brauchen kann, zur Verfügung.

Gustav Landauer.

(G)

15. April 1919

Die Banken sind auf Anordnung des Vollzugsrates der Betriebs- und Soldatenräte dem Verkehr wieder zugänglich zu machen. Ebenso haben der Magistrat und die städtischen Wohlfahrtsausschüsse sofort in Tätigkeit zu treten, um die Auszahlung der Erwerbslosenunterstützung zu sichern.
Die Zahl der bewaffneten Arbeiter wird auf 20 000 geschätzt. Anschläge der Räterepublik warnen vor dem Geldhamstern und vor Wucher mit Lebensmitteln. Am Nachmittag melden zwei Flieger, daß die Regierungstruppen im Anzug seien. Der Bahnbetrieb wird unterbrochen, der Bahnhof und der Bahnhofsplatz werden geräumt und in Verteidigungszustand gesetzt.
Auswärtige Zeitungen kommen nicht mehr oder nur ganz selten nach München. München ist vom Verkehr mit großen Teilen des Landes abgeschnitten.
Einzig dastehend dürfte die erfolgte Gründung des *revolutionären Zentralschülerrates,* eines Organs der Freien Vereinigung sozialistischer Mittelschüler, sein. Ihm gehören Schüler der Gymnasien, Realschulen, Oberrealschulen und der Lehrerseminare an. Der Zentralschülerrat »erstrebt die Diktatur der Minderheit der Schüler mit revolutionärer sozialistischer Überzeugung in den Schulen, entgegen der im Dünkel oder verwässerten Sozialismus befangenen großen Mehrheit der Mittelschüler«. Seine Hauptaufgabe erblickt er im Neuaufbau der Mittelschulen nach den Richtlinien der Einheitsschule, wodurch sich der kleine Kreis revolutionär-sozialistischer Schüler »in bewußten Gegensatz zu fast allen Lehrern und Schülern der heutigen Mittelschulen stellt, denen er offen den Kampf erklärt. *(K)*

16. April 1919

Der revolutionäre Hochschulrat der Universität München erläßt eine Einladung an alle Assistenten. Wer unterzeichnet? Ein gewisser Hausdorff, den ich sogar kenne. Er stammt aus reicher Familie, seine Eltern sind gestorben, die Mutter erst vor ein paar Jahren; ich hatte die Familie am Gardasee, in Malcesine, kennengelernt. Er war ein Anhänger von Wyneken und schrieb auch in den ›Anfang‹. Ich erinnere mich, von ihm dort einen Beitrag gelesen zu haben, in dem er sich empörte, daß ihn seine Mutter zur Sommerfrische nach Ragusa mitgenommen habe, er fand, das sei eine Mißhandlung seines Geistes; man könne ebensowenig immer in Ragusa sein, wie man immer Bergson lesen könne. Ich erinnere mich fast an den Wortlaut. Dieser junge Mann führt das große Wort im Hochschulrat der Universität München. *(H)*

17. April 1919

Der Gründonnerstag brachte uns am frühen Morgen bereits ein Riesenplakat mit der Aufschrift:

Kennt Ihr Eure Führer?

Proletarier! Genossen!

Man verleumdet Eure Führer. Man sagt, sie seien geflohen, nachdem sie große Beträge gestohlen hätten. Über Levien, Toller werden solche Niederträchtigkeiten verbreitet. Das sind Lügen, die erfunden werden, um Euch zu beunruhigen, um Euch irre zu machen an der großen Sache des Proletariats, um die Arbeiterklasse aufs neue zu stürzen.

All Eure Führer reiben sich auf in unübermenschlicher Arbeit. Sie arbeiten Tag und Nacht in Eurem Interesse.

Genosse Levien arbeitet im Vollzugsrat.
Genosse Toller steht an der Front.

Jeder einzelne Eurer Beauftragten tut seine Pflicht.

Warum werden diese Gerüchte verbreitet? Die Bourgeoisie sieht, daß wir handeln. Sie hat Furcht vor der Arbeiterklasse. Sie will ihre Vorrechte retten. Sie will ihr Schmarotzerdasein weiterführen.

Die Bourgeoisie weiß aber, daß wir von außen unangreifbar sind. Wenn Ihr, Arbeiter, Eure Pflicht tut, dann können die paar Haufen von Weißgardisten, die in Dachau sind, nichts gegen uns ausrichten. Die Lebensmittelversorgung ist auf lange Zeit gesichert, nachdem große Lager bei der Bourgeoisie beschlagnahmt worden sind. Da hilft dieser Gesellschaft nur die Verwirrung, die sie durch Verleumdung Eurer Führer in Eure Reihen hineinbringen will.

Kennt Ihr Eure Führer? Wißt Ihr, daß sie seit Monaten ein Dasein führen, elender als die Hunde? Daß sie von Stadt zu Stadt gehetzt werden, ohne Pässe, ohne Lebensmittelkarten? Daß sie unterkriechen müssen, wo sich der Zufall bietet? Daß sie verfolgt werden von den Schergen der Regierungen, von den Kampforganisationen der antibolschewistischen Liga.

Wißt Ihr, was Eure Führer in den letzten fünf Jahren auf sich genommen haben? Seht die Regierungssozialisten. Sie drängten sich in die Posten und Pöstchen. Sie schmarotzten an der Tafel der Militärs. Sie saßen in den Klubsesseln. Sie saßen hinterm Ofen. Und sie predigten Euch das Durchhalten. Was taten die wirklichen Führer der Arbeiterklasse? Sie arbeiteten als Verfemte gegen die Menschenschlächterei. Sie arbeiteten im Interesse des Proletariats. Sie saßen in den Gefängnissen, in den Zuchthäusern.

Sollten sie das alles auf sich genommen haben, sollten sie sich jetzt an die gefährlichsten Stellen gestellt haben, um Euch zu betrügen? Sollten sie, die Weib und Kind verlassen haben um Euretwillen, sollten sie all die Entbehrungen und Gefahren auf sich genommen haben, um sich zu bereichern? Sie arbeiten mit all ihren Kräften, um einen Zustand herbeizuführen, in dem das Kapital gar keine Bedeutung hat, und sie sollten so verrückt sein, das alles zu tun, um sich selber zu Kapitalisten zu machen?

Das ist lächerlich, das ist niederträchtig. Denkt über das alles nach. Ihr werdet begreifen, daß Euch die Bourgeoisie betrügen will.

Denkt an Karl Liebknecht, an Rosa Luxemburg, an Kurt Eisner. Denkt an alle die Namenlosen, die für die Arbeiterklasse gefallen sind. Eure Führer denken wie sie, sie sind bereit, denselben Weg zu gehen.

Hört deshalb nicht auf die Einflüsterungen. Laßt die verhaften, die solche Gerüchte verbreiten, schützt die Räterepublik, schützt die Revolution.

Seid klug und wachsam.

(G)

Am gleichen Tag.
Es scheint, es gibt *rote Ostern!* Gestern abend gegen sieben Uhr wurde in verschiedenen Stadtteilen Kanonendonner gehört. Gegen neun Uhr abends wieder Sturmläuten von sämtlichen Kirchtürmen Münchens. Dieses Sturmgeläute ist für die Soldaten und bewaffnete Arbeiterschaft das Signal, sich an den vereinbarten Orten zu sammeln und zum Kampf zu eilen. – Der Generalstreik dauert fort. Große rote Plakate fordern von den Arbeitern Vertrauen in die Führer. Levien arbeite im Vollzugsrat, Toller sei *an der Front!* Das ›Häuflein Weißgardisten‹ in Dachau könne München nichts anhaben. Von außen her sei man ›unangreifbar‹! Die Lebensmittelversorgung Münchens sei noch auf lange Zeit gesichert. Es wurde ferner angeordnet, daß Kohlen nur mehr an vom Streik ausgeschlossene Betriebe und an Arbeiterfamilien geliefert werden dürfen! Die Eisenbahnen dürfen laut einer Verfügung des Verkehrsrates nur mehr von Leuten mit von der Polizei ausgestelltem Ausweis, in dem die Notwendigkeit der Reise bestätigt wird, benutzt werden. *Ausgenommen hiervon seien Mitglieder der unabhängig-sozialistischen oder kommunistischen Partei,* die schon länger als drei Monate einer dieser Parteien angehören. Also die dürfen sich noch versorgen! In einer Versammlung der kommunistischen Partei wurde angeregt, *die Liebfrauenkirche* im *Innern rot zu drapieren und eine Massenversammlung in dieser Kirche abzuhalten!* Ferner wurde verlangt, *am Marienplatz die Guillotine aufstellen und alsbald in Tätigkeit treten zu lassen.* Material hiezu unter den Bürgern gäbe es genug. Der erste Antrag wurde auch dem Betriebsrat unterbreitet, ›vorerst‹ aber noch abgelehnt. *(K)*

18. April 1919
Vormittags in der Stadt. Neue Plakate an allen Ecken. Erstens: ›Sieg der Roten Armee. Dachau genommen‹. Ganz im Stil der Tagesberichte von der Westfront. Die Einnahme von Warschau konnte nicht triumphierender verkündet werden als die von Dachau. – Weiteres Plakat: Milchhändler, die ihre Milch nicht an ihre Kunden abliefern, sondern verbuttern oder verkäsen, sabotieren die Revolution und werden dementsprechend bestraft. (Der Ausdruck ›Sabotieren der Revolution‹ ist in den letzten Tagen sehr beliebt geworden.) . . .
Unbeschreiblich ist der Andrang an den Zigarettengeschäften. Bei Zuban standen die Leute gestern an vom Laden, gegenüber dem Brunnenbuberl, das ganze Viertelsrund entlang bis zum Eck und zurück zum Karlstor. Ähnlich, wenn

auch nicht so groß, war der Andrang an allen Geschäften, wo es Zigaretten gibt. – Am Müllerschen Volksbad bemerkte ich heute früh einen ähnlichen Andrang. Es gibt also noch Leute, die in dieser dreckigen Zeit baden? *(H)*

20. April 1919

Ganz München wird gegenwärtig mit Plakaten überklebt, daß sich kein Mensch mehr auskennt. Der Kleister scheint haltbarer zu sein als die Regierungen und die Revolution, und so kommt es, daß noch Plakate von längst verflossenen Regierungen kleben, zu denen das Publikum hinläuft, weil es den Drang hat, etwas zu lesen; die Leute sehen nicht auf das Datum. Zeitung erscheint keine seit einer Woche! *(H)*

21. April 1919

In den mehrstündigen scharfen Auseinandersetzungen erklärte Toller, daß Leviné nicht das Proletariat in München, sondern nur eine kleine Clique beherrsche. *(Lauter Beifall.)* Als Levien erklärte, Toller habe gewissermaßen als König von Südbayern gesprochen, erhob sich wilder Lärm, und es wurden Rufe laut wie ›Pfui! Runter! Raus! Verfluchter Russe! Zurücknehmen!‹ Levien erklärte, es gebe keine besondere bayrische Revolutionsmethode, sondern nur einen Kampf des Proletariats. Toller habe seine Aufgabe als Abteilungskommandeur mit der eines Oberkommandierenden verwechselt. Um ein Uhr nachts erklärte Toller, daß er durch ein Telegramm zu seinen Truppen nach Dachau berufen werde – die Versammlung möge machen, was sie wolle. *(Lauter Beifall.)* Bald darauf verlangte ein Matrose, daß sofort Alarm geläutet werde, da der Feind im Dachauer Moos stehe.
Die Versammlung ging hierauf ohne Beschluß auseinander.
Am zweiten Feiertag sorgte wiederum ein Nürnberger Flieger für Abwechslung. Er wirft Zettel des Inhalts ab: ›An die Bevölkerung Münchens! Die Regierung Hoffmann, der die Gewalt in Bayern allein zusteht, läßt folgende Aufforderung ergehen: Kopf hoch, Mut nicht sinken lassen! Hilfe naht baldigst. gez. Hoffmann. gez. Schneppenhorst.‹ Der Flieger wird trotz des Verbotes wieder beschossen. *(K)*

22. April 1919

Heute, den 22. April, ist der letzte *Tag des Generalstreiks* in München. Am Nachmittag fand eine bewaffnete Demonstration und eine Heerschau über die Rote Armee vor dem Kriegsministerium an der Ludwigstraße statt. Die Parade, gemischt mit Soldaten aller Waffengattungen und Zivilisten, bot einen mehr Grauen als Vertrauen erweckenden Anblick. Namentlich unter den Bewaffneten befanden sich vielfach Gestalten, die dem Äußeren nach eher Abruzzenräubern als Leuten glichen, die man als Beschützer der Republik und als Schutztruppen ansehen konnte. Nachmittags bewegte sich ein Zug von der Theresienwiese zur Stadt, in dem besonders das den Anfang desselben bildende, *überaus zahlreiche Personal der bayrischen Post und Eisenbahn in Uniform auffiel.* Man sagt, daß die meisten dieser und viele der nachfolgenden Teilnehmer mit Gewalt zum

ARBEITER! SOLDATEN!

Die Versammlung der Betriebs- und Soldatenräte im Hofbräuhaus am 21. April 1919 hat beschlossen, den Generalstreik am Dienstag nachts 12 Uhr für beendigt zu erklären.

Der letzte Tag des Generalstreiks

Dienstag, den 22. April 1919

soll zu einer wuchtigen Demonstration des Münchener klassenbewußten Proletariats werden.

Es ruhen sämtliche Betriebe

mit Ausnahme von Eisenbahn, Post, Telegraph und Telephon, Gas-, Wasser- und Elektrizitätswerk, Feuerwehr, Friedhofsarbeiten. Großmarkthalle und Lebensmittelgeschäfte sind ab 10 Uhr vormittags geschlossen. Brauereien, Eiswerke und Konsum-Anstalten haben ab 12 Uhr mittags den Fuhrbetrieb einzustellen Milchgeschäfte und Milchfuhrwerke sind vom Streik ausgeschlossen. – Die Straßenbahn verkehrt an diesem Tage nicht.

Die Arbeiterschaft hat selbst für die Durchführung dieser Bestimmungen zu sorgen!

Um 11 Uhr: Truppenschau sämtl. bewaffneter Arbeiter und Soldaten vor dem Kriegsministerium in der Ludwigstraße

Um 3 Uhr: 11 grosse öffentliche Versammlungen

in folgenden Sälen: ***Arzberger Keller,*** Nymphenburgerstraße; ***Bürgerbräukeller,*** -Rosenheimerstraße; ***Hofbräuhaus-Festsaal,*** Platzl; ***Löwenbräukeller,*** Stiglmayrplatz; ***Mathäser-Festsaal,*** Bayerstraße; ***Münchner Kindlkeller,*** Rosenheimerstraße; ***Kathol. Gesellschaftshaus*** (Kreuzbräu), Brunnstraße; ***Schwabingerbräu,*** Leopoldstraße; ***Thomasbräu,*** Kapuzinerplatz; ***Tonhalle,*** Türkenstraße; ***Wagnersaal,*** Sonnenstraße. Die Betriebs- und Soldatenräte verteilen sich auf die einzelnen Säle.

5 Uhr: Massenversammlung

sämtlicher revolutionärer Arbeiter und Soldaten ***auf der Theresienwiese.***

Die Versammlungsteilnehmer in den obengenannten Sälen ziehen in geschlossenen Zügen dorthin. Nach kurzen Ansprachen bildet sich der

Demonstrationszug

Dieser geht durch die Lindwurm-, Sendlinger-, Theatiner-, Ludwigstraße zum Siegestor, kehrt von da zur Briennerstraße zurück und löst sich vor dem Wittelsbacher Palais in einzelne Trupps auf, welche geschlossen in ihre Sektionslokale, Betriebe, Kasernen abmarschieren. Die Arbeiter-Sängerschaft soll sich gruppenweise auf den Zug verteilen. ***Im Demonstrationszug sind rote Fahnen in möglichst grosser Zahl mitzuführen.***

Die Stadt trägt roten Flaggenschmuck!

Arbeiter, Soldaten! Zeigt der Bourgeoisie, daß ihr fest gewillt seid, das Errungene zu behaupten und den Kampf um eure Freiheit bis zum vollen Sieg durchzuführen!

Hoch die Diktatur des Proletariats!
Hoch die rote Armee!
Hoch die proletarische Weltrevolution!

München, 21. April 1919

Der Vollzugsrat der Betriebs- und Soldatenräte Münchens

Mitgehen an dem vielleicht 3000 Personen zählenden Zuge gezwungen wurden. Durch lautes Schreien, Kreischen und Johlen taten sich im Zuge auch eine größere Zahl fanatisierter Weiber in meist recht phantastischem Aufputz hervor, die immer laut in das von einem Redner im Zug ausgebrachte Hoch auf die Räterepublik und das grölende: »Nieder mit der Verräterregierung Hoffmann« einfielen. Am Wittelsbacher Palast, der ›Residenz‹ der jetzigen Regierung, löste sich der Zug dann in kleine Gruppen auf.

Der ›amtliche Bericht‹ über die große Heerschau

›Es war ein erhabenes, noch nie dagewesenes Bild, wie die Schar der bewaffneten Proletarier in Uniform und ohne Uniform in einer endlosen Kette sich durch die breite Ludwigstraße dahinwälzte. Nach flüchtiger Schätzung mögen es wohl zwölf- bis fünfzehntausend Bewaffnete gewesen sein, die sehr wohl geeignet waren, der Bourgeoisie und ihren Helfershelfern vor der bewaffneten Macht des Proletariats Respekt einzuflößen! Als die Scharen der bewaffneten Arbeiter und Soldaten durch die Straßen hindurch sich nach der Theresienwiese fortbewegten, sah man an den Häuserfronten entlang geschlossene Türen und herabgelassene Jalousien, hinter denen die Bourgeoisie lauerte in ohnmächtiger Furcht vor dieser Macht, deren sie *nie mehr wieder Herrin werden wird.*‹
Ich hatte an einem dieser Tage Gelegenheit, in das Wittelsbacher Palais hineinzukommen. Die Zustände dortselbst spotten jeder Beschreibung. Ein richtig russisch-galizischer Saustall, die Teppiche, der Boden verschmutzt, augenscheinlich seit Wochen nicht mehr geputzt und gereinigt, auch die Zimmer und Gänge haben nichts mehr an sich von der früheren Sauberkeit und Ordnung. In jedem Zimmer, die zu Kanzleien der verschiedenen Räte eingerichtet sind, hausen ein halbes Dutzend russischer Juden mit ihren Schreibfräuleins, letztere mit der charakteristischen russischen Frisur, abgeschnittenen Haaren, üppigem Körperbau mit tief ausgeschnittener Brust und möglichst kurzem, sogenanntem fußfreiem Rock, durchsichtigen Seidenstrümpfen und zehn bis fünfzehn Zentimeter hohen Absätzen an den Schuhen. In den Vorzimmern findet man handelnde, schachernde, eifrig erzählende oder geheimnisvoll sprechende Herren mit dem besonderen Kennzeichen: Red' mit die Händ! Man erhält sofort den Eindruck: *Ja, die sind es, die das arme Bayernland verschachern und schamlos aussaugen!* Zu den ›Führern und Räten‹ gelangt man durch eine drei- bis fünffache Postenkette auf dem Wege einer Anmeldung durch eines der Dämchen, die die Wünsche des Besuchers entgegennehmen und den Bescheid wiederbringen. Die Allgewaltigen scheinen weder über viel Mut noch Zeit zu verfügen. Furchtsam und mißtrauisch wird jeder ›Fremde‹, der nicht in dieses Haus gehört, betrachtet und mit scheelen Augen gemessen. Heimisch sind in diesem Hause nur mehr jüdische Ausländer mit echtem Verbrechertypus. Und bereits zeigen sich *die Folgen dieser Judenwirtschaft. (K)*

26. April 1919

Auf den Straßen macht sich etwas Neues bemerkbar: ein allgemeines Mißtrauen aller gegen alle. Die Roten arbeiten mit Lockspitzeln. Es stellt sich einer irgendwo hin und fängt an, auf die Räterepublik zu schimpfen mit irgendeinem scheinbar Unbekannten. Es sammelt sich eine Korona um sie. Einer tut mit und schimpft kräftig mit, gleich wird er verhaftet und abgeführt. Es scheint auch sehr viel denunziert zu werden. Die Haussuchungen sind fast durchweg auf Anzeigen zurückzuführen. *(H)*

28. April 1919

Mir fällt auf, daß man lange nicht mehr soviel Soldaten mit roten Binden sieht. Auch bedeutend weniger Autos rasen durch die Stadt, während sonst in den letzten Tagen verrückt fahrende Autos das Straßenbild beherrschten. Meiner Frau, mit der ich heute in der Stadt war, fiel auch auf, wie häßlich und unheimlich das Straßenbild geworden ist. Man sieht kaum noch gut gekleidete Leute. Vor dem lumpigsten Zigarrengeschäft lange, lange Reihen von schlampig angezogenen Zivilisten und noch schlampigeren Militärs, die auf Zigaretten anstehen. Die Leute, die Plakate lesen, getrauen sich nicht mehr, eine Meinung darüber zu äußern, weil jeder fürchtet, der andere könnte ihn denunzieren. Das öffentliche Leben ist wie gelähmt. In den Lebensmittelgeschäften gibt es fast nichts mehr. An Gemüsen nicht mehr als an Spinat, der immer im Nu weg ist. Fisch überhaupt nicht. Fleisch nur Gefrierfleisch. Hingegen wird eine Menge Gemüsekonserven zu verhältnismäßig anständigen Preisen auf den Markt geworfen. *(H)*

30. April 1919

Der erste Teil des politischen Dramas unseres Bayernlandes nähert sich deutlich erkennbar seinem Ende. *Die Verbrecher- und Irrenhäuslerherrschaft bricht zusammen.* Die bayrische Volkswehr hat sich zu einer starken Armee entwickelt, die, von den Roten als Weiße Garde bezeichnet, die vollständige Einkreisung Münchens mit der üblichen militärischen Gründlichkeit besorgt hat. Im Laufe des Nachmittags tauchen in Berg am Laim, Steinhausen, am Kirchstein, Max-Weber-Platz Soldaten mit Stahlhelmen und weißblauen Bändern am Arm auf. *Es sind unsere Befreier und Retter aus höchster Not!* Fast nirgends stoßen sie auf besonderen Widerstand. Rote, auf der Straße liegende Armbinden, abgeschlagene oder gleich so weggeworfene Gewehre, Handgranaten, Gewehrmunition bezeichnen die früheren Standplätze der Roten Garde, von der viele Angehörige einen ›ehrenvollen‹ Rückzug dem von vorneherein aussichtslosen Kampfe vorzogen. Heute früh wurde wieder einmal Generalstreik proklamiert, der Straßenbahnverkehr alsbald wieder eingestellt. *(K)*

1. Mai 1919

Der gestrige Tag ist, wenn auch nicht ruhig, so doch ruhiger verlaufen, als erwartet wurde. Die Schulen waren oder wurden um neun Uhr geschlossen. Um dieselbe Zeit hörte die Straßenbahn auf zu fahren. Über Nacht waren gelbe Zettel angeklebt worden: ›Die preußische Weiße Garde steht vor den Toren Münchens.‹ Daraufhin wurde wieder einmal Generalstreik erklärt. Des Publikums bemächtigte sich ziemliche Aufregung, beinah möchte ich sagen, Gereiztheit ... *Zehn Uhr zwanzig vormittags.* In diesem Augenblick veranlaßt mich lautes Hoch-Rufen auf der Straße, ans Fenster zu gehen. Was ist los? Ein Soldat der Regierungstruppen, offenbar der erste, kommt durch die Kirchenstraße, gefolgt von einer unzähligen Menschenmenge. Alles ruft »Hoch!«, »Bravo!«, die Leute winken mit den Tüchern, alles sieht aus den Fenstern, applaudiert, die Begeisterung könnte nicht größer sein, wenn eine siegreiche Armee einzöge. Er ist feldgrau und hat eine weiße Binde am Arm. Alle Fenster öffnen sich, alles jubelt. *(H)*

2. Mai 1919
Gestern abend zogen noch größere Trupps von Soldaten der Regierungstruppen an unserem Haus vorbei. Sie sahen stramm aus mit ihren Stahlhelmen; die Offiziere mit Achselstücken voran. Sie sangen und führten eine schwarzweißrote Fahne mit, die ziemlich groß war und breit im Winde flatterte. Das Publikum begrüßte sie mit ›Hoch!‹ und Tücherschwenken. Die Nacht hindurch war es ruhig; nur zog viel Kavallerie vorbei, wie es scheint, denn wir hörten immer wieder Pferde. *(H)*

Am gleichen Tag
... ein dunkler, schmutziger Frühlingstag, an dem sie Menschen in langen Reihen die Leonrodstraße in München entlang führten, in Richtung auf das Oberwiesenfeld zu, um sie in den weiten Höfen vor den Garagenwänden des ›Kraftverkehr Bayern‹ zu erschießen. Die erschossen werden sollten, hatten die Hände über den Kopf erhoben, vor Müdigkeit lagen die Hände lose gekrümmt auf den Köpfen, oder die eine Hand umschloß die andere am Gelenk. Lange Kolonnen, in unregelmäßigen Trupps, immer wieder kamen welche. Die anderen, die auf sie schießen würden, hatten die Gewehre im Anschlag. Sah das vom Balkon unserer Wohnung in einer Seitenstraße aus, aber verstand es damals noch nicht. »Das Gesindel«, hörte ich meinen Vater hinter mir sagen, denn die Räterepublik war zu Ende, aber dann zog er mich doch weg, vielleicht, weil ein Grausen ihn überfiel oder weil ein Wichtigtuer unten auf der Straße gerufen hatte: »Fenster zu! Es wird geschossen!« Sah damals mit meinem fünfjährigen Kindergesicht über die Brüstung des Balkons hinweg auf sie hinab, aber wußte noch nicht, daß sie zum Erschießen geführt wurden, daß ich keinen von ihnen jemals kennenlernen würde.
Aus: Alfred Andersch, Die Kirschen der Freiheit. Zürich 1968, S. 9/10

Einzel-Nummer 30 Pfg.

ROTE HAND

SATIRISCH-POLITISCHE PARTEILOSE ZEITUNG

Herausgegeben von Ost-Petersen, München, unter Mitarbeit namhafter Schriftsteller und Künstler. Erscheint wöchentlich 1 mal. Verlags- und Redaktionsanschrift: Ost-Petersen, München 2 NW. Für Einsendungen ohne Rückporto wird keine Verantwortung übernommen. | Fernruf: 33431 Postscheckkonto München 8830 Österr. Postsparkasse Konto 105085 | Abonnementspreis: durch die Post bezogen — vierteljährl. M. 3.60, halbjährl. M. 7.20, jährl. M. 14.40; unter Streifband vierteljährl., M. 4.25, halbjährl. M. 8.50. Einzelnummer 30 Pfg. Insertionspreis: die 8 mal gespaltene Nonpareillezeile 60 Pfg. Bei Wiederholungen Rabatt.

Nr. 8 — 1. Jahrgang 1919 — Nr. 8

Die Männer der Münchner Glanzperiode / Der Kaisertraum

Generalissimus im Wandschrank

„Die sechs Frankfurter".

Als Kurt Eisner, der Dichter und Reformator Bayerns, starb, ging bekanntlich durch sämtliche Zeitungen die Kunde, daß er ein unvollendetes Werk, eine politische Tragikomödie, hinterlassen habe. Das Drama sollte alsbald der Öffentlichkeit zugänglich gemacht werden. Nicht nur seine Freunde, sondern auch die, die den bayerischen Löwenmenschen bekämpft hatten, warteten mit großer Spannung auf die Herausgabe des politischen und dichterischen Vermächtnisses Kurt Eisners. Allein — erst sechs Wochen nach seinem Tode sollte das Bayerland und die Welt die unvollendete Tragikomödie kennen lernen. Und zwar nicht in Buchform, sondern gleich in einer richtigen Uraufführung.

Die Akteure dieses Dramas, die der große Meister noch zu seinen Lebzeiten aus aller Welt zusammengeholt hatte, traten, wie es noch frisch in aller Erinnerung, am 7. April erstmals in Tätigkeit. Groß war ihr Erfolg. Bayern wird niemals die denkwürdige Zeit vergessen, jene Episode, die in seiner tausendjährigen Geschichte ganz einzig dasteht. Welche Freude, welche Genugtuung würde der Dichterpräsident empfunden haben, hätte er es noch erlebt, wie das von ihm nach München gebrachte und organisierte Gesindel die Hauptstadt Bayerns in ein Narrenhaus verwandelte.

Groß war auch der Kassenerfolg! So groß, daß München und Bayern sich bald zu Tode gezahlt hätten. Wie verschwindend klein und armselig erscheint dagegen der Erfolg anderer Volksstücke, wie z. B. des bekannten Schlagers „Die fünf Frankfurter", mit der die bayerische Tragikomödie das eine gemein hat, daß die Hauptfiguren des Stückes — Juden waren. Der Meister hat ganz richtig erkannt, daß so etwas zieht.

Das bayerische Volk, das mit so großer Anteilnahme die Uraufführung der unvollendeten Tragikomödie miterlebt hat, hat gewiß ein Anrecht darauf, die Regisseure und Darsteller der Hauptrollen kennen zu lernen. Die Führer der bayerischen Arbeiterschaft, des bayerischen Proletariats, in den unvergeßlichen Aprilwochen, die unschuldige Bürger morden ließen, die die Massen in den Bruderkrieg, auf die Schlachtbank dirigierten, nachdem sie zuvor ihr kostbares Leben in Sicherheit gebracht hatten, — diese Führer muß das Volk dauernd dankbar im Gedächtnis behalten. Nie waren sie selbst Arbeiter gewesen, denn sie alle gehörten einem Volksstamm an, der physische Arbeit bekanntlich nicht schätzt. Doch sie verstanden die Not des Proletariers besser als er selbst. Erst durch sie lernte das arbeitende Volk das Traurige seiner Lage, in der es sich früher immerhin noch glücklich gefühlt hatte, einsehen, lernte erkennen, daß Arbeit eine Schmach ist, und daß das Nichtstun den Menschen veredelt und schneller zum Wohlstand führt.

Wahrlich, die Bildnisse dieser Männer gehören als Andenken an eine große Zeit an die Wand jeder Arbeiterwohnung. Nur — wer ein guter Christ ist, unterlasse es, um oder unter sie den Rosenkranz zu hängen.

Levien

Ein weiterer Führer der bayerischen Bolschewisten. Die Tätigkeit Leviens war für das Land so wertvoll, daß eine Belohnung von 30 000 M. auf seine Ergreifung ausgesetzt werden konnte.

Leviné-Niessen

Die Hauptperson der Bayerischen Räterepublik, dessen standrechtliche Aburteilung großen Proteststurm hervorrief, während gegen die unter seinem Einfluß verübten zahlreichen Morde und den durch ihn entfachten Bruderkrieg, der Hunderte von Menschenleben kostete, niemand protestierte.

Axelrod

Neben dem bekannten Isidor Männer, ein ganz bedeutender Finanzpolitiker aus der Rätezeit. Er beabsichtigte Brieftaschen, goldene Uhrketten und Ohrringe zu sozialisieren, wurde jedoch daran verhindert.

Gustav Landauer

Einer der tüchtigsten der „Frankfurter". Er wirkte nach dem Tode Eisners, mit dem er den letzten großen Demonstrationszug arrangiert hatte, in dessen Sinne weiter, indem er den bayerischen Arbeitern die Köpfe verdrehte. Sein Verdienst um die Revolutionierung Bayerns ist groß.

Ernst Toller

Der bayerische Generaloberbefehlshaber, bekannt durch seine Siege bei Dachau. Während der großen Schlacht vom 1.—3. Mai stand sein Geist an der Spitze der Roten Armeen, während er selbst in einem Schwabinger Wandschrank Platz gefunden hatte.

Erich Mühsam

Der bekannte Kaffeehausanarchist. Außerdem Dichter, Politiker und Volksredner. Wurde vielfach unterschätzt, besonders von den Kellnern des Café Größenwahn an der Amalienstraße, bewies aber, daß niemand so gering ist, daß er nicht noch Dümmere fände.

Typische Zeichnung (Paul Rieth) aus der ›Jugend‹, Mai 1919:
Asiaten-Terror ›Unser Ideal marschiert; Die
Münchener Friedhöfe haben Wohnungsnot‹

Eduard Trautner
Terror

Die rasch ablaufenden Ereignisse der letzten Zeit steigerten die Gewaltsamkeit in der Politik; aus Worten und Vorwürfen wurden Taten und Urteile; der Terror erschien; Bewaffnete an allen Ecken, Stacheldrähte und Schützenketten in den Straßen und Massenverhaftungen von Leuten, die politische Gegner sind oder scheinen, oder als solche bezeichnet werden.

Gewalt, einmal angewandt, steigerte sich zur Vergewaltigung; Auswüchse erschienen. Spitzel- und Erpressertum, Raub, Plünderung und Mord, das ist ungerechtfertigte Tötung.

Der Terror ist ein Mittel zur politischen Macht. Die Methoden, mit denen er gegen den Gegner vorgeht, sind schlimmer als die des Siegers gegen die Bevölkerung eines feindlichen Landes. Diese Handhabung setzt voraus, daß man den andern nicht als Konkurrenten und Feind, nicht als gleichberechtigten Anwärter auf denselben Platz (die Herrschaft im Staate) betrachtet, sondern als Bösewicht, Schurken, Verbrecher, das heißt als Hochverräter.

So ereignet sich das im kleinen Alltägliche, daß zwei Parteien sich gegenseitig mit allem Pathos und mit aller Überzeugung verdammen und daß es nur von der zufälligen Machtverteilung abhängt, wer recht hat.

Mit anderen Worten: daß der eine tatsächlich ein Verbrecher ist, hängt davon ab, ob der andere die Möglichkeit hat, ihm erfolgreich: »Halt! Hände hoch!« zuzurufen.

Demnach wird die Geltung des ethischen Urteils durch die Herrschaft bestimmt; die Machthaber erklären zuerst: Wir sind der Staat!, und dann: Jene sind (nicht etwa unsere Feinde, sondern) Hochverräter, ist gleich Straßenräuber. Ihr Wille ist, jene zu degradieren, zu entwerten, zu schänden: dies erst gestattet ihnen, nachträglich die Methoden ihres Kampfes und Erfolges zu rechtfertigen. Ins Krasse getrieben: man bringt einen um und ›beweist‹ nachher, daß es ein Mörder war.

Die ethische Verurteilung (und ihre Schärfe!) ist also Folge des Terrors, nicht seine Voraussetzung. Vorher, also solange zur Niederhaltung des Gegners keine Gewalt nötig war, konnte dieser Schwärmer, weltfremder Idealist, gefährlicher Phantast sein und als solcher verlacht oder übersehen werden. Sobald er gefährlich wird, ist er verbrecherisch und womöglich unehrenhaft, ehrlos, gemein. Die Herrschenden stellen das *ihnen* Vor- oder Nachteilige als dem Staate (in diesem Falle gleich: der Gemeinschaft) vor- oder nachteilig hin. Sie setzen fest, was Bürgerpflicht und was Hochverrat ist. Da nun von den Parteien je nach ihrer Stellungnahme die gleiche Handlung als vortrefflich gepriesen oder als niederträchtig gebrandmarkt wird und bei dem oft raschen Wechsel in der Herrschaft der Bevölkerung ein allzurasches Umlernen zugemutet werden muß, wäre die baldige Folge, daß der nicht direkt Beteiligte ängstlich und unklar sich von politischen Dingen zurückzöge und gleichgültig dem Sich-Zerfleischen der Machthabenden und Machtaspiranten zusähe.

Klugheit gebietet den Herrschenden, dem zuvorzukommen und dafür zu sorgen, daß der ihnen Gefährliche nicht nur ›politischer‹ (also die Menge nicht interessierender), sondern gemeingefährlicher, wennmöglich Verbrecher an Eigentum oder Leben der Masse sei; oder werde.

Die Wege hiezu sind viele.

Jede Maßnahme eines Staates ist eine Einschränkung des einzelnen (wenn auch im Dienst der Gemeinschaft oder der Herrschaft) und kann von den Gegnern, die für ihre Zwecke entgegengesetzte Maßnahmen oder dieselben unter anderer Maske treffen, als Raub, Erpressung usw. angesprochen werden. Übergriffe kommen bei allem gewaltsamen Vorgehen vor und können dem Urheber zur Last gelegt werden. Ferner: die Unzahl dessen, was gerade im politischen Leben Provokation, Spionage, Hinterlist und Cliquenwesen erreicht.

Doch verbietet noch mehr die Vorsicht, mit dieser Brandmarkung solange zu warten, bis der Gegner die Möglichkeit hatte, sich zu entfalten, und man ihm die Macht wieder entrissen hat. Es muß vorgebeugt werden, der politische Feind soll, lange ehe er zur Macht kommt, zum Verbrechen gezwungen sein.

Das erste ist: arm machen; wegen politisch zweifelhafter Gesinnung die Existenzbedingungen entziehen, Kündigung, Konfiskation usw.

Ein anderes ist systematische Bedrückung mit ihrem Ende: Freiheitsentziehung. Der Häftling (Schutz-, Untersuchungs-, Strafhaft) ist immer hilflos und kann beliebig von der Außenwelt abgeschnitten werden. Auch ohne Gewaltanwendung kann er durch die Fülle der psychischen Martern (Vernehmungen, Transporte, Wechsel von Hoffnung und Verzweiflung sowie die unberechenbare Unsicherheit seiner Lage und die Roheit des Aufsichtspersonals) zerbrochen, also unschädlich gemacht, oder zu blindem Widerstand in oder nach der Haft getrieben werden. Lockt ihn aber die Weite oder übermannt ihn die Unerträglichkeit des Loses, so ist der Flüchtling mittellos ohne Ausweise, geächtet und gehetzt und wieder gezwungen, zum Verbrecher zu werden.

So ist der kluge Staat derart eingerichtet, daß seine Institute automatisch (das heißt, ohne daß die ausführenden Organe den Zusammenhang zu kennen brauchen) so arbeiten, daß die Gegner der Herrschenden ins Verbrechen getrieben oder ausgemerzt werden.

Der Einwurf, daß dies Ins-Unrecht-Geraten nur eine Unzulänglichkeit der einzelnen sittlich nicht gefestigten Persönlichkeit oder des Systems sei, ist falsch. Die sittliche Persönlichkeit wird eben durch die Behandlung erschüttert, so daß nur der Mißgriff bliebe, durch den ideale Schwärmer unter den Einrichtungen leiden mußten, die der Schutz vor gemeinen Verbrechern nötig macht. Dagegen ist zu sagen: Erstens, man könnte politische Häftlinge anders behandeln, zweitens ist es viel eher wahrscheinlich, daß der Staat Einrichtungen *gegen* seine Feinde als *für* die Menge der Gleichgültigen macht, das heißt, er wird im Interesse der Gerechtigkeit (oder Gründlichkeit) eher *alle* Bürger als politisch verdächtige Individuen betrachten, als daß er gestattete, daß *einer* entkomme; drittens wäre zu untersuchen, ob nicht der große Teil der Verbrecher (zum Bei-

spiel ohne die stark Minderwertigen) eben Politiker sind, die das herrschende System zerschlagen hat und die dann bei entsprechendem Bildungs- und Persönlichkeitsstand verkamen und verlotterten.
Man könnte fragen: Ist es nötig, daß der Staat so verfährt? – Ja! Es ist nötig! Es ist nicht nur nötig, sondern selbstverständlich, solange *Staat identisch* mit *Herrschaft* ist und *nicht* mit *Gemeinschaft*. Wem vor Terror und seinen Ausartungen graut, der rufe nicht: »Die Waffen sind schuld! Zerbrecht die Gewehre!« Unter dem Gelächter der Bewaffneten müßte er erkennen, daß die Waffen gar nicht die Ursachen sind, sondern daß sie vom System gefordert sind.
Sowenig man Gewalt mit Gewalt ausrotten kann, gelingt es mit Überreden; Gewalt wird bestehen, solange die Möglichkeit besteht, damit etwas zu erreichen. *Diese* gilt es anzugreifen. Man darf sich also nicht an die Gewalt wenden oder den Glauben an die Gewalt, sondern an jene Stelle (im einzelnen wie im Gesamtorganismus), die dadurch zur Gewalt greifen konnte und mußte, daß sie zwei sehr verschiedene Dinge verwechselt hat: nämlich Wahrheit und Gültigkeit mit Herrschaft und Sieg.

1. Die Räterepublik

München hat a narrisch Glück
Hoch! die Räterepublik.
Seit dem siebenten April
Stehen alle Räder still,
Alles legt die Händ' in Schoß,
Alles streikt, der Sturm bricht los,
Nichts wird g'arbet Tag und Nacht,
Aber zahl'n, daß all's kracht,

Wenn's a no so stark rebell'n,
Müssen alle Raubersg'sell'n,
Die das Volk nur angelogen,
Und erbarmungslos aussogen,
Die vom Handwerk und die dicken
Feisten Protzen von Fabriken,
Kommerzienräte fett und rund
Solcher Aderlaß ist g'sund.

Ja dös ist a schöne Zeit,
Wenn der Kuckuck Kuckuck schreit
Und für's Nichtstun die Maulaffen
Besser zahlt werd'n als für's Schaffen.
Jeder schreit: Hamm mir a Glück
Hoch die Räterepublik!
Freilich wenn da einer meint,
Es sei eine Kleinigkeit

Von spät abends bis früh morgen
Für ein hungrig Volk zu sorgen,
Täuscht sich so ein Rindvieh sehr,
Klug Regier'n ist sakrisch schwer.
Und weil München noch nicht hin,
Ruft man schleunigst die Levien,
Toller, Eglhofer, Nyssen,
Die mit Kunst und großem Wissen

In kaum 23 Tagen
München fix umdreh'n den Kragen.
Dazu als Finanzenkenner
Den Gesell und drauf den Männer,
Der in Dachau Scheine macht,
Daß uns s' Herz im Leibe lacht.
Fleißig sind die Herrn Beamten,
Subalternen, gottverdammten,

Dampfen Pfeif' und auch Zigarren,
Trinken, saufen wie die Narren
Wein und Sekt und wie ich höre
Bis zum Brechen auch Liköre,
Mit den Weibern, die beim Schreiben
Den Gardisten d' Zeit vertreiben
Sitzend, ja das wirkt famos!
Rittlings auf des Mannsbilds Schoß.

Täglich wird mit Autokarren
Zur Erholung ausgefahren,
Weil sich dies am meisten lohnt
Zur Besichtigung der Front,
Denn das Leben ist dort voller
Unter Feldmarschall Ernst Toller,
Dessen Sinnen, Dichten, Trachten
Nur gerichtet ist auf 's Schlachten.

Doch Verstand, Geist und Genie
Versagen selten oder nie.
Fehlt's den Räten auch am Draht,
Männer's Scharfsinn schafft doch Rat.
Gar ist's mit dem Geldverputzen
Täglich gibt's nur Hundert Stutzen
An der Bank, mehr kriegst du nicht
Mach' kein solches Schafsgesicht.

Hat der Staat kein Pulver mehr
Gibt der Bürger seines her,
Das in Safes und sichern Kassen
Wohlverwahrt er hat gelassen.
Geld muß her, zum Teufel holen,
Nehmen ist noch nicht gestohlen
Und es darf dich nicht vergrämen
Wenn sie dein Erspartes nehmen.

Doch die Reichen sind gemein!
Brichst du in den Geldschrank ein,
Ist er, wer hätt' so was g'glaubt,
Ausgeleert und ausgeraubt.
Aber einem starken Willen
Glückt es Leeres aufzufüllen.
Wo nichts ist, schafft man es hin,
Ist des Lebens klarer Sinn,

Und bald sieht man viele Kranken
Abends zu den Kassen wanken,
Abzuliefern gegen Schein,
Was sie nahmen täglich ein.
Ja, um noch mehr einzusparen
Darf die Trambahn wieder fahren.
Und dem braven Trambahnlackl
Raubt den Geldsack der Spartakl.

Aber Geld allein tut's nicht,
Wenn es dir an Fleisch gebricht,
Eiern, Butter, Milch und Brot,
Stirbst du bald den Hungerstod.
Und die Stadt ist zu bedauern,
Die's verdirbt mit Land und Bauern.
Die es nie so ganz kapieren,
Wenn die Städter requirieren

Und mit Auto Kuh und Schwein
Fahren in die Stadt hinein.
Münchner, zitt're 's ist ein Graus.
Gestern blieb die Zufuhr aus.
Drauß' im Schlachthof staun' und schau
Stirbt die letzte, mag're Sau.
Gleichwohl, laß' dir dieses sagen
Tu beileib nicht offen klagen

Auf den Straßen, halt den Mund!
Watschen sind dir nicht gesund
Lob die Räte, heiß sie gut,
Schimpf auf Christen, preis' den Jud,
Sei, wenn du's auch gar nicht bist,
Spartakist und Kommunist;
Denn sonst haut dir, o gemein,
Der Gardist die Haftl'n ein,

Und du stehst ob dem Skandal
Vor dem hohen Tribunal,
Wo liebreizend an Gestalt,
Dich verknurrt Frau Staatsanwalt.
Ja, ich sag's die Zeit war prächtig,
Hundsgemein und niederträchtig
Nur für solche, die arbeiten
Wollten wie in früheren Zeiten.

Solche Trobbel müssen sterben,
Weil sie das Programm verderben,
Das Programm von „Mein und Dein".
Raus damit! denn Dein ist Mein,
All's g'hört allen, nichts g'hört Dir,
Und was Dein war, g'hört jetzt mir,
Was Du allzulang schon hast,
Macht mir Freude, Dir ist's Last.

Nur an kommunistischem Wesen
Kann die Welt auf's Neu' genesen.
Sei nicht traurig, Bolschewismus
Ist für den nur voll Beschißmus.
Der arbeitet; höchstes Glück
Ist die Räterepublik
Für die Faulen und die Trägen.
Faulheit ist der Menschheit Segen.

Die Revolution in München
Ein Interview

München, den 20. April 1919
Der gewesene Volksbeauftragte für Finanzen der bayrischen Räterepublik, Silvio Gesell, hatte die Freundlichkeit, mir eine Unterredung über seine Tätigkeit zu gewähren. Hier ist sie:
Ich Ich stelle mir vor, daß der Finanzminister eines in Revolution befindlichen Volkes keine sehr beneidenswerte Aufgabe hat.
Gesell Gewiß. Denn im Anfang aller Dinge steht das Geld. Und dieses Geld wurde genau wie beim Ausbruch eines Krieges oder einer Krise von den Bürgern gehamstert. Selbst die revolutionären Elemente beteiligten sich an dieser Hamsterei. Der Geldhamster ist das gefährlichste aller Raubtiere.
Ich Darf ich Sie bitten, mir das etwas näher zu erklären?
Gesell Die Erklärung ist einfach genug. Das Geld ist das Blut der Volkswirtschaft. Mit der Geldhamsterei wird die Schlagader dieser Blutbahn unterbunden. Nicht nur, daß das Geld die Welt regiert, es kann sie auch zugrunde richten. Das geschieht unfehlbar durch die Geldhamsterei.
Ich Haben Sie in dieser Richtung bestimmte Erfahrungen gemacht?
Gesell Gleich bei meinem Amtsantritt fand ich auf meinem Tische Telegramme der Finanzkommissare von Kempten und Kaufbeuren, die einen völligen Zusammenbruch in Aussicht stellten, wenn ich nicht sofort den ausgeräumten Banken zu Hilfe käme. Ich schickte eine halbe Million per Auto unter dem Schutze von Handgrenadieren ab. Aus allen Städten Bayerns waren solche Telegramme zu erwarten, trotzdem der revolutionäre Bankrat bereits die Abhebungen auf ein Minimum herabgesetzt hatte. Schwere Sorgen verursachte die Sicherung der für die Kriegsverletzten bestimmten Gelder. Im Widerspruch mit meinen eigenen Grundsätzen mußte ich zu diesem Zwecke sechs Millionen sperren lassen, also selbst zur Hamsterei übergehen. Ebenso schwer war die Sicherung der Lohnzahlungen. Der Abbruch der diplomatischen Beziehungen mit Berlin stellte eine Hilfsaktion von seiten der Reichsbank in Frage. Die Bewilligung durch den Zentralrat für den Neudruck von hundert Millionen konnte mir nichts nützen, da der Druck vier bis sechs Wochen beansprucht hätte. Zeit genug für den völligen Zusammenbruch der Wirtschaft. Ich ließ den Gedanken des Neudruckes fallen und konzentrierte meine Aufmerksamkeit darauf, wie ich das gehamsterte Geld wieder in Verkehr zwingen könnte. Ein patriotischer Aufruf hätte noch weniger Erfolg gehabt als die vielen Aufrufe der Reichsbank.
Ich Sie sind doch der Begründer der Freigeldtheorie. Warum bedienten Sie sich nicht sofort der Waffe des Freigeldes gegen die Hamster?
Gesell Das war auch meine Absicht. Jedoch braucht der Druck eines Freigeldes Zeit. Ich mußte rasch handeln. Ein Ausweg eröffnete sich mir im Gebrauche von Steuermarken.

Ich Wie denken Sie sich das?

Gesell Ich wollte das Geld einer wöchentlichen Steuer unterwerfen, die erhoben werden sollte durch Aufkleben von Stempelmarken, schlimmstenfalls durch Postmarken, auf die Rückseite der Banknoten. Alle Staatskassen wären angewiesen worden, ungestempeltes Geld zurückzuweisen. Nebenbei hätte die Aufklärung der Arbeiter und Bauern dafür gesorgt, daß sie ihrerseits jedes ungestempelte Geld zurückwiesen. Das hätte bewirkt, daß die gehamsterten Noten den Geldinstituten wieder übergeben worden wären im bekannten allgemein menschlichen Bestreben, die Steuern auf den lieben Nächsten abzuwälzen. Den Banken wäre die Möglichkeit gegeben worden, ihre Geldüberschüsse der Staatsbank zu übergeben. Dadurch wäre der Kreislauf des Geldes geschlossen worden.

Ich Meines Wissens konnten Sie Ihre Pläne nicht durchführen. Warum nicht?

Gesell Mitten in den Vorbereitungen zu diesen revolutionären Streichen wurde ich mit meinen Freunden, Dr. Christen und Professor Polenske, von der Weißen Garde verhaftet und ins Gefängnis abgeführt.

Ich Wie ich hörte, wurden Sie schon in der folgenden Nacht durch die Rote Garde befreit und konnten Ihre Arbeit wiederaufnehmen?

Gesell Inzwischen war der Zentralrat gefangen nach Eichstätt geführt worden. Mit dem kommunistischen Zentralrat-Ersatz konnte ich mit meinen auf die Freiwirtschaft gerichteten Bestrebungen nicht durchdringen. Ich wurde abgesetzt.

Ich Aus Ihren Ausführungen muß ich schließen, daß die Räterevolution, besonders nach der finanziellen Seite hin, nicht genügend vorbereitet wurde.

Gesell So ist es. Bei meiner Ankunft in München wurde ich durch meine Ernennung zum Finanzmann der Räterepublik überrascht. Zwar wußte ich genau, was ein solcher zu tun hat. Ich habe diese Frage schon lange zum Gegenstand eines eingehenden Studiums gemacht, aber die technischen Vorbereitungen für die Durchführung der Maßnahmen wurden nicht getroffen.

Ich Worin könnten diese denn bestehen?

Gesell Nach dem Gesagten muß die Aufmerksamkeit des revolutionären Finanzmanns auf die Geldhamster gerichtet sein. Die Unterbrechung der Geldzirkulation muß unter allen Umständen bekämpft und verhindert werden. Deshalb muß vorher eine genügende Menge Freigeld oder Geldsteuermarken gedruckt und bereitgestellt werden. Bei Ausbruch der Revolution tritt sofort das Freigeld an die Stelle des gehamsterten Geldes und erzwingt die ununterbrochene Zirkulation des Geldes. Denn die aufgeklärten Arbeiter und Bauern werden im Freigeld eine scharfe Waffe gegen den Kapitalismus begrüßen und die zu seiner Durchführung nötigen Maßnahmen mit allen Kräften fördern. Gelingt es, auf diese Weise die Arbeit während der Revolution in Betrieb zu erhalten, so ist damit schon der Erfolg gesichert. Gelingt es den Revolutionären nicht, die Wirtschaft in Vollbetrieb zu erhalten, so kommt der Hunger, und mit ihm siegen wieder die schwarzen Mächte der Reaktion, oder aber es kommt der völlige Untergang. Revolution soll eben nicht Stillegung der Betriebe, sondern Befreiung der Arbeit von aller Ausbeutung sein.

Der Arbeiter darf nicht in die Gefahr gesetzt werden, wieder in die Zwangsjacke des Kapitalisten gesteckt zu werden, und statt daß *er* dem Untergange entgegengeführt wird, soll der Kapitalist auf den Aussterbeetat gesetzt werden. Das tut Freigeld.

Ich Glauben Sie, daß es Ihnen möglich gewesen wäre, durch Ihre Maßnahmen die jetzt gespaltene sozialistische Partei zu einen und ihr die Unterstützung der Bauern zu sichern? Denn die schärfste Waffe des Proletariats, das ist seine Einigkeit!

Gesell Gewiß glaube ich das, denn die Parteien sind nicht durch ihr *Ziel* getrennt, sondern durch die Meinungen über den zum Ziel führenden *Weg*. Letzten Endes ist es die sozialistische Kapitaltheorie, die zu diesen Spaltungen geführt hat. Die Freigeld-Kapitaltheorie, da sie unantastbar und unangefochten ist, liefert die Grundlage zu einer allgemeinen proletarischen Verständigung. Der Streit beginnt immer dort, wo das Wissen aufhört. Auch die Einigkeit mit den Bauern wäre gesichert, wenn die sozialistische Wirtschaftsreform den Kapitalzins beseitigt, ohne den Bauer in seiner Selbständigkeit und Unabhängigkeit zu belästigen. Das ist aber gerade das Eigenartige der Freiwirtschaft, daß sie die Arbeiter vor jeder Ausbeutung schützt und gleichzeitig die Selbständigkeit und das Verantwortlichkeitsgefühl jedes einzelnen hebt. Jede Reform, die den Bauer in seiner Unabhängigkeit antastet, ist von vornherein des Mißerfolges sicher. Höher als Geld und Gut gilt dem Bauer die persönliche Freiheit, wie in der alten Schweizer Bauernrepublik, so noch heute.

(Dr. E. Schneider)

München, den 21. April 1919

Da ich mich sehr dafür interessierte, wie der gewesene Volksbeauftragte Silvio Gesell sich die Lösung seiner Aufgabe für Bayern dachte, erbat ich mir eine zweite Unterredung. Hier gebe ich sie wieder.

Ich Haben Sie für Ihre Tätigkeit als Volksbeauftragter für Finanzen ein für Bayern bestimmtes Programm entworfen?

Gesell Vorerst mußte auf die durch den Krieg geschaffene Lage Rücksicht genommen und ein Programm der Übergangszeit geschaffen werden. Für die Übergangszeit hatte ich eine Vermögensabgabe im Sinn und den Betriebsräten vorgeschlagen. Sie sollte für folgende Ausgaben die Mittel beschaffen:

1. Sicherung ausreichender Fürsorge für alle *Kriegsbeschädigten* unter Erweiterung dieses Begriffs auf alle gesundheitlich oder seelisch Geschädigten.
2. Sicherung gerechter Fürsorge für alle *Arbeitslosen* und für alle, die durch den Krieg in Not gerieten und noch geraten werden.
3. Sicherung der Fürsorge für die Hinterbliebenen.
4. Aufteilung des *Großgrundbesitzes* und Erstellung von *Heimstätten* für das ländliche und städtische Proletariat.
5. Beschaffung von *Nutzvieh* und *Arbeitsgerät* für diese Heimstätten.
6. *Tilgung aller Staats- und Gemeindeschulden.*

Zunächst war diese Vermögensabgabe in Gestalt einer ersten Hypothek gedacht, die alle Immobilien, Liegenschaften, Häuser, Äcker usw. an erster Stelle belasten sollte, so daß die ersten jetzigen Hypotheken, Obligationen und Aktien an zweite Stelle gekommen wären. Die Aktienbetriebe hätten auch durch Ausgabe

neuer Aktien, eventuell durch Prioritätsaktien erfaßt werden können. Das Mobilkapital wäre in Höhe der Vermögensabgabe beschlagnahmt und in Form von Wechseln flüssiggemacht worden. Der einzelne würde sein Vermögen weiter verwalten und danach trachten, durch Betriebsüberschüsse die gezeichneten Wechsel einzulösen. Andere hätten Teile ihres Vermögens abgestoßen und so die Wechsel bezahlt.
Die Höhe der Vermögensabgabe wäre berechnet worden nach den oben angeführten Ausgaben. Die Vermögen bis zu 10 000 Mark wären frei geblieben, alle Vermögen über 300 000 Mark konfisziert worden. Die dazwischenliegenden Vermögen wären progressiv besteuert worden.
Eine Schwierigkeit bei dieser Vermögensabgabe besteht darin, daß ihr Erträgnis nicht die flüssige Form hat, die für die Erfüllung ihres Zweckes notwendg wäre. So kann man zum Beispiel mit einem Wald, einem Acker, einem Haus nicht unmittelbar die Bedürfnisse der Kriegsverletzten befriedigen. Und wenn man den Wald, den Acker, das Haus in die notwendige flüssige Form überführen will durch Verkauf, so stößt man auf die Schwierigkeit, daß nach der großen Vermögensabgabe überhaupt niemand mehr imstande ist, solche Objekte zu erwerben. Diese Schwierigkeit ist unlösbar. Darum muß hier die Geldwirtschaft überhaupt versagen. Ich hatte die Absicht, alle Kriegsverletzten und Arbeitslosen, denen auch die größte Vermögensabgabe die benötigten flüssigen Mittel nicht hätte liefern können, als Einquartierungen den Bauern aufs Land zu schicken. Die Kosten hätten die Landwirte von der Vermögensabgabe in Abzug gebracht. Wo nichts mehr ist, da hat auch der Finanzminister das Recht verloren.
Ich Ihr ganzes Bestreben geht dahin, die Wirtschaft in Vollbetrieb zu erhalten. Hätte aber nicht im Gegenteil diese Vermögensabgabe einen Rückgang der Produktion zur Folge?
Gesell Solches ist nicht zu erwarten. Denn die Vermögensabgabe in der Form, wie sie vorgeschlagen wurde, hat auf die Größe der Betriebe keinen Einfluß. Der Bauer behält sein Land und der Unternehmer seine Fabrik. Nur die Betriebsüberschüsse muß er nun zum Teil für die Tilgung der Vermögensabgabe an die Staatskasse abliefern. Um diesen Ausfall zu decken, werden daher der Unternehmer und der Bauer bestrebt sein, ihre Leistungen zu vergrößern. Manche Rentner, die bis dahin gar nicht mehr arbeiteten, werden die verlassene Arbeitsstätte wieder aufsuchen. Bedenkt man, daß gerade die tüchtigsten Arbeiter durch das Rentnertum der Produktion beraubt werden, so muß man bekennen, daß eine solche Vermögensabgabe der Produktion nicht zu unterschätzende Arbeitskräfte zuführen würde.
Ich Mit dieser Vermögensabgabe wird aber der Kapitalismus nicht beseitigt. Wie dachten Sie denn hier vorzugehen?
Gesell Durch die Vermögensabgabe wird dem Kapitalismus ebensowenig Abbruch getan, als Moses durch das Jubeljahr, die Griechen durch die Seisachtheia (Schuldenabschüttelung) und die Gracchen durch die neue Verteilung des Landes dem Ungeheuer beikommen konnten. Die Seisachtheia mäht das Unkraut ab. Wir wollen es aber mit der Wurzel ausrotten. Dazu ist die klare Erkenntnis notwendig, welchen Ursachen der Zins sein Dasein verdankt und wie man die

Grundrente denen zuführt, die sie schaffen, den Müttern. Wer die Freigeld-Kapitaltheorie kennt, weiß, daß der Kapitalismus eine Begleiterscheinung des heutigen Geldwesens ist und auf gewissen, dem Geld anhaftenden Vorrechten beruht. Nimmt man dem Gelde diese Vorrechte, was mit dem Freigeld geschieht, so muß, wie das in der Freigeldliteratur nachgewiesen wird, der Zins des Kapitals in kurzer Zeit verschwinden. Unter dem Drucke einer unaufhaltsam wachsenden Gütermenge kommt es zu einem ständigen Rückgang des Zinsfußes. Die sonst mit dem heutigen Gelde eintretende Warenüberproduktion, die zur Krise führt, wird mit dem Freigeld in eine Kapitalüberproduktion übergeleitet, die auf den Zins drückt und die Volkswirtschaft mit neuen Kräften versieht.

Ich Das Geld bildet aber einen ganz verschwindenden Teil aller Vermögen, so daß es doch kaum möglich sein wird, durch eine Veränderung des Geldes den Zins auch der übrigen Vermögenswerte, der Häuser und anderer Realkapitalien, zum Verschwinden zu bringen?

Gesell Ich gebe zu, daß die Behauptung, der Zins der Realkapitalien wäre auf das Geld zurückzuführen, den Uneingeweihten zunächst verblüffen muß. Wer sich aber die Tatsache vor Augen hält, daß alle Unternehmungen, restlos alle, mit einer Geldsumme gegründet wurden, der wird erkennen, daß sich der Charakter des Geldes auch auf alle übrigen Unternehmungen übertragen muß. Ist der Zins eine notwendige Voraussetzung des Geldumlaufes, so ist es ebenso selbstverständlich, daß niemand Geld zu einer industriellen Gründung hergibt, die nicht ebenfalls Zins verspricht. Noch nie ist es geschehen, daß ein Mietshaus gebaut wurde, das nicht mindestens den Zins des dazu notwendigen Geldes abwirft. So wird das gesamte Realkapital (Güter) der Botmäßigkeit des Geldkapitals unterworfen. Aus diesem Grunde muß auch der Zins des Realkapitals fallen, wenn durch das Freigeld der Zins des Geldkapitals verschwindet.

Ich Sie zählen zu den Bestandteilen der Ausbeutung auch noch die Grundrente? Wie wollten Sie das Bayernland davon befreien?

Gesell Mein Bestreben geht dahin, jedes Privateigentum an Boden, wie auch jedes Nationaleigentumsrecht auf Teile der Erde, aufzuheben. ›Und die Erde gab ER den Menschenkindern!‹ Der Menschheit gehört die Erde. Sie muß als unveräußerliches Eigentum der Menschen erklärt werden. Die Naturschätze, die Kohlenflöze, die Kalibergwerke gehören nicht einzelnen Nationen. Es gibt keine englische Kohle, kein deutsches Kali, kein rumänisches Petrol. Kohle, Kali, Petrol, wo sie auch vorkommen, gehören allen Menschen, restlos allen Menschen. Die Schweiz hat das gleiche Recht auf die Kohlenbecken am Rhein, in England, in den Vereinigten Staaten wie alle andern Völker. Wollen wir Frieden haben auf Erden, so muß dieser Grundsatz im Friedensdokument festgelegt werden. Mein Vorschlag zur Befreiung des Bodens von allen auf ihm lastenden Privatrechten geht dahin, allen zum öffentlichen Verkauf gelangenden Boden aufzukaufen und der Privatwirtschaft auf dem Wege öffentlicher Verpachtung zugänglich zu machen. Beim Verkauf von bebauten Grundstücken wird der Boden, auf dem das Haus steht, gekauft. Da der Boden erfahrungsgemäß alle zwanzig Jahre den Besitzer wechselt, so könnte der Boden in dieser Zeit reibungslos in den Volksbesitz übergeführt werden.

Ich Wäre es nicht möglich gewesen, daß diese Bodenbesitzreform am Widerstand der Bauern scheiterte?

Gesell Durch das heutige Bodenrecht verfällt infolge der Erbschaftsteilungen das Bodeneigentum ganz gesetzmäßig der Verpfändung. Die Hypothekenbanken treten in die Rechte der Bauern. Wir haben nur mehr Grundeigentümer dem Namen nach, auf dem Lande wie in der Stadt. Durch die Aufhebung des privaten Grundeigentums hört die Verpfändung auf. Die Grundrenten werden, statt an die Rentner abgeführt, der Allgemeinheit zur Verfügung gestellt. Mein Vorschlag geht dahin, diese Grundrente den Müttern nach der Zahl ihrer Kinder in Monatsraten auszurichten. In gleicher Weise werden Bergwerke behandelt. Die Förderung wird Arbeitsgenossenschaften mindestfordernd in Verding gegeben. Das Produkt, die Kohle, das Kali, wird meistbietend öffentlich verkauft. Der Unterschied zwischen den Förderkosten und dem Verkaufspreis fließt in die Mütterkasse. Durch diese beiden Reformen, Freiland und Freigeld, würde der größte Wauwau, das Kapital, zur Strecke gebracht, ohne daß es dazu nötig wäre, unsere gesamte Volkswirtschaft auf dem Kommunismus neu aufzubauen.

(Dr. E. Schneider)

20 Pfg. 20 Pfg.

Süddeutsche Freiheit

Zeitung für das neue Deutschland

Verlag der Süddeutschen Freiheit, e. Genossenschaft m. b. H. Die verantwortliche Schriftleitung liegt in den Händen von Gustav Klingelhöfer, München, Kurfürstenplatz 2. Tel. 34 358. Die Geschäfts- und Versandstelle des Verlages befindet sich Schellingstr. Nr. 41 im Münchner Buchgewerbehaus M Müller & Sohn, Fernsprecher Nr. 26118. Druck von M. Müller & Sohn. Postscheckkonto München 14 035.

Die Süddeutsche Freiheit erscheint wöchentlich und kostet vierteljährlich postfrei 3.— Mk. halbjährlich 6.— Mk., jährlich 12.— Mk.
Wünsche auf Zustellung unter Kreuzband bitten wir bei der Bestellung besonders zu betonen.
Bestellungen werden direkt an den Verlag erbeten.

Auslieferung: J. Pfalner, Zeitungszentrale Färbergraben 27-28, Fernsprecher 21054 / J. Kirmayr, Hauptzeitungsverlag, Schäfflerstraße 11, Fernsprecher 21 442 / Anzeigenpreis die 8 mal gespaltene N.-Zeile 60 Pfennig

Nr. 18 Montag, den 17. März 1919 1. Jahrgang

Geschnitten für die Einigkeit des Proletariats III. 1919

Fritz Schaefler

An das Volk in Baiern!

Die Entscheidung ist gefallen. Baiern ist Räterepublik. Das werktätige Volk ist Herr seines Geschickes. Die revolutionäre Arbeiterschaft und Bauernschaft Baierns, darunter auch all unsre Brüder, die Soldaten sind, durch keine Parteigegensätze mehr getrennt, sind sich einig, daß von nun an jegliche Ausbeutung und Unterdrückung ein Ende haben muß. Die Diktatur des Proletariats, die nun zur Tatsache geworden ist, bezweckt die Verwirklichung eines wahrhaft sozialistischen Gemeinwesens, in dem jeder arbeitende Mensch sich am öffentlichen Leben beteiligen soll, einer gerechten sozialistisch-kommunistischen Wirtschaft.

Der Landtag, das unfruchtbare Gebilde des überwundenen bürgerlich-kapitalistischen Zeitalters, ist aufgelöst, das von ihm eingesetzte Ministerium zurückgetreten. Von den Räten des arbeitenden Volks bestellte, dem Volk verantwortliche Vertrauensmänner erhalten als Volksbeauftragte für bestimmte Arbeitsgebiete außerordentliche Vollmachten. Ihre Gehilfen werden bewährte Männer aus allen Richtungen des revolutionären Sozialismus und Kommunismus sein; die zahlreichen tüchtigen Kräfte des Beamtentums, zumal die unteren und mittleren Beamten, werden zur tatkräftigen Mitarbeit im neuen Baiern aufgefordert. Das System der Bureaukratie aber wird unverzüglich ausgetilgt.

Die Presse wird sozialisiert.

Zum Schutze der bairischen Räterepublik gegen reaktionäre Versuche von außen und von innen wird sofort eine rote Armee gebildet. Ein Revolutionsgericht wird jeden Anschlag gegen die Räterepublik sofort rücksichtslos ahnden.

Die bairische Räterepublik folgt dem Beispiel der russischen und ungarischen Völker. Sie nimmt sofort die brüderliche Verbindung mit diesen Völkern auf. Dagegen lehnt sie jedes Zusammenarbeiten mit der verächtlichen Regierung Ebert-Scheidemann-Noske-Erzberger ab, weil diese unter der Flagge einer sozialistischen Republik das imperialistisch-kapitalistisch-militaristische Geschäft des in Schmach zusammengebrochenen deutschen Kaiserreichs fortsetzt.

Sie ruft alle deutschen Brudervölker auf, den gleichen Weg zu gehen. Allen Proletariern, wo immer sie für Freiheit und Gerechtigkeit, wo immer sie für den revolutionären Sozialismus kämpfen, in Württemberg und im Ruhrgebiet, in der ganzen Welt, entbietet die bairische Räterepublik ihre Grüße.

Zum Zeichen der freudigen Hoffnung auf eine glückliche Zukunft für die ganze Menschheit wird hiemit der 7. April zum Nationalfeiertag erklärt. Zum Zeichen des beginnenden Abschieds vom fluchwürdigen Zeitalter des Kapitalismus ruht am Montag, den 7. April 1919, in ganz Baiern die Arbeit, soweit sie nicht für das Leben des werktätigen Volkes notwendig ist, worüber gleichzeitig nähere Bestimmungen ergehen. —

Es lebe das freie Baiern! Es lebe die Räterepublik! Es lebe die Weltrevolution!

Der revolutionäre Zentralrat Baierns:

Niekisch, Gustav Landauer, Erich Mühsam, Gandorfer (Bauernrat), Dr. Franz Lipp, Albert Schmid.

Für den revolutionären Soldatenrat:

Kohlschmid, Johann Wimmer, Max Mehrer.

Aufruf der KPD - München vom 7. April 1919

Arbeiter!

Folgt nur den Parolen der kommunistischen Partei!

Arbeiter! Soldaten!
Werktätige Bauern Bayerns!

Die Partei der Abhängigen und Unabhängigen, der Zentralrat sowie der sogen. „*Revolutionäre Arbeiterrat*" haben eine Räte-Republik in Bayern ausgerufen.

Noch ist dem Kapitalismus kein Härchen gekrümmt, aber schon werden großsprecherische, lügnerische Aufrufe in die Welt hinaustelegraphiert in denen es heißt: „*Das werktätige Volk ist Herr seines Geschicks.*"

Noch besteht die Ausbeutung des Menschen durch den Menschen unverändert fort — aber in dem Aufruf plant man bereits den „Abschied vom fluchwürdigen Zeitalter des Kapitalismus".

Wir protestieren aufs Entschiedenste gegen diese Versuche durch Proklamierung einer *Schein-Räterepublik* den Gedanken des Rätesystems zu verwässern oder zu erwürgen.

Die Räterepublik, wenn sie eine wirklich proletarische sein soll, muß dem Willen der arbeitenden Massen selbst entspringen. Einzig und allein die Massen sind befugt durch die von ihnen zu diesem Zwecke gewählten revolutionären Räte die Räterepublik zu erklären.

Der jetzt bestehende sogen. „Revolutionäre" Rat kann in keiner Weise als solche Vertretung der arbeitenden Klassen betrachtet werden. Er ist nicht von den Massen gewählt. Dieser scheinrevolutionäre Rat wird auch dann nicht zu einem revolutionären, wenn er sich auch durch das Hinzutreten noch so vieler abhängiger und unabhängiger Parteidelegierten vergrößert.

In keiner Weise sind einzelne Parteien, welche nur einen Teil des Proletariats umfassen, befugt, anstelle des gesamten Proletariats die Räterepublik zu verkünden. Am allerwenigsten sind die Abhängigen dazu berechtigt, die Parteigenossen eines Eberts und Noskes, eines Schneppenhorsts und Dürrs.

Ebensowenig sind dazu die Unabhängigen geeignet, jene Unabhängigen, die in derselben Partei mit den schärfsten Gegnern des Rätesystems zusammensitzen.

Wir sind nach wie vor durchdrungen von der felsenfesten Ueberzeugung, daß nur die Errichtung einer *kommunistischen Räterepublik* die Arbeiterschaft aus aller Not und allem Elend befreien kann. Aber wir sind nach wie vor ebenfalls der Ueberzeugung, daß die Errichtung dieser Räterepublik nur ein Werk der revolutionären Massen sein kann.

Arbeiter! Soldaten!
Werktätige Bauern Bayerns!

Wir fordern Euch daher auf, unverzüglich zur Wahl eines solchen Organs zu schreiten, welches allein dazu berufen sein kann, Euren Willen zu formulieren und zur Ausführung zu bringen. Nur dieser wirklich revolutionäre Rat ist imstande und berechtigt, Beschluß darüber zu fassen, *wann* die proletarische Räterepublik ausgerufen werden soll, *wann* der Kampf um sie beginnen soll.

Auch nicht die Arbeiterausschüsse können dazu befugt sein, denn auch diese wurden zu anderen Zwecken gewählt. Die Arbeiter, die dorthin gewählt wurden, waren solche, von welchen man Kenntnisse der Reichsversicherung, des Hilfsdienstgesetzes und ähnliche Labyrinthe der kapitalistischen Sklavenzeit erwartete. Bei den Mitgliedern des neuen revolutionären Arbeiterrates dagegen wird man andere Eigenschaften voraussetzen, welche notwendig sind, zum zähen revolutionären Kampf gegen die Hochburgen der Bourgeoisie und des Kapitalismus und ihrer scheinsozialistischen Helfershelfern.

Arbeiter! Soldaten!
Werktätige Bauern Bayerns!

Wählt Euch ein solches Organ!

Wenn jetzt von den abhängigen Proletariermördern, den unabhängigen Scheinsozialisten und den anarchistischen Konfusionsräten eine *Schein-Räterepublik* proklamiert wird, so glaubt nicht, die Wahl eines revolutionären politischen Organes wäre überflüssig! Mehr denn je ist es dadurch notwendig geworden.

Wie eine Seifenblase platzt, wie ein Kartenhaus zusammenstürzt, so wird jenes künstliche Gebilde, das über die Köpfe der Massen hinweg mit Reklame-Tamtam und Selbstbeweihräucherung scheinsozialistischer Führer in die Welt gesetzt wurde, in sich zusammensinken, weil es ihr an innerer Kraft gebricht.

Eure Vertreter werden darüber wachen müssen, daß Ihr die Stunde richtig wählt, in welcher die Lösung erschallt: *Alle Macht den Arbeiter-, Bauern und Soldatenräten!*

Arbeiter! Soldaten!
Werktätige Bauern Bayerns!

Wir fordern Euch auf, in jedem Betrieb einen revolutionären Obmann zu wählen. In den Betrieben mit mehr als 1000 Arbeitern je einen auf je 1000.

Ihr dürft diese Wahlen auch nicht mit den Wahlen zu den Betriebsräten und den Arbeiterräten verwechseln. Der Arbeiterrat der hervorgehen soll aus den Vertreter der Betriebsräte hat nach Erringung der Macht durch das Proletariat Verwaltungsaufgaben zu erfüllen. Er führt alle die Aufgaben aus, die dem Proletariate nach Ergreifung der politischen Macht zufallen.

Der neuzuwählende revolutionäre Rat dagegen hat die Vorbereitung zur Ergreifung der politischen Macht zu treffen. Außerdem muß er stets darüber bestimmen, wenn die Zeit zur Proklamierung der kommunistischen Räterepublik als gegeben zu betrachten ist.

Darnach werdet Ihr Eure Wahl unter Euren Genossen treffen. Habt Ihr in die Arbeitsausschüsse gesetzeskundige Leute gewählt, habt Ihr in die Arbeiterräte Vertreter gewählt, welche die Fähigkeit und Kenntnisse für wirtschaftliche und Verwaltungsaufgaben besitzen, so werdet Ihr in den revolutionären Arbeiterrat Männer wählen müssen, welche durchglüht sind von revolutionärem Feuer, welche erfüllt sind von Energie und Kampfeskraft, welche schnelle Entschlußfähigkeit besitzen, gleichzeitig aber auch einen klaren, offenen Blick für die realen Machtverhältnisse, um einerseits kühn und revolutionär handeln zu können, andererseits nüchtern und besonnen den Augenblick zum Handeln zu wählen.

Arbeiter! Soldaten!
Werktätige Bauern Bayerns!

Gleichzeitig fordern wir Euch auf: *Wählt Kommunisten* als revolutionäre Obleute Eurer Betriebe, *wählt Kommunisten* als Vertreter in den revolutionären Arbeiterrat!

Arbeiter! Soldaten!
Werktätige Bauern Bayerns!

Man kann nicht durch den Beschluß einiger konfuser und begeisterter politischer Häuptlinge die Notwendigkeit politischer Parteien aus der Welt schaffen. Nach wie vor werden wir Kommunisten alle unsere Anhänger, die dieselben Ziele mit denselben Mitteln zu erkämpfen suchen, in der Kommunistischen Partei (Spartakusbund) zusammenhalten. Nach wie vor werden wir unsere Ideen in die Massen hinaustragen und einem scharfen Trennungsstrich ziehen zwischen uns und allen Sozialverrätern, die bisher das Rätesystem bekämpften und jenen immer schwankenden Unabhängigen, welche das Rätesystem verwässerten.

Wir fordern Euch auf, das schärfste Mißtrauen allen Schritten der Gründer der *Scheinräterepublik* gegenüber zu bewahren. Wir fordern Euch auf, alles zu unternehmen, was notwendig ist, zur Erkämpfung und Durchführung der *wirklichen kommunistischen Räterepublik!*

Meidet Demonstrationen und Feiern zu Ehren der Schein-Räterepublik!

(Bemerkung: Flugblätter sind nur von der kommunistischen Partei Deutschlands (Spartakusbund) ausgegeben, wenn sie die Unterzeichnung *Levien* oder *Mayergünther* tragen. Also seid auf der Hut Arbeiter und Genossen!)

Arbeiter folgt nur den Parolen der kommunistischen Partei!

K. P. D., Ortsgruppe München: gez. Levien.

Flugblatt vom 12. April 1919

An das werktätige Volk Baierns!

Baiern ist Räterepublik!

Tolle Gerüchte werden von denen in die Welt gesetzt, welche eure Interessen schädigen wollen. In München ist alles ruhig. Kein Schuß ist gefallen. Arbeiter, Bauern, Handwerker, das schaffende Volk hat sich für die Räterepublik erklärt.

Was ist der Unterschied zwischen den Räten und dem Landtag?

Die Volksvertreter, welche ehemals von euch in den Landtag gewählt wurden, waren von Parteien und Parteivereinen aufgestellt. Die Partei, welche das meiste Geld hatte, konnte die meiste Reklame machen und gewann den Kampf. So kam es, daß, obwohl das ganze Volk anders dachte oder wenigstens fühlte, wichtige Entscheidungen zugunsten der Riesenvermögen und Riesengewinne getroffen wurden. Die Nöte der Unbesitzenden wurden jeden Tag größer, das Elend in den Städten vermehrte sich, während die Preise für das Notwendigste und damit die Gewinne der Großkapitalisten ins Unendliche anwuchsen.

Jetzt aber will das Volk nicht mehr von Männern, welche die Geldherrschaft aufrecht erhalten wollen, regiert werden.

Die Riesengewinne des Krieges dürfen nicht mehr als eine Last auf Bauern und Arbeitern liegen!

Das werktätige Volk will selbst durch seine Räte Ordnung schaffen. Alle Kreise des schaffenden Volkes, Bauern, Arbeiter, Handwerker, Kleinbeamte, wählen aus ihren Kreisen heraus die tüchtigsten Männer als ihre Vertreter in das Landtagsgebäude. Es kann nicht mehr vorkommen, daß Männer, für jahrelang hinausgewählt, für das Volk Unheil stiften; denn die Wähler können jederzeit einen solchen Vertreter abberufen. Nur durch die Räte können die **Tüchtigen** mitarbeiten an der Neugestaltung des Staates zu unser aller Wohl.

In Fragen der Landwirtschaft werden nur die Bauern mit dem Landwirtschaftsministerium, in Fragen der Handwerker nur diese selbst mit dem Ministerium für Handel und Industrie entscheiden. Niemand denkt daran, den Besitz der Bauern anzutasten und die Existenz der Handwerker zu gefährden.

Arbeiter, Handwerker, Beamte und Bauern, alle, die ihr Brot im Schweiße des Angesichts verdienen müssen, haben nur einen einzigen Feind, nämlich diejenigen, welche den Krieg verschuldet und zum Unglück des ganzen Volkes geführt haben, die **Großkapitalisten!** Erst nach deren Niederkämpfung werden wir uns in einem neuen Gemeinsinn zusammenfinden.

Dann sind wir erst frei!

Dann sind wir nicht mehr gezwungen, uns gegenseitig zu bekämpfen in der Hast nach dem Gelde.

Im Kriege hat uns der eigene und der feindliche Kapitalismus ausgehungert.

Jetzt wollen es die von den eigenen Kapitalisten verführten Volksbrüder tun!

Der Landwirt muß an seinem Pflug, der Schmied an seinem Amboß stehen, wenn das ganze Volk nicht darunter zu Schaden kommen soll.

Alles Mißtrauen ist Mißverstehen!

Deswegen seid einig in der Räterepublik Baiern!

Prov. revolutionärer Zentralrat

I. A.: Ernst Toller

Druck: [illegible]

Flugblatt der Roten Armee zur Aufklärung der weißen Truppen (Ende April 1919)

Brüder und Kameraden!

Wir wissen, wie sehr ihr irregeführt worden seid. Wir wissen, wie sehr ihr über die wirklichen Zustände in Unkenntnis gelassen werdet!

Das gesamte oberbairische Proletariat ist einig. Um dem werktätigen Volke seine Arbeitsstätten restlos zu erhalten, die Produktion sicherzustellen und die Sozialisierung durchzuführen, haben sich die gesamten proletarischen Arbeiter und Angestellten und Beamten zusammengeschlossen und in den ständig tagenden Betriebsräten ihre gesetzmäßige Vertretung geschaffen. Das gesamte werktätige Volk verwaltet seine Angelegenheiten selbst und hat die alten Fabrikherren unter seine Kontrolle genommen.

Diese Einigung des gesamten Proletariats durch den hohen Gedanken der Räterepublik wirkt über die Arbeiter in der Werkstatt und im Bureau hinaus. Die gesamte Münchener Garnison ist dem um seine Befreiung kämpfenden Proletariat aufs engste verbunden. Arbeiter und Soldaten kämpfen Seite an Seite für die Erhaltung der Räterepublik.

München ist vollkommen ruhig!

Alle Meldungen über die gestörte Ordnung in München sind erlogen. Alle Verwaltungen arbeiten nach wie vor weiter. Die Ordnung wird von dem gesamten Proletariat und der Garnison aufrecht erhalten. Die einzigen Ruhestörer und Feinde der Ordnung in München ist die Regierung in Bamberg. Die Herren Segitz und Schneppenhorst waren die ersten, die mit der Räterepublik einverstanden waren. Schneppenhorst hat in der Gründungsnacht der Räterepublik, mit zum Schwur erhobener Hand, seinen Kopf für unsere Sache verpfändet. Heute mißbraucht diese Bamberger Regierung euch, proletarischen Brüder aus Nordbaiern, um genau wie Noske in Preußen die Sache des Proletariats zu verraten, das in seinem Kampf gegen die Ausbeuter einige Proletariat zu zerspalten und das bairische Volk zum Kampf gegen die eigenen Brüder aufzurufen.

Mit Bestechungsgeldern kaufte man sich einige Führer der republikanischen Schutztruppe, entführte mit Gewalt die aus ihren Betten verhafteten, rechtmäßig gewählten Mitglieder des Zentralrates unserer proletarischen Räterepublik.

Brüder und Genossen! Urteilt selbst! **Übt hier das Proletariat einen Terror aus oder die Regierung Hoffmann?**

Die Regierung Hoffmann hat schon heute die Weißen Garden aus Preußen, die Schlächter von Berlin, Bremen und dem Rheinland, herbeigerufen. Wollt ihr auch Weiße Garde werden? Wollt ihr Baiern und proletarische Brüder sein oder Noske-Preußen und Freunde der Kapitalisten? Wollt ihr eure proletarischen Brüder zusammenschießen oder wollt ihr euch im Kampf gegen unsere gemeinsamen Feinde mit uns vereinigen? Wollt ihr wirklich unsere Frauen und Kinder verhungern lassen und uns zur Verzweiflung treiben?

Kameraden und Brüder!

Wir wollen keinen Bruderkrieg!

Schickt Parlamentäre zu uns zu eurer Aufklärung! Laßt sie euch von München und von der Räterepublik, von unserer Trauer über euch und von den Forderungen unseres Proletariats sprechen. Millionen Weißer Garden und tausende von Geschützen vermögen den Geist der Räterepublik nicht mehr zn zerstören.

Kameraden! Vermeidet den Bruderkampf! Laßt euch nicht mißbrauchen von der Bamberger Regierung und den Offizieren.

Erklärt euch gegen die Bamberger Regierung und schließt euch euren Brüdern aus der Arbeiterklasse an.

Verbrüdern wir uns alle unter dem Zeichen der Räterepublik.

Brüder, man sagt euch, wir erschießen die Gefangenen. Das ist eine Lüge! Ihr bleibt unsere irregeführten Brüder. **Wir haben eure Kameraden aufgeklärt und zu euch zurückgeschickt.**

Entscheidet euch! Sonst sind wir gezwungen, mit allen Mitteln die Räterepublik zu verteidigen. Kameraden, kommt zur Besinnung. Wir wenden uns an euch, die ihr Proletarier und unsere Brüder seid, denn wir gehören zusammen.

Es lebe die bairische Räterepublik!

Oberkommando der Roten Armee

28. 500000 Druck: Münchner Buchgewerbehaus M. Müller & Sohn

Sozialdemokratisches Flugblatt gegen die Räterepublik (April 1919)

An die
Proletarier Württembergs!

Der Aktionsausschuss der kommunistischen Partei verbreitet die Schwindelmeldung, das **bayerische Proletariat** sei es gewesen, das die Räte-Republik in München proklamiert habe.

In Wirklichkeit stellt sich die Proklamation der Räterepublik als ein Abenteuer von einigen meist in Bayern land- und wesensfremden Literaten und politischen Hochstaplern dar, die durch Überrumpelung und Vorspiegelung falscher Tatsachen sich in den Besitz der Gewalt zu setzen vermochten.

Die Führer:

Dr. Lipp Spitzel und Agent des großen Hauptquartiers. Zweimal wegen Größenwahns im Irrenhaus. Verriet die Revolution vom Novbr. an das große Hauptquartier.

Dr. Wadler Arrangeur der belgischen Arbeiter-Deportationen während des Krieges und Ober-Alldeutscher.

Silvio Gsell aus Argentinien, finanzieller Wunderdoktor und Phantast, der überall der Lächerlichkeit verfiel. Er beschloß, hundert Millionen Banknoten drucken zu lassen, was das ganze bayerische Wirtschaftsleben zerrüttet hätte, fand aber glücklicherweise keine Notenpresse dazu.

Erich Mühsam anarchistischer Berliner Literat, der sein ganzes Leben im Kaffeehaus verbracht und noch nie eine Stunde gearbeitet hat.

Ernst Toller 23jähriges Bourgeois-Söhnchen, Student aus Ostpreußen, der erklärt, nichts lernen zu wollen, um sich nicht seine dichterischen Visionen trüben zu lassen.

Dr. Levien gehirn-syphilitischer Bolschewist aus Moskau, der im Jahre 1906 seine eigenen Parteigenossen dem Henker überlieferte, um selbst dem Galgen zu entgehen. Pumpgenie erster Klasse. Inhaber von drei Wohnungen in München, die er wechseln muß, um nicht infolge übergroßer Zuneigung der bayrischen Proletarier gelyncht zu werden. Zu Kriegsbeginn eifriger Anwärter auf die Würde des bayerischen Reserve-Offiziers.

Diese, im wahren Sinne des Wortes gemischte Gesellschaft, kümmert sich nicht die Bohne um Deutschlands Not, nicht um den Kohlenmangel, nicht um die dringend notwendige Arbeitsbeschaffung, nicht um den Tiefstand der deutschen Valuta und die damit unvermeidlich verbundenen immer neuen Preissteigerungen. Rücksichtslos hetzt sie die Arbeiterschaft von Generalstreik zu Generalstreik.

In München herrscht also nicht die Diktatur des Proletariats, sondern die Diktatur einer Handvoll machtlüsterner Maulaufreißer **über** das Proletariat.

Die Münchener Räterepublik bedeutet **nicht** den Anfang der deutschen Räterepublik, sie ist der Schrittmacher der Reaktion.

Die Münchener Räterepublik bedeutet **nicht** den Sieg des Sozialismus, sondern **Massenkapitalismus** schlimmster Form.

In München findet **nicht** die Vergesellschaftung der Produktionsmittel statt, sondern die Wegnahme der Produkte, damit sich die Henkersknechte der dortigen Machthaber den Bauch vollfressen können, während die übrige Bevölkerung hungern muß und nicht einmal die kleinen Kinder Milch bekommen.

Die Münchener Räterepublik bedeutet **nicht** die vom Sozialismus erstrebte Aufhebung der Klassengegensätze, sondern die aus fanatischer Verhetzung geborene Unterdrückung ganzer Klassen und Stände und den aller Kultur zuwiderlaufenden Ausrottungskrieg von Person zu Person.

Die Münchener Räterepublik ist eine **Schändung** des revolutionären Werkes der Arbeiterklasse, wie sie widerlicher nicht gedacht werden kann.

Aus **diesem** Grunde und keinem anderen hat sich die württembergische Regierung entschlossen, dem Bayern-Volke und der Regierung Hoffmann zu Hilfe zu eilen. Den Aufwieglern, die unsere Truppen als uniformierte Meuchelmörder beschimpfen, wird das schwäbische Volk die gebührende Antwort zu geben wissen. Es wird dabei der Unterstützung jedes anständigen Menschen sicher sein.

Die Volks-Regierung von Württemberg.

Fritz Kunz
Protokolle von Versammlungen Münchner Betriebsräte

Auszug aus dem bei dem Maschinenmeister *Fritz Kunz,* geboren 29. August 1893 in Schönefeld, Kreis Leipzig, gelegentlich einer am 21. April 1921 vorgenommenen Wohnungsdurchsuchung vorläufig beschlagnahmten Notizheft, enthaltend Protokolle über die in den Apriltagen 1919 stattgefundenen Betriebsräteversammlungen

Betriebsräteversammlung in der Nacht vom 11./12. April 1919

Versammlungsleiter *Klingelhöfer* eröffnet die Versammlung um zehn Uhr abends.
Dieselbe ist stark überfüllt, und es werden Maßnahmen getroffen dagegen, und eine gegenseitige Kontrolle findet statt. *Klingelhöfer* bringt allgemeine Ausführungen über Politik. Die Träger des sozialistischen Gedankens waren sich am 7. und 8. November 1918 nicht darüber im klaren, wie sie ihre weitere Politik zu gestalten haben. Welches die Form der Politik sein sollte, um den Sozialismus einzuführen. Dazu bietet uns die Räterepublik die denkbar weitesten Aussichten. Nun aber, in dem Moment, wo wir die Räterepublik wirklich haben, ist politische Opportunität ausgeschlossen, da die Räterepublik ja die Diktatur des Proletariats mit sich bringt. Aber trotzdem ist kein geschlossenes Handeln möglich geworden.
Warum ist die *Solidarität* zwischen den Führern der Parteien nicht hergestellt bei der Ausrufung der Räterepublik? Heute sollen die Vertreter der drei sozialistischen Parteien ihre gegensätzliche Haltung zu obigem begründen. Doch soll damit keine Wortklauberei entstehen! Die Erklärungen sollen klipp und klar sein, keine persönliche, sondern parteiische Stellungnahme. Auch die parteilosen Führer (Vertreter) des politischen (?) sollen ihre Stellung dartun.

Genosse Dr. Levien, K.P.D.
Das Proletariat hat nichts zu verlieren als seine Ketten und eine Welt zu gewinnen. Wer ist Ankläger? (Zurufe: *Wir!*)
Bei *Eisners* Tode war durch den einmütigen Protest des Proletariats die Ausrufung der Räterepublik möglich und notwendig. Doch wurde sie damals von den Mehrheitlern abgelehnt. (Es folgte nun seine Begründung dazu.)
Der Unwille gegen die Hindenburg, Ebert und Scheidemänner usw. war aufs höchste gesteigert, und dadurch waren wir reif für die Räterepublik. Jetzt ist sie da, und das Proletariat klagt die K.P.D. an.
Diese Schein-Räterepublik ist jetzt wie mit einem Male vom Himmel gefallen, sie ist in der jetzigen Zeit keine Eroberung, nicht die endgültige Diktatur des

Proletariats gegen die Bourgeoisie. Dies ist ein gefährliches Spiel der Führer (ausgeschlossen die K.P.D.) und eben deshalb kein Produkt der Entwicklung, das eine Räterepublik sein muß. Aus der Not und dem Elend des unteren Volkes heraus ist nur eine geschlossene Aktion in dieser Richtung möglich. In dieser Räterepublik von heute sind deshalb keine Kräfte vorhanden, die eine vollkommene Diktatur gewährleisten, kein geistiger Schwung ist da.
Welches ist der geistige Schwung, welches sind die Kräfte, um die Räterepublik zu halten? –
Die Räterepublik begann mit einem Nationalfeiertag für Bayern, und zugleich setzte der Belagerungszustand mit der Sieben-Uhr-Polizeistunde ein. Ist das Diktatur des Proletariats?
Das Proletariat stellt sich unter seinen eigenen Schutz und nicht unter den von Soldaten. Eben deshalb war es keine Diktatur des Proletariats. – Der Zentralrat leitet die Geschicke der Arbeiter, und dies ist nicht der Ausdruck des gesamten Proletariats. Warum wir Kommunisten abseits stehenbleiben und nicht mitmachen? Weil wir all dies nicht mitmachen können. Selbst sollen die Arbeiter ihre Geschicke lenken.
Kapitalist bleibt Kapitalist und Proletarier – Proletarier. Es gibt keine Deutschen, es gibt nur noch Parteien. Die K.P.D. kann nicht aus der Internationale Moskau ausscheiden. Aber in der Stunde der Not stehen wir zu euch! Es gilt nicht die jetzige Räterepublik verteidigen zu wollen, sondern das Proletariat ist in Gefahr, und da stehen wir dem Proletariat bei. Es handelt sich jetzt um die Not des Münchner Proletariats, und wir kommen zu euch. Wir wollen alle Kampforganisationen mitschaffen. Wo der Proletarier steht, da stehen auch wir, und wo er fällt, da fallen wir zuerst. Aber die Verantwortung des Zentralrats können und dürfen wir nicht übernehmen. Unsere beratende Stimme ist *euch gewiß!*

Genosse Toller, U.S.P.
Er vergleicht die Situation mit 1914. Damals handelte es sich um den Burgfrieden des Proletariats mit der Bourgeoisie. Es solle nun diesmal der Frieden zwischen den Parteien stattfinden. Sie, die U.S.P., hat sich mit den Kaisersozialisten nicht an einen Tisch gesetzt. Wir (die U.S.P. – Anmerkung des Herausgebers) haben nicht selbständig gehandelt bei der Proklamierung der Räterepublik, die Massen haben sie gefordert. (?) und der revolutionäre Arbeiterrat und die S.P. haben sich mit uns einverstanden erklärt (Schneppenhorst). Genosse Albert Schmidt erklärte (S.P.), wenn die Mehrheitler Schmidt im Stich lassen, tritt er zu den Kommunisten über, er ruft am Schluß den Kommunisten zu, helft ganz mit, helft nicht nur halb mit.

Genosse Dichtel, S.P.
Es sind Einigungen während des Krieges gemacht worden, zu einer solchen Zeit mußten natürlich alle Versuche scheitern, aber heute muß es möglich sein, eine Einigung herbeizuführen. Es war uns blutig ernst damit. Wir wollen einmal eine gemeinschaftliche Basis finden, auf der wir vorwärtskommen. Durch jahrzehn-

telange Tradition sind sie ihrem Programm treu geblieben (große Unruhe), und er gibt zu, daß das Programm der Mehrheitler reform- und änderungsbedürftig ist. (Allgemeine große Unruhe.) Es sei nicht recht, wenn man sie immer als ›Kaisersozialisten‹ bezeichnet. Wir müssen lernen, einander zu verstehen und zu lehren.

Auf dem Boden des Kommunismus stehen wir nicht (!!!) (Zwischenrufe, Pfuirufe und allseitige Entrüstung setzt ein.)

Ein anderer Redner ergreift das Wort und bezeichnet es als eine Schmach und Schande, was dieser Führer aussprach und ruft:

Unser Programm ist die Not des Proletariats.

Unser Programm ist die Revolution! *(Allgemeiner Beifall.)*

Genosse Landauer, R.A.R.

Er schildert seinen Eintritt 1891 als Student in das politische Leben, blieb immer parteilos und ist jetzt Anarchist. Er achtete die Notwendigkeit der Revolution für gekommen. Es war die Notwendigkeit, nachdem das Ministerium Hoffmann sich am Werk erwiesen und gezeigt hat, daß es unfähig ist, den Massen zu helfen. Wir sagten uns, im Zusammenhange von ganz Deutschland: der Zündstoff ist da. Obwohl ich wußte, daß es ein ungeheures Wagnis für uns ist. Wir wußten, die Massen laufen der Mehrheitspartei davon, und selbst Niekisch wächst, nach Landauer, aus seiner Partei heraus. Niekisch sagt: seit Bestehen der Rätedemokratie darf es nur mehr Bauern, Arbeiter und Soldaten geben. Aber die Mehrheitsführer, die Bonzen, die ›Bamberger‹ laufen den Massen davon und lassen sie in der Schmachecke zurück. Wir saßen zusammen mit zwei Kommunisten und besprachen, was (zu tun sei – Anmerkung des Herausgebers), wenn es losgehen soll, Landauer hat mit der Proklamierung der Räterepublik an den 1. Mai gedacht. Bis dahin sei es in Württemberg, Baden, Rheinland, Sachsen usw. auch so weit. Für die Räterepublik gediehen und für unsere gemeinsame Idee gewonnen.

Aber wer aus den Erfolgen gelernt hat, weiß, nach den Köpfen der Führer geht es nicht.

Wir wußten, was die Stimmung in den Massen war, und wir konnten die Arbeiter nicht erst abstimmen lassen, ob wir Revolution machen sollen. Meine Geschichtskenntnis ist anders, die Revolutionen sind nicht im Blut geworden, aber im Blut getauft, und dies kann noch kommen.

Unterleitner S.P. war für die Räterepublik, *Segitz* ebenfalls erklärte für seine Person die Zustimmung und holte sich die vorherige Zustimmung seiner Partei, welche er auch bekam. Aber wie er sie benützt, sieht man in Bamberg.

Schneppenhorst (Zuruf Dr. Levien: Ich gratuliere) setzte ebenfalls seinen Kopf dafür ein. Er bat sich zwei Tage Bedenkzeit aus, um zu seinen Wählern nach Nürnberg zu gehen und sie zu verständigen. Er setzt seinen Kopf dafür, daß, wenn er von Nürnberg zurückkommt, in München die Räterepublik ausgerufen wird. Landauer fährt fort, wir haben den Kommunisten keine Konzessionen gemacht, aber den Bauern mußten wir sie machen. In Revolutionen kommt man oft nicht um Konzessionen hinweg.

Wir haben Konzessionen immer machen müssen, und wir haben sie den Bauern zuerst gemacht. Nun schildert er den Typus eines Mehrheitlers: er telefonierte den Gewerkschaftssekretär *Thomas* an und fragte, ob er ein Minister werden wollte. Freudestrahlend erklärte Thomas seine Bereitwilligkeit. Ich konnte die innerliche Freude durchs Telefon spüren. Dann ging Thomas zu den ›Bambergern‹, vorher war er bei der K.P.D.
Genosse Thomas rechtfertigt sich mit seinen wissenschaftlichen Kenntnissen und stimmt Dr. Leviens Standpunkt bei, da er seine Stellung so eingenommen hat, wie er mußte. Er, Thomas, ist Mehrheitler gewesen und trat zur K.P.D. über, er hat somit seine Konsequenzen gezogen. Nur im Prinzip kam jetzt die Räterepublik zu früh. Aber die Massen wollten die Räterepublik.

Genosse Mühsam, R.A.R.
Ist ebenfalls Anarchist, doch trennt nichts von der K.P.D. Er verlangt, vor ein Ehrengericht gestellt zu werden, welches aus Kommunisten besteht. Zur Beurteilung Schneppenhorst, Hagemeister usw. – – – – Er hält es für Übereilung, in der Situation der ersten Minute über Dinge zu erzählen, die noch unklar sind. Das Vergangene soll vergangen sein. Zurück von der Räterepublik, das können wir auch nicht. (Leviens Zwischenrufe: Der Karren ist in Dreck gefahren, aber wir helfen mit heraus, nur keine Verantwortung, wenn es schiefgeht, übernehmen wir. Sie haben das Volk ins Unglück gestürzt, ohne Kopf!)
Mühsam: Mir ist Herz ohne Kopf lieber als Kopf ohne Herz. Haben wir die Gewähr, daß der revolutionäre Obmannrat den Betriebsräten lieber ist als der alte Zentralrat? – – – – – Man hat Hals über Kopf Betriebsratswahlen aufgestellt. Wenn diese Forderung von uns gestellt war, ich hatte mich lange besonnen. Ich habe den Wunsch, daß die Wahlen so rasch als möglich geleistet werden sollen. Lieber morgen als übermorgen. Die grundsätzliche Verschiedenheit der Kommunisten sah ich nicht ein, das Abseitsstehen gefährdet die Räterepublik viel. Der Stand der Kommunisten und Unabhängigen ist verschieden, aber desto schmerzlicher, weil die K.P.D. wegbleibt. Der Zwiespalt ist gefährlich; Einigkeit muß her! Die Versammlung soll nicht auseinandergehen, ohne daß die Einigkeit nicht zustande gekommen ist. Geben sie denen, die in Wirklichkeit Räte sind, ihr ganzes Vertrauen, die Parteiunterschiede sollen möglichst verschwinden. Wir haben ersehen, daß es kein Unterschied mehr ist, welche Partei heute da ist. Kommen die Kommunisten, dann werden die Arbeiter eine doppelte Freude haben. Richten wir nicht darüber, ob wir richtig gehandelt haben. Wir haben die Zukunft im gemeinsamen Kampf! Proletarier aller Länder vereinigt euch!

Genosse Sontheimer, Anarchist (links)
Ich bekämpfe die alte Sozialdemokratie seit fünfzehn Jahren. Habe fortwährend ihr Techtelmechtelchen vorgeworfen. Ihre Sünden habe ich ihr vorgeworfen.
1891 wurde ich Anarchist (Bakunin, Kropotkin usw.). Es gibt heute nur noch ein Wort, und das ist Einigkeit. Ehe ich mich von einem Bourgeois angreifen lasse, erschlage ich hundert von ihnen.
Er fordert die sofortige Bewaffnung des Proletariats.

Genosse Werner vom Zentralrat der K.P.D.
Die Münchner K.P.D. kann und darf diese Räterepublik nicht mitmachen. Es ist keine Räterepublik, wie sie sein soll. Die Errungenschaften müssen vom Proletarier aus der tiefsten und bittersten Not erkämpft sein. Nur durch die vielen Geburtswehen hindurch kann das Proletariat das zu halten lernen, was ihm überhaupt zusteht. Wir wollen Klarheit schaffen und werden sie schaffen. Wir trieben die Politik der Spaltung und werden sie weiter betreiben. Wir wollen die sondern, die sich nicht auf unsern Standpunkt stellen, und durch diese Spaltung schaffen wir Klarheit und Einigkeit. Und sie wird dadurch kommen. (Allgemeine lang anhaltende Unruhe.)

Antrag *Micheler*
Ich beantrage, daß die Betriebsräte alle geschlossen morgen zur K.P.D. übertreten! (Zieht später Antrag zurück.)

Genosse Dr. Levien
Spricht gegen den Antrag, selbst wenn sie alle einmütig zu uns herüberkommen, bleibt doch ihre Gesinnung die gleiche, sie können sich nicht über Nacht ändern, wie man einen Anzug wechselt. Es handelt sich nicht nur um Einigkeit, sondern vor allem um den Kampf von Bourgeoisie gegen unser Proletariat.
Ein Redner empfiehlt die Mitarbeit der Kommunisten, lehnt aber die Verantwortung der Herren ab, die sich diese Herren selbst eingebrockt haben.

Genosse Dr. Levien
Wir sind nicht identisch mit denen, die viereinhalb Jahre Zuhälter der Bourgeoisie waren. Diese Schein-Einigkeit von Bremen und Düsseldorf beweist es nur zu deutlich, denn die Kommunisten mußten dann allein die Sachen ausbaden. Es ist nicht immer angenehm, wenn sie ihre Fehler zu hören bekommen.
Genosse Dr. Levien soll laut Antrag die geplante Gewalt übernehmen und seinen Vollzugsrat nach seinen Ansichten bilden. (Lehnt ab.)
Antrag:
Die heute im Hofbräuhausfestsaal tagende Betriebsräteversammlung ist sich einig für den jetzigen Zentralrat, gleichviel, welcher Parteivertreter, und erklären sich für die Räterepublik. – – – – Soldaten sind mit elf Delegierten vertreten.

Antrag
Beamtenschaft und ihre Räte erklären heute nochmals ihre Solidarität mit den Proletariern (angenommen – und damit ist ein gewaltiger Schlag gegen die Kapitalisten gebildet).

Antrag *Toller* fordert zehn Betriebsräte in den provisorischen Betriebsrat. Es soll zu Vorschlägen und Wahlen dazu kommen.
Vorher eine Viertelstunde Pause.
Ich verlasse einhalb fünf Uhr früh die Versammlung.

Betriebsräteversammlung am 13. April 1919

Nachmittags fünf Uhr vierzig wird diese Versammlung eröffnet und wird für Abbruch des Generalstreiks eingetreten. (Der Streik ist noch gar nicht proklamiert.) Doch wird eine Entscheidung gefordert, ob morgen gearbeitet wird oder nicht. Es erfolgt die Schilderung über die Bahnhofsvorgänge:

Genosse Toller, U.S.P.
Die Lage ist sehr kritisch, unsere Münchner Truppen stehen mit Bamberg in Verbindung und wollen verhandeln. Als wir davon erfuhren, forderten wir sofort die Arbeiter von Krupp und Maffei zu den Waffen, und ihnen gebührt allgemeine Achtung, mit welcher Schnelligkeit und Disziplin sie sofort auf ihren Posten waren. Es freute uns, wie stolz sich die Arbeiter geschlagen haben. Wir sind stolz auf die Verwundeten (!) und auf die Toten (!!!).
Am Sonntagabend wurde dann der alte Zentralrat abgesetzt und aus ihrer Mitte ein neuer Vollzugsrat gebildet.

Die U.S.P. gibt folgende Erklärung ab:
(Toller) Wir wollen mit allen Kräften die Revolution stützen. Es geht um die Sache des Proletariats. Manche Fehler von der Partei und dem Zentralrat sind begangen (!). Der Zentralrat war ein Komplex aus allen Elementen (!!!). Die Revolution schafft aber immer wieder Neues. (Oppositionsheld Toller.) Wir müssen alles tun für die Revolution. Es lebe die bayrische Räterepublik! Hoch, hoch, hoch! – – – – – –

Ein Redner spricht zum Generalstreik
Derselbe darf nicht mit einem Tag unterbrochen werden, trotzdem brauchen bei der Revolution die Massen nicht auf der Straße sein. Aufklären und überzeugen Sie die Leute von der Idee der Revolution und dem Rätesystem. Und verfallen Sie nicht wieder in den alten Fehler der Parteizwistigkeiten. Die Arbeiterschaft steht fest auf dem Boden der Räterepublik. Und da müssen die einzelnen Betriebsräte selbst handeln, jeder muß Führer sein. Es ist nicht am Platze, Kleinigkeiten zu erörtern, und wir dürfen nicht daran denken, in nächster Zeit den Streik abzubrechen.
Aus der Versammlung wird verlangt: alle großen Hotels zu besetzen und die Zimmerpreise zu kontrollieren. Das Mittagessen auf zwei Mark herabzusetzen. Antrag, welcher weitere fünfzehn Betriebsräte zu dem Vollzugsrat verlangte, geht ein. Dieser Antrag soll als erster Punkt auf die nächste Versammlung gesetzt werden. Der Vollzugsrat muß arbeiten, und da ist seine Aufgabe die Sicherung der Räterepublik und dann Lebensmittelsicherung und ausreichende Propaganda. Lebensmittelversorgung muß richtig durchgeführt werden, und die Propaganda ist die notwendigste Aufgabe, die vollzogen werden kann. Wir brauchen neben den Waffen vor allem das Gehirn!
Die Soldaten müssen für unsere Sache gewonnen werden, denn sie haben später die Vorteile, für die sie heute eintreten sollen.

Flugschriften müssen in allen Orten verbreitet werden. Und es sollen Redner aufs Land und für die Räterepublik agitieren. Mit Plakaten arbeiten und die Presse für uns nutzbar machen, an die Buchdrucker herangehen und auch deren Rückständigkeit aufmuntern. Kinos für unsere Sache gewinnen und nicht den offiziellen Tratsch ansehen, im Inneren derselben soll ebenfalls mit Plakaten agitieren, wem die Räterepublik nützt und wem sie schadet. – Weiter wird vorgeschlagen, in den Pausen im Theater auftreten (!) und ca. zehn Minuten die Vorteile der Räterepublik predigen (!). –

Genosse Landauer ist anwesend und erklärt, daß er nur der Verhaftung entgangen sei, weil er noch am Abend vorher sein Hotel gewechselt hatte. Er erfuhr die Sachlage erst heute früh acht Uhr, und da ist nun sein erster Weg hierher zu uns. Er tritt ein für die Räterepublik und kämpft für sie.
Eine erneute Debatte setzt ein zur Beendigung des Generalstreiks am Mittwoch spätestens. – – – – – –
Anmerkung: Die Betriebsräteversammlungen machen den Eindruck der Vereinsmeierei, sie befassen sich mit Kleinigkeiten, und die Herren Betriebsräte sind sich ihrer Sache nicht bewußt und laufen immer mehr davon. – – – – –

Genosse Dr. Levien nimmt als beratende Stimme im Aktionsausschuß teil. Die nächste Versammlung wird auf morgen vormittag zehn Uhr festgesetzt. Erwerbslose sind hier nicht durch Betriebsräte versehen, aber ein Vertreter derselben kommt in den Aktionsausschuß dazu.
Orthopädische Betriebe sind vom Streik ausgeschlossen. Bei diesen Betriebsräteversammlungen sollen auch Soldatenräte teilnehmen, und Vertreter des Vollzugsausschusses sollen möglichst dabeisein, und es soll der Aktionsausschuß möglichst Bericht erstatten.
Genosse Axelrod soll zurücktreten und für ihn *Toller* in den Aktionsausschuß. Es wird zum Schluß noch erklärt, daß *Mühsam, Beig* und *Dr. Wadler* von der Hoffmann-Regierung verhaftet sind. *Dr. Lipp* hat abgedankt und ist in eine Nervenklinik überführt worden.

Klingelhöfer setzt nun mit dem Politischen ein.
Es liegen mehrere Anfragen vor, die den Generalstreik betreffen und aus denen hervorgeht, daß die Frage des Streiks noch völlig ungeklärt ist. Die Bäcker sollen sofort die Arbeit aufnehmen, ebenso soll mit der sofortigen Abfuhr der Lebensmittel vom Bahnhofe begonnen werden.
Die Erwerbslosen befinden sich in großer Not, und es wird die sofortige Auszahlung der Unterstützung verlangt. Es wird hierzu seitens des Aktionsausschusses eine Erklärung verlangt.

Genosse Dr. Levien
Seitens des Aktionsausschusses wird *Genosse Maenner* Bericht erstatten, der sofort erscheinen wird. Levien empfiehlt die vorläufige Beibehaltung des Generalstreiks, er dient zur Sicherung der Lage. Es nützt nichts, daß wir die Waffen haben und nicht auch gleich die anderen Sicherungen, um der Situation gewachsen zu sein. Die Fortdauer des Streiks hängt von der militärischen Lage ab. Sind wir militärisch so weit gesichert, daß wir sagen können, von innen haben wir nichts zu fürchten, so können wir den Streik abbrechen. Was wir jetzt durchleben, ist nicht die Periode des plötzlichen Umschwungs, sondern es beginnt jetzt der schwere Kampf, und deshalb müssen wir verlangen, daß alle Mann an Bord bleiben. Es ist selbstverständlich, daß die Lebensmittelbetriebe arbeiten, ebenso die Elektrizitäts- und Wasserwerke. Es gibt einen allerletzten Moment, wo die Stillegung auch dieser Betriebe notwendig ist. Aber soweit sind wir noch nicht. Es gilt jetzt vor allem, alle Kräfte anzustrengen und nicht alles Heil von oben zu erwarten, sondern selbst in den Betriebsräten zu arbeiten.
Da *Maenner* nicht erscheint, soll er geholt werden. Bekommen wir nicht bald Auskunft, so beschließen die Betriebsräte selbst. An Stelle des *Genossen Maenner* gibt *Genosse Nissen* (das ist Eugen Leviné) den Bericht des Aktionsausschusses über die Lage: Er kommt soeben von der Sitzung des Aktionsausschusses, wo mit den Vertretern des Bankrates verhandelt wird über die sofortigen Maßnahmen, um den Widerstand der kapitalistischen Finanzausbeuter zu brechen, die die Absicht haben, genau wie in den ersten Tagen der russischen Sowjetrepublik durch ihren geheimen Widerstand den siegreichen Wagen der proletarischen Revolution aufzuhalten. Es sind bereits die Beschlagnahmungen sämtlicher Banken im Gange, und es werden in jede politische Kommissäre eingesetzt. Außerdem müssen die Banken sofort in Tätigkeit treten zur Auszahlung von Löhnen und Unterstützungen. Gleichzeitig wird der bürgerliche Magistrat gezwungen, der uns ebenfalls Schwierigkeiten machte, seine Tätigkeit unter Kontrolle der proletarischen Regierung aufzunehmen, um ebenfalls die Erwerbslosen nicht ohne Unterstützung zu lassen. Es ist möglich, daß die Kapitalisten ihre Wertsachen bereits in Sicherheit gebracht haben. Um dies festzustellen, werden in den nächsten Tagen die Safes der Banken geöffnet. Man wird die Inhaber der Banken auffordern, zu einer bestimmten Stunde mit ihrem Schlüssel zu erscheinen. Man wird feststellen, was dort ist, und ihnen nicht gestatten, ohne

die Erlaubnis der proletarischen Regierung auch nur einen Pfennig abzugeben. Die Safes derjenigen, die nicht erscheinen und die einen ernsthaften Hinderungsgrund nicht nachweisen können, werden von der proletarischen Regierung im Beisein des Bankrates geöffnet und beschlagnahmt werden zugunsten der arbeitenden Bevölkerung.
Ich bringe Ihnen nur eine Maßnahme zur Kenntnis, die beschlossen wurde in dem Augenblick, als ich hierherkam. Sie wollen, daß wir arbeiten sollen, und da kann der Aktionsausschuß nicht zu allen Versammlungen erscheinen. Wir wollen selbstverständlich Ihnen Bericht geben und Kritik hören, denn im Moment, wo wir Ihr Vertrauen verlieren, müßt ihr neue Männer an unsere Stelle setzen, die euer Vertrauen haben.
Unsere Hauptaufgabe war die Bewaffnung des Proletariats. In einer Nacht haben Sie mehr geleistet als der Zentralrat in zehn Tagen. Ihr habt euch selbst bewaffnet. Darin besteht das Wesen der proletarischen Regierung, daß sie selbst nichts machen kann, daß sie nur an euch appellieren kann, euch Vorschläge machen. Handeln müßt ihr auch weiter selbst. Es ist eine Lust zu sehen, wie Bourgeois kommen und ihre Waffen abliefern. Was bedeuten diese abgegebenen Waffen? Es mögen ein paar Andenken dabei gewesen sein, aber die meisten waren bereitgestellt, um gegen euch Feuer und Verderben zu speien. Manches Dum-Dum-Geschoß ist darunter, Krankenschwestern bringen ihre Armeepistolen in großen Zahlen und ungeheure Munitionsmengen. Wer Waffen noch zurückbehält, verdient keine Schonung und wird erschossen. Nicht mit weichen Wehmutsherzen kann man Revolution machen, sondern es gehört dazu ein fester, rücksichtsloser Wille.
Mancher Stehkragenproletarier hat mitgeholfen, die Interessen der Arbeiter zu schädigen, und sich hinter die Bourgeoisie gesteckt. Deshalb müssen wir sofort unsere Kommunisten in alle Betriebe und öffentlichen Ämter einsetzen und dadurch manchen ›Herrn‹ zur Arbeit zwingen. Die ›höheren‹ Beamten können wir entbehren, und wenn wir die miserablen Gehälter der unteren erhöhen, dann werden wir sehen, daß mancher alte, der früher sein Heil in den Wittelsbachern sah, nun das Proletariat als seinen Befreier begrüßt.
Die Vertreter des Bauernrates erklären uns, daß sie Hand in Hand mit uns arbeiten wollen, und sie wollen auf die Bauern einwirken, damit sie uns nicht die Lebensmittel sperren. Ein Flugzeug ist bereits unterwegs, das Aufklärungen über das Land verbreitet. Den Großbauern wollen wir den Überfluß an Land, das sie nicht selbst bebauen können, nehmen. Wir appellieren an die Kleinbauern und die Knechte, die können uns sagen, wo etwas zu haben ist. Diese Propaganda auf dem Lande bearbeitet der Propagandaausschuß, mit den *Genossen Levien, Norten* und *Werner.*
Die Soldaten haben fünf Mark Zulage bekommen, nicht um sie zu kaufen, sondern um die Lage ihrer Familien zu erleichtern. Wir haben Genossen zu den Soldaten zur Aufklärung geschickt und haben den Erfolg, daß sämtliche Kasernenräte für uns sind. Es hat sich eine *Militärkommission* gebildet, mit *Eglhofer, Wiedmann, Reichart, Reichelt* und anderen, die bereits eine Reihe von Aktionen unternommen haben.

Genosse Dr. Levien
Ich kann Ihnen die Mitteilung machen, daß das Leib-Infanterieregiment nach Rosenheim gefahren ist, gestern nacht Aibling genommen und den Bahnhof gestürmt hat. Wir haben zwei Tote und vier Verwundete. Ganz Rosenheim ist in unseren Händen.

Genosse Nissen fortfahrend
Auch die Verkehrskommission hat sofort angefangen, mit *Genossen Schreiber* und *Bauer*. Diese leiten Post, Telegraph, Telephon und Funkenstation. Wir haben als erstes einen Funkenspruch an *Lenin* geschickt, in dem wir ihm mitteilen, daß die Schein-Räterepublik unter dem Ansturm der kapitalistischen Regierung Hoffmann zusammenbrach und eine wirkliche proletarische Herrschaft errichtet ist durch die Handlung des Proletariats selbst. Im Telefondienst haben wir Kontrolleure eingesetzt, um festzustellen, ob unsere Gegner sich zu einem Gegenschlag rüsten. Ebenso die Zensur im Telegraphenamt. Sämtliche Privatbüros sind beschlagnahmt. Sie sind nötig, um die bewaffnete Macht von einem zum andern Punkte zu bringen. Autodroschken sind nicht mit dabei, da die Fahrer meist Proletarier sind, denen dieselben selbst gehören oder noch nicht ganz ihr Eigentum sind. Wir haben uns vorbehalten, falls nötig, auch sie herauszuziehen. Alle Fahrzeuge werden kontrolliert, damit die Bourgeoisie nicht Waffen und Kostbarkeiten fortbringen kann. Die ganzen Bahnlinien sind durch schwere Geschütze gesichert. Züge, die auf das Haltsignal nicht stehen, werden unter Artilleriefeuer genommen.
Wirtschaftskommission hat in seiner Eigenart schon verschiedene Maßnahmen den Banken gegenüber unternommen. Auch trifft sie Maßnahmen für die Sozialisierung in den nächsten Tagen. Die Kommission sorgt für die ungestörte Zufuhr von Lebensmitteln, Rohstoffen und Kohle nach München. Sie beschlagnahmt Hotels, in die obdachlose Proletarier gesetzt werden oder Mitglieder des Aktionsausschusses, die weit weg wohnen und zusammenarbeiten müssen. Als erstes ist das Regina-Palast-Hotel beschlagnahmt. Auch beschlagnahmt die Kommission Lebensmittel. So bei einer Gräfin eine Badewanne voll Eier. Wir werden nach *Noskes* Beispiel arbeiten. Wie er jedes Arbeiterviertel absperren und Haus für Haus nach Waffen absuchen ließ, so werden wir die Bourgeoisviertel absperren und Spind für Spind nach Speck, Eiern und Butter durchsuchen lassen. Der Wirtschaftskommission gehören die *Genossen Strobel, Mai* und mit beratender Stimme *Axelrod* an. Weiter besteht die *Kommission zur Bekämpfung der Konterrevolution*. Und hat diese schon eine Reihe von Verhaftungen vorgenommen. Das *Sekretariat* hat sämtliche beschlossenen Maßnahmen auszuführen. Außerdem nimmt es Beschwerden und Mitteilungen entgegen. Der Unterschied zwischen der proletarischen und der bürgerlichen Regierung ist, daß sie für jedermann zu sprechen ist.
Der Vollzugsrat: die Genossen Duske, Maenner, Dr. Levien und *Dietrich*. Diese müssen die Tätigkeit der Kommission überwachen, damit die Maßnahmen nicht einander widersprechen. Alle Verfügungen in Einklang miteinander kommen. Sie haben den Verkehr der Behörden innen wie außen. Der Vollzugsrat trifft

auch die Entscheidungen, wenn die Kommissionen nicht zusammen sind. Nebenher sind große prinzipielle Fragen zu verhandeln. Es müssen neben den Kommissionssitzungen auch ständig Vollsitzungen stattfinden. Wir haben also alle Hände voll zu tun und können höchstens eine Stunde Bericht erstatten bei euch, wenn unsere Arbeit fortgehen soll.

Die Streikleitung soll gewählt werden und den Streik leiten. Wir können den Streik nicht ohne weiteres abbrechen. Solange die Position nicht fest in unserer Hand ist, ist es gut, wenn ihr weiter streikt. Ihr müßt München in ein Heer von Rot tauchen, nehmt alle roten Tücher und Vorhänge und was ihr habt, damit man sieht, daß jetzt der Feiertag des Proletariats anbricht.

Das Mitteilungsblatt wird unter anderen vom Genossen Werner herausgegeben. Das Blatt ist nötig geworden, damit unsere Genossen, die Buchdrucker, nicht Streikbrecher werden sollen. Sie wollen dagegen gern ein Organ der proletarischen Regierung herausgeben.

Dies alles ist nur der erste Zentimeter zur Stufe der Herrschaft des Proletariats. Um alles nehmen zu können, dazu bedarf es eurer aller Hilfe. Das Proletariat muß alles selbst machen. Der Vollzugsrat kann nur bestimmen. Nicht nur mitarbeiten, sondern arbeiten, kämpfen und leben. Die Gefahr ist nicht gewichen. Es ist nicht ausgeschlossen, daß die Weiße Garde uns bedroht, daß der Hunger an die Tore Münchens pocht. Ebert–Scheidemann–Noske können sich nur noch Wochen halten. Überall gärt es in Sachsen und Braunschweig. Wenn wir uns ein paar Wochen halten, dann ändert sich die Stimmung im ganzen Reich. In Italien sieht man mit Freude und Hoffnung auf Bayern. In Frankreich, England, Amerika wissen die Kapitalisten nicht mehr, was sie anfangen sollen, überall kommt der Bolschewismus durch. Die internationale Lage ist günstig, und wir stehen auf vorgeschobenen Posten. Wir wissen nicht, ob wir auf dem ersten Hieb aushalten können und ob wir Sieger bleiben, bis uns ganz Deutschland zu Hilfe eilt. Wir wollen es versuchen und wissen, umsonst ist der Kampf nicht gewesen.

Diskussion:

Genosse Toller

Schildert die Vorgänge von Samstag auf Sonntag (12./13. April 1919 – Anmerkung des Herausgebers). Samstag früh liefen Nachrichten ein, wie sehr die Lage in Augsburg und Landsberg gespannt ist. Die Kasernenräte Münchens wollten ohne Wissen Reicharts und des Zentralrates verhandeln. Es ist bezeichnend in ihren Forderungen der Widerspruch. Als ersten Punkt verlangten sie die Räterepublik, und als vierten Punkt stellten sie die Forderung: der Landtag bleibt solange vertagt, bis eine Neuwahl stattgefunden hat. (Bei einer Räterepublik ist doch ein Landtag überflüssig!) Wir trafen sofort alle notwendigen Verteidigungsmaßnahmen. Es war von uns geplant, daß alle bewaffneten Arbeiter und alle anderen Arbeiter sich Sonntag früh in den Betrieben einfinden. Dies konnte nicht mehr stattfinden, da in der Nacht die Besetzung stattfand. Die Schutztrup-

pe war mit Geld bestochen worden. Die Bahnlinien wurden unterminiert. Alle Leitungen von und nach Ingolstadt wurden entfernt.
Einmal kämpften wir für das, was Vaterland heißt, das zweite Mal lassen wir uns nicht betrügen, das beweisen die Vorgänge am Bahnhof. Er verliest nun folgende Erklärung des alten Zentralrates:

Die Sozialverräter haben versucht im Verein mit der Bourgeoisie und bezahlten Söldnern, die Macht der Arbeiter zu stürzen. Der Versuch ist mißlungen! Die Arbeiterschaft, geeint durch das gleiche Ziel und den gleichen harten Willen, hat mit ihren Leibern den Sieg über die Konterrevolution errungen. Wir neigen uns vor den toten Kämpfern in Ehrfurcht.
Ein neues Stadium der Revolution ist eingetreten. Der alte provisorische revolutionäre Zentralrat, dessen Mitglieder zum größten Teil verhaftet sind, ist durch den Gang der Ereignisse erledigt. An seine Stelle trat der von der Arbeiterschaft Münchens gewählte Aktionsausschuß, der die Macht übernommen hat. Arbeiter! Euer Werk ist in Gefahr! Schützt die Revolution mit euren Leibern, eurem Willen und euren Herzen.
Es lebe die bayrische Räterepublik! Es lebe die Weltrevolution!

Sämtliche Anträge, die eingelaufen sind, kommen zum Vollzugsrat und werden in vierundzwanzig Stunden beantwortet. Fünfzehn fähige, erfahrene Köpfe sollen in den Aktionsausschuß hinzugewählt werden, und wird dies für heute abend sechs Uhr vertagt.

Am Abend sieben Uhr Fortsetzung

Dann folgt eine Wirtschaftsauskunft: Brotgetreide ist bis Ende Juni vorhanden, Eier genügend, Fett ausreichend, Fleisch ist schwieriges Kapitel, Gemüse gibt es frisches immer. 109 000 Liter Milch kommen noch, doch hofft man, die Zufuhr zu heben. Kartoffeln geringe Mengen, dafür wird mehr Brot geliefert. Braunkohle für Bäcker nur für zehn Tage da. *Toller* sagt, daß eine Mission wegen Kohlen nach Böhmen sei. Wir wollen Holz liefern, und sie uns dafür Kohle. Lokale, die nicht direkt benötigt werden, sind zu schließen (Vergnügungslokale). Die Heizung der Wohnungen soll bei schönem Wetter eingestellt werden. Toller haftet, daß uns das Proletariat Nordbayerns zu Hilfe kommt, um dadurch die Blockade Hoffmanns zu durchbrechen. Die Genossen werden zur äußersten Sparsamkeit, besonders in Kohlen, ermahnt. Die Gassperre soll neu reguliert werden. Speziell gegenüber der Bourgeoisie.
Eine Anfrage betreffend *Arco-Valley* wird beantwortet, daß dieser Meuchelmörder vollständig gelähmt ist und eine Überführung ins Gefängnis noch nicht geschehen kann. Nun kommt ein Flugblatt Hoffmanns, das etwa besagt: Niederbayern solle kein Stück Brot mehr nach München und Augsburg liefern, da dort nur spartakistische Banditen sind usw.
Unsere Losung ist: entweder – oder.

Zwei Anträge:

1. Die Lebensmittelkarten sind solange für die Bourgeois zu sperren, bis die Hoffmann-Regierung ihre Hungerblockade aufhebt.
2. Die Kohlen sollen aus den Häusern der Bourgeois beschlagnahmt und den Arbeitern zugeführt werden.

Beide Anträge sind als Form eines Ultimatums an die Hoffmann-Regierung zu stellen. Die Formulierung dieser Anträge wird gemacht. Wo fängt die Bourgeoisie an? Wo die Krankenversicherung aufhört.
Bourgeois ist derjenige, der seine Einnahme aus fremder Hände Arbeit gezogen hat und noch zieht.

Zum Generalstreik:

Es wird vorerst noch weitergestreikt, bis die militärische Position gesichert ist für die Räterepublik. Die Bezahlung der Streikenden erfolgt durch den Unternehmer.
Eine Meldung von Dachau besagt, daß 700 Weißgardisten gefangen sind und nach der Waffenablieferung nach ihrer Heimat zurückbefördert werden. Sie haben sich von dem Schwindel überzeugt, der ihnen in die Köpfe gesetzt wurde, und geloben, dafür zu sorgen, daß die Hungerblockade aufgehoben wird.

Betriebsräteversammlung am 17. April 1919

Die Eröffnung ist zwei Uhr nachmittags.
Es wird auf die Hochschulkurse in der Universität hingewiesen, die nächsten Monat beginnen. Spezialkurse sollen für Betriebsräte erfolgen.

Genosse Leviné-Nissen
Bericht über die Einnahme von Dachau. Acht Schüsse rechts und links davon genügten. Zwei Offiziere, darunter ein Generalstabsoffizier, und 700 Mann gefangen. Viel Gewehre und sehr viele Munition sind erbeutet. Ein Mann von uns gefallen. — — Augsburg ist noch immer in unseren Händen. Bamberg rüstet fieberhaft mit der Weißen Garde.
Die Weißen Garden sagen aus, daß sie angelogen sind. Auch zu Ostern müssen die Arbeiter auf ihren Posten bleiben. Lebensmittel sind für vierzehn Tage vorhanden. Brotgetreide bis Ende Juni. Und die Milchzufuhr ist schon heute besser. Wir sind nicht die Engländer. Die Ebert—Scheidemann—Noske, die die Bevölkerung aushungern wollen. Mit Butter, Fett und Käse steht es schlecht. Fleisch und Mehl ist genug vorhanden. *Gandorfer,* der Bauernrat, ist verhaftet, und dies reizt die Bauern sehr.
Heute kam der erste Kurier aus dem Reich und meldet, daß sich die Streikfälle überall steigern. Auch von solchen, die bisher abseits gestanden sind.
Weiter ist ein allgemeiner Eisenbahnerstreik geplant für ganz Deutschland, da Minister *Südekum* sich für ihre Forderungen abweichend ausgesprochen hat. In Danzig hat der Eisenbahnerstreik bereits eingesetzt, er war auch wegen Lohnforderungen. Wurde hernach jedoch abgebrochen, um polnische Besetzung von Danzig zurückzuhalten. Im Ruhrgebiet geht der Streik ebenfalls weiter. Es erfolgen dort viele Verhaftungen. Sie verlangen in den Gruben sechsstündige Arbeitszeit, um Arbeitslose einzustellen.
Sachsen: 500 Kriegsinvalide beschweren sich über die Schikanen in der Unterstützungauszahlung und demonstrieren zum Kriegsministerium. Eine Deputation wird vorstellig mit einer gefaßten Resolution beim Kriegsminister *Dr. Neuring.* Durch einen Schuß erhitzt, dringen alle Demonstranten, die einen Angriff auf ihre Deputation befürchten, ins Kriegsministerium ein, ergreifen in ihrer gereizten Stimmung den Kriegsminister und werfen ihn in die Elbe. Als er schwimmend das Land suchen will, wird er erschossen. Auf diesen Vorfall verhängt die sozialistische Regierung den Belagerungszustand über ganz Sachsen, an den sich Leipzig nicht gebunden erachtet und nicht anerkennt. Dem Nachfolger Neurings wurde derselbe Fall in Aussicht gestellt, wenn die Mißstände nicht wegfallen. Darauf erscheint ›*Noske*‹ mit 2000 Regierungstruppen von Berlin. So hält man die im Zaum, die vor wenigen Monaten zum Krüppel fürs Vaterland wurden.
In Württemberg, Braunschweig und Hamburg ist die Stimmung sehr gespannt. In Berlin verkaufen die Weißen Garden Flugzeuge, Uniformen und Waffen und lassen sich dann von neuem werben und treiben wieder denselben Handel. Die Straßen sind mit Stacheldraht durchzogen. Wegen eines einzigen Flugzeugs, das

von Braunschweig kommend Flugblätter abwarf, traten zwanzig Flak in Tätigkeit.
Doch die Hauptbewegung ist jetzt in Sachsen. Und da flüchtet Noske zu den bewährten Mitteln gegen Kommunisten und Unabhängige. In England finden große Streiks statt und in Frankreich Demonstrationen gegen das Urteil des Mörders von Jaurès. Frankreich zahlt nicht mehr auf russische Papiere aus; dies ist eine Anerkennung, daß die russische Räterepublik nicht mehr zu stürzen ist.
Der Vollzugsrat lehnt die Verhandlungen mit der Hoffmann-Regierung ab, trotzdem versucht *Toller* immer wieder auf eigene Faust mit den Weißen Garden zu verhandeln. Aber dies darf er nicht ohne Kenntnis des Vollzugsrates, denn in keinem Lande dürfen Truppenführer ohne Genehmigung ihrer Regierung auf Verhandlungen eingehen. Die Lage von ganz Deutschland ist somit für uns günstig.
Die Bankfächer werden geöffnet, um festzustellen, wieviel Geld vorhanden ist. Jeder größeren Bank soll ein politischer Kommissar zugeteilt werden; dieser hat alle großen Beträge zu prüfen, um eventuell unnötige Verschleppungen zu verhüten. Über 1200 Mark bedürfen der Genehmigung des Vollzugsrates. Die Schlüssel der Safes werden in die Verwahrung des Vollzugsrates gelegt. Alle Unternehmerkassen sollen ebenfalls beschlagnahmt werden. Sämtliche studentischen Verbindungen sind aufzuheben, denn dort ist der Sitz der gegenrevolutionären Zwecke. Es wird neues Geld herausgegeben. – Der Streik geht weiter, und es dürfen diese Tage nicht als Feiertage angesehen werden, sondern als Arbeitstage. Soldatenvertreter erscheinen wenig, dies bedauert der Aktionsausschuß. Wenn die bayrische Räterepublik tatsächlich eine solche aus Arbeiter-, Soldaten- und Bauernräten ist, dann kann kein Teufel etwas wollen. –

Genosse Klingelhöfer
Er geht auf die Verhandlungen mit der Weißen Garde ein. Es handelt sich nicht um Verhandlungen von Regierung zu Regierung, sondern von den Pulverfabrikarbeitern Dachaus. Diese haben ohne das Eintreffen der Roten Armee die Garde entwaffnet. Sie wollten den Kampf mit den Proletariern vermeiden. Die Forderungen waren sofortige Räumung der Weißen Garde und Abgabe der Waffen und bedingungslose Aufmachung der Blockade.
Offensiv- und Defensivstellung wurde somit Dachau, und nun traten wir bereits mit Reichertshofen in Verbindung. Verhandelten aber mit Kameraden einer sozialistischen oder demokratischen Regierung überhaupt nicht. Eine Gewissensfrage, ob heute nach den Vorfällen jemand bei den Mehrheitssozialisten überhaupt noch bleiben kann.

Maschinenschriftliches Manuskript, aufgefunden bei der Personalakte Toller des Standgerichts. (Leicht gekürzt.) The Library of Congress, Washington

Farbige Aufkleber der KPD aus den letzten Rätetagen (vergrößert)

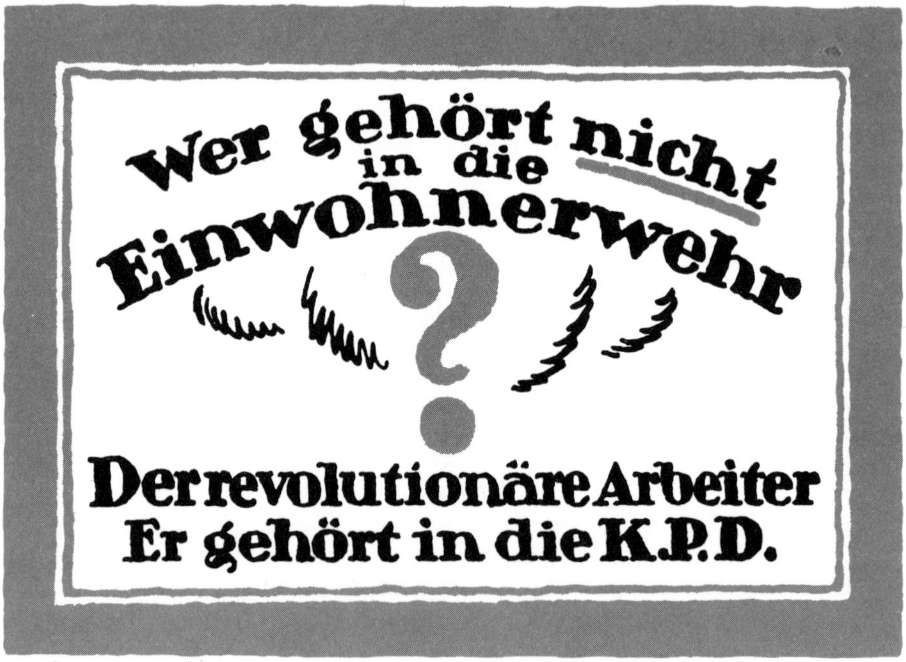

Farbige Aufkleber der KPD aus den letzten Rätetagen (vergrößert)

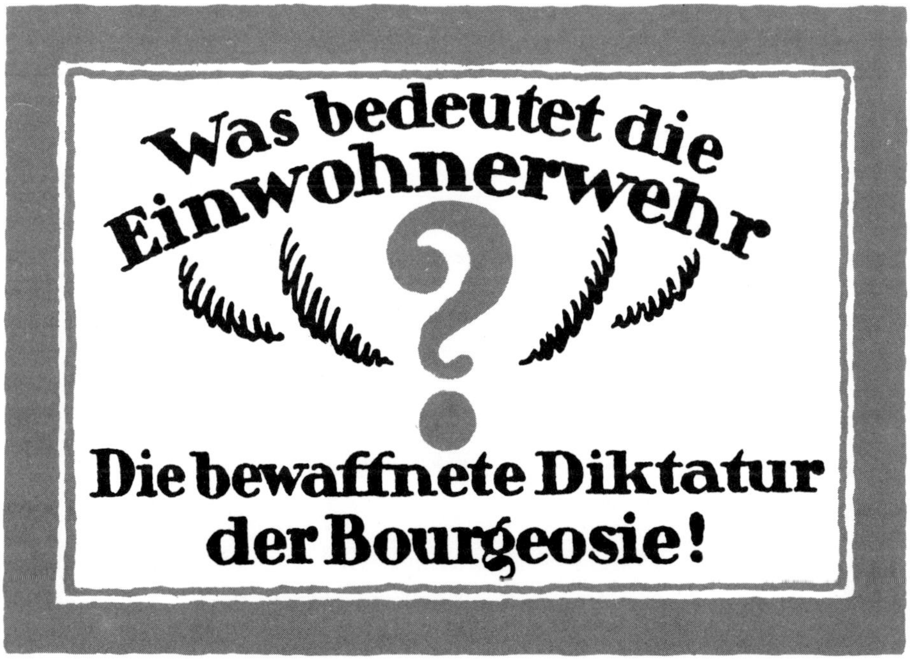

Münchner weiße Bürgerwehr vor der Residenz (2. Mai 1919),
darunter im Original farbiger Aufkleber der KPD aus den letzten Rätetagen

2 ________ Oskar Maria Graf

Oskar Maria Graf
Lebenslauf

Wir alle wachsen auf mit diesem einen Wissen,
wenn totgestampfte Tage abwärtsflammen:
Die Nacht wird kalt sein. *Die* hat Sterne.
Gut wird es sein, das Fenster zuzuschließen,
vielleicht ist morgen Frost und plötzlich schneit es ...
Und wenn noch viele Jahre in die dunkle Ferne fließen,
kann's sein, daß unser Haar ergraut und unser Rücken krumm wird.
Dann sind die kleinen Hungerwürmer groß und können wieder dienen
wie wir. Und werden wieder groß und krumm, verkommen.
Wir haben immer einem Laut gelauscht, als unsre Körper bluteten,
und waren manchmal wie berauscht, wenn Wünsche bitter fluteten,
grellhelle Jubeltage – ach, nur Bilder! – rasten durch gebäumten Traum
und etwas kam auf goldnen Morgenschienen
– ein Licht – ein Wundergarten – eine Märchenstadt – –
Da war es wieder nur der frühe Tag, Fabrikraum und zermalmende Maschinen.

Georg Schrimpf und Oskar Maria Graf, um 1919

Oskar Maria Graf
Nachdenkender Arbeiter

Weiß Gott, ich bin geschlagen worden, bis ich davonlief.
Und kam in die Stadt und sank tief.
Verlassenheit und Fremde kamen
und waren mein täglicher Anfang und immer das Amen
von all dem, was ich dachte und tat.
Abends, wenn die Müdigkeit aus meinen Gliedern weicht,
erinnert mich manchmal ein Baum an meine Jugend.
Dann bin ich jedem Menschen nah
und möchte vielen ohnmachtsliebe Worte sagen.
Doch es ist keiner da.
Wenn ich aufwache in der sternblanken Nacht, nagen
verstoßene Gedanken in mir, warum dies denn alles so ist,
und das wird oft so arg und frißt
sich tief in alle meine Eingeweide hinein,
daß ich weinen möchte.
So sind alle meine Nächte
und das Dunkel in meiner Kammer ist wie ein Totenschrein.
Endlich dann kriecht milchiger Morgen zum Fenster herein
und reißt wieder alles entzwei.
Vielleicht verfrüht, vielleicht schon verblüht,
denk' ich und trotte an den kahlen Häusern vorbei,
Herrgott, daß ich eigentlich nie zuschlag' oder schrei'!

Oskar Maria Graf
Mach ma hoit a Revoluzion
Textmontage aus seinen autobiographischen Schriften über die Räterepublik

1. Der Freund Georg Schrimpf

Immer schon hatte er während jener Jahre den Ausbruch einer Revolution prophezeit, und nun stürzte er sich in sie, etwa wie ein kühner Taucher, der unbedingt vor allen anderen Konkurrenten auf den Grund kommen möchte. Mit erstaunlicher Schnelligkeit wußte er alle radikalen Schlagworte und Lenin-Zitate. Er verschlang alle Broschüren, stellte immer wieder neue politische Prognosen, und jeder ›Bürger‹ kam ihm verdächtig vor. Jeden und jeden Tag wanderte ich mit ihm durch die bewegten Straßen der Stadt, in die vielen lauten Versammlungen. Er sollte eigentlich gemalt haben. Es ging ihm schon ganz gut, er hatte mit der ›Galerie Goltz‹ einen Vertrag, der ihm ein monatliches Fixum garantierte, und er sollte in einigen Wochen Bilder für eine Ausstellung liefern. Er malte nicht mehr, er rührte keinen Zeichenstift mehr an. Immer aber, wenn er in die Nähe der ›Galerie Goltz‹ kam, drückte er den Hut oder die Mütze etwas tiefer ins Gesicht, duckte sich förmlich und schlich schnell vorüber. Er glaubte ernsthaft, sein Kunsthändler stünde den ganzen Tag hinter einem Fenster oder in der offenen Türe und hielte nach ihm Ausschau. Wenn er dann diese vermeintliche Gefahrenzone glücklich passiert zu haben schien, rieb er sich diebisch erfreut die Hände und lachte krachend: »Hahahaha, der wartet jetzt und wartet! . . . Da kann er lang warten! Der wird jetzt eine furchtbare Wut auf mich haben, aber das freut mich, hahahaha . . .« Und dann fing er an, sich über alle Kunst und Künstler lustig zu machen, die jetzt überhaupt keinen Zweck mehr hätten. Beim Januarstreik 1918 waren wir beide wegen Verbreitung illegaler Literatur verhaftet und vierzehn Tage in Polizeigewahrsam gehalten worden, jetzt, als die siegreiche provisorische Revolutionsregierung Eisner, den wir alle von den geheimen Versammlungen her kannten, ausgerufen war, kam Georg zu mir und wollte den Polizeikommissar, der uns damals stets verhört hatte, aufsuchen.

»Verstehst du, wir gehn hin . . . Wir klopfen gar nicht an die Tür«, erhitzte er seine Phantasie dabei. »Wir gehn einfach ganz grob in sein Zimmer . . . Paß auf, der wird ja nicht schlecht erschrecken . . . So, und dann sagen wir, ah, guten Tag, Herr Fuchs, gehn S' amal weg, wir möchten uns hinsetzen! . . . So, dann hocken wir uns recht breit hin und sagen, wenn er recht verdattert ist, marsch, holen Sie uns eine Maß Bier, aber sofort, marsch! Und wenn er kommt, sagen wir, das ist ja viel zu schlecht eingeschenkt, da haben Sie ja schon was rausgesoffen, Sie – Sie – Dreckschlawiner, Sie windiger! Ja, hahahaha, das sagen wir, und dann muß er noch mal ums Bier laufen . . . Grad schwitzen muß er dabei, der Spitzel, der ekelhafte . . . Geh weiter, gleich gehn wir hin . . . Hahaha, das gibt eine Gaudi!« Und auf dem ganzen Weg fielen ihm immer phantastischere, unsagbar komische Dinge ein, unter anderem wollte er den Fuchs, der einen roten Spitzbart hatte, ein ganz klein wenig daran zupfen. »Gar nicht grob, bloß so ... Und dann sagen wir ganz gemein zu ihm, lassen Sie sich ihren blöden Bart wegnehmen, Sie lächerlicher Kerl, Sie ... In der Revolution ist so ein Bart verboten ... Da paß auf, wie klein der wird, wie der lauft ...«

Wir trafen aber auf der Polizei keinen einzigen Beamten mehr, nur Eisnerleute. Das freute Georg zwar, aber er bedauerte sehr, daß er um seinen Spaß gekommen war.

Um auch etwas ernsthaft Revolutionäres zu tun, beteiligte er sich sehr eifrig an dem damals ins Leben gerufenen ›Rat geistiger Arbeiter‹, der im Landtag seine Sitzung abhielt. Da wurden, um die Künstler zu unterstützen und zu gewinnen, fortwährend Sozialisierungsmaßnahmen irgendwelcher Akademien und Räume diskutiert. Man kam aber nie zu einem Resultat, weil meistens alle durch- und gegeneinander redeten. Einmal führte ein junger energischer Mensch mit blonden Haaren den Vorsitz und sagte sehr bestimmt: »So kommen wir überhaupt nicht weiter ... Ich schlage vor, daß bis morgen jeder einen schriftlich fixierten Vorschlag bringt.« Georg ging heim und zermarterte sich die ganze Nacht das Hirn. Seit jeher war er außerstande, etwas schriftlich zu formulieren. In der Frühe endlich fiel ihm etwas ein.

›Nymphenburger Schloß‹, schrieb er auf einen winzigen Zettel, mehr nicht. Dieses Schloß war ehemals königlich bayrischer Besitz, es sollte nach Georgs Meinung den Malern für Atelierzwecke zur Verfügung gestellt werden, aber aufschreiben konnte er diese Gedanken nicht, er schrieb, wie gesagt, nur schlicht hin: ›Nymphenburger Schloß.‹ Dieser harmlose Zettel wurde ihm später, als die gegenrevolutionäre ›Weiße Garde‹ die Münchner Räterepublik niederschlug, zum Verhängnis. Als er von wild gewordenen Bürgerwehrlern und Polizisten als Roter verhaftet wurde, fand man diesen Zettel. Georg hatte schon fast darauf vergessen, von was diese Notiz handelte, aber der Polizeikommissar, der ihn verhörte, ließ nicht locker.

»Sie wollten also das Nymphenburger Schloß für sich, was? ... Jaja, so sind diese Herrn Roten ... Professor spielen und gleich das nächstbeste königliche Schloß her, was?« höhnte er und hob triumphierend den winzigen Zettel.

»Ich hab' überhaupt nichts wollen!« bestritt Georg, aber die Polizei konstruierte aus diesem Titel die schrecklichsten Dinge; einmal, daß es in die Luft gesprengt werden sollte, einmal, daß es ausgeplündert, und schließlich, daß es den Malern für Heime zur Verfügung gestellt werden sollte. Wochen und Wochen blieb Georg in einer sehr gefährlichen, äußerst üblen Haft, und es drohte ihm obendrein noch als vermeintlichem Mitglied der Sozialisierungskommission für kulturelle Angelegenheiten eine Verurteilung zu mehreren Jahren Gefängnis oder Festung. Doch er blieb ungebeugt, im Gegenteil, von Verhör zu Verhör wurde er kecker.

»Also das Nymphenburger Schloß! Das hat Ihnen in die Augen gestochen, was?« stichelte der Kommissar wieder einmal und maß ihn scharf. »Sie brauchen sich gar nicht so dumm stellen! Solche Brüder kennen wir ... Da steht schwarz auf weiß – Nymphenburger Schloß!«

»Nymphenburger Schloß?« erwiderte Georg unerschreckt. »Das sagt doch gar nichts! Ich hätt' ja genauso hinschreiben können ›Starnberger See‹ oder ›Stiller Ozean‹! . . . Und wenn Sie schon immer behaupten, ich hätt' gern Professor werden wollen – bei einer Revolution gibt's doch überhaupt keine Titel mehr. Da verstehn Sie eben nichts von der Revolution!«
»Aber Sie! Sie ganz bestimmt, ja?« fuhr ihn der Kommissar giftig an.
»Ich hab' mich eben informiert drüber«, antwortete Georg frech und war sicher erstaunt über seine Schlagfertigkeit.
»Soso, informiert heißt man das, soso! . . . Sie geben also zu –«, fing der Kommissar erneut an und bezichtigte Georg wiederholt der Verschwörung gegen die Staatsgewalt, der gewaltsamen Amtsanmaßung und der übelsten Bereicherungsabsichten unter dem Schutz der Revolutionsregierung.
»Regierung gibt's doch bei einer Revolution gar nicht, bloß Volksbeauftragte!« erklärte Georg.
»Erlauben Sie sich keine solchen Frechheiten, Sie! Volksbeauftragter, jaja, wir wissen schon, das haben Sie werden wollen!« keifte der Kommissar.
»Gar nicht! . . . Ich bin ja Kunstmaler! Das ist doch ein Privatberuf!« meinte Georg scheinbar blöde. Es war nichts mit ihm anzufangen. Kein Verhör führte zu irgendeinem belastenden Ergebnis für ihn. Er wurde schließlich ohne Prozessierung entlassen und stand noch eine Zeitlang unter Polizeiaufsicht. Das machte ihn ziemlich mißtrauisch und nervös.

2. Der Palmsonntagsputsch

»Da! Horch! Horchts!« rief ich wie aufgescheucht, als wir den Holländergarten verließen. Alle drei hoben wir die Köpfe, Taggg–daragg–daggg! kam's von fern herüber.
»Da ist was los!« hastete Schorsch heraus, und wir fingen zu laufen an.
»Putsch! Barrikaden!« keuchte Achenbach. Vom Bahnhof herüber kamen Schüsse, dann wieder Maschinengewehrsalven und schließlich Kanonendonner. Wir rannten, was wir konnten, die Nymphenburger Straße hinunter auf den Stiglmaierplatz zu. Da jagten Menschen mit und ohne Gewehr, massenhaft. Vor dem Löwenbräukeller war ein Geraufe und Geschrei. Das Schießen war jetzt ganz nah und ungewöhnlich heftig. Immer mehr und immer mehr Leute stürmten die Dachauer Straße hinunter.
»Was ist's denn? . . . Was?! Putsch?!« fragte ich einen dahinrennenden Arbeiter.
»Ja! Die Hoffmann-Regierung und die Mehrheitler!« flog es abgehackt zurück. Weg war der Mann. In der Luft knatterten Flugzeuge und spien weiße Blätterwolken. Dahin, dorthin rannten Menschenrotten und haschten nach den herabfallenden Flugblättern, balgten sich um sie, lasen und fingen wild zu schimpfen und zu fluchen an. Rotarmisten und Soldaten legten an und feuerten nach den Fliegern, schossen, schossen. Das Trommelfell drohte einem zu zerspringen.
»Schneppenhorst-Lügen! Mehrheitssozialistische Verräterei!« hörte ich. »Weitergehen! Zum Kampf! Zum Bahnhof!« Endlich bekam ich einen Mann zu fas-

sen, der ein Flugblatt hatte, las hastig: »An die werktätige Bevölkerung Münchens! Arbeiter und Soldaten!« Er schnappte noch: »Der Zentralrat für abgesetzt erklärt«, fing noch auf »landfremde Agitatoren, die nur eine eigennützige Politik verfolgen«, dann zerriß der Mann das Blatt. »Die Schufte! Die Hunde!« knurrte er. Ich war festgekeilt und hatte meine Kameraden verloren. Ich pfiff, aber kein Gegensignal kam. Das Schießen und Krachen, das Lärmen und Rennen übertönte alles. In der Luft blinkten, über die Köpfe hinweg, unablässig kleine Funken aus den Gewehrläufen und lösten sich in Rauchwölkchen auf. Ich schob mich mit aller Mühe vorwärts, stieß um mich, lief wieder etliche Schritte und gelangte bis an den Rand des Bahnhofsplatzes. Der sah aus wie eine immerfort sich ablösende Ebbe und Flut. Von der Prielmayr-, von der Schützen-, Schiller- und Bayerstraße heraus liefen bewaffnete Massen andauernd Sturm gegen den feuerspeienden Hauptbahnhof, glitten brüllend und heulend wieder zurück und stürmten mit erneuter Erbitterung vor.
»Nie–ieder! Nie–ieder! Nie–ieder!« dröhnte auf, die Maschinengewehre knatterten, die Stürmenden jagten abermals vor und schossen, was aus ihren Gewehren herausging. Im Rauchgeschwader tauchte Sontheimer auf, schwang das Gewehr und schrie zurück: »Vorwärts! Sturm! Sturm!« Zwei Gewehre hatte er außerdem umgehängt, auf seinem Bauch baumelten zwei Feldstecher, eine breite rote Schärpe trug er, drinnen steckte ein mächtiger Revolver. Um ihn herum pfiffen die Kugeln. »Vorwärts! Auf! Sturm!« brüllte er abermals, und alles stürzte hinter ihm nach, wieder ein Kanonenschuß, Fensterscheiben klirrten, Getroffene fielen um, Boden und Häuser zitterten, die Menge, in der ich steckte, wogte weiter, vor mit den Stürmern und mit furchtbarem Geschrei in den krachenden Bahnhof.
Keine Waffe! Einfach so wie ein Fleischklumpen sich wegschießen lassen, tobte immerfort durch meinen wirren Kopf, und mit zusammengebissenen Zähnen, mit festverkrampften Fäusten ließ ich mich weiterdrängen. Auf einmal schrie ich mit aller Wut in die Ohren der um mich Gestauten: »Ja, Herrgottsakrament, was ist's denn eigentlich! Gegen wen geht's denn eigentlich?!« Derart bellte ich, daß die an mich gepreßten Körper erschreckt erzitterten. Ich war nahe daran, einfach irgendwen anzupacken und ihn in Stücke zu zerreißen, bloß aus dem blindwütigen Drang heraus, nicht ganz und gar umsonst niedergeknallt zu werden. Nebenher lief immer der Gedanke: ›Dumm! Saudumm! Immer kommst du ins Gedräng', und nie hast du einen Zweck!‹
Seitdem kann ich mir ungefähr vorstellen, auf welche Art ein Feigling zu einem Helden wird.
»Gegen die Bamberger! Gegen Hoffmann, Rindviech!« kam es zurück, und deutlich empfand ich eine Erleichterung. »Na also! Dann ist's ja gut! Nur los! Nichts wie los!« gab ich Antwort. Es ging unter. Das Schießen hatte ziemlich aufgehört, schallend schrie es durch die hohen Hallen: »Sieg! Sieg! Hoch die Räterepublik!« Der Bahnhof war genommen und von Kommunisten besetzt. Lachende Gesichter kamen in mein Blickfeld. Von der Arnulfstraße aus war unsere Masse in die Halle gedrungen, bei der Bayerstraße kam ich mit ihr hinaus. Das dichte Gemeng floß wie ein gehackter Brei auseinander, rann über den Platz und in die Straßen.

Das Aufatmen aller teilte sich dem einzelnen mit. Jetzt erst erfuhr ich, was geschehen war. Einige Mehrheitssozialisten hatten in der vorhergehenden Nacht etliche Kasernenräte insgeheim für die Regierung Hoffmann gewonnen, im Namen der gesamten Garnison München einen Anschlag gegen die Räterepublik verbreiten lassen, das Standrecht verkündet, die wichtigsten Gebäude besetzt, den Zentralrat für abgesetzt erklärt, Mühsam, Wadler und noch irgendwelche Räte verhaftet und nach Niederbayern verschleppt. Hierauf forderte der Zentralrat zum Generalstreik auf, die Kommunisten übernahmen die Führung der bewaffneten Betriebe und Massen, die Putschisten wurden zurückgeschlagen, entwaffnet und davongejagt.
Ein neuer Zentralrat regierte, die Kommunisten ergriffen die Macht, die sogenannte zweite Räterepublik hub an, schier über Nacht erstand die bisher wohl begonnene, aber sehr lässig durchgeführte Organisierung der ›Roten Armee‹.

3. Räterepublik und Verhaftung

Eine merkwürdig unschlüssige Zerfahrenheit herrschte überall. Das tägliche Leben schien aus den Fugen. Unruhig und ziellos trieben die Menschen herum. Die Reichsregierung hatte Aufrufe zur Wahl einer Nationalversammlung verbreiten lassen. Frauen und Männer rissen die Anschläge von den Wänden, reckten die Fäuste und schrien: »Nieder mit der Verräterregierung Ebert–Scheidemann! Nieder mit dem Bluthund Noske!«
Die Sozialdemokraten in Bayern, die bis jetzt – wenn auch nur widerwillig – mit Eisner die ›provisorische Regierung‹ gebildet hatten, zogen sich mit den bürgerlichen Ministern nach Bamberg zurück und tagten als reichstreues Rumpfparlament weiter. In München dagegen riefen die Arbeiter eine ›Räterepublik‹ aus. Zuerst leiteten Eisnerleute sie, dann die Kommunisten. Erregte Versammlungen und Debatten im Landtagsgebäude gab es. Bald zogen die Anhängerscharen der einen, dann wieder der anderen durch die Stadt. Doch das sonstige Leben wurde nicht einmal besonders gestört dadurch. Erst als die Bamberger Regierung Freiwillige anwarb und Noske zu Hilfe rief, strömten die Münchner Betriebsarbeiter zusammen und bewaffneten sich zur Abwehr. Eine ›Rote Armee‹ wurde gegründet, die der Matrose Eglhofer leitete. Ernst Toller führte ein Kommando. Intellektuelle und Kommunisten waren Offiziere. Es mangelte an allem: an Geschützen, Gewehren, Munition und an erfahrener militärischer Führung.
Draußen aber auf dem Land, in den Marktflecken und Gebirgsdörfern tauchten sehr leutselige, und wie sich bald herausstellte, auch sehr bemittelte Herren auf, denen es nie darauf ankam, zwei und drei Lagen Bier in den Wirtschaften zu zahlen. Sie gaben vor, glücklich aus der Münchner ›Hölle‹ entwischt zu sein, und berichteten die furchtbarsten Dinge: Kein ordentlicher Mensch sei da drinnen seines Lebens mehr sicher, die Roten würden jeden Tag scharenweise umbringen und Frauen vergewaltigen, würden rauben und morden wie Wilde.
»Und bald kommen sie auch zu euch raus, Bauern! Nichts ist mehr sicher vor ih-

nen!« sagten sie, und da wurden die Landleute und ganz besonders die vom Krieg heimgekommenen Soldaten wild und drohten: »Sollen nur kommen, die roten Lumpen!« Und fast in jedem Haus war ein Militärgewehr, war noch Munition, die der Feldsoldat heimgebracht hatte. Die Herren bezahlten noch mehr Bier und meinten: »Da hilft gar nichts . . . Ausräuchern müßt' man die Roten, weg samt Butz und Stengel müssen sie!« Bald waren viele Bauernburschen ›Freiwillige‹, und denen, die genug von dieser ewigen Kriegführerei hatten, kauften die Herren die Gewehre und die Munition ab. –

Hoch in den dunstigen Morgenwolken über München tauchten Flugzeuge der Bamberger Regierung auf, flogen surrend Kreise und warfen Kundgebungen ab, worin die ›Bevölkerung und die sozialdemokratischen Gesinnungsgenossen‹ zum Ausharren ermuntert wurden, denn bald komme die ›Befreiung von der gesetzlosen roten Schreckensherrschaft‹, aber die Regierungstruppen kämen nicht etwa als ›Gegenrevolutionäre‹, nein, der Minister Noske sei selbst Sozialdemokrat und stelle lediglich die Ordnung wieder her.

In Wolfratshausen, Starnberg, in der Erdinger Gegend und bei Dachau gab es heftige Scharmützel. Die roten Truppen mußten der Übermacht weichen. Noskes vorrückende Freiwilligenverbände riegelten jede Lebensmittelzufuhr nach München ab und nahmen in jedem Dorf standrechtliche Erschießungen vor. Am 1. Mai schlugen die Eisnerianer mit Toller an der Spitze die Waffenstreckung vor und gaben ihre Gewehre in den Fabriken ab. Friedlich demonstrierten sie auf den Straßen mit den noch vorhandenen Sozialdemokraten für den ›Weltfeiertag der Arbeiter‹. Die Kommunisten verschanzten sich in den großen Gebäuden. Wegen der vielen Füsilierungen gefangener Rotgardisten erschossen sie die Geiseln im Luitpoldgymnasium.

Die Truppen Noskes drangen in die eroberte Stadt. Kanonen krachten, Schrapnells barsten pfeifend in der Luft, Häusermauern brachen ein und begruben die Inwohner. Entsetzt rannten die Menschen ins Freie, jammerten, weinten und schrien. Die bessere Bürgerschaft, die auf einmal wieder da war, jubelte den Regierungstruppen zu. Tagelang gab es Erschießungen. Alle Gefängnisse waren überfüllt. Die sogenannten ›Kriegsgerichte‹ arbeiteten Tag und Nacht. Ich saß mit Tausenden in einer gestopft vollen Gefängniszelle, in welcher sich unter anderen auch zwei Rotgardisten befanden, die auf die Geiseln im Luitpoldgymnasium auf Befehl des Zellenleiters geschossen hatten. Sie wurden schon nach zwei Tagen an die Wand gestellt. Es knallte oft und oft im Gefängnishof.

Als ich nach ungefähr acht Tagen endlich zur ersten Vernehmung geführt wurde, sah ich im Zimmer des Kommissars einen vollbärtigen, schwächlichen Mitgefangenen, der laut und erregt schimpfte: »Abgesehen davon – ein Irrtum kann ja vorkommen, Herr Kommissar, aber ich bin doch schon dreißig Jahr' Sozialdemokrat!« Die Stimme war mir bekannt. Geschwind überflog ich das Gesicht noch einmal.

»Ich war nirgends dabei . . . Minister Noske ist doch Parteigenosse von mir!« suchte sich der Mann zu verteidigen, aber die zwei Polizisten, die ihn gebracht hatten, zerrten ihn vom Schreibtisch weg. Jetzt trafen sich unsere Augen. Ich stutzte und – wie mir schien – er stutzte auch.

»Bist du nicht der Oskar? ... Herr Graf?« rief er hastig. Ich nickte. Ich erkannte den Michael Beckenbauer.
»Du kennst mich ... Ich bin nie Kommunist gewesen! Wir Sozi —«, hastete er erregt heraus und stemmte sich gegen den einen Polizisten.
»Los! ... Wir geben dir gleich einen Sozialdemokraten! Vorwärts!« knurrte der andere Polizist und versetzte ihm einen derben Stoß ins Kreuz, daß er taumelnd torkelte. Die Türe schlug zu. Ich hörte heftig lautes Schimpfen und Geräufe im Gang. –
Die Bamberger Regierung übersiedelte nach München, doch sie mußte sich auf Geheiß der Generale umformen und bürgerliche Minister aufnehmen.
Die Räterepublik war zu Ende. Aus den Kriegsgerichten wurden ›Volksgerichte‹, die nicht weniger erbarmungslos aburteilten. Nur die Offiziere fehlten jetzt bei ihren Sitzungen, doch die Richter standen ihnen in nichts nach und ersetzten sie vollauf. Für mich ist diese Zeitspanne entscheidend geworden, als ein Miterlebender habe ich vieles später geschildert.
In der Goethestadt Weimar trat kurz darauf um die Sommermitte die gewählte deutsche Nationalversammlung zusammen und nahm nach vielen Beratungen eine Verfassung an, die die schönen Sätze enthielt: ›Das deutsche Reich ist eine Republik. Die Staatsgewalt geht vom Volke aus ...‹ Friedrich Ebert wurde einstimmig zum Präsidenten ernannt, Philipp Scheidemann war der Reichskanzler. Die neuen Reichsfarben waren Schwarz-Rot-Gold.
Der große Irrtum, die deutsche Republik, an die nach all dem Vorhergegangenen selbst der Gutwilligste nicht mehr glauben konnte, begann. –
Ich saß nach meiner Entlassung aus der Haft einmal dösig in meinem öden Atelier. Es klopfte.
»Oskar, mach auf, wir sind's!« rief Maurus, der längst vom Felde zurückgekehrt war und eben anfing, im Kramerhäusl eine Konditorei einzurichten. Er hatte die Mutter mitgebracht. Ich riß die Türe weit auf und rief ergriffen: »Mutter, Herrgott, Mutter!!«

4. Thule-Gesellschaft und Geiselmord

Es wurde ruchbar, daß bestimmte Gruppen in allen Stadtvierteln illegal heftig gegen die ›landfremden jüdischen Drahtzieher im Arbeiter- und Soldatenrat‹ agitierten. Gerüchte über einen geplanten Putsch gingen um. Zwei Generale, ein Oberst, ein Reichsrat und der Verleger Lehmann, der seit langem Waffen und Munition aufkaufte, wurden verhaftet und ins Gefängnis nach Stadelheim gebracht. ›Deutsche Arbeiter, laßt euch nicht vom internationalen Judentum ins Verderben jagen!‹ stand auf winzigen kleinen Zetteln, die an allen Mauern und Türen klebten, oder ›Deutscher! Der Jude ist dein Verführer, dein Verhetzer, dein Verderber!‹
Wer druckte diese Zettel, wer klebte sie an? Warum beachtete niemand das ›Käseblättchen‹, den *Münchner Beobachter mit Sportblatt,* mit seinen ordinär-antisemitischen Artikeln und Karikaturen, der sich offen als ›Publikationsorgan

der nationalen Vereine‹ bekannte und später der *Völkische Beobachter* wurde? Warum vermied man, in den großen hochnoblen Hotels nachzuforschen? »Ach, dort logieren doch nur noch die paar ausländischen Berichterstatter, Kontrolloffiziere der siegreichen Entente und schwerreiche Durchreisende, die sich die horrenden Preise leisten können«, hieß es. Niemand ahnte, daß sich die aktivsten Gegenrevolutionäre als exklusive, etwas mystisch anmutende ›Thule‹-Gesellschaft im international berühmten Münchner Hotel *Vier Jahreszeiten* etabliert hatten, in der richtigen Annahme, daß kein Prolet je die Scheu verlor, ein derart hochelegantes Hotel auch nur zu betreten. Dieser obskure Geheimbund, eine Art germanischer Freimaurerorden von ›rassisch einwandfreien, arischen‹ Adeligen und Offizieren, schleuste in jede revolutionäre Organisation seine Spione, stahl und fälschte Amts- und Parteistempel, Mitgliedskarten, Passierscheine und Freifahrtausweise und legte geheime Waffenlager an. Er konnte ebenso unbehelligt arbeiten wie die winzige ›Deutsche Arbeiterpartei‹ von Karl Harrer und Anton Drexler, die selbst in den heißesten Revolutionstagen im Nebenzimmer des Gasthauses *Bögner* im Tal ihre wöchentlichen Zusammenkünfte abhielt, jener Urzelle, aus welcher der kurz darauf hinzukommende Hitler seine Nationalsozialistische Deutsche Arbeiterpartei entwickelte. Es kam schließlich noch ein Fünfmännerverein ›Deutsch-sozialistische Partei‹ mit Hans Georg Grassinger dazu, und ›Thule‹ verband sich mit beiden zu einer äußerst wirksamen gegenrevolutionären Aktionsgemeinschaft, die sogleich daranging, Verbindung mit der Landesregierung in Bamberg aufzunehmen. Geradezu mit offenen Armen und ohne weiter nachzuprüfen nahmen der sozialdemokratische Kriegsminister Schneppenhorst, der Demobilisierungsminister Segitz und Ministerpräsident Hoffmann den Thule-›Meister‹ von Sebottendorff und die beiden Thule-›Brüder‹ Oberleutnant Kurz und Leutnant Kraus als willkommene Helfer in ihre Dienste. Versorgt mit reichlichen Geldsummen und ausgestattet mit den umfassendsten Vollmachten, wurde diesen dunklen Informanten die Durchführung eines entsprechenden Putsches in München und die Bildung von ›Freikorps‹ im ganzen Land überlassen. Der Putsch wurde von den revolutionären Arbeitern vereitelt, doch konnte sich die erste USP-Räterepublik, die fortwährend zwischen Verhandlungsbereitschaft mit Bamberg und entschiedenen Maßnahmen hin und her schwankte, nicht mehr behaupten, und da bereits bekanntgeworden war, daß die Regierung in Bamberg von der Reichsregierung Truppen gefordert hatte und daß diese mit württembergischen Regimentern und den ›Freikorps‹ gegen München heranrückten, übergab sie den Kommunisten die Macht. Die zweite, letzte und rein kommunistische Räterepublik begann. Sie ordnete die sofortige Bewaffnung der Arbeiter an, bildete in aller Eile eine Rote Armee, die, nur notdürftig versorgt und schlecht bewaffnet, umgehend Verteidigungsstellen außerhalb der Stadt bezog. Die Bankkonten und Vermögen der Reichen wurden beschlagnahmt, die Betriebe sozialisiert und verschärfte Kontrollen aller Ein- und Ausgänge der Stadt eingeführt. Das Büro der Thule-Gesellschaft wurde ausgehoben, alles Belastungsmaterial beschlagnahmt, sieben Mitglieder wurden verhaftet und ins Luitpoldgymnasium gebracht.

Stunde um Stunde marschierten Arbeiterbataillone aus dem Kriegsministerium in der Ludwigstraße, Bagagewagen und leichte Feldkanonen folgten ihnen. Andere Gruppen sicherten die Brückenübergänge und Einfallstraßen mit Drahtverhauen und sogenannten ›spanischen Reitern‹, stemmten Pflastersteine heraus und errichteten Barrikaden, dahinter wurden Maschinengewehre aufgepflanzt. Eine fiebrige Spannung aus blinder Wut, Rachsucht und unsicherer Hoffnungslosigkeit zeichnete sich auf den Gesichtern der Kämpfenden ab. Die ›Weißen‹, die Regierungstruppen, hatten bereits das Weichbild der Stadt erreicht. Gegen diese in jeder Hinsicht weit überlegenen Kolonnen kamen die roten Zufallsverbände nicht auf und wichen in die Stadt zurück. Erbitterte Straßenkämpfe begannen, pfeifende Schrapnells übertönten das Maschinengewehrgeknatter, brummender Kanonendonner zerriß die Luft, Volltreffer zerrissen Häuserfronten, Auslagenfenster zerklirrten, Dächer brachen ein, und Flammen schlugen hoch, aber die verbissenen Verteidiger gaben nicht auf, denn sie wußten, das war gleichbedeutend mit sofortiger Füsilierung. Ohne Verhör und Urteil hatten die ›Weißen‹ Dutzende von meist völlig unbeteiligten Arbeitern erschossen. Gnadenlos verfuhren sie mit ihren Gegnern, furchtbar wüteten die Landsknechte der ›Freikorps‹. Als Antwort darauf wurden die festgenommenen Thule-Leute auf Grund des Belastungsmaterials mit zwei gefangenen Regierungssoldaten nach kurzem Verhör erschossen – und prompt wirkte die ungemein aufreizende Agitation der Thule-Verschwörer, jetzt übergellte die Nachricht von der ›bestialischen Schreckenstat der vertierten Geiselmörder im Luitpoldgymnasium‹ sogar den wüsten Kampflärm. Das befeuerte die Regierungstruppen und Freikorps zu letzter Rücksichtslosigkeit, und ein verwildertes Jagen und Morden aller Revolutionsverdächtigen hub an. Das schamloseste Denunziantentum feierte Triumphe: »Da! – Da, sehn Sie, der? – Der rote Lump, der Strolch!« wiesen einige Passanten auf einen rasch dahingehenden Mann. Schon klapperten Stiefelschritte. »Halt!« rief es, es krachte, der Mann fiel lautlos vornüber aufs Pflaster. Von solchen Alltäglichkeiten wußten die wieder erscheinenden Zeitungen nichts zu melden.

Festlich lächelte die Stadt. Mit schmetternden Musikkapellen an der Spitze durchzogen Tag für Tag die siegreichen Regierungstruppen die Straßen und wurden frenetisch umjubelt. Ein freudiges ›Hoch‹-Rufen und Beifallsklatschen setzte ein, wenn geschnürte Leutnants in den Hofgarten-Cafés auftauchten; und in großer Aufmachung konnte man ausführliche Berichte über die zahlreichen ›Ehrenabende für die Befreiungstruppen‹ in den dichtgefüllten Brauhaussälen lesen.

Freilich, ›wo gehobelt wird, fallen Späne‹; und die nunmehr wieder voll erwachte, unverwüstliche Münchner Gemütlichkeit wurde zuweilen unerfreulicherweise empfindlich gestört. Einundzwanzig katholische Junggesellen, die im Kellerraum eines Prinzenpalais ihre nächste Sonntagswanderung besprachen, wurden von württembergischen Soldaten buchstäblich zerhackt und bis zur Unkenntlichkeit zertrampelt. Ergreifend war, wie das einheimische Gemüt sogleich in mitfühlenden Ernst umschlug. Mit geziemender Erschütterung, die bei der Bevölkerung eine einhellig starke Teilnahme erzeugte, verbreitete sich die Presse über diesen ›tiefbedauerlichen tragischen Irrtum, an dem vor allem die

durch den roten Terror verursachten zerrütteten Zeitverhältnisse die Schuld trügen‹. Feierliche Messen für die unglücklichen Opfer fanden statt und waren viel besucht. Eindringlich riefen die Priester zur allgemeinen Versöhnung auf, und viele Augen wurden naß. Nichts hörte und las man dagegen von den 53 kriegsgefangenen Russen aus dem Lager Puchheim, die von einer unbekannten Truppe in der Kiesgrube bei Lochham ohne Verhör und Urteil niedergemäht worden waren. Kein einziges dieser unglückseligen Opfer hatte sich auch nur im geringsten an der Revolution beteiligt. Vom ermordeten Ministerpräsidenten Kurt Eisner war ihnen seinerzeit Freizügigkeit gewährt und der Abtransport in die Heimat zugesagt worden, sobald sich die Verkehrsverhältnisse gebessert hätten. Darauf warteten sie bisher vergeblich. Aus Dankbarkeit waren sie im Trauerzug des Ermordeten mitgegangen. Das war alles.
In den folgenden Revolutionswirren hatte sich niemand mehr um sie und ihre Verpflegung gekümmert. Als sie bettelnd zu den Bauern der Umgegend kamen, waren sie von deren Höfen gejagt worden. In dieser Not kamen einige auf den Gedanken, sich im Münchner Kriegsministerium etliche Gewehre und Munition zu verschaffen, und wilderten damit, um nicht zu verhungern. Das kostete ihnen allen das Leben. Erst nach über einem Jahr wurde das Verbrechen halbwegs bekannt, als die unpolitische Innung der Münchner Bäckermeister in rührender Weise an der Stelle, wo sie verscharrt worden waren, ein schönes Grabkreuz errichten ließ. Auch dazu erteilte die Regierung erst die Genehmigung, nachdem in die Beschriftung des Kreuzes der Satz aufgenommen worden war: ›Zum zweitenmal gefangengenommen im Kampfe gegen die Regierungstruppen und standrechtlich erschossen in der großen Sandgrube nahe bei diesem Friedhof. Geschehen am 2. Mai im Jahre 1919.‹
Wie viele Hunderte waren auch Schrimpf und ich verhaftet gewesen und konnten von Glück sagen, lebendig davongekommen zu sein. Nicht selten hatte man Mitgefangene aus unseren Zellen geholt und im Hof füsiliert. Mirjam, die inzwischen aus Berlin zurückgekommen war, konnte mich in der Haft notdürftig verpflegen und Rechtsanwälte und Fürsprecher für meine Freilassung mobilisieren. Nun war es Sommer geworden, die Schäden an den Häusern waren, bis auf die zahlreichen Gewehreinschüsse in den Mauern, verschwunden, die Sonne lachte; und als ob nichts gewesen sei, lief das Leben in der Stadt wieder dahin. Die Münchner Revolution war endgültig vorüber.

5. Die Räterepublik und die Bauern

Aber der Kraus brauchte gar nicht zu überlegen. Es begaben sich in den darauffolgenden Tagen und Wochen Dinge, die die ganze Gegend in eine unbestimmte, ziellose Unruhe versetzten. Sie schwemmten für eine gute Weile die persönlichen Angelegenheiten der Leute untereinander weg wie der Märzregen den letzten Schnee. Die Revolution nämlich, die bis jetzt scheinbar nur in der Stadt drinnen rumort, von der man in der Glachinger Strichweite bisher recht wenig gemerkt und nur hin und wieder in den Zeitungen gelesen hatte, war auf einmal ins Land gebrochen. Man erfuhr allerhand Unkontrollierbares über Plünderungen und willkürliche Gewalttaten in der weiteren Umgegend. Solche Gerüchte überzogen die Gaue wie eine tückische, unberechenbare Wirrnis, gegen die sich keiner recht schützen konnte, und trugen mit der Zeit Unsicherheit und verborgene Angst in jedes Haus. Zu den Schulkindern sagten die besorgten Mütter: »Macht, daß ihr heimkommt, wenn die Schul' aus ist, und treibt euch nicht weiß Gott wo herum!« Es fuhr kaum noch einer nach Amdorf hinüber oder ging sonst über Land, ja, die meisten vermieden es sogar, im Holz oder auf weit abgelegenen Äckern zu arbeiten. Jeder machte sich am liebsten im Haus zu schaffen, denn im Freien schien es nicht mehr geheuer. Und es kam noch etwas dazu, was die Wirrnis verstärkte: Kein Mensch wußte mehr genau, wer ihm Feind oder wer ihm Freund war.

Zuerst schreckten die Leute in den Dörfern in einer regnerischen, windigen Nacht aus dem Schlaf und hörten ein langes, rüttelndes Surren, Brummen und Rattern. Dazwischen mengte sich Pferdegetrampel, Wagenräder quietschten im zähen Straßenkot, und abgerissene Flüche drangen durch die stumpfdunkle Luft. »Was ist denn jetzt das? Das ist ja wie im Krieg!« sagten die Erwachten, die benommen durch die angelaufenen Fenster lugten. Einige kamen neugierig vor die Haustüre. Im abgeblendeten Licht tauchten vollbesetzte, ungeschlacht vorwärts fauchende Lastkraftwagen auf; schwachleuchtende, hin und her schaukelnde Stallaternen hingen an planüberzogenen Bagagewagen, Reiter wurden im undeutlichen Gemeng erkennbar, und auch sechs oder sieben leichte Feldkanonen schälten sich aus dem gespenstisch erhellten Dunkel.

»Wo aus und wohin denn, Kameraden? schrien einige Dörfler. Im Geratter und Lärm aber verstanden sie nicht recht viel mehr als »gegen die Weißen!« Der Kugler, der allem Anschein nach in eine Kolonne geraten war, kam zum Vorschein und erzählte atemlos, das seien Abteilungen der ›Roten Armee‹, jetzt gehe es hart auf hart, denn eine niederträchtige feige Lumpengesellschaft von früheren Offizieren, von abgesetzten Beamten und anderen Postenjägern habe in Nordbayern eine revolutionsfeindliche Gegenregierung gemacht und preußisches Militär zu Hilfe gerufen.

»Was . . .? Die Schnapspreußen haben sie geholt . . .? Was wollen denn die Kartoffelhengste bei uns?« schrie der Moser.

»Ordnung sollen sie machen bei uns!« antwortete der Kugler so laut, daß es jeder hören konnte. »Räuber und Banditen haben bei uns das Heft in der Hand, lügt die windige Gegenregierung rum. Gendarmerie sollen sie machen, die preußischen Kommißschädel!« Das zündete. Die meisten fingen zu murren an, das sei denn doch schon die »höhere Frechheit«, und überhaupt, bis jetzt habe noch kein Mensch was von Räubern und Banditen gemerkt, wer denn die Gegenregierung gewählt habe, und woher sie denn das Recht nehme, das Land mit Krieg zu überziehen.

»Gewählt?« schrie der Kugler spöttisch. »So feine Herrschaften, die sagen einfach, jetzt sind wir die Regierung, und wer nicht folgt, gegen den schicken sie das Militär . . .! Die haben doch keinen Schaden davon, wenn das fremde Militär unser ganzes Land ruiniert!« Überall stimmte man ihm bei. Verärgert gingen

die Leute wieder ins Bett. Die zwei Rotholzerknechte standen noch eine kurze Weile vorne am Gartengatter, ein wenig in die nasse Hecke gedrückt, und lauschten in die regenverhängte Nacht. Sie spähten in die Richtung des Kuglerhauses. Von dorther vernahmen sie noch Schritte, die sich langsam verflüchtigten.
»Der muß als erster aufs Korn genommen werden, Loisl...! Abwarten!« flüsterte der Ältere dem Jüngeren zu. Dann tappten sie vorsichtig auf den Rotholzerhof zu.
Am anderen Vormittag – die Winde hatten den Regen vertrieben, und aus den Wolken kam manchmal die Sonne – ratterte schon wieder eine rote Kolonne daher. Auf dem vordersten Lastkraftwagen, auf welchen Maschinengewehre aufmontiert waren, flatterte eine große rote Fahne. Am Dorfeingang fing eine Trompete zu schmettern an. Die Leute liefen zusammen. Die lange Kolonne machte halt. Die dichtgedrängten Soldaten in ihren abgewetzten, dreckigen Feldmänteln und die schwerbewaffneten Zivilisten mit den roten Armbinden, die auf dem ersten Lastkraftwagen standen, gaben ein bißchen Platz frei, und der Allberger-Ludwig drängte sich aus ihnen.
»Jesus, der Ludwig!« riefen ihm da und dort einige aus dem gaffenden Dörflerhaufen zu, und die meisten grüßten lustig empor. »Was gibt's denn . . .? Hauts nur die Preußen 'naus, bravo!« Der Ludwig stellte sich langsam in Positur, nickte nach allen Seiten hin lächelnd und fing an, eine heftig-laute Rede zu halten, die oft von Beifall unterbrochen wurde.
»Wir Rotgardisten sind keine Räuber und Banditen! Die Rote Armee verteidigt bloß der Errungenschaften der Revolution . . . Wir kämpfen für gleiches Recht und dafür, daß unser Land bald wieder in Schwung kommt!« rief er mit seiner mächtigen, etwas blechern klingenden Stimme und wurde etliche Sätze lang formeller: »Als bevollmächtigter Delegierter des Zentralrates der Arbeiter, Soldaten und Bauern übermittle ich der Bevölkerung meines Heimatgaues brüderliche revolutionäre Grüße!« Alle freuten sich und klatschten. »Ja, der Ludwig, der laßt nicht aus!« hörte man den Kugler begeistert zwischenhineinrufen. Die Soldaten auf dem Lastkraftwagen verteilten Flugblätter, nach denen jeder griff, was ein kurzes unaufmerksames Durcheinander gab. Dem Ludwig schwollen die Hals- und Schläfenadern, sein Gesicht wurde rot, und noch lauter versuchte er durchzudringen: »Bauernleute meiner Heimat! Von euch kennt mich jeder! Der Zentralrat hat das Blutvergießen vermeiden wollen! Eine elendige Sippschaft von Meuchelmördern, reaktionären Verschwörern und politischen Schiebern hat den Kampf provoziert und preußische Landsknechtsbanden ins Land gerufen!« Jetzt wurden alle rebellisch, schimpften und drohten, und als der Redner erklärte, daß die Rote Armee die Freiheit und den Hof jedes einzelnen Bauern verteidigte, kannte die bereitwillige Zustimmung keine Grenzen mehr.
»Damit wir aber zum Schluß kommen«, verschaffte sich der Ludwig endlich wieder Gehör, »wir zwingen keinen, daß er in die Rote Armee eintritt, aber unsere Kampftruppen brauchen Proviant! Wir schützen euer Hab und Gut, Bauern! Jede Unrechtmäßigkeit wird schwer bestraft . . .! Wir verlangen und hoffen, daß die Bevölkerung unsere Verteidigungslinien mit den notwendigen Lebensmitteln versorgt... Die Lieferungen werden bezahlt. Keiner von euch darf zu Scha-

den kommen!« Die begeisterten Leute wurden langsam unschlüssig, aber der Ludwig setzte sein bestes Gesicht auf und schrie: »Also gebt's schon her! Wer was hat, hilft uns und sich selber!« Und da kam Bewegung in die Umstehenden. Die Weiber liefen in die Häuser, und die Männer wurden auch wieder aufgeräumter. Brotlaibe, Trümmer Selchfleisch, große verzinnte Milchkübel, Eier und sogar einige größere Klumpen Butter wurden den Rotgardisten hinaufgereicht. Der Ludwig und ein Mann mit einer Brille zogen Banknotenbündel, fragten nach den Namen der Geber, wollten notieren und Preise wissen, aber die Leute ließen nichts zur Ordnung kommen und sagten meistens: »Ah, es ist schon gut!« oder: »Haut nur die Preußen dafür recht!«, oder: »Die Hauptsach ist, wenn bald wieder Ruh wird.«
Die alte Allbergerin stand mit über dem Bauch verschränkten Händen da, ihre kleinen Äuglein blinkten stolz, auf ihrem stubenblassen Gesicht machte sich mit der Zeit ein leichtes Rot breit, und in einem fort brümmelte sie verhalten: »Ja-ja, mein Ludwig . . .! Der Ludwig . . .! So was ist schön von unseren Leut, daß keiner was verlangt . . .«
Den Schuster Kraus sah man nicht unter den Leuten. Er hockte wie immer in seiner Werkstatt, schaute nur ab und zu durchs Fenster, die Gasse hinunter, die auf den Dorfplatz mündete, und murmelte, als er all das gutmütige Spenden bemerkte: »Das haben sie falsch gemacht . . .! Das haben sie falsch gemacht!«
Unter freundlichem Zuwinken und ›Hoch‹-Rufen auf die siegreiche Revolution seitens der Rotgardisten surrten die Lastkraftwagen endlich aus dem Dorf. Langsam zerstreuten sich die Leute. Sie schienen alle von den Roten eingenommen zu sein. Die waren über das höhergelegene Glaching weit ins ferne Flachland hineingezogen. In den nächsten Tagen hörte man im Pfarrort von weitem ein verschwommenes Donnern, und wenn der Wind günstig war, drang es sogar bis nach Auffing herüber. Abgesehen von hin und wieder durchziehenden roten Kolonnen ereignete sich ungefähr eine Woche lang nichts weiter.

6. Das Ende

Die Truppen und Freiwilligenverbände Noskes und Schneppenhorsts schoben sich in die äußeren Viertel, drangen vor und kamen in das Stadtinnere. Mit nie wieder erlebtem Mut verteidigten sich die Arbeiter. Ganz München lief, ganz München erzitterte. Schrapnells surrten, Kanonen donnerten, Maschinengewehre ratterten, Panzerautos spien Feuer, Hausecken brachen krachend ein, hilflos und verzweifelt stürzten die Leute auf die Straßen, weinten und jammerten, fluchten und schrien, wirklicher Krieg durchheulte die Luft.
»Geiselmord im Luitpoldgymnasium!« gellte förmlich von Ohr zu Ohr. Die Arbeiter hatten jene Verhafteten und zwei gefangengenommene Regierungssoldaten erschossen.
»Sontheimer tot! Eglhofer erschossen! Landauer ermordet!« war gleichsam die Antwort darauf, und jetzt fing bei den Soldaten eine wahre Treibjagd auf verdächtige Zivilisten an. Ein furchtbares Denunzieren setzte ein. Kein Mensch war

mehr sicher. Wer einen Feind hatte, konnte ihn mit etlichen Worten dem Tod überliefern. Jetzt waren auf einmal wieder die verkrochenen Bürger da und liefen emsig mit umgehängtem Gewehr und weißblauer Bürgerwehrarmbinde hinter den Truppen her. Wahrhaft gierig suchten sie mit den Augen herum, deuteten dahin und dorthin, rannten einem Menschen nach, schlugen plärrend auf ihn ein, spuckten, stießen wie wild geworden und schleppten den halb Totgeprügelten zu den Soldaten. Oder es ging schneller: Der Ahnungslose blieb wie erstarrt stehen, die Meute stürmte heran, umringte ihn, ein Schuß krachte, und aus war es. Lachend und befriedigt gingen die Leute auseinander.

Auf großen Umwegen kam ich mit Davringhausen zu einer Bekannten in der Stadt. Dort erfuhren wir, daß Schorsch, Achenbach und viele unserer Bekannten verhaftet worden seien. Die Bürgerwehr hatte es sich zur Aufgabe gemacht, sämtliche Schwabinger Ateliers mit beigegebenen Soldaten durchzustöbern. Wer angetroffen wurde, verfiel der Verhaftung. Ich ließ Davringhausen bei der Bekannten und machte mich auf den Weg. »Mensch, verroll dich!« raunte mir in einem Hausgang ein Arbeiter zu, der mich erkannte, und erzählte mir hastig, daß mein Atelier durchsucht worden sei. Die Genossen, die dort gewohnt hätten, seien kurz vorher weggegangen. Einer von ihnen sei auf der Straße erschossen worden. Ich gelangte – immerzu geduckt und mit mächtigen Sätzen über die Straße rennend – bis zur Dachauer/Augustenstraße. Zwischen ängstlich an die Hauswände gepreßten Menschen wand ich mich weiter, denn am Bahnhof tobte ein besonders wütender Kampf. Vom Stiglmaierplatz herunter dröhnte ein Panzerauto und schoß immerfort. Jeder von uns stemmte sich hilfesuchend an die verschlossenen Haustüren, wir jagten Hals über Kopf in das Torgewölbe des Apollotheaters. Das Panzerauto war vorüber. Wir drückten uns wieder auf die Straße und sahen die mörderische Beschießung der von den Arbeitern besetzten Polizeistation. Es krachte, dampfte, und das Gemäuer staubte rieselnd auseinander, Fenster klirrten und Splitter flogen. Hartnäckig erwiderten die Befestigten das Feuer, allmählich ließ es nach, immer weniger Schüsse kamen aus dem Haus. Aus der Marsstraße rückte eine Abteilung Regierungssoldaten mit schußbereit gehaltenem Gewehr vor, erbrach die Tür. Kein Schuß kam mehr aus dem Innern. »Die sind alle tot«, sagte ein Mann unter uns. Das Schießen hatte aufgehört, das Panzerauto war schon am Bahnhof vorne. Wir wollten weiter. Eine alte Frau humpelte über die Straße. Vorne an der Ecke legte ein Regierungssoldat an. Es krachte, die Frau fiel und blieb nach einigen Zuckungen liegen.

»Ja–ja! Um Gottes willen! Um Gottes willen!« schrie ein Mädchen händeringend.

»Nicht schießen! Nicht schießen!« brüllten wir alle. Ein Knäblein hatte sich unbemerkt aus uns gewunden, lief mit flatterndem rotem Taschentuch auf die Leiche zu. Es knallte schon wieder. Gellend schrie der Bub, machte einige Purzelbäume und lag still.

»Mörder! Schufte!« schrien alle ohnmächtig und verzweifelt. Fäuste hoben sich. Viele weinten.

»Weg! Weiter!« bellte es vorne.

Und schon wieder legte der Soldat an. Wir rannten wie irr in den Hinterhof und warteten zusammengeduckt. Jeder schlotterte, jeder hatte ein wutblasses Ge-

sicht. Keiner sagte ein Wort. Wir standen da wie zusammengepferchte Tiere unter einem losbrechenden Gewitter.
»Das sind keine Menschen mehr!« murmelte nach langer Zeit ein alter Mann und rieb sich die Augen aus.
»Das sind Viecher! Das sind Metzger!« heulte das Mädchen. Erst nach einigen Stunden wurde es etwas ruhiger. Ich wanderte weiter.
Überall zogen lange Reihen verhafteter, zerschundener, blutig geschlagener Arbeiter mit hochgehaltenen Armen. Seitlich, hinten und vorne marschierten Soldaten, brüllten, wenn ein erlahmter Arm niedersinken wollte, stießen mit Gewehrkolben in die Rippen, schlugen mit Fäusten auf die Zitternden ein. Ich wollte aufschreien, biß aber nur die Zähne fest aufeinander und schluckte. Das Weinen stand mir hinter den Augen. Ich fing manchen Blick auf und brach fast um, sammelte mich wieder und sah einem anderen Verhafteten ins Auge.
Das sind alles meine Brüder, dachte ich zerknirscht, man hat sie zur Welt gebracht, großgeprügelt, hinausgeschmissen, sie sind zu einem Meister gekommen, das Prügeln ging weiter, als Gesellen hat man sie ausgenützt, und schließlich sind sie Soldaten geworden und haben für die gekämpft, die sie prügelten.
Und jetzt?
Sie sind alle Hunde gewesen wie ich, haben ihr Leben lang kuschen und sich ducken müssen, und jetzt, weil sie beißen wollten, schlägt man sie tot.
Wir sind Gefangene! –
Mit großen, verstörten Augen schauten die Leute der Arbeitergegenden auf die Züge und preßten schweigend die Lippen aufeinander.
Ich kam nach vielen Kreuz -und Querläufen zur Ludwigstraße. Da schoß es schon nicht mehr. Das elegante Volk tummelte sich in den Hofgartencafés. Gutgekleidete, beleibte Bürgerwehrler und Lebemänner mit Monokel unterhielten sich geschäftig mit Soldaten und Offizieren, feine Damen spendeten Zigaretten, Zigarren und Schokolade, kokettierten und schäkerten mit den geschnürten Leutnants.
Ein Zug Verhafteter kam daher. Sofort lief alles darauf los, schrie und johlte, spuckte, schimpfte und drohte. Feine Damen verabreichten heldenmütige Ohrfeigen, altmodische Offiziersfrauen feixten entrüstet und schwangen ihre ausgebleichten Sonnenschirme, Bürgerwehrler versetzten hinterlistige Püffe, und die Lebemänner lächelten beifällig. Niemand verwehrte es ihnen.
Tage hindurch hörte man nichts mehr als Verhaftungen und Erschießungen. Einundzwanzig Mitglieder eines katholischen Gesellenvereins, die ahnungslos eine Versammlung in einem Nebenzimmer abhielten, wurden festgenommen, in einen Keller geschleppt und buchstäblich abgeschlachtet.
Die Räterepublik war zu Ende. Die Revolution war besiegt. Das Standgericht arbeitete emsig.

7. Im befreiten München

Was war das nur?
Man schrieb bereits Ende August 1919. War denn nicht der Krieg längst zu Ende? Hatte nicht die Reichsregierung mit Hilfe einer überlegenen Truppenmacht über die immer wieder aufflackernden Aufstände gesiegt und gewissermaßen die Revolution beigelegt? Schaffte sie nicht überall mit eiserner Energie geordnete Zustände? Arbeiteten nicht die Ämter, Post, Bahn, Telegraph, Polizei und Justiz wieder wie ehedem?
In den Hotels und Pensionen herrschte allerdings gähnende Leere. Meist logierten dort nur Offiziersstäbe. Im Hofgartencafé und um den Chinesischen Turm im Englischen Garten saßen die besseren Bürger mit ihren Frauen. Selbstbewußte Leutnants und geräuschvolle Studentenrudel bevölkerten die sonnigen Tische. Schreiend elegante Schieber und Damen mit Schoßhündchen nahmen ihren gewöhnlichen Nachmittagskaffee hier ein. Eine Polizei-Musikkapelle spielte flotte Weisen. Die Unterhaltungen der Gäste verschmolzen zu einer einzigen Lautwelle. Gesprächsfetzen lösten sich manchmal los, und ein heftiges Gelächter stieg da und dort auf. Von Geschäften, von den Ausverkäufen in den Warenhäusern, von Lebensmitteln und vom sinkenden Geld redeten die Leute. Politik interessierte nicht.
Abends schmetterten die Militärmärsche der ›Befreier-Regimenter‹ in den dichtbesetzten, riesigen, schattigen Bräugärten über die Köpfe hinweg. Eine laute, wirre, völlig gleichgültige Lustigkeit tobte rundum. Es sah aus, als suchten die Menschen nur noch den stumpfen Rausch.
In den Bars und Nachtlokalen traf sich die elegante Welt. Hier saßen Halbweltdamen mit ihren Kavalieren, hier zechten Offiziere und Verschwörer, hier tätigten prassende Schieber ihre dunklen Geschäfte.
Aber dieses alles schwamm sozusagen an der Oberfläche wie etwa die Fettaugen auf der Suppe.
Der Alltag sah ganz anders aus. Der Krieg war nicht zu Ende. Er war ganz in die Nähe gerückt.
Vor den Ministerien und öffentlichen Gebäuden standen sogenannte spanische Reiter, und verrostete Stacheldrähte waren gezogen. Da und dort drohte ein leichtes Feldgeschütz oder ein Maschinengewehr in die Straße. Stur dreinschauende, stahlbehelmte Wachen tappten auf und ab, und gewichtig flitzten Offiziere ein und aus. Die Soldaten machten ihre üblichen Ehrenbezeugungen. Wie eine quirlende Etappe sah alles aus. Die Uniform regierte.
Vor den Bäcker- und Lebensmittelläden, in und um die Warenhäuser herum stauten sich erregte Menschenknäuel. Eine ängstliche Gier flackerte in jedem Auge. Eine unversöhnliche Feindschaft verfolgte jeden, der endlich mit dem Erafften abzog. Murren fing an, Keifen und Kläffen, schließlich wurde es ein wüstes Streiten und endlich ein unentwirrbares Geräufe. Dann rasselte aus einem dunklen Tor ein mit schwerbewaffneten Soldaten vollbesetztes Lastauto und polterte auf der Straße daher. Die Menge stob auseinander.
In den Gerichtssälen wurden Tag für Tag ehemalige Räterepublikaner abgeur-

teilt. Hier und andernorts saßen Hunderte und aber Hunderte in den Gefängnissen. Ihre Frauen liefen den ganzen Tag, um irgend etwas Eßbares zu ergattern. Abgehetzt und verstört kamen sie auf die Polizei oder in die Amtszimmer, wurden zurückgewiesen und fingen mit einer verzweifelten Heftigkeit zu schimpfen an, zu weinen und zu schreien. In den Gängen der Wohlfahrtsämter warteten diese hungernden, verratenen, verlassenen Frauen stunden- und stundenlang. Zum Schluß wurden sie von einem überanstrengten, cholerischen Beamten abgefertigt oder einem anderen Amt überwiesen. Sie rotteten sich zusammen und demonstrierten tollkühn. Sie wichen nicht, wenn die Schutzleute auf sie einschlugen. Um und um blutend, mit aufgelösten Haaren, am ganzen Körper zitternd wurden die Wildesten abgeführt. Sie hörten nicht auf zu bellen, warfen die Fäuste, fluchten und verwünschten und wurden noch mehr geschlagen. Empörte spien aus den Fenstern auf die Polizisten. Kinder liefen schreiend hinter den verhafteten Müttern her. Ewig wogte dieses Heer der Verbitterten. In jedem Arbeitergesicht stand die Rache.

Militärherrschaft, wo man hinsah. Die rücksichtslosesten Sicherheitsmaßnahmen waren angeordnet. Die Fremdenkontrolle wurde äußerst streng gehandhabt. Jeder Zivilist war von vornherein verdächtig. In aller Frühe trampelten Kriminalbeamte in Begleitung von schwerbewaffneten Soldaten treppauf und treppab und klopften die zufälligen Gäste rücksichtslos aus dem Schlaf. Die geringste Unregelmäßigkeit im Paß zog eine Verhaftung nach sich.

Von Georg Schrimpf entworfener Umschlag zum zweiten Gedichtband von Oskar Maria Graf

Es ist eine dreiste Entstellung der Tatsachen, wenn behauptet wird, in den damaligen Rätekämpfen bei Dachau hätten auf seiten der Münchener Räterepublikaner keine gedienten und kriegsgeprüften Soldaten mitgemacht. Ich weiß von einem Fall, der den echten militärischen Geist der damaligen ›Roten Armee‹ für jeden Unteroffizier vorteilhaft beleuchtet.
Mein Spezi Sebastian Adolf Wigelberger, der im Krieg vier Verwundungen erlitt und aktiver Leutnant der Artillerie war, stellte sich unnützerweise und aus tiefsten Überzeugungsgründen der ›Roten Armee‹ zur Verfügung. Er kam nach Dachau, und es wurde ihm sofort die artilleristische Verteidigung eines Frontabschnittes übertragen. Sebastian Adolf Wigelberger, gewohnt, alle ihm übertragenen Pflichten militärisch ordnungsgemäß zu erledigen, fragte sofort die anderen Stabsmitglieder seines Abschnittes: »Ist denn überhaupt der Regierung Hoffmann der Krieg schon erklärt?«
»Na, du damischa Hund! Glaabst vierleicht, daß mir wartn, bis üns dö Weißn ois wegschiaßn! Mir schiaßn holt ganz einfach!« gab ihm einer der Befragten Auskunft.
»Das ist eine Schweinerei! . . . So was muß ordnungsgemäß erledigt werden!« polterte Wigelberger und setzte sich sofort hin, ließ sich Tinte, Feder und Papier geben, schrieb darauf: »Ich erkläre hiermit der Regierung Hoffmann den Krieg. Wigelberger, Artilleriekommandant.«
Es half alles Einreden nichts. Wigelberger, sich seiner Befehlsgewalt bewußt, ordnete an, daß ein Parlamentär den Schrieb den Regierungstruppen überbringe. Es machte sich auch wirklich einer auf den Weg. Gekommen ist er nicht mehr.

Ich weiß nicht mehr genau weshalb, aber einmal hat Eisner die Mitglieder der damals auftauchenden ›Spartakusgruppe‹ in München, Erich Mühsam, Levien und noch ein paar, verhaften und nach Stadelheim bringen lassen. Eine Versammlung im Mathäser beschloß, diese Genossen sofort zu befreien, wenn der Ministerpräsident nicht selbst die Enthaftung veranlasse. Ein großer Zug erschien am Promenadenplatz vor Eisners Amtswohnung. Nachdem das drohende Hinaufschreien nichts half und eine Abordnung nicht vorgelassen wurde, kletterte ein kühner spartakistischer Matrose kurzerhand zum Balkon Eisners empor und drang geradewegs vor den von Toller und noch einigen Treuen bestürmten Ministerpräsidenten.
Kurz darauf erschien Eisner mit dem Matrosen auf dem kleinen Balkon, hielt eine kurze Rede und rief am Schluß: »In Gottes Namen, so holt sie! Sie sind freigelassen!« Alles jubelte auf und marschierte weiter. Zur Vorsorge hatte Eisner den damaligen Sozialminister Unterleitner Hans mitgeschickt.
In Stadelheim angekommen, machte der damalige Gefängnisdirektor Pöhner große Bücklinge vor Unterleitner Hans und sagte in einem fort: »Jawohl, Exzellenz, jawohl!« Auf einmal trat ein Genosse, soviel mir erinnerlich ist, Widemann, vor und schob die Exzellenz Unterleitner mit folgenden Worten zur Seite: »Geh, Hansl! Arschloch! Geh doch hoam, di brauch ma doch id . . .«

Oskar Maria Graf
Der Marsch

Die schreitenden Körper gefüllt mit der Brunst
schmachtenden Sehnens vergangner Jahrhunderte.
Die furchigen Stirnen umhüllt vom lohenden Dunst
bezwungenen Schicksals, das sich entwunderte,
als es der *Eine* ins Wirkliche hob und beschwor.
Die Rücken gestrafft und durchrieselt von jauchzendem Glück,
weil dahinter fanfarengeschrillt und empor
aus beengenden Straßen brausende Sänge frohlockenden Sieg
bis zum nächtigen Himmel tragen.
Die atmenden Brüste befreit und die Seelen entzündet,
daß sie jedwedem Verzögern den Einlaß versagen.
Entschlossen hämmernder Schrittchor verkündet
sich wortlos als Anfang und trägt ihn hinauf und hinaus
aus dampfenden Städten, wo Hütte und Haus stehn dorfsanft gepaart,
rötend den kommenden Morgen über träggebettete Länder,
tötend für Grenze und Trennung. Es wölben sich Brücken
ragend in menschliche Bündnisse und der Geist wird Verschwender
und steigt in den Marsch, verödet das Ziel und steigert den Sturm,
den wir, Geschürfte, pilgernd in höchste Beglückung,
einsam in grübelnden Nächten, ragend, wie einen uralten Turm,
schauten in himmlischbeschwingter Verzückung.
O, wissen, daß mit uns der Größte schreitet . . . . . !
Das ist, da er uns überfiel, wie Wirbelwind,
der Märsche Marsch, der die Gelenke schmeidet,
daß sie fürs Ungeheure ausgeweitet sind.
Die Städte schütten Scharen in das weite Land.
Sie ziehn auf allen Straßen wie ein endloses Band
und sind ein Bund, wo Einer sich zum Einen fand.
Die Erde bebt . . . . Die Menschheit lebt
und fühlt sich schrittvereint und liebt
und gibt sich geistgestählt die Hand . . . . . !

Oskar Maria Graf
Die Hassenden

Zu innerst von der Not befangen,
Lastschwer und drückend immer Erde fühlend,
Vor Gier verschmachtend und in langen
Tiefschwarzen Nächten weiterwühlend,
Vom Haß verglüht, fast leblos
Und zermürbt von fremdgewordner Arbeit,
Verblüht uns lautlos Tag und Zeit.
Wir wissen bloß,
Daß wer viel trinkt,
vergißt,
Und alles Nichts ist und versinkt. –
Und auch, daß abends unser Leib
Durstmüde ist
Nach einem Weib. –

Es sprach einst wer, wie Ruf von fern,
Dem Klirren gleich von sieggewohnten Schwertern!
»Wir werden einst in alle Länder einmarschieren
Und als die Ersten neuer Zeiten triumphieren!«
Es war, als wir noch jung, und klang
Wie ein erlösender Gesang
Vom Himmel her .....
Doch das ist lang, so endlos lange her .... !

Verfrühtes Altern grub seitdem
Die Runen von vergälltem Haß auf unsere Gesichte.
Die Satten sprechen von Problem
Und füllen Bände mit Geschichte.
Wir aber wandern knirschend im Verlorensein
Und wissen schließlich, daß der Vater soff
Und einer Mutter Träne troff
In unser niegewünschtes Geborensein –

Oskar Maria Graf
Der Totschlag

Als sich das zwanzigste Jahr dem Gewirr knabenhafter Erlebnisse entwand, zitterten nur noch zwei Wünsche in ihm: daß in jedem Menschenmund sein Name mit Andacht klänge und viele Frauen ihn ersehnten. Und zur anderen Hälfte brannte er darnach, einsam zu sein. Mitten aus einer sprühenden Stadt höbe sich ein Riesenturm, dessen winzige Dachkammer ihn beherberge. Die Größe der Welt bestimme sein Ausblick. –

Nach einer Reihe von Jahren erfolglosen Herumirrens, die unterminiert waren von Tagen kärglicher Freuden und klaglosen Hungers, gab es sich, daß eine kleine Cabarettschönheit, die er auf dem Modellmarkt kennenlernte, ihm Beziehung verschaffte. Er wurde nach kurzer Zeit Freund eines ihrer reichen Freunde und fand dort im Hause Aufnahme, fabelhafte Tafeln, übernahm mit dem berechnenden Instinkt politischer Gier die Geste des gewiegten Weinkenners und verschaffte sich sozusagen eine Position. Seine geübte Natürlichkeit wirkte ziemlich sicher. Auch betrunken fiel er nicht aus seiner Rolle. Soweit war er glücklich, denn als er anläßlich eines Besuches einschlief, hörte er von sich so sprechen, wie es sein Wunsch war. Und ein andermal hatte ihm sein reicher Freund gesagt: »Du bist erst zweiundzwanzig.« Bestätigung genug, daß man etwas von ihm hielt. –

Diskutierte Nächte gaben scheinbare Nähen. Es wuchs eine Familiarität auf. Man verfocht mit Eifer die Interessen der Kunst, streifte Ethik und lebte in diesem Hause von der Interessantheit vergangener Erlebnisse. Aufwallungen ergaben dann Spenden an, in Cabaretts aufgelesene, momentan langweilevertreibende Besuche, die wochenlang die Leere dieses Reichseins mit Sensationalität belebten. Daraus entwickelte sich nach einem fast ständig andauernden Zusammenleben etwas wie eine geschlossene Gemeinschaft: Yvonne, vom Cabarettstern avanciert zur gebietenden Mitte des Hauses, Einschlag Katharina II., der Freund, Herr Joachim von Delius, dann die Aufgenommenen, der Maler Kotlehm und der Dichter Malvinius. Joseph Markus Malvinius, eben derjenige, dem Yvonne, damals noch Cabarettschönheit, gedenkend, daß er ihr einmal in einer Nacht sein Bett gab und das Atelier überließ mit Tee und Inhalt, als sie noch Modell war, diese Beziehung verschaffte. –

Nach vielen Besuchen von Nachtlokalen, vornehmeren Tingeltangels rundete sich das Sprichwort neidischer Bekannter: »Yvonne mit ihrem stinkfeinen Speichelleckerstab.« Joseph Markus Malvinius sah in jedem aufschauenden Blick beiläufig Grüßender, in jeder dickaufgetragenen Freundlichkeit die schweigende Feindschaft dieser aller auf sich gerichtet und zeigte sein gezwungenes Lächeln im zerschundenen Zaun seiner Zähne. Jedes Zusammentreffen mit fremdem Blick klang nach Geduldetsein, weil man eben bei reichen Leuten saß und verkehrte. Dieses Wissen schmeidete seine sarkastische Zote, die gefürchtet war wie ein Pfeil und alles niederzog in den Dreck seiner infernalisch sich gebärenden Erleidung, entwaffnete Regungen, überlistete, intrigierte, focht mit bäuerlicher Bescheidenheit gewandt wie ein Preisfechter und unterlag nie. – Gelage, Betrunkenheiten steigerten seine Fähigkeiten. Er ließ sich Kübel Wassers über den Kopf schütten, in den Bauch stoßen, tanzte sein negerhaftes Getatsche zur Steigerung des Vergnügens und trank gesalzenen Sekt ohne eine Miene zu verziehen, er machte alles, alles, denn es galt den Turm zu bauen, den Riesenturm, und er war satt des erlittenen Hungers all der Jahre vorher. Und zählte 22.

Durch die Unheimlichkeiten solcher Öde drängt sich das Wissen des Zerspaltetseins aller Menschen. Der Maler Kotlehm verspielte. Es war Besuch da. Man hatte die ganze Nacht getrunken. Jetzt lag mattblauer Tag schon auf den Gesimsen. Stare zwitscherten leise auf. Die Gärten bleichten. Tau stieg auf. Der Maler Kotlehm verspielte. Ihm kam es nicht an darauf. Er war in den Sattel gehoben. Glück muß der Mensch haben. Glück! –

Diese Ausstellung warf ihm allein fünfzigtausend ab. Außerdem noch Vertrag. Außerdem noch Zuschuß aus verzinstem Vermögen. Was tuts.

Prost! Malvinius ließ eine Zote hochgehen. Man lachte. Man stichelte Kotlehm. Malvinius hatte alles in der Hand, diesmal wie immer.

Vorgestern im ›Voltaire‹ hieß ihn Kotlehm einen Trottel. Es waren viele am Tisch, die ihn von früher kannten. Er schämte sich.

Der Maler Kotlehm warf die Karte auf den Tisch. Abermals hundert. Nahm das Glas, schrie feldwebelmäßig: »He, Kuli einschenken.« Malvinius war total betrunken, hob die Sektkaraffe, nahm das Glas, wankte, rülpste, goß ein, schüttet daneben. »Hehe! Du!« Der Maler Kotlehm stößt Malvinius in den Bauch. Delius nimmt ihm die Karaffe, schüttet den Rest über den geduckten Schädel. Malvinius grölt nur. – Ich darf nicht, nie, nie – morgen kann ich wieder hungern, wer kauft Gedichte, wer, wer denn? So denkt er. Der Sekt rinnt eiskalt. Verflucht auch dieser eine Anzug noch, dieser eine! Und dann wieder betteln! –

Das Spiel ist zerrissen. Der Maler Kotlehm stößt abermals bauchwärts, grinst. Delius entdeckt, daß Malvinius' Hose ein Loch hinten hat, zieht das Hemd heraus, grölt auf. Gelächter fällt nieder, Hohn. Kläfft. Man springt um das Vergnügen. Man tobt. Man holt Wasser. Yvonne geifert gegen Kotlehm: »Schurke, sadistischer Hund!« Das Getobe geht weiter, weil sie lächelnd zerbricht.

Malvinius grölt nur, duldet. Duldet. –

Als sein Vater tot war, steckte man ihn ins Geschäft, unter die Gesellen. Waren besoffen, schlugen ihm die Rippen lahm. Einmal, als er es nicht mehr aushielt, lief er nachts hinauf zu seinem ältesten Bruder, heulte, schrie. Der sprang aus dem Bett und schlug auf ihn ein. Dann wollte er zum Fenster hinaus. Wieder einmal wollte er das ganze Haus anzünden, damit alle da drinnen kaputt gingen, diese Bluthunde! Man schlug ihn halbtot.

Als junger Geselle in irgendeiner Stadt warf ihm der Obergeselle einen Zentnersack Mehl auf den Kopf, daß er beinahe erstickte. Er blieb liegen. Die Wecken mußten fertig werden. Andern Tags bekam er die Karte vom Meister. Konnte gehen. – – –

Dann kam das Dichten, Hungern, Schlafen in fremden Ateliers auf dem Boden, dann Gelegenheitsarbeiten als Asphalteurgehilfe, Handlanger, Lift. – – –
Man goß. Das kalte Wasser rann. Die Schuhe pfiffen vor Nässe. Kotlehm riß ihn mit in den Garten. Die Stare schrien schon. Es war so frisch.
Delius schob hinten. Yvonne lachte zum Bersten. Ein Besuch, der abends kam, war kaum zu zählen, lag oben unterm Tisch.
Kotlehm riß einen Rettich aus dem Beet, propfte ihn in Malvinius' aufgerissenen Mund, schrie. Gelächter grölt. Die Zähne krachen. Malvinius stemmt sich, spuckt, holt Atem, schreit, faßt – faßt – faßt!
Die weiße Luft reißt auseinander. Als ob ein Geketteter stählernen Leibs gegen die Wand rennt und sie durchstößt, so kracht etwas, schreit.
Ein Mensch erschlägt seine Vergangenheit.
Andern Tages heißt es Totschlag. Das Ding muß seinen Namen haben. Na also! –

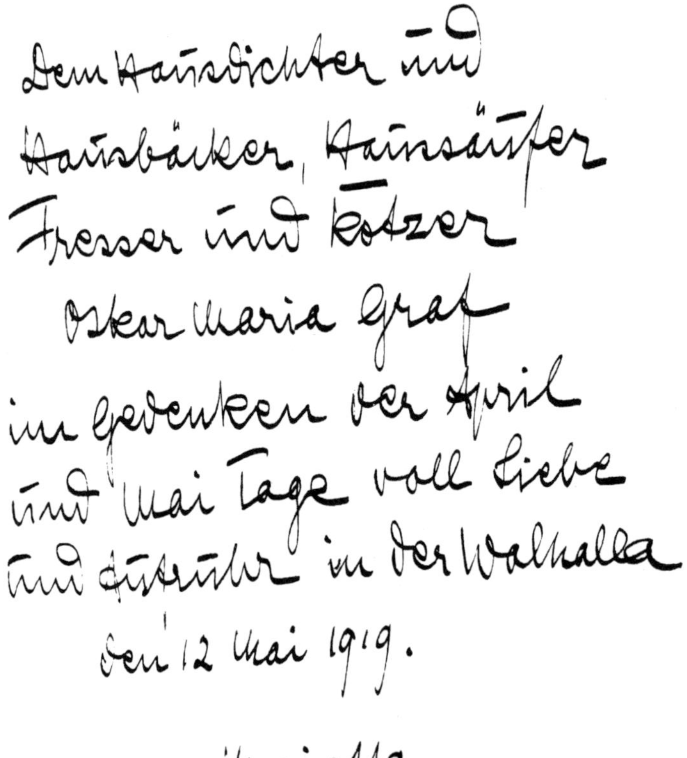
Dem Hausdichter und
Hausbäcker, Haussäufer
Fresser und Kotzer
Oskar Maria Graf
im Gedenken der April
und Mai Tage voll Liebe
und Aufruhr in der Walhalla
den 12 Mai 1919.
Marietta

Widmungsexemplar von Marietta für Oskar Maria Graf. Marietta di Monaco, eigentlich Marie Kirndörfer, gehörte zum engeren Kreis der Schwabinger Bohème. Die ›Walhalla‹ war die von O. M. Graf in ›Wir sind Gefangene‹ ausführlich geschilderte Villa des holländischen Mäzens Anton van Hoboken, die während der Revolutionszeit ein interner Treffpunkt der Schwabinger Künstler und Literaten war. Bei dem Buch handelt es sich um die 1918 erschienene Villon-Ausgabe des Hyperion-Verlages. Das Original befindet sich im O. M. Graf-Nachlaß beim Süddeutschen Verlag, München

Oskar Maria Graf
Spruch

Manchmal kommt es, daß wir Mörder sein müssen,
denn Demut hat uns alle nur geschändet
und Zeit zerfloß uns, von zu vieler Müdigkeit umwölbt.
Qualhart und fronüberbürdet
knirscht der Söldling des Geschicks
und wirft sich blind in die strömende Flut
läuternden Triebs,
um als wachwunder Büßer wieder aufzustehn,
wissend um seine endliche Sendung....

Von Georg Schrimpf entworfenes Umschlagbild zu Oskar Maria Grafs ersten Gedichtband, Dresden, 1918

Rainer Maria Rilke
Brief an Ernst Seidenberger

Sehr geehrter Herr Rechtsanwalt,

was mich angeht, so dürfte ich in der Angelegenheit Oskar M. Grafs zunächst die Überzeugung in die Waagschale legen, daß er als Mensch wie als Schriftsteller von den reinsten und humansten Absichten erfüllt ist. Ihn selbst zu sprechen, ist mir leider nur sehr selten vergönnt gewesen; als ich ihn zuletzt sah (es mag im Januar gewesen sein), hatte ich den Eindruck, daß er, aller politischen Betätigung abgeneigt, in seinen künstlerischen Arbeiten lebe. Irgendwie tätig in das öffentliche Geschehen einzugreifen, mag ihm damals schon durchaus ferngelegen haben, wie ja auch sein Name unter keinem der Aufrufe zu finden ist, die unter der Räteregierung die Aufmerksamkeit auf sich gezogen haben. Oskar M. Grafs einziger Versuch, sich an die Menge zu wenden (in jener Versammlung vom Anfang Dezember 1918) verrät, wie sehr der Weg rein menschlicher Verständigung seinem Ideale entsprach; er hat es nicht wieder unternommen, diesen Weg öffentlich zu empfehlen, aber gewiß hat er im Kreise seiner Freunde in diesem Sinne gewirkt, und es genügt wohl, ihn einige Male gesehen zu haben, um zu wissen, daß er sich dafür opfern könnte, Gewalt zu verhindern, eher als daß er imstande wäre, eines jener Mittel zu empfehlen, mit denen der Terror arbeitet.
Zum Schluß möchte es mir wohl verstattet sein, die Wichtigkeit, die ich seiner künstlerischen Produktion zuschreibe, recht ausdrücklich hervorzuheben: ich wünsche von Herzen, daß dieser ernste und begabte junge Schriftsteller recht rasch seiner Tätigkeit wiedergegeben und einer Lage entzogen sei, in die ihn nur ein völlig verkennender Irrtum gestürzt haben kann.
Empfangen Sie, Herr Doctor, den Ausdruck meiner größten Hochachtung:

Rainer Maria Rilke

Oskar Maria Graf
Rilke und die Revolution

Wegen seiner Bekanntschaft mit Toller und anderen Revolutionsmännern fing die Münchner Polizei an, den Dichter zu beschnüffeln. Daß er nebenbei noch ›Landfremder‹, tschechischer Staatsbürger war, schien besonders verdächtig. Niemand erhob Einspruch. Das verekelte Rilke die Stadt völlig, von der er einmal bezeugte, er habe sich ›nie gut aufgehoben‹ in ihr gefühlt. Ohne Wort und Klage reiste er 1919 in die Schweiz, und es wurde fast so etwas wie eine freiwillige Emigration, denn er betrat – soviel mir bekannt ist – nie wieder deutschen Boden. München nahm keine Notiz davon. Das damalige Deutschland vermißte ihn nicht. Das verschweigt man gern. Sinn für das geistige Kapital einer Nation ist bei uns nie vorhanden gewesen. Oder doch? Im Zweiten Weltkrieg, als der Dichter längst in der Schweizer Erde begraben lag, da – o Schauerlichkeit! – ließ Goebbels Hunderttausende von Tornisterausgaben Rilkescher Gedichte für die Frontsoldaten herstellen. Nationalistisch befeuernd, kampfbegeisternd werden sie gewiß nicht gewirkt haben, eher schon entgegengesetzt. Offenbar aber wissen Diktaturen sehr genau, wie wertbeständig eine geistige Leistung ist, und verstehen es dadurch, sich als Schirmherren hoher Kultur zu deklarieren.

Und heute? Im jetzigen, zweigeteilten Deutschland widerfährt der Rilkeschen Dichtung das: In der kommunistisch beherrschten Ostzone ist sie als ›reaktionär und lebensfremd‹ verfemt und verboten, wenigstens zunächst. Die Opportunitäten ändern sich oft über Nacht. In Westdeutschland begeistert – so wenigstens habe ich mir sagen lassen – sich besonders die Jugend für die dunklen ›Sonette an Orpheus‹ und die ›Duineser Elegien‹, und natürlich huldigt man dem Dichter bei jeder Gelegenheit in geistigen und amtlichen Kreisen, als habe zwischen ihm und Deutschland stets das beste Einvernehmen bestanden. Man ist versucht, über die Wandelbarkeit der menschlichen Gefühle zu lächeln, aber man tut's in heutigen Zeiten nur noch sehr resigniert ...

Um aber wieder auf die Zeit zurückzukommen, da ich Rilke kennenlernte – in den bewegten Wochen der Münchner Eisner-Revolution ging er oft in laute, turbulente Volksversammlungen. Niemand kannte ihn, und das war ihm am liebsten. Er drängte sich nie nach vorn, an die Rednertribüne; er blieb unauffällig inmitten der stauenden Menge und verschwand ebenso unauffällig wieder. »Rilke«, raunten mitunter Bekannte, die ihn vorüberkommen sahen; geschwind schauten sie nach ihm, nickten mitunter scheu und staunten kurz. Niemand vermutete ihn hier.

Einmal stieß ich unverhofft beim nächtlichen Heimgang aus einer solchen Versammlung auf ihn und begleitete ihn bis vor seine Haustür.

»Ich weiß nicht«, sagte ich während des Gesprächs einmal, »durch diese Revolution geht ein Riß. Gemacht wird sie eigentlich nur von den Arbeitern und den meuternden Soldaten. Das Volk auf dem Land bleibt gleichgültig und macht nicht mit . . . Die Bauern draußen sind sogar ausgesprochen revolutionsfeindlich. Sie halten alles nur für einen unsinnigen Spektakel . . . ›Den machen bloß die Leute, die nicht arbeiten wollen‹, sagen sie . . . Das ist gefährlich. Solange nicht alle mitmachen, die vom Land und die in der Stadt, das ganze Volk, solang wird nichts Richtiges draus.«

»Ja«, stimmte er nachdenklich zu, »das möchte jeder Gutwillige hoffen . . . Etwas Neues sieht und fühlt noch niemand, aber man muß Geduld haben . . . Dem Volk als Ganzem zählt sich unsereins doch zu, dem Volk ohne Einschränkung und Zutat . . . Das ist uns aufgegeben . . .«

Dieses Gefühl, meinte ich, hätte ich schon seit dem ›Stundenbuch‹ gehabt. »Das macht mich dankbar«, sagte er in seiner typischen Art, fast wie für sich, sehr verhalten und so, als finge er an, von hier aus weiterzudenken. Ich sagte eine Weile nichts. In mir rumorten die Geschehnisse der Revolution, jedes Detail an ihr erhitzte mich, und Rilkes scheinbare Abgeklärtheit störte mich irgendwie.

»Ich kann nicht zusammenfassen. Ich sehe das alles anders«, fing ich wieder zu reden an und wurde eigentümlich belebt: »Wenn Sie im ›Stundenbuch‹ über die Namenlosen reden, da kommt es mir immer vor, als sei das Volk für Sie eine amorphe Masse . . . Sonderbar! . . . Wenn ich's genau überlege, ich glaube, auch Lenin denkt so. Nur ist's bei ihm so: er will diese amorphe Masse nach seinem Willen zurechtkneten und sie für seine Zwecke nutzbar machen. Eigentlich verachtet er sie . . . Das ist fast aristokratisch . . . Er erkennt nur seine Parteielite an, merkwürdig!« Ich wußte auf einmal nicht mehr weiter und schaute Rilke fast geniert von der Seite an. Auch er wandte mir sein Gesicht zu, und es hatte einen unbeschreiblich rührenden Ausdruck. Ich bekam einen heißen Kopf, denn unerklärlicherweise machte mich sein kurzes stummes Anschauen verlegen, und gleichsam wie entschuldigend sagte ich schnell: »Nein, nein! Ich hab' mich vielleicht falsch ausgedrückt . . . Sie verachten die Masse, das Volk nicht, ganz bestimmt nicht. Für Sie haben diese Namenlosen ein unabänderliches Schicksal . . . Im ›Stundenbuch‹ heißt's ja auch: ›Denn sieh: sie werden leben und sich mehren / und nicht bezwungen werden von der Zeit‹ . . . Das ist ganz anders als bei Lenin . . . Sie glauben, daß diese Masse der Namenlosen unzerstörbar ist, so was wie ein Element. das die Welt erhält . . .« Ich war aufgewühlt bis ins Innerste. Jedes Wort dieses Gesprächs ist unvergeßlich in meiner Erinnerung.

»Element, ja, ja«, sagte Rilke und setzte mit leiser Zärtlichkeit dazu: »Sie denken viel und geduldig über alles nach.« Er sagte es ohne die geringste Herablassung einem Jüngeren gegenüber, ich aber – weiß Gott, warum – empfand es wie eine Art Belobigung. Vielleicht witterte ich auch eine jähe Übereinstimmung. Jedenfalls war im Nu alle Befangenheit in mir verflogen, und viel ungehemmter redete ich weiter: »Für mich ist das Volk immer wie meine Mutter . . . Die hat uns Kinder auf die Welt gebracht, sie glaubt an ihren Gott, arbeitet, bis sie stirbt, und fragt nicht und klagt nicht . . . Sie nimmt einfach alles, wie es ist . . .« Und unwillkürlich fiel mir Rilkes Vers ein:

›Sie werden dauern über jedes Ende
und über Reiche, deren Sinn verrinnt,
und werden sich wie ausgeruhte Hände
erheben, wenn die Hände aller Stände
und aller Völker müde sind . . .‹

»Etwas wie Mutter und Volk, das ist nicht umzubringen. Das ist ewig«, meinte ich, eigentlich mehr für mich. »Ich bin mir nicht klar darüber, ob man es je ändern kann. Vielleicht meinen Sie dieses Ewige, dem Sie sich zuzählen, oder?« Offenbar rührte das an etwas in ihm, denn sehr aufgeweckt, ungewohnt lebhaft und freudig gab er zu »Das Ewige, richtig . . . Gut gesagt ist das: Fragt nicht und klagt nicht . . . Es ist wie der Berg, die Luft oder der Himmel . . .« Von ungefähr fiel mir Tolstoj ein. So einer, dachte ich, ist weder volksfremd noch volksfeindlich, und mit ›reaktionär‹ oder ›evolutionär‹ kann man ihm nicht beikommen. Er hat nicht die Absicht, das Volk zu ändern, es irrezuführen oder zu beherrschen – es ist in ihm, er liebt es, ohne Zutat.
Dennoch hat dieser scheinbar ganz unpolitische, abseits stehende Mensch von der Revolution in Deutschland sehr viel erhofft. Er schätzte, was wenig bekannt ist, Kurt Eisner sehr und leitete manche Anregung, manchen besänftigenden Rat durch Mittelsleute an ihn und Toller.

George Grosz, Einbandentwurf
zu Oskar Maria Grafs Erzählungsband
›Zur freundlichen Erinnerung‹, Malik-Verlag, Berlin 1922

Hanns Arens
Besuch bei Oskar Maria Graf

Als ich im letzten Sommer ferienhalber durch München kam, entsann ich mich plötzlich, daß in dieser Stadt Oskar Maria Graf wohne. Ohne lange zu überlegen, machte ich mich auf den Weg. Nachdem ich schon etliche Bücher von ihm gelesen hatte, von denen sein Buch ›Wir sind Gefangene‹ mir seinerzeit besonderen Eindruck gemacht hatte, konnte ich mir wohl so ziemlich jene Atmosphäre vorstellen, die ihn umgeben mußte. Es war nachmittags um drei Uhr, als ich mich auf dem Wege nach Schwabing befand. Im Toreingang des Hauses hing eine Mietertafel; darauf stand unter anderen:

Oskar Maria Graf,
Schriftsteller, Atelierhaus, 1. Stock

›Also hier‹, dachte ich, ›hm, wollen mal sehen, ob der Dichter daheim ist‹, und ging, etwas vorsichtig, langsam die knackenden Treppen hinauf. Da – eine Tür etwas offen, darauf ein großes weißes Blatt Papier, und schräg nach oben stand geschrieben: Oskar Maria Graf, Schriftsteller. Drinnen Gemurmel; ›ha, ha‹ empfand ich, ›genau so wie in seinem Buch.‹ Ich klopfte, und ein dumpfes »Herein« kam zurück. Ich war noch keinen Meter im Zimmer, noch hatte ich keinen Menschen gesehen, aber, merkwürdig: sofort war ich irgendwie hier ›zu Hause‹. Ich trat näher. Auf dem Diwan saß er, der Dichter, und seine Frau. Er: breitschultrig und massig, den Kopf in beide Hände gestützt; sie: zart und zerbrechlich daneben. Flüchtig dachte ich: das ›Fräulein‹ aus ›Wir sind Gefangene‹; seine Frau, der er zum Beschluß seines Buches die schönsten Worte des ganzen Bekenntnisses geschrieben hat: ›Über ein Lächeln hinweg schickte ich an das Fräulein diesen Gruß: Ich liebe dich! Ich liebe dich unendlich! Ich komme wieder zurück, so bald als möglich. Wunder und Rettung, Glaube und Hoffnung sind hereingebrochen. Ich liebe dich! Ich liebe dich unendlich!‹
Ich murmelte verlegen einige Worte, berief mich auf eine Empfehlung – immer noch beharrte er in seiner Stellung, bis er, wie plötzlich erwachend, aufstand und mich begrüßte, seinen Kopf in eine große Waschschüssel steckend, viele Male prustend und schnaufend, und ›Toilette machend‹ mich abermals begrüßte: »Entschuldigen Sie, ich bin eben erst aufgestanden!« Aber merkwürdig: alles war mir vertraut; alles war so echt; so und nicht anders mußte es bei Graf sein: »Ich schlafe immer so lange am Tage«, sagte der Dichter, »weil ich nachts arbeite. Das kommt wohl daher, weil ich da am ungestörtesten bin, und wohl auch, weil ich die Nachtarbeit von der Bäckerei gewohnt bin – früher arbeitete man dort nachts.«
Seine Frau kochte Kaffee – so guten habe ich nie wieder getrunken. Immer woh-

ler fühlte ich mich hier, immer vertrauter wurden mir diese beiden guten Menschen und ihre Umgebung. Die schlichte Art zu erzählen, wie sie besonders in ›Wir sind Gefangene‹ zum Ausdruck kommt, hat der Dichter in verstärktem Maße im persönlichen Gespräch. Ruhig und überlegen – behaglich, von leisem und lautem Lachen untermischt, erzählt er so ›egalweg‹ und freut sich aufrichtig über jedes leiseste Verständnis für Art und Wesen. Und alles ist bei ihm ohne Pose und Phrase, ohne jene beliebte und gern angewandte ›Dichtereitelkeit – und Arroganz‹.
»Tolstoi und Gotthelf waren meine Vorbilder und Lehrmeister«, sagt der Dichter. »Sonst weiß ich nur noch, daß ich regen Anteil an der Arbeiterbewegung nehme, daß meine besten Freunde Arbeiter und Bauern sind und daß mir sehr viele der sogenannten ›Dichter‹ höchst zuwider sind; ich bin katholischer Kommunist – so kann man's wenigstens sagen.«
Alles sagt er ohne jede Gereiztheit und Böswilligkeit, so wie ein anderer sagen könnte: ›Salamiwurst ist mir zuwider‹ oder: ›Ich gehöre dem Deutschnationalen Handlungsgehilfenverband an.‹ –
Ich höre gerne zu und versuche immer wieder, ihn zu neuem Erzählen anzuregen. Ich erkundige mich nach seinen Plänen: »Meine Zukunftspläne? Ich schreibe augenblicklich an zwei Bänden kurzer Volkserzählungen, die alle in meiner Heimat spielen und aus wahren Jugenderinnerungen, Erzählungen meiner Mutter und auch sonstigen wahren Begebnissen zusammengezimmert sind. Diese zwei Bände sollen mein Bestes geben; es handelt sich dabei um Geschichten mit meist moralischem Schluß. Fünfzig sollen es werden. Heißen tut das Werk: ›Kalendergeschichten‹.«
Auf meine Frage, er möge mir doch mal ein Originalmanuskript eines seiner Bücher zeigen, erwidert er lachend: »Ich habe keine Originalmanuskripte, *ich schreibe alles gleich selbst in die Schreibmaschine*. Sogenannte ›Niederschriften mit Tinte‹, die womöglich keiner entziffern kann, kenne ich nicht. Vertippe ich mich einige Male auf einer Seite, schreibe ich den ganzen Bogen neu; ich mag keine Verbesserungen leiden. – Bibliotheken haben mich auch schon nach Manuskripten befragt und wollen es nie glauben, wenn ich ihnen sage, daß ich keine sogenannten ›Originale‹ besitze.«
Eines war für mich noch interessant durch Graf zu erfahren. Ich fragte so nebenher, zu welcher *Zeit* er seine verschiedenen Bücher geschrieben habe, worauf er mir erwidert: »Da hat neulich irgend so ein Kritiker über meine ›Heimsuchung‹ geschrieben und kommt zu der Folgerung: endlich beginnt Graf saubere, dichterische Arbeit zu liefern. Nach seinem Buche ›Wir sind Gefangene‹ veröffentlicht er jetzt die ›Heimsuchung‹, die wir nur wärmstens empfehlen können. – Der Kaffer«, sagt Graf, »die ›Heimsuchung‹ habe ich geschrieben, als ich noch nicht an ›Wir sind Gefangene‹ dachte. Man sieht mal wieder, welches Zeug so dahergeschrieben wird.« Für mich war diese Feststellung außerordentlich wichtig und interessant im Hinblick auf seinen Entwicklungsgang. –
Diesen kurzen, allzu kurzen Besuch habe ich nicht vergessen. Mensch und Atmosphäre sind hier so eng aneinander und übereinander gelagert und miteinander verbunden wie selten bei einem Künstler. Das völlige Fehlen von Geziertheit

und ›Literatur‹ nahm mich sehr gefangen und fesselte mich zutiefst. So steht zu hoffen, daß er, wenn auch langsam und mühevoll, den Weg findet, der hineinführt in Mitte und Zentrum seines Volkes, das er wie kein zweiter liebt; dorthin, wo ›Geltung‹, ›Wert‹ und ›Haltung‹ eines Schriftstellers keine Schlagworte mehr sind, sondern Voraussetzungen und Bedingungen, um tiefer und fester Fuß zu fassen; das Vertrauen zu erlangen und – es nicht zu enttäuschen.

Oskar Maria Graf wurde am 22. Juli 1894 in Berg am Starnberger See als jüngster Sohn des Bäckermeisters Graf geboren. Er erlernte das Handwerk seines Vaters, kam als Sechzehnjähriger nach München, tippelte als Vagabund durch die Südschweiz, lebte dann wieder abwechselnd bis zu Kriegsanfang in München und Berlin als Literat und Arbeiter. Machte den Krieg 1914 bis 1917 mit, beteiligte sich 1918 an der Münchner Revolution und lebt seit 1919 als freier Schriftsteller in München. Das sind die spärlichen Daten, die hier mitzuteilen für manchen von Wichtigkeit sein mögen. Belanglos im Hinblick auf dieses wirre und vitale Leben, das Graf in seinem Bekenntnisbuch so beispiellos geschildert hat. Seine dichterische Entwicklung erfolgte inmitten aller Wirrnisse und Irrungen, von denen sein Leben überreich ist. Die größte Zeit seines Lebens verbrachte er seit seinem sechzehnten Lebensjahr in München und schrieb hier, zwischen anstrengender Arbeit, grandiosem Faulenzen und sinnlosem Trinken und Vagabundieren die folgenden Bücher:
›Amen und Anfang‹ (Gedichte), ›Ua Pua‹ (Indianerdichtungen), ›Frühzeit‹, ›Zur freundlichen Erinnerung‹, ›Die Traumdeuter‹, ›Bayerisches Lesebücherl‹; den Roman seiner Familie: ›Die Chronik von Flechting‹; ›Die Heimsuchung‹, ›Finsternis‹, ›Licht und Schatten‹.
Aber erst mit seiner Lebensgeschichte ›Wir sind Gefangene‹ gelang es Graf, endlich die Aufmerksamkeit der breiteren Öffentlichkeit auf sich zu lenken. In der Vorbemerkung zu diesem Buch heißt es: ›Nichts in diesen Blättern ist erfunden, beschönigt oder zugunsten einer Tendenz niedergeschrieben. Erinnerung und nochmalige Vergegenwärtigung reihten Wort an Wort. Dieses Buch soll nichts anderes sein, als ein menschliches Dokument dieser Zeit.‹ In diesem umfänglichen Buch, dieser ›schonungslosen Lebenschronik‹, erzählt Oskar Maria Graf sein Leben vom elften bis zum fünfundzwanzigsten Lebensjahr; beginnend 1905 und schließend 1919, so, wie es war und nicht anders. Indessen ist es kein Buch für solche Leser, die sich scheuen, einen Blick in jenes Leben zu tun, wo Leid, Entbehrung, Haß, Hunger, Verzweiflung und Brutalität den Ton angeben. Namhafte Schriftsteller wie Thomas Mann, Frank Thieß, Hugo von Hofmannsthal, Walter von Molo, Bruno Frank und viele andere mehr haben ihre Bewunderung über dieses Buch ausgesprochen; ein breites Lesepublikum nahm es begierig auf, und die Presse bekannte sich, mit einigen Ausnahmen, zu diesem ›document humain‹. Als Fortsetzung schrieb er ›Wunderbare Menschen‹ und schildert hierin seine drollig-traurigen Erlebnisse an einer Münchner Arbeiterbühne.
Den Auftakt zum Lebensbekenntnis bildet die freudlose Jugend im Elternhaus: ›Zehn Jahre war ich alt, als einer in mein Leben trat, erzogen von Soldaten, Unteroffizieren und Offizieren, und meine Erziehung in die Hand nahm. Zehn Jah-

re, als einer zu befehlen begann, mich anschrie, prügelte und noch mehr prügelte. Zehn Jahre war ich alt, als ich anfing zu wissen, was Zwang ist, und anfing, ihn zu hassen, sinnlos zu hassen.‹ – Angst und Prügel, das sind die zwei Dämonen seiner bitteren Jugend, die er in seinem Heimatdorf verbringt und die er in den kargen Freistunden ausfüllt mit allerlei Jugendstreichen, gedacht als erste leise, wenn auch noch unbewußte Rache für so viel Leid. Er liest viel und verfertigt Gedichte, wird verprügelt von seinem Bruder, als es herauskommt. Immer will er fliehen, hält es nicht mehr aus zu Hause. Aber noch ist er nicht entschlußfähig genug, zu gehen. Er fängt an, sich wieder mit allerlei Dingen zu beschäftigen, entdeckt in sich eine erfinderische Ader; Versuche, die selbstverständlich alle scheitern und viel Geld kosten. Als er dann sechzehn Jahre alt ist und zweihundert Mark in seiner Sparbüchse weiß, flieht er über Nacht in die nahe Stadt München, mutterseelenallein. Nur fort, nur weg von zu Hause, das ihm Inbegriff alles Häßlichen und Bösen dünkt. Keiner hat zu Hause Verständnis für ihn gehabt, bis auf seine Mutter, die aber machtlos der Situation gegenübersteht. In München muß er seine Lebensunerfahrenheit teuer bezahlen; überall gerät er in falsche Hände und wird ausgenutzt, wo nur irgendeine Möglichkeit sich bietet. Eine große Trostlosigkeit und die Ahnung frühen Leids überfallen den jungen Menschen in der großen Stadt noch heftiger.

Durch die nächtlichen Straßen der Stadt lief ich voll ungewisser Unruhe. Immer und immer wieder drängte sich dieses eine dumpfe, quälende Gefühl zwischen meine verworrenen Gedanken: Du gehörst zu niemandem, und niemand gehört zu dir! Du bist allein und ganz überflüssig. Unlust und Mißmut kamen und wurden so groß, so zersetzend, so schrecklich, daß ich schier vor meiner eigenen Jämmerlichkeit zu fliehen versuchte. Ab und zu schaute ich fast bittend auf die vorübergehenden Menschen, erschrak jäh, blickte hastig weg, wie einer, der Angst hat, das Verborgenste in sich zu verraten, ging schneller, ziellos weiter, eine Straße entlang und wieder zurück, um ein Häusergeviert und wieder zurück, fing den Gang abermals von vorne an und wußte zuletzt wirklich kaum noch, wo ich war, stand, weshalb ich ging und überhaupt auf der Welt war. – Niemand ist einsamer als ein werdender Mensch mit unvorbereitetem Herzen. Niemand wartet mehr auf das Wunder und auf die Liebe als er.

Es folgen Wochen und lange Monate voller Entbehrungen, Zweifel und mit allen erdenklichen Überraschungen negativer Art, denen nur je ein Mensch ausgeliefert sein kann. Zwischen allem sinnlosen Hin und Her dichtet er, versendet an Redaktionen seine Verse und Novellen, aber immer ohne Erfolg. Ekel vor sich selbst empfindet er, und fortwährende Verzweiflung stürzt sich dämonisch auf ihn, bis er, gepeitscht und getrieben von Hunger und Geldsorgen, Arbeiterstellen annimmt, als Bäcker, Müller, Liftjunge, Postaushelfer usw. Aber auch Arbeit vermag ihn nicht zu retten, er bäumt sich auf gegen diese menschenunwürdige Schufterei in den Bäckereien, wütet, schlägt Krach, kündigt oder wird gekündigt. Und wieder steht er vor dem Nichts. Das geht, als sollte es nicht anders sein, durch Monate und aber Monate. Wie ein Teufel jagt er hinter dem

Gelde her, um es doch wieder sinnlos auszugeben: ›Seit meiner frühesten Jugend war ich geldgierig und trachtete von jeher danach, möglichst reich zu werden, nicht um zu haben, sondern um zu verschwenden. Das Geld war ja doch schließlich zu nichts anderem da als zum Verbrauchen.‹

Der allen Grafs angeborene Hang zum Spintisieren ließ ihn frühzeitig zu guten Büchern greifen. Kaum siebzehnjährig liest er Schopenhauer, Tolstoi, Strindberg, Zola, Bakunin, Wedekind und viele andere, kennt lange Stellen aus diesen Büchern auswendig, die er sich nachts und auf den Straßen laut selbst vorspricht, nur um ein wenig Klarheit und Ordnung in sein wirres Herz zu bringen. Aber alles scheint vergebens. Wenn eine Not überwunden scheint, meldet sich sofort eine neue. Er bekommt Krach und Streit mit seinen Vermietern, weil er nicht ›ruhig‹ genug ist, teils die Miete nicht bezahlen kann, kurz, überall lauert das Häßliche auf ihn, dem zu entgehen unmöglich scheint. Hinzu kommt noch der Umstand, daß er sich nur schwer Menschen anschließt, und wo er dies einmal tut, gerät er totsicher in falsche Hände. So kommt er denn auch eines Tages in die anarchistischen Kreise Münchens, wohin ihn ein Mietnachbar mitnimmt. Hier erwartet er Lösung und Erlösung und Befreiung aus dumpfer knechtischer Gefangenschaft; aber gar zu bald muß er einsehen, daß auch diese Kreise wenig Bedeutung und Sinn für sein Leben haben können. Kurzerhand entschließt er sich, mit einem Gleichgesinnten, der ihm gut Freund wird, in die Schweiz zu tippeln. Aber auch hier, wenn auch von einer anderen Seite, bietet sich ihm dasselbe Bild. So vergehen wieder viele Monate in Trostlosigkeit und Verlassenheit. Wieder Arbeit und Schulden, daraus abermals ein sinnloses Leben wird. Diesem Dahinvegetieren macht ein großes Ereignis ein plötzliches Ende: Krieg! ›Der Krieg kam und war mir nichts als eine einzige Narretei. Dieser galt es so schnell wie möglich auszuweichen.‹ Mit lückenloser Offenheit berichtet Graf nun seine Kriegsjahre, von denen er sich mit List und Bauernschlauheit als überzeugter Pazifist befreit. Aber welche Not, welches Elend auch hier! Anderthalb Jahre verbringt er in Irrenanstalten und Lazaretten, bis er 1917 vom Militär entlassen wird und über Berlin wieder nach München kommt:

Ich war wieder in der Stadt. Wieder rann das Leben, nichts hatte sich geändert. Die Fabrikarbeit, die Arbeiter, der Meister, die Logisfrau, Scheinheiligkeit, Speichelleckerei, Muckertum, Mißtrauen aller gegen alle und Berechnung auf eigenen Vorteil. Alles war gleich geblieben. Und ich? Weshalb war ich frei? War ich denn frei? Nein! Tausendmal nein! Hatte ich wenigstens etwas gewonnen? Hatte ich wem genützt durch mein Tun? Wirkte ich als irgendein Beispiel? Nein! Tausendmal nein! Also wieder nur Leere. Also wieder nur das plumpe Ich. Ein Ekel stieg auf in mir. Ein noch größerer Haß gegen mich und alles Leben um mich.

Wahrhaftig, das alte Leben beginnt von neuem. Schulden melden sich und wieder Verzweiflung an sich selbst. Zu aller Not noch kommt eine Heirat und bringt abermals Sorgen, und zwar in immer verstärkten und schärferen Formen. Wut,

Scham, Ekel überkommen ihn mit donnernder Gewalt. Seine dichterische Arbeit setzt er erneut fort, aber immer noch ist das Echo zu gering, als daß es ihm ein Auftakt zu ›neuem Leben‹ sein könnte:

Ich las wieder Bücher, ich versuchte es mit Frauen, ich heiratete, ich vermischte mich mit allen möglichen Menschen, ich tobte und trank mit ihnen Tag und Nacht, ich galt als originell und bestärkte mit verschwiegener Eitelkeit und gewiegtem Instinkt diese Ansicht über mich – aber ich war nicht weniger verlassen. Ich fing wieder zu schreiben an. ›Mensch‹, notierte ich mir einmal, ›das ist seit Anbeginn das Stiefelhafteste und Unsinnigste, was es gibt. Jedes Tier, jede Pflanze, der Regentropfen selbst ist vernünftiger, froher und freier. Für all dieses gibt es nur ein Sein und damit ist genug. Wir aber bilden uns mehr ein, und das ist unser ganzes Trauerspiel. Leben wollte ich, leben! Sein wollte ich, nur sein, sonst nichts.‹

Dann kommt, kriechend und gespenstisch, kaum merklich die Münchener Revolution, wie sie nach Graf mit solcher – fast möchte man sagen brutaler – Energie und Anschaulichkeit und mit solchem Maß an Wucht und Kraft nie wieder geschildert wurde. Natürlich ist Oskar Maria Graf mit all seinem Temperament dabei. Mit schonungsloser Offenheit, gleichwohl mit bestem Willen zur Objektivität sind diese Monate von ihm festgehalten, in die Graf selbst verflochten und verstrickt war auf Gnade und Ungnade. Aber langsam gärt es in ihm. Dumpf fühlt er Wandlungen in sich vorgehen, leise ahnt er ein neues Werden und fühlt sich um einige Schritte seinem Ich näher. Und in allem ist dieser rücksichtslose Bekennermut, der vor keiner noch so großen, heiklen und peinlichen Selbstanklage zurückschreckt. Es ist der Aufschrei einer geknechteten Seele: »Wir sind Gefangene!« Erzählt ist das alles, ach nein, hingehauen in einer Sprache, einer Wucht und Besessenheit, die dieses menschliche Dokument weit über alle Tagesliteratur stellt und bleiben wird, wenn das meiste in Vergessenheit versunken ist. Diese letzten Wochen, reich an schauerlichem Erleben, ordnen mit einem Schlage sein so wirres Leben: ›Aus vielen Erschütterungen waren halbe und ganze Erkenntnisse geworden, die Furchtbarkeiten lagen Jahre zurück. Mein winziger Kreis zerbarst. Ich war mehr als bloß ‚Ich'. Ein großes Glück durchströmte mich. Auf einmal war mir etwas unwirklich klar.
Alle Müdigkeit war fort. Die Feder flog. Gehackt waren die Sätze, regellos, geschleudert.
Als ich zu Ende war, überflog ich die Blätter, las einmal, zweimal – dreimal und begann zu weinen.
Übermannt von der Müdigkeit legte ich mich unausgekleidet aufs Bett und versuchte zu schlafen, schloß die Augen fest, fast gewaltsam.
Aber es ging nicht.
Ich zitterte, fröstelte, zuckte.
Ich erhob mich abermals, zündete Licht an, nahm die Feder in die Hand und begann zu schreiben. Eine seltsame Ruhe überfiel mich. Meine Glieder schmerzten.
Ich schrieb:

,Das Ende brach zusammen hinter mir.
Anfang hat morgenfrisch die Tore aufgetan.
Der Boden unter meinen Füßen klingt,
und hoffend straffen sich die Schritte.
Noch einmal aber raste ich, um ins Vergangene auszuschauen,
und sehe Brüder aus dem Nebel näher kommen,
auf gleichem Weg und gleich gebeugt von Last und Prüfung.
Auf ihre Stirnen hat das Tägliche und alle stumme Not der Zeit
ein helles ,Doch' geschrieben. –
Wir sehen uns nur an
und schreiten weiter, Mann für Mann.
Denn jenes Ewige, das Gott so züchtigt,
weil er es unendlich liebt,
ist tief in unserm Blut geblieben
und strahlt uns wie ein Gnadenlicht voran.'‹

So endet diese Lebensbeichte eines reinen Toren, der ausging, das Leben zu suchen, und endlich nach schweren Kämpfen nach Hause fand.

Titelseite der Zeitschrift ›die sichel‹ mit dem Bildnis Maria Uhden, Holzschnitt von Georg Schrimpf

Das, was not tut, ist eine kommende Vitalität. Nicht daß etwa damit gesagt werden soll (was so leicht ist): Der schlichte ›teutsche‹ Naturbursche entspreche dem Bilde unserer Sehnsucht.
Es ist notwendig, daß der Mensch von heute mit anderen Ausmaßen an das Leben herangeht, daß er die unbezwingbar scheinende Gewalt der mechanisch-merkantilistischen Lebens-Vielfalt in seine schwingende Seele nimmt und als gestählter Weiser das neue Wort, die heroische Abenteurergröße des Ganz-Demütigen, erreicht. –
Es ist ja so banal, mit seinem vereinzelten Menschsein zu protzen! Und wer täte es nicht in dieser unserer Episoden-Zeit!
Darum ging Vitalität verloren, Vitalität des Bejahenden um des Wachsens willen. Nur dieser Weg führt zur Sachlichkeit, die heute notwendig ist in allem, heiße es sich nun Kunst, Politik, Kritik oder sonstwie.
Man komme nicht immer und immer wieder, wieder und wiederum mit Psychologie, mit Aufdecken usw. Man täusche nicht Inhalte vor.
In einer Erzählung wird die Jugend des Helden erzählt, und man weiß schon: So und so kann es werden, wird es sogar ganz sicher nach solchen Voraussetzungen. Man erzähle mir Unvorhergesehenes, Gewaltsames!
Es gibt in der Welt nichts – o, wie sie sich davor fürchten! –, was einen ordentlichen Ablauf hat.
Darum wird es gut sein, wenn man endlich wieder zum sachlichen Bericht in geregelter Folge übergeht. (Erläuterungen irgendwelcher Natur überlasse man den Herren, die so was aus dem FF können, etwa Verteidigern, Professoren oder ethischen Literaturfritzen.)
Besser auf zehn Seiten fünfzig Morde als psychologische Aufklärung.
Es hat eine neue Epidemie Wege ins Literarische gefunden: Die Propaganda der Idee!
Wisse man doch, daß es allemal ein Schwindel ist, mit vorgefaßtem Entschluß auf Verkündigung hinzuarbeiten. (So was gehört dem Reporter oder dem Flugblattschreiber! Nicht aber dem Dichter!)
Es wird zuviel am Schreibtisch geschrieben. Man lasse die Lebendigen reden und erzählen, nicht die Prediger. (O, wie sich das Pack an der Predigergeste geübt hat! Alles findet da Form und ›Gestaltung‹.)
Es muß wieder gelebt werden, bitter gelebt und freudig gegeben. Aber so was verlangt Verzichten, und das kann der heutige Literat nicht mehr.
Ich hoffe:

1. daß die kommende Revolution alle ›Ethik‹ verbietet;
2. daß jeder Literat sein Leben einfach und ohne jede Erläuterung und Rechtfertigung in soviel Arbeiterversammlungen erzählen muß, so lange – bis er hinausgeworfen wird;
3. daß sämtliche Dichter und Schreiber nur dann ihre Bücher noch auf den Markt bringen dürfen, wenn ihr Leben nicht langweilig war.

Dichter von heute: Beschäftigungslose Söhne besserer Familien mit einem Monatswechsel. Leute, die ihren Tenor nicht mehr halten können und deshalb die Buchdruckereien unsicher machen.

Fritz Reck-Malleczewen
Die europäische Angelegenheit Oskar Maria Graf

Wenn im Varieté ein dünnwadiger Mann erschrecklich große Hanteln stemmt und fürchterlich dabei seinen Bizeps anspannt und ganz gräuslich laut dabei seine Muskelkraft rühmt: was wetten, daß die Hanteln hohl und überhaupt aus Papiermaché sind.

Wenn ein anderer Mitbürger furchtbar blutrünstig sich gebärdet und täglich zum Frühstück drei Bourgeois verspeist und auch sonst den Robespierre der künftigen Weltrevolution spielt: wetten, daß der Mann zweiter Vorsitzender des Verschönerungsvereins Alten-Morschen in Ober-Hessen und begeisterter Courths-Mahler-Leser ist?

Wenn eine Hamburger Shopkeepertochter für die blauen Fremdenverkehrsaugen und den Fremdenverkehrsbart und die Fremdenverkehrstreuherzigkeit und die Fremdenverkehrsurwüchsigkeit eines germanischen Führers oder Kitzbühler Skilehrers schwärmt: wetten, daß er hinterdrein, während sie schon von Hamburg aus ihm sentimentale Briefe schreibt . . ., daß er sich da also vor den Berufsgenossen daheim lustig macht über das saudumme Frauenzimmer, das saudumme?

Wenn aber ein Mann, der an sich statt des roten Blutes Tinte in den Adern hat und durchaus nicht wie ein Bauer, sondern durchaus wie ein Literat aussieht: wenn dieser Mann also ein Berliner Vortragspodium erklimmt und sich für einen oberbayerischen Bauern ausgibt – was geschieht dann?

Dann fällt der ganze Kurfürstendamm und drei Viertel der Berliner Presse auf das Mirakel zunächst einmal herein, bewundert Bauerntum, Urwüchsigkeit, Erdgeruch und Pfeifengestank, schleppt, um dem Urwüchsigen auf dem Podium gerecht zu werden, zum Vergleich mit seinem an die tausend Seiten starken Memoirenschmöker* aus der Schatzkammer der deutschen Kultur die Kronjuwelen herbei, spricht von Grimmelshausen und dem armen Mann aus dem Tockenburg, erreicht für ein paar Wochen wirklich eine ›Oskar-Maria-Graf-Hausse‹, spricht von ›europäischer Angelegenheit‹ und . . .

Und entdeckt, wie es jetzt sich herausgestellt hat, daß man aufs fürchterlichste hereingefallen ist und sich bis auf die Knochen blamiert hat. –

›Europäische Angelegenheit‹ . . . das ist von diesem selbstbiographischen Wälzer und seinem Verfasser wahr und wahrhaftig gesagt worden. Nun ist es ja sonst nicht meine Sache, die gebotene Reserve aufzugeben und mich mit der Persönlichkeit eines Autors zu befassen, der selbst auf gute Sitte hält und (was selbst einem autobiographischen Roman möglich ist!) nicht allzuweit vor die Kulisse tritt. Auf eine solche Zurückhaltung hat Graf nicht den mindesten Anspruch: wer einem so peinlichen Exhibitionismus huldigt, so laut das Unvergleichliche

* Wir sind Gefangene

seiner eigenen Persönlichkeit in die Welt hinausposaunt, der soll sich nicht wundern, wenn unliebsame Echos antworten. Für uns freilich, die wir wissen, mit welchem propagandistischen Getöse und Geschrei Herr Graf Münchner Faschingssäle, Diskussionsabende, Protestversammlungen erfüllt, mit welch peinlichem Kampf er Jugend, Freiheitstaumel und Sturm und Drang spielt: für uns bedurfte es der Unechtheit dieser siebenhundertfünfzig Seiten nicht mehr. Heute, nach vierwöchentlicher Begeisterung, ist man wohl auch nördlich des Mains allmählich aufgewacht . . . sieht, daß man sich statt einer europäischen Angelegenheit einen ganz flott geschriebenen Schmöker gekauft hat, und bemerkt endlich, daß dem Verfasser weder sein Bauerntum noch sein Bohemientum oder gar seine revolutionäre Geste zu glauben ist. Daß ihm eigentlich in diesem Buche recht wenig zu glauben ist. Daß eigentlich nichts von ihm übriggeblieben ist als der Eindruck eines betriebsamen Literaturimitators und einer nicht übermäßig appetitlichen Schwabinger Angelegenheit. –

Wohlgemerkt, ich untersuche nicht, ob Herr Graf der Stilkeschen Bahnhofsbuchhandlung pikante, gangbare Ware geliefert hat. Hätte er selbst an der Spitze von großmächtigen literarischen Helfern nicht so laut ins Horn gestoßen: würde man mit ihm ins Gericht gehn? Wenn er aber auf jeder dieser siebenhundertundfünfzig Seiten über sich selbst ›Ecce homo‹ schreit, wenn die Zunft diesen roten Wälzer in den ersten Wochen (die Begeisterung war erschreckend kurz!) mit den Memoiren des armen Mannes aus dem Tockenburg verglich, dann soll mit Fug und Recht vom Leder gezogen werden. Gegen Herrn Graf weniger als gegen den groben Unfug der großen Worte. Gegen die mit zunehmender künstlerischer Impotenz sich steigernde Gepflogenheit der kritischen Zunft, immer gleich mit Mozart (am liebsten merkwürdigerweise gerade mit dem!) dahergefahren zu kommen, wenn so ein armes hornbebrilltes, musikalisches Spirituspräparat sich das abgequält hat, was man heute eine Oper nennt. Oder mit Hölderlin, wenn aus Kokain und schwarzem Kaffee irgendwo ein Gedichtbändchen zusammengeklempnert worden ist . . .

Der arme Mann aus dem Tockenburg! Zum Vergleich mit Herrn Oskar Maria Graf vermutlich deswegen herbeigezogen, weil dieser arme Mann aus dem Tokkenburg, geboren 1732 in einem Schweizer Gebirgsdorf, später als friderizianischer Grenadier davongelaufen ist. Und der Herr Oskar Maria Graf im Jahre 1917, während die männliche Umwelt sich für siebenunddreißig Pfennig pro Tag totschießen ließ, es vorzog, den Trottel, den Idioten, den Kretin zu spielen – um kraft dieser männlichen und sauberen Technik sich zu *drücken*. Fabelhafte Ähnlichkeit, nicht wahr?

Nein, Herr Graf, so billig sollen Sie mir nicht davonkommen, daß Sie mir politische Gegnerschaft und das Blasen von Moraltrompeten vorwerfen! Daß damals, als aus dem Kriege längst eine große Fabrik, aus dem Heere längst eine Miliz geworden war, daß damals sich ein junges Menschenkind vor dem traurigen Maschinentode drückte, will ich nicht billigen; nach Kräften aber verstehn. Vorausgesetzt freilich, daß dieses Menschenkind aus diesem Sichdrücken zehn Jahre später nicht etwa eine Heldentat macht, sondern schamvoll den Mund hält.

Was aber tut Herr Graf? Ob er seinen Bruder betrügt oder ruhmvoll den Simulantengang ins Irrenhaus antritt: immer renommiert er mit seinen Heldentaten. ›So fabelhaft spielte ich den Trottel ... so fabelhaft spielte ich den Bauer ... so habe ich meinen Vorgesetzten heimgeleuchtet.‹ Große Zyniker hat's in der Memoirenliteratur der Welt immer gegeben, vom Mönch Burcardus bis auf Casanova. Was dort die Dinge adelt, ist die Sachlichkeit des Bekennens. Der Trotz. Das stumme, stoische Rechten mit jenen Unsichtbaren, die dann der Erde ach so ferne sind! Will mir jemand etwa weismachen, daß derlei bei Herrn Graf zu finden wäre? Ich sehe nur eine ungeheure Eitelkeit, die sich mit den großen und kleinen Cochonnerien des eigenen Lebens brüstet. Der Mann der europäischen Angelegenheit ist nicht stark. Er ist nicht einmal schwach. Er ist schwächlich. Ohne Menschenadel, ohne Schwung, ohne Kraftweihe, ohne jene Würde, die keinem der eben genannten Zyniker abgeht. Eine armselige, nicht sehr appetitlich riechende Literatenangelegenheit: das ist alles, was bleibt ...

Nicht doch: es bleibt die Gesinnung! Der Freiheitskämpfer Oskar Maria ... er, der Revolutionsreden hält und hinterher, vor den Leichen der in München Erschossenen stehend, die Reichswehr beschimpft.

Nun kenne ich die Münchner ›Mentalität‹ (um dieses Abendlanduntergangswort zu gebrauchen) ... die Münchner Mentalität von 1919 aus allernächster Nähe. Die Kokain-Dichter, die allesamt mit dem Munde für die Räterepublik starben und hinterher vor den einrückenden Truppen jammernd beteuerten, ›daß sie es doch nicht so schlimm gemeint hätten‹. Diese Kunstgewerblerinnen, die damals die Erdoberfläche mit einem Sediment von Hausaltärchen und ästhetischem Schwatz überzogen, Renaissance-Hetären spielten und alle doch nur den einen gut bürgerlichen Wunsch hatten: eine Fünfzimmerwohnung zu heiraten und graue Socken stopfen zu dürfen ... Ich kenne die Münchner intellektuellen Revolutionäre von damals ... armselige Mikroben, die sich überall mästeten, wo Gratistafeln gedeckt waren, und überall ausrissen, wo es galt, für die eigenen großen Worte einzustehn ...

Aus alter Gegnerschaft aber kenne ich auch das eigentliche revolutionäre Element von damals: die Münchner Rote Armee, bin mit ihren Führern in allerlei nicht immer erwünschte Berührung gekommen. Was dieser ehemalige Matrose Eglhofer vorher gewesen war, was er im kriminalistischen Sinne auf dem Kerbholz gehabt haben mag, weiß ich nicht. Das aber weiß ich, daß er, der roh und wild wie ein Stier sich gebärdete, das war, was Herr Graf nicht ist: aus einem Stück. Er hat nicht, als alles um ihn zusammenbrach, wie Herr Graf, gegreint, er drückte sich auch nicht, um eine europäische Angelegenheit zu werden oder Memoiren zu schreiben: er wehrte sich, als es zum Sterben kam, wie ein Löwe und ist samt den armen verhetzten Kerlen (die nicht, wie Herr Graf, Idiotismus simuliert hatten, sondern eben aus dem Felde gekommen waren!) tapfer gestorben.

Was nun Herr Graf, der ja der Mitwelt erhalten geblieben ist, derweilen tat, findet der Leser auf Seite 637, wo der Verfasser gerade bei einem holländischen Bourgeois schmarotzt: ›Ich setzte die volle Sektflasche an die Lippen, schluckte krachend, schwang sie ... wir grölten besoffen ... alles verschwamm mir. Es würgte mich, ich jagte durch die Tür, stürzte in den Abort und erbrach mich ...!‹

Leider nicht nur sich, sondern auch die literarischen Substrakte dieses erbaulichen Werkes. Und dann, als draußen seine Gesinnungsgenossen sich ohne Sektflasche totschießen ließen und tausend Tote im Ostfriedhof lagen: was tat Herr Graf da?

Da erbrach er Menschlichkeit, Mitleid und Winseleien über die Roheit der einrückenden Truppe. Daß er, der nie eine Kampfhandlung sah, die Reichswehr beschimpft, halte ich ihm zugute: es wäre für einen anständigen Soldaten ja wohl der Gipfel, von dieser Seite Lob zu ernten. Wie aber kommt er, der inzwischen gelumpt und geludert hatte: wie kommt er dazu, seine toten Gesinnungsgenossen zu bemitleiden? Der Tod nämlich ist, unter welchem Banner er auch gestorben wird, Würde und Ehrfurchtsgebot. Und das Buch ist eine – europäische Angelegenheit ...

Wie er aber da steht und klagt, ist er nicht der Typ des intellektuellen Revolutionärs westlicher Prägung? Die intellektualistische Canaille Münchens dachte sich ja wohl den erhofften Einzug der roten russischen Armee damals so, daß alle diese Kokain-Dichter dann am Siegestor stehn und dem Führer der Têten-Eskadron ihre revolutionären Lieder vorlesen würden. Daß dieser Führer absteigen und sie umarmen würde. Wäre diese Armee damals (im Frühjahr 1919) eingerückt, es wäre anders gekommen. Zuallererst hätte sie die intellektuellen Gesinnungsgenossen an die Wand gestellt. Einfach deswegen, weil Geschwätz eben Geschwätz und der Soldat der Soldat ist. Und weil große historische Evolutionen, ob sie unter roten oder weißen Fahnen durchfochten werden, den einen Vorzug haben: daß sie zwangsläufig die Welt vom Geschwätz befreien.

Und wenn angesichts dieses peinlichen und unwahrhaftigen Elaborates Literatenchöre wirklich von einer ›europäischen Angelegenheit‹ sprechen; was bleibt übrig, als zu hoffen, daß wirklich Stürme wehen, die den armen müden Erdteil von den großen Worten auslüften und den schwächlichen Taten?

Oskar Maria Graf
Mühsams ›Brennende Erde‹

Aus der Festung schickt Mühsam diese Manifeste an das kämpfende Proletariat. Um eine Zusammenstellung früherer Verse aus dem ›Kain‹ und aus früheren Verbänden handelt es sich. Ehrlich und nicht ohne Schwung gelingt manch liedhafte Strophe. Ohne weiteres wird der Revolutionär nach solchem Aufruf greifen. Ein starker Optimismus und ein mutiges Bekennertum ist in den Zeilen, und was Mühsam beabsichtigt hat, nämlich möglichst volkstümlich zu sein, das ist vielfach gelungen. Dazu aber gehört kein Dichter.
Erich Mühsam sitzt heute mit vielen Genossen im Gefängnis. Von dort aus schreien Menschen ihre Sehnsucht in unsere Reihen. Vergessen wir sie nicht! Aber seien wir ehrlich. Vergessen wir auch nicht, daß wir verpflichtet sind, einander die Wahrheit immer zu sagen. Und du, Genosse Mühsam, wirst es mir nicht übelnehmen, wenn ich dein Dichten für künstlerisch (und ich will es versuchen, diesen Begriff auch vom letzten ›Bürgerlichen‹, der ihm anhaftet, loszutrennen) beinahe wertlos halte, für propagandistisch gut. Möge man mich bezichtigen, wie man will, möge man mich hängen, hassen, und magst du, lieber Genosse Mühsam, deine ganze, haarscharfe Dialektik gegen mich anwenden. Ich will den Versuch machen, bescheiden meine ganze subjektive Meinung zu sagen.

Das Gedicht ist die höchste Formwerdung einer ewigen Wahrheit. Solche Wahrheit kann man nie wissen. Sie wird laut und visionär erfaßt vom Dichter. Dieser letztere ist jenes Einsamste der gärenden Kraft der neuen Gemeinschaft. Er ist der Vorläufer, der Erspäher und Schöpfer des Unsichtbaren. Er sagt mit zwei und mehr Worten jenes, was Tausenden auf einmal blitzhaft aufgeht und sie umstellt. Der Dichter kann aus diesem Grunde niemals – und heute ist das wahrer denn je – hantieren und paktieren mit der Unwichtigkeit einer momentanen Strömung. Er steht außerhalb seiner Zeit und hat nichts zu tun mit ihr, er ist ihr Gegner immerzu (mag sie nun sein, wie sie will), er ist der einzige Rebell, jener, der die fortwährende Aufwühlung des Menschen im tiefstgeistigen Sinne als Mission mitbekommen hat. Darum ist das ›Künstlerische‹ ja was anderes, als man gemeiniglich anzunehmen beliebt. (Hat man denn noch nie nachgedacht darüber, was Else Bruck einmal mit so vielen anderen sagte: »Im Grunde ist jeder Dichter ein Revolutionär?!«)
Wie weit wir noch entfernt sind, das ›Künstlerische‹ als das Wesentliche und das Revolutionäre anzuerkennen, ergibt sich daraus, daß man sich heute mehr denn je dranhält, mit zeitlichen Mätzchen zu arbeiten. Ist es etwa nicht revolutionär, mit den alten Mitteln der Sprache aufzuräumen? Ist es etwa nicht gerade das Kennzeichen des Dichters, daß er – sofern es sich um einen echten handelt – ganz woanders zu gestalten anfängt, auf eine ganz andere Art formt und in die Menschen greift, als es momentan begreifbar ist?

Hier einmal das bleibende Richtmaß zu finden, die richtige Definierung, das wäre doch (denk ich) vor allem unsere Aufgabe. Und nun zu Mühsam und zu unseren ›revolutionären‹ Dichtern! Ich stelle fest, daß ich solche ›Dichtung‹ niemals künstlerisch werten kann, so lange nicht werten werde, bis nicht ein absolutes Neues aus der Formung, aus der sprachlichen Ordnung spricht.
Man kann heute mit genau derselben ›Kunst‹ parteipolitische, patriotische, revolutionäre Gedichte und Dramen anfertigen. Man kann also niemals gegen den patriotischen Dichter sein, wenn der revolutionäre mit genau denselben Mitteln arbeitet.
Dies, Genosse Mühsam, Dir und Vielen!
Die Bürgerlichkeit zerstört man nicht durch derartige Kampflieder, sondern dadurch, daß man an seine Stelle etwas Stärkeres, Neues hinstellt. –

Erich Mühsams Gedichte sind Manifeste. Ganz manchmal stößt eine Zeile auf und gebärdet sich schüchtern als gut gefunden.
Noch schlimmer! In diesen Versen ist so viel Journalismus und so viel unwichtige Bagage, so viel Plattheit, daß es schade ist.
Und nicht allein steht Erich Mühsam, nein, es wimmelt heute von solchen Dichtern!
Schlagt mich tot, hängt mich auf, haßt mich! Ich bin der Meinung, daß wir zu einem so gewaltigen Menschenänderungskampf, den wir ›Revolution‹ nennen, die größte Kraft, das Tiefste in uns aufzubringen fähig sein müssen, und hüten wir uns vor Sentimentalität und Unwahrheit gegeneinander.

Erich Mühsam
Antwort auf Oskar Maria Grafs Kritik

Lieber Genosse Thomas!

Oskar Maria Graf hat in der ›Neuen Zeitung‹ (vom 12. Oktober) mein Gedichtbuch ›Brennende Erde‹ einer längeren Besprechung gewürdigt. Das ehrt und freut mich, und es ist nicht meine Art, meine Bücher gegen unzufriedene Kritiker zu verteidigen (ich hab's noch nie getan). Nichts, was Graf an meinen Versen bemängelt, soll von mir gerettet werden. Es ist ein unumstößliches Recht, sie so miserabel zu finden wie denkbar, und Gott sei davor, daß ich Oskar Maria Graf etwa seiner Unlustgefühle wegen, die erregt zu haben ich beklage, totschlagen, aufhängen oder gar hassen möchte!

Dennoch bitte ich Sie, mir ein paar Zeilen zur Replik zu öffnen, nicht um meine armen Gedichte besser zu machen, als Graf sie findet, sondern eines revolutionären Prinzips wegen. Denn besser machen könnte ich sie gar nicht, wenn mir wirklich gelungen ist, was Graf bestätigt: daß nämlich ›ohne weiteres der Revolutionär nach solchem Aufruf greifen‹ wird, und daß es mir gelungen ist, ›möglichst volkstümlich zu sein‹. Ja, die lapidare Feststellung: ›Erich Mühsams Gedichte und Manifeste‹ entzückt mich.

O. M. Graf spricht mir nun den Charakter als Dichter ab. Ich kämpfe nicht um meine Anerkennung als Dichter. Um mich handelt sich's gar nicht, aber um fol-

ERICH MÜHSAM

BRENNENDE ERDE

VERSE EINES KÄMPFERS

1920

KURT WOLFF VERLAG/MÜNCHEN

INHALT

Innentitel und Inhaltsverzeichnis des Gedichtbandes von Erich Mühsam *gendes: Graf lehnt mich als Dichter und mithin meine Gedichte ab, weil hier ›hantiert und paktiert‹ wird ›mit der Unwichtigkeit einer momentanen Strömung‹. Zum Teufel! Dichter hin, Dichter her – mir ist diese momentane Strömung‹ verdammt nicht unwichtig. Sie ist mir Inhalt meines Lebens, Wert meines Seins. Schlag meines Herzens! Diese ›momentane Strömung‹ – nämlich der inbrünstige Kampf für die Befreiung des Proletariats – darf nicht Antrieb künstlerischen Schaffens sein – denn der wahrhaft revolutionäre Künstler hat ja die Kunst selbst zu revolutionieren und nicht die Gesellschaft! Dann lest meine Gedichte gefälligst nicht, weil sie ›künstlerisch‹ wären, sondern weil sie Aufrufe und Proklamationen, Manifeste!*

Graf nennt es das ›Kennzeichen des Dichters‹, daß er ... ›auf eine ganz andere Art formt und in die Menschen greift, als momentan begreifbar ist‹. Also weil Gedichte eines Revolutionärs von den mitlebenden Menschen als revolutionäre Gedichte begriffen werden können, sind sie wertlos! Stimmt das, dann lege ich von heute ab den Titel eines Dichters vor aller Welt ab. Ich wünsche mit meinen Versen die arbeitenden Menschen zu revolutionieren und nicht die deutsche Grammatik. In einer revolutionären Gesellschaft mag auch die Kunst in der Richtung revolutioniert werden, die Graf anweist, nämlich bis zur völligen Befreiung ihrer Begreifbarkeit. Vorerst wirke ich in der Zeit für eine bessere!

Aus dem nachfolgenden Gedicht wird der Leser alles entnehmen, was ich Oskar Maria Graf schon in dem Buche selbst geantwortet habe, das übrigens keine Zusammenstellung früher gedruckter Verse ist, sondern zum überwiegenden Teil während des Krieges und der Revolution entstandene Gedichte enthält.

Mit revolutionären Grüßen *Ihr Erich Mühsam*

RÄTE-MARSEILLAISE

März 1919

Wie lange, Völker, wollt ihr säumen?
Der Tag steigt auf, es sinkt die Nacht.
Wollt ewig ihr von Freiheit träumen,
da schon die Freiheit selbst erwacht?
Vernehmt die Rufe aus dem Osten!
Vereinigt euch zu Kampf und Tat!
Die Stunde der Befreiung naht!
Laßt nicht den Stahl des Willens rosten!
Auf, Völker, in den Kampf!
Zeigt euch der Brüder wert!
Die Freiheit ist das Feldgeschrei,
die Räte sind das Schwert!

Der Reiche bangt um seine Renten.
Er kauft der Wähler große Zahl,
und das Geschwätz in Parlamenten
beschützt sein heiliges Kapital.
Verlorne Mühe, auszujäten,
was fruchtbar aus dem Boden schießt!
Schweig, Reicher, still! Das Volk beschließt,
das freie Volk in seinen Räten!
Auf, Völker, in den Kampf! usw.

Auf, Arbeitsmann, Soldat und Bauer!
Schafft Räte aus den eignen Reihn!
Und stoßt damit die morsche Mauer
jahrhundertalter Knechtschaft ein!
Längst steht der Russe auf dem Walle.
Ihm folgt der tapfere Magyar.
Wie lange säumst du, Proletar?
Wie lange säumt ihr Völker alle?
Auf, Völker, in den Kampf! usw.

Es gilt den letzten Hieb zu führen.
Zu brechen gilt's den Herrscherwahn.
Laßt uns die Glut des Kampfes schüren.
Dem Sozialismus freie Bahn!
Was einst die Lehrer uns verkündet:
in Trümmer sinkt die alte Welt.
Auf ihrer Räte Recht gestellt,
so stehn die Völker frei verbündet!
Auf, Völker, in den Kampf! usw.

Faksimilierte Innenseiten aus ›Brennende Erde‹

Georg Schrimpf, Einbandzeichnung zu Oskar Maria Grafs ›Ua – Pua –!‹

Oskar Maria Graf

Ua - Pua - !

Mit 30 Kreidezeichnungen von Georg Schrimpf / München

REGENSBURG 1921 BEI FRANZ LUDWIG HABBEL

Klaus Herrmann

Oskar Maria Graf und der ›Nihilismus‹

›Fünf bis sieben Mark bekam ich für eine Besprechung. Ich wollte nun möglichst schnell und viel verdienen und las kein einziges Buch mehr. Ich lobte sie einfach, und fertig. In die Buchhandlungen ging ich, ließ mir Prospekte geben und reimte irgendein plausibles Zeug zusammen.‹
Wir alle wissen, daß solcherart noch heute, und nicht nur in Provinzzeitungen, ›Besprechungen‹ gebraut werden. Aber welcher angesehene Schriftsteller wagte, zu bekennen, daß er es in seiner Jugend nicht besser getrieben habe?
Oskar Maria Graf hat in seinem Bekenntnisbuch ›Wir sind Gefangene‹ sehr offen geschrieben – nicht nur über diesen Literaturbetrieb, den er mitmachte, weil es für ihn die einfachste Art war, Geld zu verdienen. Daß er etwa, während Noskes Truppen gegen das rote München zogen, Abend für Abend in der Villa eines holländischen Schiebers sich bis zur Besinnungslosigkeit betrank und dies nicht einmal zu verheimlichen suchte, trug ihm manchen Tadel gesinnungstüchtiger ›Revolutionäre‹ ein. Aber Graf, der nicht die Ambition hatte, ein deutscher Danton oder Lenin zu werden, hat auch niemals ein Hehl daraus gemacht, daß ihm selbst zum namenlosen Parteiarbeiter das Zeug fehlte. Er trottete mit der Masse, kämpfte mit der Masse, wurde besiegt mit der Masse, ein willenlos hin und her gerissener Mensch, dem der Mut fehlte, nach der Niederlage der deutschen Revolution noch an neuen Sieg zu glauben. Daß er diesen Mut nicht aufbrachte, können nur dogmenstarre Bonzen, die mit keiner menschlichen Schwäche rechnen, ihm zum Vorwurf machen. Daß er aber seine Wankelmütigkeit eingestand, zeugt von einer heute selten gewordenen Ehrlichkeit, die gerade der anerkennen müßte, der die politische Trägheit und Ahnungslosigkeit, die bis heute noch jeder deutschen Revolution Hemmschuh war, an diesem typischen Beispiel – Oskar Maria Graf – aufzuzeigen suchte.
Mit derselben Ehrlichkeit, mit der Graf seine politischen Fehler und Niederlagen – die Fehler und Niederlagen der Münchener Revolution – schilderte, hat er, im ersten Teil seines Dokumentenbuches, auch Herkunft, Charakter und Jugendschicksale enthüllt: häuslichen Zank, Prügeleien, Begegnungen mit mehr oder minder arroganten ›Berühmtheiten‹, eigene Dummheit, Laster, Ausschweifungen. Der Bäckerssohn vom Starnberger See, der vor der Mickrigkeit seiner Umgebung in die sich auflösende Münchner Boheme flüchtete, die den revolutionären Kampf, als letzte Sensation, mit wichtigtuerischer Geste begleitete, hat nichts, nicht einmal seine ersten, rührend unbeholfenen Briefe an deutsche Verleger, verschwiegen. Wären diese Briefe Deutschlands aalglatten Literaten nicht gestern, sondern vor zwölf Jahren, als sie geschrieben wurden, zu Gesicht gekommen, die Herren hätten mit einer nur durch intensivste Kenntnis des Schriftstellereigewerbes erreichbaren Überlegenheit dem Verfasser eingeredet, das Bäckerhandwerk sei für ihn die weitaus vorteilhaftere Einkommensquelle. Aber

Oskar Maria Graf hatte das unsägliche Glück, auf seine Briefe keine so ausführliche Antwort zu erhalten. Er kam zur Literatur erst gegen Kriegsende – mit einem Gedichtband, der nicht besser und nicht schlechter war als all die Menschheitslyrik, die um 1918 Verleger und Leser fand. Er kam zum Handwerk zu einer Zeit, die talentgläubiger und entdeckungsfreudiger war als je eine vorher, in der, außer dem unwandelbaren Optimismus seiner Freunde, keinerlei Kaffeehausprophetie ihn entmutigen konnte. Wenn man übrigens seinen eigenen Aussagen und den Erzählungen seiner Bekannten vertrauen darf, ist er noch heute in literarischen Diskussionen so unbewandert wie am ersten Tag, was nicht zum wenigsten für ihn spricht, wenn man das ›Niveau‹ kennt, das die Mehrzahl dieser Diskussionen haben.
Man verlangt heute vom Schriftsteller mit Recht dasselbe Maß von Intellekt, das etwa ein Ingenieur für eine neue Erfindung oder ein Mathematiker für die Lösung einer neuen Formel aufzubringen genötigt ist: gewiß keine unbillige Forderung, da noch immer ästhetisierende Romantiker in hilfloser Gefühlsduselei die wahren Zusammenhänge zu verschleiern suchen. Der Typ des Schriftstellers, der sich im Nachkriegsdeutschland heranbildet, etwa Joseph Roth oder Kesser oder Kurt Tucholsky, sieht denn auch wesentlich anders aus als Oskar Maria Graf, der selbst an der Schreibmaschine der bayrische ›Depp‹ bleibt und nicht einmal ein Hehl daraus macht. Aber es wäre gewiß unsinnig, ihm vorzuwerfen, daß seine Erzählungen nicht europäische, sondern eben nur – bayrische Bedeutung haben, zumal sie andere Vorzüge aufweisen, die bei den intellektuellen Auseinandersetzungen der neueren Prosa oft verlorengehen: Phantasie, Farbe, Eindringlichkeit. Seine Gestalten sind so handfest gezeichnet, daß man sie sprechen zu hören, sie zu sehen und zu riechen glaubt, und wenn sie auch nirgends von typischer Geltung sind, so haben sie doch eine Ursprünglichkeit, die man leider heute oft vermißt. Oskar Maria Graf bleibt das Verdienst, den bayrischen Bauern zum ersten Mal künstlerisch gestaltet zu haben – keine überwältigende Leistung das, aber immerhin beachtenswert in einer Zeit, die Experimente als große ›Literatur‹ und noch immer ›geballten‹ Stil als Dichtung wertet.

Wenn Oskar Maria Graf von seinem Katholizismus spricht oder schreibt, so macht er vorher einen Absatz. Es ist also nicht mehr als billig, wenn man *über* seinen Katholizismus schreibt, ebenfalls einen Absatz zu machen. Denn mit Grafs Katholischsein, das ist wirklich etwas ganz Seltsames!
Schon Ibsen hat bemerkt, daß jeder Mensch seine ›Lebenslüge‹ braucht. Da das Wort sich leider nicht in den deutschen Sprachschatz eingebürgert hat, wählen wir heute viele mehr oder minder gute Umschreibungen, um den Grund des Überlegenheitsgefühls des einzelnen über seine Mitmenschen zu bezeichnen, der, je nach Beruf oder Einstellung, konkret benannt wird mit: die Börse, oder: die Fabrik, oder: der Verein, oder: die Partei. Grafs ›Lebenslüge‹ heißt: das Katholischsein, und er schöpft aus ihr dasselbe Überlegenheitsgefühl, das einen Vereinskassierer bei der Nachzählung der Mitgliedsbeiträge oder einen Parteibonzen auf seinem Parteitag überkommt: er steht ja nicht allein, sondern über ihn wacht: der Verein oder die Partei oder – die Kirche? Nein, bei Graf hat das

Katholischsein noch einen besonderen Haken. Die überlegene Weisheit nämlich, daß wir allesamt zuletzt ein Haufen Dreck sind, macht ihn nicht nur respektlos und zweifelsüchtig – was gewiß sehr zu begrüßen ist –, nicht nur dienstuntauglich für jede Art Betrieb, für jede Art Staat – was für den Schriftsteller nur ein Vorteil ist –, diese überlegene Weisheit macht ihre Gläubigen zuletzt auch unfähig, Artunterschiede zu erkennen und um dieser Artunterschiede willen den Gegner zu bekämpfen. Die Gewißheit, daß auch der Wilhelm zuletzt einmal ein Haufen Dreck sein wird, hat allzu viele Bürger der deutschen Republik dazu gebracht, ihm die Millionen, die er verlangte, zu Lebzeiten nachzuwerfen. Aber daß der Papst ein Nihilist ist, im stillen Kämmerlein, ganz für sich allein, versteht sich, damit niemand es merkt, das hindert den Papst gar nicht, eine politisch geriebene Enzyklika nach der anderen gegen den Bolschewismus loszulassen und sich mit Mussolini auszusöhnen.

Oskar Maria Graf ist ja ebenfalls so ein stiller Nihilist, wenn er auch nicht gegen den Bolschewismus wettert, sondern im Gegenteil gewiß allerhand für ihn übrig hat. In seinem Roman ›Die Heimsuchung‹ hat er sogar einmal über ›Religion‹ geschrieben, dieser ›Katholische‹. (Ein ähnliches Thema behandelt er in der Erzählung ›Der Traumdeuter‹, die in dem katholischen Verlag Herder & Co., Freiburg, erschienen ist.) Da gehen die Angehörigen einer Sekte zugrunde, weil sie sich über den lieben Gott mehr, als opportun ist, den Kopf zerbrechen. Graf hält das keineswegs für richtig, und er läßt auch den Leser nicht im Zweifel darüber. Für viel richtiger hält er das Katholischsein der ›normalen‹ bayrischen Bauern, die regelmäßig zur Kirche und zur Beichte gehen und, wenn sie Geschäfte machen, sich um Gott und den Teufel und den König einen Dreck kümmern. Auch darüber, daß er dies alles viel richtiger findet, läßt Graf seine Leser nicht einen Augenblick im Zweifel.

Nun gehört heute zum bayrischen Bauern das Katholischsein wie die Kuh in den Stall. Aber die primitive Weisheit, daß wir zuletzt allesamt ein Haufen Dreck sind, ist durchaus kein bayrisches oder katholisches Reservat, sondern sie gibt noch immer allen Bauern Westeuropas ihr Überlegenheitsgefühl und unzureichende Gründe für ihre reaktionäre Mickrigkeit. Wenn ein Schriftsteller Bauerngeschichten schreibt, muß er natürlich auch diese ›innere Einstellung‹ berücksichtigen, und für einen Psychologen wird es nicht weiter verwunderlich sein, wenn der Schriftsteller diese Weisheit sich schließlich selbst zu eigen macht. Übrigens hat auch Anatole France einmal diese ›Einstellung‹ sehr schön umschrieben: ›Die Menschen wurden geboren, liebten, litten und starben‹ – ohne daß er allerdings aus diesem Satz als Direktive seines Handelns ein tatenloses Zuschauen und Räsonieren ableitete. Aber nur sehr oberflächliche Betrachter können aus solcher Gegenüberstellung schließen, daß gemeinhin für einen französischen Schriftsteller die Erkenntnis ein Grund mehr zum Handeln, für einen deutschen ein Grund mehr zum Nicht-Handeln ist – Temperamentsfragen, Abstammung, Erziehung spielen hier eine viel größere Rolle. Katholisch erzogen, zeitig zur Arbeit gedrillt, im Krieg bis an den Rand des Wahnsinns getrieben, nachher eine Revolution verloren: Gründe genug für Graf, sich damit zu trösten, daß auch der Hindenburg und die gerechten Staatsanwälte zuletzt nur ein Haufen Dreck sind.

Und es ist nicht unsere Aufgabe, Oskar Maria Graf vom moralischen oder vom politischen Standpunkt aus Vorwürfe zu machen. Mit Bauernweisheit werden sich, besonders nach einer verlorenen Revolution, immer die Schriftsteller begnügen, die Bauerngeschichten schreiben, und keine noch so scharfsichtige Analyse wird diese Tatsache aus der Welt schaffen.
Stellen wir lieber noch einmal fest, daß Graf wirklich ausgezeichnete Bauerngeschichten geschrieben hat (und es ist nach unserem Dafürhalten durchaus in der Ordnung, daß er ›für diese nette Beschäftigung noch Geld zum Leben kriegt‹) und daß sein Dokumentenbuch ›Wir sind Gefangene‹ die rückhaltloseste Abrechnung eines Menschen mit sich selbst ist, die wir in den letzten zwanzig Jahren in Deutschland gelesen haben. Daß es darüber hinaus ein wichtiges politisches Zeitdokument ist, aufschlußreicher und ehrlicher als Wilhelms, Ludendorffs oder Noskes Erinnerungen, sei hier zum Schluß noch vermerkt. Aber es darf auch die Konstatierung nicht vergessen werden, daß ›Wir sind Gefangene‹ der Gaurisankar in Grafs bisheriger Produktion ist. Was er sonst noch veröffentlichte, sind gute, alte Kalendergeschichten: hübsch fabuliert und lebenswahr dargestellt. Und kleinbürgerlich räsonierend, ressentimental. Aber was erzähle ich Ihnen – lesen Sie jetzt noch einmal seine eigene Bekenntnisskizze. Das ist der ganze, echte Oskar Maria Graf.

Oskar Maria Graf und Georg Schrimpf. Ölbild von Georg Schrimpf, um 1926

Oskar Maria Graf
Antwort an einen und viele Genossen

In dem Aufsatz ›Betriebsarbeiter als Literaturkritiker‹ in Nr. 5 der ›Linkskurve‹ wird erzählt, ein russischer Genosse Metallschmelzer hätte sich über meine Lebensgeschichte so geäußert: »... Komische Kritik bei euch, wo so ein Buch von Oskar Maria Graf ›Wir sind Gefangene‹ als links bezeichnet wird. Ein schöner Revolutionsheld! Der geht mit seinem Liebchen Sekt saufen und läßt andere für sich kämpfen ...«

Um es gleich zu sagen: Ähnliches habe ich von meinen deutschen Genossen auch schon oft gehört und habe es nie bestritten, nur richtiggestellt. Und wenngleich es mir ziemlich gleichgültig ist, was ›linke‹ und ›rechte‹ Kritiker und sonstige siebengescheite Leute über meine Bücher sagen – Genossen stehe ich gern Rede und Antwort. Ich schreibe ja nicht für Kritiker, Dichterkollegen und Intellektuelle, sondern für das Volk. Und dieses Volk ist etwas anderes wie die Bevölkerung, es setzt sich, so meine ich wenigstens, zusammen aus Genossen, während die Bevölkerung immer Mischmasch ist.

Also – es stimmt vollkommen, lieber russischer Genosse, ich war ein ›schöner Revolutionsheld‹, und ich bin, während andere kämpften, Sekt saufen und zu Huren gegangen. Allerdings habe ich nirgends in meinem Buch behauptet, daß ich revolutionärer Mitkämpfer war. Ich war ein unentschiedener, leicht angerebbelter, kopfloser Bohemetyp, weiter nichts. Eine völlig undiskutable, bürgerliche Erscheinung also. Und als solche habe ich mich nach bestem Wissen und Gewissen dargestellt: 1. weil mich alle sogenannte Literatur anekelte, 2. weil ich sie grundverlogen fand und endlich 3. weil es mir darauf ankam, an meinem Beispiel *den* Typ ganz wahrhaftig und schonungslos zu zeigen, auf den einst die deutsche Revolution gehofft hat, auf den heute noch die meisten Genossen hereinfallen.

Hätte ich beispielsweise meine Lebensgeschichte nicht in Ichform, sondern als Roman geschrieben, was dann? Dann hättet wahrscheinlich ihr, Genossen, und die ganzen Kritiker ein Loblied etwa so gesungen: »Fein, er zeigt diese Revolutionswanzen richtig. Das ist einmal ein revolutionäres Buch, weil es uns aufklärt über die Verrottetheit und Unzuverlässigkeit solcher Gestalten.« Und die Kritiker hätten vielleicht noch hinzugefügt: »Dieses Buch ist eine Anklage, ein Fanal einer ... na, und so weiter!«

Ich aber hätte entweder bitter lachen müssen über euch, Genossen, oder ich hätte eine Wut bekommen, weil ihr so gutgläubig und dumm seid. Gerade weil ich das Buch in Ichform schrieb, forderte ich euch und forderte ich alle heraus, denn mir kam und kommt es immer beim Schreiben darauf an, den Menschen so darzustellen, wie er in Wirklichkeit ist, mit seinen Schwächen, seinem Dreck, seiner Verlogenheit und all seinen inneren und äußeren Hemmnissen. Was ist denn letzten Endes Sinn und Zweck der Literatur?

Etwa das Volk und die Menschen, den Menschen so darzustellen, wie er euch behagt, wie ihr, Genossen, ihn euch *wünscht,* etwa die Welt und ihr Getriebe zu schildern, wie *beide nicht* sind, bloß damit ein Bild herauskommt, das euch irreführt und – strenggenommen – gutgläubig und unkämpferisch macht?
Oder: Soll der Schriftsteller versuchen, ein Bild dieser Welt und dieser Menschen zu geben, daß jeder Genosse sich sagen muß, mit dieser Wirklichkeit haben wir zu rechnen, die haben wir totzuschlagen und zu verändern.
Mit Versen, mit Lobliedern und Romanen, die immer nur darauf hinauslaufen, daß die Genossen recht haben, gut sind, zu Unrecht unterliegen oder mit Begeisterung siegen, ist wenig getan. Tendenz hin, Tendenz her. Literatur ist: das Wissen um den Menschen und das Wissen um alle Hintergründe der Welt vermehren. Du, Genosse Metallschmelzer, arbeitest für den Nutzen deiner Klasse. Glaubst du wirklich, daß ein Mann, der ›Wir sind Gefangene‹ geschrieben hat, aus Eitelkeit oder, um was Schönes für bessere Leute zu machen, Bücher schreibt? Er schreibt sie auch nur für den Nutzen derer, zu denen er sich zählt.

3 Erich Mühsam

Erich Mühsam
Selbstbiographie

I

Auszug aus einem Manuskript vom Jahre 1919:
Nicht die äußeren Daten eines Lebenslaufs geben das Bild eines Schicksals, sondern die inneren Wandlungen eines Menschen bezeichnen seine Bedeutung für die Mitwelt. Nur im Zusammenhang mit dem Weltgeschehen haben die Begebenheiten im Leben des einzelnen Interesse für die Gesamtheit. Wessen Privatleben niemals die Zentren des Gesellschaftslebens berührt, dessen Biographie kann für Seelenforscher höchst wichtig sein, die Allgemeinheit geht sie nichts an. Wäre meine Lyrik als Ausdruck meiner Gesamtpersönlichkeit alles, was ich den Volksgenossen zu bieten hätte, dann hätte ich der Aufforderung, eine Selbstbiographie zu schreiben, in der Weise entsprochen, daß ich den Literarhistorikern Gelegenheit gegeben hätte, mich zu klassifizieren: Geboren 6. April 1878 in Berlin; Kindheit, Jugend, Gymnasialbesuch in Lübeck; unverständige Lehrer, niemand, der die Besonderheit des Kindes erkannt hätte, infolgedessen: Widerspenstigkeit, Faulheit, Beschäftigung mit fremden Dingen. Frühzeitige Dichtversuche, die weder in der Schule noch im Elternhause Förderung finden, im Gegenteil als Ablenkung von der Pflicht betrachtet werden und deshalb im geheimen geübt werden müssen. Dumme-Jungen-Streiche, zuletzt – als Untersekundaner – geheime Berichte über Schulinterna an die sozialdemokratische Zeitung; daher wegen ›sozialistischer Umtriebe‹ Relegation. Ein Jahr Obersekunda in Parchim (Mecklenburg), dann Apothekerlehrling in Lübeck; 1900 Apothekergehilfe an verschiedenen Orten, zuletzt in Berlin. Als freier Schriftsteller Teilnahme an der Neuen Gemeinschaft der Brüder Hart; Bekanntschaft mit vielen öffentlich sichtbaren Persönlichkeiten. Freundschaft mit Gustav Landauer, Peter Hille, Paul Scheerbart und anderen. Bohemeleben; Reisen in der Schweiz, in Italien, Österreich, Frankreich; schließlich 1909 dauernder Wohnsitz in München; Kabarettätigkeit, Theaterkritik, schriftstellerische Tätigkeit, meist polemisch-essayistisch. Freundschaftlicher Verkehr mit Frank Wedekind und vielen andern Dichtern und Künstlern. Drei Gedichtbände, vier Theaterstücke; 1911 bis 1914 Herausgeber der literarisch-revolutionären Monatsschrift ›Kain. Zeitschrift für Menschlichkeit‹, die vom November 1918 bis April 1919 als reines Revolutionsorgan in neuer Folge erschien. Seitdem in den Händen der konterrevolutionären bayerischen Staatsgewalt.
Mit diesen Mitteilungen wäre meine Biographie erschöpft, wenn ich mein Leben allein in meinen literarischen Leistungen charakterisiert sähe. Aber ich betrachte meine schriftstellerische Arbeit, vor allem meine dichterischen Erzeugnisse, nur als das Archiv meiner seelischen Erlebnisse, als Teilausdruck meines Temperaments. Das Temperament eines Menschen ist die Summe der Stimmungen,

die Hirn und Herz von den Ausströmungen der Umwelt empfangen. Das meinige ist revolutionär. Mein Werdegang und meine Lebenstätigkeit wurden bestimmt von dem Widerstand, den ich von Kindheit an den Einflüssen entgegensetzte, die sich mir in Erziehung und Entwicklung im privaten und gesellschaftlichen Leben aufzudrängen suchten. Die Abwehr dieser Einflüsse war von jeher der Inhalt meiner Arbeit und meiner Bestrebungen.
Im Staat erkannte ich früh das Instrument zur Konservierung aller Kräfte, aus denen die Unbilligkeit der gesellschaftlichen Einrichtungen erwachsen ist. Die Bekämpfung des Staates in seinen wesentlichen Erscheinungsformen, Kapitalismus, Imperialismus, Militarismus, Klassenherrschaft, Zweckjustiz und Unterdrückung in jeder Gestalt, war und ist der Impuls meines öffentlichen Wirkens. Ich war Anarchist, ehe ich wußte, was Anarchismus ist; ich war Sozialist und Kommunist, als ich anfing, die Ursprünge der Ungerechtigkeit im sozialen Betriebe zu begreifen. Die Klärung meiner Ansichten verdanke ich meinem Freunde Gustav Landauer; er war mein Lehrer, bis ihn die Weißen Garden ermordeten, die eine sozialdemokratische Regierung zur Niederzwingung der Revolution nach Bayern gerufen hatte.
Meine revolutionäre Tätigkeit hat mich oft mit den Staatsgewalten in Konflikt gebracht. So stand ich 1910 vor Gericht wegen des Versuches, das sogenannte Lumpenproletariat zu sozialistischem Bewußtsein heranzuziehen ... Während des Krieges stand ich in den Reihen der Opposition gegen die Lenker der deutschen Schicksale ... Wegen der Weigerung, eine Arbeit im vaterländischen Hilfsdienst anzunehmen, wurde ich Anfang 1918 nach Traunstein in Zwangsaufenthalt geschickt, wo ich bis zur Auflösung der ›Großen Zeit‹ in Niederlage und Zerfall blieb.
Selbstverständlich fand mich die Revolution von der ersten Stunde aktiv auf dem Posten ... Mitglied des Revolutionären Arbeiterrats ... Kampf gegen die Konzessionspolitik Kurt Eisners ... Teilnahme an der Ausrufung der bayerischen Räterepublik ... Standgericht: fünfzehn Jahre Festung ...

II

Nachtrag vom Dezember 1920
(Festung Niederschönenfeld)
Diese Sätze schrieb ich vor einem Jahre in der Festungsanstalt Ansbach. Inzwischen hat sich in mir nichts, außer mir viel geändert ...
Als Ertrag des letzten Jahres sind meinem Lebenslauf nur ein paar Daten hinzuzufügen. Vom März bis zum Mai mußte ich zwei Monate im Ansbacher Landgerichtsgefängnis zubringen, weil ich einen bayerischen Minister beleidigt hatte. Ich benutzte die Abwechslung, um zwei Bücher zu schreiben: eine Streitschrift ›Die Einigung des revolutionären Proletariats‹ und das Bühnenwerk ›Judas. Ein Arbeiterdrama‹. Im ersten habe ich mich um den Nachweis bemüht, daß ... sämtlichen Parteiprogrammen die Parole zur kommunistischen Föderation aller wahrhaft revolutionären Korporationen und Individuen gegenüberzustellen sei. Das Drama unternimmt es, ›Proletkult‹ unter dem Gesichtspunkt zu schaffen,

der die Schaubühne als revolutionär-agitatorische Anstalt betrachtet wissen will. Der Proletarier soll im Theater keine Symbolik enträtseln und keine Kunstsprache in seine Prosa übersetzen. Der Arbeiterdichter hat weder die Aufgabe, das Proletariat zu sich hinaufzuziehen, noch sich zu ihm herabzulassen. Er ist kein Dichter des Proletariats, sofern er sich nicht selbst als Angehöriger des Proletariats von Natur wegen erkennt. Der Hirnarbeiter ist nichts Besseres als der Handarbeiter. Wer sich selbst den Charakter eines ›Intellektuellen‹ gibt, versucht, sich über das Proletariat zu erhöhen. Ist mir mit ›Judas‹ ein Zeitstück gelungen, das Wissen und Gefühl des Proletariats in seiner Sprache und in seinem Gedankenkreis bewegt und von proletarischen Herzen erfaßt wird, so ist das Stück gut, auch wenn alle literarische Kritik es verdammen sollte. Mit gesprochenen Opern, mit Mosaikszenerie, mit expressionistischem Gelall dient das Theater allenfalls dem Modernitätsbedürfnis der Bourgeoisie, aber nicht dem Drang des Proletariats, aus Kunst erhöhtes Erleben zu ziehen. Dieser Drang wird befriedigt durch Verständlichkeit im Wort, durch Abwandlung revolutionärer Probleme in bewegter lebendiger Handlung, durch Antönen der Saiten, die in der Arbeiterseele revolutionär schwingen.
Im Sommer 1920 erschien mein Gedichtbuch ›Brennende Erde. Verse eines Kämpfers‹. Auch diese Gedichte sollen Zeugnis des Geistes sein, der die Kunst nicht aus dem Leben herausheben, sondern dem Leben und seinem besten Teil, der Revolution, dienstbar machen will. Der Zweck heiligt die Kunst! Zweck meiner Kunst ist der gleiche, dem mein Leben gilt: Kampf! Revolution! Gleichheit! Freiheit!

III

Dezember 1927

In die Zeit, seit ich im Kerker Rechenschaft ablegte über mein Schaffen und Wollen, fällt das Kaspar-Hauser-Erlebnis meiner Rückkehr unter die Menschen, Weihnachten 1924. Ich bemühe mich, in der von der Zäsur des Weltkriegs tief aufgewühlten Welt durch Rede, Schrift und Beispiel auf die revolutionären Ziele hinzuwirken, die aus den vor sieben und acht Jahren geschriebenen Notizen zu erkennen sind. Die Dichtkunst ist nichts als eine meiner Waffen im Kampf.
Erschienen sind seit der Veröffentlichung der ›Brennenden Erde‹ unter dem Titel ›Alarm, Manifeste aus zwanzig Jahren‹ eine kleine Sammlung politischer Gedichte, Aufsätze und Aufrufe; unter dem Titel ›Revolution‹ die ›Kampf-, Marsch- und Spottlieder‹, ferner als Appell gegen die vergiftete Kampfweise der Klassenjustiz die Schrift ›Gerechtigkeit für Max Hölz!‹. Seit 1926 gebe ich die anarchistische Monatsschrift ›Fanal‹ heraus. Dort sind die grundsätzlichen Bekenntnisse zu suchen, die meine Stellung zu den öffentlichen Problemen der Gegenwart klarlegen.
Die private Gelegenheit des fünfzigsten Geburtstags gibt Anlaß, das Lebenswerk, soweit es ausgesprochen literarischen Charakter angenommen hat, im Überblick vorzulegen.

Erich Mühsam, Holzschnitt von John Höxter

Erich Mühsam
Antwort auf eine Umfrage

Ein Verleger, der mich mit der Mitteilung überraschen möchte, er plane, alle meine des Druckes harrenden Bücher herauszugeben, hätte Glück. Ich wäre in der Lage, ihm sofort etwas für den Druck mitzugeben und ihm eine ganze Serie von Bänden in wenigen Monaten druckfertig abzuliefern, Manuskripte, die durch langes Liegen unzeitgemäß geworden sind und umgearbeitet werden müßten, oder auch solche, die nur zusammengestellt zu werden brauchen, um zum Buch zu werden.

Daß kein Verleger kommt, führe ich weder auf meine Talentlosigkeit zurück noch auf die Verständnislosigkeit der Buchhandlungskundschaft. Daß minderwertige Unterhaltungslektüre ein gangbarerer Verbrauchsartikel ist als gute Literatur, ist nämlich kein besonderes Kennzeichen der Gegenwart. Das war immer so, trotzdem konnten die guten Schriftsteller vor zwanzig Jahren im allgemeinen leichter von ihrer literarischen Arbeit leben als wir heute. Mindestens war es so, daß als wertvoll anerkannte Autoren, auch wenn ihre Arbeiten gänzlich hoffnungsloser Ballast im Bücherlager waren, ihre Werke doch anbringen konnten und genügend Vorschuß dafür bekamen, um von jedem geschriebenen Buch ein paar Monate lang leidlich leben zu können. Die Verleger von Ruf schleppten damals alle ein paar Renommierautoren mit durch, die, was sie vorher wußten, ihren Etat belasten würden, deren Name aber im Verlagskatalog empfehlend wirkte. Vielfach war auch ein ganz idealistischer Ehrgeiz am Werke, die Hoffnung, die Nachwelt werde der opfervollen Förderung eines Großen durch den einsichtigen Maecenas-Verleger dankbar gedenken.

Die betrübende Tatsache, daß wir alternden Schriftsteller, obwohl unser Name in den modernen Literaturgeschichten steht, unsre Arbeiten in der Schublade verschimmeln sehn müssen, ist ein Kennzeichen der allgemeinen sozialen Zustände unsrer Tage. Die Verleger müssen in ganz anderem Maße darauf bedacht sein, ihre Ausgaben in jedem einzelnen Falle wieder hereinzukriegen als früher. Die völlige Unfähigkeit unsrer Gesetzgeber aller Sorten, die ebensosehr Ursache wie Wirkung der unerhörten Korruption des gesamten öffentlichen Lebens ist, macht sich selbstverständlich auf allen Gebieten der Produktion und des Verbrauchs bemerkbar.

Der Schriftsteller ist dabei natürlich der Hauptleidtragende, sofern seine Begabung nicht gerade der marktgängigen Konjunktur entspricht oder wendig genug ist, sich ihr anzupassen. Ganz schlimm steht es für den, der eigene, nirgends programmatisch abgestempelte Meinungen vertritt. Niemals war der Geist so uniformiert wie gegenwärtig, was, da es offensichtlich in gesellschaftlichen und historischen Tatsachen begründet liegt, nicht verurteilt, sondern nur festgestellt werden soll. Daher entspricht aber der Konjunktur nur die Literatur, welche entweder dem hergebrachten soliden Kitschgeschmack des sich modern fühlenden Bürgers oder den geeichten Maßen parteimäßig kontrollierter Schuldoktrinen Rechnung trägt. Wer in Dichtung und Prosa außer der Reihe tanzt, wessen Sinnesart sich nicht von einer nicht mehr wirklichen Vergangenheit trennen kann oder zu weit in eine noch nicht wirkliche Zukunft vorauseilt, muß es sich gefallen lassen, daß er unter dem Huf einer auf ihren unerbittlichen Mechanismus sehr stolzen Gegenwart zertrampelt wird.

Ich betrachte also mein eigenes Ungemach als zeitgewolltes Pech und bitte, den folgenden knappen Tatsachenbericht keinesfalls als Lamento eines mit seinem Schicksal hadernden Verkannten aufzufassen. Als ich vor zweieinhalb Jahren mein fünftes Lebensjahrzehnt abschloß, gelang es mir nach mühevollstem Hausieren, einen Verlag dazu zu bewegen, eine ›Auswahl aus dem dichterischen Werk‹ in einem Bande herauszugeben, der halb so stark und doppelt so teuer war, als ich gewünscht hatte. Nach ein paar Monaten ging der Verlag pleite, und mein Buch ›Sammlung‹ hat bis heute keinen neuen Betreuer gefunden. Dann: eine große, sehr angesehene bürgerliche Zeitung veröffentlichte in einem Zeitraum von mehr als einem Jahre meine ›unpolitischen Erinnerungen‹ in fünfundzwanzig Einzeldarstellungen. Zusammengestellt und ein wenig ergänzt, käme ein wahrscheinlich nicht alltägliches Buch heraus. Ich habe es mehr als einem Dutzend Verleger angetragen. Einigen war das Werk zuwenig, andern mein Name zu sehr politisch, keinem das Geschäft sicher genug. Eine große Anzahl kulturpolitischer, gesellschaftskritischer und literarischer Aufsätze, der Ertrag einer in über einem Vierteljahrhundert gefügten freiheitlichen Gesinnung, ist auf keinem Wege in Buchform unter die Leute zu bringen. Eine Dokumentensammlung, die nüchtern und mit versteckter Bosheit den Strafvollzug der bayrischen politischen Rachejustiz bloßstellt (›Niederschönenfeld. Eine Chronik in Eingaben‹), ungeheuerlich in ihrem sachlichen Inhalt und völlig eigenartig durch ihr Entstehen im Kampf des Gefangenen gegen seine Quälgeister durch Benutzung der einzigen legalen Waffe, des Berichtes an die zur Fortsetzung der Infamien durchaus entschlossenen Amtsstellen selber, liegt seit Jahr und Tag zur Drucklegung bereit. Der Büchermarkt zeigt kein Verlangen, so etwas vorzulegen, da jedenfalls das Publikum dergleichen nicht erfahren will. Meine alten Bücher sind größtenteils vergriffen. Wer meine noch nie gesammelten Werke kaufen möchte, wendet sich am besten an Antiquariate. Einzelne Bücher sind von den Verlagen kleiner revolutionärer Arbeiterorganisationen übernommen; eine Verbreitungsmöglichkeit größeren Umfanges besteht aus technischen Gründen nicht. Der finanzielle Ertrag, den ich aus meinen Büchern ziehe, erreicht im Jahre noch nicht den monatlichen Lohn eines durchschnittlich bezahlten Arbeiters. Die einzige Bedingung, unter der ich meine Geschäfte heben könnte, nämlich meine Arbeit zugleich in den Dienst von Parteigeschäften zu stellen, werde ich nicht erfüllen.

Umschlag zu Erich Mühsams ›Standrecht in Bayern‹, Berlin 1923

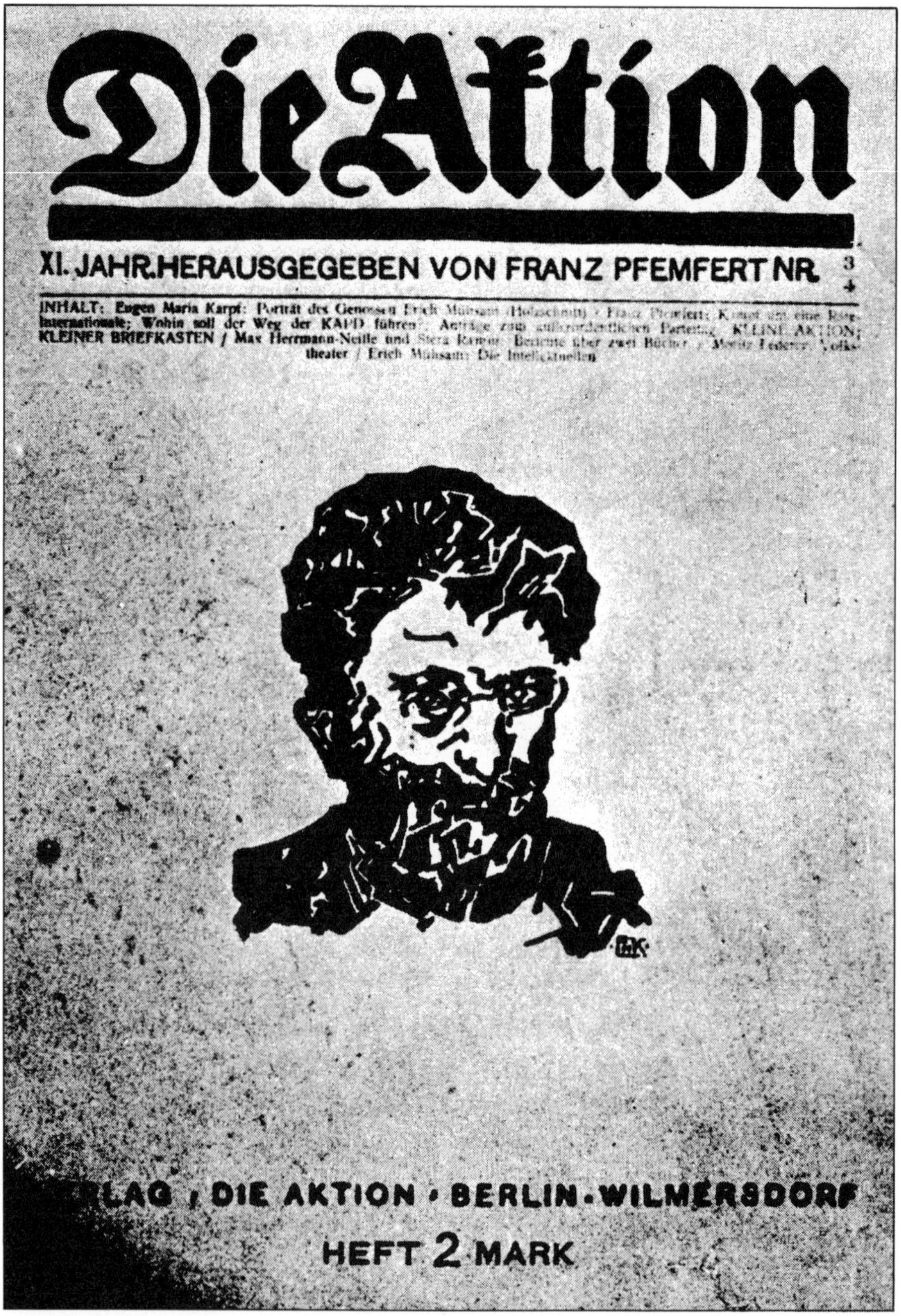

Die Aktion

XI. JAHR. HERAUSGEGEBEN VON FRANZ PFEMFERT NR. 3/4

INHALT: Eugen Maria Karpf: Porträt des Genossen Erich Mühsam (Holzschnitt) / Franz Pfemfert: Kampf um eine Räte-Internationale; Wohin soll der Weg der KAPD führen?; Anträge zum außerordentlichen Parteitag; KLEINE AKTION; KLEINER BRIEFKASTEN / Max Herrmann-Neiße und [illegible]: Berichte über zwei Bücher / Moritz Lederer: Volkstheater / Erich Mühsam: Die Intellektuellen

LAG / DIE AKTION / BERLIN-WILMERSDORF

HEFT 2 MARK

Titelseite der Zeitschrift ›Die Aktion‹. Das Porträt Mühsams entwarf Eugen Maria Karpf, der Mann Thekla Egls. Als Adjutant von Egelhofer erhielt er 12 Jahre Festungshaft

Fabius
Erich Mühsam

Man sollte ihn an die Wand stellen!, zetern alle Geldbeutelmenschen. Ergriffen hören ihm indes Arbeiter und Soldaten zu, andächtig sind sie wie in einer Kirche. Er spricht voll stürmischer Empörung, ist voll von flammendem Aufruf. Werden sie ihn unschädlich machen oder wird er zum Führer der Massen emporsteigen?

Seine Angst ist: die Revolution könnte einschlafen. Sein Glaube ist: die Revolution, wenn sie wach bleibt, befreit die Menschheit. Seine Tat ist deshalb der Erhaltung, Kräftigung und Befeuerung der Revolution gewidmet.

Am gleichen Freitagabend (6. Dezember), an dem er in der Schwabinger Brauerei nicht sehr zahlreiche, aber um so stärker ergriffene Soldaten zum Werk an der Menschenbefreiung aufrief, wurden an die Teilnehmer der beiden Regierungssoldaten-Versammlungen Flugblätter verteilt, in denen in salbungsvollem Ton früherer Zeiten die Segnungen des Friedens als Lockmittel ausgegeben wurden, ›die friedlich gesicherten Verhältnisse‹, ›der gesicherte auskömmliche Verdienst‹. Solche Worte sind Mühsams Ohren ein Greuel. Sie spornen ihn an, leidenschaftlicher noch aufzurufen zum seelischen Wachsein. Im gleichen Flugblatt steht offenbar auch gegen Mühsam gerichtet der Satz: ›Gefährlicher sind die Lockungen derer, die bei uns russische Zustände schaffen wollen, um dabei womöglich selbst für ihren Geldsack und ihren Magen im trüben zu fischen.‹ Soweit sich dieser Satz gegen Mühsam richtet, ist er eine Verleumdung, die durch nichts entschuldigt werden kann. Mühsam ist ein durchaus ehrlicher fanatischer Kämpfer für die Ideen, an die er glaubt. Kein Geldbeutel gilt etwas bei ihm, sein Leben setzt er ein, wie sollte er für seinen Magen sorgen wollen!

Der Fanatismus seiner Ideen macht, einzelmenschlich gesehen, seine Größe und seinen Wert aus. Auf die Gesamtheit gesehen aber bedeutet er Unvernunft, ja Frevelhaftigkeit. Wären alle lohend gleich ihm, hätten alle gleich ihm die Kraft, das eigene Leben um einer Idee willen aufs Spiel zu setzen, welch herrlicher Tanz des Lebens begänne, welcher Freudensabbat für die Menschheit! Aber die anderen sind noch lahm und träg, sie kleben am Boden und hängen am Geld. Umkommen müßten sie alle, wenn sie zu Mühsams Trommel sich heute im Lebenswirbel drehen sollten. Die Sintflut über sie und nach ihr eine neue Menschheit: so will es Mühsam. Darf er es so wollen? Gewiß, die Menschenbefreiung rechtfertigt Opfer! Aber kann diese Menschenbefreiung nicht auch erreicht werden ohne die Hekatomben von Menschenopfern, die jetzt gebracht werden müssen? Muß nicht gerade dem, der die Menschheit befreien will, das Leben jedes Menschen heilig sein? Gewiß: wir alle möchten lieber in einer befreiten Welt, in einer Welt innerlich freier Menschen wohnen, lieber heute als morgen. Wenn aber heute diese Befreiung nur zu erreichen ist durch Gewalt, durch die zerstörenden Kräfte des Terrors: muß da nicht gerade in dem Menschen, dem der

Kommunismus höchstes und einziges Ziel ist, der Gedanke warnend auftreten: Wer das Schwert zieht, wird durch das Schwert umkommen. Es bleibt uns heute nichts anderes übrig, als immer wieder neue Stufen zu hauen in den steilen, beschwerlichen Weg der Menschheit zu ihrem freien Aus- und Aufblick.
In allen wird solche Einsicht wach werden, nur nicht in Mühsam. Ja, wenn sie aufflackerte in ihm, er wäre der erste, sie zu ersticken, denn er will nur Leidenschaft sein und haßt die Vernunft. Aber jeder, der gestaltet, der mithilft am Bau der Menschheit, der Künstler wie der Politiker, und gerade der Politiker großen Stiles darf nicht nur Leidenschaft, Glaube und Idee sein, in ihm müssen auch Vernunft und Einsicht, Erkenntnis und Umsicht wirksam sein. *Der ganze Mensch* muß am Werk beteiligt sein, nicht nur das Herz, auch der Kopf muß arbeiten. Sonst rächt sich das Leben an seiner Arbeit, sonst wird die ganze Kraft des Herzens umsonst verbraucht!
Seine klar gefühlte Idee gibt Mühsam den nicht bestreitbaren Glauben: Nur eine Weltrevolution kann dem Sozialismus zum Sieg verhelfen. Das ist unwiderlegbar! Mühsam müßte sich deshalb mit Eisner dazu bekennen, daß jetzt die Sozialisierung noch nicht durchgeführt werden kann, weil die übrige Welt noch nicht mit der Sozialisierung beginnt. Gerade Rußland ist das Beispiel, daß ein Land, das isoliert zum Sozialismus übergeht, ihn nicht durchführen kann. Die Weltwirtschaft des Kapitalismus kann nur durch eine Weltwirtschaft des Sozialismus abgelöst werden. Aber Mühsams Feuerherz kann sich nicht mehr in Geduld fassen. Für ihn heißt es also: die Weltrevolution entfachen. Mühsam sieht nicht, wie ungünstig diese Stunde dazu ist. Bei den Feinden hat der mit dem Kapitalismus verschwisterte Imperialismus gesiegt, ohnmächtig liegen dort die sozialistischen Parteien am Boden und könnten nur Kraft gewinnen, wenn die Feinde ihre Überhebung im Sieg so weit treiben würden, daß das eigene Land sich empört! Ihr Siegestaumel kann Brandstoff werden für die Weltrevolution!
Sind aber die feindlichen Imperialisten nicht so kurzsichtig, ihr Land selbst in den Aufstand zu treiben, dann, ja dann kann die Weltrevolution nur kommen, wenn in Deutschland die Revolution nicht versandet, nicht einschläft, wenn sie nicht allein die Reaktion auf eine Niederlage bleibt, sondern innere Aktion wird, wenn der Wille zu ihr sich in den Menschen verankert, der Glaube an ihre erlösende Kraft sich festigt! Hier liegt Mühsams Aufgabe: den Geist der Revolution soll er lebendig erhalten, Diener soll er sein am ewigen Feuer der Revolution, auf daß es nicht erlösche, bis die Menschheit befreit ist. Aber nie soll er versuchen, die Politik zu machen, die der Geist der Revolution fordert; denn dazu gehört politische Vernunft, der er abgeschworen hat! Versucht er's trotzdem, so schädigt er sich selbst und entstellt seine eigentliche Aufgabe. Der Putsch in der Freitagnacht war ein Possenspiel. Seine Rede am Abend eine ergreifende Predigt! Er soll predigen, aber nicht regieren wollen.
Wir wünschen ihm, daß er kein Führer der Masse werde; sie ist seine Versuchung, seine Gefahr und kann sein Untergang werden. Aber Feuergeister fragen nicht nach Gefahr und Untergang, ihr Schicksal ist es, sich selbst zum Opfer zu fallen.

Handschriftlicher Entwurf Mühsams zur Proklamierung der Räterepublik. (›Landauer und ich zogen uns nun gesondert in ein Restaurant zurück, wo wir die Proklamation entwarfen.‹) Der endgültige Text siehe Seite 72

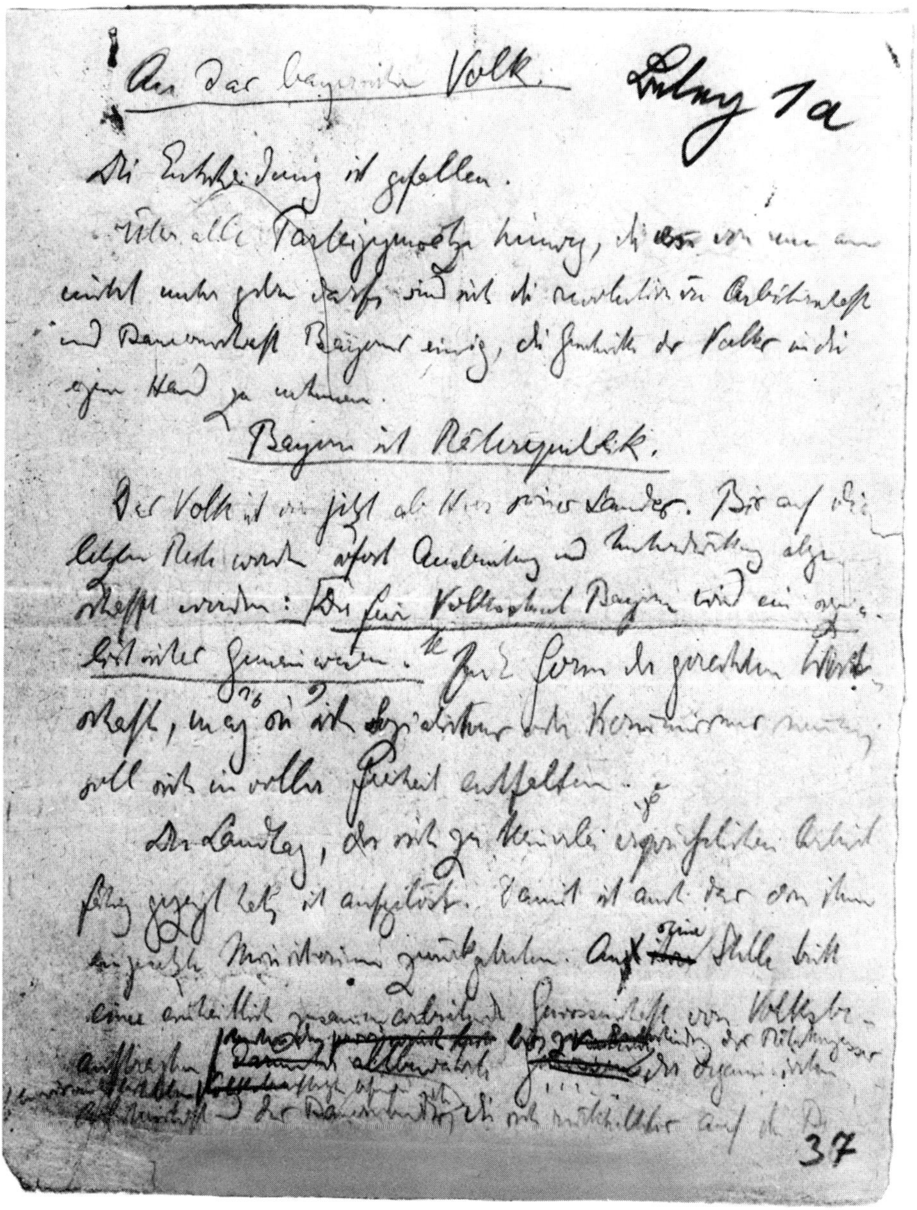

Erich Mühsam
Gewalt und Revolution

Von links: Alois Lindner, Erich Mühsam, Guido Kopp. Fotografie von August Sander

Es wäre natürlich leicht, den Nachweis zu führen, daß Revolutionen im Gegensatz zu Kriegen unter Umständen ganz unblutig durchgeführt werden können, auch schon ohne oder mit geringem Aufwand körperlicher Gewalt durchgeführt worden sind. Ich verzichte darauf, weil ich nicht leugnen kann und nicht leugnen will, daß Volkserhebungen fast immer mit schweren Kämpfen verbunden waren und daß die Revolutionen, mit denen zur Erringung menschenwürdiger sozialer Zustände noch gerechnet werden muß, wahrscheinlich ebenfalls harte Zusammenstöße und bittere Menschenopfer kosten werden. Freilich ist es wahr, daß das gewaltsame Losschlagen noch stets von denen ausging, denen ihre vermeintlichen und angemaßten Rechte streitig gemacht wurden, und daß die eigentlichen Kämpfe daher aus der Notwehr verzweifelter Massen hervorgingen. Doch könnten dagegen vielleicht widerlegende Beispiele angeführt werden, auch läßt sich nicht voraussehen, ob in Zukunft die Revolutionäre immer die endlich Angefallenen sein werden, wie denn – die Augusttage des Jahres 1914 lehren es deutlich – nachträglich jeder der Überfallene gewesen sein will und das Suchen nach dem Angreifer überall eine mißliche Sache ist. Ferner soll auch nicht beschönigt werden, daß revolutionäre Attentate, also blutige Handlungen einzelner gegen einzelne, oft genug von überaus idealistisch gesinnten Personen verübt und von sehr friedliebenden, den Krieg mit seinen Äußerungen tief verabscheuenden Menschen bewundert und in reinem Herzen bejaht worden sind, Handlungen also, bei denen allenfalls von seelischer, nie und nimmer von körperlicher Notwehr die Rede sein kann.

Ich will es hier ohne Umschweif eingestehen: Ja, es besteht eine Diskrepanz zwischen unserer heftigen, heiligen, feierlichen Abkehr von der Gewalt des Kriegs und unserm sehnsüchtigen, tatbereiten, wilden Verlangen nach Revolution. Wir alle – ich glaube, ich kann da von mir auf jeden Sinnesverwandten schließen – haben das auch schon empfunden und in mancher schweren Stunde der Selbstprüfung in uns gewälzt, ohne zu dem Ausgleich zu gelangen, der zur völligen sich selbst genügenden Befriedigung geführt hätte. Wir mußten uns genug sein lassen mit dem Bewußtsein der Zuverlässigkeit unsres Gefühls, in dem die Unterscheidung zwischen der Gewalt als Selbstzweck oder als Mittel zu andern übeln Zwecken und der Gewalt als Mittel gegen die Unterdrückung und gegen jegliche Gewalt nie irre wird. Daß hier der Gegner höhnisch lacht und unsre Zwecke als übel, seine als lauter und gut in Rechnung setzt, müssen wir achselzuckend hinnehmen. Aber auch Leo Tolstoj hat mehrfach scharf unterschieden zwischen der Gewalt der Revolution und der des Krieges, und wenn er auch wohl nirgends geradezu die physische Empörung empfohlen oder gutgeheißen hat, so finden sich doch in seinen Schriften kräftige Zurückweisungen, wenn jemand den gerechten Zorn gegen den Krieg mit dem Hinweis auf Revolutionen entkräften wollte ...

Was ist es also, was vom Standpunkt höchster Sittlichkeit dem Rebellen zu seiner Gewalttätigkeit das reine Gewissen gibt, während es ihm den Krieg verdammenswert scheinen läßt? Es ist zuerst das Bewußtsein, in der Revolution aus eigner Entschließung die eigne Sache zu vertreten, es ist sodann die Gewißheit, einem Zweck zu dienen, der der Menschheit selbst zugute kommen soll.

Erich Mühsam
Proletarier aller Länder vereinigt euch!

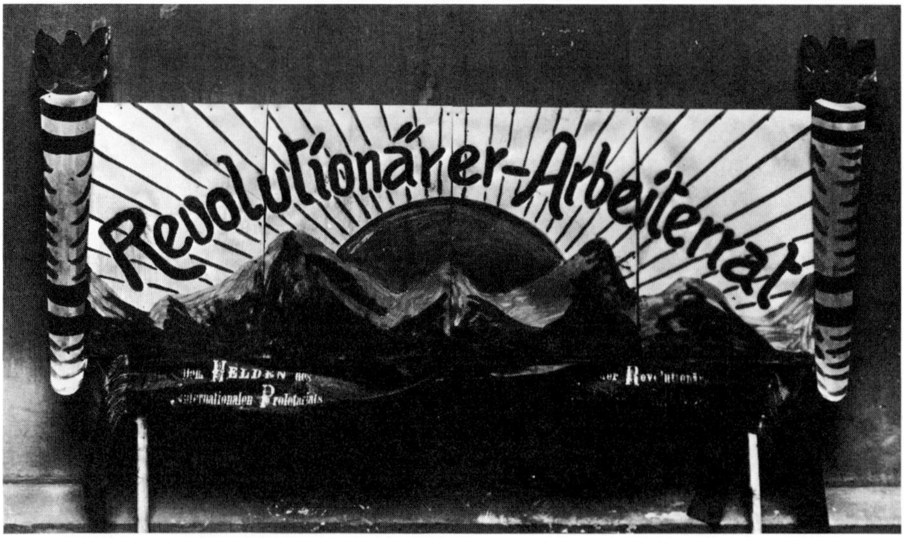

Demonstrations-Transparent des Revolutionären Arbeiter-Rats. Der RAR bildete sich 1918 spontan aus den am Umsturz aktiv beteiligten Revolutionären und war bis zum April 1919 die treibende Kraft der Revolution

Der Schlußappell des Kommunistischen Manifests ist der Schlachtruf der Internationale geworden.
Jetzt richten wir den Appell an das revolutionäre Volk des eignen Landes

Proletarier Bayerns vereinigt euch!

Die Einigung des Proletariats kann nach dem herrlichen Beispiel des russischen Volks nur auf einer Grundlage geschehen, auf der der *Räterepublik!*

Bayern ist Räterepublik.

Ohne Rücksicht auf die Streitigkeiten ihrer Führer hat sich die werktätige Bevölkerung im Willen zusammengeschlossen, *den Sozialismus, den Kommunismus zu verwirklichen!*
Der Landtag ist fortgeschickt, das von ihm eingesetzte kleinbürgerlich-sozialistische Ministerium existiert nicht mehr.
Ein provisorischer Rat von Volksbeauftragten und ein provisorischer revolutionärer Zentralrat haben die Geschäfte des Landes vorläufig zu besorgen. Da kein

einziger der kompromittierten Führer der Kriegssozialisten mehr in diesen Körperschaften sitzt, ist die Gewähr dafür gegeben, daß ihr Wirken ohne Rücksicht auf kapitalistische und Bourgeoisie-Interessen der Herbeiführung der gerechten sozialistisch-kommunistischen Wirtschaft und der Sicherung der Revolution dienen wird.

Die Diktatur des Proletariats ist Tatsache!
Eine Rote Armee wird sofort gebildet!
Die Verbindung mit Rußland und Ungarn wird sofort aufgenommen.
Eine Gemeinschaft zwischen dem royalistischen Bayern und dem Kaiserdeutschland mit dem republikanischen Aushängeschild kann nicht mehr sein!
Ein Revolutionsgericht wird jeden Versuch reaktionärer Machenschaften rücksichtslos ahnden.
Die Lügenfreiheit der Presse hört auf. Die Sozialisierung des Zeitungswesens sichert die wahre Meinungsfreiheit des revolutionären Volkes.

Die neue Gewalt wird so schnell wie möglich Neuwahlen der Betriebsräte auf revolutionärer Grundlage anordnen, auf der von unten herauf sich das Rätesystem aufbauen soll, das die Entscheidung über alle seine Angelegenheiten in die eignen Hände des arbeitenden Volkes legt. Nur des arbeitenden Volkes! Die Kapitalisten werden von der Mitbestimmung an den Geschicken des Landes ausgeschlossen.
Aus dem Rätesystem wird die sozialistische Gesellschaft heranwachsen, die keinen arbeitslosen Wohlstand und keine Armut des Fleißigen mehr kennen wird.
Im Bunde mit dem revolutionären Rußland und Ungarn wird das neue Bayern *die revolutionäre Internationale* hochhalten und *der Weltrevolution* die Wege ebnen!
Proletarier! Haltet Frieden miteinander! Es gibt nur einen gemeinsamen Feind: die Reaktion, den Kapitalismus, die Ausbeutung und Bevorrechtung! Gegen diesen Feind müssen alle Kämpfer für Freiheit und Sozialismus geschlossen zusammenstehen!
An die Arbeit! Jeder auf seinen Posten!

Es lebe das freie bayrische Volk!

Es lebe die Räterepublik!

Erich Mühsam
In eigener Sache

Erich Mühsam, 1919. ›Nie ist die Welt heiterer, Gegenwart und Zukunft ineinander verliebter, das Gesicht der Menschheit strahlender als im Rausch der Revolution. Nur Buchstabenhengste und Kümmerlinge können der Revolution das Lachen verargen wollen‹. Erich Mühsam

Es scheint wirklich nötig, Klatschereien und Verleumdungen entgegenzutreten, die so dumm und so gemein sind, daß ich gehofft hatte, ihre Widerlegung erübrige sich für jeden, der mich und meine politische Tätigkeit kennt, von selbst.
Seit ich in der Nacht des 6. April eine andere Haltung einnehme als einige Führer der KPD – ich will gar nicht unbedingt behaupten, daß ich dabei recht hatte, aber das ist eine Frage der Taktik, in der unter den Mitgliedern der Partei selbst Uneinigkeit herrscht –, seit ich also von meiner Unabhängigkeit von der Parteidisziplin Gebrauch gemacht habe, werde ich in geradezu halunkenhafter Weise in den Schmutz der Lüge und der Verleumdung gezogen. Man entblödet sich nicht, in öffentlichen Versammlungen zu behaupten, ich sei mit Schneppenhorst auf eine Agitationsreise nach Nürnberg gefahren, um mit ihm zusammen die Soldaten Nordbayerns gegen das Proletariat scharfzumachen. Und die Volksmassen, die monatelang von mir Reden gehört haben, die sie in revolutionärem Geiste beeinflußt und erzogen haben, glauben diesen niederträchtigen Schmarrn.
Ich erkläre: Bei meiner Reise nach Nürnberg fuhr ich rein zufällig mit Schneppenhorst im gleichen Abteil. Ich traf den Mann erst in der Bahn, am Bahnhof Nürnberg gingen unsere Wege auseinander. Im gleichen Kupee fuhren eine Anzahl Politiker verschiedener Richtung, die bezeugen können, daß ich auf der Fahrt mit Schneppenhorst keinerlei Konspiration getrieben habe. In Nürnberg wurde ich von Mitgliedern der KPD am Bahnhof abgeholt, mit denen ich den ganzen Tag beisammenblieb.
Ich erkläre ferner: Ich habe meine Mitwirkung an der provisorischen Leitung der Räterepublik, nachdem ich von den Nürnberger Genossen über Herrn Schneppenhorst genauere Auskunft erhalten hatte, davon abhängig gemacht, daß 1. die Kommunistische Partei nicht wegen Ablehnung irgendeiner grundsätzlichen Forderung von der Mitwirkung ausgeschlossen bleiben dürfe, 2. Schneppenhorst unter gar keiner Bedingung an irgendeiner Stelle der neuen Organisation tätig sein dürfe. Diese Forderungen habe ich am 6. April in der Generalversammlung der KPD im Wagnersaal unter dem Beifall der Versammlung mitgeteilt. Daß sie erfüllt worden sind, weiß jeder. Denn das Fernbleiben der Kommunisten von der Regierung ist in ihrem eigenen Beschluß begründet, dessen Gründe ich vollkommen würdige, die aber durchaus auf keiner Meinungsverschiedenheit in den Aufgaben und Zielen der Räterepublik beruhen.
Was ich hier behaupte, ist jederzeit beweisbar. Sollten die, die das unverantwortliche Geschwätz gewissenloser Demagogen ohne Prüfung geglaubt haben, an meinen Worten zweifeln, so bin ich bereit, die Wahrheit vor einem Ehrengericht, das nur aus Kommunisten zusammengesetzt sein soll, zu beweisen. Ich hoffe aber, daß sich die Proletarier, die ihr »Kreuzigt ihn!« so rasch bereit hatten, auf diese Erklärung hin ein wenig schämen und in Zukunft gegen die Dreckschleuder erbärmlicher Intriganten mißtrauisch sein werden. An hohen Posten liegt mir verdammt wenig, am Vertrauen des Volkes aber und an seinem Glauben an meine Ehrlichkeit und an die Sauberkeit meiner Handlungen liegt mir alles.

München, 10. April 1919

Erich Mühsam
Von Eisner bis Leviné *(Vorwort 1929)*

Am 12. Juli 1919 fällte das Standgericht in München über mich das Urteil, das mich wegen Hochverrats schuldig sprach und auf eine Strafe von fünfzehn Jahren Festung erkannte. Über die Rechtsgrundlagen dieser Verurteilung, durch die ein von Sozialdemokraten eingesetztes Tribunal von königlichen Offizieren und Richtern auf Grund monarchistischer Gesetze entschied, was für eine Republik als rechtmäßig zu betrachten sei, die eines nach Bamberg geflüchteten Rumpfkabinetts oder die Räterepublik des bayerischen arbeitenden Stadt- und Landvolkes, habe ich an anderer Stelle Material beigebracht (›Standrecht in Bayern‹, Vereinigung Internationaler Verlagsanstalten, Berlin 1923).
Am 20. Dezember 1924 wurde ich aus der Festungshaftanstalt Niederschönenfeld entlassen, wobei die Strafe auf acht Jahre herabgesetzt und für die Restzeit Bewährung durch Wohlverhalten auferlegt wurde. Die Strafvollstreckung hatte im Gegensatz zur Strafverhängung mit den monarchistischen Gebräuchen nichts mehr zu tun. Die auf Kavaliershaft von Offizieren und Studenten zugeschnittene Festungsstrafe wurde von der Republik, die sie an Proletariern und ihren Sachwaltern zu vollziehen hatte, zum Werkzeug hemmungsloser Rachepolitik mit dem Ziele der physischen und moralischen Entwertung der Betroffenen umgewandelt. Hierüber liegt aktenmäßig gesammeltes Material, zum Buch vereinigt, druckfertig bei mir bereit und wird erscheinen, sobald ein Verlag sich zu seiner Herausgabe entschließen sollte (›Niederschönenfeld. Eine Chronik in Eingaben‹). Aus diesen Dokumenten wird neben vielem anderen zu ersehen sein, wie die über uns Gefangene verhängte Zensur sich erfolgreich bemühte, die Wahrheit nicht nur über unser Ergehen, sondern auch über unsere innere Beziehung zu den Vorgängen, welche die Ursache unserer Lage gewesen waren, vor der Außenwelt verborgen zu halten.
Am 14. Juli 1928 trat das Reichsamnestiegesetz in Kraft, das mich straffrei machte und die bayerische Justizverwaltung nötigte, die im Laufe der Haftjahre von der Festungszensur beschlagnahmten Schriftstücke aus meinem Besitz herauszugeben. Bei der Sichtung des endlich wiedererlangten, eine Frachtgutkiste füllenden Materials fand ich auch den Durchschlag des Manuskriptes, das in der vorliegenden Schrift der allgemeinen Kenntnis übergeben wird.
Die Niederschrift meines ›persönlichen Rechenschaftsberichtes‹ wäre wahrscheinlich niemals und sicher nicht in dieser Form erfolgt ohne den Antrieb zorniger Abwehr gegen die Broschüre von P. Werner ›Die bayerische Räterepublik. Tatsachen und Kritik‹, die von uns Festungsgefangenen ohne Unterschied der Richtung als ein Dokument bösartigster parteilicher Tendenzmacherei aufgenommen wurde. Ich denke heute wesentlich ruhiger über die Wernersche Geschichtsschreibung, zumal ich inzwischen erfahren habe, daß ein bekannter (jetzt aus der KPD ausgeschlossener) Genosse der Verfasser ist, den ich in vielfacher

Hinsicht schätze und von dessen subjektiver Ehrlichkeit bei aller Verranntheit und vorurteilsvollen Parteibesessenheit ich überzeugt bin. Dessenungeachtet glaube ich objektiv berechtigt zu sein, die ›Tatsachen‹, die er mitteilt, in wesentlichen Einzelheiten für falsch und auf einseitigen Informationen beruhend zu erklären und die aus ihnen gezogene ›Kritik‹ als völlig verfehlt mit aller Schroffheit zurückzuweisen. Von den Persönlichkeiten, die Werner mit einer Handbewegung abtut, hatte er keine Ahnung. Von Gustav Landauer weiß er nichts weiter, als daß er ›eine Reihe geschichtlicher Werke herausgegeben‹ habe, was nicht einmal richtig ist, sowenig wie die Behauptung, daß er an die Revolution ›mit ethisch-putschistischen Gedankengängen herangetreten‹ und durch sie ›in den Konflikt mit seiner Grundauffassung hineingetrieben‹ sei. Daß ich für meine Person zur Zeit der behandelten Ereignisse immerhin schon seit achtzehn Jahren in der Arbeiterbewegung tätig war, hindert Werner nicht, mich als ›Epigonen jener (jener!) Kaffeehausdichter aus der lustigen Zeit Peter Hilles, als ›ein politisches Kind‹ vorzustellen, dessen ›rührende Naivität‹ ihn für mich einnahm. Silvio Gesell, dessen Name sogar in der Schrift regelmäßig falsch geschrieben wird, wird durchaus ohne zureichende Kenntnis seiner Theorie, die übrigens, was Werner ausdrücklich bestreitet, ganz auf Proudhonschen Gedanken fußt, als eine Art ökonomischer Wunderdoktor ironisiert. Die Kritik anderer Beteiligter stützt sich auf Äußerungen vor dem Standgericht, ist also erst aus Kenntnissen gewonnen, die zuvor weder wir noch die Parteikommunisten haben konnten, so die jämmerliche Behauptung des Bauernbündlers Kübler vor Gericht, er habe den Posten in der Räterepublik nur angenommen, um zu verhüten, daß radikalere Elemente an die Stelle kämen. Werner mußte wissen, daß Kübler sich gerade durch sein radikales Auftreten das Vertrauen der Revolutionäre erworben hatte.

Die Unterscheidung zwischen der ›Scheinräterepublik‹ und der kommunistischen Parteiräterepublik, die dann als einzige wirkliche Räterepublik ausgegeben wurde, war ein Manöver der Parteikommunisten in der Zeit, als sie ihr Abseitsstehen dem Proletariat mundgerecht machen mußten. Die Übernahme dieses Unsinns in eine geschichtliche Darstellung nach dem tragischen Abschluß des ganzen Versuchs ist mit der Bezeichnung als demagogische Geschichtsklitterung kaum zu streng charakterisiert. Die Arbeiter, die mit dem ihnen geläufigen Begriff ›Diktatur des Proletariats‹ die einfache Vorstellung verbanden, daß die unterdrückte Klasse im revolutionären Aufstand die Fesseln des Kapitalismus zu lösen und durch das Mittel ihrer Räte Selbstbestimmung über ihre Angelegenheiten zu üben habe, wußten nichts und wollten nichts wissen von der Unterscheidung zwischen der am 7. April proklamierten und der am 13. April durch den Personalwechsel im Funktionärkörper veränderten Räterepublik. Sie haben für die Räterepublik schlechthin gekämpft und ihre Knochen und ihre Freiheit geopfert. Es waren dieselben Genossen, die seit Eisners Ermordung – und schon früher – gerufen hatten: Alle Macht den Räten!, die vom Rätekongreß die Ausrufung der Räterepublik verlangt hatten; die die von der Reaktion geplante ›demokratische‹ Aufrichtung einer Bourgeoisdiktatur wie in Norddeutschland über Bayern nicht dulden wollten und darum die überstürzten Ereignisse vom

4. bis 6. April erzwangen; die dem Zentralrat der ›Scheinräterepublik‹ ihr Vertrauen aussprachen; die nach dem Palmsonntagsputsch den Münchener Hauptbahnhof stürmten und die alsdann als Rotgardisten in ewig unvergänglichem Opfermut fielen, ermordet wurden oder der sozialdemokratisch-nationalistischen Rachejustiz ihre besten Jahre hingaben. Mag der Genosse, der geglaubt hat, Tatsachen und Kritik der bayerischen Räterepublik unter parteigefälligen Gesichtspunkten niederlegen zu sollen, wissen, daß seine Darstellung, außer bei wenigen, die aus Disziplin auf ein eigenes Urteil verzichteten, bei allen Rotgardisten in der Festung laute Empörung wachrief und daß nicht wenige parteikommunistisch organisierte Genossen unter denen waren, die mich immer wieder aufforderten, auf die Wernersche Schrift zu antworten.
Erst im Spätsommer 1920, als ich aus einlaufenden kommunistischen Zeitschriften ersah, daß die Broschüre besonders auch in Rußland als einzige Unterlage zur kritischen Würdigung der ganzen bayerischen Revolutionsbewegung benutzt wurde, entschloß ich mich, wenigstens eine Reihe von Tatsachen richtigzustellen. Ich befand mich damals in einer sehr übeln Lage. Die befreundeten Genossen, mit denen ich seit einem Jahre in engster Kameradschaft zusammen die Kerkerzeit verbracht hatte, waren, während ich die Festungshaft zwei Monate lang durch eine Gefängnisstrafe wegen Beleidigung des bayerischen Justizministers Müller-Meiningen unterbrechen mußte, nach Niederschönenfeld abtransportiert worden. Mir gab man, als ich wieder in die Räume der Ansbacher Festungsanstalt zurückkehrte, vier Gefährten, deren einer, der später als Spitzel entlarvt wurde, den Auftrag hatte und erfüllte, mein Ansehen bei den Genossen durch Verleumdung zu untergraben, meine Tätigkeit zu überwachen – so wurde meine gesamte Korrespondenz, bevor ich sie erhielt, zunächst diesem Mitgefangenen ausgeliefert – und mich völlig zu isolieren. Von den anderen drei Haftgefährten ist einer bei den Völkischen, ein zweiter im Kloster gelandet, der einzige, der der Idee ergeben blieb, wurde von den übrigen unter Drohungen genötigt, sich dem Boykott gegen mich anzuschließen. In dieser Zeit, in der ich sogar körperlichen Brutalisierungen ausgesetzt war, schrieb ich den Bericht, den ich daher ganz auf das eigene Gedächtnis stützen mußte.
Ich beschränkte mich, um nicht selber in den Fehler Werners zu verfallen, aus dem Hörensagen zu schöpfen und dadurch zu Ungerechtigkeiten verführt zu werden, meine Mitteilungen auf das, was ich in eigener Person miterlebt, zum Teil mitveranlaßt habe. Dabei habe ich vieles übergangen, was wir damals, vielleicht zu Unrecht, für die Beurteilung des Allgemeinen nicht wichtig genug schien. So habe ich die in vielfacher Hinsicht überaus lehrreichen Vorträge im Kriegsministerium an den ersten Revolutionstagen, als ich dort im Sicherheitsreferat saß und die ersten grundsätzlichen Auseinandersetzungen mit dem sozialdemokratischen Militärminister hatte, ganz übergangen und manches andere noch, was mir so kurz nach dem Zusammenbruch der Revolution allzu anekdotenhaft vorkam. Sollte ich noch einmal dazu kommen, an der Hand auch fremden Materials eine wirkliche Geschichte der bayerischen Revolution zu schreiben, so wird vieles nachgeholt werden. Dann werden aber auch die Zusammenhänge des Geschehens in den richtigen Rahmen gestellt werden müssen und zugleich not-

wendige Vergleiche mit geschichtlichen Vorgängen der Vergangenheit gezogen werden. Auch darin versagt P. Werner völlig. Sonst hätte er mindestens auf das unglaublich naheliegende Beispiel der Pariser Kommune verweisen müssen, mit der die Münchener Episode ganz verblüffende Parallelen aufweist.

Ich will einen einzigen Vergleichspunkt hier nennen, und zwar deshalb, weil sowohl die Parteikommunisten es lieben, für die Fehler der sogenannten ›Scheinräterepublik‹ zum großen Teil die Anarchisten verantwortlich zu machen, womit immer Gustav Landauer und ich gemeint sind, als auch unsere anarchistischen Genossen vielfach zu der Auffassung neigen, wir hätten unsere Finger herauslassen sollen aus einem Unternehmen, dessen Fehlerhaftigkeit von vornherein in der entscheidenden Einwirkung der parteikommunistischen marxistischen Doktrinäre begründet lag. Ich glaube, beiden Kritikern mit einem Zitat aus Friedrich Engels' im Jahre 1891 geschriebener Einleitung zu Karl Marx' ›Der Bürgerkrieg in Frankreich‹ entgegnen zu können. Da heißt es in bezug auf das Zusammenwirken von Proudhonisten und Blanquisten in der Pariser Kommune: ›Was aber noch wunderbarer (als die vorher kritisierten fehlerhaften Unterlassungen), das ist das viele Richtige, das trotzdem von der aus Proudhonisten und Blanquisten zusammengesetzten Kommune getan wurde. Selbstverständlich sind für die ökonomischen Dekrete der Kommune, für ihre rühmlichen wie für ihre unrühmlichen Seiten, in erster Linie die Proudhonisten verantwortlich, wie für ihre politischen Handlungen und Unterlassungen die Blanquisten. Und in beiden Fällen wollte es die Ironie der Geschichte – wie gewöhnlich, wenn Doktrinäre ans Ruder kommen –, daß die einen wie die anderen das Gegenteil von dem taten, was ihre Schuldoktrin vorschrieb.‹ Trifft das nicht auf das Verhalten der Kommunisten und der Anarchisten in der bayerischen Räterepublik haargenau zu? In der kritischen Nacht vom 4. zum 5. April fanden Landauer und ich, daß es gar nicht darauf ankomme, ob die Ausrufung der Räterepublik in Ausführung eines von den Betrieben ausgehenden Beschlusses geschehe, und beteiligten uns, wenn auch nicht ohne Bedenken, so doch im Gefühl, einer unumgehbaren Notwendigkeit zu gehorchen, an der Bildung einer provisorischen ›Regierung‹. Die Kommunisten aber, die sonst stets nur den Führerentschluß maßgeblich auf die Massen wirken lassen, beriefen sich auf die Unzulässigkeit unseres Vorgehens als Durchbrechung des Prinzips, daß die Räterepublik nur von unten nach oben aufgebaut werden dürfe. Am 13. April allerdings machten sie es dann unter dem Druck der Ereignisse nicht anders als wir eine Woche zuvor. Leider hat der Parteiegoismus der Kommunisten das Zusammenarbeiten im entscheidenden Augenblick verhindert. Sonst wäre vielleicht mancher Fehler der ersten Periode minder verhängnisvoll ausgefallen, mancher Fehler der zweiten Periode ganz vermieden worden, und das viele Richtige, das beide Perioden mindestens im Wollen und Versuchen gezeitigt haben, wäre zu wirklichen Erfolgen geführt worden.

Mein Rechenschaftsbericht ist in Form eines Briefes gehalten, der die Aufschrift trug: ›Zur Aufklärung an die Schöpfer der russischen Sowjetrepublik, zu Händen des Genossen Lenin.‹ Das mag heute befremden, da ein Anarchist diese Adressierung wählte. Es sei daran erinnert, daß in der Zeit, als ich die Schrift verfaßte, der offene Bürgerkrieg in Rußland noch in vollem Gange war. Wir wußten, daß die Roten Garden, als deren Organisator wir Trotzki liebten, gegen die weißen Banden der Koltschak, Judenitsch, Denikin usw. im Kampfe standen, und ahnten nichts von der Zersetzung innerhalb der proletarisch-revolutionären Kräfte, die mit der Aufhebung der reinen Rätemacht durch die Diktatur der bolschewistischen Partei schon begonnen hatte. Das furchtbare Verbrechen gegen die ihre Räterechte verteidigenden Kronstädter Matrosen und Arbeiter erfolgte erst später, und wenn wir den Namen Nestor Machno überhaupt schon gehört hatten, so nur im Zusammenhange mit gemeinsamen Abwehrkämpfen der Bolschewiki und der ukrainischen Anarchisten gegen die Denikinschen oder Petljuraschen Weißgardisten. Der Name Lenin aber galt uns allen als die sichtbarste und energischste Kraft der russischen Revolution, der Bolschewismus als Formel für die revolutionäre Räteidee allgemein, und die russische Revolution selbst war noch lebendiges Feuer, leuchtender Stern unserer Hoffnung und glühender Wegweiser unserer Zukunft. Ich hatte 1920 nicht die Pflicht, zu wissen, was 1929 aus Rußland geworden sein würde. Ich streiche daher kein Wort von dem, was ich damals geschrieben habe, da ich mich keines meiner Worte zu schämen brauche.

Auch den Inhalt des Berichtes lasse ich genau so stehen, wie ich ihn niedergeschrieben habe. Gewiß würde ich heute manches anders ausdrücken, manches auch anders beurteilen. Aber jede Änderung, ja jede Anmerkung, die meine veränderte Auffassung von heute einmischen würde, schiene mir eine Fälschung dessen, was ich 1919 war und 1920 vertrat. Zehn Jahre nach dem Erlebnis will ich der Welt nicht vortragen, was ich heute von allem denke, sondern was ich als mitwirkender Zeitgenosse gleich nachher auszusagen hatte. Ich stelle mein Tun und meine Absicht zur Kritik, und ich will der Wahrheit keine Gewalt antun, indem ich heute in der Vorführung meines Werkes eine Pose annehme, die mir nicht gleich selbstverständlich war.

Die Handschrift der Arbeit wurde im Herbst 1920 aus der Festung herausgeschmuggelt. Draußen wurden Schreibmaschinenabschriften angefertigt, von denen eine mir in die Festung legal hineingeschickt werden sollte. Sie verfiel der Beschlagnahme durch die Zensur und hat mir jetzt zur Vorlage gedient. Ein Durchschlag wurde 1921 von einer Genossin nach Moskau gebracht und ist, wenn ich recht unterrichtet bin, von Lenin in Empfang genommen und gelesen worden. Ob es wahr ist, wie mir versichert wurde, daß er sich durch meine Darstellung von der Fehlerhaftigkeit des Verhaltens seiner Parteigenossen in Bayern hat überzeugen lassen, müßten erst Zeugen bestätigen. Es kommt auch nicht darauf an. Worauf es ankommt, ist, daß dem tendenziösen Material, das bisher der Geschichtsschreibung zur Verfügung stand, neue Momente zur Beurteilung entgegengestellt werden. Worauf noch weit mehr, worauf alles ankommt, ist, daß das revolutionäre Proletariat der Gegenwart und Zukunft aus unseren Fehlern und Unterlassungen lerne, aus dem Guten und Richtigen aber, das uns wohl manchmal auch gelungen sein mag, Kräftigung und Erleuchtung ziehe für den Kampf seiner Befreiung aus Not, Staat und Versklavung.

An die Münchener Bevölkerung!

Die tollsten Gerüchte werden von unbedenklichen Politikern in die Welt gesetzt und von der verängstigten Bevölkerung geglaubt und mit immer neuen und wilderen Zutaten versehen.

Volksgenossen! Ihr wißt nicht, was Räte-Republik heißt. Ihr werdet sie jetzt an der Arbeit sehen. Die Räte-Republik bringt die neue Ordnung. Die Räte-Republik schützt die Schwachen, zu denen auch weite Kreise des Mittelstandes und der kleineren und mittleren Beamten gehören.

Niemand denkt daran, Eure Sparkassen-Guthaben anzutasten!

Für den Schutz der Stadt München wird ausgiebig gesorgt.

Wer plündert, wird erschossen!

Mit strengsten Strafen durch das Revolutionstribunal sofort abgeurteilt wird jeder, der **gegenrevolutionäre Umtriebe** anzettelt, wer **Druckschriften** verbreitet, auf denen die für Abfassung und Druck Verantwortlichen sich nicht nennen, wer Gerüchte verbreitet, welche die öffentliche Sicherheit gefährden, wer zu einer Form des **Bürgerstreikes** auffordert oder sich derart daran beteiligt, daß Gesundheit und Wohl der arbeitenden Bevölkerung bedroht sind.

Wir haben den sicheren Nachweis, daß die massenhaft verbreiteten anonymen Flugblätter, in denen schamlos **Judenhetze** getrieben wird, und deren Ergebnis sein könnte und sein soll, daß es zu schweren Ausschreitungen gegen die jüdische Bevölkerung kommt, aus Norddeutschland hierher geschickt worden sind in der bewußten Absicht, hier in der Hauptstadt Baierns blutige Zusammenstöße und Zustände hervorzurufen, wie sie sich in Berlin durch die Schuld der dortigen Regierung abgespielt haben.

Wir haben Frieden in der Bevölkerung und werden ihn behalten, wenn wir in unserer Arbeit für den Aufbau der neuen Gesellschaft nicht durch verantwortungslose Elemente gestört werden.

Die **Banken** bleiben nur noch den heutigen Tag geschlossen; die unbedingt notwendige Umgestaltung der inneren Organisation dieser Betriebe erfordert es.

München, den 8. April 1919.

Der revolutionäre Zentralrat in der Räte-Republik Baiern:

Niekisch. Soldmann. Landauer. Dr. Franz Lipp.

Druck von Knorr & Hirth in München

ROTE ARMEE

Die rote Armee der Räterepublik Baierns hat den Zweck, die Republik der revolutionären Arbeiter, Bauern und Soldaten gegen jede gegenrevolutionären Angriffe von außen und innen zu schützen und für Ordnung und Sicherheit Gewähr zu leisten. Die rote Armee ist eine freiwillige.

Aufnahmebedingungen:

Es können nur Angehörige aller arbeitenden Klassen aufgenommen werden, die auf dem Boden der Räterepublik stehen.

Vorbedingungen für die Aufnahme in die rote Armee:

1. Altersgrenze vollendetes 23. bis 45. Lebensjahr [Ausnahme möglich].
2. Körperliche Rüstigkeit.
3. Keine Strafen wegen ehrloser Handlungen [Strafe wegen politischer Vergehen ausgenommen].
4. Gründliche Ausbildung mit einer Waffe oder sonstigen militärischen Hilfsmitteln [Technische Truppen, Sanitätspersonal, mil. Handwerker usw.].
5. Zugehörigkeit zu einer sozialistischen oder freigewerkschaftlichen Organisation der klassenbewußten Arbeiterschaft. Bisherige Berufssoldaten, welche sich ohne Vorbehalt auf den Boden der Räterepublik stellen.
6. Erwerbslose, welche die oben gestellten Bedingungen erfüllen, werden in erster Linie eingestellt.
7. Als Stamm für die neue Armee werden die bestehenden Formationen übernommen.
8. Alle in die rote Armee Eintretenden werden durch Handschlag auf die Räterepublik verpflichtet.
9. Strengste Disziplin und unbedingter Gehorsam wird gefordert.

Jeder Angehörige der roten Armee erhält ein Diensttagegeld von M. 6.– nebst M. 1.– Treuprämie sowie Verpflegung, Unterkunft und Bekleidung. Verheiratete [Selbstverpfleger] erhalten M. 5.– Zulage für Verpflegung und Unterkunft sowie für München eine Teuerungszulage von M. 2.50 pro Tag.

Angeworben wird:

a] für München: Ortsansässige eines hiesigen Truppenteils beim Truppenteil;
b] in den übrigen Garnisonen: bei den dort bestehenden Truppenteilen.

Das Werbebüro im städtischen Wehramt [Winzererstraße] besteht aus einer Kommission, die sich aus Arbeiter-, Soldaten- und Bauernräten zusammensetzt. Der Vorsitzende dieser Kommission ist Kamerad und Genosse Wimmer vom Vollzugsausschuß des baierischen Landessoldatenrates.

Die Werbung beginnt Donnerstag, den 10. April 1 Uhr mittags. Militärpapiere sowie die aus obigen Bedingungen hervorgehenden Unterlagen sind mitzubringen.

Ueber Bewaffnung des Städte-Proletariats sowie der Bauern erfolgen sofort gesonderte Bestimmungen.

Zentralrat	Volksbeauftragter	Landessoldatenrat	Korpssoldatenrat
gez. Niekisch.	gez. Reichart.	gez. Wimmer.	gez. Elchner.

Soldaten!

Die Verräter der Revolution haben den Kampf proklamiert. Sie wollen die Arbeiterklasse niederschmettern.

Wollt Ihr dabei helfen?
Wollt Ihr Eure Arbeiterbrüder niederschießen?

Wenn Ihr es wollt, was ist dann Euer Schicksal! Ihr werdet wieder ins Sklavenjoch gespannt. Eure Offiziere, Eure Peiniger sind dann wieder Eure Herren. Ihr seid dann wieder die Knechte.

Das könnt Ihr nicht wollen. **Deshalb müßt Ihr kämpfen** Schulter an Schulter mit den Brüdern aus der Werkstatt.

Ihr habt die Waffen!

Gebraucht sie gegen die Verräter, gegen die **Meuchelmörder des Volkes.** Gebt die Waffen, die Ihr nicht braucht an die **Arbeiter** ab. Sie werden mit **Euch** kämpfen.

Viele Euerer Kasernenräte haben Euch und die Arbeiter verraten. Verhaftet sie. Wählt neue Kasernenräte. Wählt Euch wirkliche Führer im Kampf.

Es geht um ein hohes Ziel. Es geht um Eure Freiheit. Es geht um das Schicksal der Revolution.

Nieder mit den Verrätern.

Nieder mit Epp, Schneppenhorst und ihren erbündeten Halunken!

Nieder mit der Regierung Hoffmann, der Regierung der kapitalistischen Ausbeuter!

Hoch der Kommunismus! Hoch die Räterepublik!

Auf zum Kampf!

Die Kommunistische Partei
Spartakusbund.

Arbeiter!

Der Kampf gegen die Bourgeoisie und die Verräter des Proletariats ist in voller Schärfe entbrannt. Wichtige Positionen habt Ihr im ersten Ansturm erobert.

Der ganze Sieg kann nur errungen und befestigt werden, wenn der bewaffnete Kampf mit aller Energie geführt wird.

Arbeiter tretet sofort in den

Generalstreik!

Nehmt die Arbeit nicht früher auf, als bis der volle Sieg gesichert ist!

Es geht ums Ganze!

Es geht um Eure Zukunft!

Es geht um den Sieg der proletarischen Weltrevolution!

Ausgeschlossen vom Streik

ist das Eisenbahn-, Post-, Telegraphen- und Telephonpersonal, sind ferner die Arbeiter und Angestellten notwendiger Lebensmittelfabriken, die Gasanstalt, der Wasser- und Elektrizitätswerke, das Personal für Bereitung und Auszahlung von Löhnen und der sozialen Fürsorgeeinrichtungen.

Gastwirtschaften sind ebenfalls vorläufig vom Streik ausgeschlossen.

München, den 14. April 1919.

Vollzugsrat der Betriebs- und Soldatenräte Münchens.

Bekanntmachung

Wer unwahre Gerüchte verbreitet, wird sofort verhaftet durch die Wachmannschaften der Roten Armee. Es ist Pflicht jedes Einzelnen der Roten Armee, Schwätzer, die das Ansehen der Räterepublik und ihrer Führer durch Lügen beschmutzen, zu verhaften.

München, den 28. April 1919.

Oberkommando:

R. Egelhofer.

Die reaktionären Diebe und Plünderer in Haft!

Am Samstag, den 26. April, nachmittags wurden in dem hochvornehmen Hotel „Vier Jahreszeiten“ eine gemeingefährliche Bande von Verbrechern und Verbrecherinnen durch die Organe der Regierung der Räte-Republik abgefaßt und in Haft genommen. Es waren durchwegs „Damen“ und „Herren“ der sogen. guten Gesellschaft. Ein Oberleutnant und eine Gräfin waren auch dabei.

Diese Leute haben **militärische Stempel nachgemacht** und gefälscht und zu

Diebstählen und Plünderungen größten Stiles

benützt, indem sie „Beschlagnahmen“ durchführten.

Sie haben riesige Mengen von **Waren** aller Art, zahlreiche **Automobile** und sicherem Anschein nach auch Geldsummen im Betrage von **Millionen** beschlagnahmt und auf dem Lande bei den Bauern

räuberisch Vieh „requiriert.“

Diese Verbrecher sind Erzreaktionäre, Agenten und Zutreiber für die weißen Garden, Hetzer gegen die Räte-Republik, die dem **Schieberunwesen rücksichtslos zu Leibe geht** und den Schiebern und Kriegsgewinnlern deshalb aufs Blut verhaßt ist.

Natürlich haben sie die Räteregierung als Anstifter und Verüber dieser Plünderungen ausgeschrieen und damit Glauben gefunden, weil ja die Ausgeplünderten nicht wissen konnten, daß sie von Verbrechern mit Hilfe gefälschter Stempel vergewaltigt wurden.

Der Name **Egelhofers** wurde durch **Fälschung seines Faksimiles** mißbraucht; die wohl berechnete Absicht war, sich falsche Ausweise zu verschaffen, um mit ihnen im Namen Egelhofers und der Regierung Verbrechen zu begehen und dadurch zugleich sich selbst zu bereichern und die Räte-Republik verächtlich und verhaßt zu machen.

Das **Faksimile,** d. h. der **Stempel mit dem Namen Egelhofers ist ungültig;** gültig allein ist die eigenhändige, mit Tinte geschriebene Unterschrift. Damit ist der verbrecherische und hochverräterische Plan durchkreuzt und abgewehrt.

München, den 27. April 1919.

R. Egelhofer.

Nr. 29. 1000.

Druck von Knorr & Hirth in München

Aufruf!

Bayern! Landsleute!

In München rast der russische Terror,

entfesselt von landfremden Elementen. Diese Schmach Bayerns darf keinen Tag, keine Stunde weiter bestehen. Hiezu müssen alle Bayern helfen, ohne Unterschied der Partei, und zwar sofort.

Unsere braven Nachbarn, die Württemberger, sind treu-nachbarlich hilfbereit an unsere Seite getreten und stehen bereits an der Front. Auch das Reich gewährt Unterstützung, wenn wir deren bedürfen sollten.

Ihr Männer der bayerischen Berge, des bayerischen Hochlandes, des bayerischen Waldes, erhebt Euch wie ein Mann, sammelt Euch [illegible] mit Waffen und Ausrüstung in Euren Gemeinden und wählt Eure Führer. Diese melden telegraphisch Zahl, Standort und Namen der Führer nach Kempten, Rosenheim, Passau. Dort sammeln sich die Brigaden. Von dort erhaltet Ihr die Vormarschrichtung und Waffen, wo dies erforderlich.

Ein grüner Buschen am Hute und die weißblaue Binde am Arm sei Euer Erkennungszeichen. Die Bahn befördert Euch zu den Sammelpunkten.

München ruft um Hilfe!

Auf! Tretet alle an! Sofort!

Die Münchener Schmach muß verschwinden. Das ist bayerische Ehrenpflicht.

Bamberg, den 16. April 1919.

Das Gesamtministerium:

gez.: **Hoffmann**, Ministerpräsident. gez.: **Schneppenhorst**, Militärminister.

Vollzugsausschuß des Landessoldatenrats:

gez.: **[illegible]**

Die Garde-Kavallerie-Schützen-Division von Berlin vor München!

Gefangene der Garde-Kavallerie-Schützen-Division wurden eingebracht. 5 Schwadronen der Luxenburg- und Liebknecht-Mörder sind in der Umgebung Münchens.

Arbeiter Münchens! Soldaten! Was droht Euch?

Die Gefangenen sagen übereinstimmend aus: Jeder Arbeiter, der Waffen hat, wird erschossen!

Auf jeden Kopf Euerer Führer sind 50 Mark Prämie ausgesetzt. Auf jeden Mann der Roten Garde oder Roten Armee 30 Mark Belohnung. Gefangene in größerer Anzahl werden auf einen Haufen getrieben und niedergeschossen.

In Starnberg wurde ein 68 Jahre alter Mann an einen Baum gestellt und erschossen.

4 Sanitäter, die Verwundeten Hilfe bringen wollten, wurden ebenfalls erschossen.

Die weißen Garden haben Ausweise mit Noske unterschrieben!

Unter dem geeinigten Münchner Proletariat soll jetzt ein Blutbad von Noske angerichtet werden!

Arbeiter! Soldaten! Schüttelt die preußische Herrschaft ab!

Stellt Euch in Massen bewaffnet dem Feind entgegen!
Meldet Euch sofort bei Euren Sammelstellen!

Diese Tatsachen wurden durch Gefangene bestätigt!

München, den 30. April 1919.

Das Kommando der Roten Armee, IV. Abteilung.

Druck von Knorr & Hirth in München

ERKLÄRUNG.

Die versammelten Betriebsräte erklären, daß sie für die bestialischen Handlungen (Erschießung von Geiseln im Gymnasium) in keiner Weise verantwortlich sind. Die Betriebs- und Soldatenräte sprechen einstimmig ihren tiefsten Abscheu über solche unmenschliche Taten aus. Sie versprechen, die in der Versammlung am 30. April 1919 anwesenden Führer Toller, Maenner und Klingelhöfer, die nur im Auftrag des Proletariats gehandelt haben, in jeder Weise zu decken.

München, den 1. Mai 1919.

Die Betriebs- und Soldaten-Räte Münchens.

AUFRUF!

Die Betriebs- u. Soldatenräte Münchens haben angesichts der niederschmetternden Tatsache, daß mit Waffengewalt die Freiheit des Proletariats niedergeknebelt werden soll, beschlossen,

am 1. Mai gegen jede Vergewaltigung die Manen aufzufordern, waffenlos zu demonstrieren.

Dabei protestieren sie mit Entrüstung gegen die fluchwürdigen Verbrechen jener Elemente, welche durch ihr Handeln die heilige Sache des Proletariats im Kampf für die Menschlichkeit verraten haben.

Soldaten! Laßt Eure Waffen in den Kasernen!
Arbeiter! Laßt Eure Waffen in den Betrieben!
Kommt mit den Frauen und Kindern heraus auf alle großen Plätze und Wiesen!

Ungebeugt wird das Proletariat an diesem Tage seine Räte und den Geist seiner Räterepublik hochhalten. **Es lebe der Rätegedanke!**

München, 1. Mai 1919.

Die Betriebs- und Soldatenräte Münchens.

An das bayerische Volk!

Bayerische Truppen, geführt von General **Möhl,** und **Reichswehr,** unter dem Oberbefehle des Generalleutnants **von Oven,** haben

München umschlossen.

Den Truppen ist die Aufgabe gestellt, München und seine von den Spartakusleuten bedrängte Umgebung von dem Terror einer Minderheit zu befreien.

Arbeiter, Soldaten, Bürger, Bauern in München!

Hört die Stimme der Vernunft!

Laßt ab von bewaffnetem Widerstand.

Meidet die Straßen und Plätze, damit das Blut Unschuldiger nicht vergossen wird. **Die Truppen der Regierung brechen schonungslos jeden bewaffneten Widerstand,** um der Not Aller ein Ende zu machen. **Lebensmittel, Kohlen, Rohstoffe** stehen zur Einfuhr nach München bereit.

1010

gez. **Hoffmann,** Ministerpräsident.

Erich Mühsam
Aufstieg und Niederlage der Räterepublik

Am 4. April nachmittags fand im Ministerium des Äußern unter Niekischs Vorsitz die erste offizielle Beratung über die zu ergreifenden Maßnahmen statt. Es nahmen daran etwa dreißig Personen teil, darunter fünf Mitglieder des siebenköpfigen Ministeriums, nämlich der Herr Minister des Innern *Segitz* (SPD), der Handelsminister *Simon* (USP), der Militärminister *Schneppenhorst* (SPD), der Minister für soziale Fürsorge *Unterleitner* (USP) und der Landwirtschaftsminister *Steiner* (Bayrischer Bauernbund). Ferner waren zugegen *Dr. Neurath* und andere Mitglieder der Regierung, Vertreter des Soldaten- und Bauernrats (darunter *Sauber* und *Gandorfer*) und Mitglieder des revolutionären Arbeiterrats (*Landauer, Mühsam, Hagemeister* und andere).
Auf Niekischs Bericht hin wurde vorgeschlagen, daß sich provisorisch ein *Rat von Volksbeauftragten,* der sich paritätisch aus Sozialdemokraten, Unabhängigen und Kommunisten zusammenzusetzen hätte, konstituieren sollte. Am nächsten Tage sollten die Massen zusammengerufen werden, es sollten sofort neue *Betriebsratswahlen* stattfinden, und *ein neuer Rätekongreß* sollte dann die Räterepublik definitiv machen und ihr die Verfassung geben. Ein Widerspruch gegen diese Vorschläge wurde von keiner Seite erhoben. Keiner der anwesenden Minister (wie gesagt, war die Mehrheit des Ministerrats beisammen) gab mit einem Wort zu erkennen, daß er grundsätzlich etwas gegen die Neugestaltung einzuwenden habe. Im Gegenteil beteiligten sich die Herren eifrig an der Diskussion, und das einzige Bedenken, das laut wurde, betraf die Frage, ob Herr Segitz für seine Person den ihm angetragenen Posten eines provisorischen Volksbeauftragten übernehmen könne. Herr Segitz machte das abhängig von der Zustimmung seiner Partei, erhob jedoch grundsätzlich keinen Einspruch und gab auch nicht mit einer Andeutung zu verstehen, daß das, was hier in seiner Gegenwart und mit seiner Teilnahme vor sich ging, als Hochverrat angesehen werden könne. Im Gegensatz zu Herrn Segitz *stellte sich sein Parteigenosse Herr Schneppenhorst für den Volksbeauftragten des Militärwesens bedingungslos zur Verfügung.* Er ging darin so weit, daß er die von mir gegen seine persönliche Zuverlässigkeit geäußerten Zweifel mit den lebhaftesten Beteuerungen seiner Loyalität zurückwies.
Der weitere Verlauf der Ereignisse, die in der Nacht vom 6. auf den 7. April zur Ausrufung der bayerischen Räterepublik führten, ist in der Folge besonders durch die Beweisaufnahme in zahlreichen Hochverratsprozessen bekannt geworden. Ich verzichte in diesem Zusammenhang auf eine detaillierte Darstellung, verweise aber auf meinen persönlichen Rechenschaftsbericht, den ich im Herbst 1920 über die *Vorgeschichte der bayerischen Räterepublik* für die russische Sowjetregierung verfaßte. Ich stelle anheim, sich die Abschrift des aus der Ansbacher Festungshaftanstalt hinausgesandten Manuskripts von der Verwal-

tung der Festungshaftanstalt Niederschönenfeld aushändigen zu lassen, die die für mich hereingesandte Schreibmaschinenkorrektur beschlagnahmte und zu den Akten nahm.

Es genügt hier, an folgende weitere Tatsachen zu erinnern: An der in der Nacht zum 5. April im Kriegsministerium veranstalteten großen Aussprache, bei der die Vertagung der Proklamation um achtundvierzig Stunden beschlossen wurde, nahm zwar nicht Herr Minister Segitz, wohl aber – wenn mich mein Gedächtnis nicht trügt – der sozialdemokratische Justizminister Herr *Endres* teil.

Eine persönliche Ansicht gab er im Gegensatz zu Schneppenhorst und zahlreichen anderen Partei- und Gewerkschaftsführern bei dieser Gelegenheit nicht kund, *unterließ es also auch, gegen das später von ihm als Hüter der Rechtspflege als Hochverrat verfolgte Unternehmen Einspruch zu erheben,* seine Gesinnungsfreunde vor der Teilnahme an dem Verbrechen zu warnen oder auch nur durch demonstratives Verlassen der Sitzung sein eigenes Mißvergnügen zum Ausdruck zu bringen.

Es ergibt sich somit, daß von sieben Mitgliedern des Ministeriums mindestens fünf an den Vorbereitungen zu unseren angeblich gegen sie gerichteten hochverräterischen Unternehmungen persönlich teilgenommen haben. Vier von ihnen haben sich ausdrücklich zur Mitwirkung bereit erklärt. Herr Schneppenhorst hat seine Zustimmung dazu erteilt, daß er in der ersten Proklamation als provisorischer Volksbeauftragter benannt werde. (Seine späterhin vor Gericht aufgestellten Behauptungen, er habe unter Druck gestanden und eine gewisse Bereitwilligkeit nur vorgespiegelt, ändern nichts an den Tatsachen, noch daran, daß schon die Vortäuschung seiner Bereitwilligkeit vollständig gelang.) Der Landwirtschaftsminister *Steiner* ließ sich nicht nur in der ersten provisorischen Liste als Volksbeauftragter benennen, sondern er übernahm auch bei der definitiven Ausrufung der Räterepublik tatsächlich die Leitung des Volkskommissariats für die Landwirtschaft.

Einzig der Ministerpräsident Herr *Hoffmann* war in keinem Moment der Vorbereitung oder Ausführung des Unternehmens an der staatsrechtlichen Umwälzung beteiligt. Doch unterließ auch er es, bevor die entscheidenden Tatsachen vollzogen waren, in seiner Eigenschaft als repräsentierender Leiter der Staatsregierung, öffentlichen Protest zu erheben. Daß er von den Vorgängen Bescheid wußte, geht aus seinem eigenen Bericht hervor, in dem er später die von ihm ergriffenen Maßregeln zur Kenntnis brachte. Herr Hoffmann begab sich, während sich in München die bekannten Ereignisse abspielten, nach Bamberg. Dorthin berief er die ihm erreichbaren Mitglieder des Landtags sowie seine Ministerkollegen, soweit sie ihre bis zum 7. April bekundete Haltung zurückrevidiert hatten. *Erst nach der Ausrufung der Räterepublik verkündete Herr Hoffmann, daß er die revolutionäre Regierung in München nicht anerkenne,* daß er sich und die übrigen in Bamberg versammelten Minister als die rechtmäßige Regierung Bayerns betrachte und daß *der Sitz der Regierung und des Landtags bis auf weiteres in Bamberg* aufgeschlagen sei.

Herr Segitz und Herr Endres waren dem Ministerpräsidenten sofort nach Bamberg gefolgt. Herr Schneppenhorst fuhr dorthin von Nürnberg aus, wohin ihn die erwähnte Versammlung im Kriegsministerium mit der von ihm feierlich beschworenen Verpflichtung gesandt hatte, dort das Militär für die Neuordnung der Dinge im Sinne der Räterepublik günstig zu stimmen. Die Herren Unterleitner und Simon lehnten es ab, weiterhin der Regierung Hoffmann anzugehören, deren Absetzung sie anerkannten, indem sie sich der Räterepublik auch dann noch zur Verfügung hielten, als der Rat der Volksbeauftragten ohne ihre Personen konstituiert war. Herr Steiner jedoch fand es möglich, den ihm auf Empfehlung des revolutionären Bauernrats übertragenen Posten als Volksbeauftragter der Räterepublik zu besetzen und gleichzeitig auf der Ministerliste des Herrn Hoffmann als Vertreter der Landwirtschaft verzeichnet zu sein. Der Zentralrat in München erhielt von dieser merkwürdigen Doppelfunktion des Herrn Steiner erst Kenntnis, als dieser nach mehrtägiger Ausübung seines Amtes als Volksbeauftragter nach Bamberg verreist war und von dort aus mit den übrigen Ministern zusammen sowie auch in Einzelkundgebungen an die Landbevölkerung Proklamationen der aufreizendsten Art erließ, in denen die bekannten Mitglieder des Rates der Volksbeauftragten und des Zentralrates verleumdet und verdächtigt wurden und der Appell zu den Waffen gegen den ›Roten Schrekken‹ in München erging. Mitunterzeichner dieser Proklamation war unter anderen auch der zweite Vorsitzende des Landessoldatenrats, Herr Simon, ein Mann, der sich zuvor der Räterepublik nicht nur zur Verfügung gestellt hatte, sondern der, wie er später als Zeuge im Hochverratsprozeß Mühsam—Wadler selbst zugeben mußte, dem Volksbeauftragtenrat am Tage nach der Proklamation der Räterepublik den von ihm selbst ausgearbeiteten Plan zur Aufstellung einer Roten Armee unterbreitet hatte.

Die Umwälzung vollzog sich vollständig gewaltlos. Fast ganz Südbayern schloß sich der Räterepublik sofort an. In Nordbayern war die Stimmung geteilt. Die Münchener Militärformationen, insbesondere die republikanische Schutztruppe, stellten sich ausnahmslos der neuen Gewalt zur Verfügung. Ich bemerke das, um die Unterstellung der Stand- und Volksgerichte, es sei ein gewaltsamer Umsturz erfolgt, von vornherein zu widerlegen.

Die regierende Gewalt lag nunmehr in den Händen des provisorischen Zentralrats, der den Rat der Volksbeauftragten einsetzte. Der Zentralrat setzte sich zusammen aus Mitgliedern der SPD, der USP, des revolutionären Arbeiterrats, des Landesarbeiterrats, des Soldaten- und Bauernrats und Vertretern der Gewerkschaften. *Die Kommunisten standen vorerst abseits,* hauptsächlich, weil sie der Ehrlichkeit gewisser Teile der Mitwirkenden mißtrauten. In der Nacht zum 13. April (Palmsonntag) veranstalteten einige von Bamberg gedungene militärische Kräfte in München unter Leitung des Bahnhofskommandanten *Aschenbrenner* einen *Aufstand gegen die Räteregierung.* Dreizehn Personen, darunter der Volksbeauftragte Soldmann, und die Mitglieder des Zentralrats Dr. Wadler, Mühsam und Kandlbinder wurden von Bewaffneten verhaftet und nach Nordbayern verschleppt. Die an dem Putsch beteiligten Soldaten handelten keineswegs aus politischer Überzeugung, sondern um die Geldprämien zu erhalten, die die Bamberger Regierung im Betrag von 1500 Mark für jedes Mitglied der zu dem Unternehmen ausersehenen republikanischen Schutztruppe und mehreren

tausend Mark für jeden ihrer Führer ausgesetzt hatte. Meines Wissens haben nur zwei Mitglieder der Schutztruppe der Versuchung widerstanden, die Brüder Wittmann, deren einer während der Maikämpfe standrechtlich erschossen wurde, während der andere zur Zeit noch die ihm wegen Beteiligung an diesen Kämpfen zudiktierte Festungsstrafe abbüßt (wurde inzwischen entlassen).
Das Signal zur Gewaltanwendung war also nicht von den Organen der Räterepublik, sondern von der Regierung Hoffmann gegeben worden. Der Palmsonntagsputsch mußte bei den niedrigen Motiven, von denen die ausführenden Truppen geleitet waren, gegenüber dem mächtigen Impuls der von Idealen bewegten Arbeiterschaft selbstverständlich zusammenbrechen. Das Münchener Proletariat eroberte am Nachmittag unter Brechung des äußerst heftigen Widerstandes der Wache und unter Verlust zahlreicher Toter und Verwundeter im Sturm das Bahnhofsgebäude, dessen Kommandant Aschenbrenner auf einer Lokomotive flüchtete.
Die Wirkung des Putsches war die, daß die Kommunisten aktiv in die Bewegung eingriffen und unter Zustimmung der in der ständigen Betriebsräteversammlung repräsentierten Gesamtarbeiterschaft die Regierungsgewalt übernahmen.
Der Rücktritt des bisherigen Zentralrats und der provisorischen Volksbeauftragten und die

Machtergreifung der neuen Räteregierung

erfolgte also auch jetzt ohne gewaltsamen Umsturz und in den legalen Formen, die nach der Ermordung Eisners durch die Desertion der Regierung und des Parlaments, womit alle Macht den Räten zufiel, geschaffen und durch den Bruch des Nürnberger Abkommens durch den Landtag automatisch wieder in Geltung gesetzt waren. Erst als von der Regierung Hoffmann die Reichsexekutive alarmiert worden war und zur Unterstützung des Bamberger Rumpfkabinetts mit großer Truppenmacht und allem modernen Kriegsgerät in Bayern einrückte; erst als das Proletariat vor der erdrückenden Übermacht der von Generalstabsoffizieren befehligten Reichswehr Position um Position, Stadt um Stadt preisgeben mußte; erst als die junge, aus dem Boden gestampfte, ohne strategische Leitung auf sich selbst gestellte Rote Armee in heroischem Abwehrkampf gegen die landfremden Angreifer verzweifelte Straßenschlachten in München schlug; erst als das Blut von Hunderten und aber Hunderten von Feldgerichten standrechtlich geopfert war, als die entfesselte, durch Lügen und Verleumdungen in besinnungslosen Haß gepeitschte Freikorps-Soldateska viele der besten, dem Ideal ergebenen Revolutionäre ohne irgendwelches Verfahren entsetzlich hingeschlachtet hatte und München der Schauplatz ungeheuerlicher Plünderungen und zügellosester Landsknechtsverwilderung geworden war — erst da sah die Arbeiterschaft ein, daß ihr nichts anderes übrigblieb, als sich mit der Rückkehr der tiefgehaßten Bamberger Regierung und eines Parlaments abzufinden, das am 21. Februar in wilder Flucht, ohne irgendwen zu beauftragen, dem durch die Mordtat des Grafen Arco geschaffenen Chaos zu steuern, den Räteorganen des Proletariats die Interessen des Landes überlassen hatte. Wenn das Münchener Proletariat nach seiner Unterwerfung durch die Reichstruppen die Rechtmäßigkeit der Regierung Hoffmann nicht mehr bestritt, so lag darin nicht die Anerkennung, daß diese Regierung auch vorher und ohne Unterbrechung im Besitz der Legitimität gewesen wäre. Herr Hoffmann und der ihm wieder zugelaufene Teil seines Ministeriums hatten einfach bei der Ausfechtung bewaffneter Kämpfe, bei der sie die Angreifer waren und die für sie ohne Zusicherung überlegener außerbayerischer Militärkräfte niemals zu gewinnen gewesen wären, den physischen Sieg davongetragen. In einem Zeitpunkt höchst akuter Kämpfe, als es galt, die durch die Revolution geschaffenen Verhältnisse überhaupt erst zu stabilisieren, und als zwei grundsätzlich verschiedene Verfassungstendenzen um die endgültige Staatsform in Bayern rangen, erlitt die Richtung, der die bayerische Arbeiter- und Bauernschaft bereits den Erfolg gesichert hatte, durch das Eingreifen landfremder Elemente die schließliche Niederlage.

Pressezeichnung, Mai 1919

Erich Mühsam
Räterepublik und sexuelle Revolution

Die Tatsachen, die ich als aktiver Teilnehmer an der Revolution in Bayern beobachten konnte, bestätigen durchweg die in allen Revolutionen gemachte Erfahrung, daß die Lust der Massenverbundenheit zur Ausrottung von Fäulnis und Knechtung und zum Aufbau reiner und gerechter Gesellschaftsformen zugleich in Erscheinung tritt als erhöhte sinnliche Lust, die freien Atem hat und sich in heller Freude am Dasein selbst bejaht. Die sinnliche Reaktion revolutionsfeindlicher, auf die Wiederherstellung der umgestürzten Mächte bedachter Anstrengungen tritt im Gegensatz zu jener erotischen Beseelung schaffenden Eifers in der Gestalt brutaler, egoistischer Geschlechtsgier in die Erscheinung, die in sadistischen Peinigungen überwältigter Gegner schwelgt, im Siege über die Revolution zu Notzucht und Lustmord neigt und gleichwohl die Unterwerfung der Neuerer als Sieg der moralischen Tugenden, der Keuschheit und der Frauenehre über Sittenverderbnis und Liebesschändung gefeiert wissen will. Eine geschichtliche Untersuchung dieser verschiedenartigen Wirkung von Revolutionen auf das geschlechtliche Verhalten der Verkünder des Neuen und ihrer Bekämpfer, die meines Wissens noch nicht unternommen worden ist, würde für alle Umwälzungen und Umsturzversuche dieselben Erscheinungen zutage fördern, wie sie die bayerischen Ereignisse zeigten ...
Allgemein können die Vorgänge in Bayern insofern als besonders typische angesehen werden, als hier die Revolution einen viel dramatischeren Verlauf nahm als – abgesehen von Ungarn, das ein ganz ähnliches Schicksal hatte – in den übrigen durch den Kriegsausgang 1918 in revolutionäre Bewegung geratenen Ländern. Trat in Berlin eine Regierung an die Spitze, deren ganzes Bestreben dahin ging, der durch die Niederlage geschaffenen Lage nur die allernötigsten Zugeständnisse zu machen, nach Möglichkeit aber zu retten, was vom alten System irgend zu retten war, so ging man in München ans Werk, dem Staat wenigstens in politischer Hinsicht ein völlig verändertes Gesicht zu geben. Die Republikanisierung Bayerns war unter Führung Kurt Eisners ein ernster Versuch, aus dem Niederbruch der Monarchie auch moralische Konsequenzen zu ziehen, während im Reich die Republik wohl oder übel hingenommen wurde, ihr Inhalt jedoch in blinder Abhängigkeit von der Tradition restlos von der Monarchie übernommen wurde. So verursachten in Norddeutschland auch die Versuche der um Karl Liebknecht und Rosa Luxemburg gescharten Arbeiter, die alte Herrschaft von innen heraus zu brechen, von Anfang an gewaltsamen Gegendruck unter Verwendung gerade der Kräfte, die durch das Versagen der von den Novemberereignissen weggespülten Verhältnisse am meisten kompromittiert waren, und die Kämpfe, die in den Jänner- und Märzmorden in Berlin kulminierten, trugen den Charakter einer Konterrevolution ohne eigentliche Revolution. In Bayern stemmten sich zwar wesensverwandte Gesinnungsgenossen der Berliner Macht-

haber ebenfalls dem vordrängenden Radikalismus entgegen, standen aber völlig in der Defensive, und die Revolutionsbewegung entwickelte sich in stürmischem Tempo vorwärts, drängte in raschem Wechsel glücklicher und unglücklicher Ereignisse großen Entscheidungen entgegen, ermannte sich nach der Ermordung Eisners zu weitestreichenden Entschlüssen sozialistischer Verwirklichung, erlebte die Bekriegung durch aus allen Teilen Deutschlands in aller Eile herbeigezogene weißgardistische Landsknechtsarmeen, kämpfte in heroischer Entschlossenheit unter furchtbaren Opfern um ihre Ideale und ertrank schließlich in einem Ozean von Blut, Mord, Plünderung, Schändung, Lästerung und Justizrache.

An Hand revolutionärer Dekrete läßt sich die Einwirkung der Revolution in Bayern auf die Sexualauffassungen der öffentlichen Moral nirgends feststellen. Die erste Revolutionsperiode vom 7. November 1918 bis zu Eisners Ermordung (21. Februar 1919) griff dort in die Fragen der allgemeinen Menschenrechte so wenig ein wie im übrigen Deutschland. Alle Kundgebungen der Regierung und der revolutionären Organe bezogen sich auf die politische Demokratisierung des Staates und bestenfalls auf soziale Maßnahmen zugunsten der ökonomischen Arbeiterinteressen. Nach dem 21. Februar, in der zweiten Revolutionsperiode, die bis zum 6. April gerechnet werden kann, beschäftigte sich das Proletariat schon ernsthafter auch mit Problemen der inneren Wandlung gesellschaftlicher Vorstellungen. Doch hatte der zunächst souveräne Rätekongreß sich fast ausschließlich mit der Neuorganisation der öffentlichen Gewalt zu beschäftigen und fand wenig Zeit, grundsätzliche Zukunftsforderungen zu stellen, und die von ihm eingesetzte Regierung und die ihr beigeordneten Kommissariate hatten erst recht ihre Tätigkeit zu spezialisieren, fanden wohl auch keinen Anlaß, das erotische Verhalten der Massen zu beobachten und Reformen des staatlichen Rechtes auf diesem Gebiet anzubahnen. Die dritte Revolutionsperiode endlich, von der Ausrufung der Räterepublik (7. April) bis zum Einmarsch der Weißen Armee in München (1. Mai), hatte keine Zeit, andere Dinge zu betreiben als die militärische Verteidigung der von den Arbeitern und Bauern geschaffenen revolutionären Tatsachen. Die außerordentlich freiheitlichen Pläne, die unser Volksbeauftragter für Bildung und Volksaufklärung, Gustav Landauer, für die Neugestaltung des gesamten Schul-, Universitäts- und Akademiebetriebes fertiggestellt hatte und die natürlich nicht mehr zur Ausführung gelangen konnten, zeigten aber, daß die Räterepublik entschlossen war, auf allen Gebieten des geistig-seelischen Lebens ebenso wie auf denen der Wirtschaft moderne Anschauungen zur Geltung zu bringen.

Die Stellung der Frau in der Gesellschaft und mithin die Problematik der Ehe als Rechtsgut konnte in Bayern nur wegen der kurzen Dauer der Räteherrschaft nicht zum Gegenstand revolutionärer Entscheidungen werden. Auch die russische Revolution beschränkte sich in der ersten Zeit darauf, der Entwicklung der revolutionären Sexualmoral keine Schwierigkeiten in den Weg zu legen, und zog die verfassungsrechtlichen Folgerungen erst nachher aus den Erfahrungen der Praxis. Im übrigen ist die Erkenntnis, daß eine Revolution sich erst festigen kann, wenn mit den alten Gewalten auch die alte Moralauffassung in der Stellung der Geschlechter zueinander beseitigt ist, nicht erst die Errungenschaft unserer Tage. Schon zu Anfang der Französischen Revolution trat der Freigeist Boissel mit seinem ›Catéchisme du genre humain‹ – erschienen 1789! – hervor, worin er Eigentum, Religion und Ehe als die drei Erfindungen bezeichnet, durch die die Menschen versucht haben, ihrer Herrschsucht eine legitime Grundlage zu geben. Maßnahmen, offizielle Anträge oder auch nur vorbereitende Besprechungen, die die Aufhebung der Ehe oder sonst eine radikale Durchbrechung der monogamischen Sitten der Gesellschaft bezweckt hätten, sind in der bayerischen Revolution nicht zutage getreten. Die Gleichberechtigung der unehelichen Mütter und Kinder, die Aufhebung der Strafbarkeit des nach bayerischem Polizeistrafrecht als ›Unzucht‹ geächteten Konkubinats wurde in Versammlungen gefordert, aber in der Praxis erst viel später und nur zum Teil verwirklicht, soweit die öffentliche Moral trotz der Gegenrevolution die gar zu reaktionäre und unsoziale Haltung der Behörden nicht mehr duldete. Die ungeheure Erstarkung der kirchlichen Macht gerade in Bayern hat viel schon Erreichtes wieder verschüttet, und heute steht Bayern bezüglich moralischer Engstirnigkeit und bockbeinigem Zelotentum an der Spitze aller deutschen Länder. Vorausgesehen haben diese Entwicklung in der Revolutionszeit vor allem die radikal-bürgerlichen Frauenrechtlerinnen, die im Rätekongreß in allen wichtigen Fragen mit dem äußersten linken Flügel zusammengingen. So wurde am 7. März ein von Dr. Anita Augspurg, Lydia Gustava Heymann und anderen eingebrachter Antrag verhandelt, der diesen Wortlaut hatte: ›Ausbauung und Ergänzung des Rätesystems durch Errichtung von Frauenräten, um insbesondere auf dem Lande der Propaganda der Reaktion durch Aufklärung und Politisierung der Frauen entgegenwirken zu können.‹ (Stenographischer Bericht vom 25. Februar bis 8. März 1919.) Anita Augspurg begründete den Antrag, der sich besonders gegen die politische und moralische Beeinflussung der Frauen auf dem Lande durch die Geistlichkeit wendete. Wie sehr aber die Rednerin auf die schnelle Modernisierung des ganzen gesellschaftlichen Lebens und mithin auf die restlose Anerkennung der Gleichberechtigung der Frauen in allen Bezirken der Öffentlichkeit durch das Fortschreiten der Revolution vertraute, geht aus der Bemerkung hervor, daß sie in den beantragten Frauenräten ›nur zeitlich beschränkte Einrichtungen‹ sehe. »Ich hoffe«, führte sie aus, »daß sie in fünf, zehn, fünfzehn Jahren wieder verschwinden können und daß die Frauen dann so weit politisch gebildet und interessiert sind, daß sie in den allgemeinen Arbeiter- und Bauernräten mitarbeiten und tätig sein werden. Aber für die Zwischenzeit halte ich es für notwendig, daß Frauenräte eingerichtet werden, und zwar auf öffentlich-rechtlicher Grundlage. Ich halte es für sehr nötig, daß die Frauen in ihrer Eigenschaft als Mütter imstande sind, die Erziehung und die Interessen ihrer Kinder von früher Jugend an auf die politischen Gesichtspunkte hinzulenken und ihnen die Wirksamkeit der öffentlichen Einrichtungen klarzumachen.«

Der Antrag Augspurg-Heymann wurde – bezeichnend genug – nur von uns ganz Linken unterstützt. Die Gemäßigten, die im Kongreß die Mehrheit bildeten, mochten eine Befreiung der Frau gerade in ihrem Geschlechtswillen als Wirkung der politischen Verselbständigung ahnen; sie brachten den Antrag zu Fall.

Vielleicht hat diese Spießbürger auch die erotisch durchflutete Luft geängstigt, die, wie ich glaube, eingangs plausibel gemacht zu haben, vom Atem der Revolution selbst ausgeht. Die Verdächtigungen, die in der bayerischen wie in jeder anderen Revolution laut geworden sind, als hätte den Frauen in mänadenhafter Trunkenheit revolutionäre Begeisterung zum Vorwand schamloser Aufführung gedient, sind ebensolche Tendenzlügen wie die Behauptung, die Führer der revolutionären Bewegung seien (außer von materiellen Interessen, die selbstverständlich von der Gegenrevolution unterstellt wurden) auch von der Aussicht auf Befriedigung ihrer geilen Triebe geleitet worden, die Massen bis zur Besinnungslosigkeit aufzuregen, und so seien wilde Orgien und Nacktgelage unter Teilnahme aller bekannten revolutionären Persönlichkeiten an der Tagesordnung gewesen.

Erst mit dem Niederbruch der Revolution scheint in München die kraftvolle Erotik, die das Attribut jeder hoffnungsfreudigen Massenbewegung ist, einer schwächlichen und verkrampften Sexualität gewichen zu sein. Mit dem Einmarsch der Weißen Truppen und vorher schon, als die Zuversicht, die Räterepublik zu halten, bei vielen verlorenging, als die Hiobsposten über den Fall immer weiterer revolutionärer Positionen, über die Grausamkeit, mit der die Gefangenen niedergemetzelt wurden, und über militärische Niederlagen und Desertionen aus der revolutionären Front einander jagten, trat, wie das stets bei Zusammenbrüchen großer Bewegungen der Fall ist, bei den weniger charakterfesten Revolutionären eine Demoralisierung ein, die sich logischerweise auch auf dem Gebiet der Geschlechtlichkeit bemerkbar machte.

Wie sehr jedoch in Zeiten der Leidenschaft leidenschaftliche Naturen durch erotische Erlebnisse aus der Bahn geworfen werden können, zu was für entsetzlichen Verirrungen eine in solchen Zeiten von Liebesleidenschaft erfaßte Person ausgleiten kann, dafür sei ein Beispiel erzählt. Vom ersten Tag der Umwälzung an beteiligte sich ein Arbeitermädchen, Therese B., mit hingebender Leidenschaft am revolutionären Werk. In jeder Versammlung, bei jeder Demonstration war sie die bekannteste und beliebteste Erscheinung. Immer lief sie mit Flugblättern, spartakistischen Aufrufen und meiner Revolutionszeitschrift ›Kain‹ herum, die sie mit lauter Stimme ausrief. Auf eigene Faust und in Gemeinschaft mit anderen betrieb sie unermüdlich Haus- und Straßenagitation, in ganz München nannte man sie ›die rote Resl‹. Sie war in den schwierigsten und diskretesten Missionen unbedingt zuverlässig, Tag und Nacht auf dem Posten, gefällig, freundlich und immer gut gelaunt. Wir alle hatten sie sehr gern. Das blieb so vom November an die ganze Revolutionszeit. In der letzten Zeit hatte sie ein Verhältnis mit einem kommunistischen Genossen W., der beim Herannahen der Katastrophe mit wichtigen Funktionen betraut wurde. W. machte sich aber dann schwerer Verrätereien verdächtig und wurde eines Tages ermordet aufgefunden. Die rote Resl hatte ihren Freund gegen den Verdacht in voller Überzeugung von seiner Unschuld leidenschaftlich verteidigt. Nach seinem Tode leistete sie trotzdem ihre Arbeit in der Bewegung weiter, bis sich herausstellte, daß sie selbst, um den Geliebten zu rächen, Verräterin geworden war. Sie trug dem Gegner alles ihr erreichbare Material über die Rote Armee zu und lieferte viele aus-

gezeichnete Kameraden, die ihr völlig vertrauten und denen sie selbst in monatelanger treuer Kampfgemeinschaft verbunden gewesen war, buchstäblich ans Messer. Es dauerte lange, bis das Unfaßliche von den Genossen überhaupt geglaubt wurde. Ich selbst habe, als mir im Gefängnis die unzweifelhaften Beweise für die Verbrechen der roten Resl vor Augen kamen, geweint.
Der Fall dieser jugendlichen Arbeiterin ist die einzige verbrecherische Tat aus sexuellen Motiven, die mir auf der Seite der Roten bekannt ist. Demgegenüber ist bezeichnend, daß die Weißen, um die Wut gegen die Revolutionäre aufs höchste anzustacheln und ihre Sache zu kompromittieren, in ihrem systematischen Verleumdungskrieg gerade Behauptungen aus der Sphäre der Geschlechtlichkeit bevorzugten. Die nach Bamberg geflohene ›rechtmäßige‹ Rumpfregierung der von uns abgesetzten konstitutionellen Parteien ließ unter den in Bayern einmarschierenden Freikorps Flugblätter verbreiten, die sich als richtige Lynchaufreizungen erwiesen und schreckliche Wirkung taten. Hierin wurden wir alle, die wir im Vordergrund der Revolution sichtbar waren, in der skrupellosesten Weise persönlich in den Schmutz gezogen. Als besonders wirksam zur Aufpeitschung der Mordinstinkte der weißen Landsknechte bewährten sich die Verleumdungen mit sexuellem Unterton. Tatsächlich sind alle auf den Zetteln gebrandmarkten Personen, die nicht fliehen konnten oder, wie ich, bereits außerhalb Münchens in festem Gewahrsam saßen, bei der Verhaftung umgebracht worden. Die grauenhafte Ermordung Gustav Landauers, dieses großen und edlen Geistes, ist allein darauf zurückzuführen, daß den Soldaten in jenen schwarzen Listen eingeredet wurde, Landauer und Mühsam hätten die Frauen verstaatlichen wollen; das bedeute, daß jede Frau von Gesetzes wegen allen Führern der spartakistischen Revolution zur Verfügung stehen müsse. Dieser Wahnsinn wurde ausgerechnet den anarchistischen Revolutionären unterschoben, die bekanntlich den Staat abschaffen und alle Gemeinschaft auf die völlige Freiheit der Persönlichkeit ohne Unterschied des Geschlechtes gründen wollen. Der tolle Galimathias wurde aber geglaubt und tat seine verhängnisvolle Wirkung. Als ich noch zwei Jahre später aus dem Gefängnis zu einem Zahnarzt geführt wurde, fragte mich der gute Mann, ob wir uns denn nicht überlegt hätten, wie unsere Frauenverstaatlichung die bayerische Bevölkerung erbittern mußte. Ich erklärte ihm natürlich das ganze Geschwätz als blanke Verleumdung ohne eine Spur auch nur mißverstandenen Gehaltes; der Zahnarzt ließ sich aber nicht überzeugen und verachtete mich offenbar nur als einen Menschen, der sein kompromittierendes Verhalten nachträglich nicht mehr wahrhaben wollte. In entlegeneren Teilen Bayerns werden sich wohl heute noch Landauers und mein Name mit der Vorstellung von Lüstlingen verbinden, denen Leben und Schicksal des ganzen Landes für ihre tierischen Begierden feil sind. Ein kommunistischer Agitator, der dem royalistischen Bürgertum besonders verhaßt war, wurde in jenen Steckbriefen ohne den geringsten Beweis als ›Gehirnsyphilitiker‹ stigmatisiert, und später, als der energische, der Revolution ganz ergebene und persönlich absolut integre Kommunist Eugen Leviné vom Standgericht zum Tode verurteilt und erschossen war, verleumdete ihn die antisemitische Presse durch die infame Beschuldigung, er habe sich an der gefangenen Gräfin Westarp, der Sekretärin

der Thule-Gesellschaft, vergriffen. Die Gräfin Westarp wurde am 30. April 1919 mit sechs anderen Konterrevolutionären, die als Untersuchungsgefangene im Luitpoldgymnasium in München saßen, unter dem Eindruck der Ermordung von dreißig Rotgardisten, die in Starnberg erfolgt war, standrechtlich von den Roten erschossen. Die Angelegenheit ist unter dem unzutreffenden Namen ›Geiselmord‹ greuelhaft aufgezogen und zu einer blutrünstigen Hetze gegen alle Revolutionäre benutzt worden. Leviné hatte mit der Festnahme und der Erschießung der Thule-Leute nicht das allermindeste zu tun. Dessenungeachtet hat man ihn nach seinem Tod im Zusammenhang damit eines schmählichen Sexualverbrechens bezichtigt.

Wollte man den unwahren Behauptungen über sadistische Akte der Revolutionäre die nachweislich wahren Sexualverbrechen der mordend und plündernd in München wütenden ›Befreier‹ gegenüberstellen, so ergäbe sich dasselbe Bild wie überall, wo verwilderte Scharen sich mit geilen Nerven auf einen besiegten Feind stürzen. Hier fehlt es durchaus an den ethischen Sicherungen des Gewissens, die die für eine neue und bessere menschliche Gesellschaft kämpfenden Revolutionäre stets vor geschlechtlichen Roheitsexzessen beschützen. So fürchterliche Entartungen des Gefühles, wie sie in München bei standrechtlichen Erschießungen von spartakistischen Frauen im Stadelheimer Gefängnishof vorkamen, dürften in der Revolutionsgeschichte aller Länder von revolutionärer Seite niemals verzeichnet sein. Dort haben die weißen Pelotons zu wiederholten Malen die ersten Schüsse auf die Geschlechtsteile von Frauen und Mädchen gezielt, in anderen Fällen die Exekution vollzogen, indem sie zuerst in die Beine, dann in den Unterleib schossen und sich an den Qualen der langsam verendenden Opfer weideten. Leider sind diese entsetzlichen Dinge, für deren Wahrheit Zeugen beizubringen sind, selbst von den frömmsten Staatsstützen stets unterdrückt worden, um den Abscheu der Mitwelt ungeteilt auf die politischen Feinde der kapitalistischen und klerikalen Staatsordnung konzentrieren zu können. Denn es gilt auch für die Erotik der Revolutionen, was Ricarda Huch einmal allgemein festgestellt hat: ›Immer wieder wird die Erfahrung gemacht, daß der rote Schrecken harmlos und gutartig ist gegen den weißen! Aber jenen zeichnen die Geschichtsbücher durch die Jahrhunderte auf, über diesen gleiten sie mit verlegenen Redensarten hinweg.‹

Erich Mühsam
O Schneppenhorst, O Schneppenhorst...

Melodie: O Tannenbaum, o Tannenbaum

O Schneppenhorst, o Schneppenhorst,
Du Militärminister!
Wie gleichst du dem Chamäleon:
Du strahlst in jedem Farbenton.
O Schneppenhorst, o Schneppenhorst,
Da staunen die Philister.

O Schneppenhorst, o Schneppenhorst,
Wie kühn sind deine Eide!
Du schwörst im Eifer des Gefechts
Bald rechts, bald links, bald links, bald rechts.
O Schneppenhorst, o Schneppenhorst,
Du Bürgers Augenweide.

O Schneppenhorst, o Schneppenhorst,
Du Vaterlands-Befreier!
Du schlägst mit Lieberich den Nutt,
Mit Epp und Möhl das Volk kaputt.
O Schneppenhorst, o Schneppenhorst,
Dein Lob singt jeder Bayer.

O Schneppenhorst, o Schneppenhorst,
Ein Gruß der Hochverräter.
Aus Ebrach, Straubing, Oberhaus,
Tönt liebevoll dein Ruhm heraus.
O Schneppenhorst, o Schneppenhorst,
Den Dank erhältst du später.

Verfaßt in der Festungsabteilung des Zuchthauses Ebrach im Hochsommer 1919. Schneppenhorst war sozialdemokratischer Militärminister unter dem Ministerpräsidenten Hoffmann. Er beteiligte sich als solcher an den Vorbereitungen zur Ausrufung der Räterepublik. Von Landauer zur Rede gestellt, ob es ihm, in dem das bayerische Proletariat einen zweiten Noske sah, mit seiner Wandlung ernst sei, beteuerte er, er setze seinen Kopf zum Pfande, daß er das ihm unterstellte Militär für die Räterepublik gewinnen werde. Nach Proklamierung der Räterepublik wendete er sich sofort wieder der Gegenseite zu, rief die Freikorps des Generals Epp und die dem General Möhl unterstellten Nosketruppen nach Bayern und wurde so einer der Hauptschuldigen am Weißen Schrecken. In einem Standgerichtsprozeß in Würzburg bestritt er unter Eid, jemals mit den Räterepublikanern gemeinsame Sache gemacht zu haben. Gegen den Münchner Redakteur Nutt, der Schneppenhorst Meineid vorwarf, strengte der Staatsanwalt Lieberich Klage an. Obwohl zahlreiche Zeugen, darunter der Verfasser, in dem Prozeß gegen Nutt unter Eid die oben wiedergegebene Erklärung des Militärministers für die Räterepublik bezeugten, wurde Nutt verurteilt. Mehrere Jahre später bekundete Schneppenhorst in einem Aufruhrverfahren gegen Hakenkreuzler unter Eid Belastendes gegen die Nationalisten. Hier hat er wahrscheinlich die Wahrheit gesagt: er wurde nämlich wegen dieser Bekundung, die als fahrlässiger Falscheid angesehen wurde, zu sechs Monaten Gefängnis verurteilt.

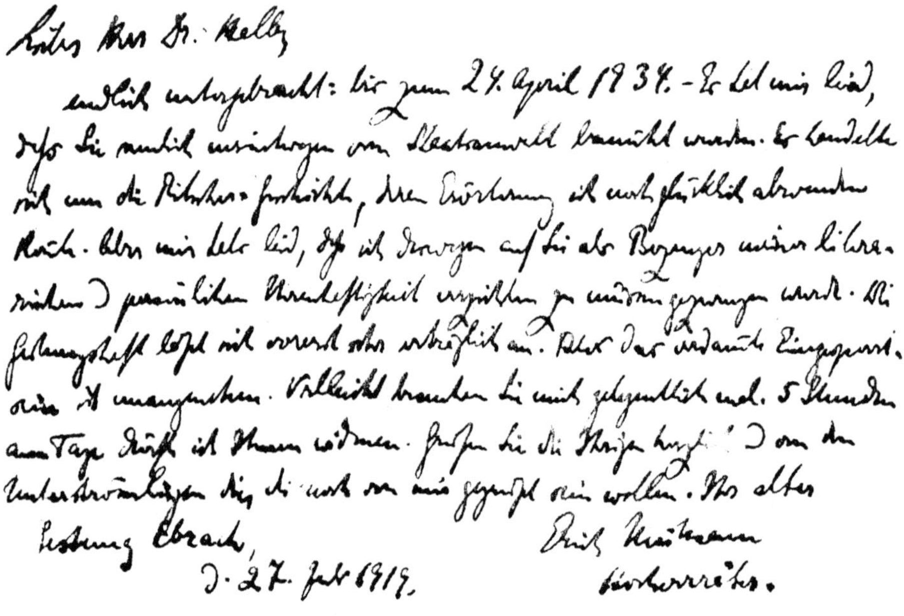
Lieber Herr Dr. Halbe

[illegible]

Festung Ebrach, d. 27. Juli 1919.

Erich Mühsam
Hochverräter.

Postkarte des ›Hochverräters‹ Erich Mühsam an Max Halbe aus der Festung Ebrach vom 27. Juli 1919

Erich Mühsam
Brief an Albert Reitze in Zürich

Ansbach, den 14. Oktober 1919

Mein lieber Albert!

Dein Brief gibt mir die willkommene Gelegenheit, mich noch einmal mit Dir, meinem ältesten Freund und Vertrauten, über den Schritt auszusprechen, den Du als Extravaganz bezeichnest. Mit der gleichen Post kam von Festungsgenossen die stürmische Zustimmung zu diesem Schritt, und ich erwarte noch weitere Sympathie- und Ablehnungsbekundungen. – Vor allem eins: alle Deine Befürchtungen, an mir oder in mir könne der Eintritt in die Partei eine Änderung hervorbringen, sind ganz grundlos. Ich bleibe genau derselbe, der ich immer war. Die Mitgliedskarte verwandelt mich weder in einen Marxisten noch in einen Bonzen, noch raubt sie mir das mindeste von meinem Idealismus oder gar von dem, was Du meine schöpferische Kraft nennst. Du nimmst den Akt viel förmlicher (?) und bedeutungsvoller, als ich ihn selbst nehme und als er zu nehmen ist. Er war für mich einfach das Ergebnis einiger reiner Zweckmäßigkeitsüberlegungen.
Den eigentlichen Anstoß dazu, mir die Frage des Beitritts nahezulegen, gaben mir zahlreiche Auseinandersetzungen mit den jungen Rotgardisten, die wir in Ebrach hatten, über die Ursachen des Zusammenbruchs im April und Mai. Diese jungen Genossen haben selbst nie den Versuch gemacht, mich zum Eintritt zu bewegen. Sie haben mein Außenstehen immer anerkannt und geachtet. Aber ein Bedenken hörte ich immer wieder, das, ganz unabhängig voneinander, mir gerade die Besten äußerten: Wärst du damals in der Partei gewesen, wäre alles anders gekommen – das habe ich dutzendemal hören müssen. Und ich habe gefunden, daß das vielleicht richtig ist. Hätte ich damals, am 4. April, an den Beratungen der KPD teilgenommen, so gab es zwei Möglichkeiten: entweder – das ist das wahrscheinlichere – hätte Leviné mich von der Richtigkeit seiner Ansicht überzeugt, daß das ganze Unternehmen verfrüht sei und obendrein eine Schiebung (?) von Weimar und Bamberg aus sein könnte. Dann hätte ich meinen ganzen Einfluß auf den revolutionären Arbeiterrat aufgewendet, mit dem schönen Erfolg, daß er die Finger aus dem Spiel gelassen hätte – dann aber wäre die ganze Geschichte nicht zustande gekommen: ohne und gegen uns hätte niemand gewagt, etwas Derartiges zu unternehmen. Oder aber: ich hätte meine damalige Ansicht gegen Leviné durchgedrückt (Levien hätte ich bestimmt gewonnen, er schwankte noch in der Nacht zum Siebten, als ich ihm riet, das Militär zu übernehmen). Dann wäre die wahnwitzige Hinausschiebung um 48 Stunden nicht passiert, die Spaltung in der Arbeiterschaft wäre nicht eingetreten, mein Plan, am Fünften die Massen auf die Theresienwiese zu rufen, sie einen neuen Zentralrat, neue Volksbeauftragte – ohne Rücksicht auf die tags zuvor bestimm-

ten–ausrufen zu lassen, neue Betriebsratswahlen sofort ausschreiben zu lassen im Sinne meines Aufrufs vom 8. April – alles das wäre durchgeführt worden, und der Kampf wäre von vornherein geschlossener und darum aussichtsvoller geführt worden. Stützte sich doch der ganze Plan des Palmsonntagputsches, wie sich bei meinem Prozeß vollständig einwandfrei ergeben hat, auf die durch das Außenbleiben der KPD bewirkte Uneinigkeit des Proletariats. – Gut, wirst Du sagen, damals wäre also die Möglichkeit, auf die Entschlüsse der Partei Einfluß zu nehmen, entscheidend wichtig gewesen. Aber gerade aus dem Verhalten der KPD damals ist ja zu erkennen, wie schädlich der Parteigeist gewirkt hat. Sehr richtig – und da sitzt für mich das wesentliche Moment: ich denke nicht daran, mich nun dem Parteigeist zu unterwerfen, sondern ich will im Gegenteil die revolutionäre Bewegung von diesem schalen (?) Geist befreien helfen. Ich will meine Intelligenz, mein ideelles Streben, meinen Drang nach Wahrheit und Befreiung nicht einsetzen, um die Menge der Parteiführer um meine Person zu vermehren, sondern ich will das verfluchte Parteiführertum bei der Wurzel fassen und ausroden. Ich habe in allen Versammlungen betont, daß ich nicht als Führer, sondern als Wortführer angesehen werden wolle – und in der Partei möchte ich als Gewissen der Revolution wirken, um Parteiherrengelüste an der Quelle zu kontrollieren und unschädlich zu machen. Daß dabei das Ziel meiner Sehnsucht sehr hoch über alles Parteiwesen hinausstrebt, brauche ich Dir nicht zu sagen. Vergiß aber nicht, daß die deutsche Arbeiterschaft an Parteiorganisation derartig gewöhnt ist, daß die Gefahr besteht, sie wird sich eher ins zentralistisch-parlamentarische Fahrwasser mitreißen als von der Partei abziehen lassen. Wenn solche reaktionären Tendenzen wirklich stark werden sollten in der Partei, ist es nötig, die bakunistischen Gedanken auf der andern Seite dauernd lebendig zu halten, so daß bei einem Entweder–Oder keine Absplitterung der Radikalen erfolgt, sondern eine geschlossene Aktion, ein Auseinandergehen nach rechts und links; dann aber steht die Masse, die mich nun nicht mehr als Outsider à tout prix ansieht, soweit sie revolutionären Willens ist, bei mir, und die Bonzen von Scheidemann bis Zetkin feiern in der USP fröhliche Wiedervereinigung. – Die Anarchisten vom Schlage Grossmanns beweinen mich übrigens schon lange als verlorenen Sohn: so schrieb Grossmann in seiner ›Erkenntnis und Befreiung‹ anläßlich meiner Verurteilung von dem ›früheren‹ Anarchisten Erich Mühsam, der leider zum Bolschewismus abgesprungen sei. Daß sich das Bekenntnis zur proletarischen Diktatur tatsächlich nicht mit dem reinen Bakunismus verträgt, läßt sich gar nicht bestreiten. Wie weit aber gerade Lenin Bakunist ist, wirst Du aus meiner Einigungsbroschüre entnehmen können. Übrigens: leicht ist mir der Schritt wahrhaftig nicht geworden. Ich fühle selbst sehr viel von dem, was Du mir schreibst. Aber – ich glaube an die Revolution, auch an die deutsche, und als ihr Diener will ich leben und sterben. Meine Überzeugung opfere ich ihr nicht, wohl aber mein taktisches Verhalten. Versuche mich recht zu verstehen, lieber Albert.

Ich bin in treuer Kameradschaft immer Dein alter *Erich Mühsam*

Anmerkung: Die Wörter vor (?) konnten nicht mit Sicherheit entziffert werden.

Erich Mühsam
Niederschönenfeld. *Eine Chronik in Eingaben*

Meinem Kampf- und Haftgenossen August Hagemeister als Denkmal

Durch die Verurteilung Hunderter von Proletariern zu Festungsstrafen wegen ihrer Beteiligung an der Räterevolution im April 1919, die man, um sie noch irgendwo strafrechtlich einordnen zu können, als ›Hochverrat‹ bezeichnete, war die bayerische Regierung, eine Koalition von Sozialdemokraten, Bauernbündlern, Demokraten und klerikalen Partikularisten, in die fatale Lage geraten, einfachen und unverwöhnten Arbeitern eine Haftform angedeihen lassen zu sollen, die für ›Kavaliere‹ ersonnen war und bisher fast nur in Anwendung kam, wenn ein königlicher Offizier oder ein Korpsstudent seinesgleichen im Duell oder, wie der Leutnant Brüsewitz, in besoffenem Zustand einen Proleten bei einer Straßenrempelei umgebracht hatte.
Als Justizminister wirkte in dieser Koalition ein gewisser Müller aus Mühlhof in Bayern, der sich, um sein Ansehen zu erhöhen, den Namen Müller-Meiningen beilegte. So errang er, unterstützt von seiner einzigen überragenden Fähigkeit, sich höher zu schätzen als irgendeinen anderen Menschen, höher auch, als irgendein Mensch ihn zu schätzen sich imstande sah – eine Fähigkeit, die ihm schon zu Dr. Sigls Zeiten das Kennwort ›Pimperl Wichtig‹ eintrug –, hohe Würden und wohldotierte Ämter. Seine geschichtliche Stunde erlebte dieser Demokrat in jener denkwürdigen Reichstagssitzung vom 10. April 1916, als Karl Liebknecht den Kriegsanleiheschwindel als Karussellunternehmen kennzeichnete und deshalb tätlich insultiert wurde. Unter den in Patriotismus entflammten Bewilligungshelden, deren Geduld schon viel ertragen hatte, aber bei der Berührung der allerheiligsten Gefühle im Geldpunkt denn doch riß, befand sich vornedran Pimperl Wichtig, welcher im Siegesbewußtsein, zu Dutzenden gegen einen einzigen zu kämpfen, den umdrängten und an jeder Bewegung gehinderten Karl Liebknecht mit der Faust bearbeitete. »Zugeschlagen hat nur Müller-Meiningen«, hat mir tags drauf Liebknecht selbst bestätigt, den ich nach dem Verlauf des Vorfalls fragte.
Die Revolution fand den Müller voll und ganz auf dem Boden der Tatsachen. Aus seinem Erinnerungsbuch ›Aus Bayerns schwersten Tagen‹ ist zu entnehmen, daß er schon zu Eisners Lebzeiten in dauernder Verbindung mit Erhart Auer stand, der mit seinem sozialdemokratischen Anhang seufzend das Kreuz trug, ohne Minister der demokratischen und Bayrischen ›Volkspartei‹ regieren und sich dauernd mit Eisner und den Unabhängigen im Ministerium herumschlagen zu müssen. Als Eisner von Auers jugendlichem Protegé, dem Grafen Arco, ermordet wurde und in direkter Wirkung dieser konterrevolutionären Provokation das Proletariat die bayrische Räterepublik errichtete, erwartete Müller-Mühlhof-Meiningen, vor dem Spiegel Courage übend, das grausame Los des Bürgers

de Launey, des Kommandanten der Bastille, der als erstes Opfer der entfesselten Volkswut am 14. Juli 1789 von den Parisern gelyncht wurde. Da jedoch das bayrische Proletariat leider verabsäumt hatte, den intriganten Machenschaften der bürgerlichen und sozialdemokratischen Revolutionsspekulanten auch nur einige Aufmerksamkeiten zu schenken, da ferner kein Mensch bisher Anlaß gefunden hatte, dem Bürger Müller einen Bruchteil der Wichtigkeit beizumessen, die er selbst sich zuerkannte, blieb ihm – wie übrigens sämtlichen Müllereseln und Auerochsen – das Schicksal des Marquis de Launey erspart, und es gelang ihm, nachdem die von den Sozialdemokraten Noske und Schneppenhorst engagierten kaiserlichen und königlichen Generäle mit dem Landsknechtstroß der Freikorps, nationalen Studenten und deklassierten Offizieren München ›befreit‹, will sagen: unter Mord, Totschlag, Plünderung, Schändung und Brandschatzung grauenvoll unter dem Münchner Proletariat gehaust hatten, den noch unerledigten und für den Sieger im Bürgerkrieg gefahrlosen Teil der Revolutionsliquidation zur gefälligen Justifizierung zu kriegen.
Zu diesem Behufe wurden Standgerichte eingesetzt, in welchen königliche Richter nebst königlich-wittelsbachischen Offizieren die Frage ›rechtlich‹ zu entscheiden hatten, ob die von dem nach Bamberg getürmten sozialdemokratischen Rumpfkabinett Hoffmann–Schneppenhorst–Segitz repräsentierte, von keiner Verfassung und von keiner legalen Proklamation gestützte demokratische Republik oder die von den bayrischen Arbeitern und Bauern kraft revolutionären Rechtes ausgerufene Räterepublik als rechtmäßig anzusehen sei. Die von der Regierung Hoffmann–Schneppenhorst–Müller-Meiningen eingesetzten Standgerichte entschieden – sieh mal an! –, daß die Regierung Hoffmann–Schneppenhorst–Müller-Meiningen die richtige sei. Dessen zur Bekräftigung verurteilten sie Eugen Leviné und acht Rotgardisten zum Tode (Begnadigungen wurden von dem dafür zuständigen Justizminister Müller nicht beliebt) und viele Hunderte revolutionäre Kämpfer zu Zuchthaus-, Gefängnis- und Festungsstrafen. Die Verfolgung, geschweige Verurteilung der Mörder Gustav Landauers, Josef Sontheimers, Rudolf Eglhofers und der Hunderte übrigen proletarischen Opfer des weißgardistischen Lynchterrors, der Plünderer und Leichenfledderer wurde von keinem Müller angeordnet oder vermißt. Mit welcher – sagen wir – Unbefangenheit die Müller-Justiz vorrevolutionäre Paragraphen quetschte, um konterrevolutionäre Tatsachen zu schaffen, habe ich in meiner Eingabe vom 14. Dezember 1921 an den Reichsminister der Justiz betreffend ›Nachprüfung der Rechtsgrundlagen bei der Verhängung des Standrechts in Bayern am 25. April 1919 und der Anwendung des § 81 Abs. 2 RStGB gegen die bayrischen Räterepublikaner‹ – unter dem Titel ›Das Standrecht in Bayern‹ 1923 als Broschüre erschienen, VIVA, Berlin – dargetan.
Es mag auffällig erscheinen, daß ich als revolutionärer Staatsverneiner meine Beschwerden und Anliegen in Jahre hindurch fortgesetzter Folge an Staatsorgane gerichtet habe. Die aufmerksame Lektüre der nachfolgenden Dokumente wird es begreiflich machen. Die von dem Müller-Meiningen auf proletarische Delinquenten umgewandelte Kavaliershaft wirkte sich in Formen aus, die mir sehr frühe den Gedanken nahelegten, ich würde, bei einer Verurteilung zu fünfzehn

Erich Mühsam. Eingabe an den Staatsanwalt vom 18. Juli 1919

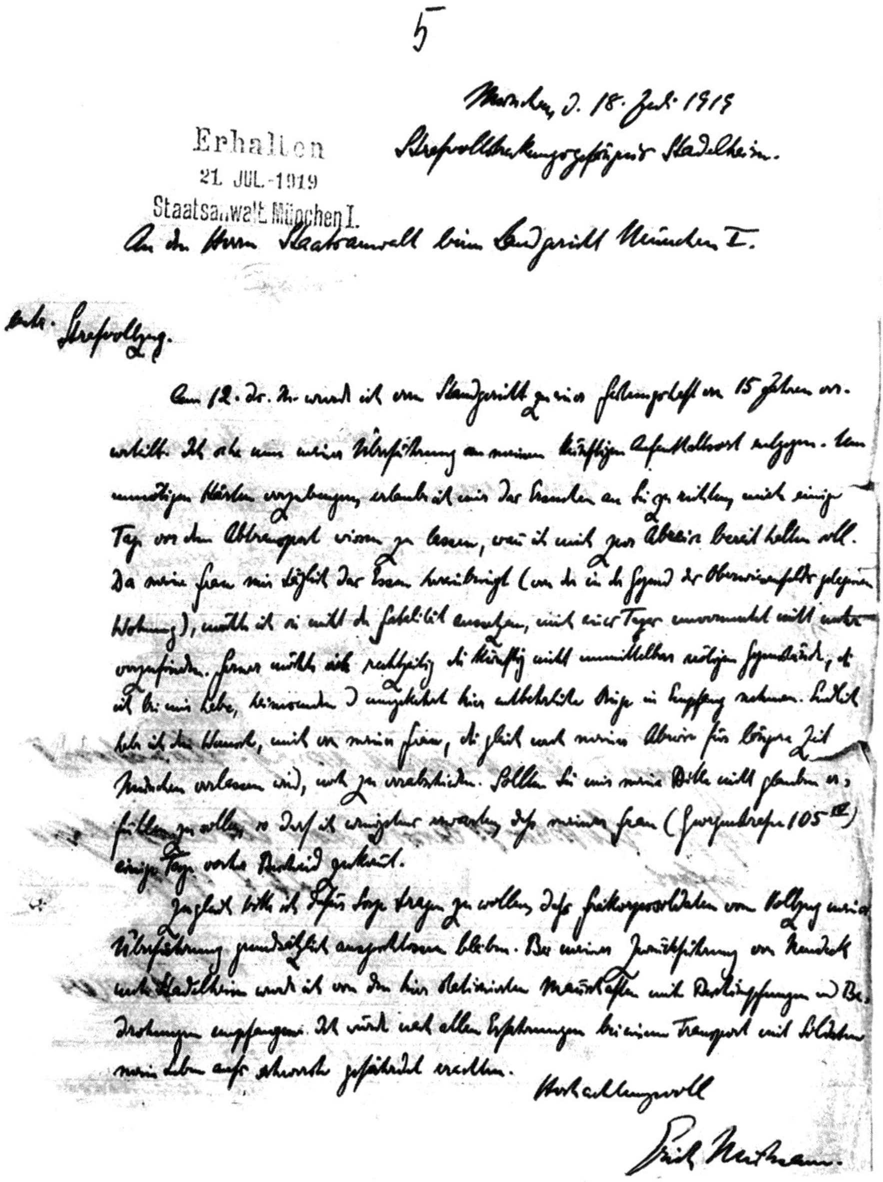
5

München, d. 18. Juli 1919
Strafvollstreckungsgefängnis Stadelheim.

Erhalten
21. JUL. 1919
Staatsanwalt München I.

An den Herrn Staatsanwalt beim Landgericht München I.

Betr. Strafvollzug.

Am 12. ds. Mts. wurde ich vom Standgericht zu einer Festungshaft von 15 Jahren verurteilt. Ich sehe nun meiner Überführung an meinen künftigen Aufenthaltsort entgegen. Um unnötigen Härten vorzubeugen, erlaube ich mir das Ersuchen an Sie zu richten, mich einige Tage vor dem Abtransport wissen zu lassen, wann ich mich zur Abreise bereit halten soll. Da meine Frau mir täglich das Essen hereinbringt (von der in der Gegend des Oberwiesenfelds gelegenen Wohnung), möchte ich sie nicht der Gefahr aussetzen, mich eines Tages unvermutet nicht mehr vorzufinden. Ferner möchte ich rechtzeitig die künftig nicht unmittelbar nötigen Gegenstände, die ich bei mir habe, heimsenden und umgekehrt hier entbehrliche Dinge in Empfang nehmen. Endlich habe ich den Wunsch, mich von meiner Frau, die gleich nach meiner Abreise für längere Zeit München verlassen wird, noch zu verabschieden. Sollten Sie mir meine Bitte nicht glauben erfüllen zu wollen, so darf ich wenigstens erwarten, daß meiner Frau (Georgenstraße 105 III) einige Tage vorher Bescheid gesandt.

Zugleich bitte ich dafür Sorge tragen zu wollen, daß Freikorpssoldaten vom Vollzug meiner Überführung grundsätzlich ausgeschlossen bleiben. Bei meiner Zurückführung von Neudeck nach Stadelheim wurde ich von den hier stationierten Mannschaften mit Beschimpfungen und Bedrohungen empfangen. Ich würde nach allen Erfahrungen bei einem Transport mit Soldaten mein Leben aufs schwerste gefährdet erachten.

Hochachtungsvoll

Erich Mühsam.

Jahren und bei der Konsequenz, mit der Bürgerliche und Sozialdemokraten jede Amnestie für die Räterepublikaner verweigerten, den bayrischen Ehrenkerker nicht lebend verlassen, sondern eines Tages, wie es meinem Freunde August Hagemeister dann tatsächlich erging, die sogenannte Festung mit den Füßen vorneweg verlassen. Im letzten Jahre meiner Einsperrung war mein Gesundheitszustand derartig defekt, daß ich heute noch der Überzeugung bin: noch ein Jahr hätte ich nicht in Niederschönenfeld überlebt. Die Ärzte freilich fanden keine Krankheit bei mir, es waren dieselben Ärzte, die auch bei Hagemeister keine gefunden hatten. Die Festungszensur aber wurde in einer Weise geübt, daß jede wahrheitsgetreue briefliche Schilderung, ja nur eine Andeutung der wirklichen Zustände, nicht allein zur sicheren Konfiskation des Briefes, sondern auch zu schweren, mit empfindlichsten Gefährdungen der Gesundheit verbundenen Disziplinierungen des Briefschreibers führte. Ebensowenig konnte Besuchern die geringste Mitteilung über die Methoden des Strafvollzugs gemacht werden, da ein Alleinsein, selbst mit Frau und Kindern, in langen Jahren auch nicht eine Sekunde lang möglich war und die Aufsicht, zeitweilig ausgeübt von dazu abgeordneten Kriminalbeamten der Münchner politischen Polizei (Pöhner-Frick), jedes Wort, das als Anklage gegen unsre Peiniger aufgefaßt werden konnte, zu einer Gefahr für Leib und Leben machte. Gewiß haben wir Berichte hinausgeschmuggelt – auch die erwähnte Denkschrift ans Reichsjustizministerium mußte, da sie (vgl. die Eingabe vom 7. Dezember 1921. Nachtrag III vom 19. Dezember) unter Bruch der Reichsgesetze konfisziert wurde, illegal befördert werden –, aber kein schwarzer Weg war absolut zuverlässig, und die Folgen des Erwischtwerdens waren absolut lebensgefährlich.

Ich hatte schon im Herbst 1919, als die Müllerschen Praktiken erst anfingen, sich auszuwirken, ein andres Mittel versucht, die Öffentlichkeit gegen die Rechtsbrüche des Pimperl Wichtig zu alarmieren, nachdem ein fünftägiger Hungerstreik der Festungsgefangenen in Ansbach mangels ausreichender moralischer Unterstützung außerhalb der Kerkermauern ergebnislos abgebrochen war; ich hatte zwei Staatsanwälten gegenüber ihren Vorgesetzten, den Justizminister, als ehrlosen Lumpen bezeichnet mit dem Hinzufügen: Bitte, sagen Sie ihm das, damit ich es vor Gericht beweisen kann. – Tatsächlich wurde ich, zusammen mit Hagemeister, in Ansbach deswegen vor Gericht gestellt. Die Verhandlung dauerte zehn Stunden, in denen ich meinem Herzen reichlich Luft machen konnte, doch wurde der Verlauf dieses wichtigen Prozesses von der proletarischen Presse in völliger Verkennung der Bedeutung dieser für Müller-Meiningen katastrophalen Verhandlung überhaupt nicht ausgewertet. Hagemeister wurde freigesprochen; ich erhielt zwei Monate Gefängnis, die ich in Ansbach abgesessen habe. Charakteristisch für den Betrauer des Rechts ist, daß er bei der Vorbereitung des Prozesses seine Eigenschaft als oberster Zensor der Festungsanstalt dazu ausnutzte, sich meiner Korrespondenz mit den Festungsgefangenen in anderen Anstalten zu bemächtigen, und Briefe, in denen ich um zu meiner Verteidigung wesentliche Aufschlüsse bat, zurückhielt. Ebenso verfuhr er sogar mit Briefen meines Verteidigers an Gefangene, die als Zeugen in Frage kamen.

Als sich also die bisher versuchten Methoden, die an uns in dauernder Steige-

rung begangenen Rechtsbrüche öffentlich bekannt zu machen, als unbrauchbar erwiesen hatten, beschritt ich den Weg der Eingaben an alle irgend erreichbaren und als zuständig anzusehenden Behörden. Zwar belehrte mich der negative Erfolg schnell genug – woran ich auch nicht gezweifelt hatte –, daß die Bourgeoisie in all ihren regierenden und ausführenden Organen einmütig gegen die revolutionären Gefangenen zusammenhielt, aber ich wollte, wenn ich schon in einem bayrischen Menschenkäfig sterben sollte, wenigstens mit dem Bewußtsein die Augen schließen, daß irgendwo außerhalb der Anstalt – in den Akten des Reichstags, des Landtags, des Reichsjustizministeriums, des bayrischen Justizministeriums, der Oberstaatsanwaltschaft usw. – für künftige Materialforscher allerlei Akten liegen, die den gegen uns Eingesperrte von unsern Quälgeistern in Denkschriften und in Parlamentsreden verbreiteten bösartigen Unterstellungen und Verleumdungen die unwiderlegbare Wahrheit entgegenstellen.
Müller-Meiningen erhielt im Sommer 1920 von Kahr den Tritt, der dem völkischen Konterrevolutionär Dr. Roth das Amt des Justizministers frei machte. Die Naturgeschichte dieses Roth wird einmal offenbar werden, wenn die Geschichte der bayrischen Revolution geschrieben werden wird. Er hat eine – nicht nur im politischen Sinne – unbeschreiblich trübe Rolle gespielt. Der andre aber ging weinend davon und müllerte sich so langsam vom Demokraten zum Nationalliberalen, vom Zentralisten zum Partikularisten, vom Republikaner zum Monarchisten durch und umkläfft heute als seltsame politische Promenadenmischung die mit der Aufstellung von Wahllisten beschäftigten Parlamentsparteien, da ihn die letzten Male niemand mehr in Reichstag oder Landtag schicken wollte – wo er doch so sicher hingehört wie der Noske. Übrigens befürchte ich keine neue Beleidigungsklage von dem wackeren Mann. Er müßte sich denn die Stellen in seinem Memoirenbuch vorhalten lassen, in denen er sich Spitzelbriefe, die er sich von seinen Agenten in der Festung schreiben ließ und die mich nur deshalb nicht kränken können, weil sie von dieser Seite kommen, grinsend zu eigen macht.
Der völkische Herr Roth, beraten von demselben Kühlewein, der auch des Müller Mühle getrieben hatte, ließ es bei Müllers System, daß die Festungsstrafe ›sukzessive zu verschärfen‹ sei. Der Roth setzte uns erst den Kraus, dann den Hoffmann, den Staatsanwalt des ›Geiselmord‹-Prozesses, als Vorstand hin. Wir lernten unter der Fuchtel dieser Herren besser noch als unter der ihrer Vorgänger – der noch jugendliche Dr. Vollmann bewies auch schon vielerlei Talent zum Menschenschinden – erkennen, wie man Klassengegner, die sich nicht mehr wehren können, behandeln muß, um sie in Moral und Charakter zu brechen oder, wenn das nicht gelingt, sie materiell, gesundheitlich, familiär und in der Achtung der Welt kaputtzumachen. Gegen mich persönlich wurde versucht, unter Benutzung der von Haftpsychose überreizten Nerven der Mitgefangenen, die von bestellten Provokateuren verhetzt wurden, eine Korruptionsverleumdung in Umlauf zu setzen, und als ich mich durch die Feststellung der Wahrheit, die die Sauberkeit meines Verhaltens in allen Punkten bestätigen mußte, wehren wollte, griff die Zensur ein. Es ist mir trotzdem gelungen, diese infame Attacke gegen meine persönliche Ehrenhaftigkeit vollkommen abzuschlagen. Allerdings

mußte ich deswegen die Absicht aufgeben, das wüste Pamphlet der bayrischen Staatsregierung gegen ihre gefangenen Schutzbefohlenen in Niederschönenfeld, die berüchtigte Denkschrift ›Über die Erfahrungen beim Vollzuge der Festungsstrafe‹, in seiner abenteuerlichen Nichtswürdigkeit durch eine besondere Eingabe zu beleuchten, diese Denkschrift, die wiederum meine Person als Ausbund aller Verworfenheit mit bengalischem Feuerwerk umstrahlt – um mir im gleichen Moment, in dem meine moralische Reinlichkeit in der Presse bedreckt wurde, meine politische Niedertracht unter persönlicher Namenszeichnung des bayrischen Justizministers zu erweisen.
Dieser bayrische Justizminister, der Nachfolger des Dr. Roth, war der überaus fromme Katholik Graf Lerchenfeld, zur Zeit deutscher Gesandter in Wien. Es gab keine Rede, in der der Mann nicht sein christliches Gemüt zur Nacheiferung anpries. Die erste in diesem Buch abgedruckte Eingabe – es war keineswegs überhaupt die erste Eingabe, die ich losließ – war, wie sich das ja aus ihrer Fassung sofort erkennen läßt, der Versuch, den Mann zu stellen. Es gibt ja, sagt man, unter den Kirchenchristen welche, die sich wirklich innerlich verpflichtet halten, ihr weltliches Amt, soweit es nur irgend gehen mag, mit den Verpflichtungen ihrer Religion in Einklang zu bringen. Was den Grafen Lerchenfeld anlangt, so darf behauptet werden, daß er sich stets nach dem Bibelwort gerichtet hat: Gebt dem Kaiser, was des Kaisers ist, und Gott, was Gottes ist – wobei sich dann herausstellte, daß Gottes immer die Rede war und des Kaisers, will sagen: der königlich bayrischen Republik, die Tat.
Und dann kam Kahr und mit ihm der Justizminister Gürtner. Was wir unter dem Generalstabskommissariat des Hitlerverbündeten Kahr erlebt haben, ist aus diesen Eingaben nicht zu ersehen. Damals hat man sich gehütet, Eingaben zu machen; es wäre einem schlecht bekommen. Aber als Ludendorff seine Rede gegen den Vatikan geschmettert hatte und freigesprochen war, und als Kahr dann von seinem Diktatorthron herunter mußte und endlich der Kardinal Faulhaber Worte fand, mit denen er die Nationalsozialisten als noch ärgere Kerle hinstellte als selbst die Räterepublikaner, da wurde es in Niederschönenfeld besser. Das heißt nicht, daß es in irgendeinem bestimmten Punkt besser wurde. Aber es wurde nicht mehr noch schlimmer. Und das war für uns eine große Erleichterung. Wir waren nicht mehr den stündlich drohenden Überraschungen ausgesetzt, wieder ein neues Verbot dadurch zu erfahren, daß einer von uns für lange Wochen in Einzelhaft gesetzt wurde bei gleichzeitigem Hofverbot, Zeitungsverbot, Schreib- und Besuchsverbot, Rauchverbot und möglicherweise noch zu erfindenden Verboten. Als man dann zu Weihnachten 1924 den Herren Hitler und Genossen den Landsberger Riegel aufschob, ging's nicht mehr anders, als auch uns vier Rätegreise von Niederschönenfeld, nach einer Kur von fünf Jahren und acht Monaten, auf Bewährung an die Luft zu lassen. Von unseren zu Zuchthaus verurteilten Genossen haben zwei, Alois Lindner und Georg Huber, noch volle drei Jahre länger warten warten müssen, bis sich auch ihnen die stets widerrufliche Gnade der bayrischen Rechtsbetreuer weitherzig auftat.
Die vorliegende Chronik ist kein erschöpfendes Werk über den Strafvollzug an den bayrischen proletarischen Festungsgefangenen. Sie scheint mir aber wichtig

zu sein als Beitrag zur Kenntnis der konterrevolutionären Methoden der Bourgeoisie. Niederschönenfeld darf nicht in Vergessenheit kommen. Die Gesetze, auf die sich unsere Kerkermeister beriefen, als sie ihre Rache an den gefesselten Gegnern ihrer Gesellschaftsordnung ausließen, sind alle noch in Kraft, und das Schicksal meiner Eingaben, von denen keine das Reich zu irgendeinem Ordnungsruf nach Bayern veranlaßte, zeigt, daß die Auslegung der Gesetze, wie das von der bayrischen Regierung immer und immer wieder betont worden ist, dem Ermessen der beamteten Organe überlassen bleibt. Remedur in Zuchthäusern und Gefängnissen, auch wenn sie sich Festungen nennen, kann nie durch Abänderungen von Paragraphen bewirkt werden, auf die Dauer auch nicht durch den guten Willen moderner Kriminologen, sondern nur durch die Beseitigung der Voraussetzungen, die die Einsperrung von Menschen in vergitterten Käfigen, noch dazu ihrer Überzeugung wegen, bedingen.
Diese Voraussetzungen zu beseitigen, ist Aufgabe der revolutionären Arbeiterschaft. Möge diese Schrift dazu beitragen, in ihren Reihen die Einsicht zu stärken, daß das Leiden ihrer gefangenen Genossen ein Teil der Leiden der ganzen proletarischen Klasse ist. Nicht jeder Kämpfer ist so glücklich, den Kerker stark genug zu verlassen, um seine Erfahrungen von vielen Jahren der Pein seinen Kameraden zur Lehre dienen lassen zu können. Das Gedächtnis an die Vergangenheit darf nicht einschlafen; sonst schläft die Hoffnung auf die Zukunft leicht mit ein.

Erich Mühsam
Dem Andenken Gustav Landauers
Geschrieben im Gefängnis 8. bis 10. Mai 1919

Die das Volk bisher geleitet,
folgend dem gewohnten Lichte,
waren nicht drauf vorbereitet:
es begibt sich Weltgeschichte.
Wild schlägt der Empörung Welle
an des Staates morsche Fugen.
Krachend bersten die Gestelle,
die die alte Ordnung trugen.
  Ja, ja, ihr Herrn, so geht's,
  hört man die Demokraten.
  Wir sagten es ja stets:
  es kann nicht wohl geraten,
  wenn man nach eignem Willen tut
  und fragt nicht das Parteistatut.

Fürsten gleiten von den Thronen,
Völker lösen ihre Bande,
und es reiben sich Millionen
aus den Augen Schmerz und Schande.
Sie erwachen und begreifen
Gegenwart und Zukunft – beides,
und sie sehn Befreiung reifen
aus den Wurzeln ihres Leides.
  Halt, liebe Leute, halt!
  Vertraut bewährten Führern.
  Sonst kommt ihr in Gewalt
  von skrupellosen Schürern.
  Folgt uns, so hilft auch gern der Staat,
  wie er noch stets geholfen hat.

Finstre Mächte, die gewaltsam
Völker unter Fäuste preßten,
flüchten scheu – und unaufhaltsam
strömt die Menge zu den Besten.
Und sie hört die neuen Lehren,
formt das Glückes Traumgebäude;
Leid scheint sich in Lust zu kehren
und die Arbeitslast in Freude.

Gewiß – nun ja – auch wir
sind Revolutionäre –
und schwingen das Panier.
Doch Umsturz ist Chimäre.
Besänftigt euern Seelenschwung
und stört nicht die Entwickelung.

Stimmen, die erst leise riefen,
tönen jubelnd wie Posaunen,
und das Volk aus seinen Tiefen
reckt die Arme hoch voll Staunen.
Wie an unsichtbaren Drähten
zieht die Wahrheit in die Geister,
und das Volk in seinen Räten
fühlt sich seines Schicksals Meister.
Arbeiter-, Bauernrat?
Wir ziehn ihn schon, den Bankert.
Es sei im Bürgerstaat
genehmigt und verankert!
Jetzt zeigt sich's doch wohl jedem Kind,
was wir für Sozialisten sind.

Das Errungene zu wahren,
neue Freiheit zu gewinnen,
sammeln sich des Volkes Scharen
zu gewaltigem Beginnen.
Die ihr Werk sich selber bauen,
fürchten keine Widerstände,
denn es stützt sich ihr Vertrauen
auf die Kraft der eignen Hände.
Nein, mit Verlaub: dies jetzt
ist nicht mehr zu gestatten.
Mit solchem Vorgehn setzt
ihr uns ja in den Schatten.
Und wir sind da, euch zu erziehn
zu Ruhe, Ordnung, Disziplin.

Stein auf Stein nach kühnen Plänen
wird das stolze Haus errichtet,
plaudernd unter Freudentränen
künftiges Glück hineingedichtet.
Aber denen, die geschäftig
ränkevoll den Bau umlauern,
drohen ein paar Fäuste kräftig,
sie verscheuchend von den Mauern.

Wir üben nur Kritik.
Ihr werdet's noch erfahren:
Ihr Recht der Republik,
doch auch ein Recht dem Zaren.
Drum halten wir's zu jeder Zeit
gesetzlich mit der Obrigkeit.

Trotzig stehen auf den Stufen
vor dem Eingang die Genossen:
Rührt am Werk nicht, das wir schufen!
Euch ist dieses Tor verschlossen.
Unser Herzblut hält die Quadern,
die das Dach des Hauses stützen.
Wagt's! – Das Blut aus unsern Adern
soll der Kinder Wohnhaus schützen!
Oho! Da hilft man schon.
Habt ihr für euern Tempel
denn auch die Konzession
und den Regierungsstempel? –
Wir sind Regierung – sind erwählt.
Man hat die Stimmen ausgezählt.

Eignen Willens Wort zu hören,
drängt das Volk zu den Erkor'nen:
Zu den Waffen! Sie zerstören
uns das Heim der Ungebor'nen!
Wer's versucht, den soll's gereuen!
Freier Zukunft frei die Bahnen! –
Und es eilen die Getreuen
kampffroh zu den roten Fahnen.
Zu Hilfe, Bürger, schnell!
Ein Aufruhr tobt, ein frecher.
Wer selber kein Rebell,
hilft gegen die Verbrecher.
Mit Dolch und Flinte kommt zuhauf
und fahrt auch die Haubitzen auf!

In dem Glauben an das Gute,
in dem Wissen um das Rechte
steht das Volk, mit seinem Blute
Trotz zu bieten im Gefechte.
Der Berater Stimmen schallen;
aus den Augen blitzen Strahle.
Aufrecht! – Siegen oder fallen!
Hoch die Internationale!

Seht die Banditenschar
mit ihren großen Mündern,
jedweder Ehre bar,
begierig nur zu plündern!
Schuft! Räuber! Mörder! Trunkenbold!
Ein jeder käuflich nur für Gold!

Auf von ihren Schmerzensbetten
zu den Brüdern treibt's die Bleichen,
hinkend aus den Lazaretten,
die geblutet für die Reichen.
Letzte Kraft will sich ermannen.
Frauen selbst stehn auf zum Kampfe,
daß die Machtgier der Thyrannen
nicht der Kinder Glück zerstampfe.
Herbei, ihr Leut' zumal,
ihr Heiden, Juden, Christen!
Es geht fürs Kapital –
und wir sind Sozialisten!
Pennäler! Bauer! Offizier!
Raus! Keiner zahlt so gut wie wir!

Rauch wölkt auf. Geschosse fliegen.
Gruppen gehen vor und weichen.
Vor dem Bau der Freiheit liegen
Kämpfer – Leichen über Leichen.
Die sich nicht ergeben wollen,
drängen sterbend sich zusammen.
Donner der Geschütze rollen –
und der Tempel steht in Flammen.
Heil, weiße Garde, heil!
Da liegt die ekle Horde.
Stoßt sie vors Hinterteil
für ihre feigen Morde!
Und zuckt noch wo ein solcher Wicht –
packt ihn – und vor das Standgericht!

Jubel übertönt das Trauern.
Fahnen wehn und Salven krachen.
An der Kerkerhöfe Mauern
staut sich Blut in breiten Lachen.
Zwischen Zellenwänden siechen
die von Haß und Blei Verschonten ...
Doch aus ihren Winkeln kriechen
die schon längst vom Volk Entthronten.

Willkommen, hohe Herrn!
Soziale Demokraten
stehn wir zu Diensten gern
für Sie mit Wort und Taten. –
Doch machen Sie sich nicht so breit,
nachdem wir grade Sie befreit.

Stück für Stück bricht vom Gefüge,
das des Volkes Tat gelassen.
Knebelung, Gewalt und Lüge
sind wie je des Staates Waffen.
Und dem armen Volke fehlen
die der Rede Gabe hatten. –
Doch der Toten bleiche Seelen
halten Rat im Reich der Schatten.
Weh! Teuflischer Verrat!
Die nie erlöst aus Banden,
die schlagen jetzt den Staat
und schlagen uns zu Schanden!
Hilf du uns, Volk, hilft uns nicht Gott,
vom Untergang und vom Bankrott.

Eines Tages in den Quellen
scheinbar ausgedorrter Bäche
brodeln neue Lebenswellen
flutend an die Oberfläche.
Aller Völker Hände greifen
zueinander wie zum Beten –
und der Morgensonne Streifen
übergolden den Planeten.

Erich Mühsam
Lügen um Landauer

Es ist notwendig, deutlich zu reden.
Die Erinnerung an die Ereignisse vor zehn Jahren regt viele Leute an, ihr Gedächtnis anzustrengen und mit dem Anspruch des Beteiligten oder doch des Augenzeugen, der damals schon alles richtig vorausgesehen hat und an dessen Verhalten kein Fehlerchen auszusetzen war, Geschichte zu schreiben. Die geistige Verwahrlosung unsrer Zeit wird durch nichts besser gekennzeichnet als durch die Beobachtung, daß bei dieser Geschichtsschreibung in den seltensten Fällen das Bestreben bemerkbar wird, zur künftigen Feststellung der Wahrheit beizutragen. Fast überall ist der Wunsch zu erkennen, durch Kneten der Wahrheit Geschichte zu machen.
Gewöhnlich geschieht die Geschichtsfälschung durch Aussortierung der nachweisbaren Tatsachen. Man läßt Unbequemes aus der Darstellung heraus, ordnet das Übrige so an, daß der bestellten oder genehmigten Auffassung gemäß das zu Lobende in Weihrauch, das zu Tadelnde in Kloakendunst gehüllt scheint und alle Kritik so eingerichtet wird, daß das eigne Programm nur von Heroen, das Programm der Nachbarschaft nur von Trotteln oder Schurken verfochten wurde.
Am 2. Mai 1919 wurde Gustav Landauer als Opfer der schwarzen Listen, die die nach Bamberg geflüchtete Gegenregierung gegen die bayerische Rätegewalt unter den Weißgardisten hatte verbreiten lassen, im Stadelheimer Gefängnis ermordet. Es versteht sich, daß sich am 2. Mai 1929 die Freunde Landauers verpflichtet hielten, die große Bedeutung des Mannes aus seinen Schriften, Briefen, Reden und Handlungen für die Mit- und Nachwelt aufzuzeigen. Ein Toter, dessen Walten und Wollen starke Lichter auf das Bild seiner Zeit setzte und der als Märtyrer für sein Walten und Wollen starb, hat Anspruch auf hohe Ehrung zu seinem zehnjährigen Todestage.
Niemandem, der aus anderm Denken zu andern Schlüssen kam als der Tote, kann aber das Recht bestritten werden, selbst in der Gedächtnisstunde Kritik zu üben und sich gegen die Auffassungen des Gefeierten abzugrenzen. Doch muß Verwahrung dagegen eingelegt werden, wenn die Kritik die Wahrheit verbiegt, sei es, um den zum eignen Bundesgenossen zu machen, der gar kein Bundesgenosse war, sei es gar, um sich selbst auf Kosten des Kritisierten in vorteilhafter Stellung vorzuführen.
So kraß es ist: die sozialdemokratische Presse hat Landauer Nachrufe gewidmet, in denen sie ihn beinahe für sich in Anspruch nimmt. Sie muß daher daran erinnert werden, daß Landauers ganzer politischer Lebenslauf ein einziger leidenschaftlicher und empörter Kampf gegen die Sozialdemokratie war, gegen ihre unsozialistische Theorie, gegen ihre unproletarische Politik, gegen ihre gegenrevolutionäre Gesamthaltung. Aber sie haben ja auch Karl Liebknecht und Rosa Luxemburg, die Opfer ihres Ordnungsdranges, mit sabberigen Nachrufen zum

Zehnjahrestage ihrer Ermordung nicht verschont, und mit Eugen Leviné, den eine in der Mehrheit sozialdemokratische Regierung standrechtlich ermorden ließ, werden sie es, fürchte ich, auch so machen. Der ›Vorwärts‹ bestritt mir sogar das Recht, bei einer Landauer-Gedächtnisfeier die Maiopfer des Zörgiebel in die Trauer um die Toten der deutschen Freiheitssehnsucht mit einzubeziehen, in deren vorderste Reihe Gustav Landauer gehört. Es sei billig, von einem Toten zu behaupten, er hätte, wenn er lebte, dies oder jenes ›angestellt‹. Der ›Vorwärts‹ wird nicht in der Lage sein, in Landauers Leben auch nur eine Andeutung davon zu finden, daß er je seine Sympathie der ›Staatsautorität‹ statt ihrem Jagdwild zugewendet hätte. Ich aber bin in der Lage, aus dem stenographischen Bericht über die Tagung des Kongresses der Arbeiter-, Bauern- und Soldatenräte in München (Seite 81) folgendes Intermezzo mitzuteilen. Am 1. März stellte ein Sozialdemokrat namens seiner Freunde im Kongreß den Antrag, die vom Revolutionären Arbeiterrat in den Zentralrat delegierten drei Mitglieder zu entfernen. Er holte sich von Landauer diese Antwort: »Hier redet einer, der sein Recht, unter Ihnen zu wirken, nur daher hat, daß der Revolutionäre Arbeiterrat ihn hierher delegiert hat. Und in diesem Augenblick geschieht der Antrag, wir sollen von der Mitarbeit ausgeschlossen sein. Genosse Niekisch, wollen Sie die Liebenswürdigkeit haben, mich zur Ordnung zu rufen; denn ich muß, ich kann nicht anders, etwas sagen, was sehr unparlamentarisch ist: In der ganzen Naturgeschichte kenne ich kein ekelhafteres Lebewesen als die Sozialdemokratische Partei.« Hoffentlich genügt das, um den Ermordeten ein für alle Male vor der posthumen Freundschaft von Leuten zu schützen, für die er niemals etwas empfunden hat, was der Freundschaft entfernt ähnlich sähe.

Immerhin mag die Reklamation eines großen Toten für die Sache kleiner Lebender aus einem löblichen Schamgefühl oder doch aus einem verständlichen Alibistreben erklärlich sein und somit als fromme Lüge anerkannt werden. Was soll man aber dazu sagen, wenn das Andenken einer bedeutenden Persönlichkeit am Jahrestage der Ermordung mit schmutzigen Lügen besudelt wird, um ihre Bedeutung aus teils politischen, teils persönlichen Gründen vor der Nachwelt herabzuwürdigen? Das Mitglied der Kommunistischen Partei Otto Thomas hat das getan. Mir gebietet Freundschaft und Verehrung, nicht nur die Wahrheit festzustellen – das ist an dem Orte geschehen, wo die Lästerung verübt wurde –, sondern den Verleumder vor die Schranken zu fordern, seine Motive aufzuklären und sein Gesicht aufzudecken.

Thomas wagt es, außer andern falschen Darstellungen des Verhaltens Landauers bei der Ausrufung der bayrischen Räterepublik, die Beschuldigung gegen den Toten zu erheben, er habe ›aus maßloser Eitelkeit‹ dieses Ereignis geschoben, um sich zu seinem Geburtstage am 7. April eine private Überraschung zu arrangieren. Wahr ist, wie ich in meiner Broschüre ›Von Eisner bis Leviné‹ und jetzt auf Thomas' Frechheit von neuem nachgewiesen habe, daß Landauer derjenige war, der der Hinauszögerung der Ausrufung, die am 5. April erfolgen sollte, am heftigsten widersprochen hat. Jetzt zieht sich sein später Angreifer darauf zurück, ihm selbst habe ein Privatbrief Landauers vorgelegen, worin er das Zusammentreffen im Datum als Geburtstagsgeschenk bezeichnet. Das hätte freilich auch meinem toten Freund Hagemeister passieren können, der am 5. April, oder mir selbst, der ich am 6. April zur Welt kam. Die Entschuldigung macht Thomas' Behauptung noch viel abscheulicher, da sie klarlegt, wie er mit einem elastischen Hysteron proteron aus der Feststellung der Gleichzeitigkeit nach vollzogenem Ereignis in einer ganz intimen Auslassung die vorbedachte Herbeiführung eines außerordentlich bedeutungsvollen politischen Aktes zum Zwecke der Befriedigung einer lächerlichen Privatmarotte machte.

Diese Lüge, die den Gegner der offiziellen kommunistischen Parteipolitik jener Tage als Musik zu seiner Totenfeier verächtlich machen soll, ist nicht mehr und nicht weniger wert als die andre, die Otto Thomas den Arbeitern von 1929 vorsetzt, es habe ›ein merkwürdiger Konkurrenzkampf zwischen Landauer und dem heutigen Sozialfaschisten Niekisch um das Amt des Volksbeauftragten für Volksbildung‹ stattgefunden. Also Postenstreberei auch noch! Nicht nur hat da kein Konkurrenzkampf stattgefunden, sondern Landauer war derjenige, der nach der Ermordung Eisners die Anregung gab, Niekisch im neuen Ministerium das Kulturressort zu übertragen. Bei der Proklamierung der Räterepublik aber ist der Vorschlag, Landauer das Kommissariat für Volksaufklärung anzuvertrauen (den formellen Antrag dazu habe ich gestellt), der einzige gewesen, um den von Anfang an kein Streit entstanden ist. Also Verleumdung um der Verleumdung willen.

Otto Thomas war noch Mitglied der Sozialdemokratischen Partei, als die Räterepublik in Bayern entstand. Er hatte als Arbeitersekretär dieser Partei den ganzen Krieg hindurch angehört, hielt bis zuletzt patriotisch durch, stand gegen Eisners Versuche, den Widerstand der Arbeiter zu wecken, und gegen den Munitionsarbeiterstreik im Januar 1918 stramm an der Seite Erhard Auers, bekämpfte im Provisorischen Nationalrat innerhalb der sozialdemokratischen Fraktion alle Bestrebungen, die Novemberrevolution im Geiste des Sozialismus vorwärtszutreiben, blieb auch nach Eisners Ermordung Freund der Auer, Roßhaupter und Endres und Feind derer, die in den freien Räten des Proletariats die Organe des Fortschritts sahen, und nahm noch als Delegierter der Sozialdemokratie an den Vorbereitungen der Neugestaltung der Dinge teil, die sich aus der Zusammenballung der Ereignisse entwickelt hatten. Ob er damals gegen die Räterepublik war oder zu denen gehörte, die Eugen Leviné mit seiner leidenschaftlichen Warnung meinte, die Sozialdemokraten machten nur mit, um uns zu verraten, mag Thomas selber entscheiden.

Noch die Ausrufung der Räterepublik selbst sah Landauers Entlarver als Abgesandten der Sozialdemokratischen Partei anwesend. Plötzlich aber, als die Kommunisten sich in bitterster Gegnerschaft abseits stellten, entdeckte Thomas sein revolutionäres Herz und schwenkte mit kühnem Salto über die Unabhängigen Sozialisten hinweg zu den Kommunisten hinüber. Am 11. April fand im großen Hofbräusaal in München eine Riesenversammlung der Betriebsräte statt, und dort griff Landauer den anwesenden Otto Thomas hart an und illustrierte an seinem Beispiel, daß man nicht grade uns die Gemeinschaft mit unsicheren Kantonisten vorzuwerfen brauche. Solange ich Thomas am Werke sah, war er nicht eben ein feuriger Räterepublikaner. Sein Verhalten nach dem Palmsonntagsputsch, bei dem ich gefangengenommen wurde, und nach dem die Kommunistische Partei die Räterepublik tapfer und entschlossen gegen die Partei verteidigte, der Thomas noch eine Woche zuvor angehört hatte, kenne ich nicht. Ich weiß nur, daß er nicht unter den vielen Hunderten war, die dabei wie Landauer und Leviné ums Leben kamen, und auch nicht unter den Tausenden, die von den Stand- und ›Volks‹gerichten abgeurteilt wurden. Als seine frühern Parteigenossen mit Hilfe der Monarchisten über seine neuen Gesinnungsgenossen restlos gesiegt hatten, wurde Otto Thomas Redakteur der kommunistischen ›Neuen Zeitung‹ in München.

Er blieb es bis Anfang 1921. Ich habe vor kurzem meine Gefängnistagebücher aus Niederschönenfeld zurückerhalten. Da finde ich unter dem 9. Februar 1921 folgende Aufzeichnung: ›... In einer Versammlung im Zirkus Krone haben Otto Graf und Otto Thomas begeisterte Kriegsfanfaren geblasen, die nationalen Studenten zur Bildung einer gemeinsamen Front gegen das Ententekapital aufgerufen und damit den Enthusiasmus der ‚kommunistischen' Arbeiter erweckt. Ja, als Gareis (USP) sehr vernünftig den Klassenstandpunkt vertrat, wurde er niedergeschrien und ihm während der Rede – ganz wie bei der alten Sozialdemokratie – das Wort entzogen.‹ Thomas wurde damals, mit Graf zusammen, aus der KPD ausgeschlossen. Später, als man den Nationalbolschewismus (›Sozialfaschismus‹ nennt es heute, da Niekisch ungefähr dasselbe propagiert, derselbe Otto Thomas) schon liebevoller beurteilte, durfte er wieder eintreten, während Graf den Weg zu der Partei fand, aus der Thomas gekommen war. (Wie weit die Behauptung begründet ist, die Redaktion der ›Neuen Zeitung‹ habe damals unter dem materiellen Einfluß des Bundes Oberland gestanden, soll in diesem Zusammenhang unerörtert bleiben.) Am 9. August 1923 aber schrieb ich in mein Tagebuch: ›... In der ‚Roten Fahne' umarmen sich Radek und Reventlow, in Jena wird vor den versammelten Völkischen neben Artur Dinter unser ehrenwerter Otto Thomas angehört und angejubelt ...‹

In der Entgegnung auf meine Zurückweisungen seiner Unwahrheiten aber zieht sich Otto Thomas auf die Beschwichtigung zurück, er habe nur klarstellen wollen, ›daß die Politik nicht Landauers Gebiet‹ war. Da sind wir einig: eine Politik, die sich redlich und klug dünkt, wenn sie sich leichter mit dem Blutsünden-Dinter im Hurraschreien verbindet als einem großen ermordeten Revolutionär, der anders dachte, als die Parteiparolen der Auftraggeber opportun finden, die Reinheit der Persönlichkeit zu belassen – eine solche Politik war nicht Landauers Gebiet.

Erich Mühsam
Der Tod des bayrischen Landtagsabgeordneten August Hagemeister

Die durch den Tod des Reichspostministers Dr. Höfle im Moabiter Untersuchungsgefängnis verursachte Erregung hat den ›Verein sozialistischer Ärzte‹ veranlaßt, mich um einen Bericht über die *sanitären und hygienischen Verhältnisse in der bayerischen Festungshaftanstalt Niederschönenfeld* zu ersuchen. Ein solcher Bericht müßte, wenn er nur einigermaßen übersichtlich die tatsächlichen Zustände darstellen wollte, den Umfang einer voluminösen Denkschrift erhalten. Der hier verfügbare Raum verbietet auch nur die Schilderung der Erfahrungen, die eine kleine Anzahl Gefangener mit dem Anstaltsarzt Dr. Steindl, früher Bezirksarzt von Rain, jetzt Medizinalrat, im Laufe von fünf Jahren gemacht haben. Ich beschränke mich deshalb auf die Mitteilung eines einzigen Falles, und zwar reproduziere ich einen Auszug aus der von mir verfaßten *Eingabe an den bayrischen Landtag vom 18. Januar 1923,* deren Wahrhaftigkeit sich daraus ergibt, daß sie von sämtlichen 28 Festungsgefangenen ohne Ausnahme unterzeichnet war. Die Eingabe wird in extenso in einem von mir vorbereiteten Buch erscheinen, in dem die Dokumente, mit denen ich die Behörden und Parlamente im Laufe der Jahre immer wieder und immer vergeblich auf die *ungeheuerlichen Mißstände in Niederschönenfeld* hinzuweisen versuchte, zusammengestellt werden. Die folgende Eingabe war an den *Eingaben- und Beschwerdeausschuß des bayrischen Landtages* gerichtet. Ihr erster Abschnitt lautete (mit Kürzungen):

›Wir behaupten:

1. Der Tod des Abgeordneten Hagemeister am 16. Januar 1923 in der Festungshaftanstalt Niederschönenfeld hätte verhindert werden können.

2. Die Behandlung des Abgeordneten Hagemeister von seiner Erkrankung ab bis zu seinem Tode bestand nicht in zweckmäßiger ärztlicher und von der Verwaltung geförderter Krankenpflege, sondern in überflüssig qualvoller und unzulässiger Strafverschärfung.

3. Die dem Abgeordneten Hagemeister während seiner Krankheit verordnete Ruhe und Vermeidung von Aufregung wurde von den Organen, die zur Durchführung dieser Verordnung verpflichtet waren, seit seiner Wegverlegung aus der Umgebung seiner Freunde zu einem Verfahren verkehrt, das den Patienten aus Unruhe und Aufregung nicht mehr herauskommen ließ.

4. Der Abgeordnete Hagemeister starb völlig verlassen, ohne jeden Beistand, in einer öden, kahlen, zur Aufnahme von Sträflingen, nicht von Kranken bestimmten und eingerichteten Gefängniszelle. Sein Wunsch, gelegentlich einen Freund zur Gesellschaft bei sich zu sehen, blieb unerfüllt. Seine letzte Lebenswoche war eine Zeit gänzlicher Vereinsamung, während seine nächsten

Freunde zugleich im selben Hause und zu jeder Stunde freudig zu seiner Hilfe bereit waren. *Die durch die Herausforderung* (§ 19) *für Schwerkranke vorgeschriebene Überführung in ein Lazarett wurde nicht veranlaßt.*

5. Während der letzten Lebenstage des Abgeordneten Hagemeister wurden selbst die notwendigsten Handreichungen zu seiner Abwartung versäumt: Die Zelle wurde nicht gelüftet, der Urin wurde nicht ausgeleert, ein Signalapparat zur Herbeirufung von Hilfe war nicht vorhanden; Rufe, die furchtbar anstrengend und aufregend für den Kranken waren, blieben oft viertelstundenlang erfolglos. Nicht einmal für Trinkwasser war gesorgt.

6. Der Bezirksarzt, Herr Dr. Steindl aus Rain, Anstaltsarzt in Niederschönenfeld, hat den Abgeordneten Hagemeister unsachgemäß behandelt. Er hat ihn schon an dem Tage, als die Krankheit zuerst gefahrdrohende Formen annahm (7. Januar), bei der Untersuchung grob angefahren und ihm gegenüber abfällige Bemerkungen über die Nervosität der sich ängstigenden übrigen Festungsgefangenen gemacht. Er hat den Freunden des Abgeordneten Hagemeister die Fürsorge für den Patienten, die dieser dringend wünschte und die ihm bisher sein Leiden erleichtert hatte, verboten. Er ist dem Kranken in der Isolierhaft derartig unärztlich und unpsychologisch begegnet, daß dieser am Tage vor seinem Tode jede weitere Konsultation des Bezirksarztes verweigerte.

7. Der schwere Anfall des Abgeordneten Hagemeister am 7. Januar um acht Uhr morgens wurde allein bekämpft und bezwungen durch den Beistand seiner Festungsgenossen. Das dringende, immer wiederholte Verlangen ans Aufsichtspersonal, es müsse unverzüglich Hilfe herbeigeschafft werden, fruchtete nicht, obgleich der Kranke vor Schmerzen gellend schrie. Der Sanitäter, der jeden Augenblick zur Verfügung stehen soll, kam erst nach Ablauf einer halben Stunde. Das Begehren der Festungsgefangenen während dieser Zeit, der Arzt müsse telefonisch benachrichtigt werden, wurde (besonders vom Oberwachtmeister Reiner) mit gleichmütigem Achselzucken und drohenden Ermahnungen zur Beruhigung beantwortet. Dem Verlangen, der Vorstand solle geholt werden, wurde nicht entsprochen, die Forderung eines Festungsgefangenen, selbst zu einer der maßgebenden Persönlichkeiten geführt zu werden, auf den Dienstweg verwiesen. Der Arzt kam um halb zwölf Uhr und verweigerte nach dem Besuch des Abgeordneten Hagemeister, dem er zu verstehen gegeben hatte, er halte ihn für einen Simulanten, den Freunden jede Auskunft. Auf direkte Frage erklärte er kurz: »Es ist nicht gefährlich«, und ließ die Festungsgefangenen stehen.

8. Am 8. Januar wurde der Festungsgefangene Mühsam zu dem inzwischen in Einzelhaft in den 1. Stock verlegten Abgeordneten Hagemeister ans Krankenbett geführt, der ihn verlangt hatte, um ihm einen Brief an seine Familie zu diktieren. Es war nur eine ganz kurze Unterredung von höchstens fünf Minuten genehmigt, die sich völlig auf die Entgegennahme des Briefauftrages beschränken mußte. Der Werkmeister Getsch und der Sanitätswerkführer Bastian beaufsichtigten das Gespräch. Als Abgeordneter Hagemeister den Brief diktieren wollte, verhinderte Herr Getsch das; er dürfe nur angeben, was ein Freund für ihn schreiben solle.

9. Am 13. Januar dachte der Festungsgefangene Luttner über die Übernahme der dem Abgeordneten Hagemeister obliegenden Funktionen als Vertrauensmann der Festungsgefangenen in Angelegenheiten der Gefangenenhilfe mit ihm zu sprechen. Auch dieses Gespräch fand unter strengster Bewachung statt. Nach seiner Beendigung wollte Herr Getsch die Zellentür abschließen, was zur Folge hatte, daß der todkranke Mann in grenzenloser Aufregung aus dem Bett sprang und auf den Gang lief, indem er dagegen protestierte, daß er wegen seiner Krankheit disziplinär bestraft würde. Die Einschließung unterblieb dann. Der Festungsgefangene Luttner war der letzte nichtbeamtete Mensch, den Hagemeister vor seinem Tode sah.

10. – – –

11. Nach der Ablehnung weiterer ärztlicher Bemühungen durch den Abgeordneten Hagemeister ... wurde er trotzdem weiter in Isolierhaft festgehalten. Wäre er seinem Wunsche entsprechend in seine Festungszelle zurückgebracht worden, so wäre er von seinen Freunden treulich und ohne Unterbrechung gepflegt worden. Freilich ist zu bezweifeln, ob der von ihnen schon früher gemachte Vorschlag, dem Genossen abwechselnd Nachtwache zu stellen, genehmigt worden wäre; hatten sie doch schon bei Beginn der Krankheit die größten Widerstände des Aufsichtspersonals zu überwinden gegen die unerläßliche Erwärmung eines Leintuches zum Auflegen auf den von Schmerzen unerträglich gequälten Körper.

12. Der Tod des Abgeordneten Hagemeister ist somit durch das schuldhafte Verhalten der für sein Leben und seine Verwartung verantwortlichen Beamten, nämlich des Festungsvorstandes selbst, der ihn vertretenden Aufsichtsorgane ... und vor allem des Anstaltsarztes verursacht worden (§ 222 Absatz 2 StrGB).‹

In den weiteren Abschnitten der Eingabe verlangten wir eine gründliche Untersuchung, die Durchführung eines Disziplinarverfahrens gegen Vorstand und Arzt, dessen vorläufige Suspendierung und die unverzügliche Einrichtung der vorgeschriebenen Krankenabteilung. Zur Bekräftigung erklärten wir, zum Zeichen des Protestes am Tage der Überführung der Leiche 24 Stunden lang die Nahrungsaufnahme verweigern zu wollen. Dieses Fasten ist von allen Genossen ohne Ausnahme durchgeführt worden. Die Untersuchung fand dann in der Weise statt, daß die *Beschuldigten allein* gehört wurden. Eine Krankenabteilung wurde nicht eingerichtet, Vorstand und Arzt wurden befördert, und der bayrische Landtag ging über unsere Eingabe und über den Tod seines kommunistischen Mitgliedes zur Tagesordnung über.

Erich Mühsam

Heroenkult und Selbstkritik

Anmerkungen zur bayrischen Räterepublik

Wer geschichtliche Vorgänge miterlebt, an ihnen mitgewirkt, ihren Verlauf beeinflußt hat, muß sich zur Kritik stellen und sich, ist das von ihm verantwortete Unternehmen mißlungen, in die Rolle dessen fügen, der sich zu verteidigen hat. Leider ist diese Selbstverständlichkeit in unserer Gegenwart mit vielen anderen moralischen Verpflichtungen, die früher niemals zweifelhaft gewesen sind, stark außer Geltung geraten. Die Unterlegenen in den revolutionären Kämpfen des letzten Jahrzehnts spreizen sich wie Sieger auf den Trümmerhaufen ihrer Hoffnungen, Bemühungen und Taten und glauben, daß es nur noch darauf ankomme, den eigenen Namen in möglichst eleganten Schnörkeln in die ehernen Tafeln ruhmvoller Unsterblichkeit eingekratzt zu wissen. Zu diesem Zweck wird der Kampfgenosse, der im einzelnen oder im allgemeinen abweichende Meinungen vertrat, Beschlüsse durchsetzte, Handlungen veranlaßte, mit der Schuld an jedem Fehlschlag belastet und die eigene Haltung nicht nur gerechtfertigt, sondern im Selbstlob der Unfehlbarkeit bespiegelt. Man fragt nicht: Wo steckte der entscheidende Irrtum?, wo die Sünde gegen die Idee?, worin erwies sich die angewendete Taktik verhängnisvoll? – man fragt: Wie richte ich es ein, daß mein und meiner Schar Verhalten in allem fehlerfrei befunden, daß die Nachbargruppe mit Schmach bedeckt der Verachtung der Künftigen preisgegeben wird? So kommt statt der Wahrheit, die geistige Kraft ist, Fälschung und Kränkung heraus, die lähmend und zerstörend auf jede Entschlußfähigkeit wirkt. Wer mit seiner Beteiligung an einer mißlungenen Aktion nichts Besseres anzufangen weiß, als um Ruhm für sich zu werben und sich in dem erbettelten Ruhm zu sonnen, von dem ist für kommende Ereignisse kein Heldentum mehr zu erwarten; er hat das seinige ausgegeben und ist mit sich zufrieden. Aufgabe dessen, der der Idee dient und nicht dem Glanz seines Namens oder seiner Partei, ist schonungslose Wahrheit, die allein Dienst an der Zukunft ist.

Sowenig es die Sache Überlebender ist, ihre eigene oder die Rolle ihrer Organisation in einer niedergebrochenen revolutionären Erhebung zu beschönigen, so wenig darf ihr Pietätsgefühl gegen die Toten der Revolution sie zu Lügen oder Verfälschungen veranlassen. Heroenkult verträgt sich nicht mit der Förderung geschichtlicher Tatsachenerklärung. Es ist sehr töricht zu meinen, das Andenken dessen, der in Größe für seine Idee gefallen ist, würde dadurch entweiht, daß sein Wollen und Tun kritisch am Ergebnis seines Wirkens abgemessen wird. Der tote Revolutionär gehört der Revolution, für die er starb, wie er für sie gelebt hat. Seine Verdienste – darauf hat er Anspruch – sollen gewürdigt und gefeiert werden, damit sie denen, die berufen sind, sein Werk zu vollenden, als Vorbild dienen; aber seine Irrtümer – auch darauf hat er Anspruch – sollen erkannt und kritisiert werden, damit die Zukunft vermeiden lernt, was in der Vergangenheit geschadet hat. Indem wir die Bilder unserer Gefallenen bekränzen, bekennen

wir uns zur Reinheit ihres Wollens und geloben ihrem Geiste Treue; aber wir verpflichten uns nicht zu ihren Fehlern. Die Art, wie manche Revolutionäre aus ihren Toten unkritisierbare Autoritäten machen, ist keine Ehrung der Gestorbenen, sondern Mißbrauch mit ihrer Erbschaft. Der Idee, der Marx oder Lenin ihre Kräfte gaben, wird dadurch nicht gedient, daß man aus ihren Schriften Evangelien macht, um nach Bedarf einzelne Sätze daraus zur Rechtfertigung des eigenen Gebarens, zur Verächtlichmachung jeder Handlung eines Rivalen zu benutzen. Das Andenken Lenins zumal wird nicht von denen geschändet, die bei aller Anerkennung seiner revolutionären Energie die von ihm aufgestellten Lehren und die davon abgeleiteten politischen Maßnahmen verneinen, sondern von denen, die aus seinen Behauptungen und Anordnungen Dogmen machen und, während sie seinen Körper zur Schau stellen, seinen Geist zerstückeln und einander mit den einzelnen Fetzen Gesinnung und Ehrlichkeit verwüsten.
Das furchtbare Unglück, in dem vor jetzt zehn Jahren der einzige in Deutschland unternommene Versuch endete, den Einsturz der im scheußlichsten, in seiner Entfesselung wie in seinem Verlauf unsittlichsten Kriege der Weltgeschichte geborstenen Staatsherrschaft durch den Umsturz ihrer Fundamente für die Befreiung des Proletariats zu nutzen – die Katastrophe der bayrischen Räterepublik ist bisher dem revolutionären Bewußtsein ebenfalls kaum anders dargestellt worden als unter dem Gesichtspunkt der Rechthaberei, der Schuldüberbürdung auf andere beteiligte Gruppen und der kritiklosen Glorifizierung des standrechtlich ermordeten Führers der Münchener Parteikommunisten. Meine eben erscheinende Broschüre ›Von Eisner bis Leviné‹ beansprucht keineswegs, die Verantwortlichkeit für die Niederlage der Arbeiterschaft in vergleichender Prüfung festzustellen. Sie wird aber, wie ich hoffe, als Material für ein objektiv kritisches Werk, das einmal geschrieben werden muß, von Wert sein, da die darin mitgeteilten Vorgänge ausnahmslos beweisbare Tatsachen sind und ihre kritischen Betrachtungen zwar betont persönlichen Charakter haben, aber bemüht sind, frei von Liebedienerei gegen tote und lebende Freunde, frei von posierender Selbstgefälligkeit und frei von Ungerechtigkeit und Gehässigkeit gegen die Kameraden zu urteilen, die unsere Taktik angriffen. Immerhin handelt es sich um eine Verteidigung und um die Zurückweisung falscher Unterstellungen, deren Zweck von vornherein bestimmt war in Parteiinteressen. Daher konnte auch meine Arbeit nicht um den polemischen Grundzug herumkommen, und noch ein weiterer Umstand bedingte die Vernachlässigung der wichtigen Pflicht, als Anarchist das Verhalten der Anarchisten, somit auch das eigene Verhalten, unter anarchistischen Gesichtspunkten zu kritisieren. Die Broschüre von Paul Werner ›Die bayerische Räterepublik‹, die den Anlaß zu meinem knapp eineinhalb Jahre nach den Ereignissen verfaßten ›persönlichen Rechenschaftsbericht‹ gab, war gedacht und wurde wirksam als geschichtliche Unterlage der Auffassung, von der aus die damals von uns allen als maßgebliche Kritiker anerkannten russischen Sowjetorgane die bayerische Revolution beurteilten. Mir lag daran, meine Darstellung denselben Persönlichkeiten zur Kenntnis zu bringen, deren Urteil auch Werners Schrift vornehmlich unterbreitet war. Es war die stillschweigende Übereinkunft gültig, Lenin den Schiedsrichter darüber sein zu lassen, ob in den ent-

scheidenden Tagen vom 4. bis 12. April 1919 das Verhalten der von Leviné geleiteten Parteikommunisten oder das der Anarchisten, also das von Landauer und mir geübte, revolutionär ratsamer war. Daher trägt mein Rechenschaftsbericht an der Spitze den Vermerk: ›Zur Aufklärung an die Schöpfer der russischen Sowjetrepublik, zu Händen des Genossen Lenin‹. Von den inneren Kämpfen zwischen den Revolutionären in Rußland selbst war 1920 noch kein Schatten in meine Kerkerzelle gefallen, so daß mir zu jener Zeit die Anerkennung Lenins als Repräsentanten des stürmisch bejahten Sowjetsystems, von dessen Verfälschung zur Parteidiktatur ich ebenfalls noch keine Ahnung hatte, ganz selbstverständlich war. Übrigens hat Lenin – ob durch meine Schrift oder durch andere Mitteilungen unterrichtet – sich bayerischen Kommunisten gegenüber mit deren Taktik durchaus nicht einverstanden erklärt.

Die zehnte Wiederkehr des Tages, an dem in München die Räterepublik ausgerufen wurde, wird ohne Zweifel von neuem in allen revolutionären Lagern die Frage nach den subjektiven und objektiven Gründen lebendig machen, die den Zusammenbruch verschuldeten. Wenn dabei in parteikommunistischen Kreisen die Albernheiten wiederholt werden sollten, mit denen man seit Erscheinen der Wernerschen Broschüre uns Anarchisten als verwirrte Schöngeister, die sich von Sozialdemokraten und Unabhängigen vorschieben ließen, hinzustellen beliebt, während die Kommunisten alle Weisheit, Voraussicht und Grundsatzfestigkeit allein verkörperten, so genügt es, auf die in meiner Rechtfertigungsschrift festgestellten Tatsachen zu verweisen; sie zeigen, daß auf allen Seiten Fehler gemacht wurden und daß die Uneinheitlichkeit der Aktion an den entscheidenden Tagen, das verhängnisvollste aller Verhängnisse, ganz zu Lasten der Kommunisten ging. Erst recht erübrigt sich eine Zurückweisung des demagogischen Kniffs, der die erste Periode der bayerischen Räterepublik bis zum Palmsonntagputsch der Konterrevolution als ›Scheinräterepublik‹ in Gegensatz stellt zu der echten Räterepublik, die mit der Übernahme der Vollzugsgewalt durch die Kommunistische Partei am 13. April erst geschaffen worden sein soll. In Wahrheit unterschied sich die Art der öffentlichen Verwaltung unter der Parteileitung in nichts Grundsätzlichem von der von uns verantworteten. Von einer Räterepublik im eigentlichen Sinne des Wortes allerdings waren beide Perioden gleich weit entfernt, und wenn schon das Wort ›Scheinräterepublik‹ Verwendung finden soll, so käme es der Gründung vom 6. April ebenso zu wie ihrer Fortsetzung vom 13. April, ebenso aber auch der ungarischen Räterepublik, und nur das Sowjetrußland vom Oktober 1917 bis zum April 1918 könnte für sich den Charakter einer unverfälschten Räterepublik in Anspruch nehmen. Das Rußland von heute hingegen, das die freie Rätewahl unterbindet und die Rechte der Räte einengt, hat nicht einmal mehr den Schein, sondern nur noch das Wort Sowjetrepublik bewahrt.

Nicht gegen die Parteikommunisten ist also heute das Verhalten der Anarchisten in Bayern zu rechtfertigen, sondern gegen die Einwendungen, die anarchistische Genossen selbst unter Hervorhebung unserer allgemeinen freiheitlichen Grundsätze erheben mögen. Um eines vorwegzunehmen: in meiner Schrift finden sich Ausdrücke, die sehr befremdend wirken können. Meine eigenen Auffassungen werden da mit der selbstverständlichsten Leichtigkeit bald kommunistisch, bald spartakistisch, bald bolschewistisch genannt. Es wäre gut, an Worten gar keinen Anstoß zu nehmen, sondern nur immer die Sache zu prüfen. In der Revolutionszeit vermischen und verwischen sich die Begriffe. Die Bezeichnung ›kommunistisch‹ hatte damals noch gar keine parteimäßige Bedeutung, und ich denke, ein kommunistischer Anarchist hört auch jetzt noch deswegen nicht auf, Kommunist zu sein, weil eine marxistische Partei den Namen für sich beschlagnahmt hat. Das Wort ›bolschewistisch‹ hatte 1919 erst recht noch keinen organisatorisch abgegrenzten Wert; es bezeichnete für uns einfach das Bekenntnis zu der Forderung ›Alle Macht den Räten!‹, die seit der Oktoberrevolution 1917 als die bolschewistische Grundforderung galt und zu der wir Anarchisten alle uns bekannten und noch bekennen. Heute gehört das Wort ›bolschewistisch‹ freilich unbestritten wieder denen, die es als Parteibezeichnung führen; es sind gerade die, die von der verbindenden Revolutionsformel ›Alle Macht den Räten!‹ nichts mehr wissen wollen und statt ihrer die Fahne einer ›Arbeiter- und Bauernregierung‹ über der proletarischen Zukunft schwenken. Was endlich den Namen ›Spartakisten‹ anlangt, so war das seit dem November 1918 die zusammenfassende Charakteristik des konsequenten Aufrührertums in Deutschland. Ursprünglich die Bezeichnung der Liebknecht-Gruppe und der revolutionären Unabhängigen während des Krieges, die die ganz lockere Organisation des Spartakus-Bundes geschaffen hatten, benutzten die Bürger und Sozialdemokraten den Ausdruck für alles, was ihnen ungemütlich war. Spartakus war der Bürgerschreck und damit der Ehrenname des Revolutionärs. Daran muß angesichts der Tatsache erinnert werden, daß man heutzutage sowohl bei Anarchisten als auch bei Parteikommunisten versucht, Abgrenzungen der Begriffe in die Vergangenheit zu übertragen, die erst lange nachher Unterscheidungsmerkmale erhielten. In der erregten Zeit entbrannter Revolution sagt man Spartakist, Bolschewist, Kommunist, Anarchist, um Revolutionär zu sagen, und das ist gut so, denn Revolution einigt.

Anders mag es sich mit dem Ausdruck ›Diktatur des Proletariats‹ verhalten. Hier wird nicht ein bloßes Wort ausgesprochen, in das man irgendeinen Sinn hineinlegen kann, sondern hier wird etwas Programmatisches ausgedrückt. Wir Anarchisten haben uns in früheren Jahren, als die Sozialdemokraten bei März- und Maifeiern ihren revolutionären Drang in das Bekenntnis zur Diktatur des Proletariats ausklingen ließen, mit aller Heftigkeit gegen die Aussicht gewehrt, das Bürokratenregiment ihrer Partei- und Gewerkschaftssekretäre als unentrinnbare Herrschgewalt über Tun und Lassen der Gesamtheit walten zu sehen. Denn etwas anderes konnten wir uns angesichts der Propagandisten dieses Diktaturprinzips nicht wohl darunter vorstellen. Auch heute wieder können wir uns nicht scharf genug lossagen von dem, was die legitimen Nachfolger der alten Sozialdemokratie, die Parteikommunisten, unter der von ihnen als revolutionäres Ziel erstrebten proletarischen Diktatur verstehen. Die Stalin-Herrschaft in Rußland, die sich zwar in der sozialen Tendenz, nicht aber in den politischen Diktaturmethoden vom Faschismus unterscheidet, wird uns ja von den Anhängern dieses Systems ausdrücklich als Diktatur des Proletariats angepriesen. Hätten Landauer, ich oder die übrigen an der bayerischen Revolution beteiligten Anarchisten dies oder etwas Ähnliches verkündet, gebilligt oder auch nur widerstandslos geschehen lassen, so wäre der Vorwurf begründet, wir hätten allen Grundsätzen der anarchistischen Gedankenwelt ins Gesicht geschlagen. Wir haben nicht entfernt daran gedacht, unter Diktatur des Proletariats jemals die Regierungsgewalt eines Klüngels zu verstehen. Wir haben das Wort gebraucht und mit dem Inhalt gefüllt, der sich aus der Forderung ›Alle Macht den Räten!‹ von selber ergibt. Auf das Wort aber konnten wir nicht verzichten, weil die revolutionären Massen es als Formel ihres Klassenrechtes im Munde führten und wir ihnen einfach nicht mehr verständlich gewesen wären, hätten wir es ihnen ausreden wollen. Als Landauer einmal im Rätekongreß klare Forderungen zur Sicherung des revolutionären Weges aufstellte, rief ihm ein Sozialdemokrat zu: »Das ist ja die reine Diktatur!«, und Landauer entgegnete: »Jawohl, das ist die Diktatur der Revolution!« Nichts anderes hat uns je das Wort ›Diktatur des Proletariats‹ bedeutet als die gewaltsamen Sicherungen der Revolution gegen Anschläge, das Niederhalten der bezwungenen Gewalt, zu der die proletarische Klasse genötigt ist, will sie ihren Sieg nicht kampflos preisgeben. In diesem Sinne habe ich das Wort auch später noch gebraucht, auch noch in Artikeln des ›Fanal‹, und das hat mich leider wertvolle Freundschaften gekostet. Aber ich erkläre, daß ich in der Sache meine Ansicht in nichts geändert habe. Ich glaube noch heute an die Notwendigkeit revolutionärer Dekrete, erlassen von den Räten des Proletariats, um der Bourgeoisie die Lust zur Gegenrevolution zu nehmen. Ich glaube noch heute an die Notwendigkeit revolutionärer Komitees, die, wie es in Bakunins für die Kommune von Lyon vorbereitetem Aufruf vom 26. September 1870 hieß, ›alle Macht ausüben unter der unmittelbaren Kontrolle des Volkes‹. Diesen Zustand wollten wir Anarchisten 1919 herbeiführen, als wir die Räterepublik, die ›Rätediktatur‹ proklamierten, die wir in Übereinstimmung mit dem proletarischen Sprachgebrauch ›Diktatur des Proletariats‹ nannten. Nachdem unglücklicherweise die Entwicklung in Rußland allen Befürchtungen recht gegeben hat, die von den Anarchisten in früheren Jahrzehnten bei der sozialdemokratischen Agitation für die Diktatur des Proletariats ausgesprochen worden sind, und nachdem auch im Bewußtsein weiter Kreise des revolutionär gestimmten Proletariats diese Bezeichnung wieder die Bedeutung einer Parteidiktatur erlangt hat, unter deren Obrigkeit sich das Proletariat zu ducken hat, ist es klar, daß der Ausdruck ›Diktatur des Proletariats‹ die Sache nicht mehr deckt, die wir damit benennen wollten.

Die Formen allerdings, in denen die Ausrufung der Räterepublik geschah, und mehr noch die Konzessionen, die wir als Anarchisten an revolutionäre Gegebenheiten machten, werden wahrscheinlich vor der späteren Kritik unserer Genossen noch reichliche Beanstandungen erfahren. Hierin ging Landauer noch viel weiter als wir anderen, aber es wäre wohl ratsamer, darüber nachzudenken, warum Menschen, die mit ihrer ganzen Person, mit Fühlen, Denken und Erleben in den Strudel einer Revolution gerissen werden, immer die Möglichkeit des Handelns und Wirkens suchen und um des Handelns und Wirkens willen gar nicht davor zurückschrecken, ein ganzes Bündel das Leben hindurch treu gehüteter Weltanschauungsgesetze beiseite zu werfen. Fragt die anarchistischen Genossen in Rußland, in Ungarn, sie haben genau dieselben Bocksprünge über die anarchistischen Grundsätze weg gemacht, wie wir und wie alle Revolutionäre aller Richtungen Bocksprünge über ihre Doktrinen weg gemacht haben, sofern ihr Wille zu handeln stärker war als ihr Hang, vor der idealen Forderung Schildwache zu stehen.

Unser alter Freund Fritz Oerter, einer der Anarchisten, die die bayerische Räterepublik als aktive Kämpfer miterlebt haben, wird mir nicht böse sein, wenn ich ungefragt ein paar Sätze aus seinem letzten Brief an mich mitteile. In Ausführungen, die wohl oder übel das eigene Verhalten vor der Geschichte klarstellen sollen, läßt man gern einen anderen Genossen reden, der selbst dabei war und nun, nach zehn Jahren, das Bedürfnis fühlt, in einem nicht für die Öffentlichkeit bestimmten Brief die Erinnerung aufzufrischen. Genosse Fritz Oerter hat in so hohem Maße das Vertrauen und die Liebe aller Anarchisten, daß ich glücklich bin, ihm da das Wort geben zu können, wo es mir schwerfällt, es zu nehmen. Er schreibt:

›...Es sind ja über die bayerische Räterepublik soviel Lügen verbreitet worden! ... Aber nicht nur er (Eisner), auch Landauer, Toller, ja auch wir alle haben Konzessionen gemacht, das heißt machen müssen, um wenigstens unseren Ansichten einigermaßen Gehör zu verschaffen. Wir alle täuschten uns in der Psychologie der Massen. Wir glaubten sie fähig, sozialistisch zu denken und zu handeln. Ich glaube, ein von der Sozialdemokratie noch unverbildetes und ursprüngliches Volk wäre vielleicht zu besseren Resultaten gelangt. Aus der Perspektive von heute gesehen, war die Räterepublik ein Versuch am untauglichen Objekt. Immerhin offenbarte sich bei dieser Gelegenheit ein beispielloser Heroismus. Man macht einem Dichter seine Ekstasen nicht zum Vorwurf, sondern freut sich ihrer. Die Räterepublik war ein kühner Aufschwung, der, weil er wenig oder keine Stütze fand, wieder zusammenbrechen mußte, ein Epos mit tragischem Ausgang, blutiger fast als das deutsche Nationalepos: die Nibelungen! – Auch wir in Fürth hatten vier Tage Räterepublik. Bekannte Arbeiter fielen mir damals auf der Straße vor Freude fast um den Hals. ‚Fritz, denk nur, wir haben die Räterepublik!' – ‚Kinder', sagte ich, ‚wir haben bis jetzt nur den Namen, die Räterepublik müssen wir erst schaffen.' Es ist nichts daraus geworden, und am vierten Tage wurden die Räterepublikaner von den Sozialdemokraten im Arbeiterrat überstimmt. Damit wurde die Räterepublik in Fürth höchst gemütlich begraben. Du siehst, was in München sich zu fürchterlicher Tragödie entwickelte, ward in Fürth zur Posse. – Unser Landauer kam mir in jener erregten Münchener Epoche anders vor als in früheren Zeiten. Einerseits hatte er sich erfreulicherweise, was mir sehr an ihm gefiel, jenes Distanzgefühls entledigt, das in den Jahren vor dem Krieg manchen ehrlichen Kämpfer und Wohlgesinnten vor den Kopf stieß, andererseits aber schien er mir jetzt viel mehr zu Konzessionen geneigt zu sein als früher. Am weitesten ging er mir damals, als er mit Eichenmüller die bekannte Resolution abfaßte, gegen die außer Dir nur noch elf Mann stimmten, worunter auch ich mich befand. Gustav Landauer hat die Revolution nach meiner Auffassung damals viel zu sehr vom einseitigen geistigen Standpunkt aufgefaßt, wie

Eisner zu sehr das einseitige Politische betonte, während bei einer Revolution mit sozialistischem Einschlag doch vor allem die wirtschaftliche Seite hätte betont werden müssen. In dieser Beziehung ist aber in Bayern sowohl wie im Reich verdammt wenig geschehen. Und darum ist alles gescheitert. Du hast recht, es ist vor zehn Jahren vieles gemacht worden, was falsch war. Aber ich habe den Trost, daß sich Größere und Bessere als ich geirrt haben ... Die Bewegung vom Jahre 1919 war ein erster Anhieb. Aber auf den ersten Hieb fällt kein Baum, selbst wenn er durchmorscht und verfault ist. Die großen Opfer, die gebracht wurden, können nicht umsonst dargebracht worden sein.‹

Nein, die Opfer einer Revolution sind nie umsonst gebracht. Das Blut derer, die für die Zukunft der Menschheit starben, verpflichtet die Überlebenden, ihren Kampf weiterzuführen und siegend zu vollenden. Ihr Kampf aber soll nicht fortgesetzt werden, indem man ihre Fehler wiederholt, sondern indem man in Ehrfurcht prüft, worin sie recht, worin sie unrecht hatten. Die Frage, die der Untergang der bayerischen Räterepublik aufwirft, heißt nicht: für Leviné oder für Landauer? Sie heißt: Wie ergänzen sich die Tugenden und Fähigkeiten dieser beiden großen revolutionären Kämpfer so, daß die Vorzüge eines jeden von ihnen die Mängel des anderen aufheben? Aber nicht auf die zwei herausragenden Gestalten der Revolution kommt es an, sondern darauf, daß ihr Geist, ihr Blut, ihr Leben erkannt werde als Geist und Blut und Leben aller, die der Revolution ergeben sind. Kritik üben, auch an denen, die für ihre Sache das Leben opfern mußten, ist Pflicht gegen die künftige Revolution. Aber Kritik üben bedeutet alles andere als die Schwächen des Andersdenkenden sammeln und sich an ihnen weiden, sondern Wollen und Handeln, Wirken und Geschehen vergleichen und von Erfolg und Verlust jedem Beteiligten gerecht sein Teil zumessen. Wenn wir dahin gelangen sollten, daß so von allen revolutionären Geschichtsschreibern Kritik geübt wird, dann wird die bayerische Räterepublik ihre historische Aufgabe erfüllen: neben der Pariser Kommune, neben der ungarischen Räterepublik und den Machnoschen Bauernsowjets mit dem düsteren Feuer ihres heroischen Untergangs die proletarische Zukunftsrevolution zu erhellen, in der ihre ewigen Gedanken der Gerechtigkeit und der Freiheit zur Wirklichkeit der menschlichen Gemeinschaft erstehen werden.

KAIN

Zeitschrift für Menschlichkeit · Herausgeber: Erich Mühsam

Erscheint jeden Dienstag. / Verantwortlich für Redaktion und Verlag: Erich Mühsam, München, Georgenstraße 105/IV, Telephon 33626. / Druck von Max Steinebach München, Baaderstraße 1 und 1a. / Geschäftsstelle: München, Baaderstraße 1a, Telephon 26355. / Einzelnummer 20 Pfennig, vierteljährlicher Bezugspreis Mk. 2.50 Zu beziehen durch alle Buchhandlungen. / Straßenvertrieb in München: J. Pfalner, Zeitungs-Zentrale Färbergraben 27—28, Telephon 21054; Franz Kirmayr, Haupt-Zeitungsverlag, Schäfflerstraße 11, Telephon 21442. / Anzeigenpreis die 6 mal gespaltene Nonpareillezeile 60 Pfennig, bei Wiederholung Rabatt.

Nummer 1. Dienstag, den 10. Dezember 1918. 5. Jahrgang.

Titelseite der von Erich Mühsam herausgegebenen Zeitschrift ›Kain‹, 10. Dezember 1918

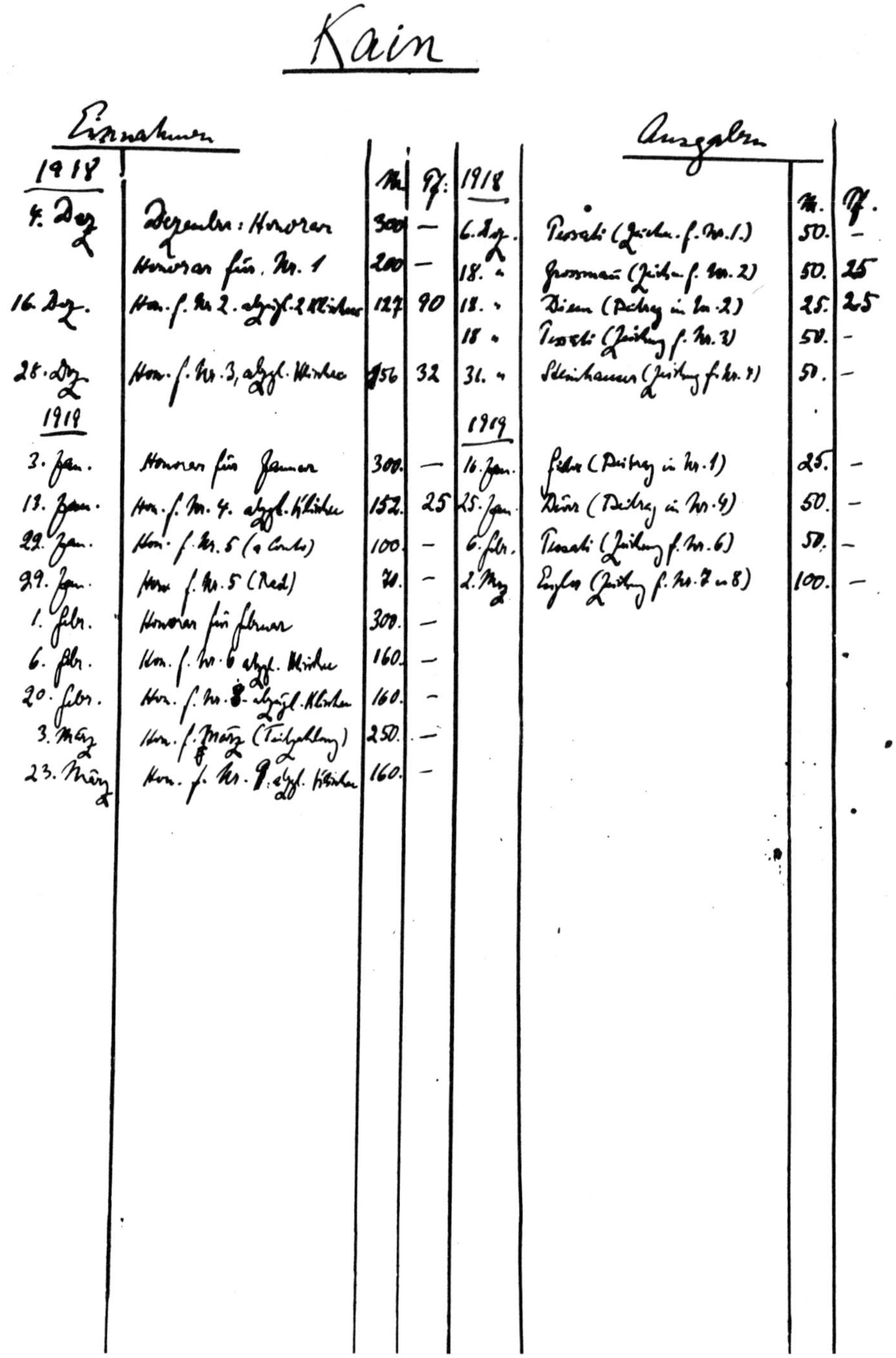

Kain

Einnahmen

1918		M	Pf.
4. Dez.	Dezember: Honorar	300	—
	Honorar für Nr. 1	200	—
16. Dez.	Hon. f. Nr. 2. abzgl. 2 Klischees	127	90
28. Dez.	Hon. f. Nr. 3, abzgl. Klischees	156	32
1919			
3. Jan.	Honorar für Januar	300	—
13. Jan.	Hon. f. Nr. 4. abzgl. Klischees	152	25
29. Jan.	Hon. f. Nr. 5 (a Conto)	100	—
29. Jan.	Hon. f. Nr. 5 (Red.)	70	—
1. Febr.	Honorar für Februar	300	—
6. Febr.	Hon. f. Nr. 6 abzgl. Klischees	160	—
20. Febr.	Hon. f. Nr. 8 abzgl. Klischees	160	—
3. März	Hon. f. März (Teilzahlung)	250	—
23. März	Hon. f. Nr. 9 abzgl. Klischees	160	—

Ausgaben

1918		M.	Pf.
6. Dez.	Tessachi (Zeichn. f. Nr. 1)	50	—
18. "	Grossmann (Zeichn. f. Nr. 2)	50	25
18. "	Diem (Beitrag in Nr. 2)	25	25
18 "	Tessachi (Zeichng f. Nr. 3)	50	-
31. "	Steinhauser (Zeichng f. Nr. 4)	50	-
1919			
16. Jan.	Fehr (Beitrag in Nr. 1)	25	-
25. Jan.	Dürr (Beitrag in Nr. 4)	50	-
6. Febr.	Tessachi (Zeichng f. Nr. 6)	50	-
2. März	Engler (Zeichng f. Nr. 7 u. 8)	100	-

Erich Mühsams Buchführung für ›Kain‹. Von 1918 bis 1919 erschienen neun Ausgaben

Erich Mühsam
Verlegerprobleme

Erich Mühsam an den Kurt Wolff Verlag (G. H. Meyer)

München, den 17. Juli 1919
Strafvollstreckungsgefängnis Stadelheim

Sehr geehrter Herr Meyer!
Vor etwa eineinhalb Jahren trat ich mit der Anregung an Sie heran, für mein Gedichtbuch ›Wüste – Krater – Wolken‹ irgend etwas zu tun, um dem Buch, das durch Umstände, die mit seinem Wert nichts zu schaffen hatten (es erschien unmittelbar vor Kriegsausbruch), vergessen war, nachträglich noch zu einiger Geltung zu verhelfen. Sie antworteten damals sehr entgegenkommend, aber es ist in der Sache nichts weiter geschehen. – Sie wissen, in welcher Situation ich mich jetzt befinde. Wenn es bei dem Urteil des Standgerichts bleiben sollte, bin ich für die Dauer von 15 Jahren hinter Festungsmauern verschwunden. Die Aufmerksamkeit vieler politisch und geistig nahestehender Personen ist daher gerade jetzt stark auf mich gerichtet. Das Buch aber, in dem meine ganze dichterische Produktion konzentriert ist, ist nicht bekannt, niemand weiß etwas von ihm, es ist durch Umstände, auf die ich keinen Einfluß habe, vom Markt und aus dem Gedächtnis der Menschen verschwunden. – Gleichgültige Schriften von mir werden jetzt stark verlangt und verkauft. Wollen Sie nicht den Gedichtband, der mir mehr am Herzen liegt als alles, was ich sonst geschrieben habe, ein wenig forcieren? Eine Annonce im Börsenblatt, Versendung an die Sortimenter, womöglich noch einmal eine Versendung von Rezensionsexemplaren – oder Inserate in den linkssozialistischen Zeitungen und Revuen würden sich sicher für Sie ebenso lohnen wie für das Werk, und mir die Genugtuung schaffen, daß dieses mein bestes Buch nicht dauernd verloren ist.
Ich füge noch eine Bitte persönlicher Natur bei: Beim Einmarsch der Regierungstruppen in München ist meine Wohnung gründlich geplündert worden. Wie sich jetzt herausstellt, fehlen außer aller Kleidung, Wäsche, Wertsachen etc. auch etliche Bücher, darunter sämtliche Exemplare, die ich persönlich noch von meinem Gedichtbande hatte. Daß die Weißgardisten an meinen Gedichten Gefallen gefunden haben, ist ja für mich schmeichelhaft und rührend, aber es ändert nichts an der Fatalität, daß ich sie selbst nun nicht mehr besitze. Wollen Sie mir (an die Adresse meiner Frau: Georgenstr. 105/IV) ein paar Exemplare (vielleicht fünf gebundene und drei ungebundene) schicken? Ich wäre Ihnen dankbar.
Ich bitte Sie um möglichst umgehende Antwort, ob Sie die Versendung des Buches und den Versuch, es endlich doch bekannt zu machen, unternehmen wollen. Für besonders wirksam würde ich ein Inserat in der ›Neuen Zeitung‹, München, Baaderstr. 1a, halten.

Sobald ich endgültig untergebracht bin, also weiß, wo ich meine Festungshaft abzubüßen habe, werde ich mich wieder bei Ihnen melden und Sie um Lektüre bitten.
Mit besten Grüßen Ihr ergebener *Erich Mühsam*

Erich Mühsam an den Kurt Wolff Verlag (G. H. Meyer)

Festungsgefängnis Ebrach,
Unterfranken,
den 30. Juli 1919

Sehr geehrter Herr Meyer!
Mit der üblichen Verspätung ist Ihr freundlicher Brief vom 22. dieses Monats via Stadelheim hier eingetroffen. Ich bin Ihnen sehr dankbar dafür, daß Sie mein Schmerzenskind, das Gedichtbuch von 1914, noch unter dem Tisch hervorholen wollen, unter den es damals im Gedränge der ausbrechenden ›großen Zeit‹ fiel. – Ich glaube, ein umfangreicher Versand an einzelne Persönlichkeiten ließe sich ersparen, wenn ein neuer Waschzettel gedruckt würde und an die Persönlichkeiten ginge, die seinerzeit mit Freiexemplaren versehen wurden. Die Liste wird doch noch vom Verlag Paul Cassirer zu haben sein? An die größeren literarischen und revolutionären Zeitungen könnte dieser Waschzettel mit der Anfrage geschickt werden, ob die Übersendung eines Rezensionsexemplars gewünscht wird. – Für sehr lohnend würde ich es aber halten, wenn Sie sich mit den Stellen in Verbindung setzten, die sich speziell mit dem Vertrieb revolutionärer Schriften befassen. Ich glaube, der Verlag Leon Hirsch, Berlin W., Luitpoldstr. 44, könnte Ihnen dabei ratend zur Hand gehen und würde wohl selbst eine Anzahl Exemplare in Vertrieb nehmen.
Wie denken Sie nun außerdem über die Herausgabe eines neuen (kleinen) Versbuches ausschließlich rebellischen Inhalts? Ich habe seit Kriegsbeginn, wie Sie wissen, in schärfster Opposition zu den Scheußlichkeiten der Patrioteska gestanden, was in meiner Lyrik stark zum Ausdruck gekommen ist. Bis jetzt war meine ganze Produktion seit dieser Zeit beschlagnahmt, und ich hielt sie schon für verloren. Gestern erhielt ich nun ein Telegramm von meiner Frau, daß das betreffende Notizbuch dank ihrer und zweier Rechtsanwälte Bemühungen gerettet ist. Sobald ich es hier habe, könnte ich an die Zusammenstellung gehn. Es handelt sich zum Teil um kriegsfeindliche Gedichte ganz unterschiedlicher Art – rein lyrische, anklagende, trauernde Stimmungen, radikal-revolutionäre dichterische Aufrufe etc., zum Teil um Revolutionsgedichte, die fast alle im Stil der Proklamation und des Sturmgesangs gehalten sind. Ich denke mir, daß ich in das Buch noch einige besonders geeignete Beiträge aus der Vorkriegszeit hineinnehmen könnte, zum Beispiel ›An die Soldaten‹ aus ›Wüste – Krater – Wolken‹, ferner das 1911 geschriebene Einleitungsgedicht zu meiner Zeitschrift ›Kain‹, das bisher in keinem Buch Aufnahme gefunden hat, und einige liedhafte revolutionäre Gedichte, die schon vor zehn Jahren und länger in Landauers ›Sozialist‹ und später nie wieder veröffentlicht wurden. Vorschläge über das Ge-

schäftliche kann ich erst machen, wenn ich einen Überblick habe, wie stark der neue Band werden wird, und wenn ich Ihre grundsätzliche Zustimmung habe. Sehr nett ist, daß Sie mir Lektüre schicken wollen. Wenn ich Wünsche äußern darf, so bitte ich um Heinrich Manns ›Untertan‹, um Meyrinks ›Walpurgis‹ und Alfons Paquets Buch über Bolschewismus (oder irre ich mich?, ist das nicht bei Ihnen erschienen?) – In Ihrer Annahme, daß ich mich von dem freundlichen Urteil des Standgerichts nicht niederdrücken lasse, haben Sie vollkommen recht. Wir leben hier – annähernd fünfzig Leidensgenossen – sehr fidel miteinander und freuen uns auf den Tag, an dem die Revolution uns automatisch die Festungspforten öffnen wird. Wollen wir wetten, daß dieser Tag keine fünfzehn Jahre auf sich warten lassen wird, daß er vielleicht in fünfzehn Monaten (wenn nicht in fünfzehn Wochen) schon dasein wird? Jedenfalls würde ich mich über Ihren Besuch riesig freuen. Von Bamberg aus können Sie in zwei Stunden hier sein. Aber bringen Sie ein Päckchen Tabak oder Zigarren mit – das ist der begehrteste Liebesgabenartikel in diesem Hause.
Nochmals: besten Dank und viele Grüße. Ihr *Erich Mühsam*

Erich Mühsam an den Kurt Wolff Verlag (A. v. Puttkamer)

Ansbach, den 5. Dezember 1919
Festungsgefängnis

Sehr geehrter Herr v. Puttkamer,
besten Dank für Ihr Schreiben. Den Kontrakt lege ich unterzeichnet bei und sehe der Zusendung meiner Exemplare entgegen.
Ich habe darauf verzichtet, Änderungen in Ihrer Ausfertigung vorzunehmen. Aber Ihr Interesse, das Buch bald herauszubringen, schätze ich grade so groß wie das meinige, so daß die Bezeichnung eines Termins wohl entbehrlich ist. Immerhin wäre es mir lieb, von Ihnen zu erfahren, wann Sie das Erscheinenlassen beabsichtigen.
Ganz gern hätte ich mir mehr Freiexemplare zubilligen lassen, da ich meinen völlig mittellosen Genossen, die gleich mir eingesperrt sind, gern Dedikationen gemacht hätte. Vielleicht erhöhen Sie die Zahl der Freiexemplare auf fünfzig und bewilligen diese Anzahl für jeden Neudruck.
Ich wäre außerdem bereit, zu Ihren Gunsten eine Ergänzung des § 5 in dem Sinne vorzunehmen, daß statt ›Übersetzungsrecht‹ gesagt wird, ›des Übersetzungs- und Vertonungsrechtes‹. Ich vermute, daß sich zahlreiche Komponisten auf die verschiedenen Lieder stürzen werden, und überließe die geschäftlichen Auseinandersetzungen darüber gern Ihnen unter der gleichen Bedingung wie beim Übersetzungsrecht. Der öffentliche Vortrag wird sich so schwer kontrollieren lassen, daß da am besten gar keine besonderen Einschränkungen getroffen werden, zumal ich den Vortrag vor Arbeitern auch keineswegs zur Einnahmequelle machen möchte.
Mit Ihrer Preisfestsetzung bin ich völlig einverstanden, überlasse Ihnen überhaupt gern alle technischen Anordnungen. – Das à-conto-Honorar wollen Sie

freundlichst an meine Frau auszahlen lassen, deren Besuch bei Ihnen ich veranlassen werde. Sie kann dann bestimmen, ob sie das Geld an eine Bank angewiesen haben oder selbst in Empfang nehmen will. Da ich beabsichtige, ihr die gesamten Einnahmen aus dem Buch zu zedieren, werden die geschäftlichen Angelegenheiten sich überhaupt für alle am bequemsten regeln.
Was endlich Ihre Vorschläge anlangt, mehrere Gedichte zu streichen, so bin ich nicht darauf versessen, durchaus alles nach meiner ursprünglichen Absicht bestehn zu lassen. Die reinen Gelegenheitsgedichte (die beiden Ferrer-Gedichte, Krapotkin und Wedekind) gebe ich gern preis, würde Ihnen höchstens nahelegen, das erste Ferrer-Gedicht noch einmal zu prüfen, dann aber nach Ihrem Ermessen zu entscheiden. Der ›Glockenturm‹ steht schon im großen Gedichtband, ich verzichte deshalb drauf. ›Der Barde‹, ›Gelöbnis‹ und die ›Hymne an den Frieden‹ lasse ich fallen, da sie mir künstlerisch selbst nicht wichtig genug sind. Das ›Gleichnis‹ ist mir zwar persönlich ans Herz gewachsen, aber ich sehe ein, daß es wohl aus dem Rahmen fällt, und finde mich mit der Streichung ab. Dagegen kann ich der Weglassung von ›Ghasel‹, ›Hungersnot‹ und ›Ode zum Jahreswechsel 1916/17‹ nicht zustimmen. Das sind Gedichte, die meines Erachtens unbedingt in das Buch hineingehören und die mir der Form und dem Inhalt nach für mein lyrisches Gesamtwerk zu wesentlich scheinen, als daß ich sie missen möchte. Ich denke, darüber werden wir uns nicht in die Haare geraten. – Ich behalte mir übrigens vor, dem Buch noch zwei bis drei Gedichte anzufügen (meine zur Zeit lahme Produktivität läßt kaum befürchten, daß es viel mehr werden), von denen eineinhalb schon da sind. Bei der chronologischen Reihenfolge wird ja die Einordnung sich von selbst ergeben. Sie müßten nur einen Endtermin angeben, nach dem der Apparat geschlossen wird.
Ich möchte endlich bitten, dafür zu sorgen, daß beim Satz nicht jede Zeile mit großen Anfangsbuchstaben beginnt, sondern – wie ein Manuskript – der Grammatik gemäß. Beim vorigen Band kam ich erst bei der Korrektur auf den Einwand, und da war's zu spät.
Die Neuversendung und neue Inszenierung von ›Wüste–Krater–Wolken‹ lege ich Ihnen noch einmal ans Herz. Das Buch hat ein unverdient schlimmes Schicksal gehabt, da es ausgerechnet im Juli 1914 erschien und infolge des Kriegsausbruchs vom Verlag selbst unterdrückt werden mußte. Es ist aber mein liebstes und bestgeratenes Kind, das ich gern retten möchte.
Ihrer Rückäußerung sehe ich mit Vergnügen entgegen und begrüße Sie, indem ich uns gegenseitig Glück wünsche, mit vorzüglicher Hochachtung.

Ihr
Erich Mühsam

Ich erlaube mir, Ihnen eine private Bitte zu unterbreiten: Erfreuen Sie mich gelegentlich durch Zusendung einiger Ihrer Neuerscheinungen. Ich komme hier allmählich ganz außer Fühlung mit der jüngsten Literatur. Besonders wünsche ich mir Werfels ›Gerichtstag‹. Übrigens wäre ich Ihnen auch für Werfels Adresse dankbar, ich möchte mit ihm korrespondieren.
Mit Dank ergebenst *Erich Mühsam*

Erich Mühsam an den Kurt Wolff Verlag (A. v. Puttkamer)

Ansbach, den 5. Januar 1920
Festungsgefängnis

Sehr geehrter Herr v. Puttkamer,
indem ich Ihnen persönlich, Ihren Herren Kollegen im Verlag (besonders Herrn G. Meyer) und dem Verlag selbst meine Glückwünsche zum Jahreswechsel ausspreche, gebe ich zugleich der Hoffnung Ausdruck, daß das Embryo, das nun im Leibe Ihrer Herstellungsabteilung ans Licht drängt, sich für beide Eltern als hübsches, gesundes und dankbares Kind bewähren wird.
Ich kann es Ihnen nicht ersparen, das Balg noch kurz vor der Entbindung etwas beleibter werden zu lassen, als die Absicht war, indem ich mit der Bitte, es dem Manuskript als Abschlußpoem anzufügen, ein Gedicht ›Sylvester 1919‹ beifüge. Sie sehn es den Versen an, daß sie noch heraus mußten, ehe das verruchte vorige Jahr endgiltig zu den Akten gelegt werden konnte. Nun habe ich gesucht, ob man statt ihrer ein andres Gedicht aus dem Buch entfernen könnte. Ich habe keines mehr gefunden, auf das ich ohne Trauer verzichten könnte. Hoffentlich wird das nun wirklich der endgiltige Punkt hinter dem Opus bleiben können. Aber das wird nicht so sehr von mir abhängen als von der Schnelligkeit der Drucklegung.
Ich erwarte mit Schmerzen die ersten Korrekturen. So ein Buch, im Stadium des technischen Entstehens, verstopft die Produktivität ganz abscheulich. Und dieses speziell verursacht Wehen, wie ich sie kaum je erlebt habe, da es nun mal in das Prokrustesbett eines bestimmten Umfangs gepreßt werden soll und bei jedem Anwachsen an irgendeinem edeln Glied operiert werden muß. Eine Anzahl aktueller Spottlieder habe ich mir schon für die Einfügung verkniffen, ebenso eine Übersetzung der französischen ›Internationale‹, die wir hier eifrig singen. Sorgen Sie doch ja für rasche Herstellung! Da ich mit Ihnen erwarte, daß das Buch reißend abgesetzt werden wird, wenn es richtig inszeniert wird (ich werde Ihnen dazu seinerzeit entsprechende Hinweise geben können), so käme ja vielleicht für einen Neudruck eine Vermehrung des Inhalts um die jetzt unterdrückten und bis dahin hoffentlich entstehenden Poesien in Frage.
Was ›Wüste—Krater—Wolken‹ betrifft, so empfehle ich für die Neupoussierung als Verfasser eines Waschzettels Ferdinand Hardekopf, der jüngst in den ›Weißen Blättern‹ einen sehr netten kleinen Essay über mich veröffentlicht hat. Da er ja Ihr Autor sowieso ist, werden Sie seine Adresse gewiß besitzen. Es wäre mir lieb, wenn er sich da besonders den dritten Teil ›Wolken‹ als reifsten und wichtigsten angelegen sein ließe.
Sehr neugierig bin ich auf die äußere Ausstattung der ›Brennenden Erde‹: Format, Umschlag etc. Können Sie mir schon Mitteilungen darüber machen?
Mit verbindlichen Empfehlungen bin ich Ihr ergebener *Erich Mühsam*

Erich Mühsam an den Kurt Wolff Verlag

Ansbach, den 31. Januar 1920

Sehr geehrter Herr! Am 22. Januar teilte ich Ihnen mit, daß die beiden letzten Korrekturen meines Buchs mit den dazugehörigen Teilen des Manuskripts und meinem Begleitschreiben von der Zensurstelle hier ans Justizministerium gesandt wurden. Ich bat Sie, sich deshalb sogleich mit dem Ministerium in Verbindung zu setzen und den Schutzverband Deutscher Schriftsteller zu benachrichtigen. Diese Benachrichtigung ist inzwischen durch meine Frau in Berlin erfolgt, und ich hoffe, daß bereits Schritte unternommen worden sind, um meine und Ihre Rechte zu wahren.

Aus Ihrem Brief ersehe ich, daß Sie bis zum 27. Januar meine Benachrichtigung noch nicht in Händen hatten. – Ich erwarte in einigen Tagen meinen Rechtsbeistand und werde Ihnen dann durch ihn meine Rechtsauffassung mitteilen lassen. Sie erkennen also, daß die Unterlassung nicht vor mir verschuldet ist.

Mit verbindlicher Empfehlung *Erich Mühsam*

Mühsam an den Kurt Wolff Verlag

Nürnberg, den 5. Februar 1920

Im Auftrage des Herrn Erich Mühsam übersende ich Ihnen anliegend die Korrektur zu seinem Buche ›Brennende Erde‹.

Das Gedicht auf Seite 51 ist zu betiteln: ›Epilog zum Vorigen‹. An den Schluß des Buches ist zu setzen: ›Der Verfasser war von Ende April bis zum 1. November 1918 zu Zwangsaufenthalt in Traunstein interniert; am 13. April 1919 fiel er bei einem gegenrevolutionären Putsch in München der Bamberger Regierung in die Hände und wurde am 12. Juni 1919 vom Münchner Standgericht wegen Hochverrats zu fünfzehn Jahren Festungshaft verurteilt.‹

Herr Mühsam läßt Sie ferner bitten, folgende Notiz in das Buch aufzunehmen: ›Die Herausgabe des Buches verzögerte sich um einige Wochen, da der Zensor der Festungshaftanstalt Ansbach den Versuch machte, sie zu verhindern; es erscheint nun gegen den Willen des bayerischen Justizministers.‹

Den Eingang dieses Schreibens sowie der Korrekturbogen bitte ich Herrn Mühsam nicht zu bestätigen.

Hochachtungsvoll! *Mühsam*

Lieber Siegfried Jacobsohn,

sagen oder schreiben oder drucken Sie doch, bitte, Herrn Carl Sternheim, daß nach all den pflaumenweichen und neckischen Angriffen unserer Zunftkollegen gegen die Verlagsgeschäftsleute die Lektüre seiner Briefe (in Nummer zehn erschienen) an den Saboteur seiner Werke einen wahren Strahl warmen Trostes in die Öde meines Gefangenendaseins gesendet hat. Auch ich gehöre zu den vielleicht allerunglücklichsten deutschen Autoren, die sich bei der Jagd nach dem Verleger einen Kurt Wolff gefangen haben. Wie mich bei allen geschäftlichen Unternehmungen schon immer der sichtbarliche Finger Gottes so leitet, daß die Pleite unausweichlich ist, gelangte der erste große Sammelband meiner Gedichte in sehr schöner Ausgabe ausgerechnet im Juli 1914 auf den Büchermarkt – aber immerhin noch nicht zu Kurt Wolff, dahingegen zu einem Verleger, der drei Wochen später unter dem Donner der Geschütze seine Weltanschauung von Grund aus revidierte. Zwar fand im November 1918 eine Rückwärtsrevision zur roten Rosette statt, doch genügte die Zwischenzeit, um die kompromittierende Geschäftsverbindung mit mir zu lösen und die ganze Auflage meines Buches – sie dürfte noch kaum angetastet gewesen sein – an den Kurt Wolff Verlag zu veräußern. Ich erfuhr von dieser Transaktion erst, als sie schon vollzogen war, freute mich ihrer aber im Hinblick auf die Rührigkeit, mit der der erste Verleger die kriegerische Fahne der Neuorientierung schwenkte. Er wäre für meine Lyrik schwerlich mehr ein ergiebiger Cassirer geworden, und ich ahnte noch nicht, was es bedeutete, dem Wolff hingeworfen zu werden. Daß das Buch während des Krieges keine Erträgnisse bringen konnte, war mir natürlich klar, und so übergab ich, schon von der Festung aus, ein neues Gedichtbuch, das meine seit 1914 entstandene Produktion enthielt, in bestem Vertrauen wieder dem Kurt Wolff Verlag, der mir zusagte, zugleich damit den großen Gedichtband zu fördern, einen eignen Prospekt drucken zu lassen und ihm nachträglich zur Beachtung zu verhelfen. Das war Anfang 1920. Was geschah? Als das neue Buch ausgedruckt war, hatte das politische Bild in München ein Aussehen gewonnen, das die ›Konjunktur‹ in ein verändertes Licht brachte, und so tat Herr Wolff zunächst einmal gar nichts. Das für Gedichte ganz ungewöhnliche Interesse, das mein zweites Buch fand, erlahmte unter der schon fast aktiven Passivität, mit der der Verlag es unter den Tisch rutschen ließ. Inzwischen setzte dann die Inflation ein, und nun wurde plötzlich das während des Krieges erworbene Buch abgesetzt – ohne Prospekte, ohne irgendwelche Anstrengungen des Verlages, der es nun aber zu Preisen verschleuderte, die ihm gewiß seine Ausgaben ersetzten – den Begriff der ›Aufwertung‹ kannte man ja noch nicht –, die aber noch nicht einmal den Makulaturwert auch nur annähernd erreichten. Ich hatte vollständig das Nachsehen. Die Auflage ist weg, ein Neudruck wird nicht veranstaltet, und das zweite Buch vermodert in den Regalen des Wolffschen Lagers. Ich könnte noch mehr von meinen Verlegern erzählen. Meine Lage macht es nicht sehr aussichtsvoll, jetzt damit etwas zu erreichen –: aber treff ich euch draußen im Freien!

Carl Sternheim meint, man müsse dem Publikum sagen, was die Schriftsteller zu dulden haben. Ich sehe den Zweck nicht ein. Sollen die Bücherfreunde aufhören, unsre Bücher zu kaufen? Es gibt nur ein Mittel für uns, uns den Vampirrüsseln der Verleger zu entwinden. – Georg Hermann hat schon mit einer Schulter den richtigen Glockenstrang gestreift, aber dann am falschen geläutet –: das Mittel ist die secessio in montem sacrum. Ich habe schon vor zehn, zwölf Jahren angeregt, der Knechtung der Verleger durch Gründung von Autoren-Verlagsgenossenschaften zu entrinnen (denen später Autoren-Sortimentsgenossenschaften folgen können). Die Betriebsmittel? Es gibt Genossenschafts-Bäckereien, Genossenschafts-Dampfmühlen – der geeinte Wille von Bäcker- und Müllergesellen hat die Mittel dazu geschaffen. Herbert Eulenberg ist nicht genug zu danken, daß er die Schmach öffentlich gemacht hat, Carl Sternheim, daß er ihr den Namen Schmach angeheftet hat. Möge Herrn Fritz Th. Cohn, wenn die ›Firma Eulenberg & Sternheim‹ sich wirklich einmal präsentiert, sein übles Witzeln noch sauer aufstoßen!

Erich Mühsam

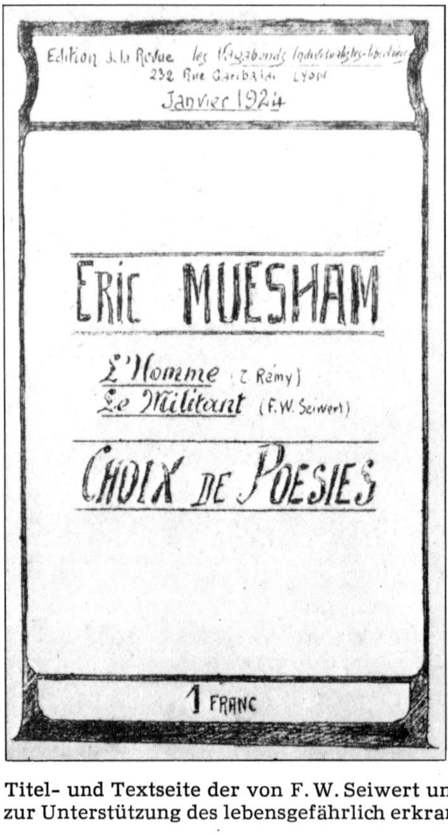

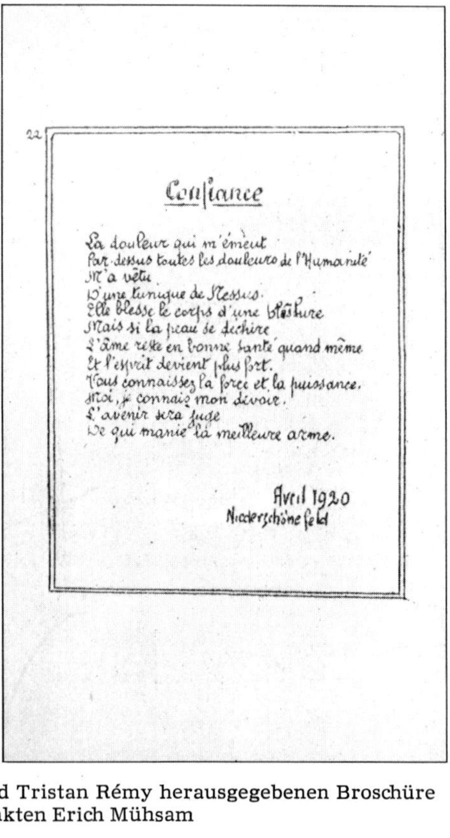

Titel- und Textseite der von F. W. Seiwert und Tristan Rémy herausgegebenen Broschüre zur Unterstützung des lebensgefährlich erkrankten Erich Mühsam

Kurt Wolff und wir

Sonderbar: einmal, nach Jahren stiller Erbitterung, stößt man, einstimmend in den gequälten Aufschrei gleichermaßen Leidender, seine Pein in die Welt hinaus, und dann kommt das Echo zurück, die mißtönige Verhöhnung von dem, der diese Pein verschuldet, und man erfährt im Tone des Sklavenhalters, dem die Peitsche als Attribut gottgewollter Schicksalsmacht überantwortet ist, daß man allen Grund hätte, mucksstill zu sein, und daß das, was man als Peitschenhieb gefühlt hat, in Wahrheit süßes Zuckerbrot war.

Es ist mir tief ekelhaft, die Polemik mit dem Kurt Wolff Verlag fortsetzen zu sollen, nachdem der, ohne zu begreifen, was eigentlich an seiner Geschäftsgebarung den Autor empört, die Auseinandersetzung auf die Plattform einer öffentlichen Bilanzerörterung heruntergedrückt hat. Da er aber versucht, Grundsätzliches unter spezialisierten Daten zu ersticken, bleibt mir nichts übrig, als ihm in diese Niederung nachzusteigen – um festzustellen, daß er Unwahrheiten behauptet. Es ist nicht wahr, daß ich für meinen Gedichtband ›Wüste – Krater – Wolken‹ vom Verlag Paul Cassirer ›mit einem Pauschalbetrag vollständig aushonoriert‹ worden wäre. Ich habe für das Buch, das 230 Seiten umfaßt und – anno 1914 – 4,50 Mark für das broschierte Exemplar kostete (6,– Mark für das gebundene: der Einband eines Buches ist bekanntlich Reservalgewinn des Verlegers. »Sie werden doch nicht etwa an dem Pappdeckel verdienen wollen« – er aber schon!), bei einer Auflage von 1000 Exemplaren im ganzen 500 Mark bekommen – und zwar ausdrücklich nicht als Abfindung, sondern als Vorschuß. Meine Beteiligung sollte nach Hereinbringung des Vorschusses 15 Prozent vom Ladenpreis betragen. Vom Kurt Wolff Verlag habe ich für dieses Buch, obwohl es bis auf den Rest abgesetzt ist, nie einen Pfennig erhalten. Bevor er es verkauft hatte, bin ich, in der selbstverständlichen Einsicht, daß Lyrik, die durch äußere Umstände über vier Jahre völlig unabsetzbar war, auch nach einem weiteren Jahr noch nicht gleich ohne nachdrückliche Propaganda marktfähig geworden sein kann, mit dem Gedichtband ›Brennende Erde‹ Ende 1919 ›in bestem Vertrauen‹ wieder zu diesem Verleger gegangen. Mein ›Erinnerungsvermögen‹ war ja noch gar nicht auf die Probe gestellt worden. Das neue Buch hatte aktuellen Inhalt, und das ältere sollte – so war es brieflich mit dem Verlag ausgemacht – einen neuen Prospekt kriegen und im Schlepptau des jüngeren seinen verspäteten Weg machen. Für den neuen Band erhielt ich laut Vertrag 1000 Mark Vorschuß (Valuta 1919/20). Bei der Abrechnung ergab sich dann, daß sonderbarerweise das neue – aktuelle! – Buch so miserabel gegangen war – wenn ich mich recht erinnere: etwa 700 verkaufte Exemplare –, daß man geradezu von Verlegersabotage reden durfte, während die alte, nicht aktuelle, seit fünf Jahren verstaubte Lyriksammlung ausverkauft war, und zwar ohne neuen Prospekt. Das lag nicht am Inhalt oder Wert der Werke – denn die ›Brennende Erde‹ war ein Buch, das bei der Würdigung, die es in der gesamten revolutionären Arbeiterpresse fand, nur darum zu keiner Massenauflage kam, weil im März 1920 gewisse politische Ereignisse in München eintraten, die dem Verlag die Verbindung mit meinem Namen peinlich machten. Wie aber kam die plötzliche Nachfrage nach dem ersten

Buch zustande? Nun, dieses Buch mit seinen vierzehneinhalb Bogen wurde erheblich billiger verkauft als das andre mit seinen knapp sechs Bogen! Aber Verschleuderung soll man das dann nicht nennen dürfen. Ein Neudruck wurde in den Jahren seither nicht beliebt, und daß dem Verleger ›jetzt‹ (1924!) ›natürlich die Lust vergangen ist, diese Pflicht zu erfüllen‹, wird ihm ›gewiß niemand ernstlich verübeln wollen‹.

Wozu sich weiter streiten? Für mich war die Tatsache entscheidend – entscheidend für den Zorn, der mich den Anklagen der Berufskollegen zustimmen ließ –, daß die Abrechnung ein Resultat zeigte, bei dem ich, dem im ganzen für beide Bücher bisher 1500 Mark zugeflossen waren – davon nur fünfhundert vollwertige vor jetzt fast zehn Jahren –, nicht nur nichts mehr zu bekommen hatte, sondern dem Kurt Wolff Verlag sogar noch verschuldet blieb! Aus der Antwort dieses Instituts in Nummer vierzehn der ›Weltbühne‹ erfahre ich nun, daß ich geradezu beschenkt worden bin von dem selbstlosen Verbreiter meiner Werke. Wahrscheinlich könnte er mich sogar selbst davon überzeugen, wenn unsereiner, der sich mit der Kunst der Buchschreibung abgibt, einmal die Künste der Buchführung zu begreifen anfinge. Wir sind noch immer so naiv, eher der Lebensführung einige Beweiskraft zuzumessen – nämlich wenn wir *die unsrige mit der sich für uns* aufopfernden Verleger vergleichen.

Daß der Verlag meiner Anregung zur Befreiung der Autoren von ihren Exploiteuren durch Schaffung von Verlagsgenossenschaften förderlich entgegenkommen will, ist nett von ihm. Er wird eines Tages die Wirklichkeit erleben – ohne Inanspruchnahme eines Kurt Wolffahrtsausschusses. Allerdings werde ich den Termin, den er mir freundlichst stellt – bis Juli 1924 –, nicht einhalten können. Hier scheint einmal meinen verehrten Verleger das Erinnerungsvermögen im Stich gelassen zu haben. Sonst wüßte er noch, daß mein derzeitiger Aufenthalt mir nicht die Bewegungsfreiheit gestattet, die ich brauchte, um mich vor dem Wolff zu retten. Ich bedaure, dem Kurt Wolff Verlag diese unbequeme Tatsache ins Gedächtnis rufen zu müssen, zumal ich den schwachen Absatz meiner ›Brennenden Erde‹ doch eben auf ein Bestreben zurückführe, auch beim Publikum die Erinnerung an seine Verbindung mit dem kompromittierenden Autor bestmöglich auszulöschen.

Endlich ein Wort aus der Seele vieler Standesgenossen: Mögen die Verleger mit unsern Werken Geschäfte machen und daran glücklich werden – aber mögen sie einmal aufhören, sich als unsre Wohltäter aufzuspielen! Das ist nicht zu ertragen.

Erich Mühsam

Ernst Toller
Brief an Erich Mühsam zum 50. Geburtstag

Lieber Erich Mühsam,
Du wirst Dich sträuben, an Deinem 50. Geburtstag Dich ›feiern‹ zu lassen, wirst sagen, daß Feier dem Revolutionär nicht ziemt, der für eine Zukunft kämpft, von der wir in Deutschland kaum Spuren entdecken können. Laß es Dir dennoch gefallen, wenn wir Freunde Dich grüßen und Dir danken!
Es gibt wenige, die gleich Dir ihr Leben lang der Revolution dienten, vom Willen zur Verwirklichung besessen, und dennoch jede Erleichterung durch Anlehnung an diese oder jene Gruppe verschmähten, wenn die Anlehnung mit einer Konzession an ihre Überzeugung verbunden war. Lieber gingst Du allein, verlacht, verspottet, wartetest, bis das Proletariat Dich hörte, lieber hungertest Du. Nichts Halbes gab es für Dich, immer bliebst Du Dir treu, sagtest ja oder nein, im Kampf und im Leben. Ich denke an die Jahre, die ich mit Dir in bayerischen Gefängnissen saß – an Kameradschaft hat Dich keiner übertroffen.
Die deutsche Literaturkritik, die jeden Schmarren als große Mode frisiert, sieht an Dir geflissentlich vorbei. Eines Tages wird man erkennen, daß Du revolutionäre Gedichte geschrieben hast, die zu den stärksten gehören, die in deutscher Sprache erschienen sind.
Du wirst, dessen sind wir gewiß, noch viele Jahre kämpfend Deinen Weg gehen. Wir wünschen Dir und uns allen, Du mögest mit Siebenmeilenstiefeln in Dein Land marschieren: ins Deutschland der Revolution! *Dein Ernst Toller*

Niederschönenfeld, 1920. Sitzend, von links: August Hagemeister, Erich Mühsam, Wilhelm Olnhowski; stehend Markus Reichert, Paul Grassl, Toni Waibel, Rudolf Hartig, Josef Reuer

Erich Mühsam
Seit sieben Jahren im Zuchthaus

Die Amnestien der deutschen Republik sind samt und sonders unter dem Gesichtspunkt erlassen worden, der Rachsucht der Reaktion mit ihnen nicht weh zu tun. Die Kapp-Amnestie 1920 und die Rathenau-Amnestie 1922 mußten auf Verlangen Bayerns auf Vergehen gegen das Reich beschränkt bleiben, und die Ausnahmen von ihren Anwendungsfällen waren so zahlreich, daß sie den besten Genossen nicht zugute kamen. Die Hindenburg-Amnestie endlich vom vorigen Jahre war eine der gehässigsten Scheinaktionen der Bourgeoisie, die die Geschichte kennt. Immerhin wäre der mit allen diesen ›Gnaden‹-Akten dem Proletariat angetane Schimpf nicht so skandalös ausgefallen, wenn nicht regelmäßig, wenn eine Reichsregierung die Notwendigkeit einsah, der Arbeiterklasse eine Beruhigungspille gegen ihre Empörung über die Straffreiheit aller Mord- und Kapitalverbrechen der Nationalisten einzugeben, die bayrische Reaktion mit Staatskonflikten gedroht hätte. In Bayern regiert seit dem Kahr-Möhl-Putsch vom März 1920 die sogenannte Bayerische ›Volks‹partei. Das ist eine vom Zentrum abgespaltene, angeblich föderalistische, in Wirklichkeit separatistische klerikal-monarchistische stockreaktionäre weißblaue Abart der schwarzweißroten Ostelbier. Den derzeitigen bayerischen Staat und die Bayerische Volkspartei darf man getrost gleichsetzen; als Ministerpräsident fungiert der Vorsitzende der Partei, und die beiden in der Regierung beschäftigten deutschnationalen Minister finden nirgends die Möglichkeit, die dominierenden Kollegen an Volksfeindlichkeit zu übertreffen. Es gibt keine kirchlich-frömmere Regierung als die bayerische. Nirgends werden Gott, Christentum und Katholizismus von Amts wegen emsiger bemüht als in Bayern; nirgends ist das Verhältnis zwischen Staat und Kirche inniger als dort (siehe das Konkordat!) – nirgends aber, außer vielleicht im katholischen Ungarn, werden die christlichen Tugenden der Barmherzigkeit und der menschlichen Milde zynischer verleugnet als in Bayern. Zwar hält man auch in Bayern die schützende Hand des Staates und der Justiz über Mörder und Verschwörer, wenn ihre Taten nachweislich aus arbeiterfeindlicher Gesinnung entsprossen sind: die Mörder des Genossen Gareis blieben unverfolgt; der Fememörder Zwengauer durfte nach wenigen Wochen Aufenthalt im Zuchthauslazarett zu Straubing entwischen; den zur Ermordung Maximilian Hardens gedungenen Halunken wurde bei Gelingen ihres Auftrags Anstellung im bayerischen Staatsdienst versprochen, und Graf Arco-Valley, der geständige Meuchelmörder, ist eine der gefeiertsten Persönlichkeiten bei den höchst christlichen Regierern Bayerns. Dafür ist Bayern aber das einzige Land in Deutschland, das noch heute seit 1919 politische Gefangene im Zuchthaus verwahrt, Proletarier, die für ihre Sache, für unsere Sache gekämpft haben und die die bayerische Reaktion im Zuchthause zu Tode schinden wird, wenn nicht endlich die Solidarität ihrer Klassengenossen rebellisch wird und die proletarische Welt zur

Zeugin aufruft der Schmach, die unter dem Namen des Rechts in Bayern verübt wird.
Der älteste aller politischen Gefangenen dürfte der Genosse Guido Kopp sein, der seit Mai 1919 in Haft ist und noch von einem der mit Wittelsbachschen Offizieren besetzten Standgerichte der ›sozialistischen‹ Regierung Hoffmann–Schneppenhorst zu acht Jahren Zuchthaus verurteilt wurde. Sein Verbrechen war lediglich die Teilnahme an der bayerischen Räterepublik, also ›Hochverrat‹. Gewalttätigkeiten, die man zur Rechtfertigung der Verweigerung jeder Abkürzung der Leiden des seit langem kranken Mannes vorschützen könnte, hat er nicht begangen. Eigennützige Handlungen in Ausübung des ihm vom Proletariat übertragenen Amtes als Bürgermeister von Rosenheim hat ihm selbst das Standgericht nicht vorgeworfen. Aber er steht zu seiner Sache. Das nennt man in Bayern ›schlechte Führung am Strafort‹. Daher ist er der ›Gnade‹ der bayerischen Christen bis jetzt nicht würdig befunden worden.
Noch viel grauenvoller als das Schicksal Kopps ist das des Genossen Alois Lindner. Am 21. Februar 1919 wurde der bayerische Ministerpräsident Kurt Eisner auf dem Wege zur Eröffnung des Landtags, dem er zugleich seine Demission geben wollte, vom Grafen Anton Arco-Valley in Befolgung eines wohldurchdachten und sorgfältig vorbereiteten Planes meuchlings ermordet. Das Münchener Proletariat ergriff ungeheure Erregung, und der Name, der spontan mit dem Morde in Verbindung gebracht wurde, war Erhard Auer. Das war der Führer der rechtsgerichteten bayerischen Sozialdemokratie, bislang Innenminister im Kabinett Eisners. Lindner war Mitglied des Revolutionären Arbeiterrates, einer in der Revolutionsnacht vom 7. zum 8. November geschaffenen Formation, die in allen Phasen der bayerischen Revolution die Schrittmacherin des proletarischen Vormarsches gewesen ist. Der RAR tagte zu gleicher Zeit im Landtagsgebäude, als der neugewählte Landtag zusammentrat. Eben hatte die Nachricht von Eisners Ermordung die Sitzung des RAR erreicht und grenzenlose Wut bei den Genossen aufgepeitscht, die sich in dem einzigen Ruf »Auer! Rache an Auer!« Luft machte, da platzte auch schon die weitere Botschaft herein: Unten im Plenum spricht eben Auer, ausgerechnet Auer, den Nachruf für Eisner. Lindner riß, seiner Sinne nicht mehr mächtig, seinen Revolver aus der Tasche, stieß die Genossen, die ihn zurückhalten wollten, zur Seite, stürzte in den Sitzungssaal des Landtags und schoß mehrere Schüsse auf Auer ab, der schwer verwundet wurde. Im gleichen Augenblick griff ein im Saal befindlicher Major Jahreis Lindner mit vorgehaltenem Revolver an, doch kam Lindner seinem Schuß zuvor und streckte den Offizier nieder; er war tot. Lindner ging ruhig seines Weges, die Entladung hatte sein heißes Blut gekühlt. Er entkam nach Ungarn, beteiligte sich dort an der Räterevolution, wurde bei einer Kurierreise in Österreich verhaftet und von der ›sozialistischen‹ Regierung an Bayern ausgeliefert. Sein Prozeß fand eine Woche vor dem des Grafen Arco statt. Dadurch konnte man ihm leichter die vorher beschlossene Zuchthausstrafe aufpacken. Obwohl seine Tat einfach die Reflexhandlung auf die Ermordung Eisners war und obwohl das Gericht selbst aus den Akten feststellte, daß er nach drei Monaten Militärdienst im Kriege wegen seiner ›hochgradigen Reizbarkeit‹ wieder entlassen war, wur-

den seine Schüsse auf Auer als vorbedachte Tat, als Mordversuch angesehen; die in offenkundiger Notwehr erfolgte Tötung des Majors Jahreis aber soll vollendeter Totschlag gewesen sein. Das Urteil lautete auf vierzehn Jahre Zuchthaus und zehnjährigen Ehrverlust. Graf Arco aber wurde wegen Mordes formell zum Tode verurteilt, wobei ihm das Gericht seine ehrenhafte Gesinnung unter vielen Verbeugungen ausdrücklich bescheinigte, zu Festung begnadigt, die er in einer vergnüglichen Scheinhaft vier Jahre lang markieren durfte, und wird heute als offizieller Gast bei patriotischen Feiern der christkatholischen ›Volks‹ partei von bayerischen Ministern begrüßt und gepriesen. Die Behandlung Lindners im Zuchthaus ist furchtbar. Darüber und über vieles noch, was mit dem Fall Lindner–Auer zusammenhängt, wird noch oft zu reden sein. Genossen, vergeßt den Genossen Lindner nicht! Und dann die ›Geiselmörder‹! In den kurzen Wochen der bayerischen Räterepublik haben außer etwa eintausendzweihundert Arbeitern und mit ihnen solidarischen Intellektuellen auch zehn Vertreter der anderen Klasse das Leben eingebüßt. Sie waren als Untersuchungsgefangene wegen Spionage gegen die Rote Armee und Stempelfälschung, durch die Befehle der Räteinstanzen vorgetäuscht wurden, im Luitpoldgymnasium untergebracht gewesen. Am 29. April war in Starnberg der entsetzliche Massenmord an unbewaffneten Arbeitern und Sanitätern verübt worden, die den Weißen in die Hände gefallen waren. Diese Nachricht und die zahllosen Meldungen, daß die Weißen jeden gefangenen Rotgardisten an die Wand stellten, bewirkten, noch dazu unter der Nervosität, die die unhaltbar gewordene militärische Lage mit sich brachte, wie bei allen revolutionären Arbeitern, so auch bei der Besatzung des Luitpoldgymnasiums unbeschreibliche Empörung. Da kam vom Oberkommando der Befehl, die konterrevolutionären Gefangenen seien zu erschießen. Wie des Genossen Eglhofer Unterschrift unter den Befehl kam, ob sie überhaupt echt war, ist noch nicht festgestellt, sicher ist, daß die Erschießung seinen Absichten durchaus widersprach. Aber der ›Geiselmord‹-Prozeß dauerte zwar fast drei Wochen, und zwei weitere Prozesse in der Sache folgten; Entlastungszeugen hat man jedoch in diesen Verfahren samt und sonders abgelehnt. Über die entsetzliche Farce dieser Prozesse soll noch ein besonderer Aufsatz folgen. Sie endeten mit der Erschießung von neun Genossen wegen Mordes und der Verurteilung aller der Genossen, denen der Nachweis gelang, daß sie nicht geschossen haben, zu je fünfzehn Jahren Zuchthaus wegen Beihilfe zum Morde. Über unsere Toten aus diesem Justizmord das nächste Mal. Im Zuchthaus sitzen heute noch die Genossen Kick, Gsell, Hesselmann, Lermer, Hannes, Huber, Riethmeyer, Debus und Greiner.

Aber auch mit ihnen erschöpft sich noch nicht die Liste der Revolutionäre, die wegen ihres Kampfes in der Räterepublik in Bayern heute noch im Zuchthaus sitzen. Die Genossen Graf und Streidel mit je zwölf Jahren Zuchthaus dürfen von den Klassengenossen sowenig wie alle andern im Stich gelassen werden. Graf hat in Miesbach dem Revolutionstribunal präsidiert, das einen Spitzel zum Tode verurteilte. Alle Beisitzer erhielten hohe Zuchthausstrafen, ausgenommen der Amtsobersekretär Bruckmayer, der als Protokollführer mitwirkte und außer Verfolgung blieb. Für Genossen Streidel ist das Wiederaufnahmeverfahren beschlossen.

Sorgen wir dafür, daß für alle unsere gefangenen Brüder bald die Stunde schlägt, die eine Wiederaufnahme aller Prozesse durch das Proletariat herbeiführt. Bis dahin müssen wir von der Bourgeoisie mindestens das verlangen, daß sie ihre eigenen Gesetze auch dann zur Geltung bringt, wenn sie als Instrumente der Rachsucht gegen das Proletariat versagen. Je brutaler sie gegen ihre eigenen ›Gerechtigkeits‹-Deklamationen verstößt, um so mehr mag sie die Stunde der proletarischen Besinnung fürchten. Denn: Dann werden wir die Richter sein!

Erich und Zenzl Mühsam bei ihrer Ankunft in Berlin nach der Entlassung aus der Festungshaft, 28. Dezember 1924

Fritz Gross
Erich Mühsam

1

Was er uns war,
wie könnt ihr es ermessen,
für die er nur *ein* Opfer,
unter tausend,
war.
Doch Jahr um Jahr,
wir können nicht vergessen,
ihn,
Erich Mühsam,
der unser Bruder war.

2

Er hatte viele Feinde,
die nannten ihn den Anarchist,
verworren und verwirrt,
sie lebten in der Volksgemeinde,
und haßten ihn,
den Roten Sozialist.
Sie fühlten nicht die Kette,
die,
laut und lähmend,
an ihrem Fuße klirrt.

3

Er mahnte und beschwor,
sie lebten in Parteien,
sie träumten von der Zukunft,
sie träumten wie ein Kind,
von einer bessern Zeit,
er,
der den Kampf erkor,
er störte ihre Reihen,
er fuhr in sie,
ein roter Wirbelwind.

4

Sie machten,
auf Papier,
in großen Wahlprogrammen,
erhitzten sich bei jeder Reichstagswahl.
Er war ein Mann der Tat,
verstand es,
zu entflammen,
und seine Waffe war ›Fanal‹.

5

War wo ein Streik im Glühen,
da blies er lustig in die Glut,
es war sein heiß Bemühen,
zu stählen der Bedrohten Mut.
Marschierten sie,
ihr Recht zu demonstrieren,
marschierte Erich mit,
in erster Reih,
eisern entschlossen,
sie in den Kampf zu führen,
und wo es Kampf gab,
war er stets dabei.

6

Ihm war das A und O des Lebens
die Tat,
der Aufstand,
die Aktion,
Das höchste Ziel des höchsten Strebens:
Empörung,
Revolte,
Rebellion.
Sie zählten ihre Groschen,
in Gewerkschaftskassen,
sie zählten ihre Stimmen,
bei jeder neuen Wahl.
Sie zählten ihre
Delegiertenmassen,
halb national,
und halb auch liberal.

Er war der Hecht im Karpfenteiche,
er war der Wolfshund in der Schafe Schar.
Der einzige Rebell
im ganzen faulen Reiche,
der Mann,
der nichts als Kämpfer war.

7

Und als es Krieg war,
war er für den Frieden.
Und als es Frieden war,
predigt er Bürgerkrieg.
Und gaben sie sich leicht zufrieden,
war er es,
der nicht schwieg.
Und als die Räterepublik in Bayern
gefährdete den Geldschrankstaat,
da höhnte er ihr lautes Feiern,
und lehrte sie das Wort:
›Im Anfang war die Tat!‹

8

Der weiße Terror,
weit rast er im Lande,
und fünfzehn Jahre Festung
sind sein Teil.
Sie schlagen diesen Feuergeist
in Bande
und brüllen triumphierend ihr:
›Sieg Heil!‹
Nach sieben Jahren,
wieder in der Reihe,
mit Silberfäden in dem roten Bart.
Und ungebrochen
von der Zuchthausweihe,
hat seine Kräfte nicht gespart.
Und wieder abseits von Parteien,
nur mahnend,
drängend,
fordernd:
Solidarität.
Und während Proletarier sich entzweien,
flammt sein ›Fanal‹.
Die rote Fahne weht.

9

Aber sie wehte im Schatten,
und die Massen sahen sie nicht.
Aus dem Dunkel,
da krochen die Ratten
und verdunkeln schon das Licht.
Ausbrechend aus ihren Verstecken,
brach aus die braune Pest.
Brach aus der lähmende Schrecken:
»Haltet aus,
Genossen,
bleibt fest!«
Die schwarzen Schergen greifen
sofort den alten Mann.
Nun trägt er Zuchthausstreifen.
Sein Golgatha begann.

10

Sie martern ihn am Tage,
sie schlagen ihn zur Nacht,
er stöhnt nur stumm seine Klage,
bis sie ihn umgebracht.
Sechzig endlose Wochen,
oft blutend im grauen Staub,
alle Knochen zerbrochen,
hilflos, blind und taub.
Und dann, zum letzten Male,
holt er noch Atem tief:
Es ist die ›Internationale‹,
die die Genossen rief.

Erich Wollenberg
Für Erich Mühsam

Erich Mühsam, der aufrechte deutsche Revolutionär, wurde vor zwei Jahren im Konzentrationslager von faschistischen Banditen ermordet. *Kreszenzia Mühsam*, seine Frau und langjährige Kampfgefährtin, ist in Moskau am 23. April 1936 in den Kerkern der GPU verschwunden. Unter Lebensgefahr den faschistischen Henkern Hitlerdeutschlands entronnen, folgte sie vertrauensvoll einer Einladung der Vorsitzenden der Internationalen Roten Hilfe, *Helene Stassowa*, nach Moskau. Auf das Versprechen der *Helene Stassowa* hin, den literarischen und politischen Nachlaß *Erich Mühsams* ungekürzt russisch und in einer Reihe anderer Sprachen herauszubringen, ließ *Kreszenzia Mühsam* die bisher unveröffentlichten Arbeiten *Erich Mühsams* von Prag nach Rußland schaffen. Das war in den ersten Monaten des Jahres 1936. Kurz darauf wurde sie bei einem Spaziergang von Agenten der GPU verhaftet.
Seit dem 23. April 1936 besteht keine Verbindung zwischen *Kreszenzia Mühsam* und der Außenwelt. Auf verschiedene Anfragen aus dem Ausland teilte *Helene Stassowa*, die sich die Treuhänderin der politischen Gefangenen nennt, in zynischster Weise mit, daß *Kreszenzia Mühsam* wegen ›Verbindung mit den terroristischen Verschwörern‹ verhaftet worden sei. Jeder, der *Kreszenzia Mühsam* kennt, weiß, daß diese Behauptung eine freche Lüge ist. *Kreszenzia Mühsam* ging nach Rußland, um im Geiste ihres von den Nazis ermordeten Mannes für die Milderung der Not der politischen Gefangenen und deren Angehörigen zu wirken. Da alle Briefe an *Kreszenzia Mühsam* unbeantwortet blieben und da auch *Helene Stassowa* sich seit ihrer ersten Antwort nicht mehr äußerte, sind die Freunde und Angehörigen der Witwe *Erich Mühsams* in großer Sorge um sie. Aus Tagebuchaufzeichnungen *Erich Mühsams*, die vor der Gestapo und der GPU gerettet werden konnten, entnehmen wir den nachfolgenden, heute höchst aktuellen Beitrag. Es handelt sich um Aufzeichnungen vom 1. Dezember 1925 über eine Unterhaltung zwischen *Mühsam* und *Lunatscharski*.
Nachdem mich *Lunatscharski* gebeten hatte, ganz frei und offen herauszusagen, was ich auf dem Herzen hätte, sagte ich: »Das schlimmste Hemmnis für die Einigung der revolutionären Arbeiterschaft ist die Verfolgung der Anarchisten und andern linken Revolutionäre in Rußland. Ich habe es bisher vermieden, in öffentlichen Versammlungen davon zu reden, weil die deutschen Kommunisten zuwenig von den Tatsachen wissen und es nur zu einem unfruchtbaren Streit, ja selbst zu Prügeleien käme. Aber hier, wo ich einen Vertreter der russischen Regierung persönlich vor mir hätte, wolle ich nicht schweigen. Ich sei durchaus fähig, mich in die Motive hineinzudenken, die innenpolitisch für die Bekämpfung der Linken in Rußland maßgebend seien. Aber die Genossen drüben mögen einmal die inneren politischen Erwägungen beiseite stellen und die Dinge im internationalen Maßstab betrachten. Dann müßten sie bemerken, daß alle

Versuche, Anarchisten und Kommunisten in eine gemeinsame Kampflinie zu stellen, an dem Einwurf scheitern: Wir können doch keine Gemeinschaft haben mit denen, die unsre Genossen verfolgen und einsperren. Dieses Moment vergiftet die Atmosphäre in der ganzen revolutionären internationalen Arbeiterschaft. Wenn sich die russische Regierung zu einer allgemeinen Amnestie für die Linken entschlösse, die natürlich nicht auf einem Ersatz der Einkerkerung durch Emigration beruhen dürfe – hier stimmte *Lunatscharski* bei, indem er sagte: ›Selbstverständlich, Amnestie ist völlige Freigabe‹ –, so würde das in der revolutionären Welt einen ungeheuren Jubel auslösen und als namenloses Glück für die Weltrevolution empfunden werden.«

Lunatscharski warf ein: »Ja, aber werden denn die amnestierten Anarchisten nicht gleich von neuem anfangen, gegen uns anzukämpfen?«

Ich antwortete: »Das ist derselbe Einwand, mit dem uns alle deutschen Bourgeoisregierungen antworten, wenn wir Amnestie fordern!« – *Lunatscharski* dachte nach und meinte dann: »Wir sind ja nun auch stark genug, um uns gegen Umtriebe wehren zu können.« Nachdem ich dringend wiederholt hatte, daß in Deutschland die Einigung der Linken unbedingt notwendig sei, erklärte er, indem er sich Notizen in seinen Taschenblock machte: »Ich werde drüben ihre Wünsche mitteilen, und ich werde mich für eine breite Amnestie nach links einsetzen.« Meine Freude dämpfte er ein wenig durch die Einschränkung: »Versprechen kann ich natürlich nicht, daß ich durchdringen werde.«

Persönlich hat *Lunatscharski* einen ausgezeichneten Eindruck auf mich gemacht: aufrichtig, klug, besonnen und menschlich. Möge der Erfolg diesen Eindrücken entsprechen!

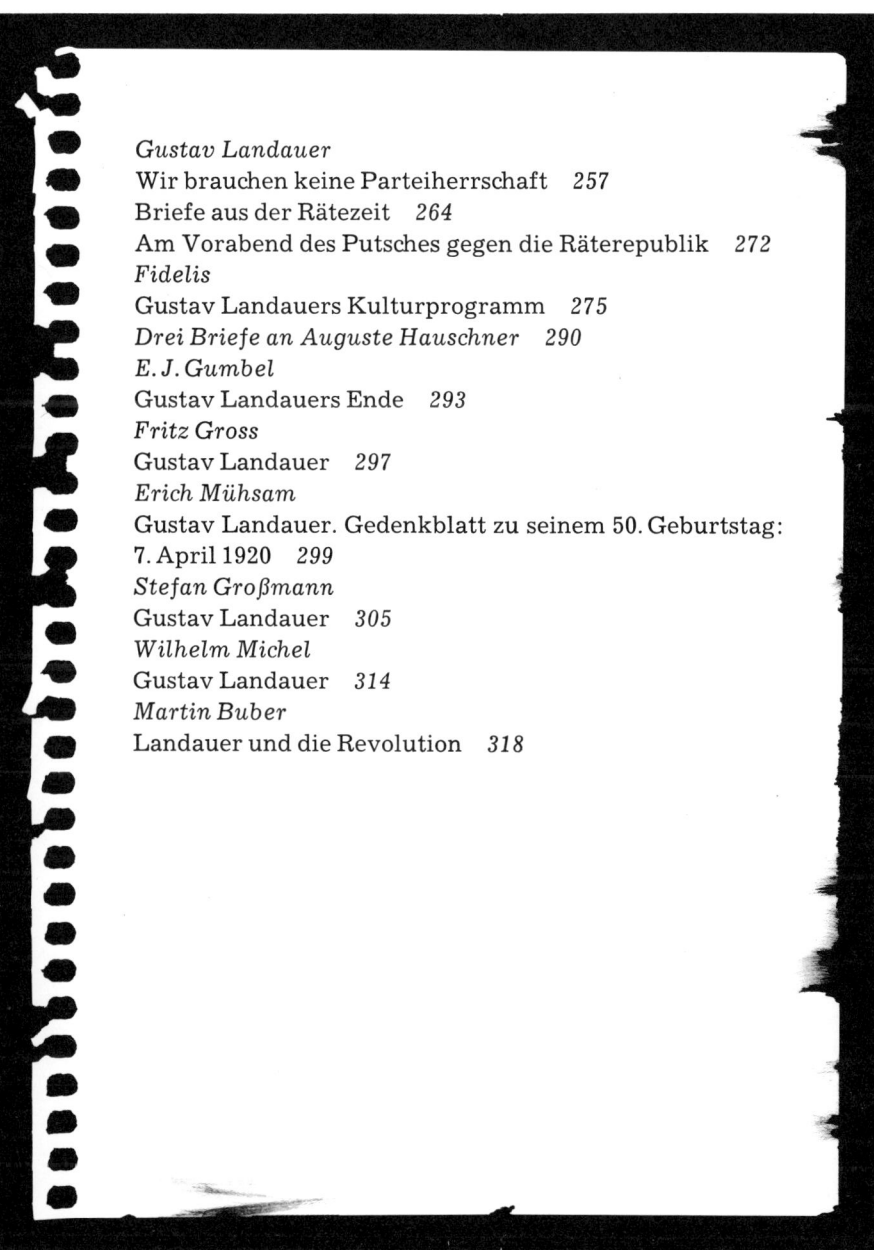

4 Gustav Landauer

Gustav Landauer
Wir brauchen keine Parteiherrschaft

Die Revolution ist gekommen, die ich so nicht vorausgesehen habe. Der Krieg ist gekommen, den ich vorausgesehen habe; und in ihm habe ich dann frühzeitig schon Zusammenbruch und Revolution unaufhaltsam sich vorbereiten sehen. Mit einer wahrhaft grenzenlosen Bitterkeit spreche ich aus: es zeigt sich, daß ich in allem Wesentlichen recht hatte mit dem, was ich vor langer Zeit in diesem ›Aufruf‹ und in den Aufsätzen meines ›Sozialist‹ gesagt habe. Eine politische Revolution in Deutschland stand noch aus; nun ist sie gründlich vollbracht, und nur die Unfähigkeit der Revolutionäre beim Aufbau der neuen Wirtschaft vor allem und auch der neuen Freiheit und Selbstbestimmung könnte schuld sein, daß eine Reaktion käme und die Einnistung neuer Gewalten des Privilegs. Daß die marxistisch-sozialdemokratischen Parteien in ihren sämtlichen Tönungen unfähig zur politischen Praxis, zur Konstitution der Menschheit und ihrer Volkseinrichtungen, zur Begründung eines Reichs der Arbeit und des Friedens und gleichermaßen unfähig zur theoretischen Erfassung der sozialen Tatsachen sind, haben sie überall aufs gräßlichste, im Krieg, vor ihm und nach ihm, von Deutschland bis Rußland, von der Kriegsbegeisterung bis zum geistlos unschöpferischen Schreckensregiment, zwischen welchen Wesensverwandtschaft ist und ja auch seltsamste Verbündung war, gezeigt. Wenn es aber wahr ist, wofür manche Nachricht und unsre nach Beseligung und Wunder zitternd verlangende Hoffnung spricht, daß russische Bolschewiki, in ähnlich schönem, aber noch sprengenderem Wachstum, wie es in Österreich Friedrich Adler, in Deutschland Kurt Eisner zeigen, über sich selbst, ihren theoretischen Doktrinarismus und die Ödigkeit ihrer Praxis emporgestiegen sind, daß in ihnen Föderation und Freiheit über Zentralismus und militärisch-proletarische Befehlsorganisation Herr geworden sind, daß sie schöpferisch geworden sind und der Industrieproletarier und Professor des Todes in ihnen vom Geist des russischen Muschik, vom Geist Tolstojs, vom ewig einen Geist besiegt worden ist, dann spricht das wahrlich nicht für den in ihnen überwundenen Marxismus, sondern für den himmlischen Geist der Revolution, der, unterm klammernden Griff und der schnellenden Schleuder der Notwendigkeit, in den Menschen, zumal den russischen Menschen, das Verschüttete freilegt und das heilig Verborgene zum Quellen und Rauschen bringt.

Der Kapitalismus ferner hat nicht die Entwicklungsfreundlichkeit geübt, sich langsam und brav in den Sozialismus umzuwandeln; er hat auch nicht das Wunder getan, in seinem platzenden Zusammenbruch den Sozialismus zu gebären. Wie sollte das Prinzip des Schlechten, des Drucks, der Beraubung und der Philisterroutine auch Wunder tun? Der Geist, der in diesen Zeiten, wo der Schlendrian bösartige Pest wird, Rebellion sein muß, der Geist tut Wunder; er hat sie getan, als er in einer Nacht die Verfassung des Deutschen Reiches änderte und aus einem unantastbar heiligen Staatsgebilde der deutschen Professoren eine Vergangenheitsepisode deutscher Kraut- und Schlotjunker machte. Der Zusammenbruch ist da; Rettung kann nur der Sozialismus bringen, der nun wahrlich nicht als Blüte des Kapitalismus erwachsen ist, sondern als Erbe und verstoßener Sohn vor der Türe steht, hinter der der Leichnam des unnatürlichen Vaters verwest; der Sozialismus, der nicht in einem Höhepunkt des Nationalreichtums und üppiger Wirtschaft als Feiertagsgewand über den schönen Leib der Gesellschaft gezogen werden kann, sondern im Chaos fast aus dem Nichts geschaffen werden muß. In Verzweiflung habe ich zum Sozialismus aufgerufen; aus der Verzweiflung habe ich die große Hoffnung und freudige Entschlossenheit geschöpft; die Verzweiflung, die ich und meinesgleichen im voraus in der Seele trugen, ist nun als Zustand da; möge denen, die jetzt sofort ans Werk des Bauens müssen, Hoffnung, Lust zum Werk, Erkenntnis und ausdauernde Schaffenskraft nicht fehlen.

Das alles, was hier vom Zusammenbruch gesagt wird, gilt in dem Maße für den Augenblick nur für Deutschland und die Völker, die, gern oder ungern, sein Schicksal geteilt haben. Nicht der Kapitalismus als solcher ist an seiner immanenten Unmöglichkeit, wie es hieß, in sich zusammengebrochen; sondern der mit Autokratie und Militarismus zusammengespannte Kapitalismus eines Ländergebiets ist von den liberaler verwalteten Kapitalismen eines andern, militärisch schwächeren, kapitalistisch stärkeren Gebiets in schließlichem Zusammenwirken mit dem vulkanisch losbrechenden Volkszorn im eignen Volk ruiniert worden. In welchen Formen der Zusammenbruch den andern, den klügeren Repräsentanten des Kapitalismus und Imperialismus kommt, und zu welchem Zeitpunkt, darüber möchte ich gar nichts voraussagen. Die sozialen Gründe, ohne die es nirgends eine Revolution gibt, sind überall da; das Bedürfnis nach politischer Befreiung aber, aus welchem heraus allein die Revolution sich einem Ziele zu bewegt und zu mehr wird als Aufruhr, ist in den einzelnen Ländern, die ihre demokratisch politischen Revolutionen gehabt haben, verschieden stark. So viel glaube ich zu sehen: je freier in einem Lande die politische Beweglichkeit, je größer die Anpassungsfähigkeit der Regierungseinrichtungen an die Demokratie ist, um so später und schwerer wird die Revolution kommen, um so entsetzlicher und unfruchtbarer wird aber auch das Ringen sein, wenn endlich soziale Not, Ungerechtigkeit und Würdelosigkeit das Phantom einer Revolution und in seinem Gefolge den allzu wirklichen Bürgerkrieg aus sich heraustreiben, statt zum Aufbau des Sozialismus zu schreiten. Die Symptome, die sich vorerst in der Schweiz – in ekler Verfilzung freilich mit Krieg, Kriegsgeschäft, schweizerischem Kriegsersatz und nichtschweizerischer Kriegskorruption – gezeigt haben, sind deutlich genug für jeden, der schöpferisches Werk von hilflos grauenhaften Wildheiten und Zuckungen unterscheiden kann.

Denn Revolution kann es nur eine politische geben. Sie brächte es nicht zur Unterstützung durch geknechtete Massen, wenn aus ihnen nicht auch soziale Gedrücktheit und wirtschaftliche Not aufbegehrte; aber die Umwandlung der Gesellschaftseinrichtungen, der Eigentumsverhältnisse, der Wirtschaftsweise kann nicht auf dem Wege der Revolution kommen. Von unten kann da nur abgeschüttelt, zerstört, preisgegeben werden; von oben, auch von einer revolutionären Regierung, kann nur aufgehoben und befohlen werden. Der Sozialismus muß gebaut, muß errichtet, muß aus neuem Geist heraus organisiert werden. Dieser neue Geist waltet mächtig und innig in der Revolution; Puppen werden zu Menschen; eingerostete Philister werden der Erschütterung fähig; alles, was feststeht, bis zu Gesinnungen und Leugnungen, kommt ins Wanken; aus dem sonst nur das Eigene bedenkenden Verstand wird das vernünftige Denken, und Tausende sitzen oder schreiten rastlos in ihren Stuben und hecken zum ersten Mal in ihrem Leben Pläne aus fürs Gemeinwohl; alles wird dem Guten zugänglich; das Unglaubliche, das Wunder, rückt in den Bereich des Möglichen; die in unsern Seelen, in den Gestalten und Rhythmen der Kunst, in den Glaubensgebilden der Religion, in Traum und Liebe, im Tanz der Glieder und Glanz der Blicke sonst verborgene Wirklichkeit drängt zur Verwirklichung. Aber die ungeheure Gefahr ist, daß Schlendrian und Nachahmung sich auch der Revolutionäre bemächtigen und sie zu Philistern des Radikalismus, des tönenden Worts und der Gewaltgebärde machen; daß sie nicht wissen und nicht wissen wollen: die Umwandlung der Gesellschaft kann nur in Liebe, in Arbeit, in Stille kommen.

Noch eines wissen sie nicht, trotz allen Erfahrungen vergangener Revolutionen. Die sind alle große Erneuerung, prickelnde Erfrischung, die hohe Zeit der Völker gewesen; aber was sie Bleibendes brachten, war gering; war schließlich nur eine Umwandlung in den Formen der politischen Entrechtung. Auch politische Freiheit, Mündigkeit, aufrechten Stolz, Selbstbestimmung und organisch-korporative Verbundenheit der Massen aus einigendem Geiste heraus, Bünde der Freiwilligkeit im öffentlichen Leben kann nur der große Ausgleich, kann nur die Gerechtigkeit in Wirtschaft und Gesellschaft, kann erst der Sozialismus bringen. Wie sollte es in unsrer Ära, der vom christlichen Geiste her in den Gewissen die Gleichheit aller Menschenkinder nach Ursprung, Anspruch und Bestimmung feststeht, ein Gemeinwesen aus wahrhaften Gemeinden, wie sollte es ein freies, öffentliches Leben, durchwaltet von dem alles erfüllenden und bewegenden Geiste vorwärts befeuernder Männer und innig starker Frauen geben, wenn in irgendwelcher Form und Maskierung die Sklaverei, die Enterbung und Verstoßung aus der Gesellschaft besteht?

Die politische Revolution, in welcher der Geist an die Herrschaft, ans starke Gebot und entschiedene Durchsetzen kommt, kann dem Sozialismus, der Wandlung der Bedingungen aus erneuertem Geiste heraus, die Bahn freimachen. Aber durch Dekrete könnte man die Menschen höchstens als Staatsheloten in ein neues Wirtschaftsmilitär einreihen; der neue Geist der Gerechtigkeit muß selbst ans Werk gehn und muß sich seine Formen der Wirtschaft schaffen; die Idee muß die Erfordernisse des Augenblicks mit ihrem weiten Blick umspannen und mit ballender Hand gestalten; was bisher Ideal war, wird in der aus der Revolution geborenen Erneuerungsarbeit Verwirklichung.

Die Not zum Sozialismus ist da; der Kapitalismus bricht zusammen; er kann nicht mehr arbeiten; die Fiktion, daß das Kapital arbeite, zerplatzt zu Schaum; was den Kapitalisten einzig zu seiner Art Arbeit lockt, zum Risiko des Vermögens und zur Leitung und Verwaltung von Unternehmungen, der Profit winkt ihm nicht mehr. Die Zeit den Rentabilität des Kapitals, die Zeit des Zinses und Wuchers ist vorbei; die tollen Kriegsgewinne waren sein Totentanz; sollen wir nicht zugrunde gehn in unserm Deutschland, wirklich und wortwörtlich zugrunde gehn, kann Rettung nur bringen die Arbeit, wahrhafte, von gierlosem, arbeitsbrüderlichem Geist erfüllte, geführte, organisierte Arbeit, Arbeit in neuen Formen und befreit von dem ans Kapital zu leistenden Tribut, rastlos Werte schaffende, neue Wirklichkeiten schaffende Arbeit, welche die Erzeugnisse der Natur dem menschlichen Bedarf gewinnt und verwandelt. Das Zeitalter der Produktivität der Arbeit hebt an; oder wir sind am Ende. Uralt bekannte und neu entdeckte Naturkräfte hat die Technik in den Dienst der Menschheit gestellt; je mehr Menschen die Erde bestellen und ihre Produkte umformen, um so mehr gibt sie her; die Menschheit kann würdig und sorgenlos leben, keiner braucht Sklave der andern, keiner verstoßen, keiner enterbt zu sein; keinem braucht das Mittel zum Leben, die Arbeit, zur Mühsal und Plage zu werden; alle können dem Geiste, der Seele, dem Spiel und dem Gotte leben. Die Revolutionen und ihre peinlich lange, drückende Vorgeschichte lehren uns, daß nur die äußerste Not, nur das Gefühl des letzten Augenblicks die Massen der Menschen zur Vernunft bringt, zu der Vernunft, welche Weisen und Kindern allezeit Natur ist; auf welche Schrecknisse, auf welche Ruinen, auf welche Nöte, Landplagen, Seuchen, Feuersbrünste und Greuel der Wildheit sollen wir warten, wenn nicht in dieser Schicksalsstunde den Menschen die Vernunft, der Sozialismus, Führung des Geistes und Fügung in den Geist kommt?

Das Kapital, das bisher der schmarotzende Genießer und der Herr war, muß der Diener werden; der Arbeit Dienst leisten kann nur ein Kapital, das Gemeinschaft, Gegenseitigkeit, Gleichheit des Tausches ist. Steht ihr immer noch hilflos vor dem Selbstverständlichen und Kinderleichten, leidende Menschen? Auch in dieser Stunde der Not, die euch im Politischen eine Stunde der Tat war? Bleibt ihr immer noch die durch die Gabe der Vernunft dumm gewordenen, instinktverlassenen Tiere, die ihr so lange waret? Seht ihr immer noch nicht den Fehler, der einzig in eurer zum Himmel schreienden Großprahlerei und Herzensträgheit liegt? Was zu tun ist, ist klar und einfach; jedes Kind versteht es; die Mittel sind da; wer um sich sieht, weiß es. Das Gebot des Geistes, der die Führung in der Revolution hat, kann durch große Maßnahmen und Unternehmungen helfen; fügt euch dem Geiste, kleine Interessen dürfen nicht hindern. Aber dem Durchsetzen ins Große und Ganze hinein stehen die Schuttberge im Wege, die von der Niedertracht des Bisher auf die Zustände und zumal auf die Seelen der Massen getürmt worden sind; ein Weg ist frei, freier als je, Revolution und Einsturz helfen: im kleinen und in Freiwilligkeit zu beginnen, sofort, allenthalben, *du* bist gerufen, du mit den Deinen!

Sonst ist das Ende da: dem Kapital wird die Rente genommen, von den wirtschaftlichen Zuständen, von den Staatserfordernissen, von den internationalen Verpflichtungen; Schuld eines Volks an den Völkern und an sich selbst äußert sich finanzpolitisch immer in Schulden. Das Frankreich der Großen Revolution hat sich von den Schulden des alten Regimes und den eigenen Finanzwirren wunderbar erholt durch den großen Ausgleich, der mit der Verteilung der Län-

dereien eintrat, und durch die Arbeits- und Unternehmungslust, wie sie die Befreiung aus den Fesseln gebracht hat. Unsre Revolution kann und soll Ländereien in großem Maße verteilen; sie kann und soll ein neues und erneuertes Bauerntum schaffen; aber sie kann dem Kapital gewiß keine Arbeits- und Unternehmungslust bringen; für die Kapitalisten ist die Revolution nur das Ende des Kriegs: Zusammenbruch und Ruin. Ihnen, ihren Industriellen und Händlern, fehlt nicht nur die Rente; es fehlen ihnen und werden ihnen fehlen die Rohstoffe und der Weltmarkt. Und überdies ist der negative Bestandteil des Sozialismus da und kann durch nichts mehr aus der Welt geschafft werden: die völlige, von Stunde zu Stunde wachsende Abneigung der Arbeiter, ja ihre seelische Unfähigkeit, ferner sich unter den Bedingungen des Kapitalismus zu verdingen.
Der Sozialismus also muß gebaut werden; mitten im Zusammenbruch, aus den Bedingungen der Not, der Krise, der Augenblicksvorkehrungen heraus muß er ins Werk gesetzt werden. In den Tag und in die Stunde hinein werde ich jetzt sagen, wie aus der größten Not die größte Tugend, wie aus dem Einsturz des Kapitalismus und aus der Notdurft lebendiger Menschenmassen die neuen Arbeitskörperschaften errichtet werden müssen; ich werde nicht verfehlen, denen, die sich heute mehr als je für die einzigen Arbeiter halten, den Proletariern der Industrie, ihre Beschränktheit, die wilde Stockung, Unwegsamkeit und Unfeinheit ihres Geistes- und Gefühlslebens, ihre Verantwortungslosigkeit und Unfähigkeit zur positiv wirtschaftlichen Organisation und zur Leitung von Unternehmungen vorzuhalten; denn damit, daß man die Menschen von Schuld freispricht und als Geschöpfe der sozialen Bedingungen erklärt, macht man diese Produkte der Gesellschaft nicht anders, als sie sind; nicht mit den Ursachen der Menschen soll die neue Welt aufgebaut werden, sondern mit ihnen selbst. Ich werde nicht versäumen, die Beamten des Staats, der Gemeinden, der Genossenschaften und großen Werke, technische und kaufmännische Angestellte und Leiter*, die Ehrenhaften und nach Erneuerung Begehrenden unter den vielen jetzt in diesen

* Diese Worte seien nachträglich dem Andenken des Bergwerksdirektors Jokisch gewidmet, der, von dem Geist der Revolution erfaßt, frei in den Tod gegangen ist. Er mag ein Konservativer gewesen sein, er mag geglaubt haben, mit seinem Tod gegen den ›Sozialismus‹ zu wirken; was er tat, war Revolutionswerk in dem Sinne, daß die Revolution das beste und verborgenste Urindividuelle weckt und dem ganz Allgemeinen frei und heroisch hingibt. Warum er sein Leben aufgab, hat dieser Mann klar denkend und innig entschlossen in dem folgenden Vermächtnis kundgetan:
›An die oberschlesischen Berg- und Hüttenleute! Nachdem wir uns vergeblich bemüht haben, Euch durch Worte zu belehren, habe ich mich entschlossen, es durch eine Tat zu versuchen. Ich will sterben, um Euch zu beweisen, daß die Sorgen, die Ihr über unser beneidetes Dasein verhängt, schlimmer sind als der Tod. Wohlgemerkt also: Ich opfere mein Leben, um Euch darüber zu belehren, daß Ihr Unmögliches fordert. Die Lehren, die ich Euch aus dem Grabe zurufe, lauten: Mißhandelt und vertreibt Eure Beamten nicht. Ihr braucht sie und findet keine anderen, die bereit sein werden, mit Wahnsinnigen zu arbeiten. Ihr braucht sie, weil Ihr den Betrieb ohne Leiter nicht führen könnt. Fehlen die Leiter, dann erliegt der Betrieb, und Ihr müßt verhungern. Mit Euch Euere Frauen, Euere Kinder und Hunderttausende unschuldiger Bürger. Die eindringliche Mahnung, die ich an Euch richte, ruft Euch zu eifriger Arbeit. Nur wenn Ihr mehr arbeitet als vor dem Krieg und Euere Ansprüche bescheidener werden, könnt Ihr auf Zufluß von Lebensmitteln und auf erträgliche Preise rechnen. Da ich für Euch in den Tod gegangen bin, schützt meine Frau und meine lieben Kinder und helfet ihnen, wenn sie durch Euere Torheit in Not geraten.
Borsigwerk, 11. Januar 1919 Jokisch‹

Rollen überflüssig gewordenen Unternehmern, Juristen, Offizieren zur bescheidenen, sachgetreuen, eifrigen, vom Geist der Gemeinschaft wie der persönlichen Originalität getriebenen Mithilfe aufzurufen. Ich werde mich aufs schärfste gegen die papierene Falschmünzerei des Staats wenden, die jetzt Geldwesen heißt, und zumal gegen die von diesem sogenannten Geld besorgte Entlohnung der Arbeitslosigkeit, wo doch jeder Gesunde, gleichviel welchen Beruf er bisher ausgeübt hat, sich am Aufbau der neuen Wirtschaft, an der Rettung in größter Gefahr beteiligen muß, wo gebaut und gepflanzt werden muß, so viel und so gut nur irgend geschehen kann; ich werde die Benutzung der jetzt leer laufenden Militärbürokratie empfehlen, damit die Arbeitslosen des Kapitalismus an die Stellen geführt werden, wo die Notwirtschaft, welche eine Heilswirtschaft werden muß, sie braucht; nach der stärksten revolutionären Energie rufe ich, welche die Rettung und den Sozialismus der Wirklichkeit anbahnen soll. An dieser Stelle sei nur im vorhinein zusammengefaßt: was ich in dem Aufruf, der hier folgt, und in den Aufsätzen meines ›Sozialist‹, die zur Ergänzung dazu gehören (1909 bis 1915), immer wieder gesagt habe: daß der Sozialismus in jeder Form der Wirtschaft und Technik möglich und geboten ist; daß er nicht an Weltmarktgroßindustrie gebunden ist, daß er die industrielle und kaufmännische Technik des Kapitalismus sowenig brauchen kann wie die Gesinnung, aus der diese Mißform sich gebildet hat; daß er, weil er anfangen muß und die Verwirklichung des Geistes und der Tugend nie massenhaft und normal, sondern nur als Aufopferung der wenigen und Aufbruch der Pioniere kommt, aus kleinen Verhältnissen, aus Armut und Arbeitsfreude heraus sich von der Verworfenheit loslösen muß; daß wir um seinetwillen, um unsrer Rettung und um des Erlernens der Gerechtigkeit und Gemeinschaft willen zur Ländlichkeit zurückkehren müssen und zu einer Vereinigung von Industrie, Handwerk und Landwirtschaft; was Peter Kropotkin uns von den Methoden der intensiven Bodenbestellung und der Arbeitsvereinung, auch der Vereinigung geistiger Arbeit mit Handarbeit, in seinem jetzt eminent wichtigen Buche ›Das Feld, die Fabrik und die Werkstatt‹ gelehrt hat, die neue Gestalt der Genossenschaft und des Kredits und des Geldes: all das muß jetzt in dringendster Not, kann jetzt in zeugender Lust bewährt werden; die Not erfordert, in Freiwilligkeit, aber unter der Drohung des Hungers den Aufbruch und Aufbau, ohne den wir verloren sind.
Ein letztes Wort noch, das ernsteste. Wie wir aus der größten Not die größte Tugend, aus der Notstandsarbeit der Krise und des Provisoriums den anhebenden Sozialismus zu machen haben, so soll uns auch unsre Schmach zur Ehre gereichen. Fern bleibe uns die Frage, wie unsre sozialistische Republik, die aus Niederlage und Zusammenbruch ersteht, unter den siegreichen Völkern, unter den Reichen, die zur Stunde noch dem Kapitalismus verschrieben sind, den Reichen der Reichen dastehen wird. Betteln wir nicht, fürchten wir nichts, schielen wir nicht; halten wir uns wie ein Hiob unter den Völkern, der in Leiden zur Tat käme; von Gott und der Welt verlassen, um Gott und der Welt zu dienen. Bauen wir unsre Wirtschaft und die Einrichtungen unsrer Gesellschaft so, daß wir uns unsrer harten Arbeit und unsres würdigen Lebens freuen; eins ist gewiß: wenn's uns in Armut gutgeht, wenn unsre Seelen froh sind, werden die Armen und die

Ehrenhaften in allen andern Völkern, in allen, unserem Beispiel folgen. Nichts, nichts in der Welt hat so unwiderstehliche Gewalt der Eroberung wie das Gute. Wir waren im Politischen zurückgeblieben, waren die anmaßendsten und herausforderndsten Knechte; das Unheil, das sich daraus für uns mit Schicksalsnotwendigkeit ergab, hat uns in Empörung gegen unsre Herren getrieben, hat uns in die Revolution versetzt. So sind wir mit einem Schlage, mit dem Schlag, der uns traf, zur Führung gekommen. Zum Sozialismus sollen wir führen; wie anders könnten wir führen als durch unser Beispiel? Das Chaos ist da; neue Regsamkeit und Erschütterung zeigt sich an; die Geister erwachen; die Seelen heben sich zur Verantwortung, die Hände zur Tat; möge aus der Revolution die Wiedergeburt kommen; mögen, da wir nichts so sehr brauchen als neue, reine Menschen, die aus dem Unbekannten, dem Dunkel, der Tiefe aufsteigen, mögen diese Erneuerer, Reiniger, Retter unserm Volke nicht fehlen; möge die Revolution lange leben und wachsen und sich in schweren, in wundervollen Jahren zu neuen Stufen steigern; möge den Völkern aus ihrer Aufgabe, aus den neuen Bedingungen, aus dem urtief Ewigen und Unbedingten der neue, der schaffende Geist zuströmen, der erst recht neue Verhältnisse erzeugt; möge uns aus der Revolution Religion kommen, Religion des Tuns, des Lebens, der Liebe, die beseligt, die erlöst, die überwindet. Was liegt am Leben? Wir sterben bald, wir sterben alle, wir leben gar nicht. Nichts lebt, als was wir aus uns machen, was wir mit uns beginnen; die Schöpfung lebt; das Geschöpf nicht, nur der Schöpfer. Nichts lebt als die Tat ehrlicher Hände und das Walten reinen wahrhaften Geistes.

München, 3. Januar 1919

Gustav Landauer
Briefe aus der Rätezeit

An die Töchter

Telegramm, München, 7. April, 8 Uhr

An meinem Geburtstag wird Räterepublik ausgerufen heute ist Nationalfeiertag ich bin Volksbeauftragter für Volksaufklärung, früher Kultusminister.
Innige Wünsche Euer Vater

An Fritz Mauthner

Ansichtskarte mit Landauers Photographie (München,) 7. April 1919

Ich danke Dir, lieber Freund. Die Bayrische Räterepublik hat mir das Vergnügen gemacht, meinen heutigen Geburtstag zum Nationalfeiertag zu machen. Ich bin nun Beauftragter für Volksaufklärung, Unterricht, Wissenschaft, Künste und noch einiges. Läßt man mir ein paar Wochen Zeit, so hoffe ich, etwas zu leisten; aber leicht möglich, daß es nur ein paar Tage sind, und dann war es ein Traum.
Alle herzlichen Wünsche Euch beiden. Dein Gustav Landauer

An die Töchter

München, 11. April 1919

Meine geliebten Kinder,
Im Drang vieler Geschäfte schreibe ich Euch ein paar Zeilen, damit Ihr meine Handschrift wieder seht. Wie ernst die Zeit ist, wißt Ihr. Wie ich mich nach Euch sehne, auch. Ich übersiedle wahrscheinlich morgen nach Groß-Hadern, Lindenallee 8, Villa Eisner. Jedenfalls richtet Eure Briefe dahin. Ich denke aber, das Beste wird sein, Ihr bleibt jetzt in Krumbach. Hört nicht auf Gerüchte, glaubt nicht, was in der dortigen Zeitung steht, leset die Münchener Zeitungen. Hier ist, von kleinen Zwischenfällen abgesehen, Ruhe. [. . .]
Liebe Lotte: Privates kann ich jetzt nicht erledigen, [. . .] Eure lieben Geburtstagsbriefe haben mich von Herzen gefreut, so auch die von den Eisnerkindern und Helma. Ganz besonderen Dank meinem Freikälble. [. . .]
Gudilein: Heute abend hätte ich ein Billett zur Matthäuspassion gehabt, aber ich habe keine Zeit. Es ist mir ein richtiger Schmerz. Wir müssen durch diese Zeit hindurch. Haltet mir in innerster Seele zu dem, was wir versuchen. Es ist für das Heil und die Rettung der Menschheit.
Ich umarme Euch, ich küsse Euch. Euer Vater

An die Herren Referenten und Mithilfs-Arbeiter im bisherigen Ministerium

München, 12. April 1919

Meine Herren!
Ich habe Ihre Erklärung über Ihre provisorische Mitarbeit erhalten, brauche aber eine prinzipielle Erklärung.
Proben Ihrer fleißigen und gewissenhaften Arbeiten waren ja heute in meinem Zimmer aufgestapelt; allein ich bitte Sie, zu verstehen, daß ich mich damit in der jetzigen Situation nicht abgeben will und kann. Es geht jetzt um eine völlige Umgestaltung aller dem Geiste dienenden Einrichtungen des Gemeinwesens. Diener des Vergangenen und Wesenlosen, der ermattenden Geschäftigkeit, die sich im Kreise dreht und nichts vorwärtsbringt, kann ich nicht sein. Durch eine völlige Dezentralisation wird in Zukunft dafür gesorgt werden müssen, daß die Staatsgehilfen, die berufen sind, das Ganze im Auge zu haben, sich nicht in Einzelheiten des Bezirkes, der Stadt und des Dorfes verlieren. Kommt so vielleicht manchmal die Einheitlichkeit der Geschäftsgebarung zu kurz, so gewinnen wir andererseits dadurch, daß die Entscheidungen von jenen gefällt werden, die die tatsächlichen Verhältnisse kennen, und Buntheit ist kein Fehler für den, dem nicht juristisches und legislatives Denken das Höchste ist.
Kompetenzstreitigkeiten gehen mich nichts an, auch nicht zwischen Regierungen; mir geht es nur um die Sache und ihre unverzügliche Durchführung.
Zu einer solchen Durchführung und Umgestaltung an Haupt und Gliedern ist der Weg der parlamentarischen Gesetzgebung undenkbar; darum sind wir in einer Revolution, ihr sind wir es schuldig, da die Menschheit von Zeit zu Zeit einen Ruck braucht, revolutionär zu handeln. Unter Räterepublik ist nichts anderes zu verstehen, als daß das, was im Geiste lebt und nach Verwirklichung drängt, nach irgendwelcher Möglichkeit durchgeführt wird. Wenn man uns in unserer Arbeit nicht stört, so bedeutet das keine Gewalttätigkeit; nur die Gewalt des Geistes wird aus Hirn und Herzen in die Hand und aus den Händen in die Einrichtungen der Außenwelt hineingehen.
Ich erbitte jetzt eine prinzipielle Erklärung von jedem einzelnen unter Ihnen, ob Sie gewillt sind und sich berufen fühlen, nach diesen Grundsätzen freudig und entschlossen mit mir zu arbeiten. Eine Gesamterklärung werde ich nicht annehmen, dagegen stehe ich jedem von Ihnen zur weiteren Aussprache, zu Fragen, zu Behebung von Zweifeln zur Verfügung. Ihre Antwort erbitte ich bis Dienstag, den 15. April 1919.

Gustav Landauer
der provisorische Volksbeauftragte für Volksaufklärung der Räterepublik Bayern.

An Adolf Neumann

[Eingangsstempel 14. (?) April 1919]

Mit herzlichsten Grüßen. Welche Arbeit! Welche Qual!
Süd- und Westdeutschland soll uns helfen! Das wäre Rettung fürs ganze Volk.
Sonst – – –? *Landauer*

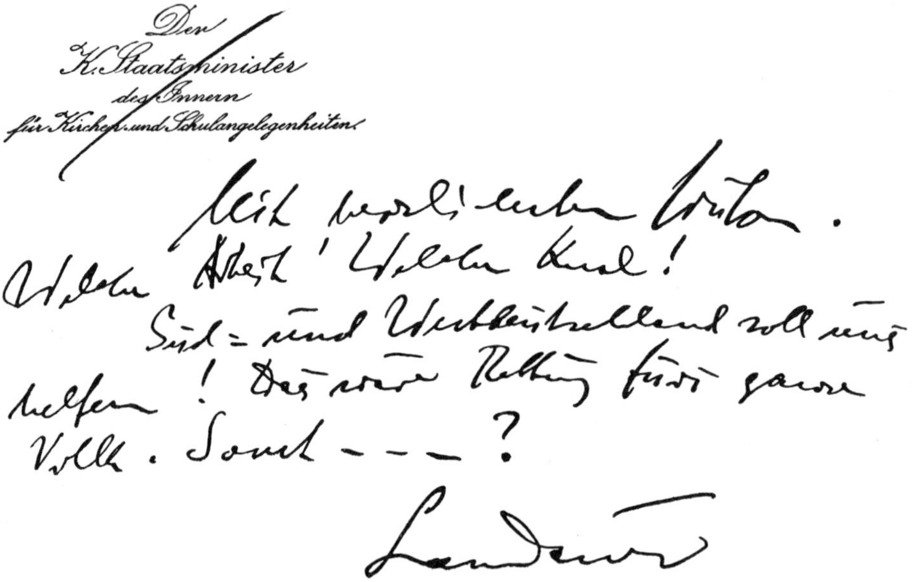

Der K. Staatsminister des Innern für Kirchen- und Schulangelegenheiten

Mit herzlichsten Grüßen. Welche Arbeit! Welche Qual! Süd= und Westdeutschland soll uns helfen! Das wäre Rettung fürs ganze Volk. Sonst – – –?

Landauer

Oben: Brief Landauers an Adolf Neumann (siehe darüberstehende Übertragung)
Unten: Porträt Gustav Landauers von Karl Holtz

An die Töchter

[München,] Sonntag, 13. April 1919
2 Uhr Nachmittag.

Meine geliebten Kinder!
Was immer an Gerüchten Euch zugehen mag: es geht mir gut, ich bin in Freiheit und in Sicherheit.
Ich schreibe, sooft ich kann; seid aber nicht unruhig, wenn eine Nachricht ausbleibt.
Ich grüße und küsse Euch! *Euer Vater*

Solltet Ihr – was ich nicht hoffe – belästigt werden, so zieht zu Onkel Hugo oder zu Tante Else. Trefft alle Entscheidungen in meinem Sinn. Seid gut und liebevoll zueinander, seid froh. Recht gute Grüße an unsre gute Helma, die treu zu Euch halten soll.

An die Töchter

Montag, 14. April 1919
Vormittags 11 Uhr.

Meine geliebten Kinder,
Ich bin weiter in der guten Sicherheit und Freiheit, von der ich Euch gestern schrieb. Gestern soll in München gekämpft worden sein, die Räterepublik scheint die Oberhand behalten zu haben. Ein Teil meiner Freunde war oder ist noch gefangen. Um mich braucht Ihr nicht zu bangen; ich bin in jeder Hinsicht gut versorgt, und ich werde nicht unvorsichtig sein.
Meine größte Sorge ist, daß falsche Gerüchte zu Euch dringen und Euch aufregen; wie lange Nachrichten von mir zu Euch brauchen, kann ich nicht ermessen, ich hoffe aber, daß Ihr auch telegraphische Nachrichten erhalten habt.
Meine zweite Sorge ist, daß Ihr von aufgereizten Bürgers- und Bauersleuten belästigt werden könntet; ich hoffe es nicht; wenn aber ja, dann seid klug und vorsichtig; solltet Ihr Euch entschließen, Krumbach für eine Weile zu verlassen, dann genügt es, zunächst zu Bernsteins zu fahren, die Euch weiter raten werden; natürlich müßt Ihr dann das bißchen Geld, das im Hause ist, und Eure und Muttis Schmucksachen mitnehmen. –
Ich habe einen Spediteur in Aussicht, der unseren Umzug übernimmt; darüber bald Näheres. Inzwischen schreibt sofort an Tante Else die genaue Adresse Herrn Schuberts. Schreibt Tante Else regelmäßig; ich hoffe, bald von Euren Nachrichten Kenntnis zu nehmen.
Und nun küsse ich Euch, liebe Landauer- und Eisnerkinder.
Grüßt Helma. *Euer Vater*

An die Töchter *In verstellter (Kinder-) Schrift*

(München, 14. April 1919)

Vater befindet sich wohl.

An die Töchter

Telegramm, München, 15. April 1919, 11 Uhr

Ganz wohl drahtet sofort Befinden. Packt alle Betten usw. Ich will Euch hier haben. Auch Helma. Willy holt Euch. Abmeldung nötig.

Papa

An die Töchter *(Brieffragment aus dem Nachlaß)*

München, 16. April 1919

Meine geliebten Kinder
Ich schreibe Euch wieder einmal; gestern habe ich Euch telegraphiert. Ob Ihr die Depesche erhalten habt? Jedenfalls fehlt mir die Drahtantwort, die ich erbeten hatte. Ich wollte Euch nach Gr.-Hadern kommen lassen; die Sache ist aber jetzt dadurch erledigt, daß man zur Zeit nicht nach München fahren kann. Wenn Ihr diesen Brief erhaltet, ist mein Wunsch, daß Ihr, wenn Ihr auch nur im geringsten belästigt werdet, Euch auf den Weg zu Onkel Hugo machet, alle miteinander. Er wird Euch herzlich gern aufnehmen. – Was mich angeht, so halte ich hier weiter aus, obwohl ich anfange, mir herzlich überflüssig vorzukommen.

An den Aktionsausschuß

München, Wittelsbacher Palais

Ich habe mich um der Sache der Befreiung und des schönen Menschenlebens willen der Räterepublik weiter zur Verfügung gestellt; als der alte Zentralrat von einer Organisation ersetzt worden war, die von dem Vertrauen der Münchener Arbeiterschaft getragen zu sein schien. Sie haben meine Dienste bisher nicht in Anspruch genommen. Inzwischen habe ich Sie am Werke gesehen, habe Ihre Aufklärung, Ihre Art, den Kampf zu führen, kennengelernt. Ich habe gesehen, wie im Gegensatz zu dem, was Sie ›Schein-Räte-Republik‹ nennen, Ihre Wirklichkeit aussieht. Ich verstehe unter dem Kampf, der Zustände schaffen will, die jedem Menschen gestatten, an den Gütern der Erde und der Kultur teilzunehmen, etwas anderes als Sie. Ich stelle also fest – was schon vorher kein Geheimnis war –, daß die Abneigung gegen eine gemeinsame Arbeit gegenseitig ist. Der Sozialismus, der sich verwirklicht, macht sofort alle schöpferischen Kräfte lebendig; in Ihrem Werke aber sehe ich, daß Sie auf wirtschaftlichem und geistigem Gebiet, ich beklage, es sehen zu müssen, sich nicht darauf verstehen.
Diese Mitteilung bleibt von mir streng privat; es liegt mir fern, das schwere Werk der Verteidigung, das Sie führen, im geringsten zu stören. Aber ich beklage aufs schmerzlichste, daß es nur noch zum geringsten Teil mein Werk, ein Werk der Wärme und des Aufschwungs, der Kultur und der Wiedergeburt, ist, das jetzt verteidigt wird.
München, 16. April 1919 *Gustav Landauer*

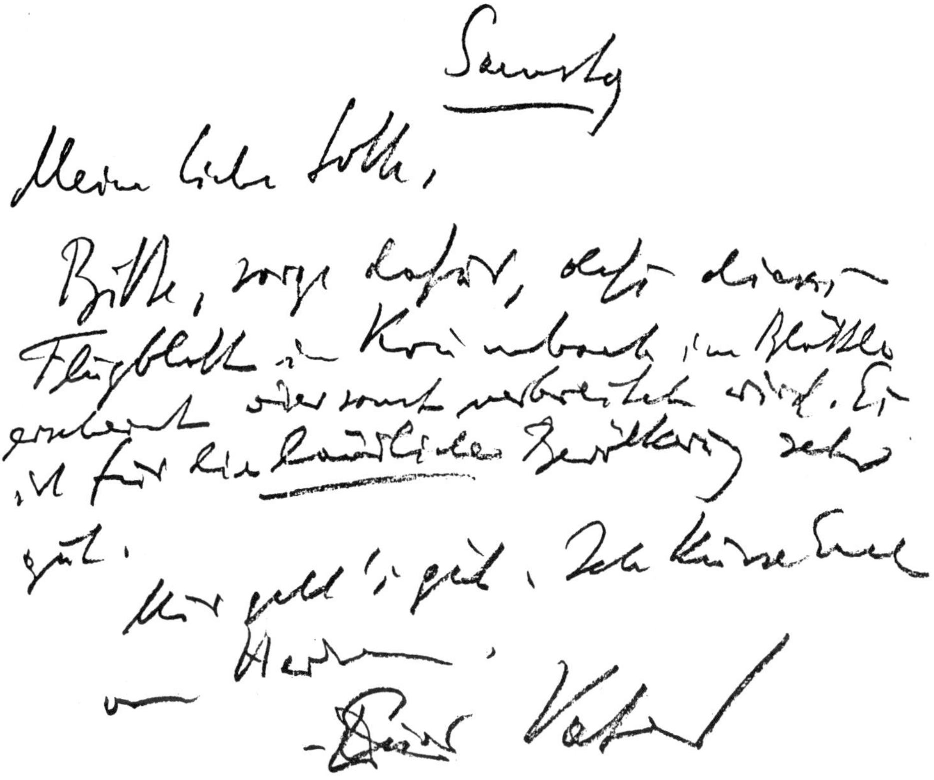

Samstag

Meine liebe Lotte,

Bitte, sorge dafür, daß dieses Flugblatt in Krumbach im Blättle erscheint oder sonst verbreitet wird. Es ist für die ländliche Bevölkerung sehr gut.

Mir geht's gut. Ich küsse Euch von Herzen.

Euer Vater

Brief Gustav Landauers an seine Tochter Lotte vom 12. April 1919. Landauer schickte das nachfolgend abgedruckte Flugblatt ›An die ländliche Bevölkerung‹ an seine Tochter: ›Bitte, sorge dafür, daß dieses Flugblatt in Krumbach im Blättle erscheint oder sonst verbreitet wird. Es ist für die *ländliche* Bevölkerung sehr gut. Mir geht's gut. Ich küsse Euch von Herzen. Euer Vater.‹

An die ländliche Bevölkerung!

(Kundgebung des Landesbauernrats.)

Unsinnige Gerüchte, die in den letzten Tagen aus den Städten aufs Land getragen wurden, haben dort Ansichten gebildet und Befürchtungen erregt, die keineswegs begründet sind.

Die unselige Verschleppungspolitik der Weimarer Nationalversammlung hat den Ueberdruß der Massen des arbeitenden Volkes am Parlamentarismus gesteigert.

Das Wiedererwachen des preußischen Militarismus unter Noske und seiner Freikorpsführer haben die anfänglichen Erfolge der Revolution zu nichte gemacht. Die zentralistischen Bestrebungen Weimars, die darauf hinzielten,

Bayern jeder Selbständigkeit zu berauben

und dem Berliner großkapitalistischen Schiebertum neue Quellen zu erschließen, mußten naturnotwendig zu einer Unzufriedenheit führen, die nicht mehr einzudämmen war.

Dieser drohenden Aufsaugung Bayerns konnte nur durch eine energische Selbständigmachung Bayerns begegnet werden. Der Landtag bot nicht die Gewähr jener Rückgratfestigkeit, welche die neupreußische Unersättlichkeit als Gegengewicht erfordert. Deshalb griffen die Massen durch die Proklamierung der **Räterepublik** zur Selbsthilfe.

Bayern regiert sich selbst!

Mit überraschender Schnelligkeit hat sich diese Wandlung vollzogen. Der Bauernrat hat sich entschlossen, sie mitzumachen. Dabei leitet ihn seine übernommene Verpflichtung, die Interessen des Landes in jeder Situation, auch der gefährlichsten, zu wahren.

Die wichtigste Aufgabe, die sich die Räteregierung gestellt hat, heißt Sozialisierung.

Die Sozialisierung des Großgrundbesitzes, der Großindustrie und des anhäufenden Besitzes ausbeutender Großkapitalisten duldet keinen Aufschub mehr.

Die schamlosen Kriegsgewinnler müssen endlich erfaßt werden!

Unter Ablehnung jener extremen Sozialisierungspläne, wie sie gewisse Wirrköpfe in vollkommener Verkennung der bayerischen Verhältnisse hegen, hat der Bauernrat strikte Bedingungen gestellt, von denen seine Mitarbeit abhängt.

Der Bauernrat kann eine Sozialisierung nicht gutheißen, die sich auf die kleinen und mittleren Betriebe der Landwirtschaft, des Handwerks und des Gewerbes, sowie auf die Kleinindustrie erstreckt. Den Bauernrat leitet vor allem das Gesetz: Die Sozialisierung darf nicht zu einer Störung der Volksernährung führen.

Nie wird sich der Bauernrat von seiner Verpflichtung abtrennen lassen, die Rechte der Bauern und der gesamten mittelständischen Berufe zu wahren!

Habt daher Vertrauen zu uns! Bedenkt, daß ein hartes Stück Arbeit vor uns steht, daß es gilt, Berge von Schwierigkeiten abzutragen.

Vom ersten Tag der Revolution an ist es der Mitarbeit des Bauernrats gelungen, die Rechte der Bauern, der Handwerker, Gewerbetreibenden, überhaupt des ganzen werktätigen Volkes zu schützen. Dieselbe Arbeit wollen wir auch in dieser Stunde im Interesse aller unserer in harter Arbeit fronenden Volksgenossen im Vertrauen auf deren Einsicht und Unterstützung leisten.

Unterscheidet zwischen der Ruhe Eurer Dörfer und der Aufgeregtheit, die heute die Großstädte beherrscht; Euch soll diese Ruhe gesichert bleiben! Ihr aber müßt den Städten helfen, Ihr müßt Geduld haben mit einer ausgehungerten, tausendfältig enttäuschten Bevölkerung. Ihr dürft nicht grollend bei Seite stehen, Euch nicht durch feige Hetzer aufwiegeln und betören lassen.

Volks- und Standesgenossen!

Ihr müßt die neue Zeit verstehen lernen! Sie arbeitet nicht gegen Euch! und bringt Euch nur Gutes!

Quält Euch nicht in Sorge um Euren schwer erarbeiteten Besitz, um Eure Sparpfennige, um Eure Scholle! Die neue Räteregierung wird Euch schützen!

Vertraut uns auch weiterhin! Die allernächste Zukunft wird zeigen, daß wir nur in Eurem Interesse gehandelt haben.

Der Zentralrat hat auf Antrag des Landesbauernrates einstimmig beschlossen, die Sozialisierung der Land- und Forstwirtschaft, des Handwerks und Gewerbes vom Zentralwirtschaftsamt, welches dem Ministerium für Handel und Industrie zugeteilt ist, abzutrennen und in vollem Umfange dem Ministerium für Land- und Forstwirtschaft zu unterstellen.

Landwirtschaftliche Betriebe bis zu 1000 Tagwerk, Gewerbe und Handwerk werden nicht sozialisiert.

Bauern, Kleingewerbetreibende und Handwerker!

Jeder Grund zur Angst ist behoben! Ihr seid dem Einfluß radikaler Reformer, denen bayerische Eigenart fremd ist, entrückt. Über Euer Schicksal bestimmen nur noch Eure bewährten Standesgenossen, denen Euer Wohl und Wehe am Herzen liegt und die Eure Lebensbedürfnisse kennen und verstehen und selbst um den Preis von Existenz und Leben für die Wahrung Eurer Rechte eintreten.

Carl Gandorfer,

Vorsitzender des Landesbauernrats.

Vereinigte Druckereien und Kunstanstalten, München, Herrnstr. 10.

Gustav Landauer
Am Vorabend des Putsches gegen die Räterepublik

›Landauer ist an sich nicht dagegen, Löwenfeld zu hören, man habe nichts zu fürchten. Selbstverständlich habe derselbe nur zu berichten und sofort abzutreten. Eine Diskussion in seiner Gegenwart sei ausgeschlossen. Was die Frage seiner sofortigen Verhaftung anlange, so sei er nicht der Meinung; wenn man die Bahnstrecke nach Bamberg freigelassen habe, so habe jeder von uns auch das Recht, nach Bamberg zu reisen und wieder zurückzureisen (Zuruf). Die Absichten spielten keine Rolle, sondern nur die Taten, und die beste Kenntnis seiner Meinungen bekomme man übrigens auch dadurch, wenn man ihm genau zuhöre. Dann sei immer noch Zeit, ihn festzunehmen. Es gebe übrigens zwei Löwenfeld. Bezüglich der allgemeinen Lage sei er als provisorischer Volksbeauftragter für Volksaufklärung über den Stand der Dinge im Lande sowohl militärisch wie wirtschaftlich, wie in der Stimmung auch einigermaßen orientiert. Die Situation sei, was von vornherein zu erwarten gewesen sei, ernst; aber er sehe sie nicht so trübe an, wie sie nach den Worten des Genossen Toller scheinen könnte. In Nürnberg sei die radikale Richtung, die zur Räterepublik halte, sehr stark. Auch in Bamberg mache eine Richtung dem Ministerium Hoffmann das Leben nicht allzu leicht, in Amberg sei eine starke militärische Macht auf unserer Seite, die von sich aus tatkräftig mit Aufklärung usw. zu handeln bereit sei. Was Regensburg anlange, so sei es keine Kunst für irgendeine militärische Formation, den Beschluß zu fassen, sie stehe nicht auf dem Boden der Räterepublik, andere Formationen beschlössen das Gegenteil. Er habe erst heute vom Kreisarbeiterrat Regensburg Vorwürfe bekommen, daß sie auf dem Boden der Räterepublik ständen, ungenügend mit Flugblättern versorgt würden. Selbstverständlich sei dem Ersuchen entsprochen worden. Fürth stehe ganz auf dem Boden der Räterepublik. Wenn ein Flieger von Nürnberg mit Flugblättern von Hoffmann aufsteige, dann steige ein Flieger von Fürth auf mit Flugblättern der Räterepublik oder zu dem Zwecke, den Nürnberger Flieger nicht zur Verbreitung der Flugblätter kommen zu lassen. Das wisse das Ministerium Hoffmann, und aus diesen Gründen und vor allen Dingen auch, weil er das, was Genosse Toller in militärischer Hinsicht gesagt habe, auch wisse, daß Bayern nicht gegen Bayern schießen würden, jener aber nicht den Schluß daraus ziehe wie wir, sondern den, daß es mit seiner Armee auch nicht weit her sein werde (sehr richtig!), sei er der Überzeugung, daß das Ministerium Hoffmann gern zu einem befriedigenden Vertrag, zu irgendeiner Verhandlung kommen möchte. Die Situation sei jetzt so, daß die Stimmung im Lande in den Landesteilen, die uns zur Verfügung ständen, in der Schwebe sei. Das gelte auch für das rein bäuerliche Land, das im Ries, in Schwaben, wenigstens in einem großen Teile dort zur Zeit noch sehr gegen uns sei, das aber durch die Flugblätter, die der Bauernrat schon angefangen habe zu verteilen, in der Stimmung, seiner Überzeugung nach, wesentlich gebessert werden würde. Er sei kein Stratege, militärische Dinge überlasse an anderen, aber auf den übrigen Gebieten sei er der Meinung, daß man nichts anders zu tun habe, als die Räterepublik weiter auszubauen und zu arbeiten. (Sehr richtig!) Von Tag zu Tag, wenn man gut arbeite, werde unsere Situation der Stimmung nach im Lande günstiger sein. (Sehr richtig!) Selbst Landesteile, mit denen wir nicht mehr oder höchstens noch durch Flieger in direkter Verbindung ständen, kämpften aus eigener Initiative fest und treu für unsere Sache. Man müsse aushalten, das scheine ihm jetzt das Wesentliche zu sein, und gerade aus der Betrachtung der Situation heraus, daß es wahrscheinlich mit dem Willen des Ministeriums Hoffmann und seiner Truppe zu einer Offensive gegen München zunächst nicht kommen werde, entnehme er, daß man zunächst zwei Gebiete vor allem zu betrachten habe – abgesehen vom militärischen Gebiete –, nämlich das geistige und das wirtschaftliche Gebiet. Zum geistigen sage er 1. Aufklärung!, und 2. Aufklärung nicht durch Worte, sondern durch Taten, durch das, was man in die Wege leite!

Er habe den Wunsch, was sein Gebiet angehe – und diesen Wunsch werde jeder haben –, selbst wenn man nur kurz am Leben sein könnte, was möglich sei, bleibende Spuren im Lande Bayern mit seiner Tätigkeit zu hinterlassen, so daß man hoffen könne, daß man in einsichtigen Kreisen, wenn wieder ein Regiment komme, das nichts tue – das sei immer so –, sagen werde, wir hätten in der Räterepublik gar nicht schlecht angefangen, und es wäre nicht schlecht gewesen, wenn man sie hätte weiterarbeiten lassen. Das für den Fall, daß wir unterlägen! In wirtschaftlicher Hinsicht hätten die Ergebnisse schon gezeigt, daß es auf einigen Gebieten sehr ernst, auf anderen Gebieten aber keineswegs zur Verzweiflung aussähe. Unsere Lebensmittelversorgung sei für verhältnismäßig lange Zeit in bescheidenen Grenzen für bescheidene Ansprüche – darauf müsse man sich ruhig gefaßt machen – gesichert (Zuruf), seinetwegen auch zum Hungern! Die Pariser hätten bei der Belagerung auch gehungert. (Zuruf.) Man wisse nicht, wie lange es dauere. Aber was die Ernährung anlange, so habe man nicht den geringsten Grund, an irgendwelches Aufhören der Sache zu denken. Die einzig schwierige, sehr, sehr ernste Frage sei die Kohlenfrage, und er wisse da, ehrlich gesagt, was die Kohlen für die Eisenbahn angehe – das sei das Wichtigste – zunächst keinen anderen Rat, das sei eine Binsenwahrheit, als daß wir uns eben hielten, solange wir uns halten könnten. Die Möglichkeit sei immerhin da, daß eine Streik- und revolutionäre Bewegung von Süd- und Westdeutschland bis zum Ruhrrevier gehe und das, was in Braunschweig begonnen habe, auch anderwärts Gefolgschaft in Deutschland finde. Es beständen Symptome, daß das der Fall sein werde und daß wir nicht die einzigen seien, denen es an Kohle fehle. Es sei ein trauriger Trost, im Unglück Genossen zu haben, aber die anderen seien dann ebenso vor die Frage gestellt, ob sie nachgeben müßten, wie wir, weil es ihnen geradeso gehe wie uns. Jedenfalls sollten wir nicht im geringsten den Kopf hängen lassen, sondern sollten sagen, es gehe uns vielleicht in Bälde auf dem einen oder andern Gebiet schlecht, den anderen gehe es vielleicht in Bälde auf dem nämlichen oder einem ebenso wichtigen Gebiete schlecht. Halte man aus, solange man irgendwie aushalten könne! Das scheine ihm die Lehre

aus den vorliegenden Tatsachen zu sein, und zu irgendwelchen Verhandlungen oder zum Verzweifeln scheine ihm kein Grund vorzuliegen.
Bezüglich Augsburg lägen die Dinge doch nicht ganz so, wie sie geschildert worden seien. Man habe dort einen revolutionären Arbeiterrat, der aus eigener Machtvollkommenheit so wie unser revolutionärer Arbeiterrat in München sich eingesetzt habe und die Streikbewegung, die zur Räterepublik geführt habe, geleitet habe. Er habe vor allen Dingen aus Linksunabhängigen bestanden, eine kommunistische Partei gebe es bisher in Augsburg noch nicht, vielleicht sei sie inzwischen gekommen. Jetzt habe man ihm gesagt, er habe gar keine Existenzberechtigung, er sei nicht gewählt, er habe sich selbst auch aufoktroyiert und man habe an dessen Stelle den Arbeiter- und Soldatenrat gesetzt, der aus Wahlen hervorgegangen sei und der allerdings zu einem großen Teile aus Mehrheitssozialisten wackliger Art bestehe. Aber der revolutionäre Arbeiterrat sei mit seinen entscheidenden Mitgliedern doch in diesen Arbeiter- und Soldatenrat mit hineingegangen, und man hoffe, daß er dort so, wie wir im Münchener Arbeiterrat, die Führung übernehmen werde. Er wolle dort eine eigene Fraktion gründen. Der Genosse, von dem die Mitteilungen stammten, habe gesagt, zum Verzweifeln sei es noch keineswegs; die Deputation, die in seiner Abwesenheit und sehr gegen seinen Willen nach Bamberg geschickt worden sei, hätte ausdrücklich den Auftrag, nicht mit der Regierung Hoffmann, sondern mit der früheren, mit der abgesetzten Regierung zu verhandeln, sie sollte diese Regierung nicht anerkennen, sondern lediglich aus wirtschaftlichen Gründen, aus Gründen der Menschlichkeit dort dafür eintreten, daß Augsburg mit Lebensmitteln, hauptsächlich mit Milch, versorgt werde. Selbstverständlich, wenn erst einmal überhaupt von seiten der Mehrheitssozialisten und rechtsstehenden Unabhängigen mit dem Verhandeln begonnen werde, dann gehe die Bambergerei und Löwenfelderei los. Er wolle hier nicht rosig färben, sowenig wie Toller schwarz; aber er sage, auch die Situation in Augsburg sei nicht ganz so trübe und nicht ganz so entscheidend nach rechts gegangen, wie es hier dargestellt worden sei, soweit seine Informationen gingen.‹

Fidelis
Gustav Landauers Kulturprogramm

November 1918. Die deutsche Front bricht zusammen. Das deutsche Volk erhebt sich. Freiheitskrieg? Geistiges Zentrum ist Bayerns Hauptstadt. *Kurt Eisner,* eben von den Massen aus dem Gefängnis geholt, leitet hier die Bewegung. *Eisner,* der mehr als Politiker ist, der alles verstehende, nach Schönheit strebende Künstler. Ihm zu helfen, eilt *Gustav Landauer* aus Düsseldorf nach München und schafft hier gemeinsam mit *Eisner* die Grundlagen für eine neue Ordnung. Er hatte die Revolution vorausgesehen, aber nicht geglaubt, daß sie so käme.
Wie man in Berlin *Rosa Luxemburg* und *Karl Liebknecht* an der Teilnahme am Rätekongreß hinderte, so suchte man auch in München dem ›landfremden‹ *Gustav Landauer* das Recht auf Mitschaffung neuer Zustände zu wehren. Vergebens. Um *Landauer* sammeln sich die, die auf kein Dogma schwören.
Eisners Ermordung im Februar 1919. *Gustav Landauer* sprach dem Freunde schmerzliche Abschiedsworte. In dem Chaos, das jetzt in Bayern entstand, jetzt, nachdem der von den Massen geliebte Führer, der Hasser aller Gewaltmittel von der Kugel des Grafen *Arco* getötet worden war, war *Landauer* prädestiniert zu seinem Nachfolger.
Von Augsburg, hier zuerst klar geformt, drang der Massenwille, eine Räterepublik zu schaffen, nach München. Die beiden sozialdemokratischen Parteien traten dafür ein. Auch *Gustav Landauer.* Vergebens warnte – ein lichter Prophet – *Leviné,* warnten die Kommunisten. Am ersten Aprilmontag morgens um 6 Uhr rief *Landauer* im Wittelsbacher Palast die Räterepublik aus. Am letzten Tage derselben Woche noch wurde sie gestürzt. Am gleichen Abend übernahmen die Kommunisten auf Wunsch der revolutionären Arbeiterschaft die Regierung. An der Spitze stand ein Viermännerkollegium. Führend war *Leviné. Landauer* hatte die Herrschaft des Geistes gekündet. Jetzt wurde eine Rote Armee aufgestellt.
Gustav Landauer erklärte sich zur Mitarbeit bereit. In dem Münchener Mitteilungsblatt vom 16. April (dem amtlichen Organ der neuen Regierung, der einzigen damals erscheinenden Zeitung) schrieb er:
›Durch das tatkräftige Eingreifen des Proletariats in München ist die Räterepublik vor dem frechen Putschversuch der Gegenrevolution gerettet worden. Die Umgestaltung, die sich anschloß, erkenne ich an und begrüße ich. Der alte Zentralrat existiert nicht mehr; dem Aktionsausschuß stelle ich meine Kraft, wo immer man mich brauchen kann, zur Verfügung. *Gustav Landauer*

Aber zwischen *Landauer* und *Leviné* lag Unüberbrückbares. Jeder verkörperte eine andere Welt: *Landauer,* der gütige Weltverbesserer, der Prophet: nach freiwilliger Hingabe rufend, Gemeinschaft des Geistes fordernd, der *Marx* den *Antimarx* entgegensetzte; *Leviné,* der starre große Dogmatiker, der nach Marxschen ehernen, ökonomisch-materialistischen Thesen die Forderungen der Zeit erfaßte und – wie die Zukunft zeigte – richtig erkannte. Einig im Ziel, war gemeinsames Wirken unmöglich. Jeder mußte *seinen* Weg des Leidens gehen.

Von Februar an trat ich *Landauer* persönlich nahe. Zur Zeit der *Leviné*schen Räterepublik suchte ich zu vermitteln, ich, der Kommunist und Verehrer Landauers. Erst nach heißem Bemühen erlangte ich die Einwilligung, mit Landauer ein Programm für die Neuordnung des Kulturwesens auszuarbeiten. Täglich berieten wir zusammen. Über das Prinzipielle waren wir einig, in den Einzelheiten gaben wir einander nach. Das von uns aufgestellte Programm (Teil 1) legte ich *Levíné* vor. Dazu gab ich Erläuterungen (wenig verändert in Teil 2), wobei es dahingestellt bleiben muß, ob *Landauer* immer mit meiner Auffassung einverstanden gewesen wäre. *Levíné* lehnte das Programm ab, da es ihm zu sehr im Hergebrachten, Bürgerlichen zu haften schien und nicht prinzipiell neue Richtlinien gab. Ich habe in Teil 2 des öfteren auf Sowjetrußland hingewiesen, um das Unberechtigte dieser Kritik zu zeigen. Mir scheint, die Gegensätzlichkeit der Naturen *Landauer* und *Levíné* erklärt die Ablehnung des Programms, nicht sein Inhalt.

Es wurden also keine Schritte zur Realisierung des Planes unternommen. Auch die politische Konstellation, die brutale Gewalt von außen, hätte es gehindert. Wenn ich unser Programm doch der Öffentlichkeit unterbreite, so geschieht es nicht nur, weil es *Landauers* letzte Arbeit ist, sondern auch weil ihm ein historisches Interesse nicht abgesprochen werden kann, und weil es auch heute noch praktischen Wert hat, vielleicht nur zum Vergleich mit dem, was im sozialistischen Deutschland geschieht.

Die Freunde Landauers werden hier das Nötige über die Presse vermissen, zumal er selbst die Presse als wichtig ansah. Sie wurde zu jener Zeit vom Propagandabüro verwaltet und kam daher zunächst für eine Neuordnung nicht in Frage. Wie sich im übrigen Landauer die Neugestaltung der Presse dachte, das zeigen die Nummern der ›Münchener Neuesten Nachrichten‹, die während der Landauerschen Regierung erschienen und für die er die Verantwortung trägt. Selbstverständlich liegt da erst der Beginn einer Reform vor, nicht die Erfüllung. Seine Absicht, alles was er in diesen acht Tagen geschrieben hatte, zu sammeln, wird vielleicht später von seinen Freunden erfüllt.

Wenn in den Ausführungen nur weniges über die Akademien steht, so erklärt sich dies ebenfalls daraus, daß diese Frage als weniger aktuell nicht gleich besprochen wurde. *Man halte daran fest, daß dies ein Arbeitsprogramm ist, daß sofort die praktische Realisierung einsetzen sollte.*

Den Stürmern, den Erneuerern des geistigen Deutschlands wird vieles von dem, was hier steht, banal vorkommen, zumal gemessen an Landauers früheren Arbeiten. Von ihm erwartet man Grundlegendes, Neues, Metaphysisches. Darum handelt es sich hier aber gar nicht. Hier wird die Idee materialisiert, also gleichsam heruntergezogen. Hier soll gezeigt werden, was im April 1919 unter den gegebenen wirtschaftlich-politischen Zuständen in Bayern hätte geleistet werden können. Der Kulturminister hat eine andere Aufgabe als der freie Schriftsteller, als der oppositionelle Politiker. Je größer sein Gedankenwurf ist, um so größer

Gustav Landauer, 1919

erscheinen seine (temporären) Konzessionen bei der praktischen Durchführung. Dieses tragische Schicksal teilt Landauer mit allen Führern, die zur Macht gelangen. *Engels* schreibt über Thomas Münzer (im deutschen Bauernkrieg): ›Es ist das schlimmste, was dem Führer einer extremen Partei widerfahren kann, wenn er gezwungen wird, in einer Epoche die Regierung zu übernehmen, wo die Bewegung noch nicht reif ist für die Herrschaft der Klasse, die er vertritt, und für die Durchführung der Maßregeln, die die Herrschaft dieser Klasse erfordert. Was er tun *kann*, hängt nicht von seinem Willen ab, sondern von der Höhe, auf die der Gegensatz der verschiedenen Klassen getrieben ist, und von dem Entwicklungsgrad der materiellen Existenzbedingungen, der Produktions- und Verkehrsverhältnisse, auf dem der jedesmalige Entwicklungsgrad der Klassengegensätze beruht. Was er tun *soll*, was seine Partei von ihm verlangt, hängt wieder nicht von ihm ab, aber auch nicht von dem Entwicklungsgrad des Klassenkampfs und seiner Bedingungen: er ist gebunden an seine bisherigen Doktrinen und Forderungen ... Er findet sich so notwendigerweise in einem unlösbaren Dilemma; was er tun *kann*, widerspricht seinem ganzen bisherigen Auftreten, seinen Prinzipien und den unmittelbaren Interessen seiner Partei; und was er tun *soll*, ist nicht durchzuführen. Er ist mit einem Wort gezwungen, nicht seine Partei, seine Klasse, sondern die Klasse zu vertreten, für deren Herrschaft die Bewegung gerade reif ist.‹
Dies erklärt unser Programm.
Und nur so darf es betrachtet und gewertet werden.

Das Programm

A. Staat und Kirche
1. Sofortige völlige Trennung.
2. Die Kirche bleibt einstweilen im Besitz ihres Vermögens.
3. Die Kirchen sind im Prinzip Eigentum der politischen Gemeinde.
4. Die karitativen Einrichtungen bleiben ihrem Zweck erhalten.
5. Prozessionen werden wie sonstige Umzüge behandelt.

B. Kunst
1. Architektur: ›Die neue Ära der Menschheitsgeschichte hat in den Monumenten und öffentlichen Gebäuden, die von jetzt ab errichtet werden, ihren Ausdruck zu finden.‹ (*Gustav Landauer*)
   Staatsaufträge.
   Malerei und Plastik sind in die Architektur einzugliedern.
2. Malerei und Plastik. Neugründung von Museen.
   Staatsankäufe. Staatsgebäude für Ausstellungen. Wanderausstellungen.
3. Theater
   a) Nationaltheater. Freier Eintritt.
      Kontrolle des Spielplans und der Spielart durch eine Akademie.
   b) Privattheater. Korporativer Charakter.
      Große Macht des gewählten Leiters.

C. Schule

1. Einheitsschule. 7. bis 13. Lebensjahr. Betonung von Zeichnen und Turnen. Fakultative Auswahl der Fächer. Keine Schulbank. Neue Lehrbücher. Privatschulen gestattet, wenn sie dasselbe Minimum geben wie die Staatsschule.
2. Nach der Einheitsschule entweder praktische Betätigung mit Fortbildungsschule oder
3. Lebensgemeinschaft vom 13. bis 15. Jahre (Schüler – Lehre – Meister).

   Oder
4. Mittelschule.
5. Hochschule. Streichung der theologischen und juristischen Fakultät mit Ausnahme der Geschichte und Philosophie. Abtrennung einer medizinischen Hochschule, einer philologischen und einer physikalisch-chemisch-naturwissenschaftlichen. Höchste Fakultät ist die philosophische.

Erläuterungen zum Programm

Am klarsten liegen die Forderungen in bezug auf Trennung von Staat und Kirche. Handelt es sich doch hier um ein aus der Tradition des liberalen Programmes übernommenes Verlangen, das bereits in manchem bürgerlichen Staat durchgeführt ist. Die geistliche Schulaufsicht, im zweiten Jahr der ›Revolution‹ noch in Preußen-Deutschland ein Streitobjekt, war sogar schon in den Schulen des Philanthropismus (in der zweiten Hälfte des 18. Jahrhunderts) abgeschafft.

Der Kampf gegen die offizielle Kirchenreligion entspringt der Erkennung, daß dieser Kult der heutigen Gesellschaft nicht mehr entspricht, sowohl in seinen Formen als auch in seiner Ethik. ›Dieser Geist ist ein Ungeist; hat weder Beziehungen zur Wahrheit noch zum Leben. Wenn etwas beweisbar falsch ist, so sind es diese Vorstellungen allesamt.‹ Man kann sich aber wohl vorstellen, daß eine Gemeinde im Landauerschen Sinne nicht nur einen den Menschen genehmen, sondern ihnen sogar notwendigen Kult findet, wie es die Mysterien in Griechenland waren und die christlichen Religionsformen in den ersten Jahrhunderten. Sicher ist es aber, daß aus der heutigen Kirchenreligion dieser Kult nicht entstehen kann. Der heutige Staat hat also kein Interesse mehr, die Trennung hintanzuhalten. Man darf dabei aber nicht übersehen, daß jede scharf vorgenommene Trennung auch Gefahr für den Staat in sich birgt. Wird der Religionsunterricht von der Schule verwiesen, so werden die Eltern ihren Kindern von der Kirchengemeinde den Unterricht geben lassen, das heißt, die Kinder erhalten einen Unterricht, auf den der Staat dann keinen Einfluß mehr ausübt. Diese Gefahr ist sicherlich nicht zu unterschätzen. Sie kann und muß durch den Moral- und Geschichtsunterricht sowie durch eine selbständiges Denken erzielende Erziehung bekämpft werden. Es schadet gar nichts, wenn schon das Kind Probleme sieht und zu zweifeln lernt.

Ein Verbot des Religionsunterrichtes der heutigen Staatskirche kommt wohl praktisch noch nicht in Frage. Wohl aber muß der Staat bereits die Kirche als schädlich bekämpfen. Die heutige Ausübung der kirchlichen Religion ist ›Opium‹,

das ›das Volk vergiftete und vergiftet‹ (Bucharin). Die Entziehungskur dieses Narkotikums kann aber nicht plötzlich geschehen, sondern nur ansteigend.
Ein Zeichen für das tiefe Niveau der bisher erreichten Entwicklungsstufe ist, daß das Volk, auch das arbeitende Volk, noch die heutige Kirche braucht. Die Verfassung jedes Staates muß neben den großen Zielen auch die Realität der soziologischen Struktur betrachten und die Konsequenzen daraus ziehen, auch wenn sie unbequem sind. Hieraus ergibt sich, daß man heute der Kirche noch nicht alle Mittel nehmen kann, da sich die Proletarier gegen eine Regierung, die dies anordnet, erheben würden. Man muß daher die Kirche einstweilen im Besitze ihres Vermögens lassen. Man kann sie nicht, wie es in Rußland geschehen ist, nationalisieren, weil eben das deutsche Volk anders ist als das russische. Ein Zuschuß von Staats wegen kommt natürlich in keiner Form mehr in Betracht, auch nicht für die armen Gemeinden. Da der Staat aber die Notwendigkeit der Kirche noch anerkennt, so wird er dafür sorgen, daß die reichen Gemeinden die armen ausreichend unterstützen. *Landauer* wäre sogar damit einverstanden, daß der Staat in der Übergangszeit hier vermittelnd und helfend eingriffe. In demselben Maße, wie die politische Aufklärung vor sich geht und wie sich das Proletariat von der Kirche abwendet, in demselben Maße wird man auch zur Enteignung der Kirche schreiten. Gerade hier möchte ich die oben zitierte Ansicht Engels angewendet wissen.
Die Benutzung der Kirche für weltliche Zwecke durch die Geistlichkeit, die sich bei jedem Wahlkampf zeigt und die zum Beispiel bei der Wahl zur Nationalversammlung von dem Erzbischof von Breslau ausdrücklich befohlen wurde, hat die Konsequenz, daß auch die nicht der Kirche Angehörigen die Kirchengebäude benutzen dürfen. Vor allem kommen sie für die Weihefeste neuer Kultgemeinden in Frage. So hatte *Eisner* geplant, Erntedankfeste der Bauern in den großen Kirchen Münchens abhalten zu lassen.
Wenn auch die Kirchen im Prinzip Eigentum der politischen Gemeinden sind, so sind sie doch der kirchlichen Gemeinde zur Verfügung gestellt, und diese haben daher für den Unterhalt der Gebäude und Kunstschätze zu sorgen. Wie nötig es aber ist, ausdrücklich das Prinzip des Eigentums der politischen und nicht der kirchlichen Gemeinden an den Kirchen zu betonen, zeigten viele unliebsame Vorgänge in Bayern während der Revolution. Übrigens nimmt ja auch der bürgerliche Staat heute schon dies Recht für sich in Anspruch.
Die karitativen Einrichtungen sollen ihrem Zwecke erhalten bleiben. Nur muß die Art der Aufsicht geändert werden: pädagogisch-ärztliche Richtlinien, nicht kirchliche müssen leitend sein.
Prozessionen werden in Zukunft wie andere öffentliche Umzüge behandelt.
›Die neue Ära der Menschengeschichte hat in den Monumenten und öffentlichen Gebäuden, die von jetzt ab errichtet werden, ihren Ausdruck zu finden.‹ Dieser Satz Landauers zeigt die neue Einstellung zur Kunst. Nach der Häckelschen Monistenbündlerei kommt wieder ein religiöses Zeitalter, beschleunigt durch Krieg und Revolution. Die Menschen streben wieder nach Verinnerlichung, und die Künstler gehen voran. Nicht mehr suchen sie die Natur in ihrer jeweiligen Form festzuhalten, sondern gläubig durchdringen sie das einzelne, um dahinter das

All zu finden. So erweitert sich ihr Ich zum All. Ihre Gesinnung braucht noch nicht gläubig zu sein. Aber diese Erscheinungen setzen ›einen gewissen Transzendentalismus der seelischen Grundverfassung‹ (*Hartlaub*) voraus, oder wie Franz *Marc* sagt: »Die Mystik erwachte in den Seelen (nämlich der Künstler) und mit ihr uralte Elemente der Kunst.« Expressionistisch heißt man die neue Kunst. *Raphael* nahm eine Geliebte als ›Modell‹ zu einer Madonna. Der Künstler der Jetztzeit braucht kein Modell. Durch irgendein Bild in der Natur angeregt, durchdringt er es verstandesmäßig, und sein Bild bringt, ihm selbst unbewußt, die Madonna in ihrer Allgültigkeit. Ein zweites Beispiel: das prachtvolle Pferd des *Colleoni* oder eine Tierfigur eines ›impressionistischen‹ Bildhauers wie *Gaul*. Sie haften beide am Äußerlichen. Man möchte das Pferd des *Colleoni* besteigen, man möchte die Tierfigur von *Gaul* streicheln. Ganz anders die eines Expressionisten, etwa eine solche von *Marc*. In seinen Pferden ist das ›Ur‹-Pferd enthalten. Das ist nicht mehr ein beliebiges Pferd, sondern es ist schlechtweg *das* Pferd.

Diese Beispiele mögen genügen. Sie genügen auch, um das Wesentliche klar zu erkennen. Jene haften am Figürlichen, diese kommen zum ›Kommunen‹, zum ›Allgemeingültigen‹. In jedem Punkt, in jeder Linie, in jeder Fläche und ebenso in jeder Farbe drückt sich das Ringen des neuen Künstlers aus. Das Figürliche kann dabei, wie bei *Kandinsky*, ganz schwinden. Nach geistig-religiöser Verinnerlichung strebt die Künstlerschaft und mit ihr die Masse, die nicht-satte, nicht-bourgeoismäßige Masse.

Gustav Landauer bei der Beerdigung Kurt Eisners, 26. Februar 1919

In der neuen Kunst dürfen wir wohl die ersten schwachen Versuche sehen, der neuen religiösen Gemütsbewegung eine neue Form zu geben. Daß die Kunst immer die Formulierung der Gemütsbewegung, sei es einzelner, sei es von Gruppen, Klassen, Nationen usw., war, ist selbstverständlich. Die neue Kunst wird eine Proletarierkunst sein. Wie das Proletariat nach Wissen und Schönheit strebt, so tut es auch seine Kunst. Sie ist nur zu verstehen aus der gesamten proletarischen Kultur, von der *Lunatscharski* schreibt: ›Wie sozialistische Produktion das Ergebnis der kapitalistischen Produktion ist, sie jedoch modifiziert und hebt, so ist auch die ganze sozialistische Kultur ein neuer, noch in der Blütenpracht der Schwere und der Süße der verheißenden Früchte, ein noch nie dagewesener Zweig vom großen Baume der allgemeinmenschlichen Kultur.‹ ›Die Kultur des kämpfenden Proletariats ist eine scharf abgesonderte Klassenkultur, die auf Kampf aufgebaut ist, eine ihrem Typus nach romantische Kultur, in der der sich intensiv abzeichnende Inhalt die Form überholt, weil die Zeit fehlt, um sich genügend um die bestimmende und die vollkommene Form für diesen stürmischen und tragischen Inhalt zu kümmern.‹

Doch kehren wir nach dieser Abschweifung zu der praktischen Ausführung des Programmes zurück. Wenn der obenstehende Satz *Landauers* Wahrheit werden soll, so werden die Rechte des einzelnen weiter beschränkt. Nicht mehr hat der einzelne Hausbesitzer, die einzelne Gemeinde das Recht, das Stadtbild nach ihrem Gutdünken zu bilden. Durch Staatsaufträge und Ausschreibungen von Konkurrenzen wird die Bebauung von jetzt ab nach einheitlichen künstlerischen Gesichtspunkten geregelt. Vorbildlich sollen die Staatsgebäude sein, sowohl in ihren Einrichtungen als auch in ihrer Architektonik.

Bei dem Worte ›Staatsauftrag‹ überläuft den Sensitiven des Wilhelminischen Zeitalters ein kalter Schauer. Er denkt an den Berliner Dom, er denkt an *Ihne.* So ist es natürlich nicht gemeint. Weder ein einzelner noch ein Ministerium, noch gar die Zeitungen sollen das Werturteil fällen. Die Künstlerschaften bilden ihren Rat, aus dem sich dann eine höchste Instanz herauskristallisiert, eine Akademie, die gemeinsam mit den Vertretern des schaffenden Volkes die Richtlinien niederlegen.

Malerei und Plastik sind, wenigstens teilweise, der Architektur einzugliedern. Die Freskomalerei kann ja sinngemäß gar nicht ein eigenes Dasein führen. Ähnliches gilt auch von der Plastik. Man denke an jene gotischen Kirchen, bei denen die Plastik organisch mit dem Bau verbunden ist und nicht ein zufälliges Ornament bildet.

Diese Eingliederung der Malerei und Plastik ist nicht nur in die offiziellen Gebäude möglich, sondern allgemein durchführbar. Das Museum hat ja immer etwas Fremdes, Magazinhaftes. Es ist nicht Leben. Es ist wohl denkbar, daß die Künstler einer neuen Zeit, sich unterordnend, weniger selbständig, weniger losgelöst von der Architektur schaffen. Für die anderen Künstler wird der Staat Museen einrichten. Er wird ihnen Gebäude zwecks Ausstellungen zur Verfügung stellen. Vor allen Dingen sei für Wanderausstellungen gesorgt, damit auch das Land die neuen Bewegungen kennenlernt. Nicht nur Theater, sondern auch Bilder und Plastiken lebender Künstler sollen in das kleinste Städtchen kommen,

um zur Verinnerlichung der Bevölkerung beizutragen, damit die Kunst wieder wie früher Notwendigkeit wird. Statt der Heimattümelei soll wieder Volkskunst entstehen.
Die größte Förderung erhalten die Künstler aber durch Einrichtung von Lehranstalten. Nicht im Sinne der bisherigen Kunstakademien soll hier gelehrt und gelernt werden; sondern es werde den Arbeitern hier Gelegenheit geboten, nach ihrem Willen sich in ihren Mußestunden zu beschäftigen. Wir glaubten, daß der Künstler nur Nutzen hat, wenn er auch produktiv zu schaffen hat, daß man ihm aber später, wenn seine Kunst mehr als Spielerei ist, gewisse Befreiungen von der Arbeit zugestehen darf. Also auch der Künstler wird der allgemeinen Produktionsgenossenschaft eingegliedert.
Noch ein paar Worte über das Theater. Wir dachten uns das Nationaltheater als eine Musterbühne sowohl in bezug auf seine Spielart als auch in bezug auf seinen Spielplan. Überwacht wird beides durch eine höchste Akademie für geistige Angelegenheiten, deren Zusammensetzung wir im einzelnen noch nicht besprachen. Ich dachte sie mir etwa ähnlich wie den oben geschilderten Künstlerrat. Die Akademie hätte natürlich keine wirtschaftlichen Interessen wahrzunehmen. Die Theater sollen in künstlerischer Hinsicht korporativen Charakter tragen, wenn auch ihr selbstgewählter Leiter über große Machtbefugnisse verfügt. Daß sie wirtschaftlich kommunisiert würden, sei nur erwähnt, um Mißverständnisse auszuschließen.
In bezug auf die Literatur kann der Staat durch Verbreitung guter Schriften, durch Unterdrückung der Schundliteratur (hierher würde ich alle Kriegsbücher rechnen) erzieherisch wirken. Bibliotheken können mit verhältnismäßig kleinen Summen überall eingerichtet werden, selbst im kleinsten Dörfchen. Gerade hierin ist Sowjetrußland vorbildlich, und man kann die dort geschaffenen Zustände ohne weiteres nach Deutschland übertragen.
Auch Sowjetrußland hat Museen für moderne Kunst eingerichtet und Künstlerschaften errichtet. Ein Kollegium junger radikaler Künstler hat sich gebildet, Kunstgewerbeabteilungen sind den Kunstwerkstätten angeschlossen. Eine Kunst-Aufbau-Abteilung errichtet Museen und hält künstlerische Wettbewerbe ab.

So wichtig auch alle Bestrebungen sind, die die jetzige Generation betreffen, so treten sie doch weit zurück gegenüber all dem, was der Erziehung der Jugend dient. Sie in den neuen Ideen aufwachsen zu lassen, sie in einem neuen Idealismus zu erziehen, sie vom bürgerlichen Materialismus zu entfernen, wird immer die Hauptaufgabe einer Übergangsepoche sein.
›Non scholae, sed vitae discimus.‹ Daran krankt die Schule. Die Pädagogen, die nach diesem Prinzip erziehen, wissen, was das Leben fordert: Anpassungsfähigkeit, Unterwürfigkeit, Verkümmerung des Ichs, ein in den Dienst der herrschenden Klasse Treten. Die Schule ist, das bedeutet jener alte, oft mißverstandene Satz, Klasseninstrument. Das Kind wird zum Untertan erzogen, gleich ob im Wilhelminischen Alter oder in einer Zeit, in der das Kultusministerium in Preußen einem Hänisch, in Bayern einem Hoffmann anvertraut ist. Daher die Schule,

gleich ob Hoch-, Mittel- oder Volksschule, immer versagt, zumal in jeder großen Bewegung, etwa in dem ›großen‹ Krieg. Die denkenden Soldaten sind die schlechtesten, die denkenden Bürger die unfolgsamsten. Die ›nationale‹ Erziehung bekämpfen wir. Diesem früheren Ideal (damals gerechtfertigt) setzen wir ein neues entgegen, die Menschheit. Für die Gesamtheit soll das Kind erzogen werden. ›Die Verfassung muß nämlich ferner also eingerichtet sein, daß der Einzelne für das Ganze nicht bloß unterlassen müssen, sondern daß er für dasselbe auch tun und handelnd leisten könne. Außer der geistigen Entwicklung im Lernen finden in diesem Gemeinwesen der Zöglinge auch noch körperliche Übungen, und die mechanischen, aber hier zum Ideal veredelten Arbeiten des Ackerbaus, und die von mancherlei Handwerken statt. Es sei Grundregel der Verfassung, daß jedem, der in irgend einem dieser Zweige sich hervortut, zugemutet werde, die anderen darin unterrichten zu helfen und mancherlei Aufsichten und Verantwortlichkeiten zu übernehmen; jedem, der irgendeine Verbesserung findet, oder die von einem Lehrer vorgeschlagene zuerst und am klarsten begreift, dieselbe mit eigener Mühe auszuführen, ohne daß er doch darum von seinen ohne dies sich verstehenden persönlichen Aufgaben des Lernens und Arbeitens losgesprochen sei; daß jeder dieser Anmutung freiwillig genüge, und nicht aus Zwang, in dem es dem Nichtwollenden auch frei steht, sie abzulehnen: daß er dafür keine Belohnung zu erwarten habe, indes in dieser Verfassung alle in Beziehung auf Arbeit und Genuß ganz gleich gesetzt sind, nicht einmal Lob, indem es die herrschende Denkart ist, in der Gemeinde, daß daran jeder eben seine Schuldigkeit tue, sondern daß er allein genieße die Freude an seinem Tun und Wirken für das Ganze und an dem Gelingen desselben, falls ihm dies zuteil wird. In dieser Verfassung wird sonach aus erworbener größerer Geschicklichkeit und aus der hierauf verwendeten Mühe nur neue Mühe folgen.‹ Diese Sätze sind nicht etwa von einem weltfremden kommunistischen Idealisten, sondern von dem Verfasser der ›Reden an die deutsche Nation‹, von *Fichte*.
Eine solche Erziehung bedeutet in erster Linie Hebung der Ethik. Alles andere tritt dagegen zurück, auch die Weckung des Intellekts. Wieder kann man *Lunatscharski* nur beistimmen: ›. . . daß sogar die beste *geistige* Bildung nur in unbedeutender Weise auf den Willen einen Einfluß hat, wenn daneben die Organisation des Gefühllebens nicht vor sich geht.‹
Wenn also auch die Bildung zurücktritt, so wird man doch andererseits die Bildungsmöglichkeit als allgemein und obligatorisch erklären. Man wird also die Schule ebensowenig wie die Kirche den Besitzenden oder anderen Privilegierten ausliefern.
Die Schule ist ein Klasseninstrument. Zwischen der kapitalistischen und der kommunistischen Wirtschaftsära liegt nach dem bekannten Wort von *Marx* die Diktatur des Proletariats. Aber das Ideal ist die Aufhebung der Klassen, das heißt die Zertrümmerung des Staates. Die erste Realisierung wird in den Schulen erfolgen, da naturgemäß nur eine im neuen Geist erzogene Generation dieses Ziel erreichen kann. Man wird also zunächst die verschiedenen Klassen-Schulen aufheben, die in einem Preußen des Dreiklassenwahlsystems ein würdiges Dasein führten, heute aber, selbst nach der Niederlage der Revolution, nicht

mehr existieren sollten. Die Arbeitseinheitsschule, übrigens keine Erfindung der Jetztzeit, ist selbstverständliche Forderung. Man wird niemanden ausschließen, auch nicht wenn er aus einer dem Proletariat feindlichen Klasse kommt. Wohl aber wird man jeden zu hindern suchen, ein Feind des Proletariats zu werden. Dieses Ziel ist nicht durch die Einheitsschule an sich zu erreichen, sondern nur durch die Einheitsschule im sozialistischen Staat.

Uns interessierte damals nicht die Erziehung der kleinsten Kinder. Wir beschäftigten uns nur mit der der älteren, vom siebten Lebensjahr an. In diesem Alter sollen die Kinder auf die Einheitsschule kommen, wo ihre manuelle und intellektuelle Ausbildung gleichmäßig gefördert werde. Die Ausbildung im Handwerkmäßigen ist zu betonen. Materialkunde ist eins der wichtigsten Fächer. Eine ihrer Wichtigkeit entsprechende Rolle spielt sie allerdings erst später. Der Zeichen- und Handwerksunterricht wird stärker betont als bisher. Die reiferen Kinder sollen sich die einfacheren Gebrauchsgegenstände selbst herstellen. Hygienische Körperpflege, fremd allem Militärischen, darf nicht vernachlässigt werden. Aber darüber hinaus muß von der jungen Generation der Sinn des Leibes, seine Schönheit, sein Rhythmus wiedergefunden werden. Dionysos sei das Wahrzeichen der Schule.

Häusliche Schulaufgaben sind eine Prämie für die Faulheit der Lehrer. Sie sind in jedem Unterrichtsfach zu entbehren, auch beim Erlernen fremder Sprachen. Was die Frage anbelangt, in welchen Fächern die Kinder zu unterrichten sind, so ist zunächst einmal jeder festliegende Stundenplan verpönt. Im allgemeinen bleibe die Auswahl den Kindern selbst überlassen. Abgesehen vom Grundrechnen, vom Schreiben und Lesen in der Muttersprache sowie vom Moralunterricht kann die denkbar größte Fakultas herrschen. Im geeigneten Moment, wenn das Interesse des Kindes erweckt ist, wenn es selbst den Wunsch äußert, hat die Belehrung einzusetzen. Und sie hat nur so lange zu dauern, wie es das Kind verlangt. Die psychologischen Erkenntnismethoden der Fähigkeiten des einzelnen, von *Münsterberg, Stern, Liebmann* und anderen ausgearbeitet, sind beratend dabei heranzuziehen.

Hat sich eine Anzahl Kinder für ein Fach entschieden, so werden sie durch den Lehrer in drei Gruppen eingeteilt: Begabte, Durchschnittsbegabte, Minderbegabte (Mannheimer System). Jede Gruppe erhält Unterricht für sich. Diese Einteilung hat den Vorteil, daß jederzeit ein Rüberwechseln der Kinder möglich ist, was bei einer Einteilung nach der Gesamtfähigkeit nur schwer oder gar nicht möglich ist.

Sehr hübsch hat *Landauer* die Vereinigung von Schulkind und Schulbank als siamesische Zwillinge gekennzeichnet. Damit ist unsere Stellung zu diesem antiquierten Möbel gekennzeichnet. Die Kinder sollen sich auch während des Unterrichts frei und ungezwungen bewegen. Es schadet gar nichts, wenn sie sich einmal eine Zeitlang nicht am Unterricht beteiligen, sich anders beschäftigen. Überflüssig ist es wohl, ausdrücklich zu sagen, daß in unserem System für den Rohrstock, für den im Jahre 1919 (!) Gothas Lehrer demonstrierten, kein Platz ist. In Bayerns Verordnungen ist genau festgelegt, wie lang er sein darf und wie dick. Herr *Hoffmann,* selbst Lehrer, hatte bis zu *Landauers* Einzug in das Kul-

Gustav Landauer auf dem Weg ins Ministerium, April 1919

tusministerium im April 1919 noch keine Zeit gehabt, diese Verordnung außer Kraft zu setzen.

Schwer zu lösen ist die Frage, welche Bücher man den Kindern in die Hand geben soll. Ich sehe dabei ab von den Geschichtsbüchern, die ad usum delphini, ad gloriam der Hohenzollern, Wittelsbacher, Wettiner und so fort geschrieben sind. In einem sonst gar nicht üblen pädagogischen Schriftchen las ich neulich: Die Kinder sollen erfahren, ›wie der alte deutsche Staat entstand, wie er am Individualismus der deutschen Stämme zugrunde ging; sie sollen erfahren, wie Fürst und Volk in Arbeit, Opferwilligkeit und Pflichttreue den Organismus schufen, den wir in den Einzelstaaten, den wir im Reich vor uns sehen‹. Diese Verdrehungen von gemeinsamer Arbeit, Opferwilligkeit (vielleicht denkt der Autor an Wilhelms berühmtes Wort vom August 1914: große Opfer erwarte *ich* von *euch!*) und Pflichttreue wurden schon bisher gelehrt. In der Schule wird Kult mit großen Männern und ihren ›staatserhaltenden‹ Ideen bis heute getrieben, und Marx hat für sie überhaupt nicht gelebt. Statt des Männerkultes sind die geschichtlichen Bewegungen in ihren allgemeinen soziologischen Zusammenhängen darzustellen, wie es *Marx, Ferrero, Mehring* tun.

Aber in den anderen Fächern liegen die Dinge nicht besser. Leonhard *Frank* machte mich einmal darauf aufmerksam, daß keines unserer Märchenbücher als Lesebuch in Frage käme. Überall treffen wir auf eine Anschauungs- und Ideenwelt, die wir bekämpfen. Überall finden wir Standesunterschiede und Grausamkeiten. Da ist die Rede vom Bettler und von der reichen Prinzessin, da vom abgehackten Finger.

Eine schwierige Frage betrifft ferner die Privatschulen, worauf schon oben beim Religionsunterricht hingewiesen ist. Es fragt sich, ob man neben den Staatsschulen auch Privatinstitute zulassen soll, nachdem das Prinzip des Unterrichts nur in Staatsschulen doch schon einmal durchbrochen ist. Auch wäre dadurch die Regelung der Klosterschule eine relativ einfache. Gustav *Landauer*, seinem Föderalismus und Individualismus entsprechend, trat dafür ein, während ich mich nicht entschließen konnte, ihm diese Konzession zu machen, da es mir gefährlich erscheint, das Prinzip der Einheitsschule gleich bei der Neugründung zu durchlöchern. Auch scheint mir keine Notwendigkeit für Privatschulen vorzuliegen, da ja bei Annahme unsers Programmes ein jedes Kind selbst die Fächer des Unterrichts wählt.

Selbstverständlich muß das alte Autoritätsverhältnis in den Schulen aufhören. Freundschaft trete an die Stelle der Autorität, indem die Lehrer die älteren, erfahrenen Freunde der Schüler werden.

Nachdem die Kinder die Einheitsschule durchgemacht haben, tritt an sie die Frage, welchen Weg sie nun weiter gehen wollen. Dabei bringt es das System des kommunistischen Staates mit sich, daß diese Entscheidung nichts Unumstößliches, Endgültiges ist, daß auch der Erwachsene, leichter als bisher, die Möglichkeit hat, aus einem praktischen Beruf in einen theoretischen überzuwechseln. Ein Teil der Schüler, diejenigen, die für das praktische Leben veranlagt sind, können sich gleich einem praktischen Beruf zuwenden, das heißt, sie treten in die Lehre und besuchen daneben eine Fortbildungsschule.

Die Mehrzahl der Kinder geht in die ›Lebensgemeinschaft‹ über, die sich aus den Schülern vom 13. bis 15. Lebensjahr, aus Lehrern, die den theoretischen Unterricht erteilen, und aus Meistern zusammensetzen. Diese überwachen die handwerkliche Ausbildung. Der theoretische Unterricht findet im Anschluß an die praktischen Arbeiten statt, was übrigens auch bisher schon in vielen Arbeitsschulen der Fall ist. Stoffkunde im weitesten Sinne des Wortes nimmt einen Hauptteil des Unterrichts ein.

Nach vollendetem 15. Lebensjahr wenden die meisten Kinder sich einem praktischen Beruf zu. Ein Teil geht auf die Mittelschule über, die vorwiegend theoretischen Unterricht bietet und für die Universität vorbereitet. Hier treffen sie auf die Kinder, die bereits von der Einheitsschule direkt hierher gegangen sind, weil sie vorwiegend geistige Interessen hatten.

Die Hochschulen bedürfen einer gründlichen Reform. Am leichtesten ist diese in der theologischen und juridischen Fakultät vorzunehmen. Abgesehen von Religion und Rechtsgeschichte sowie von der Rechtsphilosophie kann man nämlich diese beiden Fakultäten einfach aufheben. Die Heranziehung des geistlichen Nachwuchses ist Aufgabe der Kirchengemeinde und nicht die des Staates.

Ebenso ist die juridische Fakultät entbehrlich. In Bayern hatte die Eisnersche Regierung seinerzeit Volksgerichte eingesetzt, das heißt Gerichte, deren Richter von den Arbeiter- und Soldatenräten ernannt wurden. Hier konnte ein jeder, auch Nichtjurist, die Verteidigung des Angeklagten führen. Selbstverständlich setzt die Durchführung dieses Punktes unseres Programmes voraus, daß die bürgerliche Wirtschaftsordnung in die kommunistische übergeführt würde, eine

Annahme, die seinerzeit erlaubt war. Es sei noch darauf hingewiesen, daß nicht einzusehen ist, warum in Strafsachen, wobei es sich eventuell um das Leben des Angeklagten handelt, Laienrichter befugt sein sollen, Recht zu sprechen, nicht aber in Zivilklagen, wo es sich nur um materielle Dinge handelt.

Von den übrigen Fakultäten der Universität wird man analog den heutigen technischen Hochschulen die abtrennen, die nicht der reinen, sondern der angewandten Wissenschaft dienen: die medizinische Hochschule, die naturwissenschaftliche und die philologische (zur Heranbildung der Lehrer).

Die Universität wird also in Zukunft nur eine Fakultät haben, die philosophische, dieses Wort im weitesten Sinne gebraucht, also unter Inbegriff von Nationalökonomie, Geschichte und so weiter. Dieser Plan knüpft an Forderungen von *Fichte* an, und auch Gedanken *Kants* werden dadurch verwirklicht.

Dieses Programm kann natürlich nicht von heute auf morgen realisiert werden. Aber es kann wenigstens die Richtungen festlegen. Notwendig ist nur, daß die Universität, die ein Klasseninstrument ist, in der Übergangsepoche zum kommunistischen Staat den Interessen des Proletariats dient. Deshalb müssen in den politisch-nationalökonomischen Fächern die bisherigen reaktionären Lehrer verabschiedet werden. In anderen Fächern wird es dagegen nicht gleich möglich sein, neue Lehrer zu finden, die in ihrem Denken und Fühlen der sozialistischen Zeit mehr entsprechen.

Daß es an den Universitäten keine Rangeinteilung der Lehrer mehr gibt, sondern nur noch Dozenten mit gleichen Rechten und Pflichten, sei nur der Vollständigkeit halber erwähnt. Durch Berufung bisheriger Privatgelehrter (auch von Autodidakten ohne akademische Bildung) kann schnell für eine Erneuerung des Lehrkörpers gesorgt werden. Selbstverständlich haben die Studenten ein Mitbestimmungsrecht über die Zulassung zur Dozentur.

Die Frage, wer zur Universität zugelassen werden soll, ist von Sowjetrußland dahin beantwortet worden: ein jeder. Von dem Gedanken ausgehend, daß es dem Ungeeigneten dort schon zu langweilig sein wird. Dieser Standpunkt scheint mir nicht richtig zu sein. Die Universität soll eine gute Vorbildung verlangen, die der Staat jederzeit einem jeden zu übermitteln bereit sein muß. Unter den heutigen Studenten wird man genauso wie unter den heutigen Gymnasiasten eine scharfe Auslese zu treffen haben. Ferner wird man befähigte Proletarier für die Fachhochschulen vorbereiten, und erst wenn eine größere Zahl Proletarier die nötige Vorbildung erlangt hat, sollen die Fachhochschulen ihre Vorlesungen aufnehmen. Die Kollegs für Kunst, Nationalökonomie, Geschichte und so weiter nehmen eine besondere Stellung ein, da man hier den Vortrag leicht so einrichten kann, daß ein jeder ihm folgen kann.

Für die Auslese befähigter Proletarierschulkinder waren in München die Kommissionen bereits zusammengesetzt, ebenso für die Ausmerzung unbefähigter Gymnasiasten.

Auf die Zusammensetzung der Akademien für Kunst, Musik, Geisteswissenschaften möchte ich nicht näher eingehen, da wir uns darüber nur kurz unterhielten und noch nicht zur Aufstellung eines Programms gekommen waren.

In Räterußland sind die Kulturfragen wie folgt geregelt: In den kleinsten Dör-

fern sind Schulen gegründet. An den Schulen bestehen Erziehungsräte: aus Vertretern von Lehrern, Schülern und deren Eltern. Die Universität steht einem jeden offen. Übrigens kennt auch Rußland eine Akademie, die Sozialistische Hochschule, die der französischen Akademie ähnlich zu sein scheint.
Zum Schluß möchte ich noch einmal auf das in der Einleitung Gesagte hinweisen: ein praktisch durchführbares Programm wollten wir ausarbeiten, nicht der Organisation des Geistes neue Wege weisen. In wenigen Tagen mußten wir uns über die Grundfragen einigen. Wir taten es, indem ein jeder seine Bedenken auch bei nicht Unwichtigem zurückstellte. Mir erscheint es fast als das Größte an *Landauer*, daß er, der an der Spitze stets marschierte, hier, um die Fragen praktisch vorwärtszubringen, zu Kompromissen bereit war, daß aus dem Dränger ein Mahner geworden war.

Gustav Landauer auf der Demonstration vom 16. Februar 1919

Drei Briefe an Auguste Hauschner

Düsseldorf, 30. April 1919

Sehr verehrte Frau,

ich danke Ihnen für Ihr Vertrauen und für die orientierenden Nachrichten. In der Sorge um den Freund haben auch wir schon recht bange Stunden verbracht, wir wissen nichts – die letzten Nachrichten über Landauer gab uns ein in München studierender Neffe, der über seine Gesundheit wenig Gutes sagte, über ›seine erstaunliche Arbeitsleistung, die Tag und Nacht füllte‹, und seine unermeßliche Geduld ›bewundernd‹ berichtete; diese Nachricht ist also auch vor den entscheidenden Ereignissen abgeschickt. Das letzte direkte Wort Landauers voll Zuversicht ist vom 3. April datiert. Sie wissen doch, daß Landauer hierher übersiedeln wollte, nachdem er die Dramaturgie und Leitung der Morgenfeiern im Schauspielhaus übernommen hatte? Wir hatten schon – auf seinen Wunsch – ein Haus in B. mit einem köstlichen Garten für ihn gemietet so wie ›er sich's sein ganzes Leben gewünscht hatte‹! Täglich erwarteten wir sein Eintreffen! Ein hiesiger Spediteur übernahm die Hierherschaffung seiner Sachen – packte bereits in Berlin –, da begannen die sich überstürzenden Ereignisse in München und hier. – Zu dem, was bei uns intern geschah (ich habe mir erlaubt, Ihnen den Bericht darüber zu senden), kam noch der Niederschlag von Landauers politischem Wirken in München – hier wurde uns aus bürgerlichen Kreisen der Vorwurf gemacht: durch Landauers Wirken am Schauspielhaus (das, rein geistig, fern aller Politik war) in Düsseldorf die Spartakistenherrschaft vorbereitet zu haben! Damit zerfielen unsere letzten Hoffnungen – damit auch Landauers Aussicht auf das ersehnte Haus mit Garten (das gekündigt werden mußte, woraus Landauer aber keine Belastung erfuhr; dies zu Ihrer Beruhigung), und nach unserem schmerzlich leidenden Gefühl verschwand die letzte Aussicht auf Ruhe für den Freund! Um der vollen Wahrheit willen bin ich gezwungen, Ihnen zu sagen, daß ich politisch so wie Landauer empfinde – immer empfunden habe –, nicht so mein Mann. Allerdings muß ich einschränkend sagen: ich bin ganz einig mit Landauers politischem Bekenntnis, wie er es in vertrauten Aussprachen äußerte – nicht mit dem, was in der Öffentlichkeit heute darüber kursiert! Ich halte das aber alles für Entstellung – Irrtum und böswillige Erfindung. – Die Ansicht der Freunde Landauers, nach der man jetzt nicht die Aufmerksamkeit der Öffentlichkeit weiter reizen soll, leuchtet ohne weiteres ein – vielleicht ergibt sich bald ein günstiger Augenblick, oder es kommt ein Anlaß, den man nützen kann. Wenn Landauers Gesundheit diese fürchterliche Krise übersteht, dann wird er ja auch selbst bald in der Lage sein, manches aufzuklären. Möchte nur seine Kraft aushalten! Sobald ich etwas erfahren kann, erhalten Sie Nachricht. Für diese verzögerte schriftliche Äußerung erbitte ich Ihre Vergebung –

ich war in argen Nöten –, in Düsseldorf mußten wir unsere interimistische Wohnung verlassen – inzwischen hatten die Engländer, die unser Haus zu ihrem Kasino gemacht hatten, auch all unsere übrigen Zimmer, selbst unsere Schlafzimmer, besetzt, so waren wir ganz heimatlos. Seit gestern haben wir wenigstens unsere Zimmer wieder, es bleibt die erhebende Pflicht: Schmutz, sehr viel Schmutz zu beseitigen, die erhebliche Schädigung durch Einbrüche festzustellen usw.; die anständigen Menschen sind eben in allen Nationen der Gegenwart in der Minderzahl. – Wann beginnt der Neubau der Menschheit? Hat er schon begonnen und wir sehen es nur nicht? In Dankbarkeit für das Gemeinsame, das mir eine neue Verbindung zu Ihnen, verehrte Frau, brachte, begrüße ich Sie auf das herzlichste

Ihre Ihnen ergebne

Louise Dumont

Düsseldorf, 7. Mai 1919

Verehrte Frau,
erschüttert bis zum Verlust des nötigsten Gleichgewichts, vermag ich Ihnen nichts zu sagen, das die tragische Gewißheit – wenn wir damit rechnen müssen – zu mildern im Stande wäre. – Alle Bemühungen um irgendeine Auskunft in München waren bis jetzt erfolglos. Die unglücklichen Kinder! In kaum mehr als einem Jahr diese Eltern zu verlieren. – Was wird da – wie sind die Verhältnisse? –
Inzwischen geht die gräßliche Verleumdung weiter. – Einlage Abschrift eines hier vorgestern erschienenen Artikels. Der Antisemitismus, der in diesen sogenannten ›vaterlandstreuen‹ Zeitungen kräftig und systematisch geschürt wird, feiert dabei natürlich auch seine kleinlichen Orgien. – Veranlassen Sie doch alle Freunde, für die Ehre unseres großen Freundes unverzüglich etwas zu tun, ich bin so wenig in Kontakt mit geeigneten Persönlichkeiten, ich war zu lange eingesponnen in die Arbeit, die mir jetzt entgleitet. – Eine tollwütige Bewegung hat eingesetzt gegen alles, was sich geistig betätigt. – Der Schreiber des beiliegenden Artikels wurde von meinem Mann gestern öffentlich geohrfeigt, das war alles, was er in seinem Schmerz und seiner Wut zu tun vermochte.
In Verbundenheit im Namen dessen, den wir kennen und lieben

Ihre ergebene

Louise Dumont

Juni 1919

Meine liebe Frau Hauschner!

Erst heute finde ich ein wenig Ruhe, um Ihnen zu sagen, daß uns Ihre guten Worte wohlgetan haben. Schon längst drängte es mich, Ihnen mitzuteilen, wie es uns geht. Aber ich fand die Ruhe und auch die Kraft nicht dazu. Ich bin ja auch so viel umhergereist; ich kam mir vor wie ein gehetztes Wild. Und dann mußte ich erst selbst mit mir ein wenig fertig werden. Mich durchringen, um mich von dem rauhen und harten Schicksal nicht unterkriegen zu lassen. Denn ich wollte tapfer sein, wie es mir zukommt als Tochter dieses Vaters. Es ist schwer, sehr schwer, denn im Schmerz ist man ja so egoistisch. Ich konnte ja gar nicht begreifen, daß unser Vater, der nur das Edelste vor Augen hatte, solche Menschenliebe besaß und ein so seltener Mensch war, daß er so verkannt wurde und auf so schreckliche Weise umgebracht wurde. Hatte Vater doch bis zum letzten Augenblick den Glauben an die Menschen! Als er verhaftet wurde, packte er sich noch einen Rucksack voll Bücher, weil er im Gefängnis arbeiten wollte. Selbst da konnte er sich noch nicht vorstellen, daß die Menschen Bestien werden können! Selbst da dachte er noch gut, weil er selbst die Güte und Reinheit war. Hatte Vater doch ein reines Gewissen, daß er an diesem schrecklichen Blutbad keine Schuld trug. Denn Vater war ja gegen jede Gewalt und arbeitete auch dagegen. Aber er wurde ja nicht gehört und dann nicht verhört, wie jeder Verbrecher das Recht hat, sich zu rechtfertigen. Sie erschlugen ihn. Als ich es hörte, fielen mir sofort die Worte ein: ›Herr vergib ihnen, denn sie wissen nicht, was sie tun.‹ Und es ist auch so. Mit den armen verhetzten Menschen kann man nur Mitleid haben. Haben die Menschen Jesu nicht auch verkannt, verhöhnt und gekreuzigt? Und so ist es mit Vater. Er war immer ein Prediger in der Wüste, und nur ganz wenige Menschen konnten ihn verstehen, weil er ein Prophet, ein Voraussehender war. Nach einer Reihe von Jahren, wenn seine Freunde die Wahrheit über sein Leben und Wirken gebracht haben, wenn sie den Schmutz, der künstlich zusammengesucht wurde und auf ihn geworfen, wenn der von seiner reinen Seele genommen ist, dann werden die Menschen ihre entsetzliche Tat begreifen. Dann sollen sie bereuen, und ihre Sühne soll sein: Bekenntnis und Reue. Tiefe Reue all denen, die jetzt frohlocken. Sie sollen aufbauen helfen, was sie blind zerstörten: die Menschenliebe, die Liebe zu Menschen, die jeder Opfer fähig sind. Die Gemeinschaft, das Arbeiten nicht nur für sich, sondern auch für seine Mitmenschen. Alle diese Gedanken, die Vater so gern in die Wirklichkeit umgesetzt hätte. – Ich, wir drei, wollen stark sein, um weiter leben und wirken zu können im Sinne unseres Vaters. Ich will uns ein Heim einrichten und den Mädels zu frohen Stunden verhelfen. Zu uns soll auch noch einmal die Sonne hereinscheinen.

Sie sehen, ich habe den festen Willen, den Kopf oben zu halten, und es wird auch gehen, da ich viele liebe Freunde habe, die uns helfend zur Seite stehen.

Wir grüßen Sie herzlich.

Ihre Lotte Landauer

E. J. Gumbel
Gustav Landauers Ende

Das Reichsjustizministerium hat dem Reichstag im Dezember 1923 ein dickes Aktenstück vorgelegt: die Antworten des preußischen, des bayrischen und des mecklenburgischen Justizministers auf die vom Reichsjustizminister veranstaltete Umfrage über die politischen Morde.
Formale Bedenken und Sparbetrieb überwogen im Reichstag: die Denkschrift wurde nicht gedruckt. Sie wurde mir jedoch zur Verfügung gestellt (und wird als Buch im Malik-Verlag erscheinen).
Der Abschnitt über die bayrischen Morde ist von dem bayrischen Justizminister Gürtner gezeichnet. Er enthält 160 bayrische Morde, vollkommen sachlich dargestellt. In 136 Fällen wird ausdrücklich zugegeben, daß die Erschießung zu Unrecht erfolgt ist. Eine Bestrafung hat nur im Falle der 21 katholischen Gesellen stattgefunden. Von den vielen bayrischen Morden wird wohl der Fall Landauer die Öffentlichkeit am stärksten interessieren. Hierüber heißt es in der Denkschrift:

›Eine größere Anzahl von Erschießungen wurden in den ersten Maitagen 1919 in dem Strafvollstreckungsgefängnis Stadelheim vorgenommen, das vielen der gegen München eingesetzten Regierungstruppen als Gefangenensammelstelle diente. Von den hier einschlägigen Fällen konnte am besten die Erschießung des Schriftstellers Gustav Landauer geklärt werden, der während der ersten Räterepublik Volksbeauftragter für Volksaufklärung gewesen war.
Am Morgen des 2. Mai 1919 erhielt der Vizewachtmeister Ernst Steppe des Freikorps Weilheim den Befehl, mit den Kanonieren Heilbronner, Meichelböck, Insam und Marchand den Landauer nebst drei Starnberger Arbeiterräten in einem Lastkraftwagen nach Stadelheim zu verbringen. In Stadelheim befanden sich damals außer einer neutralen, vom Infanterieleibregiment gestellten Wache die Regimentsbefehlsstelle des 1. bayrischen Schützenregiments, eine Wache von Regierungstruppen unter dem Befehl des zugleich mit dem Nachschub des ersten Schützenregiments betrauten Leutnants Christian Heuser, ferner sonstige Mannschaften vom Freikorps Epp, eine württembergische Kavalleriepatrouille unter Leutnant Freiherr v. Cotta, Leute vom Korps Lützow und Detachement Liftl sowie Kraftfahrer und Nachrichtenpersonal. Als Landauer bei seiner Ankunft in Stadelheim von Angehörigen dieser Truppenteile, die in größerer Anzahl vor dem Gefängniseingang standen, erkannt wurde, entstand unter den Soldaten Unruhe, und es fielen Rufe, man solle Landauer erschlagen oder erschießen. Zu Tätlichkeiten kam es aber zunächst nicht. Der Zug mit den Gefangenen traf im rechten Seiteneingang auf Leutnant Heuser, der auf die Meldung Steppes hin anordnete, daß die Gefangenen in den Neubau verbracht werden sollten. Auf dem Wege dahin, der unter der Führung eines Oberaufsehers ange-

treten wurde, wurden die drei Arbeiterräte von Insam, Meichelböck und Marchand geführt. Ihnen folgte Landauer, von Steppe und Heilbronner begleitet. Obwohl Leutnant Heuser bei der Entgegennahme der Meldung Steppes auf den die Gefangenen umdrängenden Soldatenhaufen beruhigend eingesprochen hatte, wurden noch im rechten Seitengang erneut Vorwürfe und Verwünschungen gegen Landauer laut. Als Landauer sich dagegen zu rechtfertigen suchte und dabei von dem ›schweinischen Militarismus‹ sprach, erhielt er, ohne daß er ausreden konnte, einen Schlag ins Gesicht. Ob der Schlag von einem Offizier oder einem Mann geführt wurde, ist zweifelhaft. Leutnant Heuser kommt jedenfalls als Täter nicht in Betracht. Ohne daß es zu weiteren Tätlichkeiten der ständig nachdrängenden Soldaten kam, war der Transport schon nahezu an die in den sogenannten Kirchenhof führende Tür gelangt, als plötzlich, wie die Begleitmannschaften übereinstimmend bekunden, ein Offizier von rückwärts nachkam und dem Zuge zurief: »Halt!, der Landauer wird sofort erschossen.« Um die gleiche Zeit erschien der durch seine Kleidung (Sportanzug) auffallende Gutsbesitzer und Major a. D. Freiherr v. Gagern, der sich als Führer einer freiwilligen Patrouille an dem Unternehmen gegen München beteiligt hatte. Er fragte Landauer, wer er sei, und schlug ihm, als dieser seinen Namen nannte, mit der Reitpeitsche unter gleichzeitigen Beschimpfungen ins Gesicht. Dies war das Zeichen für eine allgemeine Mißhandlung, in deren Verlauf auch der zur Patrouille des Freiherrn v. Cotta gehörige Ulan Eugen Digele, der schon vom Gefängniseingang her Landauer gefolgt war und ihm schon im vordern Gang bei der Begegnung mit Leutnant Heuser den Hut heruntergenommen hatte, dem Festgenommenen einige Peitschenschläge versetzte. Die Bemühungen Steppes und Heilbronners, Landauer zu schützen, waren angesichts der Übermacht vergeblich. Während dieser Mißhandlungen gab ein Mann, der plötzlich mit angeschlagenem Gewehr aufgetaucht war, unter dem Ruf: »Jetzt erschieße ich ihn!« auf nächste Entfernung einen Schuß in die linke Schläfe Landauers ab. Weil Landauer aber noch Lebenszeichen von sich gab, feuerte Digele mit seiner Armeepistole einen weitern Schuß in die rechte Schläfe ab. Ein zum Wachtkommando des Infanterieleibregiments gehöriger Sergeant zog nunmehr Landauer den Mantel aus. Dabei kam Landauer auf das Gesicht zu liegen, und weil man glaubte, er habe nochmals ein Lebenszeichen von sich gegeben, wurde ihm noch ein dritter Schuß mit einem Gewehr oder Karabiner in den Rücken versetzt. Jeder der drei Schüsse war für sich allein tödlich. Nachdem der Tod Landauers eingetreten war, nahm ein unerkannt gebliebener Soldat Uhr und Kette weg, gab aber auf Verlangen des Digele diesem die Uhr. Ein weiterer Mann versuchte, Landauer den Ring vom Finger zu streifen, wurde daran aber durch das Eingreifen weiterer Soldaten gehindert. Der Mantel und nach der Ermittlung Digeles auch die Uhr wurden an die Angehörigen Landauers zurückgegeben. Die Persönlichkeit des Offiziers, der die Erschießung angeordnet hatte, konnte, obwohl nahezu hundert Personen im Ermittlungsverfahren vernommen waren, ebensowenig wie die Soldaten, die den ersten und dritten Schuß abgegeben haben, ermittelt werden. Digele hatte sich am 19. März 1920 vor dem Gericht des Auflösungsstabes 56 (29. Division) in Freiburg im Breisgau wegen der Anklage eines Verbrechens des

Gustav Landauer auf dem Weg in den Tod.
(›Jetzt geht's in den Tod –
man muß den Kopf hochtragen‹.)
Unten: Gustav Landauer, Holzschnitt
von F. W. Seiwert, 1919

Totschlags, eines Vergehens der Körperverletzung und der Hehlerei zu verantworten. Das Gericht hielt für erwiesen, daß ein Offizier die sofortige Erschießung Landauers angeordnet hatte und Digele daher annehmen durfte, daß der erste Schütze in Ausübung eines rechtmäßigen Befehls gehandelt und die Tötung im Sinne dieses Befehls gelegen habe. Es sprach ihn daher von der Anklage des Totschlags frei, verurteilte ihn aber wegen eines Vergehens der gefährlichen Körperverletzung und eines Vergehens der Hehlerei zur Gesamtgefängnisstrafe von fünf Wochen. Gegen Freiherrn v. Gagern wurde durch Strafbefehl des Amtsgerichts München vom 13. September 1919 wegen der an Landauer begangenen Mißhandlung eine Geldstrafe von 500 Mark (damals gleich 80 Goldmark) festgesetzt. Daß er an der Erschießung irgendwie beteiligt gewesen wäre, hat sich nicht nachweisen lassen.‹

Man sieht: bei dieser Ordnungstruppe, den Befreiern Münchens vom roten Terror, müssen merkwürdige militärische Subordinationsbegriffe geherrscht haben. Leutnant Heuser erteilt nicht etwa den Soldaten Befehle, sondern spricht beruhigend auf sie ein. Auch gibt es offenbar kein Mittel, nachdrängende Soldaten aufzuhalten. Der Vizewachtmeister, dem Landauer anvertraut war, hatte keine Möglichkeit, den Gefangenen vor den Soldaten zu schützen. Dagegen werden vollkommen gesetzwidrige Befehle eines zufällig vorbeikommenden Offiziers sofort ausgeführt.

Der Ausgang des Verfahrens? Der Untergebene, Digele, hat geglaubt, einen rechtmäßigen Befehl durchzuführen. Der Offizier aber, der den Befehl gegeben hat, ist nicht zu ermitteln.

Der Fall Landauer konnte von all diesen Fällen am besten aufgeklärt werden: weder die Persönlichkeit des Offiziers, der die Erschießung angeordnet hat, noch die der erschießenden Soldaten konnte ermittelt werden. Und doch war dies ein verhältnismäßig erfolgreiches Verfahren. Hier sind wenigstens an untergeordneten Vorfällen Beteiligte ermittelt und, wie man sieht, dem strengen Arm der Gerechtigkeit überliefert worden. In 125 andern bayrischen Fällen war nämlich überhaupt nichts zu ermitteln.

›In den übrigen Fällen sind die vom Staatsanwalt bei dem Landgericht München I teilweise im Anschlusse an vorherige militärgerichtliche Ermittlungen gepflogenen Erhebungen bis jetzt ergebnislos geblieben. Vielfach konnte nicht einmal zuverlässig der Tag der Erschießung ermittelt werden.‹ So sagt melancholisch die Denkschrift.

Fritz Gross
Gustav Landauer

Stimmen brüllten, näher kommend, sich überschlagend, sich überkreischend: »Der Landauer, der Landauer!« Sie brachen durchs Gefängnistor, sie stießen ihn vor sich her, schoben ihn mit ihren Gewehrkolben und Bajonetten in den Hof. Dann standen sie, ein Zug stark, um ihn, umdrängten ihn, bedrohten ihn, beschimpften ihn, spuckten ihm ins Gesicht. Der Feldwebel ging in die Aufnahmekanzlei, Meldung zu machen. Er wurde inzwischen in den Gang vor das Aufnahmezimmer gebracht. Offiziere gingen an ihm vorbei, sahen ihn an, spuckten vor ihm aus. Einer schlug mit der Reitpeitsche nach ihm. Die Soldaten brüllten, daß die Korridore widerhallten. »Wir haben ihn, den Landauer. Den Landauer haben wir erwischt. Der die Weiber sozialisieren wollte. Jetzt sozialisieren wir ihn.« Leutnant Geisler vom Freikorps Epp ging auf den Wehrlosen zu, stieß ihm die Faust ins Gesicht. Seine Nase begann zu bluten, seine Augen waren angeschwollen. Die Soldaten riefen: »Guat, Herr Leutnant, dem haben Sie es ordentlich gegeben. Der erlebt keine Räterepublik mehr. Wie den Eisner sollens ihn abschießen. Ist für die Kugel viel zu schad.« Sie umdrängten ihn und rissen ihn am Bart und an den Haaren. Die sechs Mann Begleitmannschaft sahen dem allen ruhig zu. Als der Feldwebel zurückkam, wurde Landauer in den Hof rechts hinausgestoßen. Die Soldaten riefen: »Der Hetzer, der muß weg. Derschlagt ihn!« Landauer atmete schwer. Zwischen zwei Hustenanfällen sagte er langsam und keuchend: »Ich bin kein Hetzer. Ihr wißt nicht, wie verhetzt ihr seid!« »Kusch!« brüllten die Soldaten und sprangen wieder auf ihn ein. Sie schlugen ihn wieder mit Kolben. Im Hof kam ein Mann in Zivil, es war Major Breuer, und schlug mit einer schlegelartigen Keule Landauer mehrmals über den Kopf. Landauer brach zusammen. Blieb liegen. Die Soldaten tobten und schimpften, aber sie schlugen nicht auf den am Boden Liegenden. Er atmete schwer. Aber er war bei Besinnung. Den Hut hatte er verloren, der Mantel hing um ihn, zerrissen und beschmutzt. Dann begann er sich zu bewegen, raffte sich mit übermenschlicher Kraft zusammen und wollte sich erheben. Die Soldaten waren verstummt und sahen ihm neugierig zu. Endlich hatte er sich erhoben, hielt sich schwankend fest und wollte etwas sagen. Ein Vizewachtmeister, man rief ihn Alois, rief: »Geht mal weg!« Die Soldaten begannen wieder zu toben und zu schreien und riefen: »Gibs ihm fest, besorgs ihm, Alois!« Der Wachtmeister riß seine Pistole aus dem Gurt und gab zwei Schüsse auf den Stehenden ab. Einer fehlte aus zwei Schritt Entfernung. Einer traf Landauer in den Kopf. Er sagte nichts und fiel um. Aber er atmete immer noch. Der Wachtmeister ging zu ihm hin, gab ihm mit der Fußspitze einen Stoß und sagte: »Das Aas hat zwei Leben, der kann nicht kaputtgehn.« Sergeant Adam vom Leibregiment Ludwig rief: »Ziehn wir ihm doch den Mantel herunter.« Und wollte auch Ring und Uhr an sich nehmen. Er wurde daran im Augenblick gehindert. Den Mantel zog er dem Röchelnden aus, ließ den Sterbenden schwer auf den Boden fallen. Dann legte man ihn auf den Bauch. Der Wachtmeister rief: »Geht zurück, dann lassen wir ihm noch eine durch.« Er schoß, über Landauer stehend, ihm in den Rücken, daß es ihm das Herz herausriß und er vom Boden wegschnellte. Da Landauer immer noch zuckte, trat ihn der Wachtmeister mit Füßen zu Tode. Dann wurde ihm alles heruntergerissen und die Leiche auf zwei Tage ins Waschhaus geworfen. Als sie zu verwesen begann, schaffte man sie fort.

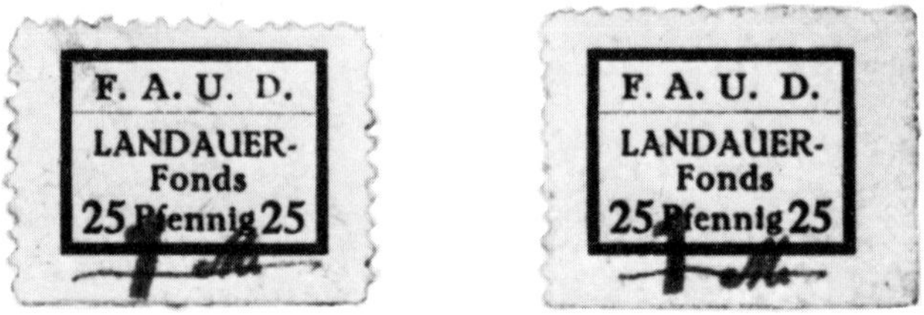

Spendenmarken der F. A. U. D. für ein Grabmal Gustav Landauer.
Errichtet am 2. Mai 1925 in München,
1933 von den Nazis zerstört

Erich Mühsam (Gefängnis Ansbach)
Gustav Landauer
Gedenkblatt zu seinem 50. Geburtstag: 7. April 1920

Die äußeren Umstände, unter denen diese Zeilen geschrieben werden, lassen die allein würdige Form, Gustav Landauer zu ehren, nicht zu: die der glutvollen Werbung für die von ihm erstrebte Neubildung der menschlichen Gesellschaft, für Sozialismus, anarchische Gerechtigkeit und ihre Bedingung, Revolution. Da mir in meiner Zelle auch alles literarische Material fehlt, an Hand dessen ich ihn selbst von reinem Menschentum, von Völkerfreiheit, von innerem und äußerem Aufruhr sprechen lassen könnte, mag der Leser sich mit den einfachen Gedenkworten zufriedengeben, die der Überlebende dem Toten, der Freund dem Freunde, der Schüler dem Lehrer, der Rebell dem Kampfgenossen aus verehrendem und dankerfülltem Herzen zu widmen hat.
Die Daten seiner Entwicklung, seines Werdens und Wirkens, seines Wandels von der Geburt an bis zu seiner scheußlichen Ermordung im Stadelheimer Bluthof werden an dem Tage, an dem Gustav Landauer sein fünfzigstes Lebensjahr abgeschlossen hätte, in so vielen Artikeln und Nekrologen aufgezählt werden, daß diese Sätze nicht mit seinem Curriculum vitae beschwert zu werden brauchen. Aber er käme zu kurz, wollte man die Abschätzung seiner Lebensarbeit ganz den Wohlmeinenden überlassen, die, aus seinen Schriften wissender geworden oder auch durch den persönlichen Umgang mit ihm bereichert, die Pflicht fühlen, die hochragende Bedeutung des Mannes vor geistig bewegten Bürgern oder gar mißtrauischen Zeitungslesern ins Licht zu stellen, seinen ›Idealismus‹ zu preisen, um aus ihm seine schroffe Abkehr vom Staatstum, seine kämpferische Haltung gegen Traditionen und Normen abzuleiten und womöglich zu entschuldigen.
Nur aus der umgekehrten Betrachtung ist Landauers Persönlichkeit gerecht zu werden. Sein Grundcharakter war wahrhaftig nicht der eines Schwarmgeistes, eines Weltfremdlings oder Gottessüchtigen, wie ihn sich der wohlwollend lächelnde Philister vorstellen mag, der sein praktisches Einmaleins gelernt hat und dem überall zwölf auf ein Dutzend gehen. Nicht nahebringen will ich das Bild des toten Freundes dem Geschmeiß der satten Gemüter, die sich freie Geister dünken, weil sie die hungernden, nie gesättigten Seelen, die sehnsüchtigen Herzen, da sie selber doch ohne Herz sind, interessant finden, die bereit sind, alles zu verzeihen, weil sie nichts verstehen; sondern entfernen will ich es von ihnen, es ihrem befleckenden Blick entziehen, die Feindschaft, den untilgbaren Gegensatz aufzeigen, der Landauers Geist ewig trennt von dem bürgerlichen Idealismus seiner literarischen Begreiner, die ihre gelockten Häupter über die Glatzen der Geschäftsidealisten erheben möchten, aber mit den Hintern stets an deren Kontorsesseln klebenbleiben.
Ein Idealist! Natürlich war Landauer das, wie jeder, dem seine sittliche Idee Wegweiser des Lebens ist. Aber der Begriff muß gesäubert werden von dem

Schleim, in den ihn die Anbiederungssucht ideeloser Jammerkerle gehüllt hat, die mit tönenden Worten hausieren und den reinen Glockenklang einer schallenden Menschenstimme in dem dürftigen Geklingel ihrer humanitären Salbaderei verkommen zu lassen suchen. Ich habe keinen Satz zur Hand, in dem Gustav Landauer selbst sich gegen die Gemeinschaft mit idealistischen Phrasenraßlern gewehrt hätte. Aber ich weiß, daß er mehr als einen geschrieben und in Gesprächen hundertmal bekannt hat, was der unerbittlichste Rebell aller Zeiten, Michael Bakunin, dem auch er mit Leidenschaft anhing, so ausgedrückt hat: »Doch muß mit jenem Idealismus aufgeräumt werden, der es verhinderte, daß man nach Gebühr handle; er muß durch grausame, kalte, rücksichtslose Konsequenz ersetzt werden.« Wir dürfen Landauer einen Idealisten nennen, wir, die sein Ideal kennen und teilen und als ein Ideal tatfrohen Zukunftswillens pflegen, nicht die, die selbst- und weltzufriedenen Schöngeistern mit himmelnden Augen Sympathie für den Außenstehenden anschwätzen wollen.

Gustav Landauer war Revolutionär: nichts anderes; nichts außerdem. Revolutionär aber heißt Umstürzer, Zerstörer und Neuschaffer. Aus seiner revolutionären Natur erklärt sich alles, was er dachte, wollte und schuf. Sie war ihm Antrieb und Mittel seines Werks, nur sie. Sie stellte den Gott in seinem Herzen auf, nur sie. Sie leitete sein Tun und sein Schicksal, nur sie.

Freilich war sein revolutionäres Wirken nicht begrenzt im Kampf gegen staatliche Satzungen und gesellschaftliche Systeme. Er erstreckte sich auf alle Kategorien des Lebens, machte nicht halt vor wissenschaftlichen Methoden, vor künstlerischen Konventionen und moralischen Doktrinen. Sein profundes Wissen erlaubte es ihm, mit der Kritik seines revolutionären Geistes in viele Gebiete des menschlichen Denkens hinabzusteigen und sie als Wüsten der Gedankenlosigkeit und verwilderter Überkommenheiten zu entschleiern. Es ist aber eine Verfälschung seines Lebenswerkes, wenn die einzelne Erkenntnis, die aus diesem seinem Abtasten der Weltprobleme der Philosophie oder der Ästhetik, der Literaturgeschichte oder der Soziologie neue Fährten zeigte, als Verteidigung seines Wertes vor dem besitzbangen Bourgeois bemüht wird. Dem kann nicht eindringlich genug gesagt werden, daß Landauer kein Bourgeois war, sondern sein ausgeprägtes Gegenteil: ein Neuerer, der als Voraussetzung aller kulturellen Umwälzung die soziale erstrebte. Ihr, der sozialen Revolution, hatte er sich verschworen von Jugend an, und sein Walten als Neuerer in den Bezirken der Sittlichkeit und der Kultur klomm aus dem Willen, den Geist vorzubereiten für die Tat, im Volk Niveau zu schaffen für die Empfängnis des selbst erkämpften Sieges.

Noch einmal: wer Gustav Landauer im härenen Gewande zeichnet mit dem friedseligen Schmachtblick des Versöhners, der fälscht sein Bild. Nur wer ihn als Kämpfer sieht, als rücksichts- und furchtlosen Kämpfer, gefällig zwar und milde und von gütiger Heiterkeit im täglichen Umgang, aber unduldsam, hart und eigenwillig bis zum Hochmut überall, wo es um Entscheidendes ging, der sieht ihn, wie er war. Es ist nicht wahr, daß er aus lauter Liebe zusammengesetzt war. Wie irgendeiner hat er den Haß gekannt, den Haß gegen das Unrecht, gegen die Ausbeutung, gegen den gewalttätigen Staat, gegen die Idee der Bru-

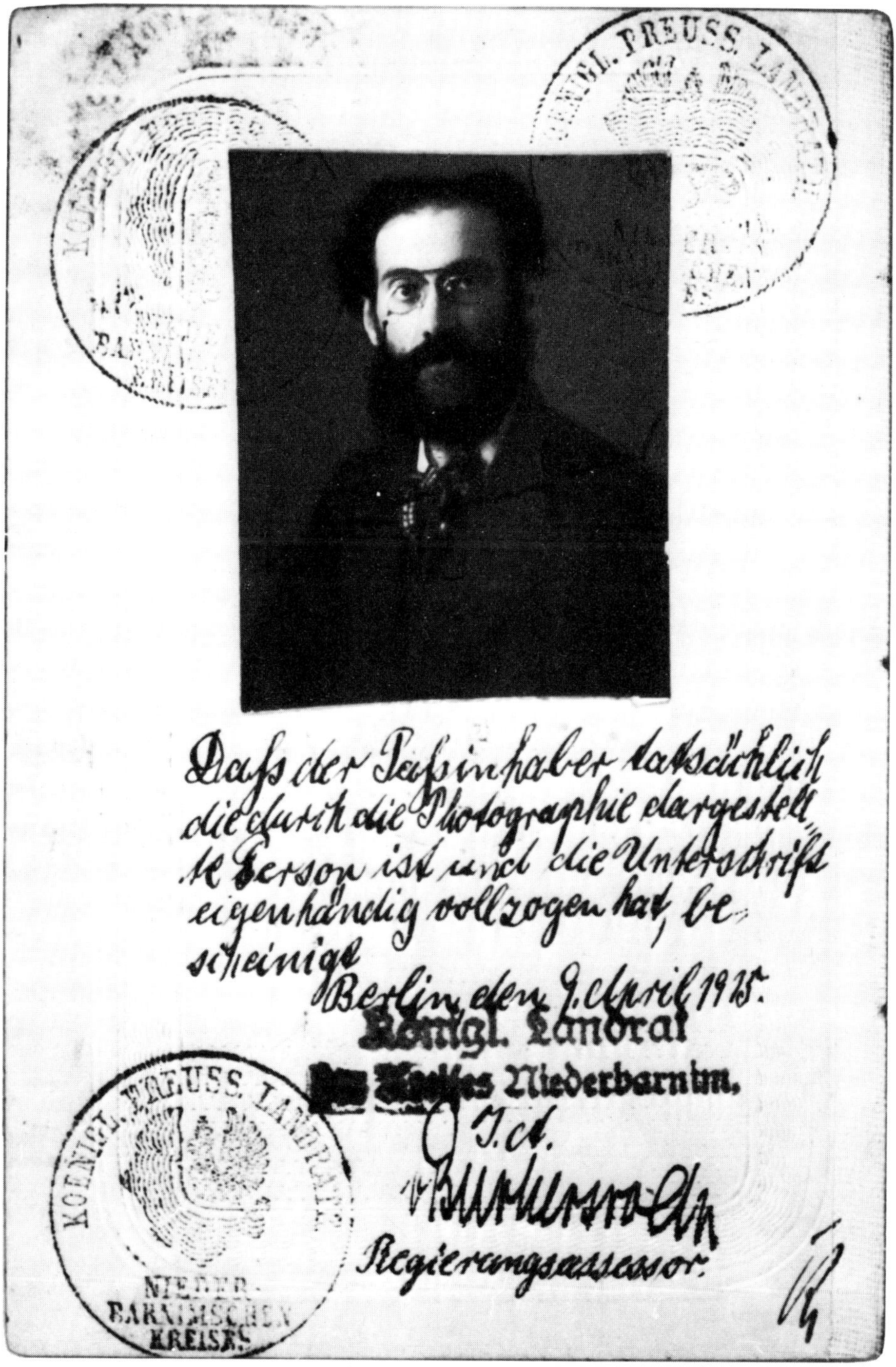
KOENIGL. PREUSS. LANDRATH
NIEDER-BARNIMSCHEN KREISES
Daß der Paßinhaber tatsächlich die durch die Photographie dargestellte Person ist und die Unterschrift eigenhändig vollzogen hat, bescheinige
Berlin, den 9. April 1915.
Königl. Landrat
des Kreises Niederbarnim.
I. A.
Regierungsassessor.

talität – und gegen ihre Träger. Jawohl, auch die Personen hat er gehaßt, alle, die sich dem Werk der Volksbefreiung entgegenstemmten aus Eigennutz oder Gedankenfaulheit, aus Dummheit oder Eitelkeit. Man vergleicht Landauer oft mit Tolstoj. Mit Recht – gewiß. Denn was Tolstoj einmal in seinem Tagebuch als das ›einzig Notwendige‹ bezeichnet: »die Lösung sittlicher Fragen und ihre Anwendung im Leben«, das war auch ihm Richtung und Ziel alles Denkens und Schaffens. ›Tolstojaner‹ in dem Sinne, wie ethische Schmalztropfer die Gattung verstehen, war Landauer nicht, Tolstoj selber übrigens ebensowenig. Auch der kannte den Haß und die Inbrunst der Verachtung, und auch ihm war die Liebe nicht das stets bereite Handwerkszeug in allen Lebenslagen, sondern der glühende Ursprung und das leuchtende Ziel des menschlichen Seins.
Landauer war Revolutionär von Natur wegen. Er gehörte nicht zu den Buchstabenschnüfflern, denen die Erwägungen des Hirns langsam und auf Widerruf die Zweckmäßigkeit des Umsturzes beweisen. Seine ursprüngliche Einstellung zu allen Dingen und Werten war voraussetzungslos, darum skeptisch, darum zur Ablehnung geneigt und kämpferisch. Nichts galt ihm die noch so exakte Wissenschaft, also die Erkenntnis anderer, deren Autorität beweiskräftig sein sollte. Noch nie ist das Ergebnis einer Forschung ungestürzt geblieben, und alle Wahrheit hat nur Bestand, bis sie einer neuen weichen muß. »Wahr ist, daß nichts wirklich ist«, hat Landauer einmal geschrieben, ich glaube, in ›Skepsis und Mystik‹, diesem merkwürdigen, götzenzertrümmernden Buch, in dem »im Anschluß an Mauthners Sprachkritik die letzte Autorität, die Vernunft selber, als Produkt der Sprache, des unzulänglichen Verständigungsmittels der Menschen, und mithin die Logik«, als nichts beweisend verworfen und an ihrer Statt die ›Mystik‹, das Urwissen, das unmittelbare, intuitive Erkennen als einzig positiver Wert aufgestellt wird. Das Wissen um die Wahrheit ist primär, der vernünftige Beweis, das sprachliche Erfassen nachträglich.
Mit dieser Erkenntnis kommt nun Landauer nicht wie Mauthner zur ›fröhlichen Resignation‹, sondern zum Extrem, zum entschlossenen Angriff gegen das Bestehende, als falsch, schlecht und brüchig Erwiesene, zum Angriff gegen die Autorität schlechthin. Er entwurzelt die Autorität aller herrschenden Normen, von der Sprache angefangen – dabei ist seine Sprache von einer gedrungenen Wucht sondergleichen – bis zu Artikeln, Gesetzen und Fesseln des sozialen Lebens der Menschen. Aus seinem antiautoritären Wesen entspringt sein Wissen um die Freiheit, daraus sein Wille zur Befreiung und aus diesem Willen sein innerstes Bündnis mit der geknechteten Klasse des Volks, mit dem Proletariat, seine revolutionäre Entflammtheit für das Recht.
Was ist Recht? Das, was das Gewissen verlangt. Die Beobachtung des Unrechts leitet das Gewissen zum Recht. Der Name des sozialen Unrechts ist Kapitalismus, das heißt Ausbeutung, Zwang, Entrechtung des Volkes zugunsten einer Klasse.
Landauer wußte diese Begriffe identisch mit Zentralismus und Staat. »Der Staat«, sagt er in seinem herrlichen ›Aufruf zum Sozialismus‹, »sitzt nie im Innern der einzelnen, er ist nie zur Individualeigenschaft geworden, nie Freiwilligkeit gewesen. Er setzt den Zentralismus der Botmäßigkeit und Disziplin an die Stelle

des Zentrums, das die Welt des Geistes regiert.« Gerechtigkeit des sozialen Lebens kann es nur geben bei Selbständigkeit, Freiwilligkeit und gesellschaftlicher Gleichheit, also im Sozialismus. Von ihm sagt Landauer: »Sozialismus ist Umkehr, Sozialismus ist Neubeginn, Sozialismus ist Wiederanschluß an die Natur, Wiedererfüllung mit Geist, Wiedergewinnung der Beziehung.«

Es ist klar, daß bei diesen aus antiautoritärem Drängen gewonnenen Einsichten Landauers Sozialismus auf anarchistischem Boden fußte, daß ihm jeder Staatssozialismus genau so zuwider sein mußte wie der Staat selbst und daß er seinen Plan zum Aufbau der sozialistischen Gesellschaft nicht an Marxens zentralistisches Programm, sondern an die Ideen des Anarchisten Proudhon anschloß, ohne sich in allem mit diesem System zu identifizieren. Um ›System‹ war es ja Landauer überhaupt nirgends und niemals zu tun, und so begnügte er sich auch in der Werbung nicht mit schulmäßigem Empfehlen einer sozialistischen Doktrin, sondern verlangte die Tat, den Beginn mit dem Sozialismus selbst. Durch Aufbau sozialistischer Pioniersiedlungen wollte er den Staat von innen heraus unterminieren, das Neue schaffen, um das Alte daran verderben zu lassen. Dies war der Sinn seines ›Sozialistischen Bundes‹, den er 1909 begründete und dem er in seiner Zeitschrift ›Der Sozialist‹ das eindringliche Organ schuf.

Der Weltkrieg, der ihn nicht schwach fand in seinen Überzeugungen, griff vernichtend ein in seine friedliche Revolutionsarbeit. Und dann kam die Revolution. Sie riß den Mann, dessen Element der Kampf war, der als junger Student schon in ständigem Konflikt mit allen Staatsgewalten und Parteipäpsten gestanden und viele Monate in Gefängnissen gelebt hatte, mit seiner ganzen Person mitten in die Bewegung der Massen, machte ihn dank seiner quellenden Beredsamkeit zu einem ihrer Führer.

Der von Rußland herübergeschnellte Rätegedanke fand in Landauer einen glühenden Propagandisten. Er zeigte ihm die Möglichkeit einer freien Formung des gesellschaftlichen Aufbaues bei der Verwirklichung des Sozialismus. Ich will hier nicht verschweigen, daß in dieser Zeit, in der wir dauernd miteinander und nebeneinander am Werk der Befreiung arbeiteten, bei aller Freundschaft, die nicht einen Augenblick lang getrübt war, eine gewisse Gegensätzlichkeit in der Erfassung der Situation zwischen ihm und mir bemerkbar wurde. Landauer sah mit dem Zusammenbruch des alten Staates und der Labilität des neuen Zustandes schon die Möglichkeit gegeben, sofort mit dem Aufbau, mit der Verwirklichung vor allem des agrarischen Sozialismus zu beginnen und inzwischen der eben gewordenen bayerischen Republik unter Eisners Leitung soviel Unterstützung zu leihen, wie sie zur Förderung dieser proudhonistischen Pläne brauchte. Der ungestüme Drang, das Gebäude, wie er es sich dachte, hinzustellen, ehe neue Erschütterungen den Bau verhindern könnten, erklärt seine Nachgiebigkeit gegen Eisners Politik. Mir lag der destruktive Teil der Revolution, den ich noch zu leisten sah, näher, und ich kann den Gegensatz zwischen uns nicht besser klarmachen, als ich es in einem der letzten Gespräche mit ihm tat. »Ich erkenne jetzt deutlich die innere Verschiedenheit zwischen Proudhon und Bakunin an uns beiden. Dich führt die Revolution immer stärker zu Proudhon hin, mich zu Bakunin.« Landauer gab mir recht.

Der Gedenktag macht alles wieder lebendig in mir. Denn der 7. April war nicht nur Landauers Geburtstag. Er war vor einem Jahre auch der Tag, an dem in München die Räterepublik proklamiert wurde, der Tag, den wir beide in tragischer Verkennung seiner Bedeutung als den Beginn der neuen Epoche begrüßten und der doch zum Unheil und für den großen, reinen Kämpfer, dem dieser Gruß gilt, zum Verderben wurde. Der Zeitpunkt war nicht richtig erfaßt. So konnte Verrat sich einnisten und unendliches Leid stiften, wo unermeßlicher Segen hätte entstehen sollen.
Boshafte Verleumdung hat behauptet, Landauer habe die Ausrufung der Räterepublik eitler Selbstsucht wegen auf seinen Geburtstag ›geschoben‹. Ich will dieser elenden Legende, die nur glauben kann, wer diesen Mann nie gekannt und nie begriffen hat, ein für allemal den Hals abdrehen. Genau das Gegenteil ist der Fall. Die Ausrufung sollte am Morgen des 5. April erfolgen. In der Nachtsitzung vom 4. auf 5. im Kriegsministerium verlangten plötzlich die Mehrheitssozialdemokraten durch den Mund desselben Mannes, der dann an der Spitze der Gegenrevolution stand, einen Aufschub von 48 Stunden, um die Provinz noch im Sinne der neuen Wendung zu bearbeiten. Landauer und ich waren diejenigen, die am heftigsten gegen diese Verzögerung geeifert haben. Sein Geburtstag wurde gegen seinen Wunsch und erregt geäußerten Willen zum Tage der Proklamation bestimmt.
Der weitere Verlauf ist bekannt. Die Empfindungen, die mich beim Gedanken an sein Ende erfassen, seien verschwiegen. Ich habe das Meinige getan, wenn ich die Gestalt dieses Menschen und Kämpfers den Vertraulichkeiten betulicher Bourgeoisidealisten entzogen und Gustav Landauer als den gezeigt habe, der er war und vor der Geschichte bleiben wird: als Mann des Volkes und der sozialistischen Revolution.

Stefan Großmann
Gustav Landauer

Am 4. Mai 1919 kam in die Redaktionen der Berliner Zeitungen ein Telegramm aus München: ›Gustav Landauer ist am 2. Mai, als er im Begriff war, eine Rede zu halten, von einer erregten Menge erschlagen worden.‹ Am 5. Mai 1919 schrieb ich in der Vossischen Zeitung: ›Den ganzen Tag summt es durch den Kopf: ‚Von der Menge erschlagen.' War es wirklich die Menge? Was für eine Menge war es? War es eine Soldatenmenge? War keiner in der Nähe, der Einhalt schaffen konnte? Kein Offizier? Kein geachteter Genosse? Diese unbestimmten Schilderungen von Tötungen unliebsamer Menschen treffen allmählich auf mißtrauische Gemüter. Wer erschoß Gustav Landauer?‹ Erst fünf Jahre später hat man den Namen wenigstens eines der Offiziere erfahren, die bei dem Morde mitgewirkt haben. Es war ein *Freiherr von Gagern.* Dieser Offizier hat Landauer auf dem Transport von München nach Stadelheim, wohlgemerkt, den von Soldaten umschlossenen wehrlosen Gefangenen, mit der umgekehrten Reitpeitsche auf den Kopf geschlagen und damit seinen bayrischen Soldaten das Signal gegeben, sich wie wilde Hunde auf Landauer zu stürzen. Dieser nicht genug berühmte Edelmann, Freiherr von Gagern, ist wegen einer geringfügigen Kleinigkeit – ich glaube, er hat die Uhr Landauers als Andenken an sich genommen – ganz gelinde verurteilt worden.

Als ganz junge Kerle haben wir, Landauer und ich, in Pankow zusammengewohnt. Uns verband ein ›Du‹ noch bis in die letzten Jahre, obwohl wir uns inzwischen weit, weit voneinander entfernt hatten. Damals, in der Pankower Jugendzeit, gab Landauer eine Wochenschrift heraus: *›Der Sozialist‹*, eine Zeitschrift für Sozialisten, die sich nicht als Demokraten fühlten, die auch nicht den Schritt der Arbeiterbataillone einhalten konnten, sondern vorauslaufen wollten oder mußten. Es gab fortwährend Prozesse, Polizeiaffären, gemeinsame Hungertage und dann und wann bescheidene Prassereien. Honorar für das, was man schrieb, wurde nicht bezahlt, aber dafür gab es auch keine Verrechnung im bescheidenen Haushalt. Eine Zeitlang wurde ein Teil des Blattes gar nicht geschrieben, sondern direkt vom Hirn in den Setzkasten übertragen. Wenn die Polizei dann nach Manuskripten suchte, konnten wir, ohne einen Meineid zu begehen, schwören, daß gar nie ein Manuskript existiert habe. Mit drei- oder vierundzwanzig Jahren hatten wir das Recht, an einen *heroischen Sozialismus* zu glauben. Allgemeines Stimmrecht, Sozialpolitik, Altersversicherung, es war unser gutes Jugendrecht, das alles armselig, langweilig und unzureichend zu finden. Landauer und die anderen Redakteure der Wochenschrift waren auch durch schwere Gefängnisstrafen nicht zu beirren. Im Gegenteil. In der Zelle fand man erst die besten Argumente. Die Zelle war eine Art Studien- und zugleich Nervenheilanstalt. Man kam, wenn die Strafe nicht allzu schwer war, gehärtet und gekräftigt aus dem Gefängnis. Die Revolution, auf die wir die Geister und Seelen vorbereiteten, hatte etwas Intimes, Brüderliches. Das Du, das wir uns alle sagten, sprang uns selbstverständlich von den Lippen. Ich erinnere mich, daß ich in den Diskussionen des ›Sozialist‹ immer nur mit meinem Vornamen angeredet wurde. Politik und privates Leben waren aus einem Stück, jedem leuchtete eine zukunftsfroh gestimmte Freundin in das außerhalb der Zelle höchst vergnügliche Kämpferdasein. Landauer hatte eine junge, brustkranke Arbeiterin geheiratet, er schien uns mit dem Proletariat vermählt.

Bei einer der Eulenspiegeleien, die wir uns mit der Polizei leisteten, wurde ich plötzlich aus Preußen ausgewiesen. Ich ging nach Frankreich. Indes erlebte Landauer kurz darauf in seiner eigenen Gemeinde einen ›Sklavenaufstand‹, ganz ähnlich jener Rebellion der Mittelmäßigen, die später Eisner aus dem Geleise geworfen hat. Alle ungeistigen Elemente sammelten sich in einem quasi anarchistischen Gegenorgan. Damals bildete sich in mir die Überzeugung, daß man eine Bewegung, wenn man nicht politische Kammerspiele aufführen will, erstens mit Geist nicht überfüttern darf, und zweitens, daß man dem einzelnen Kampfgenossen nur ein sehr bescheidenes Quantum Heroismus zumuten dürfe. Landauers Existenz war mit seinem Blatt von den eigenen Genossen in Stücke zerhauen, sie setzten an die Stelle der bestgeschriebenen deutschen Wochenschrift ein klägliches Gestammel und waren noch stolz auf ihr Zerstörungswerk. Solche Attentate der Nächsten verdaut man nie, damals ist Landauer für immer allen Massenbewegungen entfremdet worden. In seiner Natur lag schon damals ein dozierendes Element. Nun floh er ganz in die Gelehrtenstube, er machte Krapotkin den Deutschen zugänglich, nicht bloß die wundervollen ›Lebenserinnerungen‹, sondern auch das grundlegende Werk Krapotkins ›Gegenseitige Hilfe bei Tieren und Menschen‹, jenes mit tausend Beispielen belegte Werk des Glaubens an die mutualistischen Kräfte in allen Lebewesen. Es war das stärkste Gegengift wider den nietzscheanisch drapierten Darwinismus, wider die wütendsten strugglers for life. Nun trennte sich Landauer von seiner proletarischen Frau, und wie seine Vermählung etwas Ideologisch-Symbolisches hatte, so schien mir auch diese Scheidung mehr als private Bedeutung zu haben. Landauer versuchte mit bewunderungswürdiger Zähigkeit, den demolierten ›Sozialist‹ wiederaufzubauen. Ich kam ihm von Paris aus mit Freunden zu Hilfe. In der Entfernung war ich ihm am nächsten.

Sein Bedürfnis nach Einsamkeit war gestiegen, als er seine zweite Frau gefunden hatte, die Dichterin Hedwig Lachmann, ein ganz leises, hingehauchtes Geschöpf, nicht derb genug für diese fleischlich-knochige Welt. Die beiden führten einen furchtbar schweren Kampf um das bißchen Brot, Musik und Licht, das sie brauchten. Damals wurde Landauer Buchhändler, man konnte ihn in der Potsdamer Straße in einem Laden hantieren sehen. Lieber wollte er solche Kommisarbeit leisten, als daß er sich zum Zeitungsschreiber degradieren ließ. Das hörte sich im Gespräch sehr imponierend an, in der Praxis hielt Landauer es hinter dem Geschäftspult nicht lange aus. Als er wieder einmal vis-à-vis de rien stand, da rettete ihn Fritz Mauthner und die gute Frau Hauschner. Mauthner hatte den philologisch und philosophisch reichgebildeten Mann aufgefordert, an seinem großen sprachkritischen Werk zu assistieren, und Frau Hauschner arrangierte ihm Vortragszyklen vor eleganten Damen. Ich durfte nach einem Theatererfolg wieder nach Berlin kommen, und ich hörte einen dieser Vorträge an. Landauer sprach aus Anlaß von ›Romeo und Julia‹ in einem Berliner Salon über freie Liebe. Die Damen waren entzückt, kicherten sich bei den kühnsten Stellen an und flüsterten sich in der Garderobe die stärksten Sätze noch einmal zu. Landauer, der hagere, übergroße Mensch mit dem kurzsichtigen Blick, sah durch seinen Kneifer weit hinweg über die amüsierten Damen. Ich fand die Situation nicht ganz behaglich und kam nicht wieder. Selbst als er in einer westlichen Villa einen Zyklus überBergson hielt, kostete es mich Überwindung, hinzugehen. Nachher mußte ich mir sagen, daß es keinen deutschen Dozenten gab, der die Abstammung Bergsons von der deutschen Philosophie überzeugender darzustellen gewußt hätte. Landauer war zum formvollendetsten, zum tiefstschürfenden Literatur- und Philosophiedozenten Berlins geworden. Beschämend genug, daß kein Althoff und kein Universitätsgelehrter auch nur daran dachte, diesen großen Dozenten auf das richtige Podium zu setzen. Auf Grund seiner Vorlesungen über ›Skepsis und Mystik‹, seiner neuen Herausgabe des ›Meister Eckhardt‹, hätte ihn eine freiere und an Einfällen reichere Behörde an einen Lehrstuhl berufen müssen. Aber wie fremd standen die Perücken des Ministeriums einer solchen Zumutung gegenüber! (Würden sie denn heute toleranter handeln?) So mußten hilfreiche Hände für diesen furchtbar ernsten Menschen immer wieder Vorlesungszyklen vor mondänen Damen arrangieren. Oh, Landauer war stolz und zog keinen schwarzen Gehrock an, er behielt seine flatternde Lavallièreschleife und ließ sich das lockige Haar nicht salonmäßig schneiden und verschluckte keineswegs seine kühnsten Einfälle. Aber gerade diese Unverändertheit nahm sich im Salon etwas fatal aus. Wenn er sich aus seinem romantischen Havelock schälte, seufzten die Damen zu seinem Christusgesicht empor, und sie hielten sich an seine flatternde Halsschleife, die ihnen ein Bohemienwesen ankündigte, das er gar nicht hatte. Er war umrauscht, beguckt und bewundert von Damen, die nichts anderes zu tun hatten. Ich hätte lieber über niedergefallene Droschkenpferde zeilenweis an Zeitungen berichtet. Aber Landauer hat zeitlebens kein Auge für seine Zuschauer gehabt. Ihm kam es immer nur auf die eigene Stimme an, er sah das aufsteigende Mißverständnis nie, er war, zum Glück auch im Salon, ein Isolierter.

Wieder einmal ließ er den ›Sozialist‹ auferstehen. Kleiner als früher. Nicht mehr ›Paroles d'un Révolté‹, wie Krapotkins Rebellenbuch hieß, das Landauer auch übersetzt hat. Die Zeitschrift hatte sich allmählich mehr auf Seelenfragen verlegt; nicht mehr eine junge Proletarierin, sondern der zarte Hauch einer lyrischen Artistin lenkte Landauer. Trotzdem muß man sein politisches Prophetentum gelten lassen, er hat es in den Jahren vor dem Kriege, ebenso wie Eisner und Rathenau, an düsteren Prophezeiungen nicht fehlen lassen. In dem Band ›Rechenschaft‹, der bei Paul Cassirer erschienen ist, kann man nachlesen, wie Landauer 1912 ankündigte, daß das große Feuer in der südslawischen Ecke Europas aufflammen werde. Landauer sah 1912 Italiens Abfall voraus. Er sah Bethmanns trauriges Versagen vorher, er kündigte Hungersnot und Isolierung für den Kriegsfall an. Seine große Illusion, der er hoffend und leise anhing, denn er war längst schon zum Agitator verdorben und eignete sich nur mehr für Gespräche von Gipfel zu Gipfel – seine große Hoffnung war, daß in den Wochen der Mobilmachung der große Massenstreik ausbrechen werde. Aber als dann in den Augusttagen 1914 die Zerstörung Europas begann, da fand Landauer in seinem ›Sozialist‹ nur ganz schwache Töne. Man lese nach, wie vieldeutig das war, was er in den Augusttagen 1914 laut werden ließ: »Es kommt darauf an, bei allem subjektiven Nationalismus des gebotenen Lebens das objektive Denken nicht zu vergessen. Nie zu vergessen, daß, was die einen tun, auch die andern nicht lassen. In Ausübung der Pflicht fest, hart, unerbittlich sein. Es wird Momente geben, wo man keineswegs menschlich sein kann, aber man kann in unmenschlich hartem Tod-Verfolgen die Achtung bewahren. Nie Mob werden. Nie lynchen. In diesen Zeiten zeigt es sich, wie das Schlimmste des Schlimmen die tierische Wut ist und was für Träger der Kultur doch wahrhaft die Richter und selbst die Scharfrichter sind. Handelt, ihr Menschen allesamt, handelt, wie ihr handeln müßt, aber denkt und fühlt, wie ihr sollt!« Waren das, August 1914, Worte eines Revolutionärs? Es waren die abgewogenen Sätze eines resignierten Zuschauer.

Zuletzt sah ich Landauer 1919 während der Rätezeit in München. Man konnte damals ohne Legitimation und ohne Entreebillett zu den entscheidenden Beratungen der Levien und Leviné im Hofbräuhaus eintreten. Landauer sah diesen Hexensabbat, er muß wohl auch ein Gefühl von der lächerlichen Unzulänglichkeit gehabt haben. Dennoch arbeitete er mit den Schwarmgeistern. Kurz vorher war seine geliebte Frau gestorben, und es ist anzunehmen, daß ihn der Schlag ganz aus dem Gleichgewicht geworfen hat. Sein Antlitz mit Christusbart und Dichterhaar hatte damals einen Märtyrerausdruck bekommen. Die Postkarten, die man in München von ihm sah – und man sah damals überall Postkarten mit seinem Bild –, zeigten den schmerzlichen Ausdruck: »Herr, warum hast Du mich verlassen!« Aber in dies Christusgesicht kam zuweilen – und nicht erst in der Münchener Zeit – ein finsterer Ausdruck von Oberlehrerstrenge. Seine Unzugänglichkeit war mit den Jahren immer mehr gestiegen. Einer der ihm nächsten Menschen sagte einmal über seine Freundschaft mit ihm das melancholische Wort: »Sie beruht auf einer sehr einfachen Grundlage: ich vermeide es sorgfältig, über alle Dinge mit ihm zu reden, über die er möglicherweise anderer Meinung sein könnte.« Landauer, der sich für eine tolerante Natur hielt, war mit den Jahren ganz unduldsam geworden. Er bewahrte seine Isoliertheit mit Eifersucht. Zu Landauers Ehre muß gesagt werden, daß es nicht einmal Kurt Eisner gelungen ist, ihn in die Partei der unabhängigen Sozialisten zu pressen, und Landauer zeigte ja auch nicht die geringste Lust, zu den Sowjetisten zu gehen. Er blieb ein Isolierter. Nicht nur aus Vorsatz. Als er, während der Rätezeit Aufklärungsminister geworden, die Münchener Presse hurtig sozialisieren ließ, da ließ er es zu, daß in die Zeitungen, die sein natürliches Sprachrohr zum bayrischen Volke hätten sein können, auf die erste Seite große kubistische Zeichnungen, endlose spaltenlange Aufsätze über das Rätesystem und ähnliche theoretische Riemen hineingestopft wurden. Das starke, einfache, mitreißende Wort zum Volke war ihm auch in Revolutionszeiten versagt. Ich konnte mir nicht helfen:

No. 1 Preis 10 Pfennig 1919

Schriften zur Volksaufklärung

Leo Tolstoi: Patriotismus und Regierung.

Ich hatte schon mehrmals Gelegenheit, den Gedanken auszusprechen, daß der Patriotismus für unsere Zeit ein unnatürliches, unvernünftiges, schädliches Gefühl sei, welches einen großen Teil der Uebel verursache, unter denen die Menschheit leidet, und daß daher dieses Gefühl nicht genährt und groß gezogen werden müßte, wie es jetzt geschieht, sondern im Gegenteil unterdrückt und durch alle Mittel, die vernünftigen Menschen zugänglich sind, vernichtet werden sollte.

Aber sonderbar! Trotz des unwiderleglichen und augenscheinlichen Zusammenhanges der die Völker ruinierenden allgemeinen Kriegsrüstungen und mörderischen Kriege mit diesem Gefühl, begegneten und begegnen noch heute alle meine Argumente bezüglich der Unzeitgemäßheit und Schädlichkeit des Patriotismus entweder nur Stillschweigen, oder absichtlichem Nichtverstehen, immer aber ein und derselben sonderbaren Erwiderung: man pflegt zu sagen, daß nur der schlechte Patriotismus schädlich sei, der Jingoismus und Chauvinismus, daß aber der richtige, gute Patriotismus ein sehr erhabenes, moralisches Gefühl sei, welches zu verurteilen nicht nur unvernünftig, sondern auch verbrecherisch wäre. Darüber aber, worin dieser richtige, gute Patriotismus besteht, wird entweder garnicht gesprochen, es sei denn in aufgedonnerten, hochfliegenden Phrasen, die nichts weniger als eine Erklärung jenes Begriffes sind, oder es wird dem Begriffe Patriotismus etwas untergelegt, das nichts gemeinsames hat mit jenem Patriotismus, den wir alle kennen und unter dem wir alle so grausam zu leiden haben.

Es wird gewöhnlich gesagt, daß der wahre, gute Patriotismus darin bestehe, daß man seinem Volke oder dem Staate wahre Güter und wahre Wohlfahrt wünsche, jene Güter und jene Wohlfahrt, durch welche die Güter und die Wohlfahrt der anderen Völker nicht verletzt würden.

Als ich mich dieser Tage mit einem Engländer über den jetzigen Krieg in Transvaal unterhielt, sagte ich ihm, daß die wirkliche Ursache dieses Krieges nicht etwa Gewinnsucht sei, wie gewöhnlich angenommen wird, sondern der Patriotismus. Dieses beweist die Stimmung der ganzen englischen Gesellschaft.

Der Engländer erklärte sich mit mir nicht einverstanden und sagte, wenn das auch richtig sei, so käme es nur daher, daß der Patriotismus, der gegenwärtig die Engländer beseele, ein schlechter Patriotismus sei, wogegen der gute Patriotismus — derselbe, von welchem er durchdrungen sei, darin bestehe, daß die Engländer, seine Landsleute, nicht schlecht handeln sollten.

„Wünschen Sie denn, daß nur die Engländer nicht schlecht handeln sollen?" fragte ich.

„Ich wünsche es allen!" antwortete er. Schon durch diese Antwort zeigte er deutlich, daß die Eigenschaften der wahren Güter — seien es nun moralische, wissenschaftliche oder sogar praktisch-nützliche Güter — ihrem Wesen nach allen Menschen gemeinsam sind, und daß daher das Wünschen dieser Güter zum Besten wessen es auch sei, nicht nur nicht Patriotismus ist, sondern daß ein solcher altruistischer Wunsch den Patriotismus geradezu ausschließt.

Ebensowenig bilden die Eigentümlichkeiten eines jeden Volkes den Patriotismus, obschon sie von anderen Verfechtern des Patriotismus diesem Begriff absichtlich untergeschoben werden. Jene Leute sagen, daß die Eigentümlichkeiten eines Volkes eine unerläßliche Bedingung für den Fortschritt der Menschheit bilden, und daß daher der Patriotismus, der die Erhaltung dieser Eigentümlichkeiten erstrebt, ein gutes und nützliches Empfinden sei.

Aber ist es denn nicht offensichtlich, wenn diese Eigentümlichkeiten eines jeden Volkes, die Sitten, der Glauben, die Sprache, einstmals eine unerläßliche Bedingung des Lebens der Menschheit gebildet haben, ist es dann nicht offensichtlich, daß in unserer Zeit diese selben Eigentümlichkeiten das Haupthindernis für die Verwirklichung des von den Menschen schon erkannten Ideals der brüderlichen Einigung der Völker bilden! Und die Aufrechterhaltung und Konservierung der Eigentümlichkeiten des russischen, deutschen, französischen oder angelsächsischen Volkstums zieht eine ebensolche Konservierung und Aufrechterhaltung nicht nur des ungarischen, polnischen, irischen, sondern auch des baskischen, provençalischen, mordwinischen, tschuwaschischen und allen möglichen Volkstums nach sich. Dadurch entsteht nicht eine Annäherung und Einigung der Menschen, sondern eine immer größere Entfremdung und Trennung unter denselben.

So ist also der Patriotismus — nicht der eingebildete, sondern der wirkliche Patriotismus, derselbe, den wir alle kennen und unter dessen Einfluß sich die Mehrheit aller Menschen unserer Zeit befindet und unter dem die Menschheit so grausam zu leiden hat — so ist also dieser Patriotismus nicht der Wunsch nach geistigen Gütern für sein Volk (geistige Güter kann man nicht ausschließlich für sein eigenes Volk wünschen), nicht die Eigenart der Volksindividualität (diese ist eine Eigenschaft und keineswegs ein Gefühl), sondern er ist eine sehr bestimmte Art von Bevorzugung des eigenen Volkes oder Staates vor allen anderen Völkern oder Staaten und das Begehren der großmöglichsten Macht und des denkbarsten Wohlstandes für dieses Volk oder diesen Staat. Solche Güter können aber immer nur auf Kosten des Wohlstandes und der Macht anderer Völker oder Staaten erworben werden und werden auch so erworben.

Es müßte doch augenfällig sein, daß der Patriotismus als Gefühl — ein schlechtes und schädliches Gefühl, als eine Doktrin aber — eine dumme Doktrin ist; denn es ist doch klar, wenn jedes Volk und jeder Staat sich für das beste Volk und den besten Staat von allen halten, daß sie sich alle da in einem groben und schädlichen Irrtum befinden.

Man sollte doch meinen, daß die Schädlichkeit und Unvernünftigkeit des Patriotismus allen Menschen klar sein müßten. Aber sonderbar, die Gebildeten und Gelehrten sehen es nicht nur nicht selbst, sondern bestreiten auch mit der größten

Titel- und Schlußseite (Seite 310) der von Gustav Landauer und Lisa Frank herausgegebenen ›Schriften zur Volksaufklärung‹, Nummer 1, 1919 gemachte Eroberung Euch schadet, weil sie unausbleiblich alle möglichen Einwirkungen auf Euch von Seiten Eurer Regierung nach sich ziehn wird, Einwirkungen, die darauf hinzielen, Euch zu zwingen, an dem Raub und an den Vergewaltigungen teilzunehmen, die zu Eroberungen und zur Erhaltung des Eroberten notwendig sind.

Begreift doch, daß Euer Leben in keiner Weise dadurch verbessert werden kann, ob das Elsaß deutsch oder französisch ist, Irland, oder Polen selbständig oder unterworfen sind; wem diese Länder auch gehören mögen, Ihr könnt leben, wo Ihr wollt.

Ja, sogar wenn Ihr selbst ein Elsässer, Ire oder Pole seid — so begreift doch, daß eine jede Schürung des Patriotismus auf Eurer Seite Eure Lage nur verschlimmern wird, weil die Unterwerfung, in der sich Euer Volk befindet, nur durch den Kampf der Patriotismen gekommen ist, und weil die Aeußerung des Patriotismus des einen Volkes nur die Reaktion gegen denselben von Seiten eines anderen Volkes vergrößert.

Begreift doch, daß Ihr Euch von allen Euren Leiden nur dann befreien könnt, wenn Ihr Euch von der überlebten Idee des Patriotismus befreit und von der auf ihr basierenden Unterwürfigkeit gegenüber den Regierungen.

Nur dann könnt Ihr Euch befreien, wenn Ihr mutig in das Gebiet jener höheren Idee der Verbrüderung aller Völker eintretet, der Idee, die schon lange ins Leben getreten ist und Euch von allen Seiten zu sich heranruft.

Wenn nur die Leute begreifen wollten, daß sie nicht die Kinder irgend welcher Vaterländer oder Regierungen sind, sondern die Kinder Gottes, und daher weder Sklaven, noch Feinde anderer Menschen sein können — und alle die sinnlosen, zu nichts mehr nötigen, von altersher überkommenen Institutionen, die Regierungen genannt werden, und alle die Leiden, Vergewaltigungen, Erniedrigungen und Verbrechen, die diese Institutionen mit sich führen, alles das wird dann von selbst vernichtet werden.

Pirogowo, den 10. 23. Mai. 1900.

*

Während des Transvaalkrieges *).

Wenn zwei betrunkene Menschen sich im Wirtshaus beim Kartenspiel prügeln, so werde ich mich durchaus nicht entschließen können, den Einen von ihnen zu verurteilen, mögen die Einwände und Erklärungen des Anderen noch so überzeugend sein. Die Ursache der unwürdigen und unanständigen Handlungen des Einen oder des Anderen liegt durchaus nicht in dem Rechte des Einen von beiden, sondern darin, daß beide, statt ruhig zu arbeiten oder sich zu erholen, es für nötig fanden, Wein zu trinken und im Wirtshaus Karten zu spielen.

Ebensowenig kann ich mich einverstanden erklären, wenn man mir sagt, daß an irgend einem Kriege ausschließlich der eine Teil schuld sei. Man kann wohl zugeben, daß die eine der Parteien schlechter handelt, aber die Untersuchung, welche Partei schlechter handelt, wird nicht einmal darüber Klarheit schaffen, warum eine so furchtbare, grausame und unmenschliche Erscheinung, wie es der Krieg ist, vor unser Auge treten mußte.

Die Gründe, die zum Kriege führen, sind für jeden Menschen, der die Augen offen halten will, durchaus offenbar, mag es sich nun um den Transvaalkrieg oder um einen anderen Krieg der letzten Zeit handeln. Es sind drei Ursachen. Erstens: die ungleiche Verteilung des Besitzes, das heißt: die Beraubung eines Menschen durch die anderen. Zweitens: die Existenz eines Soldatenstandes, das heißt: solcher Menschen, die für den Mord erzogen und bestimmt werden. Drittens: die falsche und meist bewußt betrügerische religiöse Lehre, in der die Jugend zwangsweise erzogen wird.

Und deshalb glaube ich, daß es nicht nur nutzlos, sondern auch schädlich ist, die Ursachen des Krieges im Wesen der Chamberlains und ihrer Genossen zu sehen und sich die wirklichen Ursachen zu verbergen, die viel näher liegen und an denen wir selbst beteiligt sind. Auf die Chamberlains können wir wohl böse sein und schimpfen, aber unsere Wut und unser Schimpfen werden nur unser Blut verderben, nicht aber den Gang der Dinge ändern. Die Chamberlains sind nur die blinden Werkzeuge von Kräften, die weit hinter ihnen liegen. Die ganze Geschichte ist eine Reihe von Taten der Staatsmänner, wie der Transvaalkrieg eine ist. Und daher wäre es nutzlos, auf diese Menschen böse zu sein und sie zu verurteilen; ja, es ist sogar unmöglich, wenn man die wahren Ursachen ihrer Handlungen sieht und wenn man fühlt, daß man selbst die Schuld an dieser oder jener Art ihrer Tätigkeit mitträgt — an irgend einer, je nachdem man sich zu den drei Grundursachen verhält, die ich erwähnt habe.

Solange wir im ausschließlichen Genuß des Reichtums bleiben, während die Volksmassen durch die Arbeit erdrückt werden, wird es Kriege geben, weil wir Absatzgebiete, Goldminen usw. brauchen, um unseren Reichtum zu erhalten und zu mehren. Erst recht aber werden die Kriege solange unvermeidlich sein, wie wir an der Aufrechterhaltung des Militarismus teilnehmen, seine Existenz dulden und nicht mit allen Kräften gegen ihn kämpfen. Wir selbst beteiligen uns entweder am Militärdienst oder halten ihn für nicht nur notwendig, sondern auch löblich; und wenn Krieg ausbricht, dann schieben wir die Schuld auf irgend einen Chamberlain.

Es wird solange Kriege geben, wie wir die Entstellung des Christentumes predigen oder ohne sittliche Empörung und Widerwillen dulden werden, die man das kirchliche Christentum nennt, eine Entstellung, die die Existenz eines christlichen Heeres, die christliche Weihe oder Taufe von Kanonen, die Bezeichnung des Krieges als einer christlichen, gerechten Sache möglich macht. Wir lehren unsere Kinder diese Religion, bekennen sie selbst und sagen dann, daß Chamberlain oder Krüger schuld sei, wenn die Menschen einander totschlagen.

Den brüderlichen Ausgleich des Besitzes fördern, im geringsten Umfange die Vorteile, die einem zufallen, ausnützen, sich in keiner Weise und auf keiner Seite an einem Kriegsunternehmen beteiligen und die Hypnose zerstören, mit deren Hilfe die in gedungene Mörder verwandelten Menschen in dem Glauben erhalten werden, daß sie etwas Gutes tun, wenn sie Waffendienst leisten; und vor allem eine vernünftige christliche Lehre bekennen und mit allen Kräften den grausamen, in jenem falschen Christentum liegenden Betrug zerstören, in dem unsere Jugend zwangsweise erzogen wird —: in dieser dreifachen Tätigkeit, scheint mir, besteht die Pflicht eines jeden Menschen, der dem Guten dienen will und der eine gerechte Entrüstung empfindet über den schrecklichen Krieg, der auch Sie empört hat.

Moskau, den 16. 28. Dez. 1899.

*) Das folgende Fragment ist mit Erlaubnis des Grafen Tolstoi einem Privatbrief entnommen worden, den er an einen Publizisten schrieb. Andere Stellen, die eine sehr heftige Kritik der Politik und Person des Deutschen Kaisers enthalten, mußten fortgelassen werden.

Herausgeber Gustav Landauer und Lisa Frank, München. Verlag Volksaufklärung Baaderstraße 1 u. 1a.

Druck von Max Steinebach, München.

in diesen Tagen vor seinem Tode war das Don-Quichottehafte seines aristokratischen Revolutionarismus am allerdeutlichsten ans Licht gekommen. In diesen Münchener Tagen begegneten wir einander in einer Bedürfnisanstalt. Er im Schlapphut und romantischen Havelock, ich mit einer empörend bürgerlichen Melone auf dem Kopf. Während wir unserer natürlichen Beschäftigung nachgingen, sahen wir einander an und grüßten uns schwach. Das war das letzte Kapitel einer Jugendfreundschaft.
Nun hat Martin *Buber* die Briefe Landauers vom Jahre 1896 bis 1919 von Pankow bis München (bei Rütten und Löning) herausgegeben. Briefe an seine Freunde, seine Kinder, seine Frau und an eine Freundin. Es geht in diesen Briefen fast immer nur um geistige Dinge. Noch deutlicher als in der persönlichen Begegnung offenbart sich aus diesen Briefen, daß Landauer von Grund auf Lehrer gewesen ist. Fast alle Briefe haben erzieherische Tendenz. In den meisten Briefen wird Lob und Tadel verteilt, und in den zwei dicken Bänden findet sich auch nicht ein einziges Briefchen mit ein klein wenig Heiterkeit. Hat man die zwei Bände mit innerster Teilnahme durchgearbeitet, so entdeckt man mit Trauer, wie arm an Lachen Landauer von jeher gewesen und wie wenig spielende Heiterkeit ihm von Natur geschenkt worden ist. Zuweilen gewinnen die Briefe geradezu die Form des Schulzeugnisses. So schrieb er einmal (1907) an Erich Mühsam über eine Arbeit des Freundes: ›Formal vermisse ich eine gewisse peinliche Sauberkeit im Stil, inhaltlich die innere Nötigung und auch die Solidarität des Wissens. Ich möchte Dich einmal hier haben und Satz für Satz mit Dir vornehmen.‹ Am Schluß wird der pädagogische Freund ganz rabiat: ›Na wartet nur, ich werde noch einmal unter Euch fahren, daß Euch Hören und Sehen vergeht!‹ An Constantin Brunner schickt er einmal ein briefliches Zeugnis, worin er ihm einerseits für eine Predigt eine außerordentlich gute Note gibt: »Sie gehört zum Größten, Reinsten und Rasendsten, was es in der Literatur der Menschen gibt«, fünf Zeilen später aber erhält Brunner wegen eines Urteils über die Mauthnersche Sprachkritik die Fortgangsnote ›grundschlecht‹, und er wird mit den Worten heruntergeputzt: »Sie sprechen über etwas, wovon Sie nichts kennen, wovon Sie nichts wissen, wovon Sie nichts verstehen.« Zum Bilde dieses schauerlich strengen Lehrers gehört es, daß er auch gegen große Tote unerbittlich bleibt. So schreibt er einmal über Balzac, den er übersetzt: ›Wenn man ihn so nahe kennenlernt und hinter seine kleinen Geheimnisse kommt‹ – Lehrer kommen immer hinter kleine Geheimnisse – ›so kommt gar viel Kleinliches und Großstadterbärmliches heraus, die nicht bloß in dem Stoff und Gestalten steckt, sondern auch im Herrn Verfasser.‹ Setzen Sie sich, Balzac!
Mit den Jahren hat dieser erzieherische Trieb Landauer nicht milder, sondern strenger gemacht. 1916 wagt ein Student, ein dankbarer Anhänger, ihm zu schreiben: ›Sie ‚behandeln' die Jugend doch irgendwie . . . und diese Väterlichkeit halte ich nicht gut aus.‹ Daraufhin erhält er von Landauer ein Lehrerdonnerwetter ohnegleichen: ›Den Übergriff Ihrer groben, törichten Mißdeutung hätten Sie sich ersparen können.‹ Und die Arbeit des Jüngers wird nun als ›unreif mißratenes Nebenwerk‹ qualifiziert.
Der Gedanke ist drückend, daß selbst in den Briefen an seine Kinder dieser mah-

nende Lehrerton nicht ganz schwindet. Dabei monologisiert der Lehrer zuweilen, und sein Rat bleibt für das Kind fast unbrauchbar. So schreibt er seiner dreizehnjährigen Tochter in einem Brief über musikalische Erziehung: ›Ich weiß nicht, ob Du schon reif dazu bist, im Unbewußten, Instinktmäßigen, Empfundenen tief drunten zu leben und zu bleiben, dabei aber doch mit hellem Verstand, besonnenem Urteil und nüchterner Technik arbeitend den Ausdruck für das Unbewußte zu suchen, ohne daß es Mache, Kälte, Virtuosität wird.‹ Was kann das kleine Mädchen am Klavier mit diesem komplizierten Rat angefangen haben? Zwei Jahre später schreibt er an sein Kind (in Bubers Ausgabe ist dieser Brief irrtümlich mit der Adresse der Frau Hauschner versehen): ›Sei auch Du aufrecht und stolz, mein Kind, und froh. Nur die Tief-Ernsten haben das Recht zur Freude. Die aber haben es.‹ Warum, zum Teufel, sollen nur die Tief-Ernsten ein Recht zur Freude haben? Wir bilden uns ein, daß ein flatternder Schmetterling sich an dem einen Sommertag, der ihm vergönnt ist, von Blüte zu Blüte, ganz ohne Tiefe freut. Und was soll der Appell an das Kind, froh zu sein, wenn er verbunden ist mit der erbarmungslosen Aufforderung, tief ernst zu sein?
Pädagogisch-theoretisch tritt Landauer auch in den Briefen an eine Frau auf, die er kurze Zeit geliebt hat. Die Geschichte dieser plötzlichen leidenschaftlichen Neigung, die ihn auf einer Schweizer Vortragsreise überfallen hat, zeigt Landauer in seiner rührenden Unbeholfenheit. Er kehrt von dem beseligenden Abenteuer nach Hause zurück und schreibt der Schweizer Freundin, wie glücklich ihn Gattin und Kind zu Hause empfangen haben: ›Nur daß es mir weh tut, etwas so Schönes zu haben, was ich vorerst noch nicht mit ihnen zu teilen wage. Vorerst. Denn möglichst viel muß ich jetzt schon mit ihnen, mit Hedwig und auch mit Gudula, von Dir sprechen. Und dann kommst Du bald zu uns . . . dann mußt Du mit Deiner Person in ihr Leben kommen, und dann hoffe ich, reden zu müssen und reden zu dürfen . . . Und auch Gudula erzähle ich von Dir, mit dem Kind muß ich von allem sprechen.‹ Die Tugend der offenen Aussprache in allen Ehren; hier glaubt man doch deutlich die Grenzen dieser Tugend zu sehen. Im übrigen bespricht er mit der vergötterten Schweizerin sozialistische Theoriefragen in einem Ton, der die Geliebte, wie sie schreibt, traurig macht, und sie nennt ihn einmal ›grauenhaft streng‹. Der Vorwurf prallt an dem über sich selbst Ahnungslosen ab, ohne ihn zu treffen: ›Grauenhaft streng? Ach, das ist ja aber dasselbe, was Dir schon so sehr gutgetan hat.‹ Übrigens ist dies Schweizer Räuschlein nach einiger Zeit von einer gründlichen Nüchternheit verdrängt worden. In einem Brief an einen gemeinsamen Freund sagt er von der Frau, die er in den ersten Briefen ›ein Stück von meinem Leben‹ genannt hat, der er geschrieben hat: ›Ich möchte das Leben umarmen, Flamme Du!‹ –, daß sie ›trotz allen ihren glänzenden Gaben in ihrer Natur etwas Mestizenhaftes hat, und ich fürchte, sie wird wohl nie zu reiner Ursprünglichkeit kommen‹.
Freilich für einen Menschenfreund wollte Landauer nicht gehalten werden. In einem Brief an Constantin Brunner wehrt er sich dagegen, ein Philanthrop genannt zu werden, er sei ein Dichter. Allerdings beruft er sich zur Begründung dieses Anspruches nicht auf seine Bücher. Weder sein Jugendroman ›Der Todesprediger‹, der an die Erlösungsphilosophie Mainländers anklingt, noch seine

Novellen sind ihm, der auch gegen sich selbst von höchster Strenge war, für diesen Anspruch wichtig genug: »Ich dichte, lieber Freund, ich dichte an meinem Volk. Dies Volk ist nun eben eine von meinen Sachen, und ich verstehe darunter weder die Gemeinschaft der Geistigen . . . noch das, was Du Volk nennst.« Ein solches tastendes Dichten an einem illusionären Volk war auch die Arbeit seiner letzten Tage in München. Dieses Geständnis wider Willen, dieses erschreckende Epigramm ›Ich dichte an meinem Volk‹ drückt sehr grausam das Nur-Ideologische, das Monologische und damit das Fruchtlose der pädagogisch-politischen Arbeit Landauers aus. Aber kam es diesem verspäteten oder verfrühten Propheten je auf praktische Wirkungen an? Im Ghetto sagt man von ewig reflektierenden Priestern: Sie ›klären‹. Nur auf diese Klärungen ist es Gustav Landauer angekommen.

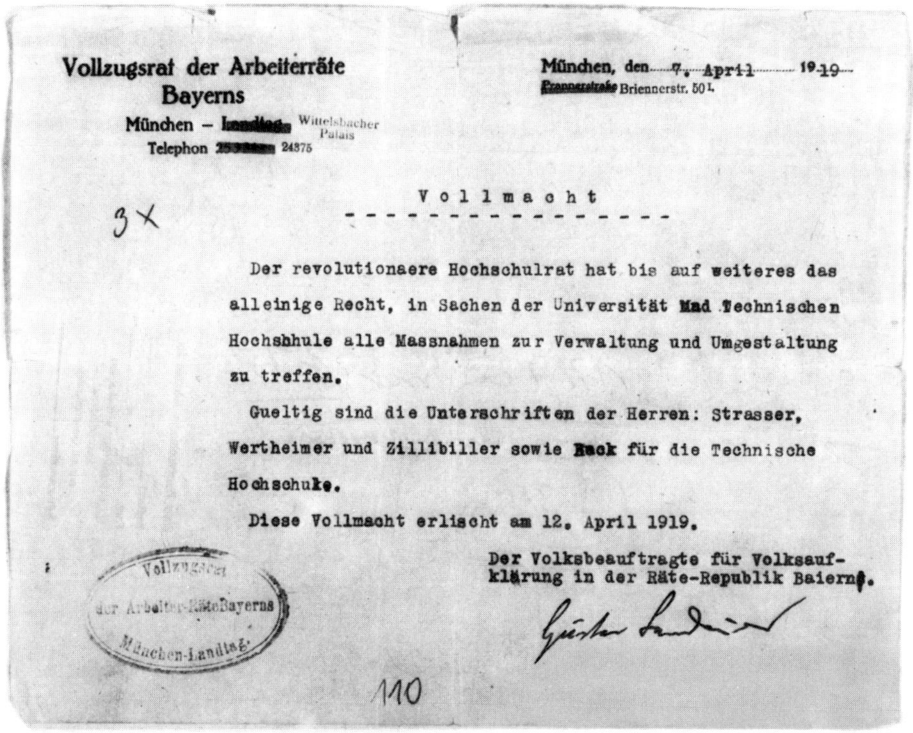

Vollzugsrat der Arbeiterräte Bayerns
München – [redacted] Wittelsbacher Palais
Telephon [redacted] 24375

München, den 7. April 1919
[redacted] Briennerstr. 50 I.

Vollmacht

3X

Der revolutionaere Hochschulrat hat bis auf weiteres das alleinige Recht, in Sachen der Universität und Technischen Hochshhule alle Massnahmen zur Verwaltung und Umgestaltung zu treffen.

Gueltig sind die Unterschriften der Herren: Strasser, Wertheimer und Zillibiller sowie Back für die Technische Hochschule.

Diese Vollmacht erlischt am 12. April 1919.

Der Volksbeauftragte für Volksaufklärung in der Räte-Republik Baierns.

Gustav Landauer

Vollzugsrat der Arbeiter-RäteBayerns München-Landtag

110

Vollmacht Landauers für den Revolutionären Hochschulrat.

Abbildung Seite 315: Titelseite der Münchner Neuesten Nachrichten vom 9. April 1919. Gerade bei der MNN ist der Einfluß Landauers während der Rätetage unübersehbar: ein längerer Beitrag seines Freundes Ludwig Berndl, Artikel aus früheren Ausgaben des ›Sozialist‹ und Holzschnitte von Aloys Wach erscheinen

Wilhelm Michel
Gustav Landauer

In der europäischen Revolution war dieser Schriftsteller der Erkenner und der Schöpfer. Erkenner nicht nur der Erkenntnis, sondern auch der Tatmöglichkeit. Geistige Hand des Wortes, des uralten Logos, der bei Johannes kein anderer ist als in dieser schöpferischen Umstürzung Europas. Prophet und Täter eines neuen Glaubens und schließlich, damit dieses ehrwürdigste Siegel nicht fehle, sein Opfer.

Er war der Verwirklichende, ausgestattet mit dem Auge des Gläubigen, aber auch mit jenen klammernden, sinnlichen, wühlenden Organen, mit denen der Fremdling, der Geist, Wurzel faßt im Feindseligen, dem Stoff. Scharf zu sagen: Ihm war nicht nur die *Forderung* des Geistes bekannt. Ihm war in seiner beneidenswerten Affinität zu Stoff und Gesetz dieser Welt all das geschenkt, was ihn zum Führer, Täter, Reinhalter dieser Revolution bestimmte. Er hatte Liebe zu den Menschen und klare Kenntnis ihrer tausend Mängel. Er kannte genau die sämtlichen Symptome der Verwirklichung, ihre heimlichen und offenen Fallstricke für den Geist, die schlimme Widersprüchlichkeit zwischen zweckvoller Tat und Reinheit des Gewissens. Er wußte kühne Schleichwege zwischen Buchstabe und Geist. Er hatte die ganze Leidenschaft des tatbereiten Revolutionärs und die domstille Reinheit des gotischen Gottesfreundes. In der Ausdrucksweise Susos zu reden: Er war dem ›Ausschlage‹ nach Politiker und Beweger äußerer Welt, dem ›Einschlage‹ nach Mystiker, als er fiel und als er begann.

Am Anfang seines Manneslebens stehen zu mystischer Erkenntnis geballte Verdichtungen des Geistes. Mit Fritz Mauthner, vielleicht durch ihn, fühlte er sich auf das trügerische Wesen der Sprache kritisch hingelenkt. Sprachkritisches Besinnen ist immer Beweis für beherrschende religiöse Richtung. Denn an der Sprache stößt sich nur, was übersprachlich ist. Daraus die spezifisch mystischen Grunderkenntnisse: Fesselung des Reinen an das Unreine als Urprinzip alles Gestaltens, durchgehende Bestimmtheit der Welt durch den schaffenden Widerspruch. Sprache, ein Urfall der Realisierung des Geistes, ward diesem Revolutionär und triebhaften Geistverwirklicher zu einem frühen Problem. Durch das Tor einer mystischen Verzweiflung an der Sprache schritt dieser Geist gewaffnet hinaus in die unabsehbaren Gebreite religiöser Tatbereitschaft. Der Sprachzweifler (so spricht es die kleine Schrift ›Skepsis und Mystik‹ aus) hat die Wahl, endgültig zu verstummen oder sich ins Handeln zu retten. Landauer wählte aus Zwang das zweite. Sein ganzes Manneswirken ist Darlegung mystischer Erkenntnis auf der Ebene politisch-sozialer Wirklichkeit.

Mit der größten Zartheit für den Geist, mit Schlangenklugheit und Taubenfrömmigkeit, voll der mutigen Freude des ersten christlichen Kommunismus regt sich lustvoll in ihm die junge Tat. Es wachsen ihr insgeheim die Flügel. Man verfolgt ihr Erkühnen in den Aufsätzen des ›Sozialist‹. Man sieht sie sich

Morgen-Ausgabe

Täglich zwei Ausgaben

Münchner Neueste Nachrichten

und Handels-Zeitung, Alpine und Sport-Zeitung, Theater- und Kunst-Chronik

Verantwortlich für die Redaktion: Titus Tautz.

Druck und Verlag: Knorr & Hirth, Münchner Neueste Nachrichten, Sendlingerstr. 80.

Süddeutsche Zeitung

Fernruf: 25231 oder 26231

Postscheckkonto: 5920 München

Monatlicher Bezugspreis: Bei unseren Geschäftsstellen in München, mit General-Anzeiger Mk. 2.50. Durch die Post bezogen: In Deutschland Mk. 2.50, (mit General-Anzeiger Mk. 3.—), Oesterreich Kr. 3.97, Schweiz Fr. 1.90, Luxemburg Mk. 1.64, Schweden Kr. 1.75, Norwegen Kr. 1.61, Dänemark Kr. 1.38. — (Auch vierteljährlicher Bezug ist zulässig). — Vierteljährlicher Bezugspreis für die Niederlande fl. 3.25 (Auch monatlicher Bezug ist zulässig.) — Nach den übrigen Ländern: Streifband-Versand monatlich M. 5.20. — Einzel-Nummern in München 10 Pfg., nach auswärts 15 Pfg. gegen vorherige Einsendung.

Anzeigenpreis: Die 11 mal gespaltene Grundzeile Mk. 1.20 — Lokal-Anzeigen nach aufliegendem Tarif. — Größe-, Platz- und Tag-Vorschriften ohne Verbindlichkeit.

Mittwoch, 9. April 1919 — **Knorr & Hirth, München** — **72. Jahrgang Nr. 161**

An die Münchener Bevölkerung!

München, 8. April

• **Die tollsten Gerüchte werden von unbedenklichen Politikern in die Welt gesetzt und von der verängstigten Bevölkerung geglaubt und mit immer neuen und wilderen Zutaten versehen. Volksgenossen! Ihr wißt nicht, was Räterepublik heißt. Ihr werdet sie jetzt an der Arbeit sehen. Die Räterepublik bringt die neue Ordnung. Die Räterepublik schützt die Schwachen, zu denen auch weite Kreise des Mittelstandes und der kleineren und mittleren Beamten gehören. Niemand denkt daran, Eure Sparkassenguthaben anzutasten. Für den Schutz der Stadt München wird ausgiebig gesorgt. Wer plündert, wird erschossen. Mit strengsten Strafen durch das Revolutionstribunal wird jeder, wer gegenrevolutionäre Umtriebe anzettelt, wer Druckschriften verbreitet, auf denen die für Abfassung und Druck Verantwortlichen sich nicht nennen, wer Gerüchte verbreitet, welche die öffentliche Sicherheit gefährden, wer zu einer Form des Bürgerstreikes auffordert oder sich derart daran beteiligt, daß Gesundheit und Wohl der arbeitenden Bevölkerung bedroht sind. Wir haben den sicheren Nachweis, daß die massenhaft verbreiteten anonymen Flugblätter, in denen schamlose Judenhetze getrieben wird, und deren Ergebnis sein könnte und sein soll, daß es zu schweren Ausschreitungen gegen die jüdische Bevölkerung kommt, aus Norddeutschland hierhergeschickt worden sind in der bewußten Absicht hier in der Hauptstadt Baierns blutige Zusammenstöße und Zustände hervorzurufen, wie sie sich in Berlin durch die Schuld der dortigen Regierung abgespielt haben. Wir haben Frieden in der Bevölkerung und werden ihn behalten, wenn wir in unserer Arbeit für den Aufbau der neuen Gesellschaft nicht durch verantwortungslose Elemente gestört werden.**

Die Banken bleiben nur noch den heutigen Tag geschlossen; die unbedingt notwendige Umgestaltung der inneren Organisation dieser Betriebe erfordert es.

Der revolutionäre Zentralrat in der Räterepublik Baiern.

Niekisch, Soldmann, Landauer, Dr. Franz Lipp.

Die Wirkung der Ausrufung der Räte-Republik in Baiern

T. **Kempten** i. Allgäu, 6. April

An den Zentralrat, München

Resolution! Die heute im Stiefel in Kottern tagende öffentliche Volksversammlung fordert mit allem Nachdruck von dem Zentralrat der Arbeiter-, Soldaten- und Bauernräte in München die sofortige Ausrufung der Räterepublik, die nur allein gewährleistet, daß die Errungenschaften der Revolution gesichert werden. Mit tiefer Entrüstung haben wir durch die telephonischen authentischen Mitteilungen erfahren, daß München vom dogmatischen Parteistandpunkt getragen ist und den Wünschen des gesamten Proletariats nicht Rechnung trägt. Wir rufen zur Tat auf, diese Resolution ist sofort an alle größeren Städte telegraphisch zu übermitteln, um gemeinsames Handeln zu ermöglichen.

T. **Fürth**, 6. April

An den Zentralrat

Die Vollsitzung des Arbeiter- und Soldaten-Rates Fürth, sowie die gesamte Garnison Fürth steht auf dem Boden der Räteregierung und ersucht den Zentralrat Baierns, die Räterepublik nunmehr zu proklamieren. Die Bildung einer Roten Armee aus revolutionär-sozialistischen Arbeitern soll sofort vorgenommen werden.

A.- u. S.-Rat Fürth: Haller. Häusler

T. **Plattling**, 5. April

An den Zentralrat des freien Volksstaates Baiern

Die Soldaten und Arbeiter Plattlings stehen geschlossen auf dem Boden der Räterepublik und erwarten vom Zentralrat die sofortige Ausrufung der Räterepublik, sowie den sofortigen Anschluß an die Sowjetregierungen Rußlands und Ungarns. Brudergrüße.

Huber, Landessoldatenrat; Brocher, Arbeiterrat.

T. **Markt Indersdorf**, 6. April

An den Vollzugsrat der Arbeiterräte Baierns

Der Arbeiter- und Bauernrat Indersdorf begrüßt die politische Umwälzung und wird im Sinne der Räte in der Gemeinde Indersdorf wirken.

Arbeiter- und Bauernrat Indersdorf
Vorsitzender: Bauer.

T. **Deggendorf**, 5. April

An den Zentralrat, München

Der Arbeiterrat Deggendorf steht auf Seite der Räterepublik und beglückwünscht den Zentralrat zu dem großen Erfolg.

Arbeiterrat Deggendorf.

*

• **Augsburg**, 8. April. Gestern vormittag 10 Uhr erfolgte hier durch berittene Abteilungen die Ausrufung der Räterepublik. Gleichzeitig wurde die Bevölkerung durch öffentliche Anschläge von der neuen Revolution in Kenntnis gesetzt und aufgefordert, Ruhe zu bewahren und den Weisungen des A.- u. S.-Rates unbedingt Folge zu leisten. Der Belagerungszustand wird in der bisherigen Weise streng durchgeführt. Ein Revolutionsgericht wird jeden Anschlag gegen die Räterepublik sofort rücksichtslos ahnden. Nach Bekanntwerden des Aufrufes wurde in sämtlichen Betrieben die Arbeit eingestellt. Der heutige Tag wurde als Nationalfeiertag erklärt. Durch die Straßen der Stadt wogte eine immer mehr anschwellende Menschenmenge. Gegen ½12 Uhr zog die Arbeiterschaft aus den Fabriken in geschlossenem Zuge mit roten Fahnen und Tafeln unter Hochrufen auf die Räterepublik vor das Rathaus, wo um 12 Uhr die Proklamierung der Räterepublik offiziell erfolgte. Die Führer der Bewegung hielten vom Balkon des Rathauses aus nacheinander Ansprachen an das Proletariat, deren Ausführungen mit brausendem Beifall und Hochrufen aufgenommen wurden. Das Wort ergriffen der Vorsitzende des Arbeiterrates und der Kommunistenführer Marx. Nach mehreren Ansprachen ging die gewaltige Menschenmenge unter erneuten Hochrufen auf die Räterepublik ruhig auseinander. Die Bürgerschaft verhält sich vollkommen ruhig.

* **Augsburg**, 7. April. Der Telephonbetrieb, der gestern den ganzen Tag über gesperrt war, wurde heute im Ortsverkehr wieder zugelassen. Dagegen bleibt der Fernsprechverkehr nach außerhalb nach wie vor gesperrt. Die Bewaffnung des Proletariats wurde heute in den Betrieben durchgeführt. Im Laufe des gestrigen und heutigen Tages wurde eine Reihe von Verhaftungen angesehener Bürger und Offiziere vorgenommen. Der Regierungspräsident wurde in Schutzhaft genommen.

Rosenheim, 8. April. Die revolutionäre Arbeiterschaft und die Soldaten in Rosenheim stehen geschlossen hinter der revolutionären Räterepublik.

Leonberg (Oberpf.). Die heute in Leonberg, Maxhüttengebiet, tagende Parteiversammlung, besucht von 300 Personen, fordert energisch sofortige Ausrufung der Räterepublik Baiern.

U.S.P. Leonberg.

Linz, 8. April. Zu dem höchst erfreulichen Fortschritt in der Verwirklichung des wahren Sozialismus übermittelt das revolutionäre Proletariat Oberösterreichs allen baierischen klassenbewußten Proletariern seine aufrichtigen Grüße und gibt seiner besonderen Freude darüber Ausdruck, daß jede Zusammenarbeit mit der blutbefleckten Regierung Ebert-Scheidemann-Noske abgelehnt ist. Hoch die Diktatur des Proletariats!

Sekretariat der K. P. Oberösterreichs.

* **Kundgebung des Landesbauernrates an die Bauernschaft und den gesamten Mittelstand in Stadt und Land.** In einer Sitzung des Zentralrates, die unter Zuziehung der Minister und der Vertreter der mehrheitssozialistischen und der U. S. P.-Partei in der Nacht vom 4. auf den 5. April im Ministerium für militärische Angelegenheiten stattgefunden hat, wurde die Ausrufung der Räterepublik Baiern beschlossen. Der Vorsitzende des Landesbauernrates Abg. Gandorfer gab für den Bauernrat folgende Erklärung ab: Der Bauernrat ist mit der Einführung der Räterepublik unter folgenden Bedingungen einverstanden und zur weiteren Mitarbeit bereit:

1. Sozialisierung in der Landwirtschaft darf durch das Zentralwirtschaftsamt nur unter Mitwirkung des Landesbauernrates und nur bei Betrieben im Umfange von über 1000 Tagwerk durchgeführt werden. Weitere notwendig werdende Sozialisierung landwirtschaftlicher Betriebe unter 1000 Tagwerk muß dem Landesbauernrat überlassen bleiben und kann sich nur auf landwirtschaftliche Betriebe erstrecken, die nachweislich schlecht bewirtschaftet werden. Die Prüfung hat von Fall zu Fall durch den Landesbauernrat unter Zuziehung der Kreis-, Bezirks- und Lokalbauernräte zu erfolgen. Oberstes Gesetz bei der Sozialisierung muß auch in Zukunft die Sicherung der Volksernährung bleiben.
2. Handel, Gewerbe und Kleinindustrie müssen von der Sozialisierung verschont bleiben.
3. Gegen die Gewalt- und Erpresserpolitik der Reichsregierung muß mit Entschiedenheit vorgegangen werden. Alle Sonderrechte Baierns müssen gewahrt bleiben.

Der Landesbauernrat bittet die gesamte Landbevölkerung, der weiteren Entwicklung mit Ruhe und Vertrauen entgegen zu sehen. Der Landesbauernrat wird die Rechte der Bauern und der gesamten mittelständischen Berufe zu wahren wissen.

Erklärung.

Die Redaktion der „M. N. N." hat es abgelehnt, sich der Zensur der Presse-Abteilung des provis. revolutionären Zentralrates zu unterwerfen. **Infolgedessen hat die Presse-Abteilung des provis. revolutionären Zentralrates von heute an die Redaktion der „M. N. N." übernommen.**

Der prov. Volksbeauftragte für Volksaufklärung
Landauer.

Beginn der Sozialisierung

• Um die Sozialisierung vorzubereiten, werden alle Unternehmungen unter gesellschaftliche Kontrolle gestellt. Alle Betriebe gehen ungestört weiter; Störungen seitens der Unternehmer, seitens einzelner Angestellter oder Arbeiter, welche den Betrieb ernstlich gefährden, sind dem Zentralwirtschaftsamt zu melden. Soweit provisorische Fachräte bestehen, haben diese die Meldung durchzuführen. Alle leitenden Persönlichkeiten, Direktoren, Ingenieure haben ihre Arbeit fortzusetzen, aber die Kontrolle der Geschäftsgebarung und der Geldbewegung durch die ordnungsgemäß gewählten Vertreter der Betriebsräte oder Arbeiter- und Angestelltenausschüsse zu ermöglichen.

Sollten die Arbeiter- oder Angestelltenausschüsse oder die Betriebsräte im Interesse der Aufrechterhaltung der Betriebsführung oder des öffentlichen Wohles Aenderungen in der Leitung für nötig erachten, so sind die entsprechenden Vorschläge dem Zentralwirtschaftsamt zu übermitteln. Vereinzeltes Vorgehen in Industriebetrieben, Banken, Sparkassen, Warenhäusern usw. hat im Interesse der Vollsozialisierung zu unterbleiben.

In den nächsten Tagen treten bereits die Fachräte der Arbeiterschaft, denen Techniker zur Seite stehen, zusammen, um die Sozialisierung zu beginnen.

Der revolutionäre Zentralrat:
gez. Toller.

Verordnung über die Sozialisierung des Bergbaues

• Artikel 1. Die sämtlichen im baierischen Staatsgebiet gelegenen Bergwerke — vorbehaltlich der endgültigen Regelung — werden zum Zweck der Sozialisierung nach Maßgabe der folgenden Bestimmungen sofort unter gesellschaftliche Kontrolle gestellt.

Artikel 2. Die gesamte Verwaltung und Betriebsführung sämtlicher Bergwerke untersteht künftig auch in wirtschaftlicher Beziehung, insbesondere was die Geldgebarung und Preisbildung anlangt, der öffentlichen Aufsicht.

Artikel 3. Die Aufsicht obliegt nach näherer Anweisung der Regierung dem Zentralwirtschaftsamt im Benehmen mit dem Arbeiterkontrollrat, dem Bergarbeiterrat, dem Staatskommissar für Demobilmachung, dem Oberbergamt, der staatlichen Bergwerksverwaltung, dem Fachrat und den sonst beteiligten Stellen.

Artikel 4. Die Regierung kann durch das Z. W. A. alle Anordnungen treffen, die im öffentlichen Interesse oder im Interesse der Arbeiter oder Angestellten veranlaßt sind. Kommt das Bergwerk den Anordnungen nicht nach, so kann das Z. W. A. die weiter erforderlichen Maßnahmen treffen.

Artikel 5. Zusammensetzung und Befugnisse des Bergarbeiterrates und Fachrates werden durch besondere Verordnung der Regierung bestimmt. Sachverständige können zur Mitarbeit herangezogen werden.

Artikel 6. Das Z. W. A. und der Kontrollrat werden bei den einzelnen Bergwerken durch die Betriebsräte unterstützt. Die Befugnisse und die Zusammensetzung der Betriebsräte werden durch die Verordnung der Regierung bestimmt.

Artikel 7. Das Gesetz tritt mit der Verkündigung in Kraft.

Der revolutionäre Zentralrat:
gez. Toller.

Volkskommissar für Wohnungswesen

Verordnung über Beschlagnahme und Rationierung der Wohnräume.

Auf Beschluß des Zentralrats wird verfügt:

1. **Während der Wohnungsnot werden sämtliche Wohnräume in Baiern beschlagnahmt.** Damit geht das Verfügungsrecht über freie und frei werdende Wohnräume auf die Gemeinden über.
2. **Die Veräußerung von Häusern an Personen, die vor dem 1. August 1914 nicht ihren Wohnsitz in Baiern hatten, kann nur mit Zustimmung des Volkskommissars für Wohnungswesen erfolgen.** Die Veräußerung von Häusern an sonstige Personen, sowie jede sonstige Ueberlassung von Häusern bedarf der Zustimmung der Gemeinde.

Die neue Kunst

• Ehe die politische Revolution war, war die Revolution der Kunst. Lange bevor das Ende des Weltkrieges dem Geist der neuen Zeit vollends die Bahn frei gemacht hat, war dieser Geist in der neuen Kunst lebendig geworden. Das ist es, was heute das werktätige Volk wissen muß, daß die jungen Künstler und die junge Kunst seine Bundesgenossen sind.

Es ist der Geist der brüderlichen, der alles umfassenden Gemeinsamkeit, es ist der Geist der lebendigen Massenbewegung, der diese Kunst erzeugt hat, der ihre Formen gebiert und sie durchstrahlt. Sie hat sich in bewußten Gegensatz gestellt zu der alten Kunst, der das Individuum, der einzelne Mensch, Grundwert und Ziel war für die Lebensanschauung und die künstlerische Darstellung.

Der Geist einer Kunst spricht sich rein in ihrer Form aus. Gerade weil die neue Kunst sich ihrem Geiste nach völlig der herrschenden Ueberlieferung entgegenstellte, ist auch ihre Form ein völlig Neues, ein Fremdes, das die Menschen noch seltsam anmutet, das die Vielen des Volkes, welche diese Kunst nicht haben wachsen sehen, noch nicht erkennen als das zu ihnen Gehörige.

Aber die Kunst ist heute, wo ein neuer Kulturzustand geschaffen werden soll, ein unentbehrliches und wesentliches Mittel der äußeren und inneren Organisierung des Gesellschaftslebens. In allen Formen der räumlichen Anschauung, in der einzelnen Architektur und im ganzen Städtebau, in den Denkmälern, in der inneren Ausstattung der Wohnräume bis herab zum Gebrauchsgerät, in den Bildern des Buches und der Zeitung und in den freien Schöpfungen soll die Kunst einen Ausdruck schaffen für den herrschenden Geist des Gemeinschaftslebens, damit sich dieses als ein in sich harmonisches Kulturganzes darstelle.

Der hohen Aufgabe ist sich die junge Kunst bewußt. Sie steht notwendig vermöge ihrer eigenen Art im Dienste der revolutionären Gesellschaftsideale, und sie hat nicht gezögert, die Arbeit aufzunehmen, die ihr hier geboten ist. Sie will dem werktätigen Volke zeigen, daß sie für es arbeitet und mit ihm eines Sinnes ist.

Bald wird die Zeit da sein, wo jeder Volksgenosse fühlt: das ist meine Kunst, das ist die Kunst des Volkes. Habt ein wenig Geduld und ihr werdet diese Formen, die euch befremden, lieben; ihr werdet euch unter ihnen heimisch fühlen, wenn sie die Formen eures Lebens geworden sind.

Die neue Kunst jubelt der Weltrevolution zu. Sie weiß, daß nun auch der Tag ihres eigenen Sieges gekommen ist.

Coellen

Holzschnitt — **Verbot der Kinderarbeit** — A. Wach

Die Kunst und das Proletariat

Die Kunst ist das große Mittel. Sie hat keinen Zweck in sich, sie hat dem neuen Leben, das wahre Gemeinschaft sein soll, zu dienen, zu ihm aufzurufen und anzufeuern.

Sie hat die Menschen reif zu machen und ihnen das Gewissen und die reine Schönheit zu geben, die alle menschlichen Beziehungen von nun an lebendig bestimmen sollen.

Endlich ist der Künstler an die Stelle gerückt, die ihm gebührt, in die Mitte und in den fruchtbaren Anschluß an die hilfreich tätige Wirksamkeit und den sinnvollen Plan der allgemeinen Arbeit. Nur der Künstler hat Bestand und Recht, der sich dieser verpflichtungsreichen Rolle bewußt ist. Nur der hat ein Recht, sich Künstler zu nennen, dessen Arbeit, sei sie welcher Art sie wolle, notwendig und gut für den Menschen ist, um sich als Mensch zu fühlen, um seine menschliche Aufgabe zu begreifen und stärker und selbstgewisser zur Vollkommenheit aufzustreben.

Kunst ist weder Luxus noch Vergnügen.

Kunst ist Brot; der unterdrückte, leidende, endlich sich befreiende Mensch ist hungrig nach Wahrheit und Schönheit. Nur was diesen Hunger stillt, ist Kunst. Die Kunst ist allen Menschen zugänglich zu machen. Sie ist rein zu halten von den leeren, überflüssigen, viel zu vielen schlechten und verseuchenden Erzeugnissen der alten Gesellschaft. Das Gute muß durchgesetzt werden.

Aktionsausschuß revolut. Künstler München.
J. A.: Titus Tautz.

mächtig ausbreiten in dem ›Aufruf zum Sozialismus‹ – aus Verzweiflung an einer Welt kommend ein tätiges Ausschütten aller Kraft zur Erzeugung einer neuen Erde.

Ich weiß mir kaum etwas Schöneres als dieses Ausbreiten aller Elemente menschlicher Tat, wie es der ›Aufruf‹ leistet: Übermütiges Vertrauen auf des Geistes Mächtigkeit; wissende, behutsame Sorge um seine Reinheit und zärtliche Natur; gütige Strafe; Mahnung für alle Arten von Trägheit; weise menschliche Abgrenzungen (gegen bolschewistischen Marxismus, Proletarierhochmut, radikales Philistertum), in aller Erörterung mitrollend ein grenzenloses Weltverständnis und feinste Urbanität mit Gott und Teufel – weltinnige Seinsliebe, hinschattend auf die Ebene revolutionären sozialen Geschehens. Gedanke und Urteil stets in blühender, bezaubernder Bewegsamkeit, nie erstarrend in irgendeinem eingefrorenen Haß. Alle Landauersche Politik ist noch jung, unmittelbar aus Liebe gewachsen, noch betaut von paradiesischer Menschlichkeit. Und doch sehr ernst getrieben vom absoluten Zwange zum Werk, von der Entschlossenheit eines, der alle Schiffe hinter sich verbrannt hat. Ein Gefangener seines Glaubens, unrettbar verfallen dem erkannten Werk und Weg. Ja: Wenn man zugesteht, daß Mystik die wesentliche Weltfreundschaft von Geistesseite her ist, dann war Landauer ein Spätling echter deutscher Geistesinnigkeit, und wie Novalis den Jakob Böhme, so sehe ich diesen Täter des Worts an als einen ›gewaltigen Frühling mit seinen quellenden, treibenden, bildenden und mischenden Kräften, die von innen heraus die Welt gebären, ein echtes Chaos von dunkler Begier und wunderbarem Leben . . .‹. Dies alles plus jenes tiefen sittlichen Müssens und jener außerordentlichen geistigen Angemessenheit an die Welt der Zwecke, die ihn zum großen Tatmenschen vorherbestimmten. Plus vor allem auch einer durchdringenden Vernünftigkeit, in der soviel edle Kälte wie Feuer ist. In diesem Kopf war ein beschwingter Intellekt, ein durchaus begeistertes Sehen der Tatsachen, ein reifes Fühlen und dichterisches Abwägen dessen, was ist. Enges Beisammen also von Nüchternheit und Begeisterung; hierzu Hölderlin: »Da, wo die Nüchternheit dich verläßt, da ist die Grenze deiner Begeisterung.«

Hauptzeuge dieser Seite seines Wesens ist der Band ›Rechenschaft‹. Auch er, Landauer, nicht gefeit gegen die schmerzlichen Widersprüche, die sich jedem Verwirklicher des Geistes ergeben. Sie ringen jedem ihren Zoll ab, das Urhäßliche und Niedrige, das Schöpferische: den Kompromiß. Auch Landauer zahlt ihn – in der entscheidenden Frage der Gewalt. 1911 stellt er die Frage: Wollen die Arbeiter des Landes unter irgendwelchen Umständen den Krieg? Und antwortet: Die Arbeiter können nie einen Krieg wollen . . . 1912 wird es ihm zu neuer Erkenntnis, daß, solange die Völker nicht solidarisch sind in ihrem Kampf gegen Krieg und Staat, »auch die revolutionären Nationen werden kriegerisch gerüstet sein müssen«. Es ist ein großes Schauspiel, diesen reinen Geist sich mit der Sünde dieses Wortes beladen zu sehen: Er selbst ein Gesandter jener Einsicht, die uns ein solches Wort als *Sünde* konnte fühlen lassen. Er, der fast das Wunder vollbrachte, gnostische Weltfremdheit des Geistes unberührt durch heroische Tatbereitschaft zu tragen; dem die Verpflichtung zur geistlichen ›plena lenitas‹ heiliger innerer Zwang war, nicht, wie der Kirche zur Zeit der Inquisition, eine äußerlich gewahrte, sachlich grausam verhöhnte Formel. Heldentum noch in diesem Kompromiß, der ihm selbst ›eine furchtbare Erkenntnis‹ war, geadelt durch Schmerz und gütiges Wissen, daß auch ihm der Weltwiderstand nicht erspart bleiben konnte.

Ein Dichter. Hineingestellt in die Welt der Zwecke zu einem Zeitpunkt, da die Tat sich endlich wieder aus dichterischem Geiste speisen muß. *Muß*, soll sie anders mehr sein als gefährliches Wüten oder belanglose Geschäftigkeit. Ein Täter der Tat, dessen Gestalt in Hölderlinschem Geiste umrissen scheint. Einzelne Abschnitte aus dem ›Aufruf‹ lesen sich wie aus den späten Hymnen Hölderlins in moderne politische Prosa transponiert; so die Idee des Dichters als des einsamen Vorwegnehmers des Volkschores, der Kultur als Produkt der starken Freude, alles Geistes als Gemeingeistiges. Wesenstiefe Beziehung dieses Revolutionärs zu Hölderlin ergibt sich aus seinem im März 1916 zu Berlin gehaltenen Vortrag ›Friedrich Hölderlin in seinen Gedichten‹, wiedergegeben in den ›Weißen Blättern‹, Juni desselben Jahres: Tiefste Liebe, innigstes seelisches In-Eins-Schwingen zeichnet hier alle feinsten, zartesten Züge in Hölderlins Wesen nach. Prophetie ist geworden, was dieser Vortrag gegen Schluß aussprach: »Brauchen wir Helden, die nicht zerstören und wettern, sondern bauen, ordnen und segnen, brauchen wir Helden der Liebe, so ist Hölderlin unsrer Zukunft, unsrer Gegenwart ein führender Geist.« Liebe, Tolstoj-Geist, Arbeit in Geduld und Stille, Revolutionierung vom kleinsten Lebenskreis jedes einzelnen aus, strahlende, flutende Menschlichkeit, Echtheit des Tuns – in diesen Oberbegriffen schwingt das Wesentliche seines Programms, das kein Programm ist, sondern fast reines Lied, apostolischer Brief.

Es ist in den sagenhaften Kampf dieser Tage nichts Aufgewühlteres, Strömenderes, Liebenderes hineingerufen worden als die Schlußworte des ›Aufrufs‹: »Was liegt am Leben? Wir sterben bald, wir sterben alle. Wir leben gar nicht. Nichts lebt, als was wir aus uns machen; die Schöpfung lebt; das Geschöpf nicht, nur der Schöpfer. Nichts lebt als die Tat ehrlicher Hände und das Walten reinen, wahrhaften Geistes.« Liebe, die nackt aus ihren Hüllen und Besitztümern herausgeht in das furchtbare Opfer, aus der Lüge des welt- und ichsüchtigen Scheins in das Seiend-Sein von Gott und Geist; unendliche liebende Erschwungenheit, gewillt, alles Leiden hilfreich zu umarmen und tausend blinde Augen dem Licht der Güte und Gerechtigkeit aufzutun.

Im Hofe des Gefängnisses von Stadelheim ward dies erschlagen und zerstampft von armen Tieren, die er erlösen wollte.

Martin Buber

Landauer und die Revolution

Es hat in Deutschland in der Zeit seiner größten Gottferne einen Mann gegeben, der wie kein anderer Mensch dieses Landes und dieser Stunde zur Umkehr aufrief. Um einer kommenden Menschheit willen, die seine Seele schaute und begehrte, stritt er gegen die Unmenschlichkeit, in der er leben mußte. Aber sein echtes Kämpfertum verschmähte den Scheinkampf der Politik. Er schloß sich keiner der Parteien an, die gegen das Bestehende anrannten, um sich des Bestehenden zu bemächtigen. Das Parteiwesen, das mit seinem fiktiven Zusammenschluß das natürliche Zueinanderkommen und Miteinanderwirken, die natürlichen Verbände der Menschen verdrängt, erschien ihm als des verrotteten Staatswesens verrottetster Teil. Staatsbureaukratie und Parteibureaukratie, Regierungsdemagogie und Parlamentsdemagogie gehörten vor seinen Augen zusammen. Den Staat erkannte er als ein Gebilde des Zwangs und der Gewalt, an dessen Erhaltung alle Parteien interessiert waren, auch die ihn zu bekämpfen vorgaben; auch die Partei, die sich die sozialistische nannte und die in Wahrheit nur aus den Proletariern des kapitalistischen Betriebs Staatsproletarier, aus allen Menschen Wirtschaftsbeamte des Staates machen wollte. Gustav Landauer verwarf diesen Staat, weil er nach einem wahren Gemeinwesen, nach einem Bund wahrer Gemeinden, Verlangen trug; er verwarf diesen zentralistischen, mechanistischen Scheinsozialismus, weil er einen föderalistischen, organischen Gemeinschaftssozialismus in seiner Sehnsucht trug. So mußte er in einer Gesellschaft, in der alles öffentliche Leben zur Politik verengert und aller umgestaltende Wille zur Parteiung erstarrt war, ohne Verbündete bleiben. Und er hatte es schwer, für seine Wahrheit zu werben. So mächtig und feuerbeseelt seine Rede war, sie erschütterte immer nur einzelne: die wenigen, die innerlich offen und bereit waren. Forderte er doch ein Unerhörtes: daß man sich nicht damit begnüge, eine Idee anzuerkennen und sich zu ihr zu bekennen, sondern daß man mit ihr Ernst mache und sie zu verwirklichen beginne, daß Sozialismus nicht eine Sache von dann und dort, sondern von jetzt und hier sei. Solch einer Forderung standen Proletarier und Intellektuelle gleich stumpf und unzugänglich gegenüber: die Proletarier, weil sie in der Lehre aufgewachsen waren, der Sozialismus sei der unausweichliche Endzustand einer unabänderlichen, wissenschaftlich zu errechnenden Entwicklung, und weil diese Lehre in ihnen den unbefangenen Wagemut, das Urprinzip alles verwirklichenden Beginnens, erstickt hatte; die Intellektuellen, weil sie dem gesellschaftlichen Geschehen und den elementaren Beziehungen zwischen den Menschen entweder völlig entfremdet waren oder sie mit politischen Schlagworten meistern zu können vermeinten. In diese Wüste der stumpfen und unzugänglichen Seelen rief Gustav Landauer sein Metanoeite. Er sagte dieser Welt des Ungeistes, in der wir leben, dieser haltlosen, mittelpunktlosen Welt der kapitalistischen Zivilisation, den Untergang an. Aber nicht einen, hinter dem ablösungsbereit eine inzwischen fertig gewordene sozialistische Welt wartet. Er wußte, daß hinter dem Kapitalismus nichts anderes wartet als seine eigene Fäulnis und Verdammnis. An dieser Fäulnis und Verdammnis muß, das wußte Landauer, die abendländische Kultur, muß das, was einstmals abendländische Kultur war und heute ohne deren Geist, aber mit deren Angesicht und Gebärde fortlebt, zugrunde gehen. Wenn in früheren Epochen der Geschichte der Tod über die Kultur eines Volkes oder einer Völkergruppe kam, erschien er in der Gestalt ausgeruhter Völker, die in die Zersetzung einbrachen, und die wandernde Wolke entlud sich erst in zerschmetterndem Blitz, dann in befruchtendem Gewitterregen. Heute aber, das wußte und verkündete Landauer, ist die Anähnlichung der Völker in Zivilisation und Dekadenz so weit gediehen, daß solche Hoffnung uns nicht mehr zusteht. Es muß, wenn dieses Ende nicht das der Erdmenschheit sein, wenn sich diesem Untergang ein Aufgang gesellen soll, ein Urneues geschehen, eine neue Art der Erneuerung, ›eine Erneuerung, wie sie in der uns bekannten Menschenwelt noch nicht war‹. Die Rettung kann in dieser entscheidenden Weltstunde nirgendwo anders mehr herkommen als aus uns selber, aus unserm innersten Entschluß und unserer innersten Verwandlung. Von keinem Außen mehr winkt uns das Heil, nur noch aus der eigenen Wiedergeburt, der Wiedergeburt der Völker aus dem Geist der Gemeinde. Wird sie sich vollziehen? Wir wissen es nicht, antwortet Landauer, wir können es nicht wissen; »wir wissen es nicht und wissen *darum,* daß der Versuch unsere Aufgabe ist«. »Wir haben nichts vor uns und alles nur in uns.« So müssen wir beginnen, müssen wahre Gemeinschaft stiften, Gemeinschaft aus Gemeinden, neuen Bund, ein neues Volk. »Sozialismus ist Umkehr und Neubeginn.« Wo immer sich eine echte, lebendige Gemeinschaftszelle bildet, ist sie ein Anfang des neuen Lebens.

So lehrte Gustav Landauer, so rief er auf. Und langsam, mit jener herben, bedeutungsvollen Langsamkeit, wie sie im Gegensatz zu den Parteien und Organisationen den echten Bewegungen des Geistes eigen ist, sammelten sich Menschen um ihn. Richtige und unrichtige Menschen, verstehende und mißverstehende, zum vollkommenen Opfer bereite und Mitläufer; immerhin, der wachsende Kern einer Gemeinschaft. Der ›Sozialistische Bund‹ entstand, ein Geringes erst, aber doch eine Stätte, wo wie nirgendwo anders im deutschen Land der Klassenunfug im Feuer des Miteinander schmolz und ein einiges Menschentum geschmiedet wurde. Die Zeitschrift ›Der Sozialist‹ entstand, von Mitgliedern des Bundes verfaßt, gedruckt und verlegt, die sechs Jahre hindurch, von 1909 bis 1914, das charaktervollste, also das beste Blatt Deutschlands war. All dies in Stille und Echtheit, jenseits der Politik, jenseits der Parteien, jenseits des Kapitals, jenseits des Getriebes, in wahrhaft aufbauender Arbeit. Ein Anfang war da.

Da kam der Krieg.

Landauer hatte von 1909 an diesen Krieg vorhergesagt. Er hatte gezeigt, daß der Gewaltstaat nach außen hin nichts anderes sein kann als ›eine Kampforganisation zur Behauptung und Eroberung gegen die anderen Staaten‹. Er hatte gezeigt, daß das aus diesem Wesen des Staates hervorgegangene System des bewaffneten Friedens zum Krieg der großen Staaten gegeneinander führen muß;

er hatte in zwanzig denkwürdigen Aufsätzen und Flugschriften die nahende Katastrophe beschrieben. Er hatte unablässig gewarnt und gemahnt; aber nicht zur Erhaltung des Friedens gemahnt: er wußte, daß es zwischen den Staaten keinen Frieden geben kann; nicht zu internationalen Vereinbarungen: er wußte, daß sie nur durch Phrasen und Gesten die öffentliche Lüge verdecken können; er mahnte zu dem einzigen wahren Kampf gegen den Krieg, zum Kampf gegen den Staat; er mahnte zu einem Generalstreik der Arbeiter, der aber nicht ein Nein, sondern den Anfang eines neuen Ja bedeuten würde. Aber sein Wort hatte die in der Parteidogmatik und Parteitaktik befangenen Massen nicht ergriffen. Was er angesagt hatte, traf ein. Und damit fiel zusammen, was er in Jahren stiller Arbeit aufgerichtet hatte. Denn unter der Militärdespotie konnte es keine wahrhaft sozialistische Sache mehr geben, keinen sozialistischen Bund, keine sozialistische Schrift, keine sozialistische Rede.

Im Anfang des Krieges, ehe Landauer seiner Sache verstummte, sprach er noch als erster das wesenhafte Wort, das in späteren Jahren viele nachgesprochen haben, das damals aber unempfangen und unerwidert blieb: »Keiner ist schuldig, alle sind schuldig. Alle – auch wir sind schuldig.« Fortan trug er durch die Jahre des Krieges in schweigsamem Herzen »das unstillbare Verlangen nach der Stunde, wo dieser Riese, der Krieg der andern, rasselnd zu Boden bricht und, nach einem Augenblick zauberhafter Verwandlung und Erneuerung, aufsteht als mein Krieg um die Durchsetzung und den Umschwung«. Diesem Augenblick entgegenharrend, schwieg er fortan von seiner Sache. Er redete nur noch von Dingen der gedanklichen und künstlerischen Schaffung. Und doch, wovon immer er sprach, er sprach in Wahrheit nur von seiner Sache. Wenn er den Lear deutete, schilderte er den Zusammenbruch einer Scheinwelt der Macht und Willkür, und wenn er Hamlet deutete, »den geistigen Menschen der neuen Tat, der in dieser unsrer Welt der Vereinsamte, der Aufrührer, der Höhnische und der Dichter ist, der Worte ballen muß, weil man ihm nicht Menschengesellschaften zu formen gönnt«. Seiner Ausgabe von Briefen aus der Französischen Revolution schickte er im Juni 1918 den Wunsch voraus, ›die intime Kenntnis des Geistes und der Tragik der Revolution möchte uns in den ernsten Zeiten, die vor uns stehen, eine Hilfe sein‹.

Und wieder traf es ein: der Augenblick, dem er entgegengeharrt hatte, kam. Der Krieg endete, wie er enden mußte, und in dem besiegten Deutschland brach die Revolution aus, oder ein Etwas, das sich Revolution nannte.

Um Gustav Landauers Stellung in dieser deutschen Revolution recht zu erfassen, muß man zuvor erfassen, welche Stellung die Revolution in seinem Weltbild einnahm.

Es gibt nach Landauers Einsicht, wenn man unter Revolution einen gewaltsamen Umsturz versteht, ausschließlich politische Revolutionen; denn eine sozialistische Umgestaltung ist etwas völlig anderes: ›ein friedlicher Aufbau, ein Organisieren aus neuem Geiste und zu neuem Geist‹. Wohl kann diese Umgestaltung ›ohne vielerlei politische Revolutionen nicht lebendig werden und bleiben‹, aber nur, weil die Revolution den Boden erschüttert und auflockert, aus dem das Neue wachsen soll. Die Kraft der Revolution liegt in der Rebellion und Negation, sie ist ihrem Wesen nach ›ein Aufschwung und ein Traumdasein und ein Taumel‹, ihrem Wesen nach ein Provisorium, unfähig, sozialistische Probleme mit ihren eigenen, politischen Mitteln zu lösen; und ›ihre Auskunftsmittel, damit die Gemeinschaft von Tag zu Tag weiterexistiert‹, sind ›kümmerlicher, alltäglich-hergebrachter und gemeiner Natur‹. »Wenn eine Revolution aber gar«, so fährt Landauer, von der Französischen sprechend, fort, »in die fürchterliche Lage kommt wie diese, daß ringsum Feinde sind, innen und außen, dann müssen die noch lebendigen Kräfte der Negation und Destruktion sich nach innen, gegen sich selbst schlagen.« So geschah es (das schrieb Landauer zehn Jahre später über die gleiche Revolution aus der gleichen Erkenntnis), »daß die innigsten Vertreter der Revolution in ihren reinen Stunden, gleichviel in welches Lager sie schließlich von den tobenden Wogen geworfen wurden, glaubten und wollten, sie solle die Menschheit zu einer Wiedergeburt führen; daß es aber nicht dazu kam und sie zugleich sich gegenseitig daran hemmten und einander die Schuld beimaßen, weil die Revolution sich mit dem Krieg, mit der Gewalttat, mit der Befehlsorganisation und autoritären Unterdrückung, mit der Politik verband«. Solange eben Politik und nicht Gemeingeist, Machtspiel und nicht Liebeswerk, der Staat und nicht die Gemeinde, das Getümmel und nicht die Stille waltet, so lange muß sich aller Umschwung in den Ungeist verstricken. Er hebt Herrschaftsformen auf (meist nur, damit sie nach einer Weile unter anderm Namen wiederkehren), aber er verwandelt die menschlichen Beziehungen nicht, und so wird er immer wieder zuletzt dem Alten und Verrotteten dienstbar. »Geben wir uns keinem Zweifel hin«, schrieb Landauer im Juli 1914, »es steht heutigen-

Telephon 25 331

Mitteilung
vom
Münchener Arbeiterrat
München,
Prannerstraße (Landtag)

Genosse Landauer

Ausweis.

ist berechtigt das Landtagsgebäude zu passieren.

München, den 21.2.19.

Ausweisdokument Gustav Landauers aus der Revolutionszeit

tags in allen Ländern so, daß die revolutionären Erregungen schließlich, wenn es zu den Ergebnissen kommt, nur der national-kapitalistischen Machterweiterung gedient haben, die Imperialismus heiß; daß die revolutionären Erregungen, auch wenn sie ursprünglich sozialistisch gefärbt waren, doch mit Leichtigkeit von irgendeinem Napoleon, Cavour oder Bismarck in den Strom der Politik geleitet werden, weil alle diese Insurrektionen tatsächlich nur Mittel politischer Revolutionen oder nationalen Krieges, aber gar nicht Mittel des sozialistischen Umschwungs sein können, weil die Sozialisten sich in Wahrheit als Romantiker der Mittel ihrer Feinde bedienen und Mittel zur Verwirklichung des neuen Volkes und der neuen Menschheit nicht üben und nicht kennen. So erleben wir es immer wieder, daß sie einer großen Volksbewegung die Stoßkraft geben, daß sie wie im roten Rausch sich bald von der Woge tragen lassen, halb die Woge lenken – und daß, wenn es zum Ergebnis kommt, der graue Katzenjammer da ist: nationalistischer Kapitalismus ist mächtiger geworden oder hat sein Gebiet erweitert; von Sozialismus ist weit und breit keine Spur zu sehen.« Wohl schließt jede echte Revolution eine Regeneration ein, »und ohne diese vorübergehende Regeneration könnten wir nicht weiterleben und müßten versinken«; aber neuer Gestaltung wird sie erst dann den Boden freimachen, wenn »die Institutionen bereitet sein werden, in denen der Bund der wirtschaftenden Gesellschaften leben kann, der dazu bestimmt ist, den Geist auszulösen, der hinter dem Staate gefangen sitzt«. Und weil sie noch nicht bereitet sind, rief Landauer wieder und wieder den Völkern zu: »Käme heute euch Völkern allesamt der große Moment der Revolution auf einmal, wo wolltet ihr Hand anlegen? . . . Und gar, wenn die Revolution in einem einzelnen Land ausbräche? Was könnte sie nutzen? Wohin könnte sie zielen?«

So ganz erfüllt von der Tragik aller bisherigen Revolutionen – von der Tragik, die darin begründet ist, daß es noch nirgends einen Sozialismus als Wirklichkeit gibt – war Gustav Landauer, als die Reihe von Revolten ausbrach, die man die deutsche Revolution genannt hat. So war denn das Gefühl, mit dem er in sie eintrat, dem der geläufigen Hoffnung durchaus unähnlich; es war nicht Hoffnung, sondern ingrimmige Entschlossenheit, in dieser Krisis zu tun, was ihm, nicht als einem geistigen Führer und Bahnbrecher, sondern als einem aus der kleinen Schar der rechtschaffenen deutschen Revolutionäre, zu tun oblag: am Segen der Revolution zu wirken, was er wirken konnte, vom Fluch der Revolution zu verhüten, was er verhüten konnte. Es war nicht seine Schuld, daß der Fluch, wie er vorausgesagt hatte, auch diesmal, und diesmal erst recht, den Segen erdrückt hat.

Man hat behauptet, es hätte für Landauer in München gegolten, ›sein Leben durch die Tat zu rechtfertigen, den Beweis zu erbringen, daß er mit dem, was ihn jahrzehntelang erfüllt hatte, auf dem rechten Wege war, kurz gesagt: die Probe aufs Exempel zu machen‹. Unter all dem ungeheuerlich Falschen, das über Gustav Landauer nach seinem Tode verbreitet wurde, ist diese Behauptung mit das Falscheste. Das Leben eines reinen, schöpferischen Menschen bedarf keiner ›Rechtfertigung‹, und gar Landauers Leben, in dem Jahre stiller, getreuer, aufbauender Tat sich an Jahre reihten. Wer unter den heutigen Literaten, die richtende Worte im Munde führen, dürfte sich vermessen, vor solcher Tat zu bestehen? Den Beweis aber, daß Landauer auf dem rechten Wege war, konnte – das habe ich mit seinen Worten gezeigt – keine Revolution erbringen. Nein, diese Revolution war nicht seine Sache und konnte sie nicht werden; noch kurz vor dem Tode Kurt Eisners sagte mir Landauer, er sehe den Tag seiner Sache noch fern. Nein, es galt für Landauer nicht, die Probe aufs Exempel zu machen; es galt ihm, sich einzustellen, sich in Reih und Glied zu stellen, die Pflicht des Augenblicks, die Pflicht der Solidarität zu erfüllen, kurz gesagt: sich zum Opfer zu bringen. Als ein sich zu opfern Entschlossener trat Landauer in die deutsche Revolution ein. Er wußte, was er damit, wenn es aufs Letzte kam, zum Opfer brachte: mehr als sein Leben – seine Sache, insofern sie auf seine Person gestellt war.

Ob er damit recht getan hat, ist nach höheren Maßen zu entscheiden, als die die Zeitungsrichter anwenden. Ich habe zu bekennen, daß ich meine, er habe damit unrecht getan. Meiner Einsicht nach gab es am 7. November für Gustav Landauer eine höhere Pflicht und eine größere Verantwortung: eben die seiner Sache und damit der Sache der wahren Umgestaltung gegenüber. Denn was der revolutionierten Menge fehlte, wessen Fehlen sie zerriß und richtungslos machte, das war ein *Bild*, ein ganzes, echtes, zulängliches Bild, das verwirklicht werden sollte und konnte: ein Bild von Einrichtungen, von Beziehungen, von Zuständen, das Bild einer neuen Gesellschaft; ein nicht willkürliches, nicht aus dem Intellekt konstruiertes, sondern rechtmäßiges, aus der Anschauung der geschichtlichen Zusammenhänge und der in der Tiefe des natürlichen Volkslebens erhaltenen

170.

Ausweis=Karte

für

Herrn Gustav Landauer,

Delegierter des rev. Arbeiterrats.

Delegierter zum bayer. Rätekongreß.

München, den 1.IV.19.

Der Zentralrat:

REVOLUTIONÄRER ZENTRALRAT BAYERN

Ausweisdokument Gustav Landauers aus der Revolutionszeit

Gemeinschaftskeime gewordenes Bild. In Rußland mit seiner Folge revolutionärer Geschlechter und der unmittelbaren Überlieferung ihres Werkes konnte in Ermangelung eines solchen Bildes doch zumindest das Marxsche System mit echten Farben übermalt werden. In Deutschland, das ohne revolutionäre Tradition und ohne revolutionäres Leben war, blieb es ein bildloses Schema. Landauer hatte Bruchstücke eines Bildes geschaffen; jetzt war es an ihm, sie zur Einheit zu ergänzen. Er wußte es, er dachte daran, er arbeitete daran, er hat es während der Revolution angekündigt. Aber er beschloß nicht am 7. November, sich abzusondern und auf sein Werk zu sammeln, oder auch, wenn er es sogleich vermochte, sein Wort zu sprechen und den neuen vervielfachten Widerhall zu erwarten, oder auch die wahren Sozialisten zu vereinigen und aus ihnen nunmehr wahrhaft den Kern der neuen Gemeinschaft aufzubauen; sondern er beschloß, sich in die Bresche zu werfen, die eines Menschenleibes zur Ausfüllung bedurfte. Stärker als die Verantwortung vor der Zukunft bedrängte ihn die furchtbare Not und Problematik des Augenblicks; er erlag ihr. Ich glaube, daß er gefehlt hat; aber ich glaube auch, daß kein Mensch je aus reinerem Grunde gefehlt hat. Was er in der Revolution wollte, war – ich habe es gesagt – beides: wirken und verhüten; aber weit mehr verhüten als wirken. Seiner Anschauung von der Revolution gemäß dachte er nicht daran, seine positiven Ideen in diesem ihrem Stadium zur Geltung zu bringen. Ja, er hat sie Kurt Eisner, seinem Freund, erst kurz vor dessen Tode eingehend dargelegt. Er arbeitete vor allem daran, den Gefahren der Revolution, die er wie kein anderer klar erkannte, die Gegenkräfte des Geistes und der sittlichen Autorität entgegenzuwerfen. Zwei Grundgefahren waren es, die er erkannte: die der Versumpfung im Parteigetriebe und die der Selbstvernichtung in der Gewalttat und Gewaltgebärde. Die erste galt es zu bekämpfen in dem ersten, längeren Abschnitt der Revolution, von dem Augenblick an, da Landauer, wenige Tage nach ihrem Ausbruch, unmittelbar vom Krankenlager nach München kam und sich Eisner zur Verfügung stellte, bis zu dessen Tode; die zweite in dem letzten, kürzeren Abschnitt, der die wenigen Tage seiner Teilnahme an einer Regierungsverantwortung einschloß.
Die erste dieser zwei Gefahren hat Landauer am 18. Dezember in einer Rede im provisorischen Nationalrat des Volksstaates Bayern mit den Worten gekennzeichnet: »Es kam das Schauspiel, daß sie, die maßlos überrascht worden waren, die auch erschreckt waren, auf einmal sich wieder erholten und sich sagten, nicht bloß sagten, sondern sofort in die Welt schrien: Es ist noch nichts geschehen.« Und weiter: »Das Schmachvollste an all dem, was jetzt so schnell, so fingerfertig, so mundfertig vor sich gegangen ist, ist gerade das, daß die alten Parteien, die toten Parteien sich eingerichtet haben in dem, was die Revolution ihnen als Raum, als Sprungbrett zur Verfügung gestellt hat, und daß sie glauben, da können sie nun auch ganz gut wirtschaften.«
Diese Gefahr, die seither der Revolution obgesiegt hat, schien es zeitweilig schon nach der Ermordung Kurt Eisners getan zu haben. Damals schrieb Landauer in einem Brief, die heroische Epoche sei zu Ende. Aber er wußte, daß die Revolution noch nicht zu Ende war. Wenige Tage danach schrieb er: ›Es gilt, all die Gefahren der Revolution zu sehen und doch weiterzugehen: solange die Revolution

lebendig ist.‹ Die Schwermut seiner Worte gibt die Seelenverfassung kund, in der Landauer sich bald danach zum zweiten Male opferte, indem er, an ihrer Zukunft fast völlig verzweifelnd, doch noch mit endgültiger Einsetzung seiner Person den Versuch machte, sie zu retten, sie vor allem vor ihr selbst, vor der Selbstvernichtung in der Gewalttat und Gewaltgebärde zu retten; er trat in die erste Räteregierung ein.

Der Eintritt Landauers in die Revolution war mir als eine Verfehlung gegen seine Aufgabe erschienen. Sein Eintritt in diese Regierung war gewiß eine Verfehlung gegen die Vernunft. Er verbündete sich mit Menschen, von denen er in früheren Tagen, in der Zeit der unberührbaren Überlegenheit seines Geistes, auf den ersten Blick erkannt hätte, daß in einem Zusammenarbeiten mit ihnen kein Werk, und gar dieses allerschwerste, schier aussichtslose, geraten konnte. Aber die Qual um den Zerfall der Revolution hatte offenbar Landauers Überlegenheit versehrt.

Die Tage, die nun folgten, waren – darüber liegen untrügliche Äußerungen vor – die schwersten in Landauers vielfältig schwerem Leben. Rings um ihn war Zersetzung und Auflösung, Widerspruch und Widersinn: in den Massen, unter den Führern, in seiner nächsten Umgebung; er trug das Haupt hoch durch das Chaos und tat das Seine. Über diese Tage Landauers ist von sogenannten Berichterstattern eine Flut der öffentlichen Lüge ausgegossen worden, daß uns, die wir infolge der bisherigen Leistungen der Presse während dieser deutschen Revolution nicht mehr erstaunen zu können meinten, der Schauder überkam. Ich glaube nicht an dieser Stelle die Niedertracht widerlegen zu müssen. Die wahre

Nr. 31

Zentralrat d. Arbeiter-, Bauern-, Soldatenräte Bayerns

Ausweiskarte

für Herrn Gustav Landauer

~~zum Zweck~~ ist laut Beschluß des Zentralrats Volksbeauftragter für Kultus ernannt.

Der Zentralrat.

Tag der Ausstellung: 9.4.19.

Gültig bis: 1.5.19.

Unterschrift.

Stempel.

Ausweisdokument Gustav Landauers aus der Revolutionszeit

Geschichte dieser Tage wird noch geschrieben werden. Landauer tat, ich wiederhole es, inmitten der allgemeinen Auflösung das Seine; und das war vor allem, sowohl während er an der Regierung teilnahm als auch danach bis ans Ende, der Kampf gegen die Gewalttat und Gewaltgebärde.

In diesem Kampf war sich Gustav Landauer, seit er selbständig zu denken begann, treu geblieben. 1901 hatte er geschrieben: ›Ein Ziel läßt sich nur erreichen, wenn das Mittel schon in der Farbe dieses Zieles gefärbt ist. Nie kommt man durch Gewalt zur Gewaltlosigkeit.‹ 1914: ›Jetzt kann es vielen klarwerden, daß Freiheit und Frieden den Völkern nur kommen, wenn sie, wie Jesus und seine Nachfolger, in unserer Zeit vor allen Tolstoj, es raten, völlige Enthaltsamkeit von jeglicher Gewalt erwählen. Gewalt führt nur immer zu Gewalt.‹ Dieser Wahrheit diente er bis auf den Tod. Ich werde bis an meinen eigenen die Nacht nicht vergessen, in der ich, wenige Tage vor der Ermordung Eisners, unter der leidenschaftlichen Zustimmung Landauers einigen der Kommunisten, die später seine Nachfolger wurden, die zersetzende Rückwirkung der terroristischen Methode auf die mit ihrer Hilfe durchzusetzende Idee darzulegen versuchte. Wenn ich an jene leidenschaftlichen Blicke und Worte meines toten Freundes denke, weiß ich, mit welcher Seelengewalt er, als es galt, die Revolution vor sich selbst zu schützen, gegen die Gewalt gestritten hat.

Die zwei Mächte, denen der Kampf seines Lebens gegolten hatte, der Staat und die Partei, taten sich zusammen, das letzte irre Flackern der Revolution niederzutreten. Es ist ihnen, wie es nicht anders gehen konnte, geglückt. Ihr Sieg brachte es, wie es bei solchen Siegen zu gehen pflegt, mit sich, daß Gustav Landauer getötet wurde. Er starb aufrecht, wie er gelebt hatte.

Gustav Landauer war ein deutscher Jude. Er war, wie nur wenige und umfassende Menschen, wahrhaft Deutscher und wahrhaft Jude. So durfte er einmal von sich sagen: »Mein Deutschtum und mein Judentum tun einander nichts zuleid und vieles zulieb.«

Man hat nach seinem Tode, wie so vieles an ihm, so auch sein Deutschtum und sein Judentum fragwürdig zu machen gesucht.

Wie er zum Deutschtum stand, bekundet ein Brief, den er am 1. Oktober 1918 schrieb. Er weist darin auf die Legende hin, Karl der Große habe vom griechischen Kaiser die Dornenkrone zum Geschenk erhalten, und als der Behälter, der sie umschloß, geöffnet wurde, habe sie ein Tau vom Himmel befeuchtet, und sie habe Blüten getragen, von denen ein Duft ausging wie vom Paradiese. ›Möge‹, schrieb Landauer, ›die Dornenkrone, die unser Reich sich nun verdient hat, uns und der Menschheit auch himmlische Blüten tragen.‹

Wie er zum Judentum stand, bekunde ich nach vielen Reden und Gesprächen. Er kannte das Siechtum seines Stammes und begehrte für ihn nach der Heilung. Er fühlte in sich den urjüdischen Geist, der zur *Verwirklichung* drängt, leibhaft gegenwärtig; er fühlte sich seinen Ahnen, den jüdischen Propheten und den jüdischen Blutzeugen, verbunden.

Gustav Landauer hat als ein Prophet der kommenden Menschengemeinschaft gelebt und ist als ihr Blutzeuge gefallen. Er ist den Weg gegangen, von dem das

Wort des Maximus Tyrius, das Landauer vor sein Buch ›Die Revolution‹ gesetzt hat, sagt: »Hier siehst du nun den Passionsweg, den du Untergang nennst, der du nach dem Wege derer urteilst, die schon auf ihm fortgegangen sind, ich aber Rettung, da ich nach der Folge derer urteile, die da kommen werden.«

In einer Kirche zu Brescia sah ich ein Wandbild, dessen ganze Fläche von Gekreuzigten bedeckt war. Das Feld der Kreuze dehnte sich bis an den Horizont, und an allen hingen Männer mannigfachen Wuchses und Angesichts. Da erschien mir, dieses sei die wahre Gestalt Jesu Christi. An einem der Kreuze sehe ich Gustav Landauer hängen.

5 Ernst Toller

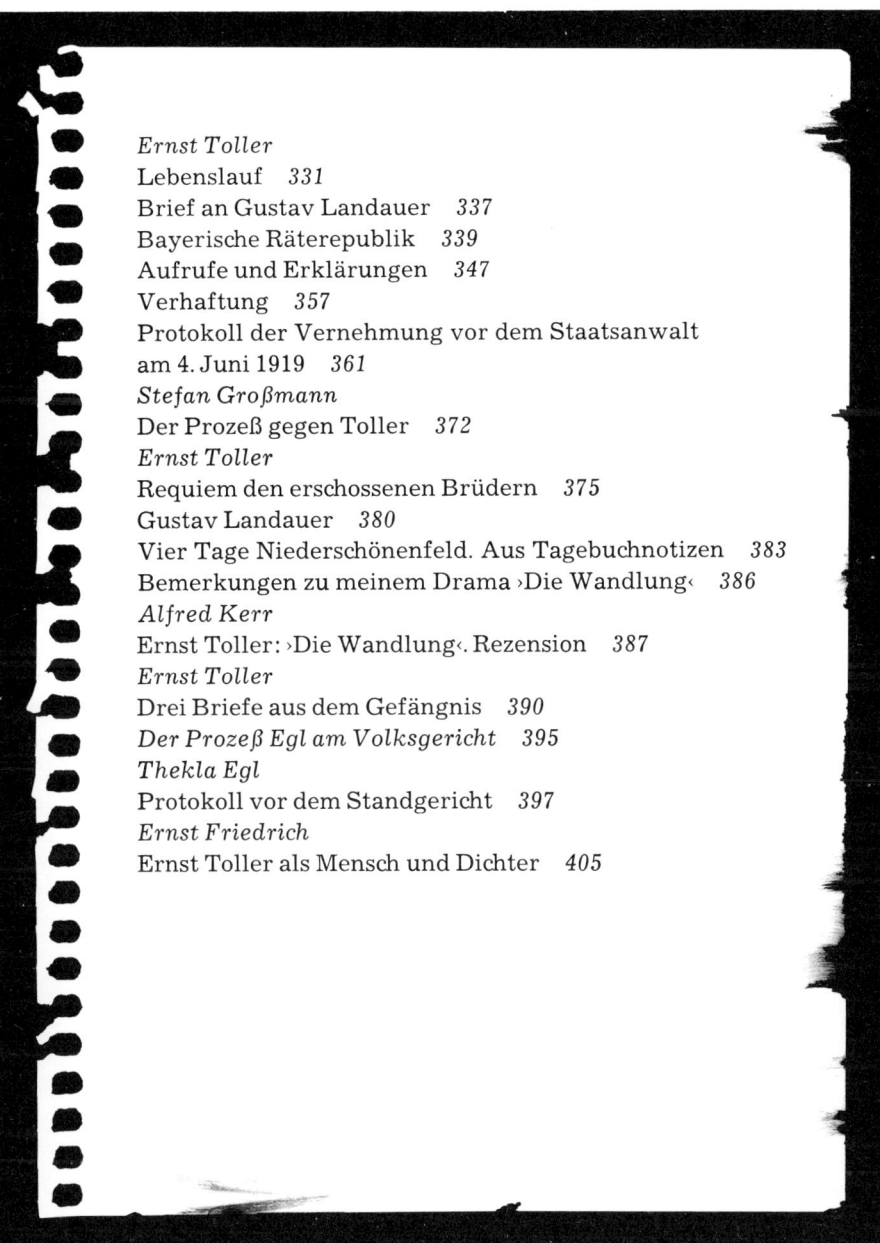

Ernst Toller
Lebenslauf

Geboren am 1. Dezember 1893 zu Samotschin (Bezirk Bromberg). Der Vater, Max Toller, Kaufmann, starb, als der Knabe sechzehn Jahre alt war.
Er besucht anfangs die Volksschule, dann die Knabenschule, deren Leitung man wurmstichigen, emeritierten Pfarrern anvertraut hatte. Schließlich ist er der einzige Schüler, die Schule hört auf zu bestehen, und der Zehnjährige kommt nach Bromberg. Sieben Jahre Fron an einem preußischen Realgymnasium, einer Schule der Verbildung und Militarisierung. Nach der Reifeprüfung treiben ihn Weltneugier, Weltlust, die ihn als Knaben schon zu heimlicher Fahrt nach Bornholm und Dänemark gelockt hatten, nach Frankreich. Er studiert an der Universität Grenoble, hört philosophische, literaturgeschichtliche und rechtswissenschaftliche Vorlesungen. Wandert durch Südfrankreich und Oberitalien. Ende Juli 1914 hält er sich, unterwegs nach Paris, in Lyon auf. Der deutsche Konsul in Lyon, ein Mann, der den gleichen politischen Weitblick besaß, den die meisten deutschen Auslandsvertreter zu besitzen pflegten, beruhigt am 31. Juli den Fragenden und rät ihm, nach Paris weiterzureisen. In der Nacht zum 1. August strudeln an sein Ohr die Rufe der Camelots: Bevorstehende Kriegserklärung Deutschlands an Rußland! Er verläßt Lyon mit dem letzten Zug, der nach Genf fährt, wird unterwegs verhaftet, freigelassen, wieder verhaftet, wieder freigelassen, flieht und erreicht einige Minuten vor Schließung der französischen Grenze, nach abenteuerlichem Marsch und abenteuerlicher Fahrt, die Schweiz. In München meldet er sich als Kriegsfreiwilliger, überzeugt, Pflicht gebiete, das angegriffene Vaterland zu verteidigen. Glaubt seelische Konflikte, die schon seit früher Knabenzeit seinem Leben eine eigentümliche Düsterheit gaben und die er erkenntnismäßig nicht zu bewältigen vermochte, überwunden. Mit dem Tage, da er Soldat wird, verläßt er die traditionellen Kreise des bourgeoisen Sprößlings, die er als zwölfjähriger Knabe einmal durchbrochen hatte, als er, in einem Zeitungsartikel die Partei eines Armenhäuslers gegen die Behörden ergreifend, beinah gerichtlich bestraft und von der Schule entlassen worden wäre.
Er ›erlebt die große Zeit‹, kämpft aber vom ersten Tage an gegen die Haß- und Racheorgien des journalistischen und literatelnden Otterngezüchts. Vierzehn Monate Dienst im Feld. Er glaubt an seine Pflicht, mordet, mordet, mordet . . . und stirbt an einem Haufen ›französischer‹ und ›deutscher‹ Leichen im ›Priester‹-Wald, die in schauerlicher Umarmung verkrampfte Fäuste wider eine Menschheit erheben, die sich schändet, wider ein Schicksal, das sich am Totentanz blinder Völker zu weiden scheint. Als er aufsteht, ist er ein Genesender, ein Sühnender, doch mit Schuld beladen, ein Mörder, dessen Hände nie mehr, nie mehr rein werden können. Er studiert ein Semester in München. Allmählich findet er sich. Er ist kein Ermüdeter, der, von Zeitekel zerwühlt, das Zeitgeschehen meidet. Er ist ein Rebell im Blut geworden.

Er fahndet nach Kameraden. Er nimmt am ›Kulturkongreß‹ auf der Burg ›Lauenstein‹ teil, den der Verleger Diederichs einberufen hat, schaut die Verwirrung, die Feigheit, die Mutlosigkeit der ›Alten‹. Träumer der Wirklichkeit, ruft er zornige Worte wider die Verräter der Jugend. Der Entschluß reift, die revolutionäre Jugend selbst zu finden. Im Winter 1917 studiert er in Heidelberg und darf dort häufiger Gast Max Webers sein, des einzigen deutschen Professors, der ein Politiker großer Linie war. (Und ein Charakter. Was in Deutschland noch mehr bedeutet.) Er findet in Heidelberg Kameraden. Er wird in einen Kreis von Studenten und Studentinnen eingeladen, die dumpfer, ungeklärter Trieb zusammenführt, Zeitprobleme zu diskutieren, die aber mit der Kraft ihrer leidenschaftlichen Wahrheits- und Gerechtigkeitsliebe ahnen, daß nicht Diskussion der Weg zur Zeit sein kann. Sein Ruf zur Verschwörung wider die große Zeit schließt die Mutigen zusammen. Ein kulturpolitischer Bund der Jugend Deutschlands entsteht, dessen programmatische Linien einen naiv-sozialistischen, einen utopisch-sozialistischen Charakter tragen. Phantastische Pläne ringen nach Gestalt: Die Phalanx der deutschen revolutionären Jugend bindet sich mit der Phalanx der ›feindlichen‹ revolutionären Jugend, beendet den Krieg, baut aus eigener Kraft das Werk der Völkergemeinschaft. –

Wie die Jugend aufrütteln? Der Glaube reiner Toren klammert sich an die göttliche Macht des Wortes. Aufrufe sammeln Gesinnungsfreunde. Der Schreibende plant die Herausgabe von Stücken aus Tolstojs und Landauers Werken, aus Barbusses ›Feuer‹, aus Franks ›Der Mensch ist gut‹ in der Form billiger Flugblätter. An anderen Universitäten entstehen Ortsgruppen. Wütend bekämpft von den alldeutschen Studentenvereinen, ficht der Bund, ein Don Quixote von 1917. Die berüchtigte Nachrichtenstelle der Obersten Heeresleitung wird aufmerksam. Man zieht einige Studenten, die dem Bund angehören, ohne Untersuchung zum Militär ein. (Unter ihnen ist Bernhard Schottländer, der im Jahre 1920 in Breslau von Kappisten meuchlings Ermordete.) Studentinnen österreichischer Nationalität müssen Deutschland verlassen. Dem Schreibenden gelingt es, nach Berlin zu entkommen. Hier lernt er Gleichgesinnte kennen, mutige, verantwortungsvolle, erfahrene Männer. (Kurt Eisner heißt einer dieser Männer.) Er liest die ›unterirdischen‹ Schriften von Lichnowski, Mühlen und vielen anderen Männern und kommt zu der schmerzlichen Überzeugung, daß Deutschland *am Ausbruch* des Krieges nicht unschuldig ist. (Er vermag auch heute noch nicht über jene jugendlichen Empfindungen zu lächeln, die ihn, als er ein ganzes Volk betrogen wähnte, bewegten und zu zerbrechen drohten.) Er unterrichtete sich über die Pläne der Alldeutschen, und klarer wird ihm sein Weg, der ihn zum Proletariat führt.

Er gibt seine antimilitaristische Arbeit nicht auf. Ein Drama ›Die Wandlung‹ (dessen erste Form im Sommer und Herbst 1917 entstanden war), revolutionäre Gedichte dienen ihm als Flugblätter, mit denen er wirbt. Im Januar 1918 kommt er nach München und nimmt am Munitionsarbeiterstreik teil. (Nie sah er im Verlauf der unschöpferischen deutschen Revolution, die Zusammenbruch aus wirtschaftlicher, politischer, seelischer Kraftlosigkeit war, eine Bewegung, die der Januarerhebung in der Reinheit ihrer Motive und ihrer Ziele glich. ›Rekla-

mierte‹ Arbeiter, dem Frontdienst entronnen, mit *hohen Löhnen* angestellt, standen auf und kämpften für ihre europäischen Brüder im Feld.)
Nach Kurt Eisners Verhaftung am ersten Streiktag wählen die Arbeiter den Schreibenden zum Mitglied des Streikausschusses. Er spricht in Versammlungen, auf der Theresienwiese, in Sälen, versucht durch Unterhandlungen mit dem Polizeipräsidenten die Freilassung Eisners zu erwirken – und wird nach Abbruch des Streiks unter der Beschuldigung versuchten Landesverrats (!) verhaftet. Gleichzeitig zwangsweise ohne vorherige ärztliche Untersuchung eingezogen. Er verteidigt sich unwahrhaftig, allzu nachgiebig gegenüber den Einflüsterungen der besorgten und erschreckten Familie.
Monate wissenschaftlicher Arbeit im Militärgefängnis und in der Haft der Kaserne. War er bisher Sozialist aus Gefühl, wird er nun Sozialist aus Erkenntnis. ›Die Wandlung‹ findet auf den Spaziergängen im Quadrat des trübseligen Gefängnishofes die letzte Form.
Die Novemberrevolution führt ihn nach München. Er wird zum Vorsitzenden des Zentralrats der Arbeiter-, Bauern- und Soldatenräte gewählt, nimmt an den Sitzungen des bayrischen Nationalrats, des ersten deutschen Rätekongresses, des bayrischen Rätekongresses teil. Die Unabhängige Sozialdemokratische Partei in München beruft ihn im März 1919 zu ihrem Vorsitzenden.
Er bekämpft anfänglich die Errichtung der bayrischen Räterepublik, überzeugt, daß die politischen Vorbedingungen für diese Staatsform zu jener Zeit in Deutschland nicht gegeben waren. Da er durch die Verkettung mannigfaltiger Umstände und Nachrichten annehmen mußte, daß die Räterepublik durch die spontane Erhebung der Massen in den meisten bayrischen Städten ihre äußeren Formen gefunden hatte, also nicht mehr die Ausrufung Aufgabe war, sondern Bezwingung, Beherrschung, Formung, Meisterung eines schon bestehenden Zustandes, tritt er auf den Beschluß der Partei in die Regierung der Räterepublik ein. In der ›ersten‹ Räterepublik Vorsitzender des Zentralrats, in der ›zweiten‹ Räterepublik Führer roter Truppen, versucht er, in der Erkenntnis der Unsinnigkeit bewaffneter Austragung der Machtkämpfe, in der Erkenntnis der Folgen einer blutigen Niederlage für die Arbeiterschaft, die friedliche Liquidierung der Räterepublik mit vorzubereiten. Vergeblich. Der revolutionäre Aufstand wird blutig erstickt. Der Schreibende verkriecht sich durchaus nicht mit gefärbten Haaren in einem Tapetenschrank, wie jämmerliche Zeitungssykophanten der öffentlichen Meinung einblasen möchten. Obwohl die Münchener Betriebsräte in der Nacht zum 1. Mai durch Beschluß ihn aufgefordert hatten, sich zu verbergen, er also das moralische Recht dazu besaß, macht er von diesem Recht keinen Gebrauch. In Nummer eins des XVII. Jahrgangs der Weltbühne veröffentlicht er zu dieser von Verleumdern oft und gerne hämisch bespeichelten Frage die folgende Erklärung:

»Daß man bei der Pressehetze gegen mich wieder das lächerliche Märchen verbreitet, ich hätte mich vor Einzug der Regierungstruppen hinter einer Tapetentüre (im Hemd!) verborgen (und wahrscheinlich dort zitternd und bebend bis zum fünften Juni 1919, dem Tag meiner Verhaftung, gestanden), ist bei der

›Mentalität‹ der heutigen Journalistik nicht weiter verwunderlich. Man könnte ganz genau wissen, daß das Standgericht mit Freuden die Gelegenheit ergriffen hätte, bei nachgewiesener Feigheit mich wegen ›ehrloser Gesinnung‹ ins Zuchthaus zu stecken. Auf der standgerichtlichen Verhandlung wurde zeugeneidlich festgestellt: Ich habe am fünfzehnten April auf die Kunde vom Überfall der weißen Truppen, die mich abends in einer Sitzung der Betriebsräte im Hofbräuhaus erreichte, die Versammlung verlassen und mich den Arbeitern, die sich im Kampf der Notwehr befanden, noch in der gleichen Nacht eingereiht. Nicht etwa als ›Befehlshaber‹ (ein Amt, zu dessen Übernahme ich nur durch besondere Umstände später gezwungen wurde), sondern als Mann, der in vorderster Linie mitkämpfte. Das Standgericht stellte zum Beispiel fest, daß ich sofort mit einigen Kameraden einen freiwilligen und leider verlustreichen Patrouillenritt übernahm. (Daß ich den Waffenkampf als Antimilitarist nicht ›jubelnd‹ begrüßte, sondern damals als tragische Notwendigkeit empfand, tut hier nichts zur Sache.) Am sechsundzwanzigsten April legte ich mein militärisches Kommando nieder, da die Politik der Kommunistischen Partei, die aus taktischen Überlegungen den blutigen Zusammenbruch *wollte,* ein Verbrechen an der Arbeiterschaft war. (Übrigens dieselbe Politik, die am Spätnachmittag des dreißigsten April noch zum Barrikadenkampf aufforderte und sich dann ebenso der Organisation des Kampfs wie der verantwortlichen Führung entzog.) Ohne Rücksicht auf revolutionäre Schlagworte und ohne Rücksicht auf gegen mich laufende Haftbefehle der Jusqu'auboutisten, denen ich mich einige Male nur mit knapper Not entzog, versuchte ich, die sinnlose, von vornherein zur Niederlage verurteilte blutige Austragung, die eine Periode der Unterdrückung der bayrischen Arbeiterschaft einleiten mußte, soweit es in meinen Kräften stand, zu verhindern. Bis zum ersten Mai, und zwar bis nach dem Einzug der Regierungstruppen, blieb ich auf dem mir von der Arbeiterschaft übertragenen Posten. Am dreißigsten April war ich, in der Annahme, die Verhandlungsversuche seien mißglückt, auf dem Wege zu den Dachauer Truppen, war aber gezwungen, von meinem Vorhaben abzustehen, da der kommunistische Volksbeauftragte für Militärwesen, Eglhofer, inzwischen den Dachauer Truppen den Befehl gegeben hatte, sich auf München zurückzuziehen. In der Nacht zum ersten Mai forderten angesichts der verzweifelten Situation die Betriebsräte nach meiner Freunde und meinem Referat die Arbeiter auf, die Waffen niederzulegen und die Stadt den weißen Truppen kampflos zu übergeben, um den preußischen Generalen selbst den Schein des Rechts zur Niederknüppelung der Arbeiter zu nehmen. Wider unser Erwarten kam es infolge des brutalen Vorgehens der weißen Truppen und der Parolen der Kommunisten, die zur Sabotage der Beschlüsse der Betriebsräte von jenem Augenblick an aufgefordert hatten, da ihnen diese ihr Vertrauen versagten und sie zur Abdankung zwangen, doch zum Kampf. Am Nachmittag des ersten Mai erfuhr ich dies. Ich befand mich in Schwabing. Ich machte sofort den Versuch, zu den kämpfenden Arbeitern zu gelangen. Dieser Versuch mißlang infolge völliger militärischer Absperrung jener Stadtteile, in denen gekämpft wurde. Jetzt erst gestand ich mir das Recht zu, mich zu verbergen. Denn ich verspürte nicht die geringste Lust, mich, wie es Gustav Landauer geschah, bestialisch ermorden zu lassen. Die bürgerliche Presse in Bayern weiß das alles. Wenn sie trotzdem mit Schmutz wirft, so wird sie damit Absichten verfolgen, die in Deutschland gewöhnlich Erfolge zeitigen.«

Auf seinen Kopf wird eine Prämie von 10 000 Mark ausgesetzt. Am 6. Juni 1919 verhaftet man ihn. Am 14., 15., 16. Juli wird ihm vor dem Münchener Standgericht der Prozeß gemacht. Man verurteilt ihn zu fünf Jahren Festungshaft.

»Meine Herren!
Sie werden von mir nicht verlangen, daß ich nach meinen Anschauungen das Standgericht um Gnade bitten werde. Ich frage mich, warum setzt man Standgerichte ein? Glaubt man durch die Erschießung oder Einsperrung einiger Führer die gewaltige revolutionäre Bewegung der ausgebeuteten werktätigen Bevölkerung der ganzen Erde eindämmen zu können? Welche Unterschätzung dieser elementaren Massenbewegung, welche Überschätzung der Führer! Das werktätige Volk weiß, daß angesichts der zerrütteten wirtschaftlichen Verhältnisse kleinbürgerliche Reformen das Chaos nicht mehr aufhalten können, daß wir zum Chaos kommen, wenn wir nicht einschneidende wirtschaftliche Umgestaltungen vornehmen. Diese gigantische Bewegung des werktätigen Volks wird auch nicht haltmachen vor dem Völkerbund von Versailles, der nichts weiter bedeutet als eine Verewigung des Prinzips der Lohnarbeit und der Ausbeutung durch die vereinigten kapitalistischen Regierungen der ganzen Welt.
Die Revolution gleicht einem Leib, erfüllt vom pulsierenden Herzschlag der Millionen arbeitender Menschen. Und nicht eher wird der revolutionäre Geist tot sein, als bis die Herzen dieser Menschen aufgehört haben zu schlagen. Wir, die wir die Verhältnisse in ihren Verästelungen und Verzweigungen kennen, versprechen dem werktätigen Volk kein Paradies. Wir wissen, daß die nächsten Jahrzehnte uns entsetzliche Zustände bringen werden, daß es der angestrengtesten Arbeit und des Verantwortlichkeitsgefühls jedes einzelnen bedarf, um das Werk des Sozialismus zu retten. Aber wir wissen auch, daß, wenn wir über diese Zeit hinweggekommen sind, der kommenden Generationen ein neues, schöpferisches Leben wartet. Diese Revolution wird nicht haltmachen vor den veralteten Parteischablonen, auch nicht vor den Staaten in ihrer gegenwärtigen Form. An Stelle dieser Staaten wird die Weltgemeinschaft aufgerichtet werden, äußerlich gebunden durch ein Minimum von Gewalt, innerlich gebunden durch den Geist der Achtung vor jedem einzelnen, durch den Geist sozialen Verantwortlichkeitsgefühls, durch den Geist der Liebe.
Meine Herren! Ich bin überzeugt, daß Sie von Ihrem Standpunkt aus nach bestem Recht und Gewissen das Urteil sprechen. Aber nach meinen Anschauungen müssen Sie mir zugestehen, daß ich dieses Urteil nicht als ein Urteil des Rechts, sondern als ein Urteil der Macht hinnehmen muß.«

Zwei Jahre sind seitdem vergangen. Jahre der Arbeit, Jahre des Verweilens, Jahre der Schau und Einkehr.

Ernst Toller, 1919 (Polizeifoto)

Ernst Toller
Brief an Gustav Landauer

Morgen früh fahre ich fort. Wer weiß, ob mir die Rückkehr gestattet ist – und nun soll ich noch heute abend zu Ihnen sprechen, damit Sie zu unserem Wollen unbedingtes Vertrauen haben, denn ohne das, wie könnte ich mich da wohl mit Bitte um Mitarbeit an Sie wenden?
*Aber wie soll ich es nur ausdrücken. Was ich tue, tue ich nicht aus Not allein, nicht aus Leid am häßlichen Alltagsgeschehen allein, nicht aus Empörung über politische und wirtschaftliche Ordnung allein, das alles sind Gründe, aber nicht die einzigen. Aus meiner – ich kann es heute sagen, denn ich empfinde sie als beglückend – lebendigen Fülle heraus kämpfe ich. Ich bin kein religiöser Ekstatiker, der nur sich und Gott und nicht die Menschen sieht, ich bin kein Opportunist, der nur äußerliche Einrichtungen sieht, ich bemitleide jene Verkrüppelten, die letzthin an sich, nur an sich, ihrem kleinen persönlichen Mangel leiden, ich bemitleide jene Verkümmerten, die aus ›Freude-an-der-Bewegung‹-Gründen abwechselnd futuristische Kararetts und Revolutionen fordern.**
Ich will das Lebendige durchdringen, in welcher Gestalt es sich auch immer zeigt. Ich will es mit Liebe umpflügen, aber ich will auch das Erstarrte, wenn es sein muß, umstürzen, um des Geistes willen. Ich will, daß niemand Einsatz des Lebens fordert, wenn er nicht selbst von sich weiß, daß er sein Leben einzusetzen willens ist, nicht nur das, daß er es einsetzen wird. Ich fordere von denen, die mit uns gehen, daß sie sich nicht damit begnügen, ihr Leben entweder seelisch oder geistig oder körperlich einzusetzen, sie sollen wissen, daß sie es seelisch, geistig und körperlich als Einheit einsetzen werden.
Ich will nicht, daß jemand auch unsere Erkenntnis annehmen kann und darum zu uns kommt. Zu einer Erkenntnis, wie ich sie verstehe, muß man durch Not, Leiden an seiner Fülle, gekommen sein, muß geglaubt haben, ›entwurzelt‹ zu sein, muß mit dem Leben gespielt und mit dem Tode getanzt, muß am Intellekt gelitten und ihn durch den Geist überwunden – muß mit dem Menschen gerungen haben. Nicht, daß ich nach mechanistischer Art verlange, jede einzelne Phase mußt du durchlebt haben, sonst bist du nicht ›reif‹ oder ›rein‹ – mein Gott, der Hochmut jener Geistigen, die Reinheit mit Krämerherzen abschätzen, steht für mich ebenso tief wie die Beurteilungen borniertester Spießer.

* Anmerkung von 1919: Nicht nur bemitleidenswert, sondern verächtlich erscheinen mir jene Revolutionsliteraten, die, 1918 noch gegen den Krieg aufrufend, sich ›Märtyrer der Menschlichkeit‹ wähnten, heute in blutrünstiger Revolutionsromantik schwelgen und Lissauersche Haßgesänge (Hymnen der Rache, Hymnen des Ressentiments) – nur auf anderer Ebene – veröffentlichen. Sie sind die wahren ›Revolutionswanzen‹, die mit *allen* geistigen Waffen bekämpft werden müssen. Denn sie sind *gewissenlos* und können namenloses Unheil anrichten. (Wenn die Massen sie lesen; glücklicherweise geschieht das meistens nicht.) Sie verstärken und heiligen jene Erscheinungen der allgemeinen Korruption, denen wir oft tief erschüttert und aufgewühlt gegenüberstehen.

Nicht Sekte gemeinsam Schöpferischer träume ich, das Schöpferische hat jeder als Eigenbesitz, das Schöpferische kann sich in seinem reinsten Ausdruck nur in der Arbeit des einzelnen offenbaren – aber das Gefühl der Gemeinschaft ist beglückend und stärkend für jeden Schöpferischen.
Wenn wir ›Zweckeinrichtungen‹ schaffen, Widerstand bekämpfen, können und müssen wir gemeinsam vorgehen und werden Werk leisten, da wir aus gleicher Menschheitsgesinnung vorgehen.
In letzten seelischen Dingen müssen wir unsere Einsamkeit, das heißt unser Alleinsein mit Gott, nicht ›tragisch‹, sondern freudig empfinden.
Ich glaube, daß ich nun nackt vor Ihnen stehe, aber wenn Sie mich mit rechten Augen anschauen, werden Sie auch meine Nacktheit schauen können, sonst tut es auch nichts. Sie sähen nur Hüllen.
Was könnte ich Ihnen nun noch sagen? Daß ich glaube, wir müssen vor allen Dingen den Krieg, die Armut und den Staat bekämpfen, der letzthin nur die Gewalt und nicht das Recht (als Besitz) kennt, und an seine Stelle die Gemeinschaft setzen, wirtschaftlich gebunden durch den friedlichen Tausch von Arbeitsprodukten gegen gleichwertige andere, die Gemeinschaft freier Menschen, die durch den Geist besteht.
Daß ich also weiß, welche Inhalte ich bekämpfe, daß ich auch zu wissen glaube, welche neuen Inhalte dasein müssen, weil sie wirklich da sind, daß ich aber noch keine Klarheit besitze, welche äußeren Bindungen, welche detaillierten Formen diese neuen Inhalte haben müssen.
Zum Schluß nur das noch, daß ich in meinem innersten Kern eine Ruhe spüre, die ist und mir Freiheit gibt, daß ich in größter Unruhe leben, daß ich gegen Schmutz oder beschränkten Unverstand hitzig und erregt ankämpfen kann und mir diese innerste Ruhe doch bleibt.
Auf diesen Brief sollen Sie mir ganz antworten oder gar nicht, ich bitte Sie darum!

Heidelberg 1917

Ernst Toller
Bayerische Räterepublik

In der Nacht vom sechsten zum siebenten April 1919 versammelt sich der Zentralrat, versammeln sich die Delegierten der sozialistischen Parteien, der Gewerkschaften, des Bauernbundes im Wittelsbacher Palais. Wo früher Zofen und betreßte Lakaien herumwedelten, stapfen jetzt die groben Stiefel von Arbeitern, Bauern und Soldaten, an den seidenen Vorhängen der Fenster des Schlafzimmers der Königin von Bayern lehnen Wachen, Kuriere, übernächtigte Sekretärinnen.

Die Volksbeauftragten werden gewählt, es zeigt sich auch hier das Unwissen, das Ziellose, die Verschwommenheit der deutschen Revolution. Silvio Gesell, der Physiokrat, der Theoretiker des Freigeldes und der Freiwirtschaft, wird Finanzminister. Zum Präsidenten des Zentralwirtschaftsamts bestimmt man den Marxisten Dr. Neurath. Wie sollen diese beiden Männer miteinander arbeiten? Mir werden nacheinander drei Volkskommissariate angeboten, ich lehne alle drei ab. Zum Leiter des Volkskommissariats für Auswärtige Angelegenheiten beruft man Dr. Lipp, dessen Fähigkeiten niemand kennt. Er hat kein Gesicht, nur einen Vollbart, trägt keinen Anzug, nur einen Gehrock, die beiden Requisiten scheinen die Gründe seiner Eignung zu sein. Ein Arbeiter, bei dem ich mich nach Dr. Lipp erkundige, sagte, er kenne den Papst persönlich. Andere Männer werden mit Ämtern betraut, die zwar nicht den Papst persönlich kennen, aber doch den Dorfpfarrer.

Als ich das Wittelsbacher Palais verlasse, dämmert der Morgen. Die Revolution hat gesiegt. Hat die Revolution gesiegt? Diese Räterepublik ist ein tollkühner Handstreich verzweifelter Arbeitermassen, die verlorene deutsche Revolution zu retten.

Was wird sie schaffen, wie wird sie enden?

Vor der kleinen Pension, in der ich wohne, wartet einer unserer Sektionsführer.

– Jetzt haben wir die Macht.

– Haben wir sie? sage ich. Der Genosse stutzt, sieht mich nachdenklich an, ich verabschiede mich rasch.

Der erste Tag der Räterepublik, Nationalfeiertag. Auf den Straßen festlich gekleidete Arbeiter, scheu und ängstlich drängen sich die Bürger und sprechen über die Geschehnisse der letzten Nacht, Lastwagen mit Soldaten durchfahren die Stadt, auf dem Wittelsbacher Palais weht die rote Fahne.

Die Arbeit beginnt. Ein Erlaß verkündet die Sozialisierung der Presse, ein anderer die Bewaffnung der Arbeiter und die Schaffung der Roten Armee, ein dritter die Beschlagnahme von Wohnungen zur Linderung der Wohnungsnot, ein vierter regelt die Lebensmittelversorgung.

Die Münchener Garnison entsendet Vertreter zum Zentralrat, sie werde die Räterepublik zu verteidigen wissen. Die Soldaten des ersten Leibregiments geben

ihrer Kaserne den Namen Karl-Liebknecht-Kaserne. Auch die alten königlichen Staatsanwälte und Richter wollen nicht zurückstehen, sie stünden ›auf dem Boden der Räterepublik‹, sie seien bereit, in den neugeschaffenen Revolutionsgerichten die Feinde der Revolution anzuklagen und zu richten. Die Kirchenglocken läuten, die Kirchenglocke von Starnberg schweigt, der alte königliche Bezirksamtmann selbst gibt den Befehl, den Widerstand zu brechen.
Nur die Kommunisten bekämpfen die Räterepublik, sie rufen die Arbeiter zu Demonstrationen auf, sie schicken Redner in die Kaserne, diese Räterepublik verdiene es nicht, daß die Soldaten sie verteidigen. Inzwischen haben sich Ministerpräsident Hoffmann und die anderen Minister, die aus München geflohen sind, besonnen, die vom Landtag gebildete Regierung verlegt ihren Sitz nach Bamberg, zu ihrem Schutz beruft sie das in Ohrdruf gebildete Freikorps Epp, sie verhaftet die Träger der Räterepublik in den fränkischen Städten und beherrscht Nordbayern. Nach Bamberg ist auch der räterepublikanische Ernährungskommissar, der Bauernbündler Wutzlhofer, gefahren, eben hat er sich noch von mir seine Ernennung bestätigen lassen; jetzt amtiert er im Kabinett der Gegenregierung Hoffmann.

In München ist der Vorsitzende des Zentralrats zurückgetreten, ich werde zu seinem Nachfolger bestimmt.
In den Vorzimmern des Zentralrats drängen sich die Menschen, jeder glaubt, die Räterepublik sei geschaffen, um seine privaten Wünsche zu erfüllen. Eine Frau möchte sofort getraut werden, bisher hatte sie Schwierigkeiten, es fehlten notwendige Papiere, die Räterepublik soll ihr Lebensglück retten. Ein Mann will, daß man seinen Hauswirt zwinge, ihm die Miete zu erlassen. Eine Partei revolutionärer Bürger hat sich gebildet, sie fordert die Verhaftung aller persönlichen Feinde, früherer Kegelbrüder und Vereinskollegen.
Verkannte Lebensreformer bieten ihre Programme zur Sanierung der Menschheit an, ihr seit Jahrzehnten befehdetes Lebenswerk bürge dafür, daß jetzt endlich die Erde in ein Paradies verwandelt werde. Sie wollen die Welt aus einem Punkt kurieren, läßt man die Prämisse gelten, ist ihre Logik unangreifbar. Die einen sehen die Wurzel des Übels im Genuß gekochter Speisen, die anderen in der Goldwährung, die dritten im Tragen unporöser Unterwäsche, die vierten in der Maschinenarbeit, die fünften im Fehlen einer gesetzlich vorgeschriebenen Einheitssprache und Einheitskurzschrift, die sechsten machen Warenhäuser und sexuelle Aufklärung verantwortlich. Sie erinnern alle an jenen schwäbischen Schuster, der in einer umfangreichen Broschüre zwingend bewies, daß die Menschheit nur darum moralisch krank sei, weil sie ihre elementaren Bedürfnisse in geschlossenen Räumen verrichte und künstliches Papier benütze. Wenn sie, dozierte er, die Minuten in Wäldern verbrächten und mit natürlichem Moos sich behülfen, würden auch ihre seelischen Giftstoffe im Kosmos verdunsten, körperlich und seelisch gereinigt, als gute Menschen, kehrten sie zur Arbeit zurück, ihr soziales Gefühl wäre gekräftigt, der Egoismus verschwände, die wahre Menschenliebe erwache, und das Reich Gottes auf Erden, das lang verheißene, bräche an ...

Am 9. April abends stürmt in mein Zimmer einer unserer Sektionsführer.
– Die Kommunistische Partei hat in den Betrieben eigene revolutionäre Obleute bestimmt und sie zu einer Versammlung im Mathäserkeller einberufen. Ihr sollt heute nacht gestürzt werden.
Ich schüttle ungläubig den Kopf, hat die Kommunistische Partei nicht vor wenigen Tagen die Schaffung der Räterepublik abgelehnt, hat sie nicht, und mit Recht, ihren frühen Zusammenbruch, die unglückseligen Folgen für die Arbeiterschaft prophezeit, welche neuen politischen Ereignisse bestimmen sie, die Macht zu erobern? Die Lage ist die gleiche wie vor einigen Tagen, eher aussichtsloser. Nur wollte damals die Kommunistische Partei nicht als Minderheit in einer Regierung vertreten sein, sie forderte, obgleich sie die Arbeiterschaft nicht führte, die Führung der Regierung, das Diktat ihres politischen Willens, diesen Machtanspruch hoffte sie jetzt durchzusetzen.

Wie ich in den Mathäserkeller eintrete, spricht Leviné. Die Räterepublik sei eine Scheinräterepublik, die Regierung sei unfähig, man müsse sie stürzen, anstelle des Zentralrats einen neuen Rat wählen, der die Macht übernehmen werde.
Die Versammlung stimmt Leviné zu.
Ich melde mich zum Wort, der Vorsitzende will es mir nicht geben, ich wende mich an die Versammlung, sie fordert, daß man mich sprechen lasse. Der Zentralrat, der abgesetzt werden soll, wurde vom Kongreß der Arbeiter-, Bauern- und Soldatenräte Bayerns gewählt, die Delegierten des Landes sind darin vertreten, die Regierung stützt sich auf den Bauernbund, auf weite Kreise der Bauernschaft.
– Wenn ihr heute eure politische Haltung revidiert habt, rufe ich den Kommunisten zu, und glaubt, daß nur die unfähige Regierung an der Verfahrenheit schuld sei, liegt es an euch, durch eure Mitarbeit die Revolution zu retten. Wenn ihr uns stürzt, eine neue Regierung bildet und die Bauern nicht mittun, was wollt ihr beginnen, wie wollt ihr München ernähren?
– Wir werden es wie in Rußland halten, antwortet Leviné, wir werden den Klassenkampf aufs Dorf tragen, wir werden durch Strafexpeditionen die Bauern zwingen, Korn und Milch zu liefern.
– Diese Strafexpeditionen erzielten nicht einmal in Rußland Erfolge, in Bayern würde solches Beginnen zu völligem Fiasko führen. In Bayern könnt ihr euch nicht auf die Dorfarmut stützen, selbst die niederbayerischen Gütler sind keine russischen Muschiks, der bayerische ist nicht der russische Bauer, er ist bewaffnet, er wird sich wehren, wollt ihr auf die Dörfer ziehen und um jeden Liter Milch eine Schlacht liefern?
Die Versammlung stimmt mir zu.
Wieder spricht ein Kommunist, wieder lassen sich die Obleute umstimmen. Der Sekretär der Kommunistischen Partei soll ins Wittelsbacher Palais gehen, er soll die Regierung verständigen – daß sie gestürzt sei.
Die Versammlung wählt eine neue Regierung, ich kenne außer den kommunistischen Führern, keins der neuen Mitglieder. Einige werden darum berufen, weil sie das sozialdemokratische Parteibuch haben, denn jetzt ist rühmenswerte

Tugend, was bei uns Verbrechen war, die Mitarbeit von Sozialdemokraten. Ob diese Männer fähig oder unfähig sind, ob sie Einfluß in ihrer Partei haben, ist gleichgültig.
Die Versammlung beschließt, in Permanenz zu tagen, sie billigt ein Manifest, das die Arbeiterschaft Münchens zum Generalstreik aufruft und die Entwaffnung der Münchener Regimenter und der Münchener Polizei fordert.
Die neuernannte Regierung verläßt den Saal. Ich muß bleiben, ich bin verhaftet. Kuriere kommen und gehen, Komitees organisieren sich, Vollmachten werden geschrieben und gestempelt, den Stempel des neuen Rats hatte man vorsorglich schon mitgebracht.
An den Tischen sitzen die Menschen, schläfrige Kellner bringen Bier und Wurst. Leiser werden die Stimmen, müder die Gesten, die Luft hängt schwer und rauchig über den Köpfen.
Um zwei Uhr nachts tost von draußen Lärm, alle Türen knallen auf, Soldaten der republikanischen Schutztruppe stürmen mit erhobenen Revolvern in den Saal. Der Führer der Truppe bahnt sich durch die Menge einen Weg und springt auf mich zu, ich weiche zurück, er schreit mich an:
– Wir kommen dich befreien!
Die Menge weiß nicht, ob der Überfall ihr gilt oder mir. Da dreht sich der Truppenführer mit schußbereiten Revolvern zur Menge:
– Hände hoch! Verlaßt sofort den Saal! Nach dreimaligem Trommelwirbel wird geschossen!
Schon dröhnt der erste dumpfe Trommelwirbel, die Menge ist von Soldaten zerniert, hundert Gewehrläufe richten sich drohend auf den Saal, einige Arbeiter eilen zu den Fenstern, öffnen sie und springen hinaus, die meisten aber bleiben.
– Schießt, wenn ihr die Courage habt!
Ich packe den Führer.
– Sind Sie wahnsinnig? Widerrufen Sie sofort den Befehl!
– Nein.
– Dann werde ich es tun.
Zitternd vor Wut hält mir der Soldat den Revolver vor die Nase, schon spreche ich zur Versammlung:
– Niemand wird auf euch schießen.
Die Soldaten ziehen ab, ich begleite sie zur Stadtkommandantur.
– Die Truppen wissen, sagt mir der Stadtkommandant, daß man sie entwaffnen will, alle Kasernen sind alarmiert, die Soldaten haben sich verschanzt, beim ersten Versuch der Arbeiter, die Kasernen zu erstürmen, wird scharf geschossen, München wird heute das furchtbarste Blutbad erleben.
Als ich die Stadtkommandantur verlasse, ist es sechs Uhr, ich sehe die ersten Trambahnen, die Straßenbahner sind der Streikparole nicht gefolgt.
Ich fahre zu Maffei und Krupp und spreche in Betriebsversammlungen, die Arbeiter lehnen den Marsch auf die Kasernen ab. Auch die anderen Fabriken folgen nicht der kommunistischen Parole.
Die neue Regierung löst sich auf, einige Stunden später erinnert sich niemand mehr an sie, nicht einmal die Kommunistische Partei.

In München bekämpfen sich die Revolutionäre, in Nordbayern sammelt sich der Gegner. Der Rechtssozialist Schneppenhorst, der vor einer Woche noch seinen Kopf für die Verteidigung der Räterepublik verpfändete, formiert Truppen gegen uns.
Die inneren Kämpfe in München müssen beendet werden. Der Zentralrat fordert die Kommunisten noch einmal auf, jetzt, da die Räterepublik bedroht ist, die Revolution zu verteidigen. Die Kommunistische Partei entsendet Delegierte in den Zentralrat – zu spät.

Die Räterepublik läßt sich nicht halten, die Unzulänglichkeit der Führer, der Widerstand der Kommunistischen Partei, der Abfall der Rechtssozialisten, die Desorganisation der Verwaltung, die zunehmende Knappheit an Lebensmitteln, die Verwirrung bei den Soldaten, alle diese Umstände müssen den Sturz herbeiführen und der sich organisierenden Konterrevolution Kraft und Elan geben. In meiner politischen Unerfahrenheit wage ich nicht, der Arbeiterschaft die Situation schonungslos darzustellen.
Nichts belastet den politisch Handelnden schuldvoller als Verschweigen, er muß die Wahrheit sagen, sei sie noch so drückend, nur die Wahrheit steigert die Kraft, den Willen, die Vernunft.
Diese Räterepublik war ein Fehler, Fehler muß man eingestehen und ausmerzen. Schon verhandeln Soldatenräte und Rechtssozialisten auf eigene Faust mit der Gegenregierung, wir dürfen keine Zeit verlieren, die Konterrevolution bedroht uns in den eigenen Reihen ...

Im Karlsfelder Gasthaus sind die Vertrauensleute der Münchener Arbeiter versammelt.
– Der Toller soll die Führung übernehmen! ruft einer.
– Von einem Geschütz? antworte ich. Ich denke daran, daß ich im Krieg Artillerieunteroffizier war.
– Na, vom Heer, ruft ein alter weißhaariger Krupparbeiter.
Ich sträube mich und versuche zu erklären, daß ein Heerführer andere Fähigkeiten braucht.
– Oana muaß sein Kohlrabi herhalten, sonst gibts an Saustall, und wennst nix vastehst, wirst es lerna, die Hauptsach is, dich kennen wir.
Ich weiß nichts zu erwidern, welche Gründe konnten auch dieses törichte, rührende Vertrauen von Männern, die eben eine aktive, militärisch geführte Truppe besiegt hatten, erschüttern?
So werde ich Heerführer.
In den Reihen der Arbeiter finde ich einige junge Offiziere, die in der alten kaiserlichen Armee gedient haben. Ein ›Generalstab‹ wird gebildet, die Arbeiter werden in Bataillone gegliedert, Stellungen vor Dachau bezogen, der Feind hält Dachau besetzt.
– Ein Generalstab braucht Karten, sagt der Chef der Infanterie, ein neunzehnjähriger Student.
– Recht hat er, sagt ein Bierbrauer, der im Krieg Gefreiter war.

In den frühen Morgenstunden fahre ich mit dem Chef der Infanterie zum Kriegsministerium nach München. Auch die reaktionären Offiziere im Kriegsministerium wußten, daß ein Generalstab Karten braucht, sie haben vorsorglich die Geländekarten von Dachau beiseite geschafft.
Wir fahren nach Karlsfeld zurück. Aus München sind Verstärkungen eingetroffen, fünfhundert Arbeiter aus der Fabrik von Maffei, bewaffnet und militärisch gegliedert.
Vom Kriegskommissar Eglhofer wird mir ein Befehl überbracht.
– Dachau ist sofort mit Artillerie zu bombardieren und zu stürmen.
Ich zögere, diesen Befehl zu befolgen. Die Dachauer Bauern stehen auf unserer Seite, wir müssen unnütze Zerstörung vermeiden, unsere Kräfte organisieren. Wir stellen den Weißen bis zum Nachmittag dieses Ultimatum: Zurückführung der Weißen Truppen bis hinter die Donau, Freilassung der am 13. April entführten Mitglieder des Zentralrats, Aufhebung der Hungerblockade gegen München. Denn seit dem zweiten Tag der Räterepublik ist München durch die Bamberger Regierung blockiert. Als die Engländer im Krieg über das deutsche Volk die Hungerblockade verhängten, war man empört, jetzt versucht die Bamberger Regierung, das eigene Volk auszuhungern.

Die Weißen schicken als Parlamentäre einen Oberleutnant und einen Soldatenrat. Wir verhandeln nur mit dem Soldatenrat.
– Kamerad, du kämpfst gegen Kameraden, du gehorchst denen, die dich bedrückt haben, unter denen du gelitten, gegen die du dich im November aufgelehnt hast.
– Und ihr? antwortet er. Was habt ihr aus München gemacht? Ihr mordet und plündert.
– Wer sagt das?
– Unsere Zeitungen schreiben so.
– Willst du dich überzeugen? Du darfst nach München fahren, niemand wird dir etwas tun, du kannst dich umschauen und sehen, daß du belogen wirst.
Der Offizier, wütend und ungeduldig, fährt den Soldatenrat an:
– Keine Antwort! Kein Wort weiter!
– Ach, ihr seid schon wieder soweit!
Der Offizier steht auf, drängt hinaus, der Soldatenrat flüstert mir zu:
– Wir schießen nicht auf euch.
Von zweien unserer Leute begleitet, fahren die Parlamentäre nach Dachau zurück. Nach zwei Stunden hören wir, daß die Bamberger Regierung unsere Bedingungen angenommen habe, nur in einem Punkt gäbe sie nicht nach, die Weißen Truppen würden sich bis Pfaffenhofen zurückziehen, die Regierung wolle den Stützpunkt diesseits der Donau nicht aufgeben.

Nachmittags um vier Uhr krachen Geschütze. Haben die Weißen die Vereinbarung gebrochen?
Unsere eigenen Geschütze hatten geschossen, auf Befehl eines unbekannten Soldatenrats.

Einer unserer Parlamentäre kommt von Dachau zurück, der Kommandant habe ihm gedroht, die beiden anderen Parlamentäre an die Wand zu stellen, sie verdienten kein anderes Schicksal, da die Rote Armee durch den Bruch des Waffenstillstands ehrlos gehandelt hätte.
Ich trage als Führer der Truppen die Verantwortung für das Leben unserer Leute, ich entschließe mich, im Auto nach Dachau zu fahren und selbst den Vorfall zu klären.

Das Auto erreicht unsere vorderste Linie, ich sehe keine Soldaten. Wir fahren weiter, erreichen die Barrikaden, die die Weißen auf der Chaussee nach Dachau errichtet haben. Sie sind zerstört. Plötzlich wird das Auto von Maschinengewehr- und Infanteriefeuer bestrichen.
– Weiterfahren! rufe ich dem Chauffeur zu.
Ich sehe unsere Truppen in Schützenlinien vormarschieren.
– Wer hat den Befehl gegeben? frage ich einen Zugführer.
– Ein Kurier.
Auf den Gedanken, daß der Vormarsch das Werk eines Provokateurs war, komme ich nicht, erst später erfahre ich, daß der Soldatenrat Wimmer, der bei der Einnahme Münchens mit den Weißen Truppen einzog, eigenmächtig, um Verwirrung zu schaffen, Kanonade und Angriff befahl.
Was soll ich tun? Mitten im Gefecht den Rückzugsbefehl geben ist nicht möglich, jetzt heißt es, die vormarschierenden Truppen unterstützen.
Ich fahre nach Karlsfeld zurück, schicke Reserven den Kämpfenden nach und schließe mich einem Trupp an.
Das Feuer von drüben verstärkt sich.
Meine Gruppe zaudert, sie verlangt Artillerie zur Unterstützung, ich weigere mich, den Befehl zu erteilen, springe mit ein paar Freiwilligen vor, die andern folgen, wir erreichen unsere Infanterie, wir stürmen Dachau.
Als das Gefecht einsetzt, stürzen sich die Arbeiter und Arbeiterinnen der Dachauer Munitionsfabrik auf die Weißen Soldaten, am entschlossensten sind die Frauen. Sie entwaffnen die Truppen, treiben sie vor sich her und prügeln sie aus dem Dorf hinaus. Der Kommandant der Weißen rettet sich auf einer Lokomotive. Unsere Parlamentäre, deren Erschießung schon befohlen war, retten sich im Durcheinander der Flucht.
Fünf weiße Offiziere und sechsunddreißig Soldaten werden gefangen. Unsere Truppen besetzen die Stadt.
Ich der ›Sieger von Dachau‹? Die Arbeiter und Soldaten der Räterepublik haben den Sieg erfochten, nicht ihre Führer. Ohne Unterschied der Partei eilten sie herbei, die Revolution zu schützen, auch sozialdemokratische, auch parteilose Arbeiter, sie warteten auf keine Parole, die einheitliche Front der Werktätigen formierte sich in der Tat.
Die Weißen ziehen sich bis nach Pfaffenhofen zurück. Eglhofer sendet einen Kurier, die gefangenen Offiziere sollten sofort vor Standgerichte gestellt und erschossen werden. Ich zerreiße den Befehl, Großmut gegenüber dem besiegten Gegner ist die Tugend der Revolution, glaube ich.

Die gefangenen Soldaten dürfen frei umhergehen, sie werden verpflegt wie unsere Truppen, es sind irregeleitete Brüder, sie werden die Gerechtigkeit unserer Sache erkennen, sie werden sich überzeugen, daß sie belogen wurden, sie dürfen frei sich entscheiden, ob sie bei uns bleiben oder in die Heimat zurückkehren wollen.

Mögen die Gesetze des Bürgerkriegs noch so brutal sein, ich weiß, die Konterrevolution hat in Berlin Rote Gefangene ohne Schonung gemordet, wir kämpfen für eine gerechtere Welt, wir fordern Menschlichkeit, wir müssen menschlich sein.

Die gefangenen Soldaten, die in die Heimat zurückkehrten, kämpften einige Tage später wieder gegen uns.

Brüder am Schraubstock, am Pflug, am Schreibtisch!

Die Räterepublik ist proklamiert. Die Arbeiter in Stadt und Land haben die volle politische Macht und Verantwortung übernommen. Schwere Arbeit und die Not des Alltags hat uns zu Brüdern gemacht. Es kommt nun darauf an, Schulter an Schulter gegen die Kapitalistenklasse vorzugehen. Wir haben keine Zeit zu verlieren.

Setzt euch über alle Führer hinweg, wenn sie gegen die Einigkeit des gesamten Proletariats sind. Nicht die Eitelkeit der Führer, sondern die Not des Proletariats zu befriedigen ist unsere Aufgabe.

Seid vorsichtig gegen die plötzlich auftauchenden Gerüchte.

Erkundigt euch nach den Ursachen, sagt den gewissenlosen Schwätzern die Wahrheit.

Überzeugt alle Proletariergenossen, die noch mißtrauisch der Räterepublik gegenüberstehen.

Seid vorsichtig gegen alle Redner, die zur Grausamkeit auffordern. Bayern ist in der revolutionären Bewegung vorangegangen, gerade weil alle Gewaltkämpfe im Proletariat vermieden wurden.

Proletarierblut muß uns allezeit heilig sein.

Alle Sozialisten und Kommunisten müssen jeden engherzigen Parteistandpunkt aufgeben und sich zu einer großen revolutionären Gemeinschaft zusammenschließen.

Wir dürfen nicht mit unserm Schicksal spielen, jeder Leichtsinn, jede Trägheit ist Sabotage an der Weltrevolution. Wir müssen die politische Macht des Proletariats heben, um sofort die Sozialisierung der Presse, der Fabriken, der Banken durchzuführen.

Es muß der Überfluß der Reichen, wie Wohnung, Kleidung, Nahrung, den Arbeitern zugute kommen.

Die Arbeiter-, Bauern- und Soldatenräte müssen sofort die Kontrolle und die Verwaltung der gesamten Wirtschaft übernehmen.

Es laufen ständig neue Nachrichten aus der Provinz ein, daß unsere dortigen Genossen hinter der Räterepublik stehen.

Soldaten! Kameraden! Wir stehen vor dem Entscheidungskampf zwischen Proletariat und Kapitalismus.

Ihr habt soviel Nächte im Kriege, in der Revolution durchwacht, ihr habt bis jetzt die Revolution in bewunderungswürdiger Weise gegen alle reaktionären Anschläge verteidigt! Nun gilt es noch einmal, alle Kraft anzuspannen, um all die mühevolle Arbeit zur Befreiung des Proletariats zum endgültigen Resultat zu führen.

Soldaten! Das Los der Arbeiter ist auch euer Los!

Wir kommen aus den gegenwärtigen hilflosen Lebensverhältnissen nur dadurch heraus, daß wir vor allem denjenigen das Brot geben, die ihre Arbeitspflicht tun.

Unser Kampf für die Weltrevolution wird unsere Brüder im Westen Europas aufrufen, auch mit ihren Regierungen die große Abrechnung vorzunehmen, damit wir endlich unser Schicksal selbst in die Hand nehmen und Brot, Freiheit und Frieden allen Schaffenden der Welt bringen können.

Es lebe die sozialistische, die kommunistische Revolution Bayerns, Deutschlands und der Welt!

Es lebe das einige Proletariat!

Der revolutionäre Zentralrat der Räterepublik Bayern

„Die im H.-B. versammelten Münchener Betriebsräte, Arbeiterausschüsse und der Münchener Arbeiterrat fordern die auf Grundlage der von der U. S. P. München gestellten Bedingungen, die auch von Dr. Levien gebilligt werden, und richten an die kommunistischen Massen noch einmal die dringende brüderliche Bitte, an der Durchführung der Revolution mitzuarbeiten.

Beginn der Sozialisierung.

Um die Sozialisierung vorzubereiten, werden alle Unternehmungen unter gesellschaftliche Kontrolle gestellt. Alle Betriebe gehen ungestört weiter; Störungen seitens der Unternehmer, seitens einzelner Angestellter oder Arbeiter, welche den Betrieb ernstlich gefährden, sind dem Zentralwirtschaftsamt zu melden. Soweit provisorische Fachräte bestehen, haben diese die Meldung durchzuführen. Alle leitenden Persönlichkeiten, Direktoren, Ingenieure, haben ihre Arbeit fortzusetzen, aber die Kontrolle der Geschäftsgebarung und der Geldbewegung durch die ordnungsgemäß gewählten Vertreter der Betriebsräte oder Arbeiter- und Angestelltenausschüsse zu ermöglichen.

Sollten die Arbeiter- oder Angestelltenausschüsse oder die Betriebsräte im Interesse der Aufrechterhaltung der Betriebsführung oder des öffentlichen Wohles Änderungen in der Leitung für nötig erachten, so sind die entsprechenden Vorschläge dem Zentralwirtschaftsamt zu übermitteln. Vereinzeltes Vorgehen in Industriebetrieben, Banken, Sparkassen, Warenhäusern usw. hat im Interesse der Vollsozialisierung zu unterbleiben.

In den nächsten Tagen treten bereits die Fachräte der Arbeiterschaft, denen Techniker zur Seite stehen, zusammen, um die Sozialisierung zu beginnen.

Der Revolutionäre Zentralrat

gez. Toller

An Alle!

Laut Beschluß des Zentralrats sind sämtliche in Bayern befindliche Kriegsgefangene sofort auf freien Fuß zu setzen.

Der Zentralrat entbietet allen bisherigen Gefangenen als freie Menschen brüderlichen Gruß.

Zentralrat: gez. Toller

Bekanntmachung

1. Das Revolutionstribunal besteht aus achtundzwanzig Richtern, die in Permanenz (Tag und Nacht) tagen, in einer Körperschaft von je sieben Mitgliedern, unter denen sich eine Frau befindet. Außer den sieben Mitgliedern nimmt an den Sitzungen ein Jurist (Rechtsanwalt) mit beratender Stimme teil. Infolgedessen sind dem Tribunal vier Rechtsanwälte zugeteilt.

2. Die Richter setzen sich zusammen aus revolutionären Volksgenossen, die volljährig und im Besitz der bürgerlichen Ehrenrechte sein müssen.

3. Für leichtere Fälle wird eine Gerichtskammer von drei Richtern bestimmt, worüber das Tribunal entscheidet.

4. Zu jeder Gerichtssitzung wird ein Sprecher (Ankläger) bestellt, diesem jedoch ein Antrag auf das Strafmaß abgesprochen.

5. Die Wahl des Verteidigers steht dem Angeklagten frei. Der Verteidiger muß aber volljährig und im Besitz der bürgerlichen Ehrenrechte sein.

6. Keine Sitzung darf ohne Protokollführer, der Stenograph sein muß, stattfinden.

7. Der Urteilsspruch muß schriftlich sein, die Begründung kann mündlich erfolgen. Unterschrieben wird das Urteil von jedem an der Sitzung teilhabenden Richter und dem Protokollführer.

8. Das Urteil wird sofort vollstreckt.

9. Die Verhandlungen sind mündlich und öffentlich zu führen.

10. Jeder Verstoß gegen revolutionäre Grundsätze wird bestraft.

11. Die Art der Strafen steht im freien Ermessen des Richters. Die Verhandlungen finden statt im Justizpalast. Vorgesehen sind fünf Mitglieder der Mehrheitspartei, fünf der USP, fünf der KPD, fünf des Bauernbundes, vier des Revolutionären Arbeiterrates und vier des Freien Sozialistenbundes. Die Richter erhalten Taggelder. An jedem Regierungssitz besteht ein Revolutionstribunal aus achtundzwanzig, an jedem Amtsgericht ein solches aus sieben Mitgliedern.

12. Berufung ist unzulässig.

Der provisorische Revolutionäre Zentralrat.

gez.: Toller

Entwaffnung der Bourgeoisie

Die bürgerliche Bevölkerung hat binnen vierundzwanzig Stunden alle in ihrem Besitz befindlichen Waffen an die Stadtkommandantur abzuliefern. Wer dieser Aufforderung in der angegebenen Frist nicht nachkommt, wird vor ein Revolutionstribunal gestellt. Militär- und hierzu bestimmte Arbeiterpatrouillen haben das Recht, jeden auf der Straße anzuhalten und auf Waffen zu untersuchen. Nach Ablauf der genannten Frist werden Haussuchungen nach Waffen vorgenommen.

München, den 11. April (abends 7 Uhr) 1919

Der provisorische revolutionäre Zentralrat:
gez.: Toller

An das Proletariat!

Die Einigung des revolutionären Proletariats ist unbedingt notwendig. Die Gegensätze zwischen dem gegenwärtigen provisorischen Zentralrat und KPD sind keineswegs grundsätzlicher Natur. Der provisorische Zentralrat weiß sehr gut, daß die endgültige Einsetzung der obersten Vollzugsgewalt allein Sache des Proletariats ist. Die Betriebsratswahlen werden im ganzen Lande schleunigst durchgeführt. Aus ihnen wird in allerkürzester Zeit die ordnungsmäßige Wahl der Volksbeauftragten und der übrigen Organe hervorgehen.

Zur Sicherung der jungen Räterepublik sind die wichtigsten Anordnungen getroffen. Die Rote Armee ist im raschen Werden begriffen. Die Bewaffnung des Proletariats hat begonnen und wird in wenigen Tagen vollständig durchgeführt sein. Die Entwaffnung der Bourgeoisie ist angeordnet.

Proletarier einigt Euch!

Die Früchte Eures Streites erntet nur die Reaktion, ernten nur die Weißen Garden! Wir wollen alle dasselbe, und wir arbeiten um so besser, je tatkräftiger die entschiedensten Vertreter der sozialistischen und kommunistischen Idee am gemeinsamen Werke teilnehmen.

Nieder mit der kapitalistischen Bourgeoisie! Es lebe das Proletariat!

Der provisorische revolutionäre Zentralrat

gez.: Toller

An das werktätige Volk Bayerns
Bayern ist Räterepublik!

Tolle Gerüchte werden von denen in die Welt gesetzt, welche eure Interessen schädigen wollen. In München ist alles ruhig. Kein Schuß ist gefallen. Arbeiter, Bauern, Handwerker, das schaffende Volk hat sich für die Räterepublik erklärt.

Was ist der Unterschied zwischen den Räten und dem Landtag?

Die Volksvertreter, welche ehemals von euch in den Landtag gewählt wurden, waren von Parteien und Parteivereinen aufgestellt. Die Partei, welche das meiste Geld hatte, konnte die meiste Reklame machen und gewann den Kampf. So kam es, daß, obwohl das ganze Volk anders dachte oder wenigstens fühlte, wichtige Entscheidungen zugunsten der Riesenvermögen und Riesengewinne getroffen wurden. Die Nöte der Unbesitzenden wurden jeden Tag größer, das Elend in den Städten vermehrte sich, während die Preise für das Notwendigste und damit die Gewinne der Großkapitalisten ins Unendliche anwuchsen.

Jetzt aber will das Volk nicht mehr von Männern, welche die Geldherrschaft aufrechterhalten wollen, regiert werden.

Die Riesengewinne des Krieges dürfen nicht mehr als eine Last auf Bauern und Arbeitern liegen!

Das werktätige Volk will selbst durch seine Räte Ordnung schaffen. Alle Kreise des schaffenden Volkes, Bauern, Arbeiter, Handwerker, Kleinbeamte, wählen aus ihren Kreisen heraus die tüchtigsten Männer als ihre Vertreter in das Landtagsgebäude. Es kann nicht mehr vorkommen, daß Männer, für jahrelang hinaus gewählt, für das Volk Unheil stiften; denn die Wähler können jederzeit einen solchen Vertreter abberufen. Nur durch die Räte können die Tüchtigen mitarbeiten an der Neugestaltung des Staates zu unser aller Wohl.

In Fragen der Landwirtschaft werden nur die Bauern mit dem Landwirtschaftsministerium, in Fragen der Handwerker nur diese selbst mit dem Ministerium für Handel und Industrie entscheiden. Niemand denkt daran, den Besitz der Bauern anzutasten und die Existenz der Handwerker zu gefährden.

Arbeiter, Handwerker, Beamte und Bauern, alle, die ihr Brot im Schweiße des Angesichts verdienen müssen, haben nur einen einzigen Feind, nämlich diejenigen, welche den Krieg verschuldet und zum Unglück des ganzen Volkes geführt haben, die Großkapitalisten! Erst nach deren Niederkämpfung werden wir uns in einem neuen Gemeinsinn zusammenfinden.

Dann sind wir erst frei!

Dann sind wir nicht mehr gezwungen, uns gegenseitig zu bekämpfen in der Hast nach dem Gelde.

Im Kriege hat uns der eigene und der feindliche Kapitalismus ausgehungert.

Jetzt wollen es die von den eigenen Kapitalisten verführten Volksbrüder tun!

Der Landwirt muß an seinem Pflug, der Schmied an seinem Amboß stehen, wenn das ganze Volk nicht darunter zu Schaden kommen soll.

Alles Mißtrauen ist Mißverstehen!

Deswegen seid einig in der Räterepublik Bayern!

Provisorischer revolutionärer Zentralrat
I. A.: Ernst Toller

Auszug aus den Mitteilungen des Vollzugsrats der Betriebs- und Soldatenräte
München, den 15. April 1919
An das werktätige Volk Bayerns!

Die Sozialverräter haben versucht, im Verein mit der Bourgeoisie und bezahlten Söldnern die Macht der Arbeiter zu stürzen.

Der Versuch ist mißlungen! Die Arbeiterschaft, geeint durch das gleiche Ziel und den gleichen harten Willen, hat mit ihren Leibern den Sieg über die Konterrevolution errungen. Wir neigen uns vor den toten Kämpfern in Ehrfurcht.

Ein neues Stadium der Revolution ist eingetreten. Der alte provisorische revolutionäre Zentralrat, dessen Mitglieder zum größten Teil verhaftet sind, ist durch den Gang der Ereignisse erledigt. An seine Stelle trat der von der Arbeiterschaft Münchens gewählte Aktionsausschuß, der die Macht übernommen hat.

Arbeiter! Euer Werk ist in Gefahr! Schützt die Revolution mit Euren Leibern, Eurem Willen und Eurem Herzen!

Es lebe die bayerische Räterepublik!
Es lebe die Weltrevolution!

München, den 14. April 1919

Ernst Toller

An das werktätige Volk!

Nicht genug, daß das Münchner Proletariat von Hoffmann und der Bourgeoisie durch die unmenschliche Blockade bedrückt war, es sollte auch durch Weißgardisten niedergeschossen werden, verraten durch feile Söldner. In geschlossener revolutionärer Einigkeit erhob sich am Sonntag das Münchener Proletariat und erstürmte im Verein mit den Brüdern im Waffenrock den Bahnhof, die öffentlichen Gebäude und riß damit die ganze Macht an sich.

Und als am Dienstag die Weißgardisten München einschließen wollten, zogen Soldaten und Arbeiter im Verein aus der Stadt, warfen die Weißgardisten noch nachts aus Allach und Karlsfeld hinaus, und als die Rote Armee in Dachau einzog, formierte sich die Masse zu einem Demonstrationszug und brachte mehrfach Hochs auf die bayerische Räterepublik aus.

Brüderlichen Dank wissen wir dem Dachauer Proletariat, daß es die konterrevolutionären Offiziere verhaftet hat. 700 Weißgardisten sind entwaffnet. Arbeiter und Arbeiterinnen! Ihr habt erkannt, daß die ‚Räuberbande' Eure Brüder sind, die zu Euch als Befreier vom Kapitalismus und militaristischer Vergewaltigung kamen. Arbeiter und Arbeiterinnen! Der Kampf wird siegreich zu Ende geführt werden, die bayerische Räterepublik wird siegreich leben.

gez. Ernst Toller

„Volksgenossen! Dachau ist in der Nacht vom 16. auf 17. April von der Roten Armee eingenommen worden. Über 200 irregeführte Proletarier wurden entwaffnet und nach ihrer Heimat entlassen. Vier Geschütze und acht schwere Maschinengewehre wurden erbeutet. Die gefangengenommenen und wieder in Freiheit gesetzten Brüder wurden von ihren Führern vollständig irregeleitet und auf die schamloseste Weise belogen. Sie behaupteten unter anderem, München stehe in Flammen. Der Hauptbahnhof und alle großen öffentlichen Baulichkeiten bildeten nur noch Schutthaufen. In München herrsche vollkommene Anarchie. Große öffentliche Massenhinrichtungen fänden statt. München bilde nur noch ein Chaos. Mit solchen verbrecherischen und teuflischen Mitteln arbeitet die Reaktion. Brüder, Volksgenossen! Es ist höchste Zeit, daß ihr euch unter dem Banner des Proletariats, unter dem roten Freiheitsbanner, zusammenfindet, um gemeinsam den Kampf der Freiheit gegen die giftige Bestie der Reaktion, den Kapitalismus, aufzunehmen.

Proletarier aller Länder, vereinigt euch!"

gez. Ernst Toller

Titelseite der ›Freien Jugend‹, Nummer 1/2, 1923

Dem Menschen und Dichter ERNST TOLLER gewidmet.

Einzel-Nummer 150 Mark

Blatt der jungen Anarchisten

Freie Jugend

Berlin

Redaktion und Verlag: Berlin O, Kochhannstr. 10. Fernruf: Amt Alexander, Nr. [illegible]

Nr. 1/2	Erscheint 1 mal im Monat. Versand nur gegen Voreinsendung des Betrages od. Nachnahme (inkl. Porto) auf Postscheckkto. Verlag „Freie Jugend" (E. Friedrich) Berlin 66783	Schriftleitung: Ernst Friedrich, Berlin	Man abonniert durch den Verlag oder jede Postanstalt. Die „Freie Jugend" ist in der Postzeitungsliste eingetragen.	5. Jahrg.

Unser Weg

Dem Andenken Kurt Eisners

Die Klöster sind verdorrt und haben ihren Sinn verloren,
Sirenen der Fabriken überschrillten Vesperklang,
Und der Millionen trotziger Befreiungssang
Verstummt nicht mehr vor klösterlichen Toren.

Wo sind die Mönche, die den Pochenden zur Antwort geben:
„Erlösung ist Askese weltenferner Stille."

Ein Hungerschrei, ein diamantner Wille
Wird an die Tore branden: „Gebt uns Leben!"

Wir foltern nicht die Leiber auf gezähnten Schragen,
Wir haben andern Weg zu Gott gefunden,
Uns sind nicht stammelndes Gebet die Stunden,

Das Reich des Friedens wollen wir zur Erde tragen,
Den Unterdrückten aller Länder Freiheit bringen —

Wir müssen um das Sakrament der Erde ringen!

Ernst Toller
Verhaftung

Aufzeichnungen aus dem Jahre 1919

Rechtsanwalt Alsberg richtete an Pölzing folgende Frage: »Ist diese Ausrede, es habe eine Meuterei stattgefunden, die zur Erschießung auf der Flucht genötigt habe, damals gang und gäbe gewesen?«
Angeklagter Pölzing: »Das war die Regel, um Erschießungen hinterher zu rechtfertigen.«
Rechtsanwalt Alsberg: »Hat man die Erfahrung gemacht, daß die Sache sofort ad acta gelegt wurde, wenn man mit dem Märchen von der ›Meuterei‹ kam?«
Angeklagter Pölzing: »Jawohl.«
›Vorwärts‹ vom 14. Januar; aus dem Bericht über den Perlacher Mordprozeß.

5. Juni. Ich werde in der Frühe, gegen 4 Uhr geweckt. – Sie sind da. Ich springe aus dem Bette, bin so unvorsichtig, durchs Fenster zu lugen. Vorm Haus, auf der Straße Soldatentrupps. Ins kleine Versteck, das für solchen Fall bereit war. Ich warte, klopfenden Herzens, und schon im Gefühl: Heute erwischen sie dich! Ich höre vom Flur her Lärm stampfender Soldatenschritte. Gleich darauf treten etliche Personen ins Schlafzimmer. Ich höre, wie einer ruft: Das Bett ist warm. Sie durchsuchen alles. Vergebens. Jetzt beginnt einer die Zimmerwände abzuklopfen. Das Klopfen kommt immer näher, noch eine Sekunde, noch eine Sekunde, noch eine Sekunde, da – jetzt müssen sie die kleine Tür finden, die mit Bildern verhängt ist. Atem kreist um sich selbst – unmöglich . . . doch es ist so, das Klopfen entfernt sich. – Sie haben die Tür nicht gefunden. Tiefes Atmen, aber der Gedanke zerrt: Sie finden dich heute doch.
Ich denke an den Mann, den man acht Tage vorher für mich erschossen hat. In eine Wohnung der Kaiserstraße waren zwei Kriminalkommissare gedrungen, in der Hoffnung, mich dort zu finden. Während sie durchsuchten, stürmte ein Trupp von zehn Weißgardisten ins Haus, gierig, die Kopfprämie von zehntausend Mark zu gewinnen. Sein Anführer reißt ungeduldig an der Wohnungsklingel. Der eine Kriminalkommissar öffnet vorsichtig die Tür, vielleicht im Glauben, es wollte ein Trupp von Roten den verborgenen Toller befreien. In dieser Sekunde ruft der Anführer: »Das ist Toller.« Schon knallen die Revolver. Der Kriminalkommissar liegt tot am Boden.
An der Tür klopft's. Die Stimme von R., meinem tapferen Gastfreund: »Bleiben Sie noch drin; sie durchstöbern weiter das Haus.«
»Ja.«
Gewißheit, sie finden dich. Gleich ist's aus. Wenn sie dich nur nicht so quälen wie Landauer, wie Eglhofer, wie die andern.
Ich höre, wie die Männer wieder ins Zimmer kommen. Einer geht auf die kleine

Tür zu, klopft, beginnt die Bilder abzunehmen. Ich stoße die Tür auf, sehe Kriminalkommissare, Soldaten, sage ohne Erregung: »Sie suchen Toller, ich bin's!«
Die Kriminalkommissare schauen mich scharf an, das entfärbte Haar entstellt mich. Soldaten fallen auf die Knie, richten die Gewehre auf mich, entsichern, Finger am Abzug. Ich wende mich an einen Kriminalkommissar: »Herr Kommissar, Sie hören von mir in Gegenwart aller Zeugen, daß ich nicht daran denke zu fliehen. Dieser Mann hat den Finger am Abzug des entsicherten Gewehrs. Er ist sichtlich erregt. Ich weiß, wie leicht in einem solchen Moment das Gewehr ›losgeht‹. Wenn ich jetzt erschossen werde, ist es keine Erschießung auf der Flucht, ich mache Sie darauf aufmerksam!«
Die Kommissare springen auf mich zu, legen mir, der im Hemd dasteht, an beiden Händen Handschellen (Achter) an und erlauben mir erst auf meine ironische Bemerkung, ob sie mich so auf die Straße bringen wollen, mich anzuziehen.
Man führt mich durch die dämmerige Straße. An den Eisen der Handgelenke halten mich die Kommissare, vorn, hinten, zur Seite Soldaten, ungewöhnlich freundlich, mit schußfertigem Gewehr. So kommen wir in das Polizeipräsidium.
Vor meiner Zelle beginnt die Prozession der Polizeifunktionäre. Jeden Augenblick wird das Guckloch geöffnet. Ein Auge glotzt, das Weiße der Pupille leuchtet widerlich.
Um acht Uhr kommt der berüchtigte Polizeisekretär Lange mit einem Aufseher und einem Handwerker in die Zelle. »Machen Sie die Ketten fest, gut vernieten wie bei Leviné!« befiehlt er dem Arbeiter.

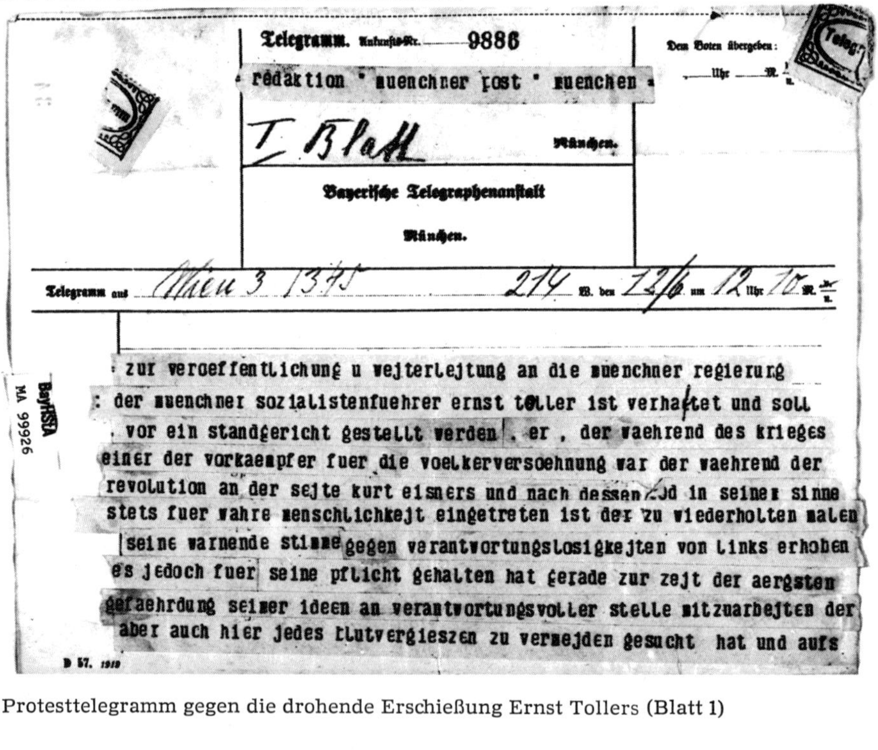
Telegramm. Ankunfts-Nr. 9886
redaktion " muenchner post " muenchen
I. Blatt
München.
Bayerische Telegraphenanstalt
München.
Telegramm aus Wien 3 1345 214 W. den 12/6 um 12 Uhr 10 M.
zur veroeffentlichung u weiterleitung an die muenchner regierung
: der muenchner sozialistenfuehrer ernst toller ist verhaftet und soll
vor ein standgericht gestellt werden . er , der waehrend des krieges
einer der vorkaempfer fuer die voelkerversoehnung war der waehrend der
revolution an der seite kurt eisners und nach dessen tod in seinem sinne
stets fuer wahre menschlichkeit eingetreten ist der zu wiederholten malen
seine warnende stimme gegen verantwortungslosigkeiten von links erhoben
es jedoch fuer seine pflicht gehalten hat gerade zur zeit der aergsten
gefaehrdung seiner ideen an verantwortungsvoller stelle mitzuarbeiten der
aber auch hier jedes blutvergieszen zu vermeiden gesucht hat und aufs
B 57. 1919
BayHStA MA 99926

Protesttelegramm gegen die drohende Erschießung Ernst Tollers (Blatt 1)

Ich antwortete ihm mit einem Satz, der mir später immer Freude machte.
Der Handwerker nietet die schwere Kette ans linke Handgelenk, an den linken Knöchel.
Gestern wurde Leviné zum Tode verurteilt.
Man führt mich zum Photographen. Trotz der Kette schlägt mir der Beamte den Achter ums rechte Handgelenk. Ich muß mich auf den eigens dafür hergerichteten Stuhl setzen – der Stuhl dreht sich in einer Achse –, auf den Sitz genagelt drei kantige Hölzer, an denen Nummern aufgehängt werden. Alle Männer benehmen sich pathetisch, betonen die Würde ihres Berufs. Die Situation kommt mir komisch vor. Ich sage zu dem Photographen: »Machen Sie die Bilder recht gut. Ich brauche ein paar für mich.« Schroffe Antwort aus dem zehn Zentimeter hohen Kragen. »Bis die fertig sind, fressen die Würmer an Ihnen«, und der Photograph stupst mir eine schäbige Reisemütze auf den Kopf. Ich begreife nicht, warum. Später, als mir Bilder in den Zeitungen in die Hände fielen, begriff ich es: man brauchte Verbrecherbilder, die abstoßen sollten.
Man führt mich in ein Zimmer zum Fingerabdrucknehmen. Ich protestiere: »Ich bin kein Krimineller!«
Man fährt mich an: »Du Lump, du Schurke, hier wird nicht protestiert!« Man reißt mich an der Hand, klatscht sie in die Farbe, macht Abdrücke.
Ich werde zur Vernehmung geführt. Rechts und links zwei Soldaten mit aufgepflanztem Gewehr. Ich sehe einen kleinen hageren Mann mit unaufrichtigem schielendem Blick, Gesicht zerknittert, von Falten überzogen, Lippen scharf,

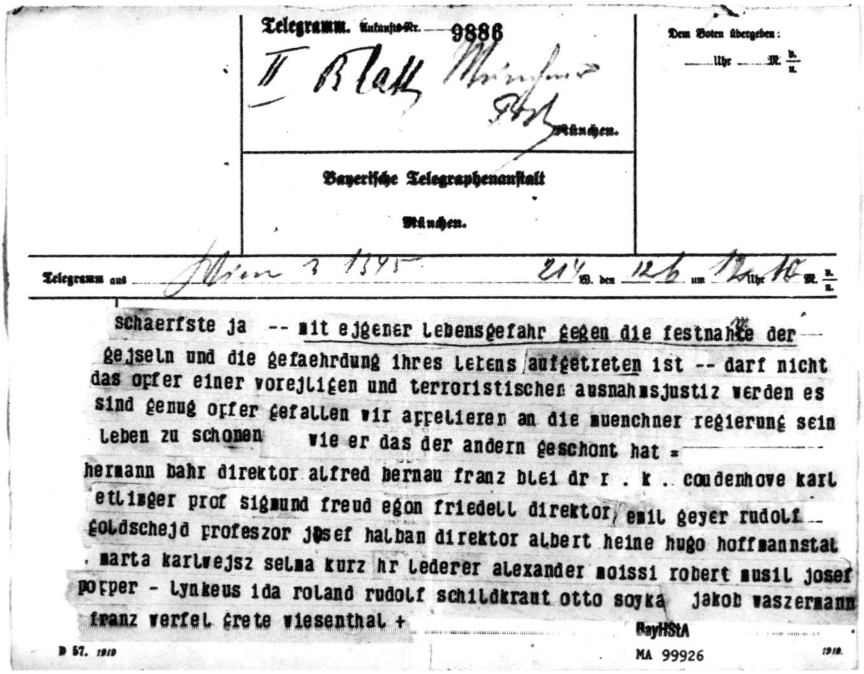

Telegramm. Ankunfts-Nr. 9886

II Blatt München

München.

Bayerische Telegraphenanstalt

München.

Dem Boten übergeben: Uhr M. v./n.

Telegramm aus Wien 3 1345 W. den 12/6 um Uhr M. v./n.

schaerfste ja -- mit ejgener lebensgefahr gegen die festnahme der gejseln und die gefaehrdung ihres lebens aufgetreten ist -- darf nicht das opfer einer vorejligen und terroristischen ausnahmsjustiz werden es sind genug opfer gefallen wir appelieren an die muenchner regierung sein leben zu schonen wie er das der andern geschont hat =

hermann bahr direktor alfred bernau franz blei dr r . k .. coudenhove karl etlinger prof sigmund freud egon friedell direktor emil geyer rudolf goldschejd profeszor josef halban direktor albert heine hugo hoffmannstal . marta karlwejsz selma kurz hr lederer alexander moissi robert musil josef popper - lynkeus ida roland rudolf schildkraut otto soyka jakob waszermann franz werfel grete wiesenthal +

BayHStA
MA 99926

D 57. 1919 1919.

Protesttelegramm (Blatt 2)

dünn, Augen klein, von unzähligen Krähenfüßen umrissen – den Staatsanwalt Lieberich. »Setzen Sie sich.«

Die beiden Soldaten müssen mit aufgepflanztem Gewehr neben mir Platz nehmen.

»Lassen Sie die Kette nicht abnehmen?«

Kurze scharfe Antwort: »Nein.«

Er will mich einschüchtern, denke ich, es wird ihm nicht gelingen. Die Vernehmung beginnt.

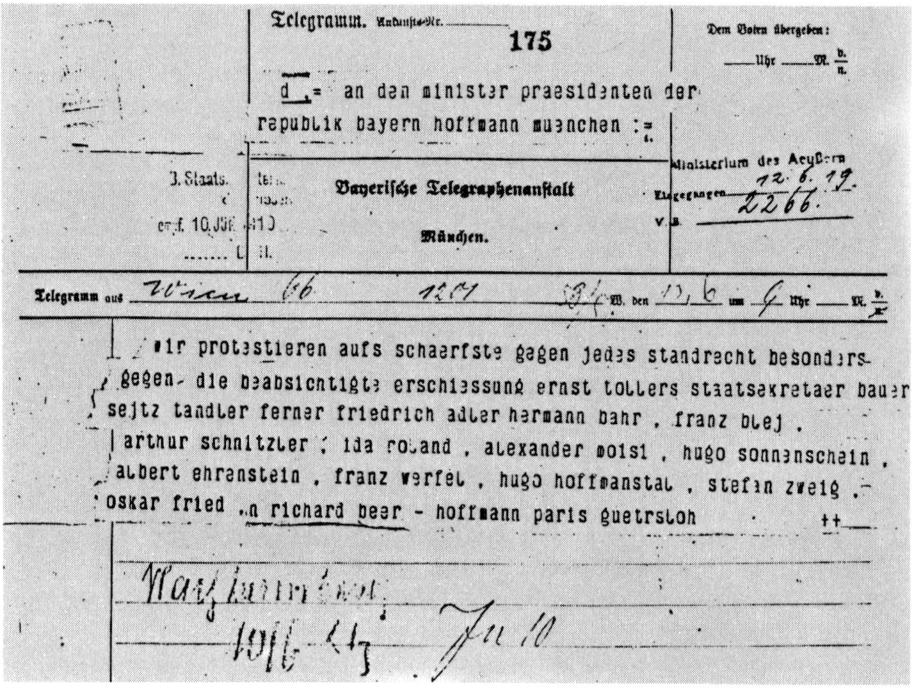

Telegramm. Ankunfts-Nr. 175

Dem Boten übergeben: Uhr M. v./n.

d = an den minister praesidenten der republik bayern hoffmann muenchen :=

Ministerium des Aeußern 12. 6. 19. Eingegangen 2266.

Bayerische Telegraphenanstalt München.

Telegramm aus Wien 66 1201 W. den 12/6 um 4 Uhr M.

wir protestieren aufs schaerfste gegen jedes standrecht besonders gegen die beabsichtigte erschiessung ernst tollers staatssekretaer bauer sejtz tandler ferner friedrich adler hermann bahr , franz blej , arthur schnitzler , ida roland , alexander moisi , hugo sonnenschein , albert ehrenstein , franz werfel , hugo hoffmanstal , stefan zweig , oskar fried richard beer - hoffmann paris guetrsloh ++

Weiteres Protesttelegramm gegen die beabsichtigte Erschießung Ernst Tollers

Ernst Toller
Protokoll der Vernehmung vor dem Staatsanwalt am 4. Juni 1919

Gegenwärtig: Erster Staatsanwalt *Lieberich*
Protokollführerin Betty Hellmuth

Zur Person.
Toller Ernst, Hugo, geb. 1. Dezember 1893 in Samotschin, Bezirk Bromberg, Sohn des verstorbenen Kaufmanns Max Toller und der Ida, geborenen Kohn, letztere wohnt Landsberg an der Warthe, Goethestraße 4, Israelit, jetzt konfessionslos, ledig, Schriftsteller, bayerischer und preußischer Staatsangehöriger. Bin am 9. August 1914 beim 1. bayrischen Feld-Artillerie-Regiment hier als Kriegsfreiwilliger eingetreten, war vom März 1915 bis etwa Mai 1916 im Felde, sodann wegen Erkrankung im Lazarett und später bei der Genesungsbatterie, wurde im Herbst 1916 entlassen, aber im Februar 1918 wegen meiner Betätigung für einen Verständigungsfrieden beim 1. Feld-Artillerie-Regiment hier wieder eingezogen. War dann hier und in Neu-Ulm bei der Genesungsbatterie und wurde im September 1918 endgültig als untauglich wegen Herz- und Nervenleidens wieder entlassen. Ich habe in Bromberg das Realgymnasium absolviert und schon vor dem Kriege in Grenoble (Frankreich) studiert, von wo ich nach Kriegsausbruch nach Deutschland flüchtete. Nach meiner ersten Entlassung studierte ich in München und Heidelberg Volkswirtschaft und Jurisprudenz. Von Heidelberg begab ich mich im Dezember 1917 auf einige Wochen nach Berlin zur Behandlung in einer Klinik und kam von dort im Januar 1918 nach München. Nach meiner zweiten Entlassung war ich zunächst in Landsberg und kehrte im November 1918 nach München zurück. Der Anlaß meines ersten Aufenthaltes in München im Januar 1918 war, daß ich hier meine Doktorarbeit machen wollte. Ich habe mich vor dem Kriege mit Politik überhaupt nicht beschäftigt. Erst während meiner militärischen Tätigkeit bin ich zum Nachdenken über die Frage der Kriegsbeendigung gekommen, wie überhaupt der Verhinderung der Kriege. Im Herbst 1917 habe ich mich dann zum erstenmal an einem kulturpolitischen Kongreß in Burg Lauenstein beteiligt, der sich mit derartigen kulturellen und pazifistischen Gedanken befaßte. In Heidelberg wurde ich dann der Mitgründer des kulturpolitischen Bundes der Deutschen Jugend, der kulturreformatorische und soziale Ideen vertrat und namentlich für einen Verständigungsfrieden im Gegensatz zu den Bestrebungen in der Alldeutschen und der Vaterlandspartei arbeiten wollte. Der Bund sollte über alle deutschen Universitäten ausgedehnt werden, geriet aber wegen seiner Bestrebungen in Konflikt mit dem badischen Generalkommando, das verschiedene Mitglieder auswies. Ich selbst reiste damals nach Berlin, wo ich durch Studium der Lichnowsky-Broschüre und ähnlicher Erscheinungen in meiner Kriegsgegnerschaft noch befestigt wurde; da ich hierdurch die Überzeugung erlangte, daß Deutschland nicht, wie ich bisher ge-

glaubt hatte, einen reinen Verteidigungskrieg führe. Als daher während meines späteren Aufenthaltes in München anfangs 1918 der Generalstreik zur Erzwingung eines Friedensschlusses durch die deutsche Regierung oder, richtiger gesagt, einer unzweideutigen Entscheidung der deutschen Regierung für den Verständigungsfrieden ausbrach und aus diesem Anlaß *Eisner* hier verhaftet wurde, schloß ich mich einer Deputation an, die sich beim Polizeipräsidium wegen Freilassung Eisners vorstellte, und sprach auch im gleichen Sinne hier in Versammlungen. Ich wurde wegen dieser meiner Tätigkeit selbst verhaftet und in das Strafverfahren gegen Eisner mitverwickelt. Nach dreimonatiger Haft in der Militärarrestanstalt hier wurde ich dann, wie erwähnt, wieder zur Truppe eingezogen. Ich betätigte mich seitdem nicht mehr öffentlich in der Politik, arbeitete aber für mich intensiv im Studium der sozialistischen Literatur weiter. Im Oktober 1918 kam ich von Landsberg vorübergehend nach Berlin und trat hier in einer Versammlung des Abgeordneten Heine gegen die damals geplante nationale Verteidigung auf, weil ich sie für aussichtslos hielt. Nach dem Eisnerschen Umschwung in München telegrafierte ich an Eisner, ob ich ihm hier helfen könne. Ich erhielt ein Danktelegramm, aber keine eigentliche Einladung, nahm jedoch nach dem Telegramm an, daß ich ihm hier willkommen sei, und reiste nach München. An der Novemberrevolution selbst hatte ich mich nicht beteiligt, ich lag damals krank in Landsberg. Die bayerische Staatsangehörigkeit besaß ich damals noch nicht, ich habe sie erst anläßlich der bayerischen Wahlen im November 1918 hier erworben.

Schon kurz nach meinem Eintreffen in München wurde ich in den Zentralrat, dem zum großen Teil meine Freunde aus der früheren Eisnerschen Periode angehörten, kooptiert und wurde dann Zweiter Vorsitzender des von dem allgemeinen Kongreß der bayerischen Arbeiter-, Bauern- und Soldatenräte gebildeten Vollzugsrates. In dieser Eigenschaft wirkte ich auch in der provisorischen Nationalversammlung mit. Bei den späteren Landtagswahlen wurde ich als Kandidat der Unabhängigen Sozialistischen Partei aufgestellt, aber nicht gewählt. Im März wurde ich aber von dieser Partei selbst als Vorsitzender bestellt. Mit Eisner zusammen nahm ich an den Verhandlungen des Internationalen Sozialistischen Kongresses in Bern teil und war noch auf der Rückreise aus der Schweiz selbst, als der vor mir zurückgekehrte Eisner hier ermordet wurde. Dem daraufhin hier neugebildeten Zentralrat habe ich nicht angehört, sondern habe nur in meiner Eigenschaft als Mitglied des Vollzugsrats der bayerischen Arbeiterräte nach meiner Rückkehr hierher politisch weitergearbeitet. Ich war persönlich für die Ausschaltung des Landtages und Fortführung der Regierung durch einen vom Rätekongreß neuzuwählenden Zentralrat mit einem von diesem gebildeten Ministerium, fügte mich aber dem gegenteiligen Beschluß des Rätekongresses für das Übereinkommen mit dem Landtag und die Einsetzung der Regierung Hoffmann. Ich betrachtete jedoch diese Regelung als keine endgültige, sondern die Herstellung der Räteregierung als das zu verfolgende Ziel, erwartete jedoch die Erreichung dieses Zieles im Wege einer friedlichen Entwicklung, nicht durch Gewalt. An den Bestrebungen zur Errichtung der ersten Räterepublik, die meiner Ansicht nach durchaus verfrüht war, habe ich mich

daher nicht beteiligt, ich erhielt davon überhaupt erst Kenntnis in *Nürnberg;* auf der Durchreise zum Rätekongreß in Berlin. Ich hörte in Nürnberg, daß verschiedene Minister der Regierung Hoffmann, so Simon, Unterleitner, auch Segitz, für die Räterepublik seien und daß Schneppenhorst mit Mühsam zusammen im Auto nach Nürnberg gekommen sei, um mit ihm für die Räterepublik zu arbeiten. Auf mein Ansuchen erhielt ich von Dr. Evinger in Nürnberg ein Auto zur Rückfahrt nach München zur Verfügung gestellt, fuhr jedoch dann mit dem Zug nach München zurück, um mich hier über die Verhältnisse zu unterrichten und gegebenenfalls an der Räteregierung mitzuarbeiten.
Nach meiner Rückkehr beteiligte ich mich an den Verhandlungen zwischen der Unabhängigen Sozialistischen Partei, den Mehrheitssozialisten und den Kommunisten über die förmliche Durchführung der Räterepublik, die nach eingehenden Nachrichten bereits in zahlreichen Städten Bayerns ausgerufen sein sollte. Ich war Samstag abends hier eingetroffen, Sonntag nachts kam dann die Vereinbarung zwischen den Unabhängigen Sozialisten und den Mehrheitssozialisten über die Durchführung der Räterepublik zustande. Die Kommunisten schlossen sich aus. Montags erfolgte darauf die formelle Proklamierung der Räterepublik. Die Regierung übernahm der schon vorhandene Zentralrat unter Niekisch, verstärkt durch Vertreter der Parteien, worunter auch ich. Einige Tage später wurde ich als Vorsitzender des Zentralrates bestimmt. Ich war mir darüber klar, daß die so geschaffene Neuordnung auf revolutionärem Umsturz der vorher bestandenen Ordnung (Landtag, Verfassung), allerdings auf friedlichem Wege beruhte. Ich gebe auch zu, daß ich während der Dauer der so geschaffenen ersten Räterepublik im Namen und Auftrag des Zentralrates die Regierungsgewalt ausübte, die verschiedenen von ihm erlassenen Anordnungen veröffentlichte und deren Vollzug betrieb. So zum Beispiel die Bestimmungen über die Neuordnung des Beamtentums, die Einsetzung des Revolutionstribunals, die Sozialisierung der Presse und die Verordnungen über die Sozialisierung der Banken. Ich möchte dabei betonen, daß mir bei Errichtung des Revolutionstribunals sehr daran gelegen war, daß dort eine sachliche Rechtsprechung ausgeübt und insbesondere keine Todesurteile erlassen würden. Ich habe in diesem Sinne ausdrücklich mit Frau Kämpfer gesprochen. Die Bestellung der Frau Kämpfer und der übrigen Richter erfolgte durch den Zentralrat unter Mitwirkung der Parteien. Ich berichtige, daß ich mich nicht mit Bestimmtheit entsinne, ob ich die Vorschriften über die Neuordnung des Beamtenwesens unterzeichnet habe oder Niekisch, der mit mir in der Unterzeichnung der Anordnungen wechselte. Die Anordnung über die Schaffung der Roten Armee hat Niekisch unterzeichnet.
Schon am 10. April 1919 war von den Kommunisten ein Putsch gegen die Räterepublik geplant in der Form, wie sie zunächst durchgeführt war. Ich habe der zu diesem Zweck veranstalteten Versammlung der Obleute der revolutionären Betriebe im Münchner Kindlkeller vom 10. April 1919 von dem geplanten Vorgehen nachdrücklich abgeraten, besonders unter Hinweis auf die Lebensmittelverhältnisse, jedoch nur mit dem Erfolg, daß ich von den Männern des hinter der Sache stehenden Komitees – die Namen will ich nicht nennen – in Haft genommen wurde. Ein von der Stadtkommandantur abgeordneter Zug der repu-

blikanischen Schutztruppe hat mch jedoch wieder befreit. In dieser Versammlung war dann auch bereits der Generalstreik proklamiert worden, es gelang mir jedoch nach meiner Befreiung, durch gütliches Zureden die Arbeiter zu bestimmen, in den Betrieben zu bleiben und damit den Generalstreik zu verhindern. Für meine Person hatte ich bereits erkannt, daß, nachdem das übrige Bayern sich der Räterepublik nicht angeschlossen hatte, die Räterepublik hier nicht haltbar war, und ich hatte deshalb schon am Samstag, dem 12. April 1919, mit einer einflußreichen Persönlichkeit – die ich heute nicht nennen möchte – eine Besprechung wegen Einleitung von Verhandlungen mit der Regierung Hoffmann. Es sollte eine Besprechung von beiderseitigen Vertretern zu diesem Zwekke herbeigeführt werden. Gleich nachher – Samstag abend – erhielt ich jedoch Kenntnis von hier geplanten gegenrevolutionären Putschen kleineren Umfangs und ordnete demgegenüber für Sonntag die Veranstaltung einer Arbeiterdemonstration an. Sonntag, den 13. April 1919, morgens wurde ich dann durch die Nachricht überrascht, daß die Gegenrevolution gesiegt habe. Ich gab daraufhin noch an die Arbeiter der Maffei- und Kruppwerke die Parole hinaus, von bewaffnetem Widerstand abzusehen, zog mich selbst zurück, da ich die Sache der Räterepublik für erledigt hielt und fürchtete, wie es von den anderen Mitgliedern des Zentralrates hieß, verhaftet zu werden. Ich selbst bin der Verhaftung jedenfalls nur dadurch entgangen, daß ich in der Nacht nicht in meiner Wohnung, Ludwigstraße 4, Pension Ludwigsheim, geschlafen, sondern bei einem Freunde geblieben war. Den Namen dieses Freundes nenne ich nicht. An dem Umschwung in der Nacht von Sonntag auf Montag war ich nicht beteiligt und kann auch nicht sagen, wer diese Sache eigentlich gemacht hat. Ich hörte nur später, daß Sontheimer einer der Führer gewesen sei. Am Montag früh fand ich mich auf der Stadtkommandantur ein, wo ein Aktionskomitee bestehen sollte, um mich über die neuen Verhältnisse zu unterrichten. Die dort anwesenden Leute, die ich heute nicht nennen will, forderten von mir die sofortige Erklärung des Rücktritts des Zentralrats. Demgegenüber verlangte ich zunächst Bedenkzeit, um mich darüber zu unterrichten, ob die Leute, wie sie behaupteten, tatsächlich von den Betriebsräten als neuer Vollzugsrat eingesetzt worden seien. Nach Besprechung mit Niekisch und nachdem wir uns überzeugt hatten, daß der Vollzugsrat tatsächlich von den Betriebsräten glaublich Sonntag nachmittag gewählt worden war, gab ich, ebenso wie Niekisch, die verlangte Rücktrittserklärung ab. Für meine Person versprach ich mir von dem neuen Regiment nichts sehr Wertvolles, besonders weil meiner Ansicht nach verschiedene der neuen Leute die bayrischen Verhältnisse nicht genügend kannten. Schon in einer Betriebsräteversammlung am Dienstag kritisierte ich ihre Tätigkeit, als die Nachricht eintraf, ein gegenrevolutionärer Putsch sei am Werke. Ich hielt mich für verpflichtet, trotz meiner Stellung zu der neuen Regierung dem entgegenzutreten, und bin mit einigen Leuten, die vor dem Versammlungslokal auf Posten standen, zur St. Paulskirche, wo Sturm geläutet wurde. Dort erfuhr ich, daß in Wirklichkeit die Weißen Garden gegen Allach im Anmarsch seien.

Ich ritt darauf freiwillig, da es draußen an jeder Führung fehlte, mit einigen schweren Reitern eine Patrouille gegen Allach und blieb dann auch weiterhin

als Führer draußen, um dem Chaos entgegenzuarbeiten, aber auch zu dem Zweck, um Verhandlungen mit den anrückenden Regierungstruppen einzuleiten. Vom Oberkommando in München – jedenfalls *Eglhofer* – kam der Befehl hinaus, Dachau mit Artillerie zu beschießen und zu stürmen. Ich leistete diesem Befehl keine Folge, sondern schickte Parlamentäre nach Dachau und brachte auch eine Einigung mit dem in Dachau den Befehl führenden Major der Regierungstruppen zustande, wonach die Regierungstruppen sich nach Pfaffenhofen zurückziehen sollten; die Blockade über München war nach einer Mitteilung der Regierung Hoffmann schon zuvor aufgehoben worden. Beim Abtransport der Truppen nach Pfaffenhofen sollte sogar ein Vertreter der Regierung in München und des Arbeiterrates Dachau zugegen sein und durch eine Abordnung der Regierungstreppen nach München Gewißheit über die hier bestehenden Verhältnisse geschaffen werden. Diese Verhandlungen führte ich trotz ausdrücklichen Verbotes des Münchner Oberkommandos und war schon im Auto unterwegs zu ihrem Abschluß, als ich merkte, daß die Roten Truppen von selbst nach Dachau vorzudrängen begannen; und bin dann eben selbst auch mit den Truppen nach Dachau einmarschiert. Ich betone dabei, daß von den vorgehenden Truppen Artilleriefeuer auf Dachau gewünscht wurde, daß ich dies aber verhinderte; nur einige Schüsse wurden ohne meinen Willen nach dem Dachauer Moos abgegeben. In Dachau waren einige Offiziere und 30 Mann von den Regierungstruppen in die Hand der Roten Truppen gefallen. Die Offiziere wurden – auf welche Veranlassung weiß ich nicht – nach München geholt, die Mannschaften habe ich am nächsten Tage nach Hause entlassen. Dem bombastischen Bericht über den Sieg von Dachau stehe ich fern. Auch von Dachau aus habe ich gleich in den nächsten Tagen wieder Verhandlungen mit den Regierungstruppen gegen den Befehl des Münchner Oberkommandos eingeleitet, die zur Entsendung einer Deputation unter Dr. Schollenbruch nach Ingolstadt führten. Von den Münchner Gewalthabern war ich während dieser Tage tatsächlich als Befehlshaber in Dachau anerkannt worden, obwohl man an und für sich mit meiner Tätigkeit nicht einverstanden war. Man konnte aber, weil die Truppen zu mir hielten, nichts gegen mich machen. Verschiedene Leute, die man zu meiner Ablösung herausschickte, schickte ich als völlig untauglich wieder zurück. Nach Einleitung der Ingolstädter Verhandlungen wurde ich sogar durch einen förmlichen Beschluß der Militärkommission hier abgesetzt, blieb aber auf Betreiben der Betriebsräte.
Auf Vorhalt der in Nummer 4 vom 17. April 1919 der Mitteilungen des Vollzugsrates abgedruckten Bekanntmachung an das werktätige Volk und des darin zum Ausdruck kommenden, von vorstehenden Ausführungen durchaus abweichenden Geistes: Ich kann heute nicht sagen, ob der Text dieser Bekanntmachung in der vorliegenden Form von mir stammt. Keinesfalls habe ich diese Bekanntmachung als solche an das werktätige Volk veranlaßt. Die Bekanntmachung ist, so wie sie ist, entschieden von anderer Seite unter meinem Namen in die Zeitung gebracht worden, ebenso wie der Dachauer Gefechtsbericht. Ich habe auch die ›Mitteilungen‹ des Vollzugsrates nur unregelmäßig zu Gesicht bekommen und habe von der mir heute vorgehaltenen Veröffentlichung der Bekanntmachung vom 17. April heute zum erstenmal Kenntnis erhalten. Die ›Neue Zeitung‹ habe

ich seinerzeit wiederholt ersucht, bekanntzugeben, daß der Dachauer Gefechtsbericht nicht von mir stammt (Zeuge Redakteur *Nutt*). In meiner Eigenschaft als Befehlshaber in Dachau habe ich auch einen aus mehreren Personen – meist früheren Offizieren, die ich dem Namen nach nicht nennen will – bestehenden Stab für die verschiedenen militärischen Aufgaben gebildet, da ich mir sagte, daß dies zur Aufrechterhaltung der Ordnung und Disziplin notwendig war. Auf Vorhalt gebe ich zu, daß einer dieser Stabschefs der bereits abgeurteilte Podupezky war. Dr. Schollenbruch war dagegen nur als Arzt in Dachau tätig und beim Stab nicht eingegliedert. Er wohnte nur einigen Stabssitzungen bei. Frau Klingelhöfer war nur zum Besuche ihres Mannes in Dachau, sie hat keinerlei militärische Tätigkeit entfaltet und keinen Stabssitzungen beigewohnt. Es ist mir nicht bekannt, daß sie als Krankenschwester eingeteilt gewesen wäre. Doch wäre dies möglich.
Gegen eigenmächtige Requisitionen der Roten Garde bin ich nach Möglichkeit eingeschritten. Ich habe Verbote solcher Requisitionen plakatieren lassen und die Bevölkerung zu sofortigen Beschwerden im Falle derartiger Requisitionen aufgefordert. In den wenigen Fällen unberechtigter Requisitionen, die bei mir bekannt geworden sind, so im Falle Raimann, wurde sofort gegen die Schuldigen eingeschritten und diese dem eigens in Dachau errichteten Feldgericht übergeben. Ob Aburteilungen erfolgten, ist mir jedoch nicht bekannt. Ich habe mir zur Aufrechterhaltung der Ordnung eigene Feldgendarmen von München kommen lassen, auch Wein- und Schnapsverbot an die Wirte erlassen, ebenso das Wildern verboten. Richtig ist, daß mir auch russische Gefangene hinausgeschickt wurden, die als Angehörige der Roten Armee in deutsche Uniform gesteckt waren. Daß diese besonders dem Wildbestand zugesetzt haben, ist mir nicht bekannt. An der Requisition von 200 Flaschen Wein im Schlosse Karlsfeld für Lazarettzwecke, der dann im Stabe getrunken worden sein soll, war ich vollständig unbeteiligt. Ich habe nur nachträglich gehört, daß im Stab Wein getrunken wurde, der für andere Zwecke requiriert gewesen sein soll; und habe darüber sofort eine Untersuchung eingeleitet. Ich selbst hätte eine derartige Requisition niemals vorgenommen.
Zu den Angaben von Georg *Graf* und *Dehner* über ein von mir geplantes Vorgehen gegen die Regierungstruppen erkläre ich, daß nach dem Einrücken in Dachau von mir wohl eine Vorschiebung unserer Front bis nach Reichertshofen erwogen wurde. Ich bestreite aber, daß ich in der Nacht nach dem Einrücken in Dachau den Befehl zum Vorrücken gegen Reichertshofen gegeben hätte. Ich habe lediglich angeordnet, Dachau selbst durch Postierungen zu sichern. Auch ist mir von einem französischen Offizier, der in meiner Begleitung in Dachau eingezogen sein soll, nichts bekannt, vielmehr erinnere ich mich, daß einige Male ein Franzose nach Dachau hinauskam und sich über die Verhältnisse draußen erkundigte. Mit der Roten Armee draußen hatte er nichts zu tun. Es war dies ein französischer Revolutionär, wie ich glaube, ein Offizier, der sich geweigert hatte, im besetzten Gebiete gegen streikende Arbeiter vorzugehen, und dann fahnenflüchtig geworden war. Ich hatte ihn in München kennengelernt, sein Name ist mir nicht erinnerlich. Als Beweis für mein Bestreben, die Ortschaften

bei Dachau vor Zerstörung zu schützen, führe ich noch an, daß ich dem Magistrat Dachau vorschlug, einen Parlamentär zu den Regierungstruppen zu schicken wegen einer Vereinbarung des gegenseitigen Verzichts auf Artilleriebenutzung, falls die Verhandlungen wegen eines Ausgleiches kein Ergebnis haben sollten. Es ist auch richtig, daß ich den mir vom Oberkommando in München gewordenen Befehl, die Pulverfabrik Dachau zu besetzen, nicht ausführte, um zu verhüten, daß diese im Fall eines Kampfes in die Luft geschossen würde.
Von den in Dachau vorgenommenen Verhaftungen ist mir nichts bekannt, diese waren Sache des Gerichtsreferenten bei meinem Stab. Ich erinnere mich nur an den Fall eines Barons, glaublich Baron von Westernach, der wegen Beherbergens von Offizieren der Regierungstruppen mir vorgeführt wurde. Ich verlangte von ihm nur die Verpflichtung, einen Tag in Dachau zu meiner Verfügung zu bleiben. Am nächsten Tage durfte er wieder nach Hause gehen. Ich habe selbst unterm 25. April das Gefängnis in Dachau besucht, um mich über die ordnungsgemäße Behandlung der Gefangenen zu vergewissern, und habe damals nur drei Gefangene, darunter einen wegen Spionage verhafteten Walch und zwei Gefangene wegen gemeiner Straftaten, getroffen. Von der Verhaftung des Rittmeisters Hermann ist mir nichts bekannt, von der Verhaftung des Betriebsführers Dehner hörte ich erst ein oder zwei Tage später durch den Arbeiterrat Dachau, der die Verhaftung als vollständig gerecht bezeichnete.
Wie ich schon oben angegeben habe, hatte ich von Anfang an die Ansicht, daß eine nutzbringende Tätigkeit der neuen Räteregierung wenig wahrscheinlich sei. Die Beobachtungen, die ich im Verlauf der Dinge machte, befestigten mich immer mehr in der Überzeugung von der Unhaltbarkeit ihres Regiments. Schon in Dachau mußte ich wahrnehmen, daß durch unsinnige Anordnungen von München aus haltlose Zustände eintraten. Dazu kamen die Anordnungen in München selbst, die ich durchaus verurteilte; der fortdauernde Generalstreik mit seinen schweren Schädigungen, die Eingriffe in das Bankwesen, die Geiselfestsetzungen, insbesondere von Leuten wie Krankenhausärzten und ähnlichen politisch vollständig gleichgültigen und an ihrem Posten notwendigen Personen, die Handhabung der Requisitionen, die unkontrollierte Befugnis zu Verhaftungen durch jede Sektion, das Eindringen unzuverlässiger und zweifelhafter Persönlichkeiten in die Regierungsstellen und so weiter. Schon in der Betriebsratsversammlung – etwa am 22. April –, in der, wie erwähnt, die Betriebsräte meine Absetzung vom Kommando in Dachau verhinderten, wollte ich mit Rücksicht auf diese Zustände eine Entscheidung über den Fortbestand des damaligen Regiments herbeiführen, wurde aber leider durch ein irriges Telegramm über das Anrücken der Weißen Garde zurückgerufen, nachdem ich meinen Standpunkt bereits in einer Rede dargelegt hatte.
Am 26. April 1919 schickte ich sodann an die Betriebsräte und an den Vollzugsrat die in den Vollzugsratsmitteilungen vom 29. April Nummer 15 wiedergegebene Erklärung, in der ich die Betriebsräte auf die Gefahren einer Fortdauer des bisherigen Regiments neuerdings aufmerksam machte. Da auf diese Erklärung nichts erfolgte, fuhr ich zu der Betriebsratsversammlung vom 28. April selbst nach München und forderte hier eine Entscheidung. Das Ergebnis war ein

Mißtrauensvotum gegen den bisherigen Vollzugsrat, das dessen Amtsniederlegung veranlaßte. Die Versammlung wählte bis zur Bildung eines neuen Aktionsausschusses eine vorläufige Kommission, bestehend aus mir, Klingelhöfer und einigen andern (Postsekretär Wolf, Bankbeamter Kellner und so weiter). Der neuzuwählende Aktionsausschuß sollte sofort Verhandlungen mit der Regierung Hoffmann einleiten. Ich bemühte mich während meiner Tätigkeit in dieser Kommission hauptsächlich um die Freilassung der unberechtigt festgesetzten Geiseln. Noch in der Nacht telefonierte ich nach Stadelheim wegen Freilassung der angeblich dort sitzenden Geiseln, erhielt aber den Bescheid, daß die Sache in der Nacht nicht geregelt werden könne. Am nächsten Tage ließ ich mir die Verhaftungskommission kommen und verlangte von ihr im Beisein der neuen Geschäftskommissionsmitglieder *Kellner* und anderer die Listen über die Geiseln. Diese wurden mir für Nachmittag versprochen, ich kam jedoch zu keiner weiteren Tätigkeit, da nachmittags während der Versammlung zur Wahl des neuen Aktionsausschusses im Hofbräuhaus dieses von der Roten Garde umzingelt wurde und ich verhaftet werden sollte. Ich war zufällig im Hause und versteckte mich dann im Büro des Hofbräuhauspächters, der mich schließlich aus dem Hause schaffte. Am nächsten Tag bestellte ich Kellner in eine Privatwohnung und forderte ihn auf, sofort Leute zur Verhandlung mit der Regierung Hoffmann nach Bamberg zu entsenden. An sich war meine Aufgabe mit der Wahl des neuen Aktionsausschusses in der Dienstagversammlung erledigt, da ich diesem nicht mehr angehörte. Am Mittwoch suchte ich Eglhofer im Kriegsministerium auf, da ich gehört hatte, daß zwei gefangene Regierungssoldaten erschossen worden seien. Im Kriegsministerium entnahm ich aus den Reden von Soldaten, daß auch Graf Arco ermordet und weitere Geiseln erschossen werden sollten. Ich machte Eglhofer über all diese Dinge Vorhalt. Er bezeichnete die Erschießung der gefangenen Soldaten als berechtigt, weil diese Spione gewesen seien. Eglhofer verweigerte auch in meiner Gegenwart entsprechend meinem dringenden Ersuchen den Soldaten die verlangte unterschriftliche Genehmigung zur Erschießung des Grafen Arco. Ebenso erklärte ich ihm, daß unter keinen Umständen weitere Geiseln erschossen werden dürfen; was er mir ebenfalls zusicherte.

Eglhofer entfernte sich dann, und ich vertrat noch gegenüber seinem Vertreter, dessen Namen ich nicht weiß, den gleichen Standpunkt. Der Vertreter Eglhofers verweigerte dann ebenfalls in meiner Gegenwart die Genehmigung zur Erschießung des Grafen Arco. Ich bat dann die zufällig im Kriegsministerium anwesenden Finanzassessor *Hergt* und Vollzugsratsmitglied *Kellner,* selbst in die Klinik zu gehen und für die Sicherheit Arcos und Auers zu sorgen. Hergt lehnte ab, da er keine politische Persönlichkeit sei, und ich fuhr dann selbst mit Kellner in die Klinik. Unterwegs suchte ich noch einen Bekannten – den ich vorerst nicht nennen will – auf und bat ihn, *Levien* sofort zu verständigen, daß er weitere Geiselerschießungen unbedingt verhindern müsse. In der Klinik erfuhr ich dann von Geheimrat *Sauerbruch,* daß Graf Arco bereits abgeholt worden sei, und bat ihn, Auer zu veranlassen, sich in der Frauenklinik in Sicherheit zu bringen. Dann fuhr ich in das Kriegsministerium zurück und fand dies vollständig leer; bis auf Eglhofer und einige untergeordnete Leute. Ich forderte Eglhofer

auf, sofort Befehl zur Waffenniederlegung zu geben. Er erklärte aber, er könne nichts machen, er sei allein. Ich ging dann in das Wittelsbacher Palais und fand auch dort nur mehr den Vorsitzenden des neuen Aktionsausschusses vor, von dem ich erfuhr, daß abends Betriebsversammlung im Hofbräuhaus sei. In dieser Versammlung erfuhr ich dann von der erfolgten Erschießung der acht Geiseln im Luitpold-Gymnasium. Ich veranlaßte daraufhin in der Betriebsräteversammlung einen Verwahrungsbeschluß gegen diese Greueltat und den Anschlag eines entsprechenden Plakates sowie einen weiteren Beschluß zur sofortigen Waffenniederlegung und Entsendung einer Übergabekommission an die Regierungstruppen. Die Betriebsräte forderten mich dort selbst auf, mich in Sicherheit zu bringen. Ich ging von der Versammlung noch selbst in das Luitpold-Gymnasium und sah dort die Leichen der acht Erschossenen. Sechs noch im Luitpold-Gymnasium befindliche Geiseln wurden von mir noch befreit. Da ich gehört hatte, daß auch in der Kirchenschule Geiseln seien, schickte ich noch einen Mann mit dem Befehl dorthin, alle dortigen Geiseln sofort freizulassen. Dies war am 1. Mai, drei Uhr morgens. Damit endete meine politische Tätigkeit.
Auf Vorhalt, weshalb er trotz der Erkenntnis der Unhaltbarkeit und der furchtbaren Folgen des kommunistischen Räteregiments bis zuletzt (26. April 1919) im Dienste dieses Regimentes sich betätigt habe, erklärte der Angeschuldigte: Ich habe mich lediglich aus dem Grunde unter der kommunistischen Räteregierung weiterbetätigt, um Schlimmeres zu verhindern und weil es für mich nicht darauf ankam, die jeweilige Regierung zu stützen, sondern im Interesse des werktätigen Volkes zu arbeiten. Nur aus dem Grunde, um noch schwereres Unglück zu verhüten und um den Weg zu Verhandlungen mit der Regierung Hoffmann zu bahnen, habe ich auch den Befehl in Dachau übernommen und beibehalten. Ich will heute nicht die Befehle wiedergeben, die mir von München zugegangen sind und deren Ausführung vielleicht ein anderer übernommen hätte, die ich aber unterlassen habe.
Auf Befragen: Meine Wohnung Ludwigstraße 4 habe ich seit dem 1. Mai nicht mehr aufgesucht. Über meinen Aufenthalt seit dieser Zeit verweigere ich die Auskunft. Nur soviel will ich sagen, daß ich während dieser Zeit abwechselnd bei verschiedenen Personen Unterkunft fand. Bei Reichl war ich nur die beiden letzten Tage, ich wurde zu ihm durch einen Mann gebracht, den ich nicht nennen will. Nach Angabe meines Freundes wurde Reichl nur gesagt, ich sei ein politischer Flüchtling, der nichts Schlimmes getan habe, dem aber doch Unannehmlichkeiten zustoßen könnten und den er daher auf einige Tage aufnehmen möchte. Mir selbst war Reichl ganz unbekannt, er hat meines Erachtens nur aus menschlichem Gefühl gehandelt. Seine Frau wußte überhaupt nichts Näheres über den Anlaß meiner Verbergung in ihrem Hause. Ich selbst habe während der letzten Wochen meinen Aufenthaltsort regelmäßig nur während der Nacht gewechselt und um mich unkenntlich zu machen, mir einen Schnurrbart wachsen lassen und mein an sich schwarzes Haar rot gefärbt. Hervorgetreten bin ich seit dieser Zeit nur ein einziges Mal, indem ich durch einen Freund der ›Neuen Zeitung‹ einen Aufruf an die Arbeiter, sich jeder Angriffe gegen die Regierungstruppen zu enthalten, übersenden ließ. Ob der Aufruf abgedruckt wurde, weiß ich nicht.

Zu den bei mir vorgefundenen Papieren bemerke ich: Der Zettel mit der Adresse Quarino stammt schon vom März oder April, ich erhielt die Adresse wegen einer belanglosen Erkundigung.
Der Zettel mit der Adresse der Pension Hack stammt ebenfalls schon aus dem April, aus welchem Anlaß und von wem ich ihn erhielt, weiß ich nicht mehr.
Die Papiere von Trautner gab mir dieser Ende April in der Zeit, wo ich von den Kommunisten verfolgt wurde, um sie gelegentlich als Ausweis benutzen zu können. Den Ausweis auf den Namen Lenius erhielt ich in den letzten Wochen zu dem gleichen Zwecke von einer Person, die ich nicht nennen will. Die Leihkarte auf den Namen Harburger fand ich bei Reichl in der Wohnung. Harburger wohnt im gleichen Hause, hatte aber keine Ahnung, daß ich im Hause war. Der Schlüssel gehört glaublich zu einem meiner Koffer in der Pension Ludwigsheim.
Mit Frau *Bertels* bin ich meines Wissens durch den Bund Sozialistischer Frauen bekannt geworden, ich hatte mit ihr nur allgemeine Unterhaltungen politischer Natur. Sie hat mich auf mein Ersuchen in der Nacht vom 28. auf 29. April, wo mich die Rote Garde im Hofbräuhaus hatte verhaften wollen, in ihrer Wohnung beherbergt. Seitdem habe ich sie nicht mehr gesehen. Mit Frau Durieux hatte ich nur freundschaftlich literarische Beziehungen, ihr Mann verlegt ein Drama von mir. Sie hat mich auch einmal auf mein Bitten zu der Zeit, wo die Rotgardisten hinter mir her waren, eine Nacht im Hotel ›Marienbad‹ untergebracht. Ich habe sie am letztenmal am 30. April 1919 in der Chirurgischen Klinik, wo sie damals krank lag, aufgesucht und mich durch sie bei Geheimrat *Sauerbruch* wegen der oben erwähnten Vorstellung einführen lassen.
Eine Geliebte hatte ich hier nicht.
Vorgelesen und unterschrieben

(Dem Vorgeführten wurde eröffnet, daß gegen ihn Haftbefehl wegen eines Verbrechens des Hochverrates nach § 81 Ziffer II des St.G.B. erlassen werde.)

Sonderblatt.

№ 53. München, 15. Mai 1919.

Bayerisches Polizeiblatt.

Herausgegeben von der Polizeidirektion München.

3040

10000 Mark Belohnung.

Wegen Hochverrats

nach § 81 Ziff. 2 des RStGB. ist Haftbefehl erlassen gegen den hier abgebildeten Studenten der Rechte und der Philosophie

Ernst Toller.

Er ist geboren am 1. Dezember 1893 in Samotschin in Posen, Reg.-Bez. Bromberg, Kreis Kolmar, Amtsger. Margonin, als Sohn der Kaufmannseheleute Max u. Ida Toller, geb. Kohn.

Toller ist von schmächtiger Statur und lungenkrank; er ist etwa 1,65—1,68 m groß, hat mageres, blasses Gesicht, trägt keinen Bart, hat große braune Augen, scharfen Blick, schließt beim Nachdenken die Augen, hat dunkle, beinahe schwarze wellige Haare, spricht schriftdeutsch.

Für seine Ergreifung und für Mitteilungen, die zu seiner Ergreifung führen, ist eine Belohnung von

zehntausend Mark

ausgesetzt.

Solche Mitteilungen können an die Staatsanwaltschaft, die Polizeidirektion München oder an die Stadtkommandantur München — Fahndungsabteilung gerichtet werden.

Um eifrigste Fahndung, Drahtnachricht bei Festnahme und weitmöglichste Verbreitung dieses Ausschreibens wird ersucht.

Bei Aufgreifung im Auslande wird Auslieferungsantrag gestellt.

München, den 13. Mai 1919.

Der Staatsanwalt bei dem standrechtlichen Gerichte für München.

Stefan Großmann
Der Prozeß gegen Toller

Zur Verhandlung wurde ein möglichst kleiner Saal im Amtsgericht ausgesucht. Hinter der Barriere finden drei Dutzend Leute Platz. Die Hälfte der Hörer sind blutjunge Soldaten, einige Leute in Zivilanzug verraten behördliche Funktionen. Nur ein paar junge Gesichter, in deren Augen Glut brennt, repräsentieren Volk und Öffentlichkeit.
Den Vorsitz führt ein weißhaariger Landgerichtsdirektor, Herr Stadelheim, der das Todesurteil über Leviné gesprochen hat, ein dürres, pedantisches Männchen, das unfroh und zänkisch aussieht. Die beiden jüngeren Richter schauen mit gesunder, pausbäckiger Teilnahmslosigkeit in die Welt. Die beiden glattrasierten Offiziersgesichter an beiden Seiten des Richtertisches verraten am ehesten inneres Leben. Die Physiognomien sprechen ein ›Schuldig‹, noch ehe der Prozeß eröffnet wird. Warum werden fürs Standgericht nicht wenigstens undurchsichtigere Gesichter ausgewählt? Aber wollen diese Richter denn ihre Voreingenommenheit verstecken? Als Toller sich bei der Angabe seines Nationales konfessionslos nennt, antwortet Herr Stadelheim, der Richter: »Aber Sie sind doch nicht konfessionslos zur Welt gekommen?« Eine plumpe, eine dumme Frage, denn wir alle kommen konfessionslos zur Welt. Auch Ihnen, Herr Stadelheim, war der Taufschein nicht auf den Podex geklebt, als Sie dem Mutterschoß entglitten. In diesem Stil wollte Herr Stadelheim, der Standrichter, das Verhör leiten. Das politische Gemälde, das Toller entwerfen mußte, unterbrach er durch die Frage: »Sie sollen aber auch Gelder unterschlagen haben?« Toller antwortet mit einem bescheidenen Lächeln. Es ist, als ob er sich für den anderen schämte. Nicht ein Zeuge hat späterhin den Vorwurf der Unterschlagung auch nur erhoben, geschweige denn erwiesen, dagegen wurde festgestellt, daß Toller in Dachau, im Tohuwabohu dieses Feldlagers, dafür gesorgt hat, daß über Einnahmen und Ausgaben genaue Bücher geführt werden. Ein Bohemien hätte andere Sorgen gehabt. Im ganzen hat der Vorsitzende nicht viel Hirnschmalz verbraucht. Er knüpfte mit außerordentlicher Sorgfalt ein Aktenbündel nach dem anderen auf und verlas die gedruckten Proklamationen, die Toller als Vorsitzender des Zentralrates unterzeichnet hatte. Das Beweisverfahren bestand für den Richter darin, daß er jedesmal, wenn er ein solches Plakat verlesen hatte, den Angeklagten frug: »Haben Sie das unterschrieben?« Toller leugnete das nicht, und so konnte der Vorsitzende mit dem Gefühl, den Spitzbuben überführt zu haben, die Bindfaden wieder um die Aktenbündel knüpfen. Nur ein Aufruf trug die Unterschrift des Angeklagten nicht, und hier konnte er bei aller Bereitwilligkeit, das Verfahren abzukürzen, das erwünschte Ja nicht sagen. Es handelte sich um den Aufruf, der die Proklamation der ersten Räterepublik enthielt. Diesen hat Toller nicht unterschrieben, aus einem kleinen, dem Gericht verdrießlichen Umstand: Seine Überzeugung hat ihn daran gehindert, Toller hielt nämlich die Ausrufung

der Räterepublik für einen Fehler, mindestens, solange die drei sozialistischen Parteien nicht einig waren. Nun beschuldigte ihn die Anklage des Hochverrats, weil er mit Gewalt gegen die bestehende Verfassung und Regierung die Räterepublik herbeigeführt habe. Er konnte nachweisen, daß er am 7. April gegen die Errichtung der ersten Räteherrschaft war, weil er die Vorbedingungen nicht für gegeben erachtete, und er konnte nachweisen, daß er bei der Ausrufung der zweiten Rätediktatur am 14. April gar nicht in München, sondern auf der Reise nach Berlin begriffen und in Nürnberg von der Kunde überrascht worden war. Ein Nürnberger Parteigenosse, der ihm an politischer Erfahrung überlegen war, mußte ihn erst zur Heimreise nach München bewegen. Und wie wurde ihm bewiesen, daß er sein Vorhaben ›mit Gewalt‹ ausgeführt hat? Allerdings war ihm eines Abends das Dachauer Kommando auf die Schultern gelegt worden. Aber es gelang ihm durch Dachauer Zeugen, vor allem durch den Leiter der Pulverfabrik in Dachau, zu beweisen, daß er zwar die Gewalt besessen, aber nicht mißbraucht, das heißt gebraucht habe. Und wo war die bestehende Verfassung, gegen die er sich bewußt aufgelehnt hatte? Noch hat Bayern in den Tagen, da diese Schrift vollendet wird, sowenig wie das Reich seine definitive Verfassung, die den chaotischen Zustand der Revolution erst rechtlich beendet. Die provisorische Verfassung aber, die das Ministerium Hoffmann am 17. März erließ, war geknüpft an die Vereinbarung mit dem Rätekongreß, der sich aus der Fülle seiner existierenden Macht ein Vetorecht gegen Gesetzesvorlagen der Regierung zusprechen konnte. Gewiß war Toller subjektiv der Überzeugung, die Revolution sei noch lange nicht beendet. Wer, der im Frühjahr 1919 in München gelebt hat, konnte glauben, der große Trennungsstrich sei schon gezogen? Beiläufig: Gibt es einen Sozialisten in Deutschland, der sich und anderen den Schulbüchertext vorsagen wollte: »Die deutsche Revolution begann am 5. November 1918 und wurde am 17. März 1919 beendet.« So dürr ist keines Parteigenossen Seele, wie ruhesüchtig mancher Altgewordene auch sei. Wenn sich aber die sozialistische Natur gegen die Oberlehrer- und Amtsrichterannahme der am Soundsovielten beendeten Revolution sträubt, warum stellen dann die Hochverräter von gestern die Hochverräter von heute vor ihre Richter? Gesetzt, diese Regierer wären Oberlehrerseelen und empfänden den Zustand ihrer kümmerlichen geistarmen Macht wirklich als neue staatliche Ordnung, dann müßte sie eine Art von Pietät für das eigene Revolutionserlebnis davor bewahren, die Schlinge des Hochverratsparagraphen, dem sie selbst eben entschlüpften, einige Wochen später über andere zu werfen. Ziemt den unzweifelhaften Hochverrätern von gestern unnahbare Strenge gegen die vermeintlichen Hochverräter von heute? Ach, ihr Eifer stimmt bedenklich und mißtrauisch. Vielleicht gehen sie nur deshalb so beherzt gegen ihren jüngeren Bruder los, weil sie sich nur als Verwandte ausgegeben haben? Den bratenrockbekleideten Festrednern der Revolution ist vielleicht nichts wesensferner als der leibhaftige Revolutionär?

Rücktrittserklärung Ernst Tollers vom 26. April 1919
(Aus: Stadtbibliothek München, Handschriftenabteilung)

Stab der Roten Armee.

ERKLÄRUNG!

Da ich es nicht mehr verantworten kann, mit dem jetzigen Vollzugsrat und dem Generalstab als Führer zusammen zu arbeiten, sehe ich mich gezwungen mein Amt als Abschnittskommandeur nieder zu legen.

Ich werde die Geschäft solange weiter führen, bis ein neuer Führer meine Stelle eingenommen hat.

Hinzuzufügen für die Betriebsräte habe ich: Die jetzige Regierung betrachte ich als ein Unheil für das Werktägige Volk Bayerns. Die führenden Männer beteuten für mich eine Gefahr für den Rätegedanken. Unfähig auch nur das geringste aufzubauen, zerstören sie in sinnloser Weise.

Sie unterstützen hiesse für mich die Revolution und die Räterepublik gefährden.

Das furchbarste ist, dass das Werktägige Volk über die wahren Vorgänge völlig in Unkenntnis gelassen wird.

Doch nicht ich , nur die Betriebsräte, als höchste souveräne Macht haben das Recht die Regierung zur Verantwortung zu ziehen.

Not tut die Geschlossenheit des Proletariat in der Verteidigung;
Not tut DER HARTE WILLE ZUM AUFBAUEN.

Dachau, den 26, 4. 1919.

Ernst Toller

Ernst Toller
Requiem den erschossenen Brüdern

Geschrieben im Gefängnis Stadelheim, wo etwa 100 Proletarier für die Revolution starben, unter ihnen Gustav Landauer und Eugen Leviné.

Großer Chor!
Senkt die roten Fahnen
Die Fahnen der Freiheit
Die Fahnen der Liebe
Sturmlied der Kämpfer
Fahnen des Anbruchs
Senkt sie zur Erde,
Dem blutigen Schoße
Der allumfassenden Mutter.

Eine weibliche Stimme
Eingezwängt ins Joch der Unterdrückten
Jahre tief umspült von grauer Not,
Kerker der Fabriken sie umdroht,
Matten ihre Augen, die verzückten.
Nächte dumpfe in verschwitzten Stuben,
Frauen gingen schwanger wie ein weiter Wind.
Schrien Fluch dem qualgeweihten Kind.
Siechten, Stumme, hin in blinden Gruben.

Eine Kinderstimme
Traurig war von Wünschen unerfüllten
Frühlings uns, und ohne Sonnenstern.
Märchenbuch und Spielzeug lag im Laden fern
Keine Mütter, die den Hunger stillten.

Eine männliche Stimme
Morgen kam, da sprangen auf die Zellen!
Volk der Arbeit dröhnte schweren Schritt.
Tausendfach geballte Qual ging mit –
Um den goldnen Vampirbaum zu fällen.

Tag ward, hellumloht von leuchtender Gebärde,
Lied der Freiheit tönte ans verzückte Ohr
Mutter segnete den Sohn, den sie verlor
Daß er Dünger ward dem Acker neuer Erde.

Großer Chor
Gesegnet die lichten rosigen Hügel
Befreiten Tags!
Der Ausbeutung Ketten zersprengt!
Brüder, geleitet die Schwester!
Liebe erfülle Gemeinschaft!
Beginnet das Werk!
Gesegnet die lichten rosigen Hügel
Befreiten Tags!

Eine männliche Stimme
Stellet Wachen aus!
Noch ist der Sieg nicht unser.
Feind gepanzert wälzt sich gegen uns
Giftiges Gas schickt er in gelben Schwaden
Flammen speit sein Eisenmund.

Eine weibliche Stimme
Wehe, sie gürten sich!
Wehe, Dämmerung hüllt sie!
Wehe und Fluch dem Krieg!
Mensch gegen Mensch!
Bruder mordet den Bruder!
Wehe die zarte Blüte,
Eben geboren erfriert.

Chor der Männer
Ihr zwingt den Kampf uns auf.
Nicht Jubel grüßt den Krieg,
Die harte Waffe alter Unvernunft.
Ihr Räte, seid bereit!
Der Arbeit Werk zu schützen!

Chor der Frauen
Wir sind zu tief dem Grauenvollen abgewendet
Der Mund verstummt, kein Siegeslied geleitet Euch.
Zerbrecht die Eisenwaffen – Männer!
Zerbrecht die Waffen der verwesten Zeit!
Wehe, sie hören nicht!
Dämmerung birgt sie.
Wehe, das Morden begann!

Eine weibliche Stimme
Verhüllt das Antlitz, Ihr Schwestern,
Ich singe ein trauriges Lied,
Ich höre Eurer Männer dumpfe Schritte
Wie Sklaven tragen sie die Hände auf dem Kopf,
Wie Sklaven werden vorwärts sie gestoßen.
O Schwestern, Nacht senkt sich herab.

Chor der Männer (aus der Ferne)
An Mauern sterben wir . . .
In Kerkern erschlagen von Kolben . . .
Aufsteht der Moloch.
Drängt sich zwischen Mensch und Mensch
O Tod in engen Höfen!
O Tod an Gartenzäunen!
O Tod in schwarzen Kerkern!

Eine männliche Stimme (aus der Ferne)
Hört Ihr des Bruders, der Propheten Stimme.
Von rohen Stößen wund ist sein gequälter Leib
Sie schlugen ihn, da ›Brüder‹ er sie nannte
Gemartert angenagelt an das Kreuz der Erde.
Hört Ihr des Bruders, der Propheten Stimme?
Ein Stammeln ist's, ein wehes Stammeln,
Erschlagt mich doch!
Erschlagt mich doch!

Chor der Männer (aus der Ferne)
Sie haben ihn getötet,
Den Mann des milden Auges,
Den Mann des heißen Herzens.
O Tod in engen Höfen!
O Tod an Gartenzäunen!
O Tod in schwarzen Kerkern!

Großer Chor
Senkt die roten Fahnen
Die Fahnen der Freiheit
Die Fahnen der Liebe
Sturmlied der Kämpfer
Fahnen des Anbruchs
Senkt sie zur Erde
Dem blutigen Schoße
Der allumfassenden Mutter.

Eine weibliche Stimme
O, niemand der uns trösten könnte,
O, niemand dessen milde Worte
Die große Trauer sanfter bettet.

Chor der Frauen
Wir hilflos Hungertagen preisgegeben,
Die Mühsal reckt sich, ewiges Gespenst.
Ihr Schwestern, käme Tod uns zu erlösen!
Wir ewig Opfer, ewige Verlorene . . .

Chor der Jugend
Ihr littet tiefe Trauer,
Ihr vergrämten Frauen,
Doch unsere Stimmen seien Trost.
Fanfaren rufen hell Euch zu:
Verzaget nicht!
Ein neuer Tag wird Nacht verdrängen
Vor unserer Pflugschar birst der Haß.
Die Liebe kündet Weltgemeinschaft!
Und Euch, die ewig Opfer waren,
Geleiten wir mit Rosenkränzen
In ew'gen Morgen, ew'ges Licht.
Noch eine kleine Weile haltet aus,
Ihr schmerzensreichen, wunden Frauen,
Gedenkt in schwesterlicher Trauer
Der toten Brüder,
Die Barbarengeist der Zeit
In tausend Tode trieb.

Eine weibliche Stimme
Selig sind, die guten Willens starben!

Chor der Frauen
Requiescant in pace!

Großer Chor
Senkt die roten Fahnen
Die Fahnen der Freiheit
Die Fahnen der Liebe
Sturmlied der Kämpfer
Fahnen des Anbruchs
Senkt sie zur Erde
Dem blutigen Schoße
Der allumfassenden Mutter

Sätze Tollers aus dem ›Revolutionär‹, 1919

Die Presse

hat im Krieg die Seele des deutschen Volkes systematisch vergiftet und geschändet.

Die Presse

hatte eine Atmosphäre der Lüge geschaffen, in der man oft glaubte ersticken zu müssen.

Die Presse

ist die Hauptschuldige an jener Korruption, die heute wie eine Seuche um sich frißt.

Die Presse

ward ein Bordell der öffentlichen Meinung, in dem jeder Schmierbube ein- und ausgehen kann.

Ernst Toller

Ernst Toller
Gustav Landauer

Ich veröffentliche den Bericht eines Kameraden, der in den letzten Stunden vor Gustav Landauers Ermordung sein Gefährte war.
Ein Zeuge, an dessen Vertrauenswürdigkeit ich nicht zweifle, berichtete mir, daß die letzten Worte Gustav Landauers, die er seinen Folterern, seinen Mörder zurief, lauteten: »Erschlagt mich doch! Daß Ihr Menschen seid!«

Es war am Abend des 1. Mai 1919, als im Amtsgerichtsgefängnis in Starnberg, wo die am Tage vorher nach dem Einzug der Weißen Garden verhafteten Arbeiterräte von Starnberg untergebracht waren, großer Lärm und Spektakel vermuten ließ, daß wieder ein Schwerverbrecher eingeliefert worden sei. Es war dies, wie wir nach einiger Zeit erfahren konnten, unser Genosse Landauer.
Er war außerhalb Münchens verhaftet worden, und da er wohl infolge des Kampfes um München nicht gut dort eingeliefert werden konnte, nach Starnberg gebracht worden. Nachdem wir uns am andern Tage in der Frühe hatten begrüßen können, fragten wir den Genossen Landauer, wie er eigentlich über die jetzige Situation denke. Landauer meinte, nachdem wir unsere Befürchtungen, welche später leider allzu wahr gemacht wurden, geäußert hatten, diese Erregung werde sich in einigen Tagen wieder legen. Wie sehr er sich darin getäuscht hatte, sollte sich bald an ihm selbst zeigen.
Am 2. Mai ungefähr früh zehn Uhr kam der Gefängniswärter und rief die Namen: Landauer, Mayer, Burgmeier, Salzmann.
Als wir ins Aufnahmezimmer kamen, wurde uns gesagt, daß wir fortkämen, aber nicht, wohin. Wir vier Mann wurden von fünf Weißgardisten mit aufgepflanztem Seitengewehr zu einem in der Nähe stehenden Lastauto eskortiert. Wir mußten das Auto besteigen, dann ging's los, durch den Forsterrieder Park nach Stadelheim, wie uns die Weißgardisten sagten.
In Fürstenried, beim Gasthaus Kreuzstraße, wurde zum ersten Mal haltgemacht. Hier waren große Truppenmassen und anscheinend ein Hauptkommando. Die Soldaten, welche von uns drei Arbeiterräten nicht viel Notiz nahmen, waren an Landauer sehr interessiert, wollten abwechselnd immer auf das Auto steigen. Landauer muß hier schon das Gefühl gehabt haben, daß die Geschichte schließlich schiefgehen könnte, denn ich hörte, wie er zu dem Führer der Begleitmannschaft sagte: »Herr, schützen Sie mich.« Worauf der, soweit es in seiner Macht lag, die Soldaten vom Wagen fernhielt.
Hier wollte Landauer, welcher anscheinend in der Nähe von Fürstenried verhaftet worden war, seinen Rucksack, den man ihm abgenommen hatte, wiederhaben. Er ersuchte den Führer, sich darum zu bemühen, was dieser auch tat. Nach einiger Zeit kam ein Offizier aus dem Gasthof und erklärte: »Landauer bekommt seinen Rucksack nicht.«

Endlich ging's weiter, nach Solln, wo die Begleitmannschaften Essen faßten. Auf meine Klage, daß wir ebenfalls Hunger hätten und heute wohl nichts mehr zu essen bekommen würden, gaben uns die Soldaten Brot. Ich gab auch Genossen Landauer davon. Was er mit Dank annahm. Auch eine Zigarette bot ich ihm an, welche er rauchte; dabei klagte er, daß ihm sein Rucksack nicht ausgehändigt worden war, in dem sich Zigaretten befänden.
Von Solln kamen wir nach dem Sendlinger Oberfeld, bis vor eine Fabrik, wo uns bedeutet wurde, daß wir nicht mehr weiterfahren könnten. Es wurde hier noch gekämpft. Wir mußten über das freie Feld nach Stadelheim gehen. Dabei wurden wir von den zur Stadt ziehenden Truppen fast nicht beachtet.
Das Bild änderte sich, als wir nach Stadelheim kamen. Da ging der Teufel los. Rufe wie: »Den Landauer, den Landauer bringen's! Schlagt sie tot, die Hunde!« wurden laut. Von einer Rotte Soldaten in die Mitte genommen, vorwärts geschoben und gestoßen, kamen wir vor das Aufnahmezimmer.
Hier wurde Landauer ein heftiger Stoß oder Schlag versetzt, daß ihm seine Gläser herunterfielen. Dann ging die Schieberei wieder los. Unsre Personalien wurden nicht aufgenommen, und wir kamen vor die Tür zum ›Frauenhof‹.
Hier wurde Landauer, nachdem er etwas über den verfluchten Militarismus gesagt hatte, von einem Soldaten wieder ein heftiger Schlag mit der Hand ins Gesicht versetzt. Worauf Landauer erklärte, er meine auch den Militarismus der Roten Armee. Hier soll ein Offizier gerufen haben: Halt: Landauer wird sofort erschossen!
Ich sah nur, nachdem wir bis in die Mitte des Hofes gedrängt worden waren, wie ein großer starker Mann unsern Genossen Landauer mit umgekehrter Reitpeitsche (kann auch ein Gummiknüppel gewesen sein) ins Gesicht schlug, worauf Landauer mit der Hand vor dem Gesicht stürzte. In diesem Augenblick kam ein Soldat an uns drei Arbeiterräte heran und sagte, wir sollten ihm folgen. Da krachte ein Schuß, dem, als wir durch das Tor von dem kleinen in den größeren Hof gingen, ein zweiter folgte. Ich hörte, wie der Führer der Begleitmannschaft (welcher, nebenbei bemerkt, anständig war) noch sagte, bis hierher hätte er seinen Auftrag erfüllt – nun sei er aber machtlos gewesen.
Wir drei wurden von jenem Soldaten und einem Aufseher durch eine Pforte außen an der Mauer von Stadelheim wieder nach dem Aufnahmezimmer geführt, wo unsre Personalien aufgenommen wurden. Als wir bei dem Gang nach dem Neubau durch den kleinen Hof mußten, lag unser armer Genosse Landauer tot in dessen Mitte. Einer der Soldaten sagte: »Da liegt er jetzt, euer Spezi.«

Ernst Toller. Brief an Kurt Wolff.
Kurt Wolff hat die Anregung Tollers nicht aufgegriffen. ›Der Todesprediger‹, die Geschichte des intellektuellen Nihilisten Starkblom, der erkennen muß, daß die eigentlichen Toten die Lebenden (die Normalen) sind, wurde 1923 im Marcan-Block-Verlag wieder aufgelegt. 1978 im Verlag Büchse der Pandora, Wetzlar. *(Aus: Deutsches Literaturarchiv Marbach)*

Sehr verehrter Herr Wolff,

mir fiel ein vergriffener Erstlings-roman Gustav Landauers in die Hände: „Der Todesprediger" (Verlag Heinrich Minden Dresden und Leipzig).* Ein politischer Roman. Künstlerische Schwächen. Trotzdem: Gustav Landauers Atem.
Soll ich Ihnen das Buch schicken? Ich nehme an, daß Sie „Verlagsinteresse" haben.
In herzlichem Gedenken,

Ihr Ihnen sehr ergebener

Ernst Toller.

Niederschönenfeld 2. 9. 20.

* Er soll ihn mit etwa 20 Jahren geschrieben haben.
Man erzählt mir, daß der Verlag nicht mehr besteht.

Ernst Toller
Vier Tage Niederschönenfeld
Aus Tagebuchnotizen

1. Juli 1921

... Frau K. fragte mich an, ob ich ein Telegramm mit bezahlter Rückantwort erhalten habe, das sie aus Sorge um ihren Mann (über den wochenlang Schreibverbot verhängt war, ohne daß er seiner Frau davon Mitteilung machen durfte) an mich schickte. Da ich dieses Telegramm nicht bekommen hatte, erkundigte ich mich höflich beim Festungsvorstand. Ich werde zum Werkführer Schneider gerufen und bekomme diese ›Eröffnung‹: ich müßte wissen, daß, wenn das Telegramm zurückbehalten wäre, ich Benachrichtigung erhalten hätte. Dann liest Schneider den bezeichnenden Satz des Herrn Staatsanwalts Kraus vor: »Tollers Anfrage enthält eine vollkommen unnötige, den Geschäftsgang der Verwaltung ohne jede Veranlassung belastende Vielschreiberei, der ich im Wiederholungsfall durch Briefverbot vorbeugen werde.«

Daudistels Roman beschlagnahmt, obwohl früherer Festungsvorstand Dr. Vollmann und Regierungsrat Badum das Manuskript ›unbeanstandet‹ passieren ließen. Beschluß: Daudistel verherrliche Deserteure und Meuterer. Wenn er noch einmal einen derartigen Roman schreibe (!), würden weitere Maßnahmen gegen ihn ergriffen. Wer wird in der Festung noch Bücher schreiben können, wenn die Zustände sich nicht ändern! Wahrscheinlich ist das nicht. Die Handhabung des Strafvollzugs hängt von den Machtverhältnissen draußen ab ...

Vor einigen Tagen wurde Erich Mühsam mit acht Tagen Bettentzug und acht Tagen Hofentzug betraft, weil man ... in seinen Papieren anläßlich einer Durchsuchung ein Hölz-Gedicht gefunden hat. T., W., I. erhalten Einzelhaft, acht Tage Bettentzug, T. auch Bücherentzug! F. W. transportiert man morgen nach Donauwörth. Muß zwei Monate absitzen, zu denen er wegen seiner Flucht aus der Festung Oberhaus verurteilt wurde.

... Herr Reichsjustizminister Schiffer erklärt im Reichstag: »Der Haftbefehl gegen den Kappisten Jagow ist außer Wirksamkeit gesetzt worden, weil Jagow in seiner Jugend tuberkulös war, kränklich sei, frische Luft und täglich kalte Abreibungen brauche.« Am 27. Juni erklärte Jagow in der Kreuzzeitung in dem von seiner früheren Amtszeit her bekannten Stil: »Laut Berliner Tageblatt vom 24. Juni Nummer 292 hat der Reichsjustizminister Schiffer ausgeführt: Zum Fall Jagow könne noch kein Verfahren stattfinden, weil Jagow krank sei. Tatbestand: Ich war seit März 1920 nicht einen Tag krank. Jagow.« Wenn ich an die kranken Arbeiter denke, mit denen zusammen ich eingesperrt bin! W. in Eichstädt 39,5 Fieber. Mußte auf Befehl des Staatsanwalts, gegen ärztlichen Einspruch, das Krankenhaus verlassen, weil der Staatsanwalt ihn im Verdacht hatte, einen Brief aus dem Krankenhaus geschmuggelt zu haben.

2. Juli

... Werkführer Schneider eröffnete mir, daß mein sechs Seiten langer Brief an N. ›wegen agitatorischen Inhalts‹ beschlagnahmt wurde. Aufzeichnungen von drei Wochen. Wenn dieser Brief ›agitatorisch‹ ist, was kann man dann noch an Menschen schreiben! Welche Last wird Briefschreiben hier drinnen! Seiltänzer der Worte wird man. Immer spürt man schon im Schreiben den hämischen Griff des Zensors. Erscheint ihm der Inhalt eines Briefes gar zu harmlos, wird der Brief wegen ›verschleierten Inhalts‹ beschlagnahmt. Endlose Quälerei!

3. Juli

... Toller fragte den Staatsanwalt, auf Grund welches Paragraphen der Werkführer berechtigt sei, ihm die Bücher vorzuenthalten. Antwort des Staatsanwalts: fünf Tage Kostentzug ...

... W. Hof-, Bett-, Kostentzug, weil er vor Regierungsrat Schmauser ›anstößige Haltung‹ eingenommen ...

4. Juli

... Vor einigen Tagen wandte sich H. an den Gärtner mit der Bitte um einige Pflanzen (gegen Bezahlung) für seinen kleinen Garten, den er auf dem Hof angelegt. Antwort des Staatsanwalts Kraus: »Abgelehnt. Solche Kulturen vertragen sich nicht mit dem Strafvollzug.« R. bittet um einige kleine Bohnenhölzer (gegen Bezahlung). Antwort des Staatsanwalts Kraus: »Wenn solche unbescheidenen Bitten in Zukunft noch einmal gestellt werden, dann Weiterungen.«
Der ›Sozialdemokrat‹ veröffentlicht ein Lied, das Orgesch-Jünglinge singen:

Du tapfrer Held, du schoßt den Gareis nieder,
Du brachtest allen uns Befreiung wieder
Von einem saubern Sozihund,
Welch Licht in unsrer Trauerstund!
Auch Rathenau, der Walther,
Erreicht kein hohes Alter,
Die Rache, die ist nah,
Hurra, Hurra, Hurra!
Laßt uns froh und munter sein,
Schlagt dem Wirth den Schädel ein,
Lustig, lustig, trallerallala,
Bald ist Wilhelm wieder da!
Wenn einst der Kaiser kommen wird,
Schlagen wir zum Krüppel Dr. Wirth,
Knallen die Gewehre tack, tack, tack
Aufs schwarze und das rote Pack.
Haut immer feste auf den Wirth,
Haut seinen Schädel, daß es klirrt.
Knallt ab den Walther Rathenau,
Die gottverfluchte Judensau.

Ernst Toller
Festungsgefängniss Nieder-
Schönfeld
1919-1924.

Ernst Toller
Bemerkungen zu meinem Drama ›Die Wandlung‹

»Diese Arbeit entstand in ihrer ersten Niederschrift 1917, im dritten Jahr des Erdgemetzels. Die endgültige Form wurde in der Haft des Militärgefängnisses im Februar und März 1918 vollendet.«
Irgendwo las ich: »Dies Stück mutet nach München wie eine Erklärung, wie eine Rechtfertigung an, und das verstimmt.«
›Verstimmt‹ es die Zuhälter des Krieges, so ist schon manches gewonnen!
Wenn politisches Flugblatt Wegweiser, geboren aus Not der äußeren Wirklichkeit, Gewissensnot, Fülle der inneren Kraft bedeutet, so mag »Die Wandlung« getrost als ›Flugblatt‹ gelten.
1917 war das Drama für mich Flugblatt. Ich las Szenen daraus vor im Kreise junger Menschen in Heidelberg und wollte sie *aufwühlen* (›aufhetzen‹ gegen den Krieg!), ich fuhr nach der Ausweisung aus Heidelberg nach Berlin und las hier wieder das Stück. Immer mit der Absicht, Dumpfe aufzurütteln, Widerstrebende zum Marschieren zu bewegen, Tastenden den Weg zu zeigen ... und sie alle zu gewinnen für revolutionäre sachliche Kleinarbeit. In Eisners Zusammenkünften vor dem Januar-Streik 1918 verteilte ich Zettel, auf denen gewisse Szenen der »Wandlung« gedruckt standen, in Streikversammlungen las ich in meinen Reden Fetzen daraus vor.
Also Tendenzdrama? Tendenzdrama liegt im Bezirk des bürgerlichen Reformismus. (Motto: Seid wohltätig und verachtet nicht die Huren, die *auch* Menschen sind!)
Ein politisches Drama? Vielleicht ein brüchiger Schritt dazu.
Aus der Unbedingtheit revolutionären *Müssens* (Synthese aus seelischem Trieb und Zwang der Vernunft) wird das politische Drama geboren, das nicht bewußt umpflügen und aufbauen *will,* sondern umpflügen und aufbauen *wird,* das den geistigen Inhalt menschlichen Gemeinschaftslebens erneuern, verweste Formen zerstören *wird.*
Voraussetzung des politischen Dichters (der stets irgendwie religiöser Dichter ist): ein Mensch, der sich verantwortlich fühlt für sich und für jeden Bruder menschheitlicher Gemeinschaft. Noch einmal: der sich verantwortlich fühlt.

Festungsgefängnis Eichstätt, Oktober 1919

Alfred Kerr
Ernst Toller: ›Die Wandlung‹. *Rezension*

I.

Ein kernhaftes junges Mädchen in Bayern sprach von der Münchener Kommunistenzeit. Leviné hatte nach ihrem Gefühl einen blutdürstigen Zug um den Mund. Ich wußte nicht Bescheid. »Der Toller«, sprach ich, »wollte jedenfalls kein Blut – glauben Sie nicht, daß er, Politik hin, Politik her, ein über seinen eignen Vorteil weit hinaustrachtender Mensch war?« (Denn ich glaube das.) Sie sprach altklug: »Aber unreif! So a junger Kerl, net viel über zwanzig!« Ich sprach: »Um reif zu sein, muß man zwölf Millionen Europäer schlachten; und zwischen Fünfzig bis Siebzig stehen, um diesen geläuterten Standpunkt zu erklimmen.« Sie sprach: »A Anmaßung is' halt doch!«

II.

Auch dieses Stück ist unreif und eine Anmaßung. So wie rotgrüne Flämmchen oder Knospen der Weinranke, die jedesmal im April in diese Welt eines späteren gemeinen, naßkalten Novembers dringen, unreif und eine Anmaßung sind. Als kümmerten die sich kaum um das Vorhandensein lastend öder Mächte: sondern sproßten im Frühstrahl drauflos, voll unreifster Anmaßung, voll Zuversicht in allem morgendlich bitteren Lebensweh; und voll hoffender Herrlichkeit.
Ja, es muß immer Menschen geben, die noch glauben, daß es lohnt, sich die Finger für diese Erdsippe zu verbrennen. Finger verbrennen – das geht. Aber sein Leben dafür einsetzen? Ich tät's nicht. Nur, die Zärtlichkeit für solche, die es immer wieder tun, stirbt nicht aus. Allenfalls durch Schreiben, womit man sein Dasein ja auch verströmt, stückweis hergibt, mag Opferung zulässig dünken. Aber mit dem Bewußtsein, daß es kein Opfer ist, sondern ein Laster: etwas, das einer, selbst bei Lebensgefahr, nicht lassen kann.
Wer nur handelt wie der Held dieser losen Szenen, ist gefaßt, daß sein Tun verhallt; daß sein Name von gleichgiltigen Menschen einstens neben andren rasch gemurmelt wird. Er hat jene Genugtuung nicht einmal, etwas zu hinterlassen: Gestaltetes. Denn was er selbstlos schafft, bedeutet mehr ›Arbeit‹ als ›Schöpfung‹. Er ist sichtbar der Heldischere – und der Dümmere. Der Held von Tollers ›fünf Stationen‹ ist so dumm. So erschütternd. So umleuchtet. So unreif. So anmaßend. So kenntnislos. So ganz mit dem Blick des Beginners. So wundervoll. So heilig. Und er soll gesegnet sein, für und für, heut und immerdar.

III.

Es bleibt über dieses Stück nicht viel zu sagen. Höchstens, daß ein Dichter darin steckt, der vieles Vorausgegangene zwar nur ebenso empfindet wie viele – doch es, kraft einer inneren Musik, stärker empfinden macht als die Vorgänger. Das

ist etwas. Toller zeigt einen jungen Menschen, der die Wandlung durchmacht... vom Groll zur Vaterlandsliebe; von der Vaterlandsliebe zur Arbeit für alle. Diesen jungen Menschen läßt er Jude sein. ›Jude‹ heißt hier: einer, der Unrecht erfuhr. (Vielleicht auch: einer, der vor dreitausend Jahren das höchstentwickelte Sittengesetz dieser Erdkugel besaß?)
Als Wanderer geht er durch die Schichten. Ja, wie Bouvard und Pécuchet bei Flaubert, ich sagte das schon, die Schichten der Erde beschauen und am Ende den Kopf schütteln: so schüttelt hier ›Friedrich‹ nicht nur den Kopf; sein Herz schüttelt sich – und der Schluß heißt: handeln!
Toller selbst stellte sich zu Kriegsbeginn freiwillig, wie hier der Mann in der Mitte –, vielleicht wird er deshalb von Unentwegtheitsliteraten angepiepst, wie jeder, der sich damals erfrechte, Deutschland zu lieben.

IV.

Das ganze Werk ist eine stärkste Anklage ... nicht gegen den Krieg: sondern gegen eine Weltanschauung. Gegen eine Lebensführung auch im Frieden. In der Tongebung erinnert manches an Sturm und Drang; an Büchner. Das meiste kurz gehalten. Kein wahlloses Geschwafel.
Die Unübersichtlichkeit des Gesamtbaues ist kein Merkmal für die Ausdruckskraft einer vollen Seele. Daß jedoch Toller die besitzt, verrät sein Zugreifen. Er packt den Stier bei den Hörnern. Er bringt alle Furchtbarkeiten des Krieges ... nicht in langem Lamento, sondern mit wuchtiger Schlagkraft wie niemand bisher auf die Bretter. Die Rückenmarkverletzten, die Blindgeschossenen, die veitstänzerisch Zuckenden, die Gasvergifteten, die Lungenpfeifer: alle dämmern herauf. Auch die von der Lustseuche Zerfressenen. Einer davon dreht die Leier, sein Weib zeigt ihre Schwäre – wie zu Ulm jener Holzbildhauer Syrlin (welcher die unsterblichen Leiber und Köpfe des Altargestühls vor Jahrhunderten gemeißelt hat) seinen Hiob voll verwegener Offenheit, mit allen Blattern und Geschwüren darbot.
Der tapfere Toller forcht sich nit.

V.

Spricht hier ein Demagoge? Das Gegenteil. Er wirft dem Volk verletzendste Wahrheiten ins Gesicht. So ehrlich wie gütig.
Ob ein solcher Mensch Führer sein kann, steht dahin; die Ereignisse haben es nicht entschieden. Daß Toller jedoch unter die keimvollen Erdkräfte zu rechnen bleibt, welche die Welt vorwärts stoßen; daß er zu uns Besten gehört: das ist gewiß.
Und daß ein Dichter in ihm lebt, würde sich zeigen, wenn er nur jenes Dämmerbild hüpfender Gerippe im Drahtverhau gemalt hätte, das verweste Gerüst eines kindhaften Mädels in ihrem Kreis, welche durch die Brust vieler Helden starb... »Mein Herr, wir wollen tanzen!« – musikhaft wie dieser Klang ist etliches in Tollers Jugendwerk der menschlichen Stationen und Etappen – das freilich diesen Stern Erde nur vom Standpunkte des Gewissens ansieht, kaum zwischendurch einmal vom Abendberg der Schönheit.

Immerhin: Schönheit ist auch im gehämmerten Ethos.
Das Leid der Welt fühlen, die Hoffnung dennoch nicht zum Teufel jagen: darauf kommt es an. Als Losung ließe sich Folgendes über das Werk setzen:

Mensch, raffe dich!
Straffe dich!
Entaffe dich!

VI.

Die Andeutungsbühne hat an diesem Abend eine Schlacht gewonnen. Sparsamkeit in den Mitteln war nicht Kärglichkeit. Sondern Gesammeltsein. Herausheben des Wortes. Förderung der Innenkraft. Dung für Seelisches.
Andeutungsbühne? Mit wenig Winken, durch Herrn Neppachs Kunst auf wenig Leinwand gemalt, war sie, wo es darauf ankam, so stark wie eine ganz phantastische Augenbühne. Das Spiel der einzigen Geige zwischen den Vorgängen tat so viel wie ein halbes Orchester. Ob Skelette je auf einer Attrappenplanke so stark wirkten, auch für den vordersten Sperrsitz, bleibt fraglich.
Herr Martin, mit dem freundlichen Vornamen Karlheinz, hat in der Theatergeschichte hier einen Schritt vorwärts getan.
Ihm half der Schauspieler Fritz Kortner vor allem. Da ist Sprachwucht; verschweißt mit Gefühl. Ein neuer Mann; ein neuer Wert. Weiter!

Ernst Toller
Drei Briefe aus dem Gefängnis

An meinen Neffen Harry

Eben verließ mich ein junger Kamerad, der, 18 Jahre alt, im Glauben an den Sozialismus mit den Gesetzen des Staates in Konflikt geriet und für eine Sache ein und ein halbes Jahr hier zubringen mußte. Was das bedeutet, wirst Du, wenn Du einmal älter bist, erfassen. Dieser junge Kamerad hat der Idee gelebt, die ihm lebenswert erschien. Und daß er ihr treu blieb, zeugt für seinen Charakter. Du wirst am Sonntag eingesegnet. Ich weiß nicht, ob Du gläubig der Religion das Bekenntnis des Jünglings entgegenbringst, oder ob Du tust, was Gewohnheit, Tradition, Gebot der Eltern Dich zu tun heißen. Sei es, wie es sei: bleibe der Idee treu, die Dich wahr und heilig dünkt. Tue nichts aus überkommenem Brauch allein, tue alles aus dem Gebot Deines Gewissens, dem reinen Trieb Deines Gefühls. Scheue nicht das Unbequeme, wenn das Unbequeme auf dem Weg Deiner Wahrheit Dich erwartet. Sieh um Dich, betrachte die Jungen Deines Alters: nicht für alle wird gesorgt wie für Dich. Du wirst Jungens erblicken, Arbeitersöhne, deren Kleider zerschlissen, deren Gesichter hohlwangig sind, die, während Du spielst oder schläfst, in harter Fron schaffen und ein paar Groschen verdienen müssen, um die Eltern zu unterstützen. Frage Dich, warum Du es so gut hast und warum die andern nicht teilnehmen dürfen am heiterjugendlichen Leben. Vielleicht findest Du die Antwort. Und wenn Du die Antwort gefunden hast, wird Dich der Wunsch nicht mehr verlassen, den anderen zu helfen. Gib ihnen die Hand. Mitleid allein ist wertlos. Du wirst erkennen, daß das Leben reicher wird im gemeinsamen Kampf um ein Ziel. –
Ich schicke Dir zwei Werke: ›Der werdende Mensch‹, und ›Gesammelte Vorträge über Shakespeare‹. Beide Werke schrieb Gustav Landauer, ein großer Mensch, ein gütiger Geist, ein Märtyrer für die Idee des Sozialismus. Er glich nicht den großen Menschen, von denen Du in der Schule hörst, war kein König, kein General, kein Schlachtensieger, er trug keine Uniform, und er besaß keine Orden. Aber er kämpfte um eine hellere Menschheit, er diente dem Geist der Gerechtigkeit, er diente dem brüderlichen Bund aller Schaffenden. Verstehst Du das? Ich will es an einem Beispiel erklären. Der junge Kamerad, der mich heute verlassen hat, ist einer von den Jungens, die ich Dir zu betrachten riet. Er kam, als er so alt war wie Du, in die Lehre. Er mußte zwölf Stunden am Tag arbeiten, und abends, wenn er, begierig ein Buch zu lesen, irgendein Buch menschlichen Wissens, danach griff, fielen ihm vor Müdigkeit die Augen zu.
Dir geht es anders, Du öffnest den Bücherschrank, wenn Du dazu Lust hast, nimmst Dir ein Buch, zu dem Deine Neugierde oder Deine Wißbegierde Dich lockt, setzt dich hin und liest drauflos. – Daß jeder Junge es so habe wie Du, auch dafür kämpfte Gustav Landauer.

Nun habe ich Dir eine rechte Kapuzinerpredigt gehalten. Sie soll Dir Deine Fröhlichkeit nicht verderben, sie soll Dich nur für ein paar Minuten nachdenklich machen, heute, morgen, wann immer.

An Tessa *30. Januar 1922*

Es ist furchtbar, Tag für Tag preisgegeben zu sein den eintönigen, sich immer wiederholenden Geräuschen dieses Hauses, dessen Wände so dünn sind, daß aus den Zellen über, neben, unter Dir die Laute zu Dir dringen. Lärm auf den Gängen, Klirren der Schlüsselbünde, Scheppern der schweren Gittertüren, Namenaufrufen der Wächter, Zuschlagen von Türen, Klappern genagelter Stiefel auf den Steinfliesen – oder noch furchtbarer das dünne Schlurfen der Gummisohlen. Tag um Tag würgen Dich die Tonketten der Dissonanzen. Im ersten Jahr war mein Wille imstande, durch leise Anspannung alle Geräusche abzuwehren und meine Zelle wie eine Insel der Stille sich loslösen zu lassen vom lärmenden Land. Im zweiten Jahr wurde es schon schwerer – man sagt in der Psychologie wohl: die Reizschwelle sinkt. Im dritten Jahr kam der Tag, da ich hilflos jedes Geräusch wie einen Peitschenhieb auf wundem Kopf empfand. Es kostet mich jedesmal eine ungeheure Anstrengung, bis ich die vielen feindlichen Laute zu übermächtigen vermag und sie ausschalte aus meinem Bewußtsein. Welche Nervenkraft da absorbiert wird. Die schroffe Ablehnung meines Urlaubsgesuchs riß meine letzten Kräfte zusammen, ich begann unter Ablehnung jeder ärztlichen Hilfe mir selber ein Arzt zu werden. Jeden Morgen von sieben bis einhalb acht turne ich unter Leitung eines Kameraden, der in München bei einem Sportverein Trainer war. Viel Atemübungen, nach dem Turnen Frottieren mit kaltem Wasser. Ich war am körperlichen Zusammenbrechen, heute habe ich einige Hoffnung, ohne besondere Verwüstung dieses Haus zu verlassen.
Der Kampf untereinander hat nachgelassen, aus Müdigkeit, aus Resignation, aus Behäbigkeit. Ich wage nicht zu sagen, aus Vernunft. Sektierertum, dünkelhafte Intoleranz sind nach wie vor stark. Ein Beispiel: ich höre, daß ein Genosse die Anstalt verläßt. Auf irgendeinen Beschluß hin der ›ganz reinen Rrrevolutionäre‹ durfte er mit uns unabhängigen Sozialdemokraten nicht sprechen. (Nebenbei hat die K.P.-Fraktion im Gefängnis rechte, halbrechte, halblinke, linke Flügel.) Ich gehe auf ihn zu, will ihm die Hand geben und sage: »Nun, mein Lieber, ich höre, daß du uns verläßt. Ich wünsche dir alles Gute.« – Der andere sieht sich ängstlich um, wird rot, verlegen, stammelt: »Entschuldige ... aber ... ich kann dir hier auf dem Hof die Hand nicht geben ... Die Genossen XY würden es sehen ... Du weißt schon ... Ich habe gar nichts gegen dich ... draußen gebe ich dir jederzeit die Hand ... hier ... hier ... die Genossen X und Y würden vielleicht der Zentrale melden, daß ich mit Toller gesprochen habe, mit ihm vertraut bin ... nicht wahr ... Du verstehst schon.« Ich lächelte – traurig und mitleidig zugleich. Eine Revolution, die statt selbstverantwortlicher, freier Sektenfunktionäre, ›Pfaffen‹, ›Ordenslakaien‹ (ohne die Geistigkeit katholischer Orden), Parteiunteroffiziere Potsdamer Observanz zeugte.

Sie haben recht, es ist den Arbeitern unbequem, wenn ihre Frauen ernst machen mit der Verwirklichung sozialistischer Forderungen. Ich lebe hier eng beieinander mit vielen Arbeitern, lese die Briefe von Frauen und blicke in die feinsten Beziehungen proletarischen Ehelebens. Oft sehe ich den Bruch zwischen sozialistischen Einsichten und traditionellem Empfinden.

Es begegnete mir hier ein Genosse, dessen Steckenpferd die Verdammung der bürgerlichen Sexualmoral war. Mann und Frau müßten in freier Selbstverantwortung tun, was inneres Gesetz ihnen vorschriebe. Ebenso wie der Mann sich das Recht nähme, eine zweite Frau zu umarmen, müsse auch der Frau das Recht zustehen, einen anderen als ihren Ehemann zu umarmen, sofern sie ihn liebe.

Der Genosse wird nach dreijähriger Haft entlassen. Briefe kamen, die erzählen, wie nach der langen Trennung sich aller seelische Reichtum, der im Alltag der ersten Jahre verschüttet war, aufs neue entfalte. Da, plötzlich, kam ein verzweifelter Brief: zerbrochen sei das Glück, zerstört, was verheißungsvoll wuchs, nie, nie könne wieder gut werden, was plötzlich auf immer vergiftet.

Und der Grund? Der Genosse hatte in Erfahrung gebracht, daß seine Frau ein einzigesmal in den drei Jahren einen ›Fehltritt‹ (Fehltritt, schrieb er!) begangen habe. Nichts mehr wußte er von seinen idealen Forderungen. Vergessen war auch, daß er keine Gelegenheit verstreichen ließ, bei der er nicht sich seiner Liebeserlebnisse gerühmt hätte.

Die traditionellen Instinkte, die in Elternhaus und Schule, in Kaserne und Kriegerverein gezüchtet werden, sind stärker als die ideologischen Auffassungen, die mit der Parteikarte flüchtig erworben wurden, das erlebe ich immer wieder in Gesprächen mit Kameraden. Ein paar Episoden:

A., ein prächtiger Revolutionär, sagt während einer politischen Diskussion: »Es gibt keine ehrlichen Bourgeois. Die ganze Bourgeoisie ist verrottet, korrumpiert, charakterlos.«

A., wenn er von familiären Dingen spricht: »Meine Schwester war bei einer feinen Herrschaft, sag' ich dir, bei einer anständigen Herrschaft. Die Gnädige hat ihr stets die Hand gegeben, wenn sie vom Sonntagsausgang zurückkam.«

Genosse U., Bauernagitator, ist glühender Pazifist. Er berichtet, wie er einmal vor Bauern aus der Hollerdau Eisners Friedensmanifest vorgelesen habe. Wie da die Bauern, Männer und Frauen, Tränen der Ergriffenheit vergossen. »Schön war's«, meint er, von der Erinnerung gerührt. »Grad schön.«

Eine halbe Stunde später sprechen wir vom Krieg. Es stellt sich heraus, daß wir beide vor Pont-à-Mousson lagen, er 1914, ich 1915. »Wie du hinkamst, war ja nichts mehr los«, brummt er. »Aber i, i hab den Bewegungskrieg dorten mitgemacht. Des war a Gaudi«, ruft er ehrlich entzückt. »Die Messer haben wir den Franzosenbatzi in den Bauch gerannt, daß es grad so geschnackelt hat.«

Ich unterhalte mich mit dem Genossen X., einem radikalen Sozialisten. Er schimpft auf die bürgerliche Ehe als eine einzig durch den Kapitalismus beding-

te Institution, schwärmt von den neuen reinen, freien Beziehungen zwischen Mann und Frau, die der Sozialismus schaffen wird.
Eines Tages sitze ich mit ihm in einem Kreis von Genossen beisammen. Über Frauen wird gesprochen, über die Ehe. Einer wendet sich an diesen X. »Hat deine Frau dich mal nackt gesehen?« — »Aber wo denkst du hin«, antwortet X. entrüstet, »dann könnte sie mich ja nicht mehr achten!«

»Die französischen Baumschützen waren schon die größten Feiglinge und Lumpen«, schreit H., ein alter Rotgardist.
»Erlaube, Leute, die sich freiwillig für ihre Kameraden opferten, feig zu schelten, finde ich seltsam«, antwortete ich.
»Aber die schossen doch aus dem Hinterhalt«, beharrt H.
»Eine empfindsame Unterscheidung für den modernen Krieg. Wenn das gleiche wie die französischen Baumschützen nun Proleten, Rotgardisten täten während eines Bürgerkrieges? Würdest du die auch feig heißen?«
»Wenn du nicht einsiehst, daß das was anderes ist«, zetert er, »kannst du mir leid tun. Ach, mit dir überhaupt zu diskutieren . . . i sag's ja, ihr Intellektuellen . . . an Dreck versteht ihr!«

15. September 1922

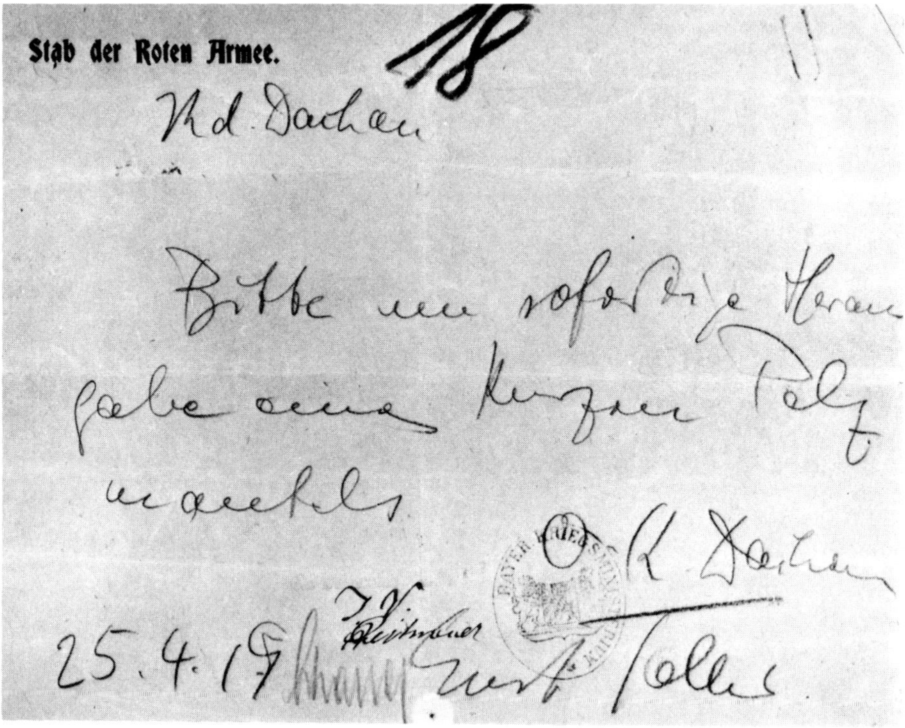

Ernst Toller: ›Bitte um sofortige Herausgabe eines kurzen Pelzmantels‹, 25. April 1919.
(Aus: Stadtbibliothek München, Handschriftenabteilung)

Ernst Toller bittet um Vernehmung in Sachen Thekla Egl. Als Zeuge versucht Toller, Thekla Egl zu entlasten. In einem Verhör am 5. Juni 1919 sagte er: ›Fräulein Egl gehörte zu jenen Personen, die, wenn ich sie zufällig traf, mit mir der gleichen Meinung war, durch Verhandlungen das Blutvergießen zu vermeiden . . . Es ist mir bekannt, daß Fräulein Egl sich mit einer Deputation des neugebildeten Zentralrats am 30. April zu den weißen Garden begab, um unter allen Umständen das Blutvergießen zu vermeiden . . . als Mitglied des Bundes sozialistischer Frauen!‹

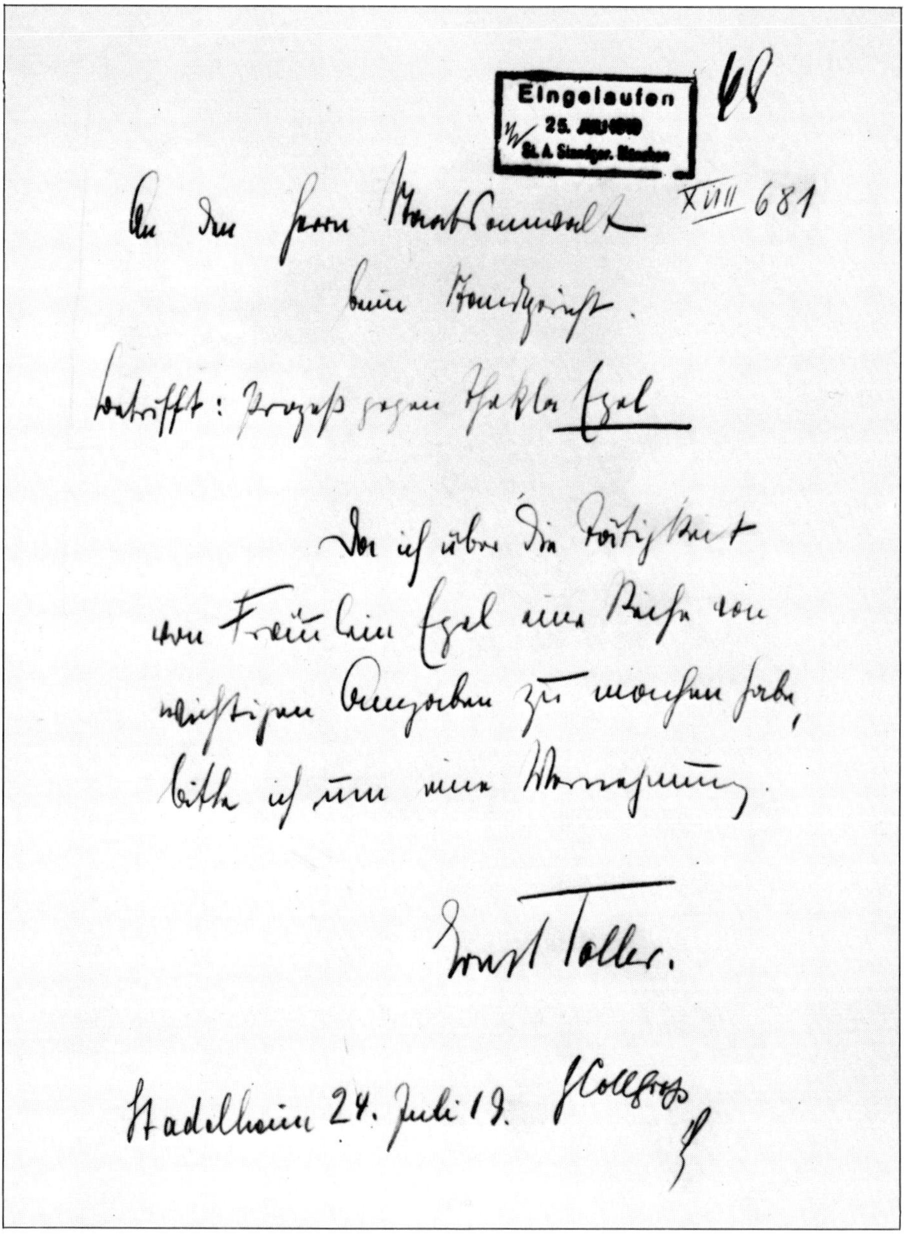

Eingelaufen
25. JULI 1919
St. A. Standger. München

An den Herrn Staatsanwalt XVIII 681

beim Standgericht.

Betrifft: Prozeß gegen Thekla Egl

Da ich über die Tätigkeit von Fräulein Egl eine Reihe von wichtigen Angaben zu machen habe, bitte ich um meine Vernehmung.

Ernst Toller.

Stadelheim 24. Juli 19.

Der Prozeß Egl am Volksgericht

Am Samstag, dem 17. August, erschien vor dem Volksgericht die ledige Gesellschafterin und Krankenschwester *Thekla Egl,* katholisch, geboren zu Putzbrunn bei München.
Die Anklage lautete auf Beihilfe zum Hochverrat.
Diese Verhandlung unterschied sich von vorneherein von den meisten anderen, da die Angeklagte alle bürgerlichen Entlastungszeugen abgelehnt hatte, um die Verhandlung auf das rein Politische zu beschränken.
Aus den Fragen des Vorsitzenden und den Antworten ergab sich etwa folgendes Bild:
Die Angeklagte beginnt damit, daß sie die anwesenden Richter nicht als ihre Richter anerkenne, da dieselben nicht Vertreter des Volkes, sondern des Kapitalismus seien. Sie selbst sei während des Krieges auf Grund ihrer Erfahrungen als Krankenschwester Sozialistin geworden und trat, sobald es ihr möglich war, bei der USP ein. Sie bekennt sich als überzeugte Anhängerin des Prinzips der Räteregierung. Als in München auf Grund gefälschter Telegramme am 5. April der Eindruck erweckt worden war, daß ganz Bayern hinter der Räterepublik stände, hat sie versucht, die Kommunisten zur Mitarbeit zu bewegen, da sie die Einheitsfront des Proletariats erstrebte. Doch schon in der ersten Woche sah sie die Unhaltbarkeit der Zustände ein und versuchte Toller in Anbahnung von Verhandlungen mit Bamberg zu unterstützen. Diese Bestrebungen wurden durch den Palmsonntagputsch der Mehrheitler vernichtet. Sie war dann als Krankenschwester in Dachau und hatte dort vorübergehend und auf Drängen Tollers die Auszahlung der Löhnung für einige Tage übernommen. Sie bekannte sich zur Berechtigung des bewaffneten Widerstandes nur für den Fall einer Notwehr, das heißt, falls die von den Roten angebotenen Verhandlungen abgewiesen oder erreichte Abmachungen nicht eingehalten würden. Am 30. April fuhr sie auf Wunsch Tollers mit zwei Arbeitern als Parlamentärin nach Dachau. Dort scheiterte die Verständigung, die den Kampf in der Stadt vermeiden sollte, an der Forderung der unbedingten Auslieferung der Führer. Die Angeklagte gab weiter zu, an der Übermittlung der Pässe an Mitglieder des Flüchtlingsbüros und an revolutionäre Führer beteiligt gewesen zu sein. Und bedauert sehr, daß sie Leviné keinen Paß vermitteln konnte, um seinen Mord zu verhindern.
Auf Vorhalt des Vorsitzenden erklärte sie, daß sie seine Gewaltmethoden bekämpft habe. Aber seine Verurteilung wegen Ungültigkeit des § 81 nur als Mord ansehen könne.
Als Zeugen wurden nur Daudiestel, der Leiter des Flüchtlingsbüros, und Toller vernommen, dessen eingehende Aussagen die Bestrebungen der Angeklagten, zu Verhandlungen zu kommen und alle Art Gewaltmaßnahmen zu verhindern, sowie ihre große Uneigennützigkeit in das rechte Licht rückten.

Der Verteidiger, Dr. Diß, der viel Material gesammelt und dem sich viele Zeugen zur Verfügung gestellt hatten, um das Bild der Angeklagten menschlich zu vervollständigen, mußte sich auf Wunsch der Angeklagten aufs Äußerste beschränken.

Der Staatsanwalt ließ die sehr umfangreiche Anklage, soweit sie sich auf Vorbereitung der Räteregierung oder Anstellung unter derselben bezog, fallen. Für die Unterstützung der Räteregierung, die Beteiligung an der Paßvermittlung, die Tätigkeit in Dachau und Unterstützung Tollers nach der Flucht beantragte er in Anerkennung mildernder Umstände, besonders die Bestrebungen zur Verhinderung von Gewalttaten und die aufopfernde Tätigkeit an den Frontlazaretten, zwei Jahre Festung.

Das Gericht erkannte auf ein Jahr und drei Monate Festung, wovon zwei Monate Untersuchungshaft angerechnet werden. *Die Bewährungsfrist wurde ausdrücklich verweigert, da es sich nicht um eine Mitläuferin, sondern um eine überzeugte Anhängerin handelt.*

Thekla Egl, um 1921.
Das Bild zeigt sie in der Uniform des Freikorps Oberland.
Im Sommer 1921 kam es über Vermittlung
des KPD-Landtagsabgeordneten Otto Graf
zu Kontakten zwischen KPD-Gruppen,
anderen linken Gruppierungen und
dem national-revolutionären Flügel von Oberland

Thekla Egl
Protokoll vor dem Standgericht

Betreff:
Egl Thekla, ledig, geboren am 17. September 1892 in Putzbrunn, wegen Beihilfe zum *Hochverrat*

... Politisch habe ich mich seit Dezember 1918 betätigt. Ich lernte durch Frau Marie *Bertels* im Dezember 1918 Frau Netty *Katzenstein* kennen, Herzog Heinrichstr. 11 wohnhaft. Ebenso Fräulein *Steinhaus* und Frau *Klingelhöfer*. Wir beschlossen einen Bund sozialistischer Frauen zu bilden, in dem Frauen aller sozialistischen Richtungen aufgenommen werden können, auch solche, die nicht in den bestehenden Parteien waren. Am 27. Dezember 1918 trat ich als Mitglied bei der USP ein. Im Januar wollte ich zur Kommunisten-Partei gehen, habe es aber wieder unterlassen.
Irgendwelche Versammlung oder Besprechungen in der Wohnung Bertels oder Noeggeraths habe ich nie einberufen. Im Januar war Herr Jakob Noeggerath hier, der seine Mutter, die krank war, besuchte. Seine Schwester Marie Bertels hatte ihn gebeten, uns einmal Bericht über seine Eindrücke aus Holland zu geben. Ich bestellte daraufhin im Auftrage Herrn Jakob Noeggeraths Frau Lyda Gustava *Heymann* und Frau Anita *Augspurg*. Frau Katzenstein wurde durch Bertels eingeladen. An dieser Besprechung nahmen nun die hier oben angeführten Personen teil. Die Besprechung drehte sich ausschließlich um die Stellung Deutschlands in Holland. Man sprach vom Waffenstillstand und vor allem, welch großen Eindruck es in Holland machte, daß das starke Deutschland den Frieden anbietet oder so ähnlich. Auch sprach er davon, daß Deutschland im Ausland die Rolle des Parias spielt, und wie von uns Deutschen aus alles geschehen müsse, diesen Eindruck zu mildern. Er sagte uns auch unter anderem, daß wir vor allem die Kriegsschuld und die Kriegsgreuel der Entente immer wieder in Erinnerung bringen müssen, um die Stellung Deutschlands im Auslande zu verbessern.
Ich war häufig in den Familien Noeggerath/Bertels und habe dort auch telephonische Gespräche geführt, die mehr oder weniger politische Zwecke hatten. Soviel ich mich erinnern kann, waren Fräulein Steinhaus und Frau Klingelhöfer nie in der Wohnung Bertels beziehungsweise Noeggeraths.
Bei einer Versammlung Ende Januar oder anfangs Februar, ich glaube im Löwenbräukeller, wurde mir *Toller* durch Frau Bertels vorgestellt.
Es war mir bekannt, daß Toller zur USP gehörte. Von der Zeit der Vorstellung ab habe ich Toller dann öfters in Versammlungen gehört, ich war auch im ganzen zweimal in seiner Wohnung in der Pension Ludwigsheim, bei der weiter niemand anwesend war. Ich brachte Toller das erste Mal einen Brief von einer französischen Freundin von Frau Noeggerath, der die Stimmung in bürgerlichen

Kreisen Frankreichs wiedergab. Bei der Gelegenheit unterhielt ich mich mit ihm über Politik. Das zweite Mal brachte ich ihm einen Artikel von Bernard Shaw, der in Maschinenschrift geschrieben war. Es war ein Auszug aus einer englischen Zeitung. Der Sinn dieses Artikels ist mir nicht mehr ganz in Erinnerung. Außer diesen zwei Besuchen bei Toller war ich noch einmal dort mit Frau Marie Bertels. Wir besprachen damals die Gründung einer Bürgerwehr, wie sie von Auer und Thiem geplant war, und ich habe Herrn Toller gebeten, mir eventuell Material zur Verfügung zu stellen. Ich bekam Material von Toller, habe es durchgesehen und am nächsten Tag wieder zurückgebracht. Bei Durchsicht des Materials war auch Frau Bertels anwesend.

Ich habe in München nur in einer einzigen Versammlung (Wahlversammlung der Mehrheitspartei in Giesung) in Diskussion gesprochen. Auswärts habe ich in einer Versammlung der bayrischen Volkspartei in Diskussion gesprochen. Es war dies in Freising. Ich sprach da im Sinne des Sozialismus über das Frauenwahlrecht. In weiteren Versammlungen habe ich nicht gesprochen. Von der USP, der ich angehörte, wurde ich einigemale gebeten, in Versammlungen zu sprechen, ich war aber immer verhindert.

Außer diesen Versammlungen, wo ich mich öffentlich an der Diskussion beteiligte, habe ich viele Versammlungen aller drei sozialistischen Parteien besucht, häufig in Begleitung Frau Bertels.

Ich kam zu dem Schluß, daß, wenn wir Sozialismus durchführen wollen, wir auf dem Boden des linken Flügels der USP weiterarbeiten müssen. Damit anerkannte ich das Programm der Münchener USP.

Nach dem Tode Eisners wurde ich vom Bund sozialistischer Frauen als Delegierte in den Rätekongreß gewählt. Als Kongreßmitglied stand ich natürlich ganz auf dem Boden der USP. Gesprochen habe ich in diesen Versammlungen nie, doch habe ich bei Abstimmung nach meiner Überzeugung im Sinne der USP abgestimmt.

Zur Zeit, wo der Landtag in München wieder einberufen werden sollte, war, soviel ich mich erinnere, eine Versammlung im Hofbräuhaus, in der Herr *Neurath* über Sozialisierung sprach. Im Laufe der Diskussion, die sich an die Versammlungen anschloß, hörte ich auch, daß die Menge sehr erregt war über die bevorstehende Einberufung des Landtags. Soviel ich mich erinnere, war auch davon die Rede, daß in Augsburg die Räteregierung proklamiert werden sollte und daß natürlich auch München dazu Stellung nehmen müsse. Ich habe den Schluß dieser Versammlung nicht abgewartet und begab mich in die Versammlung der freien sozialistischen Jugend in den Wagnersaal. Ich kam zum Schluß der Versammlung an, als ein Diskussionsredner anführte, in München sei die Räteregierung proklamiert. Daraufhin war große Begeisterung bei allen Anwesenden im Saale. Nach diesem Redner trat noch ein Diskussionsredner auf, der eben aus der Mitgliederversammlung der Mehrheitspartei kam und erzählte, auch dort sei besonders vom Genossen *Dürr* über die bevorstehende Räteregierung gesprochen worden, und auch dort war die Begeisterung eine sehr große.

Nachdem der Gedanke an eine Räteregierung beziehungsweise Räterepublik sich allmählich entwickelte, interessierte ich mich selbstverständlich mehr und

suchte mich zu informieren. Ich habe dann zuerst von Dr. Felix Noeggerath erfahren, daß er an einer maßgebenden Sitzung als Zuhörer teilnahm. Herr Dr. Felix Noeggerath sagte mir, er hatte nach den Ausführungen des Genossen Niekisch und des Genossen Schneppenhorst, den er als Militärminister für sehr kompetent hielt, den Eindruck, daß die Bewegung im ganzen Lande ausgebreitet und daß, wenn München sich weigere, daran teilzunehmen, München umgangen würde. Mein Eindruck war, als sei es augenblicklich für eine Räteregierung noch zu früh. Dieser Eindruck wurde verstärkt in der Versammlung im Hofbräuhaus, in der *Leviné* seine Gründe für Nichtbeteiligung an diesem Experiment klarlegte. Nach der Versammlung im Hofbräuhaus hatte ich das Gefühl, als sei die Stellungnahme der KPD richtig gewesen. Nach dieser Versammlung, der auch Klingelhöfer beiwohnte, sprach ich mit diesem allein. Er bestätigte mir die Eindrücke über diese Versammlung, von der Felix Noeggerath mir schon sprach, so daß ich auch allmählich zu dem Schluß kam, es sei wirklich der Wille der Mehrheit des Volkes, und ließ mich von der Richtigkeit der Idee der Räteregierung überzeugen. Während dieser verflossenen Zeit habe ich mich aktiv nicht beteiligt, das heißt, ich habe mich, wo es irgend möglich war, informiert und auch auf Wunsch meine Eindrücke im engeren Kreise übermittelt. Hierzu zähle ich Bekannte wie Mitglieder des Bundes sozialistischer Frauen, darunter Fräulein Nelly *Auerbach,* Frau *Aschenbrenner,* Frau *Bertels,* Frau *Klingelhöfer.*
Die Ausrufung der Räterepublik hielt ich für durchaus korrekt, und ich hatte nicht den Eindruck einer Schein-Räterepublik, schon deshalb nicht, weil mir bekannt war, daß der größte Teil der Mehrheitspartei und der USP an den Zentralratssitzungen teilnehmen. Ich bedauerte aber im Interesse der Einigkeit, daß sich die Kommunisten ausgeschlossen haben. Ich versuchte einzelne Kommunisten zu überzeugen, daß nach meinem Dafürhalten an der Ehrlichkeit des Unternehmens nicht gezweifelt werden könne und sie es doch durch ihre Teilnahme in der Hand hätten, auch ihre Wünsche oder Forderungen berücksichtigt werden zu lassen.
An einem dieser Tage ging ich ins Wittelsbacher Palais und wollte mit Toller sprechen. Ich traf ihn dann auch, er erklärte mir kurz, um was es sich handelte; war aber zu beschäftigt, um näher darauf eingehen zu können.
Ich wollte meinen Einfluß dahin geltend machen, daß die Parteien sich einigen und, wenn nötig, eben jede Partei Konzessionen machen müsse, um eine Einigkeit herbeizuführen. Nach meinem Dafürhalten waren damals die Arbeiter einig, nur die Führer nicht.
In der Roten Fahne las ich eines Tages, daß die Kommunisten-Partei eine Versammlung der revolutionären Betriebsräte und Obleute zu einer Versammlung in den Münchener Kindlkeller einberief. Toller setzte mich noch in Kenntnis von der Versammlung im Münchner Kindl und lud mich ein, mit ihm hinzugehen. Wir gingen beide dann hin, und im Laufe dieser Versammlung gewann ich den Eindruck, daß es Leviné hauptsächlich darauf ankam, die Arbeiter maßlos zu verhetzen und hauptsächlich gegen Toller zu agitieren. Gelegentlich dieser Versammlung, hauptsächlich aus der Rede des *Levien,* gewann ich den Eindruck, daß dieser voll und ganz mit der Theorie Levinés einverstanden war. Die ganzen

Ausführungen des Levien und Leviné gingen dahin, daß die jetzt bestehende Räteregierung nur eine halbe Sache sei, es müsse von seiten der Arbeiter darauf gedrungen werden, daß an diese Stelle eine wirkliche Räteregierung käme; und um das zu ermöglichen, forderten beide die Anwesenden auf, den bestehenden Zentralrat zu stürzen und an seine Stelle einen neuen Zentralrat zu wählen.
Soviel ich mich erinnere, war davon die Rede, daß der Zentralrat zur Zeit der sogenannten Schein-Räteregierung von der Bewaffnung des Proletariats gesprochen hatte. Ich glaube, es wurde von Genossen Klingelhöfer in einem kurzen Referat davon gesprochen. Ob ein direkter Beschluß schon gefaßt war oder gefaßt werden sollte, ist mir nicht bekannt. Toller bestätigte, daß eine Besprechung des Zentralrates in diesem Sinne stattgefunden habe.
In dieser Versammlung wurde ein neuer Zentralrat auf kommunistischem Boden gewählt und der Beschluß gefaßt, daß Toller und Klingelhöfer als Geiseln festgenommen werden sollen, damit sie gegen den neuen Zentralrat nichts unternehmen können. Gegen vier Uhr morgens kam eine Abteilung der republikanischen Schutztruppe, die die Versammlung aufhob. Toller und Klingelhöfer entkamen dadurch nach meinem Dafürhalten der Festnahme als Geisel. — — —
Dieser damals gewählte Zentralrat trat im Interesse der Einigkeit wieder zurück.
Im Laufe dieser Versammlung wurde von den Kommunisten der Generalstreik beschlossen. Toller, Klingelhöfer und ich fuhren dann im Auto mit dem Führer der Schutztruppe in die Stadtkommandantur, wo Stadtkommandeur *Rieger* und Polizeipräsident *Staimer* anwesend waren. Dort wurde die verflossene Sitzung besprochen und beraten, was zu tun sei. Toller erbot sich sofort, in die Betriebe Maffei und Krupp zu fahren und die Arbeiter von dem Vorgefallenen in Kenntnis zu setzen und sie vom Streik abzuhalten. Streik wurde dadurch verhindert. Schon vorher sprach Toller von Verhandlungen mit der Regierung Hoffmann. Ich hatte das Gefühl, daß Toller nicht allein seinen Beschluß durchführen kann, die Unterstützung seitens des Zentralrates fehlte.
Was die auf Seite drei Absatz vier angeführte Bürgerwehr betrifft, so möchte ich bemerken, daß das mir von Toller gegebene Material, bestehend aus Angaben von Zuhörern einer Sitzung der geplanten Bürgerwehr, bestand. Toller selbst war gegen eine Bürgerwehr, wie auch die damaligen Regierungsmitglieder mit Ausnahme von Thiem und Auer.
Was den Putsch am Palmsonntag betrifft, so erfuhr ich diesen in der Wohnung der Frau Bertels, wo ich genächtigt hatte. Im Laufe des Vormittags kam *Daudistel* in die Wohnung und erzählte mir von angeklebten Plakaten, daß die Gesamtregion München die Räteregierung gestürzt hätte und das Standrecht über München verhängt. Um mich zu vergewissern, telephonierte ich an Herrn *Staimer,* damaliger Polizeipräsident, und fragte ihn, ob er davon unterrichtet sei. Staimer bestätigte es mir und sagte, daß er selbst von dieser Sache nichts gewußt hätte. Daraufhin telephonierte ich an Katzenstein, um zu erfahren, wo Toller sei. Er sagte mir, Toller sei in Sicherheit. Wo er sich befinde, kann er mir nicht sagen. Nachher erfuhr ich, daß er bei Katzenstein selbst war.
Frau Katzenstein traf ich an jenen Tagen in den ersten Nachmittagsstunden in

der Stadt und sagte mir, Toller ließe mich bitten, den Arbeitern zu sagen, sie sollen sich nicht provozieren lassen und nicht von ihren Waffen Gebrauch machen. Soviel mir in Erinnerung ist, hatten damals einzelne Betriebe wie Krupp und Maffei Waffen; auch die Artillerie-Werkstätte. Das Gesamtproletariat war noch nicht bewaffnet. Gegen fünf Uhr etwa traf ich auf der Theresienwiese etwa fünf mit bewaffneten Soldaten besetzte Lastautos. Als Führer wurde mir Sontheimer benannt. Sie erzählten mir, daß sie die republikanische Schutztruppe in der Stielerschule und im Ausstellungspark entwaffnet hätten. Sie seien jetzt auf dem Wege zum Hauptbahnhof. Einige Soldaten, die mich kannten, wollten mich anfänglich mitfahren lassen bis zum Hauptbahnhof, bekamen aber nachher Bedenken und baten mich, wieder abzusteigen. An der Ecke der Goethestraße ungefähr stieg ich wieder ab. Zwischen acht und neun Uhr erkundigte ich mich bei den kämpfenden Truppen, wie die Sache stünde, und erfuhr dort, daß sie noch um den Hauptbahnhof kämpften und vermuteten, es seien außer den Schutztruppen noch Unteroffiziere aus Fürstenfeldbruck anwesend. Daraufhin ging ich zu Toller, ihm das zu berichten. (Er war bei Katzenstein.) Ich habe mich auf der Straße erkundigt und erfuhr dann, daß im Hofbräuhaus eine Versammlung der Betriebsräte einberufen war und daß man dort auf Anregung von Leviné einen neuen Zentralrat wählte, auf rein kommunistischem Boden. Von diesem Moment an war Toller ausgeschaltet, er war nicht in den Zentralrat gewählt.
Bei der nächsten Betriebsratsversammlung, bei der ich anwesend war, verlangten die Betriebsräte stürmisch Klingelhöfer als Leiter der Versammlung und verlangten auch, Toller in dem Zentralrat tätig zu sehen. Es scheiterte jedoch nach meinem Dafürhalten an der Uneinigkeit der Parteien.
Im Laufe einer der nächsten Betriebsräteversammlungen kam die Meldung, die Weißen Garden seien in Allach.
Am nächsten Tag erfuhr ich von Toller selbst, daß er sich mit Klingelhöfer an die Spitze der bewaffneten Arbeiter stellte. An diesem Tag fuhr ich mit Dr. *Schollenbruch* auf Einladung Tollers nach Karlsfeld, um, wenn nötig, als Schwester tätig zu sein. Ich sah in Karlsfeld größtenteils bewaffnete Arbeiter in Zivilkleidern. Im Laufe der nächsten Tage erfolgte die Organisation der Roten Garde. Toller galt als Führer der Truppen vor Dachau. Ebenso auch Klingelhöfer. In Allach fand ich, daß eine Tätigkeit als Schwester nicht nötig war, und ich wollte nach München zurück, wurde aber dann von Klingelhöfer gebeten, das Geld für die Löhnung der Mannschaften in Verwahr zu nehmen. Am nächsten Tag ging ich dann von Allach nach Dachau, wo inzwischen die Leute eingerückt waren, wollte Klingelhöfer das Geld zurückgeben, wurde aber gebeten, aushilfsweise die Stelle eines Zahlmeisters zu übernehmen. An diesem Tage zahlte ich dann auch an die Truppen die Löhnung aus. Am nächsten Tag kam dann ein Zahlmeister. Auf Grund der von den einzelnen Führern aufgestellten Listen zahlte ich pro Mann zehn Mark aus. Ich bekam als Quittung die Unterschrift jedes einzelnen Empfängers. Die Namen der einzelnen Führer sind mir nicht bekannt.
Ich selbst war selbstverständlich nie in Uniform und habe mich natürlich auch nicht an den Kämpfen beteiligt.

Die mir vorgezeigten Photographien habe ich als die meinen erkannt und habe dazu zu erklären, daß diese Bilder aus 1914 oder 1915 stammen und es sich um die Wehrkraftuniform meines Bruders Wilhelm handelt. Die Aufnahme wurde von meiner Mutter gemacht.
An dem Abend, an dem Klingelhöfer und Toller nach Allach fuhren, blieb Toller in Allach, kam am nächsten Morgen nach München zurück, wo ich ihn zufällig, von meiner Wohnung kommend, in der Schönfeldstraße traf. Er erzählte mir da unter anderem, daß er im Einvernehmen mit Klingelhöfer mit den Truppen in Dachau Verhandlungen angeknüpft hätte, und zwar auf der Basis: die Truppen verpflichten sich, über die Donau zurückzugehen, die Blockade Münchens aufzuheben und mit der Räteregierung in weitere Verhandlungen einzugehen. Toller sagte auch, daß der Regierungsvertreter in Dachau zugesagt hätte, die Blockade Münchens würde aufgehoben, die Truppen würden sich bis Ingolstadt zurückziehen (da Ingolstadt als die letzte Etappe des Dritten Armeekorps betrachtet wird). Außerdem sei ein Waffenstillstand bis abends sechs Uhr vorgesehen. Nach meinem Wissen ist gegen fünf Uhr abends ein Kanonenschuß nach Dachau abgeschossen worden. Toller und Klingelhöfer wußten nichts davon, waren außer sich und haben sofort Erkundigungen eingezogen, wer den Befehl dazu gegeben hätte. Auf Grund dieses Schusses haben dann Toller und Klingelhöfer selbst nach Dachau fahren wollen, um den dortigen Truppen eine Erklärung abzugeben, daß sie nicht den Waffenstillstand gebrochen hätten und mit dem Schuß nichts zu tun haben. Ungefähr um dreiviertel sechs Uhr kam das Auto mit Toller und Klingelhöfer wieder zurück, und Toller sagte mir, nun sind die Truppen eigenmächtig vorgegangen. Er selbst und auch Klingelhöfer haben den Befehl zum Vormarsch nicht gegeben. Während die Truppen in Dachau waren, war ich noch zweimal draußen, ohne anderen Grund, als mich zu informieren.
In einer der folgenden Betriebsrätesitzungen legte Toller sein Amt als Abschnittskommandeur nieder mit der Begründung, daß er mit der sogenannten Oberleitung in München nicht mehr zusammenarbeiten könne, da er deren Maßnahmen nicht verantworten könne.
In der Betriebsrätesitzung am 30. April wurde bekanntgegeben, daß Geiseln ermordet worden seien. Diese Tat wurde von allen Anwesenden aufs strengste verurteilt. Ich nahm damals an, daß ein Befehl zur Erschießung nur von den Kommunisten gegeben worden sein konnte.
Schon am 28. April hatte sich Toller von seinen Truppen entfernt, da er sein Amt niedergelegt hatte und er von den Kommunisten mit Erschießung bedroht wurde. Von da ab mußte sich Toller versteckt halten und konnte in seine Wohnung nicht mehr zurückkehren.
In der vorerwähnten Betriebsratssitzung sind wir am Schlusse derselben ins Luitpoldgymnasium, und Toller hatte noch Gelegenheit, sechs im Keller eingesperrte Geiseln zu befreien. Wir überzeugten uns dann auch noch, daß in der Kirchenschule keine Geiseln mehr waren.
Toller besichtigte die ermordeten Geiseln allein. Toller war ob des Anblickes sehr erschüttert.
In der damaligen Betriebsratssitzung, in der nur Toller, Klingelhöfer und Maen-

ner als Redner anwesend waren, wurde beschlossen, keinen bewaffneten Widerstand den einziehenden Truppen entgegenzusetzen.
Ich selbst war in der Zeit vom 1. bis 4. Mai in der Wohnung Bertels. Toller war nicht anwesend. Der Aufenthalt Tollers war mir bis zu seiner Verhaftung mit mehr oder weniger Sicherheit bekannt. Darüber, bei welchen Personen er untergebracht war, verweigere ich meine Angaben. Wann sich Toller bei Grete Lichtenstein befand, kann ich nicht angeben. Ich erfuhr bei Frau Bertels, daß Polizisten nach mir fahndeten, und ging infolgedessen nicht mehr in meine Wohnung zurück. Auch kam ich nicht mehr zu Bertels. Meinen Aufenthalt während dieser Zeit gebe ich nicht an. Ich war einige Tage bei meinem Bruder in Lengries und habe dort meine Briefe unter dessen Adresse empfangen.
Den bereits in meinem Protokoll angeführten Daudistel habe ich noch öfters gesehen, und zwar im Wittelsbacher Palais im Büro für politische Flüchtlinge. Ich kam dort deswegen hin, weil ich verschiedene französische Schriftstücke übersetzte. Eines Tages sprach mir Daudistel, daß er von der Polizeidirektion sich Pässe besorgen lassen will. Er fragte mich, ob ich welche brauche. Ich sagte ihm, daß ich vielleicht jemand fragen werde, ob er Pässe braucht, daß ich aber für mich keinen benötige. Ich ging eines Abends mit Daudistel zur Polizeidirektion und bekam dort etwa zwölf Pässe ausgehändigt, und zwar vom damaligen Polizeipräsidenten, dessen Namen mir nicht bekannt ist, das heißt, Daudistel hat sie vom Polizeipräsidenten erhalten und sie mir dann übergeben. Ich nahm die Pässe auf Wunsch mit. Daudistel gab mir auch Photographien, die ich einkleben lassen sollte. An einem der nächsten Abende ging Daudistel mit mir wieder zur Polizei, um die Stempel darauf zu drücken. Wer die Pässe gestempelt hat, kann ich nicht angeben. Daudistel war es nicht.
Ich bestreite, daß Daudistel in die Paßgeschichte nicht eingeweiht war, denn er war es, der mir von den Pässen zuerst gesprochen hat. Zu diesen Pässen besorgte Daudistel die Bilder mit Ausnahme des Bildes von Toller. Dieses besorgte ich selbst. Ich klebte auf Wunsch Daudistels die Bilder in die Pässe ein. Mit Ausnahme Tollers sind mir diejenigen Personen, die Pässe erhalten haben, nicht genau bekannt gewesen. Den Paß Tollers habe ich ausfertigen lassen ohne Wissen Tollers. Toller weigerte sich, ihn anzunehmen. Nachher erfuhr ich in einer Betriebsratssitzung, daß bei der Polizeidirektion fünfzig Pässe gestohlen wurden, was mich sehr überraschte, denn ich nahm ohne weiteres an, daß der damalige Polizeipräsident das Recht hatte, beliebige Pässe auszustellen. Sämtliche Pässe trugen die Unterschrift *Götz*. Erst nachher kam mir die Idee, daß die zwölf Pässe auch unter den fünfzig gestohlenen mit einbegriffen sein können. Soviel ich mich erinnere, hat von den Pässen einen ein gewisser Franzose *Boulai* bekommen, sowie ein gewisser *Kiesewetter* und *Bruckmann*. Weitere Personen, die Pässe erhalten haben, sind mir namentlich nicht in Erinnerung.
Ich wiederhole daher, daß ich die Pässe von Daudistel im Polizeipräsidium erhalten habe und daß meine aktive Beteiligung daran lediglich im Einkleben der Bilder bestand, das heißt, ich habe die Bilder, die ich bekommen habe, und zwar von Daudistel, eingeklebt. Ich brachte mit Daudistel zusammen die Pässe wieder in die Polizeidirektion zurück, dort wurden sie gestempelt. Ich bekam sie dann

wieder zurück und ließ sie in der Wohnung Katzensteins, wo sie ausgefüllt werden sollten. In der Wohnung Katzenstein wurden sie zum Teil ausgefüllt. Jedenfalls wurden sie alle unterschrieben. Von wem, ist mir nicht bekannt. Auf Drängen Daudistels habe ich die Pässe an die verschiedenen Personen verteilt.
Was den Aufenthalt Tollers seit dem 1. Mai betrifft, so ist mir nicht bekannt, daß Toller aus München herausgekommen ist. Ich habe Toller in den letzten Tagen der Räteregierung sehr häufig begleitet. So war ich mit ihm in der chirurgischen Klinik bei Frau Durieux. Am 28. April wurde ich telephonisch gebeten, ins Hotel Marienbad zu kommen. Dort waren Toller und Leutnant *Joel* aus Pasing, den ich schon einmal in Dachau gesehen hatte. In welcher Funktion Joel in Dachau war, ist mir unbekannt.

Selbst gelesen und unterzeichnet: *Thekla Egl*

Ernst Friedrich
Ernst Toller als Mensch und Dichter

Seit Jahr und Tag halten die Gitter der republikanischen Festungsanstalt Niederschönenfeld einen Dichter gefangen, der zugleich die heute so seltene Tugend hat, *Mensch* zu sein.

Unzählige Proteste und Kundgebungen für seine Befreiung zerschellten an den kühl berechnenden bayrischen Ministerköpfen, die wohlwollend dulden, daß Massenmörder, wie Ludendorff und Hindenburg, monarchistische Paraden abhalten mit wehenden schwarzweißroten Fahnen, die aber Ernst Tollers Rufe nach Menschlichkeit, Vernunft und Liebe zu ersticken suchen hinter hohen, kalten Mauern. Aber sie töten seinen Geist nicht, ihr Brüder!

Sie können seinem unermüdlichen Schaffen nicht durch Festungsmauern einen Damm setzen! Fast könnte man das Gegenteil behaupten: alle seine Werke, die er hinter Gittern vollendete, zeigen eine immer steigendere Konzentriertheit der Gedanken, eine immer größere Fülle seiner allumfassenden Liebe für die Masse, die er zu befreien sucht.

›Masse soll Volk in Liebe sein,
Masse soll Gemeinschaft sein.‹

Wie weit, wie unendlich weit aber diese Masse noch entfernt ist, ›Volk in Liebe‹ zu sein, das weiß Toller ebensogut wie wir Anarchisten. Und so verherrlicht er keineswegs die Masse, im Gegenteil zeigt er ihre Schwächen und Fehler ebenso offen, wie er die Sünden der bürgerlichen Gesellschaft zeigt und die Verbrechen des Staates geißelt.

Es sei in diesem Zusammenhange auf einen Brief Ernst Tollers hingewiesen, den dieser einst an unseren von der Soldateska ermordeten Vorkämpfer Gustav Landauer schrieb. In diesem Briefe bekannte Toller:

»Was ich tue, tue ich nicht aus Not *allein,* nicht aus Leid am *häßlichen* Alltagsgeschehen *allein,* nicht aus Empörung über politische und wirtschaftliche Ordnung *allein,* das alles sind Gründe, aber nicht die einzigen.

Aus meiner lebendigen Fülle heraus kämpfe ich. Ich bin kein religiöser Ekstatiker, der nur sich und Gott und nicht die Menschen sieht; ich bin kein Opportunist, der nur äußerliche Einrichtungen sieht; ich bemitleide jene Verkrüppelten, die letzthin an sich, nur an sich, ihrem kleinen persönlichen Mangel leiden; ich bemitleide jene Verkümmerten, die aus ›Freude-an-der-Bewegung‹-Gründen abwechselnd futuristische Kabarette und Revolution fordern.

Nicht nur bemitleidenswert, sondern verächtlich erscheinen mir jene Revolutionsliteraten, die, 1918 noch gegen den Krieg aufrufend, heute in blutrünstiger Revolutionsromantik schwelgen. Sie sind die wahren Revolutionswanzen, die mit allen geistigen Waffen bekämpft werden müssen. Denn sie sind gewissenlos und können namenloses Unheil anrichten. Ich will das Lebendige durchdringen, in welcher Gestalt es sich auch immer zeigt. *Ich will es mit Liebe umpflügen,*

Vorankündigung von Tollers geplantem Buch. Es erschien 1927 im gleichen Verlag unter dem Titel ›Justiz-Erlebnisse‹; zuvor erschienen Teile daraus in der ›Weltbühne‹

Anfang 1926 erscheint:

XX. Jahrhundert

Dokumente bayerischer Justiz

Von

Ernst Toller

Umfang etwa 7½ Bogen

Preis broschiert etwa 2,50 RM, in Leinen gebunden 4,— RM

Diese Dokumente, teils Darstellungen eigener Erlebnisse Tollers und anderer, teils wortgetreue Wiedergaben amtlicher Verfügungen, sind erschütternd im Zusammenklang menschlicher Größe und Niedertracht. Hier wird dokumentarisch erhärtet die absichtliche Häufung von Kränkungen und Demütigungen aller Art, denen die Niederschönenfelder Festungsgefangenen ausgesetzt gewesen. Fanatischer politischer Haß verbunden mit borniertestem Beamtendünkel aus Strebergeist wirkten zusammen, um die Opfer justizlicher Willkür seelisch und körperlich bis zur Auflösung zu zermürben.

Das Werkchen Tollers ist jedem geistig und politisch Tätigen ein Spiegel eigenen Schicksals in der Deutschen Republik und zugleich ein Brandmal unauslöschlicher Kulturschmach für Bayern und das Reich, die dem jahrelangen In-den-Kot-zerren jeder Menschenwürde in Niederschönenfeld untätig zugesehen und noch zusehen! Denn wenig ist dort bisher anders geworden, wie Mitteilungen jüngsten Datums beweisen!

Zu beziehen durch jede Buchhandlung

Wo nicht, direkt von

E. Laub'sche Verlagsbuchhandlung G. m. b. H.
Berlin W 30

aber ich will auch das Erstarrte, wenn es sein muß, umstürzen, um des Geistes willen. Ich will, daß *niemand Einsatz des Lebens fordert,* wenn er nicht *selbst* von sich weiß, daß er sein Leben einzusetzen *willens* ist,nicht nur das, daß er es einsetzen *wird.* Ich fordere von denen, die mit uns gehen, daß sie sich nicht damit begnügen, ihr Leben entweder seelisch oder geistig oder körperlich einzusetzen; sie sollen wissen, daß sie es seelisch, geistig und körperlich als Einheit einsetzen werden.

Ich will nicht, daß jemand auch unsere Erkenntnis annehmen kann und darum zu uns kommt. Zu seiner Erkenntnis, wie ich sie verstehe, muß man durch Not, Leiden an seiner Fülle gekommen sein, muß geglaubt haben, ›entwurzelt‹ zu sein, muß mit dem Leben gespielt und mit dem Tode getanzt, muß am Intellekt gelitten und ihn *durch den Geist überwunden – muß mit dem Menschen gerungen haben.*

Nicht, daß ich nach mechanistischer Art verlange, jede einzelne Phase mußt du durchlebt haben, sonst bist du nicht ›reif‹ oder ›rein‹ – mein Gott, der Hochmut jener Geistigen, die Reinheit mit Krämerherzen abschätzen, steht für mich ebenso tief wie die Beurteilung borniertester Spießer. Nicht Sekte gemeinsam Schöpferischer träume ich, das Schöpferische hat *jeder* als Eigenbesitz, das Schöpferische kann sich in seinem reinsten Ausdruck nur in der Arbeit des *einzelnen* offenbaren – aber das Gefühl der Gemeinschaft ist beglückend und stärkend für jeden Schöpferischen . . . In letzten seelischen Dingen müssen wir unsere Einsamkeit, das heißt unser Alleinsein mit Gott, nicht ›tragisch‹, sondern freudig empfinden.«

Daß dieses Bekenntnis Tollers den Parteirevolutionären nicht angenehm ist, begreifen wir sehr gut, und man braucht sich nicht wundern, daß sie Ernst Toller zu verunglimpfen suchen und ihn als ›Konterrevolutionär‹ und ›Kleinbürger‹ beschimpfen. Das hindert freilich andererseits die bürgerlichen Kreise nicht, in seinen Werken ›bolschewistische Tendenzen‹ zu erblicken. Nun aber gibt es ja glücklicherweise auch noch etwas anderes als nur Parteigenosse oder Bourgeois: *der Mensch! Der freie* Mensch, der weder dem Parteiapparat noch dem Staatssystem ergeben ist. Und wir jungen Anarchisten, die wir mit derlei Dingen nicht belastet sind, wir *erleben* Tollers Werke, ja, wir sehen oft in seinen Dichtungen wie in einem Spiegel, der nicht nur alle Schönheiten, sondern auch alle Häßlichkeiten unseres Denkens und Handelns schonungslos und genau wiedergibt. Das eben ist das Große in Toller, das ist es, was seine Werke himmelhoch über sogenannte ›Tendenzstücke‹ hinauswachsen läßt, das ist es auch, was den großen und wahren *Dichter* kennzeichnet: *er gestaltet* und schenkt uns so *echte Kunstwerke,* die von einem tiefen Erleben sprechen. Um aber seine Dichtungen recht zu verstehen, muß man wenigstens einiges von seinem Leben und Ringen wissen.

Als der Krieg ausbrach, erfaßte auch ihn, den einundzwanzigjährigen Studenten, die nationale Lüge vom Verteidigungskrieg, so daß er sich in München als Kriegsfreiwilliger meldete. Als der ihn musternde Arzt ihn für tauglich erklärte, sendet er in seiner großen Freude darüber eine Depesche an seine in Landsberg an der Warthe lebende Mutter. Endlich darf er gegen den ›Feind‹ ins Feld ziehen. Aber das schauerliche ›Feld der Ehre‹ sieht er jetzt doch anders, als es ihn eine preußisch-militaristische Gymnasialschule einst lehrte. Sein gesunder Menschenverstand sträubt sich gegen das Gemetzel des Krieges, und als er gar die entsetzliche Menschenschlächterei im Priesterwald miterlebt, bricht er völlig zusammen. Nun wird er erst einem bayrischen Sanatorium, später einer Genesungskompanie zugeteilt und endlich als ›Kriegsbeschädigter‹ entlassen. Bald geht er wieder als Student nach Heidelberg und München, und, ein immer nach Wahrheit suchender junger Mensch, schart er einige gleich ihm ringende Studenten um sich und gründet einen Bund mit der Absicht, die deutsche revolutionäre Jugend mit der französischen zu verbinden, um so dem Morden einen Damm entgegenzusetzen. Verwegene Gedanken und Pläne, zu deren Ausführung aber eine ebenso verwegene Jugend gehörte, die damals noch viel weniger da war, als sie es heute ist.

Bald kommt die politische Polizei hinter das Treiben dieser Bünde, die sich inzwischen auch an einigen anderen Universitäten gebildet hatten, und zieht kurzerhand die Hauptbeteiligten zum Kriegsdienst ein oder verfolgt sie. Toller flieht nach Berlin, wo er Kurt Eisner kennenlernt, der die herrlichen Worte in einer Versammlung sagte:

»Der Künstler muß als Künstler *Anarchist* sein und als soziales Mitglied, als ein auf die Befriedigung der Lebensnotdurft angewiesener Bürger, Sozialist. Der Staat kann dem Künstler nichts anderes raten, als daß er frei und unabhängig seinem innersten Trieb folge, und das ist die größte Förderung, die der Staat der Kunst, nicht dem erwerbstätigen Künstler, angedeihen lassen kann, er gibt ihm die vollkommene Freiheit seiner künstlerischen Betätigung.«

Die Worte Kurt Eisners finden eine freudige, verständnisvolle Aufnahme bei dem um letzte Wahrheit Ringenden, und aus dem gefühlsmäßigen Sozialisten, der er bisher war, wird er zum Sozialisten aus *Erkenntnis*. In einem Brief an mich (den ich bereits in dieser Zeitschrift veröffentlichte) schrieb er darüber so treffend unter anderem:

»Eine Zeitschrift richtete diese Umfrage an mich: Was hat Sie zum Sozialisten gemacht? Ich antwortete:

Ein Knabenerlebnis der proletarischen Seele hat mich zum Sozialisten aus Gefühl, der Krieg hat mich zum revolutionären Sozialisten aus Gefühl, das Studium der Werke der großen Führer des Sozialismus hat mich zum revolutionären Sozialisten aus Erkenntnis gemacht. – Alles aber ist nur halb richtig. Mich hat zum Sozialisten nichts ›gemacht‹. *Ich bin Sozialist aus eigener Seinsnotwendigkeit.*«

Anfang des Jahres 1918 nimmt er lebhaften Anteil am Munitionsarbeiterstreik in München. Kurt Eisner wird verhaftet, die Streikenden wählen Toller in das Streikkomitee, und in den großen Versammlungen sehen wir Ernst Toller als Volksredner. Der ›Erfolg‹ seiner Betätigung blieb nicht aus, wenigstens nach der *einen* Seite nicht: er wird verhaftet und – der entlassene Kriegsbeschädigte – wieder ›in des Königs Rock gesteckt‹ und zugleich in das Militärgefängnis.

Hinter den Gefängnismauern vollendet er die ›Wandlung‹. Ein Prozeß gegen ihn wegen Landesverrats wurde wieder niedergeschlagen, und endlich ließ man ihn im September 1918 wieder frei. Nun hat die revolutionäre Welle Ernst Toller

Ernst Toller. Brief an Anna Schickele vom 15. Februar 1923.
(Aus: Deutsches Literaturarchiv Marbach)

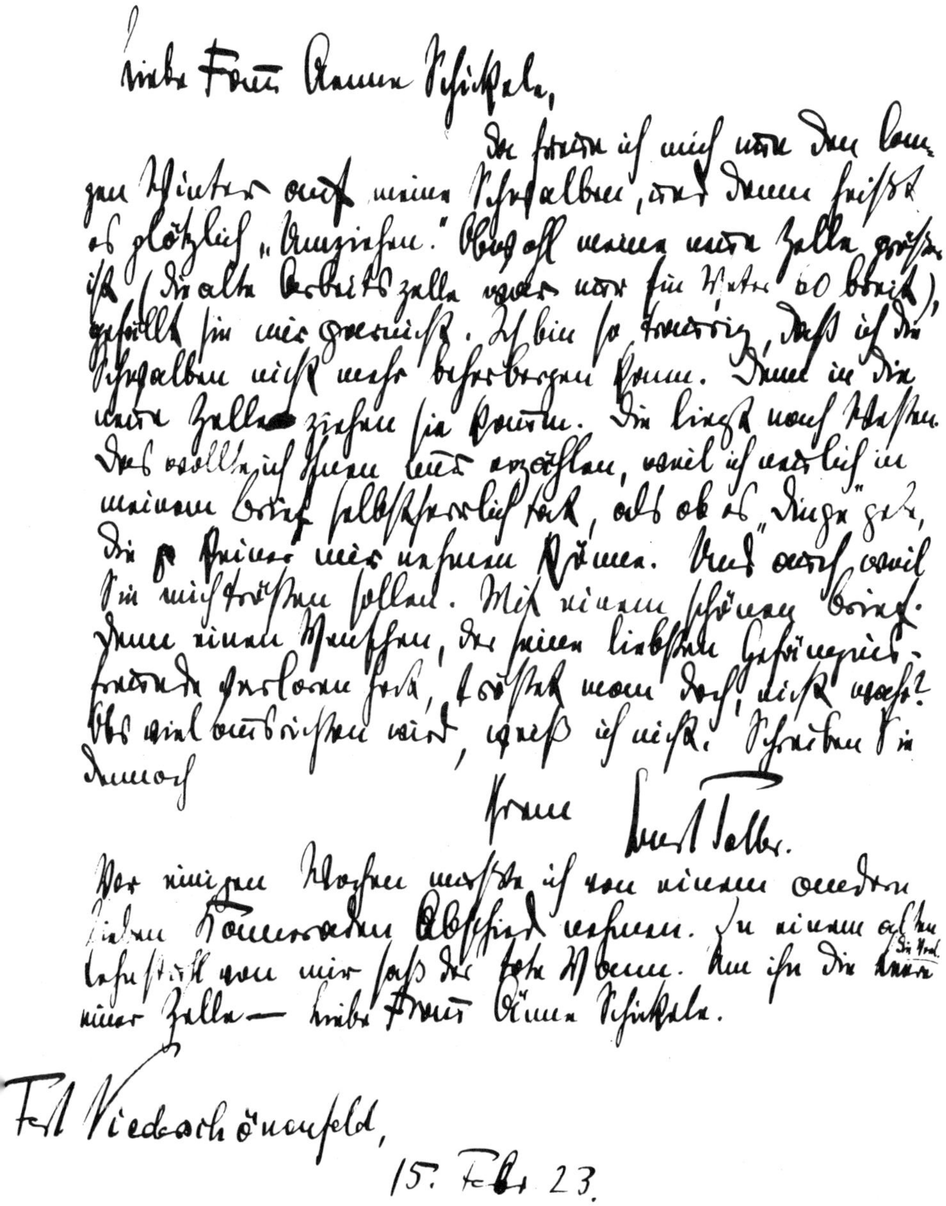
Liebe Frau Anna Schickele,

da freute ich mich nun den langen Winter auf meine Schwalben, und dann heißt es plötzlich „Umziehen." Obgleich meine neue Zelle größer ist (die alte Arbeitszelle war nur für Winter 60 breit), gefällt sie mir gar nicht. Ich bin so traurig, daß ich die Schwalben nicht mehr beobachten kann. Denn in die neue Zelle ziehen sie nicht. Sie liegt nach Westen. Das wollte ich Ihnen erzählen, weil ich endlich in meinem Brief selbstherrlich tat, als ob ich „Dinge" gebe, die [illegible] mir [illegible] können. Und auch weil Sie nicht trösten sollen. Mit einem schönen Brief. Denn einen Menschen, der seinen liebsten Gefängnisfreund verloren hat, tröstet man doch nicht, wahr? Ob viel umschrieben wird, weiß ich nicht. Schreiben Sie dennoch

Ihr Ernst Toller.

Vor einigen Wochen musste ich von einem anderen lieben Kameraden Abschied nehmen. In einem alten Lehrstuhl von mir saß der tote Mensch. Aus ihm die Ameise einer Zelle — liebe Frau Anna Schickele.

Festung Niederschönenfeld,
15. Febr. 23.

ganz erfaßt, und im November 1918 ist er in Berlin und beteiligt sich an der Revolution. Bald geht er, einem Rufe Eisners folgend, nach München. Ihm werden wiederholt führende Stellungen seitens der Partei angeboten, Toller lehnt jedesmal ab, nimmt aber doch endlich das Amt des Vorsitzenden im Zentralrat der Arbeiter- und Soldatenräte an. Nach der Ermordung Eisners übernimmt er im März 1919 die Führung in der USP in München und hat das sehr zweifelhafte Glück, zwischen den beiden Stühlen der SPD und der KPD zu sitzen.
Toller will eine Einigung der drei sozialistischen Parteien als Voraussetzung für das Gelingen der sozialen Revolution. Obwohl er anfänglich die Räterepublik ablehnt und sogar bekämpft, da nach seiner Überzeugung die unbedingt nötigen politischen Voraussetzungen für die Räterepublik fehlten, tritt er endlich doch nach langem Zögern und auf Drängen seiner Partei hin in die Regierung ein. Revolutionstribunale werden eingesetzt. *Toller verhindert die Todesurteile! Haftbefehle, die ihm vorgelegt werden, vernichtet er. Jedes Blutvergießen weiß er zu verhindern!*
Es verdient hier festgehalten zu werden, daß während des ganzen Wirkens Tollers in der Zeit der ersten Räterepublik kein Blut vergossen wurde! Doch schon nach acht Tagen rufen Levien und Genossen die zweite Räterepublik aus. Die ›Diktatur des Proletariats‹ wird verkündet, das Proletariat bewaffnet. Toller sieht klar den Abgrund, will aber zu seinem Teil noch retten, was zu retten möglich ist. So wird er Rotgardist, wird zum Kommandanten der Roten Armee in Dachau. *Weil* er sich klar ist, daß ein bewaffneter Widerstand gegen die anrükkenden Weißen Garden zwecklos ist, eben deshalb geht er nach Dachau in der Absicht, Blutvergießen um jeden Preis zu vermeiden. Stefan Großmann, aus dessen Broschüre ›Der Hochverräter Ernst Toller‹ ich diese vorstehenden Zeilen entnehme, schreibt:
»Wenn je ein Ehrenbürgerrecht verdient war, so Tollers um Dachau«, denn Toller habe vor allen Dingen Artilleriegefechte in Dachau verhindert. Den von München erhaltenen Befehl, die gefangenen Offiziere zu erschießen, zerreißt er. »Seine letzte Tat ist die Befreiung von sechs Geiseln, die er in einem Keller des Luitpoldgymnasiums rechtzeitig entdeckt«, berichtet uns Großmann, und weiter schreibt er: »Toller läßt die Geiseln durch die Kellerluken ans Licht ziehen. Dann versucht er zu den Roten Garden, die auf aussichtslosem Posten stehen, vorzudringen. Es gelingt nicht. Nun beschließen die Betriebsräte, er solle sich verbergen. Er färbt sich die Haare rot und versteckt sich vor den Truppen, die sich mit Gustav Landauers Leichnam begnügen mußten.«
Endlich aber wird Toller (auf dessen Kopf ein Judaslohn von 10 000 Mark ausgesetzt ist) am 6. Juni 1919 gefangen, vor das Standgericht gestellt und am 16. Juli zu fünf Jahren Festung verurteilt.

6 Eugen Leviné

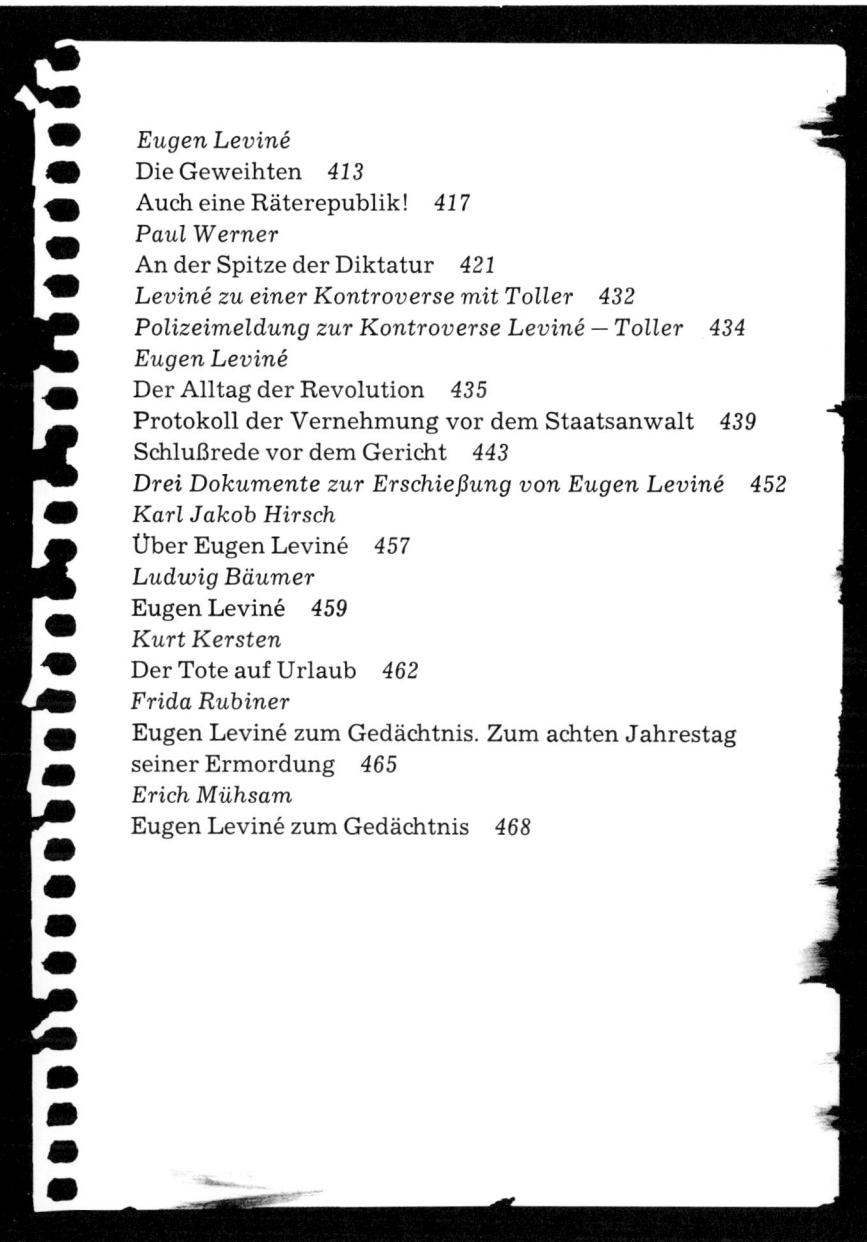

Eugen Leviné
Die Geweihten

Die geschäftliche Besprechung ist zu Ende.
Wir plaudern.
Das gedämpfte Licht der Lampe fällt auf den unteren Teil seines Gesichtes: die schmalen herben Lippen, den langen schwarzen Bart, den silberne Striche durchziehen. – Die hohe klare Stirn und die tiefen traurigen Augen bleiben im Schatten.
Er ist einst Staatsanwalt gewesen. Eine glänzende Karriere stand ihm bevor. Dann hat ihn der Ekel gepackt. Ein unüberwindlicher Ekel. Und dann ist er zur Advokatur übergegangen.
Er hat viel gelitten – die Falten um Mund und Augen sprechen davon. Aber die Stirn ist ruhig und klar, und zwischen den Brauen sind zwei tiefe Furchen.
Er ist tief religiös: und aus diesem religiösen Gefühl heraus – Sozialist.
Aber den Terror bekämpft er: er hält ihn für politisch unzweckmäßig, aber vor allem aus religiös-ethischen Motiven. Sein Beruf führt ihn zu manchen Terroristen. Mit manchen hat er die letzten Augenblicke vor der Hinrichtung verbracht. Und da ist denn das Seltsame geschehen: er kämpft gegen den Terror und hängt mit ganzer Seele an den Terroristen.
Wir sprechen von gemeinsamen Bekannten. Er schildert mir die letzten Todesstunden vieler Genossen.
»Tausendmal habe ich mir vorgenommen: ich verteidige nicht, wo Todesstrafe droht. Das Urteil ist ja doch im voraus bestimmt. Wozu jedesmal diese Qual durchleben! Und dann kommt mir immer der Gedanke an die letzten Stunden der Verurteilten. Sie lassen ihr Leben; sollen sie nicht wenigstens ein letztes Lebewohl sagen können. Nun, so gehe ich hin, nicht als Verteidiger, sondern als Freund, um das letzte Geleit zu geben.« Und doch, wenn es zum Prozeß kam, war er Verteidiger, kämpfte zäh und hartnäckig, und manchmal gelang es ihm, die Beute dem Henker zu entreißen. Allerdings – wenn das Urteil nicht im voraus bestimmt war.
»Kennen Sie Katia?«
Ich nickte. Das ist auch eine von denen, die er gerettet. Sie spielte die Rolle eines Stubenmädchens in einer Bombenwerkstatt; Lockspitzel hatten es verraten. Aber ihre Aussagen werden vor Gericht nicht verlesen. Andere Beweise gab es nicht. Und so konnte der Verteidiger es erreichen, daß sie mit lebenslänglicher Verbannung davonkam.
»Kommen Sie!«
Er steht auf und führt mich ins Nebenzimmer. Das elektrische Lämpchen flammt auf. Mir gegenüber an der Wand in einfachem schwarzem Rahmen – Katias Bild. Unbeholfen, mit zagem Pinsel von einem Dilettanten hingeworfen.
Und doch sie.

Die hohe klare Stirn, die großen, offenen, feuchtschimmernden Augen, der herbe Mund mit aufeinandergepreßten Lippen, die dunklen, blonden Flechten um den Kopf geschlungen: bescheiden-anspruchslos und doch voller Kraft und Trotz und dabei voller Entsagung und Schmerz.

Liebe Katia! Wie viele haben dein Schicksal durchlebt und durchlitten. Sanglos und klanglos. Erst jahrelange Arbeit voller Gefahren in der Geheimdruckerei, dann Propaganda. Hier schöpft man Liebe und Kraft zu weiterem Tun. Von dort in die Bombenwerkstatt. Stets zwischen Leben und Tod. Ohne Pose, bescheiden, selbstverständlich. Nur ein Gedanke: die Arbeit. »Sehen Sie«, der Rechtsanwalt sprach leise, mit verschleierter Stimme, »wenn ich mich erbauen will, mich erholen, so schaue ich dieses Bild an. Sie wissen, ich bin gegen den Terror – aber ich habe selten solche Leute wie diese gesehen. Wenn ich dieses Bild ansehe – so erklingt es in mir wie ein Gebet.« Wir schwiegen lange ...

»Sie wissen, Iwan K. ist Katias Verlobter?«

Ich nickte. Ja, ich weiß es. Er hat einen der kühnsten terroristischen Akte vollbracht und verdankt es nur einem Zufall, daß er zwar zu lebenslänglichem Zuchthaus verurteilt wurde, aber mit dem Leben davonkam.

»Haben Sie von Katias Bruder gehört?«

Ja, auch davon hatte ich gehört. Auch von seinem tragisch-bizarren Tod, wie er nur in Rußland möglich ist.

Ein Revolutionär, verfolgt und gehetzt von der Polizei. Schließlich gefangen. Dann gehetzt von Kerer zu Kerker. Als er wieder draußen ist, sind seine Nerven zerrüttet, Verfolgungsideen treten auf. Er konsultiert Arzt auf Arzt. Keiner kann helfen. Jetzt will er auch einmal in Petersburg sein Heil versuchen. Da überfällt ihn des Abends im Hotel wieder sein Wahn. Voller Angst verbrennt er alle seine Papiere.

Ein Stubenmädchen bemerkt es durchs Schlüsselloch. Meldet es. Die Polizei kommt. Er will nicht öffnen. Von außen wird geschossen. Er zieht seinen Browning und feuert auch. Da ziehen sie sich zurück und beschießen das Zimmer vom Hof aus. Die Wand ist durchlöchert wie ein Sieb, doch die Kugeln fliegen alle an ihm vorbei. Seine Kugeln aber treffen. Die Feuerwehr wird geholt.

Vom oberen Stockwerk wird die Zimmerdecke durchbrochen und eine übelriechende Flüssigkeit herabgegossen.

Jetzt muß er sich doch ergeben. Da knallt wieder ein Schuß! Die letzte Kugel hat er sich selber durch den Kopf gejagt.

»Ich habe den Vater der beiden gesehen«, erzählt der Rechtsanwalt wieder. »Ein alter Sektierer ... Er kam nach dem Tode des Sohnes. Das Gesicht hart und undurchdringlich. Stritt viel mit ihnen herum. Sie wollten die Leiche nicht herausgeben. Schämten sich wohl. Sie erzählten, der Sohn hätte Bomben gehabt. War natürlich alles gelogen. So fuhr er auch weg. Die Leiche bekam er nicht heraus. Das zweite Mal kam er nach dem Prozeß der Tochter. Ich sprach mit ihm. Sagte ihm, daß es vielleicht besser gewesen wäre, wenn die Tochter Zuchthaus bekommen hätte. Da hätte sie wenigstens dort so lange bleiben müssen, bis ihre Zeit abgelaufen, und bis dahin würde sich manches ändern. In der Ansiedlung würde manche ihr Leben wagen.

Da sah mich der Alte lange an und sagte dann ganz leise: ›Die sind alle geweiht.‹ War das Fanatismus? Eine religiöse Fügsamkeit des Sektierers? Aber ich muß Ihnen sagen: Dieses Wort hat mich ergriffen, und es will mir nicht aus dem Sinn, ›geweiht, geweiht‹. Und jedesmal, wenn ich einen von ihnen sehe, denke ich daran: ›Geweiht, geweiht.‹ Sehen Sie doch hin.«
Er zeigte auf das Bild.
Ich sah genauer hin.
Und jetzt bemerkte ich etwas, was ich nie an der richtigen Katia gemerkt hatte, *etwas,* das mir zuerst auch an dem Bild entgangen war und was doch so deutlich daraus sprach. Und wenn ich die Augen schloß und mir die wirkliche Katia vergegenwärtigte, so lag es auch darin. Etwas Undefinierbares, ein Glanz in den Augen, etwas Ruhig-Trauriges um die Lippen, etwas an der Furche zwischen den Brauen, ich kann es nicht wiedergeben, *was* es war. Aber es sprach deutlich: geweiht. Ich öffnete die Augen und schaute auf das Bild. Ja, der Dilettant hatte es erfaßt, vielleicht unbewußt, und es schaute deutlich aus seinen unbeholfenen Pinselstrichen. Jetzt verstand ich, warum der Rechtsanwalt davon sprach, daß er vor diesem Bilde Erbauung suche.
Plötzlich durchzuckte mich ein Gedanke, und meine Augen schweiften vergleichend vom Bilde zu ihm. Er schien so anders. Die Lippen dicker, die Augen braun, nicht blau, anstelle der blonden Flechten die dunklen schwarzen Haare. Wie konnte da von einer Ähnlichkeit die Rede sein? Und dann fühlte ich jenes, das sich nicht festhalten ließ, jenes unbestimmte *Etwas,* das sich nicht in Worte fassen ließ. Jenes hatten sie beide gemeinsam: die junge Katia, die aus Menschenliebe Terroristin wurde, und der alte Rechtsanwalt, der aus derselben Menschenliebe zwar gegen den Terror eiferte, aber vor der erschütterten Hoheit sein Antlitz neigte.
Sie waren beide geweiht.

416

Eugen Leviné, 1919

Eugen Leviné
Auch eine Räterepublik!

Nacht von Freitag auf Samstag. Telephonische Anrufe in der Redaktion. Man sucht die Kommunisten. Die Räterepublik soll ausgerufen werden. Die Räterepublik für ganz Bayern.
Wir eilen ins Kriegsministerium. Wir trafen eine große, bunt zusammengewürfelte Gesellschaft an. Mitglieder der Regierung, des Zentralrates, des Arbeiterrates, des revolutionären Arbeiterrates. Mitglieder der Parteien ohne Posten und Funktion, junge Mädchen, die sonst irgendwelchen Funktionären verwandt sind, einfach Neugierige, Abhängige, Unabhängige, Anarchisten, alles bunt durcheinander. Dürr und Landauer, Schneppenhorst und Mühsam, Simon und Sauber, Niekisch und Wadler, Segitz und Sontheimer – alles bunt durcheinander. Aber alle auf einmal einig, einig, einig. Ein Herz und eine Seele. Sie sitzen zusammen, beraten, halten Reden. Sie wollen die Räterepublik Bayern gründen. Und glücklicherweise fehlen bisher die Kommunisten und stören nicht die schöne Einigkeit.
Diese Gesellschaft will die Räterepublik gründen? Ja, diese Gesellschaft will es, glaubt es zu wollen, oder gibt sich den Anschein zu wollen. Wir fassen uns an den Kopf. Träumen wir? Ist es ein Spuk? Es wäre ja lächerlich, grotesk, komisch, wenn es nicht um so verflucht ernste Dinge ginge.
Die proletarische Räterepublik – das ist ja die Frage: Siechtum, Verelendung – oder Vollbesitz von Kraft und Macht. Die Frage: beugen wir noch weiter den Nacken unter die Sklaverei, oder schütteln wir das uralte Joch ab.
Die proletarische Räterepublik – das ist die Frage der proletarischen Diktatur. Und diese Räterepublik, soll uns die jene Gesellschaft bieten?
Wißt ihr denn, was eine proletarische Räterepublik heißt?
Vergesellschaftung der Betriebe und Banken, Enteignung von Grund und Boden, Entwaffnung der Bourgeoisie, Bewaffnung der Arbeiter, Abschaffung der alten Gerichte, Einsetzung von Revolutionstribunalen, Besetzung des gesamten Verwaltungsapparates durch Vertreter der Arbeiter-, Bauern- und Soldatenräte, Pflicht zur Arbeit und Recht auf Arbeit, Trennung von Kirche und Staat, Bündnis mit den proletarischen Schwesterrepubliken.
Und als oberster Grundsatz zur Durchführung all dieses – *alle Macht den Arbeiter-, Bauern- und Soldatenräten.*
Und die Arbeiter-, Bauern- und Soldatenräte, beruhend auf einem festgemauerten Fundament des Rätesystems. Die ›Räte‹ – nicht ›Herr Geheimrat‹ – sind nicht Einzelpersonen, sondern Körperschaften. In den Werkstätten die Werkstättenräte, aus ihren Vertretern zusammengesetzt die Betriebsräte, aus deren Vertretern wieder die örtlichen Arbeiterräte.
Und auf dem Lande ähnlich die Bauernräte, aber nur aus Kleinbauern und Landarbeitern bestehend. Bei den Truppen Kompanieräte – wieder Gruppen,

nicht Einzelpersonen. Aus diesen zusammengesetzt sind die Bataillonsräte, die Regimentsräte.
Wählbar sind nur Betriebsangehörige (oder Mitglieder des Truppenteils bei den Soldaten). Mit beratender Stimme können die Vertreter der politischen Parteien zugezogen werden.
Und das Grundgesetz, der Eckpfeiler des ganzen Rätesystems: *die jederzeitige Abberufbarkeit eines jeden Vertreters.*
Ist eine von diesen Voraussetzungen gegeben?
Nein!
Allerdings, sie wäre zu schaffen. Sollte die Arbeiterschaft sich von der Notwendigkeit überzeugen, sollte jeder mit Hand anlegen – dann brauchten wir keine langen Vorbereitungen. Die Masse selbst würde das Rätesystem schaffen von unten auf. Und wie sie das Rätesystem schaffen würde von unten auf, so würde sie auch in unbeugsamem proletarischem Willen die proletarische Rätediktatur, Räterepublik errichten, ebenfalls von unten auf.
Aber eine Räterepublik ohne Unterbau, von oben herab dekretiert von ein paar zufälligen Leuten – ja, das ist ja gar keine Räterepublik!
Nicht das *Proletariat* soll die Macht haben, sondern ein paar Leute, ein neues Direktorium, dessen Liste durchberaten wurde in jener bunt zusammengewürfelten Gesellschaft. Segitz, Neurath, Landauer, Frauendorfer, Simon, Unterleitner, Schneppenhorst usw.
Bewaffnung des Proletariats? Herr Schneppenhorst soll eine Volkswehr errichten.
Enteignung von Grund und Boden? Herr Gandorfer hat mitteilen lassen, Grundstücke bis zu 1000 Tagwerk dürfen nicht angetastet werden.
Vergesellschaftung der Betriebe? Ja, allmählich in Jahrzehnten nach Methode Neurath. Bis dahin bleibt die Bourgeoisie als Klasse erhalten.
Revolutionstribunale? In Dachau wurden noch am Freitag auf jeden Fall Haftbefehle gegen die Kommunisten ausgefertigt.
Beziehungen zur Sowjetrepublik Rußland? In Ebenhausen sitzt seit Monaten ein offizieller Vertreter der russischen Sowjetregierung gefangen. Von Eisner verhaftet – von der jetzigen Regierung nicht freigegeben.
Räterepublik Bayern. Nicht proletarische Räterepublik, sondern Räterepublik von Dürrs und Schneppenhorsts Gnaden.
Monatelang haben ihre Parteifreunde, die Ebert und Noske, die Räte gewürgt, haben die Vorkämpfer der Arbeiterschaft niederträchtig gemeuchelt. Haben Berge von Proletarierleichen gehäuft, haben Ströme proletarischen Blutes vergossen!
Und mit ihren Parteigenossen zusammen sollen wir eine sozialistische Räterepublik proklamieren?
Mit Dürr, der Gasbomben gegen die Arbeiter verlangte? Mit Schneppenhorst – dem Nürnberger Noske?
Oder etwa mit den Unabhängigen zusammen? Mit der Partei Kautskys, der die Räte in Wort und Schrift bekämpfte, der Partei Haases, der als Volksbeauftragter die Räte abwürgte?

Nein, keinen Sozialismus können wir von ihnen erwarten, keine Diktatur des Proletariats.

Nur eine Diktatur einzelner Abhängiger und Unabhängiger soll es werden, Diktatur des Zentralrates und der Volksbeauftragten, schamhaft verhüllt mit dem Namen Räterepublik.

›Räterepublik‹, die mit einer proletarischen Räterepublik nichts gemein hat. An der Proklamierung einer solchen *Scheinräterepublik* können sich die Kommunisten unmöglich beteiligen.

Ist die Arbeiterschaft noch nicht so weit, um einzusehen, daß nur Kommunisten eine proletarische Räterepublik gründen können, ist ein Teil des Proletariats gewillt, unter der verwirrenden Parole ›Einigkeit‹ die Noske-Freunde in ihrem Sinne arbeiten zu lassen – nun so sollen doch auch jene die Verantwortung für ihr Werk tragen.

Wir aber werden fieberhaft arbeiten an der Vorbereitung der wirklichen proletarischen Räterepublik, werden das Proletariat aufklären, werden es organisieren in Betriebsräte und kommunistische Gruppen, werden den Klassenkampf aufs Land tragen, werden unter den Soldaten agitieren und uns rüsten für den Augenblick, wo es uns vergönnt sein wird, für die wirkliche Räterepublik zu kämpfen und zu siegen.

Preis 10 Pfennig. Preis 10 Pfennig.

Proletarier aller Länder vereinigt Euch!

MÜNCHNER

ROTE FAHNE

Organ für das werktätige Volk in Stadt und Land.

Erscheint täglich, früh 7 Uhr, ausser Sonn- und Feiertage. Bezugspreis: Vierteljährlich Mk. 4.50, monatlich Mk. 1.50, für Selbstabholer. Vom 1. April ab durch alle Postanstalten zu beziehen.

Herausgegeben von der Kommunistischen Partei Deutschlands (Spartakusbund) Landesverband Bayern.

Geschäftsstelle: Baaderstraße 1, 2. Rückgebäude, 1. Stock. Postscheckkonto 15 3 93.

Anzeigenpreis: die 30 mm breite Nonpareillezeile 35 Pfg. Reklamezeilen (90 mm breit) Mk. 1.50.

Nummer 26. Freitag, den 25. April 1919. 1. Jahrgang.

Die kommunistische Partei und die Räte-Republik.

Mit der Parole: Alle Macht den Soldaten- und Arbeiterräten und Gründung der deutschen Räterepublik sind die Gruppen, die sich später zur kommunistischen Partei Deutschlands zusammen fanden, in die Revolution eingetreten. Sie standen damals allein. Von Anbeginn an war die alte sozialdemokratische Partei eine entschiedene Gegnerin der Arbeiter- und Soldatenräte. Die Unabhängigen hielten die Arbeiter- und Soldatenräte höchstens für eine lokale Organisation, die nur für eine äußerst kurz bemessene Uebergangszeit zu gelten hätte und schleunigst parlamentarischen Institutionen auf der sogenannten demokratischen Grundlage zu weichen hätten. Es stellte sich gar bald heraus, daß die Entscheidung nur lauten konnte: Entweder Verzicht auf die Revolution oder Ausbau des Rätesystems. Sowohl in wirtschaftlicher als in politischer Beziehung.

Da es dem Kapitalismus unmöglich ist, die Wirtschaft wieder aufzubauen, die Krieg und Revolution zerstört haben, so konnte der bürgerliche Parlamentarismus unmöglich die politischen Fragen lösen und wir sehen jetzt, wie er mehr und mehr zusammenbricht und der ungeheuren Wucht der ihm gestellten Aufgaben einfach erliegt. All die fruchtlosen Versuche, die gewaltigen revolutionären Aufgaben durch Reförmchen zu lösen, entfesselten gerade erst die revolutionäre Bewegung. Je stärker die revolutionäre Bewegung wurde, umsomehr wurde der Kapitalismus, umsomehr wurden seine Helfershelfer, die Regierungssozialisten zu einer Politik konterrevolutionärer Abenteuer und der Unterdrückung der Arbeiterklasse gezwungen. Diese Politik aber trug ihrerseits weiter zur Klärung und revolutionären Aufpeitschung der Massen bei. So trieb ein Keil den andern, und wir sehen jetzt, daß die Massen der Arbeiterklassen zum mindesten in den Großstädten für die kommunistischen Parolen gewonnen sind.

Der Gedanke der Räterepublik hat die Massen ergriffen. Und die anderen Parteien haben ihm immer stärkere Konzessionen machen müssen, sodaß gegenwärtig allerseits behauptet wird, zwischen Unabhängigen und Kommunisten bestehe überhaupt kein Gegensatz mehr. Es scheint in der Tat so, wenn man absieht von den Politikern, die auf der äußersten Rechten der Unabhängigen soz. Partei stehen, wie Kautsky, Hilferding usw. Besonders in den Ländern, wo die kapitalistische Regierungsmethode vollkommen zusammengebrochen ist, sind die Unabhängigen Führer fast durchweg bedingungslose Anhänger des Rätesystems.

Dennoch besteht ein scharfer Gegensatz zwischen den Unabhängigen Führern und den Kommunisten. Es ist nicht von ungefähr gekommen, daß die Unabhängigen vom Anfang ihres Bestehens an keine zielklare Politik zu treiben vermochten. Und daß sie erst diesen langen Entwicklungsgang durchmachen mußten, den sie jetzt hinter sich haben. Der politische Charakter einer Partei wird eben nicht durch die Parolen, die sie aufstellt, bestimmt, sondern durch ihr inneres Wesen, durch die Art ihrer politischen Handlung. Wir haben dafür das glänzendste Beispiel an der alten sozialdemokratischen Partei, die jahrzehntelang ohne jeden Gedanken an politischen Betrug revolutionäre Parolen in die Welt hinausschmetterte, um bei der ersten Probe kläglich durchzufallen und sich dann konsequent in eine Partei der Konterrevolution zu verwandeln. Das kam daher, daß diese Partei dem Kampfe vollkommen abgesagt hatte und reine Reformpolitik trieb. Nicht die politischen Parolen, sondern ihr politisches Handeln bestimmte ihr Wesen und ihre Politik in kritischen Zeiten.

Die Unabhängige Partei ist von jeher eine Partei des Opportunismus gewesen, d. h. eine Partei, die ihre politischen Aktionen stets auf Augenblicksstimmungen eingerichtet hat. Die Führer der U. S. P. schwimmen immer mit dem Strom der Massen. Sie werden es niemals verstehen, dem allgemeinen Drang zu trotzen, sondern fügen sich ihm, in jeder Situation. Die Folge davon ist ihre schwächliche Haltung überall dort, wo sich einer grundsätzlichen Taktik starke Widerstände in den Weg stellen und ein blindes Drauflosstürmen dort, wo sich im Augenblick eine Spanne freien Weges zeigt. So pendeln sie zwischen Verhandlungen und Konzessionen einerseits und putschistischen Unternehmungen andererseits hin und her. Und da sie beständig von rechts und von links Angriffe zu erleiden haben, wird ihre Taktik immer unvermittelter und sprunghafter.

Wir Kommunisten stehen auf dem Standpunkt, daß allerdings die Massen selber zu entscheiden haben und die Träger der Politik sein müssen. Aber wir erklären, daß wir selbstverständlich nur mit einer Masse des Proletariats zusammengehen können, die durch unsere Propaganda und im höheren Grade noch durch ihre eigenen Erfahrungen im Klassenkampfe die notwendige politische Reife erlangt hat. So lange sie diese Reife nicht besitzt, können wir sie nicht zu politischen Handlungen zwingen, die wir wünschen, oder sie von politischen Handlungen abhalten, die wir für verhängnisvoll halten. Wir können so lange nur den getreuen Eckart, den Warner und Mahner der Arbeiterklasse darstellen, aber wir können durch unsere Aktionen die Arbeiterklasse nicht in Situation hineindrängen, der sie noch nicht gewachsen ist. Wir können so lange nicht die Führer der Arbeiterklasse in ihrer Gesamtheit sein, als sie selber noch nicht reif für unsere Politik ist. Und wir müssen diese Führerschaft selbst dann ablehnen, wo Augenblicksstimmungen uns günstig sind.

Außer dieser Massenstimmung hängt zwar nicht der Charakter unserer Taktik, wohl aber hängen unsere politischen Maßregeln von den übrigen objektiven Verhältnissen ab. In einer Zeit, wo die Kapitalistenklasse noch fest im Sattel sitzt, kann unser Streben nur auf die Macht gerichtet sein; das augenblickliche Ziel einer besonderen politischen Aktion kann aber nicht die Machtergreifung bilden. Solange müssen wir Positionen zu erkämpfen suchen, die wir wirklich zu halten im stande sind, bis wir die Macht haben. Unsere Taktik bekommt erst dadurch den Charakter der Stetigkeit.

In der Frage der Räterepublik war die Situation so: Die Stimmung der Massen in den Großstädten und zum Teil auch in den Kleinstädten war für die Räterepublik. Das ganze Bauerntum, das ja in Bayern eine außerordentliche wichtige Rolle spielt, stand der Frage ziemlich gleichgültig gegenüber. Die Arbeiterklasse war stimmungsmäßig für die Räterepublik gewonnen. Aber das Bewußtsein für die Kämpfe, die zu diesem Ziele führen können, war herzlich gering entwickelt. Außerdem sind die Garantien für das dauernde Bestehen einer Räterepublik nur in einem Lande gegeben, in dem eine Wirtschaft unabhängig von den Gebieten jenseits der Grenze, wenigstens für längere Zeit gesichert ist. Das konnte nicht Bayern allein sein. Es fehlte also in Bayern sowohl die übertragende Macht der revolutionären Klassen wie die Sicherung der wirtschaftlichen Existenz (Mangel an Kohlen, starke Abhängigkeit vom außerbayerischen Großkapital).

Daß es möglich wurde, den Landtag und die Regierung Hofmann zu vertreiben und die Räterepublik durch Mehrheitssozialisten, Unabhängige und Anarchisten auszurufen, lag nicht etwa daran, daß die Arbeiterklasse schon die Macht in den Händen gehabt hätte, ihre Diktatur durchzuführen, sondern daran, daß der Klassenkampf bisher noch nicht so heftig geworden war, um die konterrevolutionären Kräfte vollkommen zu entfesseln. Auf diesen Einwand hin mußten wir allerdings Vorlesungen über bayerische Art und Gemütlichkeit über uns ergehen lassen. Wir aber wußten, daß der Kapitalismus nirgends kampflos das Feld räumt und vor keinem Mittel zurückschreckt, durch das er seine Stellung halten zu können glaubt. Deshalb konnte unsere ganze Taktik nur darin bestehen, den Rätegedanken in den Massen wirklich fest zu verankern, in jeder einzelnen Aktion aber nur die Ziele zu proklamieren, für welche die Arbeiterklasse und die ganze politische Situation reif waren.

Aus diesem Grunde haben wir die anfangs April erfolgte Proklamierung der Räterepublik für einen schweren politischen Fehler gehalten. Sie brachte die Arbeiterklasse sofort in die Verteidigung auf einem äußerst gefährdeten Posten, wo sie Zeit brauchte, um im Angriffe ihre Kräfte zu entwickeln. Wir konnten deshalb dieses Unternehmen nicht unterstützen, solange es zu keinem ordentlichen Kampfe gekommen war. Als aber der offene Kampf entfesselt war, mußten wir selbstverständlich zur Arbeiterklasse stehen, all unsere Kräfte in ihren Dienst stellen und im entscheidenden Moment selbst die Spitze übernehmen, wo sich niemand fand, der der gefährlichen Situation gewachsen war. Wir sind nicht siegestrunken an die Spitze der Räterepublik getreten, wir waren uns bewußt, daß nun der große Kampf beginnen werde. Wir waren uns auch bewußt, daß die Diktatur des Proletariats in München sich nur dann halten könnte, wenn die Arbeiterklasse in ganz Deutschland sehr schnell nachkommen würde. Für uns galt es zu retten, was zu retten war. Und wir wußten, daß gerade in dieser überschweren Situation nur eine äußerst konsequente Politik ohne jede Nachgiebigkeit und Schwäche aus dem Unternehmen Gewinn für die Arbeiterklasse herausholen konnte.

Und diese Auffassung muß uns auch in Zukunft leiten. Eiserne Konsequenz in der Durchführung der Diktatur des Proletariats. Zurückweisung aller Versuche, sich durch irgendwelchen Schacher mit dem Gegner von der Verantwortung loszukaufen. Bewaffnung und Vorbereitung des Proletariats für die Kämpfe, die vor uns stehen. Keine Verhandlungen können die Arbeiter vor dem Geschick bewahren, das ihr im Falle einer Niederlage harrt. Führt sie aber den Kampf mit aller Energie durch, dann wird sie selbst aus einer Niederlage mit größerer Erfahrung, mit größerer Klarheit und mit der Bereitschaft zu neuem Kampfe hervorgehen, mit einem Plan, wie wir ihn bei unseren Berliner, Bremer, Stuttgarter und den Rheinisch-westfälischen Kampfesbrüdern immer wieder bewundern konnten.

Es gilt jetzt, die Position zu halten bis zum letzten! So allein erfüllen wir unsere Pflicht gegenüber der deutschen und der internationalen Revolution!

Die Lügen der Bamberger Regierung.

(Aufg. von der Großfunkenstation München.)

Die bayerische Regierung Hoffmann beabsichtigt, den Sitz der Regierung nach Nürnberg zu verlegen. Aus Bamberg wird gemeldet, daß in einer Sitzung von politischen Freunden Leviens die vertrauliche Mitteilung gemacht habe, daß infolge Mangel an Lebensmitteln und Geld der Zusammenbruch der kommunistischen Regierung und ferners durch die ungeheure Verteidigung von München unausbleiblich wäre. Levien beschloß deshalb, zusammen mit drei Anderen mit Aeroplanen nach Budapest zu fliegen, um Gold usw., das in den Banken beschlagnahmt wurde, mit sich zu nehmen. Levien hofft, innerhalb sechs Wochen wieder nach München zurückkehren zu können, um dann endgültig die Räte-Republik aufzurichten. — Es ist wohl überflüssig, zu sagen, daß an all dem kein wahres Wort ist.

Paul Werner
An der Spitze der Diktatur

Aus der Posse machte am 13. April die Konterrevolution eine Tragödie, indem sie die Scheinräterepublik, die keinerlei für das Bürgertum bedrohliche Maßnahmen traf und am Zusammenbrechen war, mit blutiger Gewalt stürzen wollte. In der Nacht hatte die Republikanische Schutztruppe, die fest organisierte militärische Macht, die Maske abgenommen, sich für die alte Regierung erklärt, die in Bamberg saß, und die militärisch wichtigen Punkte besetzt. Eine Anzahl Mitglieder der Räteregierung war verhaftet worden, darunter Mühsam. Wie recht die Kommunisten hatten, als sie erklärten, sie würden beim Zusammenbruch die schwersten Opfer zu tragen haben, obwohl sie gegen das Experiment waren, zeigte sich schon in dieser Nacht. Insofern wenigstens, als nach den Mitteilungen der konterrevolutionären Putschisten zwar vergeblich, aber eifrig genug auf die kommunistischen Führer und besonders Leviné und Levien gefahndet worden ist.
Die Kommunisten wurden durch den Rechtsputsch vor eine neue Situation gestellt. Jetzt handelte es sich nicht mehr um die Erhaltung dieser Mißgeburt von Räterepublik, sondern um die Aufnahme des Kampfes gegen die offene Konterrevolution.
Behielt die Gegenrevolution das Heft in der Hand, dann sollte sie von vornherein die Arbeiterklasse zu neuem Kampfe bereit finden, bei dem die Münchener Arbeiterschaft ihre natürliche Stellung in der allgemeinen Front des deutschen Proletariats einnehmen würde. An eine Bereitschaft der Münchener Arbeiterschaft zum unmittelbaren bewaffneten Aufstand glaubten die Kommunisten nach den Erfahrungen der letzten Wochen nicht, obwohl Leviné sofort erklärte, daß dies die Parole sei, die der Augenblick fordere. Man einigte sich dahin, mit aller Kraft die Agitation in den Betrieben und Kasernen gegen die Putschisten aufzunehmen und abzuwarten, welche Energie die Arbeiter aus sich selbst heraus aufbringen würden. Eine große Versammlung auf dem Marsfelde bei der Bavaria wurde für den Nachmittag einberufen.
Der Aktionsausschuß der Partei tagte in diesen Tagen illegal in der Wohnung eines Genossen, selbstverständlich in Permanenz. Es war ein Verschwörernest, als sei es der romantischen Phantasie eines Dickens entsprungen. In einem engen Zimmer saßen und standen etwa ein Dutzend Leute. Abwechselnd warf sich der eine oder andere aufs Bett, um übermüdet ein paar Minuten zu schlafen. In einer Ecke stand ein großer Kavalleristensäbel, in anderen Ecken Gewehre. Eine Handgranate lag auf einem Tischchen, als gehöre sie zu den Nippsachen. Jeder hatte seinen KPD-Revolver (mit der Prägung KPD = Königliche Polizei-Direktion) in der Tasche. Erregte Debatten, aber streng sachlich mit knappster Begründung der Vorschläge und schneller Entscheidung. Meldegänger gingen aus und ein. Für bestimmte Aufgaben wurden Mitglieder des Ausschusses abge-

schickt. Instruktionen wurden schriftlich an die Parteisektionen gesandt. An einer Ecke des Tisches wurden Proklamationen verfaßt und zur Druckerei befördert.
Zunächst war die Arbeiterschaft durch die Nachrichten über den Putsch verwirrt. Die Rechtssozialisten schienen das Feld zu beherrschen. Sie hatten mit den Putschisten zusammengearbeitet und ihre Getreuen durch Plakate zu geschlossenen Versammlungen eingeladen. Aber öffentlich wagten sie nicht aufzutreten. Ihre Zurückhaltung war wohlbegründet.
Als die Republikanische Schutztruppe zum offenen Kampf überging und ein Sektionslokal der KPD angriff, nahmen die äußerst aufgebrachten Arbeiter den Kampf auf. Unter der Führung der Kommunisten gingen die Arbeiter, denen es gelang, den Angriff abzuwehren, verbündet mit den roten Soldaten zur Offensive über. Den ganzen Nachmittag tobte ein heftiger Kampf um den Hauptbahnhof, das Hauptquartier der Republikanischen Schutztruppe, der mit der Niederkartätschung roter Parlamentäre durch die Gegenrevolutionäre begann und mit der Eroberung des Bahnhofes durch die Arbeiterschaft endete. Der Aktionsausschuß der KPD gab darauf Befehl zum Sturm auf die übrigen stark verschanzten Stützpunkte der Schutztruppe. Aber zum Kampfe kam es nicht weiter. Nach der vollkommenen Niederlage der Hauptmacht gaben die übrigen gegenrevolutionären Truppen den Kampf auf.
In kühnem, energischem Ansturm hatte die Münchener Arbeiterschaft einen entscheidenden Sieg errungen.
Während der Kämpfe war das Vertrauen der Arbeiterschaft zur KPD noch mehr gewachsen, denn sie hatte den Kampf gelenkt und entscheidend bei ihm mitgewirkt. Die Versammlung der Betriebsräte, die während des Kampfes zusammengetreten war, stand durchaus unter dem Eindruck dieser Tatsachen. Sie beschloß die Anerkennung des Programms der Kommunisten: Bewaffnung des Proletariats, Bildung einer Roten Armee, Organisierung der revolutionären Verteidigung, und zu diesem Zwecke Generalstreik, Unterdrückung aller gegenrevolutionären Bestrebungen durch Einsetzung eines Revolutionstribunals, Übernahme der ganzen politischen Gewalt durch einen Aktionsausschuß, der der Versammlung der Betriebs- und Soldatenräte verantwortlich ist und sich selbst einen Vollzugsrat als Kontroll- und Exekutivinstanz schafft. Leviné wurde zum Vorsitzenden der beiden Körperschaften bestimmt.
Damit erst war Leviné die Möglichkeit gegeben, seine großen politischen und organisatorischen Fähigkeiten bis auf den Grund auszuschöpfen. Die Aufgabe war ungeheuer. Ein ganzer Staatsapparat mußte beseitigt, ein neuer aufgebaut werden. Soweit der alte Staatsapparat wirtschaftliche Funktionen ausübte, war eine weitverzweigte Kontrolle einzusetzen. Ein Heer auf ganz neuer Grundlage war aufzustellen, ohne die nötigen fachmännisch gebildeten Leiter. Krieg war zu führen ohne einexerzierte Kadres, ohne die strategischen Kräfte, unter sich häufenden inneren Schwierigkeiten. Die Ernährungsschwierigkeiten begannen zu drohen wegen der Blockade der Weißen Garden. Das erforderte eine Zusammenfassung der Lebensmittel mit der Aufhebung der Ernährungsvorrechte der Bourgeoisie. Die Sozialisierung der Produktion, die Übergabe der Werkstätten,

der Banken usw. in die Hände der Arbeiterklasse und die einheitliche Leitung der gesamten Wirtschaft mußte angebahnt werden. Alles das und vieles andere mußte geleistet werden von einer Klasse und von einzelnen Menschen, die wenig Erfahrung auf diesen Gebieten mitbrachten. Die Arbeiten wurden erschwert durch die inneren Differenzen über den einzuschlagenden Weg, um der drohenden Gefahr Herr zu werden. Verschwörungen der Gegenrevolution wurden überall angezettelt. Die Bourgeoisie trieb eine raffinierte Spionage. Sie suchte die Proletariermacht durch allerlei Manipulationen in Geldschwierigkeiten zu bringen. Sie säte Zwietracht und Mißtrauen in die Arbeiterklasse, legte Schlingen und häufte Schwierigkeit auf Schwierigkeit.

Es gelang, die Widerstände zu überwinden. Gewiß war der jungen Rätemacht nicht die Frist gewährt, sich vollkommen auszubauen. Aber von Tag zu Tag machte die gewaltige Organisation Fortschritte. Die Verwirrung machte der Ordnung Platz. Das Grundgemäuer für den Bau des proletarischen Gemeinwesens war fertig, und schon erhoben sich die ersten Säulen. Außerordentlich schnell ging das vonstatten. Überraschend für jeden, der am Anfang in den wirren Knäuel von Aufgaben und Möglichkeiten verfilzt war. Der Sinn des napoleonischen »Impossible, ce n'est pas un mot français!« ist durch die Weltrevolution ins Kosmopolitische übersetzt. Ein Unmöglich gibt es nicht im revolutionären Sprachschatz! Das Notwendige wird möglich, weil und sofern die Arbeiterklasse Willen und Energie dazu hat. Und was in München damals geleistet wurde, es war in der Tat das Werk der gesamten Arbeiterklasse. Aber dazu gehörte die regelnde Leitung politisch weitschauender Köpfe und organisatorischer Talente. Groß und fühlbar war der Mangel daran. Um so größer die Leistung der verhält-

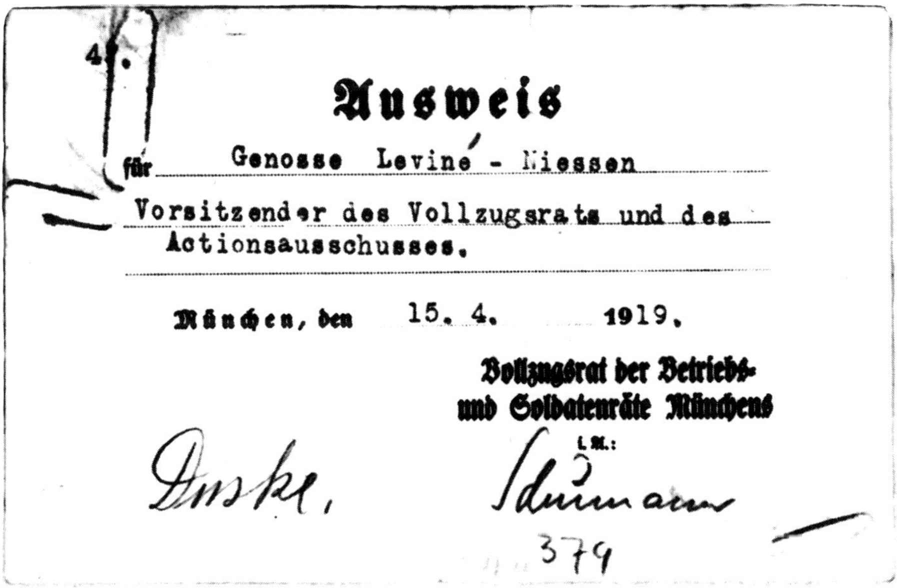
Ausweis

für Genosse Leviné - Niessen

Vorsitzender des Vollzugsrats und des Actionsausschusses.

München, den 15. 4. 1919.

Vollzugsrat der Betriebs- und Soldatenräte Münchens

I. A.:

379

Ausweis für Eugen Leviné

nismäßig wenigen, die hier Hand anlegten. Unter ihnen war Leviné unbestritten der Erste und Beste.

Mit Bewunderung sahen wir zu ihm auf, wie er fast erstickend in den Kleinigkeiten, die auf ihn einstürmten, doch immer den weiten Blick für die großen politischen Aufgaben behielt. In den ersten Tagen schien es unmöglich, überhaupt eine geordnete Tätigkeit einzurichten. Der Umsturz hatte viele Gemüter ins Wanken gebracht. Namentlich das Kleinbürgertum war tief erschüttert von berechtigten und grundlosen Befürchtungen. In der Not wandte sich alles an den Vollzugsrat und suchte von ihm irgendeinen Wisch mit Unterschrift zu ergattern. Da kommt eine Frau. Sie lebt von einer Rente. In drei Monaten ist die nächste Rate von der Hamburger Bank fällig. Wird sie die erhalten, wenn die Postsperre durch die Weißen anhält? Es dauert ziemlich lange, ehe der einfache Sachverhalt klar ist, und sie kann mit dem Trost abziehen: Leben wir in drei Monaten noch, dann gibt es auch keine Postsperre mehr. Hartnäckiger ist eine andere Frau. Sie will mitarbeiten, Propaganda treiben. Sie hat einen eigenen patentierten ethischen Sozialismus. Den muß sie auseinandersetzen, ohne zu begreifen, daß für akademische Debatten keine Zeit ist. Täglich kommt sie. Täglich allgemeines Entsetzen über den Besuch. Täglich werden Genossen bestimmt, die sie abschütteln müssen. Da kommen kleine Handwerksmeister, die mit dem Entscheid ihres Betriebsrats nicht einverstanden sind und nachweisen wollen, daß sie den Lohn für die Streiktage nicht zahlen können. Ein Hotelier, dessen Haus für revolutionäre Zwecke beschlagnahmt wurde, versucht ein Geschäftchen aus der Räterepublik herauszuquetschen. Beim Sturm auf den Bahnhof sind Aufnahmen von Kämpfergruppen gemacht worden. Siegt die Gegenrevolution, sind die Leute geliefert. Die Platten und Bilder müssen beschlagnahmt, der Photograph muß entschädigt werden. Schmocks verlangen Interviews, und ihr ›Genosse‹ glitscht ihnen aus dem Munde wie der eklig-feuchte Körper einer Kröte. Spitzel treiben sich umher und spitzen die Ohren. Die Buchdrucker wollen die Publikationen des Vollzugsrates nicht mehr drucken unter Berufung auf ihr Solidaritätsgefühl und ihre Pflicht, zu streiken. Im selben Atemzug verlangen sie die Freigabe der gegenrevolutionären Zeitungen. Schauspieler wollen Volkskunst bieten. Nach langen Besprechungen stellt sich heraus, daß sie jeder praktischen Entscheidung ausweichen. Der J'accuse-Grelling bewirbt sich um den Posten des Außenministers, wozu ihn die Tollerregierung berufen hatte. Er empfiehlt eine francophile, preußenfeindliche Politik. Das ist natürlich Unsinn. Aber dieser USP-Mann ist für die Räterepublik begeistert. Er hat eine gute, spitze Feder. Kräfte werden gebraucht. Soll er eine Redaktion übernehmen, vielleicht läßt er sich leiten. Aber das ist unter seiner Würde, soweit reicht seine Begeisterung für das Proletariat nicht.

Das waren freilich Kleinigkeiten, die nur an die Zeit des vielbeschäftigten Vollzugsrats Anforderungen stellten.

In bunter Fülle schwirren die Fragen auf den Vollzugsrat, und das heißt in den meisten Fällen auf Leviné, ein. Hunderte Fragen, bedeutungslos oder weittragend, sind zu entscheiden. Jede Frage heischt eine ganz präzise Antwort. Das aber bedeutet ein fortwährendes Umschalten des Gehirns auf andere Gebiete,

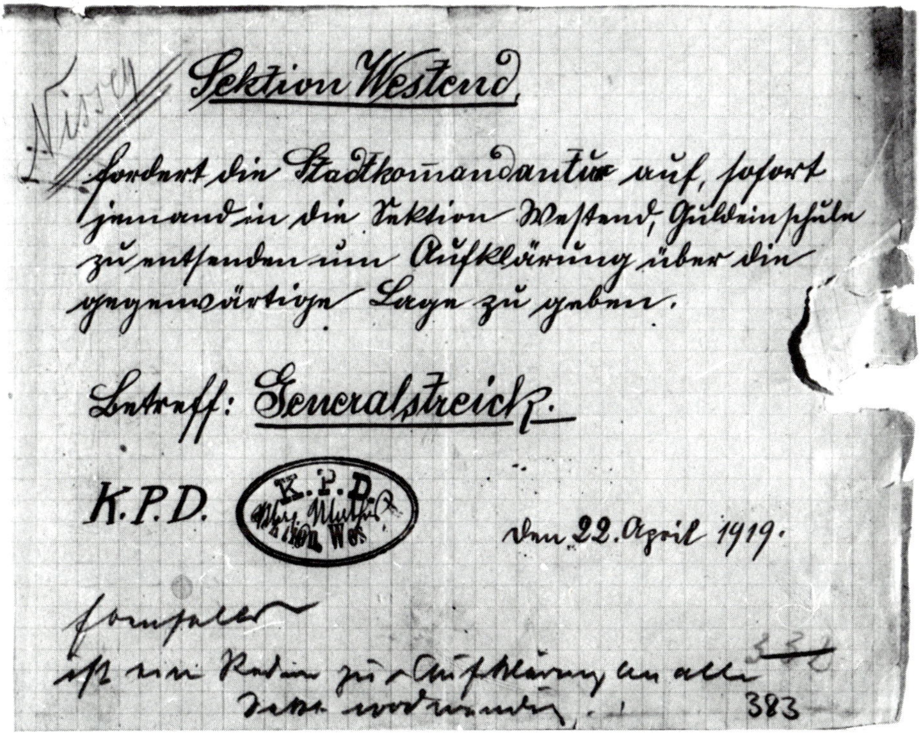
Sektion Westend

fordert die Stadtkomandantur auf, sofort jemand in die Sektion Westend, Guldeinschule zu entsenden um Aufklärung über die gegenwärtige Lage zu geben.

Betreff: Generalstreik.

K.P.D. K.P.D. Sektion West

Den 22. April 1919.

383

Die Sektion Westend der KPD-München fordert Auskunft zum Generalstreik

eine ungeheure Anspannung der geistigen Kräfte. Mit der Zeit gelingt es, Zwischenglieder einzuschieben, in denen die Anfragenden zum Teil abgefertigt, zum Teil den verschiedenen Ressorts zugewiesen werden. Damit wird zwar die Menge der Entscheidungen nicht geringer, aber die Wiederholungen werden eingeschränkt, und im allgemeinen sind die Probleme wichtiger. Grenzstreitigkeiten zwischen den verschiedenen Ressorts werden ausgeglichen, neue Abteilungen gebildet, allgemeine Richtlinien gegeben, Dekrete entworfen. Zwischenfälle politischer und militärischer Natur erfordern eine augenblickliche Maßregel, deren Wirkung schwer abzuschätzen ist. Dazwischen gibt es auch heitere Szenen. Eines Tages ist großer Gesandtenempfang. Das ganze Münchener diplomatische Korps tritt auf. Sie verlangen Schutzbriefe, vor allem Befreiung von den Maßregeln der proletarischen Diktatur. Das wird gewährt. Am Schlusse kommt auch der preußische Gesandte, irgendein Junker von Soundso. Der beruft sich auf seine Exterritorialität. Geschmeidig fließt ihm das Wort von der Diplomatenzunge. Es kommt ihm nur darauf an, sein Auto, sein exterritoriales Auto, vor der allgemeinen Beschlagnahme zu retten. Leviné spielt mit ihm. Also Exterritorialität! Wie steht es, würde in Berlin auch die Unverletzlichkeit unserer Vertreter gewährleistet werden? Wird dort die Räterepublik anerkannt? Der Gesandte: Aber so kann doch die Frage nicht gestellt werden. Ich vertrete eine richtige Regierung,

Sie aber eine Revolutionsregierung. Und aus der Autofrage wollen Sie die grundlegendsten staatsrechtlichen Entscheidungen herausholen? Aber Leviné bleibt hart: entweder – oder. Die Exterritorialität ist ein Prinzip, das Gegenseitigkeit erfordert. Bringen Sie die Bereitwilligkeit Ihrer Regierung, eine diplomatische Vertretung von uns in Berlin anzuerkennen, und Sie erhalten Ihren Schutzbrief. Kopfschüttelnd über die Anmaßung dieser Proleten, die nicht einmal die Sprache des Parketts beherrschten, zog der gute Mann ab. Es war gerade Essenszeit. Eines jener berühmten Schlemmermahle wurde gehalten. In dem Prunkzimmer des Wittelsbacher Palais saß und stand die ganze Räteregierung um einen großen Tisch, schälte aus einem Riesentopf Pellkartoffeln in eine undefinierbare braune Tunke und buchstabierte voll Heiterkeit das zungenbrecherische Wort: Exterritorialität!

Überhaupt beherrschte uns alle damals eine ruhige Heiterkeit, die in eigenartigem Kontrast zu dem stürmischen Leben stand. Sie entsprang dem Gefühl des Wirkens aus dem vollen für eine große Sache, aus dem Bewußtsein: Ob wir auch morgen verschlungen werden von der Flut, die uns umtobt, so sind wir doch auf dem rechten Weg. Aus diesem Born schöpfte Leviné seine Kräfte, und dieses Bewußtsein wußte er in seiner Umgebung wachzuhalten durch seine unerschütterliche innere Ruhe. Er war durchaus kein blinder Draufgänger, kein Narr einer Idee, wie ihn entschuldigend bürgerlicher Unverstand hinstellen wollte. Vielmehr war er maßvoll in seinen Mitteln, aber, zu keinem faulen Kompromiß bereit, wich er auch keiner Konsequenz aus. Das zu beweisen gab es Gelegenheiten genug. So war es in einer Räteversammlung zu einem scharfen Konflikt über die Durchführung der Diktatur gekommen. Die Soldatenräte, noch immer jene bürgerlichen Elemente aus den ersten Tagen der Revolution, hatten demonstrativ die Versammlung verlassen und waren zu einer geschlossenen Beratung zusammengetreten. Es drohte ein neuer 13. April, ein Militärputsch gegen die Rätemacht. In der Nacht noch wurde zu dieser Situation Stellung genommen. Gewisse Truppenteile schienen uns nicht sicher zu sein. Wir mußten dem Gegner zuvorkommen, durften aber auch durch unsere Maßregeln keinen Gegensatz heraufbeschwören, der vielleicht nicht vorhanden war. Wir schickten also Vertreter des Aktionsausschusses in die Versammlung der Soldatenräte, die Bericht erstatteten, nötigenfalls dort eingreifen sollten. Die Sturmglocken mußten die bewaffneten Arbeiter alarmieren. Nötigenfalls sollten die Kasernen der unsicheren Truppen überrumpelt werden. Wir alle empfanden es als Glück, daß nur Kommunisten zur Stelle waren – nur ein Rechtssozialist, ein Arbeiter von anständiger Gesinnung, ließ sich von der Sturmglocke herbeirufen –, so konnten wir ohne Reibungen handeln. Die Lage war außerordentlich ernst, weil wir unsicher waren, ob wir nicht zu früh oder zu spät eingreifen würden. Schließlich stellte sich heraus, daß die Soldatenräte Angst vor der eigenen Courage hatten und daß die Soldaten auf ihre eigenen Räte pfiffen. Sie waren nur nicht dazu zu bewegen, neue Räte zu wählen, die wirklich ihr Vertrauen hatten. Das war freilich ein schlimmer Zustand. Aber er wurde dadurch gemildert, daß mit der Einreihung der Arbeiter in die Rote Armee der Einfluß der Soldatenräte überhaupt zurückging.

Der Konflikt mit den Soldatenräten war nur ein Symptom der tiefen Gegensätze in der Räteregierung und der gesamten Arbeiterklasse. Die großindustriellen Arbeiter bildeten in München nur eine verhältnismäßig dünne Schicht. Sie hatten überdies in der Räteversammlung noch nicht einmal eine Vertretung, die ihrer Zahl entsprach. So bekam das Element mit kleinbürgerlicher Tradition ein allzu großes Übergewicht. Ohne innere Festigkeit, ewig schwankend, der augenblicklichen Konjunktur und der Phrase hingegeben, bildete diese Schicht die Grundlage für den Opportunismus der geistesverwandten USP-Politiker.
Mit diesem Opportunismus war in der Räteregierung, dem Aktionsausschuß, vom ersten Tage an zu kämpfen. Jede Schwierigkeit der Situation, jede Schwäche einzelner Arbeitergruppen machte er sich zunutze, um das Schwert der Diktatur stumpf zu feilen. Am Anfang war es vielleicht nur Unverstand, der sich noch durch Argumente überzeugen ließ. Leviné wußte das Entweder–Oder so unausweichlich scharf einander gegenüberzustellen, daß keine Ausflucht möglich war, daß die kommunistische Politik akzeptiert werden mußte, wenn man sich nicht lächerlich machen wollte. Aber das war ein großes Hindernis für die Arbeit. Die Kommunisten waren gezwungen, wie Leviné sich ausdrückte, den Leuten das Abc der Politik zu lehren, statt praktische Arbeit zu leisten. Später verwandelte sich der angeborene Opportunismus der Leute in Feigheit, die Feigheit in Tücke. Während die Kommunisten einen Toller gegen konterrevolutionäre Verdächtigungen selbst dann noch in Schutz genommen hatten, als er seine politische Unzuverlässigkeit und Charakterlosigkeit wiederholt bewiesen hatte, begann er mit seinen Gesinnungsgenossen, namentlich Maenner und Klingelhöfer, ein niederträchtiges Intrigenspiel. Gegen Leviné richtete sich ihr Haß. Da er persönlich unantastbar war, zischelten sie über den Landfremden, den Russen, den Juden. Sie wußten sehr gut, was sie damit taten. Leviné wurde in der Arbeiterschaft nur von denen geliebt, die seine Politik verstanden, die wie er revolutionär empfanden. Er verschmähte es, sich durch äußere Mittel, durch schöne Phrasen und große Gesten einzuschmeicheln. Aber er hatte die Gabe, seine Gedanken so kristallklar herauszuarbeiten, die Konsequenzen so unentrinnbar aufzuzeigen, daß keine Widerrede mehr möglich war. Dadurch hatte er in der Räteversammlung einen Sieg nach dem anderen erfochten. Aber damit hatte er doch nur den Verstand, nicht den Instinkt der kleinbürgerlichen Schwächlinge besiegt. Sie haßten ihn wegen seiner unbarmherzigen Logik. Je größer ihre Angst vor der weißen Gefahr wurde, um so größer wurde in ihnen der Konflikt zwischen Erkenntnis und Instinkt, um so mehr wuchs ihr Haß, und um so schneller glitt eine Hülle ihrer Scham nach der anderen von ihnen ab, die sie gegen jene antisemitischen Einflüsterungen unempfindlich gemacht hätten.
Als die Lage sich zuspitzte, bekamen die Toller und Klingelhöfer Oberwasser. Toller hatte schon auf eigene Hand versucht, Verhandlungen mit den Weißen anzuknüpfen. Er bekam die Antwort, die zu erwarten war: Ablieferung der Waffen, Auslieferung der Führer und dann Verhandlungen. Toller wurde wegen seiner Eigenmächtigkeit vor den Aktionsausschuß geladen. Er aber wandte sich an die Räteversammlung, wo er mit seinen Verbündeten einen wohlorganisierten Vorstoß machte. Die Demagogie feierte ihren Triumph. Über die Ernäh-

rungslage wurden Mitteilungen gemacht, die den Tatsachen ins Gesicht schlugen und die man nicht gewagt hatte, im Aktionsausschuß vorzubringen, wo eine unmittelbare Nachprüfung möglich gewesen wäre. Maenner, der Finanzbeauftragte, bebte vor moralischer Entrüstung über finanzpolitische Maßregeln, die er selbst mitbeschlossen und durch seine Unterschrift gedeckt hatte. Mit Toller zusammen schimpfte und hetzte er auf die Kommunisten, diese »hirnrissigen Theoretiker«, die Landfremden, Preußen, Russen, die nur das Ziel verfolgten, das bayrische Volk zu ruinieren. Gefordert wurde ein neuer Aktionsausschuß, dessen Aufgabe es sei, Verhandlungen mit der Bamberger Regierung aufzunehmen. Leviné schob in seiner Gegenrede alle Kleinigkeiten und Niederträchtigkeiten beiseite und ging sofort auf die Hauptfrage ein: Verhandlungen mit der Regierung Hoffmann.

Die Forderung der Weißen heißt: Führer und Waffen! Wenn ihr glaubt, daß euch damit geholfen wird, dann gebt uns preis! Aber wird euch damit geholfen? Immer werden sich tapfere Genossen finden, die nun und nimmer darauf eingehen. Die werden unter allen Umständen bis zum Letzten kämpfen. Und wenn alle zur Übergabe bereit wären, glaubt ihr denn, daß euch die Bourgeoisie jemals den Tag verzeihen wird, an dem sie die Waffen an euch abliefern mußte? Oder den Tag, an dem sie, hinter den Gardinen versteckt, euren Siegeszug durch die Stadt am Tage nach Beendigung des Generalstreiks verfolgte? Ihr alle seid ihre persönlichen Feinde, die sie haßt und an denen sie sich blutig rächen wird. Jeder klassenbewußte Proletarier bleibt für die Bourgeoisie eine drohende Gefahr, selbst wenn er in Ketten liegt. Diese Gefahr müssen die Machthaber beseitigen. Jede Revolution wäre ja viel leichter und friedlicher, wenn die Machthaber das nicht verständen. In den Revolutionskämpfen handelt es sich um die Macht. Die Gegenrevolution kann nicht um die Macht feilschen. Sie muß sie ganz haben und muß zu ihrer Sicherung euch niederwerfen und ein Schreckensregiment aufrichten. Natürlich hätten wir in dem Augenblick, als wir merkten, daß unsere Macht nicht zu halten ist, mit der Regierung Hoffmann verhandeln können. Oder wir hätten vielleicht gar nicht verhandelt, sondern ihr einfach die Position abgetreten in der Gewißheit, daß sie uns keine Konzessionen machen kann. Wir hätten uns dann sagen können, daß wir auf Grund der Erfahrungen mit der Räterepublik eventuell unter größeren Schwierigkeiten weiterarbeiten werden, bis der Augenblick gekommen wäre, wo wir unbesiegbar geworden sind. Aber wie kann der Feind sich darauf einlassen? Nicht nur aus persönlicher Rachsucht und anderen psychologischen Gründen muß er einen Aderlaß am Proletariat vornehmen, sondern aus politischer Notwendigkeit und Zweckmäßigkeit. Deshalb seine Parole: Waffen und Führer, wobei Führer ein jeder klassenbewußte und fähige Proletarier wäre.

Was während solcher Verhandlungen auch vereinbart würde und trotz strengster Einhaltung der Bedingungen durch die Arbeiterklasse, würde der Feind doch stets Gelegenheit finden, seine Mietlinge auf die Arbeiter zu hetzen. Sei es, daß sie ungeheuerliche Lügen verbreiten wie in Lichtenberg, wo es hieß, daß 160 Beamte ermordet seien, sei es, daß sie andere Gründe vorschützten. Werden dann die Lügen offenbar, was tut's? Das Ziel ist erreicht, die Besten der Arbei-

Titelseite der Zeitschrift ›Die Aktion‹ vom 21. Juni 1919 mit dem Porträt Levinés von Karl Jakob Hirsch. Das Porträt wurde von Pfemfert auch als Aktions-Postkarte vertrieben

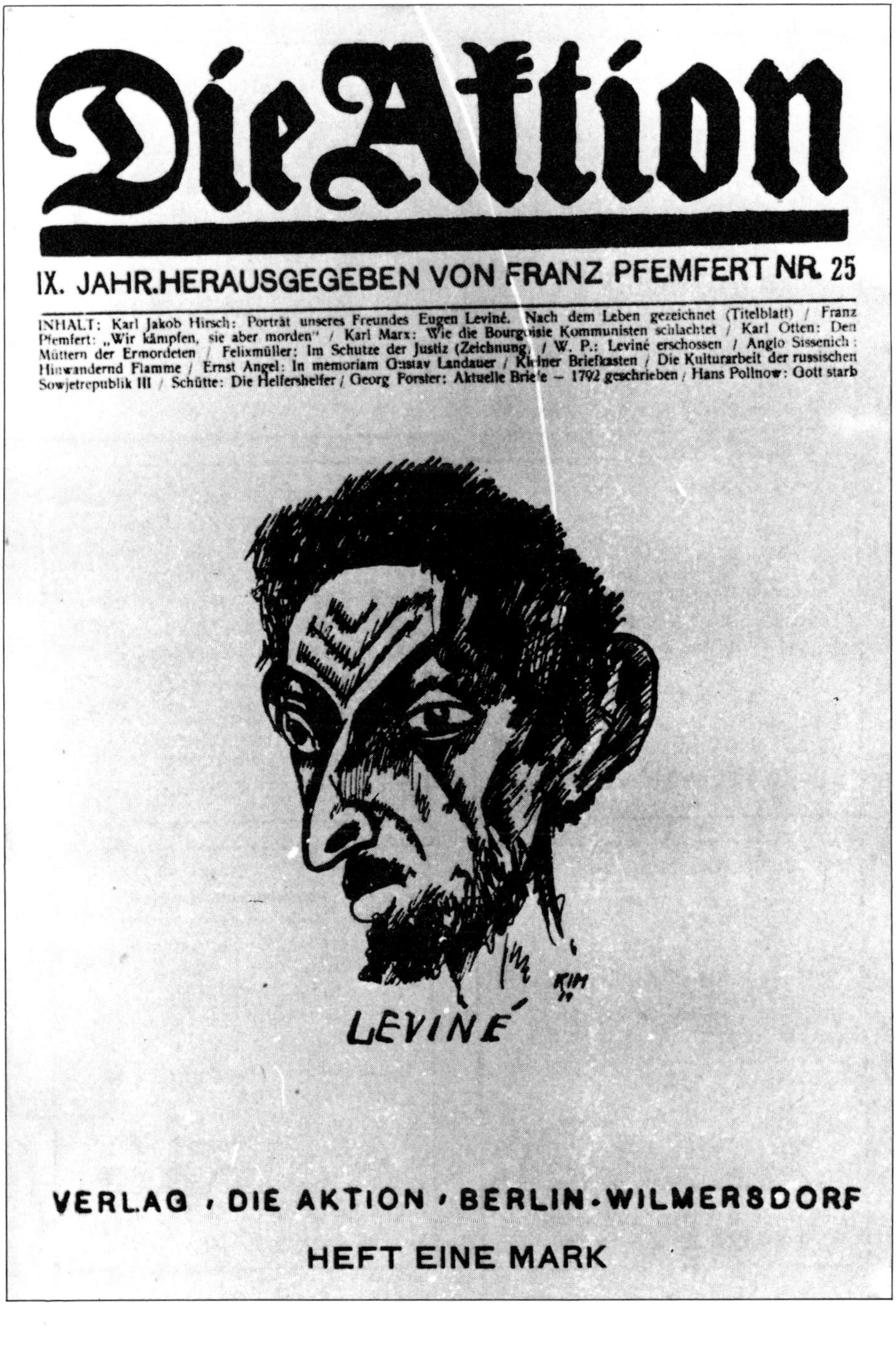

Die Aktion

IX. JAHR. HERAUSGEGEBEN VON FRANZ PFEMFERT NR. 25

INHALT: Karl Jakob Hirsch: Porträt unseres Freundes Eugen Leviné. Nach dem Leben gezeichnet (Titelblatt) / Franz Pfemfert: „Wir kämpfen, sie aber morden" / Karl Marx: Wie die Bourgeoisie Kommunisten schlachtet / Karl Otten: Den Müttern der Ermordeten / Felixmüller: Im Schutze der Justiz (Zeichnung) / W. P.: Leviné erschossen / Anglo Sissenich: Hinwandernd Flamme / Ernst Angel: In memoriam Gustav Landauer / Kleiner Briefkasten / Die Kulturarbeit der russischen Sowjetrepublik III / Schütte: Die Helfershelfer / Georg Forster: Aktuelle Briefe – 1792 geschrieben / Hans Pollnow: Gott starb

VERLAG · DIE AKTION · BERLIN-WILMERSDORF

HEFT EINE MARK

terklasse sind niedergemetzelt. Daß die Parole der Verhandlungen überhaupt in die Massen geworfen worden ist, das ist das Verhängnisvolle. Die Kampfeslust und die Einsicht in die Notwendigkeit des Kampfes wird erschüttert. Darum ist es so begreiflich, wenn die feindliche Regierung zunächst den Anschein zu erwecken sucht, als sei sie zu Verhandlungen bereit, bis sie ihren Zweck erreicht, Verwirrung und Zwiespalt in unsere Reihen gebracht hat, und dann kommt sie mit der Forderung der bedingungslosen Übergabe. Steht so der Münchener Arbeiterschaft das gleiche Schicksal bevor, ob sie sich feige zur Seite drücken will oder den Kampf aufnimmt, dann sagen wir Kommunisten: Sollen wir das furchtbare Opfer bringen, dann im Kampf und in Ehren!

Häufig in der Rechts-Presse verwendete Karikatur auf Leviné, 1919

Spätere Ereignisse haben die Richtigkeit von Levinés Auffassung bewiesen. Die Taktik, die er hier bekämpft, ist beim Kapp-Putsch im Rheinland geübt worden, und das Bielefelder Abkommen hat Wort für Wort die Folge gehabt, die Leviné hier vorausgesagt hat. Freilich, wo das Herz schwach ist, da ist der Kopf durch keine noch so starke Logik zu überzeugen. Leviné forderte deshalb eine klare Entscheidung zwischen der kommunistischen Taktik und der der Unabhängigen. Er könne nur nach seiner Überzeugung handeln. Seien die Betriebsräte damit nicht einverstanden, dann brauchten sie nur die Hand zu heben, und die Kommunisten würden abtreten, wie sie schon dreimal ihre Bereitschaft dazu erklärt hätten. Wieder kam das alte Schwanken. Kommunistische Taktik wollten die Betriebsräte nicht treiben, den Kommunisten konnten sie das Vertrauen nicht aussprechen. Aber das empfanden sie, daß ohne die Kommunisten überhaupt keine Politik getrieben werden konnte. Sie wollten sie darum auch nicht freigeben, sondern sie vor ihren Karren spannen. So mußte Leviné förmlich um ihr Mißtrauensvotum ringen. Er sagte ihnen: Wenn ihr radikale Politik treiben wollt, dann werdet ihr nicht Wilhelm II. an eure Spitze stellen. So wenig aber könnt ihr von den Kommunisten die Führung bei ›gemäßigter‹ Politik verlangen.

Da endlich kam die Entscheidung. Die Betriebsräte genehmigten die kommunistische Politik der revolutionären Verteidigung nicht. Darauf legten die Kommunisten ihre Ämter in der Regierung nieder. Ein Aktionsausschuß wurde zusammengestellt, der dem Triumvirat Toller, Maenner, Klingelhöfer ergeben war, aber tatsächlich hilflos den Dingen gegenüberstand.
Der Abbau der Front geschah gegen den Willen der Arbeiter. Die bewaffnete Arbeiterschaft unterwarf sich deshalb auch nicht der neuen Regierung. Sie war entschlossen, nicht kampflos den weißen Schrecken über sich ergehen zu lassen, und organisierte den Widerstand in der Stadt.
Für Leviné blieb jetzt nur noch die eine Aufgabe, für die nächsten Tage die politischen Richtlinien zu geben. Als über diese Fragen Einigkeit in der Parteiorganisation geschaffen worden war, gingen alle Befugnisse an die militärische Leitung über. Der politischen Leitung, soweit sie nicht zu den militärischen Kadres gehörte, wurde befohlen, eine sichere Zuflucht zu suchen, um unnötige Opfer zu vermeiden. Jede Partei hat das Recht, in solchen Situationen sich die Kraft derjenigen für die Zukunft zu retten, die die gewonnenen Erfahrungen der Gesamtbewegung nutzbar machen können. Daß auch Leviné dem Parteibefehl nachkam, ist ihm später vom Staatsanwalt zum Vorwurf gemacht worden. Es widerstrebt uns, hier zu schildern, wie schwer Leviné unter diesem Zwange gelitten hat, und daß es nur der Einwirkung seiner Freunde gelang, sich den politischen Gründen zu fügen. Seine Vergangenheit wie sein Verhalten vor Gericht und im Angesicht des Todes warfen diesen Vorwurf in das Nichts der Lächerlichkeit zurück.

Leviné zu einer Kontroverse mit Toller

Er teile nicht Sachen mit, die in Schwebe seien, sondern abgeschlossene. Jede Handlung des Aktionsausschusses, die von politischer Bedeutung sei, müsse der Versammlung mitgeteilt werden. Es sei besser, die Mißgriffe einzugestehen, als heimlich die Sache wiedergutzumachen, weil es schlechten Eindruck mache, wenn man es hinterher erfahre. Aufgabe des Aktionsausschusses sei es, nicht zu viele und zu große Böcke zu schießen. Dafür möge die Versammlung sorgen. Er bitte die Versammlung auch, einen vorzüglichen Genossen, dessen Wahl man begrüßt habe, in die Schranken zu weisen. Es handle sich um Genossen Toller, der gestern an die Front gegangen sei und ein Kommando übernommen habe. Es sei vom Aktionsausschuß beschlossen worden, mit der Regierung Hoffmann nicht zu verhandeln. Wenn man sich auf einen anderen Standpunkt stellen würde, müßte der Aktionsausschuß zurücktreten, mit Rücksicht auf die Erfahrungen, die man mit Bremen, im Ruhrgebiet und in Berlin bei den Verhandlungen mit der Regierung gemacht habe.

Dort seien die Verhandlungen benützt worden, um während dieser Zeit die Truppen zusammenzuziehen. Wenn man es auch hier so mache, würde nach Abbruch der Verhandlungen die Weiße Garde in München einziehen. Wenn aber ja Verhandlungen sein müßten, dann dürfe nur der sie führen, der von der Regierung als beauftragt gelte. Keiner vom Aktionsausschuß würde sich anmaßen, persönlich diese Verhandlungen zu führen. Es würden die einzelnen Leute dort mit bestimmten Aufträgen versehen, so auch, um Vortrag zu erstatten, wie es bei ihm gegenwärtig der Fall sei. Danach hätte sich auch Toller richten sollen. Als aber ein Parlamentarier der Weißen Garde erschien, habe Toller angefangen, mit ihm zu verhandeln dahingehend, daß, wenn die Weiße Garde nach Ingolstadt sich zurückzöge und Lebensmittelzüge durchließe, unsrerseits keine Angriffe und Vorstöße erfolgen sollten. Dieses Vorgehen sei unerhört, man müsse denken, man stehe im Krieg, da dürfe ein Genosse nicht auf eigene Faust handeln. Wenn Toller das in der kaiserlichen Armee getan hätte, wäre er wegen Hochverrats vor das Kriegsgericht gestellt worden. Entweder es gebe eine Regierung, oder es gebe keine. Solange das Volk eine Regierung mit dem Vertrauen bedacht habe, habe sie das Recht, zu verhandeln. Auf einmal sei ein Telegramm mit der Überschrift ›Staatstelegramm‹ von Toller gekommen, daß die Regierung Hoffmann einverstanden sei. Wie weit die Mitteilung Tollers richtig sei, wisse man nicht. Man könne auch nicht kontrollieren, ob der Unterhändler zum Verhandeln berechtigt gewesen sei. Die militärische Leitung halte gerade den Angriff für notwendig. Der Angriff auf Dachau habe gezeigt, daß ihre Ansicht richtig gewesen sei. Er habe nicht nur den Mut der eigenen Truppen erhöht, sondern auch den der Weißen Truppen gebrochen, und die entkommen seien und alles liegen gelassen hätten, würden in Nordbayern große Unruhen stiften. Er bitte, wenn man die Regierung in ihrer Position stützen wolle – sie wolle ja mit Toller weiterarbeiten –, eine Resolution zu fassen, daß kein Mitglied irgendwelcher Körperschaft das Recht habe, anders als im Auftrag der Regierung zu verhandeln (Zurufe). Er ziehe vorerst seinen Antrag zurück, bis Toller anwesend sei. Es handle sich hier um einen einstimmigen Beschluß des Aktionsausschusses. Persönlich habe Toller sicher geglaubt, das Beste zu tun. Die Genossen hätten große Freude gehabt, ihn an der Front zu sehen, aber für die Zukunft dürfe das nicht wieder geschehen. Es zeige sich also, daß die militärische Lage in Deutschland und auch die Lage in München eine günstige sei. Man könne auf Sieg hoffen.

Polizeimitteilung zur Kontroverse Leviné – Toller

Betreff:
Leviné
wegen Hochverrats.

Bei der am 25. April 1919 im Hofbräuhaussaale abgehaltenen Räteversammlung kam es zwischen Toller und Leviné zu Auseinandersetzungen, denen folgendes zugrunde lag:
Leviné gab Toller im Einverständnis des Aktionsausschusses den ausdrücklichen Befehl, die allenfalls gefangenen Offiziere sofort zu erschießen. Toller ist darauf grundsätzlich nicht eingegangen, er hat sich offen geweigert, diesen Befehl auszuführen. Auf Betreiben des Leviné sollte Toller damals hiewegen verhaftet werden.
Von diesen Tatsachen habe ich erst gestern vormittag um neun Uhr Kenntnis erhalten, fuhr sofort zum Amtsgericht Au und machte Herrn Staatsanwalt *Hahn* darüber Mitteilung. Herr Staatsanwalt erklärte mir, es sei leider zu spät, die Tatsache sei tatsächlich nicht bekannt gewesen.
Die unter dem Heutigen erschienene ›Neue Zeitung‹ hebt mit Nachdruck hervor, daß Leviné nur die idealsten Zwecke verfolgt habe, daß er gegen jede Gewalt, insbesondere aber gegen jedes Blutvergießen war. Zweifellos sind derartige Artikel in der ›Neuen Zeitung‹ geeignet und bestimmt, die Massen neuerdings aufzuhetzen.
Vielleicht scheint das Obenstehende als Gegenartikel für die ›Neue Zeitung‹ wichtig. Im Nachgange hierzu bemerke ich, daß Leviné es war, der den Widerstand im Vorwärtsgebäude in den kritischen Tagen in Berlin geleitet hat. Als er sah, daß seine Sache funktionierte, hat er sich damals in Berlin vom Vorwärtsgebäude zurückgezogen.

Eugen Leviné
Der Alltag der Revolution

Leviné

erwidert auf einige eingelaufene Anfragen.

Die Genossen von der Straßenreinigungsgesellschaft hätten angefragt, ob sie streiken müßten. Der Streik der Straßenreinigungsgesellschaft sei beschlossen worden, weil sonst große hygienische Schäden entstehen könnten.

Ferner seien die Banken von jetzt an wieder in Betrieb zur Auszahlung der Löhne sowie zur Auszahlung von Bargeld für Erwerbslosenunterstützung und vor allem zur Prüfung der Schränke der verschiedenen Kapitalisten, die in den Banken ihr Geld niedergelegt hätten.

Eine weitere Anfrage gehe dahin, ob den Angehörigen derjenigen Genossen, die fallen, sofort eine Summe zukomme. Es sei gestern im Vollzugsrat beschlossen worden, sofort einen Erlaß herauszugeben, der auch plakatiert werden soll, daß die Familien der im Kampfe Gefallenen unterstützt werden sollen.

Einige Genossen hätten gebeten, ob es nicht zu ermöglichen sei, für die Arbeiter in den Betrieben, die zur Arbeit verpflichtet seien, einige Straßenbahnwagen bereitzustellen. Es sei beschlossen worden, die Straßenbahn an und für sich nicht gehen zu lassen, um der Bourgeoisie durch das veränderte Straßenbild schon den Streik so recht zu Gemüte zu führen. Es sei aber zu erwägen, ob nicht für die Arbeiter in den Betrieben, die arbeiten müssen, und für die täglich um zwei Uhr hier stattfindende Versammlung Straßenbahnwagen bereitgestellt werden sollen. Er halte es für zweckmäßig, und es sei das auch eine erzieherische Wirkung für die Bourgeoisie, wenn sie sehe, daß einmal Verkehrsmittel nur für die Arbeiterschaft da seien.

Die Genossen von den Eisfabriken hätten angefragt, ob sie arbeiten dürfen. Er glaube, daß diese Fabriken, die die Lieferung an Krankenhäuser und Lazarette hätten, unbedingt arbeiten müßten, um die Lebensmittel und die Behandlung der Kranken sicherzustellen.

Ferner sei beantragt worden, nachdem es sich beim gegenwärtigen Streik um einen Sicherungsstreik handle, die nicht waffentragende Arbeiterschaft, die Frauen und jugendlichen Arbeiter die Arbeit wiederaufnehmen zu lassen. Er werde diesen Antrag dem Vollzugsrat unterbreiten, müsse aber offen gestehen, daß er für seine Person dagegen sprechen werde; denn es sei nicht ein Streik, der nur dazu diene, daß die Leute in der Lage seien, an die Front zu gehen, sondern dazu, um die gesamte Arbeiterschaft zusammenzuhalten, die Möglichkeit zu haben, auf den Straßen zu bleiben, und daß sich die Leute der ganzen Gefahr und des Ernstes des Augenblicks bewußt blieben. Für die Frauen und Jugendlichen wolle man Aufklärungsversammlungen halten; gerade die Jugendlichen würden jetzt zum Teil angegriffen, weil sie Gewehre hätten. Die Anwesenden sollten sich doch selbst an ihre Jugend erinnern, ob sie denn alle so schlimm gewesen seien, daß

sie nicht mit siebzehn Jahren auch bereit gewesen wären, ihr Herzblut für die Arbeiterschaft hinzugeben. Er erinnere daran, daß es im November 1918 viele Städte gegeben habe, in denen die Jugendlichen zum Teil an der Spitze der Revolution marschiert seien und die älteren Genossen mitgerissen hätten. Selbstverständlich gebe es manche Lausbuben, die nicht wüßten, wie sie mit dem Schießprügel umzugehen hätten, solchen sollte man das Gewehr abnehmen. Aber dieselben jugendlichen Genossen, die man wert gefunden habe, ihr Blut für die Hohenzollern zu vergießen, seien es doch wahrhaftig wert, jetzt ihr Blut für die Arbeiter zu verlieren, und er glaube, es wäre ein Unrecht gegen die jugendlichen Genossen, sie auszuschließen. Man könne sie außerdem ja auch als Kuriere und zum Sanitätsdienst gut verwenden.
Weiter werde die Bekanntgabe durch Plakatanschlag gefordert, wo die Erwerbslosen sammeln sollten. Es sei zweckmäßig, wenn auch diese in den Betrieben sammeln, in denen sie früher gearbeitet hätten.
Weiter werde gefordert eine Bekanntgabe durch Anschlag, daß sich sämtliche Arbeiter und Angestellten alle Tage morgens um sieben Uhr im Betriebe einzufinden und die Mitteilungen der Betriebsräte entgegenzunehmen hätten. Bei Nichterscheinen erfolge keine Lohnzahlung. Dazu sei aber notwendig, daß der Straßenbahnbetrieb von sechs bis acht Uhr aufgenommen werde. Er werde diesen Antrag dem Vollzugsrat vorlegen, bitte aber, bis ein Beschluß gefaßt sei, in den Betrieben selbst anzuordnen, daß täglich eine Versammlung stattfinde, und hierfür ein für allemal die Zeit festzusetzen, außerdem mitzuteilen, daß täglich um drei Uhr eine Versammlung im Wittelsbacher Palais und kurz nach zwei Uhr täglich hier im Hofbräuhaussaale eine Versammlung stattfinde.
Die Fragen, die er jetzt nicht beantwortet habe, werde er morgen beantworten, weil er sich nicht zutraue, sie allein zu beantworten, ohne sich vorher mit dem Vollzugsrat besprochen zu haben.

Klar

Der Herr Vorredner habe in seinen Ausführungen auch das Wort gebraucht, daß die Arbeiter der ›Münchener Neuesten Nachrichten‹ Sabotage getrieben hätten. Er müsse diesen Vorwurf als Maschinensetzer und Arbeiter bei den ›Münchener Neuesten Nachrichten‹ zurückweisen. Die Arbeiterschaft der ›Münchener Neuesten Nachrichten‹ sei seit drei Tagen in Schichten eingeteilt, sie seien zusammengekommen und hätten sich jederzeit Auskunft im Geschäft geholt, was sie arbeiten müssen. Die Arbeiterschaft habe sich nie geweigert, irgendwelchen Aufruf zu drucken oder zu setzen. Ein anderes aber komme in Frage, das sei der Mangel an Maschinen. Man habe zur Herstellung dieser Mitteilungsblätter nur drei Maschinen, und das sei zuwenig, und darum hätten die ›Münchener Neuesten Nachrichten‹ ersucht, diese Arbeit nicht nur ihr zu geben, sondern auch an andere Zeitungsbetriebe diese Arbeit zu verteilen.

Leviné

erwidert hierauf, er freue sich außerordentlich über die Erklärung des Genossen. Er habe schon gesagt, es sei möglich, daß hier ein Mißverständnis obwalte. Er ersuche daher den Genossen, sich nachher in das Wittelsbacher Palais zu begeben, um mitzuberaten, wie man die Sache am besten und schnellsten machen könne. Auch sonst würde er es begrüßen, wenn die Genossen aus dem Buchdruckergewerbe einen gemeinsamen Fachrat wählten.

(Zuruf: Schon geschehen!)

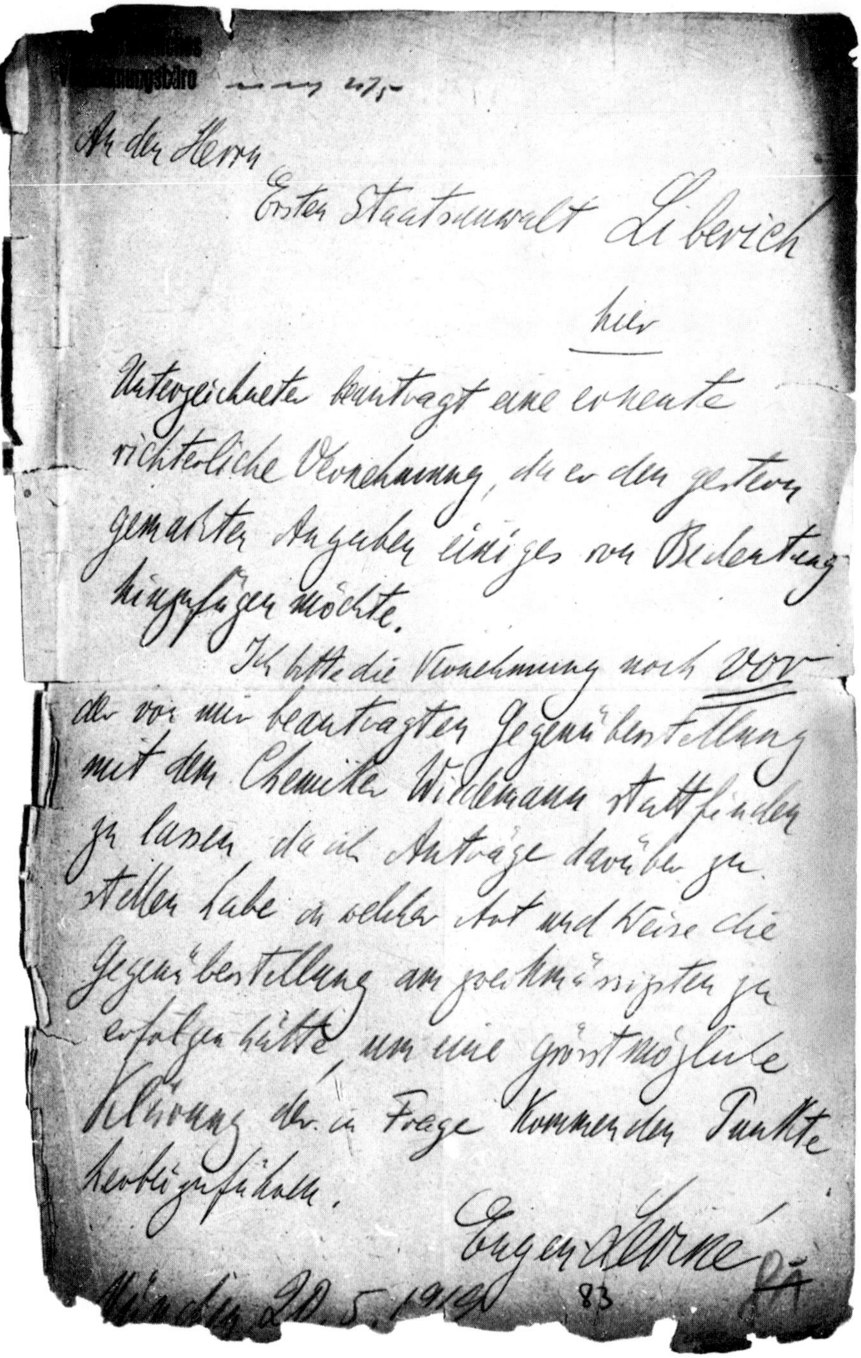
An den Herrn

Ersten Staatsanwalt Liebrich

hier

Unterzeichneter beantragt eine erneute richterliche Vernehmung, da er den gestern gemachten Angaben einiges von Bedeutung hinzufügen möchte.

Ich bitte die Vernehmung noch vor der von mir beantragten Gegenüberstellung mit dem Chemiker Wiedemann stattfinden zu lassen, da ich Anträge darüber zu stellen habe in welcher Art und Weise die Gegenüberstellung am zweckmässigsten zu erfolgen hätte, um eine grösstmögliche Klärung der in Frage kommenden Punkte herbeizuführen.

Eugen Leviné

München 20.5.1919

Eingabe Eugen Levinés an den Staatsanwalt vom 20. Mai 1919

Eugen Leviné
Protokoll der Vernehmung vor dem Staatsanwalt

Es erscheint vorgeführt Eugen Leviné und wurde vernommen wie folgt:

Zur Person: Leviné, Eugen, geboren am 10. Mai 1883 in Petersburg, Eltern: Kaufmann Julius Leviné und Rosalie Goldberg, letztere wohnhaft in Heidelberg, Zähringerstraße 15, verheiratet mit Rosa, geborene Broido, letztere stammt aus Wilna, Eltern gestorben, Doktor der Nationalökonomie, Schriftsteller, badischer Staatsangehöriger, israelischer Religion, im März 1915 als Dolmetscher beim Offiziersgefangenenlager Heidelberg in den Militärdienst eingetreten, war dann bei verschiedenen badischen Landsturmersatzbataillonen, zuletzt beim badischen Landsturmersatzbataillon 14/32 in Mannheim, wo ich im Herbst 1916 entlassen wurde, war dann in Berlin beim Magistrat und verschiedenen Reichsstellen, später Redakteur der Telegraphenagentur Rosta, bis kurz vor meinem Eintreffen in München anfangs März dieses Jahres.

Zur Sache: Ich bin seit sechzehn Jahren in der sozialistischen Bewegung tätig, gehörte erst der Sozialdemokratischen Partei, später der Unabhängigen Sozialdemokratie und seit Gründung der Kommunistischen Partei im Dezember 1918 in Berlin dieser an. 1905 bis 1908 war ich in Rußland und dort Mitglied der Sozialrevolutionären Partei. Nach München kam ich, um hier als Redakteur bei der Roten Fahne tätig zu werden, praktisch politisch betätigt habe ich mich hier in der Öffentlichkeit zum ersten Male in der Versammlung vom 4./5. April, in der über Errichtung einer Räterepublik unter Mitwirkung des Ministers Schneppenhorst beraten wurde. Ich bin dort mit meinen kommunistischen Freunden entschieden gegen die Errichtung der Räterepublik aufgetreten, wie sie damals geplant war, weil ich weder Zeit noch Art der Errichtung für richtig hielt. Bei dem Umsturz vom 13./14. April habe ich insofern mitgewirkt, als ich bei der Versammlung der Betriebsräte im Hofbräuhaus Sonntagnacht die Mitwirkung der Kommunistischen Partei für den Fall zur Verfügung gestellt habe, daß die Betriebsräte die politische Macht übernehmen werden. An der Inszenierung der Kämpfe vom 13./14. April war ich nicht beteiligt, diese entwickelte sich spontan aus den Massen. Nachdem die Betriebsräte die Übernahme der politischen Macht beschlossen hatten, beantragte ich die Einsetzung eines fünfzehngliedrigen Aktionsausschusses und den Generalstreik. Den Generalstreik hielt ich für notwendig, damit die Arbeiterschaft zur weiteren Organisation und zur Befestigung der Errungenschaften der Revolution in der Lage sei. Der Aktionsausschuß wurde nach meinem Antrag gebildet und ich als Vorsitzender gewählt. Den Generalstreik hat meines Erinnerns auch noch die Betriebsräteversammlung, nicht erst der Aktionsausschuß beschlossen. Der Aktionsausschuß bildete dann einen Vollzugsrat, bestehend aus vier Mitgliedern, darunter ich, die übrigen möchte ich nicht

nennen. Dieser Vollzugsrat war bis zu seiner Amtsniederlegung am 27. April in Tätigkeit. Für die Tätigkeit des Vollzugsrates während dieser Zeit in seiner Gesamtheit übernehme ich die Verantwortung, nicht dagegen für das, was einzelne Vollzugsräte während dieser Zeit etwa ohne mein Wissen gemacht haben. Ich gebe zu, daß der Endzweck der von uns errichteten Räterepublik die Überleitung der gesamten rechtlichen und wirtschaftlichen Verhältnisse in den kommunistischen Staat war. Ich betrachtete dabei unsere Tätigkeit als ordnungsmäßige Fortsetzung der bereits am 5. April begründeten Räterepublik und deren weiteren Ausbau. Die Regierung Hoffmann, der Landtag und die Verfassung kamen für uns nicht weiter in Betracht, weil diese durch die Räterepublik tatsächlich aus der politischen Macht gesetzt waren. Nach meinem Ausscheiden aus dem Vollzugsrat am 27. April habe ich an der Ausübung der politischen Macht nicht mehr teilgenommen und habe mich seit dem 29. April überhaupt von dem öffentlichen Leben zurückgezogen. Ich habe mich seitdem in der Wohnung des Kunstmalers Schmidt aufgehalten und bin nur mehr wenig ausgegangen. Im Luitpoldgymnasium war ich zum letzten Mal am 29. April zu einer Besprechung mit Parteifreunden. An der Ermordung der Geiseln war ich in keiner Weise beteiligt, ich weiß auch nicht, von wem die Anordnung dazu ausgegangen ist. Zur Zeit meiner Tätigkeit im Vollzugsrat sind meines Wissens Sicherheitsgeiseln überhaupt nicht verhaftet worden. Die vom Vollzugsrat eingesetzte Kommission zur Bekämpfung der Gegenrevolution sollte vielmehr nach den ihr vom Vollzugsrat erteilten Direktiven nur gegenrevolutionärer Handlungen verdächtige Personen festnehmen und vor das Revolutionstribunal stellen. Die Einsetzung des Revolutionstribunals war bereits durch die erste Räterepublik erfolgt, und es wurde von uns als ordnungsgemäße Einrichtung der bestehenden Staatsgewalt betrachtet und beibehalten. Über die Umstände, unter denen ich bei Kunstmaler Schmidt Unterkunft gefunden habe, will ich keine weiteren Angaben machen. Ich will nur betonen, daß Schmidt selbst mich nur unter dem Namen Geisenberg kannte und für seine Person dem politischen Leben vollständig fernsteht. Ebenso möchte ich über meine hiesige Wohnung vor meinem Einzug bei Schmidt keine Angaben machen. Auch über meine Beziehungen zu Wilhelm Zimmer lehne ich jede Auskunft ab.
Seit dem 29. April habe ich von meinen Parteigenossen niemanden mehr gesehen, auch nicht Dr. Levien und Axelrod. Ich weiß auch nicht, wo die letztgenannten beiden hingekommen sind.

Ich möchte noch erwähnen, daß während meiner Tätigkeit im Vollzugsrat im Anschluß an die Kämpfe in Dachau ein Abgesandter eines Truppenteils eine Resolution dieses Regiments überbrachte, in der die Erschießung von Geiseln wegen der Verluste im Kampfe bei Dachau verlangt wurde. Es wurde namens des Vollzugsrates diese Forderung aber entschieden zurückgewiesen, ich habe bei diesem Beschluß selbst mitgewirkt, und auch Dr. Levien, der zufällig damals anwesend war, vertrat den Standpunkt, daß die vom Regiment verlangte Erschießung absolut unzulässig sei. Nach der Entschließung handelte es sich um die Erschießung erst festzusetzender Geiseln, wenigstens verstand ich die Sache so.

Dem Erschienenen wurde sodann eröffnet, daß gegen ihn Haftbefehl erlassen wird, weil er eines Verbrechens des Hochverrats nach § 81 Ziffer 2 des Strafgesetzbuchs dringend verdächtig ist und flüchtig zu gehen versuchte.

Vor der Unterschrift erklärt Leviné noch folgendes:
Der Satz auf Seite 1 verso:
»Die Regierung Hoffmann, der Landtag und die Verfassung kamen für uns nicht weiter in Betracht, weil diese durch die Räterepublik tatsächlich aus der politischen Macht gesetzt waren.«, gibt meinen Gedankengang nicht richtig wieder. Nur zu dem Zweck der Klärung der Frage, ob Hochverrat gegeben ist, im Sinne des § 81 möchte ich noch hinzufügen, daß meines Erachtens nach in dem Augenblick, als wir in die Regierung eintraten, die Räterepublik in München tatsächlich bestand und daher nach meiner Auffassung rechtlich keine gewaltsame Umwälzung der Verfassung vom 17. März in jenem Augenblick in Frage kam. Politisch hätte ich die Betriebsräte selbstverständlich zu einer solchen Umwälzung für berechtigt gehalten.
Weitere Ausführungen zur Sache selbst behalte ich mir vor, beziehungsweise, ich werde solche schriftlich nachbringen.

Vorgelesen, genehmigt und unterschrieben: *Eugen Leviné*

Extra-Ausgabe

Preis 10 Pfennig | Mannheim, 18. Juni 1919. | Preis 10 Pfennig

Die Rote Fahne

Organ der Kommunistischen Partei Deutschlands (Spartakusbund) Bezirk Baden.

Erscheint wöchentlich 3 mal. — Abonnementspreis: monatlich 1,10 Mark. — Durch die Post bezogen monatlich 1,08 Mark. Per Streifband 1,70 Mark.

Verantwortlich für die Redaktion i. V.: Georg Lechleiter.
Verlag: Paul Schreck Pestalozzistraße 37
Druck der Neckar-Druckerei (P. Eschert) sämtliche in Mannheim

Anzeigenpreis: Die 6gespaltene Petitzeile oder deren Raum 50 Pfennig. Bei Wiederholung entsprechend Rabatt. — Telefon der „Roten Fahne" 6043

Eugen Levines letzte Rede

„Freimütig und offen wie ein Kämpfer, der aus edlen Motiven gehandelt hat, ist Eugen Levine vor seine Richter getreten. Wohl mehr als ein Dutzend mal hat er erklärt, daß er nicht ihre Gnade wolle und sich nur verteidige, weil dies für ihn, wie für seine Partei die einzige Möglichkeit sei, den Lügen und Verleumdungen entgegenzutreten und ein wahrheitsgemäßes Bild von den Vorgängen zu zeichnen." („Neue Zeitung". Nr. 23.)

Wir wollen heute Eugen Levine selbst reden lassen. Jene letzten Worte, die er über die Köpfe der Richter hinweg im waffenstarrenden kleinsten Saale des Gerichtsgebäudes sprach und die selbst bei denen, die von der „sozialistischen" Regierung gekauft waren um einen Hochverräter zu bewachen solch ungeheure Bewegung auslösten. Es war ein merkwürdiger Kontrast: draußen in den Gängen eine wütende Soldatesko, die nicht begreifen konnte, „wie man wegen dem da noch zwei Tage verhandeln konnte anstatt ihn gleich zu erschießen"; drinnen erst langsam sich regendes Erstaunen über den wahren Sachverhalt der Dinge bei all den schwerbewaffneten Söldlingen. Und man muß es gesehen haben, wie unter dem Eindruck der letzten Worte Levines alle Vorurteile bei ihnen abfielen, in die sie die „öffentliche Meinung" gezwängt hatte, wie sie sahen daß aus der starken Persönlichkeit dieses „bestgehaßten" Mannes Bayerns die reine, strahlende Idee einer besseren Menschengemeinschaft sprach; wie sie ihn dann jubelnd umdrängten und ihn Mannschaften und auch Offiziere — wohl über eine halbe Stunde lang mit Fragen bestürmten. Und als der gleiche Vorgang sich wiederholte als Levine dem Bluturteil die Worte entgegenschleuderte: „Es lebe die Weltrevolution!" da war die Stimmung für den Verurteilten so stark, daß niemand den Saal verlassen durfte ehe die Richter — aber beileibe nicht aus Feigheit — ihren Leib im schützenden Auto in Sicherheit gebracht hatten.

Proletarier! Wenn ihr jetzt seine letzten Worte lest, so denkt daran, daß er die Stunde der Erfüllung in nächster Nähe prophezeite.

Eugen Levines letzte Rede.

Wir Kommunisten sind nur Tote auf Urlaub.

Ich möchte zunächst einiges richtig stellen. Der Staatsanwalt hat in seinen Ausführungen gesagt, daß ich nur zunächst Bayern habe verlassen wollen, um später dahin zurückzukehren und meine Pläne zu verwirklichen. Ich habe aber ausdrücklich bei meinem Verhör gesagt, daß ich mich der Ausrufung der Räte-Republik widersetzt habe, weil Bayern sich für eine Räte-Republik nicht eigne, da es kein geschlossenes Wirtschaftsgebiet sei. Dann haben meine beiden Mitangeklagten Dr. Salz und Schmitt in ihrem Verhör ausgesagt, daß ich mich gegen Toller habe schützen müssen. Da ich keinen Grund habe an der Ehrlichkeit dieser Herren zu zweifeln, so muß ich annehmen, daß meine Frau das ohne mein Wissen gesagt hat um einer Ablehnung vorzubeugen. Im Interesse der Wahrheit muß ich hier richtig stellen, daß ich zu Schmitt gegangen bin, nicht um mich vor Toller, sondern um mich vor der weißen Garde zu schützen. Das Gericht hier betrachte ich als Vertreter jener Klasse, die ich bekämpfe. Als ich vor 12 Jahren in ähnlicher Situation in Rußland gestanden habe, da habe ich die Aussage verweigert. Ich kam vor Gericht und habe ebenfalls die Aussage verweigert. Ich wurde dann wegen Mangels an Beweisen freigesprochen. Wenn ich auf diesen Weg verzichte, so ist es nicht, um eine Milderung der Strafe zu erreichen. Wenn ich das wünschte, würde ich schweigen. Das können meine Verteidiger, die ihnen politisch und menschlich näher stehen als ich, viel besser tun als ich. Ich nehme das Wort aus dem Grunde, aus dem ich während des ganzen Prozesses mich beteiligt habe. Es sind in der Presse und in der Oeffentlichkeit die ungeheuerlichsten Gerüchte über die Vorgänge während der zwei Räte-Republiken verbreitet worden, und ich möchte diese Gerüchte nicht unwidersprochen lassen. Die Münchener Bewegung hat mich erst kurz kennen gelernt, es es könnte mancher Arbeiter von dem Wurm des Zweifels angenagt werden, ob ich des Vertrauens würdig war. Da ich nicht mehr frei bin, da ich kein anderes Mittel habe, um mich zu rechtfertigen, habe ich zu diesem Mittel gegriffen, damit jeder es wissen kann, und weil ich Mitglied der K. P. D. bin und zu denjenigen zähle, die am meisten gehaßt und verfolgt und verleumdet werden in Deutschland, und sich mir Gelegenheit bot, einmal in der Oeffentlichkeit zu zeigen, aus welchem Beweggrunde sie arbeiten und arbeiten wollen. Das bin ich schuldig jenen Arbeitern gegenüber, mit denen ich durch meine Arbeit im Aktionsausschuß und bei den Betriebsräten zusammengekommen bin, wenn sie mich auch davongejagt haben. Ich bin es ihnen schuldig, mich gegen die Anwürfe zu verteidigen, die absolut ungerechtfertigt in der Presse erhoben werden, nicht um eine Strafmilderung herbeizuführen. Der größte Gegensatz zwischen mir und der Staatsanwaltschaft besteht darin, daß wir alle politischen Vorgänge, alle sozialen Vorgänge in Deutschland von vollkommen entgegengesetztem Standpunkt auffassen. Der Staatsanwalt überschätzt die Macht und die Fähigkeit der Führer, etwas zu tun und einleiten. Ihm scheint, daß die Würfel der Weltgeschichte ins Rollen gebracht werden können von ehrenhaften oder ehrlosen, gewissenhaften oder gewissenlosen Führern, und daß sie nur zu Führern werden, wenn sie durch Bildung über die Massen hervorragen. Sie werden aber nur zu Führern dadurch, daß sie befähigt sind, das auszusprechen was sehnlichst von allen gewünscht wird und was die Masse durch Mangel an Bildung nicht zum Ausdruck bringen kann. Daher werden Sie finden, daß in Ihren Reihen eine große Anzahl von Menschen sind, die mir an Bildung überlegen sind, aber in einer Versammlung der Betriebsräte wäre ich der Sieger über sie gewesen, nicht wegen meiner persönlichen Ueberlegenheit, sondern weil ich das aussprechen kann, was die Masse instinktiv fühlt, und es war die Tragödie, daß die Arbeiter zu wenig geschult waren und sich lenken und leiten ließen. Ihnen schien, daß es vollkommen genügt, wenn die Mehrheitssozialisten, Unabhängigen und Kommunisten einen Pakt schließen, und dann wäre die Einigung des Proletariats da. An der falsch verstandenen Parole der Einigkeit ist die Bewegung gescheitert. Wenn das Proletariat in seinem Wollen einig ist, ist es unbesiegbar, sonst kann es zerschmettert werden. Auf diesen Voraussetzungen beruht die Beurteilung aller Punkte, die ich später anführen werde. Ich möchte nicht meine Strafbemessung abschwächen. Ich stehe für meine Handlungen vollkommen ein. Manche Idee habe ich den Betriebsräten erst formuliert und vorgeschlagen und sie haben sie beschlossen. Ich hätte nicht an einer Revolution teilnehmen können, die vorgenommen worden wäre nach der Auffassung des Staatsanwaltes, daß ich die Massen geschoben habe. Schon als junger Student bin ich zu der Ueberzeugung gekommen, daß es nur den Weg gibt, das zu tun, was die Massen wollen. Ich lege Gewicht darauf, das zu sagen, nicht aus einer versöhnlichen Haltung heraus, sondern weil das die grundlegende Anschauung meiner Partei ist. Der Spartakusbund gilt als eine Gruppe von Leuten, die Diktatur über das Proletariat ausüben wollen. Aus dieser Auffassung heraus, die der Masse die Gesamtheit der Pflichten und Aufgaben und gleichzeitig der Rechte zuweist, entspricht unsere Stellungnahme zum Terror und gewaltsamen Kampfe. Ich hatte schon Gelegenheit, mein Stellung über die Diktatur des Proletariats darzulegen, daß wir die Diktatur als Zwischenstufe ansehen, bis die Klassenherrschaft ganz aufhört. Die Partei ist davon durchdrungen, daß dieses Programm sich ohne Gewalt durchsetzen lassen könnte. Der bewaffnete Kampf beginnt erst dann, wenn diese verschwindende Minderheit, mögen unter ihr noch so rechtliche und ehrenhafte Männer sein, trotzdem für die Privilegien ihrer Klasse mit bewaffneter Hand eintritt. Sie bedarf dieses Terrors nicht, sie bedarf dieses Kampfes nicht, weil sie nicht Individuen, sondern Institutionen bekämpft. Wieso kommt es trotzdem zu diesem Kampfe und wieso haben wir die Rote Armee so schnell zustande gebracht? Weil jede privilegierte Klasse, wie die Geschichte uns lehrt, sich bisher geweigert hat, die Großgrundbesitzer in Rußland, die Feudalherren in Deutschland, als ihnen ihre Privilegien genommen wurden, weil wir nicht annehmen konnten, daß in Bayern die Bourgeoisie und kapitalistische Klasse sich widerstandslos enteignen lassen werden. Daher mußten wir die Arbeiterschaft bewaffnen, um Angriffe dieser enteigneten Kapitalisten, der enteigneten früheren Herren des Landes abwehren zu können. Wir haben die Arbeiterschaft aufgefordert sich zu bewaffnen, nicht aus Liebe zum Blutvergießen, im Gegenteil, wir würden uns freuen, wenn die bisher herrschende Klasse sich kampflos ergeben würde. Ich möchte darauf aufmerksam machen, daß der proletarische Sieg in den Novembertagen der nur zum politischen Sieg führte, auch in Berlin unblutig verlief und nicht seitens der Arbeiter die ersten Schüsse fielen, sondern am Abend um 6 Uhr vom Marstall aus von Offizien auf unschuldige Spaziergänger geschossen wurde aus Gefühlen des Unmuts über den Gang der Ereignisse. Ich empfand die Vorgänge in München keineswegs als einen bewaffneten Angriff des Proletariats gegen die Bourgeosie, sondern ausschließlich um die Bourgeosie abzuhalten von bewaffneten Angriffen. Während ich vorher die Lage äußerst pessimistisch beurteilt habe, hegte ich später während der zweiten Räte-Republik die Illussion, daß wir uns vielleicht solange halten könnten, bis in anderen Teilen Deutschlands auch die Räte-Republik ausgerufen würde, und daß die Gegenregierung Hoffmann auf bewaffneten Widerstand verzichten würde. In Uebereinstimmung mit den Mitgliedern meiner Partei kann ich sagen, die Arbeiter in den Betrieben draußen empfinden es als ein unmotiviertes Blutbad, das von der weißen Gerde hervorgerufen wurde. Das ist unsere Auffassung, so wie wir fühlen und wie wir es verstehen.

Ich möchte noch betonen: während meiner ganzen Zeit in München hatte ich die große Freude, mit meinen kommunistischen Freunden vollkommen Hand in Hand arbeiten zu können. Nach allen Beschlüssen, die gefaßt wurden, fühlte ich, daß das was ich sagte, ihnen allen entspricht und daß ich für diese Zeit in ihrem Namen sprechen durfte. Der Eckpfeiler der Räterepublik sind die Betriebsräte, durch die die Menschen zusammengefaßt werden nicht nach Wohnstätten, sondern nach Berufsstätten. Die Vertreter können jederzeit abberufen werden nicht nach 4 oder 5jähriger Dauer, sondern jeder Vertreter bleibt auf seinem Posten nur so lange, als die Wähler es wollen. Das kennzeichnet auch meine Stellungnahme im Vollzugsrat und Aktionsausschuß. Es war keine Phrase, wenn ich den Betriebsräten wiederholt mein Mandat zur Verfügung stellte. Ich weise es zurück, daß einer unter uns einen Machtkitzel gehabt hätte oder einer von uns die Macht an sich gerissen hätte. Wir haben sie erhalten von der Münchener Arbeiterschaft, mag sie auch in ihren Augen falsch gehandelt haben oder politisch unklug gewesen sein. Die Betriebsräte haben uns dreimal nicht gestattet, daß wir das Mandate niedergelegt haben. Es ist von meinem Verteidiger darauf hingewiesen worden, daß von uns dreien (Axelrod, Lewin und ich) nur ich im Vollzugsrat war. Axelrod kam auf unsre Bitten, weil er volkswirtschaftlich und in der russischen Revolution erfahren ist, mit beratender Stimme in den Aktionsausschuß. Die Betriebsräte verlangten, daß er ebenfalls beschließende Stimme haben sollte. Ich möchte auch persönlich den Vorwurf zurückweisen, der nicht von der Staatsanwaltschaft erhoben wurde, sondern von außen: daß wir Landfremde seien. Ich bin meiner Abstammung nach Russe, bin Jude, bin nicht Bayer. Wie konnte ich mir anmaßen, einen Posten anzunehmen, der dem eines Ministerpräsidenten entsprach. Um das zu verstehen müssen sie sich hineinversetzen in die Denkweise der Arbeiterschaft, in unser Ideal der deutschen Räterepublik, und später der internationalen Räterepublik. Wir waren selbstverständlich der Ansicht, daß in jener Räterepublik jeder mitarbeiten konnte und den Posten übernehmen mußte, den ihm das Proletariat übertrug und wenn er sich ihm gewachsen fühlte. Den Antrag auf Erklärung des Generalstreiks habe ich gestellt, obgleich ich überzeugt bin, daß, wenn ich ihn nicht gestellt hätte, ein Anderer ihn gestellt hätte. Der Staatsanwalt fragte, wie ich es fertig brachte, 10 Tage die Massen von der Arbeit fernzuhalten, wo Arbeit so dringend notwendig war. Die deutsche Regierung hat Millionen von Menschen nicht 10, sondern hunderte und tausende von Tagen der Arbeit ferngehalten, weil sie dachte, einen Zustand herbeizuführen, der besser sein würde. Wir haben

Eugen Leviné
Schlußrede vor Gericht

»Es fällt mir ziemlich schwer, meine Ausführungen zu machen. Schon vor meiner allerersten Vernehmung erklärte ich, daß eigentlich alles, was jetzt vorgeht, das ganze Gericht, nur eine Konsequenz der politischen Lage und nicht der juristischen ist. Der Hochverrat ist daher da, weil die Räterepublik unterlegen ist. Dasselbe ist in dem Leitartikel der ›Münchener Neuesten Nachrichten‹ gesagt worden, wo es heißt, daß nur der *mißlungene* Hochverrat Hochverrat, jeder *gelungene* kein Hochverrat sei. Hochverrat resultiert aus politischen Erwägungen, nicht aus juristischen.
Das Gericht sehe ich als die Vertreter jener Klasse an, die ich als meine bisherigen politischen Gegner betrachte. Ich könnte mich vielleicht vor Kommunisten verantworten, aber wie könnte ich mich vor meinen Gegnern um Taten willen verteidigen, die sie als gegen ihre Existenz gerichtet ansehen müssen! Ich war in Rußland in ähnlicher Lage; dort habe ich die Aussage verweigert und wurde mangels Beweisen freigesprochen. Wenn ich jetzt diese Taktik nicht befolge, so will ich auch die Gründe dafür sagen. Ich verteidige mich nicht, weil ich eine mildere Strafe von Ihnen erwarte; wenn ich das wollte, dann müßte ich eigentlich jetzt schließen, denn meine Verteidiger, die Ihnen politisch und menschlich näherstehen als ich, würden die Verteidigung viel wirksamer ausüben können.
Ich nehme jetzt wieder das Wort aus dem Grunde, aus dem ich mich während des ganzen Prozesses an der Verteidigung auf das entschiedenste beteiligt habe. Es wurden in der Presse und Öffentlichkeit die ungeheuerlichsten Gerüchte verbreitet über die Räterepublik, über mich persönlich wie über die ganzen Vorgänge, und ich möchte diese Gerüchte deswegen nicht unwidersprochen lassen: die Münchener Arbeiterschaft hat mich nur kurz kennengelernt, und so könnte mancher Münchener Arbeiter nun von einem gewissen Wurm des Zweifels angenagt werden, ob er sein Vertrauen wirklich jemandem geschenkt hat, der dessen würdig war. Da ich nicht mehr frei bin, muß ich zu diesem Mittel greifen, damit ich alles aufrollen kann.
Ein zweiter Grund ist der, daß ich Mitglied der Kommunistischen Partei bin und diese diejenige ist, die am meisten gehaßt und verleumdet wird in Deutschland. Daher halte ich es für meine Pflicht, in der Öffentlichkeit einmal zu zeigen, aus welchen Beweggründen die Mitglieder der KPD arbeiten, arbeiten wollen und zu arbeiten versuchen. Das bin ich schuldig jenen Arbeitern gegenüber im Aktionsausschuß, jenen über 1200 Betriebsräten, mit denen ich in täglicher Zusammenarbeit doch zusammengewachsen bin, wenn sie mich auch davongejagt haben; ich bin es ihnen schuldig, sie ebenfalls zu reinigen.
Ich verteidige mich also nicht, um eine mildere Strafe zu erwirken, sondern um mir die Möglichkeit nicht entgehen zu lassen, festzustellen, was ist.
Der größte Gegensatz zwischen mir und der Staatsanwaltschaft besteht darin,

daß sie alle politischen und sozialen Vorgänge, sowohl in Deutschland wie in der ganzen Welt, von vollkommen entgegengesetzten Punkten auffaßt. Der Staatsanwalt *überschätzt* die Macht und die Fähigkeit der Führer, etwas zu tun und irgendwie einzugreifen. Ihm scheint, die Würfel der Weltgeschichte rollen anders, je nachdem sie von der Hand ehrlicher oder ehrloser Führer geworfen werden. Aber die Führer kommen selbst aus den Massen hervor, wenn auch vielleicht aus anderem Milieu. Sie werden zu Führern, nicht weil sie über die Massen hervorragen, sondern nur dadurch, daß sie befähigt sind, das auszusprechen, was die Massen selbst instinktiv ersehnen und was sie aus Mangel an formaler Bildung nicht zum Ausdruck bringen können. Deshalb werden Sie zwar in Ihren bürgerlichen Kreisen eine große Anzahl von Menschen finden, die mir an Wissen überlegen sind, aber in einer Versammlung von Arbeitern wäre ich Sieger geblieben, Herr Staatsanwalt, nicht wegen meiner persönlichen Überlegenheit, sondern nur, weil ich das ausgesprochen hätte, was die Massen fühlten und wollten. Es ist bloß die Tragödie der Münchener Massen, daß sie noch zuwenig politisch geschult waren. Sie verstanden wohl, daß das ganze Proletariat als Gesamtheit auftreten müsse, um zu siegen; ihnen schien jedoch, daß diese Gesamtheit verschiedene Programme haben konnte und daß es vollkommen genügt, wenn die Mehrheitssozialisten, die Unabhängigen und Kommunisten einen äußerlichen Pakt schließen. Tatsächlich ist daran auch zum Teil die Münchener Räterepublik gescheitert. Wenn das Proletariat einig ist in seinem Ziel und in seinem Wollen, dann ist es unbesiegbar, nicht aber, wenn die Einigkeit nur durch ganz formale äußere Verknüpfungen organisatorischer Art hergestellt ist. Aus diesen Voraussetzungen heraus ist die Beurteilung aller Punkte, die ich später anführen werde, bei mir nämlich eine ganz andere als beim Staatsanwalt. Ich möchte meine Strafbemessung nicht abschwächen, und nicht juristisch will ich die Verantwortung etwa ablehnen auf den Vollzugsrat, sondern stehe für meine Handlungen vollkommen ein. Ich bin zum Teil auch der Initiator gewesen, manche Idee habe ich den Arbeitern erst formuliert, die sie instinktiv fühlten, aber ich kann sagen, daß ich niemals an einer Revolution teilgenommen hätte, welche von Führern der Masse geschoben worden wäre, wie der Herr Staatsanwalt sie geschildert hat.

Als ich als junger Student nach Rußland ging, kam es mir schon zum Bewußtsein, daß die Tätigkeit eines politischen Agitators darin besteht, nur das zu formulieren, was der geschichtliche Wille der Masse ist, nicht aber ihnen *gegenüber* und gegen sie seinen Willen durchzuführen. Danach habe ich gehandelt. Ich habe mich an die Massen gewendet; waren sie mit mir einig, haben sie es getan; wenn nicht, dann mußte ich leider oft die Rolle spielen, die ich spielte, und die strafrechtlichen Folgen tragen für das, was andere in ihrem Unverstand eingebrockt hatten. Das alles sage ich nicht aus einer persönlichen Haltung heraus, sondern weil das die Grundanschauung der Partei der Kommunisten ist. Diese gilt in der Öffentlichkeit immer als Gruppe von Leuten, die den Terror einer Minderheit ausüben wollen, die die Diktatur über das Proletariat ausübenwollen. Jede Zeile des Programms der Partei ist voll davon, daß nur das Proletariat selbst imstande ist, etwas zu erreichen.

Aus dieser Auffassung heraus, die gerade den Massen nicht nur den Schwerpunkt, sondern auch die Gesamtheit der Aufgaben zuweist, entspringt auch unsere ganze Stellungnahme zu der viel umstrittenen Frage des Terrors und des gewaltsamen Kampfes. Ich hatte schon Gelegenheit, meine Stellung über die Diktatur des Proletariats darzulegen, daß die Diktatur des Proletariats nur eine Zwischenstufe ist in der Zeit nach der Diktatur des Kapitals bis zur Zeit, wo völlige Demokratie dadurch geschaffen wird, daß es nur eine Klasse der Arbeitenden gibt. Die Partei der Kommunisten ist überzeugt, daß dieses Programm sich sehr wohl ohne Gewalt durchsetzen ließe, wenn die verschwindende Mehrheit der Besitzenden sich vor der geschichtlichen Notwendigkeit nicht verschließen würde. Der bewaffnete Kampf aber, der uns so sehr vorgeworfen wird, beginnt erst dann, wenn diese verschwindende Minderheit trotzdem für die Privilegien ihres Standes und ihrer Klasse sich mit bewaffneter Hand zur Wehr setzt. ›Die proletarische Revolution bedarf für ihre Ziele keines Terrors, sie haßt und verabscheut den Menschenmord. Sie bedarf dieser Kampfmittel nicht, weil sie nicht Individuen, sondern Institutionen bekämpft.‹

Wieso kommt es denn zu diesem Kampf? Wieso kommt es, daß wir, wenn wir an die Macht gelangen, eine Rote Armee bilden? Das kommt aus der historischen Erkenntnis heraus, daß bisher jede privilegierte Klasse mit bewaffneter Hand sich gewehrt hat dagegen, daß ihre Privilegien genommen wurden, und weil wir das wissen, weil wir nicht im Wolkenkuckucksheim leben, weil wir nicht damit rechnen können, daß in Bayern andere Verhältnisse sind, daß sich hier die Bourgeoisie und die kapitalistische Klasse widerstandslos enteignen lassen würden, daher mußten wir die Arbeiter bewaffnen, um Angriffe dieser enteigneten Kapitalisten abwehren zu können. So ist es bisher überall gewesen, so werden wir natürlich, wo es uns einmal gelingt, zur Macht zu kommen, überall handeln. Wir haben die Arbeiterschaft nicht aus Freude am Blutvergießen aufgefordert, sich zu bewaffnen, im Gegenteil, wir würden uns sehr freuen, wenn in irgendeinem Falle die bisher bevorrechtete Klasse darauf verzichten würde, den aussichtslosen Kampf erst aufzunehmen, denn der Kampf wird einmal für sie aussichtslos. Ich möchte darauf aufmerksam machen, daß auch der Sieg des Proletariats in den Novembertagen unblutig verlief. Daß zum Beispiel in Berlin die ersten Schüsse fielen um sechs Uhr abends aus dem Marstall, wo Offiziere auf wehrlose Spaziergänger geschossen haben aus Gefühlen des Unmuts über den Gang der Ereignisse.

Ich stehe auf dem Standpunkt, daß die Bewaffnung des Proletariats, die hier stattfand, da war, um die Bourgeoisie abzuhalten vor bewaffneten Gegenangriffen. Der Herr Staatsanwalt oder der Herr Vorsitzende hat einen Artikel aus dem Mitteilungsblatt des Vollzugsrates vorgelesen, in dem es aus der gleichen Befürchtung heraus heißt, daß die Gewehre, die nicht abgeliefert werden, dazu da sind, um auf die Proletarier zu schießen.

Während ich vorher äußerst pessimistisch die Situation beurteilt hatte, als man mir entgegenhielt, hier in Bayern sei es anders, die bayrische Regierung werde sich hüten, Preußen einmarschieren zu lassen, kam ich später zu der Hoffnung, daß wir uns vielleicht so lange halten können, bis anderswo auch die Räterepu-

blik ausgerufen würde, und daß die Regierung Hoffmann davon absehen werde, anzugreifen. Wir alle empfinden die Vorgänge in den ersten Tagen des Mai nicht als einen Vorstoß des Proletariats, sondern als ein unmotiviertes Blutbad, das die Weißen Garden unter der Münchener Arbeiterschaft hervorgerufen haben. Während der ganzen Zeit, während der ich in München war, hatte ich die große Freude, mit meinen kommunistischen Freunden Hand in Hand arbeiten zu können. Es herrschte immer vollkommene Einstimmigkeit, und darum fühlte ich mich bei meinem Auftreten hier nicht als Fremder, sondern ich fühlte mich zunächst mit diesen kommunistischen Arbeitern verbunden und durch sie mit der ganzen Münchener Arbeiterschaft; ich durfte daher wenigstens für diese Zeit in ihrem Namen sprechen.
Dann kommt der zweite Punkt, der ebenfalls zusammenhängt mit meiner ganzen Auffassung: jederzeitige Abberufung und Absetzbarkeit eines jeden Funktionärs der Räterepublik. Der Eckpfeiler der Räterepublik ist, daß sie aufgebaut ist auf den Betriebsräten. Die Arbeiter werden zusammengefaßt, nicht nach ihren Wohnstätten, sondern nach ihren Arbeitsstätten. Da, wo man täglich zusammensteht, wo man sich täglich kennenlernt, beim täglichen Zusammenarbeiten, da gehen auch die Wahlen der Funktionäre nach ganz anderen Grundsätzen vor sich. Da weiß der Arbeiter, ob der Gewählte nur ein Schwätzer ist oder einer, der seinen Mann stehen kann. Daher ist dieser Aufbau für uns das Normale und das Gegebene gewesen, um so mehr, da ja dieses neue Staatswesen nur die Arbeitenden umfassen wird. Jeder Vertreter der Arbeiter bleibt nur so lange auf seinem Posten, wie seine Wähler es wollen. Es war daher keine Phrase, wenn ich mein Mandat wiederholt zurücklegte in die Hände der Betriebsräte. Daher kann ich sagen, daß ich und meine Freunde aus dem Aktionsausschuß – ich darf sie so nennen, alle 35 sind zurückgetreten am 27. April –, wir waren jederzeit bereit, zurückzutreten, keiner von uns hat an seinem Mandat geklebt, und ich kann versichern, daß das Leben, das wir führten, keinen besonders gereizt hat, auch die Arbeiter nicht, die müde waren nach der Arbeit. Alle diese Leute waren auf ihrem Posten nur aus Pflichtgefühl und empfanden ihr Amt als schwere Bürde, und ich weise es zurück, daß auch nur einer Machtgefühl oder Machtrausch empfunden hätte. Keiner hat die Macht an sich gerissen von uns, wir haben sie erhalten von der Münchener Arbeiterschaft. Sie hat uns im Verlauf von zwei Wochen dreimal gezwungen, das Mandat zu behalten. Daher weise ich es zurück, daß nur das Dreiblatt, Levien, Leviné und Axelrod, oder ein landfremder Klüngel hinter den Aktionen gestanden hätte.
Im Revolutionstribunal, in der Kommission zur Bekämpfung der Gegenrevolution war niemand von den dreien dabei. Ich möchte auch persönlich einen Vorwurf zurückweisen, der wohl nicht von der Staatsanwaltschaft erhoben wurde, aber von außen, und zum Teil, weil auch der Staatsanwalt erklärte, es wären Landfremde. Ich weiß sehr wohl, ich bin meiner Abstammung nach Russe, ich bin Jude, ich komme aus Nichtbayern, wie konnte ich mir anmaßen, den Posten anzunehmen, von dem der Verteidiger sagte, daß er dem des Ministerpräsidenten entspräche. Um das zu verstehen, müssen Sie sich in die Vorstellungen der Arbeiterschaft hineindenken; unser Ideal ist die zukünftige deutsche Räterepu-

blik, die später aufgeht in der internationalen Räterepublik. Aber solange das nicht möglich ist, konnte und kann die Ausrufung einer Räterepublik zunächst nur stellenweise erfolgen, und wir waren selbstverständlich davon überzeugt, daß jeder mitarbeiten mußte, wenn er dem Posten sich gewachsen fühlte und wenn kein anderer für den Posten zur Verfügung stand. Wenn ich den Posten annahm, so, weil ich mir zutraute, durch meine frühere Tätigkeit Einblick auch in die wirtschaftlichen Verhältnisse zu haben, und weil ich mich für persönlich berechtigt und auch verpflichtet hielt, solange kein anderer da ist, den Posten anzunehmen. Solange ich ihn einnahm, hatte ich meine Pflicht zu tun gegen das deutsche wie gegen das internationale Proletariat und gegen die kommunistische Revolution.
Der Herr Staatsanwalt machte mir den Vorwurf, den zehntägigen Generalstreik veranlaßt zu haben. Den Antrag auf Beschluß des Generalstreiks habe ich allerdings gestellt. Es war eine Selbstverständlichkeit, daß zur Sicherung einer proletarischen Diktatur die gesamten proletarischen Massen zur Verfügung stehen mußten, und zwar bewaffnet; es war keine Polizei da, es galt Plünderungen zu verhüten usw. Der Herr Staatsanwalt sagte, wie hatte ich es fertigbringen können, die Menschen zehn Tage von der Arbeit fernzuhalten, jetzt, wo Arbeit so dringend notwendig ist. Die deutsche Regierung hat Millionen von Proletariern nicht zehn, sondern hundert und aberhundert Tage von der Arbeit ferngehalten. Die deutsche Regierung wollte nach Bagdad und Longwy, wir wollten den Kommunismus. Aber das Mittel, das Sie bei den anderen nicht verurteilen, dürfen Sie auch bei uns nicht verurteilen, weil wir andere Zwecke verfolgen. Der Staatsanwalt behauptet, daß nur die Maschinengewehre die Arbeiterschaft zum Streik gezwungen haben. Der Antrag auf Eintritt in den Generalstreik wurde einstimmig angenommen von den Vertretern sämtlicher Betriebe, deren Angestellte eingeschlossen; die Beamtenorganisationen, die Postbeamten, alle waren dabei. Wo ist da der Terror, wo eine Vergewaltigung der Minderheit, warum übernimmt der Staatsanwalt die Legenden, die die Münchener Arbeiterschaft diskreditieren, warum will er nicht zugeben, daß sie etwas getan haben, was sie aus ihren eigenen Massenbeschlüssen heraus getan haben?
Später wurde dann vorgeschlagen, am Dienstag nach Ostern den Generalstreik wegen seiner wirtschaftlichen Folgen abzubrechen. Ich machte einen Gegenvorschlag. Sonntag und Montag war Ostern. Würde man aber am Dienstag zu arbeiten anfangen, dann hätte es so ausgesehen, als wenn der Streik abgebröckelt sei; als würdigeren, dem Willen der Arbeiterschaft besser entsprechenden Abschluß habe ich vorgeschlagen, am Dienstag nochmals zu streiken, alle Theater geschlossen zu halten, die Elektrischen nicht fahren zu lassen, damit man deutlich sieht, daß es von dem freien Entschluß der Arbeiter selbst abhängt, ob sie arbeiten wollen oder nicht. Dieser Beschluß wurde wiederum einstimmig gefaßt. Wie der Beschluß durchgeführt wurde, wird der Staatsanwalt wissen. Die Arbeiterschaft und die Hunderte von Postbeamten und -beamtinnen in ihren hellblauen Uniformen an der Spitze marschierten zum Wittelsbacher Palais, um ihre Solidarität auszudrücken mit denen, die hier alle als Terroristen dargestellt werden, die das Münchener Proletariat geknechtet haben sollen.

In der ersten Zeit mußten wir die Agitation der bürgerlichen Presse verhindern; wir waren nicht imstande, eine bloße Zensur über sie auszuüben, und mußten deshalb allerdings die Blätter schließen. Man sagt, das ist Terror; jawohl, das ist Terror, derselbe Terror, den die Regierung Hoffmann ausübt, wenn sie die ›Rote Fahne‹ verbietet, derselbe Terror, der mir keine andere Möglichkeit gibt, mich vor meinen Parteigenossen zu rechtfertigen, als hier an den Herrn Vorsitzenden zu appellieren, mich aussprechen zu lassen.

Der Herr Staatsanwalt warf mir vor, ich hätte persönlich mich eingesetzt für eine scharfe Justiz, und gleichzeitig erhebt er den Vorwurf, daß ich schuld sei an den Plünderungen, die in der Räterepublik geschehen seien. Ich begreife das nicht recht. Entweder durfte ich nicht, wie die Zeugin Kämpfer es bezeugt hat, das Tribunal scharfmachen: dann darf man mir auch die Plünderungen nicht vorwerfen, oder aber ich muß die Möglichkeit haben, das Tribunal von seinen Pflichten so zu instruieren, wie es mir im Interesse der Arbeit und unserer Aufgaben notwendig schien, und dann darf man mir nicht den Vorwurf machen, daß ich es getan habe. Wenn der Staatsanwalt mir vorwirft, daß von mir auch die Möglichkeit der Todesstrafe ins Auge gefaßt worden sei, so tut er das in demselben Augenblick, in dem er gegen mich die Todesstrafe beantragt, gegen mich, der ich weder gemordet noch geplündert habe.

Der Staatsanwalt sprach von dem inneren Frieden, den ich gefährdet habe. Ich habe ihn nicht gefährdet, weil es keinen inneren Frieden gibt. Solange das Wort Sozialismus nur auf den Briefbogen der verschiedenen Regierungen steht, gibt es keinen inneren Frieden, und solange es Menschen gibt, Aktionäre, die in fünf Kriegsjahren ihr Vermögen ohne jede Arbeit verdoppeln konnten, solange werden die Arbeiter versuchen, von dem vermehrten Reichtum ihren Anteil zu beanspruchen, und die Aktionäre werden es nicht zulassen. Und je mehr sich die wirtschaftlichen Verhältnisse zuspitzen unter dem Einfluß des Krieges, wenn die Kriegsgefangenen zurückkehren, wenn keine Arbeit da sein wird, keine Wohnung, keine Kleidung und das bißchen, was da ist, nicht gerecht verteilt werden kann, weil wir keine kommunistische Republik haben, dann wird es einen inneren Kampf geben, der vielleicht Formen annimmt, die ich mit meinen Freunden nicht billige, der aber eine Naturnotwendigkeit ist, gegen die es keinen Einspruch gibt.

Sehen Sie sich um, hier im Gerichtsgebäude sind Beamte, die hundertfünfzig bis hundertachtzig Mark haben bei den jetzigen Lebensverhältnissen. Sehen Sie sich die Wohnungen in den jetzigen ›Spartakistennestern‹ an, dann werden Sie verstehen, daß nicht *wir* den inneren Frieden gefährdet haben, sondern wir haben nur aufgedeckt, daß es keinen gibt. Solange es aber diesen inneren Frieden nicht gibt, solange wird auch der Kampf weitergehen. Und wenn er bewaffnete Formen annimmt und alles ungeheure Elend und Unglück mit sich bringt, das tatsächlich in München herrschte während der ersten Tage des Mai, dann sind nicht wir schuld daran, sondern jene, die der Arbeiterschaft das Recht absprechen, über sich selbst zu bestimmen.

Der Staatsanwalt sagte auch, ich sei moralisch schuld an der Erschießung der Geiseln. Ich weise diese Schuld entschieden zurück. Schuldig daran sind diejeni-

gen, die August 1914 zuerst Geiseln aufgebracht haben, ohne daß die deutsche Staatsanwaltschaft deswegen Anklage erhoben und die Todesstrafe gegen sie bantragt hätte. Wenn noch jemand schuld daran ist, dann sind es diejenigen, die sich nach Bamberg verkrochen haben und von dort mißgeleitete Proletarier zusammen mit Offizierskompanien und zusammen mit Negern nach München geschickt haben. (Große Bewegung und Entrüstung unter den Richtern; der Vorsitzende unterbricht und will Leviné verbieten, in ähnlicher Weise fortzufahren.)
Leviné: Herr Vorsitzender, ich weiß sehr wohl, was ich damit auf mich laden kann. Aber ich muß sagen, ich bin vom Herrn Staatsanwalt gereizt worden in einer Weise, wie es mir in meiner ganzen politischen Laufbahn nicht vorgekommen ist. Der Herr Staatsanwalt hat, um das Todesurteil zu begründen, auf ehrlose Gesinnung plädiert und hat diese ehrlose Gesinnung vor allen Dingen begründet mit dem Vorwurf der Feigheit, einem der schwersten Vorwürfe, die man einem Menschen machen kann, der sechzehn Jahre im revolutionären Kampfe steht.

Ich will darüber hinweggehen und nur eines sagen: Wenn der Staatsanwalt mir vorwirft, daß ich, nachdem ich auch aus der Regierung ausgetreten war und tatsächlich nichts mehr zu tun hatte, mich nicht in die Reihen der Roten Armee gestellt habe, so verweise ich auf das, was meine Verteidiger schon gesagt haben, ich muß mich in meinen Handlungen richten nach den Ehrbegriffen, die in den Kreisen meiner Freunde bestehen; am letzten Abend habe ich eine Sitzung gehabt mit meinen Freunden, wobei Arbeiter, Mitglieder der Roten Armee und andere anwesend waren, und es wurde von den Anwesenden einstimmig der Beschluß gefaßt: Die Mitglieder der Roten Armee begeben sich auf ihren Posten, die, die Mitglieder der Regierung waren, haben zu verschwinden. Ich bin verschwunden, habe mich verkrochen im Einverständnis mit meinen kommunistischen Freunden. Aber nicht, um meine Haut zu retten.

Meine Herren Richter, Sie waren sehr unwillig über etwas, was ich gesagt habe, ich will nicht über die Form sprechen, in der ich es gesagt habe, aber dem Inhalt nach ist es doch richtig. Ich habe es selbst in der Zeitung gelesen, daß sich unter den Truppen, die in München einmarschierten, Neger befunden haben. Ist doch die Regierung Hoffmann in Bamberg auch vor ganz anderen Maßnahmen nicht zurückgeschreckt. Muß doch jeder zugeben, daß die Blockade Münchens durch die Bahn und durch die Sperrung der Lebensmittelzufuhr, wie sie im ›Freien Staat‹ ausgeübt wurde, nichts anderes ist als die Wiederholung der englischen Blockade, die doch moralisch für sehr verwerflich gehalten wurde.

Was den Vorwurf der Feigheit anbetrifft, so kann ich den Herrn Staatsanwalt nicht hindern, solche Vorwürfe zu erheben, aber vielleicht darf ich ihn, der den Urteilsspruch beantragt hat, bitten, dabeizusein, wenn er vollzogen wird, um dann vielleicht einzugestehen: es ist eine irrtümliche Auffassung, als ob nur derjenige, der in den Reihen der Roten Armee kämpft, seine Haut zu Markte trägt. Sie kennen jenes Kampfgedicht des ›Vorwärts‹ nach den Dezemberkämpfen in Berlin: ›Hundert Proletarierleichen in einer Reih'; Karl, Rosa und Kumpanei, es ist keiner dabei.‹ Drei Tage darauf werden Karl Liebknecht und Rosa Luxemburg erschlagen, und die Kumpanei, meine Freunde Werner Möller und Wolfgang

Fernbach, wurden auch erschlagen, und keiner von ihnen ist Mitglied des Roten Soldatenbundes. Meine Herren Richter! Ich bin zweimal von Vertretern der bayrischen Regierung der Feigheit geziehen worden. Das erstemal von Schneppenhorst, weil ich die Gründung der Räterepublik nicht billigte, das zweite Mal vom Staatsanwalt, weil ich nicht mit der Waffe in der Hand, sondern nach meiner Weise und nach meinem Ermessen kämpfte und im Einverständnis mit der Kommunistischen Partei vom Kampfplatz abtrat. Ich will schließen. Seit sechs Monaten gab es keine Möglichkeit mehr für mich, mit meiner Familie zusammen zu sein. Meine Frau konnte mich zum Teil nicht einmal besuchen, meinen kleinen Jungen, der drei Jahre alt ist, konnte ich nicht sehen, weil vor meinem Hause der Häscher stand. So ist das Leben, das ich führte, und es läßt sich weder mit Machtgefühl noch mit Feigheit vereinbaren. Ich habe dann, als mir wieder Feigheit vorgeworfen wurde, und zwar von Toller, als er mich zur Ausrufung der ersten Räterepublik überreden wollte, ihm entgegnet: Was willst du, die Mehrheitssozialisten fangen an, laufen und verraten uns, die Unabhängigen gehen auf den Leim, machen mit, fallen später um, und uns Kommunisten stellt man an die Wand. Wir Kommunisten sind alle Tote auf Urlaub. Dessen bin ich mir bewußt. Ich weiß nicht, ob Sie mir meinen Urlaubsschein noch verlängern werden oder ob ich einrücken muß zu Karl Liebknecht und Rosa Luxemburg. Ich sehe jedenfalls Ihrem Spruch mit Gefaßtheit und mit innerer Heiterkeit entgegen. Denn ich weiß, was für einen Spruch Sie fällen werden. Die Ereignisse sind nicht aufzuhalten. Der Herr Staatsanwalt glaubt, die Führer hätten die Massen aufgepeitscht. Wie die Führer die Fehler der Massen nicht hintertreiben konnten unter der Schein-Räterepublik, so wird auch das Verschwinden des einen oder des anderen der Führer unter keinen Umständen die Bewegung hindern.
Dennoch weiß ich: über kurz oder lang, in diesem Raum werden andere Richter tagen, und dann wird der wegen Hochverrats bestraft werden, der sich gegen die Diktatur des Proletariats vergangen hat. Fällen Sie das Urteil, wenn Sie es für richtig halten. Ich habe mich nur dagegen gewehrt, daß meine politische Agitation, der Name der Räterepublik, mit der ich mich verknüpft fühle, daß der gute Name der Münchner Arbeiter beschmutzt wird. Diese und ich mit ihnen zusammen, wir haben alle versucht, nach bestem Wissen und Gewissen unsere Pflicht zu tun gegen die Internationale, die kommunistische Weltrevolution.«

Nr. 19. Donnerstag, den 12. Juni 1919. Preis 20 Pf.

Der Kommunist

Kommunistisches Organ für Breslau und Schlesien.

Erscheint wöchentlich zweimal.

Expedition und Verlag: Max Michalsky, Breslau, Große Groschengasse 6. | Redaktion Große Groschengasse Nr. 6. | Monatl. Abonnementspreis 1,20 Mk. frei Haus. Per Kreuzband 2,— Mk. Inseratenpreis für die 6 gespalt. Petitzeile 50 Pf.

Das Ende des Arbeiterführers Leviné.

Am 5. Juli ist Leviné, Mitglied der K. P. D., standrechtlich erschossen worden.

Ein sozialistisches Urteil.

Im Namen des Freistaates Bayern erkennt das hier versammelte standrechtliche Gericht einstimmig was folgt:
I. Dr. Eugen Levinó wird wegen eines Verbrechens des Hochverrates zum Tode verurteilt.
(Dr. Leviné ruft in den Saal: „Es lebe die Weltrevolution!")

An das internationale Proletariat.

Ein Schrei des Entsetzens und der Entrüstung geht durch alle Lande, wo Proletarier unter dem Joche des Despotismus schmachten.

Leviné, der Arbeiterführer und Freund ist hingerichtet! Ein wehrloser Kriegsgefangener ist ermordet worden von entmenschten Bestien.

Das Blut der gemordeten Arbeiterführer schreit nach Rache. Die edelsten Führer der Arbeiterschaft werden durch Mord beseitigt, die entrechteten Proletarier werden ihrer Organe beraubt und Führerlos gemacht

Das Proletariat der ganzen Welt beweint dich, Leviné. Deine letzten Worte sind nicht ungehört verhallt. **„Es lebe die Weltrevolution."**

Diese vier Worte aus deinem totgeweihten Munde gellen durch Europa und rasen über die Ozeane nach allen Himmelsgegenden, wo Arbeiter leben.

Diese vier Worte waren die einzige Antwort auf des Todesurteils Verkündung. Diese vier Worte werden seinen Mördern auf dem Gewissen lasten und wie Feuer brennen bis zum Tage des großen Weltgerichts, wo das Proletariat als souveräne Staatshoheit seinen gerechten Willen vollstrecken wird.

Und wir werden euch wiedersehen, ihr Möpse und Knirpse, wie ihr zähneklappernd um Gnade winseln werdet. Wir wollen dann sehen, ob ihr auch soviel Todesverachtung zeigen werdet, wie unser tapferer Leviné, der mit offenen Augen in die totbringenden Gewehrläufe starren konnte, ohne mit der Wimper zu zucken.

Trotzig lehnte er euren „gutgemeinten Rat" ab, mit dem Gesicht zur Wand sich aufzustellen.

Verächtlich wies er „eure Teilnahme" von sich, mit verbundenen Augen den Todesstoß zu empfangen. Und da wagt ihr es, ihm Feigheit vorzuwerfen, ihr großen, großen Helden? — —

Es ist kein Heldenstück, einen wehrlosen Gefangenen zu töten. Aber es ist namenlos groß, den Tod mit offenen Augen langsam auf sich zukommen sehen Wir Frontsoldaten haben es gelernt, während ihr Kriegsgerichtskanibalen bei der Etappe von einem wüsten Sektgelage zum anderen schreiten und Soldaten verurteilen konntet.

Schreibtafel her! Wie hieß jener Staatsanwalt, der den letzten Rest seines erweichten Gehirns zusammenklebte zu der schmutzigen Verleumdungsformel der **„ehrlosen Gesinnung"**? — Wie hieß dieser Aktenwurm, der sein ganzes Leben lang im Aktenstaub sein Paragraphen-Schmarotzerdasein fristete auf Kosten der Arbeiter und in völliger Unkenntnis des Arbeiterlebens zu behaupten wagte, daß Leviné in **ehrloser Gesinnung** gehandelt.

Hatte Leviné nicht die Vollmacht der Arbeitermassen? Dieser Vorwurf richtet sich gegen die Hoheit des gesamten arbeitenden Volkes.

Weiter fragen wir: Welches Regierungssystem gestattete jenem Staatsanwalt und seinen Helfern, Levinés Handlungen von der Perspektive eines Gesetzesparagraphen aus dem Jahre **1851** anzusehen?

Angeblich eine sozialistische Regierung!

Haben wir nicht am 9. — (in Bayern schon am 7. November) eine Revolution gehabt? — — —

Dürfte das Gesetz über den Belagerungszustand (von 1851) überhaupt noch Gesetzeskraft haben, nachdem die Revolution den Ausdruck für die Zustimmung einer auf dem Bürgerlichen Gesetzbuch aufgebauten Staatsautorität gebieterisch kundgab?

Das vorläufige Staatsgrundgesetz vom 17. März 1919 gab Bayern zwar eine neue Verfassung, aber diese neue Verfassung ist unsozialistisch, wenn sie nicht die Macht besitzt, alle verstaubten Gesetze über den Belagerungszustand zu inhibieren.

Das Standrecht war von jeher die **ultima ratio regis** (letzte Hilfe des Königs) gegen den Volkswillen.

Regieren immer noch Könige? —

Die Hinrichtung Levinés ist eine furchtbar deutliche Bejahung dieser quälenden Frage.

Könige regieren noch immer, nicht aber Völker Tyrannisches Despotentum herrscht heute frecher, volksfeindlicher als jemals zuvor.

Unter Wilhelm II. wäre das nicht möglich gewesen, was heute unter Nero-Noske sich abspielt.

Jener Bourgeois-Schutzengel Hoffmann aber fuhr hinaus zur Erholung, während man den Arbeiterführer Leviné auf den Richtplatz schleppte

Der Ministerrat beschließt die Vollstreckung des Mordes unverzüglich vorzunehmen und König Ebert läßt sich Zeit zum Protest. Telegraph und Telephon waren für wichtigere Zwecke belegt. —

Der Pilatus-Scheidemann wäscht sich die Hände und rezitiert: **„Ich bin unschuldig an dem Blute dieses Gerechten."**

10 Schüsse krachen und die Harmonie eines schönen Geistes wird zerrissen. Die Arbeiter haben einen Führer verloren. Sie beweinen ihn aufrichtig.

Aber zum Weinen ist jetzt keine Zeit mehr. Jetzt heißt es handeln.

Arbeitendes Volk!

Sehe dir deine „sozialistische" Regierung an, wie sie deine Rechte wahrt. Arbeitendes Volk: Das du am schwersten arbeiten mußt, du sollst Hunger leiden.

Das du produktive Arbeit und Werte schaffst, du wirst verachtet.

Das du dich für Dividenden-Anteilscheine hast hinschlachten lassen — du wirst vergessen.

Das du Anspruch erhebst auf die Freuden des Lebens — du wirst zurückgesetzt.

Das du deine Stimme erhebst und nach Gerechtigkeit, nach Freiheit und Gleichheit schreist, du wirst verfolgt, gekettet, gerichtet, gemordet.

Arbeitendes Volk! Raffe dich auf, schließe dich fest zusammen zum letzten Entscheidungskampfe gegen das Kapital und alle seine verbündeten Institutionen.

Die deutsche Revolution schreitet gigantisch vorwärts Für die gefallenen Führer stehen neue auf, würdig dem Beispiele der französischen Revolutionsführer Mirabeaux, Camille Desmoulin, Marrat, Danton, Robespierre

Das internationale Arbeitervolk entblößt sein Haupt vor der Tafel der gefallenen Revolutionäre.

Der Tag der Weltrevolution naht Das Gewaltigste der Weltgeschichte wird geschehen, wenn die Arbeitervölker unter den Klängen der Marseillaise das Band zum Völkerbund und Arbeiterfrieden schlingen werden.

Nicht zählen wir den Feind,
nicht die Gefahren all.
Marsch, marsch und wärs zum Tod,
denn unsre Fahn ist rot.

Leviné über seinen Lebenslauf.

Ich bin in Petersburg geboren, habe dort ein deutsches Gymnasium besucht und kam öfter zu Besuchen von Verwandten nach Deutschland. Ständig blieb ich in Deutschland vom 14. Lebensjahre ab und besuchte die Gymnasien in Wiesbaden und Heidelberg. Ich betrachte Deutschland ebenso wie Rußland als meine Heimat. Nach dem Absolutorium bezog ich die Universität Heidelberg und beschäftigte mich schon während des ersten Semesters mit der F r a g e d e s S o z i a l i s m u s. Ich kam schon damals zur Ueberzeugung, daß ich mich diesen Ideen anschließen müsse. Schon in jener Zeit war ich öffentlich tätig, hielt auf Veranlassung des Verbandes für ethische Kultur Vorträge rein literarischer Art und begab mich, als im Jahre 1905 in Rußland die Revolution ausbrach, dorthin. Ich hielt es für meine Pflicht, als Sozialist dorthin zu eilen. Meine Tätigkeit in Rußland wechselte damals mit Verhaftungen. Die Jahre in Rußland gaben mir die Ueberzeugung, daß die Ideen, von denen ich ausging, richtig waren und stellten mir die Aufgabe klar vor Augen, daß es nicht Sache des Sozialisten sei, die Massen aufzuhetzen und zu irgendwelchen Aktionen zu führen, sondern daß die Tätigkeit des Sozialisten darin bestehe, das klar auszusprechen, was die Masse instinktiv sehen und fühlen, selbst aber nicht zum Ausdruck bringen könne. Nachdem ich 1909 nach Deutschland zurückgekommen war, beschloß ich, vor allem die Gelegenheit zu benutzen, ein wissenschaftliches Fundament für meine zukünftige Bildung zu legen. Ich studierte Nationalökonomie und dieses Studium bestärkte mich erst recht in meinen Anschauungen. Ich hatte Gelegenheit, die deutsche Arbeiterbewegung gründlich kennen zu lernen. In Mannheim war ich in den Gewerkschaften und als Fabrikarbeiter in den Fabriken tätig, betätigte mich aber gleichzeitig agitatorisch und propagandistisch. Dann ging ich nach Berlin, studierte weiter und war auch dort propagandistisch tätig. Mein Studium schloß im Sommersemester 1914 ab.

Zu Beginn des Krieges war ich in Berlin politisch tätig, hauptsächlich in der Agitation gegen den Krieg. Im Jahre 1915 wurde ich zum Militär eingezogen und kam als Dolmetsch an das Gefangenenlager Heidelberg, wurde aber entlassen, als man erfuhr, daß ich Sozialist bin. Von da ab kam ich von einem Landsturmbataillon ins andere. Die Militärzeit hat mir Gelegenheit gegeben, mich in meinen Anschauungen erst recht zu bestärken. Als Mitglied der Preisprüfungsstelle in Berlin und der Reichsstelle für Obst und Gemüse hatte ich auch Gelegenheit mich mit der Wirtschaft näher zu befassen. Nach der Entlassung vom Militär trat ich als Redakteur in die „Rosta" ein. Dann brach die Revolution aus. Nach der Spaltung in der sozialistischen Partei ging ich zu den Unabhängigen über und hielt mich auf ihrem linken Flügel, bis ich zu den Spartakisten überging.

Meine Tätigkeit während der deutschen Revolution bewegte sich in den gleichen Bahnen wie in der russischen Revolution. Ich reiste im Auftrag meiner Partei, um die Ideen des Programms zu entwickeln. Auch hier war ich überrascht, wie sehr die Formulierung dieser Ideen den innersten Wünschen der Massen entgegenkam. Dann wurde ich von der Partei beauftragt, nach München zu kommen und hier als Redakteur an der „Roten Fahne" einzutreten. Am 5. März kam ich nach München.

Soweit Leviné selbst. Seine Tätigkeit in München ist uns bekannt. Markant ist seine abweisende Haltung im revolutionären Zentralrat am 5. April gegenüber dem Beschluß, die Räterepublik auszurufen. Schneppendorf beschimpfte ihn daraufhin. Ebenfalls wurde er von den anderen Parteien seiner ablehnenden Haltung wegen stark angegriffen.

Die Unschuld Levinés an der Ermordung der 10 Geißeln ist zweifellos nachgewiesen worden. An dieser scheußlichen Mordtat waren die Kommunistenführer nicht schuldig.

Diese unselige Tat ist von Soldaten verübt worden, die das Morden im Kriege gelernt haben.

Leviné war kein Verbrecher. Er war als Kriegsgefangener zu betrachten und als solcher zu behandeln.

Das Todesurteil gegen Leviné ist ein Rachewerk eines Klassengerichtes, das unter dem Einfluß der letzten Ereignisse stand und daher unfähig war, die Objektivität eines Richters zu bewahren.

Dem sozialistischen Prinzip aber ist dieses verbrecherische Urteil ein Schlag ins Gesicht. Noch mehr! Es spricht den Beschlüssen des sozialistischen Parteitages geradezu Hohn, denn die Todesstrafe selbst sollte nicht einmal gegen Mordverbrecher mehr angewendet werden, viel weniger aber gegen Führer einer Arbeiterbewegung, gegen idealistische Revolutionäre.

Der Abscheu gegen diesen gemeinen Justizmord hat bereits seinen Ausdruck gefunden in dem 24stündigen Generalstreik Berlins und in zahllosen Massenprotestkundgebungen.

Weitere Kundgebungen werden im Reiche folgen.

Drei Dokumente zur Erschießung von Eugen Leviné

Generalkommando von Oven
Abteilung I a No. 737/VI 19

Den 4. Juni 1919

An den
Herrn Minister für Militärische Angelegenheiten

Gemäß der Entschließung des bayerischen Staatsministeriums der Justiz vom 25. April 1919 darf ein von einem standrechtlichen Gerichte gefälltes Todesurteil erst vollstreckt werden, wenn der Ministerrat es nachgeprüft und die Vollstrekkung genehmigt hat.

Nach Mitteilung des Staatsanwalts bei dem standrechtlichen Gericht für München soll ein Ministerrat zur Nachprüfung des gestern gegen Leviné gefällten Todesurteils heute nachmittag stattfinden. Zahlreiche Begnadigungsgesuche für den Verurteilten sollen bereits vorliegen.
Ich fühle mich verpflichtet, auf die schweren Folgen hinzuweisen, die eine Begnadigung des Leviné in militärischer Hinsicht haben würde, und bitte Sie, Herr Minister, diese Folgen im Ministerrat zur Sprache zu bringen.
Die Truppe, die München befreit hat und eine Reihe von Todesopfern hierbei zu beklagen hatte, würde kein Verständnis dafür haben, daß derjenige, der nach dem einstimmigen, freien Urteil des standrechtlichen Gerichts im Namen des Freistaates Bayern wegen Hochverrates zum Tode verurteilt worden ist und der damit an dem Blut, das in München geflossen ist, in erster Linie schuldig befunden ist, diesem Urteil entzogen wird.
Gerade der bayrische Teil der Truppe würde das nicht verstehen, und es würde die große Gefahr heraufbeschworen, daß bayrische Soldaten eines Tages ihrem Temperament erliegen und zur Selbstjustiz gegen den gewissenlosen russischen Verführer des bayrischen Volkes schreiten könnten.
Bleibt Leviné am Leben, so wird die Hoffnung seiner Anhänger, ihn eines Tages zu befreien, weitergenährt werden. Auch in dem sichersten Zuchthaus wird er eine dauernde Gefahr für die Ruhe und Sicherheit Bayerns bedeuten.
Ich bitte Sie daher, Herr Minister, im Ministerrat auf das dringendste Gebot der Gerechtigkeit, die schleunige Vollstreckung des rechtsgültigen Urteils gegen Leviné, hinzuwirken.

Der kommandierende General:
Unterschrift: v. Oven
Generalleutnant

Eilt sehr. Persönlich
Durch Offizier geschrieben

Bayrisches Generalkommando Nr. 4
1a Nr. 27 gen./1531 pp.

4. Mai 1919

An den Herrn Militärminister
Abdruck an den Herrn stellvertretenden Vorsitzenden im Ministerrat,
den Herrn Justizminister.

Nach vorliegenden Nachrichten findet heute um sechs Uhr nachmittag ein Ministerrat statt, in dem über die Begnadigung des zum Tode verurteilten Leviné beschlossen werden soll.
Es ist Pflicht, nachdrücklichst darauf hinzuweisen, daß eine Begnadigung dieses Mannes, der durch seine Hetztätigkeit in erster Linie an den blutigen Vorgängen in München Schuld trägt, auf die Stimmung der Truppen von bedrohlichem Einfluß wäre. Die beträchtlichen Verluste der Regierungstruppen bei den Kämpfen in München würden eine Milde gegen Leviné unverständlich erscheinen lassen. Der Truppe müßte sich die Überzeugung aufdrängen, daß das Leben eines fremdblütigen, nicht bayrischen Abenteurers höher gewertet wird als das Blut zahlreicher Deutscher.
Es wird dringend gebeten, daß die Manneszucht der Truppe und die Selbstbeherrschung des einzelnen nicht auf diese gefährliche und harte Probe gestellt wird. Es steht sonst zu befürchten, daß bei etwaigen erneuten Unruhen die Truppe entweder ihre Befugnisse überschreitet und sich zu Übergriffen hinreißen läßt oder daß sie versagt, weil sie nicht die Überzeugung hat, daß die Regierung unter allen Umständen Ordnung schafft.

Der Oberbefehlshaber
gez. Möhl
Generalmajor

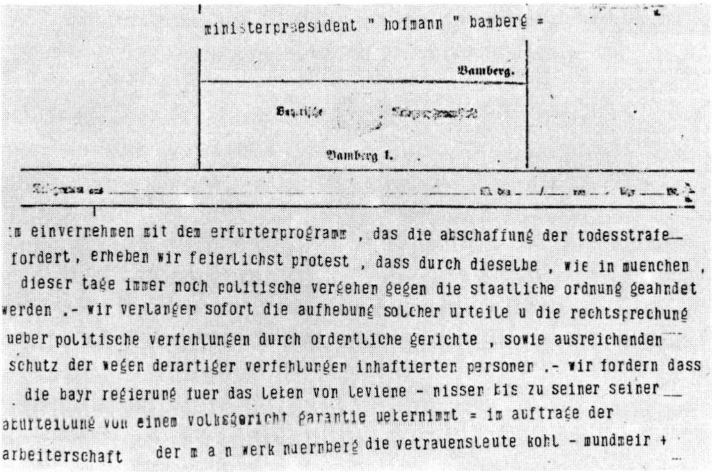
ministerpraesident " hofmann " bamberg =

Bamberg.

Bamberg 1.

im einvernehmen mit dem erfurterprogramm , das die abschaffung der todesstrafe fordert , erheben wir feierlichst protest , dass durch dieselbe , wie in muenchen , dieser tage immer noch politische vergehen gegen die staatliche ordnung geahndet werden .- wir verlanger sofort die aufhebung solcher urteile u die rechtsprechung ueber politische verfehlungen durch ordentliche gerichte , sowie ausreichenden schutz der wegen derartiger verfehlungen inhaftierten personen .- wir fordern dass die bayr regierung fuer das leben von leviene - nissen bis zu seiner seiner aburteilung von einem volksgericht garantie uebernimmt = im auftrage der arbeiterschaft der m a n werk nuernberg die vetrauensleute kohl - mundmeir +

Protesttelegramm gegen das Leviné-Urteil

An das
Bayrische Gesamtstaatsministerium
Bamberg

Karlsruhe, den 4. Juli 1919

Soeben wird mir mitgeteilt, daß Eugen Leviné, bei den kommunistischen Aufständen in München beteiligt, zum Tode verurteilt wurde.
Dieses Urteil wäre, nach den Maximen einer vornovemberlichen Regierung gemessen, für mich als seit zwanzig Jahren der mehrheitssozialistischen Partei Angehörigen zu verstehen. Die Tradition der mehrheitssozialistischen Partei sowohl als der moderne Gedanke finden es beide mit den Grundsätzen der sozialistischen Parteien aller Länder unvereinbar, daß ein Parteigenosse der anderen Richtung, selbst wenn wir im schärfsten Gegensatze zu seinen politischen Meinungen und der Ausübung derselben stehen, getötet werden sollte, weil er aus ehrlicher Überzeugung heraus, innerem Zwang folgend, so gehandelt hat, wie dies Leviné tat. Ich habe Leviné während meiner politischen und gewerkschaftlichen Tätigkeit in Mannheim über drei Jahre gekannt, und die Mannheimer Arbeiterschaft wußte seine ehrliche Tätigkeit zu schätzen. Daß Leviné nicht aus gemeinen Motiven heraus gehandelt hat, ist meine ehrliche Überzeugung. Wir Mehrheitssozialisten verurteilten den Mord an Liebknecht und Luxemburg in aufrichtiger Weise, und es wäre uns bestimmt nicht eingefallen, trotz all des Geschehenen, den Tod dieser beiden von Rechts wegen zu verlangen, weil dies dem sozialistischen Empfinden in schärfster Weise widerspräche. Etwas anderes wäre es, wenn man Leviné mit der Waffe in der Hand ergriffen hätte. Im Kriege selbst haben wir jenen Pardon gegeben, welche nicht mehr die Waffe in der Hand hielten. Unsere moderne Zeit sowohl als unsere zum großen Teil sozialistische Regierung in Bayern besitzen Mittel genug, den Irrenden unschädlich zu machen, ohne sich selbst des geschichtlichen Mordes schuldig werden zu lassen. Leviné ist, wofür ich Zeuge bin, deutscher Staatsangehöriger und nicht Russe. Ich habe bis jetzt zu letzterem Umstande geschwiegen, weil es mir als selbstverständlich erschien, nicht in den Gang der Dinge dortselbst in irgendeiner Form einzugreifen, vertrauend darauf, daß Leviné wohl zu Gefängnisstrafe, vielleicht langjähriger Festung, verurteilt, nicht aber getötet werden solle. Sonst hätte es wohl in meinem Können gestanden, vor allen Dingen die Arbeiterpresse darüber aufzuklären, daß Eugen Leviné die deutsche Staatsangehörigkeit erworben hatte, länger in Deutschland als im Auslande ansässig war und daß der Großteil seines Wirkens, wie durch tausend Zeugen in Mannheim bewiesen werden kann, der Aufklärung und Befreiung der deutschen Arbeiterklasse lange Jahre vor dem Kriege bereits galt. Wenn Leviné im Verlaufe der Revolution ein Irrender geworden ist, dann geschah dies unter den Einflüssen seiner Berliner Umgebung während der Kriegszeit, durch das Herausreißen aus praktischer, gewerkschaftlicher und politischer Tätigkeit durch die Kriegsgeschehnisse und das Zurückdämmen seiner Erkenntnisse auf rein theoretischem Gebiete. Daß letzterer Umstand viel leichter zum Radikalismus führt als die praktische Tätigkeit von uns in harter täglicher Arbeit groß gewordenen Werktätigen, das zeigen zur Evidenz die Werdegänge der Mehrzahl aller unserer Partei angehörigen Akademiker.

Es bleibt mir nicht genug Zeit dazu, angesichts einer eventuell zu erwartenden raschen Vollstreckung des Todesurteils an Leviné weiteres zu unternehmen; jedoch wäre ich in der Lage, binnen Kürze ein von vielen Hunderten von Mehrheitssozialisten Mannheims unterzeichnetes Schriftstück mit der Bitte um Rückziehung des Todesurteils an Eugen Leviné verehrlicher Regierung zu unterbreiten. Die eiligen Umstände zwingen mich nun, dies alleinig zu tun und verehrliches Gesamtministerium Bayerns zu bitten, der Vollstreckung des Todesurteils an Eugen Leviné Einhalt zu gebieten und dasselbe in Freiheitsstrafe umwandeln zu wollen.

Gezeichnet: Herrmann Stenz

Sekretär der Landeszentrale der Arbeiter-, Bauern- und Vertrauensräte Badens

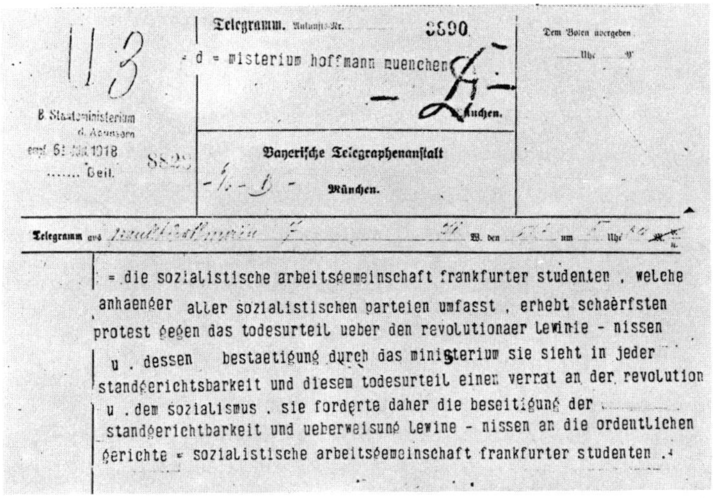

Telegramm. Aufnahme-Nr. 3890

Dem Boten übergeben ... Uhr ... M.

d = misterium hoffmann muenchen

B. Staatsministerium d. Aeussern empf. 6. Juni 1918 ...... Beil. 8829

Bayerische Telegraphenanstalt München.

Telegramm aus ... W. den ... um ... Uhr ... M.

= die sozialistische arbeitsgemeinschaft frankfurter studenten , welche anhaenger aller sozialistischen parteien umfasst , erhebt schaerfsten protest gegen das todesurteil ueber den revolutionaer lewinie - nissen u . dessen bestaetigung durch das ministerium sie sieht in jeder standgerichtsbarkeit und diesem todesurteil einen verrat an der revolution u . dem sozialismus . sie forderte daher die beseitigung der standgerichtbarkeit und ueberweisung lewine - nissen an die ordentlichen gerichte = sozialistische arbeitsgemeinschaft frankfurter studenten .

Protesttelegramm gegen das Leviné-Urteil

Der gerichtliche Mord an Leviné.

Arbeiter, Parteigenossen!

Ueber siebenhundert revolutionäre Proletarier hat die mehrheitssozialistische Regierung von Bamberg in München aufs Pflaster geschmettert.

Ein Blutrausch hatte die Bourgeoisie und ihre sozialistischen Lakaien erfaßt.

Das bestialische Mordwerk wird gekrönt durch die **standrechtliche Erschießung Eugen Levinés.**

Diesmal gibt es nicht die fadenscheinige Ausrede von Uebergriffen der Soldateska — die vorher immer in den Blutrausch versetzt wird, in der sie ihre Hunnentaten begehen muß. — Diesmal ist nicht einmal die Farce der Deckung hinter der Militärjustiz möglich, die die Ebert-Regierung im Fall Liebknecht-Luxemburg veranstaltete.

Die bayerische Regierung, in der Mehrheitssozialisten die Mehrheit haben, hat das Schandurteil bestätigt.

Sie trägt vor aller Welt die tatsächliche und formale Verantwortung für diesen politischen Mord in gerichtlicher Form.

Aber es sind nicht nur die bayrischen Führer der Sozialdemokratie, die die Verantwortung tragen.

Die Blutschuld fällt auf die Häupter aller derjenigen Mitglieder der mehrheitssozialistischen Partei, die danach noch mit diesen kaltblütigen Mördern in einer Partei sitzen.

Die Mordtat ist ein Glied in der langen Kette von politischen Morden an den revolutionären Arbeitern, die den Weg der Sozialverräter bezeichnen.

Arbeiter, Parteigenossen!

Gedenkt! Grabt diese blutige Tat in Euer Gedächtnis!

Denkt ihrer, wenn der Augenblick kommt, wo ihr zu Gericht sitzen werdet über die Hochverräter an der Revolution, über die tausendfachen Mörder!

Arbeiter, Genossen!

Die weißen Garden lauern darauf, sich auf Euch zu stürzen.

Ihr werdet nicht ihr Spiel spielen. Da ist noch eine kleine Rechnung, die der verendende deutsche Imperialismus mit den Ententeimperialisten auszumachen hat.

Das revolutionäre Proletariat hat mit dieser Rechnung nichts zu tun.

Mögen das die Noskes diesseits und jenseits des Rheins untereinander ausmachen.

Arbeiter, Genossen!

Bereitet rastlos die Stunde vor, wo Ihr mit den Mördern Levinés abrechnet.

Und zerschneidet unverzüglich das Tafeltuch zwischen Euch und den Mördern.

Tretet ein in die Partei, der der untadelige, kühne Kämpfer Eugen Leviné angehört: in die

Kommun. Partei Deutschlands (Spartakusbund)

Flugblatt der KPD zur Ermordung Levinés

Karl Jakob Hirsch
Über Eugen Leviné

Es war in diesen Jahren, daß ich durch die Schauspielerin Lucie Mannheim die Bekanntschaft eines Menschen machte, der nachhaltig und sehr eindrucksvoll auf mich gewirkt hat. Ich erkannte wohl damals noch nicht seine wahre Größe, vielleicht auch Gulo nicht, obwohl dieser Mann, Eugen Leviné, bei uns ab und zu nächtigte, wenn er sich verbergen mußte oder sogar polizeilich verfolgt wurde. Es gab keinen Menschen, der so wie er in gütiger und überzeugender Weise die Theorie des Kommunismus klarmachen konnte, es gab keinen, dem wir sonst alles zuliebe taten, unsere Nachtruhe opferten und stets auf dem Posten waren. Eugen Leviné war der Sohn reicher Eltern, er stammte aus Petersburg. Dann war er aus seiner politischen Überzeugung heraus ein einfacher Arbeiter geworden, nachdem er in den verschiedensten Universitätsstädten studiert hatte. Nichts an diesem Mann war Theorie, selbst seine Bekannschaft mit dem Kommunismus beruhte auf seiner persönlichen Begegnung mit Lenin, zu dem er am Ende des Ersten Weltkrieges gereist war. Er hatte jahrelang in Rußland gelebt, irgendwelche Parteiarbeit geleistet, war nach Deutschland zurückgekehrt und stellte in seinem ganzen Tun und Treiben den überzeugten, nicht zu beirrenden Kommunisten dar. Er war ganz der Gegensatz zu jenem Ludwig Bäumer, dessen Überzeugungen sehr schwankten und von persönlichen Vorteilen beeinflußt wurden. Ganz anders war Eugen Leviné; er tat seine Arbeit für die Partei, willig, wortlos und sehr genau.

Er war ein schlanker Mann von etwa fünfunddreißig Jahren, der in seiner Tasche stets ein Reclam-Bändchen mit Märchen trug. Das war seine Erholung, darin las er. Er sah die Misere des deutschen Klassenkampfes, er war bei den Kämpfen zwischen Spartakus und den Regierungstruppen beteiligt. Natürlich war er im besetzten ›Vorwärts‹ tätig, stand Karl Liebknecht und Rosa Luxemburg sehr nahe, aber machte nicht viel Aufhebens davon.

Kein Mensch hat einen solchen nachhaltigen Eindruck auf mich gemacht wie Leviné, der in spätester Abendstunde antelefonieren konnte, uns in irgendein Café bestellte, oder der unter dem Pseudonym ›Dr. Bernstein‹ in irgendeinem Hotel wohnte.

Für ihn war es so selbstverständlich, daß er seine ganze Aktivität der Sache des Sozialismus widmete. Er liebte seine Frau zärtlich, seinen kleinen Jungen, aber er sah beide nur sehr selten. Er eilte wie Ahasverus überallhin, wo ihn die Partei arbeiten lassen wollte.

Ich weiß, daß er es war, der mir eines Nachts den Begriff der ›Gewalt‹ klargemacht hat. Er hatte eine gütige und fast heitere Art zu sprechen. Er sagte: »Sehen Sie . . . es ist schon Gewalt, wenn ich jemanden mit Worten überzeuge. Man benötigt kein Messer und keine Schußwaffe zur Gewalt. Unsere Kräfte sind anderer Art. Aber wir dürfen die Gewalt nicht ablehnen.«

So sprach er, der gütigste, liebevollste Mensch, den ich kannte. Ich weiß nicht mehr genau, wie oft ich ihn gesehen habe, wie häufig er in unserer Wohnung in der Nußbaum-Allee in Westend genächtigt hatte, ich weiß nur das eine, daß er in seiner Gradlinigkeit und unpathetischen Art jemand gewesen ist, wie ich ihn das zweite Mal nie wieder gesehen habe. Ich machte viele Zeichnungen von seinem Gesicht, das sehr ausdrucksvoll war und mir sehr gefiel. Es gab da eine Zeichnung, die später zu seinem Gedächtnis in der Berliner Zeitung ›Freiheit‹ abgedruckt wurde. Als ich sie anfertigte, diese kleine Zeichnung, da lächelte er wohl: »Idealisieren Sie mich bitte nicht, kleiner Hirsch . . . ich bin kein Heiliger, ein sehr einfacher und vielleicht etwas abgehetzter Mensch.«
Um es kurz zu machen: er verließ ganz plötzlich Berlin, wurde Volksbeauftragter während der ›Räterepublik‹ in München, kam plötzlich einmal wieder nach Berlin zurück, ich traf ihn natürlich, da sagte er: »Das ist eine Operettenrepublik . . . ich werde wohl daran zugrunde gehen.«

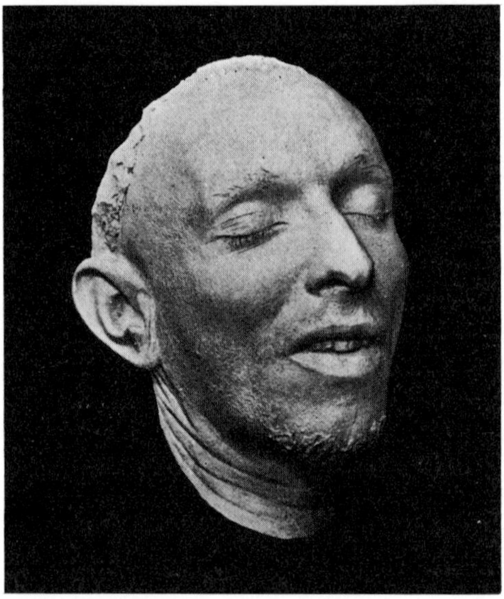

Todes-Anzeige.

Am 5. Juni starb in Stadelheim mein lieber Sohn, der Arbeiterführer

Eugen Leviné.

Er besiegelte die Treue seiner Überzeugung mit dem Tode. Auf dem neuen Friedhofe der israelitischen Gemeinde fand er seine letzte Ruhestätte.

München, den 7. Juni

Rosalie Leviné

Oben: Totenmaske von Eugen Leviné
Unten: Todesanzeige aus der Neuen Zeitung München, 11. Juni 1919

Ludwig Bäumer
Eugen Leviné

Ob Russe oder Deutscher, und wo geboren? Ich wußte es nicht, und eine Frage nach seinem Wie und Woher rief er nicht auf. Wäre sie gestellt, er hätte vielleicht gelächelt und den Fragenden wahrscheinlich vergessen. Revolutionär, nicht programmatisch, Mensch, Geburt und wandelnde Mitte einer Geburt, die Höhe der Menschheit heißt. Bolschewik und Mitglied der Kommunistischen Partei Deutschlands, des Spartakusbundes. Einer jener Revolutionäre, die im Parteikreis nicht das Band einer engen Organisation sehen, die dies Band sehen und wissen als das, was es ist, die dehnbare sammelnde Güte, fähig ob seines Wesens, die Menschheit einmal gütig zu binden und zu banden und innerhalb dieses erdballumspannenden Bandens das große gute Herz der gelösten Menschheit schlagen zu lassen.

Auf der Reichskonferenz lernte ich ihn kennen. Das geistreiche stille Gesicht des Orientalen, des Juden aus dem Geschlecht der Christen, die keine andere Religion haben als die der Liebe und der Hilfe. Er spricht wenig. War Nationalökonom, Doktor, hatte in Deutschland studiert, promoviert, soviel ich weiß. Der Lösung der Agrarfrage, der Kollektivwirtschaft ländlicher Industrie galt sein ausgesprochenes Interesse. Darüber referierte er in der Konferenz und suchte, begeistert von der Notwendigkeit, diese Fragen in den Vordergrund des allgemeinen Interesses zu schieben. Ich war mit ihm zusammen am Silvester und Neujahr, abends nach der aufreibenden Arbeit der Konferenz. Wir sprachen über Kommunismus, über seine psychologischen Gesetze, über ihn als elementares geschichtliches Ereignis und als kosmischen Bestandteil der ewigen materiellen Ordnung und ihres Wandels. Frei, vollkommen frei war er von der bürgerlichen Rückständigkeit des Hasses. »Sie wird sich selbst zur Einsicht zwingen«, gab er mir einmal zur Antwort auf meine Frage nach seinem Verhältnis zur Bourgeoisie. Im Februar sah ich ihn wieder in Berlin. Wir sprachen ganze Vormittage und Nachmittage miteinander, tauschten Erlebnisse aus, er die traurigen Berliner Januartage, ich meine Bremer. Entsetzt waren wir beide über das, was der eine dem andern bot, entsetzt über die ungeheure Entstellung, die beider Erlebnisse durch die Konjunktur einer drakonisch herrschenden Partei erfahren hatten und erfuhren. Wir trennten uns, haben uns nie verabschiedet. In München, im März, sahen wir uns wieder. Man hatte ihn hingeschickt, die Redaktion der Münchener ›Roten Fahne‹ zu übernehmen. Aus der Schar der verschiedenartigsten, aber alle gesund bayrisch aussehenden Gesichter der Mitglieder des bayrischen Rätekongresses leuchtete mir sein blasses, ausgearbeitetes nervös gewordenes Gesicht entgegen. Er war nur Zuschauer dieses ersten Rätekongresses in München, wie ich. Er litt wie ich unter der trostlosen Zerfahrenheit dieses Rätekongresses, unter dem widrigen Schauspiel einer kläglichen parteipolitischen Eifersucht und Konjunktur, das die Mehrheitssozialisten zu,

ja, zu Provokateuren des Rätegedankens werden ließ und den rechten Flügel der Unabhängigen zu Kompromißlern mit dem im Schatten seiner Angst noch existierenden bayrischen Landtage.
Wir waren täglich zusammen. Er suchte mich zur Arbeit zu zwingen. Ich konnte nicht, war zu sehr erschüttert von der Groteske dieses Rätekongresses. Er wohl auch, trotzdem arbeitete er wie ein – Verzweifelter. Morgens holte er mich aus dem Hotel ab. Und einmal nahm er mich beiseite, sprach Innerstes aus und fragte die lapidare Frage: »Sagen Sie, finden Sie nicht auch, daß die Revolution in München einen etwas operettenhaften Einschlag hat?« – Und doch folgte er ihren Spuren mit der glühenden Begeisterung des vom Sittlichen der Bewegung Getriebenen, folgte ihren Spuren dahin, wohin die reinen ausgeprägten Zeichen der proletarischen Revolution wiesen. Er ging unter die Arbeiter, das Proletariat, das ihn umfing als seiner Sache stillen begeisterten Kämpfer. Ich hörte noch ein Referat von ihm in einer Vertrauensleuteversammlung der Münchener Ortsgruppe der KPD. Mit beherrschter naiver Eindringlichkeit suchte er die Versammlung zu dem Werke einer revolutionären Organisation zu bestimmen. Suchte die Revolution in München überhaupt erst zu organisieren. Ich entsinne mich fast wörtlich der Einleitung seines Referats. »Ich habe den Eindruck«, so fing er an, »als legt man in München zuviel Wert auf die große Politik, als beschäftigt man sich zu sehr mit der Frage einer großen Zukunft und vernachlässigt darüber das gegenwärtig Notwendige, das dazu bestimmt ist, jene Zukunft einmal zu tragen. Gewiß, wir stehen auf dem Boden des Rätesystems, für uns gibt es nur diese Form der wirtschaftlich-politischen Organisation, aber wir haben die Voraussetzungen erst noch zu schaffen, die dies System als das einzige gewährleisten. Diese Voraussetzungen bestehen noch nicht, und wenn der Genosse Levien im bayrischen Rätekongreß die Forderung nach dem Rätesystem erhebt und grundsätzlich vertritt, so ist er doch wohl mit mir einer Meinung, daß die Proklamation einer bayrischen Räterepublik unter den gegenwärtigen politischen Verhältnissen im Reich ein Wahnsinn ist und wahnsinnige Folgen haben müßte. Die im Augenblick bestehende wirtschaftliche Lage ist auch die Grundlage unserer revolutionären Politik. Auf der wirtschaftlichen Lage haben wir unsere Streitkräfte zu sammeln, um unsere politischen Schläge zu führen. Wir haben die revolutionäre Organisation der Arbeiter zu betreiben. Wir haben Arbeiterräte zu bilden aus den Betriebsräten der arbeitenden Arbeiterschaft und der Fülle der Arbeitslosen, um diesen Arbeiterräten einmal die moralisch-materielle und zum andern die ideal-moralische Stoßkraft zu sichern.« Er ging dann näher auf die Organisation dieser Arbeiterräte ein, auf das Wahlreglement und den Wahlmodus, streifte die Gleichgültigkeit und Praxis ihrer Zusammensetzung aus Mitgliedern der drei politischen Arbeiterparteien, indem er auf die Werktätigkeit der Zeit im Sinne kommunistischer Propaganda hinwies. Warnte. Warnte vor Übereilung und nannte das Bekenntnis der Münchener Mehrheitssozialisten zum Rätesystem und die bayrische Politik das gefährlichste Bremsen am rollenden Rad der Revolution. – Er blieb in München. Er hat versucht, sich mit seiner ganzen Kraft der nahen Katastrophe entgegenzustemmen. Die anfängliche Zurückhaltung der Kommunisten bei den letzten Ereignissen war si-

cher sein Werk. Aber sein Werk war es auch, daß, als in München das Kompromiß der mehrheitssozialistisch-unabhängigen Regierung auseinanderfiel und die Anarchie drohte, die Kommunisten in die Bresche sprangen, um die Geschichte der Revolution vor der Tragik jener Anarchie zu bewahren. Er trat von seinen Ämtern zurück, als der Versuch, die Katastrophe zu bremsen, verbrecherisch gewesen wäre. Er wäre geflohen, hätte er es gekonnt. Er hielt es für nicht nützlich und für unmoralisch, die unausbleiblichen Rückschläge der revolutionären Bewegung zu Opferfesten einer bestialischen Rache werden zu lassen, zu Orgien eines irrsinnigen Hasses, der bereits außerhalb der Grenzen des Leidenschaftlichen liegt. Sie fingen ihn, ihn, den gefährlichsten Münchener Kommunisten. Gefährlich, weil er revolutionär den Sinn für die Logik der Revolution besaß wie der Seltenen einer, weil er zu organisieren vermochte, unverrückbar festhielt am Ziel der proletarischen Revolution und sich von ihm leiten ließ. Am gefährlichsten, weil ihn die Treue des revolutionären Proletariats stimmte, da er gut war, ein Mensch, ein Mensch mit der verschwenderischen Fülle aus dem Herzen quellender Güte, die sein Gehirn, jeden seiner Gedanken speiste mit dem Willen der guten Tat. So mußte er das Gericht einer bestialischen Fron auf sich ziehen, der Brauchbarste bis zuletzt. Wurde er erschossen, der Wut einer fatalen Rache geopfert, die ihr Gericht in erbarmungsloser, gnadenloser Zukunft findet. Ermordet. Ein Kommunist? Warum nicht? Ein Bolschewik? Natürlich. So fiel Leviné, der Prachtvollen einer, dem die Welt Heimat war, der keine Landesgrenzen kannte, den das Werk der proletarischen Weltrevolution, die wie Gäa ihre eigenen Kinder frißt, zu ihrem Werke bestimmte als der Guten Besten, als den keuschesten Zeugen ihres befreienden Willens.

Bremen, Schutzhaft, im Mai 1919

Kurt Kersten
Der Tote auf Urlaub

Es sind schon mehr als sechs Jahre verstrichen, seit Eugen Leviné seinen Richtern, denen er das Recht zu richten absprach, zurief: »Wir sind alle nur Tote auf Urlaub«, und seit sechs Jahren liegt das Grab dieses tapferen Revolutionärs im ›besetzten‹ Gebiet, seit sechs Jahren hausen die weißen Eroberer im roten Bayern, und immer noch ist die Sage im Schwange von Levinés Zaudern, immer noch wird über diesen Toten übel geredet – wir haben bisher noch immer gefunden, daß die Bürger ihren eigenen Toten pietätvoll nachtrauerten im Sinne jenes alten, offenbar bei Gegnern veralteten Satzes: ›De mortuis nil nisi bene.‹ Aber im Falle Leviné liegen die Dinge noch ganz anders: Über Leviné läßt sich nichts Schlechtes sagen, wenn man eben nicht sein Klassenfeind ist, über Leviné ist kein Anlaß, übel zu reden. Er hat die Bourgeoisie an der Gurgel gepackt, vor ihm hat sie gezittert – und deshalb Schmähungen, deshalb »Räuber und Mörder«; nie wird sie ihm vergessen, daß sie ihm einige Wochen zu Füßen gelegen hat. Vor Gericht warf er ihr vor, die Regierungstruppen wären ja sogar mit Negern in München eingerückt, um die Arbeiter zu richten und zu töten. Dieser Vorwurf hat ihm das Leben gekostet – ganz abgesehen von den Soldaten und Offizieren, die draußen auf dem Flur des Gerichts ihre Kolben auf den Boden stießen und ihre Messer schliffen. So sieht die unabhängige Justiz aus, und nach solchen Vorgängen darf jemand in diesem Land noch über revolutionäre Justiz zu Gericht sitzen! Zwei Bändchen sind dem Gedenken Levinés gewidmet: Rosa Leviné hat eine Ehrenrettung ihres Mannes versucht – eine Ehrenrettung: man schämt sich, das Wort im Falle Leviné auszusprechen –, die im Grunde nur der Bourgeoisie gegenüber notwendig wäre, wenn sie überhaupt notwendig ist – denn ›ihre Ehre ist nicht unsere Ehre‹. Ein Bändchen enthält Skizzen, Briefe, die Rede vor Gericht, die jeder junge Prolet auswendig lernen müßte – wie ehemals die jungen Leute der Bourgeoisie den Hamletmonolog oder die Posarede von Philipp auswendig hersagen konnten – ich glaube nur, Levinés Rede wird für sie wertvoller sein. Unter diesen Skizzen steht jene erschütternde Novelle ›Genosse, ich kann den Brief nicht nehmen‹ – ein Stück revolutionären Erlebens, wie man es kaum in der Literatur wieder hat. In einem zweiten Band schildert Rosa Leviné ihre Erlebnisse ›Aus der Münchener Rätezeit‹ (beide in der Viva erschienen). Ihre Erlebnisse sind die Erlebnisse Levinés, die Erlebnisse der Räterepublik, sind ein Stück Geschichte des deutschen Proletariats. Und man mag aus solcher Darstellung ersehen, wo wir standen, wo wir stehen. Die Geschichte dieser Frühgeburt der Münchener Räterepublik mit ihren Irrungen und Wirrungen ist tragisch und lehrreich. Sie erhält aber erst durch Levinés Erscheinung ihren eigentlichen Sinn. Das Proletariat ist ja in diese Bewegung hineingeschlittert, von haltlosen jungen Leuten und unklaren Ideologen geführt; eine konzentrierte revolutionäre Partei hat es damals noch nicht gegeben – Leviné repräsentiert fast mit seiner Person allein Partei, Logik, Konsequenz, Kampfbereitschaft. Aus Rosa Levinés Darstellung leuchtet vor allem der Charakter einer Vorläuferbewegung hervor, Leviné ist der typische tragische revolutionäre Vorläufer, der sich einer Bewegung aus Klassenbewußtsein nicht entziehen kann, tragisch umflorten, wissenden Blicks das Steuer in die Hand nimmt und im Grunde nur die Aufgabe hat, das Schiff so zu führen, daß es tapfer versinkt. – Der Münchener Leviné erinnert in Einstellung, Überblick, Kritik, revolutionärem Pflichtgefühl an den Bakunin des Dresdener Maiaufstandes von 1849. Bakunin büßte seine Opferbereitschaft für einen aussichtslosen Kampf, dem er sich nicht entziehen konnte, mit zwölfjähriger Gefangenschaft, Leviné starb an der Mauer. Der Wert des Buches von Rosa Leviné scheint mir vor allem darin zu liegen, daß in der Darstellung sehr gut herauskommt, weshalb Leviné zuerst nicht eingriff, weshalb er später eingreifen mußte und weshalb er zugrunde ging – er fuhr nicht wie andere in solchen Augenblicken nach Sorrent . . . Kennt man die revolutionäre Geschichte des letzten Jahrzehnts – dann weiß man, wie elend es ist, als man Leviné vorwarf, er wäre . . . ich will das Wort gar nicht niederschreiben.

Ernst Toller wird ja wohl mit schönen Versen von Bali eines Tages zurückkehren, vielleicht hat er sich auf der fernen Insel angesichts der Denkmäler einer versunkenen Welt endlich auch einmal Gedanken über seine Haltung in den Rätetagen hingegeben, es widersprach einem, von ihm sofort nach der Haftentlassung Rechenschaft zu fordern – die Zeit ist verstrichen, Bali ist schön, aber die Revolution ist ernst, mag er sich rechtfertigen, *er kann nicht mehr schweigen,* die Toten und auch die Lebenden öffnen die Ohren: wird man die Beichte hören, die er schuldig ist?

Umschlagbild zu dem Buch ›Aus der Münchener Rätezeit‹ von Rosa Leviné, 1925

Frida Rubiner
Eugen Leviné zum Gedächtnis
Zum achten Jahrestag seiner Ermordung

Am 5. Juni 1919 sank Eugen Leviné an der Mauer des Gefängnisses Stadelheim tot hin, durchbohrt von den Kugeln der rachgierigen bayrischen Justizbestie. Sein Tod beendete einen bestimmten Abschnitt in der Entwicklung der deutschen proletarischen Revolution, eine Etappe, die in der staatlichen Machteroberung und der – wenn auch kurzen – Beherrschung eines Staatswesens durch das Proletariat gipfelte. Die Erinnerung an die *Münchener Räterepublik* und an *Eugen Leviné* als deren besten Vertreter lebt fort in den Herzen der deutschen Arbeiterklasse. Durch den Vergleich seiner Lage mit jenen Münchener Frühlingstagen von 1919 kann das deutsche Proletariat bemessen, was es damals gewonnen, was es heute verloren hat.

In der Defensivstellung begeht heute die deutsche Arbeiterklasse den Jahrestag des Todes Levinés. Die Besten, die Klassenbewußtesten, in denen das Feuer der Revolution noch brennt, kämpfen jetzt für Tagesforderungen, für menschenwürdige Lebens- und Arbeitsverhältnisse. Der Kampf geht um ein paar Pfennige Lohnerhöhung, um eine Stunde weniger Fron, gegen das Vorrücken der Reaktion, für die Wiedereroberung verlorener und für die Gewinnung neuer Positionen. Wie wäre dieser zähe, grausam harte Kampf möglich, wenn in den Seelen der Kämpfer nicht Gewißheit lebte, daß der endgültige Sieg möglich ist! Durch tausend Niederlagen und Fehltritte hindurch führt der Weg, aber wir sind des Erfolges gewiß. Diese Gewißheit wird uns gegeben nicht allein durch die richtige Erkenntnis von der geschichtlichen Mission des Proletariats, sondern auch durch die großen historischen Beispiele, nicht zuletzt durch die Toten unserer Vorkämpfer.

Eugen Leviné hat durch sein Leben, sein kurzes Wirken in München und seinen Tod der Arbeiterklasse für alle Zeiten das Geschenk hinterlassen, gezeigt zu haben, was ein Kommunist, was ein Revolutionär ist. Als er nach München kam und in den heillosen Wirrwarr geriet, wo ein paar Zufallsrevolutionäre, konjunkturwitternde Sozialdemokraten und ehrgeizige Phantasten auf die Ausrufung der ›Räterepublik‹ drängten, erkannte Leviné sofort die Lächerlichkeit einer solchen ›Räterepublik‹ ohne Massen. Als aber aus der Posse ein blutiges Trauerspiel wurde, als die Massen auf den Plan traten und mit bewaffneter Faust in den Kampf eingriffen, da konnte es für die KPD keine ›Neutralität‹ mehr geben, denn in jedem offenen Kampf bedeutet Neutralität Verrat. Glaubte Eugen Leviné, glaubten wir, die wir an dem Kampfe teilnahmen, daß das Münchener Proletariat unbedingt Sieger bleiben wird? So konnte die Frage nicht gestellt werden. Leviné, dessen Denken und Fühlen das feinste Barometer für den Kampf des Proletariats war, erfaßte sofort die Situation. Seine Losung war die leninistische: *Wenn die Massen kämpfen, darf die KPD nicht abseits stehen. Die Partei als Avantgarde des Proletariats muß den Kampf führen.*

Als dann der Zusammenbruch kam, erhob sich unter den Neunmalweisen das Geschrei, ob es überhaupt richtig war, den Kampf aufgenommen zu haben. Der damalige ›Führer‹ der KPD, *Paul Levi,* erklärte – wie weiland Plechanow 1905: »Man hätte nicht zu den Waffen greifen sollen.« Genau so predigt heute der Renegat und ›linke‹ Sozialdemokrat Paul Levi ›Neutralität‹ in einer anderen, noch schicksalsschwereren Frage der proletarischen Revolution: in der Frage des kommenden Krieges gegen die Sowjetunion. Paul Levis Verrat an der Münchener Revolution ging so weit, daß er nichts unternahm, um Eugen Leviné und die Opfer des Münchener weißen Terrors zu retten. Die Paul Levis werden trotz aller ihrer ›linken‹ Phrasen auch die Sowjetunion verraten, wie sie es bis jetzt stets tun.

Eugen Levinés persönliche Lauterkeit, seine glühende Liebe zum Proletariat, sein heldenhafter Tod erinnern uns an das Beste, was die Weltrevolution uns gegeben hat: Lenin und die russischen Bolschewiki. Lenin hatte einmal schriftlich seine Gedanken niedergelegt, wie ein Bolschewik sich vor Gericht zu benehmen habe. Leviné war kein alter Bolschewik, bis zur russischen Revolution gehörte er noch zu den linken Sozialrevolutionären, aber sein Verhalten vor den Standrichtern war ein Musterbeispiel dafür, wie ein Bolschewik sich vor Gericht zu verhalten hat. Selbst im Sterben noch blieb er der gewaltige Agitator der proletarischen Befreiungsidee, der große ›Seelenfänger‹, wie ein Münchener Pressemensch ihn damals nannte.

Levinés Gegner, die Kleinbürger in der SPD, ebenso wie die Richter des Standgerichtes, glaubten gegen ihn eine besondere Karte auszuspielen, wenn sie ihn als *›fremdes Element‹*, als Juden, als Russen hinstellten. Eugen Leviné verbrachte fast sein ganzes Leben in Deutschland, aber er war ein Sohn der russischen Revolution. Er liebte mit allen seinen Fibern Rußland, das heißt die russische Revolution, und er schöpfte aus ihr seine besten Kräfte. Genau so lieben jetzt die klassenbewußten Arbeiter aller Länder das revolutionäre Rußland, die Sowjetunion, und sehen in ihr ihre natürliche Heimat. Leviné lebte in Deutschland, als die Revolution 1905 ausbrach. Er eilt nach Rußland, nimmt an den Kämpfen teil, er wandert durch die Kerker des Zarentums, wird mißhandelt und gefoltert. Nach Deutschland zurückgekehrt, bringt er einen ungebrochenen Willen und den ungeschwächten Glauben an den Sieg des Proletariats mit. Er nahm in Rußland nicht mehr an der Vollendung des Werkes von 1905 teil. Wie der Weltreisende zweimal in einem Jahr den Frühling erleben kann, so war es ihm beschert, innerhalb seines kurzen Lebens zweimal eine Frühetappe der Weltrevolution durchzumachen: Moskau 1905, München 1919.

Eugen Leviné, der so glühend das revolutionäre Rußland liebte, hat auch nicht den Aufbau der Sowjetunion mehr erlebt. In diesem Jahre, wo wir das zehnjährige Bestehen des proletarischen Rußlands feiern, darf die russische Arbeiterklasse mit Stolz auf den zurückgelegten Weg schauen. Aber das gigantische Werk wäre unmöglich ohne die unzähligen Opfer all derjenigen, die gestorben, in den Kerkern umgekommen und hingerichtet worden sind. Im Sowjetstaate werden die Veteranen der Revolution hoch geehrt, den vom Zarismus Hingemordeten werden Denkmäler errichtet. Für das deutsche Proletariat ist der Name Eugen

Leviné noch nicht das Wahrzeichen des Sieges. Um so teuerer muß uns dieser Name sein, denn er weist uns den Weg, der zum Sieg führt. Das historische Urteil über jene geschichtliche ›Niederlage‹ des Münchener Proletariats, als deren Opfer Eugen Leviné gefallen ist, hat lange vorher *Karl Marx* in seinem ›18. Brumaire‹ gefällt:

»Proletarische Revolutionen verhöhnen grausam gründlich die Halbheiten, Schwächen und Erbärmlichkeiten ihrer ersten Versuche . . . schrecken stets von neuem zurück vor der unbestimmten Ungeheuerlichkeit ihrer eigenen Zwecke, bis die Situation geschaffen ist, die jede Umkehr unmöglich macht.«

Dann ist der Sieg gegeben.

In diesem Jahr fällt der Todestag Eugen Levinés mit dem *großen Aufmarsch der klassenbewußten Arbeiterschaft Deutschlands* in Berlin zusammen. Die Zehntausende Roter Frontkämpfer, die aus allen Teilen und Gauen Deutschlands an diesem Tage zum Pfingsttreffen in Berlin zusammenströmen, zeigen uns, daß der Geist des Klassenkampfes und der Revolution, für den Eugen Leviné sein Leben hingegeben hat, lebendig ist in der deutschen Arbeiterklasse. Sie alle, die unzähligen Kolonnen Proletarier, die aufmarschieren, sind unbewaffnet, und doch trotzt Rot Front der Reaktion, dem Faschismus und Imperialismus. Alle die Proletarier, die, geeint durch ihren Klassenwillen, heute in der roten Einheitsfront stehen, sind die geistigen Erben jener Klassenbrüder, die in den Straßen Münchens, im Ruhrgebiet, in Berlin und in Mitteldeutschland kämpften. Wenn die Demonstranten singen werden: »Dem Karl Liebknecht haben wir's geschworen, der Rosa Luxemburg reichen wir die Hand«, so gilt der Schwur des Kampfes nicht minder Eugen Leviné, Leo Jogisches und Sylt, die für die Revolution gefallen sind. Besonders die proletarische Jungfront möge mit den Traditionen des Kampfes Namen wie die Eugen Levinés tief in sich aufnehmen. Wie singen heute die Demonstranten, die unter den roten Fahnen in der warmen Sommerluft marschieren: »Doch kommt der Tag, wo wir uns rächen –.«

Eugen Leviné (Gedächtnispostkarte der KPD)

Erich Mühsam
Eugen Leviné zum Gedächtnis

Am 5. Juni 1919 ließ eine in der Mehrheit sozialdemokratische Regierung das von einem aus monarchistischen Richtern und königlichen Offizieren bestehende Standgericht verhängte Todesurteil gegen den Revolutionär Eugen Leviné im Gefängnishof Stadelheim bei München vollstrecken. Ohne Zustimmung der Sozialdemokraten war dieser Mord unmöglich. Die Ausrede des damaligen Ministerpräsidenten Johannes Hoffmann, er sei gerade verreist gewesen, gilt nicht, da er seine Stimme samt seiner zweiten Stimme als Vorsitzender des Ministerrates einem Kollegen übertragen konnte. Hätte er es getan, und zwar gegen die Vollstreckung des Urteils, so wäre die Untat nicht geschehen. Übrigens ist die Behauptung, der Schneppenhorst habe ausdrücklich für den Tod Levinés gestimmt, noch nie widerlegt worden. Daß Schneppenhorst dessenungeachtet noch Mitglied der Partei ist, die bekanntlich vornedran gegen die Todesstrafe eifert, versteht sich von selbst. Ist doch Friedrich Ebert, der 1919, 1920, 1921 und 1923 Todesurteile in hellen Haufen ausführen ließ und die im Republikschutzgesetz neu ersonnenen Bestimmungen zur Ausdehnung von Todesstrafen auf politische Delikte 1922 unterzeichnete, grade erst nach seinem Tode – und er starb anders als Leviné – zum Säulenheiligen der Sozialdemokraten gemacht worden. Was die revolutionäre Politik Eugen Levinés anlangt, so glaube ich, daß ein völlig sicheres Urteil erst möglich sein wird, wenn die Vorwürfe, die er uns machte, und die Vorwürfe, die wir ihm machten, von völlig objektiven Gesichtspunkten aus gemessen und verglichen werden. Solange eine vorbedachte Parteilichkeit nicht auf Wahrheit aus ist, sondern auf politische Tageszwecke, ist auch ein rühmender Nekrolog nur Schändung und nicht Ehrung eines Toten. Immer zugeben werde ich, daß Leviné den Charakter der Sozialdemokratie besser beurteilte als Landauer und ich, insofern, als er das Verhalten von Ebert, Scheidemann, Noske usw. nicht als Verräterei minderwertiger Subjekte ansah, sondern als zwangsläufige Folge der sozialdemokratischen Parteipolitik im ganzen. Er hatte recht, als er uns vorhielt, diese Partei werde uns verraten wie jeden, der sie zu gemeinsamem Handeln für das Proletariat zuließe. Dagegen hatte er offenbar unrecht, sich der Ausrufung der Räterepublik zum 5. April (die verhängnisvolle Verschiebung zum 7. war ja die Wirkung seines Widerstandes) entgegenzustellen. Doch sind alle historischen Wertungen müßig in dem Augenblick, wo es gilt, der Persönlichkeit gerecht zu werden. Leviné war eine große revolutionäre Persönlichkeit, voll Leidenschaft, Tatkraft, Klugheit und voll von Fanatismus, ohne den es keine Genialität und keinen Todesmut für ein Ideal gibt. Wer so vor seinen Richtern stand wie Eugen Leviné, wer so wie er den Todesspruch entgegennahm und so den tödlichen Kugeln seinen Treuschwur an die Weltrevolution entgegenrief – der gehört der Revolution aller Zeiten, und wer sie liebt, gleichviel ob er in allen Auffassungen mit Eugen Leviné übereinstimmt, wird Männer seiner Art lieben müssen. Hätten wir ihrer mehr!

7 ________ Ret Marut

Erich Mühsam
Wo ist der Ziegelbrenner?

Weiß keiner der Leser des ›Fanal‹, wo der Ziegelbrenner geblieben ist? Ret Marut, Genosse, Freund, Kampfgefährte, Mensch, melde dich, rege dich, gib ein Zeichen, daß du lebst, daß du der Ziegelbrenner geblieben bist, daß dein Herz nicht verbonzt, dein Hirn nicht verkalkt, dein Arm nicht lahm, dein Finger nicht klamm geworden ist. Die Bayern haben dich 1919 nicht gekriegt; sie hatten dich schon am Kragen, und du bist ihnen auf der Straße noch ausgekommen. Sonst lägest du heute da, wo Landauer liegt und die andern alle, die lebendigen Geistes waren, wo auch ich läge, hätten sie mich nicht vierzehn Tage vorher schon gehabt und aus dem Mordzentrum fortgeschleppt. Jetzt können sie dir nicht mehr an den Wagen fahren. Die Amnestie vom vorigen Jahr muß für dich angewandt werden. – Es wird Zeit, Entstehung und Verlauf der bayrischen Kommune vor der Geschichte festzuhalten. Was bis jetzt dazu geschehen ist, kam aus parteilich getrübtem Urteil, ist dumm und gehässig, ungerecht oder selbstgerecht. Auch ich bin zu sehr Partei, zu eng persönlich verstrickt mit den Vorgängen, zu tief selber hineingezerrt in die Konflikte um Schuld und Verdienst, um allein mit genügender Objektivität Historiker dieser Revolution sein zu können. Du warst der einzige, der aktiv in den Dingen stand und doch aus einiger Entfernung und Höhe sehen konnte, was Schlimmes geschah, was Gutes gewollt wurde, was Richtiges unternommen wurde und Richtigeres hätte unternommen werden sollen. Gustav Landauers Nachlaß, seine Briefe, seine Reden, sein Wirken in der letzten Zeit werden der Öffentlichkeit binnen kurzem zur Kritik gestellt werden. Du standest ihm helfend und anregend zur Seite, als er Volkskommissar für Aufklärung und Propaganda war. Wir brauchen dich. – Wer kennt den Ziegelbrenner? Wer von den Lesern des ›Fanal‹ weiß, wo Ret Marut zu finden, zu erreichen ist? Wer seinen Verbleib ermitteln kann, stelle ihm das Heft zu. Viele fragen nach ihm, viele warten auf ihn. Er ist gerufen.

Ich fordere die Freiheit der Presse!

Es gibt bis zur Stunde keine Presse-Freiheit. Die Journalisten sind Gesinnungslumpen und Volksbeschwindler, weil sie Furcht haben, ohne „gesichertes Einkommen" sein zu müssen. Sie fürchten sich vor dem Hunger und vor der Verelendung. Diese Furcht zu haben oder nicht zu haben ist Sache der Persönlichkeit. Es hat nicht jeder Mann die Fähigkeit, angesichts der Möglichkeit, sich nicht satt essen zu können, aufrecht, ehrlich und gesinnungsstark zu bleiben. Der Journalist hat diese Fähigkeit nicht. Ich fordere sofort seine wirtschaftliche Unabhängigkeit von dem Verleger. Ich fordere, ihm Gelegenheit zu geben, den Beweis zu erbringen, daß er ein anständiger Kerl sein kann, wenn ihm nicht mehr die Entlassung und damit der Hunger droht. Die Presse soll von freien Menschen geführt werden.

Darum fordere ich vorläufig:

Keine Zeitung und keine Zeitschrift, die politische, volkswirtschaftliche, handelspolitische Aufsätze, Mitteilungen, Meldungen oder Telegramme bringt, darf Inserate veröffentlichen. Blätter, die einen Handelsteil haben, die Börsen-Berichte oder Börsen-Nachrichten bringen, dürfen gleichfalls keine Inserate veröffentlichen. Inserate dürfen nur veröffentlicht werden in reinen Inseraten-Blättern. Diese Inseraten-Blätter dürfen nur amtliche Bekanntmachungen enthalten, sowie Romane, Novellen und Unterhaltungs-Lektüre. Diese Inseraten-Blätter sind Eigentum der Volks-Gemeinschaft; die Gewinne fließen der Volks-Gemeinschaft zu. Die Verwaltung dieser Inseraten-Blätter hat die Verpflichtung, jedes Inserat aufzunehmen; sie darf nur solche Inserate ablehnen, die zu Verbrechen auffordern.

So lange die Regierung diese Trennung zwischen Inseraten-Blatt und „Meinungs"-Blatt nicht durchgeführt hat, so lange gibt es keine Presse-Freiheit, so lange gibt es keinen freien Journalisten. So lange die Regierung diese Presse-Freiheit nicht geschaffen hat, so lange haben Arbeiter, Soldaten und alle Menschen, deren Wohlbefinden täglich aufs Neue durch die Schandtaten der Presse und der Journalisten gestört wird, das Recht und die Pflicht, der Presse das „ruhige" Arbeiten unmöglich zu machen. Seuchen müssen ausgerottet werden. Man beseitige die Ursachen, dann verschwinden die Folgen. Eine Zeitung oder eine Zeitschrift, die ohne die Inseraten-Einnahmen nicht bestehen kann, hat kein Recht zu bestehen.

Der Ziegelbrenner.

›Der Ziegelbrenner‹: Immer wieder druckt Ret Marut in seiner Zeitschrift Aufrufe gegen die Presse

Ret Marut
Pressefreiheit oder Befreiung der Presse

Das Recht auf Meinungsfreiheit in Wort und Schrift ist so selbstverständlich, daß darüber unter Menschen und Völkern gar nicht verhandelt werden darf. Wenn ein Volk eine gewisse Kulturstufe erreicht hat, so ist die uneingeschränkte Pressefreiheit eine zwingende Notwendigkeit. Jede Unterdrückung der Meinungsfreiheit nützt nur dem Unterdrückten und bereitet den Sturz des Unterdrückers vor. Das Recht, jederzeit seine ehrliche Meinung äußern zu können, muß unantastbar bleiben; für reife Völker und für Kulturmenschen ist dieses Recht das höchste und heiligste Recht überhaupt, irgendwelchen Zweifel an der Gültigkeit dieses Rechtes kann es nicht geben; und kein Mensch und keine Regierung hat das Recht, die Meinungsfreiheit zu unterdrücken. Ein Ziel, das nur durch Unterdrückung der Meinungsfreiheit erreicht werden kann, dürfte wohl nur in ganz seltenen Fällen ein Ziel sein, das der Menschheit nützt; was letzten Endes durch Unterdrückung der Meinungsfreiheit errichtet werden könnte – es sei scheinbar noch so vortrefflich –, kann nicht von Dauer sein. Es kann demnach über den Wert und die Bedeutung der Rede- und Pressefreiheit nur *eine* Meinung unter ehrlichen und vorwärtsstrebenden Menschen bestehen.
Bis zur Novemberrevolution gab es in Deutschland keine uneingeschränkte Pressefreiheit. Die schamlose und rücksichtslose Aufhebung der Pressefreiheit während des Krieges soll hierbei gar nicht in Betracht gezogen werden; ja, sie soll nicht einmal dazu dienen, um die Beschränkung der Pressefreiheit, wie sie von dem revolutionären Proletariat ausgeübt werden muß, auch nur im geringsten zu rechtfertigen. Aber es gab auch vor dem Kriege keine uneingeschränkte Pressefreiheit. Die sozialdemokratischen und linksliberalen Redakteure können den Beweis führen.
Pressefreiheit und Demokratie sind alte Forderungen der Sozialdemokratie. Diese beiden Forderungen sind so alt, daß sie an dem Tage, wo sie nun endlich durchgeführt werden sollten, wie sie ursprünglich gemeint waren, die ursprüngliche Bedeutung ganz und gar verloren hatten. Zeit und Ereignisse sind über die ursprüngliche Deutung, was man unter Pressefreiheit und unter Demokratie zu verstehen habe, hinweggeeilt. Demokratie, wie sie 1848 gedacht und gefordert wurde, ist heute keine Demokratie mehr, sondern Plutokratie; Pressefreiheit, wie sie seit Erfindung der Buchdruckerkunst gedacht und gefordert wurde, ist heute zu nichts anderem geworden als zu einer Gewerbefreiheit. Darum ist ja auch gerade das, was die größten Geister der Menschheit unter Pressefreiheit verstanden haben, unter der heutigen Wirtschaftsform gar nicht durchführbar. Was heute Kapitalisten, Bourgeoisie und Mehrheitssozialisten unter Pressefreiheit verlangen, ist die Freiheit, aus der Meinungsäußerung ein Geschäft, und zwar ein sehr ertragreiches Geschäft, zu machen; diese Pressefreiheit führt aber nicht zur wahren Meinungsfreiheit, sondern sie führt zu geistiger Knechtschaft

derjenigen, für die in erster Linie die Pressefreiheit gefordert werden muß: für die Zeitungsschriftsteller. Auf diese geistige Knebelung der Schriftsteller und Redakteure führt die Pressefreiheit, wie sie unter der heutigen Wirtschaftsform verlangt wird, ganz unzweifelhaft hinaus. Und es ist verwunderlich, daß die Mehrheitssozialisten, also Politiker, die doch Zusammenhang und Wirkung aller wirtschaftlichen Vorgänge am besten kennen sollten, nicht begreifen, daß Pressefreiheit erst dann möglich ist, wenn der Kapitalismus beseitigt ist. Solange es irgendwelche wirtschaftliche Abhängigkeit des einzelnen von wirtschaftlich Stärkeren noch gibt, so lange kann es keine wahre Pressefreiheit geben, so lange aber auch hat das revolutionäre Proletariat das Recht und die Pflicht, die Presse so zu behandeln, wie es notwendig ist, um die Befreiung des Proletariats – und dazu gehören auch 90% der Schriftsteller – durchzuführen. Diese Pressefreiheit, die von den Kapitalisten und von den Mehrheitssozialisten als Pressefreiheit betrachtet wird, zu gewährleisten, wäre eine ebenso große politische Dummheit, als wenn man unbeaufsichtigte Monarchen herumlaufen ließe, um mit allen Mitteln, die ihnen zur Verfügung stehen, für die Wiedererrichtung der Monarchie zu werben, oder als wenn man den Kapitalisten, deren Eigentum in Gefahr ist, ohne weiteres das Recht zugestehen wollte, Soldaten zu mieten, um die Revolution niederzuschlagen. Sachlich kommen in der Tat alle diese drei Dinge auf dasselbe heraus; nur in der Form sind sie verschieden.

Heute ist nur in einem einzigen Falle eine wirkliche Pressefreiheit möglich: Wenn ein vermögender Mann gleichzeitig Herausgeber und Verleger einer Zeitung ist und weder auf die Zahl der Abonnenten noch auf Inserate irgendwelche Rücksicht zu nehmen braucht. Eine solche Zeitung gibt es bis heute in Deutschland nicht. Soweit ich unterrichtet bin, gibt es im deutschen Sprachgebiet nur zwei Zeitschriften, die alle diese Bedingungen erfüllen und die von dieser wirklichen Pressefreiheit auch den rücksichtslosesten Gebrauch machen. Die eine arbeitet mit großer Unterbilanz, die andere vermag sich wohl nur durch ihr Alter und ihren großen Leserkreis zu halten. Verdient kann an solchen Zeitschriften heute nichts werden, und weil mit solchen Zeitschriften kein Geschäft zu machen ist, darum müssen sie Einzelerscheinungen bleiben. Aber beide erfüllen doch die große Kulturaufgabe, zu zeigen, was unter einer wahrhaften Pressefreiheit geleistet werden kann.

Selbst die sozialdemokratische Presse, also diejenige Presse, die vor dem Kriege beinahe die einzige war, die Charakter hatte und Gesinnung besaß, kennt keine uneingeschränkte Pressefreiheit. Trotz aller gegenteiligen Behauptungen ist sie doch mehr oder weniger von den Inserenten abhängig. Und es ist mehrfach vorgekommen, daß über Mißstände in Warenhäusern und in ähnlichen Unternehmungen, die große Inseratenaufträge gaben, nicht so berichtet wurde, wie es im Interesse der Arbeiter notwendig gewesen wäre. Der sozialdemokratische Redakteur ist durchaus nicht freier als sein bürgerlicher Kollege; wenn er nicht so schreibt, wie es von den Parteiinstanzen verlangt wird, oder wenn er eine andere Auffassung vom Erfurter Programm hat als die Mitglieder des Pressekomitees, so beginnt sein Leidensweg. Die zahlreichen Maßregelungen sozialdemokratischer Redakteure sind ein ausreichender Beweis für die Unfreiheit auch

dieser Schriftsteller. Man darf ruhig sagen, daß die Redakteure in vornehmen bürgerlichen Blättern häufig mehr persönliche Freiheit haben als sozialdemokratische Redakteure.
Diese Pressefreiheit also, die heute verlangt wird, ist nur eine sehr bedingte Freiheit. Wie und was der Schriftsteller oder der Redakteur in Wirklichkeit denkt, kann und darf er dem Leser nicht sagen, weil er sonst brotlos würde. Die Pressefreiheit, wie sie seit der Novemberrevolution besteht (oder in Bayern bestand), diente nicht dem Leser, noch viel weniger dem Proletariat, das sich heute im heißesten Kampfe befindet, sondern diese Pressefreiheit diente lediglich dem Kapitalismus und den Interessen derjenigen Leute, die beseitigt werden müssen, damit die Menschheit endlich einmal ruhig aufatmen kann.
In meinen weiteren Aufsätzen werde ich sowohl auf die Ansicht des Herrn Dr. Funk eingehen (mit dem ich übrigens persönlich über Pressefreiheit sprach, ehe er seinen Aufsatz veröffentlichte) als auch auf die Ansicht, die das revolutionäre Proletariat über Pressefreiheit hat.

Menschen!

Ihr habt nur einen Feind. Er ist der verkommenste von allen. Tuberkulose und Syphilis sind furchtbare Seuchen, unter denen der Mensch leidet. Unermeßlich furchtbarer, tückischer und bösartiger am Körper und an der Seele des Menschen wütet die alles verheerende Seuche: Oeffentliche Hure Presse. Jede Revolution, jede Befreiung des Menschen verfehlt ihren Zweck, wenn nicht zuerst die Presse erbarmungslos vernichtet wird. Alle Sünden werden dem Menschen vergeben, die Sünde wider den Geist wird dem Menschen in Ewigkeit nicht vergeben. Vernichtet die Presse, peitscht ihre Zuhälter aus der Gemeinschaft der Menschen und es wird Euch Vergebung werden für alle Eure Sünden, die Ihr begingt oder die Ihr noch begehen werdet. Keine Versammlung, keine Zusammenkunft von Menschen darf vor sich gehen, ohne daß nicht Euer gellender Schrei ertönt: Vernichtet die Presse!

Aus: ›Der Ziegelbrenner‹. Aufruf gegen die Presse

Notizzettel von Gustav Klingelhöfer über Pressezensoren (u. a. Titus Tautz, Paul Guttfeld, Ret Marut, Alex Strasser, Alfred Kurella, Otto Hausdorff)

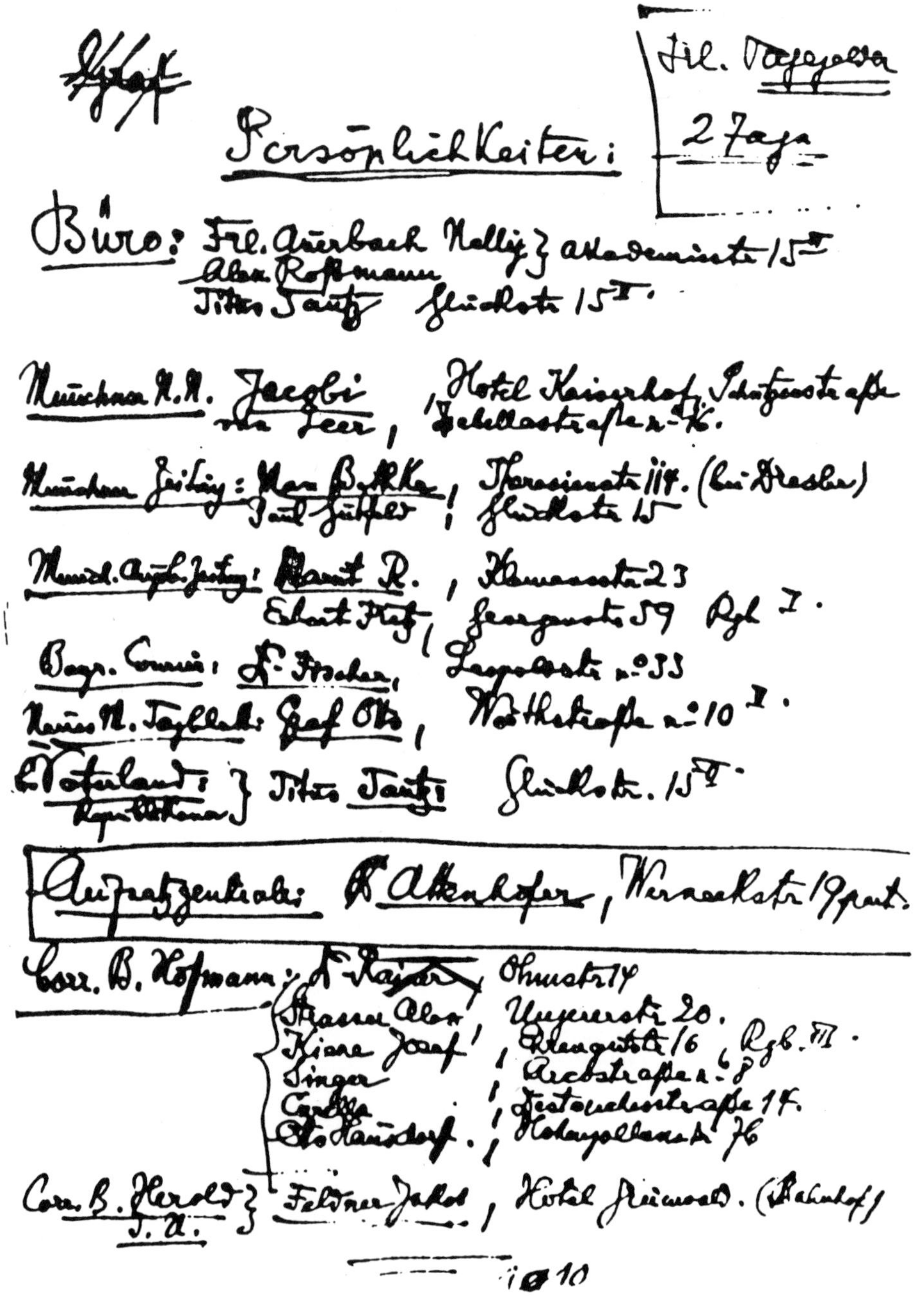

Fil. Tageszeitung
2 Tage

Persönlichkeiten:

Büro: Frl. Auerbach Nelly } Akademiestr. 15
Alex Roßmann
Titus Tautz Gluckstr. 15 I.

Münchner N. N. Jacobi von Leer, Hotel Kaiserhof, Schellingstraße

Münchner Zeitung: Max Bettke, Theresienstr. 114. (bei Drexler)
Paul Guttfeld, Gluckstr. 15

Münch. Augsb. Zeitung: Marut R., Clemensstr. 23
Eckart Pfaff, Georgenstr. 59 Rgb. I.

Bayr. Courier: Dr. Fischer, Leopoldstr. n° 33

Neues M. Tagblatt: Graf Otto, Wörthstraße n° 10 I.

Vaterland: Republikaner } Titus Tautz: Gluckstr. 15 I.

Aufsatzzentrale: R. Altenhöfer, Werneckstr. 19 part.

Corr. B. Hoffmann: Dr. Kayser, Ohmstr. 14
Strasser Alex, Ungererstr. 20
Kiene Josef, Klenzestr. 16 Rgb. III.
Singer, Arcostraße n° 8
Curella, Pestalozzistraße 14
Otto Hausdorf, Hohenzollernstr. 76

Corr. B. Herold J. A. } Feldner Jakob, Hotel Grünwald (Bahnhof)

Ret Marut
Pressefreiheit oder Befreiung der Presse

Pressefreiheit, das Recht, seine Meinung frei und unbehindert äußern zu können, ist das höchste Gut, das Volksgenossen besitzen. Ohne Pressefreiheit kann eine Volksgemeinschaft auf die Dauer nicht bestehen. Unterdrückung der Pressefreiheit dient nie dem Unterdrücker, sondern stets nur dem Unterdrückten. Beseitigung der Pressefreiheit führt notwendig zum Zusammenbruch des Systems, das durch die Unterdrückung der Meinungsfreiheit gerade gestützt werden sollte.

Pressefreiheit haben Bürgertum und Kapitalisten immer gefordert, aber nur für sich, nie für die Gegenpartei. Gegen die nichtswürdige Unterdrückung der sozialistischen Meinungsfreiheit während des Sozialistengesetzes und nach dem Sozialistengesetz haben Bürgertum und Kapitalisten, die jetzt gegen die ›angedrohte‹ Behinderung der Pressefreiheit Sturm laufen wollen, nie etwas einzuwenden gehabt. Bis zum Ausbruch der Novemberrevolution gab es keine Pressefreiheit. Konnte man die wahre Meinung nicht unmittelbar unterdrücken, so verfolgte man Redakteure und Versammlungsredner so lange mit harten Strafen, bis sie allmählich gelernt hatten, was die Regierung und die Regierenden unter Pressefreiheit verstanden. Während des Krieges gab es Pressefreiheit nur für Kriegshetzer und Annexionisten. Gegen diese Einschränkung der Pressefreiheit, wie sie schamloser sich noch niemals seit Erfindung der Buchdruckerkunst gezeigt hatte, haben weder Bürgertum noch Kapitalisten sich gewehrt. Warum auch? Diese Unterdrückung der Pressefreiheit geschah ja in ihrem Interesse.

Bürgertum und Kapitalisten wehren sich auch heute nicht dagegen, daß Zeitungen der Unabhängigen und Kommunisten verboten werden, daß sie auf Wochen und Monate hinaus verboten bleiben, daß man die Redakteure solcher Blätter verhaftet, in Haft behält und ermordet, daß man die Büroräume dieser Blätter zerstört und verwüstet, daß man deren Broschüren und Flugschriften vernichtet und daß man Leute, deren ganzes Verbrechen darin besteht, kommunistische und bolschewistische Schriften zu besitzen, ermordet und die Mörder unbehelligt läßt. Diese Aufhebung der Pressefreiheit wird von den bürgerlichen Redakteuren, die jetzt nicht laut genug rufen können, daß die Pressefreiheit in Gefahr sei, kaum erwähnt, und wenn sie erwähnt wird, so geschieht es in einer Form, als sei diese Unterdrückung der Pressefreiheit eine Selbstverständlichkeit.

Bürgertum und Kapitalisten haben sich niemals dagegen empört, daß den bürgerlichen Parteien Tausende von Blättern in ungezählten Millionen für ihre Agitation zur Verfügung standen, während sozialistische Parteien gar keine Zeitung besaßen oder nur unvollkommene und unzureichende Blättchen besaßen. Bürgertum und Kapitalisten haben es nie als ein Unrecht angesehen, daß Polizisten sozialistische Versammlungen auflösten oder verhinderten, sie haben

es nie als ein Unrecht angesehen, daß man sozialistischen Rednern in bürgerlichen Versammlungen das Wort zur Verteidigung verweigerte, sie haben es nie als ein Unrecht empfunden, daß man den Sozialisten die Versammlungssäle verweigerte oder abtrieb, daß man Wirte, die Säle hergegeben hatten, boykottierte und ihnen die Konzessionen entzog, sie haben nie von Unrecht gesprochen, wenn sozialistische Flugblattverteiler auf dem Lande halb totgeprügelt, mit Hunden gehetzt, verhaftet und gefoltert wurden.
Und diese Leute wollen jetzt aufbegehren, wo sich das Blatt gewendet hat, wo diejenigen Menschen, die bisher geknechtet, unterdrückt und ausgebeutet wurden, erwacht sind und Macht bekommen haben. Macht! Oh, wenn die Arbeiter die Macht, die sie besitzen, die sie sich durch die Revolution erkämpft haben, doch nur gebrauchen wollten!
Auf alle diese Leute, deren Pressefreiheit jetzt ›bedroht‹ ist, irgendwelche Rücksicht zu nehmen, dazu hat das siegreiche Proletariat auch nicht die geringste Veranlassung. Bürgertum und Kapitalisten haben von ihrer Pressefreiheit einen so widersinnigen Gebrauch gemacht, daß die ganze menschliche Kultur, die in Tausenden von Jahren mühselig aufgebaut wurde, zusammengebrochen ist. Diese Leute haben das Recht auf Pressefreiheit verwirkt. Wer durch die Pressefreiheit nicht fähig ist, veredelnd auf die Menschheit einzuwirken, dem muß diese Freiheit genommen werden. Diese Freiheit muß ihm um so notwendiger genommen werden, wenn er die Pressefreiheit nicht dazu benutzt, um die Kultur zu fördern, sondern wenn er sie lediglich dazu benutzt, um Geld zu verdienen.
Entgegen allen Behauptungen der Zeitungsunternehmer muß öffentlich festgestellt werden, daß, von wenigen Ausnahmen abgesehen, die Herausgabe von Zeitungen Riesengewinne abwirft. Würden so große Zeitungspaläste bestehen, wenn an der Zeitung nichts verdient würde? Würde je ein Kapitalist eine Zeitung gründen oder ankaufen, wenn er nichts dabei verdienen würde? Die Zeitung selbst ist ihm ganz gleichgültig. Der Text dient ihm nur dazu, viele Leser zu gewinnen, und diese vielen Leser und Abonnenten hat er nur darum nötig, um ein gutes Inseratengeschäft machen zu können. Auf das Inserat kommt es ihm an.
Es ist erwiesen, daß bei unzähligen Zeitungen das Abonnementsgeld noch nicht einmal ausreicht, um die Träger und um das Papier, das der Abonnent täglich bekommt, zu bezahlen. So müssen also von den Inserateneinkünften bezahlt werden: die Redakteure, die kaufmännischen Angestellten, die Setzer und Maschinenarbeiter, die freien Mitarbeiter. In diesen Tagen, wo die Presse sich gegen die ›bedrohliche‹ Sozialisierung wehrt, gesteht sie ein, daß sie ohne die Inserate nicht lebensfähig wäre; damit gibt sie zu, daß die Inserate die Hauptsache bei der Zeitung sind. Würde man den Zeitungsverlegern die Inserateneinkünfte lassen und ihnen den treuen Abonnentenstamm, der ihnen die Inserate sichert, nicht verringern, so hätten sie gegen die Sozialisierung der Presse nichts mehr einzuwenden.
Der Redakteur ist vom Inserat abhängig. Die Mehrzahl der Redakteure, die über die Zusammenhänge einmal nachdenken, wissen das auch sehr gut. Denn sobald eines Artikels wegen eine Anzahl der Abonnenten abspringen, so kann der Re-

dakteur mit Sicherheit darauf rechnen, von dem Verleger vorgeladen zu werden. Und der sagt ihm mit dürren Worten: »Ja, Herr Doktor, Sie dürfen schreiben, was Sie wollen. Ich will Ihre persönliche Ansicht nicht antasten. Ich mische mich absolut nicht in die Redaktionsführung ein. Das haben Sie ja auch vertraglich. Aber wenn wir oft solche Abonnentenrückgänge zu verzeichnen haben, dann werde ich wohl bald nur noch halb so viele Redakteure beschäftigen wie heute. Abonnenten dürfen uns auf keinen Fall abspringen. Aber sonst dürfen Sie natürlich schreiben, was Sie wollen.« Und weil die Zeitung ohne Inserate keinen Gewinn abwirft und weil das Inseratengeschäft nur dann ertragreich ist, wenn das Blatt viele ›kaufkräftige‹ Leser hat, so müssen die Abonnenten unter allen Umständen festgehalten werden, und der Redakteur muß so schreiben, daß er es allen Lesern recht macht, daß er keinen treuen Abonnenten vor den Kopf stößt, daß er keine neuen und umwälzenden Ideen verbreitet, die den ›ruhebedürftigen‹ bürgerlichen Zeitungsleser erschrecken könnten. Und so ist die Grundursache aller Sklaverei der Redakteure: das Inserat. Der Redakteur, der das bis heute noch nicht erkannt hat, hat seinen Beruf als Journalist verfehlt.

Die mehrheitssozialistische ›Münchener Post‹ war das erste Blatt, das sich gegen die Monopolisierung der Anzeigen zur Wehr setzte. Man denke: Ein sozialistisches Blatt ist gegen die Sozialisierung. Warum wohl? Während des Krieges und nach der Revolution, durch die dieses Blatt Regierungsorgan wurde, hat das Inseratengeschäft der ›Münchener Post‹ einen glänzenden Aufschwung genommen. Die ›Münchener Post‹ ist heute, wenn man Umfang und Auflagenhöhe berücksichtigt, die ertragreichste Inseratenplantage Bayerns. Die ›Münchener Post‹, die früher Proletarierin war, ist heute Großkapitalistin geworden (wie der mehrheitssozialistische ›Vorwärts‹ in Berlin schon längst), und sie hat infolgedessen jetzt auch großkapitalistische Interessen. Darum muß sie gegen das Anzeigenmonopol energisch Stellung nehmen, sogar dadurch, daß sie die Meinung des Ferdinand Lassalle über die Presse für ihre Zwecke ausbeutet. Was hat denn Ferdinand Lassalle nun wirklich über die Presse gesagt? Seine Worte mögen hier veröffentlicht werden: »Je schlechter heute ein Blatt, desto größer ist sein Abonnentenkreis.

Einst war die Presse wirklich der Vorkämpfer für die geistigen Interessen in Politik, Kunst und Wissenschaft, der Bildner, Lehrer und geistige Erzieher des großen Publikums. Sie stritt für Ideen und suchte die große Menge zu diesen Ideen emporzuheben. Allmählich aber begann die Gewohnheit der bezahlten Anzeigen. Es zeigte sich, daß diese Inserate ein sehr ergiebiges Mittel seien, um Reichtümer zusammenzubringen, um immense jährliche Revenüen aus den Zeitungen zu schöpfen. Von dieser Stunde an wurde die Zeitung eine äußerst lukrative Spekulation für einen kapitalbegabten oder kapitalhungrigen Verleger. Aber um viele Anzeigen zu erhalten, handelte es sich zuvörderst darum, möglichst viele Abonnenten zu bekommen; denn die Anzeigen strömen natürlich nur solchen Blättern zu, die sich eines großen Abonnentenkreises erfreuen. Von Stunde an handelte es sich also nicht mehr darum, für eine große Idee zu streiten und zu ihr langsam und allmählich das große Publikum hinaufzuheben, sondern, umgekehrt, solchen Meinungen zu huldigen, welche, wie immer sie auch beschaffen sein mögen, der größten Anzahl von Abonnenten genehm sind. Von Stunde an also wurden die Zeitungen, immer unter Beibehaltung des Scheins, Vorkämpfer für geistige Interessen zu sein, aus Bildnern und Lehrern des Volkes zu schnöden Augendienern des *abonnierenden* Publikums und dessen Geschmacks. Von Stunde an wurden die Zeitungen nicht nur zu einem ganz ordinären Geldgeschäft, sondern, schlimmer, zu einem *durch und durch heuchlerischen Geschäft,* welches unter dem Schein des Kampfes für große Ideen und für das Wohl des Volkes betrieben wird.

Das sind ernste, sehr ernste Erscheinungen, und ich nehme keinen Anstand, zu sagen: wenn nicht eine totale Umwandlung unserer Presse eintritt, wenn diese Zeitungspest noch fünfzig Jahre so fortwütet, so muß unser Volksgeist verderbt und zugrunde gerichtet sein bis in seine Tiefen! Wenn Tausende von Zeitungsschreibern mit hunderttausend Stimmen täglich ihre stupide Unwissenheit, ihre Gewissenlosigkeit, ihren Eunuchenhaß gegen alles Wahre und Große in Politik, Kunst und Wissenschaft dem Volke einhauchen, dem Volke, das gläubig und vertrauend nach diesem Gift greift, weil es eine geistige Stärkung daraus zu schöpfen glaubt, nun, so muß dieser Volksgeist zugrunde gehen ... Nicht das begabteste Volk der Welt hätte eine solche Presse überdauert!

Ein Schriftsteller von Ehre würde sich lieber die Faust abhacken, als das Gegenteil von dem zu sagen, was er denkt; oder sogar, insofern er einmal schreibt, das nicht zu sagen, was er denkt. Kann er es schlechterdings nicht, und in keiner Wendung, ausdrücken, so zieht er sich lieber zurück und schreibt gar nicht. Bei den Zeitungen ist dies ausgeschlossen durch das lukrative Zeitungsgeschäft.

Das sind diese modernen Landsknechte von der Feder, das geistige Proletariat, das stehende Heer der Zeitungsschreiber, das öffentliche Meinung macht und dem Volke tiefere Wunden geschlagen hat als das stehende Heer der Soldaten...

Ich habe gezeigt, daß das Verderben der Presse mit Notwendigkeit daraus hervorgegangen ist, daß sie unter dem Vorwand, geistige Interessen zu verfechten, durch das Annoncenwesen zu einer industriellen Geldspekulation wurde.

Wenn jemand Geld verdienen will, so mag er Koton fabrizieren oder Tuche, oder auf der Börse spielen. Aber daß man um des Geldes willen alle Brunnen des Volksgeistes vergiftet und dem Volke den geistigen Tod täglich aus tausend Röhren kredenzt – das ist das höchste Verbrechen.«

So urteilte Ferdinand Lassalle über die Presse, obwohl zu seiner Zeit die Presse auch nicht den zehnten Teil jener sittlichen Verwahrlosung offenbarte, wie sie es heute tut.

Die Monopolisierung der Inserate wäre nur halbe Arbeit. Von halber Arbeit hat das revolutionäre Proletariat nun genug gesehen und genug gehabt. Jetzt soll ganze Arbeit getan werden. Und darum muß die ganze Presse, in welcher Erscheinungsform sie sich auch äußert, sozialisiert werden.

Sozialisierung heißt nicht Verstaatlichung. Vor dieser Verwechslung der Begriffe sei das revolutionäre Proletariat gewarnt. Verstaatlichen möchten die Herren Staatsbürger Scheidemann und Genossen. Aber Verstaatlichung gibt weder den Redakteuren und Zeitungsschriftstellern die Freiheit, die heute alle geistigen Arbeiter brauchen, noch kann Verstaatlichung dem Proletariat genügen. Eisen-

bahnen, Post und Telegraph sind längst verstaatlicht. Die Folge war: unbeschreibliche Bürokratie, die Folge war: politische Knechtschaft und politische Bevormundung der Beamten, die Folge war: Ausschaltung der Mitarbeit des ganzen Volkes, die Folge war: Verknöcherung, Verkalkung und muffiger Stillstand.
Freilich wäre den Zeitungsunternehmern Verstaatlichung das liebste. Damit würden sie sich abfinden. Denn bei einer Verstaatlichung würden sie angemessen entschädigt. Und wenn man den Kapitalisten ›angemessen‹ entschädigt, so ist er mit jeder Verstaatlichung einverstanden, so würde es ihm auch ganz gleichgültig sein, ob man diese Umwandlung Verstaatlichung oder Sozialisierung nennt.
Aber nicht verstaatlicht soll werden, sondern es muß sozialisiert werden. Mit der Sozialisierung ist aber untrennbar verknüpft: Expropriation der Expropriateure. Es soll also das geschehen, was Karl Marx als notwendige Vorbedingung der Sozialisierung bezeichnet hat. In all den Jahren vor dem Kriege ging kaum eine Agitationsversammlung, kaum eine Maifeier vorüber, wo nicht als erstes Ziel des Sozialismus gefordert wurde: Expropriation der Expropriateure. Jetzt, wo dieselben Agitationsredner von damals, die mit dieser Redewendung auf den Mitgliederfang ausgingen, die Regierungsgewalt in Preußen in Händen haben (sie glauben es wenigstens), denken sie ihrer früheren Versprechungen und Verheißungen nicht mehr. Jetzt soll nicht mehr expropriiert werden, weil eine gute Anzahl der ehemaligen Agitationsredner bei dieser Expropriation selbst recht ansehnliche Kriegs- und Revolutionsgewinne zu verlieren hätten.
Diese notwendige Expropriation der Expropriateure bleibt also wie jede revolutionäre Tat dem siegreichen Proletariat überlassen. Das revolutionäre Proletariat muß diese Expropriation vornehmen.
Sozialisierung heißt Enteignung derjenigen, die bisher andere enteignet haben. Sozialisierung heißt Enteignung der Produktionsmittel von denen, die diese Produktionsmittel benutzten, um sich auf Kosten anderer zu bereichern. Sozialisierung heißt: Übergabe der enteigneten Produktionsmittel an die ganze Volksgemeinschaft. Aber Sozialisierung ist nicht möglich, wenn man den Geldsack und den Kapitalismus zaghaft anfaßt und ihm an seiner schmerzlichsten und verwundbarsten Stelle nicht weh tun will. Zugepackt muß werden, und zwar fest. Der Kapitalismus hat noch niemals auf irgendwen Rücksicht genommen. Er hat keine Rücksicht genommen auf schlecht entlohnte Arbeiter, die eine Schar Kinder zu versorgen hatten; er hat keine Rücksicht genommen auf die Menschheit, die in eine ungeheuerliche Katastrophe geführt wurde, nur um dem profitgierigen Unternehmertum neue und reiche Absatzgebiete zu verschaffen. Also warum sollte das Proletariat, das am schwersten unter der rücksichtslosen Brutalität des Kapitalismus leiden mußte, irgendwelche Rücksicht auf die Kapitalisten nehmen? Der Kapitalismus ist von sentimentalen Ideen und Empfindungen nicht angekränkelt, er hat das robusteste Gewissen der Welt, er verträgt schon einen ganz gehörigen Puff. Rücksicht auf den Kapitalismus wäre Selbstmord des revolutionären Proletariats.
Drauf und dran! Proletarier!

Was ist denn schon alles auch sonst enteignet worden? Die Preußen haben in brutaler Weise polnische und dänische Landbesitzer enteignet und ihnen geringfügige Entschädigungssummen dafür hingeworfen, ohne Rücksicht darauf zu nehmen, daß dem Enteigneten die Heimaterde und die Scholle genommen wurde, wo schon seine Väter gepflügt und geerntet hatten. Diese Enteigner enteigneten nicht für große Entwicklungsziele, wie es heute das Proletariat zu tun gedenkt, sondern sie enteigneten aus rein imperialistisch-kapitalistischen Gesichtspunkten. Was ist während des Krieges alles enteignet worden, zum Teil gegen geringe Entschädigungen? Müttern und Vätern hat man sogar die Söhne dauernd enteignet, und als Entschädigung für diese ungeheuerlichste Enteignung gab man den also enteigneten weinenden Müttern und trauernden Vätern ein Blatt Papier mit der Inschrift ›Auf dem Felde der Ehre gefallen‹! Wurde diese Enteignung etwa für große Kulturziele vorgenommen? Nein. Sondern sie wurde vorgenommen für die Gewinnabsichten internationaler Krämer, Kapitalisten, Länderräuber, Rüstungslieferanten und anderer Ausbeuter der gequälten Menschheit. Was und wieviel und in welch brutaler Weise ist denn in den Kolonien enteignet worden? Meist ohne Entschädigung, damit die enteigneten Eingeborenen zu billigen Lohnsklaven gemacht werden sollten. Wie viele Unternehmungen hat denn die deutsche Regierung während der Besatzung in Belgien und Nordfrankreich enteignet, obgleich ihnen Belgien und Nordfrankreich noch gar nicht gehörten? Ja, die deutschen Länderräuber gedachten ja sogar, ganz Belgien und Nordfrankreich, große Teile von Rußland, Rumänien und Serbien zu enteignen. Hat sich gegen alle diese Enteignungen und gegen diese Enteignungspläne je ein deutscher Kapitalist empört? Hat je einer gerufen oder geschrieben: Das ist ein schreiendes Unrecht, was da verübt wird! Hat je ein Kapitalist sich gegen die Ungerechtigkeit empört, daß der Unternehmer jeden Arbeiter, der, um leben zu können, arbeiten mußte, auch das letzte Restchen von Arbeitskraft und Gesundheit enteignete, ohne ihn für die Enteignung angemessen zu entschädigen? Keiner hat sich empört. Alle haben solche Enteignungen ganz in Ordnung gefunden, haben Polizei und Militär aufgeboten, wenn die Arbeiter sich nicht mehr gutwillig und geduldig weiter enteignen lassen wollten.

Jetzt aber, wo endlich einmal die große Weltgerechtigkeit für diejenigen kommt, die bisher entrechtet waren, da wehren sich die Kapitalisten mit einem Male gegen die Expropriation der Expropriateure; da finden sie mit einem Male, daß die Enteignung ein schreiendes Unrecht sei. Und da tauchen alle diese Leute auf, die sich selbst oder andere als Beispiel anführen, daß in einem großen kapitalistischen Unternehmen nicht nur der Mehrwert der Arbeitskraft von Proletariern stecke, sondern daß in diesen Unternehmungen ›auch‹ Intelligenz, Tatkraft, Erfindungsgabe und rastloser Fleiß der Unternehmer stecke. Proletarier, laßt euch nicht anlügen, laßt euch nicht beschwindeln! Gewiß haben viele große Unternehmungen sehr klein angefangen. Krupp, der Gründer des großen Weltunternehmens, hat selbst am Amboß gestanden und mit einem Gesellen schwer arbeiten müssen. So aber arbeiten heute noch hunderttausend ehrsame und fleißige Handwerker, und sie bringen es doch trotz großen Fleißes und trotz eiserner Tatkraft und trotz eines Erfindergenies nicht zu einem Weltunternehmen. Und

warum bringen es alle diese vielen kleinen Handwerker nicht zu einem Großbetrieb? Weil einmal für so viele Großbetriebe gar kein Absatz wäre und weil zum andern erst dann große Gewinne, die für die Vergrößerung des Betriebes notwendig sind, erzielt werden können, wenn der kleine Handwerker nicht nur mit einem Gesellen arbeitet, sondern wenn er hundert, tausend, fünftausend Arbeiter für sich arbeiten läßt und an jedem dieser fünftausend Arbeiter einen Batzen Geld verdient. Also selbst die Großunternehmen, die ihre Größe der ›Intelligenz und der Tatkraft‹ ihrer Besitzer verdanken, sind dadurch entstanden, daß die Arbeiter ihrer Arbeitskraft und ihrer Gesundheit enteignet wurden.
Die Arbeiter nehmen sich nur wieder, was ihnen gehört, was ihnen und ihren Vätern vorher widerrechtlich fortgenommen wurde. Und darum, ihr revolutionären Proletarier, expropriiert die Expropriateure ruhigen Gewissens, enteignet alle Unternehmer, ob sie nun Zeitungen fabrizieren oder Lokomotiven. Seid nicht zaghaft, Proletarier! Denn besäßen heute die Kapitalisten die Macht, die ihr heute habt, sie würden ganz anders mit euch umspringen. Da dürft ihr sicher sein. Sie würden nicht den zehnten Teil soviel Mitleid mit euch haben, wie ihr mit ihnen haben wollt.
Und wenn ihr, Proletarier, auch gar kein Urrecht zu der Enteignung der Enteigner hättet, so müßtet ihr es trotzdem tun, und zwar auf Grund des revolutionären Rechtes. Das revolutionäre Recht ist das höchste Gesetz, es hebt alle anderen Gesetze auf, weil es eine Umwandlung von Gesellschafts- und Wirtschaftsformen vollzieht, die faul geworden sind, die für die Entwicklung der Menschheit hinderlich geworden sind. Mit der Sozialisierung der Presse wird begonnen, Proletarier! Die Presse ist überreif für die Sozialisierung. Ihr bekommt nicht ein einziges halbes Pfund Speck mehr von der Entente, ob ihr die Presse sozialisiert oder ob ihr sie nicht sozialisiert. Aber unschädlich muß die Presse gemacht werden; sie muß befreit werden vom Unternehmer, der Profite machen will. Die Presse muß so frei von Unternehmergewinnen werden wie die Schule. An der Tätigkeit, Wissen und Aufklärung zu verbreiten im Volke, soll kein Kapitalist Geld verdienen und darf kein Kapitalist Geld verdienen. Aufklärung und Wissen sollen im Volke verbreitet werden der Wahrheit zuliebe und nicht des guten Geschäftes zuliebe. Wahrheit, die verkündet wird, um durch diese Verkündung hohe Dividenden zu erzielen, steht immer in Gefahr, Lüge zu werden, sobald die hohen Dividenden auszubleiben drohen.
Glaubt es, revolutionäre Proletarier, nur wenige Zeitungsschreiber sind Schwindler und Gesinnungslumpen. Der größte Teil sind zweifellos anständige Menschen, die Wahrheit erkennen und Wahrheit auch verkünden wollen. Aber sie sind Proletarier, Geknechtete und Bevormundete wie ihr. Wie ein Setzer in einer Zeitungsdruckerei, der dem Spartakusbunde angehört, die ärgsten Verleumdungen und Verhetzungen gegen seine Parteifreunde setzen und drucken muß, weil er sonst entlassen wird, so müssen auch die Zeitungsschreiber verlogene Sensationsberichte veröffentlichen, weil die Zeitung im Interesse des Zeitungsunternehmers ›hinter der Konkurrenz nicht zurückbleiben‹ darf und keine Abonnenten verlieren soll.
Die Redakteure und Zeitungsschreiber wehren sich gegen die Sozialisierung der

Presse, obwohl sie wissen, daß die Sozialisierung ihnen größere Freiheiten bringt, als sie je besaßen. Aber wer steht denn hinter dem Redakteur? Der Unternehmer, der um seine Gewinne und seine Dividenden Angst bekommt.
Die ›Münchener Zeitung‹ veröffentlichte eine große und lange Liste von Zeitschriften, die sofort München verlassen könnten, wenn in Bayern die Sozialisierung der Presse durchgeführt würde. Ihren Lesern darf die ›Münchener Zeitung‹ ja einen solchen Schreckschuß versetzen. Die glauben es und halten auf Grund dieser langen Liste die Sozialisierung der Presse für ein Übel, weil dadurch den bayrischen Arbeitern Verdienstmöglichkeiten entgehen könnten. Sie sucht auch die Regierung zu beeinflussen, daß durch die Auswanderung der Zeitschriften steuerkräftige Bürger verlorengehen könnten. Aber ein denkender Arbeiter läßt sich durch solche Drohungen nicht einschüchtern. Der Redakteur, der diese Liste im Interesse seines ›Prinzipals‹ veröffentlicht, kann seinen Lesern so etwas bieten, weil er sie ja zu gedankenlosen Lesern erzogen hat. Aber er weiß sehr wohl, daß Zeitschriften gar nicht so leicht auswandern können, wie sie wollen. Fachleute wissen sehr wohl, mit welchen Verlusten und Schwierigkeiten eine solche Auswanderung verknüpft ist. Manche dieser Verlagsunternehmungen haben in Bayern auch nicht einmal ihren Druckort, andere besitzen große eigene Häuser, die gute und schöne Arbeiterwohnungen geben würden. Aber wir werden ihnen die Auswanderung schon verleiden, diesen Leuten, die das Land verlassen wollen, wenn sie dem Volke dienen sollen. Wenn diese Zeitschriften wieder nach Bayern herein wollen, so werden sie so hoch versteuert, daß die Unternehmer nichts mehr verdienen können, sondern zusetzen. Dann wird die Sozialisierung eben auf diese Art vorgenommen. Aber vorgenommen wird sie. Sie sollen auch ruhig auswandern; denn sobald wir in Bayern die Sozialisierung der Presse erst einmal durchgeführt haben, werden die norddeutschen und die übrigen süddeutschen Proletarier sehr bald das gleiche Verfahren anwenden, weil es gut und wirksam ist. Dann ist die Auswanderung umsonst gewesen. Wir werden schon dafür sorgen, daß überall in Deutschland die Presse sozialisiert wird. Aber wir wollen nicht auf Preußen warten, nicht auf Berlin oder Braunschweig. Hier in München, in Bayern, soll der Anfang gemacht werden. Wir wollen nicht anderen etwas nachmachen, sondern wir wollen vorangehen.
Die Presse soll ein Kulturträger sein und kein Geschäft. Sie soll der Menschheit dienen und nicht der Lüge und der Verhetzung. Wahrheitskünderin soll sie sein in den Händen ehrenhafter Geistesarbeiter.
Revolutionäre Proletarier, schafft euch diese Presse!

Auf zum Vernichtungskampf gegen die Presse

In diesem Kampfe sind alle Mittel so gut und so recht wie die Mittel, mit deren Hilfe man sich giftiger Reptilien erwehrt.

Die Befreiung der Menschheit
von Lüge, Heuchelei und Unwahrhaftigkeit kann nur erfolgen durch rücksichtslose und mitleidlose Zertrümmerung der Presse.

Hinweg mit ihr, sie hindert die Menschheit am Vorwärtsschreiten.

Zur Verbreitung!

Die Rede des Ziegelbrenner

Die Welt-Revolution beginnt!

Als Flugschrift gedruckt.

3 Stück 35 Pfg. 30 für ℳ 2,40; 60 für ℳ 4,60; 140 für ℳ 10,—; 300 für ℳ 20,—; 500 für ℳ 30,—; 1000 für ℳ 55,—.

Die Rede wird nach den Wahlen zur National-Versammlung erhöhte Bedeutung gewinnen.

Um Postgeld zu sparen, schreibe man die Bestellung auf den Postscheck-Abschnitt (Postscheck: 8350 München).

Herr Kommerzienrat F. Soennecken in Bonn
sendet jedem Leser des Ziegelbrenner
auf Wunsch
ausführliche Drucksachen über die

Schriftfrage

völlig kostenlos.

Die Schriftfrage ist eine Kulturfrage.

Aus: ›Der Ziegelbrenner‹

Meine Forderung

Die Presse ist eine der wirksamsten Waffen des revolutionären Proletariats, das um seine Macht kämpft. Der dauernde Besitz dieser Waffe ist unumgänglich notwendig, um dem Proletariat den Befreiungskampf zu erleichtern und den Gegner bis zur völligen Kampfunfähigkeit zu schwächen. Eine wahre Demokratie ist nicht zu erreichen, so lange die Presse sich in den Händen von Leuten befindet, die in erster Linie an Geld-Erwerb denken und nur in letzter Linie mit Hilfe der Presse der Menschheit dienen wollen; für diese Leute ist die Presse und die Absicht, Aufklärung und Wissen zu verbreiten, lediglich ein Geschäft wie jedes andere bürgerliche Geschäft auch. Was das Bürgertum und ein großer Teil des Proletariats unter Presse-Freiheit versteht, ist nicht das Recht, seine Meinung frei äußern zu können, sondern diese Presse-Freiheit ist nichts anderes als Gewerbe-Freiheit. Ein Gewerbe jedoch, das der Verbreitung der Wahrheit hinderlich ist und die Verbreitung der Lüge und die Verhetzung der Menschen um des Profites willen zu einem Geschäft erniedrigt, ist unsittlich. Und ein derart unsittliches Gewerbe zu beseitigen, ist Pflicht aller ehrlichen Menschen, ist insbesondere Pflicht des revolutionären Proletariats. Die Menschheit hat das Recht und die Pflicht, sich gegen jede Seuche zu schützen. Der im kapitalistischen Sinne tätige Journalismus ist eine Seuche, von der die Menschheit befreit werden muß. Presse-Freiheit ist nur möglich, wenn die Presse nicht mehr um des Geschäfts willen ihre Tätigkeit ausübt. Die Grundlagen für eine wahrhafte Presse-Freiheit zu schaffen, blieb dem kämpfenden Proletariat vorbehalten.

Leitsätze:

1. Die Sozialisierung der Presse muß unverzüglich in Angriff genommen werden. Die Presse ist für die Sozialisierung überreif; die Sozialisierung kann ohne Schaden für das Wirtschaftsleben sofort vorgenommen werden.
2. Falls die Enteignung zur Zeit noch nicht durchgeführt werden kann (der Versuch ist jedenfalls zu unternehmen), so verzinse man den bisherigen Besitzern das eingelegte Kapital mit 4%. Für die Uebergangszeit, die aber nicht länger als einen Monat dauern darf, kann man den bisherigen Besitzern die Einkünfte aus den Abonnements- und Inseraten-Beträgen überlassen.
3. Der Redaktionsstab, sowie das gesamte kaufmännische und technische Personal ist von der Volks-Gemeinschaft zu übernehmen; eine Verschlechterung der wirtschaftlichen Lage aller Angestellten darf durch die Uebernahme keinesfalls stattfinden. Wenn die Zahl der Besitzer nicht mehr als drei beträgt, so können diese Besitzer in ihrem bisherigen Unternehmen angestellt werden. Für ihre Leistungen sind sie entsprechend dem Wert ihrer Arbeit zu entlohnen. Erhalten sie gleichzeitig eine Rente (1. Satz in § 2), so darf das Gesamt-Einkommen nicht wesentlich höher sein, als die höchste Entlohnung, die an der betreffenden Zeitung überhaupt bezahlt wird.
4. Das Recht, in Zeitungen, Zeitschriften, auf Plakaten, in Druckschriften und Sammelwerken Anzeigen zu veröffentlichen, wird ausschließlich der Volks-Gemeinschaft übertragen. Nur die Volks-Gemeinschaft darf Anzeigen veröffentlichen und verbreiten. Die Inseraten-Expeditionen gehen in den Besitz der Volks-Gemeinschaft über. Die Inhaber können erforderlichenfalls — wenn sie bedürftig sind — wie in § 2 entschädigt werden. Das gesamte Personal dieser Unternehmungen wird sinngemäß dem § 3 übernommen.
5. Wer ohne Zustimmung der Volks-Gemeinschaft Inserate druckt und verbreitet, wird wegen Schädigung der Volks-Interessen zur Verantwortung gezogen.

Der Ziegelbrenner.

Herausgeber: Der Ziegelbrenner. Schriftleitung: Ret Marut, München.
Verlag: „Der Ziegelbrenner", München 23.

Aus: ›Der Ziegelbrenner‹

Die Rede des Ziegelbrenner

Die Welt-Revolution

beginnt

Halloh, Ihr Menschen! Halloh, Ihr Männer und Frauen der Revolution! Halloh! Gruß Euch allen, Ihr Brüder der kommenden Welt-Republik! Gruß Euch, Ihr Menschen des heiligen Weltbürgertums, das auf dem Wege ist! Halloh, Ihr Menschen! Halloh!

Ich gehöre weder der Sozialdemokratischen Partei an, noch bin ich ein Unabhängiger Sozialist. Ich gehöre weder der Spartacus-Gruppe an, noch bin ich ein Bolschewiki. Ich gehöre keiner Partei, keiner politischen Vereinigung an, welcher Art sie auch immer sei; weil weder Parteien noch Programme, weil weder Proklamationen noch Versammlungsbeschlüsse mich vor dem Welt-Unglück beschützen konnten. **Ich kann keiner Partei angehören,** weil ich in jeder Partei-Zugehörigkeit eine Beschränkung meiner persönlichen Freiheit erblicke, weil die Verpflichtung auf ein Partei-Programm mir die Möglichkeit nimmt, mich zu dem zu entwickeln, was mir als das höchste und das edelste Ziel auf Erden gilt: **Mensch sein zu dürfen!** Nichts anderes will ich sein als Mensch, nichts als Mensch. Und weil mir „Mensch" das Höchste ist, so muß mir alles andere, was mich zu diesem Ziel nicht führt, gleichgültig sein und gleichgültig bleiben.

Aber dieses Gleichgültig-Bleiben hört auf für mich von dem Augenblicke an, wo meinem Wege Gefahr droht. Und **nur um meinetwillen** erhebe ich meine Stimme. Um **Meine** Sache handelt es sich, nicht um die Eure. Eure Sache ist mir auch heute gleichgültig und sie wird mir immer gleichgültig bleiben. **Die edelste, reinste und wahrhafteste Menschenliebe ist die Liebe zu sich selbst. Ich** will frei sein! **Ich** will froh sein können! **Ich** will mich aller Schönheiten dieser Welt erfreuen! **Ich** will glückselig sein! Aber meine Freiheit ist **nur** dann gesichert, wenn alle anderen Menschen um mich frei sind. Ich kann **nur** dann froh sein, wenn alle anderen Menschen meiner Umgebung froh sind. Ich kann **nur** dann glückselig sein, wenn alle anderen Menschen, die ich sehe und denen ich begegne, mit glückseligen Augen in die Welt schauen. Und **nur** dann kann ich mich mit reinem Genuß satt essen, wenn ich das sichere Bewußtsein habe, daß auch andere Menschen satt zu essen haben wie ich. Und darum handelt es sich um **Mein Eigenes Wohlbefinden,** nur um **Mein Eigenes Selbst,** wenn ich mich auflehne gegen jede Gefahr, die meiner Freiheit und meiner Glückseligkeit droht.

Und gegen die Gefahr, die meiner Eigenen Angelegenheit, die meiner Eigenen Sache droht, wehre ich mich.

Mehr als fünfzig Monate bin ich in der schamlosesten Weise belogen und betrogen worden, **von der Regierung, vom Kaiser, vom König, von meinen Nachbarn** und **von der verlumptesten Institution,** die sich auf Erden befindet: **Die Presse.** Die Regierung ist beim ersten Windhauch zusammengesunken; übrig geblieben ist nichts von ihr, als ein paar Proteste von Präsidenten, die sich Vorsitzende des Reichstags oder des Landtags oder einer ähnlichen Rumpelkammer nannten. Sie protestierten in dem Augenblick, als sie sahen, daß Protestieren ihnen nicht schadet. Als der Reichstag zusammen geru fen wurde um die Kriegs-Kredite zu bewilligen und er dann wie eine Dienstmagd wieder nach Hause geschickt wurde, sobald er zu einem neuen Kriegsverlängerungs-Kredit wohlwollend genickt hatte, da hat keiner der Herren Präsidenten protestiert, da hat sich keiner von ihnen in seiner Ehre gekränkt gefühlt. Aber jetzt als sie endlich einma — vier Jahre zu spät — vom Volke mit einem Fußtritt, den sie sich ehrlich erworben haben, hinausgeworfen wurden und sie dann hörten und sahen, daß ein Protestieren nicht mehr mit dem Zuchthaus, nicht mehr mit dem Schützengraben bestraft wurde, daß ein Aufbegehren nicht mehr mit einem Rüffel, nicht mehr mit einem versagten Kommerzienrats-Titel oder einem Nicht-verliehenen-Orden bedacht wurde, da protestierten sie. Sie protestierten, weil ihnen die Freifahrkarte entzogen wurde, weil ihnen die Diäten entzogen wurden. Das galt ihnen wichtiger als der Erfolg der Revolution, der selbst denen Freiheit brachte, die noch niemals empfunden hatten, daß ihnen die Freiheit überhaupt fehlte, weil sie geborene Knechte waren. Und hat es denn jemals in der ganzen Welt-Geschichte ein Parlament gegeben, das so heruntergekommen war wie der Deutsche Reichstag? Ein Reichstag, an dessen Spitze ein Mann stehen durfte (Paasche), dessen „Geschäfte" eine ganze Welt mit Gestank hätten erfüllen müssen, wenn es eben nicht eine Welt gewesen wäre, die innerhalb der deutschen Grenzen lag. Denn innerhalb der deutschen Grenze herrschte und herrscht ein Krämergeist, gegen den der Krämergeist des „perfiden Albions" verschwand wie die schneeweiße Farbe des Linnen vor den Ruß-Wolken eines Hüttenwerkes. Ein Reichstag, der seine ehrlichsten und aufrichtigsten Mitglieder dem Zuchthaus und der Festung preisgab! Mich ekelt noch heute vor diesem Parlament.

Vom Kaiser bin ich belogen worden und vom König. Sie sind dahin und Niemand sehnt sie wieder her. Mit ihnen habe ich nichts zu schaffen.

Von meinen Nachbarn bin ich belogen worden. Sie konnten nichts dafür. Sie waren arme Belogene, arme Verführte und mir fehlte die Kraft, sie zu überzeugen. Sie seien entschuldigt. Aber **ich** hüte mich vor ihnen in Zukunft. Sie können mir gefährlich werden. So leicht und ungewappnet, so gedankenlos und widerspruchslos wie sie sich einmal belügen ließen, so

Die Weltrevolution beginnt. Diese Flugschrift (siehe die nächsten Seiten), deren Text auch in erweiterter Form von Marut in Heft 15 des ›Ziegelbrenner‹ veröffentlicht wurde, erschien in großer Auflage. Allein in fünf Tagen verkaufte eine Studentin in München auf Veranstaltungen und in den Straßen über 7.000 Exemplare lassen sie sich auch ein zweites Mal belügen und ein drittes und ein viertes und ein tausendstes Mal. Gegen diese Nachbarn muß ich mich wehren um meinetwillen. Schon in dieser Stunde sind sie meine größten Gegner, schon in diesem Augenblick droht meinem Wohlergehen und meiner Freiheit von ihnen Gefahr. Denn wer sie nimmt, der hat sie; und wer sie am geschicktesten beschwindelt, dem glauben sie am liebsten. Sie sind die gefährlichsten für mich, meine Nachbarn in der freien Volks-Gemeinschaft: **Die Bürger.**

Sie wollen nichts weiter als „die Ruhe und die Ordnung". Ruhe und Ordnung! Das sind die Grundpfeiler des Bürgertums. Das wäre noch zu ertragen. Aber „Ruhe und Ordnung" sind die Säulen des Kapitals. Welches Stück Zeitungspapier, das von einem Gesinnungslumpen, der dafür sein Monatsgehalt bekommt, verdreckt wurde, ich auch in die Hand nehmen mag, ich lese: „Ruhe und Ordnung müssen vor allen Dingen gewahrt werden". Denn „Ruhe und Ordnung" heißt: Schutz des Eigentums, Schutz des Kapitals. „Ruhe und Ordnung" heißt: Schutz dem Kapitalisten, damit er in aller Ruhe und Ordnung denjenigen, der essen möchte, auspovern kann. „Ruhe und Ordnung" muß sein, damit der Fette seinen Bauch nicht verliert, damit der Zufriedene heiter und wohlgemut durchs Leben wandeln kann, damit der Satte ungestört verdauen kann, damit derjenige, dem es wohlgefällt auf dieser Erde, in seiner behäbigen Beschaulichkeit durch den Anblick hungernder Kinder oder zerlumpter Weiber nicht unterbrochen wird, wenn er „seinem Gott" ein Lob- und Danklied singen will, daß er es so gut mit ihm gemeint hat. Nach „Ruhe und Ordnung" schreien die Krämer, nach „Ruhe und Ordnung" schreien die Herrscher und diejenigen, die herrschen wollen.

Hütet Euch: Ruhe und Ordnung machen fett. Ruhe und Ordnung machen schlafmützig. Ruhe und Ordnung bringen mich um meine persönliche Freiheit. **Bewegung, Gesellen! Nicht einschlafen!** Die Revolution hat erst begonnen!

Belogen von der Presse! Das könnte ein tragisches Schicksal für mich sein, wenn ich sie nicht kennen würde, diese Presse: Verfluchteste Lügnerin, Dein Name ist: Presse! Gemeinste Hure, Dein Name ist: Presse! Alles will ich mit Dir machen, Presse, wenn ich das Geld habe. Denn es gibt auf dieser Erde keine Schandtat, zu der Du nicht zu gebrauchen wärest; es gibt auf dieser Erde kein noch so großes Verbrechen, an dem Du, Presse, Dich nicht beteiligen würdest. Heute, Du stinkendes Aas, lästerst Du Gott, morgen betest Du ihn an. Am 27. Januar dieses Jahres war der Kaiser in Deinen faulenden Spalten „ein Herrscher, der mit seinem Volke für ewige Zeiten unauflöslich fest zusammengeschmiedet" ist und im Oktober desselben Jahres peitschtest Du, gesinnungslose Hure, ihn zum Hause hinaus und gossest Deine Jauche auf seinen Kadaver. Für Geld. Wer Dich bezahlt, dem dienst Du. Und wer dem Journalisten das Monatsgehalt auszahlt, dessen Meinung teilt er mir so mit, als wäre es seine eigene Meinung. Und dann sagt dieser Zuhälter noch, es sei die „öffentliche Meinung".

Die Presse nennt sich die siebente Großmacht (richtig eigentlich: die achte, weil die Vereinigten Staaten von Nord-Amerika die siebente Großmacht sind). Die Presse eine Großmacht? Ein Schmarrn. Gegenüber einer wirklichen Großmacht ist sie etwa eine Macht wie das winzige Fürstentum Liechtenstein eine Großmacht ist gegenüber dem britischen Weltreich. Die Presse ist eine Großmacht? Hat sie überhaupt eine Macht? Ist sie überhaupt eine Macht? Ihre Macht besteht in nichts anderem als in ihrer eigenen Einbildung. Die Presse leidet am Cäsaren-Wahn, sie leidet am Größenwahnsinn. Nichts sonst. Und nur weil sie einen Riesentroß gedankenloser Leser hinter sich herschleift, darum gelingt es ihr, den Eindruck zu erwecken, als wäre sie eine Macht. Aber ihre Macht kann durch Massen-Abbestellung der Abonnements in einem einzigen Tage gebrochen werden. Tut es, Ihr Menschen: Beginnt endlich einmal damit, Euch vor der Presse zu ekeln, schmeißt sie aus Eurem Heim, stampft sie unter Eure Füße. Ihr braucht ja keine Gewalt anzuwenden, Ihr braucht keine bewaffneten Soldaten in die Redaktion zu schicken, Ihr braucht nur vor der Presse auszuspucken, Ihr braucht nur das Abonnement abbestellen und die furchtbarste Geißel der Menschheit hat aufgehört, Euch zu ängstigen, hat aufgehört, Euch belügen, betrügen und beschwindeln zu können. **Ihr habt die Macht, die Presse zu vernichten!** Benützt diese Macht und Ihr seid vom häßlichsten und schwersten Alpdruck befreit, der auf Euch lastet!

Geht auch nur ein einziger Tag vorüber, an dem die Presse Euch nicht in Angst und Schrecken versetzt? Auch nur ein Tag, an dem sie Euch nicht mit dem Einmarsch italienischer, französischer oder englischer Soldaten droht? **Woher weiß die Presse, daß italienische oder französische Soldaten kommen wollen?** Sie erhält die Nachricht von ihren Korrespondenz-Bureaus in Gent, in Bern und aus anderen Orten des Auslandes. Aber keiner von Euch vermag nachzuprüfen, ob der Korrespondent lügt oder ob er die Wahrheit spricht. Ihr kennt diese Korrespondenten nicht. Aber ich kenne sie: es sind dieselben Korrespondenten, die während des Krieges Telegramme über Telegramme aus der Schweiz, aus Holland, aus Dänemark, aus Schweden schickten, Telegramme die angefertigt waren zu dem Zwecke, „Stimmung" zu machen, zum „Durchhalten" anzufeuern. Es waren Telegramme, die zumeist in Deutschland hergestellt, durch die deutschen Gesandtschaften im Auslande den ausländischen Korrespondenten gegen gute Bezahlung zugesteckt wurden und die dann als „Stimme der Neutralen" in die deutsche Presse kamen. Das war nur möglich, weil der Journalist für Geld alles macht; wenn er es bezahlt bekommt, so sagt er heute genau das Gegenteil von dem, was er gestern sagte. Dieselben verlumpten und verluderten Korrespondenten und Journalisten sind es, die heute melden: **Wie die „Daily Mail" berichtet, wird die englische Regierung nur mit einer Volksvertretung Frieden schließen, die auf Grund der National-Versammlung gewählt ist.** Ob die Daily Mail das jemals geschrieben hat, kann ich nicht feststellen; ich habe diese Nummer der Daily Mail nicht gesehen; aber der Journalist hat sie auch nicht gesehen. Aber selbst wenn die Daily Mail das wirklich geschrieben hat, so ist das doch noch lange nicht die Meinung der englischen Regierung, sondern eben die Meinung des Journalisten der Daily Mail. Und dieser Journalist ist ein eben solcher Gauner und Volksbeschwindler wie sein deutscher Berufsgenosse. Was aber wichtig ist: Die Daily Mail in London ist ein großkapitalistisches Blatt, es vertritt nicht die Interessen der Menschheit, nicht die Interessen des leidenden, arbeitenden, englischen Volkes, sondern es vertritt lediglich die Interessen der englischen Kapitalisten und der englischen Imperialisten und Länder-Räuber, also einer Gesellschaft, die mit den Alldeutschen und den Schwer-Industriellen in Deutschland zu vergleichen ist. Diese Gesellschaft hat allerdings ein Interesse daran, daß in Deutschla d eine National-Versammlung, eine **überellte** National-Versammlung die antinationale Arbeiterschaft um die Erfolge der Revolution betrügt. Denn die englischen Kapitalisten können mit einer sozialistischen Arbeiter-Republik in Deutschland keine so guten Geschäfte mehr machen wie mit einer kapitalistischen Republik. Und nur auf das Geschäft, nur auf das Geschäfte-machen kommt es denen ebenso gut an, wie den deutschen Schreiern nach der „sofortigen" Einberufung der National-Versammlung.

Ich brauche keine National-Versammlung. Ich gehe nicht zur Wahl. Ich wähle nicht; ich will auch nicht gewählt werden. Ich fühle mich unter der Diktatur des Proletariats — obgleich ich kein Arbeiter bin und nicht zum Proletariat gehöre, — sowohl wie ich mich in meinem ganzen Leben noch unter keiner Regierung gefühlt habe und ich habe beinahe alle Länder der Erde kennen gelernt und in vielen nichtdeutschen Ländern viele, viele Jahre gelebt. Noch nie in meinem ganzen Leben habe ich mich so unendlich frei und froh und glücklich gefühlt, wie unter der Diktatur des Proletariats, einer Diktatur, die nicht die Diktatur einer Minderheit ist — wie der Journalist mir vorschwindelt, — sondern die die Diktatur der Mehrheit des deutschen Volkes ist; denn die große Mehrheit des arbeitenden und des bäuerlichen Volkes — und diese beiden Volksschichten bilden die unbedingte Mehrheit des Volkes — stehen hinter dieser Diktatur. Ich habe viele Jahre hindurch die Diktatur des Groß-Kapitals ertragen müssen und mir ist das Maul verboten worden, ich habe nicht reden und schreiben dürfen, wie ich wollte und was ich wollte; ich habe jetzt fünfzig Monate ununterbrochen die grausamste, mitleidloseste, unbarmherzigste Diktatur ertragen müssen, die man jemals auf Erden erlebt hat: Die Diktatur eines grausamen Generals, die Diktatur eines mitleidlosen Menschenschlächters, die Diktatur des Militarismus. Auch die härteste Diktatur des Proletariats könnte die Erbarmungslosigkeit der gestürzten Militär-Diktatur selbst in ihren krassesten Auswüchsen niemals erreichen.

Wer ist es, der nach der übereilten National-Versammlung schreit? Es sind genau dieselben Leute, die der gesamten preußischen Arbeiterschaft und dem gesamten preußischen Klein-Bürgertum und Klein-Bauerntum viele Jahrzehnte lang durch das preußische Wahlrecht die Teilnahme an der National-Versammlung unmöglich machten. Es sind genau dieselben Leute, die durch das verseuchte Maul der von ihnen bezahlten Zeitungsschreiber den Polizisten zujubelten, die in Preußen Versammlungen auflösten, wenn nur das Wort „Preußisches Wahlrecht" in einer Rede zufällig ausgesprochen wurde. Es sind dieselben Leute, die mit ihrem verlumpten Parlament, das sich Deutscher Reichstag nannte, zu jeder Milliarden-Forderung eines neuen Kriegs-Kredites unter Beifalls-Tosen Ja und Bravo sagten, obgleich sie genau wußten, ebenso genau wie ich, daß jede neubewilligte Kriegs-Anleihe eine Fortsetzung des Hinmordens deutscher und nichtdeutscher Brüder bedeutete. Es sind dieselben Leute, die uns einredeten, die Kriegs-Anleihe führt uns zum Frieden, während sie uns in Wirklichkeit vom Frieden entfernte. Es sind dieselben Leute, die an dem Kriege und durch den Krieg Millionen verdienten, obgleich sie wußten, daß an jeder Mark, die während des Krieges mehr verdient wird als während des Friedens, das Blut deutscher und nichtdeutscher Männer und die Tränen deutscher und nichtdeutscher Mütter, Frauen und Kinder klebten. Und um diese „verdienten" Millionen nun behalten zu können, die sie dem blutenden und weinenden Volke stahlen, um diese „verdienten" Millionen nun in Ruhe und Behaglichkeit verzehren zu können, darum schreien sie nach der „sofortigen Einberufung der Nationalversammlung".

Ich habe nichts dagegen, wenn **Ihr** Euch täuschen laßt, denn ich will nicht wählen und ich brauche keine National-Versammlung. Aber **ich** lasse mich nicht täuschen. Ich mache den neuen Schwindel nicht mit. Ich wehre mich meiner Haut, ganz für mich allein. Ich verteidige meine so wundervolle Freiheit, nach der ich mich sehnte, so lange ich mit Bewußtsein atme. **Und meine Freiheit ist in Gefahr.** Denn je früher, je übereilter die National-Versammlung einberufen wird, um so leichter haben es die Kapitalisten und alle die, die an „Ruhe und Ordnung" ein Interesse haben, ihre früheren nichtswürdigen Geschäfte fortzuführen, weil sie genau wissen, daß Tausende von Arbeitern, Tausende von Soldaten, die erst in diesen Tagen von der Front kommen, vom Sozialismus und von dem hohen Wert der neuen schwer-errungenen Freiheit noch nicht genügend wissen, weil es denen an der Möglichkeit fehlte, sich Aufklärung zu verschaffen. Und von denen, die nicht genügend über die wahren Verhältnisse und die wahre Bedeutung dieser Revolution aufgeklärt wurden, erhoffen sie ihr Heil, mit deren Hilfe hoffen sie durch die National-Versammlung wieder soviel von dem früheren Einfluß zurück zu gewinnen, daß sie wieder Herrscher sein können.

Um das **Herrschen** handelt es sich. Nur um das Herrschen, um nichts sonst. Ich aber will nicht beherrscht werden, von Niemand. Ich will ebenso wenig beherrscht werden, wie ich selbst daran denke, irgendwen zu beherrschen. Mich beherrscht weder der Arbeiter-Rat, noch der Soldaten-Rat. Er kann mich nicht beherrschen und er will mich nicht beherrschen, **weil ich keine Kriegsgewinne gemacht habe,** weil ich nicht beabsichtige, mich **an der Arbeitskraft** armer Menschen **zu bereichern,** weil ich nicht willens bin, Kupons abzuschneiden und das Brot zu essen, das ich mir nicht selbst verdient habe. Ich habe nicht die Absicht, mich zu mästen, während andere hungern; ich habe nicht die Absicht zu tanzen, während andere weinen müssen; ich habe nicht die Absicht, aus dem Kriege, aus dem Blute hingeschlachteter Menschen Vorteile zu ziehen und auf Schlössern oder auf Landgütern oder gar im „geruhigen" Auslande in Saus und Braus zu leben, während der größte Teil der Menschheit hungert, trauert und schwer arbeitet, um verlorene Werte wieder aufzurichten. Und darum fürchte ich die Diktatur des Proletariats nicht, darum fürchte ich die Herrschaft der Spartacus-Gruppe nicht, darum fürchte ich den Bolschewismus nicht, weil meine Hände und mein Gewissen rein sind. Ich habe keinen Pfennig Kriegsanleihe gezeichnet, ich habe mich in meiner Zeitschrift nicht durch die glänzend bezahlten Kriegsanleihe-Inserate zum Mitschuldigen gemacht, ich habe den Krieg mit allen Waffen, die mir zu Gebote standen auf meine eigene Weise bekämpft, ohne Gesinnungsfreunde, ohne Genossen, ohne Rücksicht darauf, ob meine eigene Person bedroht war oder nicht. Ich sage das nicht, um Rühmens davon zu machen: denn ich handelte nicht, weil ich so handeln wollte, sondern weil ich aus innerem Zwange so handeln mußte. Und ich weiß, daß Tausende in Deutschland, in England, in Frankreich, in Italien, in den Vereinigten Staaten so dachten wie ich.

Wer aber Riesen-Dividenden eingesackt hat, wer das hungernde Volk bewuchert hat, wer den Menschenmord zu einem gewinnbringenden Geschäft machte, wer die Menschheit mit voller Absicht und mit vollem Bewußtsein belog, betrog, beschwindelte (die Zeitung und der Zeitungsschreiber), um Vorteile (Orden, Titel und vor allem Geld und nochmals Geld) dadurch zu erlangen, der schreit nach der sofortigen Einberufung der National-Versammlung, **der fürchtet die Diktatur des Proletariats.**

Aber dieses Gesindel **soll** die Diktatur des Proletariats auch fürchten! Und je mehr diese verrottete Gesellschaft die Diktatur fürchtet, umso besser für alle, die endlich einmal „Menschen" sein wollen. Die Diktatur des Proletariats will nicht, daß Menschenblut vergoßen wird. Aber wenn das Proletariat durch die schamlosen Verhetzungen derjenigen Leute, die gern wieder herrschen möchten, gezwungen werden sollte, Menschenblut zu vergießen, so wird dieses Blut doch niemals und in aller Ewigkeit nicht solche Meerbecken von Blut anfüllen, wie das Blut, das deutsche und nichtdeutsche Söhne hingeben mußten für die Interessen des Kapitals, für die Interessen derer, die niemals wieder zu Macht und Einfluß, niemals wieder zur Herrschaft kommen dürfen.

Habt Acht auf die Geistlichkeit aller drei Konfessionen. Habt Acht auf die Frauen, die unter dem Einfluß der Geistlichkeit aller drei Konfessionen stehen. Droht der Geistlichkeit Konfiskation aller Kirchengüter an, sobald sie ihre kirchliche Macht benützen will, Zerbrochenes und Gestürztes wieder aufzurichten. **Nur diese Drohung allein** schützt Euch vor den Mächten des Hinterhalts.

Achtet auf die Frauen! Achtet auf die Frauen, Männer der Revolution! Vergeßt der Frauen nicht! Durch die neue Wahlordnung erhalten etwa einundzwanzig Millionen deutscher Frauen das Wahlrecht.

Seht nach Rußland! Rußland ist Euer bester Lehrmeister Auch in Rußland wurde „aus Gründen der Gerechtigkeit" kurze

Zeit nach der Revolution die Konstituante einberufen. Sie wurde gleich darauf mit Maschinengewehren auseinander gejagt, weil sie den Willen des Volkes nur verfälscht wiedergab, weil unwissende Bauern, verpfaffte Frauen ihre Stimmen abgegeben hatten, ohne zu wissen, zu welchem Zwecke. **Soll auch Eure erste National-Versammlung mit Maschinen-Gewehren gesprengt werden?** Soll sie zum blutigen Bürgerkrieg führen? Denkt darüber nach!

Und dies ist hier die Absicht: Die Frauen und auch die unaufgeklärten Arbeiter, die von der Front kommen, denen von ihren Offizieren Schauer-Märchen über die „Zustände“ in der Heimat beigebracht werden, sind keine Wähler. Diejenigen, die nach der „raschen“ Einberufung der National-Versammlung schreien, wollen ja gar keine Wähler, sondern sie wollen eben unwissendes Stimm-Vieh und unaufgeklärte Wahlzettel-Abgeber. **Darum** rufen sie nach der „sofortigen“ Einberufung der National-Versammlung, damit die Frauen und die großen Massen der Front-Soldaten keine Zeit mehr haben, sich einmal selbst **ein** Urteil über die Dinge zu bilden, einmal selbst darüber nachzudenken, was der Sozialismus will, was der Sozialismus bedeutet. Und nur darum werden hier verlogene Gespenster-Geschichten über die Greueltaten der russischen Bolschewisten erzählt, weil sich diejenigen, denen um die Kriegsgewinne jetzt bange wird, mit vollem Recht vor bolschewistischen „Zuständen“ fürchten.

Ich für meine Person bin gern und freudig bereit, zu arbeiten für das Ganze, auch in der Fabrik, wenn es notwendig ist. Und weil ich hierzu bereit bin, darum kann für mich weder der Bolschewismus, noch die Spartacus-Diktatur irgend welchen Schrecken haben. Ich fürchte mich nicht vor dem Willen und vor den Zielen des Proletariats. Denn wo das Proletariat die Regierungs-Gewalt in Händen hat, da geht der Kapitalismus seiner sicheren Vernichtung entgegen. Und Vernichtung des Kapitalismus heißt: Es kann nie wieder einen Krieg geben! Beseitigung des Kapitalismus heißt: Nie wieder kann ein grausamer General, ein erbarmungsloser Menschenschlächter diktatorische Gewalt ausüben! Zertrümmerung aller kapitalistischen Institutionen heißt: Meine persönliche Freiheit ist gesichert!

Frankreich, England, Italien und Amerika brauchen den Frieden genau so nötig wie wir; vielleicht brauchen sie ihn viel nötiger, als uns nur ahnt. Die Regierungen dieser Länder sind klüger (hoffentlich!) als die Regierung des zusammen gebrochenen Deutschland. Und weil sie klüger sind, darum wissen sie besser als wir, daß auch sie unmittelbar vor dem Sturz stehen. Sie werden mit jeder Regierung, die in Deutschland die tatsächliche Gewalt ausübt — ganz gleich, ob es eine Diktatur der Mehrheits-Sozialisten, oder eine der Unabhängigen, oder eine der Spartacus-Gruppe oder eine der Bolschewiki ist — Frieden schließen. Sie werden diesen Frieden schließen, nicht weil sie wollen, sondern weil **sie müssen.** Sie täuschen uns absichtlich über ihre eigene innere Lage, um so viel noch in letzter Stunde herauszuschlagen als nur irgend herauszuholen ist. **Eine Stimme aus Frankreich schreit herüber,** die Stimme eines französischen Sozialisten. Keine kapitalistische Zeitung brachte sie. **Und was ruft diese Stimme?:** „Ich erhebe Protest dagegen, dass der verschärfte Belagerungszustand (in Frankreich) nicht aufgehoben wird, obgleich kein feindlicher Soldat mehr auf französischem Boden steht; ich erhebe Protest dagegen, daß die verschärfte Zensur auch heute noch nicht aufgehoben wird, ich erhebe Protest dagegen, daß man uns die neutralen Blätter vorenthält, die über die deutsche Revolution Berichte bringen; ich erhebe Protest dagegen, daß uns alle Depeschen aus Deutschland unterschlagen und verstümmelt werden, obwohl wir genau wissen, daß sich in Deutschland augenblicklich grosse Dinge ereignen, die uns sehr interessieren; ich erhebe Protest dagegen, dass das Telegramm von Branting, in dem die deutsche Republik um Milderung der Waffenstillstands-Bedingungen bat, uns mit ungeheurer Verspätung und offenbar auch noch gekürzt und verändert zuging“. Ich lese diesen Protest in einer sozialdemokratischen Zeitung, ich lese ihn nicht nur, sondern ich weiß jetzt auch, was zwischen den Zeilen dieses Protestes steht, der zweifellos ebenfalls verstümmelt zu uns gelangte.

Die französischen, die englischen, die italienischen, die amerikanischen Soldaten sind des Krieges müde wie Ihr, sie wollen zu ihren Frauen und zu ihren Kindern wie Ihr. Sie leben heute in einem künstlich gesteigerten Rausch, wie Ihr im August und im September 1914. Euer Rausch ist verflogen. Auch der Begeisterungsrausch der verführten und belogenen Soldaten unseres bisherigen Gegners wird sehr bald verfliegen. **Glaubt an die große Idee: „Wir wollen Menschen und Brüder sein!“** Die hochgesteckten Eroberungsgelüste englischer, französischer und italienischer Imperialisten und Kapitalisten sind das letzte Glockenzeichen für das größte Ereignis des Menschengeschlechts, für das große Ereignis, das da heißt: **„Die Weltrevolution beginnt!“**

Hat Euch die alte Ordnung der Dinge irgendwelchen Segen gebracht? Nein. Ihr habt gehungert, geblutet, geweint. Haben Euch diejenigen, die so wild nach der „sofortigen“ Einberufung der National-Versammlung schreien, den Hunger jemals gestillt, das Bluten jemals unterbunden, die Tränen jemals getrocknet? Nein. Sie haben es nicht getan, obgleich sie National-Versammlung, Reichstag und Landtag hatten. Meint Ihr, daß alle diejenigen, die gestern noch Monarchisten, Annexionisten, Vaterlandsparteiler waren, über Nacht plötzlich Demokraten und Arbeiter-Freunde werden können, auch wenn sie es möchten? Hütet Euch! Eure Freiheit ist bedroht! Aber wichtiger ist mir: **Meine** Freiheit ist in Gefahr. Und nur wenn ich endlich keine Knechte mehr, sondern **freie** Menschen um mich sehe, dann erst kann ich mich meiner wirklichen Freiheit erfreuen, dann erst weiß ich, daß **Meine** Freiheit gesichert ist.

Seid bereit! Wir stehen nicht am Ende der Revolution, sondern am Anfang. Achtet auf alles, was um Euch vorgeht. Ich verteidige **Meine** Freiheit, **Meine** Sache schon. Verteidigt Ihr auch die Eure! Um **Eure** Haut geht es. Macht die Augen endlich einmal auf und denket nach! Seid wohl gerüstet und gut gewappnet, denn:

Die Welt-Revolution beginnt!

Als Manuskript gedruckt! Nachdruck verboten! Besuche verbeten!

Herausgeber: Der Ziegelbrenner. Schriftleitung: R. Marut, München. Verlag: Der Ziegelbrenner-Verlag, München 23. Druck: Schwabinger Druckerei.

Ret Marut
Sozialisierungsplan für die Presse

Sämtliche Zeitungen gehen in die Verfügungsgewalt der Stadt über, wo sie erscheinen. Die Stadt erhält dadurch keinerlei Bevormundungsrecht für Zeitungen; die Stadt hat nicht das Recht, irgendwelche Disziplinargewalt gegen irgendeinen Zeitungsangestellten auszuüben. Aber die Stadt sichert allen Zeitungsangestellten das vertragliche Einkommen. Für die geschäftliche Leitung wird ein Verwaltungsrat eingesetzt; ihm gehören an: ein Mitglied der Regierung, zwei Mitglieder des Arbeiterrates, je ein Mitglied der Parteien, die eine Zeitung besitzen, ein Mitglied der Vereinigung sozialistischer Lehrer und ein freier sozialistischer Schriftsteller; als beratende Mitglieder gehören ihm an von jeder Zeitung der Geschäftsführer. Der erweiterte Verwaltungsrat setzt sich zusammen aus dem kleinen Verwaltungsrat (wie vorstehend organisiert) und aus je einem Handsetzer, einem Maschinensetzer, einem Maschinenarbeiter, einem Hilfsarbeiter, einem kaufmännischen Angestellten und je einem Redakteur jeder Zeitung.

Über den Inhalt der Zeitung entscheidet der Redaktionsstab. In Streitfällen entscheidet der Vertreter der Partei, der die Zeitung zugewiesen wurde.

Die Verträge aller Angestellten bleiben in Kraft, Redakteure, die nach der Sozialisierung glauben, nicht mehr nach ihrem Gewissen arbeiten zu können, dürfen ihre Entlassung nehmen. Sie erhalten ihr Gehalt sechs Monate weiter ausbezahlt in monatlichen Raten. Nach Ablauf dieser Zeit erhalten sie die übliche Erwerbslosenunterstützung. Die Stadt wird verpflichtet, diese Herren bei Vergeben von geeigneten Ämtern vorzugsweise zu berücksichtigen.

Für alle Verträge und für deren Erfüllung ist haftbar der Verwaltungsrat, in zweiter Linie die Stadt.

Die Sozialisierung erfordert die Enteignung. Die bisherigen Besitzer erhalten keinerlei Entschädigung. Falls die bisherigen Besitzer bedürftig sind oder durch die Enteignung bedürftig werden, so können sie in ihrem bisherigen Unternehmen angestellt werden. Sie werden für ihre Leistung besoldet, und zwar entsprechend ihrer Leistung. Das Gehalt für die einzelne Person darf aber keinesfalls höher sein als 12000 Mark für das Jahr. Diejenigen Besitzer, die bisher eine bestimmte Tätigkeit in ihrem Unternehmen ausübten, sind verpflichtet, diese Tätigkeit wenigstens sechs Monate nach der Sozialisierung noch beizubehalten. Wird kein Ersatz nach dieser Zeit gefunden, so müssen sie ihre Tätigkeit nach Ermessen des Verwaltungsrates auch noch weiter verrichten.

Sabotage oder Widerstand der Besitzer oder der Angestellten wird als gegenrevolutionäre Handlung angesehen und verfolgt; die betreffenden Leute werden für jeden Schaden in doppelter Höhe haftpflichtig gemacht. Wer infolge Alters oder Krankheit arbeitsunfähig ist, bekommt eine Rente.

Alle Abonnementsbeträge und alle Insertionsgebühren werden an den Verwaltungsrat abgeliefert. Von diesem Betrage hat der Verwaltungsrat alle Ausgaben zu bestreiten, die für die Presse notwendig sind. Parteien oder Einzelpersonen dürfen sich an der Presse nicht mehr bereichern.

Diejenigen politischen Parteien, die an einem Orte keine eigene Zeitung herausgeben, haben das Recht, der Reihe nach jeden Tag zwei bis drei Spalten für ihre Zwecke von den bestehenden Blättern zu fordern. Eine Vergütung wird nicht gewährt. Bedingung ist, daß die Partei, die etwas veröffentlichen will, an dem Orte durch eine Ortsgruppe auch wirklich vertreten ist. Diese Aufsätze werden von der Ortsgruppe gezeichnet. Die Blätter sind verpflichtet, von den Parteien, die am Orte keine eigene Zeitung besitzen, gegen die übliche Bezahlung jedes Inserat, das ihnen von der Partei übergeben wird, zu veröffentlichen.

Das Recht auf Meinungsfreiheit soll niemand genommen werden. Das Bürgertum und die Kapitalisten haben die Mittel zur Verfügung, eigene Blätter herauszugeben, falls sie dies für notwendig erachten. Aber das Inseratengeschäft soll ihnen nicht mehr zugestanden werden. Das Proletariat hat Jahrzehnte hindurch mühselig die Mittel aufbringen müssen, um sich eine Presse schaffen zu können. Es hat diese große Tat vollbracht aus reinem Idealismus und aus unerschütterlichem Glauben an seine Mission. Wenn das Bürgertum wirklich etwas Wertvolles zu sagen hat und glaubt, daß seine Mitarbeit für den Neuaufbau der zusammengebrochenen Kultur notwendig sei, so wird es wohl in der Lage sein können, seine Meinung auszusprechen, ohne dadurch ein Geschäft machen zu wollen, wie es bisher mit Hilfe des Inseratenblattes geschah.

Die gesamte Inseratenbewirtschaftung wird von heute an dem Verwaltungsrat des Ortes übertragen, in dem die Zeitung oder die Zeitschrift herausgegeben wird. Alle Einnahmen für Inserate, die in Tagesblättern oder Zeitschriften erscheinen, müssen an den Verwaltungsrat abgeliefert werden. Zeitschriften bleiben vorläufig im Besitz des bisherigen Verlegers; sie können enteignet werden, wenn der Verwaltungsrat dies für gut befindet. Den Zeitschriftenverlegern wird für die Inserate nur der Betrag vergütet, den der Druck der Inserate und das Papier, auf dem die Inserate veröffentlicht werden, wirklich kosten. Zeitschriften, die ohne Inserateneinnahmen nicht mehr weiterbestehen können, haben keine Daseinsberechtigung; sie sollen eingehen.

Um die Inseratenbewirtschaftung durchzuführen, werden die Inseratenexpeditionen von den Verwaltungsräten übernommen. Die Übernahme geschieht sinngemäß wie bei Punkt sieben. Die Inhaber sind auch hier verpflichtet, in ihren Stellungen zu bleiben und die Anordnungen der Verwaltungsräte auszuführen. Alle Überschüsse, die der Verwaltungsrat erzielt, sind in erster Linie dazu zu verwenden, um Zeitungen und Zeitschriften, deren wirtschaftliche Lage schlecht ist, die aber notwendig bestehen bleiben müssen, zu unterstützen. Aber nur für Zeitungen, die wirklich unentbehrlich sind; denn es ist kein Verlust, wenn eine gute Anzahl von Tagesblättern überhaupt verschwindet. Alle weiteren Überschüsse werden für Kulturzwecke aufgebraucht; und zwar wird die eine Hälfte des Überschusses dazu verwendet, um gute Bücher und Aufklärungsschriften billig zu verbreiten und um gute Bibliotheken einzurichten; die andere Hälfte soll dazu dienen, um dem Volke, dem arbeitenden Volke Theatervorstellungen,

Konzerte und wissenschaftliche und künstlerische Vorträge zu gewähren, ferner für Unterhaltungen, Spiele und Volksfeste. Für andere Zwecke dürfen die Überschüsse der Zeitungen und der Inseratenbewirtschaftung nicht verbraucht werden.
Notwendige Zeitungen und Zeitschriften müssen aus öffentlichen Mitteln unterhalten werden, wie die Schulen. Über die Notwendigkeit entscheidet das Volk.
Die Zeitungen haben sofort alle Schriftsteller und Gelehrten aufzufordern, politische, wissenschaftliche und technische Aufsätze sowie rein künstlerische und belletristische Arbeiten den Zeitungen einzusenden. Die Arbeiten müssen von der Zeitung, in der sie aufgenommen werden, anständig bezahlt werden. Aufsätze, für die eine Bezahlung nicht gefordert wird, dürfen nicht angenommen werden. Jedoch werden Aufsätze, die von Redakteuren angenommen werden, die sich in fester und bezahlter Stellung befinden, nicht honoriert. Wer einen Aufsatz veröffentlicht oder zu veröffentlichen sucht, für den er von einer Person, einer Partei oder einer Interessengruppe bezahlt oder bestochen wurde, wird wegen gegenrevolutionärer Handlung zur Verantwortung gezogen.
Nach erfolgter Sozialisierung der Zeitungen ist sofort die Sozialisierung des gesamten Druck- und Verlagsgewerbes vorzunehmen; unmittelbar darauf haben zu folgen: Korrespondenz- und Nachrichtenbüros, Papierfabriken, Schriftgießereien, Theater, Kinos.
Die beteiligten Angestellten werden ersucht, sich in ihren Versammlungen und Besprechungen mit diesem Sozialisierungsplan zu beschäftigen.

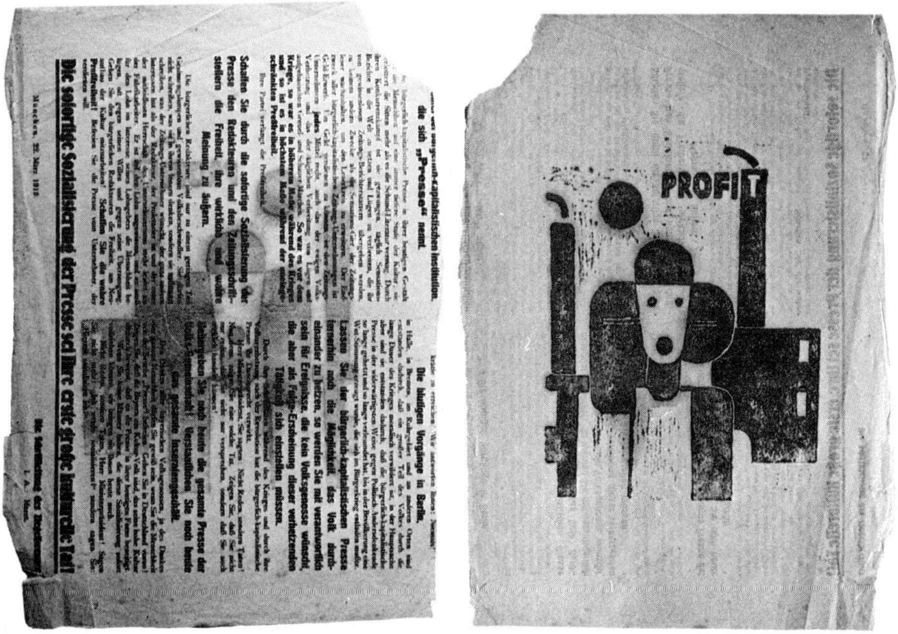

F. W. Seiwert. Linolschnitt, gedruckt auf der Rückseite eines Flugblattes von Marut, 1919

Ret Marut
Im freiesten Staate der Welt

Er ist nicht nur der freieste Staat der Welt, sondern er hat auch das freieste Wahlrecht der Welt. Ein Wahlrecht, das demjenigen Manne, der eine oder zwanzig große Zeitungen besitzt oder der sich nur die Mühe macht, einige Millionen geschickt abgefaßter Flugblätter drucken und verbreiten zu lassen, die Möglichkeit bietet, soviel Einfluß auf die Wahl zu gewinnen, als er nur immer mag. Ein Wahlrecht, das den Beichtstuhl und die Kanzel, das Ehebett und das Sterbelager zu politischen Propagandazwecken gebrauchen läßt, ist in der Tat das freieste Wahlrecht der Erde. Es wurde nachgewiesen, daß die Wähler für die sozialdemokratische Partei sich ungefähr aus einem Drittel Frauen und zwei Dritteln Männer zusammensetzen; die Wähler für die offiziellen Christusschänder dagegen aus zwei Dritteln Frauen und aus einem Drittel Männer. Und ein solches Wahlrecht gilt aus Ausdruck des Volkswillens.
Der freieste Staat der Welt in der Tat: Wucherer und Schieber, Raubmörder und Mörder von Revolutionären leben in Wonne und Wollust, Arbeiter und Revolutionäre dagegen werden hingeschlachtet, in Gefängnissen und Zuchthäusern gemartert. Daß es einmal so kommen würde, wenn die Sozialdemokraten die Macht hätten, habe ich sozialdemokratischen Arbeitern bereits im Jahre 1905 gesagt. Daß die Sozialdemokraten, einmal zur Macht gelangt, hundertfach brutaler sein würden als die Väter des Sozialistengesetzes, habe ich im Jahre 1907 sozialdemokratischen Wählern gesagt. Ich habe es ihnen gesagt nicht aus politischer Erkenntnis heraus (die hatte ich damals nicht und die habe ich heute nicht, weshalb ich mir mein Gefühl für den Menschen bewahren konnte), sondern ich habe es ihnen gesagt aus dem Gefühl heraus, daß die Sozialdemokratie ein Papsttum züchtete – schlimmer als das der katholischen Kirche.
Und so ist es denn heute auch gekommen: Die Sozialdemokratie, die von sich behauptet, daß sie auf dem Boden der materialistischen Geschichtsauffassung stünde, ist völlig erblindet gegenüber dem gesetzmäßigen und folgerichtigen Gang der Entwicklungsgeschichte. Die Sozialdemokratie glaubte, sie allein sei *die* revolutionäre Partei; sie glaubte, nur sie vertrete die Interessen der Arbeiter; sie glaubte, sie sei das Höchste und das Ende aller politischen Entwicklung. Und doch erstand für jeden, der sehen wollte, schon viele Jahre vor dem Kriege die Nachfolgerin der Sozialdemokratie: die Kommunistische Partei. Heute schon ist darum auch die Sozialdemokratische Partei die Konservative Partei des Landes geworden, weil sie mit Staunen und Schrecken erkennt, daß sie von den Plätzen links immer weiter auf die Plätze nach rechts gedrängt wird. Und wir müssen die Augen wohl aufhalten, denn auch die Kommunistische Partei hat zur linken Seite schon ihre äußerst kräftige Nachfolgerin, und es kann geschehen, daß die Kommunistische Partei, einmal zur Macht gelangt, die Anhänger ihrer nachfolgenden Partei vielleicht ebenso verfolgt, wie die Kommunisten heute von den

Sozialdemokraten verfolgt werden. Ich stehe – um einen politischen Begriff beizubehalten – so weit links, daß mein Atem selbst jene Nachfolgerin noch nicht einmal berührt.
Nur jemand, der vergißt, daß die Menschheit sich unausgesetzt weiterentwickelt und es in der Geschichte der Menschheit ebensowenig einen Augenblick des Stillstandes gibt wie in der Natur, könnte darüber lächeln.
Aber bis zu welchem Zustand der Verkommenheit ist diese Partei herabgesunken, die Revolutionäre und Arbeiter, die nichts anderes verlangen als die Erfüllung dessen, was ihnen von den heutigen Regenten in der Zeit, als sie noch nicht regierten, tausendmal versprochen wurde, jagt wie die Tiere des Waldes, ja schlimmer, denn den Tieren des Waldes gibt man Schonzeit und verlangt ihnen gegenüber waidgerechtes Jagen. Wie verwahrlost ist diese Partei, die auf flüchtige Revolutionäre Kopfpreise von 10 000 und 30 000 Mark setzt, nicht um das Volk vor ihnen zu schützen, sondern um sich an ihnen zu rächen und sie zu ermorden. Was darf man von dieser Partei wohl noch alles erwarten, deren Mitglieder Morde, gesetzliche Morde (sie nennen es: Todesurteile), an Revolutionären vollziehen lassen? In jenem Lande, wo seit 1848 und trotz Sozialistengesetz kein Todesurteil an Revolutionären vollzogen worden ist? Was müssen ehrliche Arbeiter von dieser Partei halten, deren Führer allein in Bayern fünftausend Revolutionäre in die Gefängnisse stecken und Freiheitsstrafen in Höhe von fünfzehn und acht Jahren Zuchthaus vollstrecken lassen, zu der Partei, deren Gründer und Führer in der Schweiz und in England Asyl fanden und deren Führer heute in der brutalsten und verletzendsten Form die Auslieferung flüchtiger Revolutionäre, die im Auslande Schutz suchten und fanden, verlangen, um Rache, gemeine Rache an ihnen zu üben. Die Partei, die trotz der ungeheuerlichen Not des Volkes ungezählte Zehn-Millionen übrig hat, um eine grausame Rache an Revolutionären ausüben zu können, hat ihre Zersetzung und Auflösung damit angesagt.
Und zu den vielen alten Lügen dieser Parteipfaffen kommen tausend neue Lügen: »Wir sind nicht die Regierung, die Regierung ist eine Koalition.« Gut, aber wenn die Parteipfaffen infolge dieser brutalen Rache, die unter ihrer stillschweigenden Zustimmung an den Revolutionären vollzogen wird, aus der Koalition, die an sich schon eine Schmach des sozialistischen Gedankens ist, austreten würden, dann wären die unerhörten Verbrechen an den Revolutionären nicht mehr möglich. Und Sozialdemokraten, die in ihrem Programm Abschaffung der Todesstrafe fordern, stimmen für die Vollstreckung der Todesstrafen. Aber wieder lügen sie, sie hätten nicht dafür gestimmt. Hätten sie dagegen gestimmt, so konnte der Mord an Revolutionären nicht vollzogen werden. Und wie im Kriege, so auch jetzt: sie enthielten sich der Stimme und haben somit das Parteiprogramm nicht verletzt. Solche Handlungen sagte man bisher nur den Jesuiten nach. Eine solche Partei ist gerichtet, die Revolutionäre der Rachegier und dem Blutdurst eines verkommenen und bestialischen Bürgertums aussetzt. Dadurch hat diese Partei dem Staatsbegriff mehr geschadet, als es jemals ein Revolutionär hätte tun können. Und nur dadurch war es möglich, daß in München sieben Revolutionäre (die edleren Männer und Frauen nicht gezählt) nicht

begnadigt, sondern wenige Stunden nach der Verhandlung ermordet, gesetzlich ermordet wurden, während in derselben Stadt vier Tage später ein Raubmörder, der zwei Gastwirtseheleute um des Raubes willen ermordet hatte, begnadigt wurde und Leute, die ihre eigenen leiblichen Kinder in der brutalsten und grausamsten Weise gemartert hatten, wenige Tage Gefängnis bekamen. Und ihr meint, die deutsche Revolution käme nicht?! Nicht die Spartakusleute machen die Revolution, sondern die, die da lügen, das deutsche Volk vor der Revolution schützen zu müssen, die machen die Revolution. Aber wehe euch, Offiziere, Soldaten, Parteipfaffen, Richter, Staatsanwälte, Denunzianten und Zeitungsschreiber, die ihr die Revolutionäre ermordetet und martertet; ihr habt euch das Urteil gesprochen. Euer Tod ist beschlossen; und ich glaube, daß selbst ich euch nicht mehr zu retten vermag. Wenn ich es kann, wenn ich auch nur eine Spur von Gelegenheit habe, euch zu retten, werde ich es tun, weil Menschenblut mich über alles kostbar dünkt.

Wie viele Menschen gab es, die hofften, das Bürgertum würde edler, besser, gerechter, versöhnender sein als Spartakus? Auch ich hegte diese Hoffnung, ich wohl in erster Linie, weil ich an das Gute im Menschen glaube, solange er auch nur noch einen Atemhauch Leben hat. Aber wie wurden wir enttäuscht! Der losgelassene Bürger, den wir auf höherer Kulturstufe stehend glaubten, war ja so bestialisch, so rachgierig, so blutdürstig, wie es Spartakus niemals auch nur einen Augenblick lang war. Und was hättet ihr, Bürger, gewonnen, hättet ihr auch nur einen Gedanken von Edelmut und von Versöhnung gezeigt! Ihr hättet vielleicht eine lebenslange Gnadenfrist bekommen. So aber habt ihr euren Untergang, vielleicht eure völlige Vernichtung selbst beschlossen. Und es ist schade; denn es gibt viele unter euch, die fähig sind, große und unvergängliche Werte hinüberzuretten. Unter den Zeitungsschreibern jedoch ist keiner, der unter den kommenden Menschen Kulturgüter erhalten oder schaffen könnte.

Seitdem auf den Leichen von etwa sechshundert braven Revolutionären – ich grüße euch alle im Tode noch! Euch alle, keinen einzigen ausgenommen, auch die ›Geiselmörder‹ nicht. Ihr alle starbt für die heilige Sache der menschlichen Entwicklung; und Irrende sind wir alle! – die Ordnung wiederhergestellt ist, hat die Unsicherheit in der Stadt München einen Grad erreicht, der nicht mehr übertroffen werden kann. Und die internationale Sozialdemokratie hat doch mehr als 20 000 Landfremde (zu denen sie auch Preußen, Sachsen und Württemberger zählte) ausgewiesen und die unsicheren Elemente in Schutzhaft gesteckt oder einfacher gleich verknacken lassen. Und doch sind seit der Wiederherstellung der Ordnung in München mehr Raub- und Lustmorde verübt worden als in den letzten fünf Jahren bis zum vorläufigen Ende der Räterepublik Bayern zusammengenommen. Davon sind allein sechs Raubmorde von denen, die in den wenigen Monaten der Bajonettordnung verübt wurden, unaufgeklärt. Sehr natürlich, denn da das ganze Heer der Kriminalbeamten, Polizisten, Häscher und Schergen der Diktatur Hoffmann-Noske-Epp auf der Suche nach flüchtigen Revolutionären ist, eine ganze Horde sich in der Schweiz, in Österreich und in Preußen herumtreiben muß, um zu den vielen Zehn-Millionen Häscherunkosten einige weitere Zehn-Millionen zu fügen, so haben die Raub- und Lustmörder in

München schöne Tage. Am lichthellen Mittag werden in der verkehrsreichsten Straße die Läden ausgeräumt, weil die Polizisten und Denunzianten nur Augen haben für Spartakus. Diesmal können die Raubmörder und Plünderer keine Spartakusleute sein, denn die Spartakusleute liegen in den Friedhöfen und in Sandgruben verscharrt; was übrigbleibt, sitzt in Zuchthäusern und in Gefängnissen; Landfremde können es auch nicht sein, weil die restlos ausgewiesen sind. Auch Juden können es diesmal nicht sein, die wieder die Ordnung stören; denn die Juden haben sich, wie sie in ihren schmachvollen Aufrufen den Ariern mitteilten, »wacker an der Befreiung der liebgewordenen Stadt München vom roten Terror russischer Bolschewisten beteiligt und haben Gut und Blut eingesetzt, um der rechtmäßigen Regierung Hoffmann wieder zu den Masttrögen zu verhelfen«.

Während nun Bayern der freieste Staat im freiesten Staate der Welt ist, erhebt Preußen nur den Anspruch darauf, kurzweg der freieste Staat der Welt mit dem freiesten Wahlrecht der Welt zu sein. Und darum war es in Preußen auch möglich, daß in Lyck in Ostpreußen, das der Oberhoheit des Sozialdemokraten August Winnig unterstellt ist, ein Freund des Ziegelbrenner zwei Jahre Festung erhielt, weil er den ersten Aufsatz aus Heft 16/17 des Ziegelbrenner mit Einwilligung des Schriftleiters als Sonderdruck vervielfältigen ließ und in einigen hundert Exemplaren verbreitete. Ein Aufsatz, der die Überschrift trägt ›Der neue Weltkrieg‹; ein Aufsatz, der nur einen einzigen Inhalt hat: Gerechtigkeit und Menschlichkeit. Ich erfuhr diese Schandtat erst vor wenigen Tagen; ich kann vorläufig nichts anderes tun, als an dem Untergange der Regierung zu arbeiten, die solche Schmach vollbrachte. Aber ich grüße den revolutionären Gesellen; seine Haft wird keinen Tag länger dauern als die des ehrlosen Dr. Wadler, der acht Jahre Zuchthaus besuchen müßte, und die des ehrenhaften Erich Mühsam, der fünfzehn Jahre Festung studieren könnte, wenn es so sein sollte und Scheidemann kein Lügner und Noske kein Deutscher wäre. Unter allen, die mir durch M bekannt wurden (und die ehrlosen Dr. Leviné, T. Axelrod und Dr. Wadler gehören zu ihnen) ist auch nicht einer, der ehrlos genannt werden könnte, selbst dann ehrlos genannt werden könnte, wenn ich den Maßstab bürgerlicher Moral anlegen würde. Aber über diese Sache werde ich sprechen, so ausführlich, daß alle Völker der Erde hören werden.

Ich bin ein wenig behindert in meiner Arbeit; einige hundert Briefe warten auf Antwort in der Frage: Wie geht es Ret Marut? Ich habe von Freunden des Ziegelbrenner hinsichtlich der Anfragen über meinen Mitarbeiter M, hinsichtlich der Hilfeleistungen für M so viele herrliche Briefe erhalten – einige Gesellen schickten unaufgefordert Geldsummen für M – daß mir jedes Wort der Dankbarkeit fehlt. Ich würde den Menschen weh tun, wollte ich sagen, was ich beim Lesen der meisten Briefe empfand.

Ich bin behindert in allen meinen Arbeiten: Der Ziegelbrenner-Verlag ist von den Schergen der Diktaturdemokratie Noske–Hoffmann–Epp–Möhl so gut wie vernichtet, seine Reste sind in fünf verschiedene weit auseinanderliegende Räume zersplittert; Bestellungen können nicht ausgeführt werden; mein Getreuester, ohne dessen unermüdliche Tätigkeit ich beinahe hilflos bin, wird von der

bayrischen Regierung steckbrieflich wegen Hochverrats gesucht und befindet sich vor der Blutgier der königlich Wittelsbacher Sozialdemokraten auf der Flucht irgendwo im anständigen Ausland, das nicht von sich behauptet, der freieste Staat der Welt zu sein. Der Ziegelbrenner wird infolgedessen durch eine fliegende Schriftleitung verfaßt und durch einen fliegenden Verlag ausgegeben. Mehr als vierhundert Ungeduldige haben inzwischen den Ziegelbrenner abbestellt. Ich bin darob nicht traurig, die Ziegelbrenner-Gesellenschaft wird dadurch nur um so viel reiner als Überflüssige dahin zurückkehren, woher sie kamen: zur öffentlichen Hure Zeitung.
Am 1. Mai 1919, dem ersten Weltfeiertage der Arbeit nach der Novemberkomödie, von der die deutschen Sozialdemokraten behaupten, es sei eine Revolution gewesen, und mit der die kaiserlich deutschen Sozialdemokraten alle Völker der Erde anlügen und anschwindeln, sollte in München nachmittags eine Sitzung von revolutionären und freiheitlich denkenden Schriftstellern aus den verschiedensten Städten Deutschlands abgehalten werden. Über den Zweck der Sitzung werde ich an anderer Stelle sprechen im Zusammenhang von Dingen, die der Welt offenbaren sollen, wie verlogen und wie verkommen das offizielle Deutschland geworden ist. Zu dieser Sitzung war auch mein Mitarbeiter M geladen; einmal in seiner Eigenschaft als Schriftleiter des Ziegelbrenner, in der Hauptsache jedoch in seiner Eigenschaft als Mitglied des Propagandaausschusses der Räterepublik Bayern. Den Hochverrat des M, dessentwegen er von der bayrischen Regierung steckbrieflich verfolgt wird, um ihm ungefähr fünfzehn Jahre aufzuknacken oder – wenn man ihm ehrlose Gesinnung nachweist, was die bayrischen Schandrichter so im Handumdrehen fertigbringen, wie die Prozesse auch dem verranntesten Reaktionär offen zeigen – ihn zu ermorden, besteht nach dem Inhalt des Steckbriefes in der Tatsache, daß M der Vorbereitenden Kommission zur Bildung des Revolutionstribunals und dem Propagandaausschuß angehörte. Ich greife meiner späteren Arbeit vor und erkläre schon heute: Es hat bis zu dieser Stunde auf der ganzen Erde noch kein Gericht gegeben, in dem alle Urteile mit einem so tiefen menschlichen Verstehen jeder menschlichen Tat gefällt wurden wie bei diesem Revolutionstribunal, das die bayrische Regierung und die Pressezuhälter als Schreckensgericht bezeichneten. Daß dieses Schreckensgericht von einer so hohen Auffassung des Richteramtes beeinflußt wurde, ist nicht zum wenigsten das Verdienst des M, der – und das teile ich der Staatsanwaltschaft mit, weil sie das bisher nicht wußte – von der Kommission einstimmig zu ihrem Vorsitzenden und Sprecher gewählt worden war. Der Provisorische Revolutionäre Zentralrat der Räterepublik Bayern hatte M mit einstimmigem Beschluß in diese Kommission entsandt. In der Betriebsräteversammlung, die die höchste Regierungsgewalt der Räterepublik Bayern ausübte, wurde M einstimmig – und zwar nach Vorschlag eines Buchdruckers, der in einer bürgerlichen Zeitung tätig ist – in den Propagandaausschuß gewählt. M erklärt heute noch, und er wird es immer sagen, daß diese Wahl durch revolutionäre Betriebsräte für ihn die höchste Ehre und für sein Arbeiten die höchste Anerkennung bedeutet, die ihm seit der Novembermaskerade bis heute zuteil geworden sind. In allen seinen Arbeiten – Ämter hat er nicht gehabt –, die ihm von der revolutionären Ar-

beiterschaft übertragen worden waren, hat er die Ideen vertreten, die im Ziegelbrenner nachgelesen werden können. Daß er seiner Arbeiten wegen, die zu übernehmen für ihn als Revolutionär notwendig und die abzulehnen unanständig und gegenrevolutionär gewesen wäre, nun als Hochverräter wie ein wildes Tier gehetzt, verfolgt, der Lebensmittel und der Wohnung beraubt wird, gibt ein klareres Bild von dem freiesten Staate der Welt als alle Artikel in den Zeitungen.

Als M im Café Maria Theresia in der Augustenstraße saß, wo er hoffte, einige Teilnehmer der Sitzung zu treffen, begannen die Autos der Weißgardisten bereits durch die Straßen zu sausen, um München vom roten Terror zu befreien. Die Weißgardisten machten nicht erst lange Sprüche, sie schossen mit ihren Maschinengewehren sofort in die Volksmengen, die sich in den Straßen bewegten und sonntägliche Kleidung trugen, rücksichtslos hinein. In der Augustenstraße wälzten sich gleich darauf sieben unschuldige Bürger in ihrem Blute, zwei von ihnen starben noch auf der Straße. Einige Schritte vom Café lag auf der Straße ein schwerverwundeter gutgekleideter Mann. Während das Maschinengewehrfeuer der Weißgardisten weiterwütete, trug M mit einigen hilfsbereiten Leuten den bewußtlosen Verwundeten in das Café. Erst nach längerer Zeit war es einer Ärztin, die im Café anwesend war, möglich, die Wunde zu finden; es handelte sich um eine ungemein schwere Verletzung der Hauptschlagader des linken Oberschenkels. Nachdem ein Notverband angelegt war, kam auch schon ein Krankenwagen, der die Verwundeten und Toten von der Straße aufhob und auch den Verletzten aus dem Café mitnahm. Das Café wurde geschlossen, und M verließ das Haus. Er war kaum einige hundert Schritte gelaufen – die Straßen lagen noch immer unter dem Feuer der Weißgardisten –, da kam ein Auto herangerast, das mit etwa sechzig Infanteriegewehren und Karabinern beladen war und auf dem wohl ungefähr zehn Handlungskommis und Studenten saßen, die sich weiße Armbinden und Taschentücher um die Arme gewickelt hatten. Als sie M erblickten und erkannten, hielten sie das Auto an. Fünf Mann mit umgehängten Gewehren, in jeder Hand einen Revolver und an Gurten vier bis sechs Handgranaten tragend, stürzten auf M zu, richteten ihre Pistolen auf ihn und schrien ihn an: »Hände hoch!« M fragte, was die Herren von ihm wünschten. Sie sagten ihm, er sei Mitglied des Zentralrats, der gefährlichste Agitator der Räterepublik, Vernichter des Bürgertums und Zerstörer der Presse, man müsse ihn infolgedessen mitnehmen, und wenn er nicht eingestünde, daß er an dem Blutbad, das jetzt angerichtet werden müsse, die Hauptschuld trüge, so müsse man kurzen Prozeß mit ihm machen. M wurde nun von jedem einzelnen der blutgierigen Hanswurste nach Waffen durchsucht. Der Schriftleiter des Ziegelbrenner wurde nach Waffen durchsucht! Man kann natürlich auf nackten Ziegelsteinen auch nach Trüffeln suchen, wenn man nichts weiter zu tun hat. Man fand einen gewöhnlichen Hausschlüssel bei ihm, der sich aber zum Erstaunen der grünen Hampelmänner nicht als Schießgewehr gebrauchen ließ. Als M nun fragte, wo die edlen Befreier und Einführer der Ordnung denn eigentlich ihren Haftbefehl für ihn hätten, richteten auch die übrigen Burschen, die noch im Auto verblieben waren, ihre Pistolen auf M. Nun ersuchte M die tapferen

Befreier, sie möchten ihn doch erst noch einmal nach Hause gehen lassen, um vor seiner Verhaftung und vor seinem möglichen Tode die dringendsten Angelegenheiten noch zu ordnen. Da wurde er nochmals nach Waffen und Maschinengewehren durchsucht, dann mit Gewalt ins Auto auf die Gewehre geworfen. Inzwischen hatten sich eine Anzahl von Spaziergängern um die Gelegenheit gesammelt. Die Weißgardisten fühlten sich und begannen nun laut auf M zu schimpfen, er sei der Hauptschuldige an dem vergossenen und dem noch zu vergießenden Menschenblut, und er solle nunmehr auch seinen Lohn erhalten. Diese Hetze blieb auf die Ansammlung ohne jede Wirkung: nur einer unter den Anwesenden sagte ganz laut: »Das ist der M.« – »So?« fragten die Umstehenden zurück. »Das ist der M?« Da sich infolge dieser Neutralitätsbekundung der Öffentlichkeit ein sofortiges Andiewandstellen nicht ordnungsgemäß vollziehen ließ, raste das Auto – M von zehn auf ihn gerichteten Pistolen und Gewehren umgeben – unter dem Geheul der edlen Freiheitskämpfer und Erretter des Bürgertums von dannen. Überall, wo sich nur Leute auf den Straßen fanden, brüllten die Wackeren hinaus: »Jetzt haben wir aber einen, den Allergefährlichsten!« Trotzdem die braven Befreier doch Befreier waren und als solche gewiß einen schwachen Begriff von Mannesstolz und Freiheit hätten haben müssen, so mußten sie sich doch erst abstempeln lassen. Denn als sie an einem besseren Hause vorbeikamen, sahen sie an einem oberen Fenster einen Mann stehen. Trotz der Gefährlichkeit des M und trotz der Möglichkeit, daß M ihnen vielleicht entspringen könnte, hielten sie das Auto an, richteten sich im Auto hoch auf, wer sich stellen konnte, stellte sich in strammer Haltung hin, dann zogen sie ihre Hüte herunter und brüllten schmetternd: »Der Herr General soll leben, hurra, hurra, hurra!« Die Freude und das Wohlbehagen, wieder einmal eine Minute lang Knecht sein zu können und einem Menschenschinder Ovationen bringen zu dürfen, schien sie die notwendige Subordination ganz vergessen zu machen; denn nach dem stramm vollbrachten Hurra riefen sie hinauf: »Herr General, jetzt haben wir einen, den Allergefährlichsten.« Der Herr General, dessen Vorhandensein und ruhiges Verweilen in seiner Wohnung ein ausreichendes Zeichen für den bolschewistischen Terror war, grüßte wohlwollend herab. Höchst befriedigt, als wäre jeder einzelne zum preußischen Unteroffizier befördert worden, sausten die wackeren Streiter für Münchens Freiheit mit ihrer wertvollen Beute von dannen.

Vor dem Kriegsministerium wurde gehalten. Unter schwerer Bedeckung wurde M ausgeladen, abermals nach Waffen durchsucht und dann geführt durch ein hundert Meter langes Spalier von waffenstarrenden Kriegsgewinnlern, Bourgeoisiesöhnchen, eleganten Zuhältern und jenen Angehörigen des Sammelsuriums, das sich Mittelstand und solides Beamtentum nennt, die jetzt alle einmal Revolution machen wollten, wo es ungefährlich war, wo die Schandwehrtruppen bereits ihr Feldlager vor der Residenz aufgeschlagen hatten und die öffentlichen Gebäude zu besetzen begannen. In einem der hinteren Räume des Kriegsministeriums wurde M nun untergebracht. Irgendein Rechtsanwaltsschreiber oder etwas Ähnliches hatte den Raum zu bewachen: »Hast du auch Waffen?« wurde der Bewacher von den Helden gefragt. »Hier, da schaut!«, und er brachte

aus jeder Hosentasche einen Browning, zeigte die Dinger dem Verhafteten, zeigte ihm die Ladung und hielt sie ihm dicht unter die Nase, während er sie entsicherte. »Ich wünschte nur, er machte einen Fluchtversuch«, sagte der Mann, während die Verhafter den M ansahen, als wäre er ein gut gemästetes Kalb, dessen Abschlachtung man gar nicht erwarten konnte.
Nun begann das Verhör. Eine Weile stritten sich die Herren erst herum, wer von ihnen am besten verhören könne. Und als nun verhört wurde, rief bald der eine, bald der andere dazwischen: »Ach, du kannst ja gar nicht verhören, laß mich mal.« Und so ging das eine schöne Weile, bis sie zuletzt alle durcheinander den M verhörten. Das Verhör bestand darin, daß sie dem M ungefähr zwanzig schwere Verbrechen des Hochverrats, der Aufhetzung von Soldaten gegen Offiziere, der Beleidigung mehrheitssozialistischer Regenten, der Gewaltanwendung gegen die rechtmäßige Regierung Hoffmann und mancherlei andere Schandtaten zur Last legten, für die nach Wunsch des Sozialdemokraten Hoffmann die Todesstrafe sofort zu erfolgen habe. M erklärte, daß er hier nichts zu äußern habe und daß er insbesondere diese Herren, die ihn als ruhigen Spaziergänger einfach mit Gewalt von der Straße weggeschleppt hätten, nicht als Richter anerkennen könne. Als nun nichts aus M herauszubringen war, schrie plötzlich einer der Herren: »Gestehen Sie freiwillig, wir holen jetzt die Zeugen, und dann wehe Ihnen, dann sind wir aber fertig.« Es kamen auch bald Zeugen, die alles wunschgemäß bekundeten. Diese Zeugen, die immer zur Stelle waren, besonders dann, wenn sie Zeuge sein durften, wie ein Arbeiter an einen Gartenzaun gestellt und erschossen wurde, haben auch eine wichtige Rolle gespielt in den Prozessen der bayrischen Schandgerichte, deren Wirken dermaleinst in der Geschichte für die Bestialität, die Brutalität, die Heuchelei und die Verkommenheit des deutschen Bürgertums und für die Verlogenheit der deutschen Sozialdemokratie ein besseres und wertvolleres Erkenntniszeichen sein wird als der Krieg und die Novemberlüge. Entlastungszeugen, die M nannte und die zu laden er ersuchte, wurden hier ebensowenig anerkannt, wie dies bei den Schandgerichten der Fall war.
Nachdem die Herren kein Ergebnis erzielt hatten, gingen sie auf weitere Abenteuer aus. M wurde unter strenger Aufsicht des Browningbesitzers zurückgelassen. Nach einer halben Stunde kamen die Mannen wieder. Als M trotz mehrfachen Drängens immer noch nichts zu sagen wußte, erklärten die Leute, sie würden ihn nun schon zum Geständnis bringen. M wurde hierauf – zwei schwerbewaffnete Männer zur Seite, zwei hinter ihm – wieder durch das Spalier geschleift und nach der Residenz gebracht. Auf der Straße hatte sich das Bild nun völlig verändert. Aus den Fenstern wehten die blauweißen Fahnen, auf den öffentlichen Gebäuden, wo bisher die sozialistischen Banner, die von der Sozialdemokratie längst verraten und besudelt sind, flatterten, waren schwarzweißrote Fahnen gehißt worden. Obgleich die Büttel des Herrn Hoffmann, dessen Futterkrippe sich jetzt wieder zu füllen begann, den Spalieren im Kriegsministerium wie auch in der Residenz zuriefen, sie brächten einen spartakistischen Arrestanten, so wurde M doch von keinem Schergen geschlagen oder beschimpft. An anderen Stellen der Stadt ging es zu dieser Zeit schon bestialischer zu. In der Residenz wurde M an Schandwehrsoldaten abgeliefert, während die Einfänger und

Zeugen die Erlaubnis nachsuchten, bei M bleiben zu dürfen, damit er nicht entwische und damit sie gleich bei der Hand sein könnten, wenn M vor das Feldgericht gestellt würde. Nach einer halben Stunde wurde angeordnet, daß M zum Polizeipräsidium zu bringen sei, wo ein Feldgericht in Tätigkeit wäre. Als M abgeführt werden sollte, ließ man ihn samt seiner Begleitung nicht aus der Tür, weil inzwischen der Gegenbefehl gekommen war, ihn gleich in der Residenz vor das Feldgericht zu bringen. M wurde wieder zurückgeführt und kam in das Vorzimmer eines großen Saales, wo das Feldgericht tagte. Das Feldgericht im Lande der eigenen Heimatgenossen bestand aus einem schneidigen Leutnant. Dieser erledigte in jedesmal etwa drei Minuten die Sache in der Weise, daß er auf Grund der Zeugenaussagen von Denunzianten entschied, ob der Verhaftete sofort standrechtlich zu erschießen oder ob er freizulassen sei. Im Zweifelsfalle wurde der Verhaftete erschossen, weil es sicherer war. Um Entlastungszeugen kommen zu lassen oder auch nur Leute herbeizurufen, die bestätigen konnten, daß der Verhaftete kein Spartakist oder gar ein Führer sei, hatte man nicht genügend Zeit. Der Raum, in dem sich M jetzt befand, füllte sich immer mehr mit eingefangenen Arbeitern, Rotgardisten, Matrosen, Mädchen und Knaben. M sah unter anderen denunzierten Leuten einen sechzehnjährigen Buben, der beschuldigt wurde, Schandwehrsoldaten angegriffen und spartakistische Propaganda verübt zu haben. Aus dem großen Saale, wo der Leutnant zigarettenrauchend über das Leben und Nichtleben von Verhafteten entschied, wurden alle Augenblicke Arbeiter und Matrosen mit totbleichen Gesichtern abgeführt. Ihre erschreckten und traurigen Augen verkündeten allen Wartenden das Todesurteil. Ob der Leutnant, der hier über die Spartakisten und die denunzierten Räterepublikaner zu Gericht saß, das Amt von der Regierung Hoffmann übertragen erhalten oder es sich eigenmächtig angeeignet hatte, wird heute wohl nicht mehr entschieden werden können. So verging eine Stunde qualvollen Wartens. M fragte seinen Wächter, ob er noch einen Zettel an seine Freunde schreiben dürfe, damit sie wüßten, wo er geblieben sei. Das wurde ihm verweigert. Da wurde der letzte Mann, der vor M dem Leutnant überantwortet werden sollte, aufgerufen und hineingeführt. Bei der Unruhe, die dadurch entstand, daß der Mann von den Landsknechten zu roh angepackt wurde, was er sich verbat, gelang es M zu entkommen. Zwei Soldaten, denen einen Augenblick lang wohl ein Funken Menschlichkeit aufstieg, als sie sahen, wie hier mit dem Kostbarsten, was der Mensch besitzt, mit dem Leben, umgegangen wurde, waren an diesem Entkommen nicht unbeteiligt. Ihnen sei an dieser Stelle gedankt für die Erhaltung eines Menschenlebens.

In der Schandwehr befinden sich nach meiner Schätzung etwa zehntausend verirrte Reichswehrsoldaten und Reichswehroffiziere. Reichswehrsoldaten und -offiziere erkennt man daran, daß sie Menschen sind und dem Oberbefehl des Deutschen Noske nicht unterstehen. Entbehrlich und überflüssig für das deutsche Volk ist aber auch die Reichswehr; und Deutschland wird erst dann das Recht haben zu sagen, Goethe sei ein Deutscher, wenn in ganz Deutschland keine Schußwaffe, keine Handgranate und keine Gasbombe mehr auffindbar ist, es wäre denn in einem Museum. Ein Reichswehroffizier war es, der in einem öffentlichen Lokal in München zu einem Herrn, der bis dahin den Ziegelbrenner nicht kannte, sagte: »München ist mir darum die liebste Stadt von allen Städten, die ich kenne, weil in ihr der Ziegelbrenner erscheint.« (Der Ziegelbrenner hat während des Krieges unter seinen Abonnenten etwa dreihundert Offiziere gehabt, von denen viele mit der Schriftleitung in regem Briefwechsel standen.)

Seit jener Stunde, wo es M gelang zu entkommen, ist er auf der Flucht. Wir haben mehrere Male erwogen, ob es nicht besser sei, sich den Gerichten zu stellen; denn in Wäldern, Scheunen, leeren Wohnungen sehr oft zu nächtigen, um nicht interniert und schließlich doch noch ausgeliefert zu werden, ist ja auf die Dauer kein besonderes Vergnügen. Nachdem sich aber immer deutlicher und krasser herausstellt – besonders seit die Reaktion glaubt, wieder für die Dauer die Herrschaft in der Hand zu halten, weil die Arbeiter klüger geworden sind und den geeigneten Zeitpunkt noch nicht für gekommen erachteten –, daß die Gerichte keine Gerichte, sondern Anstalten grausamster Rache und Blutgier; die Richter nicht Richter, sondern feile Henker und Schergen des Kapitals und des Bürgertums sind; daß die Richter keine gerechten und menschlich urteilenden Männer sind, sondern Mitglieder monarchischer Parteien und Mitglieder des Zentrums und der Demokratischen Sippen; daß die Verhandlungen nur Schaustellungen sind für die öffentliche Hure, so daß selbst einige Durchschnittsjournalisten schon der Ekel angekommen ist, und daß diese Verhandlungen nur dazu dienen sollen, um schneidigen Staatsanwälten Gelegenheit zu geben, Brillantfeuerwerke abzubrennen und von der öffentlichen Hure dafür gelobt zu werden, weil sie in ihrer Anklage menschlichen Empfindungen keinen Raum geben, sondern die gemeinen Verbrecher der gerechten Strafe zuführen, würde es ja nichts anderes bedeuten, als dieser öffentlichen deutschen Schande noch Vorschub zu leisten, wollte sich ein ehrlicher Revolutionär freiwillig diesen Gerichten, die sich jetzt sogar, um das Maß der Schmach vollkommen zu machen, Volksgerichte nennen, zur Verfügung stellen.

Die Revolution geht ihren ehernen Lauf, sie geht folgerichtig und unaufhaltsam voran; und eine solche Reaktion, eine so bestialische Schandwehr und so ungerechte und unmenschliche Richter mußten erst kommen, um den Boden für die deutsche Revolution vorzubereiten. Die Blindheit, in der sich heute das Bürgertum befindet, und die Blutgier und Rachsucht, mit der es seine wankende Stellung zu festigen sucht, ist eine notwendige Vorbedingung für das Werdende. Das Bürgertum hat die Todesstrafe nicht abgeschafft, sondern sie auch noch auf politische Verbrecher erweitert. Ich wünsche aus ehrlichem Herzen und aus reiner Menschlichkeit, daß die Ablehnung des Antrages, die Todesstrafe abzuschaffen, für das Bürgertum nicht bedeutsamere Folgen haben möge als bisher für das Proletariat. Das deutsche Bürgertum hat jedes moralische Recht darauf verscherzt, ohne Gewalt und ohne Mord beseitigt zu werden. Wenn das Proletariat es trotzdem vollbringt, dem verlotterten Bürgertum den Gnadenstoß ohne Blut zu geben – und das Proletariat hat die Kraft hierzu, weil es mehr Sittlichkeit und mehr Menschlichkeit in seiner Seele trägt –, dann wird der Sieg der kommenden Revolution um so sicherer und unvergänglicher sein.

Was nach diesen Ereignissen im Namen des freiesten Staates der Welt und im

Namen seiner Demokratiediktatoren mit dem Verlag und mit Freunden des Ziegelbrenner geschah, das soll demnächst berichtet werden, weil bis heute die Akten noch nicht vollständig sind und jeder Tag neue Freiheit und neue Ordnung bringt.

Die Räterepublik ist nicht das Ende aller Dinge, noch weniger bedeutet sie die vollkommenste Form menschlichen Zusammenlebens. Für die Neugestaltung der Kultur aber ist die Räterepublik eine Vorbedingung; sie ermöglicht die Liquidation des Staates. Für das Rätesystem und damit auch für die Räterepublik zu arbeiten, muß die Aufgabe des Revolutionärs von heute sein. Darum wird man auch begreifen, daß M, solange er nur die allergeringste Freiheit des Handelns noch besaß, sofort nach seiner Befreiung den Gedanken der Räterepublik und die Idee des Rätesystems hinaustrug in das bayrische Land. In etwa sechzig Städten, Dörfern und Ortschaften Bayerns sprach er zu Bürgern, Bauern und Arbeitern. Er wählte einen anderen Weg als den, der heute üblich geworden ist, einen Weg, der erfolgreicher ist; er gebrauchte eine Agitationsform, die allein wertvolle Früchte bringen kann, eine Form, die uralt ist und die auch Christus schon angewandt hatte: die Rede von Mann zu Mann, die Rede zu den kleinsten Ansammlungen von Menschen. Seine Zuhörer kamen nur selten in größerer Zahl zusammen als zu zwölf Personen. Aber von diesen vertraulichen Besprechungen, die in jeder Weise zwanglos waren und jedem Hörer Gelegenheit gaben, sich durch Gegenfragen über das Gesagte restlos aufzuklären, ist kein Bürger, kein Arbeiter, kein Bauer fortgegangen, der nicht die große Lüge, die Demokratie heißt, als große Lüge erkannt hätte. Daß jeder Hörer nun auch gleich als begeisterter Räterepublikaner fortgehen sollte, war gar nicht die Absicht des Redners. Die so schnell Begeisterten, so schnell Überzeugten sind nur selten das Salz, womit man würzet. Oft reiste M drei Tage hintereinander nach demselben Orte, um seine Aufgabe zu erfüllen. Er ist nie, weder von einem Bürger, noch von einem Bauer, denunziert worden, obgleich die Zuhörer über die Person des M kaum im Zweifel sein konnten. Lediglich durch große Versammlungen ist wohl nie jemand von einer so neuartigen Sache, wie sie das Rätesystem ist, in einer Weise überzeugt worden, daß er sagen könnte, er wüßte nun genau, was das Rätesystem sei, was es bezwecke und wie es wirke. Darum herrscht eine so heillose Verwirrung unter den Arbeitern, weil sich infolge mangelnder Kenntnis jeder etwas anderes unter Rätesystem und Räterepublik und Diktatur des Proletariats vorstellt. Es kommt nicht darauf an, große Massen zu überzeugen, große Masse zu lodernder Begeisterung mitzureißen, große Massen zur Annahme einer Resolution zu bewegen, sondern es kommt darauf an, Menschen zu überzeugen. Die kommenden Menschen und die Menschen, die das Werdende vorbereiten, sollen nicht überredet werden, sie sollen erfüllt werden mit dem Bewußtsein, daß dieses recht und durchführbar, jenes unrecht und undurchführbar ist. Die Menschen, die heute das Wollen zur Entwicklung in sich tragen, sollen nicht mit dem Hirn eines geschickten Führers für das kommende Geschlecht wirken, sondern mit ihrem eigenen Hirn, ihrem eigenen Herzen, mit ihrer eigenen Seele. Das können sie aber nur, wenn sie wissen, um was es sich handelt, und wenn sie das, was sie selbst wollen, auch genau kennen und verstehen. Wenn

Arbeiter, Bauern und nicht habgierige Bürger das Rätesystem und dessen Wert und Wirkung erst in Wahrheit kennen, so wird ihnen jede andere Form menschlichen Zusammenlebens und Zusammenwirkens für die Zeit des Überganges zu einer höheren Form widersinnig erscheinen. M traf unter seinen Zuhörern einen akademisch tätigen Bürger, der sich als entschiedenen Gegner des Rätesystems bekannte und der in höchster Begeisterung mit der Waffe in der Hand daran teilgenommen hatte, die Räterepublik zu stürzen. Nach Schluß der Besprechung sagte der Herr zu M, er hätte ihn nicht überzeugt, er wolle sich aber das Gehörte noch einmal überdenken. Nach zwei Monaten traf M wieder mit jenem Herrn zusammen. Das erste, was der Herr zu M sagte, war: »Sie haben recht, ich bin seit einigen Wochen Anhänger der Räterepublik aus voller Überzeugung.« Diesen Fall erwähnt M darum, weil es bis jetzt der einzige Fall ist, wo M Gelegenheit hatte, einen Gegner nicht unmittelbar nach der Besprechung, sondern einige Wochen später wieder zu sprechen.

Aus: ›Der Ziegelbrenner‹. Aufruf gegen die Presse, dem Hauptfeind jeder Revolution

Menschen!

Die Veredelung des Menschengeschlechts, der Aufbau wahrhafter Kultur beginnt mit der Beseitigung und der völligen Vernichtung der Presse. Hier ist jede Gewaltanwendung, jede Sabotage, jede Zerstörung berechtigt, sofern dabei kein Menschenblut vergossen wird. Wanzen, Zeitungen und ähnliches Ungeziefer notwendigenfalls mit Gewalt zu vernichten, erfordert das Kultur-Bedürfnis des Menschen. Die Notwendigkeit ist längst erwiesen und wird täglich aufs Neue bewiesen. Wie bei Läusen und Wanzen, so sind auch bei der Presse Proteste, Resolutionen, Sozialisierungs-Pläne und ähnliche rein geistige Waffen fruchtlos. Jede Revolution verfehlt ihren Zweck, die nicht diese Tat (Beseitigung der Presse) zu allererst verrichtet.

Der Ziegelbrenner.

Herausgeber: Der Ziegelbrenner. Schriftleiter: ist den Abonnenten bekannt. Verantwortlich in Not-Vertretung: Arthur Terlehn in Neustadt. Verlag: Ziegelbrenner-Verlag. Druck: Rudolf Stupperg, Wien-Alsergrund.

Briefe an M mögen vorläufig nicht abgeschickt werden. Er bekommt sie nicht. Im Namen der bayrischen Regierung, die zehnfach rachgieriger und verfolgungswütiger ist als die preußische Regierung, wurde M seiner Lebensmittelkarten beraubt. Trotz eines Protestes, der beim Münchner Mietamt (eine soziale Einrichtung für nichtsoziale Zwecke) sofort eingelegt wurde, beraubte man M seines Heims und den Ziegelbrenner-Verlag seiner Räume. Die bayrische Regierung (Sozialdemokraten und Klerikale) läßt ihn durch ihre Schergen wegen Hochverrats suchen, weil M über das, was dem Menschen dienlich ist, eine andere Ansicht hat als die Sozialdemokraten. Hochverräter zu sein, ist der einzige Ehrentitel, der in einem Staate erworben werden kann. Hochverrat heißt immer: Es fault und verwest etwas, das beseitigt werden muß. Es könnte ja sein, daß der bayrische Sozialdemokrat Hoffmann und seine Parteigenossen vielleicht doch eines Tages Scham empfinden und soviel politischen Anstand aufbringen, die Hochverräter frei leben zu lassen; denn ein Staat, in dem zehn Hochverräter den ganzen Kram über den Haufen werfen können, stinkt wie Aas. Es ist aber doch sehr fraglich, ob M, ich und Verlag von dieser geschenkten Freiheit Gebrauch machen werden. Freiheit läßt man sich nicht schenken; man nimmt sie sich. Und diese Freiheit werden wir wahrscheinlich dazu verwenden, München und Bayern zu verlassen. München ist eine sterbende Stadt. Darüber berichte ich noch. Man soll eine Stadt oder ein Land, die sterben wollen, ruhig sterben lassen; wenn man kann, soll man diesen Vorgang noch beschleunigen. Wir gedenken das zu tun. Sobald wir wieder eine Unterkunft haben, wird M über seinen Bericht auch Briefe und Anregungen annehmen.

Der Herausgeber

Die Hefte gehen den Abonnenten aus 50 verschiedenen Städten des In- und Auslandes zu; der Poststempel bezeichnet niemals den eigentlichen Aufgabeort

Ret Marut
Zum Andenken!

Dieses Buch widme ich dem ehrenden Andenken jener Männer, die unter dem Namen

Geiselmörder

durch ein grauenhaftes Justizverbrechen der kapitalistischen Gerechtigkeit bayrischer Sozialdemokraten und der Blutrache des christlich-bayrischen Bürgertums zum Opfer fielen. Das Andenken des amtlich ermordeten Dr. Leviné, das Andenken des halbamtlich ermordeten Gustav Landauer – der erste mir in seiner unantastbaren revolutionären Ehrenhaftigkeit und in seiner rührenden Bedürfnislosigkeit bekannt; der zweite mir freund und vertraut geworden, als in wehen und schweren Geburtsstunden neuer Zeit und neuer Sittlichkeit ich ihm Mitarbeiter war – brauche ich nicht zu ehren. Deren Namen sind unverlöschlich eingegraben in die Herzen des revolutionären Proletariats. Mein Herz aber ist bei denen, die in ihrer schwersten Stunde beinahe von allen Proletariern und Revolutionären verleugnet wurden: »Wir haben keine Gemeinschaft mit ihnen!« Die Tat mag ein Schandfleck sein in dem Werden der deutschen Revolution; die Männer, die sie verübten, niemals. Sie haben aus ihrer revolutionären Überzeugung, aus ihrem revolutionären Willen heraus geglaubt, für die Revolution und für die Räterepublik Bayern das Beste zu tun. Es war ein Irrglaube. Den Untergang einer verfaulten Weltordnung beschleunigt man nicht durch Mord an Einzelmenschen; den Aufbau einer neuen Weltordnung fördert man nicht durch Massenmord. Das weiß ich. Aber von jenen Männern kann ich nicht verlangen, daß sie es gleichfalls wissen mußten; denn sie waren Männer, die aufgewachsen waren unter christlichen Zuchtmeistern und reif geworden waren unter dem preußischen Militarismus. Vor ihren Richtern, die in jenen Stunden, wo die ermatteten Angeklagten um ihr Leben kämpften, Witze machen konnten, um die Zuhörer und Zeugen zu wieherndem Gelächter anzuregen, haben sich einzelne dieser beschuldigten Männer nicht so benommen, wie es Revolutionäre tun müssen. Männer, die sich Führer des Proletariats nennen, haben sich schmachvoller vor ihren Richtern offenbart. Aber um des einen Mannes (der Hauptangeklagte Seidel) willen, der vor den Gewehrläufen seiner Henker jubelnd und gläubig rief: »Es lebe die Weltrevolution!«, sei alles vergessen denen, die in harter Bedrängnis und nach hungerreicher, quälender Kerkerhaft ihre Kameraden verrieten.

Gegenüber den Lügen der Zeitung sei richtiggestellt: Alle Geiseln, die in der Zeit der Räterepublik Bayern verhaftet werden mußten, leben heute noch, wenn sie nicht inzwischen eines natürlichen Todes gestorben sind oder in den Straßenkämpfen nach dem Einzug der Weißen Garde in München infolge eigener Beteiligung oder durch verirrte Kugeln getötet worden sind. Die Leute, die durch die sogenannten Geiselmörder ihr Leben verloren, waren verhaftet worden, weil sie sich gegen Verordnungen, die zum Schutze der Räterepublik erlassen werden mußten, schwer vergangen hatten. Selbst jener alte Professor, der sich sein ganzes Leben lang nur mit Bildern befaßt hatte (Karl Kraus, der falsch unterrichtet ist, sagt es), wurde in dem Augenblick verhaftet, als er Plakate, die von den Kommissaren der Räterepublik unterzeichnet waren, abriß oder abzureißen versuchte; in der Tasche jenes alten Professors fand man eine Mitgliedskarte der gegenrevolutionären Bürgerwehr, die nicht mit alten Gemälden, sondern mit Maschinengewehren ausgerüstet war. Ich spreche die Geiselmörder nicht heilig; aber ihre Blutschuld ist um vieles kleiner als die der Richter und Henker, die in sittlicher Beziehung tief unter den sogenannten Geiselmördern stehen.

. . ., den 19. Februar 1920

Marut
Zur Zeit wegen Hochverrats auf der Flucht vor
der Gerechtigkeit bayrischer Volksgerichte

Einen Menschen zu töten ist die verdammenswerteste Tat, die ein Mensch begehen kann. Diese Tat wird nicht weniger verdammenswert, wenn sie verübt wird auf Befehl eines Generals, eines Kaisers, eines Königs; sie ist nicht entschuldbar, wenn sie verübt wird auf Anordnung eines Staatsanwaltes oder eines Richters. Mord ist Mord, ganz gleich ob er verübt wird von einem preußischen, bayrischen oder einem französischen Soldaten, ob auf Befehl eines Vorgesetzten, ob ohne Befehl, ob für die Ehre des Vaterlandes oder ob für die Erhaltung des Thronsessels eines Kaisers oder des eines sozialdemokratischen oder rechtmäßigen Präsidenten. Mord ist Mord, ob er von Nosketieren verübt wird oder von Weißgardisten oder von Rotgardisten oder von bezahlten oder unbezahlten Henkern. Für die Tötung eines Menschen gibt es keine Entschuldigung. Und selbst die Tötung eines Menschen aus Notwehr ist in den allerwenigsten Fällen entschuldbar. Denn wer vermag zu ergründen, wessen Leben für die höheren Zwecke der Natur oder der Menschheit – falls diese überhaupt höhere Zwecke haben – wertvoller ist: das Leben des Angreifers oder das des Angegriffenen.
Kein Mord an einem Menschen kann gesühnt werden durch Tötung des Mörders. Denn es geschieht ja nur ein neuer Mord, ohne den Mord, der gesühnt werden soll, dadurch ungeschehen machen zu können. Es geschieht ein neuer Mord, ein neuer – häufig gleich eine größere Anzahl neuer – Mörder ist geworden, und die Brutalität und die Mordlust sind nunmehr durch Gesetz geheiligt.
Jeder Mord nützt immer nur dem Gemordeten, nie dem Mörder. Der Gemordete ist der Märtyrer, der Heilige geworden; die Sache, die der Gemordete vertrat, wird über den Alltag hinausgehoben durch die Tötung des Trägers jener Sache. Immer ist der Mörder im Unrecht, ob er als Soldat, als Henker oder als Räuber einen andern Menschen tötet.
Mord wird nur aus der Welt geschafft dadurch, daß die wertvollen Menschen – und wertvolle Menschen wollen und sollen ja gerade Richter sein – zuerst damit beginnen, keinen Mord mehr zu verüben. Solange Kaiser, Offiziere, sozialdemokratische Kriegsminister, sozialdemokratische Präsidenten und bürgerliche oder kommunistische Staatsanwälte Morde verüben unter dem Deckmantel des Gesetzes oder unter dem Deckmantel des Volkswohls, solange wird es Mörder ge-

ben. Nicht von den Alltagsmenschen, sondern von den Menschen, die in Amt und Würden sitzen, verlange ich zuerst und zuallererst, daß sie keine Mörder sind und sich nicht mit Menschenblut besudeln. Keiner von den Regierenden oder von den Richtern hat das geringste Recht, über einen Mörder zu Gericht zu sitzen, solange diese Regierenden und diese Richter selbst willens sind, einem begangenen Morde neue Morde hinzuzufügen.

Das Höchste und Heiligste in der ganzen Erscheinungswelt des Menschen ist der Mensch. Menschenleben und Menschenblut sind die einzigen Güter, die der Mensch wahrhaft besitzt, die einzigen Güter, die geheiligt sein müssen, die einzigen Güter, die unantastbar bleiben müssen. In der Erscheinungswelt des Menschen gibt es kein kostbareres Gut als das Menschenleben. Mit dem Verlust des Lebens hört für den Menschen gleichzeitig der Besitz aller anderen äußerlichen Güter, eingeschlossen die Güter des Geistes und der Seele, auf. Darum gehört es zu den unmenschlichsten Taten, Menschen für Raub und Plünderung von materiellen Gütern zu ermorden. Alle materiellen Güter lassen sich ersetzen, das Leben eines Menschen läßt sich nie ersetzen. Die Besatzungen der Ullstein-, Scherl- und Vorwärts-Häuser zu ermorden, um wieder in den Besitz der Bordelle zu gelangen, wird einmal als die ungeheuerlichste Tat meines Jahrhunderts gelten. Mehr als sechshundert Arbeiter zu ermorden, um ein paar sozialdemokratische Parteiführer wieder in Amt und Nahrung zu bringen, wird eine spätere Zeit nicht verstehen und nicht begreifen können. Einen Leviné von Amts wegen zu ermorden, um eine ungeheure Blutschuld von den Sozialdemokraten Hoffmann, Schneppenhorst und Noske abzuwälzen, konnte nur aus bodenloser Dummheit und aus besinnungsloser Rachgier geschehen, konnte nur geschehen auf Kosten des deutschen Bürgertums und auf Kosten der Sozialdemokratie. Die Rechnungen werden eines Tages bezahlt werden müssen.

Es ist nicht zufällig, daß die bestialischste Rache an Revolutionären gerade in den allerchristlichsten Ländern Ungarn und Bayern verübt wird. Nicht in dem gottlosen und protestantischen Preußen oder Sachsen, sondern in den katholischen Ländern Ungarn und Bayern sind die furchtbarsten und barbarischsten Strafen über die Revolutionäre verhängt worden. In Sachsen wurde der sozialdemokratische Kriegsminister brutal ermordet. Die höchste Strafe, die über die Mörder verhängt wurde, beträgt etwa drei Jahre Gefängnis. In Bayern wurden nicht etwa für Morde, sondern für Handlungen, die im Auftrage der Betriebsräte mit dem Privateigentum vorgenommen wurden, fünfzehn, acht, vier Jahre Zuchthaus an einzelnen Volksbeauftragten ausgesprochen. Nicht zu denken der vielen Zuchthausstrafen unter vier Jahren. In Bayern wurden neun Monate nach Wiederherstellung der chaotischen bürgerlichen Ordnung drei Jahre Zuchthaus über einen Kommunisten verhängt, der nicht gestohlen, nicht gemordet, kein Privateigentum angetastet, sondern nur Agitation für die Kommunistische Partei getrieben hatte. Was glauben das deutsche Bürgertum und die deutsche Sozialdemokratie wohl, welche Folgen sich aus dieser barbarischen Strafe, die ein Volksgericht verhängte, eines baldigen Tages ergeben werden? Blindheit ist das erste, aber sicherste Kennzeichen einer Kaste, die in Fäulnis übergegangen ist.

Aus: ›Der Ziegelbrenner‹. F. W. Seiwert, Sieben Antlitze der Zeit. Zeichnungen (siehe folgende Seiten) für das letzte – im Untergrund erschienene – Heft des ›Ziegelbrenner‹, 21. Dezember 1921

Der Ziegelbrenner

5. Jahr 21. Dezember 1921 Heft 35/40

Sieben Antlitze der Zeit

Es heißt „der" Zeit. Wer will, mag lesen „unserer" Zeit. Keinesfalls aber darf es heißen „meiner Zeit". Denn **meine** Zeit ist es nicht, die hier mit brutaler Offenherzigkeit in grausiger Wahrheit grinst. Meine Zeit steht im wilden Gegensatz zu der Zeit. Mit der Zeit, die hier lottert und ludert, habe ich keinerlei Gemeinschaft. Ich bin kein Zeitgenosse.

Der, der in dieser Form Antlitz gab „der" Zeit meinte, die Zeichnungen stünden in krassem Gegensatz zu den Worten, die den Antlitzen folgen. Ich wollte, sie stünden in einem zehnfach stärkeren Gegensatz zu den Worten. Aber es gibt keinen „stärkeren" Gegensatz. Es gibt nur Gegensatz. Gegensatz, wie ich ihn empfinde, hat kein Adjektiv.

Sage ich „wilder" Gegensatz oder sage ich „lodernder" Gegensatz, so sind dies keine Betonungen, sondern Ausschmückungen. Der Geist friert und möchte sich am Herzblut erwärmen.

Der Geist empfindet Gegensatz: der erste Gedanke stürmt in die Welt. Die Materie empfindet Gegensatz: die erste Urzelle schließt sich: das Atom wird ein Individuum. Gegensätze: die schweigende Harmonie des Alls, die beseelte Einheit aller Dinge.

DIE FREIE PEST
100.000 RUSSEN VERSÄUFT
LETTOW-VORBECKS SIEG IN AFRIKA UND HAMBURG
MIT EHRHARDT QUER DURCH DEUTSCHLAND
DIE SCHULE
1+1=2
1000
1000

DIE AUFRÜHRER
VON GALLILÄA
GOTTGEWOLLTE
ACHTET DIE
AUSBEUTUNG
DIE KOMMUNISTISCHE TEUFELSBRUT
WIRD IN DER HÖLLE GEBRATEN
LIEBER MANN
DER KAISER IST EIN
ZEICHNET KRIEGSAN-
LEIHE

DIE DEUTSCHE MÖRDERZENTRALE
NIEDER DIE QUASELBUDE!
HOCH DER REVOLVER!!
DER DANK DES VATERLANDES
IST EUCH GEWISS.

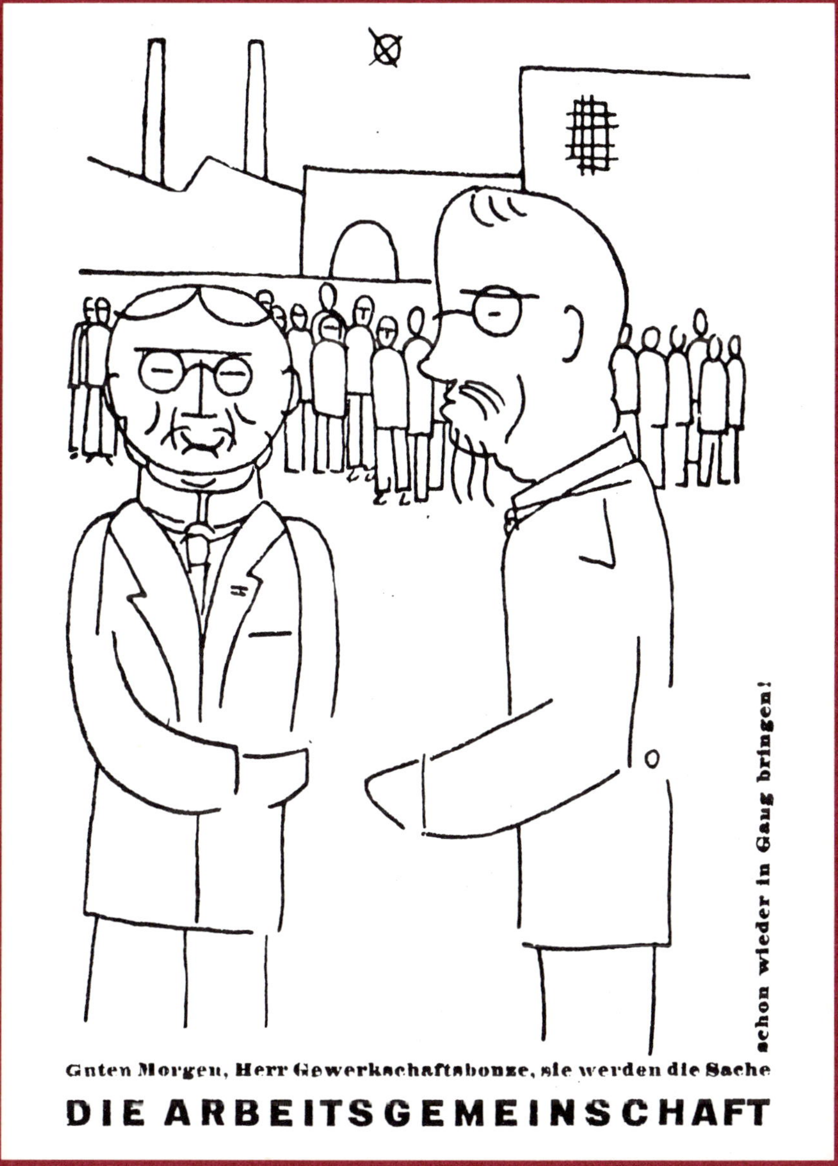
Guten Morgen, Herr Gewerkschaftsbonze, sie werden die Sache schon wieder in Gang bringen!
DIE ARBEITSGEMEINSCHAFT

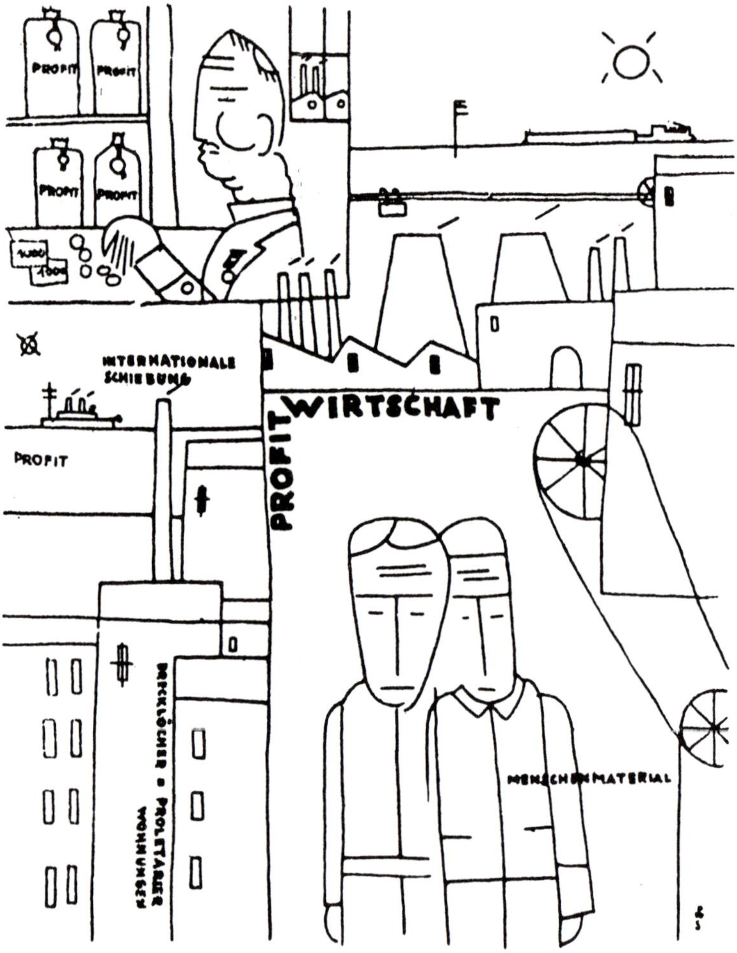
PROFIT
PROFIT
PROFIT
PROFIT
INTERNATIONALE SCHIEBUNG
PROFIT
PROFIT
WIRTSCHAFT
MENSCHENMATERIAL

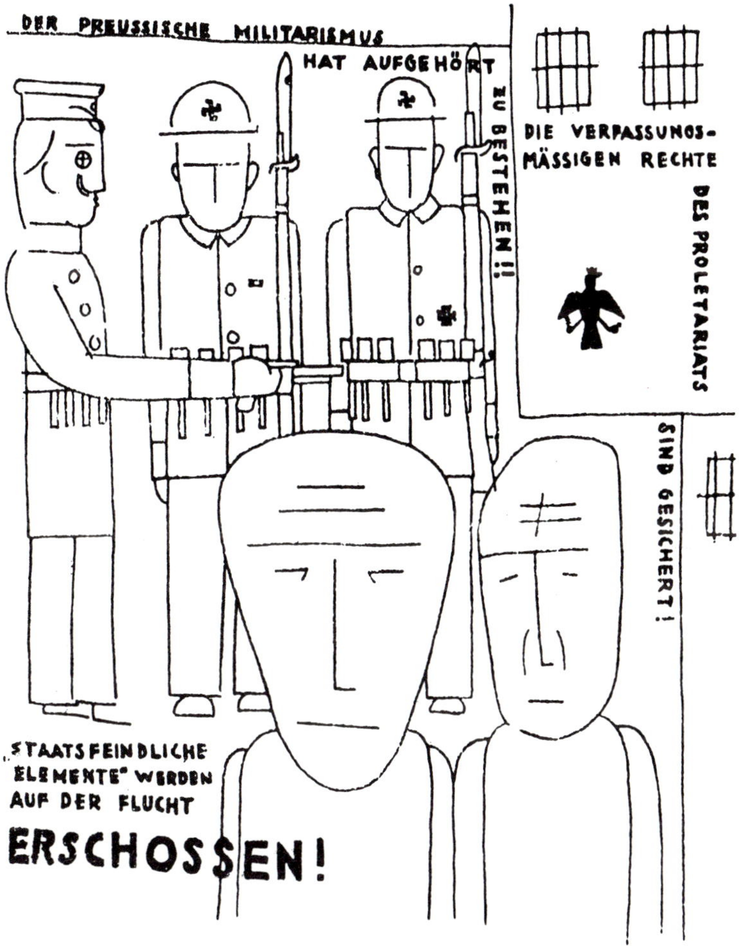
DER PREUSSISCHE MILITARISMUS
HAT AUFGEHÖRT
ZU BESTEHEN!!
DIE VERFASSUNGS-
MÄSSIGEN RECHTE
DES PROLETARIATS
SIND GESICHERT!
„STAATSFEINDLICHE
ELEMENTE" WERDEN
AUF DER FLUCHT
ERSCHOSSEN!

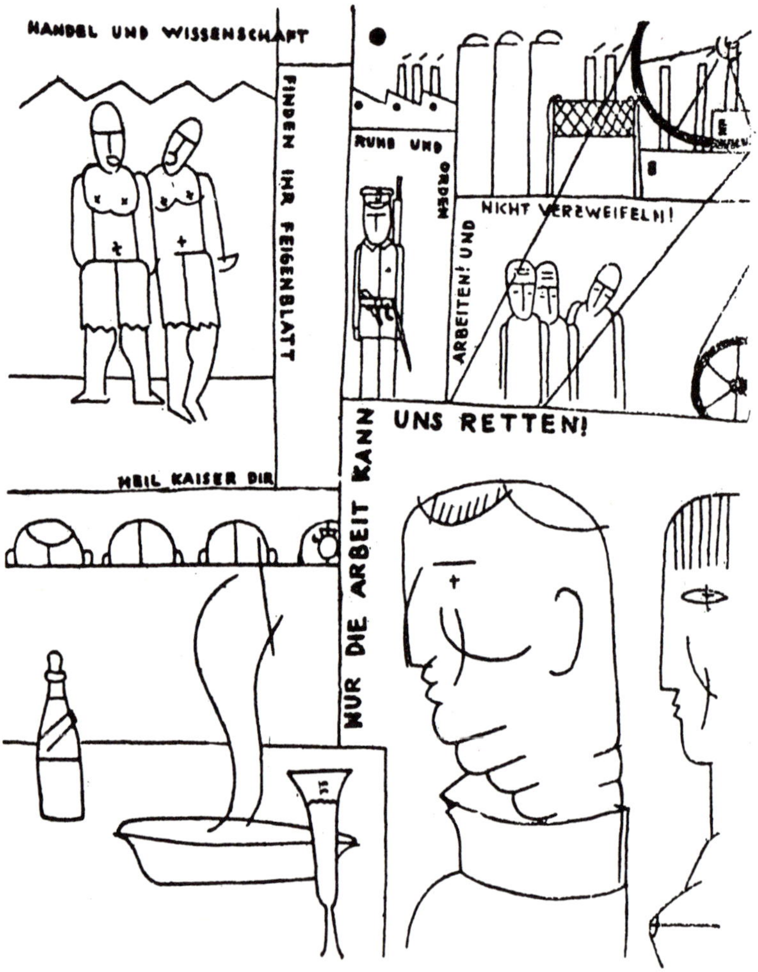
HANDEL UND WISSENSCHAFT
FINDEN IHR FEIGENBLATT
HEIL KAISER DIR
RUHE UND ORDEN
ARBEITEN! UND
NICHT VERZWEIFELN!
NUR DIE ARBEIT KANN
UNS RETTEN!

Ret Marut
Gegensatz

Ich kann nicht hinaus aus meinem Tag. Aber ich stehe über ihm. Ich will, und es ist. Konnte je ein König mehr?
Eine Regierung über mir?
Wo?
Und wenn ich die Regierung nicht anerkenne?!
Ich brauche nur zu wollen, und sie ist nicht mehr. Eine Regierung ohne Regierte.
Wo ist die Regierung? Ich habe keine, da ich sie nicht achte, da ich sie nicht anerkenne.
Sie kann mich töten. Wäre sie darum Regierung? Ein Stein, den ein Knabe nach mir wirft, kann mich töten, ein durchgehendes Pferd kann mich töten. Sind Knabe, Stein, Pferd darum Regierung?
Aber ich lege meine Hände in den Schoß.
Ein Regierungssoldat kann mich an nützlicher Arbeit – und nur notwendige Arbeit ist nützliche – hindern. Ein einziger Soldat. Aber tausend Regierungssoldaten, die Kanonen haben und Tanks, können mich nicht zwingen, Arbeit zu leisten. Sie können mich zwingen, an der Arbeitsstelle zu stehen, aber sie können nicht erzwingen, daß die Arbeit, zu der sie mich zwingen, brauchbar ist.
Wer Ohren hat zu hören, der höre!
Wer Hände hat zu fühlen, der fühle!
Gibt es eine Regierung, die über mir steht? Sie kann mich töten. Jedoch ich verliere nichts dadurch, ich gewinne. Ein Getöteter ist ein Ankläger, den kein Gericht und keine Gefängnismauern zum Schweigen bringen können.
Die Regierung kann mich töten. Ich verliere nichts dadurch. Aber die Regierung verliert einen Mann, von dem sie hoffte, daß sie ihn regieren dürfte. Was aber ist eine Regierung ohne Männer, die nicht regiert werden können?
Und wenn mir mein Nichtregiertwerdenwollen mehr wert ist als mein Leben?
Mein Leben ist begrenzt, Regiertwerden ist unbegrenzt.
Oh, wie arm bist du, Regierung! Du Regierung, die du wähnst, zu regieren, und die du doch nicht bist, wenn ich dich verneine.
Oh, wie arm seid ihr, ihr in euren Versammlungen, wo ihr redet und nicht handelt.
Ihr füllt euch mit Haß gegen Noske, der in seiner ersten Bluttat schon seinen Untergang sich selbst verordnete.
Euer Haß gegen ihn? Wer kein Gewissen hat und keine Seele, wird von Haß nimmermehr getroffen. Und wie könnte Haß ihn treffen, da er die Liebe nicht kannte, da er nur Führer war, der die Geführten gebrauchte, um Herrscher werden zu können.
Hat ein einziger eurer Führer ein anderes Ziel, als über euch herrschen zu können oder um mit euch andere zu beherrschen?

Seid jeder selbst ein Führer!
Sei jeder sein eigener Führer!
Ich brauche keinen Führer. Wozu denn ihr, die ihr gut seid wie ich, die ihr denken könnt wie ich?
Ich will niemand erziehen.
Ich will niemand überzeugen.
Ich will niemand bekehren, denn wenn ihr denket, so werdet ihr die Wahrheit wissen und werdet wissen, was zu tun ist.
Denket! Dies von euch zu fordern, da ihr doch Menschen seid und denken könnt, ist mein Recht. Mein Recht. Mein ur-ewiges Recht.
Gebt jenem Noske zwei Millionen Regierungssoldaten. Laßt ihn die Soldaten und die Offiziere wählen aus Kreisen, die menschlich auf einer noch tieferen Stufe stehen als die, mit denen er herrschen will. Was tut es?
Wieviel Ewigkeitswerte, wieviel unersetzbare Kräfte verschwendet ihr, wenn ihr schreit: Bluthund! Er lacht dessen. Er lacht mit Überlegung. Haßerfüllte Menschen schaden nicht dem Gehaßten. Haßerfüllte Menschen werden am leichtesten beherrscht, werden am leichtesten regiert von geschickten Herrschern und Führern.
Laßt uns besonnen sein! Nein, ich will nicht besonnen sein. Nein, ich will keine reale Politik treiben, von der die Menschheit zugrunde gerichtet wurde. Ich will keine positive Mitarbeit leisten. Die positiven Vorschläge sind es, die mich zum Regierten machen und die meinen Menschen in mir töten.
Die Regierung kann morden. Sie kann, sofern sie will – und sie wird es zu gegebener Stunde tun – hunderttausend Menschen morden. Diese großen Fähigkeiten hat sie. Aber sie hat nicht die Fähigkeit, mich zu zwingen, daß ich für sie arbeite. Was tut sie, wenn die Bahnen nicht laufen, wenn keine Kohlen aus den Gruben geholt werden, wenn kein Mensch Munition für sie macht? Dann verweigert sie mir die Lebensmittel der Entente. Und wenn ich mir nun aus diesen Lebensmitteln, die mir dadurch entwertet werden, daß man mit ihrer Hilfe Menschen zu denkfaulen Sklaven erniedrigt, gar nichts mache?
Wenn ich sage: Lieber noch ein Jahr durchhalten, lieber Weib und Kind verrekken lassen, lieber Brot und Schuhe nehmen, die hinter einer Glasscheibe aufgestapelt liegen, um mich mit beispielloser Frechheit zu verlocken, geduldig die Sklavenketten zu tragen!, so ist dies der erste bewußte Aufschrei: Revolution!
Aber in euren Versammlungen und in euren Parteien schwätzt ihr und schachert ihr um Dinge, die nicht euch angehen, sondern die angehen euren Tyrannen. Hampelmänner, die an Fäden hängen und die Finger sehen, an denen jene Fäden geknüpft sind und dennoch nicht aufschreien: Nein!
Geführte! Verführte! Angeführte! Ihr entrüstet euch über Gewaltherrschaft! Aber es ist keine Gewaltherrschaft ohne Beherrschtseinwollende. Ich lasse meine Hände ruhen im Schoße, und die Regierung braucht zwanzig Beamte, um mich zu zwingen, etwas zu tun, was ich nicht tun will.
Habt ihr Ohren zu hören, so höret!
Habt ihr Hände zu greifen, so greifet!
Wartet ihr auf den Propheten? Auf den Apostel? Auf den Führer?

Um der einen Gewaltherrschaft zu entgehen und sich der neuen zu fügen!
Die Regierung mit allen ihren ungeheuren Machtmitteln ist ein Nebelhauch, wenn ich es will. Und wenn ich es will, das darf auch heißen: wenn ich nicht will. In meinem Nicht-Wollen bin ich stärker als alle Mächte, die wollen!
Versteht ihr?
Welch ein armseliges Ding ist doch eine Handgranate! Ein Machtmittel gedankenschwacher Knechte ein Maschinengewehr! Wer sich verläßt auf Handgranaten und auf Maschinengewehre, wird am ehesten beherrscht, am leichtesten regiert, wird am raschesten Herren über sich nötig haben. Ich stütze mich auf mein Wollen. Und in meinem Nicht-Wollen bin ich der Stärkste und der Mächtigste aller Erdenbewohner. Ich will nicht, und wenn ich gleich sterben müßte. Ich rühre mich nicht, und wenn ich verhungern müßte. Ich arbeite nicht, und wenn mir gleich der Leib verdorret. Was schert mich Weib, was schert mich Kind, laß sie betteln gehen, wenn sie hungrig sind! Nur dann werde ich der Herrschaft und der Knechtschaft ledig sein und mein Brot und meinen Wein in Fülle haben.
Füllet die Löcher und Gräben, die euch auf eurem Wege hindern, mit Kadavern aus, denn auch das sind Brücken. Gute Brücken, bessere als Parteibüchelchen.
Aber ihr müßt Programme haben. Wenn ihr wißt, was ihr wollt, so braucht ihr keine Programme. Und wenn ihr nicht wißt, was ihr wollt, so werden die Programme erst recht nichts nützen, weil sie euch bringen werden, was ihr nicht wollt.
Denket! Aber ihr könnt nicht denken, weil ihr Statuten braucht, weil ihr Vorstandsmitglieder wählt, weil ihr Minister einsetzet, weil ihr Parlamente braucht, weil ihr ohne Regierung nicht leben könnt, weil ihr ohne Führer nicht leben könnt.
Ihr gebt eure Stimmen ab, damit ihr sie verliert, und wenn ihr sie für euch gebrauchen wollt, so habt ihr keine mehr, so fehlen sie euch, weil ihr sie abgegeben habt.
Denket! Nichts anderes braucht ihr zu tun. Werdet euch eurer ruhigen Passivität bewußt, worin eure unüberwindliche Macht beruht. Laßt getrosten, unbekümmerten Mutes das Wirtschaftsleben zusammenbrechen, es hat mir keinen Segen gebracht und euch auch nicht.
Laßt mit Bewußtsein die Industrie verfaulen, sonst werdet ihr an der Industrie verfaulen.
Ihr streikt. Bravo, ihr Knechte! Die Industrie wird fett durch eure Streiks, und ihr verhungert. Ihr streikt und siegt. Oh, ihr Sieger! Ein mageres Brötchen habt ihr ersiegt; aber der Besiegte fand auf eurem Siegerfest zwei Landgüter. Oh, ihr Sieger! Ihr Versieger! Euer Führer ward dabei Minister, ihr stolzen Sieger!
Ihr braucht kein Plüschsofa in eurer Wohnung. Das Plüschsofa, das ihr habt, ist das Zeichen eurer Knechtschaft. So lange ist das Plüschsofa zu eurem Glücke nötig, solange ihr Sklaven seid.
Einer unter euren Nasführern sagte: Möglichst viel Bedürfnisse haben und diese Bedürfnisse auf erträgliche Art befriedigen zu können, das ist Sozialismus!
Der euch das sagte, war ein eitler Schwätzer, denn er betrog euch um die Voraussetzungen. Er hat euch in die Knechtschaft geführt.

Nein: Keine Bedürfnisse haben, und das wenige Notwendige sich verschaffen, ohne zu dienen, das allein macht meinen Herrscher zum Nicht-mehr-Herrscher. Das Kapital herrscht nur da, wo gekauft wird. Verstehst du?

Denket! Besinnet euch auf euch selbst, nicht auf euer Programm! Werde jeder ein Selbe!

Du sprichst: Ich möchte gerne, aber mein Freund Maxe muß mitmachen. Freund Maxe sagt: Ich mache mit, aber mein Freund Friedrich muß dabeisein. Und euer Freund Friedrich sagt: Wir können das nicht allein, die Masse muß es tun, wir müssen erst die Masse haben.

Ihr werdet nie die Masse haben. Die Masse denkt nicht, weil sie nicht denken kann, darum hat sie Parteien, Programme und Führer.

Aber du, der Einzelne, denkt, kann denken.

Die Masse erfordert Einigkeit. Aber nie waren Menschen einig, niemals werden Menschen einig sein.

Mit aller eurer Weisheit, mit allen euren technischen Kunststückchen vermögt ihr nicht einmal zwei Uhren in gleichen Gang zu bringen. Aber die Menschen sind keine Uhren. Ihr jedoch wollt sie in gleichen Gang bringen.

Oh, ihr Verblendete, könnet ihr Hirne in einer Maschine erzeugen und sie den Menschen einsetzen?

Aber ihr wollt die Masse, ihr wollt die Einigkeit der Masse. Welch eines Beweises bedürft ihr noch, daß ihr Geführte, Verführte seid?

Ich muß es tun. Dann wird es auch Freund Maxe tun und auch Freund Friedrich. Ich bin ein winziges Stäubchen in der Masse. Wie kann die Masse in Bewegung kommen, wenn ich, das winzige Stäubchen, mich nicht zuerst bewege. Das Stäubchen muß sich bewegen, dann wird die Masse sich bewegen. Und wenn das Stäubchen dabei zum Kadaver wird, dann wird es stinken. Und auch der Gestank des Kadavers bewegt die Masse.

Eure Führer haben nie an sich gedacht, sie haben immer nur an das Volk gedacht und an das Proletariat. Den Erfolg sehet ihr jetzt. Hätten sie nur an sich gedacht, hätten sie sich nur auf sich selbst besonnen, so wären sie Menschen geworden. So aber wurden sie Parteipäpste und ihr Heloten.

Meinen eigenen Gesetzen will ich leben. Mein eigener König, dessen einziger Bürger ich gleichzeitig bin, will ich sein. Keine Regierung über mir und keine Regierten neben mir.

Tut desgleichen! Saget: Ich will! Saget: Ich will nicht!

Ich bedarf euer nicht. Weder zum Führen, noch zum Geführtwerden. Nicht weil ich stark bin, nicht weil ich mich überhebe, sondern weil ich Wucher treibe mit meinem Denken. Weil ich das Pfund, das jedem Menschen gegeben ist, nicht gebrauche, damit ein anderer Wucher damit treibe und ich zur Knechtschaft verdammt werde.

Tut desgleichen!

Wenn ich ein Haus bauen will, das zu bauen meinen beiden Händen zu schwer wird, so will ich euch bitten: Helft mir! Dann mögt ihr kommen, und ich will euch ein Gleiches tun, wenn ihr der Hilfe bedürftig seid. Aber ich komme gewiß nicht, euch zu sättigen, damit ihr brauchbare Sklaven werdet: Rußland.

Mein Leben ist sicher, solange ich das Leben meiner Mitmenschen heilig achte. Ich brauche keine Sicherheitswache vor meinem Hause, weil man mir nichts stehlen kann. Plünderer gibt es immer nur da, wo ein Mensch mehr besitzt, als er braucht, und der andere nicht satt wird.
Ihr aber braucht die Polizei. Wenn sich zwei von euren Weibern streiten, so laufen sie zur Polizei. Wenn euch jemand einen alten Pantoffel wegnimmt, so holt ihr die Polizei. Durch euch wird die Polizei fett, durch euch mästen sich die Richter. Ihr ruft die Polizei und gebt ihr dadurch das Recht, ihre Notwendigkeit zu beweisen.
Aber ich sage euch: Zehnmal besser und in Ewigkeit besser ist es, daß die Polizei euch holt, als daß ihr die Polizei holt. Wer die Polizei braucht, der wird von ihr gefressen, aber wer sie nicht braucht, der wird sie vernichten.
Mord auf Mord! Aber würde ich den Mörder revolutionärer Menschen hassen, so wäre er ja geehrt durch meinen Haß. Durch seinen ersten Mord hört der Mörder auf, Mensch zu sein. Wie sollte ich hassen, was weder Mensch noch Tier.
Dein Parteibuch macht dich zum Verführten, zum Angeführten. Darum ist es besser, du läßt dein Geld von den Würmern zerfressen, als daß du es deiner Partei gibst, denn die Partei vertröstet dich auf die Zukunft, auf das Wohlergehen deiner Enkel. Das aber tut die Kirche auch, die dich auf das Himmelreich vertröstet. Zukunft und Himmelreich ist das gleiche. Sie können schön sein, vielleicht. Überlaß die Zukunft ruhig der Partei und das Himmelreich der Kirche. Dein aber sei die Gegenwart! Nimm sie dir. Wäre die Zukunft besser und das Himmelreich schöner, so würden die guten Leute sie dir nicht für deine Groschen verkaufen wollen.
Ich sage dir wieder: Es ist besser, du läßt dein Geld verbrennen, als daß der Herr sich daran bereichert, weil du ihm Waren abkaufst.
Deine Streiks verlacht der Kapitalist. Aber an dem Tage, an dem du zum ersten Male deine Füße mit alten Lumpen umwickelst, statt Schuhe und Strümpfe zu kaufen, werden seine strotzenden Glieder von bleicher Angst durchschlottert werden.
Darum zerstöre das Wirtschaftsleben nicht nur von innen, sondern auch von außen. Auf den Ruinen der Industrie erblüht deine Freiheit, nicht auf ihren Festungen und Schlössern.
Laß dein Geld von den Würmern und Maden zerfressen, erzwinge den zwanzigfachen Lohn und verringere deine Arbeit auf den hundertsten Teil deines Könnens, und es wird dir tausendfachen Segen bringen.
Weihrauch in der Kirche und Geschwätz in den Versammlungen ist dasselbe. Eine Zeitung lesen oder gar bezahlen und Kirchenlieder auswendig lernen führt zum gleichen Ziel.
Kein Gott wird dir helfen, kein Programm, keine Partei, kein Führer, kein Stimmzettel, keine Masse, keine Einigkeit. Nur ich selber kann mir helfen. Und in mir selber werde ich allen Menschen helfen, deren Tränen fließen.
Ich helfe mir. Hilf du dir, Bruder! Handle! Sei Wollen! Sei Tat!
Du schreist: Es lebe die Weltrevolution! Es klingt sehr gut. Aber sind die Telegraphenkabel schon in deinen Händen? Hast du schon eine Rotationsmaschine in

die Luft gesprengt? Du schreist: Es lebe die Weltrevolution! Aber dein Bruder, den du umarmt hältst, hört den Schrei schon nicht mehr. Wie könnte ihn da die Welt hören?
Kaufe dir keinen Sonntagsrock und schäme dich nicht, daheim auf einer Kiste zu schlafen und ohne Hosenboden lachend durch die elegantesten Straßen zu gehen, das ist mehr getan für die Revolution als die Internationale zu singen und den Hokuspokus zu studieren, den dir die Päpste aus Berlin und Moskau verkaufen.
Solange du noch ein Fünkchen Schamgefühl hast, weil du Bedürfnisse, die zur bürgerlichen Wohlanständigkeit gehören, nicht befriedigst, solange du dich noch schämst, zu sagen: Ich bin stolz darauf, wie der verkommenste Strolch auszusehen!, so lange wirst du auf deine Freiheit nicht hoffen dürfen.
Die Wohlanständigkeit des Bürgers ist nicht auch die meine. Ich habe meine eigene. Sich zu schämen, wie ein Strolch auszusehen, ist das Vorrecht des Bürgers. Dieses Vorrecht auch zu haben, für einen wohlanständigen Bürger gehalten zu werden, macht dich, Prolet, zum Knecht. Dem Bürger gleich zu sein oder gleich zu scheinen, macht dich zum Sklaven. Ich aber vernichte den Bürger, weil ich sein Dasein zerstöre dadurch, daß ich ihm nichts zu verdienen gebe, um auszusehen wie er.
Von jeher wurden freie Völker um so leichter unterjocht, je leichter es war, sie zu überreden, daß mit einer Kattunhose bekleidet zu sein schöner aussehe, als nackt herumzulaufen. Die Kattunhosen, die sie gar nicht brauchten, die in ihnen nur den Glauben erweckten, sie würden dadurch dem europäischen Bürger ebenbürtig, machten sie zu ausgebeuteten Knechten.
Die elende Glasperlenkette der Negerin und das Plüschsofa der Proletenfrau ist dasselbe. Es macht den Mann und die ganze Klasse zu Heloten.
Und abermals sage ich: Erzwinge mit allen Mitteln den fünfundzwanzigfachen Lohn für den fünfhundertsten Teil deiner heutigen Arbeit, iß trockenes Brot, kleide dich in Lumpen, die du dir auf dem Kehrhaufen suchst, und füttere mit deinem Geld die Mäuse: Das vollkommene Chaos des Wirtschaftslebens, bewußt hervorgebracht durch deine passive und durch deine aktive Tat, ist das erste Frühlichtdämmern des Tages, der dich zum Menschen macht!
Die Staubwolken einer vollständig zertrümmerten Industrie allein zerbrechen deine Ketten.
Flicke nicht, was zerreißen muß!
Halt nicht fest, was zusammenbrechen muß!

Bricht ein Stein aus den Zwingburgen des Wirtschaftslebens und aus den Festungen der Industrie, so wirf gleich hundert Steine hinterher.
Hebst du nur einen einzigen der herausbrechenden Steine auf und fügst ihn gar wieder ein, so ist dein Verrat nichtswürdiger als der Verrat eines Spions, der dich umlauert.
Entreiße deinem Gegner seine schärfsten Waffen. Seine schärfsten Waffen sind nicht Kanonen und Soldaten. Gold ist weniger wert als loser Sand, wenn deine Arbeit nicht dahinter steht.

In der Industrie willst du deine Ketten von dir streifen? Mit dem blühenden Wirtschaftsleben willst du deinen Gegner niederringen? Sagte ich es nicht, daß du ein Bürger bist, weil du wie ein Bürger denkst?
Die Sache des Bürgers kann nie die deine sein! Die Industrie, die dem Bürger Macht gab, dich zu knechten, kann dir nie Freiheit oder Leben bringen.
Die Industrie, die ist, kann nie die gleiche sein, der du bedarfst. Die Industrie, die ist, bringt nichts anderes hervor als Waffen, dich zu knechten.
Die Industrie, die Reichtum deinem Leben geben soll, kann nur wachsen auf den zerstäubten Trümmern der Industrie, die ist.
Der Führer wird dir es anders sagen. Darum ja ist er ein Führer, und darum ja bist du ein Angeführter.
Kindererzeuger bleiben in Knechtschaft. Sklaven erzeugen: Kinder. Jedes Kind, das du erzeugst, ist ein Ring in deiner Sklavenkette. Kauf dir ein Plüschsofa und zeuge ein Kind, beides ist das gleiche, beides führt zum gleichen Ziel.
Wenn du dein ganzes Hab und Gut in einen Sack verstauen kannst, der dir bis zu den Hüften reicht, und du diesen Sack auf deinen Schultern tragen kannst, dann werden die Kanonen verrosten, und die Mauern der Zwingburgen werden umfallen beim Klang einer Hirtenflöte.
Ich handele! Ich handele, wenn ich mich nicht stark genug fühle, in Aktivität! Ich handele, wenn ich mich stark genug fühle, in Passivität! Das zweite ist das Stärkere, denn es stärkt nicht meinen Gegner, der aus meiner Aktivität Kräfte schöpft.

Ich warte nicht auf die Einigkeit; denn ich bin die Einigkeit.
Ich warte nicht auf die Masse; denn ich bin die Masse.
Ich warte nicht auf die Revolution; denn ich bin die Revolution.
Ehe die Revolution ist, muß der Revolutionär sein!
Ehe die Masse ist, muß der Einzelne sein!
Ehe die Einigkeit ist, muß der Eine sein, der Selbe!
Das Wort muß sein, bevor das Feldgeschrei und die Parole sein können.
Demokratie ist Mehrheit, Mehrheit ist Herrschaft. Die Mehrheit ist das Gewand, unter dem der Nicht-Mensch den Dolch verborgen hält. Mehrheit ist die Hirnzelle derer, die nicht zu denken vermögen. Mehrheit ist das Zepter der Betrüger und Halunken.
Abstimmung ist beabsichtigter Betrug, weil der Niedergestimmte im Recht ist.
Abstimmung und Mehrheit sind die blutrünstigsten Henker des Menschen.
Gegenrevolutionär ist, wer etwas kauft; denn der Pfennig, den du zahlst, der wird zum Taler, mit dem man dir das Mark aus den Knochen dörrt.
Sei du selbst, und du wirst immer einig sein!
Sei Wollen!
Sei Nicht-Wollen!
Sei Tat!
Ob du auf deinen Knien liegst und Gott bittest oder ob du deine Sache in die Hand eines Führers legst, es ist das gleiche.
Ob du dir ein Gebetbuch kaufst oder ein Parteimitgliedsbuch, es ist dasselbe.

Wirf das Mitleid von dir, denn Mitleid ist die Revolution des Bürgers.
Beweine nicht die Opfer, die im Kampfe fallen; denn die Träne, die in deinem Auge blinkt, erfüllt den, den du vernichten willst, mit Siegerhoffen.
Was kümmern dich die Opfer, die von den Zähnen jenes Ungeheuers, das zu vernichten du geboren wurdest, zerrissen wurden? Je größer die Zahl der Opfer ist, die jenes Ungeheuer frißt, um so sicherer sein Tod. Gehen selbst Götter an zu vielen Opfern zugrunde, warum nicht um vieles rascher jene Ungeheuer. Ob das Ungeheuer die Opfer frißt oder sich damit belasten muß oder sie in den Straßen faulen läßt, daß sie die Luft verpesten, ist gleich; ihre Maden werden den Leib des Ungeheuers auffressen.
Solange es Hungernde neben Satten gibt, ist das Mitleid der Satten eine Verhöhnung der Hungernden und das Mitleid der Hungrigen mit den Opfern eine Bestätigung und Anerkennung des Rechtes der Satten, satt zu sein auf Kosten der Hungernden.

Höret, so ihr Ohren habt, zu hören!
Denket, so ihr Hirne habt, zu denken!
Aber glaubet nicht!
Aber glaubet nichts!
Aber vertrauet nicht!
Vertrauet nur eurer eigenen Kraft!
Eure Kraft ist unerschütterlich, so ihr sie nicht von selbst erschüttert. Unüberwindlich seid ihr, so ihr eure Hände in den Schoß legt! Sei es dann: Verhungert nicht ungewollt, sondern verhungert mit Bewußtsein. Verhungert mit eurem Wollen, nicht mit dem Wollen derer, die euch beim Verhungern bald Gesellschaft leisten werden, sobald ihr zu hungern beginnt.
Die Iren hungern in den Gefängnissen bis zum Tode für die Freiheit ihres Landes. Ist eure Sache nicht größer als die der Iren?
Die Völker Indiens haben keine Waffen, und sie haben keine Zeitungen. Aber sie werden das Weltreich Britannien vernichten durch schweigenden Widerstand. Dagegen helfen alle Kanonen und alle Geldsäcke der Erde nicht. Ist eure Sache nicht heilig wie die heilige Sache der Völker Indiens?
Ihr starbt auf den Schlachtfeldern für die, die durch euren Tod fett wurden. Wohl denn, sterbt für eure eigene Sache!
Und ich sage euch: Es ist besser, ihr legt die Hände in den Schoß, als daß ihr Maschinengewehre zur Hilfe nehmt. Was durch Waffen erzwungen wird, kann jeden Tag durch Waffen genommen werden. Aber was ihr durch euer Wollen oder durch euer Nicht-Wollen erobert, kann kein Gott euch nehmen, denn Gott ist nichts als Wille. Ihr aber habt mehr als euren Willen, ihr habt Hände, die eine ganze Erde zu formen vermögen.
Ich bin unbesiegbar, wenn ich nicht will, was ein anderer will!
Du bist unbesiegbar, wenn du nicht tust, was ein anderer will!
Ihr werdet unbesiegbar sein, wenn nicht die Masse, sondern der Eine, der Einzelne, größer und stärker wird als der mächtigste Regent. Die Macht des mächtigsten Regenten zerbricht an dem Nicht-Wollen des schwächsten Sklaven.

Abschaffung des Privateigentums an den Produktionsmitteln? Nein, ihr törichten Plapperer!
Abschaffung des Privateigentums an der letzten Hose!
Wissen ist Macht? Nein!
Tat ist Macht!
Wissen macht frei? Nein!
Tat macht frei!

Ret Marut
Warnung

Ich habe gehört, daß bürgerliche Kreise für M (wohl seiner Arbeit wegen: Die Zerstörung unseres Weltsystems) eine Amnestie für ihn erwirken wollen. Ich warne alle Beteiligten vor dieser Nichtswürdigkeit. M könnte so saugrob werden, daß zwanzig Gerichte mit den Beleidigungsklagen nicht fertig würden. Von allen Revolutionären, die auf freien Fuß oder außer Verfolgung gesetzt werden, will M der letzte sein. Für einen Revolutionär gibt es keine geschenkte Freiheit, nur gestohlene oder eroberte Freiheit.

Ret Marut, 1915. Diese Bild benutzte Traven 1930 in einem gefälschten Paß. Dieses Bild von Marut reicht am nächsten an die Rätezeit heran. Marut/Traven hat es meisterhaft verstanden, seine Spur zu verwischen. Bezeichnenderweise war auch sein Steckbrief, im Gegensatz zu allen anderen Gesuchten, ohne Fahndungsbild

Johannes Schönherr
Wer ist B. Traven?
B. Traven und die Büchergilde Gutenberg

Auf unzählige Anfragen der Leser mußte die Redaktion der Büchergilde Gutenberg immer wieder erklären, daß Traven jede Auskunft über seine Person ablehne, weil er es für unwichtig halte, über sich zu sprechen. Er wünschte, daß man seine Einstellung zur Welt verstünde, nach der jeder wahre Mensch, der scheinbar Großes schafft, dieses Große nicht schafft um seinetwillen oder um sich erhaben über die Masse zu erheben, sondern um der Menschheit in ihrem Kampfe um Freiheit und Würde mit allen seinen Fähigkeiten zu helfen. Dieser Dienst für alle, ohne Rücksicht auf Nationalität und Rasse, sei die Pflicht eines jeden Menschen, also auch die seine, wobei es gleichgültig sei, in welchem Reruf er schaffe; und darum lehne er es auch ab, für seine Leistungen als Schriftsteller, der er augenblicklich sei, besonders geehrt und gegenüber den anderen Schaffenden hervorgehoben zu werden. Aus diesem Grunde halte er es für überflüssig, die Bitte um Bild und Biographie zu erfüllen. Was er über sich selbst zu sagen bereit war, konnte man in dem Einführungsaufsatz ›Mein Roman das Totenschiff‹ (Die Büchergilde, Märzheft 1926) zum ersten Male lesen:

»Wer sich um einen Posten als Nachtwächter oder Laternenanzünder bewirbt, muß einen Lebenslauf schreiben und ihn in angemessener Frist einreichen. Von einem Arbeiter, der geistige Werte schafft, sollte man nie einen Lebenslauf verlangen. Es ist unhöflich. Man verführt ihn zum Lügen. Besonders dann, wenn er aus irgendwelchen Gründen glaubt, daß sein wahrer Lebenslauf eine Enttäuschung für die Menschen sein muß. Hier freilich treffe ich mich nicht selbst. Mein Lebenslauf würde nicht enttäuschen. Aber mein Lebenslauf ist meine Privatangelegenheit, die ich für mich behalten möchte. Nicht aus Egoismus. Vielmehr aus dem Wunsche heraus: in meiner eigenen Sache mein eigener Richter zu sein. Ich möchte es ganz deutlich sagen. Die Biographie eines schöpferischen Menschen ist ganz und gar unwichtig. Wenn der Mensch in seinen Werken nicht zu erkennen ist, dann ist entweder der Mensch nichts wert, oder seine Werke sind nichts wert. Darum sollte der schöpferische Mensch keine andere Biographie haben als seine Werke. In seinen Werken setzt er seine Persönlichkeit und sein Leben der Kritik aus.«

Diese Erklärung Travens zeigt deutlich, daß er ein Gegner jedes Personenkults ist und in den Menschen das Bewußtsein erwecken will, daß jeder so wichtig und unentbehrlich für die Menschheit ist wie sein Mitmensch, der sich ebenfalls bemüht, im Dienste der großen Gemeinschaft Gutes und Nützliches zu schaffen, wobei es gleichgültig ist, wo und in welchem Berufe er dies tue. Vielleicht fand bei den Lesern Travens Erklärung, jeden Anschein von Autoreneitelkeit vermeiden zu wollen, noch am ehesten Verständnis. Daß er aber für den schöpferischen Menschen es grundsätzlich ablehnte, also auch für sich, auch nur die geringsten biographischen Tatbestände, wie zum Beispiel Namen, Geburts-

datum und Geburtsort, bekanntzugeben, schien vielen, wie zahlreiche Zuschriften an die Büchergilde Gutenberg bewiesen, gleichbedeutend mit einer ungerechtfertigten Forderung nach einer Sonderstellung innerhalb der Gesellschaft. Keiner lebt für sich allein. Nur ein extrem anarchistisch gesinnter Mensch könne die notwendigsten Angaben über seine Personalien selbst vor Behörden ablehnen. Künstlernamen und andere Arten von Decknamen seien mit Recht im Gebrauch und schützten ihre Träger in genügendem Maße innerhalb ihres Privatlebens vor unangenehmen Aufdringlichkeiten der Öffentlichkeit. Und wenn Traven in Ruhe als einfacher Mensch unter den vielen anderen zu leben wünsche, so könne er das unter seinem wirklichen Namen wie jeder andere Staatsbürger auch. Er sei aber immer nur unter einem Pseudonym aufgetreten, damals bereits, als er noch gar nicht wissen konnte, daß er jemals als Schriftsteller ein so berühmter Mann würde. Es müßten darum wohl ganz andere Gründe vorliegen, schwererwiegende, die ihn zwangen, anonym, vielleicht unter wechselnden Namen bei wechselnden Aufenthaltsorten in den verschiedensten Ländern, aufzutreten. Vielleicht sei das Schicksal des Mannes vom ›Totenschiff‹ oder das eines seiner Leidensgefährten mit dunkler Vergangenheit sein persönliches Schicksal. Solche Vermutungen mancher Leser knüpften an Travens Bemerkung an »... mein Lebenslauf ist meine Privatangelegenheit, die ich für mich behalten möchte. Nicht aus Egoismus. Vielmehr aus dem Wunsche heraus: in meiner eigenen Sache mein eigener Richter zu sein.« Dieser letzte Satz gab dann vor allem den Anlaß zu den vielen verdächtigenden Gerüchten, daß es sich bei diesem Unbekannten um einen mit krimineller Vergangenheit belasteten Menschen handeln müsse, der allen Grund habe, sich hinter falschem Namen zu verbergen, und aus diesem Grunde sich in einem Lande wie Mexiko aufzuhalten, wo ein Zwang zur Registrierung nicht bestehe.
Die Büchergilde Gutenberg hatte es nicht nötig, unter ihren Mitgliedern für die Verlagserscheinungen eine auffällige Reklame zu betreiben. Auch Travens Werke wurden nur in den Monatsheften der Buchgemeinschaft kurz und sachlich angekündigt. Trotzdem schien es ihm schon zuviel zu sein, was diese Hefte auf die fortwährenden Anfragen der Leser über seine Person bekanntgaben; denn am 18. Mai 1924 schrieb er dem Schriftleiter Ernst Preczang:
»Für die Ankündigung des Novellenbandes ›Der Busch‹ habe ich etwas Gutes für die kleine Zeitschrift ›Die Büchergilde‹. Ich muß ja wohl die kleine Zeitschrift ein wenig unter Privatzensur nehmen. Denn diese Loblieder auf B. T. machen mich noch so scheu, daß es geschehen kann, daß Sie nichts mehr von mir hören. Meine Arbeiten mögen Sie anpreisen wie eine Zirkusvorstellung, mit rennender Lichtreklame, mit Plakaten von der Größe eines Viertel Hektar. Aber mich selbst lassen Sie doch besser in einem kühlen Winkel stehen. In allen meinen Arbeiten ist so viel von mir, von meinem Fleisch und Blut, darin, von meinen verfluchten und verrotteten Handlungen und Eigenschaften, um die gesegneten und ehrenwerten nicht zu erwähnen, daß jede Bemerkung über meine Privatperson jedem Leser und erst recht mir selbst aufdringlich erscheint. Darum möchte ich wünschen, daß Sie in Zukunft immer nur sagen: Über die Privatperson des Verfassers wissen wir nichts Neues zu berichten, wir

Ret Marut,
Tuschezeichnung von F. W. Seiwert, 1919
(Aus: F. W. Seiwert, Schriften
Karin Kramer Verlag, Berlin 1978)

haben schon viel zuviel von ihm und über ihn erzählt. Wer ihn nicht kennt, lese seine Bücher.«
Nach dieser Zuschrift könnte man annehmen, Traven hätte nichts gegen eine schreiende Riesenreklame mit allen den widerlichen Mitteln, die im Konkurrenzkampf üblich sind. Das ist aber nicht der Fall. Es gibt genug Anweisungen, Wünsche und Forderungen an die Büchergilde Gutenberg, in denen er sich eine solche Propagierung seiner Werke ausdrücklich verbittet, nicht der Büchergilde gegenüber, die ein solches Verfahren grundsätzlich niemals angewendet hat, aber angesichts der Geschäftsmethoden gewisser Privatverleger, besonders im Ausland. So verhielt sich jedenfalls Traven, solange er noch sein eigener ›Geschäftsführer‹ sein konnte. Als er aber nicht mehr in der Lage war, bei der gewaltigen Verbreitung seiner Werke eine Kontrolle aller damit zusammenhängenden Maßnahmen selbst durchzuführen, und ein Stab von Mitarbeitern und Vertretern in Mexiko und Europa alle geschäftlichen Aufträge erledigen mußte, hatte B. Traven auch keine Macht mehr, sich dem Propagandarummel besonders bei den Verfilmungen einzelner seiner Romane entgegenzustellen.
Es hätte wirklich keinen Erfolg, wenn er in der persönlichen Unfreiheit, die über ihn mit dem Weltruhm kam, ähnliche Briefe wie an die Büchergilde an die Unzahl seiner heutigen Verleger schreiben wollte. Man würde einen solchen Brief vielleicht nur im Rahmen eines neuen Propagandaplanes benutzen. Dazu würde er den Managern von heute sicherlich geeignet erscheinen. Schrieb er doch in einem dieser Briefe an die Büchergilde Gutenberg unter anderem:
»Ich kann einfach nicht verstehen, weshalb man von einem Schriftsteller so viel Aufhebens macht, weshalb die Leute wissen wollen, wann er morgens aufsteht, was er zum Frühstück ißt, ob er trinkt, raucht, Fleisch ißt, Golf oder Poker spielt, ob er verheiratet oder Junggeselle ist. Wichtig ist meine Arbeit, ich selbst bin unwichtig, denn ich bin bloß ein einfacher Arbeiter. Der Gott der Natur hat mir die Gabe verliehen, Bücher zu schreiben, also ist es meine Verpflichtung der ganzen Menschheit gegenüber, Bücher zu schreiben – etwa statt Brot zu backen. Im Grunde bin ich keineswegs wichtiger als der Setzer meiner Bücher, als der Mann, der in der Papiermühle arbeitet, aus der das Papier für meine Bücher kommt, als der Buchbinder, der meine Bücher bindet, die Frau, die sie verpackt, und die Scheuerfrau, die die Büroräume sauberhält, in denen meine Bücher gehandhabt werden. Ohne ihrer aller Hilfe und guten Willen gäbe es für die Leser keine Bücher, gleichviel, wie gut die Bücher sein mögen, die ich schreibe. Und doch habe ich noch nicht gehört, daß der Leser eines guten Buches den Setzer oder Drucker oder Buchbinder um seine Photographie oder um sein Autogramm gebeten hätte.«
Als in einem Vortrag über Traven, den die Büchergilde Gutenberg zur Werbung neuer Mitglieder veranstaltete, auch dieser Brief des Autors bekanntgegeben wurde, erklärten sich manche Zuhörer mit diesen Ansichten Travens nicht einverstanden. Zunächst war man der einhelligen Meinung, daß ein Mensch, der überragend Großes, ganz gleich auf welchem Gebiete, geschaffen habe, Ruhm und Anerkennung beanspruchen und erhalten solle. Traven sei ein solcher Mensch und wie jeder, der Außergewöhnliches für die Allgemeinheit

geleistet habe, eine einmalige Erscheinung, die nicht zu ersetzen sei. Darum sei es absurd, wenn Traven behauptet, nicht wichtiger zu sein als die Packerin, die Scheuerfrau, der Buchbinder, der Setzer usw., die sich, wenn es nötig ist, jederzeit durch andere ersetzen lassen. Nur ein Anarchist wird, und zwar auch nur in der Theorie, zwischen Goethe und seinem Schreiber John oder zwischen einer Hausangestellten und Traven keinen Unterschied gelten lassen.

Würde Traven in konsequenter Erfüllung seines Wunsches nach völliger Anonymität als Einzelperson sich eines Tages aufgeben wollen und sich mit einer größeren Gruppe gleichsetzen, so müßte er auch das Bücherschreiben einstellen, da er doch im Gegensatz zu dem einfachen Arbeiter, der Scheuerfrau und allen anderen von ihm genannten namenlosen Werktätigen als Schriftsteller mit sehr hohem Einkommen auf ein großes Publikum und Publizität jederzeit angewiesen ist. Der amerikanische Kritiker William Reid McAlpine, der darauf hinwies, meinte vor Jahren, daß anscheinend Traven eine letzte Selbstbesinnung davor bewahrte, diesen äußersten Schritt zu tun. Und darum bestehe die Hoffnung, daß er sein Werk noch fortsetzen werde. Nun, wir wissen, daß sein letztes großes Werk ›Ein General kommt aus dem Dschungel‹ bereits erschien, der geplante Schlußband der Mahagoni-Serie leider ausgeblieben ist. Man hört auch nicht mehr, daß Traven irgendwohin noch Briefe schreibt, in denen er sich gegen unliebsame Nachforschungen wehrt. Seitdem die Büchergilde Gutenberg nicht mehr sein Hauptverlag in Deutschland ist, seine Werke in aller Welt bekannt wurden, wuchs naturgemäß das Interesse auch an der Lösung der Frage: Wer mag er sein? Gerade was er hatte unterbinden wollen, diese ständigen Untersuchungen und Vermutungen über seine privaten Angelegenheiten, das häufte sich von Jahr zu Jahr in erschreckendem Ausmaße. Und so zog er sich ganz zurück und schrieb nicht mehr solche interessanten Briefe, wie sie die Büchergilde früher erhalten hatte, von denen noch einer aus dem Jahre 1928 auszugsweise zitiert sein soll, soweit er über ihn selbst berichtet:

»Das bringt mich auf die Rangstufengliederung, in die mich verschiedene deutsche Arbeiterblätter, die Sie mir schickten, einzuschieben suchen. Es heißt da in einigen Blättern: ›Der Verfasser verweigert jede Auskunft über seine Person‹ und ähnlich. Das macht mich zu einer mysteriös erscheinenden Figur, die Reklame zu machen sucht mit Hilfe eines Mystery-Schleiers. Durch solche Bemerkungen wird gerade das, was ich vermeiden möchte, erst recht unterstrichen. Die Neugier nach der Person wird erweckt. Wer ist der Mann? Welch Geheimnis umgibt ihn? So wird die Person wichtiger als sein Werk. Aber ich wünsche, daß die Person ganz und gar unwichtig ist. Wenn sie im Werk nicht zu finden ist, dann ist niemand damit gedient, daß man ihr Geburtsdatum und ihr Alter und ihre Fußlänge mitteilt. Und wenn man die Person im Werke findet, dann braucht man sonst nichts weiter von ihr zu wissen. Was man sonst von ihr erfährt, ist mehr oder weniger dasselbe wie alter Weiber Klatsch. Ich habe nichts von Mystik an mir. Nur halte ich mich und meine Person nicht für wichtig genug, daß man sich darum bekümmern sollte. Sie können sicher Ihren Einfluß geltend machen, daß gar nicht davon gesprochen wird, ob ich Auskunft über mein Privatleben gebe oder nicht. Ich sehe nicht ein, warum das sein soll.

Ich bewerbe mich doch nicht um einen Posten als Briefträger oder als Landespräsident.«

Überblickt man die große Anzahl der vielfältigen Betrachtungen über die rätselhafte Persönlichkeit Travens, so fällt auf, daß eine Vermutung, die bereits 1927 zum ersten Male auftauchte, in der Presse des In- und Auslandes bis zum heutigen Tage immer wieder ausgesprochen wird: B. Traven sei identisch mit einem Manne namens Ret Marut (nicht: Fred Maruth). Dieser Ret Marut hatte in München eine unregelmäßig erscheinende Zeitschrift ›Der Ziegelbrenner‹ von 1917 bis 1920 herausgegeben, deren sämtliche Beiträge von ihm allein verfaßt waren. Diese linksradikale Zeitschrift, in der er in einer eigenwilligen Sprache eine anarchistische Haltung einnahm, und seine Betätigung in der Münchener Räterepublik hatten nach deren Zusammenbruch zu seiner Verhaftung geführt. Aber es gelang Marut durch einen glücklichen Zufall, die Freiheit wiederzugewinnen und aus München zu fliehen. Manche seiner Freunde wollten wissen, daß ihm die Flucht aus der von Regierungstruppen besetzten Stadt in Frauenkleidern gelungen sei.

Seine Spuren verloren sich bald ins Ungewisse.

Keiner seiner Bekannten hörte mehr von ihm.

Oskar Maria Graf, der später als ein guter Bekannter Ret Maruts in seinem Buch ›Wir sind Gefangene‹ (Malik-Verlag und Büchergilde Gutenberg, Berlin 1927) über einige interessante Begegnungen mit diesem Revolutionär während der Münchener Kampfzeit berichtete, hatte gleich nach der Lektüre von Travens ›Totenschiff‹ bei der Schriftleitung der Büchergilde die Vermutung ausgesprochen, der pseudonyme Verfasser dieses außergewöhnlichen Buches müsse sein ehemaliger Gefährte Ret Marut sein: von so verblüffender Ähnlichkeit seien bei Traven und Marut Gedankenführung und Ausdruck. Als Begründung für seine Vermutung führte Oskar Maria Graf an, daß er einst ein begeisterter Anhänger und Verbreiter von Maruts ›Ziegelbrenner‹, vor allem 1917 und 1918, gewesen sei und nun durch Stilvergleiche mit den Artikeln dieser Zeitschrift und einer Novelle Maruts, die im Jahre 1916 im ›März‹ erschien, annehmen mußte, daß das 1926 erschienene ›Totenschiff‹ von B. Traven ein Werk des im Jahre 1920 aus Deutschland verschwundenen ›Ziegelbrenners‹ Ret Marut sein müsse, dessen ungefähres Flüchtlingsschicksal er und seine Freunde, unter anderen auch Erich Mühsam, sich so ausgemalt hatten, wie es Traven im ›Totenschiff‹ geschildert hat. Nach Mitteilung von Josef Wieder, dem 1960 verstorbenen Vertreter Travens in Zürich, soll das ein Märchen sein, eine Erfindung Oskar Maria Grafs, und damit auch alles hinfällig, was später der ebenso wie Graf nach Mexiko emigrierte Egon Erwin Kisch in Interviews und Zeitungsaufsätzen verbreitet habe. Im Jahre 1957 berichtet Josef Wieder in einem Brief: »Die Ret-Marut-Geschichte wollen wir ruhen lassen; denn es gibt in Deutschland, wie aus den bei mir vorliegenden Zuschriften zu ersehen ist, eine große Zahl von Leuten, die ihn gekannt haben oder gekannt haben wollen und darauf bestehen, daß Marut wirklich B. T. ist. Nachdem hierüber im deutschen Blätterwald einige Ruhe herrscht, wäre es unklug, die Sache wieder aufzurühren. B. T. wünscht nicht, daß immer wieder Anlaß gegeben wird, daß all die tol-

len Legenden, die seit Jahren herumgeboten worden sind, immer wieder aufgewärmt werden.«
Warum macht man gerade mit der Marut-Geschichte eine Ausnahme?, so fragen sich aufmerksame Leser der von Josef Wieder herausgegebenen ›BT-Mitteilungen‹, da doch längst vergessene und längst wegen ihrer Unsinnigkeit erledigte Gerüchte und Legenden immer wieder auf den Seiten dieses Propagandablattes zu finden sind und ›aufgewärmt werden‹. Warum hat man in den BT-Mittteilungen niemals ausführlich zur ›Marut-Legende‹ Stellung genommen? Ist es etwa doch eine recht ernst zu nehmende Hypothese, daß B. Traven einst Ret Marut war? Warum gehen B. Traven und sein Vertreter mit Ironie und Lachen auf alles andere besonders gern ein, nur nicht auf diese Geschichte?
Außer Graf, Mühsam und Kisch gibt es allerdings noch viele, die als Kritiker und Kenner von Travens Büchern oder als ›Ziegelbrenner‹-Leser der Meinung sind, des Rätsels Lösung auf diese Weise gefunden zu haben. Manfred Georg schrieb bereits am 24. September 1929 in der ›Weltbühne‹ in einem Aufsatz ›Kennen Sie B. Traven?‹ folgendes, was des Autors Person angeht: »Ich habe ... nur ganz wenige sachliche Briefe mit ihm gewechselt und weiß daher, daß er zur Zeit in Mexiko City lebt. Er muß ein deutscher Revolutionär des letzten Jahrzehnts sein, dem das Versagen des Aufruhrs und der Hoffnungen von 1918 gewaltig ins Blut gegangen ist.«
Selbst einer seiner Übersetzer, der ehemalige dänische Ministerpräsident Hansen, Vorsitzender auch des dänischen Schriftstellerverbandes, erklärte im Juli 1957, daß, im Gegensatz zu Behauptungen in Deutschland, Traven kein Däne sei, sondern ein deutscher Revolutionär, und zwar Ret Marut. Freilich, niemand konnte bisher überzeugend beweisen, daß Marut und Traven personengleich sind.
Im Oktober 1948 hatte die Hamburger Zeitung ›Die Welt‹ einen Artikel von Rolf Italiaander gebracht, der voller Irrtümer war. Die Folge war, daß der Verfasser und die Schriftleitung eine große Menge von Zuschriften, Berichtigungen und Ergänzungen empfingen. Diese Diskussion mit vielen stark interessierten Lesern war sehr aufschlußreich und brachte Ergebnisse, die von der Redaktion nach einer Auswahl der wichtigsten Briefe der Öffentlichkeit in einem zweiten Aufsatz, ›Ein höchst problematischer Autor‹, bekanntgegeben wurden. Einleitend wurde erklärt, daß es zwar keine volle Sicherheit gebe, allein auf dem Wege einer journalistischen Enquete oder mit Hilfe eines philologischen Indizienbeweises die Frage nach der Person des ›Totenschiff‹-Dichters befriedigend zu beantworten. Wenn man aber einige der mitgeteilten Einzelheiten, die aus den verschiedensten Gegenden Deutschlands kamen, im Zusammenhang liest und gegeneinander abwägt, so ist man doch überrascht, in welch hohem Maße die These an Wahrscheinlichkeit gewinnt, daß der Herausgeber der Zeitschrift ›Der Ziegelbrenner‹, Ret Marut, und Traven ein und dieselbe Person sind.

Polizeifoto von Ret Marut vom Dezember 1923. Im August war er ohne Papiere nach England gekommen und wurde deshalb im Dezember festgenommen. Er verbrachte die folgenden zwei Monate in Auslieferungshaft in Brixton Prison in South London. Politische Freunde, vor allem Silvia Pankhurst, versuchten, Marut einen amerikanischen Paß zu verschaffen. Im April 1924 verließ er England

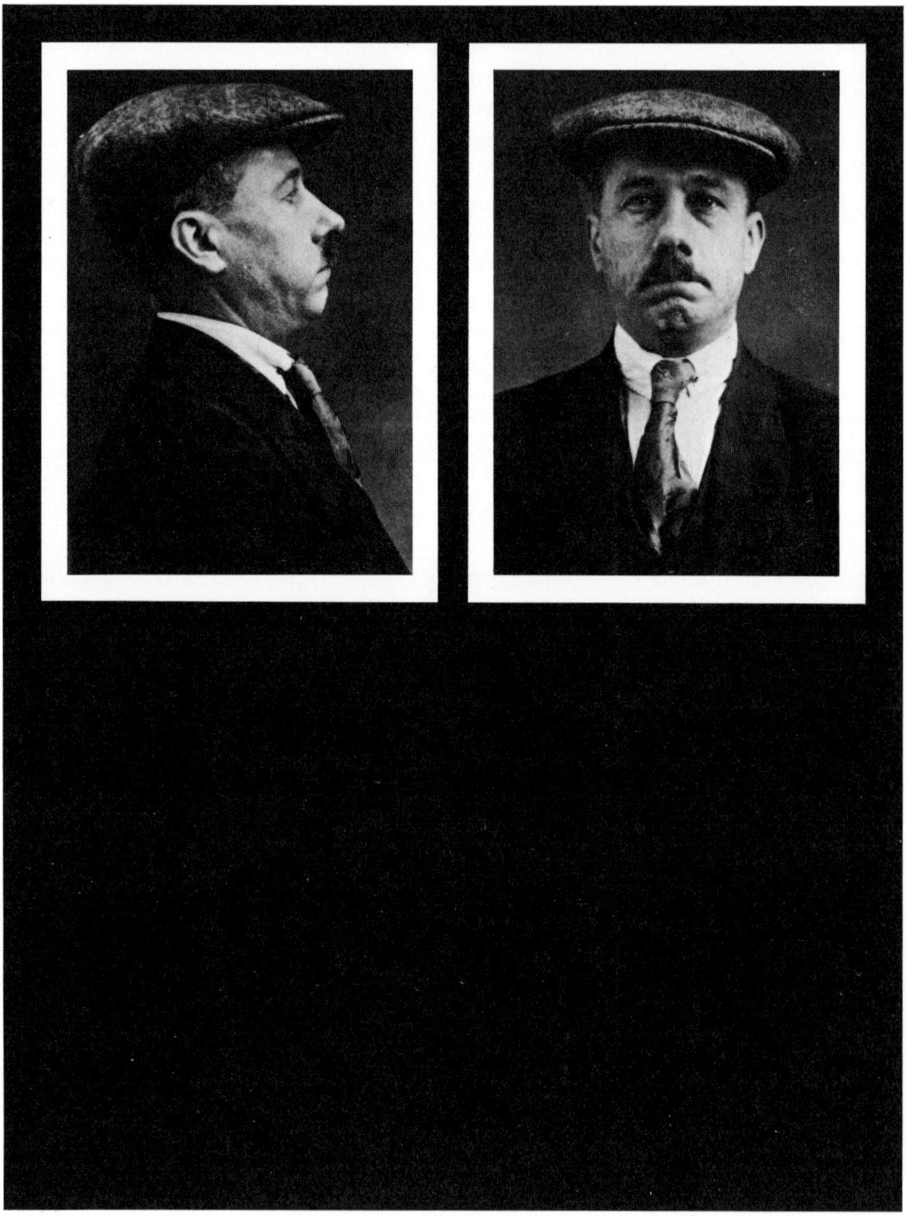

Robert Bek-Gran
Vom Wesen der Anarchie

vom wesen des Ichs.

Nun zur ersten form [damit soll nicht gesagt sein zur wichtigsten]. das erste, was ich erkenne ist: ich lebe. und das zweite: ich leide. und das dritte: ich suche die überwindung des leids – die stille. Man mag diese stille den glückszustand nennen, den zustand der absoluten befriedigung des dranges.
jenseits des körpers steht das erkennende Ich. seine existenz zu leugnen ist unschwer dem, der dem sinne fremd, der nur wirkung sieht.
das Ich ist ewig. Ist idee, kraft, sinn. und ist dennoch das individuellste, einsamste. ist das gemeinsame, umspannende, aus dem drange heraus liebende, suchende, erwachende, sterbende. ist teil und ganzes. trägt furchtbare größe, trägt gott. und ist dennoch das bis zum entsetzen, zum wahnsinn treibende kleine.
die kraft. das gesetz, das die sterne gehn heißt bin Ich. dieser körper, der mich trägt, ist stufe. ist werkzeugmittel diesem Ich, das weltenfern von aller leiblichkeit im wesen, dieses fleisch drängt.
dies Ich ist *uns* letzte form der idee, ist die einzige größe, das einzige maß, der einzige wert.
wert. es erhebt sich die frage nach gut und böse. und beides ist nicht. aus zivilisation und aus der gesellschaft bildeten sich werte. es wurde gut: was allen nicht zuwiderläuft (sozial). es wurde böse: was allen oder einem von allen (und damit allen) leid bringt (nicht sozial). also *gut* gleich drang, lösung, oft auf dem wege über bindungen, in *jeder* form bringend. *böse* gleich leid erzeugend. weiterhin: weder das leid, noch das überwundene leid sind zu werten. sie sind oder sind nicht. die frage nach gut und böse ist an sich belanglos. – das Ich drängt. es wächst die handlung empor um irgendwie den drang zu überwinden. jegliche arbeit ist nichts andres im grunde als das ringen um befreiung von dieser elementaren gewalt in uns und muß doch kläglich zusammenbrechen *an sich selbst.*
weiterhin: nur ein weg ist uns gegeben: der der leidensvernichtung. man nehme ihn als feststehend an und man erkenne: aus leid und nichtleid wächst ein drittes empor, das aus beiden geboren, neu, erlöst und damit gut ist. man weiß, daß leidensüberwindung, erlösung vom drang, dinge sind, die zu tiefst im wesen aller formen liegen. –

von der wahrheit und von der erkenntnis.

das erkennende Ich erlebt *seine* wahrheit.
es gibt nie absolute wahrheiten, nur die des sinnes, damit sei der einzig mögliche wert gegeben. unsre wahrheit aber ist lediglich die summe der erkenntnisse. wir nehmen das als wahr, das wir richtig erkannt und erlebt. in diesem »rich-

tig erkennen« aber liegt das wesen unserer wahrheit. d. h. je klarer und reiner unsre erkenntnisse, je objektiver unser denken und fühlen, umso näher werden wir dem kommen, das wir wahrheit nennen mögen. im letzten ist sinn und wahrheit wohl dasselbe, das ursprüngliche. alle erkenntnisse führen zu ihnen und dennoch bewegen wir uns auf den kreisumfängen um sie, der eine näher oder weiter entfernt als der andre.
erkenntnis ist überwundenes leid.
letzte erkenntnis ist glaube und damit wiederum wissen von dingen des erlelebens. in diesen beiden sätzen liegt das wesentliche der erkenntnis.
zum ersten satze: allein dinge, die wir erlebt, durch die wir hindurchgegangen sind, die wir also durchlitten haben, sind uns erkenntnis.
zum zweiten: die summen überwundenen leides geben uns gewißheit, also wissen um den glauben, der uns weg ist und dennoch anfang und ende. der glaube an erfüllung führt uns. und aus der art, beschaffenheit jedes glaubens heraus deutet der mensch form und sinn. der glaube führt zur leidensüberwindung, damit zur erkenntnis, diese wiederum zur neuen tat. so ist glaube erste und letzte erkenntnis, des lebens anfang, weg und ende.
so ist glaube die basis *unserer* wahrheiten. aus dem glauben ersteht das werk, aus dem wissen die mittel zu ihm. d. h. nun: aus der bereitschaft, aus dem glauben heraus leben und wirken und formen wir, überwinden leid, sammeln so erkenntnisse, und streben dennoch zum ziel, weil wir *müssen.* in dem etwas tun müssen liegt das geheimnis der tat. wissen, daß wir nur werkzeuge sind, wissen, daß unser wille die vorgezeichnete bahn gehn muß, ist deutung unseres lebens, unserer einheit mit dem sinn. und hier steht resignation und erlösung. —

von der resignation.

die erkenntnis des dranges des leids muß zur resignation führen. zur sieghaften überwindung des dranges nach form und dennoch zum mut, um glauben an erlösung: wissen um die notwendigkeit des opfers.
sich selbst aufgeben, sich opfern um der idee willen. demut und askese, verzeihung, güte, liebe zu leben ist pflicht, die wird aus resignation.
das schicksal erfahren, zu erkennen, daß wir werkzeuge der erfüllung sind, ist wichtig. zusammenbrechen vor der gewaltigkeit des geistes der welt, um zu leben als deuter und werkzeug seiner gesetze.

von der erlösung.

das wissende Ich kommt, den drang überwindend, hindurchschreitend durch formen und ihre gezeiten, zur askese. nicht aber zur enthaltsamkeit.
askese, die natürlich ist, die nicht mehr fordert, nicht mehr gewalt an körper und seele, diktiert von vernunft, gebraucht, die nie müde, aber opfer ist, die macht, liebe, haß, tod zerbricht und darum liebe wird und die hingabe an den sinn ist. — vom sein gehend zur tiefsten stille des nichtseins, eins sein in gott, im sinn, ist erlösung.

vom menschen.

er wird sein anarchie und kirche.
er wird sein ohne namen und wird tausend tragen. er wird das reich sein, das letzte königliche. er wird bereit sein zum untergang, zur erfüllung, zum tod und zur auferstehung. er wird werden gott ähnlich, und dem sinne nah.
er wird nicht mehr masse sein, die immer materialistisch ist, solange ihr die erziehung von gut und böse, als dingen des lohnes und der strafe, spricht.
er wird nicht wissen, was gut und böse ist.
er ist gut.
denn er ist der mensch.

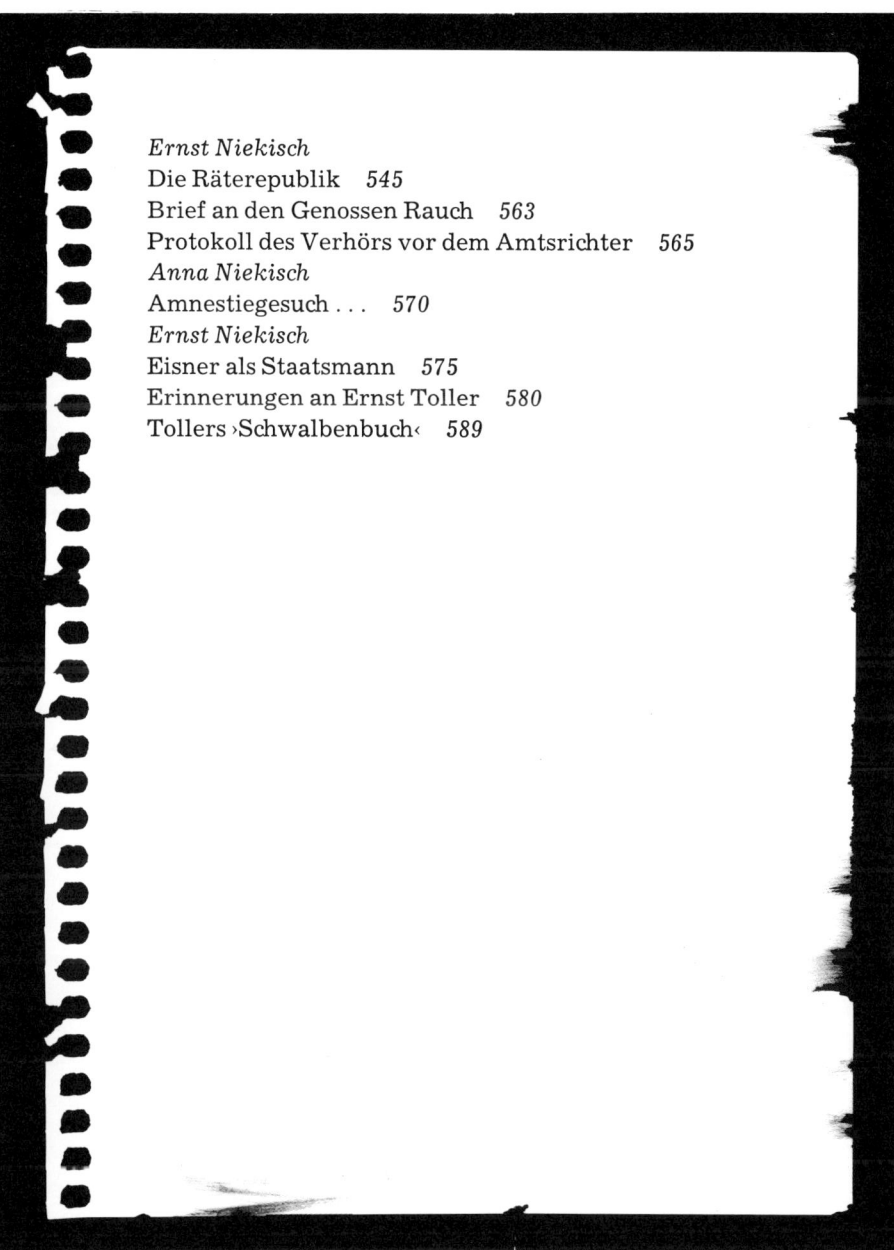

8 Ernst Niekisch

Ernst Niekisch
Die Räterepublik

I

Der Ministerpräsident der neugebildeten bayerischen Regierung, Johannes Hoffmann, war früher Lehrer in Kaiserslautern gewesen und aus seiner Beamtenstellung entlassen worden, weil er sich unter der kaiserlichen Regierung öffentlich als Sozialdemokrat bekannt hatte. Die Partei hatte ihm daraufhin ein Reichstagsmandat gegeben. Er war eine ernste, sehr solide Natur von bedächtigem Urteil und festem Charakter. Seine politischen Absichten waren gut und redlich. Bis zum Kapp-Putsch 1920 blieb er Ministerpräsident, dann wurde er durch Kahr gestürzt und kehrte nach Kaiserslautern zurück. Während des Hitler-Putsches 1923 entfachte er eine Bewegung, um die Rheinpfalz von Bayern loszureißen und unter die unmittelbare Hoheit des Reiches zu stellen. Die Münchner Regierung leitete gegen ihn infolgedessen ein Hoch- und Landesverratsverfahren ein; Reichstag und Reichsregierung aber lehnten es ab, Bayern Rechtshilfe gegen Hoffmann zu gewähren. Es kam zu dem merkwürdigen Zustand, daß Hoffmann bayerischen Boden nicht betreten konnte, ohne fürchten zu müssen, dort verhaftet zu werden, daß er aber außerhalb Bayerns völlig sicher war.

Dem Kabinett Hoffmann gehörten auch noch an: Segitz als Arbeitsminister, Schneppenhorst als Kriegsminister, Endres als Innenminister und der ehemals Königlich Wittelsbachische Verkehrsminister von Fraundorfer weiterhin als Verkehrsminister.

In einer privaten Abmachung war zwischen dem Zentralrat der Arbeiter-, Bauern- und Soldatenräte und dem Kabinett Hoffmann vereinbart worden, daß vorerst das Parlament nicht einberufen werden sollte. Das Kabinett sollte auf Grund besonderer Vollmachten, die ihm die Fraktionsvorsitzenden auf eigene Verantwortung zugestanden hatten, einige Zeit ohne Parlament regieren. Ende März kamen Gerüchte auf, das Parlament wolle entgegen den Abmachungen doch zusammentreten. Der meisten Mitglieder des Zentralrats bemächtigte sich eine große Aufregung. Es kam zu einer versteckten Pressepolemik, in welcher das feige Verschwinden des Landtags am 21. Februar boshaft glossiert und dem Landtag bedeutet wurde, daß er sich bis auf weiteres aus München fernzuhalten habe.

Am 7. April sollte in Berlin die zweite Tagung des Kongresses der Arbeiter-, Bauern- und Soldatenräte für das ganze Reich beginnen. Der bayerische Zentralrat hatte mich delegiert. Am 4. April abends gedachte ich die Reise anzutreten, und alle Vorbereitungen waren schon getroffen. Noch unmittelbar vor der Abfahrt, am Donnerstag, dem 3. April, sollte ich in einer Augsburger Versammlung sprechen, und zwar über die politische Lage. Der Ludwigsbau war bis zum letzten Platz besetzt. Angesichts der gespannten politischen Situation erwartete man irgendwelche sensationelle Erklärungen von mir, die ich jedoch nicht gab. Nichtsdestoweniger blieb die Überraschung nicht aus, und es war eine Überraschung, auf die auch ich nicht gefaßt war. In der Diskussion sprach ein USPD-Redner, Hans Frank. Er verlangte eine neue Revolution und schloß seine Ausführungen mit der Forderung, die bayerische Räterepublik zu gründen. Kaum waren seine Worte verhallt, da sprangen an verschiedenen Tischen Versammlungsbesucher auf, entfalteten rote Fahnen und ließen die Räterepublik hochleben.

Der sozialdemokratische Versammlungsleiter war erbleicht. Hilflos starrte er mich an und rechnete damit, daß ich den Ausweg aus dieser Situation fände. Ein großer Teil der Versammelten tobte und zeigte helle Begeisterung. Ich ermunterte den Parteivorsitzenden Simon, gegen die ausgegebene Parole zu sprechen und zur Besonnenheit zu mahnen. Simon hatte nicht den Mut, dies zu tun. Schließlich trat ich selbst ans Rednerpult und deckte den Widersinn auf, der in der Forderung eines neuen Umsturzes liege. In München arbeite der Zentralrat. Er repräsentiere bereits das Räteprinzip. Der gegenwärtige Schritt der Augsburger Revolutionäre richte sich nicht nur gegen die Regierung Hoffmann, sondern auch gegen den Zentralrat, der im Ministerrat vertreten sei. Die Gemüter beruhigten sich einigermaßen, nichtsdestoweniger wurde eine Kommission gebildet, die anderntags nach München fahren und dort beim Kabinett die Forderung der Augsburger Versammlung vortragen und begründen sollte. An die Spitze der Delegation wurde ein Mann namens Olschewski gestellt. Dieser Olschewski war mir bekannt. Als ich im August 1914 dem Augsburger Rekrutendepot zur Rekrutenausbildung überwiesen worden war, fiel mir in den Reihen des Unteroffizierskorps ein Mann mit langem rötlichem Vollbart auf. Er war klein, hatte eine laute, dröhnende Stimme und trat energisch auf. Krankhafter Ehrgeiz schien ihn zu beherrschen. In den ersten Tagen glaubte ich, ihn als Sergeanten gesehen zu haben. Ohne daß inzwischen Beförderungen erfolgt waren, erschien er eines Tages als Vizefeldwebel. Er war der eifrigste Vorgesetzte und hingebungsvollste Soldat. Unverkennbar war sein Bestreben, sich das Wohlwollen des Kompanieführers zu erwerben. Man erzählte mir nachher, er habe sich auf eigene Faust zum Vizefeldwebel gemacht. Der Kompanieführer stand vor der Frage, ob er seinen tüchtigsten Unteroffizier vor der Kompanie blamieren oder dessen Selbstbeförderung nachträglich akzeptieren solle. Der Kompanieführer wählte den letzteren Weg. Später wurde der Mann, es war Olschewski, zum Offiziersstellvertreter ernannt, dann meldete er sich freiwillig ins Feld und brachte es dort zum sogenannten Tapferkeitsleutnant. Den gleichen Ehrgeiz, den Olschewski 1914 als Militarist an den Tag gelegt hatte, bekundete er 1918 als ›proletarischer Revolutionär‹.

Die Morgenpresse behauptete am 4. April, ich hätte in Augsburg die Räterepublik ausgerufen. Als ich im Ministerrat erschien, wurde ich von allen Seiten schief angesehen, man ließ mich fühlen, daß ich nach der Meinung der Minister dem Lande eine böse Suppe angerührt habe. Ich klärte die Minister über die Vorfälle des verflossenen Abends auf. Der Verkehrsminister Fraundorfer, der neben mir saß, wandte sich sorgenvoll an mich und sagte mir, die bayrische Eisenbahn habe nur noch für fünf Tage Kohlenreserven; ich sollte nicht dazu beitragen, die Lage zu erschweren. Die Augsburger Delegation wurde vorgelassen und forderte die Ausrufung der Räterepublik. Ministerpräsident Hoffmann beruhigte die wunderlichen Rebellen und versicherte ihnen, ihr Verlangen werde wohlwollend geprüft.

Ernst Niekisch während einer Tagung des Arbeiter- und Soldatenrates, 1919

Doch die Dinge waren in Fluß geraten. Aus allen Löchern kamen die Gestalten, die ich ›Revolutionswanzen‹ zu nennen liebte, hervorgekrochen. Arbeitslosenversammlungen wurden einberufen. Demagogen peitschten die Menge auf; die Losung des Tages wurde: »Ausrufung der Räterepublik«. Verschiedene Partei-, Gewerkschafts- und Organisationsführer schlugen vor, die entstandene Lage auf einer Konferenz zu behandeln. Noch in der gleichen Nacht wurde sie in das Kriegsministerium einberufen.
Die Leitung der Konferenz lag in meiner Hand. Anwesend waren Vertreter der SPD, der USPD, der Gewerkschaften, des Bayerischen Bauernbundes und einer liberal-demokratischen Oppositionsgruppe. Man warf die Frage auf, ob wirklich die Zeit für die Gründung der Räterepublik reif sei. Die sozialdemokratischen Delegierten verhielten sich zweideutig; sie plädierten für den Rätegedanken, ohne zur aktiven Mitarbeit bereit zu sein. Eine kommunistische Abordnung unter Levinés Führung betrat den Saal. Leviné verlas eine Erklärung seiner Partei. Darin wurde der Sozialchauvinismus der SPD gebrandmarkt, jener Sozialchauvinismus, der die KPD zum schärfsten Mißtrauen gegen die SPD berechtige. Die KPD, so wurde gesagt, könne sich an keinem politischen Unter-

nehmen beteiligen, das von der SPD geleitet werde. Erstaunt wurde diese Erklärung angehört. Der Kriegsminister Schneppenhorst schlug vor, er wolle nach Nürnberg reisen, um zu erkunden, wie dort die Stimmung der Arbeiterschaft sei. Man solle alle Beschlüsse zurückstellen; am Sonntag, dem 6. April, abends wolle er aus Nürnberg zurückkehren, um Bericht zu erstatten. Andere Vertrauensmänner sollten mit dem gleichen Auftrag nach Würzburg und Bamberg fahren. Man einigte sich, vorerst weiter nichts zu unternehmen, sondern am Sonntag, nachts um zehn Uhr, im Wittelsbacher Palais zusammenzukommen, um die Berichte der ausgesandten Vertrauensmänner anzuhören und dann weitere Schritte zu beraten.

II

Die Sonntagssitzung am 6. April 1919, zu welcher nicht nur die Delegierten jener Organisationen erschienen, die bereits an der Konferenz im Kriegsministerium teilgenommen hatten, sondern auch Vertreter des Münchner Arbeiter- und Soldatenrats und anarchistischer Gruppen, fand im ehemaligen Schlafzimmer der Königin von Bayern im Wittelsbacher Palais statt. Auch die Kommunisten waren eingeladen worden, doch waren sie bis zum Beginn der Sitzung nicht erschienen. Die nach Nordbayern entsandten Vertrauensleute waren noch nicht zurückgekehrt; so mußte die angekündigte Berichterstattung von der Tagesordnung abgesetzt werden. Statt ihrer sollte beraten werden, ob eine Vereinigung der sozialistischen Parteien möglich sei. Im Hintergrund stand allerdings die Frage der Ausrufung der Räterepublik. Das ungarische Vorbild lockte; auch Österreich schien sich auf dem Wege zu einer Räterepublik zu befinden. Man träumte davon, über Österreich, Ungarn und Rumänien in unmittelbaren Zusammenhang mit der Sowjetunion zu gelangen. Gustav Landauer hatte einen Aufruf an das bayrische Volk vorbereitet, in dem die Gründung der Räterepublik verkündet wurde. Verschiedene Massenversammlungen hatten tags zuvor Resolutionen zugunsten der Räterepublik gefaßt. Erich Mühsam war ganz in seinem Element. Auch Gustav Landauer lebte in dem Gefühl, seine große Stunde sei gekommen.

Nachdem ich die Sitzung eröffnet hatte, stellte Landauer den Antrag, die Anwesenden sollten sich zur konstituierenden Versammlung erklären. Es habe noch keine Revolution gegeben, die nicht die Kontinuität des Rechtsbodens mißachtet hätte. Die Revolution sei stets ein schöpferischer Akt, der mit einem unerwarteten Schritt beginnen müsse. Landauers Argumente taten um so stärkere Wirkung, als im Verlauf des vorhergegangenen Tages infolge der umherschwirrenden Gerüchte alle Minister mit Ausnahme des Ministerpräsidenten Hoffmann und des Innenministers Endres mir ihre schriftlichen Rücktrittserklärungen hatten zugehen lassen. Das Kabinett bestand nicht mehr; an der Spitze des Staates war ein Vakuum entstanden. Gegen den Antrag Landauers stimmte niemand; ich, als einziger, enthielt mich der Stimme. Anfänglich beschäftigte man sich mit der Klärung der Frage, wie sich die einzelnen Organisationen grundsätzlich zur Räterepublik zu stellen gedächten. Sowohl die Vertreter der freien Gewerkschaften, Albert Schmidt und Gustav Schiefer, wie diejenigen der Sozialdemokratischen Partei verzichteten auf ihre früheren Einwände und versicherten, sich dem Willen der Masse zu fügen. Auch der Vertreter des Bauernbundes, Gandorfer, gab seine Zustimmung. Der Vorgang der Ämterverteilung, der sich jetzt abspielte, war voll grotesker Züge. Nicht mehr ›Minister‹ sollten sich die führenden Männer nennen, sondern ›Volksbeauftragte‹. Zuerst wurde das Amt des Volksbeauftragten für das Auswärtige aufgerufen. Erich Mühsam stand auf, wies auf den guten Namen hin, den er im Ausland genieße, unterstrich die engen Beziehungen, die er zeitlebens zur Linken unterhalten habe, und empfahl schließlich sich selbst für den Posten. Die meisten Hörer schmunzelten bei Mühsams Rede. Er war ein sprudelnder, witziger Geist, ein guter Mensch, aber so ausgesprochen literarischer Bohemien, daß sich niemand ihn in einer würdigen Amtsposition vorstellen konnte. Nach Mühsams Worten entstand kurze Zeit verlegenes Schweigen. Mühsams Freund, Gustav Landauer, unterbrach es; Landauer sagte, Mühsam wisse, wie herzlich er ihm zugetan sei. Zu vielem könne man Mühsam einsetzen, für die auswärtigen Angelegenheiten aber fehle Mühsam die Erfahrung, die Beherrschung des Apparats, die Sicherheit des diplomatischen Verhandelns. So müsse er sich gegen Mühsams Kandidatur wenden. Jetzt faßte auch Ernst Toller Mut, er gab bekannt, daß die Unabhängige Sozialdemokratie in Mühsam nicht den geeigne-

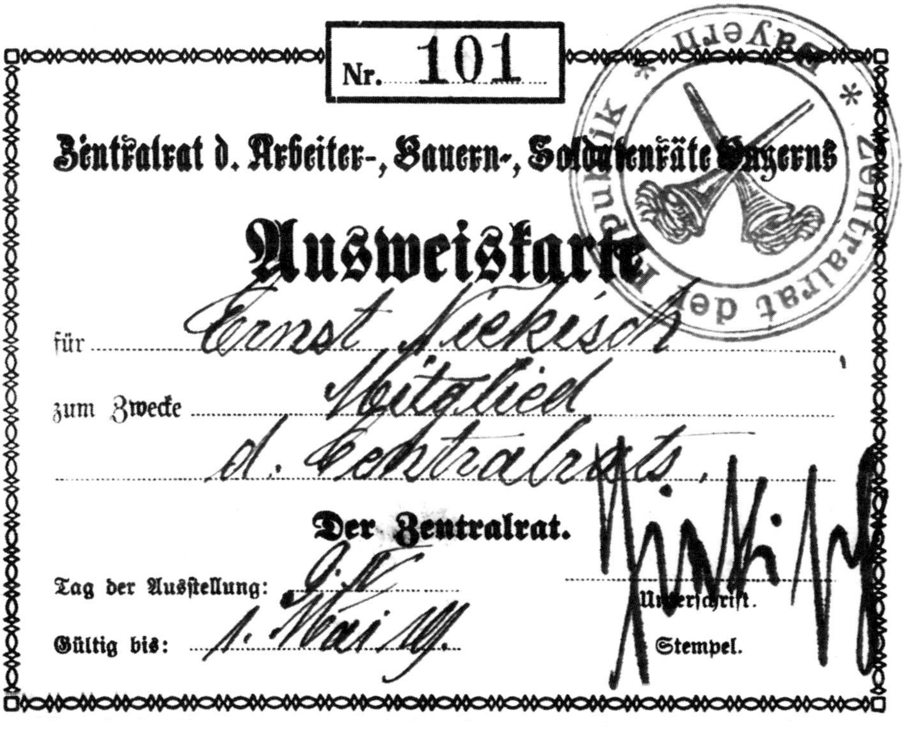
Nr. 101

Zentralrat d. Arbeiter-, Bauern-, Soldatenräte Bayerns

Ausweiskarte

für Ernst Niekisch

zum Zwecke Mitglied d. Zentralrats.

Der Zentralrat.

Tag der Ausstellung: 9. IV

Gültig bis: 1. Mai 19

Unterschrift.

Stempel.

Ausweiskarte für Ernst Niekisch vom Zentralrat der Arbeiter-, Bauern- und Soldatenräte, ausgestellt am 9. April 1919 mit Gültigkeit bis 1. Mai 1919 ten Mann für das Außenkommissariat sehe. Toller schlug einen Dr. Theodor Lipp vor. Er hatte diesen gleich mitgebracht. Lipp wurde nachgerühmt, er sei während des Krieges diplomatisch tätig gewesen, sei als außenpolitischer Schriftsteller bekannt und habe alle Eigenschaften, die man für den auswärtigen Dienst benötige. Niemand kannte Lipp, niemand hatte von ihm gehört, aber da man einen anderen Kandidaten nicht hatte, schluckte man diesen. Später stellte sich heraus, welch schweren Mißgriff man getan hatte. Die diplomatische Tätigkeit Lipps hatte darin bestanden, in Italien Agent des Kaiserlichen Auswärtigen Amtes gewesen zu sein. Sein geistiger Zustand war defekt, die Berufung in das hohe Amt verwirrte seinen Kopf vollends. Er sandte ein Telegramm nach Moskau, in welchem er dort mitteilte, daß er die Regierung Bayerns den ›schwarzen Gorillahänden‹ des bisherigen Ministerpräsidenten Hoffmann entwunden habe und daß dieser Hoffmann trotz seines fluchtartigen Verschwindens aus München es nicht unterlassen habe, den Abortschlüssel mitzunehmen.

Für das Amt des Volksbeauftragten für Erziehung und Unterricht wurde ich in Vorschlag gebracht. Mit Entschiedenheit lehnte ich ab. So ›bescheiden‹, wie sich vorher Mühsam für das Äußere selbst empfohlen hatte, wies nun Gustav Landauer auf sich hin. Sicher tat er dies mit viel größerem Recht, denn er, eine geistig überlegene Persönlichkeit, war durch seine Sachkunde befugt, Entscheidendes in kulturellen Dingen mitzureden. Aber es gab schwere Bedenken gegen ihn, die man ganz offen nicht aussprechen wollte. Der Redner des Bauernbundes deutete sie an: Landauer war kein Bayer, er war Literat, er war Jude. Würde er für das bayrische Volk wirklich tragbar sein? Die katholische Kirche war in Bayern eine Macht: würde sie Landauer akzeptieren? Es gab viele, auf welche diese Argumente Eindruck machten. Da setzte sich Mühsam mit aller Leidenschaft für Landauer ein, er sammelte feurige Kohlen auf das Haupt seines Freundes. Ihn habe Landauer abgelehnt, er aber wolle für Landauer zeugen. Die Einwände, die der Bauernbund vorgebracht habe, seien die Einwände einer verflossenen vorrevolutionären Zeit. Eine Revolution rechtfertige neue Methoden, neue Gesichtspunkte, neue Männer. Man sei ein Reaktionär, wenn man an ›landfremden‹ Literaten und Juden Anstoß nehme. Mit Mehrheit wurde daraufhin Landauer zu dem Amte des Volksbeauftragten für Erziehung und Unterricht berufen.

Für das Innere war der Unabhängige Sozialdemokrat August Hagemeister vorgesehen. Er war ein gewissenhafter, aber sehr umständlicher Mann, der, wenn er zu sprechen begann, nur schwer ein Ende fand. In Ermangelung eines anderen Vorschlages ging Hagemeister durch. Das Verkehrswesen wurde einem offenkundigen Landstreicher, Georg Paulukun, zugedacht. Paulukuns Verbindung mit dem Verkehrswesen hatte bisher sicherlich nur darin bestanden, daß er dann und wann als Streckenarbeiter tätig gewesen war. Er war ein kluger Bursche, aber undiszipliniert, dem Alkohol ergeben und selbstverständlich in keiner Hinsicht dem Amte gewachsen, das ihm überantwortet werden sollte. Die Landwirtschaft übernahm Kübler, ein fanatischer Bauernbündler. Für die Finanzen galt Silvio Gesell als der geeignetste Mann. Volksbeauftragter für das

Heerwesen wurde ein Mitglied des Soldatenrates, Reichert, ein ehemaliger Kellner von unverkennbarer Verschlagenheit.
Während der Verhandlungen wurde Leviné gemeldet. Mit Spannung war er erwartet worden, da man es als paradox empfand, die Räterepublik ohne Kommunisten ausrufen zu wollen. Leviné wandte sich in scharfen Worten gegen den Plan, der hier erörtert wurde. Die Sozialdemokraten seien durch ihre Kriegspolitik belastet, sie besudelten die Räteidee. Sie würden den Rätegedanken, wenn sie sich dessen jetzt bemächtigten, nur bloßstellen. Die Kommunistische Partei beteilige sich nur an Unternehmungen, deren Führung in ihren Händen liege.
Diese Erklärung wurde sowohl von dem Unabhängigen Toller wie von den Anarchisten Landauer und Mühsam mit Bestürzung aufgenommen. Man beschwor Leviné, seinen Standpunkt doch zu ändern, indes blieb er unzugänglich.
Nachdem sich Leviné entfernt hatte, brauchten die Versammelten einige Zeit, um die Fassung wiederzugewinnen. Ich bat zu erwägen, ob sich nicht die Sachlage nunmehr so geändert habe, daß man überhaupt von der Ausrufung der Räterepublik Abstand nehmen solle. So gern die Vertreter der Gewerkschaften und die Sozialdemokraten meiner Anregung Folge geleistet hätten, so ängstlich waren sie, dies öffentlich auszusprechen. Ich regte eine Sonderberatung der einzelnen politischen Gruppen an, damit sich diese über die durch Leviné geschaffene Lage klarwerden könnten. Als die Sozialdemokraten unter sich waren, ließen sie allesamt erkennen, wie lustlos sie dem Räteabenteuer gegenüberstanden. Keiner aber hatte die Entschlußkraft, nein zu sagen. Als ich die Verhandlungen wiederaufnahm, verkündeten die Sprecher aller Gruppen, daß sie bei dem Entschluß, die Räterepublik zu gründen, beharren wollten. Schon war über die Vorbereitungen zur Gründung der Räterepublik so viel an die Öffentlichkeit durchgesickert, daß keine politische Gruppe mehr beherzt genug war, im letzten Augenblick umzukehren.
Man ging an die endgültige Formulierung des Textes der Proklamation, die im Entwurf schon vorlag. Hier entfaltete Landauer seine ganze Beredsamkeit. Ihm lag daran, die Gründung der Räterepublik als Anbruch einer Zeit allgemeinen Friedens und edler Menschlichkeit erscheinen zu lassen. Als jemand vom Klassenkampf redete, wandte sich Landauer mit höchster Erregung gegen ihn. »Vier Jahre«, so rief er mit seiner volltönenden Stimme, »vier Jahre hindurch befand sich das deutsche Volk im Blutrausch. Sollen wir diesen Blutrausch fortsetzen? Kommt es nicht darauf an, wieder nüchtern, wieder menschlich zu werden?« Von ihm kam der seltsame Gedanke, daß die Ausrufung der Räterepublik durch Glockengeläut im ganzen Lande Bayern gefeiert werden sollte!
Noch während dieser Verhandlungen gingen Telegramme an alle Bezirksämter, in denen die Umbildung Bayerns zur Räterepublik angekündigt und das Glockengeläut angeordnet wurde. Diese Telegramme liefen mit meiner Namensunterschrift, die ich freilich nie gegeben hatte, ins Land hinaus.
Bei der Gesamtabstimmung über die Fragen, ob die Räterepublik ins Leben gerufen, ob die Volksbeauftragtenliste gebilligt, ob der Aufruf veröffentlicht

552

Rücktrittserklärung von Ernst Niekisch vom 8. April 1919

Zentralrat Bayern. München, den 8. April 19.

Niekisch

z. d. A.

Erklärung.

Zu meinem grossen Bedauern bin ich gezwungen, den Zentralrat abermals mit meiner persönlichen Angelegenheit zu befassen. Ich habe bereits zweimal vorgestern und gestern meinen Rücktritt vom Posten des Vorsitzenden des Zentralrats erklärt, habe mich indessen durch den Willen der Versammlung jedesmal zwingen lassen, in meinem Amte zu bleiben. Joh muss indessen jetzt erklären, dass mein Rücktritt, den ich jetzt bekannt gebe, als unwiderruflich zu gelten hat.

Die Gründe sind folgende :

Die Räterepublik wird in den Augen der linksstehenden Genossen nicht recht ernst genommen, solange ich an der Spitze stehe. Joh bin als ein Mann der mittleren und gemässigten Linie bekannt und geniesse infolgedessen nicht das Vertrauen der Genossen, denen eine gemässigte Linie unannehmbar erscheint.

Wir sind aber jetzt darauf angewiesen, dass das ganze Proletariat voll Vertrauen auf die neue Regierungsform blickt und ich bitte den Zentralrat sich diesen sachlichen Gründen nicht verschliessen zu wollen. Es ist ganz selbstverständlich, dass ich dem Zentralrat meine Arbeitskraft voll und ganz zur Verfügung stelle, sodass er mit meinem Rücktritt nichts zu verlieren, sehr viel aber zu gewinnen hat.

161

werden solle, enthielt ich mich als einziger der Stimme. Neinstimmen fehlten. Nach der Abstimmung erklärte ich meinen Rücktritt als Präsident des Zentralrates. Mir war klar, daß das Unternehmen aus sachlichen und aus persönlichen Gründen scheitern müsse. Als mein Nachfolger wurde später Ernst Toller zum Präsidenten des Zentralrats gewählt.

Es war morgens sechs Uhr geworden, ehe die Verhandlungen am Ende angelangt waren. Müde ging ich von der Sitzung ins Hotel. Ich stand unter dem Eindruck, eine politische Groteske miterlebt zu haben. Jetzt, im grauen Lichte des anbrechenden Tages, verloren die komisch-lächerlichen Züge der Ereignisse der verflossenen Nacht alle versöhnlich-heitere Färbung; sie erschienen mit schrill verletzender Nacktheit als das, was sie waren: als politische Tatsachen, die nicht ohne schwere Folgen bleiben konnten. Der Gedanke an diese Folgen bedrückte mich.

Man kann fragen, warum ich nicht unter Aufbietung aller Energie die Beschlüsse zu verhindern getrachtet und warum ich mich mit bloßer Stimmenthaltung begnügt habe. Zweifellos stand auch ich damals im Banne der überhitzten revolutionären Stimmung, die sich im München jener Tage zusammengeballt hatte, auch war ich dem Rätegedanken grundsätzlich zugeneigt. Doch sagte mir mein politischer Instinkt, daß Bayern angesichts seiner Tradition und seiner gesellschaftlichen Eigenart nicht das Land sei, das Räteprinzip zu verwirklichen. Es fehlten alle Voraussetzungen dafür. Aus realpolitischen Gründen konnte ich somit nicht für die Einführung der Räterepublik stimmen. Meine Situation wurde nun dadurch erschwert, daß die Sozialdemokratie, die Partei, welcher ich angehörte, sich den Anschein gab, für die Räterepublik sich entschieden zu haben. Gegen die Entscheidungen meiner Partei ostentativ Stellung zu nehmen, stand mir um so weniger an, als ich der Verhandlungsleiter war, von dem man die Haltung beherrschter Neutralität erwartete...

Bereits am Mittwoch, dem 9. April, nahm ich in Anbetracht der Unhaltbarkeit der Lage mit Landauer Rücksprache. Von Nordbayern waren die von mir erwarteten Absagen eingetroffen. Eine kleine Zeitungsnotiz, Finanzminister Silvio Gesell plane die Beschlagnahme aller Sparkassen- und Bankguthaben, hatte die Bevölkerung bis zum kleinsten Sparer hinunter gegen die Räterepublik aufgebracht. Erste Maßnahmen des Ministerpräsidenten Hoffmann von Bamberg aus wurden spürbar. Das Parlament wurde nach Bamberg einberufen, und Nachrichten über Gründung und Zusammenziehung von Freikorps tauchten auf. Der Berliner Reichskongreß der Arbeiter-, Bauern- und Soldatenräte unternahm nichts zur Entlastung der Münchener Räterepublik, geschweige denn, daß er die Neigung verspürt hätte, die bayrische Revolution über das ganze Reich hin auszudehnen. Weder in Mitteldeutschland noch im Ruhrgebiet kamen Aktionen in Gang, die als Fernwirkungen der Münchener Ereignisse hätten gedeutet werden können. Die Sozialdemokratie außerhalb Südbayerns nahm allerorts gegen die Räterepublik Stellung. Auch sozialdemokratische Presseorgane überschlugen sich in Hetz- und Greuelnachrichten. Darauf machte ich Landauer aufmerksam. Er räumte die Richtigkeit alles dessen ein, was ich ihm darlegte, fragte dann aber etwas ratlos, was man tun solle. Ich gab ihm zu

bedenken, daß ich mit Hoffmann in verhältnismäßig guten Beziehungen gestanden sei. Darauf fußend, wolle ich nach Bamberg fahren, um mit Hoffmann über die Liquidierung des Räteunternehmens zu verhandeln. Ich wolle eine Amnestie für alle Beteiligten herausschlagen; so könne alles noch einen guten Ausgang nehmen. Am gleichen Abend fand im Löwenbräukeller eine Massenversammlung statt, in der Landauer meinen Plan vortrug, der dort auch gebilligt wurde. Am Freitag früh sollte ich in Begleitung eines Bauernbündlers und eines Gewerkschaftsführers nach Bamberg fliegen. Ein Flugzeug wurde von dort in Aussicht gestellt. Aber dieser Freitag verging, ohne daß das Flugzeug in München eintraf. Nachher wurde bekannt, daß es bei Erlangen zur Notlandung gezwungen worden und danach nicht mehr startfähig gewesen sei. Ich vereinbarte mit den beiden anderen Delegierten, unter allen Umständen am Montagvormittag mit der Eisenbahn die Fahrt nach Bamberg anzutreten.
Am Sonntag, dem 13. April, war ich in Augsburg. Dort waren Demonstrationen zugunsten der Räterepublik geplant, die, wie man hörte, von Sozialdemokraten dazu mißbraucht werden sollten, die Arbeiterschaft gegen die Münchener Räteregierung einzunehmen. Ich wollte die Vorgänge beobachten. Bei der Demonstration zeigte sich die Arbeiterschaft so stark für den Rätegedanken eingenommen, daß die sozialdemokratischen Führer eine Resolution gegen die Räteregierung nicht durchzubringen vermochten.
Am Montag fuhr ich mit dem ersten Personenzug in der Frühe um vier Uhr nach München. Als ich im Hauptbahnhof eintraf, herrschte dort völlige Leere. Kein Passagierverkehr war zu bemerken, der Dienst schien fast völlig eingestellt zu sein. Das alles mutete seltsam an. Auch das Straßenbild war ungewöhnlich, man hatte den Eindruck, es habe sich etwas Überraschendes ereignet. Ich ging zum Wittelsbacher Palais, dort standen Posten mit roten Armbinden, die meine Ausweise nicht mehr gelten ließen. Ich fragte, was das zu bedeuten habe. Man war erstaunt, daß ich so ununterrichtet zu sein schien. Endlich erzählte man mir die Vorgänge des 13. April in München. Unter Führung zweier Brüder, der jungen Rechtsanwälte Philipp und Siegfried Löwenfeld, war von der Sozialdemokratischen Partei in München ein Putsch gegen die Räterepublik unternommen worden. Sozialdemokratisch gesinnte Soldaten hatten eine Reihe von Führern der Räteregierung verhaftet und sofort auf die Bahn gebracht, von wo aus sie nach Bamberg transportiert wurden. Unter den Verhafteten befanden sich Erich Mühsam, Hagemeister, der Rechtsanwalt Wadler und noch verschiedene andere. Die Putschisten waren einige Stunden Herren der Lage gewesen. Diese Ereignisse aber reizten den Spartakusbund zur Aktion. Nichts hatte er von der ›Schein-Räterepublik‹ wissen wollen, nun aber, angesichts des reaktionären Gegenstoßes, erwachte in ihm revolutionärer Ehrgeiz. Er mobilisierte seine Anhänger, fand Unterstützung unter Matrosen und Soldaten und ging zum Gegenangriff vor. In den Straßen wurde scharf geschossen, und die Putschisten wurden Schritt für Schritt zurückgedrängt. Zuletzt verteidigten sie sich noch im Hauptbahnhof, dann bestiegen sie einen Zug und entwichen darin nach Bamberg. Jetzt wurde die kommunistische Räterepublik proklamiert. An deren Spitze stellten sich Eugen Leviné und Max Levien.

Ernst Niekisch, Brief (siehe folgende Seiten) an den Genossen Hoffmann vom 10. April 1919
(Der Brief wurde nicht abgeschickt)

München, den 10. April 1919.

Sehr geehrter Genosse Hoffmann!

Ich spreche nicht im Namen des Zentralrats, dessen Vorsitzender ich ja, wie Sie vielleicht wissen werden, nicht mehr bin. Ich spreche lediglich als Mensch und Genosse zu Ihnen, weil ich es für meine Pflicht halte, alles zu tun, um Bürger-, Bruder-, Proletarierkrieg zu verhindern. Die alte Regierung ruft Nordbayern zum Kampf gegen Südbayern und scheint sich in diesem Kampfe alter reaktionärer Offiziere bedienen zu wollen. In diesem Kampfe muß es ganz naturgemäß dazukommen, daß sich die alte Regierung daß sich die Mehrheitssozialdemokratie auf das Bürgertum, auf die Reaktion stützt und ~~man~~ dadurch diese Mächte stärkt. Die Reaktion wird gestärkt gegen das Proletariat. Brüder werden von einer sozialistischen Regierung gegen Sozialisten geführt. Ich brauche nicht viel Worte zu verlieren, um das Ungeheuerliche und Tragische dieser Situation zu schildern. Sie glauben, diesen Kampf gegen eigene Parteigenossen organisieren zu müssen, um d. Grundsatz der Demokratie zu retten gegen die, denen es mehr um den Sozialismus als um die Demokratie zu tun ist. Sie glauben noch immer

261

an das Recht des bürgerlich kapitalistischen
Parlamentarismus uns gegenüber (auch Genosse
Dürr, auch Genosse Albert Schmidt gehören dazu), die
wir an das Recht des Rätesystems glauben.
Wie dem auch sei: Vergessen darf nicht werden, daß
Genosse Segitz in München der Proklamation der
Räterepublik keinen Widerstand entgegenstellte,
daß Schneppenhorst an Vorbesprechungen aktiv
teilnahm (und nun in höchst bedenklichem Lichte
dasteht), daß große Teile der hiesigen Mehrheitspartei vom Landtag nichts mehr wissen wollen
und sich zur Räterepublik bekennen, daß das
Gleiche für den ganzen Gau Südbayern gilt.
In München ist bisher noch kein Blut geflossen.
Ich glaube, wir müssen verhindern, daß im
weiteren Blut fließt, daß Sozialisten oder gar
Reaktionäre auf Ihren Befehl hin auf Proletarier schießen. Mir hat an der Entwicklung der letzten Tage vieles nicht gefallen. Besonders feststellen muß ich, daß ich in
Augsburg gegen die jetzige Ausrufung der Räterepublik sprach. Aber wenn sie jetzt niedergeschlagen
wird! Sie wird wiederkommen wie auch einst der
Parlamentarismus trotz aller gelegentlichen Niederlagen sich gegen absolute Fürsten durchsetzte. Vielleicht
läßt sich für den Augenblick noch ein Kompromiß
finden, der den Räteanhängern genügt, mit dem die
Parlamentarier sich abfinden. Versuchen wir es, Genosse
Hoffmann; vielleicht veranlassen Sie ein Flugblatt,

in welchem Sie das Münchener Proletariat auffordern, daß es zum Verhandeln bereit sein solle und in welchem Sie weitgehendste Zugeständnisse zusagen mögen. Vielleicht läßt sich Allerschlimmstes dann noch vermeiden. Da ich weiß, daß Ihnen der Sozialismus am Herzen liegt, wandte ich mich an Sie.

Ich bin
Ihr ergebener.

313

Leviné war russischer Herkunft und hatte in Heidelberg bei Max Weber studiert. Er war marxistisch gründlich geschult, hatte schon reiche praktische Erfahrungen in unterirdischer revolutionärer Arbeit und war von ungewöhnlicher Klugheit, außerordentlichem Charakter und eiserner Entschlossenheit. Menschlich unter ihm stand Max Levien. Während des Krieges war dieser ein eifriger Soldat gewesen; nach 1918 war er ein ebenso militanter Revolutionär, wie er vor 1918 ein militanter Patriot gewesen war. In der Haltung eines Napoleon, mit großen Reitstiefeln angetan, schritt der Sechsundzwanzigjährige einher; wenn er sprach, schien er stets befehlen zu wollen.
Die Regierung der kommunistischen Räterepublik war vom Wittelsbacher Palais ins Armeemuseum übergesiedelt. Da es außer allem Zweifel stand, daß dieses neue Gebilde keine besseren Chancen haben werde, als die ›Schein-Räterepublik‹ sie gehabt hatte, da ich aber gleichzeitig aufs tiefste von der Sorge beunruhigt war, es könne zu schlimmem Blutvergießen kommen, entschloß ich mich, meine geplante Vermittlungsaktion fortzuführen. Ich begab mich ins Armeemuseum und drang bis zu Leviné und Levien vor. Es herrschte in den Räumen ein gewaltiger Betrieb; im wesentlichen war alles darauf abgestellt, Waffen herbeizuschaffen und eine Rote Armee ins Leben zu rufen. Man hatte vernommen, daß Freikorpstruppen schon in Regensburg stünden. Ihnen sollte von München her Halt geboten werden. Stolz erzählte mir Levien, wie es ihnen in wenigen Stunden schon gelungen sei, große Waffenbestände aufzuspüren. So etwas hätte die ›Schein-Räterepublik‹ nicht geleistet. Die Rote Armee sollte vorerst in Dachau versammelt werden. Toller und Klingelhöfer hätten sich der kommunistischen Räterepublik zur Verfügung gestellt, und es sei beabsichtigt, sie als Oberkommandierende nach Dachau zu schicken. Bescheiden wagte ich, daran zu erinnern, daß mir die Aussichten nicht gut zu sein schienen. Doch kam ich damit übel an. Das sei Defätismus, wurde mir erwidert; wenn heroischer Mut nicht fehle, könne am Erfolg nicht gezweifelt werden. Trotzdem bot ich mich nochmals als Vermittler an. Die Kommunisten hätten, so meinte ich, durch ihren tapferen Einsatz gegen die sozialdemokratischen Putschisten und durch ihren glanzvollen Sieg über diese die proletarische Ehre gerettet. Sie hätten geleistet, was sich unter den obwaltenden Umständen überhaupt leisten ließ. Jetzt, nach ihrem Erfolge, seien sie befugt, der Vernunft Rechnung zu tragen und einer mit Sicherheit zu erwartenden Katastrophe vorzubeugen.
Ich wurde ausgelacht und abgewiesen. Anderntags ging ich noch einmal ins Armeemuseum, um die beiden Führer zu beschwören, mir eine Vollmacht zu Verhandlungen nach Bamberg zu geben. Es war deutlich zu erkennen, wie von allen Seiten her Truppen gegen München in Marsch gesetzt wurden und wie die Münchener Rätesache einen günstigen und willkommenen Anlaß bot, die Offiziere der 1918 zusammengebrochenen Armee wieder in ihre Positionen zurückzuführen. Schroff wurde mir geraten, meine Bemühungen einzustellen. Mir erschien es ratsam, München zu verlassen. Ich tat es Mittwoch abend mit dem letzten Zug, der in jenen Tagen von München abgefertigt wurde. Als der Zug auf dem Pasinger Bahnhof hielt, gingen Rotarmisten den Bahnsteig entlang und riefen ernsthaft: »Alle Reaktionäre aussteigen.«

München wurde bald danach von den Weißen Truppen eingeschlossen. Die Rote Armee in Dachau heimste wenig kriegerischen Ruhm ein. Als es ernst wurde, blieb der größte Teil der bewaffneten Arbeiter zu Hause, und nur eine kleine Schar Unentwegter hielt durch. Die Freikorps verrichteten bei ihrem Vormarsch gegen München grauenvolle Dinge. In der Nähe von München, bei Puchheim, war ein russisches Gefangenenlager gewesen. Die Räteregierung hatte die Russen freigelassen. Die Freikorps griffen auf ihrem Vormarsch 52 dieser russischen Kriegsgefangenen auf, die nicht das mindeste mit der Münchener Räterepublik zu tun hatten, trieben sie in einen Steinbruch und ermordeten sie. Bei Starnberg trafen sie auf eine Arbeiter-Sanitäter-Kolonne, die übte. Die Sanitäter wurden kurzerhand an einem Bahndamm niedergeschossen; nur ein einziger, ein Referendar Schlesinger, wurde im letzten Augenblick durch das Eingreifen eines Hauptmanns vor dem Tode bewahrt. Diese Taten bewirkten, daß die Münchener Machthaber zehn Geiseln festnahmen. Es handelte sich dabei um Mitglieder der Thulegesellschaft. Als Nachrichten über weitere Untaten der andringenden Freikorps in München bekannt wurden, beging Seidel, der Kommandant des Luitpold-Gymnasiums, in welchem die Geiseln untergebracht waren, die Torheit, sie als Repressalie erschießen zu lassen. Nun war es um die letzte Zurückhaltung der Freikorps geschehen. Als sie in München eindrangen, tagte eben in einem Keller ein Verein katholischer Gesellen, die an nichts weniger als daran dachten, Revolutionäre zu sein oder die Räterepublik zu unterstützen. Sie wurden allesamt ausgehoben und sofort niedergemetzelt. Obwohl hier die Interessen sowohl der katholischen Kirche wie der Bayerischen Volkspartei berührt worden waren, überging man diese Scheußlichkeit, der vierundzwanzig schuldlose Menschen zum Opfer gefallen waren, mit Stillschweigen. Die Straßenkämpfe forderten viele Blutopfer. Gefangene Arbeiter wurden im Schlacht- und Viehhof untergebracht, ein großer Teil davon wurde sofort füsiliert. Der Sozialdemokrat Noske war Reichswehrminister. Er kam selbst nach München als Triumphator. So sehr war er in die Hände der entfesselten Soldateska geraten, daß er nicht vermochte – und vielleicht auch nicht den Willen hatte –, den Blutorgien Einhalt zu gebieten. Leviné wurde verhaftet, später wurde auch Toller festgenommen und längere Zeit in seiner Zelle wie ein wildes Tier angekettet. Levien gelang es, über Österreich nach Rußland zu entkommen.

Eine rein sozialdemokratische Regierung, wie sie vor dem 7. April bestanden hatte, ließ sich unter den obwaltenden Umständen nicht mehr bilden. Es entstand eine Koalitionsregierung, in welcher der Liberale Müller-Meiningen das Justizministerium übernahm. Gegen den Verantwortlichen der Geiselerschießungen, Seidel, wurde ein Prozeß durchgeführt, der propagandistisch aufs stärkste gegen die Rätemänner ausgebeutet wurde. Seidel wurde zum Tode verurteilt und auch hingerichtet. Ein Verfahren gegen die Mörder der vierundzwanzig schuldlosen Gesellen kam niemals in Gang.

Aus dem Tagebuch von Ernst Niekisch, Eintragung (siehe folgende Seiten) vom 18. April 1919

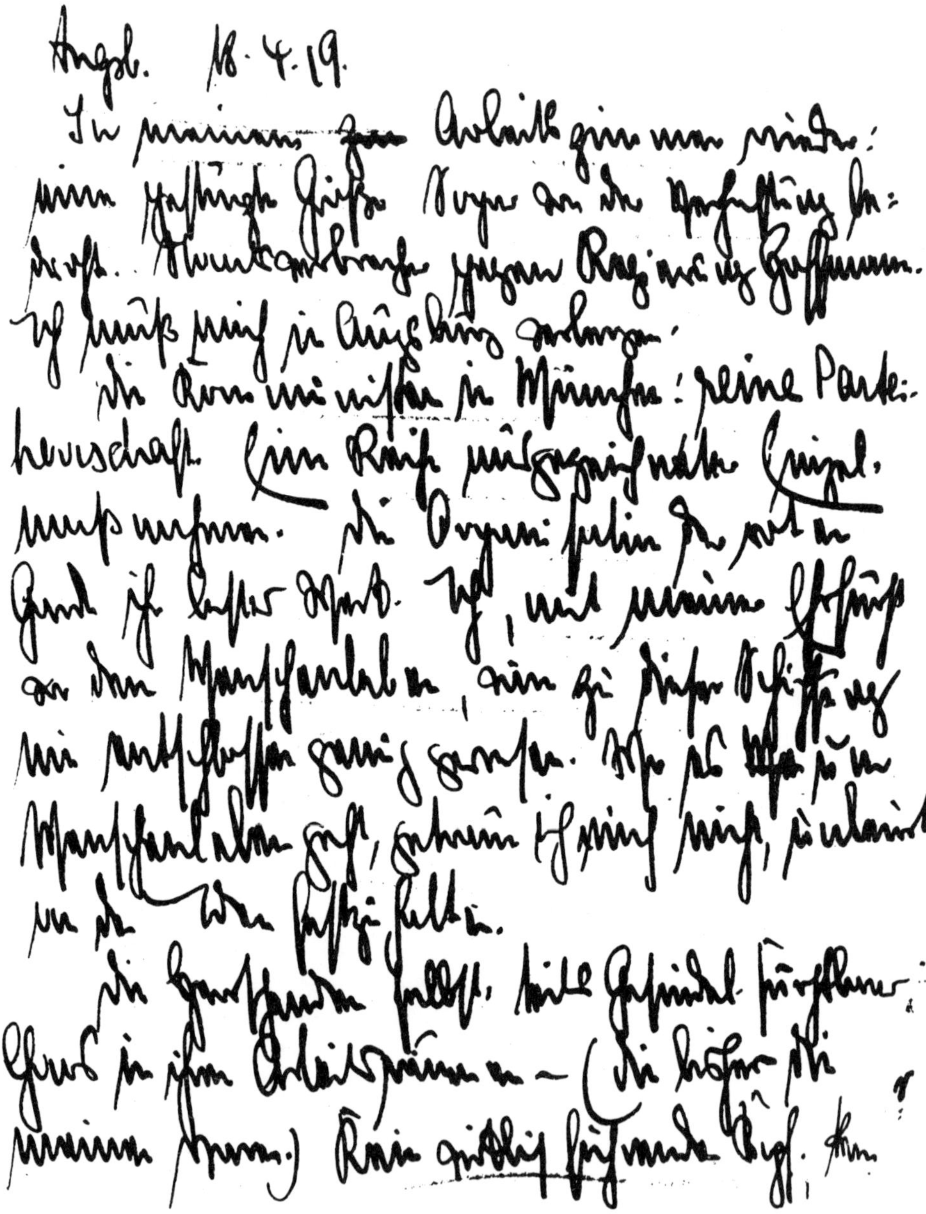

32

geschlossenes Programm.

Hoffmann scheint wirklich die Kunstpolitik wagen zu wollen. [illegible] [illegible] lediglich [illegible] [illegible] der Kultur, dann in Hoffmanns [illegible] mit Bürgertum.

Kurz [illegible] Hoffmann [illegible] [illegible] [illegible]

Wir brauchen eine Neugestaltung des Lebens vom Standpunkt aller Arbeitnehmer aus. Damit Beseitigung aller Herrschafts- und Ausbeutungsverhältnisse. Und [illegible] [illegible] [illegible] [illegible] Doktor: Dein Sprache:

Das mein Ziel.

Hoffmann [illegible] [illegible] [illegible] [illegible] [illegible] [illegible] [illegible] [illegible]. [illegible] [illegible] [illegible] [illegible] [illegible] [illegible] [illegible] [illegible] [illegible] [illegible] [illegible] [illegible] [illegible] [illegible]:

[illegible] [illegible].

Die Zukunftsaussichten [illegible].

[illegible]

[illegible]

Es ist ein bitteres [illegible]

[illegible]

[illegible]

Die ersten Gefechte zwischen roter Garde u. Hoffmanntruppen [illegible]

Toller: jünger, eitler, [illegible] [illegible] der sehr ~~[illegible]~~ [illegible] [illegible]

Ernst Niekisch
Brief an den Genossen Rauch

München, den 25. April 1919.

Lieber Genosse Rauch!

Über meine politische Stellung kann die Öffentlichkeit nicht im Zweifel sein: ich bin überzeugter Anhänger des Rätesystems. Um für das Rätesystem eine breite Wirkungsmöglichkeit zu haben, blieb ich bisher allen mißlichen Erfahrungen zum Trotz in der Mehrheitspartei. Indes hat sie sich jetzt endgültig gegen die Räte festgelegt und hat die Sache der Gegenrevolution zur eigenen gemacht. Infolgedessen habe ich mit ihr nichts mehr zu schaffen. Ich trete aus ihr aus und bitte Sie, mich in der USP aufnehmen zu wollen, ab 1. 5. 1919. Ich weiß nicht, inwieweit Sie von meiner Kraft Gebrauch machen wollen; jedenfalls aber stelle ich Ihnen alle meine wissenschaftlichen, schriftstellerischen, agitatorischen und organisatorischen Fähigkeiten zur Verfügung. Da ich meine Tätigkeit wieder nach Augsburg verlegen werde, hoffe ich der Partei noch zu recht großem Nutzen gereichen zu können.
Vielleicht haben Sie die Freundlichkeit, baldmöglichst *meine Frau (Stettenstr. 34/3r) besuchen zu wollen; Sie kann Ihnen mancherlei mitteilen.*

Mit bestem Gruß
Ihr
gez. Niekisch

K. Amtsgericht Eichstätt.

Protokoll

im Ermittelungsverfahren gegen Niekisch Ernst, Lehrer von Augs-burg,

wegen Hochverrats

Eichstätt, am 21. M a i 1919.

Anwesend:

Amts- Amtsrichter Matthäus

st. Gerichtsschreiber Girbinger.

Beschuldigtenvernehmung.

Die nachbenannte Person erklärt auf Eröffnung, welche strafbare Handlung ihr zur Last gelegt wird und ob sie etwas auf die Beschuldigung erwidern wolle:

Persönliche Verhältnisse:

Vor- und Familiennamen: N i e k i s c h Ernst,

Ort und Zeit der Geburt: 23. Mai 1889

Religion: prot.,

Familienstand: verh.

Stand oder Gewerbe: Lehrer

Heimat: Augsburg,

~~Wohnsitz:~~ letzter Wohnsitz :Augsburg,

Letzter Aufenthalt: Augsburg

Name, Stand und Wohnort der Eltern: August u.Maria Niekishh, Feilenhauermeisterseheleute in Nördlingen,

Voreheliche Name der Mutter: Schnell

Militärverhältnis: Landwehrmann, zuletzt Feldwebel beim 13 im ~~mobil.~~ Landw.Jnf.Regiment,

Vorstrafen: ./.

Vermögen: ./.

Seit wann in Haft? warum? seit 5.Mai 1919 in Schutzhaft

Ist noch eine Strafe zu verbüßen? ./.

Ernst Niekisch
Protokoll des Verhörs vor dem Amtsrichter

Dem Beschuldigten wurde sodann der Haftbefehl vom 16. Mai 1919 durch Vorlesen, vormittags 11 Uhr, eröffnet, worauf er *Zur Sache* erklärte:
Ich beziehe mich zunächst auf die Angaben, die ich am 15. dieses Monats in Bamberg bei meiner dortigen Vernehmung gemacht habe. Ich habe meinen damaligen Angaben noch folgendes beizufügen:
Ich bestreite, ein Verbrechen des Hochverrats begangen zu haben. Die Räte waren eine revolutionäre Tatsache, deren Machtbefugnisse in gar keiner Weise umgrenzt und umschrieben waren. Ein Gesetz für die Räte sollte erst geschaffen werden. Es war bis zum 7. April noch nicht im mindesten entschieden, welche Verfassungsform unter den obwaltenden Verhältnissen die endgültige sein werde. Das eben kennzeichnet die Revolutionszeiten, daß nur faktisch bestehende Zustände gelten, daß neue Verhältnisse geschaffen werden.
Der Kampf zwischen den beiden Verfassungsformen ging einfach aus dem Umstande hervor, daß die Revolution eingetreten war.

1. Die Vollzugsräte, die schon vom 21. Februar bis 17. März die unbestrittene oberste Gewalt in Bayern gewesen waren, hatten niemals ihre Macht an den Landtag abgegeben gehabt. Sie hatten die Macht in Händen, waren im Ministerrat vertreten und setzten dort mehr als einmal ihren Willen durch: Der Landtag war faktisch nicht souverän, er war in einer ganzen Reihe von Fällen abhängig von den Willensäußerungen des Zentralrates.
In bezug auf meine Person ist zu fragen: Welches sind die Grenzen dessen gewesen, was für mich gesetzlich und was ungesetzlich war. Ich habe nur ungesetzlich in dem Sinne gehandelt, wie es auch die revolutionäre Regierung der Novemberrevolution getan hat. Ich war rechtmäßig gewählter Vorsitzender der Räte, bin überzeugter Räteanhänger und handelte auch im Sinne des Rätegedankens. Nirgends war auch nur ein Versuch unternommen worden, meine politischen Machtbefugnisse näher zu umschreiben. Eine meiner politischen Handlungen bestrafen zu wollen, heißt mich strafen deshalb, weil ich Rätevorsitzender war, Vorsitzender einer revolutionären Institution. Es handelt sich für mich in diesem Falle nicht um ein Verbrechen gegenüber einem Gesetze, sondern um ein Unterliegen in einem politischen Machtkampf. Ich fühle mich als Besiegten, nicht als Verbrecher. Man kann mir seine Macht fühlen lassen in der Weise etwa, wie die Entente das jetzt Deutschland gegenüber tut, eine Bestrafung ist hier nicht Sühne für die Verletzung eines Gesetzes, sondern nur die Verwirklichung des Grundsatzes: ›Macht ist Recht‹.

2. Nicht ich habe die Räteregierung ausgerufen und aufgerichtet, das tat der Zentralrat, der eine umfangreiche Körperschaft war, in der die Vertreter aller sozialistischen Parteien zusammen mit den alten Zentralrats- und Bauernratsmitgliedern zusammenwirkten. Ursprünglich war meine Auffassung die: Zur Ausrufung der Räterepublik ist es noch etwas zu früh; diese Auffassung wurde übrigens auch vom Minister Schneppenhorst geteilt, der in der Ministerratssitzung vom 4. April ausdrücklich erklärte, daß er auf dem Boden des Rätesystems stehe, nur die Zeit für die Proklamation der Räterepublik noch nicht für gekommen erachte. Aber die Erklärung der Münchner Garnison, die sich mit ihrem Führer, dem Stadtkommandanten Dürr, den Räten zur Verfügung stellte gegen den Landtag, die aus dem ganzen Lande eintreffenden Telegramme, welche die Proklamation der Räterepublik forderten, die Berichte der zur Agitation in die Kreise hinausgesandten Rätedelegierten, das Verhalten der Münchner Betriebsräte, die Stellungnahme einiger Minister und Mehrheitsdelegierten und die Selbstauflösung der Regierung brachten mich dahin, mitzutun.

3. Vorerst indes setzte ich in der Sitzung im Militärministerium vom 5. April im Verein mit anwesenden Delegierten der Mehrheitspartei durch, daß die Ausrufung der Räterepublik um zwei Tage verschoben wurde. Hätte sich nur der geringste Widerstand von irgendeiner Seite gezeigt, so wäre die Proklamation zweifellos unterblieben. Es trat aber kein Widerstand hervor, die Regierung hatte sich zerstreut, einige Minister: Schneppenhorst, Segitz, Steiner, Simon, Unterleitner, erweckten den Anschein, bei der Räteregierung mitzuarbeiten. Der Landtag war verschwunden, ohne daß bisher etwas Greifbares geschehen war. Somit entfällt das Merkmal der Gewaltsamkeit für diesen Umsturz ganz und gar. Kein Schuß fiel, keine Drohung, ja nicht einmal ein scharfes Wort war ausgesprochen worden.
Der Zentralrat befand sich in der gleichen Situation wie am 21. Februar. Es war ein staatspolitisches Vakuum eingetreten, in das der Zentralrat ganz von selbst ohne irgendwelche Gewaltanwendung hineinglitt.

Wie wenig an Gewalt gedacht war, geht daraus hervor, daß nicht einmal das Wittelsbacher Palais, der Sitz des Zentralrates, durch eine Wache geschützt wurde. Ruhiger, friedlicher, sanfter, gewaltloser ist vielleicht noch nie ein Umsturz vor sich gegangen wie der vom 7. April.
Die Räterepublik an sich halte ich, abgesehen von dem Zeitpunkte ihres Eintrittes, für nötig aus folgenden Gründen:

1. Der Sinn des Rätesystems ist für mich Neuaufbau der Gesellschaft und Wirtschaft vom Standpunkte und den Bedürfnissen des Arbeitnehmers und Ausgebeuteten aus, wobei ich in gleicher Weise an körperliche und geistige Arbeitnehmer denke. Der bisherige Ausbeuter darf, um diesen Bau nicht zu verderben, vorerst mit seinen Bedürfnissen und Interessen nicht in Frage kommen. Diese Gesellschaft und Wirtschaft nach dem Willen der Jahrhunderte hindurch gedrückten Volksteile gilt mir als verwirklichter Sozialismus.

Parlamente, und seien sie noch so demokratisch gewählt, bringen den Sozialismus nicht, sie sind Gebilde der bürgerlich-kapitalistischen Revolutionen voll kapitalistischen Geistes, wie auch der Imperialismus der Ententeparlamente gegenwärtig beweist und gelegentlich des Friedensschlusses von Brest-Litowsk der deutsche Reichstag bewiesen hat. Die Parteien sind Menschenmassen, nach ganz äußerlichen Gesichtspunkten vereinigt, deren Mitglieder nicht durch tiefere innere Beziehungen miteinander verknüpft sind, sie sind bloße mechanische Gemenge. Die Räte hingegen sind organische Gebilde, sie sollen Genossenschaften, Gemeinschaften, Verbände sein, die das uns so nötige Gemeinschafts- und Brüderlichkeitsgefühl wieder in uns erwecken und pflegen. Diese neu in den Räten auskommende Gesinnung erscheint mir als das Wesentliche des Sozialismus, der wirklich nicht bloß in einigen Verstaatlichungsgesetzen besteht.

2. Ehe der Neuaufbau der Gesellschaft und Wirtschaft vom Arbeitnehmerstandpunkt aus nicht einsetzt, wird unsere werktätige Bevölkerung nicht zur Ruhe kommen. Die Volksbewegungen und Erregungen der letzten Zeit sind nicht einfach Wirkungen verhetzender Agitatorentätigkeit – an der ich persönlich überhaupt nicht beteiligt war –, sondern sind der Ausdruck vorhandener Gesellschaftsbedürfnisse. Wir brauchen aber angesichts der furchtbaren Friedensbedingungen ein geeintes Volk. Die außergewöhnliche Lage verlangt außergewöhnliche Maßnahmen und Entscheidungen. Wenn wir dem arbeitenden Volke nicht weitestgehende Zugeständnisse machen, gehen wir zugrunde. Die Räterepublik vom 7. April wollte die innere Einheitsfront schaffen, sie war weder Schreckensherrschaft noch Diktatur der körperlich arbeitenden Klassen.

3. Ohne diese neue Gesellschaft und Wirtschaft mit ihrem neuen Geiste und ihrer neuen Gesinnung, kurz, mit ihrem verwirklichten Sozialismus, werden wir niemals die Finanzsklaverei, die die Entente über uns verhängt, abwerfen. Ein politisch musterhaftes Vorbild reißt hin, man muß freilich mit Jahren rechnen, und ein konsequent antikapitalistisches Deutschland müßte seine Wirkung auf die werktätige Bevölkerung der Entente ebenfalls unwiderstehlich ausüben, wie ehedem die parlamentarischen Weststaaten auf das feudale Deutschland im Laufe der Jahrzehnte umgestaltenden Einfluß ausgeübt haben.

4. Wir brauchen die Form des Rätestaates, um ein Bündnis mit Rußland zu ermöglichen. Ich lehne den Bolschewismus in russischer Form ab. Nichtsdestoweniger muß festgestellt werden, daß der Bolschewismus heute nicht mehr das ist, was er war. Er ist jetzt humaner und praktischer geworden. Stünden wir augenblicklich nicht so isoliert, so würde der Friede ohne Zweifel besser. Unsere gegenwärtig an der weltpolitischen Vereinsamung festhaltende Politik ist gerade so unheilvoll, wie es Bülows Politik der ungebundenen Hand um 1900 gewesen ist, die England in Frankreichs Arme gestoßen hat.

5. Für mich bedeutet die Räteverfassung die Verfassung der Zukunft, das Kind der sozialistischen Revolution. Das notwendige Rechtzeitigtun ist immer zum

Vorteil des Volkes. Es zu spät tun bringt Unheil – siehe preußische Wahlrechtsreformverschleppung und ihre Folgen. Man würde der Räteverfassung wohl anders gegenüberstehen, wenn man klarere Vorstellungen von ihr hätte. Die Pressegreuelberichterstatter haben noch kein wahres Wort darüber verbreitet.

Ich erwähnte bereits die Friedlichkeit des Umsturzes vom 7. April. Anschließend daran betone ich ausdrücklich, daß ich auf dem Standpunkt stehe: Entwaffnung des ganzen Volkes. Ich bin Gegner sowohl roter wie weißer Garden. Ich lehne ebenso die Bewaffnung des Proletariats ab wie die Bewaffnung des Bürgertums.

Ohne den Putsch vom 13. April wären die Kommunisten in München nicht ans Ruder gekommen. Ich führte bereits aus, wie ich in der Woche vom 7. bis 13. April mich bemühte, Verhandlungen anzuregen. Montag, den 14., spätestens Dienstag, den 15. April, wäre eine Kommission nach Bamberg gefahren, um den Konflikt friedlich ohne Blutvergießen zu lösen. Die Putschisten des 13. April haben die Kommunisten in den Sattel gehoben.

Gegen die in der Presse aufgestellte Behauptung, daß ich in Augsburg die Räterepublik ausgerufen habe, protestiere ich wiederholt. Dabei kann ich aber nicht umhin auszusprechen, wie seltsam es erscheint, daß Augsburger Mitglieder der USP sich in Schutzhaft oder Untersuchungshaft befinden, während die seinerzeit bei der Proklamierung der Räterepublik verantwortlich zeichnenden Personen des Augsburger Arbeiter- und Soldatenrates, soweit sie Mehrheitssozialdemokraten sind, sich unangefochten auf freiem Fuße bewegen.

Ich habe meine letzte politische Handlung am 13. April vorgenommen. An diesem Tage war der Kriegszustand über das ganze rechtsrheinische Bayern noch nicht verhängt. Aus diesem Grunde glaube ich Anspruch darauf zu haben, im ordentlichen Verfahren abgeurteilt zu werden, nicht vor dem Standgerichte. Das Standgericht ist meines Wissens nur zuständig für strafbare Handlungen, welche während der Verhängung des Kriegszustandes begangen oder fortgesetzt wurden. Über München und Augsburg war aber, wie ich bestimmt weiß, am 13. April der Kriegszustand noch nicht verhängt.

Neuerdings stelle ich die Bitte, aus der Untersuchungshaft entlassen zu werden. Ich plane weder zu fliehen noch auch die Zeit bis zur Erledigung des gegen mich schwebenden Verfahrens mich an politischen Umtrieben zu beteiligen. Sollte eine Kaution nötig sein, so würde ich sie aufzubringen wissen. Um so mehr hoffe ich auf Erfüllung dieser Bitte, als ich in der Zeit meines politischen Einflusses mich stets gegen Festnahme von Geiseln und gegen Vornahme von Verhaftungen mit Händen und Füßen gewehrt und unter anderem zum Beispiel am 7. April die Festnahme des Landtagspräsidenten Franz Schmidt verhindert habe.

V.g.u.u.
Ernst Niekisch

U. B. Nr. IIb A 25/19 — 12 —

Im Namen Seiner Majestät des Königs von Bayern.

I. Haftbefehl.

Der unterfertigte kgl. Staatsanwalt verordnet auf Grund des § 489 der Straf-Prozeß-Ordnung, daß

(Vor- und Zuname) Ernst Niekisch, geb. 23. V. 1889 in Trebnitz
(Stand und Gewerbe) verh. Volksschullehrer
(Heimat und Gericht) in Augsburg
(Wohnort) in München
(Signalement — Kleidung)

behufs Vollzugs der durch vollstreckbares Urteil des Standgerichts ~~am kgl. Landgericht~~ München I vom 23. Juni 1919 wegen 1 Verbrechens der Beihilfe zum Hochverrat gegen ihn erkannten Festungshaft Strafe von zwei Jahren verhaftet werde, da er sich auf ergangene Vorladung zum Strafantritte nicht gestellt hat und der Flucht verdächtig ist.

Derselbe wolle in das Festungsgefängnis Ebrach eingeliefert werden.

Der Strafaufschub ist widerrufen. Der Haftbefehl ist ohne Rücksicht auf etwaige Gesuche um Begnadigung oder Strafaufschub zu vollstrecken.

II. W. k. H. an die k. Polizeidirektion München ~~Gendarmerie-Station~~ mit dem Ersuchen, vorstehenden Haftbefehl zu vollstrecken.

München, am 22ten Juli 1919.

Der Erste Staatsanwalt bei dem k. Landgerichte München I

I. V.

[illegible]

Zu Nr. ......

Zum Schutzmannschafts-Rapporte.

Der Abteilung für den ...... Bezirk zum sofortigen Vollzug oder zur Meldung entgegenstehender Hindernisse binnen längstens ...... Tage

München, am ......ten ...... 19......

Kgl. Polizeidirektion.

Fach Nr. 108.

799

Haftbefehl für Ernst Niekisch vom 22. Juli 1919

Anna Niekisch
Amnestiegesuch . . .

An den Herrn I. Staatsanwalt
am Landgerichte Augsburg

Augsburg, den 18. Mai 1919

Betreff.
Freisprechung von der Anklage des Hochverrats und Haftentlassung.

Am 5. Mai wurde mein Mann, Ernst Niekisch, *in seiner Wohnung in Augsburg unter der Anklage des Hochverrates verhaftet.*
Diese Beschuldigung dürfte sich den Umständen nach darauf stützen, daß er sich an dem Versuche beteiligt habe, die parlamentarische Republik in Bayern zu stürzen und durch die Räterepublik zu ersetzen.
Ich bitte nun, meinen Mann zu amnestieren, zu diesem Zwecke mein Gesuch dem Justizministerium vorzulegen und meinen Mann aus der Haft zu entlassen. Ich begründe dies folgendermaßen:

1.
Durch die Bestimmungen des Reichsstrafgesetzbuches über den Hochverrat wurden in der Zeit vor dem Weltkriege in Bayern die monarchische Staatsverfassung mit den zwei Kammern der Reichsräte und der Abgeordneten geschützt. Auch bestand für Bayern eine Verfassungsurkunde, die alle grundlegenden staatsrechtlichen Verhältnisse endgültig und erschöpfend regelte. Die Verfassung wurde von einem dem Könige ergebenen Heere geschützt und war trotz ihrer Unbilligkeiten im allgemeinen Rechtsbewußtsein als das bestehende Verfassungsrecht verankert.
Infolge der durch den Weltkrieg bewirkten Revolution wurde die monarchische Verfassung am 7. November 1918 von Kurt Eisner gestürzt und durch die parlamentarische Republik ersetzt. Diese Republik war aber nicht dauerhaft befestigt, sondern sie befand sich, wie die folgenden Ausführungen ergeben werden, in einem fortwährend hin und her schwankenden Zustande. Auch ist ihre Verfassung bisher nur vorläufig und lückenhaft geregelt. Sie hatte noch keine Zeit, im Bewußtsein des Volkes und seiner Führer als Recht Wurzel zu schlagen. Auch wurde sie nur durch das bewaffnete Volk aufrechterhalten, das sie auf dem Wege der Revolution ebenso wie durch Abstimmung wieder abschaffen konnte.
Schon aus diesen Gründen wäre es unbillig, die Bestimmungen über den Hochverrat in ihrer vollen Strenge auf die revolutionären Bestrebungen anzuwenden, die auf Abschaffung des Parlamentarismus und auf die Einführung der Räterepublik gerichtet waren.

2.

Gerade die Bausteine der Räterepublik, nämlich die Arbeiter-, Soldaten- und Bauernräte, waren zunächst durch die Novemberrevolution geschaffen worden. Der Kongreß dieser Räte wählte in München als Beirat des Ministeriums einen Zentralrat, dessen erster Vorsitzender später mein Mann wurde.

Sodann wurde vom Volke der bayerische Landtag gewählt. Eben als Kurt Eisner diesem die Staatsgewalt übergeben wollte, wurde er – am 21. Februar 1919 – ermordet.

Durch die sich anschließenden kommunistischen Attentate auf den Landtag und auf einige Minister – das ist die sogenannte zweite Revolution – wurde der Landtag auseinandergesprengt und das Ministerium aufgelöst.

Nun drohte, daß durch den revolutionären Arbeiterrat, von dessen Anhängern die Attentate auf den Landtag und das Ministerium verübt worden waren, anarchistische Zustände einreißen würden. Es wurde deshalb allgemein als rechtmäßig erachtet, daß zur Verhütung der Anarchie der Zentralrat als die einzige noch vorhandene organisierte Gewalt, entgegen dem Wortlaute der von Kurt Eisner erlassenen vorläufigen Verfassung, die Zügel der Regierung ergriff, in einem Kongreß der Arbeiter-, Bauern- und Soldatenräte ein neues Ministerium aufstellte und unter dem Vorsitze meines Mannes durch langwierige und angestrengte Verhandlungen es durchsetzte, daß damals die Räterepublik nicht ausgerufen, sondern am 17. März der Landtag zu einer kurzen Tagung einberufen, das Ministerium Hoffmann eingesetzt und vom Landtage durch eine Vollmacht mit der gesetzgebenden Gewalt ausgestattet wurde.

Schon die bisherigen Tatsachen beweisen, daß es meinem Manne nicht auf die gesetzwidrige Verdrängung, sondern seinem Ziele nach auf die Erhaltung der rechtmäßigen Verfassung ankam.

Sie beweisen ferner, daß bei Würdigung der Rechtmäßigkeit politischer Handlungen in revolutionären Zeitläuften die Notlage des Gemeinwesens, die ihm drohenden Gefahren und die von dem Politiker verfolgten Zwecke zu berücksichtigen sind und daß mein Mann deshalb selbstverständlich keinen Hochverrat beging, als er nach der Verjagung des Landtags an der Einführung einer Zentralherrschaft mitwirkte. Dieselben Grundsätze haben nun auch für die Beurteilung der späteren Handlungen meines Mannes zu gelten.

3.

Auf Anregung des Zentralrates bildete das Ministerium Hoffmann ein Zentralwirtschaftsamt und übertrug Dr. Neurath, mit dem es auf mehrere Jahre hinaus einen Anstellungsvertrag abschloß, die Vollsozialisierung des Staates Bayern. Die in München anwesenden Ausschüsse des Landtages waren anfänglich mit der Tätigkeit Dr. Neuraths einverstanden. Später aber machten sie Schwierigkeiten. Sie wollten ihm die erforderlichen Vollmachten zur Vorbereitung der Vollsozialisierung nicht erteilen. Infolgedessen verschob das Ministerium auf Anregung des Zentralrates die Einberufung des Landtags. Die Verhältnisse spitzten sich nun immer mehr zu einem Konflikte zwischen dem Zentralrat und dem Landtag zu.

Da trat am 3. April 1919 unerwartet eine neuerliche revolutionäre Änderung ein.

In Augsburg hatten nämlich der unternehmungslustige Leutnant Olschewsky, ferner der Kaufmann Karl Marx, der inzwischen verstorbene Hans Frank und mehrere andere ihre Stellung im Arbeiter- und Soldatenrat dazu benützt, die Einführung der Räterepublik anzustreben, hatten zu diesem Zwecke insgeheim ein Revolutionskomitee in Augsburg gegründet und allmählich die Arbeiterschaft, die Arbeitslosen und die Garnison für die Einführung der Räterepublik begeistert.

Der Stadtkommandant Edelmann berief damals als Vorsitzender des Arbeiter- und Soldatenrates eine — übrigens schon länger geplante — allgemeine Volksversammlung auf Donnerstag, den 3. April 1919, in den Ludwigsbau in Augsburg ein und ließ als Redner meinen Mann kommen, der erst unmittelbar vor Beginn der Versammlung und infolgedessen in ganz ungenügender Weise über die Aufstachelung der Arbeiterschaft in Augsburg unterrichtet wurde, sich infolgedessen auf den beruhigenden Einfluß verließ, den er als Redner auszuüben gedachte.

Er trat in der Versammlung für das in der Verfassung zu verankernde Rätesystem ein, bezeichnete die Räterepublik als ein Werk der Zukunft und bekämpfte, während die übrigen Mehrheitsführer sich schweigend verhielten, die von verschiedenen Rednern empfohlene Einführung der Räterepublik für die Gegenwart.

Trotz seines Widerspruches gelang es den Revolutionären, besonders dem Dr. Rothenfelder, einem nicht ganz zurechnungsfähigen Manne, der aber eine zündende Beredsamkeit besitzt, die Versammlung dahin zu bringen, daß sie sich zur Revolution bereit fand und eine aus Olschewsky, Frank und Dr. Rothenfelder bestehende Deputation nach München schickte, die den Zentralrat und das Ministerium von der Stimmung in Augsburg verständigte und zur Einführung der Räterepublik aufforderte.

Dieses Ereignis wirkte. Von vielen Orten Süd- und Nordbayerns trafen telegrafische Zustimmungserklärungen sozialdemokratischer Organisationen in München ein. Der Herr Ministerpräsident Hoffmann war dort nicht anwesend. Die übrigen Minister leisteten keinen Widerstand. Eine Anzahl mehrheitssozialdemokratischer Führer sowie die Minister Simon und Schneppenhorst schlossen sich der Bewegung an. Die maßgebenden Kreise in München glaubten, die Räterepublik lasse sich in Bayern nicht mehr aufhalten, und schickten sich zu ihrer Ausrufung an.

Danach war eine ähnliche revolutionäre Lage gegeben wie am 21. Februar 1919. Hätten sich die Mehrheitssozialdemokratie und der Zentralrat von der Gründung der Räterepublik formell ausgeschlossen, so würden die revolutionären Kommunisten sie sofort mit russischer Rücksichtslosigkeit eingeführt und aufrechterhalten haben. Dann wäre sofort die von meinem Manne befürchtete Folge eingetreten, daß der Bürgerkrieg ausgebrochen und ein großes Blutvergießen angerichtet worden wäre. Um das zu verhüten und den Weg zur gütlichen Verständigung offenzuhalten, ließ sich mein Mann bestimmen, die Räte-

republik mitzugründen. Er tat dies auch deshalb, weil er nach der Haltung des Ministers Schneppenhorst annahm, daß die Mehrheitssozialdemokratie an der Gründung der Räterepublik teilnehme.
In der Nacht vom 6. auf 7. April fand dann im Wittelsbacher Palais eine Versammlung von etwa 80 Personen aus den Kreisen der Unabhängigen, der Mehrheitssozialdemokraten, des Zentralrats, des revolutionären Arbeiterrats, des Bauernbunds und anderer maßgebender Spitzen statt. Diese stellte den Text der Proklamation fest. Mein Mann und Gewerkschaftssekretär Albert Schmid unterzeichneten für die Mehrheitspartei.
Damit hat mein Mann vielleicht dem Buchstaben nach das Gesetz verletzt. Er hatte aber sowenig wie am 21. Februar 1919 das Bewußtsein, etwas Unrechtes zu tun. Denn gerade weil die Mehrheitler die Räterepublik mitgründeten, erklärten die Kommunisten, welche die Beweggründe meines Mannes durchschauten, sie für eine bloße Scheinräterepublik und schlossen sich deshalb von der Gründung aus.
So war nach der Meinung meines Mannes die Möglichkeit gegeben, daß der Zentralrat und die Mehrheitspartei die Verfügung über die Staatsgewalt — wenn auch unter Mitwirkung der Unabhängigen und des Bauernbunds — in der Hand behielten und daß sie, ebenso wie am 17. März 1919, den gesetzlichen Zustand durch einen Vergleich mit der rechtmäßigen Regierung wiederherstellen würden.
Werden also bei der Würdigung der Handlungsweise meines Mannes die revolutionäre Notlage des Gemeinwesens und die Gefahren berücksichtigt, die mein Mann durch seine Beteiligung bei Gründung der Räterepublik zu verhüten bezweckte, so kann ihm der Vorwurf eines hochverräterischen Unternehmens billigerweise nicht gemacht werden.
Daß es meinem Manne nicht darauf ankam, die Räterepublik durch seine Beteiligung zu stärken, sie mit Gewalt aufrechtzuerhalten, geschweige denn für seine Person ehrgeizige Zwecke zu verfolgen, ergibt sich daraus, daß er — entgegen der hierüber veröffentlichten Zeitungsnachricht — in das für die Räterepublik gebildete Ministerium nicht eintrat und daß er auch seine Stelle als Vorsitzender des Zentralrates schon am Morgen des 7. April 1919 niederlegte.

4.

Es war ihm später aber nicht möglich, den von ihm angestrebten Vergleich mit dem Ministerium zu vermitteln. Der Herr Ministerpräsident hatte nämlich gar nicht beabsichtigt, den Weg der gütlichen Verständigung zu beschreiten. Die Mehrheitspartei hatte sich ihm angeschlossen. Dagegen hatte der Herr Ministerpräsident mit Augsburg eine auf diese Stadt beschränkte Kapitulation abgeschlossen.
Mein Mann eilte nun nach Augsburg und trat am Palmsonntag, dem 13. April 1919, auf dem Exerzierhofe der Infanteriekaserne in der Volksversammlung auf, die damals den Kapitulationsvertrag genehmigte.
Dabei erklärte er sich nicht gegen die Einigung an sich, sondern nur dagegen, daß Augsburg den Vertrag mit der Regierung in Bamberg ohne Wissen und

Mitwirkung der Leitung der Münchner Räterepublik und mit Beschränkung auf Augsburg abgeschlossen habe, während andernfalls, wenn München in den Vergleich mit aufgenommen worden wäre, die Revolution ohne Blutvergießen hätte beigelegt und überdies die ohnehin beabsichtigte Aufnahme des Betriebsrätesystems in die Verfassung hätte ausdrücklich vereinbart werden können. Auch diese Ansprache meines Mannes zielte also darauf ab, die gütliche Beilegung des Konfliktes mit der Bamberger Regierung und dem Landtage offenzuhalten.

Ein hochverräterisches Unternehmen kann also auch in dieser Ansprache nach ihrem ersichtlichen Inhalt und Zweck nicht gefunden werden.

Schon am Tage nachher hat sich mein Mann, als er bei seiner Rückkehr nach München die Räterepublik des Zentralrates gestürzt und die der Kommunisten gegründet vorfand, zurückgezogen und sich nach Augsburg zurückbegeben.

Meine Bitte, meinem Manne Amnestie zu gewähren und ihn aus der Haft zu entlassen, dürfte also gerechtfertigt sein.

gez: Anna Niekisch
Augsburg
Stettenstr. 34

Ernst Niekisch
Eisner als Staatsmann

Des alten, in Schmach und Schande zusammengebrochenen deutschen Reiches Staatsmänner waren alle Leute ›vom Fache‹ gewesen. Wer nicht durch das Studium römischen Rechtes Kopf und Herz sich ausgedörrt hatte und in wohlvorgeschriebener Beamtenlaufbahn nicht zur öden, klappernden Maschine geworden war, galt nicht als ein Mann, dem des deutschen Volkes Geschicke anvertraut werden könnten. Die Leute vom Fache regierten – und unser gegenwärtiges Deutschland ist ihrer Hände Werk. Das Ergebnis ihrer Regierungskunst hat ein vernichtendes Urteil über diese Regierungskunst gesprochen. Die ganze Welt weiß das heute; nur das deutsche Volk weiß es noch nicht. Das deutsche Volk blickt weiterhin verehrend auf seine Männer ›vom Fach‹ und verabscheut seine Männer von Fähigkeit und Begabung.
Ein Mann von Fähigkeit und Begabung war Eisner. Ein Literat, jawohl, aber das ist kein Einwand; man kann Literat und noch unendlich mehr sein. Eisner war ein Mann des Schrifttums, weil das Schrifttum eine der üblichen Formen ist, in denen Künstlernaturen sich tätig ausleben. Eisners Künstlernatur hatte sich Jahre hindurch dieser Form des Sichauslebens bedient. Aber daß sich Eisners Schriftstellerschaft mit ihrem Reichtum an Geist, Zartheit und Innigkeit in den Dienst der breiten Volksmassen stellte, daß Eisner nicht Bücher für wenige, sondern wertvolle Zeitungsartikel für viele schrieb, das zeigte schon immer an, daß Eisner über das Literatentum hinausstrebte, daß ihm das Literatentum nur ein Notbehelf war. Eisner wollte schon je und je auf breite Massen wirken; seine innerste Sehnsucht trieb ihn dazu, das äußere, praktische Leben, wie es in Politik und Wirtschaft abrollt, zu gestalten, kurz gesagt: *Staatsmann zu sein.* Indes, widerspricht angeborene Künstlernatur nicht von vornherein fruchtbarer staatsmännischer Wirksamkeit? Schlimm genug für Deutschland, daß diese Frage überhaupt aufgeworfen und erörtert werden muß.
Was ist das letzte Geheimnis des Künstlers? Doch wohl das: daß er schärfer und kräftiger als andere das Wesentliche in allem Vorhandenen und Geschehenden sieht, daß er tiefer und klarer ins Herz der Dinge blickt. Was sein gottbegnadeter Blick erschaut, dahin vermag rechnender Verstand und geschäftige Klugheit des nüchternen Alltagsmenschen niemals zu dringen. Erlebnis und Ahnung sind die Kräfte, mittels deren der echte Künstler sich den Quellen und Wurzeln des Seins und Werdens nähert; es sind Kräfte, die denjenigen, der sie hat, zum Sonntagskind machen, das wissender ist, als je ein Verständiger zu sein vermag. Wir sind gewohnt, daß der Künstler das, was in gesegneter Stunde sein klares Auge erschaut hat, in dichterischen Gestalten, in musikalischen Tönen, in farbigen Gemälden, in aufstrebenden Gebäuden, in durchgebildeten Körpern offenbart; Sprache, Töne, Farbe, Stein sind die Stoffe, deren er sich dabei bedient. Wie aber, wenn ihn eine ganz besondere Gabe dazu vorherbestimmt

hätte, sich die öffentlichen Angelegenheiten, die menschlichen Beziehungen als Stoff zu wählen, in dem und durch den er seine inneren Gesichte, seine fruchtbaren Anschauungen, seine weltbezwingenden Ideen gestalten könnte? Wenn er statt in Worten, Tönen, Farben oder Steinen in politischen Taten dichtete? Müßten dann nicht seine politischen Taten so einzig, gewaltig, tiefsinnig, bedeutsam sein, als vielleicht seine Gedichte bezaubernd, seine Sonaten hinreißend, seine Gemälde erschütternd, seine Dome erhebend geworden wären?
Eisner war die Künstlernatur, die dazu angelegt war, am Stoffe des öffentlichen Lebens – also in der Politik – sich auszuleben. Damit wurde für ihn die Politik zum Mittel, die tiefsten Sehnsüchte der Menschennatur zu enthüllen und zu erfüllen, zum Mittel, das Reinmenschliche zur Darstellung und zur Geltung zu bringen und den verborgensten Bedürfnissen der Menschennatur Gehör zu verschaffen. Seine Staatskunst war nicht ein Broterwerb oder eine Weise, dem Machttrieb zu genügen, sondern eine unentrinnbare innerliche Berufung, dem Ewigen im Menschen zu dienen; es war nicht eine Staatskunst bloßer Auskünfte für den folgenden Tag, sondern eine Staatskunst weitschauender Ideen.
Politiker solcher Art konnte das alte Deutschland nicht gebrauchen; hier konnte Staatsmann nur sein, wer kurzsichtig dem Tageserfolg und dem Tagesglauben an das Recht brutaler militaristischer Gewalt anhing. So blieb Eisner nichts übrig, als bloßer Literat zu sein. Damit wirkte er in Worten, was er leidenschaftlich genug begehrte, in politischen Taten wirken zu können. Er wurde Sozialist, weil er stark und tief erlebte, daß der Sozialismus die geschichtliche Bewegung sei, die die Erlösung der unterdrückten, elenden Proletariermassen bezwecke.
Gleich nach Ausbruch des verhängnisvollen Weltkrieges erkannte er das Unsittliche der deutschen Politik. Das raubgierige Preußen hatte noch stets die Welt glauben zu machen versucht, es sei schuldlos überfallen worden, wenn es einen heimlich ersehnten Krieg gewissenlos vom Zaune gebrochen hatte; jetzt hatte es, die deutsche Politik beherrschend, wiederum zum selben Trug gegriffen. Und diese Erkenntnis fraß in ihm, er fühlte, daß es nicht genug sei, sie in Reden und Aufsätzen hinauszuschreien, sondern daß sie unbedingt sich in Taten umsetzen müsse. *Eisner schrieb nicht mehr, sondern er handelte:* er setzte sich an die Spitze des Januarstreiks 1918. Der Streik mißlang, und Deutschlands weitblickendster Staatsmann wanderte ins Gefängnis. Im November 1918 glückte ihm aber sein trefflichstes Werk; es war kein Gedicht oder Drama, *sondern eine gelungene Revolution.*
Eisner war Ministerpräsident – und er hatte es nicht leicht, es zu sein. Die allzu vielen, die nur bis morgen sehen, rümpften die Nase. Da war einer, der weiter dachte, und das war man in Deutschland wirklich nicht gewöhnt. Dieses alte, ideenlose, naserümpfende Deutschland verkörperte sich in Eisners Gegenspieler: in *Auer.* Auer war ein tüchtiger Parteibeamter, ein Mann der kleinen Mittel, Schliche und Ränke, ein gerissener Techniker des Parlamentarismus, reich an Kniffen, aber leer an Gedanken. Und alle übrigen Revolutionsminister standen Auer näher als Eisner. Es war ein erschütternder Anblick, Eisner täglich im Ministerrat den Kampf gegen die dort heimische Ideenfeindschaft füh-

ren zu sehen, diesen Kampf, den er immer wieder aufnahm, in dem er nie ermattete und der das tragische Schicksal jedes geistigen Ausnahmemenschen in Deutschland ist. Eisner mußte es stündlich erleben, wie der Praktiker in seiner Armseligkeit sich vermaß, den, der von einer Idee besessen war, als Idealisten spöttisch abtun zu dürfen.

Welches war nun Eisners leitende staatsmännische Idee? Knapp gefaßt: die Herstellung einer *wahrhaft sittlichen Menschengemeinschaft.* Sie erschien ihm als eine der wesentlichsten Vorbedingungen zur Verwirklichung des Sozialismus, soweit Sozialismus eine neue solidarische Wirtschaftsordnung ist. Von dieser leitenden Idee aus lassen sich wie selbstverständlich alle politischen Einzelmaßnahmen Eisners verstehen.

Außenpolitisch: Deutschland hatte unendliche Schuld am Ausbruch des Krieges. Durch seine Taten hatte es die Völkerbeziehungen vergiftet und die Ansätze einer werdenden Völkergemeinschaft zerstört. Es war fast kein Fleck mehr auf dem weiten Erdenrund, von dem nicht Haß, Abscheu, Verachtung, Mißtrauen Deutschland entgegenschlugen. Diesen gemeinschaftsvernichtenden Gefühlen mußte der Boden entzogen werden. Es gab dazu keinen andern Weg als den, daß Deutschland freimütig seine Schuld eingestand, daß es unverkennbare Beweise seiner inneren Wandlung und Erneuerung erbrachte. Darum veröffentlichte Eisner die Schulddokumente, darum hielt Eisner seine gewaltigen Reden in Bern und Basel. Darum bekämpfte er auch die Berliner Regierungsmänner: Ebert, Scheidemann, Landsberg hatten vier Jahre hindurch die Kriegspolitik unterstützt; sie waren keinesfalls die Männer, die das neue Deutschland vertreten durften.

Innenpolitisch: Als größtes Hindernis einer sittlichen deutschen Volksgemeinschaft empfand Eisner den preußisch-militaristischen Gewaltgeist. Ihm sagte er deshalb den Kampf an. Er sah ihn vertreten in der Berliner Regierung; auch daraus erklärt sich seine schroffe Stellungnahme gegen sie. Überdies fühlte er, wie die von Berlin angestrebte Zentralisation des Reiches, die die Bundesstaaten zu abhängigen Provinzen herabdrückt und ihre kulturelle Eigenart zertritt, nur eine *mechanische* Vereinheitlichung des deutschen Volkes bedeutet. Die Zentralisation schafft keine geistigen Gemeinsamkeiten; ihr Ergebnis ist nur ein *großer Menschenhaufen,* der nicht durch innerliche Beziehungen, sondern nur durch Polizeiverordnungen und Maschinengewehre zusammengehalten wird, ein Menschenhaufen, aber *keine wirkliche Volksgemeinschaft.* Deshalb wandte sich Eisner gegen die schroffe Durchführung des Zentralisationsgedankens; er wollte der Eigenart der einzelnen deutschen Stämme Rechnung getragen wissen; er durchschaute, daß die Freiheit eines Volkes nicht in Verfassungsbestimmungen beruhe – welch ein geknüppeltes Volk sind wir trotz unserer freiesten Weimarer Verfassung! –, sondern darin, daß jeder innerhalb seiner Gemeinde, seines Kreises, seines Landes, seiner Berufsgenossenchaft wirklich etwas zu sagen habe. Kräftige Selbstverwaltung der Gemeinden, Kreise, Länder entsprach seiner politischen Absicht; der Aufbau des Reiches aus solchen selbständigen Teilen schien ihm wünschenswerter, organischer, lebensvoller als der Bestand einer allgewaltigen Zentralregierung und ohnmächtiger Gemeinden und

Provinzen. Aus diesen föderativen Neigungen erwuchs der fast partikularistische Zug der Eisnerschen Politik, der bei diesem Berliner Kinde doppelt seltsam aufgefallen ist.
Eisner entging nicht der schöpferisch-aufbauende Gemeinschaftsgeist, der in Berufsgenossenschaften lebendig zu sein pflegt. Von dieser Erfahrung aus fand er seinen Standpunkt zum Rätegedanken. In den Räten sollte sich das arbeitende Volk finden, einigen und solidarisch verwachsen: Arbeiterräte, Bauernräte, geistige Arbeiterräte sollten die verschiedenen Tätigkeitsbereiche, in welche das Volk sich gliedert, zusammenfassen. Die Rätekörper selbst wieder hatten zu gemeinsamer Beratung allgemeiner Angelegenheiten zusammenzutreten; in der provisorischen Nationalversammlung hatte Eisner eine vor allem auf den Räten aufgebaute Volksvertretung bereits zusammenberufen gehabt. Die mehr und mehr anwachsende Abneigung Eisners gegen den Parlamentarismus geht zurück auf die zunehmende Einsicht in dessen bürgerlich-kapitalistischen, mechanischen, atomisierenden Charakter. Dabei aber trennte ihn immer eine tiefe Kluft vom Bolschewismus. Eisner wollte eine sittliche Gemeinschaft der Menschen, ihn stieß der harte, rücksichtslose Geist des Klassenkampfes und Klassenhasses ab, der dem Bolschewismus das Gepräge verleiht. Es ist sowohl eine Bestätigung seiner staatsmännischen Absichten wie auch seines staatsmännischen Könnens, daß während seiner Ministerpräsidentschaft kein Blut das Pflaster Münchens rötete. Während in Berlin im Dezember und Januar Bruderkämpfe tobten, schwiegen in München die Maschinengewehre, und es ist bezeichnend genug, daß die ersten Gewalttaten ausgingen von Leuten, die dem Minister Auer nahestanden. Der frevelhafte Putschversuch des Matrosen *Lotter* forderte die ersten Opfer.
Aus einem Gusse war Eisners Politik gewesen und zugleich von großem Stile. Eisner aber fand nicht Gefolgschaft, sondern Hetze, Verleumdung und schließlich den Tod. Deutschland war politische Stümper gewöhnt: es wollte sich von seinen alten Gewohnheiten nicht trennen. Eisners Politik war eine Versündigung gegen den deutschen Gewaltglauben: das war ihr nicht zu vergeben. Eisner war kein Mann der Routine, sondern ein Mann des tiefen, lebendigen Verständnisses für die Entwicklungsnotwendigkeiten des gesellschaftlichen und staatlichen Körpers: das machte ihn unmöglich. Eisner war der einzige Staatsmann großen Formats unter seinem Volke: das war ein Verbrechen, das sich nur durch seinen Tod sühnen ließ. Eisner, der Einzige, ist tot – seinem Mörder aber liegt das dankbare Deutschland jubelnd zu Füßen.

Ernst Niekisch als Redner auf der Trauerfeier für Kurt Eisner

Ernst Niekisch
Erinnerungen an Ernst Toller

1.

Ernst Toller hatte sich am 7. November 1918 dem Zuge Kurt Eisners von der Theresienwiese zum Landtag angeschlossen, jenem Zuge, der mit der Verjagung der Wittelsbacher aus München endete. So war er denn sogleich auch in den neugegründeten Münchner Arbeiterrat als Mitglied aufgenommen worden, und nicht lange danach wurde er zum Vorsitzenden der Münchner Ortsgruppe der Unabhängigen Sozialdemokratischen Partei Deutschlands gewählt. Mit Feuereifer stürzte er sich in die Politik. Ihn erfüllte der Glaube, daß eine neue, bessere Zeit angebrochen sei, daß die Gesinnung jenes edlen Pazifismus, die er in seiner Dichtung ›Wandlung‹ so hinreißend verkündet hatte, nunmehr sogleich Herzen und Köpfe aller Menschen ergreifen werde. Die ›Wandlung‹ hatte ihn mit einem Schlage berühmt gemacht, das Glück des jungen Ruhms beschwingte ihn, und das Gefühl einer höheren Berufung durchglühte seine ganze Existenz. Apostel der Humanität wollte er sein, und unermüdlich wollte er seinen Beitrag dazu leisten, die Politik zu ethisieren. In solchem Bestreben begegnete er sich sowohl mit Eisner wie auch mit dem moralisch so unerbittlichen Professor Förster und auch mit dem bewunderungswürdigen Gustav Landauer.
Im Januar 1919 war ich in den Zentralrat der bayrischen Arbeiter-, Bauern- und Soldatenräte eingetreten und wurde bald dessen Präsident. Es lag in der Natur der Situation, daß ich in mannigfache Beziehungen zu Toller kam. Anfänglich hielt er mich für einen Gewerkschaftssekretär und betrachtete mich mit dem Mißtrauen, das der musische Mensch in der Regel dem Verwaltungsroutinier gegenüber zu hegen pflegt. Nachdem er jedoch einen Aufsatz von mir in der Zeitschrift des Zentralrats ›Arbeit und Zukunft‹ gelesen hatte, schwand seine Voreingenommenheit dahin.
Ernst Toller war ein schlanker, schöner Mann von mittlerer Größe. Seine Bewegungen waren voll Grazie. Aus seinem wohlgebildeten Gesicht glühten zwei tiefdunkle mandelförmige Augen. Das schwarze, stahlblau schimmernde Haar verlieh in Verbindung mit der gelblichen Hautfarbe, der edlen Stirn und der wohlgestalteten Nase dem Gesicht einen wirkungsvoll fremdartigen Reiz. Er hatte eine dunkle und melodiöse Stimme, die voll ausklang, wenn er, ein bezaubernder Apoll, auf dem Rednerpult stand. Im Gespräch wußte er durch seinen Charme zu bestricken. Er hatte schauspielerisches Talent, liebte das große Pathos, die eindrucksvolle Geste und neigte dazu, sich stets, wenn auch in durchaus geschmackvoller Weise, in Szene zu setzen. Menschliche Not, menschliches Elend ergriffen ihn, wo sie ihm begegneten, sein Herz war leicht zu rühren, und bereitwillig half er, wo er Gutes stiften konnte. Er glaubte an das Gute im Menschen. Es war nicht zu vermeiden, daß seine großzügige Gebefreudigkeit nicht selten schnöde mißbraucht wurde. Für die Einwirkungen des Augenblicks

und der Umgebung war er überaus empfänglich, leicht war er Stimmungswechseln unterworfen; in seiner Unberechenbarkeit lag etwas Weibliches. Immer aber war er von jenem gewinnenden Wesen, das Frauen am Manne so sehr lieben – und in der Tat wurde er von Frauen auch in reichlichem Maße geliebt.
In der revolutionären Erregung jener Tage hatte sich Toller auf das Glatteis der Politik begeben, für welche er eine eigentliche Begabung keineswegs mitbrachte. Er war ein Mann des Gefühls, nicht der kühlen Berechnung, der Phantasie, nicht des nüchternen Tatsachensinns. Die Situation riß ihn mehr hin, als daß er sie mit kalter Überlegenheit beherrschte. Max Weber, dessen Schüler Toller in Heidelberg gewesen war, sagte später vor Gericht, Gott habe in seinem Zorn Toller zum Politiker erschaffen. Eisner und Gustav Landauer hatten diese Überzeugung immer geteilt. Tollers politische Handlungen waren impulsive Gefühlsausbrüche, Improvisationen, effektvolle Einfälle, keine zielsicheren taktischen und strategischen Maßnahmen. Der Eintritt Tollers in die Politik war eines jener überraschenden Abenteuer, die dem Dichter erlaubt sind und die man ihm um so lieber verzeiht, als sie ihm zum Erlebnisstoff werden, den er in das Gold seiner Poesie ummünzt.
Im April 1919 wurde in München die Räterepublik ausgerufen. Zu den treibenden Kräften hatte Toller nicht gehört, wennschon er, den Zeitumständen entsprechend, im Banne der Räteidee stand. Während der Vorbereitungen stellte es sich heraus, daß die Kommunistische Partei unter Führung des großartigen Eugen Leviné es ablehnte, sich dem utopischen Unternehmen anzuschließen. Toller zögerte und beteiligte sich nur widerstrebend an dem Umsturz. Es bedurfte dann auch starker Überredungskünste, um ihn dazu zu bewegen, in seine Wahl zum Präsidenten einzuwilligen. Als schon acht Tage später die zweite, die kommunistische Räterepublik, gebildet wurde, fühlte er sich, so viele Bedenken er gegen die neue Gründung hatte, der Arbeiterschaft viel zu sehr verantwortlich, als daß er sich der Mitarbeit hätte entziehen wollen; seine Ritterlichkeit gebot ihm, auch aus einem sinkenden Schiff nicht auszusteigen. Gemeinsam mit dem gegenwärtigen Berliner Stadtrat Gustav Klingelhöfer ging er als Oberkommandierender der kleinen ›Roten Armee‹ an die Front nach Dachau. Er fügte zwar seinen dichterischen Lorbeeren keine militärischen hinzu, immerhin ehrte es ihn, wie er bis zum letzten Augenblick auf einem völlig verlorenen Posten auszuharren bereit war.
Nach Niederwerfung der Münchner Räterepublik kochte die bayrische Volksseele, von den klerikalen Tribunen und Publizisten geheizt, hoch auf. Insbesondere tobte sie gegen die ›Landfremden‹; sie hatten mit ihren importierten Ideen die bayrische Ruhe und Ordnung gestört. Ein Landfremder war Ernst Toller aus Krotoschin. War er nicht zu allemhin auch noch ein Jude wie Landauer und Mühsam? Landauer war ein schreckliches Schicksal bereitet worden: uniformierte Tübinger Studenten hatten ihn unter Anleitung des Majors von Gagern auf dem Gefängnishof Stadelheim in der feigsten und rohesten Weise ermordet. Es war in den Tagen des Einmarsches der Weißen Garde in die Hauptstadt geschehen. Wäre Toller in die Hände dieser Gesellen gefallen, wäre unvermeidlich auch er ein Opfer solch entfesselten Blutdurstes geworden. Neben Landauer

und Mühsam war Toller der gehaßteste Mann in München. Sein Dichterruhm war für ihn kein Schutz: die pazifistische Tendenz der ›Wandlung‹ und ihres Dichters reizte den bayrischen Löwen um so unversöhnlicher. Toller war nicht geflohen, sondern verbarg sich in München. Die große Schauspielerin Tilla Durieux beschirmte ihn etliche Wochen. Dann wurde die Polizei seiner habhaft. Triumphierend meldete die Presse, man habe ihn hinter einer Tapetentür aufgegriffen; sein Haar habe er rot gefärbt. Die Meldung hatte den Zweck, Toller in ein lächerliches Licht zu bringen. Die Verhältnisse hatten sich inzwischen bereits beruhigt; es ging nicht mehr an, die Gefangenen einfach totzuschlagen. Aber ganz ungerupft sollte er nicht davonkommen. In seiner Zelle wurde er gefesselt und an die Kette gelegt. Er sollte erniedrigt und gequält werden. Auf das Standgericht wurde verwiesen, vor das Toller gestellt werden sollte, und es fehlte nicht an Andeutungen, daß das Todesurteil nicht ausgeschlossen sei.
Da geschah etwas, was die bayrische Volksseele völlig aus ihrer Fassung brachte. Von allen Seiten regnete es Proteste gegen Tollers Behandlung. Schriftsteller, Künstler, Politiker sprachen ihre Empörung über die bayrischen Barbaren aus. Zwar hatte der Einspruch aus Berlin in München wenig Wirkung getan, im Gegenteil, man hatte den Entrüstungslärm, der von der Spree zur Isar ertönte, ergötzlich gefunden. Indes nach englischen und – was in München insbesondere stark ins Gewicht fiel – französischen Einwendungen wurde man stutzig. Toller wurde unbequem. Hier war ein bayrisches Prestige in Gefahr, das man nicht verlieren wollte. Man war willens, den Bogen nicht zu überspannen. Toller wurde vor ein Standgericht gestellt, manierlich behandelt und wegen vollendeten Hochverrats zur Mindeststrafe von fünf Jahren Festungshaft verurteilt. Niemand konnte angesichts des vorliegenden Tatbestands das Urteil anstößig finden; man war menschlich geblieben und hatte trotz alledem die Genugtuung, Toller einen Denkzettel verabreicht zu haben. Toller hatte sich vor dem Standgericht würdig benommen; auch die Böswilligen konnten ihm nichts am Zeuge flicken.

2.

Niederschönenfeld, das eine Strafanstalt für Jugendliche gewesen war, wurde als Festungshaft eingerichtet. Es liegt im Donautal, in der Mitte der Mündung des Lech in die Donau. Aus den Zellen wurden ›Festungsstuben‹, die sich die Gefangenen nach ihren Wünschen einrichten konnten. Die Festungsstuben wurden tagsüber nicht abgeschlossen, so daß die Gefangenen ungehindert untereinander verkehren konnten. Ungefähr 100 Häftlinge wurden untergebracht, darunter befanden sich auch Erich Mühsam und Gustav Klingelhöfer.
Der ›freisinnige‹ bayrische Justizminister Müller-Meiningen hatte, seitdem es Festungshäftlinge aus den Reihen des revolutionären Proletariats gab, die Festungshaftordnung verschärft. Der Stadturlaub auf Ehrenwort wurde abgeschafft, Brief-, Zeitungs- und Paketkontrolle eingeführt. Der Eisner-Mörder Graf Arco war zur Verbüßung seiner Festungshaft nach Landsberg am Lech gekommen, er wurde sowenig wie später der Festungshäftling Hitler von den Verschärfungen betroffen. Die Niederschönenfelder Häftlinge verwickelten sich

in einen heftigen Kampf gegen die Justizbehörden, in welchem sie die Rechtsgültigkeit der Verschärfungsmaßnahmen bestritten. Dieser Kampf wurde mit publizistischen Mitteln und mit Denkschriften geführt. Auch Toller beteiligte sich daran.

Tollers Festungshaftstube war der meinigen benachbart. Schon bald spannen sich zwischen Toller und mir herzliche freundschaftliche Beziehungen an. Er machte mich zu seinem Vertrauten und Ratgeber. Täglich besuchten wir uns gegenseitig in unseren Stuben; auf dem Hofe, der jeden Tag sechs Stunden zur Benutzung offenstand, vertrieben wir uns die Zeit mit gründlichen Diskussionen. Toller hatte seine Stube geschmackvoll eingerichtet; die vielen Freunde, die er allerorts besaß und die den schönen Ehrgeiz hatten, ihm sein Los zu erleichtern, trugen durch manche Spenden zur Ausstattung seines Wohnraums bei. Vor allem schätzte er, wie verständlich, Büchergeschenke. Jede Buchgabe hieß er willkommen. Er hatte das Bestreben, die Zeit seiner erzwungenen Muße auszunutzen; mit Hingebung betrieb er seine Studien, die sich von der Literaturgeschichte bis zur Philosophie und zu Fragen des theoretischen Sozialismus erstreckten. Als ich für einige Freunde einen Vortragszyklus über Kants Erkenntnistheorie veranstaltete, gehörte er zu den unermüdlichsten Zuhörern und kam in vielen Erörterungen immer wieder auf die erkenntniskritische Problematik zurück. Mit Spenglers Werk ›Untergang des Abendlandes‹, das in jenen Jahren Sensation zu machen begann, setzte er sich innerlich auseinander; das ›Reisetagebuch eines Philosophen‹ von Keyserling fesselte ihn; die Freudsche Psychoanalyse zog ihn in ihren Bann.

Insbesondere freilich ging er seiner schöpferisch-dichterischen Arbeit nach. Es kam der Gesundheit seines geistig-seelischen Zustandes zustatten, daß er in der Haft nie das Gefühl verlor, eine Aufgabe zu haben. Die Tage zerrannen nicht sinn- und zwecklos, das Bewußtsein fruchtbarer Tätigkeit schenkte ihm Haltung und innere Stärke. Im Grunde konnte er sich der Empfindung hingeben, mehr ein Mönch zu sein, der hinter Klostermauern in bereichernder Zurückgezogenheit lebe, als ein Gefangener, der eine Strafe zu verbüßen habe. Es kam zuweilen vor, daß er nach einem Besuche, deren er als Festungshäftling wöchentlich je einen bis zu sechsstündiger Dauer ohne unmittelbare Beaufsichtigung empfangen durfte, ermüdet in seine Stube zurückkehrte und den Verlust des inneren Gleichgewichts als eine mißliche Störung beklagte, der er nicht zu häufig ausgesetzt sein wolle.

In der Zeit, während der ich mit ihm zusammenlebte, schrieb er ›Die Rache des verhöhnten Liebhabers‹, ›Die Maschinenstürmer‹ und das ›Schwalbenbuch‹, entwarf seinen ›Hinkemann‹ und faßte die Idee zu seinem ›Entfesselten Wotan‹. Den Stoff zur ›Rache des verhöhnten Liebhabers‹ hatte er einer Novelle des Bandello entnommen. Die Arbeit bereitete ihm ungemeine Freude. Ihm schwebte vor, ein Lustspiel voll heiterer Überlegenheit, voll kecken Übermuts, voll bezaubernder Anmut, voll spritziger Leichtfüßigkeit und reifster Kultiviertheit zu schreiben. Es beglückte ihn, einen Verleger dafür gefunden zu haben, und als das Lustspiel, geschmückt mit den übermütigen Zeichnungen Hans Meids, schließlich herauskam, genoß er frohe Stunden.

Auf seine ›Maschinenstürmer‹ verwandte er größte Sorgfalt. Er ließ sich zahlreiche Werke schicken, in denen die tumultuarischen Ausbrüche des englischen Proletariats gegen den Siegeszug der Maschine dargestellt wurden. Häufig kam er in meine Stube, um mit mir das Problem, den Aufbau, die einzelnen Situationen, aber auch den Sinn des Geschehnisses durchzusprechen. Er war sich darüber klar, daß die Maschinenstürmerei objektiv ein Versuch war, den technischen Fortschritt aufzuhalten. Unleugbar indes steckte in der Auflehnung eine subjektiv ehrliche revolutionäre Dynamik. Sie war es, die ihn anzog. Konnte man die Maschine anfänglich nicht als Symbol der kapitalistisch verknechtenden Macht auffassen? Dann ließ sich die Maschinenstürmerei als echter revolutionärer Vorgang deuten, der sich gegen die kapitalistische Erniedrigung und Verwüstung aller menschlichen Werte richtete. Ich sparte nicht mit meiner Kritik; so lebhaft er seine Einfälle verteidigte, so gewissenhaft pflegte er sie nochmals zu überdenken. Damals sagte er, zuzeiten brauchte er mich mit meiner Neigung zu erbarmungsloser Analyse, dann aber kämen Stunden, in denen er diese einfach nicht zu ertragen vermöge.

Die Anregung, der das liebenswürdige ›Schwalbenbuch‹ seine Entstehung verdankt, ist bekannt. Eines Tages erzählte mir Toller, daß in seine Stube durch das geöffnete Fenster Schwalben einflögen. Er war von diesen Besuchern höchst entzückt. Noch entzückter war er, als er beobachtete, daß sie in einer Ecke unter der Stubendecke mit ihrem Nestbau begannen. Er befleißigte sich, sie in ihrem Geschäft nicht zu stören. Viel lag ihm daran, vor der Anstaltsleitung zu verbergen, was sich in seiner Stube zutrug. Schließlich erfuhr aber doch ein Hauptwachtmeister von der Sache. Er meinte, daß diese Einquartierung gegen die Vorschriften verstoße, schon allein deshalb, weil sie die Stube verschmutze. Kriminelle Strafgefangene hatten jeden Morgen die Stuben der Festungshäftlinge zu reinigen. Der Hauptwachtmeister gab zu verstehen, daß er möglicherweise die Anweisung erteile, das Nest gewaltsam zu entfernen.

Toller zeigte sich bereits durch den Gedanken einer solch rohen Gewalttat entsetzt; mit Leidenschaft protestierte er und machte Eindruck. Das Nest blieb unangetastet. Mit liebevoller Aufmerksamkeit beobachtete er von nun an das Schwalbenleben. Die Brutpflege, die Herbeischaffung der Nahrung für die Jungen, die ersten Flugversuche der kleinen Vögel rührten ihn. Die Schwalben gewöhnten sich an ihn, er war geradezu stolz darauf. Alles das nun, was ihm mit den Vögeln begegnete, ergriff sein Herz und seine Phantasie; in seinen Versen sprach er seine Erlebnisse aus. Tollers pazifistisch-humanitäres Pathos war der Stimmungsboden, dem die Gestalt des ›Eugen Hinkemann‹ entsprang. Ein klagender Aufschrei über die rohe Verwüstung des Menschlichen, die jeder Krieg unvermeidlich heraufbeschwört, wird laut. Abscheu vor dem Kriege soll, angesichts einer solch leidenden Kreatur, genährt werden. In unseren Gesprächen warf ich die Frage auf, ob Hinkemann wirklich eine dramatische Figur sei. Er ist kein gegen die Welt Rebellierender, sondern nur ein vom Schicksal Geprügelter. Überdies ist er ein Sonderfall, kein Typus. Toller räumte es ein, war indes so sehr von dem Stoffe ergriffen, daß er an ihm festhielt. Unbestreitbar ist, daß sich später das Stück bei seiner Aufführung in Ehren behauptete.

Tagung des Arbeiter- und Soldatenrates unter Leitung von Ernst Niekisch (Bildmitte) in der Kammer der Reichsräte in München, 1919.
Darunter: Aufruf des Arbeiter- und Soldatenrates vom 21. Februar 1919

Bekanntmachung.

Wer Handlungen gegen die jetzige Regierungsgewalt unternimmt oder zu solchen Handlungen auffordert,

wer raubt, plündert oder stiehlt

wird gemäß den noch zu veröffentlichenden Bestimmungen über den Belagerungszustand

erschossen.

München, den 21. Februar 1919.

Der Vollzugsrat des Arbeiterrats: **Niekisch.**
Der Vollzugsausschuß des Soldatenrats: **Simon.**
Der Polizeipräsident: **Staimer.** Der Stadtkommandant: **Dürr.**

Ganz kritisch stand ich hingegen seinem ›Entfesselten Wotan‹ gegenüber. Er war gegen den aufkommenden Nationalsozialismus gerichtet, erfaßte diesen jedoch nicht in seiner unheimlichen Gefährlichkeit. Der ›Entfesselte Wotan‹ ist mehr ein Ulk als ein Signal kommenden Unheils und schauerlichen Verhängnisses.
Mit den Häftlingen aus Arbeiterkreisen pflegte Toller die engsten Beziehungen. Er ließ sich von ihnen aus ihrem Leben im Betrieb erzählen, vieles davon hat er in den ›Maschinenstürmern‹ verwertet. Ihre häuslichen Verhältnisse besprach er mit ihnen, und wo notleidende Familien Unterstützung benötigten, war er zur Hilfeleistung bereit.
Im August 1921 kehrte ich in die Freiheit zurück, die ihm noch rund drei Jahre versagt blieb.

3.

Nach seiner Entlassung aus der Festungshaft lebte Toller mehrere Wochen als mein Gast in meiner Charlottenburger Wohnung. Er hungerte und dürstete nach pulsierendem Leben; es war, als wolle er rasch nachholen, worauf er so lange hatte verzichten müssen. Verehrer und Verehrerinnen zogen ihn an sich und machten es ihm leicht, lang entbehrte Erfahrungen, Erlebnisse, Genüsse in vollen Zügen kosten zu können. Es war selbstverständlich, daß er insbesondere die Gesellschaft von Schriftstellern aufsuchte; zuweilen drängte er mich, ihn zu begleiten. Ich erinnere mich einer höchst fröhlichen Nacht zusammen mit Ringelnatz und eines schönen Verlagsfestes bei Kiepenheuer in Potsdam.
Außerordentliches Vergnügen bereitete ihm der Umgang mit Schauspielern und Schauspielerinnen. Mit Heinrich George, dem erfolgreichen Interpreten seines ›Hinkemann‹, war er eng befreundet. George stand damals der Kommunistischen Partei nahe.
Viele Stunden verbrachte er in jenen Tagen bei einer der damals berühmtesten Berliner Schauspielerinnen. Häufig beklagte er sich mir gegenüber, daß er bei ihr über eine gewisse Distanz nicht hinauskomme; sie locke ihn an sich, stoße ihn dann aber, wenn er glaube, ihrer sicher zu sein, immer wieder zurück. Ich fragte ihn, warum er dann die für ihn so quälende Beziehung fortsetze. Er sah mich mit seinen schönen Augen lange an und seufzte: »Ach, du wirst das nicht begreifen – die Frau lügt so schön.«
Recht gut verstand sich Toller mit Kindern; er liebte es, sich mit ihnen auf kameradschaftlichen Fuß zu stellen. Rasch hatte er das Herz meines damals zehnjährigen Sohnes gewonnen; es machte Toller glücklich, dem Jungen Freude zu bereiten. Später, im Jahre 1943, grub mein Sohn Andersens Märchenbuch, das ihm Toller, mit einer schönen Widmung versehen, geschenkt hatte, aus den Trümmern unseres völlig ausgebombten Hauses heraus.
Ein merkwürdiges Schicksal hatte das Bändchen Tollerscher ›Gedichte‹, in das der Autor herzliche Worte geschrieben hatte, als er es meiner Frau überreichte. Das Büchlein hatte die Gestapo anläßlich meiner Verhaftung 1937 beschlagnahmt. Im Jahre 1948 sagte mir ein befreundeter Berliner Buchhändler, er habe eine Überraschung für meine Frau. Dann händigte er ihr den schmalen

Band aus, den vermutlich der Gestapomann vorübergehend seiner eigenen Bibliothek einverleibt hatte.
Nachdem sich Toller eine eigene Wohnung gemietet hatte, trafen wir uns nur noch selten. 1926 siedelte ich für einige Jahre von Berlin nach Dresden über. Erst 1932 begegnete ich ihm wieder bei einem Empfang in der Berliner Sowjetbotschaft. Er war sehr grau und alt geworden, machte den Eindruck, müde zu sein.
Anfang Februar 1933 rief mich Toller eines Tages an. Er fragte mich, was er tun solle. »Lieber«, riet ich ihm, »verlasse schleunigst Deutschland. Nie werden dir die Nationalsozialisten das Wort vergessen, das du im ›Berliner Tageblatt‹ geprägt hast, das Wort nämlich: ›Das Heldenideal ist das dümmste aller Ideale.‹ Sie werden sich an dir rächen, wenn sie deiner habhaft werden.« Toller gab mir recht und entschloß sich zur Emigration.
Nie hörte er auf, sich nach Deutschland zu sehnen. Erschüttert vernahm ich in meiner Zuchthauseinsamkeit in Brandenburg, wohin mich die Hitlerjustiz verbannt hatte, die Kunde, daß er in den Vereinigten Staaten seinem Leben freiwillig ein Ende bereitet habe. Er mochte geahnt haben, daß Männer, die von ihrer Sehnsucht nach dem Frieden und von ihrem Glauben an das Gute im Menschen nicht lassen wollen, *in unserer Gegenwart* ganz und gar *unzeitgemäß* sind.

Umschlagzeichnung des bekannten Gedichtbandes von Ernst Toller. Er wurde 1923 während seiner Inhaftierung im Festungsgefängnis Niederschönenfeld geschrieben

Ernst Toller

Das Schwalbenbuch

Gustav Kiepenheuer Verlag

Potsdam

Ernst Niekisch
Tollers ›Schwalbenbuch‹

Im Rechtsausschuß des deutschen Reichstags wurde jüngst eine Beschwerde Ernst Tollers behandelt. Die Festungshaftverwaltung Niederschönenfeld hatte wieder einmal – durchaus nicht das erstemal – mit roher Hand in das literarische Schaffen Tollers eingegriffen. Der Rechtsausschuß hat vorsichtigerweise die Entscheidung über die Beschwerde vertagt; die Staatskunst des Reichstags Bayern gegenüber besteht hergebrachterweise darin, nicht die Wiederherstellung verletzten Rechts herbeizuführen, sondern vielmehr jeden Rechts- und Verfassungsbruch Bayerns stillschweigend zu dulden und allen Konfliktsmöglichkeiten mit Bayern in weitem Bogen aus dem Wege zu gehen. Nur so ist es erklärlich, daß das deutsche Volk noch heute durch die Fortdauer der Mißhandlungen politischer Gefangener in Niederschönenfeld entehrt wird und daß trotz des sozialdemokratischen Reichsjustizministers mit Fechenbach noch immer die Gerechtigkeit im Zuchthaus Ebrach sitzt.
Toller hat bisher mit bewunderungswürdiger Widerstandskraft die Bedrükkungen eines erbärmlich kleinlichen, raffiniert bösartigen und unsagbar demütigenden Strafvollzugs ertragen. In der Einsamkeit seiner Zelle, durch deren Gitterstäbe der Blick auf Stacheldrahtverhaue und hohe Mauern fällt und in die der gleichförmige Schritt der Wächter tönt, die in dreifacher Postenkette Tag und Nacht das Haus umkreisen, schuf er ›Masse Mensch‹ und die ›Maschinenstürmer‹, das übermütige und doch so graziöse Lustspiel ›Die Rache des verhöhnten Liebhabers‹, die seufzenden ›Gedichte der Gefangenen‹, seinen leidvollen ›Hinkemann‹ und die reichste seiner bisherigen Dichtungen, sein ›Schwalbenbuch‹.
Im vergangenen Jahre hatten in Tollers Zelle Schwalben genistet. Er hatte sie liebevoll gepflegt und aufmerksam beobachtet. Was er dabei sah, was er mit seinen Schützlingen erlebte, was er empfand, das gestaltete er in freien Rhythmen von wärmender Innigkeit, bezaubernder Zartheit und süßester Reife.
Am 17. September wurde Toller durch den Festungshaftvorstand eröffnet, daß sein ›Schwalbenbuch‹, das er dem Verleger hatte zusenden wollen, beschlagnahmt worden sei, weil »es eine Reihe von Stellen enthalte, deren Verbreitung dem Strafvollzug Nachteil bereiten würde. Das Buch bringe agitatorische Stellen in solcher Häufung, daß es auch als Ganzes als Hetze wirke. In einem der Gedichte sei von *›Gitterloch‹* und anderem die Rede. Das wirke agitatorisch! In einem andern Gedichte werde eine entstellte Darstellung der üblichen Säuberung der Dachrinnen vom Schmutz gegeben. Gleichzeitig werde hier das Verhalten der Aufsichtsbeamten herabgesetzt, indem es als gefühlsroh bei der Säuberung der Dachrinnen hingestellt werde«. Es handle sich um das Gedicht:

Am Morgen, wenn der Wächter kommt,
Schreck' ich zusammen.
Entdeckt er das Nest,
Reißt er's mit harter Gebärde zu Boden.

O, im vorigen Sommer der Kriegszug auf junges Getier!
Gegen Dachrinnen, Firste marschierte man Sturm.
Als ich zum Hof ging,
Ging ich über ein Schlachtfeld.

Hilflos kreisend die klagenden Mütter.

Menschen   Menschen

In einem andern Gedicht komme die Zeile vor:

Opfernd
In todnahem Kampf
heroischer Fahne.

Das empfindet ein wohllöblicher Festungsvorstand als ›politische Hetze‹.
Ganz besonderes Unbehagen bereitete dem Festungsvorstand folgendes Gedicht:

Ein Freund starb in der Nacht
Allein.
Die Gitter hielten Totenwacht.

Bald kommt der Herbst.

Es brennt, es brennt ein tiefes Weh.

Verlassenheit.

Dieses Gedicht, sagte der Vorstand, stelle »eine agitatorische Benutzung des Todes des früheren Festungsgefangenen Hagemeister dar«.
Aus diesem Bescheid des Vorstandes spricht das schlechte Gewissen der bayrischen Strafvollzugsbehörde. Tatsächlich hatte die Festungsverwaltung im Vorjahr den Gefangenen Hagemeister elendiglich in seiner Zelle zugrunde gehen lassen. Der Arzt hatte den Schwerkranken noch kurz vor dem plötzlichen Verscheiden als ›*Simulanten*‹ bezeichnet. Toller hatte nach dem entsetzlichen Tode Hagemeisters den verantwortlichen Strafvollzugsbeamten wegen fahrlässiger Tötung angezeigt, war freilich nicht einmal vernommen worden. Niemand – außer dem Festungsvorstand, der allerdings Gründe hat, empfindlich aufzuzucken – wird in den wenigen Zeilen, die Toller dem Verblichenen widmet und in denen, beherrscht genug, verhaltenes Weh schluchzt, agitatorische Absichten wittern.

Gegen die ebenso ungerechtfertigte wie unverdiente Beschlagnahme des ›Schwalbenbuchs‹ wendet sich Tollers Beschwerde. Unter der russischen Zarenknute war die literarische Tätigkeit der politischen Gefangenen freigegeben; Toller wehrt sich dagegen, daß sie in der deutschen Republik lahmgelegt werden soll. Mit körperlicher Drangsalierung fand er sich ab (es ist ihm verboten, zur Behandlung eines Augenleidens einen Facharzt zu Rate zu ziehen; mit einer Verwandten, die ihn jüngst besuchte und die Ärztin ist, durfte er sich *nicht über seinen gesundheitlichen Zustand unterhalten*); gegen geistige Knebelung ruft er indes den Reichstag zu Hilfe.

Toller ist der wertvollste Vertreter jener jungen und gläubigen Generation, die ingrimmigen Hasses voll ist gegen die Lüge, die Gemeinheit, die Ungerechtigkeit, Verworfenheit und Kulturlosigkeit, die aus dem alten zusammengebrochenen Deutschland sich in so bedrückendem Umfange in unsere Gegenwart hinübergerettet haben. Bereits während des Krieges, als die ›Überlegenen‹, die ›Satten‹ und die ›Realpolitiker‹ noch mit stumpfsinniger Blindheit ohnegleichen Ludendorffschem Wahnwitz anhingen, nahm Toller die Schrecken deutscher Militärgefängnisse auf sich als ein Märtyrer der Friedensideen, als ein sich Hinopfernder für den Gedanken der Völkerversöhnung. Wie tief und heiß der Glaube an den besseren, höheren Menschen in ihm lebte, das zeigte seine ›Wandlung‹.

Dieser gläubige Toller wollte die neue Gesellschaft, deren der höhere Mensch zu seinem Gedeihen bedarf. Das Bruder- und Gemeinschaftsgefühl der sozialistischen Gesellschaft sollte den Sieg des Völkerfriedens und der Gerechtigkeit gewährleisten. So wurde Toller glühender Sozialist. Dabei war er nicht nur Bekenner, sondern viel mehr noch ein Tätiger. Er wollte nicht bloß reden, er wollte handeln. Er wurde Eisners Freund und Gehilfe und geriet schließlich auch in die bayrische Räterepublik – in diese Räterepublik, die eine Verzweiflungstat derer war, die im letzten Augenblick noch hofften, durch zugreifende Tat das Versickern des deutschen Schicksals im Sumpf aufhalten zu können, die (man denke auch an Landauer) den Willen hatten, etwas Großes, Entscheidendes, neue Bahnen Führendes zu gestalten.

Der gläubige Pazifist Toller wurde im Militärgefängnis in Ketten gelegt.

Der gläubige Sozialist Toller kam nach Niederschönenfeld.

Es liegt etwas traurig Symbolisches in Tollers Schicksal. Er, der Republikaner, Pazifist und Sozialist, wird mißhandelt, beschmutzt, entwürdigt von bayrischer Barbarei, von den reaktionären Mächten, die sich, nachdem sie das Reich zugrunde gerichtet haben, nach Bayern zurückzogen, um von Bayern aus neues Unheil über das deutsche Volk zu bringen. Und die Republik ist schwach; sie gibt ihre besten und treuesten Söhne preis; sie ist zu kraftlos, um das Aufwärtsstrebende, das Gute, Schöpferische und Zukunftsgläubige, das in ihrem Schoße wohnt, vor der gehässigen und geistlosen Gewalttätigkeit des Vergangenen und nach rückwärts Drängenden schützen zu können. Wie mit Fechenbach die Gerechtigkeit, so sitzt mit Toller der neue, tatfrohe, glaubensstarke und opferbereite Geist unserer jungen Republik im Gefängnis.

Wie lange wird es noch dauern, bis Reichstag und Reichsregierung (auch unser Genosse Radbruch) das endlich begreifen?

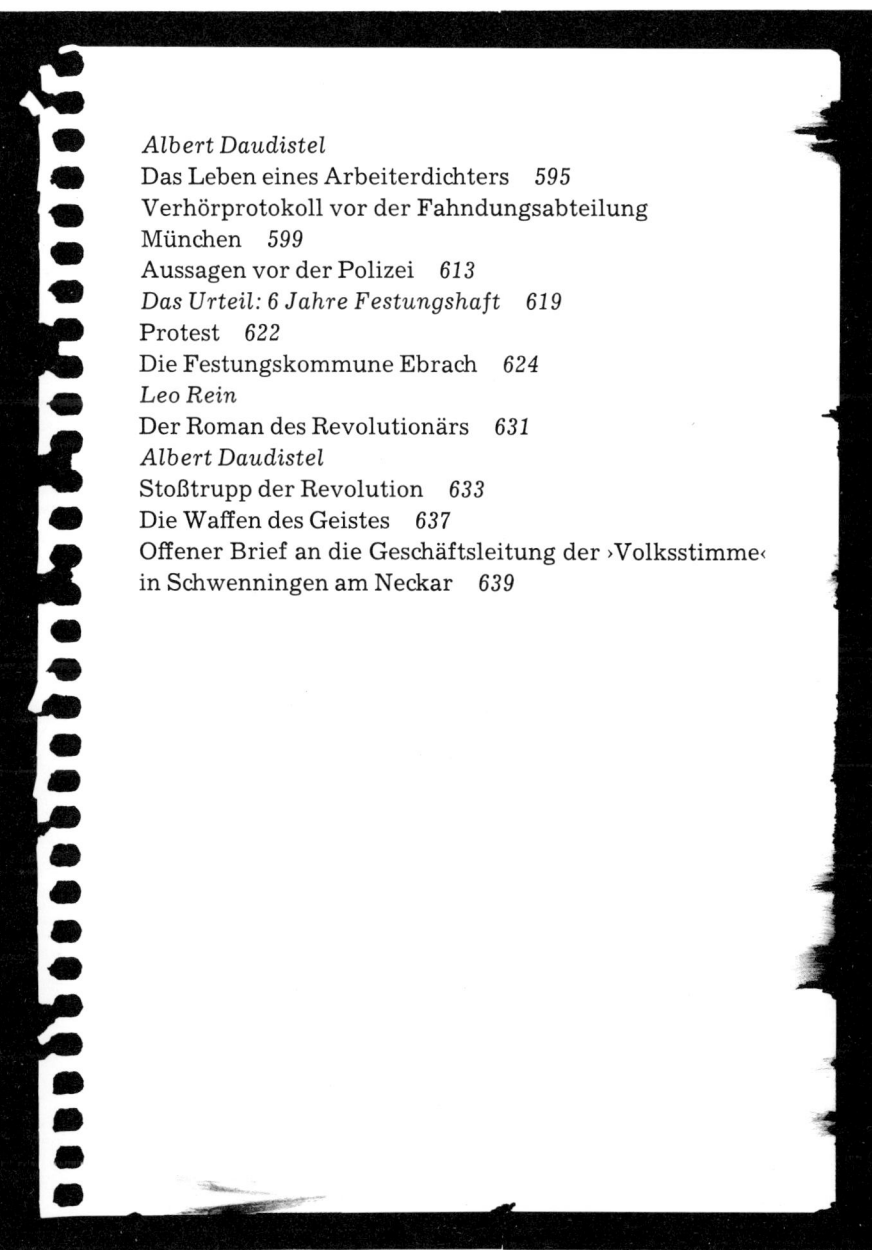

9 ________ Albert Daudistel

Albert Daudistel
Das Leben eines Arbeiterdichters

Ich wurde am 2. Dezember 1890 in Frankfurt am Main geboren. Mein Vater betrieb eine kleine Schlächterei. Er war feist. Und durch seine dicken Backen schimmerte bläulich sein beherztes Blut. Ja, die schlachtreifen Ochsen und die Schweine kippten schon bei seinem ersten Hieb mit dem Vorschlaghammer in ewige Narkose. Um mich bekümmerte er sich nur mittags und abends bei Tisch, insofern, als er mich fragte: »Na, Bub, schmeckt's?« – Meine Mutter nickte mir gar manchmal in stiller Bewunderung zu: sie war inniger als mein Vater. Immerhin – meine Eltern behandelten mich geradezu kameradschaftlich, auch dann, wenn Klagen über meinen Übermut bei ihnen einliefen...
Aber kaum war ich aus der Volksschule entlassen worden, da wurde mein Vater sehr streng zu mir. Ich wünschte Lokomotivführer zu werden. Er war dagegen. Er wollte mich zum Schlächter ausbilden, sogar mit Gewalt. Jedoch die erste Backpfeife, die er mir schließlich (wegen meiner Interesselosigkeit im Schlachthaus) mit nicht wenig Schwung verabreichte, vernichtete seinen väterlichen Lehrplan: ich verließ am folgenden Morgen heimlich und trotzig meine Vaterstadt, zu Fuß, mit südlichem Kurs.
Jener ehrgeizige Eigenwille, der mich damals schon beseelte, war mir nicht von Schullehrern anerzogen worden. Von Indianern, über die wir damaligen Frankfurter Lausbuben gelesen, und von Artisten, die wir gesehen, hatten wir ihn uns angeeignet. Und daher vermochte ich nunmehr auch all den Mühseligkeiten des Vagabundenlebens zu trotzen: gab man mir in jenem Haus nicht mal ein Stückchen Brot, dann ging ich weiter, von Tür zu Tür, bis ich mich gesättigt fühlte. Verweigerte mir ein Bauer den Schutz seines Stalles während der Nacht, dann kroch ich in einen Stroh- oder in einen Heuhaufen, oder ich krabbelte in einen leeren Backofen. Am liebsten jedoch schlief ich in den ausrangierten Eisenbahnwagen erster oder zweiter Klasse. Sperrte man mich wegen des Vagabundenlebens in eine Gefangenenzelle, dann dachte ich: ›Ihr seid ja verrückt!‹ – Hielt einer meiner Schuhe die Strapazen nicht mehr aus, dann warf ich beide weg und sagte mir: »Zurück gehe ich trotzdem nicht!«
Ich lief einmal barfuß auf der beschneiten Landstraße; ja, ich lief da, weil der Schnee so kalt war, daß er an meinen Füßen brennend schmerzte; aber ich lief vorwärts, auch getrieben von dem Gedanken, irgendwo und irgendwie da draußen in der Welt schließlich doch reich zu werden; und dann plötzlich zu Hause zu erscheinen, um meinem Vater aus meinem Rachegefühl wegen seiner Backpfeife sagen zu können: »Siehst du, mein Wille war stärker als deine Gewalt!«
Meist wanderte ich allein. Ich wanderte durch viele Länder. Aber ich schätzte mich nie als Vagabund ein, auch dann nicht, wenn ich mal wieder ganz zerlumpt oder ganz verlaust war. Denn ich hatte ein Ziel, ein anderes allerdings als bloß ein Reiseziel...

Je länger ich nun so dahinwanderte, desto mehr lernte ich – so ganz von selbst – nachdenken über das, was ich da draußen in der Welt sah: an der französischen Riviera etwa sah ich die Pracht und den Luxus der reichen Menschen – und in den Schaufensterscheiben der schönen Kaufläden erblickte ich mich selbst und fühlte (ganz offen gesagt) Mitleid mit dem, der sich da in den Schaufensterscheiben widerspiegelte, als sei der nicht ich, sondern irgendein herrenloser Hund. Ja, so wuchs in mir immer mehr und mehr die Sehnsucht nach einem besseren Dasein auf

Ich war damals im achtzehnten Lebensjahr. Mutig wanderte ich vorwärts, immer vorwärts, auf einem harten Weg, dessen ferne Kurve nach links hin zu dem Höllenleben, in das ich später geriet, ich damals noch nicht voraussah...

Ich kam nun in den Hafen von Genua. Dort traf ich mit ›armen Teufeln‹ aus allen Ländern zusammen. Jene Vagabunden aber hatten kein anderes Ziel mehr als bloß das Reiseziel ... Ja, sie waren schon heilfroh, wenn sie sich verstohlen an den Speiseresten sättigen konnten, die sie sich auf den Seeschiffen zu ergattern wußten.

Ich war nur 14 Tage im Genueser Hafen. Dann begann ich mit gefälschten Legitimationspapieren, die ich geschenkt bekam, meine Seefahrtszeit. Ich befuhr auf skandinavischen oder englischen Frachtschiffen alle großen Meere, so lange, bis ich die Welt gründlich kennengelernt hatte. Dann begann ich im Hafen von Genua einen Zeitungshandel. Ich verdiente nunmehr viel Geld. Und – als ich endlich das Ziel erreicht hatte, dem ich durch viele Jahre geradezu verbissen zäh entgegengestrebt war, da fuhr ich als wohlhabender Mann nach Deutschland.

In Rosenheim jedoch – an der deutsch-österreichischen Grenze – ergriff mich die deutsche Polizei, und da ich militärpflichtig war, beförderte man mich nach der II. Matrosendivision in Wilhelmshaven. Ich kam an Bord des Linienschiffes ›Nassau‹. Aber das soldatische Sklavenleben in der deutschen Kriegsmarine ermutigte mich gar bald zu Befreiungsmaßnahmen insofern, als ich ein schweres Augenleiden simulierte. Ich wurde nach der Augenstation des Marinelazaretts abkommandiert. Leider ist es mir im Rahmen meines Aufsatzes nicht möglich zu schildern, wie der Marineoberstabsarzt Huß seine ganze Intelligenz vergeblich anwandte, um mich als Simulant zu entlarven. Immerhin: acht Monate versuchte er es. Und dann mußte er doch zu mir sagen: »Ha – Daudistel, Sie haben es geschafft...«

Ich wurde als dienstunfähig entlassen. Ich fuhr zurück nach Genua und begann meinen Zeitungshandel von neuem. Es war zu Anfang des Jahres 1914...

Als der Weltkrieg ausbrach, ging mein Zeitungshandel in die Brüche. Ich mußte nach Deutschland. Und – bald hatten sie mich wieder nach Wilhelmshaven bugsiert. Nun sollte ich Kriegsdienst leisten, obwohl ich doch durchaus keine Veranlassung hatte, mich an jenem Krieg aktiv zu beteiligen. Jedenfalls sah ich nunmehr jene Kurve schon ganz nah voraus, die mich zwar mit Recht nach links hin führte, mich aber in ein Höllenleben leitete, das ich in meinem Roman ›Das Opfer‹ ausführlich geschildert habe. Ja, im Herbst 1915 stand ich bereits vor dem obersten Kriegsgericht der Marine-Nordseestation unter der Anklage der

Die Rote Armee in München, 1919

Meuterei. Ich bekam ›wegen der Verwegenheit‹, mit der ich meine Tat gegen jene imperialistischen Feiglinge, die sich (obwohl sie bewaffnet gegen mich vorgingen) von mir zur Flucht antreiben ließen, zehn Jahre und einen Tag militärisches Gefängnis...
Trotz muß ein politischer Gefangener haben. Trotz und noch mal Trotz und den notwendigen Verstand, den abgefeimten, dann vermag ihn keine Gewalt der Reaktion zu demoralisieren. Im Herbst 1917 wurde ich schon aus der Gefangenschaft entlassen und auf den Fischdampfer ›Brake‹, der in der 1. Nordsee-Vorposten-Halbflotille fuhr, abkommandiert. (Daß die herrlich dekorierten imperialistischen Schlaumeier dies zu tun gewagt hatten, war unerhört leichtsinnig, denn mit verwegenen und unzerbrechbaren Rebellen so oder so zu spaßen, lohnt sich ganz gewiß nicht für die Reaktion.)
Nu ja: das Mäuschen, das revolutionäre, nagte ganz nett weiter an dem kaiserlichen Thron. Und als der endlich samt den diversen Nebenthronen gekippt war und die deutsche Revolution sich immer mehr und mehr ausbreitete, da blieb ich bei jenen braven revolutionären Kriegsschiffmannschaften, die die Revolution verteidigten. Ich wirkte in Kiel, in Bremen, in Berlin, in Braunschweig, in Thüringen; und dann fuhr ich nach München. Dort gründete ich im Auftrage der Münchener Räteregierung das berüchtigt gewesene ›Zentralkommissariat für politische Flüchtlinge und ausländische Revolutionäre‹. Dieses Zentralkommissariat hatte die Pflicht, ausgezeichnete revolutionäre Kräfte nach München heranzuziehen, und mit ihnen die Räteregierung von innen her zu schützen und zu stützen.
Als die Münchener Räteregierung von der Übermacht der Weißen Garde nie-

dergeschlagen worden war, bekam ich vom Standgericht wegen meiner Beteiligung an der Räteregierung sechs Jahre Festung.
Von dieser Strafe verbüßte ich in der Festung Niederschönenfeld fünf Jahre. Und dort begann ich, erfüllt von meinen Erlebnissen, auf literarischem Gebiet vorzudringen: in meiner Zelle schrieb ich ›Die lahmen Götter‹, ›Das Opfer‹ und viele Kurzgeschichten. Und als ich nach fünfjähriger Haft entlassen wurde, schrieb ich unter den schwierigsten Existenzverhältnissen die Romane ›Wegen Trauer geschlossen‹, ›Eine schön mißglückte Weltreise‹ und ›Noch einmal Frühling‹. (Der Roman ist noch nicht veröffentlicht worden.) Zur Zeit arbeite ich an dem Roman ›Die Sekretärin des Prälaten‹.
Kurz: Trotzdem ich immer noch unter sehr schweren Verhältnissen lebe, bin ich in der Kurve, die mein Lebensweg nach links machte, nicht zurückgegangen: ich bin dem revolutionären Proletariat ein guter Genosse geblieben, der sich nunmehr schon längst bemüht, mit all seinen Energien und Erfahrungen die revolutionäre schöngeistige Literatur zu fördern, um nicht nur der bürgerlichen Kunst ein zu respektierendes Gegengewicht entgegenzustellen, sondern um auch der proletarischen revolutionären Idee eine neue, intensive Werbekraft zu verleihen.

Albert Daudistel
Verhörprotokoll vor der Fahndungsabteilung München

Betreff:

Daudistel Albert, geboren am 2. Dezember 1890 in Frankfurt a. M., Deutscher Staatsangehöriger, Eltern Johann und Philomena, geb. Taffe, Metzgerseheleute, beide tot, evang., Agent, ledig, wegen Hochverrats und anderem.

Kurz nach Ausrufung der Räterepublik kam ich von Leipzig nach München. Ich handelte zunächst mit Büchern und vertrieb nur sozialistische Schriften. In meinem politischen Bekenntnis gehöre ich der USP an.
Nach dem Sturz des alten Zentralrates kam ich ins Wittelsbacher Palais. Ich traf dort einen Herrn, den ich einen Tag zuvor in München kennengelernt habe. Dieser Herr war früher im Ministerium des Äußeren, ich glaube, er hat die Interessen im Ausland befindlicher Deutscher oder Bayern behandelt. Dieser rekommandierte mich zunächst an Toller, Toller kam aber inzwischen weg, und so wurde ich an Schumann verwiesen. Schumann brachte die Sache im Aktionsausschuß zur Sprache; ich wurde dann auf Empfehlung von Schumann durch den Aktionsausschuß von Schumann mit allen notwendigen Vollmachten zur Gründung und Aufrechterhaltung des Betriebs des Zentralkommissariates für politische Flüchtlinge und auswärtige Revolutionäre betraut. Ich möchte den Namen dieses Herrn nicht genannt haben, weil dieser Herr nicht aus politischen, sondern rein idealen Gründen die Sache vertrat.
Es ist im Rätesystem nicht gang und gäbe, daß man einer einzelnen Person die Vollmachten, überhaupt die Ausführung des Ganzen, überläßt. Aus diesem Grunde wurden mir von dem ganz neuen, rein kommunistischen Aktionsausschuß zwei Beiräte zugegeben. Einer dieser Beiräte war ein gewisser *Blümke*, er soll Kunstmaler aus Berlin sein, ich kenne ihn aber nicht näher. Er hatte in der KPD die Unterstützung auswärtiger Revolutionäre. Ich weiß nur, daß, wenn er wegging, er auf einen Zettel schrieb: ich komme um die und die Zeit wieder, *Veilchen*. Die Dame hat sich bei mir nicht einmal vorgestellt, dies veranlaßte mich, gelegentlich bei einem Unabhängigen zu fragen, wer dies eigentlich sei, die sich da so wichtig mache. Dieser erklärte mir, das wäre ihm selbst auch eine unkontrollierbare, zweifelhafte Persönlichkeit (möglicherweise Ehefrau von Dietrich). Diese Frau Dietrich wurde direkt auf Betreiben des Leviné als Beirat bestimmt. Unrichtig ist, daß mir Fräulein Eisner als Hilfskraft beigegeben war, ich muß vielmehr betonen, daß Fräulein Eisner nach dem Sturz der sogenannten Scheinräterepublik meines Wissens nicht mehr ins Wittelsbacher Palais kam.
Ich bemerke ausdrücklich, daß ich für diese Sache meinen Namen hergegeben habe und die Angelegenheit vollständig offiziell durchführte. Am Hauptbahn-

hof und vor dem Wittelsbacher Palais waren Plakate angeschlagen des Inhalts: Zentralkommissariat für politisch Verfolgte und auswärtige Revolutionäre befindet sich im Wittelsbacher Palais, Zimmer Nr. 8a/I. Diese Plakate habe ich selbst anfertigen lassen. Am nächsten Tage nach diesem Anschlag stellte sich in meinem Büro ein Fräulein vor namens Katharina *Eckert,* angeblich aus Wien. Sie brachte mir vor, daß sie augenblicklich in sehr schlechter pekuniärer Lage sei und daß sie wieder nach Wien zurückzureisen beabsichtige. Grund der Notlage: Ausweisung aus Böhmen und die Tschechen und Slowaken. Sie erklärte, sie wäre bei einem Infanterieregiment in Serbien Schreiberin gewesen. Durch ihren hiesigen Aufenthalt im Hotel seien ihr nun die Mittel ausgegangen. Eigentlich hätte ich sie finanziell gar nicht unterstützen dürfen, da sie als politischer Flüchtling nicht in Betracht kommt, ich habe ihr deshalb angeboten, ob sie bei mir arbeiten wolle. Sie gab mir ihre Einwilligung, ich habe sie dann als Sekretärin in meinem Büro angestellt.
Ich hatte zwei Vorzimmer, die jeden Tag gesteckt voll waren von Leuten, die sich um Unterstützung an mich wenden wollten. (Meistens waren es Leute von außerhalb, die als Grund ihrer Notlage die unverhoffte Verkehrssperre angaben.) Ich möchte hier nur einige Adressen betonen, es sind unter anderen ein Herr Kleinert aus Lager Lechfeld, eine Frau Stübel oder Düsel aus Buchloe und andere mehr.
Ursprünglich war für alle Leute, sowohl für die Vorgenannten als auch für politische Flüchtlinge, ein Tagesbetrag von sechs Mark fünfzig seitens des Vollzugsausschusses festgelegt. Ich habe dem Vollzugsrat entgegengehalten, daß diese Beträge für die heutige Zeit, zumal für lauter Leute, die nicht im Besitze von Mitteln sind, unbedingt zu niedrig seien. Nur auf ein ganz energisches Drängen von mir erreichte ich dann einen Tagesbetrag von zwanzig Mark pro Kopf inkl. der Übernachtung. Ich habe die Leute ins Hotel ›Drei Raben‹, in den ›Kaiserhof‹ und ›Großen Rosengarten‹ geschickt. Bevor ich die eigentlichen Vollmachten zur Ausgabe von zwanzig Mark in Händen hatte, kam auf Beschluß des Vollzugsrates Dr. Schollenbruch in Begleitung des auftragausführenden *Köberl* und noch eines, den ich nicht kenne, nach dem Hotel ›Drei Raben‹ und beschlagnahmten dort das ganze oberste Stockwerk mit siebzig Zimmern oder siebzig Betten. Am Abend desselben Tages kamen zwei Personen, die nach der damaligen Vereinbarung Tagespreis sechs Mark fünfzig ins Hotel ›Drei Raben‹ einquartiert waren, zu mir ins Wittelsbacher Palais mit der Erklärung, daß sie der Besitzer von den ›Drei Raben‹ mit dem Stuhl vor die Türe gesetzt hätte. Ich ging daraufhin zum Vollzugsrat und traf zunächst Toller an, der mir erklärte, er könne sich augenblicklich mit der Angelegenheit nicht befassen, ich möchte mich an ein anderes Mitglied des Vollzugsrates wenden. Es wurde dort beschlossen, daß dem Hotelier Förstel mitgeteilt werden muß, wenn er mit diesen sechs Mark fünfzig nicht einverstanden ist, daß einfach das ganze Hotel beschlagnahmt wird und die Leute unentgeltlich untergebracht werden. Ich begab mich zu Förstel, machte ihm über sein ruppiges Verhalten Vorhalt und machte ihm klar, was er zu erwarten hätte, wenn er seine Unbesonnenheit fortsetzen würde. Förstel sagte, man hätte ihm 70 Zimmer beschlagnahmt. Ich gab

Albert Daudistel, Volks-Kommissar für politische Verfolgte und ausländische Revolutionäre, bittet um Zuweisung größerer Geldbeträge, 21. April 1919

München, den 21. April 1919

25

An den

Aktionsausschuss des Vollzugsrates der B. u. S. Räte

13 U

Eilt!

München

Es ist dringend erforderlich bei der enormen Inanspruchnahme unseres neugegründeten Ressorts der zur Unterstützung der politisch Verfolgten und ausländischen Revolutionären dient, einen grösseren Fond zu überweisen, da wir sonst nicht in der Lage sind, unsere zugereisten Genossen zweckdienlich befriedigen zu können.

Ich erspare mir in dieser Beziehung weitere Worte, weil ich fest annehme, dass genügendes Verständnis vorhanden ist.

Das Zentralkommissariat für politisch Verfolgte und ausländische Revolutionäre:

A. Daudistel

ihm die Erklärung, mein Prinzip sei, daß die auf Einquartierung angewiesene Person Anspruch machen dürfe, daß sie freundschaftlich als Gast behandelt werde. Ich ging schließlich so weit, dafür zu sorgen, daß Förstel für die siebzig beschlagnahmten Zimmer beziehungsweise Betten auf seine Rechnung kam, ich machte das deshalb, weil Förstel mir erklärte, er hätte einen jungen Betrieb, sei so und so lang im Felde gewesen und wäre selbstverständlich auf Einnahmen angewiesen. Obwohl nur einige, das heißt vier Personen, in der damaligen Nacht dem Förstel zugewiesen waren, stellte er eine Rechnung auf für siebzig Zimmer oder Betten in der Höhe von über zweihundert Mark, die er auf mein energisches Dringen beim Vollzugsrat tatsächlich ausbezahlt erhielt. Dieser Fall zeigte mir, daß mir Ausgaben erwachsen sind, die nicht den Bedürftigen zugute kommen (diktatorischer Fehlschlag). Darauf setzte ich beim Vollzugsrat durch, daß keine Hotelbeschlagnahme der ›Drei Raben‹ erfolgte und daß höhere Sätze, wie bereits erwähnt, zwanzig Mark, bewilligt wurden. Trotz dem Ansatz von zwanzig Mark hat Förstel Lebensmittelkarten verlangt und zum Teil auch erhalten.

Bezüglich der von Pröstler genannten hunderttausend Mark Flüchtlingsgeld verhält es sich so: Es war am Abend des 28. April, meine Sekretärin erklärte mir, daß oben bereits Akten verbrannt werden, ich begab mich dann nach oben und überzeugte mich von der Tatsache. Ich ging darauf in mein Büro zurück und veranlaßte meine Sekretärin, mehrere Anweisungen zu tippen, wurde mit den betreffenden Anweisungen in letzter Minute noch vorstellig bei den noch anwesenden Mitgliedern des Vollzugsrats und drang mit aller Energie darauf, daß jeder Anweisung dreihundert Mark bewilligt werden. Es waren zwölf Personen, also dreitausendsechshundert Mark. Grund der Anweisungsausstellung war der, daß ich die bis jetzt unterstützten Personen im Hotel ›Drei Raben‹ vor dem unmittelbaren Umsturz nicht der Not ausgesetzt wissen wollte. Noch zur selben Stunde bezahlte ich persönlich im Hotel ›Drei Raben‹ den Betrag gegen Quittung an die Leute aus. Zeuge: ein gewisser *Herm* und Frau *Scholz,* die in Haft sein soll, und Lehrer Ludwig Bayer, aus der Nähe von München, dessen Frau soll zeitweilig an Verfolgungswahn leiden. Dieser Lehrer hat mit Pröstler im Wittelsbacher Palais in den letzten Tagen gearbeitet. Ich habe Interesse daran, diesen Lehrer einzuvernehmen über eine Ablieferung meinerseits am letzten Abend, also am Abend des 29. April, von zehntausend Mark an Pröstler.

Bezüglich der hunderttausend Mark, wo Pröstler erwähnt, ich hätte sie ihm mit vorgehaltenem Revolver abgefordert, erkläre ich dies für eine Ironie. Das war ja im allerletzten Augenblick, wo ich sah, daß Pröstler die Geldpakete schon in Packpapier eingepackt hatte und Aussicht auf Auszahlung jeglicher Art nicht mehr von ihm zu erreichen war, ich handelte den Revolutionsmitgliedern gegenüber also ironisch. Selbstverständlich habe ich in Sachen, in welchen der Vollzugsrat bereits seine Genehmigung durch Unterschrift hergegeben hatte, den Pröstler energisch zur Ausbezahlung veranlaßt. Dafür war er da, es war seine Pflicht.

Als dem kommunistischen Vollzugsrat das Mißtrauensvotum ausgesprochen war, wurde ein Provisorium eingesetzt (Toller-Maenner). Gelegentlich einer

Beschlagnahme von Heeresbeständen wurden am 28. April auch zehntausend Mark Bargeld von den Betreffenden, die die Beschlagnahme ausführten, mitbeschlagnahmt. Die Beschlagnahme war in der Wohnung des Militär-Proviant-Inspektors Lanzinger. Am 29. frühmorgens kam ein gewisser Bruckmann (Schweizer), holte mich vom Frühstück weg und forderte mich auf, unverzüglich zu folgen, und zwar im Auftrage des Vollzugsrats. Außen stand ein Auto fahrbereit, und wir fuhren nach dem Wittelsbacher Palais. Bruckmann erklärte mir, daß ich mich in das Büro zur Bekämpfung der Konterrevolution begeben soll zwecks Entgegennahme weiterer Order. Auf der Treppe traf ich Wald, derzeitigen Vorsitzenden des damaligen Vollzugsrats, und stellte an ihn die Frage, ob ich berechtigt wäre, eine Beschlagnahme von Heeresgut vorzunehmen. Auf Bejahung derselben begab ich mich dann weiter ins Büro zur Bekämpfung der Konterrevolution. Dortselbst gab man mir einen Haftbefehl, lautend auf Inspektor Lanzinger. Wer mir den Haftbefehl aushändigte, weiß ich nicht, der Nachfolger Strobls muß darüber Aufschluß geben können, denn der Betreffende gehörte ja seinem Personal an. Nachdem Lanzinger am Tage zuvor bereits verhaftet, aber wieder aus dem Wittelsbacher Palais verschwunden war, erhielt ich den Auftrag, den Lanzinger in sicheres Gewahrsam, und zwar ins Luitpoldgymnasium, zu verbringen. Ich traf Lanzinger tatsächlich vor dem Hause, das heißt, Bruckmann fuhr mit mir im Auto dorthin, dieser kannte den Lanzinger und machte mich auf dessen Anwesenheit aufmerksam. Lanzinger wurde dann ins Luitpoldgymnasium transportiert. Nach dessen Einlieferung begab ich mich, einer weiteren Order folgend, in seine Wohnung. Ich fand in der Wohnung schon alles in Unordnung infolge einer vorher stattgefundenen Durchsuchung. Ich ersuchte den Sohn Lanzingers, der in der Wohnung anwesend war, er möchte mir diejenigen Gegenstände bezeichnen, die Heeresgut wären. Über diese Sachen fertigten wir ein Verzeichnis. Lanzinger wird sich darüber genau entsinnen können. Er hat mir ja auch, nachdem ich ihm sagte, ich hätte die ganze Nacht gearbeitet und noch nicht einmal gefrühstückt, mit einigen Lebkuchen aufgewartet. Ich machte den jungen Lanzinger wiederholt darauf aufmerksam, daß bei der Beschlagnahme einzig und allein Heeresgut in Betracht käme, Gegenstände, die er mir nicht ausdrücklich als solche bezeichnete, ließ ich unberührt. So zum Beispiel Eier, Mehl, Zucker und so weiter. Nach vollendeter Beschlagnahme ließ ich mir von dem jungen Lanzinger die aufgezeichneten Sachen gegenquittieren und lieferte die Waren laut Befehl gegen Quittung im Luitpoldgymnasium ab. Dort wurde mir quittiert von Hausmann und einem Unbekannten. Im Laufe des Tages hörte ich, daß in der Wohnung des Lanzinger am Tage vorher zehntausend Mark beschlagnahmt wurden. Ich drang darauf, daß die genannte Summe dem Vollzugsrat abgegeben werde. Diese zehntausend Mark hat ein gewisser Wiesmeier (ebenfalls hier im Cornelius*) zusammengepackt und legte es dem derzeitigen Vorsitzenden des Aktionsausschusses auf mein ausdrückliches Verlangen, Herrn Wald, vor, der ebenfalls jetzt in Haft sein soll. Das sonderbare Verhalten der einzelnen Vorsteher oder Kommissäre im

* Gefängnis der Corneliusstraße

Wittelsbacher Palais, daß man mich zu Verhaftungen und Beschlagnahme veranlaßt, eine Tätigkeit, die eigentlich gar nicht in mein Ressort einschlägig war, machte mich stutzig und mißtrauisch. Ich stellte an Wald die direkte Frage, bekommt Lanzinger die beschlagnahmten Sachen entschädigt, und ist es angängig, daß auch Bargeld beschlagnahmt werden kann. Dies wurde von Wald bejaht. Wiesmeier bekam eine Quittung, daß er die zehntausend Mark an die Kasse des Vollzugsrats abgeliefert hat. Pröstler hat als Kassier die Ablieferung richtig bestätigt, das heißt quittiert. Daß diese zehntausend Mark von dem Kassier Pröstler entgegengenommen und aufbewahrt wurden, beweist ganz einwandfrei der Umstand, daß Pröstler im Auftrag Walds an Wiesmeier und mich zweihundert Mark Prämie für die Ablieferung des Geldes ausbezahlt hat.
Bemerkenswert erscheint folgender Vorfall: Unter meinen Akten fand ich eines Tages eine Rechnung von Bamberger und Hertz in Höhe von neunhundert Mark, deren Betrag bereits schon bezahlt war. Abgestempelt und gegengezeichnet von dem Kassier Weidenschlager. (Zur nochmaligen Ausbezahlung fertig.) Ich nahm diese Rechnung heraus und machte bei nächster Gelegenheit den Angestellten von Hertz darüber Vorhalt, wie denn eigentlich eine Rechnung, die doch bereits beglichen sei, nochmals in Vorlage gebracht werden könne. Zweifellos wurde mit dieser Rechnung experimentiert und der Betrag nochmals einzufordern versucht. Eine befriedigende Antwort konnte mir der Angestellte nicht geben.
Es wurde von Bamberger und Hertz außer den neunhundert Mark noch für etwa fünftausend Mark Ware bezogen. Wenn die Firma das Geld hierfür nicht erhalten hat, so liegt das lediglich an dem Manöverieren von Pröstler, denn der Vollzugsrat hat die Einkäufe genehmigt und sogar die Rechnung betreff der fünftausend Mark dem Angestellten der Firma Hertz abgestempelt und zur sofortigen Ausbezahlung fertiggemacht. Wenn Pröstler sich den Anordnungen des Vollzugsrats nicht gefügt hat und eigenmächtig unberechtigt gehandelt hat und somit die Firma um diesen Betrag geschädigt worden ist, so kann und muß das nur allein Pröstler verantworten können.
Als ausländische Flüchtlinge waren mir unter anderen bekannt ein gewisser *Bleven,* Irländer, der durch Leviné legitimiert war. Leviné hat mir mitteilen lassen, dieser Irländer sei einwandfrei und könne also Unterstützung erhalten. Bleven wohnte im ›Reichshof‹. Bleven erhielt von mir hundert Mark, er sollte später auf seinen Antrag beim Vollzugsrat zur Heimreise noch tausendfünfhundert Mark erhalten. Ich habe ihm dieselben angewiesen, aber Pröstler hat ihm die tausendfünfhundert Mark nicht ausbezahlt. Weiters war da ein Franzose namens *Boulaey,* wohnhaft ›Drei Raben‹. Dieser erhielt die Unterstützung ungefähr zehn Tage lang, pro Tag zwanzig Mark. Desgleichen der Schweizer, Bruckmann, ebenfalls ›Drei Raben‹ wohnhaft. Der in München in journalistischen Kreisen bekannte Journalist Dalmo *Garnivalli,* früher Mitarbeiter der Münchner Augsburger Abendzeitung sowie der Zeitung März, stand in direkter Verbindung mit Erzberger, in Kriegszeiten mit dem Deutschen Hauptquartier, zwecks Sabotage Ententebesitzes im Ausland. Garnivalli wurde im Jahre 1918 von der deutschen Militärbehörde beauftragt, Sprengstoffe für Sabotage nach

Vollzugsrat der Arbeiter- und
Betriebsräte Münchens
Briennerstr. 50 / Wittelsbacher Palais
Telefon 24375.

München, den 21. April 1919.

113
Eils!!!

An Vollzugsrat.

Benötige dringend um zweckdienstliche Arbeit in meinem Ressort leisten zu können , eine grösseren Fond.

Mit der Bitte um gefällige Berücksichtigung, zeichnet

Zentral-Kommissariat für politisch Verfolgte.

A. Daudistel

Vollzugsrat der Betriebs- und Soldatenräte München

Weiteres Dokument, das die politische Arbeit Albert Daudistels während der Räte-Zeit kennzeichnet, 21. April 1919

Italien zu bringen. Dieses gelang ihm nicht. Der Sprengstoff vielmehr wurde von italienischen und Schweizer Anarchisten in der Schweiz verwertet. Bei der damaligen Bombenaffäre geriet Garnivalli in Haft und wurde nach acht Monaten Strafverbüßung in der Schweiz auf Ersuchen des deutschen Gesandten von Bismarck wieder in Freiheit gesetzt, aber ausgewiesen. Garnivalli wurde vom Kommissariat zur Bekämpfung der Konterrevolution als Konterrevolutionär verhaftet. Ich nahm mich seiner an, weil er mir angab, er sei politischer Verfolgter von seiten Italiens. Nachdem mir Garnivalli erklärte, sich hinsichtlich seines revolutionären Denkens in Deutschland voll und ganz neutral zu verhalten, ließ ich ihm voll und ganz das Asylrecht für politisch Verfolgte in München zukommen.
Unter der kolossalen Inanspruchnahme meines Ressorts kam auch unter anderen ein aus der Schweiz ebenfalls ausgewiesener Rumäne, namens *Mass-Rottmann,* damals wohnhaft München, Hotel ›Englischer Hof‹, Dienerstraße. Versehen mit einem Ausweis vom Auswärtigen Amt Berlin, woraus ersichtlich war, daß seine Ausreise aus Deutschland im Reichsinteresse geschah. Rottmann wohnte hier in München unter dem Namen Doktor Kaiser. Der Vermerk auf seinem Paß: ›Ausreise aus Reichsinteresse‹ machte den Vollzugsrat stutzig, denn Mass-Rottmann forderte mindestens eine halbe Million Geld, und zwar rumänisches Geld, zwei Autos und zwei Begleitmannschaften. Seinen sensationellen Ansprüchen wurde nicht stattgegeben.
Unter anderen kamen Familienmitglieder von zur Zeit revolutionär Verfolgten und wurden vorstellig, weil das Familienoberhaupt flüchtig, kein Erwerb und in größter Notlage. Diese Leute erhielten verschiedene Beträge. Frau Mühsam zum Beispiel erhielt den rückständigen Gehalt ihres Mannes beim alten Zentralrat in der Höhe von mehreren hundert Mark. Die Frau desjenigen, der damals auf Auer geschossen hat, der Mann heißt mit dem Vornamen Kurt, den anderen Namen weiß ich nicht mehr, erhielt ebenfalls hundert Mark, weil sie klagte, ihr Mann wäre flüchtig, und sie wäre in Notlage.
Merkwürdig erscheint, daß Pröstler die beiden Beträge, für Frau Mühsam achthundert Mark und für die andere Frau hundert Mark, sofort ausbezahlte, während er bei anfallenden anderen Beträgen manchmal hartnäckig zögerte oder sich weigerte.
Ich betone ausdrücklich, daß alle Belege von meinem Büro noch dasein müssen, denn von diesen Sachen ist im Wittelsbacher Palais nichts verbrannt worden. Es muß sich feststellen lassen, wo diese Produkte hingekommen sind. Ich habe großes Interesse, daß diese Anlagen beigebracht werden, denn ich verantworte alles, was ich gemacht habe.
Über alle Zuweisungen an die einzelnen Unterstützten habe ich Durchschläge fertigen lassen, ich habe die ganzen Belege unter Nummern von 1 bis so und so viel gekennzeichnet. Findet sich in diesen Belegen die Nummer sechs und es käme hiernach Ziffer acht, so ist unbedingt sicher, daß sieben entwendet ist.
Ein gewisser *Benzinger,* Elsässer, kam ebenfalls um Unterstützung nachzusuchen mit der Angabe, er sei von Rotgardisten nachts auf der Straße beraubt worden einer Barschaft von über dreitausend Mark. Er bekam Unterkunft wie

politische Flüchtlinge im Hotel ›Drei Raben‹ mit dem Satz zwanzig Mark, um sein angeblich telegraphisch angefordertes Geld von seiner Heimat durch Vermittlung des Schweizer Konsulats abwarten zu können. Ich bemerke hierzu gleich, daß der Wirt Förstel vom Hotel ›Drei Raben‹ von mir ausdrücklich darauf aufmerksam gemacht wurde, mir diejenigen Leute bekannt zu geben, die bei ihm nicht Nachtquartier bezogen hätten und von mir eingewiesen wurden, es wäre ja der Zweck verfehlt gewesen, wenn die Leute schließlich dort für zwanzig Mark gelebt hätten und sich bei der Nacht schließlich noch durch Einbrechen oder dergleichen bereichert hätten. Es wurde mir von Förstel tatsächlich gemeldet, daß dieser Elsässer zum Schlafen in den ›Drei Raben‹ nicht erschienen sei. Es wurde ihm hierauf die Vergünstigung der Unterstützung entzogen.
Er erschien darauf mehrmals im Wittelsbacher Palais, um wieder durchzusetzen, daß ihm die Flüchtlingsunterstützung weiter gewährt werde. Meinerseits fand sein Ersuchen kein Gehör mehr, denn ich sagte mir, hat er einmal Mißbrauch getrieben, so macht er es ein zweitesmal wieder so. Zum Erstaunen erschien er einige Tage später wieder in meinem Ressort unter Vorzeigung eines Schriftstückes, das zur Beschlagnahme von Damenkostümen dienen sollte und unbedingt meine Unterschrift erfordere. Ich nahm Einsicht und vereinbart mit der zweifelhaften Person, sowie seines plötzlichen mir unerklärlichen Engagements in der Wirtschaftskommission verwies ich ihn auch an dieselbe mit dem Vermerk, das sei nicht Sache meines Ressorts. Nachdem er wiederholt die Dringlichkeit meiner Unterschrift erwähnte, verwies ich ihm in brutalster Weise den Eintritt zu mir. Nach dem Mittagessen fand ich einen Zettel auf meinem Schreibtisch mit dem Vermerk, ich solle sofort beim Vollzugsrat erscheinen, begab mich dahin, sah Benzinger im Kreise von Vollzugsratsmitgliedern, die mir erklärten, Benzinger berufe sich darauf, von mir beordert worden zu sein, zu einer geschehenen Beschlagnahme von zwölf Damenkostümen, die tatsächlich beschlagnahmt worden waren und merkwürdigerweise zwei davon fehlten. Ich stellte hierauf kurz Benzinger betreffs seiner Auszahlung zur Rede, die er alsdann widerrief und sich von einer auf die andere Person bezwecks Rechtfertigung berief, aber ohne Erfolg. Bemerkenswert ist hierzu, daß Benzinger diese Beschlagnahme bei eigenen Verwandten hier vorgenommen hat. Zurückkommend auf die ursprünglich geheuchelte Hilflosigkeit (durch Raub), ist zu bemerken, daß mein vorsichtiges Verkehren und Verhalten bezüglich der bei mir vorstellig werdenden, meist unkontrollierbaren Menschen von größter Bedeutung waren, denn wie leicht wäre es möglich gewesen, mich in die durch diese Leute widerrechtlich geschehene Sache zu verwickeln.
So zum Beispiel weiter verhielt sich die von dem damaligen Stadtkommandanten Eglhofer angestellte Fräulein Lotte *Weiß*. Diese war bei der Stadtkommandantur als Bürokraft tätig und wurde vom Stadtkommandanten berechtigt, ohne mein Wissen auf Kosten meines Ressorts ganz unverschämte Rechnungen zu machen. Erwähnenswert ist, daß sie, trotzdem sie Gehalt bezog, eine persönliche Vergünstigung von seiten Eglhofers genoß. Diese Vergünstigung genoß sie im Hotel ›Vier Jahreszeiten‹, wo sie auch gewohnt hat.

Der Oberkellner des Hotels ›Vier Jahreszeiten‹ machte mich eigentlich aufmerksam auf die betreffende Person durch Präsentieren der hier beigefügten Rechnung. Ich verweigerte die Auszahlung mit dem Vermerk, Person unbekannt, ist erst zu kontrollieren. Vermutete und nahm ganz bestimmt unlauteres Verhältnis und schlemmerhafte Zustände in Kommandantur an, ging jedoch einige Tage später, nachdem der genannte Oberkellner meine Worte berücksichtigte, wenn Fräulein Lotte Weiß anwesend, Kommissar Daudistel benachrichtigen. Dieser Telephonspruch geschehen, begab ich mich sofort mit einem Herrn, der ebenfalls von mir unterstützt und mir Dienste leistete, in das Hotel ›Vier Jahreszeiten‹ zur persönlichen Information über Person Lotte Weiß und die mir zugegangene Rechnung. Resultat: Vergünstigung durch den Herrn Stadtkommandanten Eglhofer. Ich gab ihr bekannt, daß sie sich noch am selben Tage präzise fünf Uhr in meinem Büro, Wittelsbacher Palais, einfinden solle zur Verantwortung der gemachten Schulden, widrigenfalls ich ab fünf Uhr einen Haftbefehl gegen sie erlasse. Fräulein Weiß erschien zur genannten Stunde mit einem Uniformierten von der Stadtkommandantur, der sie anscheinend in Schutz nahm, sich mit ihr duzte und so den Beweis vervollständigte, daß tatsächlich Verbindlichkeiten dort existierten. Ich heftete gesammelte Indizien betreffs Sache Weiß zusammen mit dem Vermerk: diese dem Aktionsausschuß des Vollzugsrates zur Einsicht und Entscheidung vorzulegen. In diesem Moment kam meine Sekretärin und erklärte mir, daß oben alles dran sei, die Akten zu verbrennen. Da ich nun glaubte, daß eine weitere Kontrolle in diesem Falle unmöglich ist, entließ ich Lotte Weiß mit dem Vermerk, es hat keinen Zweck mehr.

In Sachen Benzinger erwähne ich ebenfalls eine Rechnung vom Genannten geschuldet im Hotel ›Vier Jahreszeiten‹. Ich charakterisiere wiederholt Benzinger hier als einen Menschen, der Wohltätigkeitseinrichtungen zu egoistischen Zwekken mißbrauchte, und wie besagt, beiliegende Rechnung mit Vermerk einundzwanzig Mark Trinkgeld.

Durch vorstehend angeführte Beispiele möchte ich hervorheben, wie schwierig es für mich war, in den verschiedenen und mannigfältigen Fällen so zu handeln, daß mir überall der Nachweis gelingt, meine damaligen Handlungen uneigennützig zu vertreten. Zu diesem ist unbedingt bemerkenswert, daß mein rein sozialistisches Verhalten, meine Korrektheit in der Aufrechterhaltung der Ordnung meines Betriebes noch erschwert wurde durch die Quertreibereien einiger kommunistischer Aktionsausschußmitglieder. So zum Beispiel eines gewissen *Duske,* der Frau Dietrich, ganz besonders des Pröstler.

Ich persönlich habe mich mit der Lohnpolitik der Räterepublik nicht befaßt, zumal ich die Uneinigkeit der Kommunisten kontra USP, die schuld an dem allgemeinen unbeschreiblichen Wirrwarr in der ganzen Räteregierung war, erkannte und eine Festigkeit und Dauer derzeitiger Umstände von vornherein für unmöglich hielt. Aus diesem Grunde sorgte ich im weitgehendsten Maße dafür, daß die von mir in Schutz genommenen Erwähnten im Falle des Sturzes nicht mittellos und elend wie früher werden, für eine Unterstützung, kraft der sie sich im bevorstehenden Sturz weiterzuhelfen in der Lage sind.

17

Vollzugsrat der Arbeiter- und
Betriebsräte Münchens
Briennerstr. 50 / Wittelsbacher Palais
Telefon 24375.

München, den 23. April 19.

179

An den Vollzugsrat,

hier.

Bei der immer sich enorm steigernden Kofpzahl meiner Schützlinge (50) ist die Art der Unterbringung , wie bis jetzt geführt aussertst unpraktisch und hoch gesteigert kostspielig.

In dieser Hinsicht habe ich bereits mit dem Besitzer des Hotels Drei Raben Vereinbarung getroffen, die er selbst als praktischer findet und bereit ist den von mir zugeteilten Proviant zu zubereiten und die alten Vereinbarung dem entsprechend rapit herabzu setzen. Ich bitte um ein Begutachten meines diesbezüglichen Vorhabens

Zentral Kommissariat für pol. Verfolgte A. Daudistel ... Kommissionär

Weitere Bitte Albert Daudistels an den Vollzugsrat, 23. April 1919

Am 29. April wurde ich durch den damaligen Polizeipräsidenten Mairgünther und Groll verhaftet. Es wurde mir von Mairgünther meine Barschaft im Betrage von tausendsiebenhundert Mark ungefähr abgenommen. Fünfhundert Mark von diesem Gelde waren Vollzugsratsgelder. Das andere, tausendzweihundert Mark, ist mein persönliches Eigentum. Von diesem Gelde habe ich bis heute nichts gesehen und auch keine Mitteilung erhalten, wo das Geld hingekommen ist.
Meine Kleider, Schuhe und alle möglichen Bedarfsartikel stehen im Hotel ›Drei Raben‹ in zwei Kartons. Schon wiederholt habe ich versucht, die notwendigste Wäsche hierherzubringen. Der Wirt Förstel verweigert die Herausgabe mit der Begründung, er hätte von der Räteregierung noch sechshundert Mark zu bekommen. Es ist doch selbstverständlich, daß ich für diese Schuld von sechshundert Mark nicht haftbar gemacht werden kann, es hat deshalb auch Förstel nicht das Recht, meine Wäsche zurückzuhalten. L. U.

Zu den Angaben des Daudistel ist folgendes zu bemerken:

1.) Daudistel spricht davon, daß er im Wittelsbacher Palais einen Herrn angetroffen hätte, den er tags zuvor kennenlernte, daß ihn dieser Herr zu Toller und Schumann rekommandierte. Es erscheint merkwürdig, daß Daudistel den Namen dieses Herrn absolut nicht preisgeben will. Gelegentlich einer kleinen Unterredung bei der Einvernahme ging Daudistel schließlich soweit, zu bemerken, daß dieser Herr bei der alten Regierung eine Rolle spielte.
2.) Bezüglich des dem Daudistel als Beirat zugewiesenen Kunstmaler Max Blümke, alias Veilchen, ist mir näheres nicht bekannt. Es werden wohl Vorgänge für denselben bei anderer Stelle vorhanden sein. Dasselbe betrifft den weiteren Beirat, eine Frau Dietrich, Ehefrau des Kommunistenführers Dietrich, die also auf Betreiben des Leviné-Niessen in ihr Amt als Beirat gesetzt wurde. Auch über den Fall Dietrich bin ich nicht informiert, vielleicht sind deren diesbezügliche Angaben bei der Stelle, wo es behandelt wird, bereits bekannt.
Wie mir Daudistel mitteilt, ist seine Sekretärin Katharina *Eckert* ebenfalls in Haft. Dietrich spricht von einem gewissen *Duske,* der also ebenfalls bei der Finanzangelegenheit beteiligt war.
Bezüglich der Ablieferung von siebzehnhundert Mark an Mairgünther bei der Verhaftung des Daudistel ist die Sache vielleicht in den Akten Mairgünther geklärt.
Auf Seite 3 ist betont, daß auch der ehemalige Polizeipräsident *Köberl* Beschlagnahmen und dergleichen im Einvernehmen mit dem Vollzugsrat ausgeführt hat.
Die auf Seite 5 genannte Frau *Scholz,* sowie Lehrer Ludwig *Bayer,* näheres unbekannt, wurden zur Sache von mir zunächst nicht einvernommen. Jedenfalls ist durch Aussage des Daudistel festgestellt, daß dieser mehr sich an dem Kassenwesen der Finanzkommission aktiv beteiligt hat. Über die Sache *Lanzinger* Seite 6 sind eigene Akten vorhanden.

Ob *Wald*, der sich ebenfalls in Haft befinden soll, in Sachen Daudistel vernommen wurde, oder ob in dessen Vorgängen bereits davon gesprochen ist, entzieht sich meiner Kenntnis.
Bezüglich der Lotte *Weiß*, die nach der Darstellung des Daudistel als Geliebte des Eglhofer anzusehen ist, wurde zunächst näheres nicht festgestellt, ich habe vorerst von einer Einvernahme derselben Umgang genommen.

Josef Murger
Kriminal-Wachtmeister

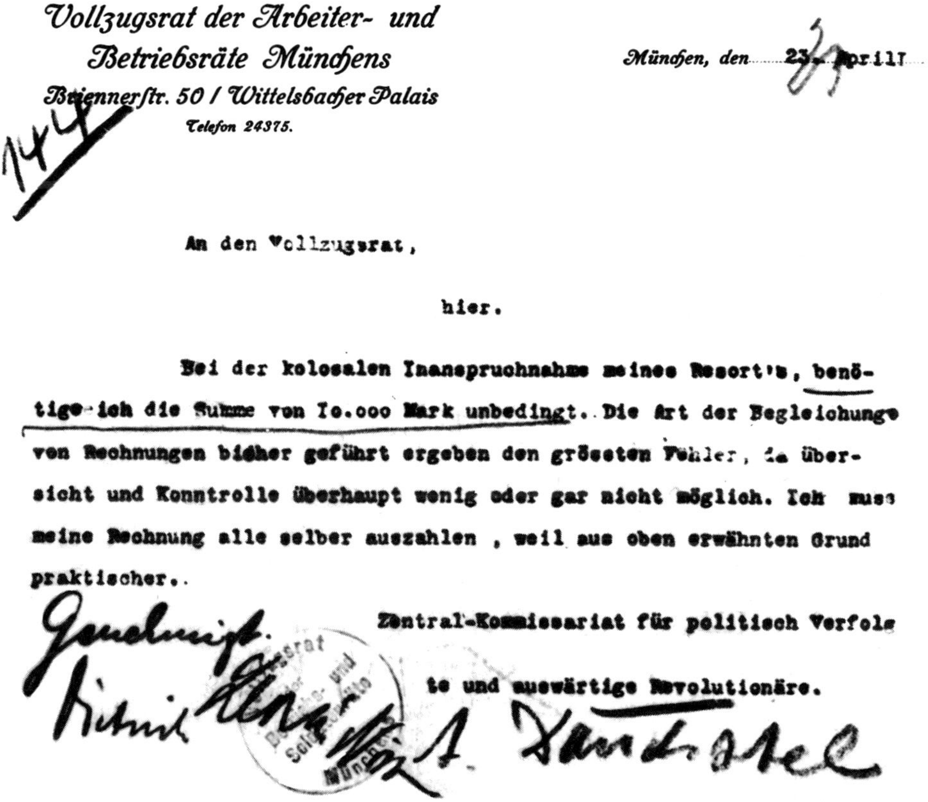
Vollzugsrat der Arbeiter- und Betriebsräte Münchens
Briennerstr. 50 / Wittelsbacher Palais
Telefon 24375.

144

München, den 23. April 19

An den Vollzugsrat,

hier.

Bei der kolossalen Inanspruchnahme meines Resort's, benötige ich die Summe von 10.000 Mark unbedingt. Die Art der Begleichunge von Rechnungen bisher geführt ergeben den grössten Fehler, da übersicht und Konntrolle überhaupt wenig oder gar nicht möglich. Ich muss meine Rechnung alle selber auszahlen, weil aus oben erwähnten Grund praktischer..

Genehmigt.

Zentral-Kommissariat für politisch Verfolgte und auswärtige Revolutionäre.

A. Daudistel

Nochmalige Aufforderung Daudistels an den Vollzugsrat um Geldüberweisung, 23. April 1919

Albert Daudistel, 1928

Albert Daudistel
Aussagen vor der Polizei

Angaben des im Gefängnis an der Corneliusstraße inhaftierten Kommunisten und Matrosen

Albert Daudistel

Daudistel kam vor etwa 14 Tagen nach München, um hier die politischen Verhältnisse zu studieren. Er setzte sich mit den hier die Räterepublik vorbereitenden Personen in Verbindung und erhielt das Amt für Beschlagnahmen zugewiesen; Sitz Wittelsbacher Palais, Zimmer 8a.
Hier wurde er mit allen maßgebenden und führenden Personen bekannt und vertraut. Die Hauptrolle spielte ein Dr. Katzenstein, im Bahnhofsviertel wohnhaft, der nicht öffentlich bekannt ist und wurde, sondern in dessen Wohnung geheime Abmachungen erfolgten, in die bekannte hiesige und ausländische Kommunisten verwickelt sind.

Die bei Katzenstein verkehrenden Personen sind folgende:

1. *Lauterfeld* Hermann sen.
2. *Lauterfeld* ? jun.
3. *Lauterfeld* Karl oder Heinrich
4. *Boulaye* (Franzose und Kommandeur bei den Kämpfen bei Rosenheim) nennt sich zur Zeit Pierot Harry.
5. *Bruckmann* (nennt sich Kellner), Bild liegt an.
6. *Läven,* ein Engländer, verkehrt im Hotel Reichsadler, Reichskrone oder Reichshof.
7. *Diwan* oder *Diwa,* Matrose und Kontrolleur im Wirtschaftsamt
8. *Fuchs* Julius aus Mannheim
9. *Levien,* der hiesige Führer
10. *Leviné-Niessen,*
11. *Toller*
12. *Wald* vom Vollzugsrat
13. *Martens* vom Wirtschaftsamt
14. *Moruzzi,* Italiener
15. *Patriarca* Umberto, Italiener und Anarchist
16. *Morgary,* Italiener
17. *Egl,* Krankenschwester, Laplacestraße 1/4
18. *Eckert,* Katharina, Sekretärin
19. *Dissel* Helena, Sekretärin in Pension Hauptbahnhof, Mittererstraße

Als Hauptperson bezeichnet Daudistel den Leviné-Niessen, der vor allen anderen zum Bruderkrieg aufreizte. Von diesem gingen alle radikalen Anordnungen aus, und er war auch diejenige Person, die die Besitznahme der *entwendeten 50 Pässe* veranlaßte. Die Pässe sollten vor Eintreffen der Weißen Garde die Flucht ermöglichen. Die Vorbereitung zur Anfertigung der Pässe wurde teilweise dem Daudistel übertragen, der dann bei Photograph *L. Reiser,* Neuhauserstraße 28, die Anfertigung der Lichtbilder bestellte; hierzu hatte er bestimmten Auftrag, die Platten sofort zu vernichten, was Daudistel durch Zertreten besorgte. Die Pässe gingen alle durch die Hände der Egl, welche sie ausfertigte und aushändigte. Dies wurde in der Wohnung Katzenstein besorgt und dort auch die Unterschrift ›Götz‹* gefälscht. Diese Unterschrift soll eine Nachahmung der Schriftzüge des Sicherheitskommissärs Götz darstellen. Wer außer Daudistel noch Pässe erhielt, weiß dieser nicht.
Paßsiegel wurde von einem ›Gröhl‹** besorgt unter Anwendung von Waffengewalt. Unter den beiliegenden Papieren befindet sich eine Unterschrift von Gröhl. Die Vernichtung der Akten im Polizeigebäude wurde von dem erwähnten Fuchs (Ziffer 8) veranlaßt, welcher in der Steckbriefabteilung seinen Namen fand und dies Daudistel mitteilte.
Die beiliegenden Bilder stellen folgende Personen dar:

1. *Bruggmann,* welcher hauptsächlich die Geiseln bestimmte und festnehmen ließ. Dieser spricht perfekt englisch, französisch und italienisch.
2. *Weidenschlager,* war Kassier und verfügte über viele Hunderttausende von Mark.
3. *Block* ist angeblich mehr harmlos.
4. *Strobl* ließ ebenfalls Geiseln festsetzen.
5. *Wald* Kurt, verdächtig der Plünderei, siehe Akt Volkstribunal, soll zu sechs Monaten verurteilt sein.
6. *Blümke* alias *Veilchen,* soll harmlos sein.

Dem Daudistel ist auch der im Luitpoldgymnasium tätig gewesene Seidl bekannt, welchen Daudistel als den rohesten und radikalsten Menschen bezeichnet. Seidl drohte auch dem Daudistel mit Erschießen und bemerkte an einem Tage, daß schon zwei Soldaten erschossen wurden, welche Daudistel tot liegen sah.
Wie mir anderweitig bekannt wurde, war es auch Seidl, der die Erschießung der Geiseln veranlaßte, der Befehl zum Feuern wurde von einem ›Hausmann‹ gegeben mit achtundneunzig Gewehren.
Daudistel gibt offen zu, daß mehrmals in ihren Kreisen besprochen wurde, daß sie eventuell von der ›Weißen Garde‹ erschossen würden. Darum ihre Vorsicht und Vorbereitung. In Daudistel hat man es mit einer Person zu tun, die bereit ist, alle dienlichen Mitteilungen über alle Fäden der Revolution der Jetztzeit zu

* Bei den Akten Daudistel sind noch zwei Blanko-Pässe mit der Unterschrift *Götz* vorhanden.

** Karl Retzlaw, Verf. des Buches ›Spartakus‹. Aufstieg und Niedergang. Erinnerungen eines Parteioberen. Ffm. 1971. Der Band enthält ein ausführliches Kapitel über die Räterepublik.

machen, anscheinend, um sein Leben dadurch zu retten. Die geheimsten Abmachungen wurden jedoch in der Wohnung ›Katzenstein‹ getroffen, wo alle Fäden zusammenliefen. Darin befinden sich jedenfalls sehr wichtige Papiere sowie eine Geheimtüre hinter einem großen Bücherregale. Daudistel selbst sagt äußerste Vorsicht bei eventueller Aushebung dieser Wohnung an, da sich jedenfalls noch heute Kommunistenführer, darunter auch Leviné-Niessen, darin aufhalten. Große Vorsicht ist auch bei Festnahme der Egl angesagt, bei welcher wichtige Papiere vorhanden sind. Leviné-Niessen war von Egl verhaßt wegen seiner Grausamkeit. Sie war eine Freundin von Toller und war auch bei den Kämpfen bei Dachau anwesend.

Der Treffpunkt der meisten genannten Personen war in ›Drei Raben‹, wo sich womöglich noch die meisten Führer aufhalten werden. Die meisten Führer standen in Verbindung mit dem jetzigen Sowjetrußland, von wo aus die meisten Lehren kamen.

Mit Geld wurde in keinem Falle gespart, so auch für die Richter des Volkstribunals. Der genannte Engländer verlangte sogar einmal eine halbe Million. Daudistel spricht heute die Überzeugung aus, daß alles ein furchtbarer Verrat am Volk ist, an dem hauptsächlich Leviné-Niessen verantwortlich ist. Die jetzigen Maßnahmen gegen den Kommunistenterror bezeichnet Daudistel selbst als begreiflich. Mit der Ermordung der Geiseln will Daudistel nichts zu tun gehabt haben. Bemerkt sei noch, daß im genannten Gefängnis noch ein gewisser ›Herm und Wiesmeier‹ anwesend sind, die dem Daudistel bekannt sind, in verschiedener Hinsicht in Verbindung mit der gewesenen Kommunistenregierung stehen, jedoch noch nicht vernommen sind und welche zweifellos noch sehr wichtige Aufklärungen geben können.

Ein Protokoll über die Angaben des Daudistel wurde noch nicht angelegt...

NB. Die bei Daudistel vorgefundenen Papiere mit Lichtbildern liegen bei, darunter auch zwei der entwendeten Pässe. Auf der Rückseite der Lichtbilder werden von mir die Namen der Personen vermerkt.

Am 5. Mai 1919

1. Am 4. dieses, nachmittags, gegen zwölfeinhalb Uhr, wurde Daudistel im Gefängnis an der Corneliusstraße abgeholt und behufs Feststellung der Wohnung des Katzenstein im 9. Bezirk umhergeführt. Er bezeichnete als Wohnung des Dr. Katzenstein das Haus Nr. 11 an der Herzog Heinrichstraße. Eine weitere Wohnung des Katzenstein weiß Daudistel nicht.

Die Wohnung Herzog Heinrichstraße 11/3 des
Erich Katzenstein

verh., cand. med., geb. am 25. April 1893 in Hannover, Israelit, Sohn der Kaufmannsleute Moritz und Flora Katzenstein, geb. Heilbrunn, in Hannover wohnhaft, wurde am 4. dieses, nachmittags mit dem Krim.Wachtmstr. Burger, Wallinger, den Krim.Schutzleuten Vogler, Winter, Regnath und Trutzel im Beisein

des Leutn. Hertkorn des württ. Sicherheitstrupps Nr. 18 unter Schutz von zwei Soldaten gründlich durchsucht. Personen wurden nicht angetroffen. Hierzu ist zu bemerken, daß die Wohnung nach Angabe des Hausbesitzers Moritz Heß am 2. dieses Monats schon durch einen Offizier und Soldaten durchsucht wurde. Den Namen dieses Offiziers kennt Heß nicht. Dieser Offizier soll auch Schriften aus der Wohnung des Katzenstein mit fortgenommen haben. Einige verdächtige Schriftstücke sowie ein Büchel mit Adressen, auch Briefe mit der Adresse ›Alfred Schaeffer‹, der bei Dr. Katzenstein wohnte, polizeilich aber nicht gemeldet ist, wurden beschlagnahmt und liegen bei.
Die geheime Türe, die hinter dem Bücherregal ins Freie führen soll, wurde gefunden. Die Türe führte in eine Kammer, aber nicht ins Freie. In dieser Kammer wurden neunundfünfzig Büchsen verschiedener Fleisch- und Gemüsekonserven und ein Paket Zubanzigaretten gefunden. Der Stempelung nach stammen diese Sachen aus Heeresbeständen. Sie wurden von Leutnant Hertkorn beschlagnahmt und in das Theresiengymnasium mitgenommen. Die Pakkung Zigaretten liegt bei.
Nach Angabe des Hausbesitzers Heß hat in der Wohnung des Katzenstein Toller bestimmt verkehrt. Der sonstige Personenverkehr war in dieser Wohnung sehr rege. Tag und Nacht kamen Automobile an und fuhren weg, besonders in den letzten drei Wochen. Ob auch Leviné-Niessen und Levien in der Wohnung des Katzenstein verkehrten, vermag Heß nicht anzugeben. Der Aufenthalt des Katzenstein sowie der Gesellschaft, die in seiner Wohnung verkehrte, ist dem Heß unbekannt. Er konnte auch anderweitig nicht ermittelt werden.

Besonders soll sich auch die Ehefrau des Katzenstein namens
Nanette Katzenstein, geb. Gerstle

geb. 1. November 1889 in München, Tochter von Emil und Laura Gerstle, letztere geb. Frankenheimer, an der politischen Agitation beteiligt haben. Frau Katzenstein, die sich öffentlich als Kommunistin beteiligt hat, soll auch im Reiche umhergereist sein und Vorträge gehalten haben. Frau Gerstle befindet sich in der gynäkologischen Klinik an der Lindwurmstraße als Patientin. Einvernommen wurde sie nicht. Die Eltern der Frau Katzenstein wohnen Schwanthalerstraße 68/II. Dort wurde nachgesehen. Gerstle will über den Aufenthalt seines Schwiegersohnes nichts wissen, auch will er von dessen Treiben keine Kenntnis haben. Verdächtige Personen wurden in der Wohnung des Gerstle nicht angetroffen.
Nach einem beschlagnahmten Bild, das beiliegt, verkehrten auch Klingelhöfer und dessen Ehefrau in der Wohnung des Katzenstein. Ein kleines Gruppenbild, das ebenfalls beiliegt, soll Kommunistenführer darstellen. Die Namen sind nicht bekannt, möglicherweise kann Daudistel Aufschluß geben.
Katharina Eckert und Helene Dissel haben die Pension ›Hauptbahnhof‹ bereits verlassen. Ihr Aufenthalt ist unbekannt. Die Wohnung des Katzenstein wird überwacht. Nach beiliegenden, auf Glas aufgezogenen Bildern scheint in der Wohnung der Katzenstein schon 1914 für den Kommunismus agitiert worden zu sein.

29. Bezirk *München, den 7. Mai 1919*

Es handelt sich hier um die ledige Krankenpflegerin Thekla *Egl,* geb. 17. März 1892 in Putzbrunn, B.A. München, wohnt Kaulbachstraße 14/0 bei der Oberstleutnantswitwe Sattler. Dorthin ist sie seit 20. April dieses Jahres nicht mehr gekommen. Eine Durchsuchung ihrer Wohnung ergab nichts Belastendes. Nur einige Lichtbilder von ihr wurden beschlagnahmt.
Die Schriftstellerswitwe Marie Bertels, Laplacestraße 1/4, deren Wohnung von mir mit einer Militärpatrouille durchsucht wurde, gab mir an, daß diese am 30. April oder 1. Mai bei ihr war. Dabei habe ihr die Egl angegeben, daß sie in Dachau Verwundete pflege, und sie ersucht, in ihre Wohnung, Kaulbachstraße 14, zu gehen und ihr einen Kleiderschurz und ihre Rotkreuzbinde zu holen, was sie auch getan habe. Seitdem ist die Egl nicht mehr zu ihr gekommen, und glaubt sie, daß diese in Dachau ist und dort Verwundete pflegt. Die Egl ist öfters zu ihr gekommen ud hat öfters bei ihr übernachtet. Daß sich diese an revolutionären Umtrieben beteiligt habe, glaubt sie nicht und hat auch keine diesbezüglichen Wahrnehmungen gemacht. Die Egl hätte sich im Gegenteil über die Kommunistenführer Levien und Niessen sehr abfällig geäußert.
Thekla Egl ist Laplacestraße 1/4 bei Bertels nicht angemeldet. Dagegen ist sie Kaulbachstraße 14/0 bei Sattler angemeldet.
Die Wohnung der Bertels, Laplacestraße 1/4, wird im Auge behalten, da anzunehmen ist, daß die Egl dort Unterschlupf findet. Deren Vater ist gestorben, die Mutter Marie Egl soll in Deisenhofen wohnen.

gez. Georg Müller
Kr. Oberwachtmeister

Abt. VI. Unterschrift S. K.
In Sachen Levien Herrn Oberamtsrichter Schuler (Wittelsbacher Palais) zur gefl. Kenntnis.

Polizeidirektion – Abt. VN
I. V.
gez. Bernreuther

München, den 5. Mai 1919

Nach vertraulicher Mitteilung hat während der Räteherrschaft in München eine Frau *Katzenstein,* geb. Gerstle, am Stachus und Karlsplatz wiederholt aufreizende und kommunistische Reden an dort versammelte Personen gehalten. Nähere Personalien und Wohnung der Katzenstein konnte ich nicht in Erfahrung bringen.

gez. Alois Scheuring
Krim. Wachtmeister

München, den 15. Mai 1919

Daudistel Albert, lediger Agent von Frankfurt a. M., geb. 2. Dezember 1896, zur Zeit Militärgefängnis Corneliusstraße

Ich war von dem Tage ab, an dem der Streik ausbrach, wie ich glaube, am 20. April 1919, in dem Ressort für politisch Versprengte im Wittelsbacher Palais tätig. Dabei lernte ich am Tage des Umsturzes der unabhängigen Regierung im Wittelsbacher Palais die ledige Krankenpflegerin Thekla *Egl* kennen. Eine bestimmte politische Tätigkeit übte sie dabei nicht aus, das heißt, ich glaube, sie gehörte der USP an, nachdem sie lediglich für Tollers Programm eintrat und Gegnerin der KPD war.

Gegen Levien und Leviné-Niessen äußerte sie sich stets in abfälliger Weise. Dies schließe ich hauptsächlich daraus, daß sie im allgemeinen dahin äußerte, die beiden genannten Kommunistenführer müßten mit ihrer Tätigkeit voll und ganz ausgeschaltet werden, weil sie doch nur auf Blutvergießen ausgingen. Dabei war Egl Anhängerin zum Programm Toller, weil dieser schon vor Annäherung der Gefahr des Zusammenbruchs der Räteregierung mit der Regierung Hoffmann verhandeln wollte. In der Öffentlichkeit trat Egl meines Wissens nie auf.

In der Wohnung Katzenstein, in der auch einer der genannten Kommunistenführer verkehrte, traf auch Egl öfters ein. Auf welche Weise Egl Katzenstein kennenlernte, weiß ich nicht. So gingen wir einmal gemeinsam – ich, die Egl und Herm, der zur Zeit ebenfalls im Militärgefängnis sich befindet, in die Wohnung Katzenstein, woselbst in einer Unterhaltung die besagten Äußerungen der Egl über die beiden Kommunistenführer fielen. Ein bestimmter Zweck zum Besuch bei Katzenstein war nicht vorgelegen.

Egl kam öfters ins Wittelsbacher Palais, interessierte sich dort für zeitige Zustände; eine bestimmte Anstellung von seiten des Vollzugsrats hatte sie nicht.

Durch ihren mehr sympathischen Verkehr mit Toller ist Egl möglicherweise in der Angelegenheit, bei der es sich um die gestohlenen fünfzig Pässe handelte, mit verstrickt worden. Zu dieser Sache weiß ich, daß Egl mir zwei dieser Pässe aushändigte, mit ihrem Bemerken, sie hätte den Auftrag, mir mitzuteilen, daß ich mir die Pässe, soweit dies noch nicht geschehen, selbst auszufüllen habe, die Pässe waren bereits versehen mit den notwendigen Siegeln und dem Lichtbild. Dabei sah ich gelegentlich, daß bei Egl ein Paß lag, der für *Toller* bestimmt war. Ich brachte in Erfahrung, daß die Unterschriften zu den besagten Pässen in der Wohnung Katzenstein gefertigt wurden. Wer dies besorgte, weiß ich nicht.

Hinsichtlich meines Besuches in der Wohnung Bertels, Laplacestraße 1/4, äußere ich mich dahin, daß er nur privat und personell war.

Wie ich erfuhr, soll Egl als Krankenpflegerin bei den Kämpfen bei Dachau mit anwesend gewesen sein.

Lt.U. gez. Daudistel

Das Urteil: 6 Jahre Festungshaft

Gründe:

Die kommunistische Räteregierung in München, die in der Nacht vom 13./ 14. April 1919 sich die Regierung in Bayern anmaßte und die verfassungsmäßige Regierung mit Gewalt zu stürzen versuchte, schuf ein ›Zentralkommissariat für politische Flüchtlinge und ausländische Revolutionäre‹. Die Leitung dieser Abteilung übernahm sofort der Angeklagte im Auftrage von Leviné-Niessen. Mit diesem stand der Angeklagte seit längerem in Verbindung, er hatte schon vorher in Bremen, Braunschweig, Hannover, Kiel, Leipzig im Sinne einer kommunistischen Räteregierung agitatorisch gewirkt. Wie der Angeklagte selbst zugibt, steht er bei festen Bezügen im ständigen Dienst internationaler Revolutionäre; darüber, ob er von Rußland bezahlt wird, verweigerte er die Aussage. Als er nach München kam, befand er sich zu ähnlichen Zwecken auf der Reise nach Budapest.

Aufgabe der vom Angeklagten geleiteten Abteilung war die reichliche Unterstützung revolutionär gesinnter, in München weilender Ausländer, sie nicht sammeln aus Gründen der Menschlichkeit und um sie von Verbrechen fernzuhalten, als vielmehr, wie das Gericht überzeugt ist, um sie in München zu fesseln und für Umsturzzwecke zur Seite zu haben. Diese Unterstützung erfolgte aus Mitteln des bayerischen Staates, nicht wie der Angeklagte behauptet, aus Mitteln privater revolutionärer Kreise. Unterstützt wurden so Italiener, Franzosen, Rumänen und andere, vereinzelt auch Deutsche; so nahm der Angeklagte bezeichnenderweise Veranlassung, der Ehefrau des Umstürzlers Mühsam mehrere hundert Mark als rückständiges Gehalt auszuzahlen, ferner der Ehefrau des flüchtigen Mörders Lindner, der im Landtag auch den Minister Auer zu ermorden versucht hat, hundert Mark Unterstützung zukommen zu lassen.

Die Unterstützung, die den Revolutionären aus feindlichen Ländern gewährt wurde, war eine sehr reichliche. Sie bestand zunächst in einem Tagegeld von sechs Mark fünfzig, das auf Betreiben des Angeklagten alsbald auf zwanzig Mark erhöht wurde. Ferner wurden ihnen Kleidungsstücke zugewendet, und zwar pro Kopf im Durchschnitt: zwei Anzüge zu je dreihundertfünfzig Mark, vier Hemden zu je fünfunddreißig Mark, Unterwäsche für etwa siebzig Mark, zwei Paar Stiefel zwischen neunzig und hundert Mark, Hüte für etwa fünfundsiebzig Mark, ein Paletot zu vierhundert Mark und außerdem noch ein Gummimantel, ferner aber auch Handschuhe, Krawattennadeln und anderes. Die Kleidungsstücke wurden bei hiesigen Geschäftsleuten, so insbesondere bei Bamberger und Hertz, vom Angeklagten ›beschlagnahmt‹, aber bezahlt. Der Angeklagte trat bei dieser Firma, als einmal ein ungenügender Ausweis beanstandet

und zurückbehalten werden sollte, sehr heftig auf und drohte mit ›diktatorischer‹ Gewalt.
Ferner genossen die Schützlinge freie Unterkunft in hiesigen Gasthöfen: ›Drei Raben‹, ›Kaiserhof‹ und ›Rosengarten‹, wo Zimmer für sie beschlagnahmt wurden. In den ›Drei Raben‹ wurden einmal siebzig Betten beschlagnahmt, aber nur drei benützt. Dem Wirt dieses Gasthofes, in dem der Angeklagte auch auf Staatsunkosten untergebracht wurde, stellte er eine Bescheinigung aus, daß bei ihm Beschlagnahmen und Durchsuchungen nicht stattfinden dürften und dies von allen Organen der Räteregierung zu respektieren sei. Ferner wurden diese ausländischen Revolutionäre noch außerdem vielfach in besoldeten Stellungen im Wittelsbacher Palais in den Dienst der Räteregierung gestellt und erhielten hiefür monatlich vierhundertfünfzig Mark Gehalt. So stellte sich im ganzen ein Maschinenschreiber auf monatlich über tausend Mark.
Der Angeklagte selbst bezog freie Unterkunft und täglich zehn Mark aus bayerischen Staatsmitteln. Ein Fräulein Eckert, angeblich aus Serbien, die er bei sich als Schreibmaschinistin einstellte und auch sie reichliche Unterstützung genießen ließ, wurde seine Geliebte. Die Zwecke des Kommissariats, das er verwaltete, ließ er durch Plakate öffentlich bekanntgeben.
Auch verlangte der Angeklagte vom Vollzugsrat wiederholt und dringend immer größere Fonds, »um die zugereisten Genossen zweckdienlich befriedigen zu können«, so zuletzt am 23. April 1919 hunderttausend Mark. Daß er eine Hotelrechnung für die Geliebte des Eglhofer nicht zahlen wollte, führte zu seiner vorübergehenden Verhaftung, wobei ihm tausendsiebenhundert Mark Bargeld, dabei tausendzweihundert Mark aus revolutionären Kreisen herrührend, gestohlen wurden. Am 28. April wurde bekannt, daß die Truppen der verfassungsmäßigen Regierung sich der Hauptstadt näherten. An diesem Tage ließ sich der Angeklagte noch schleunigst dreitausendsechshundert Mark auszahlen, um zwölf Schützlinge für die Zukunft noch mit dreihundert Mark bedenken zu können.
Ferner forderte der Angeklagte von dem damaligen Kassier Pröstler noch weitere hunderttausend Mark, einschließlich vierunddreißigtausend Mark, um deren Auszahlung siebzehn Mitglieder des Revolutionstribunals bei ihm nachgesucht hatten. Tatsächlich genehmigte der Vollzugsrat die Auszahlung dieses Betrages, sie erfolgte jedoch nicht mehr, da die Staatsbank schon geschlossen war.
Am 30. April 1919 wurde der Angeklagte verhaftet.
Der Angeklagte hat demnach durch Leitung des erwähnten Kommissariats und Unterstützung ausländischer Revolutionäre bei der Räteregierung mitgewirkt, die, wie er wußte, die Verfassung des Volksstaates Bayern mit Gewalt zu stürzen unternahm. Die politische Sachlage war ihm vollkommen bekannt. Seine Tat bildet ein Verbrechen der Beihilfe zum Verbrechen des Hochverrats nach §§ 81 Ziff. 2, 49 StGB. Ehrlose Gesinnung konnte nicht mit Sicherheit festgestellt werden. Seine Handlung ist aber sehr schwer zu ahnden. Er hat in unverantwortlicher Weise mit Mitteln des bayerischen Staates gehaust in Zeiten größter Not, zum großen Teile zugunsten feindlicher Ausländer, während die

besten Landesangehörigen darbten. Er war ohne jede Beziehungen zu Bayern und hatte keinerlei Anlaß, sich in bayerische politische Verhältnisse einzumengen. Seine Tat wie seine Persönlichkeit erscheint in hohem Grade gefährlich. Er ist wegen militärischen Verbrechens mit zehn Jahren Zuchthaus vorbestraft, wovon er zwei Jahre verbüßt hat. Daher erschienen sechs Jahre Festungshaft und die Nebenstrafe des Abs. III § 81 StGB. schuldangemessen. Die Anrechnung der Untersuchungshaft war billig.

Albert Daudistel
Protest

Es ist Tatsache, daß die politischen Festungshäftlinge mehrfach protestierten gegen die unkorrekte, gesetzwidrige Ausführung der Gesetzesvorschriften und Rechtsverordnungen, soweit sie politisch Verurteilte betreffen, aber stets ohne Erfolg. Selbst Justizminister Müller, der von politischen Festungshäftlingen auf bestehende Mißstände persönlich aufmerksam gemacht wurde und schnellste ordnungsgemäße Regulierung den Festungshäftlingen versprach—versagte. Es bleibt mir nun nichts anderes übrig, als der Außenwelt meinen letzten Transport zu schildern, damit sie im Interesse der politischen Häftlinge und im Interesse des Rufes des Justizministeriums des Volksstaates Bayern Stellung dazu nehmen.
Am 14. dieses Monats wurde mir vom Assessor des Zuchthauses Ebrach bekannt gegeben, daß ich als Zeuge zum Volksgericht München geladen bin. Ich unterließ nichts, um dem Assessor klarzumachen, daß ich keinesfalls den Transport antrete, wenn nicht der kürzeste und schnellste Weg benützt wird. Selbiger Herr versicherte mir, alles zu tun, was in seiner Macht steht und was meine Forderung rechtfertigt. Tatsächlich verspürte ich auf der Hinreise nach München achtungswürdiges Eingreifen des Assessors von Ebrach und des Schubkommissars von Nürnberg, abgesehen von Eigenmächtigkeiten einzelner Transporteure, die mir selbst erklärten, sie vermögen nicht anders zu handeln, weil sie ohne jede Instruktion hinsichtlich politischer Häftlinge sind. In München aber zeigte man äußerst wenig Gerechtigkeitsgefühl. Eine Nacht lag ich auf der Polizeidirektion, dann wurde ich mit Kriminellen zusammen im ›Zeiserlwagen‹ nach Gefängnis Neudeck verbracht. Wie jeder Kriminelle wurde ich dort behandelt. Am Tage des Prozesses nahm ich bei dem Staatsanwalt, der der Sitzung vorstand, Rücksprache hinsichtlich meiner Behandlung und Rechte. Auch er verfolgte meine Interessen und ordnete an, daß ich sofort aus dem Gefängnis Neudeck nach der Polizeidirektion kam, gab mir aber gleichzeitig in aller Zuvorkommenheit zu wissen, daß er im weitesten Spielraume seines Einflusses mir gedient hätte, ich sollte mich aber an die Schubkommissare halten, er hätte sich auch da bereits telephonisch für mich verwendet. Der sogenannte Schubkommissar, ein Mensch, dem wenig oder gar nichts an politischen Häftlingen liegt, lehnte meinen neuerdings gemachten Antrag ab, mit der ironischen Bemerkung: »Ihr wollt doch den Sechsstundentag. Zur direkten Reise nach Ebrach ist ein Transporteur mehrere Stunden länger im Dienst.« Am Tage darauf, früh um drei Uhr dreißig, kam eben ein Transporteur, der mich erst visitierte, mir mein Zigarettenetui abnahm und mich mit der sogenannten ›Zange‹ fesselte. Ich protestierte gegen diese beiden niemals zulässigen Handlungen, und als man mir Gewalt antat, gegen diesen Transport überhaupt. Erst auf Einreden eines zweiten Beamten entfernte er mir die Zange. Auf dem Wege zur Bahn wurde ich einem Transport Krimineller angeschlossen. Mein Transporteur ging neben mir

und steckte seine Hand in meine Rocktasche. Rücksichtslos wurde ich, wie Verbrecher und Landstreicher, in das Schubabteil gezerrt und mit Kriminellen bis Nürnberg transportiert. Was sich sonst während des Transportes ereignete, sind grenzenlose Brutalitäten, die mir im Gedächtnis bleiben werden für alle Zukunft. Nur sei noch erwähnt, daß mir im Schubabteil der Platz am Fenster, den ich wegen der Helle einnehmen wollte, um lesen zu können, verboten wurde mit dem Hinweis auf ein aufgestempeltes ›Vorsicht‹ in meinen Begleitpapieren.
Ich fordere im Interesse aller meiner zu Festungshaft verurteilten Genossinnen und Genossen sofortige praktische Maßnahmen zur Beseitigung aller für die Festungshaft gesetzwidrigen Zu- und Umstände.
1. Die Fesselung politischer Gefangener gilt als strafbare Handlung, für die nicht der Transporteur, sondern der vorgesetzte Staatsanwalt zur Rechenschaft gezogen wird.
2. Der Transport politischer Gefangener erfolgt auf dem schnellsten und kürzesten Wege. Der Schubweg ist verboten.
3. Bei Aufenthalt und Fahrtunterbrechung wird der politische Gefangene nicht in ein Gefängnis eingeliefert. Gegen Ehrenwort, nicht zu entfliehen, darf er in einem Gasthaus übernachten.
4. Epileptiker, Nerven-, Gemüts- und andere Kranke erhalten unverzüglich Strafunterbrechung oder volle Begnadigung.
5. Verlange ich vom Justizminister Müller die endliche Einlösung seines vor etwa drei Wochen abgegebenen Versprechens hinsichtlich der Beseitigung der sich immer wiederholenden Gesetzwidrigkeiten, oder ich verlange eine einmalige brutale Welle, die mich tötet, dann brauche ich nicht mehr zu protestieren.
Für alle meine mitgefangenen Freiheitskämpfer zeichnet

Matrose Albert Daudistel.

Festungsgefängnis Ebrach, den 20. August 1919

Albert Daudistel
Die Festungskommune Ebrach

Der Wille zum Schaffen war erwacht. Bald nach dem Frühstück belebten die politischen Gefangenen den Korridor der Parterre-Abteilung. Matrose Muck krempelte seine Hemdsärmel hoch und fluchte: »Sakrament, Sakrament! Stellt euch nicht in den Weg wie Jahrmarktbesucher! Platz da! Vorsicht!«
Dann schob er einen langen Tisch auf den Terrazzoboden durch den Menschenhaufen.
Ein Rattern, Quieksen und Kreischen!
Manche hielten ihre Ohren, machten schmerzhafte Gesichter und atmeten durch die Zähne. Etliche protestierten brüllend. Die Geschwätzigen schrien, daß sie sich verstanden. Unentwegt packte Muck den letzten Tisch. Und lachte und sang: »Is in Hamborg irgendwo mol Hochtid, o, wie smückt man do die Hüsser fin ut...«
Kräftig begann der Seemann zu schieben: »Platz, Platz! Straße frei! Hoppla!«
Lärm entstand wie in einer Kesselschmiede. Entsetzt sperrte Revolutionär Wampelmaier den Weg und schrie: »Muck, Muck! Genosse Muck! Bist du verrückt geworden?!«
Matrose Muck hielt an und schüttelte den Kopf: »Bei diesem Krawall versagen meine Ohren. Platz da! Achtung!«
Dann machte er einen Buckel, kniff die Augen und schob den Tisch, als gälte es, einen Wagen bergauf zu drücken, dem Wampelmaier vor den Magen. Wampelmaier schnappte nach Luft, fiel hintenüber und kippte eine Bank um. Viele griffen ihre Zehen und Schienbeine. Die Gesichter wurden rot. Zähne blinkten. Flüche platzten. Muck setzte alle Kraft ein. Er rammte Bäuche und Rücken. Schemel fielen. Unnachsichtlich hob Muck den Tisch durch das Menschengewimmel an den bestimmten Platz. Aufruhr entstand. Aber da rieb Matrose Muck die Hände und lachte: »Genossen! Nehmt Platz! Die Versammlung kann beginnen!«
Die gefangenen Menschen staunten. Einige betonten: »Wie?« »Was?« »Wo?« »Versammlung?« Matrose Muck stand in der Mitte der langen Tischreihe, grinste und lockte: »Kommt, kommt, kommt! Na, kommt, suck, suck, suck! Kommt, kommt!«
Da rief einer lachend: »O, Muck! Halt die Luft an! Hahaha!«
Alle verzogen die Gesichter. Heiterkeit brach durch. Die politischen Gefangenen lachten, daß ihre Köpfe schwollen. Sogar das Zuchthauspersonal ward angesteckt. Revolutionär Wampelmaier schluchzte im Lachkrampf wie eine Henne. Die schweren Eindrücke der ersten Tage im Zuchthaus waren überwunden. Fröhlich begaben sich die politischen Gefangenen an die Plätze. Gesellig rückten sie zusammen.
Matrose Muck erhob sich und klopfte: »Genossen! Wir wollen unser Gefangenenlos verbessern. Eine Festungskommune soll gegründet werden. Als Versammlungsleiter schlage ich den Ältesten unter uns vor. Einverstanden?«

Alle nickten.
Matrose Muck grinste nach dem graumelierten Buschmann: »Also, Buschmann, eröffne die Vorstellung! Sanfthofer hat sich bereits zum Wort gemeldet!«
Muck setzte sich. Revolutionär Buschmann ging mit Schreibpapier und Bleistift an das obere Ende der langen Tischreihe. Seine runzelige Stirne hatte sich geglättet. Der Alte lächelte: »Liebe Menschen!« Spöttisch unterbrach Revolutionär Protz: »Hört, hört diesen Menschewik!«
Die Versammelten lachten laut. Revolutionär Buschmann aber redete ruhig weiter. Kein Wort war zu verstehen. Dann, als das Gelächter verschallte, wandte sich Buschmann nach Sanfthofer: »Nun kommst du dran!« Muck schmunzelte. Der Vorsitzende ließ sich auf den Schemel nieder. Alle hockten gebannt.
Revolutionär Sanfthofer sprach. Seine dunklen Augen zielten scharf aus buschigen Brauen. Sanfthofer war Volksredner. Sein schwarzer Vollbart machte Eindruck. Das wußte der Revolutionär. Sprechend neigte er den Kopf zur Seite und gestikulierte feierlich. Er lächelte. Dann aber räsonierte seine tiefe Stimme: »Mit gleichem Eifer, der uns in den stürmischen Tagen der Revolution beseelte, wollen wir hinter Zuchthausmauern dafür sorgen, daß dieses Haus einst geschulte, tapfere Arbeiterführer liefert!«
Wie auf Befehl schnellten Wampelmaier und Protz hoch: »Bravo!!«
Die Rotgardisten sprangen auf: »Bravooo! Bravooo!«
Die Intellektuellen klatschten. Einige nickten bedenklich. Muck verstärkte den Lärm. Mit beiden Fäusten trommelte er auf den Tisch. Die gefangenen Revolutionäre zitterten vor Begeisterung.
Sanfthofer war klug. Ruhig ließ er die Versammlung toben. Seine Stirne faltete sich. Er ordnete Schriftstücke. Der Massenagitator wußte seinen Erfolg vorzubereiten und zu sichern: er kannte die Volksseele. Endlich richtete er sich kurz nach dem Versammlungsleiter: »Vorsitzender!«
Sofort stand Revolutionär Buschmann auf: »Genossen! Nicht zu laut!«
Die Versammelten reagierten. Revolutionär Buschmann setzte sich.
Da wurde Sanfthofer ungeduldig: »Sapperlot! Was ist denn das für eine Geschäftsordnung?!« Dann knurrte er: »Buschmann, erteile mir doch endlich das Wort! Ich will das Wort!«
Der Versammlungsleiter schaute hilflos. Verlegen lächelte er: »Genossen!« Und verstummte.
Ärgerlich tippte Sanfthofer mit seinem Bleistift auf den Tisch: »Genossen! Ich spreche zur Geschäftsordnung und beantrage die Wahl eines Vorsitzenden, der die Versammlung leiten kann!«
Muck sprang auf: »Zur Geschäftsordnung! Hallo, Buschmann! Ssst!«
Verdattert stammelte Revolutionär Buschmann: »Muck!«
Matrose Muck deutete nach Sanfthofer wie ein plädierender Staatsanwalt: »Dieser Revoluzzer, dieser dort! Der will Arbeiter lehren und verhindert sie an der Übung! Genossen! Wir halten fest an der parlamentarischen Ordnung. Die Mehrheit hat Buschmann als Vorsitzenden gewählt. Sanfthofer, die Majorität mußt du achten. Buschmann, rufe: Sanfthofer! Dann setze Dich!«
Muck nahm seinen Platz ein. Buschmann schrie: »Sanft–ho–fer!«

Die Versammelten freuten sich. Sanfthofer faßte seinen Vollbart: »Na ja!« Und begann: »Genossen! Um das Zusammenleben in der Festung erträglich zu gestalten, ist Arbeit notwendig. Revolutionäre sind keine Faulenzer! Jeder muß sein Wissen und Können in den Dienst der Allgemeinheit, in den Dienst der Festungskommune stellen. Das ist eine sozialistische Forderung. Die Befreiung der Menschheit durch eine Gemeinschaft der Arbeitenden ist unser Ideal, für das wir unser Leben, unsere Gesundheit und unsere Freiheit einsetzten. Für diesen idealen Grundgedanken wollen wir uns üben. Bei unserer Ausbildung, bei diesem geduldsamen Lernen stoßen wir uns nicht mehr an den grauen Zuchthausmauern. Die Strafe verliert ihre seelenzermürbende Wirkung. Und freudig werden wir durch die Gitter in die Zukunft schauen, wo hell und klar unser Stern blinkt: die große proletarische Befreiung. Genossen! Ich beantrage daher, daß sich die tiefer Gebildeten (wir haben ja genug Akademiker unter uns) zu einer Bildungskommission zusammenschließen, welche die geistigen Bedürfnisse der Festungsgefangenen befriedigt. Verschiedenartigste Unterrichte müssen durchgeführt werden. Besondere Beachtung muß geschichtliche Geographie finden. Die Spezialisten unter uns (Nationalökonomen, Bankfachleute) leisten Vorträge. Die innere Verfeinerung der primitiven Genossen, wie überhaupt die Sorge um die seelische Erbauung der Festungskommune ist Sache der Literaten! Weiter beantrage ich: Aus Genossen, die in revolutionären Arbeiterorganisationen bekannt sind, ist eine Fürsorgekommission zu errichten. Aufgabe dieser Kommission ist, den körperlichen Bedürfnissen der Festungskommune Rechnung zu tragen. Nahrungsmittel, Tabak, Zigaretten, Lehr- und Schreibutensilien müssen angefordert werden. Endlich muß diese Kommission die Genossen in Freiheit auf die Not der Familien von gefangenen Revolutionären aufmerksam machen. So haben wir das Nützliche mit dem Angenehmen verbunden. Die technische Einteilung besorgen die beiden Kommissionen. Genossen! Eurer Aufmerksamkeit gemäß bin ich gewiß, daß ihr meine beiden Vorschläge ohne weiteres annehmt!«

Revolutionär Sanfthofer setzte sich und rief nach Buschmann: »Vorsitzender, laß abstimmen!«

Lärmend huldigte die Mehrheit der Versammelten ihrem Fürsprecher Sanfthofer. Revolutionär Buschmann war aufgestanden. Er lächelte.

Plötzlich erhoben einige die Hände und riefen: »Zur Geschäftsordnung!« »Noch nicht abstimmen!« »Weitere Anträge liegen vor!«

Der Tumult schwächte ab. Da begann Revolutionär Kropoter: »Wawawas! Schon abstimmen? Verrückt! Genossen! Genossen ...!«

Wie vom Hunde gebissen schnellte Revolutionär Protz hoch. Leidenschaftlich schrie er auf Kropoter ein: »Die Versammlung verbietet sich deine anarchistischen Methoden, Kropoter! Das merk dir!«

Protz, ein ehemaliger Feldwebel, wurde militärisch: »Erlaubt sich der Kerl, gegen die beiden Anträge des Sanfthofer zu schreien! Unerhört! Halt deine Schnauze, Kropoter! Du, du ...«

Protz stockte in Verlegenheit: er bereute sein militärisches Geschrei. Da aber ballte Kropoter die Hände und schrie: »Ich verwahre mich dagegen, daß mich

dieser verrückt gewordene Kasernenhoftraber wie einen Rekruten anschnauzt! Bomben und Minen sollen doch gleich diese Versammlung sprengen! Ich habe das Wort! Und lasse mich nicht niederbrüllen!«
Matrose Muck hatte sich zu Buschmann begeben und ihm ins Ohr geflüstert, Protz habe sich zuerst zum Wort gemeldet. Obwohl das nicht zutraf. Buschmann schaute fassungslos auf Muck. Die Hitzköpfe hatten sich beruhigt. Unauffällig raunte Muck: »Buschmann, erteile dem Protz das Wort! Los, los!«
Revolutionär Buschmann rief: »Protz, du hast das Wort!« Da aber kratzte sich der Revolutionär Protz hinterm Ohr und stotterte beschämt: »Ich, ich hatte mich nicht zum Wort gemeldet! Irrtum!«
Die Versammelten lachten. Muck hielt sich den Bauch. Kropoter strich sein langes Haar aus der Stirne und seufzte: »Genossen! – Unter keinen Umständen darf geduldet werden, daß Unpolitische den hohen Gedanken der Gründung der Festungskommune durch parteipolitischen oder fanatischen Starrsinn unmöglich machen. Sachlicher Kritik muß absolut Aussprache gewährt werden!«
»Sehr richtig!« betonten die meisten.
Kropoter schob seinen Schemel zurück. Dann begann der Anarchist wie im Zorn: »Führerrollen werden unter gefangenen Revolutionären nicht gespielt. Die Politik der Festungskommune ist, Kompromisse schließen. Genossen! Ich spreche gegen die Anträge des Theoretikers Sanfthofer. Hier ist keine Massenversammlung, in welcher der Referent um Applaus wirbt. Hier sitzen Ernährer von alten Müttern, von Waisen, von blutarmen Familien. Genossen! Die vornehmste Aufgabe der Kommune ist nicht, das Zuchthaus heimisch zu machen. Heiligste Pflicht der Genossen, die draußen in führenden Posten standen, ist, dafür zu sorgen, daß die armen Proleten bald zu ihren notleidenden Angehörigen kommen. Ich beantrage, daß sich die Juristen unter uns zu einer Rechtsschutzkommission zusammenschließen!«
Kropoter zündete sich eine Zigarette an und sog: »Hier sitzen Rotgardisten, die nur die Löhnung, Kleidung und Verpflegung in den Dienst der Revolution trieb. Diesen Genossen müssen wir beistehen!«
Kropoter setzte sich. Revolutionär Hurtig betonte: »Sehr wahr!«
Die Rotgardisten schauten ergriffen.
Vorsitzender Buschmann war in der Leitung der Versammlung sicherer geworden. Kurz frug er: »Neue Vorschläge?«
Revolutionär Wampelmaier meldete sich zum Wort. Er beantragte die Gründung einer Zeitungskommission und hob hervor: »Bürgerliche Blätter lehnen wir ab, denn sie strotzen von schmählichen Lügen über die Revolution. Nicht ein Fetzen von jener Schwindelpresse darf in die Festung. Ausgeschlossen! Ausgeschlossen!«
Großer Widerspruch erhob sich. Sogar Sanfthofer schrie: »Das ist Unsinn!«
Protz verteidigte die Meinung Wampelmaiers: »Diese schweinischen Wurstblätter kommen hier nicht rein! Zum Donnerwetter noch mal...«
Kropoter war aufgesprungen und schrie auf Protz ein: »So! Genau so hast du früher als dämlicher Feldwebel über die sozialdemokratische Presse hergezogen...«

»Keine Beleidigungen!« schrien viele. Protz schnauzte, daß er geiferte.
Buschmann stand auf: »Ruhe! Ruhe! Ruhe!«
Empört schimpften die Rotgardisten über den Lärm. Die politischen Leidenschaften tobten. Matrose Muck lachte und verließ unauffällig die Versammlung...
Der Anarchist Kropoter war fluchtartig aus der letzten Wampelmaierschen Dauerversammlung in seine Zelle geeilt, hatte sich auf die Matratze fallen lassen und strampelte und wälzte sich im Lachkrampf, als kitzele ihn der lustige Teufel. Dabei quälte ihn seine fünfzehnjährige Strafe nicht mehr. Gelächter lockt. Matrose Gustl war der erste, welcher angesteckt wurde. Doppelt wirkt besser. Alle Festungsgefangenen wurden neugierig. Mit aufgeblasenen Backen liefen sie herbei und platzten mit kräftigem Lachen heraus. Die Gefangenenaufseher kamen streng, wollten fragen, aber konnten nicht, wandten sich — — und lachten und drückten ihr Taschentuch ins Gesicht wie Weinende. Dienstlich betrat der Sanitätsaufseher Kropoters Zelle: »Herr Kropoter! Um Gottes willen, Herr Kropoter! Hör'n Sie! Sie ersticken ja! Hahaha!«
Schnell wich der Sanitäter. Und lachte so herzhaft, daß seine Beine versagten. Platt legte er sich auf den Korridor zwischen die anderen und jauchzte, als rodele er bäuchlings einen welligen Abhang hinunter.
Der Arzt und der Festungsvorstand waren zur Stelle. Eindringlich warnten sie den vor Lachen schäumenden Kropoter, er könne ja ersticken oder eine Schlagader könne ihm platzen. Sie redeten so lange auf ihn ein, bis sie selbst ein unwiderstehliches Kitzeln spürten. Schnell drängten sie aus der Zelle und schauten sich gegenseitig ratlos an. Plötzlich kehrten sie sich den Rücken und lachten. Fortlaufen konnten sie nicht.
Matrose Muck hatte sich erholt. Er biß die Zähne zusammen, lief in Kropoters Zelle und packte den Anarchisten, weil er nicht hörte, warf ihn auf den Rücken und backpfeifte ihn aus lauter Angst um dessen Leben. Vergebens. Je toller Muck zuhaute, desto mehr lachte Kropoter.
Muck wurde ganz zornig, lief weg und kam bald mit zwei Eimern voll kalten Wassers. Grimmig kippte Matrose Muck. Kropoter zuckte erschreckt, rang nach Luft und streckte sich. Endlich entkam ihm ein tiefer Seufzer. Sein Nachtlager triefte. Einen Moment lag er wie schlafend. Dann raffte er sich auf, schüttelte das Wasser aus seinem Bart und gestand: »Beinah wäre ich drüben gewesen! So ein Blödsinn!«
Auch die anderen hatten sich erholt. Gustl, Jochem, Bagicalupo und die weiteren Freunde des Matrosen Muck kamen in Kropoters Zelle. Vorwurfsvoll betonte Klaus, der Revolutionsrichter: »Genosse Kropoter, wie kannst du bloß derart lachen!«
Kropoter setzte sich auf die Pritsche: »Macht erst die Tür zu!«
Dann erzählte er, daß die Wampelmaier nach siebzehnstündiger Versammlung folgende Resolution gefaßt hätten: Sämtliche Städte und Dörfer müssen niedergerissen werden. Denn sie sind bürgerlich. Dann beginnt der Wiederaufbau nach Plan ›f‹.
Muck zweifelte: »Kropoter, ist das wahr?«

Der Anarchist nickte. Die andern schüttelten stumm den Kopf.
Bagicalupo wandte sich nach Muck: »Cosa è?«
Matrose Muck erklärte. Da faßte der Italiener seine Jacke an der Herzgegend, rieb, hob ein Bein und triumphierte: »Evviva das Och- und Tiefbau!«
Fröhlichkeit herrschte im Zellenbau: Die Wampelmaier freuten sich wegen dem lachlustigen Kropoter und nannten ihn närrisch. Die sanften Heinriche (so benannten die entschlußkräftigen Wampelmaier die Gegenpartei) ergötzten sich in aller Stille an der Verrücktheit der anderen. In seiner übermütigen Laune schlug Matrose Muck vor, aus der lächerlichen Situation eine musikalische Versöhnungsfeier zu machen. Klaus, der Revolutionsrichter, Hurtig und Sanfthofer erläuterten, man dürfe die Wampelmaier nicht zur Belustigung benützen, sie seien seelisch Erkrankte.
Revolutionär Ernisch erwog für und wider und krompromisselte: »Aber, Genossen! Ich meine, ein wenig Zerstreuung schade den Wampelmaiern wahrhaftig nicht. Das sagt ihr auch, nicht wahr?«
Dr. Antonius und Kropoter nickten. Jochem murrte. Gustl stieß ihn: »Mensch! — Wat bist Du for'n Griesgramer wor'n!«
Die anderen ließen schließlich ihre Bedenken fallen. Muck bearbeitete den dickköpfigen Jochem. Endlich erklärte Jochem: »Das hat doch keinen Zweck. Heute tun wir Versöhnung feiern, morgen kracht's wieder. Dann feiern wir wieder Versöhnung und zersplittern uns abermals.«
»So! – So ist's, Jochem!« rief Matrose Muck. Und ermutigte: »Krieg – Friede – Vertragen! Dann beginnt wieder der Krieg. So kreist das ewig in der Weltgeschichte und in der Ehe, das mußt du doch übrigens als Vater, Onkel, Schwager am besten wissen, und in der Festung wiederholt sich das erst recht. Versöhnung! Versöhnung feiern, Jochem, dat mogt Pläsier!«
Kropoter und Dr. Antonius beifallten.
Da entschloß sich Jochem: »Aber nur wegen dir mach ich mit, Muck!«
Dr. Antonius rief: »Bravo!«
Muck sang:

> Hoppla! Die Ziege springt auf den Bock, Bock, Bock.
> Hoppla! Die Ziege springt auf den Bock.
> Freut sich das Böckelein,
> Wackelt sein Schwänzelein.
> Drum, hoppla, Ziege, spring auf den Bock!

Alle lachten. Und gingen auf den Korridor.

Werbeanzeige des ›Internationalen Arbeiter-Verlags‹ zur Übernahme des Daudistel-Romans fünf Jahre nach der Erstauflage im ›Verlag Die Schmiede‹, 1930

Der internationale Roman / Band 4

Das Opfer

Ein Roman von Krieg, Aufstand und Revolution

von Albert Daudistel

„*Frankfurter Zeitung*“: Dieses Buch ist eine Art Opfergang, aber vom Proletarier aus gesehen. Bei der Schilderung eines verwaisten und dann in aller Welt vagabundierenden Matrosen anhebend, entwickelt es sich mit Kriegsbeginn zu einem grandiosen Tatsachenbericht eines Meuterers, Märtyrers und Revolutionärs, der durch Gefängnisse, Lazarette und Baracken geschleift wird. Es gibt Stellen in diesem künstlerisch unbeholfenen, aber menschlich und stofflich ausgezeichneten Buch, die sich mit ätzender Beängstigung einprägen, und deren sich jedermann erinnern sollte, wenn er an die verhängnisvolle Vergangenheit seines Landes auch nur mit einem Worte rührt.“

324 Seiten — Broschiert RM 3,50, in Leinen gebunden RM 5,—

Internationaler Arbeiter-Verlag, Berlin C 25

Leo Rein
Der Roman des Revolutionärs

Albert Daudistel, ein revolutionärer Matrose, wird wegen Beteiligung an der Münchener Räteregierung zu mehreren Jahren Festung verurteilt.
In Niederschönenfeld beginnt er zur Entlastung seines Gemüts zu schreiben; Romain Rollands ›Meister Breugnon‹ ist sein Anreger. Von dem nun Entlassenen brachte die ›Schmiede‹ ein erstes Buch: ›Die lahmen Götter‹[1].
Der nur allgemein symbolhaft gehaltene Titel umfaßt zwei völlig getrennte Erzählungen; der Roman des Lebens dieses Matrosen wird Leben im Roman.
Die erste schildert die Festungshaft. Menschliche Qualitäten entfalten sich: hanebüchener Humor und volkstümliche Derbheit, ungescheute Sprache der Muskoten und des Volkes. Dazwischen stehen Visionen nach Tollerscher Art; wie Gewissensskrupel den Revolutionär ängstigen ob der Toten, die im Bürgerkriege gefallen; Nonnenskelette in erotischen Reigen und andere düstere Kriegshumore.
Den Verlust vieler Jahre seines Lebens vor Augen, geht er dennoch in die Festung unsentimental, rührungslos, voll aktiv-überwindenden Humors. Sein erstes ist, die gefangenen Mitbrüder – sie sind unter ihren Decknamen erkennbar – aufzurichten. Man gründet Bildungsausschüsse, den Aufenthalt in der Festung erträglich zu machen; und er, der hier als ›Matrose Muck‹ auftritt, richtet auf ›die Diktatur der Vergnügungskommission‹. Sein derber Humor waltet und tröstet. Später gibt es Kämpfer; die Radikalen trennen sich von den Gemäßigten, die Erharrer der Weltrevolution von den Evolutionisten – Matrose Muck, praktisch und tätig, ist unter den Gemäßigten.
Sie werden dann auseinandergerissen; ein Transport trennt sie, die kaum miteinander sich befreundet. Gefangene!
Mit diesem Abtransport und folgender Trennung der Gefährten schließt die ›Erste Erzählung‹. Diese erste Erzählung ist ein Tagebuch mit dichterischen Elementen; die zweite ist bereits eine in sich geschlossene Dichtung.
Die ›proletarische Kunst‹ war bisher mehr proletarisch als Kunst: weil die proletarische Weltanschauung nicht aus der Dichtung strahlte, ihr innewohnend, sondern neben ihr unverhüllt und unverarbeitet ausgesprochen wurde. Die proletarische Kunst verwechselte oft Parteiprogramm und Dichtung. Das Parteiprogramm spricht eine Gesinnung aus; die Dichtung gestaltet sie.
Hier aber ist ein proletarischer Dichter; einer, der das stille Heldenlied vom Leben und Sterben des Arbeiters singt in schicksalhafter Kraft.
Ein nach Kriegsende entlassener Matrose ist sein Held. Er aber ist kein Revolutionär; sondern war ›Soldat und brav‹. Hält gute Freundschaft mit seinem einstigen Kommandeur; und ist auch sonst ein fester Kerl. Den Soldatenrat faucht er an; von der O-Mensch-Phrase der Revolutionsliteraten will er nichts wissen.

Es beginnt der schwere Kampf um den Neuaufbau seines Daseins nach dem Kriege, den so viele führen mußten ... er endet tragisch.
Dieser Matrose werkt schwer im Hafen; eines Tages zerreißt das Seil unter der Kranlast. Ein Verstümmelter kehrt zu seiner jungen Frau zurück; Not dringt in ihre Dachstube. Er erhängt sich, um niemandem zur Last zu fallen. Sie, nach schwerem Kampf, wird Dirne, ihn zu retten; zu spät; auch sie stirbt neben ihm.
Wie hier dem tröstlich-aktiven Humor des Anfangs die tragische Düsternis des Endes folgt; wie exakt und scharf die Wendung vom Glück zum Unheil; wie sorgfältig begründet die Katastrophe, so daß das verhängnisvoll-angerissene Tau zum Symbol eines ganzen gefährdeten Menschenlebens wird: das zeigt eine könnerische Hand, eine neue Kraft.
Eine Arbeitertragödie; eine Banalität; eine Zeitungsnotiz; und doch schicksalhaft erschütternd, weil ein einfach-kraftvoller Gestalter am Werk ist.
Ein Dichter steigt aus dem Volk; greis gewordene literarische Vorstellungen und Schaffensmethoden werden abgelöst von neuen Kräften; Erneuerung der Dichtung von unten herauf...
Daudistel sucht mit primitivem Gefühl seinen eigenen Weg. Sein Stil ist nackt, kahl und knapp, doch von tatsachenhafter Wucht. Keine kunstvolle Trope schmückt, kein Metapher glänzt hyperbolisch. An ihrer Stelle stehen Bilder aus der Sprache des heutigen Volkes, von hanebüchener Derbheit und Kraft. Leben steht an der Stelle der Artistik, die Sprache des Arbeiters wird ›gehoben‹, ohne doch ihren Charakter zu verlieren.
Der Matrose, mit seinen Abenteuern als Stoff ... und hier mit seiner Erlebniskraft als Dichter, wird für die Literatur entdeckt. Der Bänkelsänger Ringelnatz. Nun der Epiker Daudistel.
Dieser Matrose Daudistel, der infolge gewisser historischer Verhältnisse vorübergehend zum Revolutionär wurde, ist keine Bassermannsche Gestalt. Ja, es steckt bemerkenswert viel preußische Strammheit in ihm. Auch ein Revolutionär kann stramm sein...
In jenen chaotischen Zuständen geriet mancher in Labyrinthe und verirrte sich. Doch hier ist Vergangenes gebüßt.
Nun erhebt sich dieser Revolutionär von einst und leistet positive Arbeit: indem er, ein literarischer Meunier, die Tragödie des Arbeiters darstellt, einfach und schicksalhaft.
Und mag oft seine Derbheit ausschlagen zur Krafthaberei: er wird seinen Weg und Stil finden. Eine neue Kraft muß gegrüßt werden.

Albert Daudistel
Stoßtrupp der Revolution

Die Sturmflut der heimkehrenden Truppen brandete über Deutschland. Tag und Nacht erschütterten eilende Militärzüge die Fahrdämme. Überall wurde rot geflaggt und gearbeitet. Die Bahnhöfe blühten im frischen Schmuck. Die Feldgrauen lachten. Auch die Viehkessel von 1914 brodelten wieder auf den Bahnsteigen. Und unermüdlich, dabei meisterhaft, kippten die Rotkreuzschwestern Abertausende verbeulte Militärkochgeschirre voll mit breiigen Suppen, mit Steckrübengemüse oder mit mokkaschwarzem Ersatzkaffee. Die Frontsoldaten kauten und verwunderten sich. Denn auch Dauerwurst, Tafelbutter, gute Zigarren, Offizierszigaretten, Offiziersküchen und die ›heiligen‹ Offizierslatrinen, alles stand ihnen nun zur Verfügung. Die Soldatenräte hatten die Entlausung befohlen! Plündern und Tragen von Offiziersachselstücken war mit Lebensgefahr verbunden. Musterhaft nahm die Demobilisierung ihren Anfang. Das Volk regierte sich selbst. Die Revolution feierte ihren Sieg.
Aber der November ging zu Ende. Und die deutschen Millionenheere waren erwerbslos. Eisig pfiff der Wind. Da flatterten Flugblätter auf die Hungernden und Frierenden:
»Deutsche! – Schützt Deutschland vor dem Bolschewismus! Wahrt eure Frauen vor Schändung und eure Kinder und Greise vor der russischen Schreckensherrschaft! Steht ein für Ruhe, Ordnung und Wiederaufbau unseres Vaterlandes!«
Die Gegenrevolution hatte sich erhoben! Die Seeleute des revolutionären Zirkels aber wechselten ihre blaue Marineuniform mit der feldgrauen. Sie nahmen Stahlhelme, Gasmasken, Pistolen, Handgranaten, Maschinengewehre, Minen- und Flammenwerfer und folgten dem Ruf des revolutionären Proletariats. Und die Leiter der revolutionären Zirkel siedelten mit allen revolutionstreuen Kameraden der Marine-Nord- und -Ostseestation im Auftrag der sozialistischen Regierung nach Berlin über.
Die Reichshauptstadt. Rede- und Pressefreiheit! Überall erhitzte Diskussionen. In den düsteren Kellerwohnungen, in weltentlegenen Mansarden der Hinterhäuser, in Straßen-, Untergrund- und Vorortbahnen, in Omnibussen und Vergnügungssälen, in Massenversammlungen der verschiedensten Parteien, an den Verkehrsknotenpunkten, allenthalben kämpfte das ›Für‹ mit dem ›Wider‹. Rätesystem oder Parlament. Kommunismus oder privatkapitalistische Wirtschaftsweise. Die Novemberrevolution stand windschief! Denn die Ententekapitalisten lehnten die revolutionären Arbeiter- und Soldatenräte ab. Und die Bürgerlichen organisierten sich gegen das Rätesystem. Sie riefen die berufslos gewordenen Offiziere und Soldaten zum Kampf gegen das Rätesystem auf. Und forderten Teilnahme an der Regierung. Verzweifelt gellte der Schrei des revolutionären Großstadtproletariats: »Es lebe die Räterepublik! Nieder mit der Nationalversammlung!«

Ratlos schauten die Arbeiter- und Soldatenräte.
In der politischen Hitze glühte die antibolschewistische Propaganda. Denn die Fabrikschlote standen kalt. Der Aufmarsch zum Kampf zwischen Kapital und Arbeit begann! Bald krachten die ersten Schüsse des Bruderkrieges.
Unauffällig errichteten die revolutionären Matrosen ihr Standquartier im ehemaligen kaiserlichen Marstall. Heinrich, seine Wilhemshavener Freunde und eine Abteilung Seeleute aus Cuxhaven besetzten das Berliner Schloß. Ruhig leistete die Marinetruppe ihren Sicherheitsdienst. Aber ihre Führer, der Heinrich und sein Freund Fritz, trafen Vorbereitungen zur revolutionären Verteidigung, während die gegenrevolutionären Offiziere und Berufssoldaten schwer bewaffnet die Stadt durchzogen.
Der Tag neigte sich. Die Schloßbesatzung bezog ihre Gefechtsstationen. Heinrich holte die Außenposten ein. Und stellte sie, wie die Matrosen der Hauswache, an den Treppen und in den Korridoren der Stockwerke als Befehlsübermittler oder Munitionsträger auf. Fritz ließ die Maschinengewehre nachsehen und Kühlwasser bereitstellen. Alle Lichter wurden abgeblendet. Und Heinrich lief von einer Gefechtsstation zur andern und instruierte. Dann, als ›klar zum Gefecht‹ gemeldet war, gingen die beiden Matrosenführer in den leeren Raum der Hauswache, in dem der Gefechtsbeobachtungsstand war.
Heinrich lag vor dem Ausguck und schaute über den dunklen Schloßplatz. Fritz verharrte am Tisch. Es war nach Mitternacht, als er sich erhob und frug: »Ist das Eingangsportal offen?« Heinrich stand auf. Und gähnte: »Ja!« Müde schritt er nach der Tür. Während er sich die Augen rieb, brummte er mürrisch: »Ich kontrolliere die Stationen!« Rasch verließ Fritz seinen Platz am Tisch und legte sich vor die Beobachtungsscharte. Er knurrte verschlafen: »Die Bereitschaft wird wieder in nutzlose Kriegswache auslaufen!« Heinrich wiegte den Kopf und ging seine Ronde. Fritz rief plötzlich: »Die Kampfreserven!!« Der Befehlsvermittler gab langgezogen und monoton den Befehl durch das dunkle Schloß. Und bald meldeten sich die Reservemannschaften der verschiedensten Gefechtsstationen bei Fritz »zur Stelle«. Fritz unterrichtete seine Kameraden. Vom Eingangsportal kamen Schritte näher. Sporen klirrten. Und eine Stimme erscholl: »Posten?« Fritz mahnte die Matrosen der Kampfreserve: »Sst!« Und entsicherte seine Pistole. Geräuschlos schlich er sich zur Tür, die nach dem Vorraum des Hauptportals führte. Und rief den Ankömmling an. Die Gestalt stand und antwortete: »Nicht schießen!«
Fritz befahl: »Licht!« Ein Matrose kam dem Befehl nach. Fritz sah einen Feldgrauen mit Stahlhelm, der beide Hände erhob und am linken Arm die ›weiße Binde‹ trug.
»Herkommen!«
Der Feldgraue folgte.
»Wer sind Sie?«
»Parlamentär!« Fritz forderte den Feldgrauen auf, die erhobenen Arme niederzulassen.
Heinrich betrat den Raum. »Warum brennt hier Licht?«
»Drüben sammeln sich Truppen!«

Fritz erwiderte: »Hier ist der Parlamentär!«
Heinrich ging hin: »Was wollen Sie?« Er stellte sich dem Feldgrauen als Führer der revolutionären Schloßbesatzung vor. Der Gesandte des Gegners griff in die Brusttasche. Er überreichte dem Heinrich ein Schreiben. Heinrich las. Dann gab er es zurück: »Sagen Sie Ihrem General, daß wir das Schloß lebend nicht verlassen!«
Der Parlamentär verneigte sich und ging.
Fritz bemerkte leise, aber grimmig: »Der trug Mannschaftsuniform!«
»Diese Gesellschaft arbeitet mit allen Tricks!« erwiderte Heinrich und erklärte seiner Umgebung: »Der Befehlshaber der Regierungstruppen fordert uns auf, binnen zehn Minuten das Schloß zu übergeben, widrigenfalls er diesen Bau erstürmen läßt.« Heinrich sah nach seiner Uhr: »In acht Minuten beginnt der Bruderkrieg – den wir im November ablehnten! In acht Minuten aber wird uns Gelegenheit geboten, vieles wiedergutzumachen! Kameraden, auf die Gefechtsstationen – Marsch, marsch! – Alles klar zum Gefecht!!«
Gleich nachdem Heinrich den Fernspruch vom Schloßdach nach dem revolutionären Stützpunkt gegeben, war die Kampftruppe des revolutionären Stützpunktes schwer bewaffnet nach dem Gefechtsplatz aufgebrochen. Unauffällig besetzte sie die Straßenecken in den Stadtteilen, die an das Schloß grenzten. Schwere Maschinengewehrgruppen schoben sich im Schatten der Häuser zum Kampfplatz vor. Sie öffneten Gebäude und nisteten sich ein, auf Dächern, die vortreffliches Schußfeld boten. Die Scharfschützen aber schlichen hart an den Feind heran und nahmen Deckung in Kanalschächten, hinter Litfaßsäulen oder schmiegten sich schußfertig in die Gossen. Während die Artillerie der Regierungstruppen begonnen hatte, das Schloß ›sturmreif‹ zu schießen, während der Geschützdonner dumpf über Berlin rollte, während Fritz vom Dach des Schlosses die roten Raketen in die Nacht feuerte, gab Jann, der Führer des revolutionären Stützpunktes, den Angriffsbefehl auf die gegenrevolutionären Truppen. Fahl lag Mondschein auf dem Feind. Die revolutionären Matrosen überschütteten ihr Ziel mit Prasselfeuer. Bald verstummten die feindlichen Geschütze.
Immer enger zogen die revolutionären Straßenkämpfer den Kreis um den fassungslos gewordenen Gegner. Ununterbrochen knatterten ihre Maschinengewehre. Jann drang mit einem Panzerauto ins verbitterste Gefecht. Sprungweise folgten seine Stoßtrupps. Wie die revolutionären Matrosen im unteren Korridor des Schlosses, so kämpften ihre Kameraden vom revolutionären Stützpunkt in den Straßen und auf den Dächern.
Die Regierungstruppen wichen. Berlin zitterte. Ungeheuer wütete der Haß. Und die Verwundeten verbluteten hilflos.
Endlich war es Tag geworden. Schreiend, das Gewehr klar zum Anschlag oder mit gefechtsbereiten Pistolen und Handgranaten, stürmten die Kampfkolonnen des revolutionären Stützpunktes. Der Feind drängte sich verzweifelt in eine Straße und durchbrach die revolutionäre Front. Getrieben von vernichtendem Feuer, flohen die Regierungstruppen mit ihren Geschützen und ihren Verwundeten ins Stadtinnere; die Tapfersten und Versprengten retten sich in die Häuser.

Fenster öffneten sich. Das Gefecht begann wild. Wo ein Schuß krachte, wurde hingeschossen. Ziellos fielen die Handgranaten. Der Häuserkampf tobte fanatisch. Endlich ertönte ein Hornsignal. Frische Sturmkolonnen mit der roten Armbinde schwärmten in die Straßen. Wütiges Gebrüll: »Fenster zu! – Straße frei!« Revolutionäre Maschinengewehre ›bestrichen‹ die Häuserfronten. Dann säuberten die Matrosen das Stadtviertel.

Albert Daudistel
Die Waffen des Geistes

»Herr Kapitän«, sagte sie, »Sie sind, wenn ich Ihre Worte über die Machtstellung eines Staates richtig verstanden habe, für militärische Regelung der wirtschaftlichen Dinge? Das wäre barbarisch!«
Hartmann entgegnete: »Wir haben in Deutschland ein Soldatenlied, das heißt: Was nützet mir ein schöner Garten, wenn andere drin spazierengehen und pflükken mir die Blumen ab... Sehen Sie, gnädige Frau«, erklärte er, »wenn ich mich nun mit meinen Hausgenossen, mit meinen Nachbarn, mit meinen Landsleuten, mit meinen Volksgenossen zusammenschlösse und wir sozusagen als pikfeiner pazifistischer Kulturbund versuchen würden, die Eindringlinge, die Räuber und Plünderer unseres Gartens zu bitten, sich wieder zu entfernen, statt sie hinauszuhauen, daß ihnen dumm und dämlich zumute wird, so wären wir in Ihren Augen, gnädige Frau, zwar keine Barbaren, aber Idioten. Der Begriff ›Barbar‹ ist also in diesem, im politischen Sinne, durchaus ehrbar, ehrwürdig!«
»Aber die Kultur«, fragte sie, »die Kultur? Muß denn immer gleich die Faust herrschen? Man kann doch auch seine Rechte vertreten mit den Waffen des Geistes?« Sörensen grinste und winkte dem General.
Er erhob sich und fragte begierig: »Was hat sie ihm gesagt?«
»Achtung«, flüsterte Sörensen, »sie beschmust ihn mit den ›Waffen des Geistes‹...« Und sie lauschten gebannt.
Hartmann bemühte sich, ihr sachlich zu antworten, indem er sagte: »Die sogenannten Waffen des Geistes sind all jenen zu empfehlen, die es danach gelüstet, sich unseres schönen Gartens zu bemächtigen, ihn auszuplündern, uns um die Früchte unserer Arbeit zu bringen; denn es hat sich erwiesen, daß die beste, die durchschlagkräftigste und sinnvollste Waffe des Geistes eine technisch hochentwickelte Wehrmacht ist! Selbst der russische Außenminister sagte neulich vor aller Welt: Wer in unser Land eindringt, bekommt eine Ladung in die Fresse!«
Der General und Sörensen schauten sich betroffen an.
»Aber Herr Kapitän«, entgegnete sie verwundert, »die Kultur, die Kultur?«
»Nun ja«, sagte Hartmann, »auf Ihre Frage nach der Kultur könnten Ihnen am besten die armen Teufel in Deutschland antworten, die hungern und leiden müssen, weil das ganze Reich und seine Bevölkerung gewaltsam verhindert werden, sich in genügendem Maße an der Konkurrenz auf dem Weltmarkt zu beteiligen; denn dieses wirtschaftlich und militärisch niedergehaltene Land muß auf die Lebensdauer von fast zwei Generationen Tribute zahlen, die in die Milliarden gehen. Hier hört die Kultur auf. Hier beginnt der Ungeist. Hier bin ich bereit«, erklärte Hartmann eindringlich, »eine Kulturpause zu machen, um dem schönen Garten, von dem ich sprach, wieder zu einem Zustand zu verhelfen, der mit dem Begriff Kultur in Einklang zu bringen ist... Ich bin für die konsequente Behandlung der Dinge...«

»Wir auch«, flüsterte der General seinem Komplizen zu, »wir auch«, bekräftigte er, um die Blässe, die in Sörensens Gesicht entstand, zu vertreiben.
»Ja, gnädige Frau«, sagte Hartmann, »ich sehe, daß ich Ihnen grob, brutal erscheine...«
Sie unterbrach: »O nein, Herr Kapitän, ich verstehe Sie gut. Ich denke nur: Es ist furchtbar!«
Hartmann entgegnete: »Die Form, in der ich zu handeln habe, bestimme nicht ich, sondern mein Gegner!« Seine Hände griffen hinter seinem Rücken ineinander. Er lächelte: »Es wundert mich, daß Sie soviel Interesse für die kämpferische Idee haben, obgleich der Krieg, die Schlacht, der Kampf der Menschen gegen Menschen im Grunde, wenn er nicht der Landesverteidigung dient, zu verwerfen ist. Aber wir behandeln den Krieg bald anschaulicher. Bald beginnen ja die Feindseligkeiten, bald eröffnen wir das Bombardement – nachts – auf See...«
Zynisch flüsterte Sörensen dem General zu, während beide das verlegene Lächeln in Sibylles Antlitz beobachteten: »Nur Mut, gnädige Frau, nur Mut...«
Der General lispelte: »Spaß beiseite! Wenn wir den Kerl frühzeitig gefangensetzen könnten, ließe sich mit ihm sprechen...«
Kuhnert ging an ihnen vorbei aufs Vorderschiff und stieg in den Wohnraum der Matrosen hinunter.
Sibyll stützte sich mit einer Hand an die Reling. Und das bedenkliche Schweigen kam wieder zwischen ihnen zustande.
»Ja«, sagte Hartmann nach einer Weile, »so ist die Welt... Mir ist es nicht gegeben, mich vor ein Tiefseeaquarium zu stellen und bei der Betrachtung des unheimlichen Getiers in dem grünlich-dunklen Wasser zu singen: Weißt du, wieviel Fischlein spielen in der hellen Wasserflut... Von mir darf man nicht erwarten, daß ich nur für mich da sei, nur für mich zur See fahre. Ich stehe als Kapitän vor allem im Dienst meiner Nation. Und meinem Vaterlande ist der Hang zur politischen Ästhetelei gründlich durch seine Unterdrücker verdorben worden. Ich weiß über die Welt Bescheid... Aber ich habe keine Zeit mehr«, sagte er, indem er sich vor ihr verneigte, »auf Wiedersehen!« Er stieg auf die Kommandobrücke...
»Warum?« fragte sich Hartmann, »kann der Mensch nicht neben dem Menschen ohne Neid, ohne Haß, ohne Mißtrauen, ohne Hinterlist, ohne böse Absichten leben, obwohl er doch das Harmonische wünscht und sucht?« Er dachte an seine Leute an Bord: »Sie wissen, was sie tun. Sie wissen, was recht und unrecht, was gut und was böse ist. Warum handeln sie aber trotzdem gegen ihre Moral? Warum suchten sie erst mein Vertrauen, warum brachen sie es und vertrauten dann meinem Feinde? Nur des Profits wegen? Nur der Sympathie, den Machtbestrebungen des Generals wegen?« Er sagte zu sich: »Ja, ja! Es sind tüchtige Seeleute und können gute Kerle sein, aber es sind nur Schwächlinge, weit entfernt vom ›Menschen‹. Sie können wohl, wenn es ihnen an den Kragen geht, den Menschen um Menschlichkeit anjammern, aber selber Mensch zu sein, das vermögen sie nicht! Gut und Böse«, erwog er, »liegt auf der Waage, aber noch schwankt sie, nach welcher Seite sie sich neigen soll...«

Albert Daudistel
Offener Brief an die Geschäftsleitung der ›Volksstimme‹ in Schwenningen am Neckar

Sie konnten es nicht unterlassen, mir in Ihrem Schreiben vom 16. dieses Monats Ihren Beschluß zu einer wirtschaftlichen Sabotage meiner Existenz bekannt zu geben. Ich habe Ihr Schreiben meinem Rechtsanwalt mit der notwendigen Ordre überlassen. In der Abwehr Ihrer gegen meine Existenz gerichteten Vernichtungsmaßnahmen muß ich Ihnen einmal folgendes zu Gemüte bringen:
Die außerordentlich schweren wirtschaftlichen Verhältnisse, die nun halt Deutschland und besonders viele ganz kleine deutsche Zeitungen beherrschen, brachten mich zu dem Entschluß, ganz besonders der kleinen sozialdemokratischen Parteipresse im höchst zulässigen Maße entgegenzukommen. Und so habe ich von kleinen sozialdemokratischen Blättern, wenn sie meine Arbeiten ohne meine Erlaubnis nachdruckten, nie Honorare verlangt. Und von den größeren sozialdemokratischen Zeitungen habe ich, wenn sie meine Arbeiten heimlich nachdruckten und dann vergaßen, diese Arbeiten zu bezahlen, nur lächerlich geringe Honorare anfordern lassen. Ja, ich habe schließlich sogar in meiner Rücksichtnahme auf Ihre Parteipresse verschiedenen Blättern meine sämtlichen feuilletonistischen Sachen für ein Einheitshonorar von fünf Mark pro Artikel angeboten. Jedoch diese Zeitungen besaßen den Mut, mein äußerst humanes Angebot abzulehnen, schlankweg, und – wie zuvor, meine Arbeiten ohne meine Erlaubnis nachzudrucken und dann noch die also heimlich nachgedruckten Arbeiten weiterzuvertreiben, an ein ›Bruderblatt‹, und zwar ›gegen ein geringes Entgelt‹. Selbstverständlich bezahlte mich das ›Bruderblatt‹ auch nicht. Und so ist meiner Humanität von sozialdemokratischen Blättern eine feste Grenze gesetzt worden, innerhalb der nur nach den Grundsätzen gehandelt wird: Wer empfängt soll zahlen! Gut! Denn kein sozialdemokratischer Redakteur und kein sozialdemokratischer Geschäftsführer arbeitet aus Gefälligkeit, alle beziehen feste Gehälter.
Und diese Gehaltsempfänger, die in ihren Zeitungen den sozialistischen Gedanken verherrlichen und verbreiten, scheuen sich nicht, gegen mich in einer geradezu sozialen Gewissenlosigkeit vorzugehen, einzig und allein nur deswegen, weil ich mich im Rahmen einer sozialistischen Weltanschauung gegen die unerhörte Ausbeuterei wehrte! Sie beleidigten mich noch dazu. Aber als ich da nun einen kurzen Prozeß machen wollte, da konnten es jene Patentsozialisten gleichwohl mit ihrer Würde vereinbaren, mich schriftlich um Entschuldigung zu bitten – obwohl sie sich immer noch sträubten, meine heimlich nachgedruckten Arbeiten zu bezahlen.
Den Patentsozialisten wäre es egal, wann und wo ein sozialistischer Schriftsteller samt seiner Familie verreckt! Oh, sie würden es noch fertigbringen, die Arbeiter an die verreckten Leiber der Familie Daudistel abzukommandieren, zum feierlichen Gesang: Ein Sohn des Volkes wollt' er sein und bleiben ... Aber ich

flöte ihnen zuvor was anderes, nämlich: Ich habe zwar deshalb, weil ich rücksichtslos für die Arbeiterschaft mit Leib und Seele eingestanden bin, zwei politische standrechtliche Urteile von insgesamt fünfzehn Jahren und einem Tag hinter mir. Sieben Jahre davon büßte ich ab, ohne moralischen Schaden zu erleiden. Und so werde ich mich gegen das Verderben, das Sie und noch einer mir androhten, wehren, ja mit allen anständigen freien Schriftstellern werde ich mich gegen das Verderben verteidigen. Denn:

Das ist der Arbeit heil'ger Krieg!

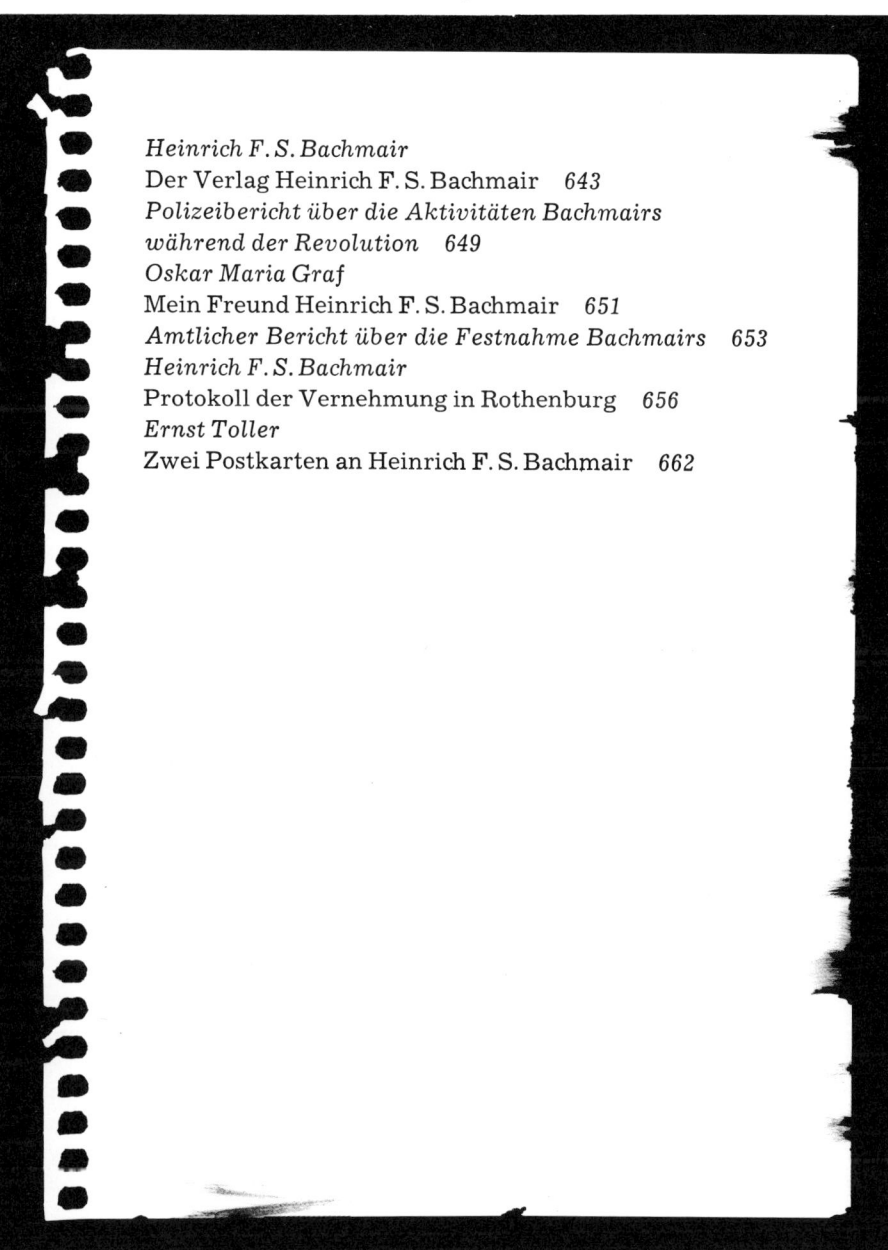

10 Heinrich F. S. Bachmair

Heinrich F. S. Bachmair
Der Verlag Heinrich F. S. Bachmair

Das wesentlichste Ereignis bildete die Gründung des ›Verlages Heinrich F. S. Bachmair‹. Sie geschah ganz spontan, und ich war mir damals wirklich nicht bewußt, welche Folgen diese Entscheidung für meinen Berufs- und Lebensweg zeitigen würde.

Es war am 20. Oktober 1911. Becher war bei mir. Die Zeitung lesend, sagte ich, daß am 21. November, zu Kleists hundertstem Todestag, Feiern stattfinden sollten. Darauf Becher: »Ich habe eine Kleist-Hymne geschrieben.« Ich: »Die drukken wir!«

Sogleich schlossen wir einen schriftlichen Verlagsvertrag. Auf meine Frage nach dem Manuskript erwiderte Becher, seine Gedichte lägen alle beim Verlag Albert Langen in München, dem er sie vor seiner Abreise nach Berlin übersandt habe. Abschriften besitze er nicht. Wir baten telegrafisch den Verlag, das Manuskript, das damals ›Die Jugendwelt‹ betitelt war, schleunigst zurückzuschicken.

Das Manuskript umfaßte neben einer Reihe kürzerer Gedichte auch die Hymne. Einem Sohn meiner Wirtin, der in der Druckerei E. Künstler & Sohn beschäftigt war, vertrauten wir das Werk an. Ich suchte auch selbst die Druckerei auf und besprach dort alle Einzelheiten der Ausstattung. Die Dichtung wurde in fünfhundert Exemplaren auf deutsches Maschinenbütten gedruckt. Natürlich mußte auch eine Luxusausgabe in zehn Abzügen auf handgeschöpftem Van-Geldern-Bütten hergestellt werden. Die ganze Herrlichkeit kostete nicht viel, etwa vierzig oder fünfzig Mark, die ich von meinem Monatswechsel stotternd bezahlte.

Rechtzeitig zum Gedenktag erschien: ›Johannes R. Becher / Der Ringende / Kleist-Hymne‹, versehen mit einer Bauchbinde: ›Zu Kleists 100. Todestag. Preis 75 Pfennig.‹ (Heute zählt der nur zwölf Seiten umfassende Druck zu den großen Seltenheiten im Antiquariat!) Nun ging ich mit der Kleist-Hymne bei den Buchhändlern, die mich bereits von bisherigen Büchereinkäufen kannten, ›hausieren‹. Ich betrat den Laden, erstand irgendein nicht zu teures Buch und brachte dann mein eigenes Verlagswerk zum Vorschein. Die Antwort lautete überall: »Hm – Gedichte. Ein unbekannter Autor.« Nach einigem Zureden erreichte ich, daß mehrere Buchhandlungen das Heft in Kommission nahmen. Ich habe damals vielleicht für zwanzig Mark Bücher gekauft, um ein paar Exemplare eines ›Werkes‹ zum Ladenpreis von fünfundsiebzig Pfennig in Kommission loszuwerden. Die Verlagsgründung war höchst einfach, das Bücherverkaufen schon schwieriger!

Doch die Produktion mußte weitergehen. Ich hatte mit Becher vereinbart, daß ich seine Gedichte und den Roman, an dem er noch arbeitete, herausbringen würde. In der ›Kleist-Hymne‹ sind hinten bereits als ›In Vorbereitung‹ angekündigt: ›Die Jugendwelt‹, Gedichte, und ›Erde‹, Roman. Allein das genügte nicht. Ich hatte selbst ein dünnes Bündel Gedichte liegen. Ich schrieb meinen Eltern, legte die Kleist-Hymne und die ersten zustimmenden Kritiken bei, worauf meine Eltern mir etwas Geld sandten. Hans wandte sich ebenfalls erfolgreich an seinen Vater wegen eines Zuschusses für sein erstes Gedichtbuch, das mit dem Einbinden etwa zweihundert bis zweihundertfünfzig Mark gekostet haben mag. Dazu kam allerdings – und das war das Teuerste – die Umschlagzeichnung

Inserat Bachmairs für seinen Buchladen

von Willi Geiger. Ihn hatte ich in München bei Bonsels kennengelernt; da er inzwischen nach Berlin übersiedelt war, besuchte ihn ihn gelegentlich. Nun bat ich ihn um eine Umschlagzeichnung für mein neues Verlagswerk, weil ich mir davon eine gute Werbewirkung versprach. Geiger forderte hundertfünfzig Mark. Ich erschrak nicht wenig über die mich enorm dünkende Höhe des Honorars, doch da der Künstler mit Ratenzahlung einverstanden war, glaubte ich mir diesen Aufwand leisten zu können.

Der Gedichtband hieß nicht mehr, wie ursprünglich von Becher gewünscht, ›Die Jugendwelt‹. Es gab deswegen einen ziemlich heftigen Streit zwischen uns. Aber schließlich vertrugen wir uns wieder, und der Band erschien unter dem aus verschiedenen Vorschlägen Bechers gemeinsam ausgewählten Titel ›Die Gnade eines Frühlings‹.

Gleichzeitig kamen meine eigenen Gedichte heraus. Ihnen sollte Bechers Roman ›Erde‹ folgen. Das schien uns für den Start eines neuen Verlags zuwenig. Wir brauchten vor allem einen bekannten Namen. Bei Bonsels hatte ich die Schriftstellerin Frances Külpe getroffen, deren Bücher nunmehr Georg Müller in München, damals einer der angesehensten belletristischen Verlage, betreute. Das bewies immerhin ein achtbares Niveau, wenn auch im Rahmen der reinen Unterhaltungsliteratur. Frau Külpe, trotz ihrem englischen Mädchennamen James Baltin von Geburt, war eine reizende und gescheite Dame mittleren Alters. Zu ihrer stattlichen Figur mit männlich kurzem Haarschnitt fügte es sich ganz natürlich, daß sie Zigarren rauchte. Wir – auch Becher kam gern zu ihr –

suchten sie des öfteren in Zeuthen auf, wo sie mit einer ihrer beiden Töchter aus erster Ehe und mit einer Freundin lebte. Sie übergab mir einen kleinen Novellenband ›An der Wolga‹. Ihre Tochter Else von zur Mühlen entwarf eine blutrünstige Einbandzeichnung, die wir für sehr effektvoll hielten. Da ich die beiden Prosabände zusammen ankündigte, veranlaßte der bekannte Name Frances Külpe eine Reihe von Buchhändlern, auch das Buch des einer breiten Öffentlich-

»Die Bücherkiste«

Monatsschrift für Literatur, Graphik und Besprechung

Preis 35 Pfennig / Jahrgang 1919 (10 Hefte) 3 Mark.

München, Kurfürstenstraße 8.

Inserat Bachmairs für seine Zeitschrift

keit noch nicht vertrauten Autors Johannes R. Becher zu bestellen. ›Erde‹ war immerhin ein Roman; notfalls konnte man ihn in die Leihbibliothek einreihen.
Während ich in Berlin blieb, fuhr Becher in den Osterferien 1912 nach Hause. Weil sein Vater wünschte, er solle sein Universitätsstudium vom nächsten Wintersemester an in München fortsetzen, gewann Becher meine Eltern für bestimmte Zusagen, mir die Weiterarbeit in meinem Verlag zu ermöglichen, wenn ich gleichfalls von Berlin zurückkehrte. In meiner Zusammenarbeit mit Becher erblickten sie die Gewähr dafür, daß mein junges Unternehmen keine Eintagsfliege bleiben, sondern sich gut entwickeln werde. Als das Sommersemester sich seinem Ende näherte, begannen wir die Übersiedlung des Verlages nach München vorzubereiten. Für uns kam nur der Stadtteil Schwabing in Betracht. Bechers Eltern wohnten dort, die meisten großen belletristischen Verlage, wie Georg Müller, R. Piper & Co., C. H. Beck, Delphin-Verlag und andere, hatten im Künstler- und Literatenviertel Schwabing ihr Domizil.
In der Kurfürstenstraße 39 fand ich im vierten Stock eine Teilwohnung von zwei Zimmern, und als nach ein paar Monaten der Mieter der anderen Hälfte auszog, übernahmen wir die ganze Wohnung. Dort wurde nun der Verlag aufgemacht. Becher war zwar an der Universität immatrikuliert, widmete aber den Hauptteil seiner Zeit dem Verlag. Er las und begutachtete die eingehenden, leider zumeist für uns unbrauchbaren Manuskripte und half mir bei der Korrespondenz, die wir selbst auf der Maschine schrieben. Ich besorgte das Technische, Herstellung und Werbung, und den Verkehr mit dem Buchhandel. Ein junger

Laufbursche namens Franz, unser ›Faktotum‹, vervollständigte das Personal des Verlages Heinrich F. S. Bachmair, München und Berlin.
Die Resonanz unserer Bemühungen war nicht überwältigend. Immerhin wurden sie langsam stärker beachtet. Einige Zeitungen und Zeitschriften begleiteten sie mit wohlwollenden Bemerkungen, andere brachten ausführliche Rezensionen unserer Neuerscheinungen. So wurde bereits ›Der Ringende‹ in Michael Georg Conrads ›Deutschem Literaturblatt‹ besprochen und in der Münchener Literaturzeitschrift ›Janus‹. Darin hieß es: »Ein junges Talent von außerordentlichen Maßen und einer gewaltigen Explosivkraft sprengt hier zum ersten Male seine Fesseln unter der Maske des ringenden Kleist. Die Sprache ist von großer Originalität, und ein starker Strom von neuartigen und lebendigen Bildern flutet durch die kleine Dichtung. Man sagt wohl nicht zuviel, wenn man ausspricht, daß etwas von dem genialen Fieber Kleists auch in den geschwellten Adern dieses Werkes rast. Das ist Blut von seinem Blut und Geist von seinem Geist.« Allerdings, eine andere Zeitschrift meinte: »Diese Schwarmgeisterei, die die Schlegel seinerzeit an Schiller rügten, ist modernisiert.« Der ›Berliner Lokalanzeiger‹: »Nun, ich habe mir mit entschiedenem Mißgeschick die verteufelte Mühe gegeben, die Becherschen Gedichte zu einer Herzensangelegenheit zu machen.« (Das Wort ›Herzensangelegenheit‹ kam in meinem Prospekt für ›Die Gnade eines Frühlings‹ vor.) »Ich will nicht verschweigen« – schrieb der Mann weiter –, »daß gute Verse in dem Buche sind«, doch das möge Geschmacksache sein. Bei Scherls war die Literatur also Geschmacksache. ›Die Aktion‹ von Franz Pfemfert besprach Bechers frühe Veröffentlichungen durchaus positiv. Im März 1912 brachte sie zum erstenmal einen Beitrag von ihm, und in der Folge veröffentlichte Becher einige Jahre hindurch wiederholt Gedichte und kleine Erzählungen in Pfemferts Wochenschrift.
In München ergab sich bald ein reger Verkehr mit jüngeren Schriftstellern und Malern, von denen ich auch einige als Autoren für den Verlag oder als Mitarbeiter an unseren Zeitschriften gewann...
In der ersten Münchner Zeit wohnte ich wie vordem bei meinen Eltern in Pasing. Becher kam gewöhnlich sonntags zu uns, und wir besprachen – oft auf Spaziergängen im nahen Wald, die dann in der Lochhamer ›Waldschenke‹ endeten – aktuelle Verlagsangelegenheiten, wozu wir im Büro nicht die erforderliche Muße fanden, oder er las mir seine neuen Arbeiten vor, unter anderem einmal ›De Profundis Domine‹. Ich erklärte mich sofort bereit, die Dichtung herauszubringen, und ließ sie in kleiner Auflage sehr schön auf holländisches Büttenpapier drucken und in Halbpergament binden. Einige Zeit nach Erscheinen des Buches, als ihm der Titel nicht mehr gefiel, warf Becher mir vor, ich hätte dank meiner katholischen Erziehung besser wissen müssen als er, der einer protestantischen Familie entstammte, daß der Anfang des 130. Psalms lautet: »De profundis clamavi ad te, Domine.«
Diese Dichtung, die zum Teil in Prosa, zum Teil in Versen geschrieben war, ist in ihrer ursprünglichen Form nicht wieder gedruckt worden. In ›Verfall und Triumph‹ sind Verse und Prosa getrennt veröffentlicht. Die Gedichte finden sich dort unter dem gemeinsamen Titel ›De Profundis‹ auf den Seiten 64 bis 97 des

ersten Bandes und weisen gelegentlich kleine Veränderungen auf. Auch die Reihenfolge des Erstdrucks ist nicht durchweg beibehalten worden. Dagegen sind zwei Gedichte (X und XI) aus ›Gnade eines Frühlings‹ eingefügt. Der Prosatext steht zu Anfang des zweiten Bandes. Er trägt den Titel: ›De Profundis. Hymne / fragmentarisch‹, ist ebenfalls textlich überarbeitet und zudem stark gekürzt.

In jenen Sonntagnachmittagsgesprächen reifte auch der Plan einer Schriftenreihe, in der jüngere Schriftsteller ihr Verhältnis zur voraufgegangenen Dichtergeneration, den damals etwa Fünfzig- bis Sechzigjährigen, darlegen sollten. Wir nannten die Reihe: ›Die neue Zeit. Beiträge zur Geschichte der modernen Dichtung.‹ Das ›erste Buch‹ enthielt fünf Beiträge, darunter von Johannes R. Becher eine ›Rede über Richard Dehmel‹. Da wir uns einen guten Erfolg dieser Schriften versprachen, ließ ich dreitausend Exemplare drucken. Doch verkauft wurden nicht einmal dreihundert. Bevor wir das unglückliche Verlagserzeugnis verramschten – was uns angesichts des Mißerfolgs als zwingende Notwendigkeit erschien –, überlegten wir, wie es nun weitergehen solle, denn uns lagen bereits einige bestellte und deshalb zu honorierende Aufsätze für die nächsten Hefte vor.

Wir beschlossen, die Schriftenreihe in eine Zeitschrift zu verwandeln, unter Beibehaltung des Titels. Jedoch im Verlag J. H. W. Dietz Nachf., Stuttgart, erschien die sozialdemokratische Monatsschrift ›Die Neue Zeit‹. Bechers Vater, den wir um juristischen Rat angingen, erteilte uns eine Auskunft, die uns nicht ermutigte, es gegebenenfalls auf einen Rechtsstreit mit dem Verlag in Stuttgart ankommen zu lassen. Wir gaben also unseren alten Titel auf und nannten die Zeitschrift ›Die Neue Kunst‹. Alle zwei Monate sollte ein Heft von rund hundertzehn Seiten ausgegeben werden. Becher und ich stellten gemeinsam den Inhalt des ersten Heftes zusammen. Bald kamen noch zwei Freunde von früher hinzu: Josef Amberger, von dem ich auch ein Versbuch ›Der unendliche Weg‹, verlegte, und Karl Otten, dessen ›Reise durch Albanien‹ trotz der damaligen Aktualität des Ländchens nicht besonders einschlug. Wir vier redigierten in guter Harmonie die Zeitschrift. Becher war in jedem Heft mit Gedichten vertreten. Das erste enthielt außerdem die Novelle ›Das Verhältnis‹, die bei ihrem Wiederabdruck im zweiten Band von ›Verfall und Triumph‹ den Titel ›Das kleine Leben‹ erhielt.

›Die Neue Kunst‹ war die erste größere Zeitschrift, die sich entschieden für die expressionistische Dichtung einsetzte, aber es mangelte an Geld, sie durchzuhalten und auszubauen. So konnte nur ein einziger Halbjahresband, drei Hefte umfassend, erscheinen, obwohl wir uns redliche Mühe gaben, die Zeitschrift bekannt zu machen und ihren Bezieherkreis zu erweitern.

Neben der ›Neuen Kunst‹ gab ich später noch eine Zweiwochenschrift ›Revolution‹ heraus, auf Zeitungspapier gedruckt, die es auf fünf Nummern brachte. Auch in dieser Zeitschrift wurde einiges von Becher veröffentlicht.

Allmählich waren uns die Verlagsräume in der Kurfürstenstraße unlieb geworden. Die vier Treppen hielten manchen Besucher fern. Auch galt es, das mit vieler Mühe erworbene Vertrauen unserer Lieferanten zu festigen. Dazu waren

ansehnlichere Räume in besserer Lage unerläßlich. Wir fanden eine geeignete Erdgeschoßwohnung in der Horscheltstraße Nr. 4. Sie lag zwar etwas abseits, doch Haus und Wohnung genügten durchaus unseren nunmehr höher gewordenen Ansprüchen.
Becher hatte inzwischen sehr eifrig geschrieben. Eine stattliche Reihe neuer Gedichte lag vor. Auch einige Novellen hatte er verfaßt, die, abgesehen vom ›Verhältnis‹, zumeist in der ›Aktion‹ gedruckt worden waren. So entstand der Plan, ein oder zwei Bücher herauszugeben, auch äußerlich gewichtiger als ›Die Gnade eines Frühlings‹ (70 Seiten) und ›De Profundis Domine‹ (52 Seiten). Der Ende Oktober 1913 versandte Verlagskatalog ›Das zweite Jahr‹ kündigte als in Vorbereitung an: ›Hans‹, Novellen, und ›Verfall und Triumph‹, Neue Gedichte.
Der Titel ›Hans‹ gefiel mir nicht. Ich hatte schon bei der Vorankündigung dagegen eingewendet, er sei zu ›autobiographisch‹ und würde beim Leser falsche Vorstellungen erwecken. Nach längeren gemeinsamen Überlegungen nahm ich Bechers Vorschlag an, Vers- und Prosadichtungen zusammen unter dem Titel ›Verfall und Triumph‹ zu veröffentlichen. Der erste Band erhielt den Untertitel ›Gedichte‹, der zweite ›Versuche in Prosa‹.
Noch während der Drucklegung – im Frühjahr 1914 – bei der Firma Poeschel & Trepte in Leipzig wurde mir klar, daß die schmale finanzielle Grundlage meines Verlages nicht ausreichte, ihn wirklich lebensfähig zu gestalten. Persönliche Umstände kamen hinzu, so daß ein Verkauf meines Unternehmens nahelag. Ein Interessent war bald gefunden, aber er bot mir keine Gewähr für die Weiterführung meiner Linie.

Polizeibericht über die Aktivitäten Bachmairs während der Revolution

Über die Tätigkeit des Heinrich Franz Bachmair konnte nur Nachstehendes erhoben werden, da die Sitzungen der USP stets geheimgehalten wurden.
B. war bei den meisten Sitzungen anwesend und übte durch seine rigorosen Anträge starken Einfluß auf die Sitzungsteilnehmer aus. Derselbe war bei allen diesen Versammlungen nur für die Räteregierung und drang mit seinen Ideen auch durch. Der Vorsitzende der sozialdemokratischen Mehrheitspartei, Jos. Amann, Werkmeister in der chemischen Fabrik hier, gab an, daß B. meist in München für die Räterepublik tätig war und die Beschlüsse, welche von der kommunistischen Partei und USP in München gefaßt wurden, auch in *Pasing* zur Durchführung brachte.
B. war auch derjenige, welcher in der Sitzung der USP und Mehrheitssozialisten am 22. Februar die Absetzung des Gemeindekollegiums beantragte. Amann war in dieser Sitzung anwesend und äußerte darüber sein Bedenken. Trotz des energischen Protestes von seiten Amanns drang der Antrag des B. durch. B. äußerte bei mehreren Sitzungen, so auch am 4. April im Revolutionären Arbeiterrat im Saal des Gasthauses ›Zur Feuerwache‹, daß die dritte und wenn nötig auch noch eine vierte Revolution kommen muß, um die Räteregierung einzuführen. Amann war auch diesmal mit den übrigen Mehrheitssozialisten dagegen. In der Sitzung am 4. April 1919, mittags zwölf Uhr, im Rathaussaal mußten die Mehrheitssozialisten den Saal verlassen außer dem Malermeister Thalmeier, früher Gde.Bev., wohnhaft Münchnerstr. 53, dahier, welcher sich durch B. überzeugen ließ und der USP beitrat. In dieser Sitzung wurde von B. die Ausrufung der *Räterepublik* verlangt und die Kommunistin Frau *Vilseck* von Gauting in die Sitzung zugelassen.
Am gleichen Tage nachmittags wurde nun durch B. die Räterepublik am hiesigen Marienplatz öffentlich ausgerufen. Anschließend an die Rede von B. sprach Frau Vilseck.
B. wiederholte bei seiner Rede mehrmals, daß sich die gesamten sozialistischen Parteien im Punkte der Räterepublik geeinigt haben, was aber von Amann mir gegenüber als nicht zutreffend bezeichnet wurde. Die dicht um B. gedrängten Menschenmassen glaubten das Vorbringen des B. auch.
B. hatte während der zweiten Revolution die Zensur an den hiesigen Zeitungen (Würmtalbote u. Pasinger-Zeitung) auszuüben, stellte diese Tätigkeit aber schon vor der dritten Revolution ein.
Weiters konnte B. nicht nachgewiesen werden, daß er sich in der Öffentlichkeit agitatorisch in diesem Sinne betätigte; desgleichen konnten ihm auch keine Gewalttätigkeiten oder weitere ungesetzliche Handlungen nachgewiesen werden. Terroristischer Mittel gegen den andersgesinnten Teil der Bevölkerung hat sich derselbe nicht bedient.

Stadtrat und Buchdruckereibesitzer Anton *Meindl* weiß von dem Stadtrat und Vorsitzenden der USP, Georg *Kugler*, daß letzterer die ganze Arbeiterschaft vor nutzlosem Blutvergießen gegen die Regierungstruppen gewarnt, und hatte in einer Versammlung im hiesigen Postsaale etwa drei Tage vor Eintreffen der Regierungstruppen die ganze Arbeiterschaft für die Neutralität gewonnen. Gegen zehn Uhr nachts erschien in fraglicher Versammlung B., welcher vom Zentralrat in München kam und durch sein extremes Auftreten die Arbeiterschaft zum Widerstand gegen die Regierungstruppen aufforderte, was ihm beinahe geglückt wäre. Die unabhängige Arbeiterschaft und die ›Rote Armee‹ schloß sich an B. an, und ist es dem Auftreten Kuglers während der darauffolgenden Tage zuzuschreiben, daß sich die Anhänger Bachmairs von dem bewaffneten Widerstande abbringen ließen.

Über B. wird von der Gesamtbevölkerung ein vernichtendes Urteil gesprochen, es getraut sich aber niemand gegen diesen als Zeuge aufzutreten, da jedermann im Falle eines weiteren Umsturzes Schlimmes gegen die eigene Person vermutet.

Als Zeugen, welche gegen Bachmair aussagen könnten, dürften außer den erwähnten Personen wie *Meindl, Kugler* u. *Amann* noch genannt werden: Oberapotheker Albrecht *Glaser,* Richard-Wagnerstr. 28, Gewerkschaftssekretär *Hesselbach,* Münchnerstr. 4, und Apotheker *Halenke* Eduard, Landsbergerstraße 14.

Um die Tätigkeit Bachmairs in den Sitzungen des Revolutionären Arbeiterrates zu beleuchten, wird auf das Protokoll des Revolutionären Arbeiterrates verwiesen, welches sich am hiesigen Stadtrat befindet. In dieses sind jedoch nur Einträge bis zum 22. Februar 1919 gemacht. Immerhin dürfte die Tätigkeit des B. daraus ersichtlich sein, da er von diesem Zeitpunkte an noch mehr für das Rätesystem eintrat.

Franz Reinhardt
Pol.Wchtmstr.

Oskar Maria Graf
Mein Freund Heinrich F. S. Bachmair

Bachmair war das gerade Gegenteil von Scherpenbach: energisch, fast militärisch resolut und immerzu damit beschäftigt, die Bleistifte geradezulegen und Tabellen aufzustellen. Dadurch kam er nie dazu, sich an den Diskussionen zu beteiligen, korrigierte aber sogleich jeden, der ein Wort nicht richtig aussprach oder in der Hitze des Wortgefechts eine Satzstellung vernachlässigte.
»Ich zum Beispiel würde nicht sagen ›wäre‹, sondern ›sein würde‹ «, war sein besonderes Steckenpferd.
Heinrich F. S. Bachmair besaß als Verleger in der hohen Literatur bereits einen geachteten Namen, denn er hatte schon vor dem ersten Weltkrieg Else Lasker-Schüler, Johannes R. Becher, Emmy Hennings, Carl Einstein und eine ganze Anzahl inzwischen berühmt gewordener Autoren als erster herausgebracht und in einer dicken, sehr vornehm aufgemachten Zeitschrift *Die Neue Kunst* die radikalsten Neuerer veröffentlicht. Dabei war fast das ganze Vermögen seines Vaters, eines wohlhäbigen Pasinger Apothekers, draufgegangen. Der Ausbruch des Weltkrieges machte allem ein Ende. Bachmair rückte ins Feld und erschien als Artillerieleutnant in der kommunistischen Räterepublik beim Kriegsminister Eglhofer, nahm stramme Haltung an und meldete soldatisch laut: »Leutnant der Artillerie Heinrich F. S. Bachmair stellt sich der roten Kampftruppe zur Verfügung! Ich bitte, mich sofort an der Front einzusetzen.« Das geschah auf der Stelle, indem man ihn an einen Frontabschnitt bei Dachau brachte. Vier leichte Feldkanonen standen da, waren geladen, und ein Genosse sagte eben: »So und jetzt neipfeffert auf die weißen Hund! Nix wia gschoss'n, wos rausgeht!«
»Halt!« rief da der kleine x-beinige Bachmair: »Das Kommando untersteht jetzt mir! Verstanden? Hier mein Ausweis.« Die Genossen starrten ihn baff an und prüften die Papiere. Alles stimmte.
»Ja, und ...? Und jetzt?« fragte der bisherige Gruppenführer.
»Ist denn überhaupt der weißen Regierung schon der Krieg erklärt?« wollte Bachmair wissen. Die Genossen glotzten noch bestürzter. Wortlos schüttelten sie den Kopf.
»Also nicht?« redete Bachmair weiter und verfiel wieder in den kurzangebundenen Kommandoton: »Ausgeschlossen! Das geht nicht! Das muß durch einen Parlamentär sofort drüben übermittelt werden! Die sollen sehn, daß bei uns Disziplin herrscht!« Schon riß er aus seiner umgehängten Kartentasche den großen Notizblock und den Füllfederhalter, bückte sich ins Knie und schrieb hastig: »Im Namen der Räterepublik und in Vertretung des Oberkommandierenden der Roten Armee ist ab jetzt Ihrer Gegenregierung der Krieg erklärt. – H. F. S. Bachmair, Kommandant der Artillerie.« Unbekümmert um das drohende Anschauen der Genossen richtete er sich auf, zog sein weißes Taschentuch und

sagte: »Das genügt! Wer will...?« Weiter kam er nicht, denn jetzt wurde es den Genossen doch zu dumm, und von allen Seiten brüllte es gefährlich auf ihn ein: »Ja, Kruzifix, bist denn du verrückt? Weg do! Gschoss'n wird. Verstehst, du hirnrissiger Depp, du?« Sie schossen, und von drüben streute ein Maschinengewehr über sie weg.

»Entschuldigt! Da–das ändert natürlich die Sachlage!« stieß er heraus und fand nichts mehr zu erklären. Er fügte sich, und fachmännisch tapfer kämpfte er mit. Das Erstaunlichste war, daß er beim Einmarsch der Weißen ohne Verhaftung davonkam. Er hatte sich in die Pasinger Apotheke seines Vaters durchgeschmuggelt, den weißen Kittel angezogen und harmlos die Kunden bedient. Ich sah ihn zuletzt in Ostberlin. Da war er Hersteller beim dortigen Aufbau-Verlag. Kürzlich ist er gestorben.

Amtlicher Bericht über die Festnahme Bachmairs

Schutzmannschaft Rothenburg o/Tbr. Rothenburg o/Tbr., 5. Juni 1919

Stadtmagistrat
Eing. .... Juni 1919, Nr. 8774
Rothenburg o. Tbr.

Betreff:

Bachmair Heinrich Franz, ledig, Schriftsteller & Buchhändler aus München, wegen Beteiligung an den letzten politischen Unruhen in München.

Der Obengenannte ist am 1. Juni 1919 hier zugereist und hat im Hotel ›Markusturm‹ hier Quartier genommen. Dort hat er sich unter dem Namen Sebastian Scharnagl, Privatgelehrter aus München, geboren am 10. März 1888 in Regensburg, in die Fremdenliste eingetragen. Von dem zur Zeit hier aufhältlichen Bildhauer Johannes Oertel aus Windelsbach, wohnhaft in München, dessen Name unter keinen Umständen genannt werden soll, wurde er als der obenbenannte Heinrich Bachmair erkannt. Oertel machte diesseits von der Anwesenheit des Bachmair Mitteilung mit der Bemerkung, Bachmair reise unter falschem Namen. Oertel teilte weiter mit, er habe von seinem Bruder Friedrich Oertel, der sich zur Zeit beim Freikorps ›Epp‹ in München befinde, erfahren, Bachmair habe während der letzten politischen Unruhen in München als Artilleriekommandeur der Roten Garde gegen die Regierungstruppen gekämpft und habe auch in Pasing die Räterepublik ausgerufen. Diese Tatsachen habe sein Bruder Friedrich Oertel von der Mutter des Bachmair persönlich in Erfahrung gebracht. Dessen Mutter habe große Angst um ihn, weil er seit den letzten Kämpfen verschwunden sei und sie nichts mehr über seinen Aufenthalt erfahren habe. Bachmair habe ihn auch befragt, wo sein Bruder Friedrich Oertel sich aufhalte. Nachdem er ihm bekannt gegeben hatte, daß er sich beim Freikorps ›Epp‹ befinde, habe er erwidert, »wie man nur so etwas machen kann«. Bachmair habe ihn auch gefragt, ob die Rothenburger Arbeiterschaft radikal gesinnt sei.
Bachmair wurde später hier betroffen und behufs Einvernahme auf die Polizeiwache verbracht. Er hat sich mit dem beiliegenden auf den Namen Sebastian Scharnagl lautenden Reisepaß legitimiert, aber gleichzeitig angegeben, daß dieser nicht richtig sei und er in Wirklichkeit Bachmair heiße. Den Namen Scharnagl führe er schon seit dem Jahre 1914 und sei sein Schriftstellername. Auf Befragen, woher er komme, gab er an, er reise seit seiner Abreise von München – 1. Mai 1919 – zu Fuß und komme jetzt aus Württemberg, die ganze Wegstrecke habe er zu Fuß gemacht. Als nächstes Reiseziel gab er Thüringen an. Als Grund seines Aufenthalts hier gab er an, er wolle sich lediglich Rothenburg ansehen.
Ich habe ihm bekannt gegeben, daß Beweise vorliegen, er habe sich an den

politischen Unruhen in München beteiligt, habe sich als Führer der Roten Garde an den Kämpfen gegen die Regierungstruppen betätigt und habe in Pasing die Räterepublik ausgerufen. Darauf erwiderte er: »Am Tage der Ermordung des Ministerpräsidenten Eisner habe er sich dem revolutionären Arbeiterrat in Pasing angeschlossen und habe sich bei diesem betätigt. Als später die Räterepublik ausgerufen wurde, habe er sich dem Führer ›Eglhofer‹ zur Mitarbeit angeboten. Er sei dann mit der Roten Garde ausgerückt und bei einer Fußartillerie-Abteilung in Verwendung gekommen. Mit diesem Truppenteil sei er bis

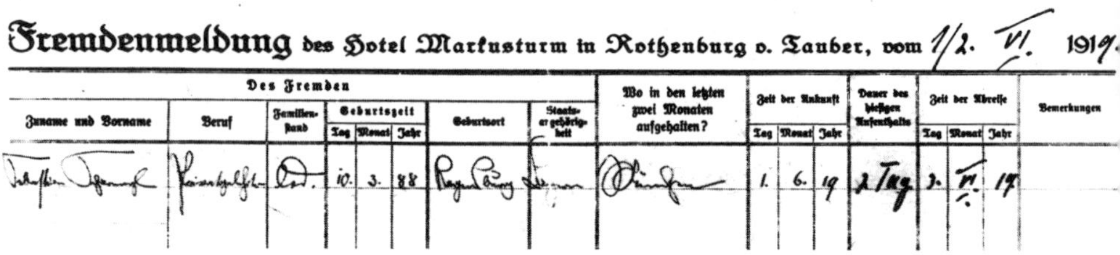

Fremdenmeldung des Hotel Markusturm in Rothenburg o. Tauber, vom 1/2. VI. 1919.

Des Fremden: Zuname und Vorname	Beruf	Familienstand	Geburtszeit Tag	Monat	Jahr	Geburtsort	Staatsangehörigkeit	Wo in den letzten zwei Monaten aufgehalten?	Zeit der Ankunft Tag	Monat	Jahr	Dauer des hiesigen Aufenthalts	Zeit der Abreise Tag	Monat	Jahr	Bemerkungen
[illegible]	[illegible]	led.	10.	3.	88			München	1.	6.	19	2 Tag	2.	VI.	19	

Hoteleintragung Bachmairs während seiner Flucht aus München (Sebastian Scharnagel ist sein literarisches Pseudonym)

Dachau vorgerückt, habe einige Zeit dort ausgehalten und wollte wieder abgelöst und entlassen werden. Die Ablösung und die Entlassung sei ihm nicht gewährt worden, vielmehr sei ihm von dem Führer ›Toller‹ die taktische Leitung für die sämtliche Artillerie übertragen worden. Nachdem die Kämpfe für aussichtslos zu betrachten gewesen waren, sei er mit seiner Truppe nach München zurückgegangen. Die Mannschaft hatte die Weisung bekommen, in das Luitpold-Gymnasium zu marschieren und dort die Verpflegung entgegenzunehmen. Während dies dort vorgenommen worden sei, habe er wahrgenommen, wie im dortigen Schulhofe eine Anzahl Leute sich in eine Ecke gedrängt haben und eine Gewehrsalve auf sie abgegeben worden sei. Er habe dann in Erfahrung gebracht, daß unter anderen der Fürst ›von Thurn und Taxis‹ wegen gegenrevolutionären Umtrieben als Geisel erschossen worden sei. Näheres hierüber könne er nicht angeben. Bezüglich der Ausrufung der Räterepublik in Pasing seinerseits könne er nur angeben, daß dies von seiner Person nicht direkt erfolgt sei. Er habe lediglich als Korreferent bei der damaligen Volksversammlung der USP fungiert und die Abstimmung vorgenommen, ob man sich der Räterepublik anschließe oder nicht. Die Abstimmung habe fast die einstimmige Annahme ergeben. Seine Tätigkeit sei damit in dieser Richtung in der Hauptsache erledigt gewesen, er habe dann nur noch an den weiteren Sitzungen teilgenommen.«

Bezüglich der Gründe seiner Abreise von München hat er angegeben: am 1. Mai 1919 hatte er seine Verhaftung zu befürchten, er habe sich dann zu Fuß von dort entfernt und sei bisher umhergewandert. Bei dem damaligen Durcheinander und der großen Erregung von seiten der Gegenpartei hatte er gewärtig zu sein, erschossen zu werden. Heute geschehe dies nicht mehr, er rechne höchstens auf zwei bis drei Jahre Festung. Daß er frei ausgehe, damit rechne er nicht, er vermute auch, daß er sofort nach München verschubt werde.

Bei seiner Leibesvisitation habe ich verschiedene Schriftstücke vorgefunden, die hiermit als Belastungsmaterial vorgelegt werden. Die unter Nr. 1 bezeichnete Postkarte wollte er vernichten. Auf die Frage, warum er dies tun wolle, sagte er, »dieser Herr brauchte nicht auch noch in die Sache hineingezogen werden«. Die unter Nr. 2 bezeichnete Postkarte wollte er nach seiner Festnahme zur Post gehen lassen. Der von ihm ausgestellte Fremdenzettel wird beigelegt.
Bachmair hat seine Erklärung gleichzeitig schriftlich abgegeben, die in Abschrift beigelegt wird. Personalien hat er folgende angegeben.
Bachmair Heinrich Franz, ledig, Buchhändler und Schriftsetzer, katholisch geboren am 4. Oktober 1889 zu Pasing, Sohn der dort, Planeggerstraße 5, wohnhaften Apothekerseheleute Joseph und Elisabetha Bachmair, letztere eine geborene Wilbert, zuletzt wohnhaft gewesen bei seinen Eltern, Mitteilhaber der Firma ›Die Bücherkiste Bachmair & Comp.‹, Kurfürstenstraße 8.
Bachmair wurde laut telefonischer Verfügung der Polizeidirektion München polizeilich inhaftiert und wird am 6. Juni 1919 durch die hiesige Schubbehörde nach München verschubt.

Settler, Wachtmeister

Heinrich F. S. Bachmair
Protokoll der Vernehmung in Rothenburg

Ich heiße Heinrich Franz Bachmair, bin am 4. Oktober 1889 zu Pasing bei München als zweiter Sohn des dortigen Apothekers Josef Bachmair und seiner Gattin Elisabeth geb. Wilbert geboren, von Beruf Buchhändler und Schriftsteller (Mitinhaber der handelsgerichtlich eingetragenen Firma ›Die Bücherkiste‹, Bachmair & Co., Buch- und Kunsthandlung sowie Verlag, zu München, Kurfürstenstraße 8), wohne in Pasing, Planeggerstraße 5, bei meinen Eltern. Ich bin katholisch und ledig.

Im Felde stand ich, mit Unterbrechungen, von Oktober 1914 (als Kriegsfreiwilliger eingetreten) bis zum November vorigen Jahres bei verschiedenen bayerischen Fußartillerieformationen. Reserveoffizier seit Ostern 1917. Auszeichnungen: Bayer. M.V.O.IV.Kl.m.Schw., Kgl.Preuß.E.K.I. und II. Klasse.

Seit dem Frühjahr 1914 bin ich sozialdemokratisch organisiert; im Dezember 1918 trat ich zur USP über und war bis Ende April dieses Jahres Vorstandsmitglied des von mir mitbegründeten Ortsvereins Pasing sowie Mitglied des Münchener Aktionsausschusses der USP. Außerdem gehörte ich bis zu den letzten Neuwahlen (für die ich von vorneherein jede Kandidatur ablehnte) dem Pasinger Revolutionären Arbeiterrat an, der am Tage nach der Ermordung Kurt Eisners gegründet worden war.

Die Nacht vom 6. auf den 7. April verbrachte ich in München, in einer Sitzung des Aktionsausschusses der USP, um mich über die endgültige Bildung der bereits am Vormittage des 5. April öffentlich angekündigten Räteregierung zu unterrichten.

Als unter anderem bekannt wurde, daß die Herren Schneppenhorst und Dürr sowie, wenn ich nicht irre, Herr Segitz auf seiten der Räteregierung stünden, rief das große Freude hervor; denn man schloß daraus, daß es nun zur endlichen Einigung des Proletariats nicht mehr weit sein könne.

Gegen Morgen des 7. April fuhr ich nach Hause und sah, wie bereits die große Proklamation des Pasinger Revolutionären Arbeiterrates angeschlagen wurde. Auch die Verpflichtung der Staats- und Gemeindebeamten war bereits angeordnet, und zwar vom Revolutionären Arbeiterrat während meiner Abwesenheit.

Der Revolutionäre Arbeiterrat trat zu einer Sitzung zusammen, und es wurde beschlossen, in öffentlicher Volksversammlung über die Umgestaltung der bayerischen Regierung zu berichten und (wenn ich nicht irre, auf meine Anregung hin) die Versammlung um ihre Meinung hierüber zu befragen.

Im Verlaufe der Sitzung kam es zwar zu einigen Auseinandersetzungen zwischen den ›Mehrheitssozialisten‹ und uns ›Unabhängigen‹, aber die Endabstimmung ergab nahezu völlige Übereinstimmung.

Arbeiterrat Lichtinger schlug sich selber als Referenten und mich als Korreferenten für die Versammlung vor, was angenommen wurde.

In der Versammlung vom 7. April, die von etwa 1500, vielleicht auch mehr Menschen besucht gewesen sein mag, begrüßte Lichtinger die neue Verfassung Bayerns und ihre unleugbaren Vorzüge für das arbeitende Volk, verhehlte aber nicht einige Bedenken. Er wäre dankbar, sagte er, wenn der Herr Korreferent diese Bedenken zerstreuen könnte.
Darauf schilderte ich zunächst eingehend und wahrheitsgetreu die Vorgänge seit Samstagvormittag, soweit ich um sie wußte.
Dann begegnete ich den wenigen Einwänden des Vorredners, die ich in ihren Einzelheiten heute nicht mehr im Gedächtnis habe. Ich erinnere mich nur noch, zu einem nebenstehenden Genossen gesagt zu haben: »Ich hätte nicht gedacht, daß Lichtinger so begeistert für die Räteregierung eintritt und mir meine Sache so leichtmacht.«
Nachdem noch eine Genossin zu den Frauen gesprochen hatte, wurde die allgemeine Aussprache eröffnet, an der sich jedoch niemand beteiligte.
Darauf sprach ich noch ein paar Worte und stellte die Vertrauensfrage an die Anwesenden, die sich einstimmig für die Räteregierung aussprachen.
Meine weitere politische Tätigkeit beschränkte sich auf die Teilnahme an den Sitzungen des Revolutionären Arbeiterrates in Pasing.
An einem Tage der Karwoche hörte ich von mir bekannten Genossen: Truppen der früheren Regierung Hoffmann seien im Anmarsch auf München und hätten südlich von Dachau die Rote Armee angegriffen. Klingelhöfer habe dort ganz allein die Führung und bäte um Unterstützung.
Da infolge des Generalstreiks mein Geschäft ohnehin geschlossen bleiben mußte, ging ich in die Stadtkommandantur und bot meine Mitarbeit an. Man verwies mich an das 1. Fußartillerie-Regiment. Dort meldete ich mich, wurde in eine Liste eingetragen, bekam einen Militärmantel mit roter Armbinde sowie einen Karabiner und marschierte dann mit Führer und Geschützbedienung einer eben in der Fußartilleriekaserne aufgestellten Batterie nach der Artilleriewerkstätte, wo wir zwei bereits marschbereite leichte Feldhaubitzen übernahmen. Nachdem angeschirrt und noch Verpflegung für den Abend ausgegeben worden war, maschierten wir ab in Richtung Dachau.
Bei Schloß Karlsfeld wies uns ein Meldereiter eine Feuerstellung an, die wir dann bezogen. Zu irgendwelcher Gefechtstätigkeit kamen wir aber nicht.
Ich begab mich zum Gefechtsstand des Oberkommandos, der sich in einer Villa in Karlsfeld befand, um mich über die Lage zu unterrichten und eventuelle Befehle entgegenzunehmen. Dann ließ ich gemeinsam mit dem Batterieführer, dem ich zugeteilt war, uns Quartier für die Mannschaft in einem Wirtschaftsgebäude des Schlosses anweisen, trank etwas Kaffee, der dort ausgegeben wurde, und begab mich (nach Verabredung mit dem Batterieführer über gegenseitige Mitteilung von Neuigkeiten) wieder zum Gefechtsstand des Oberkommandos, wo ich die Nacht verbrachte.
Am andern Vormittag fuhr ich nach Dachau, das am Abend vorher von uns eingenommen worden war, und besprach mit dem Abschnittskommandanten Toller, was nun zu tun wäre. Toller (den ich 1914 beim Ersatzbataillon des 1. Fußartillerie-Regiments kennenlernte) übertrug mir die taktische Leitung

Schwarz-rote Bücherhilfe. In ein Manuskriptheft mit zwei Theaterstücken macht sich Bachmair Notizen über die literarische Unterstützung der politischen Gefangenen (Schinnagel, Karpf, Podubecky, Toller, Rudolf Hartig, Wollenberg, Daudistel u. a.)

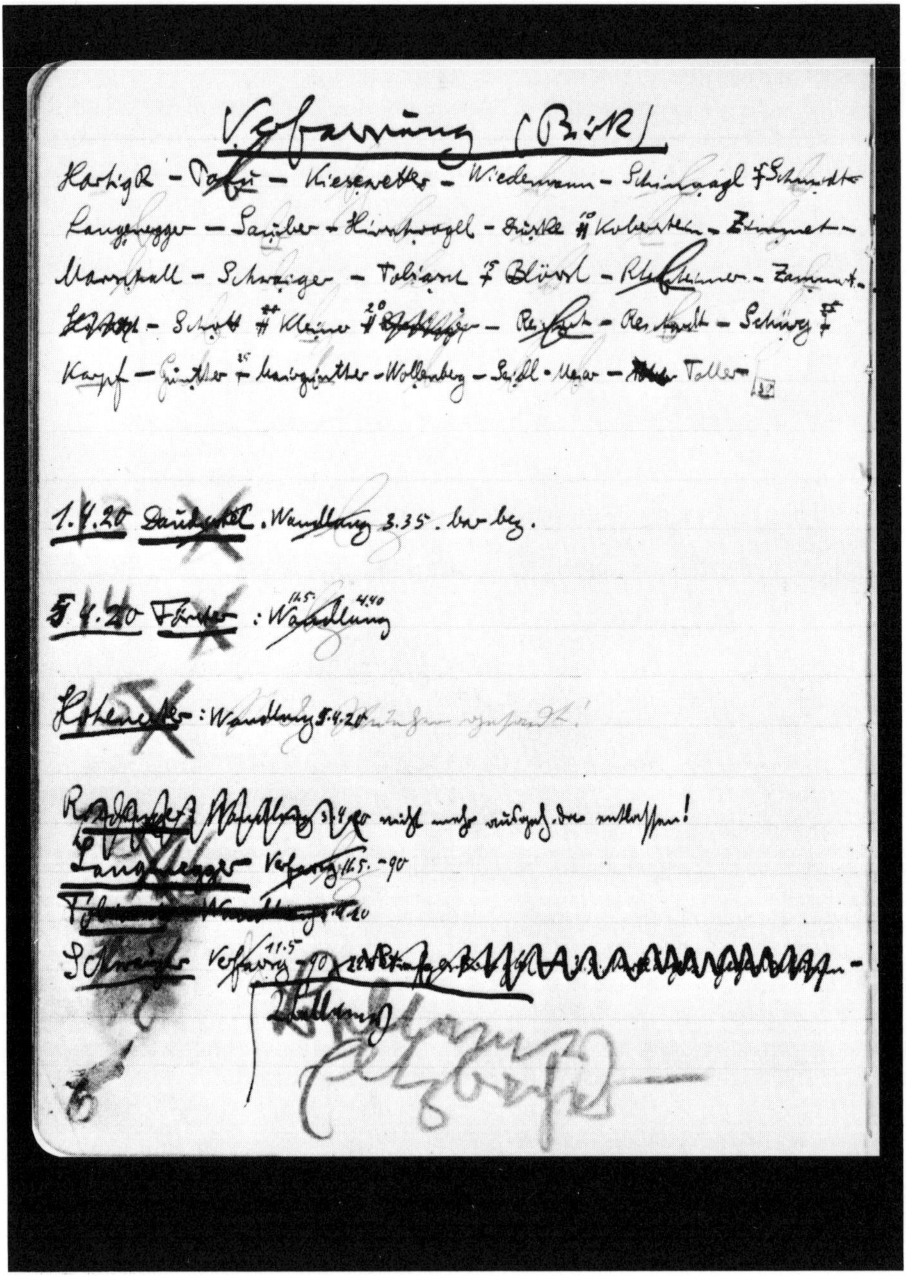

Mit BK 20 ist der zweite Jahrgang von Bachmairs Zeitschrift ›Die Bücherkiste‹, 1920, gemeint.
(Aus: Stadtbibliothek München, Handschriftenabteilung)

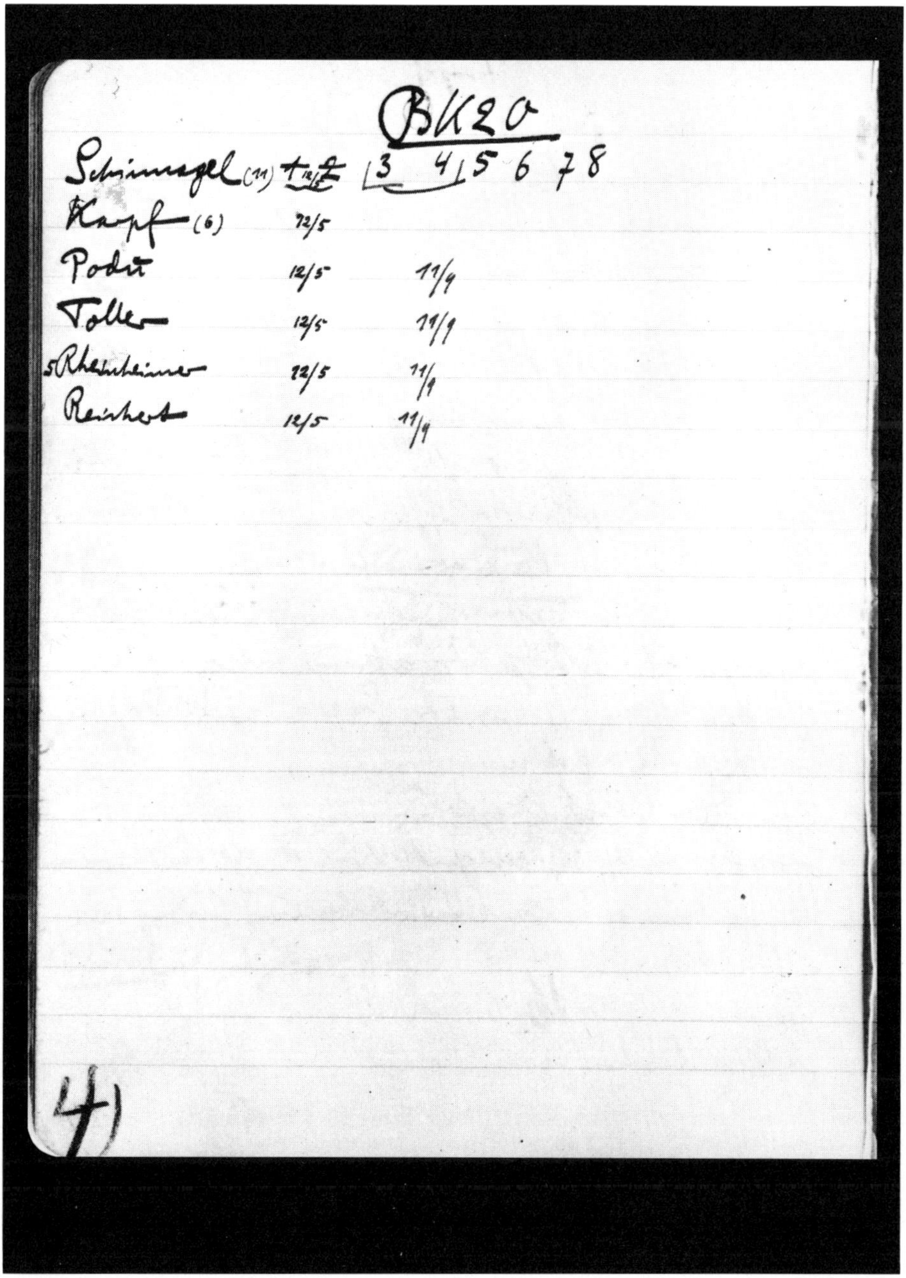

der gesamten Artillerie seines Abschnittes und befahl mir, die Batterien, soweit noch nicht geschehen, nachzuziehen.
Ich orientierte mich nun über mein Arbeitsgebiet und begann die Artillerie neu zu organisieren.
Meine fernere Tätigkeit in Dachau war im wesentlichen die, daß ich im Verein mit den Batterieführern die Vervollständigung der noch mangelhaften Ausrüstung der Batterien betrieb und im Rahmen der erhaltenen Befehle und der vielen gebotenen Rücksichten auf die Dachauer Bevölkerung die Aufstellung der Batterien im Gelände leitete beziehungsweise begutachtete.
Auch nahm ich an den täglichen Führersitzungen des Oberkommandos teil.
Als sich die Gegensätze zwischen dem Dachauer Oberkommando einerseits und der Münchner militärischen Oberleitung sowie der Münchner politischen Leitung andererseits immer mehr verschärften, erkannte ich, daß militärisch für die Räteregierung nichts mehr zu machen sei, und bat unter Hinweis auf diese meine Gründe um meine Entlassung.
Da die wiederholt in München angeforderte Ablösung nicht eintraf, ich jedoch meinen Posten nicht ohne weiteres in Stich lassen konnte, mußte ich vorläufig noch in Dauchau verbleiben.
Am 29. April kam meine Mutter nach Dachau und berichtete mir, daß mein Kompagnon meine Anwesentheit in München zu einer dringenden Besprechung wünschte. Meine Mutter riet mir (was sie bereits bei einem früheren Besuche getan hatte), wieder nach München zurückzukehren. Ich erbat und erhielt Urlaub und fuhr nach München, wo ich außerdem noch meine endliche Ablösung persönlich betreiben wollte.
Am 30. April hörte ich vormittags in meinem Geschäfte von Käufern wilde Gerüchte über Erfolge der Weißen Armee. Ich rief sofort Dachau an, und Klingelhöfer ersuchte mich, unverzüglich wiederzukommen, was ich mit dem Mittagszuge auch tat, denn meine Entlassung war ja noch nicht erfolgt.
In Dachau traf ich bereits alles marschbereit. Klingelhöfer unterrichtete mich über die Lage und den nunmehr notwendigen Rückzug. Für die Artillerie habe er bereits alles Nötige angeordnet. Ich solle mich ihm anschließen. Da die Fernsprechverbindungen zu den Batterien bereits aufgenommen waren und mir ferner keine andere Möglichkeit zur Verfügung stand, als zu Fuß mich persönlich zu den Batterien zu begeben, fuhr ich mit den übrigen Mannschaften der Dachauer Besatzung, ausgenommen die Artillerie, in einem dort bereitstehenden Zuge nach München.
Vor dem Münchner Hauptbahnhof formierte sich eine Marschkolonne. Im Luitpold-Gymnasium sollten wir Verpflegung und für die letzten fünf Tage die Löhnung sowie weitere Befehle erhalten. Ich war am Schluß des Zuges; am Karlsplatz ging ich mit meinem Nebenmann, den ich nicht weiter kannte, in eine Wirtschaft und später zum Luitpold-Gymnasium.
Im Hofe traf ich mehrere Kameraden vom Dachauer Stab wieder, die ich nicht nennen will.
Es wurden Zigaretten, Brot und Suppe ausgeteilt.
Da sah ich, daß viele Leute nach einer Hofecke drängten.

Ich ging ein paar Schritte in der Richtung, und dann fiel eine Gewehrsalve.
Darauf ging ich sofort wieder weg. Auf meine Frage erfuhr ich, daß soeben ein Fürst von Thurn und Taxis wegen gegenrevolutionärer Handlungen erschossen worden sei.
Ich begegnete einem Freunde, Bampi, der eben vom Kriegsministerium kam und berichtete, er habe dort niemand mehr von der früheren Münchner Oberleitung der Roten Armee angetroffen. Wir waren der Ansicht, daß nunmehr auch von dieser Seite die militärische Lage der Räteregierung als hoffnungslos aufgegeben worden wäre, und gingen dann fort.
Die folgende Nacht blieb ich noch in München bei einem Bekannten, den ich nicht nennen will.
Am andern Tag, dem 1. Mai, verließ ich die Stadt und begab mich auf Umwegen fast ständig zu Fuß nordwärts, bis ich heute Mittag gegen eineinhalb Uhr in Rothenburg ob der Tauber verhaftet wurde.
Ich beabsichtigte, zunächst nach Thüringen oder noch weiter nordwärts zu gehen und dort irgendwo auf dem Lande verschiedene literarische Arbeiten, die ich seit längerer Zeit plane, auszuführen. Nach Rothenburg war ich gegangen, da ich die Stadt noch nicht kannte und ansehen wollte. Auch hoffte ich von dort auswärtige Verwandte meines Schwagers, ohne daß ich ihnen den rechten Grund meiner Reise mitteilen mußte, Nachrichten über meine Pasinger Angehörigen zu erfahren.
Ich reise unter meinem Schriftstellernamen ›Sebastian Scharnagl‹, auf den mein Paß und meine Besuchskarten lauteten.

Rothenburg ob der Tauber, den 4. Juni 1919 Heinrich Franz Bachmair

Ernst Toller
Zwei Postkarten an Heinrich F. S. Bachmair

Herrn Franz Heinrich Bachmair
München
Die Bücherkiste
Kurfürsten. 9

Lieber,
ich wage kaum, Dich aufzustören, mit dem Markenstempel unsanft Dich an Lattenzäunen ohne Zwischenräume, Landfremde und anderes Gesindel erinnernd. Vor zwei Tagen, als Amnestie-Hoffnung die Gänge beleuchtete und manches Herz erleuchtete, wurde beschlossen, im Gänsemarsch Deine Bücherkiste zu betreten. O. – Als Trost im betränten Schmerz, und als Buße gleichsam – muß ich Dich bitten, die ›Madonnenlieder‹ von A da Nora (Staakmann Leipzig) auf meine Kosten an *Gustav K. zu senden. –*

Einen Händedruck
von Dein. E. T.
Toller, Niederschönenfeld 4. 8. 20

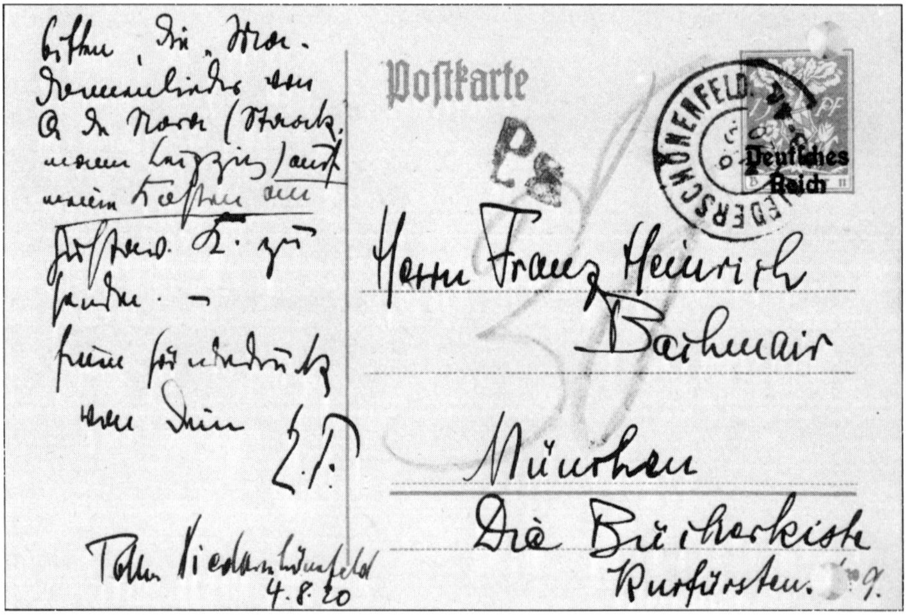

Postkarte Ernst Tollers an Franz Heinrich Bachmair, 4. August 1920

Herrn Heinrich Franz Bachmair
Festungsgefangener
Lichtenau bei Ansbach

Mein lieber Heinrich Franz, weiland Artilleriekommandeur Eichstätt! Ich danke Dir recht schön für Deinen Glückwunsch und Deinen Brief. Weißt Du, die Rezensionen der Zeitungsschmocks, die geradezu Gloriolen winden, nehme ich nicht tragisch. Du weißt ja aus Deiner Erfahrung, daß manche großkapitalistische Zeitungshure ihren Feuilletonzuhältern es erlaubt, die Zehen (unterm Strich) rot à la révolution zu pudern. Das ist ungefährlich und kitzelt den Dünkel der Weitherzigkeit des Bürgers.—(Erfreulicher ist, daß ich ein neues Drama geschrieben habe... In fünf Tagen. Ein proletarisches sozusagen.) — Es wäre doch recht schön, wenn wir beisammen wären. Ich würde Dich tatkräftig unterstützen, Dein in Tugend gestorbenes Kabarett aufzurichten. — Wie es bei uns zugeht, weißt Du. —
Gruß bitte Podu. Der Staatsanwalt hat mir seinen Brief nicht ausgehändigt. Grund Beleidigung der Behörden. Er soll den Brief vom Ersten Staatsanwalt zurückfordern. Bitte grüße auch Graßl, Bonenberger, Spörer. Ich schreibe ihnen bald. — Die Nachricht über Jaffé hat mich geradezu erschüttert.

Herzlich Dein
14. Oktober 1919 *Ernst Toller*

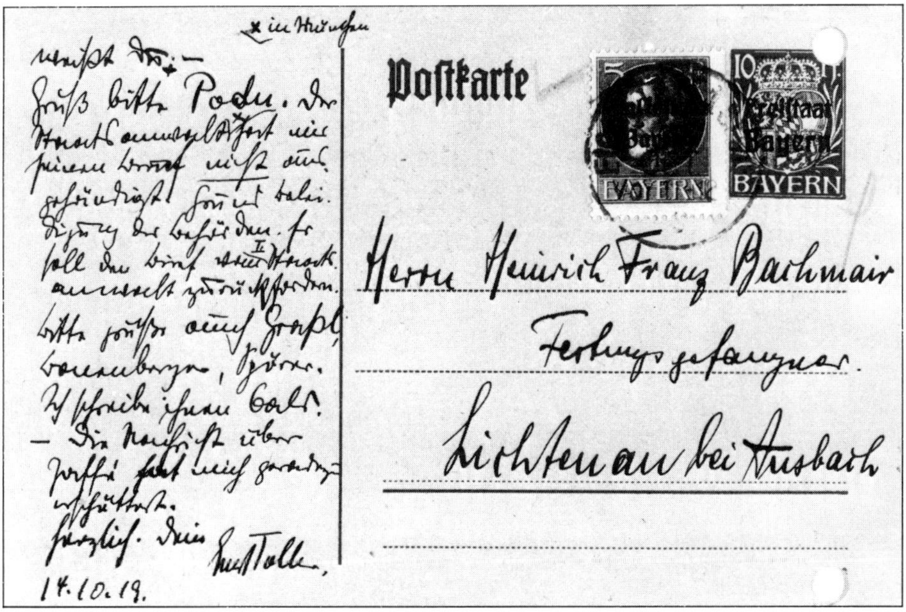
Postkarte
Freistaat Bayern
BAYERN
Herrn Heinrich Franz Bachmair
Festungsgefangener
Lichtenau bei Ansbach
14.10.19.

Postkarte Ernst Tollers an Franz Heinrich Bachmair, 14. Oktober 1919

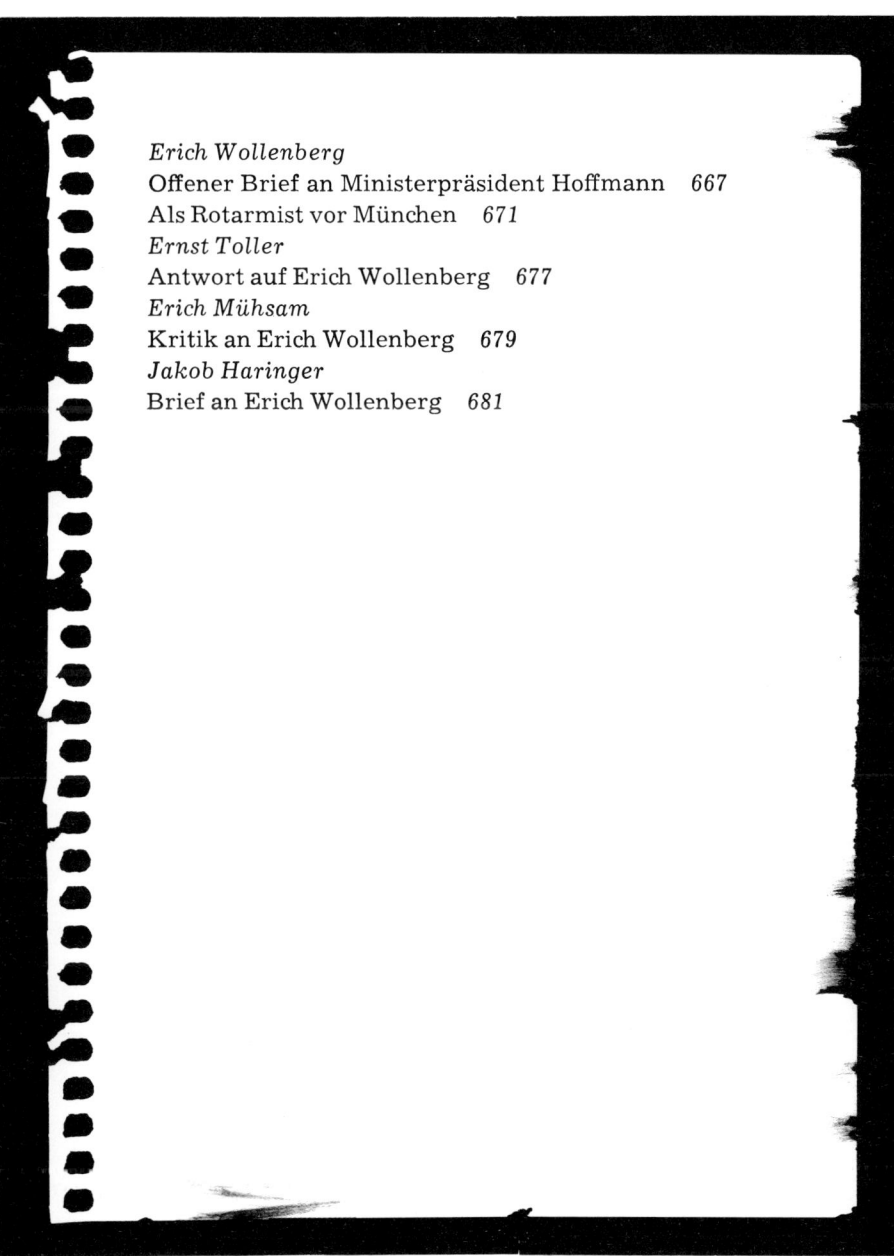

11 ______ Erich Wollenberg

Erich Wollenberg
Offener Brief an Ministerpräsident Hoffmann

Berlin, den 12. November 1919

Herr
Ministerpräsident des Freistaates Bayern!

Als einer der wenigen Führer der Roten Armee, dem es geglückt ist, in den ersten Maitagen dem Mordbade zu entkommen, dem es dann wiederum geglückt ist, durch Flucht aus den Kasematten der Festung Ingolstadt sich den Gewaltsprüchen des Standgerichtes zu entziehen, der dann – trotz wiederholter Festnahme und Verurteilung durch das sogenannte Volksgericht – mit Auferbietung aller körperlichen und seelischen Restkräfte, die einem die sozialistische Regierung in der sogenannten ehrenvollen Festungshaft durch systematische Hungerkur und systematische Schikane übriggelassen hat, als einer der wenigen ›Glücklichen‹, der am heutigen Revolutionsgedenktage von den Vorkämpfern für Freiheit und Recht im Freistaate Bayern sich des Lebens und der Freiheit erfreut – wenn auch als Geächteter und Gehetzter von Stadt zu Stadt, von Ort zu Ort –, als einer dieser wenigen ›Glücklichen‹ habe ich die heilige Verpflichtung, einzustehen für meine unglücklichen, noch heute in Festungen, Gefängnissen und Zuchthäusern schmachtenden Brüder.
Herr Ministerpräsident des Freistaates Bayern!
Sie wissen, daß die Schuld jener Aprilunruhen mindestens zu gleichen Teilen fällt auf Ihr wankelmütiges Ministerium und auf den stets desertierenden bayrischen Landtag.
Sie wissen, daß am 7. April in Südbayern die Räteregierung die einzige legitime Macht war.
Sie wissen, daß der erste Schuß, der erste Tropfen Blut geflossen ist infolge der Machenschaften Ihrer Funktionäre am 13. April.
Sie wissen, daß diese Machenschaften, die Hungerblockade und die heranziehenden Weißen Heere Schuld daran sind, daß die geordneten Verhältnisse in München chaotisch wurden, daß sie den moralischen Zusammenbruch mit allen seinen traurigen Nebenerscheinungen erzeugten. Sie wissen, daß schon am 19. April wehrlos bei Pfaffenhofen in die Hände Ihrer weißen Horden gefallene Rotgardisten unter den entsetzlichsten Martern totgeschlagen und verstümmelt wurden. Sie wissen, daß schon damals wehrlose Gefangene wie tolle Hunde zusammengeschlagen wurden.
Sie wissen, daß in Starnberg Ihre ›Weißen Sieger‹ ein fürchterliches Blutbad unter wehrlosen gefangenen Rotsoldaten anrichteten, daß sie auch rote Sanitäter niedermetzelten.
Sie wissen, daß diese Bestialitäten die Ursache waren der Bluttat im Luitpoldgymnasium.

Sie wissen, daß jene roten Soldaten, die die sogenannten ›Geiseln‹ erschossen haben, ebenso ›schuldig‹ an jener Bluttat sind wie jene Tausende deutsche Soldaten im August 1914, die auf Befehl ihrer deutschen Offiziere wehrlose Männer, Frauen und Kinder in Belgien dahinschlachteten zur Strafe für angeblich begangene und als Abschreckung vor weiteren Verzweiflungstaten des wehrlos überfallenen belgischen Volkes – jene entsetzlichen fortlaufenden Geiselmorde!
Sie wissen, daß die sogenannten Geiseln zu jener im Sinne der legitimen Räteregierung hochverräterischen Gesellschaft gehörten, die mit den gefälschten Unterschriften der Führer der Räteregierung einen glänzend organisierten Spionagedienst einrichteten, die mit den gefälschten Unterschriften Beschlagnahmungen von Lebensmitteln in Volksküchen und anderen volkswichtigen Betrieben vornahmen, um die Arbeiterschaft irre werden zu lassen an ihren Führern und in München jenes Chaos und jene Verzweiflungsstimmung zu schaffen, die zum Zusammenbruch der Räteregierung und zu jenen bedauerlichen Begleitumständen führten. Sie wissen also, daß es bis zum 1. Mai keinen Geiselmord in München gegeben hat.
Sie wissen, daß in jenen Maitagen Hunderte Führer, Mitläufer und völlig unschuldige Männer, Frauen und Kinder aufs bestialischste niedergemetzelt wurden von Ihren Weißen Horden.
Sie wissen, daß alle jene Weißen Mörder und Räuber (bis auf jene drei entmenschten Gesellenmörder) straflos sich ihrer Mordtaten, ihrer Räubereien erfreuen.
Sie wissen, daß nicht jene drei Gesellenmörder die Hauptschuldigen sind an jener Bluttat am Karolinenplatz, sondern daß die Schuldigen in hohen und in den höchsten Stellen zu finden sind.
Sie wissen, daß Sie die Rote Armee als kriegführende Macht anerkannt haben, daß Sie in der alleinigen Betätigung als Roter Soldat keinen Strafgrund sahen, daß trotzdem Hunderte von Roten Soldaten allein wegen ihrer Zugehörigkeit zur Roten Armee in den Gefängnissen und Festungen Bayerns verelenden.
Sie wissen, daß die Urteilssprüche Ihrer Gerichte nur eine fortlaufende Kette von Rechtsbrüchen waren, daß Ihre Stand- und Volksgerichte nur haßerfüllte Klassengerichte waren.
Sie wissen, daß trotz Bestrafung zur Festungshaft diese Festungshaft durch Ihren ›demokratischen‹ Justizminister umgewandelt ist in halbe Gefängnisstrafen.
Sie wissen, daß Ihr Justizminister trotz heiligster Versprechungen (unter anderem mir gegenüber Ende August im Zellengefängnis Landsberg am Lech), daß seine Vorschriften für die neuen Festungsanstalten uns voll zufriedenstellen würden, daß wir uns gedulden sollten die kurze Zeit in den provisorischen Festungen – daß dieser selbe Justizminister dafür gesorgt hat, daß die wenigen Freiheiten und Erleichterungen in diesen provisorischen Festungen, sobald wir die sogenannten Festungshaftanstalten erreicht hatten, sofort wegfielen, daß dort meine Brüder unter stetigen Schikanen zu leiden haben, unter stetigen neuen Freiheitsentziehungen.
Sie wissen, daß Hunderte harmlose Mitläufer jener legitimen Räteregierung in

Ihren Festungen und Gefängnissen durch Hunger, Freiheitsberaubung und Arbeitsentwöhnung moralisch und körperlich systematisch widerstandslos gemacht werden für den Kampf ums tägliche Dasein. Sie wissen, daß Hunderte Witwen, Ehefrauen, Mütter und Kinder ihrer Ernährer beraubt der sicheren Verelendung entgegensehen. Sie kennen das Elend und die Not, in das Ihre schwache, volksfeindliche Politik Tausende Proletarierfamilien gebracht hat. Wie lange, Herr Ministerpräsident, wollen Sie tatlos zusehen diesem ungeheuerlichen, unmenschlichen Rechtsbruch?
Wie lange gestattet Ihnen Ihr Bindestrichsozialismus, als Sozialdemokrat verantwortlich zu zeichnen für all diese nie wiedergutzumachende Blutschuld und Blutschande des Freistaates Bayern? Selbst ein Geächteter von Stadt zu Stadt, von Hof zu Hof gehetzter Vorkämpfer für die heiligsten Rechte der Menschheit, für die Sie seit Jahrzehnten angeben zu kämpfen – fordere ich von Ihnen, Herr sozialdemokratischer Ministerpräsident des Freistaates Bayern:
Befreien Sie meine gefangenen Brüder aus dem Elend Ihrer Festungshaftanstalten, Ihrer Gefängnisse, Ihrer Zuchthäuser! Lassen Sie nicht die Blutschuld Ihrer Regierung ins Unermessene wachsen, schänden Sie nicht täglich aufs neue den Namen »Sozialdemokrat«.

Freiheit meinen gefangenen Brüdern!
Recht meinen gefangenen Brüdern!
Wiedergutmachung für all die begangenen Verbrechen!

Auf der Flucht
9. November 1919

gez. Erich Wollenberg
derzeitiger stellvertretender
Oberkommandierender der Roten Armee
bei Dachau.

Erich Wollenberg, ›Als Rotarmist vor München‹. Schutzumschlag der Erstausgabe, 1929

Erich Wollenberg
Als Rotarmist vor München

In Dachau setzte sich die Rote Armee fest, ohne den Versuch zu machen, durch Verfolgung des fliehenden Feindes den Sieg auszunützen.
Schon bei der Unterbringung der Rotarmisten in Quartiere bewies Toller seine geradezu lakaienhafte Liebedienerei gegenüber der Bourgeoisie. In der ersten Nacht hatten die Rotarmisten sich zum großen Teil in die Villen des honetten Bürgertums einquartiert. Natürlich waren die feisten Bourgeois, die soeben mit Freuden die weißen Noskebanditen beherbergt hatten, über den proletarischen Besuch entsetzt. Durch Vermittlung der örtlichen SPD und USPD wandten sie sich an Toller und baten ihn, keine Rotarmisten in ihre Häuser zu legen, da sie wertvolles Silberzeug und andere Kostbarkeiten hätten und die Gefahr bestände, daß sie bestohlen würden. Selbstverständlich war Toller für dieses Argument zugänglich. Er befahl die Unterbringung der Truppen in leeren Scheunen. So mußten die Rotarmisten bei dem kalten Aprilwetter in dem feuchten Stroh liegen, während sich die fetten Schmarotzer unter dem Schutz der Roten Armee in ihren Federbetten rekeln konnten. Nur für die ›Herren vom Stabe‹ genehmigte Toller eine Ausnahme und gestattete die Unterbringung in Bürgerquartiere, »sofern dort Platz vorhanden war«. Natürlich war meistens kein Platz vorhanden, da die Bourgeois schon an der Wohnungspolitik Tollers erkannten, was für Unverschämtheiten sie sich alles gegenüber diesem Roten Oberkommando ungestraft erlauben durften.
Auf dieselbe kleinbürgerliche, lakaienhafte Art, wie er die Quartierfrage löste, versuchte der Spießbürger im Gewande eines Feldherrn alle Klassenfragen an der Front zu lösen. Jeder systematische militärische Dienst war in der Armeegruppe als »Militarismus und Ludendorfferei« streng verpönt. ›Befehle‹ gab es nicht, sondern nur ›Anweisungen‹, die jedoch nicht unbedingt befolgt werden mußten. Falls sich ein Kommandeur und Rotarmist über irgendwelche Fragen nicht einigen konnten, wurden die Soldatenräte als Vermittler durch alle Instanzen hindurch angerufen, oder die Truppe löste die Frage ›demokratisch‹, indem sie einfach darüber abstimmte. Die Rotarmisten lagen den ganzen Tag in ihren Quartieren oder trieben sich auf den Straßen und in den Wirtschaften umher. Da konnte nur zu leicht ein politisch und militärisch ungenügend geschulter Arbeiter, den die Wahl zu einem Kommandeur gemacht hatte, zu der irrigen und überaus gefährlichen Ansicht kommen, daß er ausschließlich Verwaltungsaufgaben zu lösen habe.
Abgesehen von einem geringen Postendienst, der in Dachau selbst von der Ortskommandantur und an den Ausgängen des Ortes abwechselnd von den Sturmbataillonen geleistet wurde, bestand für die Rotarmisten nur folgender ›Dienst‹: sie mußten zweimal täglich auf dem Marktplatz zum ›Parolenempfang‹ zusammenkommen. Diese Parolenempfänge wurden bei der Dachauer Bevöl-

kerung wegen ihrer bunten melodramatischen Darbietungen beliebt wie etwa öffentliche Zirkusaufführungen. Die bizarrsten Lächerlichkeiten trug Toller bei diesen Gelegenheiten vor. Einmal bat er in bewegten Tönen — Befehle gab es ja nicht — um das kameradschaftliche ›Du‹ zwischen den Rotarmisten und den Mitgliedern des Stabes; dann verkündigte er in erhabenem Schmierenpathos, daß wir »keine russische oder Berliner Revolution mit Blutvergießen, sondern eine bayerische Revolution der Liebe machen«. Außerdem gab er bei diesen öffentlichen Paroleempfängen den operettenhaften ›Kriegsplan‹ zur Verteidigung Dachaus bekannt.

Zu alledem war der Stab durch Toller und Klingelhöfer zu einer arbeitsunfähigen, literarisierenden und politisierenden Schwatzbude gemacht worden. Es gab einen engeren und einen erweiterten Stab. Zu dem letzteren gehörten alle Kommandeure und Soldatenräte, so daß er über hundert Mitglieder zählte. Der engere Stab bestand aus etwa zwanzig Genossen, die verschiedene Funktionen auszuüben hatten.

Die Stabssitzungen dehnten sich endlos aus. Militärische Fragen wurden auf ihnen fast gar nicht erörtert.

Schon wenige Tage nach der Einnahme von Dachau zog die Unfähigkeit der Oberleitung ernste Folgen nach sich.

Im ersten Siegesrausch trug sich Toller mit der Absicht, nur eine Nacht die Truppen ausruhen zu lassen und dann nach Norden vorzustoßen. Aus diesem Grunde entsandte er eine Patrouille unter dem Genossen Markus Reichert zur Aufklärung in das Vorfeld. Vergeblich fragte am 17. April Genosse Reichert in Dachau telephonisch an, ob sein Auftrag erledigt sei und er zurückkehren dürfte oder nicht. Man versprach, nach Klärung der Lage ihm durch Kuriere weitere Anweisungen zukommen zu lassen; bis dahin solle er mit seiner Patrouille an der befohlenen Stelle bleiben.

Als dann beschlossen wurde, nicht weiter vorzurücken, vergaß man einfach die Patrouille Reichert. Sie wurde von den Weißen Banden überfallen, gefangengenommen und aufs fürchterlichste gefoltert.

Doch weit verhängnisvoller war folgende ›Vergeßlichkeit‹ der Oberleitung: Nach der Einnahme von Dachau waren einige Rotarmisten für einen Tag nach München beurlaubt worden. Auch ihnen hatte Toller erklärt, daß er am nächsten Tage weiter vorstoßen werde und daß sie deshalb ihren Truppenteil nicht mehr in Dachau finden würden. Am nächsten Tage fuhren die Urlauber — etwa 40 Rotarmisten — zur Front zurück. Am Dachauer Bahnhof, der etwas außerhalb des Dorfes liegt, standen keine Posten der Roten Armee, desgleichen nicht auf der weiteren Bahnstrecke. Der Transportführer nahm scheinbar an, daß die Armee vorgerückt sei, und fuhr langsam weiter. Der Zug kam bis in die Nähe von Röhrmoos. Dort wurde er von Weißen, die sich in einem Hinterhalt verborgen gehalten hatten, überfallen. Ehe die Rotarmisten zu den Gewehren greifen konnten, wurden sie überwältigt. Nur wenige entkamen verwundet.

Der Hinterhalt der Weißen, die Tatsache, daß die Lokomotive stand, als der erste Schuß fiel, läßt die Möglichkeit offen, daß der Zugführer ein feindlicher Agent war und bewußt die Rotarmisten in ihr Verderben hineingefahren hatte.

Revolution in München. Waffenausgabe an die Arbeiter-Wehr
am Marsfeld.

Rotgardisten in München, 1919

Aber die volle Verantwortung für die Opfer des Überfalls trägt die ungeheure ›Vergeßlichkeit‹ der Oberleitung, die keine Schritte unternommen hatte, die Eisenbahnlinie zu sichern. Leichtsinnig hatten übrigens auch die Rotarmisten des Urlauberzuges gehandelt, die ihre Waffen nicht schußbereit bei sich hielten und sich einem unbekannten Lokomotivführer anvertrauten, ohne ihm gut bewaffnete und zum Äußersten entschlossene Genossen zur Seite zu stellen.
Die Spießbürger wirken immer dann am lächerlichsten, wenn sie sich einmal in ihrer heroischen Rolle, die sie gelegentlich mit Vorliebe spielen, selbst ernst nehmen.
Toller und Klingelhöfer, die zur Front gekommen waren, um die Front zu erwürgen, fanden Geschmack an dem billig erworbenen Ruhm ›siegreicher Feldherren‹.
So nahmen sich Toller und Klingelhöfer in ihrer Rolle als Armeeführer ernst und fabrizierten einen ›Kampfplan‹, den sie zu Nutz und Frommen aller Rotarmisten und der andächtig lauschenden Dachauer Spießbürger in den öffentlichen Versammlungen auf dem Marktplatze bekanntgaben.
Der ›Plan‹ war äußerst einfach und mußte jedem Schmierendirektor Entzücken einflößen.
Die Mannschaften der Roten Armee waren bekanntlich in den Scheunen und vereinzelten Häusern Dachaus untergebracht. Sicherungen waren nur wenige und an ungenügenden Stellen aufgestellt (so zum Beispiel an der wichtigen Eisenbahnlinie nicht). Doch in seiner Wohlanständigkeit nahm Toller an, daß der Gegner ebenso wohlanständig ist und nur von dort angreifen würde, wo

gerade ein roter Posten stand. Des weiteren rechnete Toller damit, daß die Weiße Garde die Höflichkeitsformen, die unter zivilisierten Völkern üblich zu sein pflegen, einhalten und erst dann gegen Dachau vorgehen werde, wenn die Rote Armee gerüstet dasteht und »Herein!« zu rufen beliebt.
Doch Scherz beiseite – soweit das bei Wiedergabe folgenden ›Kampfplanes‹ möglich ist: Die Posten, die zuerst den Vormarsch des Gegners bemerken, geben drei Alarmschüsse ab und schicken außerdem sofort Meldung zum Stab. (Die entferntesten Posten standen übrigens nur 1½ Kilometer von Dachau.) Darauf läßt der Posten am Marktplatz die Kirchenglocken ›Sturm läuten‹. Nachts mußte hierzu vorher noch der Glöckner geweckt werden. Auf das Glockenläuten hin sollten sich alle Rotarmisten abteilungsweise auf dem Marktplatz versammeln. Nach einer Ansprache von Toller sollten sie dann »strahlenförmig aus Dachau gegen den Feind vorgehen«.
Es ist wohl überflüssig zu erwähnen, daß selbstverständlich keine Vorkehrungen getroffen waren, die Anmarschstraßen durch Barrikaden, Sprengungen und dergleichen gegen vorgehende feindliche Panzerwagen und so weiter zu schützen.
Kurz und gut: dieser ›strahlenförmige‹ Unsinn, dieser Rattenkönig von abgeschmackten Lächerlichkeiten blieb als ›Kampfplan‹ bestehen bis zur Reorganisation der Dachauer Armeegruppe in den Tagen vom 21. bis 24. April.
Aber Toller hatte noch einen andern Kriegsplan: er wollte gegen Nürnberg vormarschieren. Der Pazifist gierte nach neuem Siegeslorbeer. Ihm ging es freilich dabei so wie vielen ›radikalen Spießbürgern‹, die ›kein Blut sehen können‹. In ihrer Phantasie können sie die gewaltigsten Heldentaten vollbringen, doch in der unromantischen Wirklichkeit fallen sie bei dem Anblick einer Maus in Ohnmacht. Solange Toller nur ›Pläne‹ hatte, stürmte er mit seinen Armeen am liebsten die halbe Welt. Beim Anblick des ersten Revolvers brach stets sein kriegerisches Kartenhaus zusammen, und übrig blieb der um Gnade winselnde Pazifist.
Das wußte die Kommunistische Partei und das Oberkommando der Roten Armee (Eglhofer). Aus diesem Grunde in erster Linie wurde Tollers Plan, den er am 18. April dem Generalstab vorlegte, von Eglhofer und der Kommunistischen Räteregierung abgelehnt. Die Kommunisten wußten, daß eine proletarische Armee, die unter kleinbürgerlicher Führung kämpft, dem Untergang geweiht ist. Sie erwogen dabei aber nicht, daß eine kämpfende Rote Armee gerade durch den Kampf und den kühlen Vormarsch sogar bei Teilniederlagen, oder vielleicht gerade durch sie, mit kleinbürgerlichen Schlacken und Vorurteilen auch kleinbürgerliche Führungen überwindet und zum Teufel jagt oder sie wenigstens vorübergehend zwingt, eine revolutionäre Klassenkampfpolitik zu befolgen.
Toller gab sich mit dem ablehnenden Bescheid des Oberkommandierenden der Roten Armee nicht zufrieden und versuchte, die Vollversammlung der Münchner Betriebsräte für seinen Kriegsplan zu gewinnen. Doch auch hier fand Toller keine Zustimmung. Dagegen traten die Kommunisten gegen ihn als Ankläger auf. Sie legten den Betriebsräten Tatsachenmaterial über die zerfahrenen Zu-

HÄNDE HOCH!
GEFANGENE SPARTAKISTEN

Festgenommene Rotgardisten, 1919

stände in der Dachauer Armeegruppe vor und verlangten, daß Toller wegen wiederholtem Ungehorsam und verbrecherischer Nachlässigkeit zur Verantwortung gezogen und sofort seiner Funktion enthoben werde.

Mit diesem Antrag drangen die Kommunisten zwar nicht durch, dafür beschlossen die Betriebsräte, drei Beauftragte sofort nach Dachau zu senden, um die Armeegruppe zu inspizieren und den Betriebsräten Bericht zu erstatten. Mit den drei Beauftragten, einem Arbeiterrat, einem Bauernrat und einem Soldatenrat, begab sich Toller in der Nacht vom 18. zum 19. April zur Front.

Und nun geschah etwas ganz Tolles! Die kalte Dusche, die der stürmische Feldherr in der Betriebsräteversammlung erhalten hatte, ernüchterte ihn völlig: er ist plötzlich wieder Pazifist geworden. Schon während der Fahrt nach Dachau wird aus dem beabsichtigten Vormarsch gegen Nürnberg der Plan, nach Bamberg zu fahren und mit der Regierung Hoffmann über den Frieden, das heißt über die Kapitulation, zu verhandeln. Tollers Überredungsgabe gelingt es, die drei Betriebsräte, die die Armee inspizieren sollten, für die Verhandlungsidee zu begeistern. Nach einigen Bedenken erklären sie sich sogar bereit, selbst als Parlamentäre zum Feind zu fahren, sofort einen dreitägigen Waffenstillstand abzuschließen und die persönlichen Verhandlungen zwischen Toller und den Vertretern der Regierung Hoffmann in die Wege zu leiten.

Am 19. April vormittags begaben sich die drei Betriebsräte unter der Führung des greisen kommunistischen Generalarztes der Armeegruppe, des Genossen Schollenbruch, zum Feind. Die Weißen Garden verhafteten zunächst alle vier Genossen, willigten dann aber in den dreitägigen Waffenstillstand ein und schickten den Genossen Schollenbruch mit der Erklärung zurück, daß die Regierung Hoffmann mit den »Hochverrätern nicht verhandle und bedingungslose Kapitulation fordere«. Der dreitägige Waffenstillstand kam den Weißen Garden sehr gelegen, da sie zuerst Ingolstadt ›pazifieren‹ und auf weitere Verstärkungen aus dem Norden warten wollten, bevor sie darangingen, das bayerische Proletariat blutig niederzuschlagen. So willigten die weißen Generale auch darin ein, daß während des Waffenstillstandes das Gebiet zwischen Ingolstadt und Dachau als ›neutrale Zone‹ erklärt wurde.

Dieser neuerliche Umfall Tollers, der zum größten Teil das Resultat seiner verletzten Eitelkeit war, trug außerordentlich zur Zersetzung der Roten Armee bei. In jeder Beziehung mußte die Tätigkeit des Dachauer Oberkommandos demoralisierend auf die Truppen wirken. Nichts ist gefährlicher im Bürgerkrieg als das Schwanken in der Leitung der Armee. Nichts demoralisiert so wie das Verhandeln mit dem Feinde. Verhandlungen erwecken stets in den Massen die Illusion, daß sie sich an der bewaffneten Auseinandersetzung vorbeidrücken können. Die Massen werden nur dann bis zum Äußersten kämpfen, wenn sie wissen, daß es keinen andern, ›friedlicheren‹, Ausweg mehr gibt als die Vernichtung des Feindes auf den Schlachtfeldern des Bürgerkriegs. Eine weitere Voraussetzung für einen zähen, entschlossenen, vom Siegeswillen getragenen Kampf der Massen ist – neben der Illusionslosigkeit – das Vertrauen zur Führung. Schwanken in der Leitung der Armee ist stets der Tod des Vertrauens. Es ist ein alter militärischer Grundsatz, daß einmal gegebene Befehle nur im äußersten Falle zurückgezogen werden dürfen. Der Verlust des Vertrauens zur Führung ist meist verderblicher als der Schaden, der aus geringeren organisatorischen oder taktischen Fehlgriffen erwachsen kann.

Dieses neue selbständige Vorgehen Tollers, die Entsendung der Betriebsräte als Parlamentäre zum Feind, war nicht nur Rebellion gegen die Räteregierung, sondern schon offener Verrat an der Revolution. Die Kommunisten trugen sich ernsthaft mit dem Gedanken, den Verräter vor das Revolutionstribunal zu stellen. Leider führten sie es aber nicht durch, sondern verlangten nur in der Vollversammlung der Betriebsräte die Verhaftung des anwesenden Toller. Diesmal stimmten die Betriebsräte zu, nahmen Toller in Schutzhaft und beschlossen, eine gründliche Kontrolle der Dachauer Armeegruppe durchzuführen. Da rettete sich Toller durch einen Theatercoup. Eine führende Unabhängige ging ins Kriegsministerium und ließ ganz München durch Glockenläuten alarmieren. Sie streute das Gerücht aus, in Dachau ständen die Rotarmisten in schwerem Kampfe mit den Weißen Garden. Toller benutzte dieses Manöver zu leidenschaftlichen Angriffen gegen die Kommunisten, die Schuld daran trügen, daß die Dachauer Armeegruppe »im schwersten Kampfe führerlos sei«. Die Betriebsräte gingen auf den Leim und »gaben der Front ihren Führer wieder«.

Toller haßte seit seiner Verhaftung noch glühender als vorher die Kommunisten und organisierte nunmehr mit leidenschaftlichem Eifer den Verrat an der Revolution.

Ernst Toller
Antwort auf Erich Wollenberg

Man kann in meiner Rede vor dem Standgericht (veröffentlicht Weltbühne Nr. 27, Jahrgang 1929) nachlesen, wie meine Stellung zur proletarischen Revolution war.
Der Überfall der Weißen kam überraschend, ich gehörte zu jenen, die spontan München verlassen hatten, um am Abwehrkampf teilzunehmen. – Nicht als Kommandeur, sondern als einfacher Soldat beteiligte ich mich am Kampf. Erst auf Ersuchen der Betriebsräte der großen Fabriken übernahm ich an der Front den Befehl, der von München bestätigt wurde. Gleichzeitig nahm ich technisch vorgebildete Kameraden in den Stab, weil ich gewiß nicht alle Fähigkeiten besaß, die zur Führung notwendig waren. Aber die Betriebsräte forderten, daß ein ihnen politisch bekannter Genosse die Verantwortung trüge.
Es handelte sich um keine organisierte Truppe, die sich den Weißen entgegenstellte. Die Arbeiter waren auf die Kunde des Angriffs hinausgeeilt. Es war notwendig, diese Arbeiter zu formieren und zu organisieren. Das war einer der Gründe, warum den Weißen ein Ultimatum gestellt wurde. Von Verhandlungen im Sinne einer Preisgabe war niemals die Rede. Es ist heute nach zehn Jahren sehr schwierig, über die militärischen Maßnahmen bis in kleinste Einzelheiten auszusagen. Wollenbergs Rekonstruktionen sind Phantasieprodukte. Was in unseren Kräften stand, München zu verteidigen, war geschehen.
Der groteske Kampfplan, von dem Wollenberg erzählt, ist eine dumme Verleumdung. Gewiß hatten wir anfangs die Absicht, über die Donau vorzustoßen und so auch die Versorgungsbasis Münchens zu erweitern. Wollenberg war einer von denen, die an diesem Plan besonders aktiv teilnahmen. Der Plan bestand in den ersten Tagen durchaus zu Recht, weil die Weißen nur über geringe Truppen verfügten und durch den Angriff auf Dachau geschwächt waren. Unser Vorstoß wurde von München verboten. Vom Münchener Generalstab wurde gleichzeitig dem Dachauer Kommando ein Plan vorgelegt, der so grotesk war, daß er heute kaum glaublich erscheint. Er rührte von einem Manne her, der, wie sich später herausstellte, ein Spitzel war. Sämtliche Truppen sollten von Dachau zurückgenommen, München also entblößt werden, und rings um München sollten etwa hundertzwanzig Stafetten aufgestellt werden, die beim Herannahen der Weißen telefonisch ins Kriegsministerium Nachricht geben sollten, worauf dann die Arbeiter vor den Toren Münchens an der von der Stafette bezeichneten Stelle den Kampf aufnehmen würden!! Gegen diesen kindischen Plan protestierte ich allerdings und wandte mich an die Betriebsräte.
Niemals haben die Betriebsräte einer Verhaftung von mir zugestimmt oder etwas Ähnliches erwogen. Ich frage mich: Wie ist es möglich, daß ein Mann solche Lügen zu publizieren wagt?
Ebenso unwahr ist die Geschichte Wollenbergs vom ›Theatercoup‹. Es kam in

eine Versammlung tatsächlich die Nachricht, die Weißen griffen die Roten an. Es war meine selbstverständliche Pflicht, daß ich mich wieder zu der Truppe begab. Der Vorwurf Wollenbergs, ich hätte damit den Verrat an der Revolution organisiert, ist so offensichtlich bösartig, daß mir niemand zumuten kann, darauf einzugehen. An einer Stelle wirft mir Wollenberg vor, ich hätte Augsburg nicht entsetzen wollen, während er andererseits mir zum Vorwurf macht, ich hätte Dachau nicht genügend geschützt. Eine Entsetzung Augsburgs hätte Dachau entblößt. Abgesehen davon, daß wir dazu nicht imstande waren, da uns die Weißen zwanzigfach überlegen waren.

Mit dem Rückzug aus Dachau habe ich nichts zu tun. Ich habe den Befehl dazu nicht gegeben. Ich war im Gegenteil, als der Zusammenbruch kam, auf dem Wege nach Dachau, um als Soldat, nicht als ›Befehlshaber‹, mitzukämpfen. Da erreichte mich unterwegs die Nachricht von der Rücknahme der Truppen und dem Vormarsch der Weißen. Jeder von uns hat damals Fehler gemacht. Aber wenn ich Fehler machte, so tat ich sie im Kampf für die proletarische Sache.

Ich könnte jede Einzelheit des Buches korrigieren, ich könnte mit Dokumenten und Zeugennennung die ›historische Wahrheit‹ Wollenbergs widerlegen. Dazu bedürfte es einer umfangreichen Arbeit. Es hat keinen Sinn. Ich habe viele Punkte seinerzeit im Berliner ›Klassenkampf‹ darzustellen versucht. Was ich schrieb, ist ignoriert worden. Überzeugen kann man nur, die sich bemühen, objektiv zu sein. Und die, glaube ich, sehen klar genug, was für ein schändliches Machwerk die Schrift Wollenbergs darstellt.

Kommunisten und Unabhängige haben damals in einer Reihe gekämpft. Man kann nicht sagen, daß irgendeine Auffassung eine rein unabhängige oder kommunistische war. Jede fand stets Anhänger aus beiden Lagern. Viele taktische Maßnahmen, die damals die Kommunistische Partei vertrat, hat sie heute aufgegeben. In kommunistischen Zeitschriften selbst wurden einzelne Parolen der Münchener Partei heftig umstritten. Wollenberg macht es sich sehr leicht, heute, nach zehn Jahren, so zu tun, als hätte er damals um den einzig richtigen Weg gewußt. Kein Vernünftiger wird behaupten, daß das proletarische München bei der damaligen Situation in Deutschland zu halten war.

Es ist beschämend, mit welchen Methoden der Verleumdung man Kameraden zu infamieren versucht, beschämender, daß man darauf antworten muß, wenn ein Mann, der ehemals kaum die einfachsten politischen Grundbegriffe kannte, heute tut, als hätte er die politische Weisheit mit Löffeln gegessen.

Übrigens erinnere ich mich, daß Wollenbergs Stellung zu mir im gemeinsamen Gefängnis eine andre war, daß ich ihm damals nicht als ›Verräter der Revolution‹ erschien. Wie wäre er sonst zu mir gekommen, um meine Meinung über seine Gedichte zu hören, die ich allerdings als unzulänglich und schwülstig-sentimental ablehnte.

Erich Mühsam
Kritik an Erich Wollenberg

Ein Buch hingegen, aus dem sich wirklich vieles lernen läßt, wenngleich es keineswegs als objektive Tatsachenschilderung anerkannt werden kann, ist der Geschichtsausschnitt »Als Rotgardist vor München« von Erich Wollenberg (Internationaler Arbeiterverlag GmbH, Berlin 1929). »Reportage aus der Münchener Räterepublik« nennt der Verfasser sein Werk, und zwar mit Unrecht. Reportage nämlich ist Bericht, Aneinanderreihen geschehener Dinge unter bewußtem Verzicht auf beurteilende Erörterung. Feststellung, nicht Kritik – das ist Reportage, das gerade unterscheidet sie von betrachtender Darstellung, und Wollenbergs Buch läßt nichts, was er erzählt, ohne parteigefärbten Kommentar. Das würde wenig ausmachen, könnte man nur sicher sein, daß die parteiliche Färbung mindestens aus den tatsächlichen Angaben herausbliebe. Ich war selber schon am 13. April gefangengenommen worden, so daß ich die Kampfzeit der Roten Armee nicht mehr miterlebt habe und mich auf Erzählungen beteiligter Genossen verlassen muß. Um die Zuverlässigkeit Erich Wollenbergs zu prüfen, kann ich mich aber nicht auf die freundschaftlichen Empfindungen beschränken, die mich aus gemeinsamer Gefängnispein mit ihm, dem derzeitigen aktiven Offizier der russischen Armee, verbinden. Es wäre mir lieb gewesen, wenn auch er mir die doch sonst oft betonte Freundschaft dadurch bewährt hätte, daß er aus mir in meiner Haltung in München keinen andren gemacht hätte, als ich war. Was soll das, daß er mich permanent mit Toller, Klingelhöfer und Niekisch in eine politische Linie zu bringen versucht? Ich war niemals USP-Mann und habe stets die Halbheiten und Unsicherheiten dieser Partei bekämpft, worüber die Stenogramme des Rätekongresses jede gewünschte Unterlage bieten. Diese politische Ablehnung hat selbstverständlich mit persönlichen Dingen nichts zu tun; aber Wollenberg weiß auch, daß ich sogar in der Festung noch dem radikalen Teil der Mitgefangenen sehr viel enger verbunden war als dem sanftmütigen. Da wird von dem noch unter Eisner eingesetzten Kommandanten der Bahnhofswache, Aschenbrenner, einem üblen und verräterischen Kerl, gesagt, die Versuche der Kommunisten, ihn von seinem Posten zu entfernen, seien »an dem Widerstand beziehungsweise der Ohnmacht der Toller, Niekisch, Mühsam und Genossen« gescheitert. Hätte sich Wollenberg mit den gedruckt vorliegenden und in den Moskauer Archiven sicher zugänglichen Protokollen befaßt, ehe er dumme und beleidigende Behauptungen aufstellte, dann hätte er wissen müssen, daß alle im Namen des Revolutionären Arbeiterrates und der übrigen Organisationen, die zur Mehrheit aus Parteikommunisten bestanden, eingebrachten Anträge auf Beseitigung, Verhaftung und Prozessierung Aschenbrenners meinen Namen trugen und von mir mündlich begründet wurden. Mein offizieller Antrag lautete: »Der Bahnhofskommandant Aschenbrenner ist sofort zu verhaften. Die Bahnhofswache ist sofort aufzulösen. Der

Stadtkommandant Dürr ist vorläufig vom Amte zu suspendieren.« (Stenographischer Bericht vom 25. Februar 1919; vergleiche hierzu meine Reden vom gleichen Tage und vom 27. Februar, S. 18 u. S. 29 des Protokolls.) Solche Beispiele leichtsinniger und parteigefälliger Berichterstattung verringern natürlich den objektiven Wert der ganzen Schrift. Man weiß nicht, wie weit man glauben darf. Gewiß scheint mir der Nachweis erbracht, daß Ernst Toller nicht der geeignete Feldherr für die Rote Armee vor Dachau war, aber die Verratsbeschuldigungen gegen ihn tragen viel zu sehr den Stempel der persönlichen und politischen Animosität, als daß sie Eindruck machen könnten. Toller und Klingelhöfer mögen lächerlich gemacht werden, wie selbstverständlich ein General lächerlich ist, der alle Strategie unter dem Gesichtspunkt übt, Blutvergießen zu vermeiden. Daß sie aber bewußt das Proletariat in die Niederlage treiben wollten, ist ein absurder Vorwurf. Soweit jedoch Wollenbergs Buch wirklich Reportage ist, nüchternes Material über Organisation und Leistung der Revolutionsarmee bringt, liefert es einen vorzüglichen Beitrag zur deutschen Revolutionsgeschichte allgemein und im besonderen auch noch zur deutschen Revolutionspedanterie, an der soviel gute Kraft gescheitert ist. Als Beispiel nur die groteske Feststellung, was mit den Löhnungsmitteln der Roten Armee bei ihrer Auflösung geschah. »Leitender Intendant war ein Münchener Zahlmeister, der nicht nur ein großes Kontobuch mit bürokratischer Genauigkeit führte, sondern auf Befehl Klingelhöfers bei Auflösung der Armee die restierende Summe von etwa 200 000 Goldmark gewissenhaft an die Reichsbank ablieferte.« Unsere Revolution wurde von Spießbürgern, Ehrgeizigen und Programmhengsten verdorben, nicht von Verrätern.

Jakob Haringer
Brief an Erich Wollenberg

St. Ottilien, d. 17. Juli 1919

Liebster Bruder! Dein aus dem Brutherd gleißnerischen Lügentums kommender Trauriger Gruß hat mich leider erst heute erreicht. Ich selbst flüchte von Ort zu Ort. Letzte Woche fand ich bei barmherzigen Benediktinern ein gastliches Heim. Vor allem möchte ich Dir wenigstens durch Rat ein bisserl helfen. Brauchst Du Essen u. Schlafstelle, so wende Dich vertrauensvoll an die dortigen katholischen Klöster, Du bekommst es. Dann betreffend Maria Dolze: gehe sofort zum Verlag Paul Kassirer, Berlin W. Victoriastr. 2, der hat sehr viel Geld, hat manches in Deiner Richtung; vielleicht würde er sich sichern, wenn nicht für die Dichtung, dann doch für nationalökonomisch-politische Abhandlung, die Du machtest, interessieren. Auch verlange von dem Unterstützung, des weiteren sende eine Abschrift der Maria Dolze unter Berufung auf mich an den Dresdner Verlag von 1917, Dresden-A 20, Robert Kochstr. 9, Herrn Heinr. Schilling, der würde Dir vielleicht etwa vierhundert Mark zahlen. Dann wende Dich vielleicht zwecks Unterstützung an den Vorstand der Kleiststiftung, Berlin-W 62 (?) – Berliner Verleger, zu denen Du aber persönlich mit dem Manuskript gehen mußt und Deine Erlebnisse kundtust. Von Bedeutung wären noch: G. Kiepenheuer, Potsdam. Erich Reiss. Berlin-W. 62. Fritz Gurlitt. Berlin-W. 35. S. Fischer (ich glaube Bülowstr.)
Sicher, ein paar Mark springen überall heraus. Nur Kopf hoch und sich durch blödsinnige, eingeimpfte Etiketten nicht einschüchtern lassen. Schau, ich weiß nicht, von was ich, da ich das Kloster hier verlasse, morgen und übermorgen leben soll, dazu die Spitzel mehr auf der Ferse als Dir. Und trotzdem können mich diese erbärmlichen Spießeriche, scheuseeligen und größenwahnsinnigen Gleißner nicht meinen. Wir bleiben doch wir! Wert unserer Schmerzen sind wir frei. Freie Brüder und Schwestern! Ich kann Dir leider nur fünf Mark beilegen. Ich habe ja selbst nichts als ein krankes Herz, das mir aber doch wieder öfters Mut schenkt. Zeruntners Adresse erfährst Du sicher. Schreibe an die ›Bücherkiste‹, München, Kurfürstenstraße 8, Herrn Leo Schapenbach (unter Berufung auf mich). Der weiß, wo Zeruntner in Berlin steckt. Lenin soll in Berlin sein. In München hörte ich etwa 14 Tage nach meiner Entlassung von Hartmann, von einem andern Häftling erzählen: Du bist entsprungen; aber man hätte Dich fotografiert. (das Bild ist quadratisch). Darunter steht: Leutnant und Student Erich Wollenberg ist wegen Hochverrats festzunehmen. Daß Du entsprungen und so weiter steht nicht darauf. Sollte es mir möglich sein, eins zu erreichen, sende ich es Dir, habe nur Mut und Glauben an unsere Sache – wir können es nicht durch Politik, wohl aber durch unser künstlerisches Schaffen erreichen. Du hast doch wenigstens einen – – – – –, die Dir helfen. Mich verfolgt man,

und ich bin ewig allein. Aber weshalb soll ich mich grämen, wo ich weiß, daß unser gütiger Gott lebt und ewig. Er weiß alles, was uns fehlt und gibt's uns, wenn wir gläubig hoffen. Freilich wäre mir recht, Du würdest mir die Maria Dolze senden, vielleicht kann ich doch was Sicheres damit anfangen. Sende mir und schreibe mir nur alles an Jan Jakob Haringer, Simbach a/See, Niederbayern. Von dort wird's mir schon nachgesandt. Ich gedenke wahrscheinlich nach Dresden zu gehen, denn hier ist man unsicher –. Heuchler, verdammte! O Herz-Bruder! Verzeih! Weil wir elend an blutenden Mauern harren der süßen Sommerworte des Heilands Psalm – Weil wir elend und arm sind – O – eine Mutter führt mich auf rote Sterne zu spielenden Vögeln. Schwestern! Dazu flehe ich die stillen Sänge des Lebens auf einen trüben Bronnen –.
So wollen wir sein, wenn auch vieler Aufstieg uns wieder in die Laster und den Schmutz des Alltags zurückwirft, wenn wir auch Sünder sterbenskrank – wir sind doch alles Bilder des Ewigen. Glaube! sieh: ich habe nichts, sondern man nahm mir in München meine letzten Habseligkeiten und Kleider – aber ich weiß, daß mein Untergang erst dann, wenn ich ihn selbst gewollt. Noch aber sind wir. Und um rein und kindlich zu sein, müssen wir arm und demütig sein. So bin ich denn in Armut

Dein Bruder

Fromme heilige Benediktinermönche beten für Dich. Solltest Du einmal in München wieder flüchten und so weiter, so spreche getrost bei Pater Emmeran Fehrenholz, St. Ottilien, Oberbayern vor. Er wird Dir helfen. Sei getrost, es wird noch alles gut. – Ich bin noch einige Tage im Kloster St. Ottilien, dann – »wer weiß wo!«

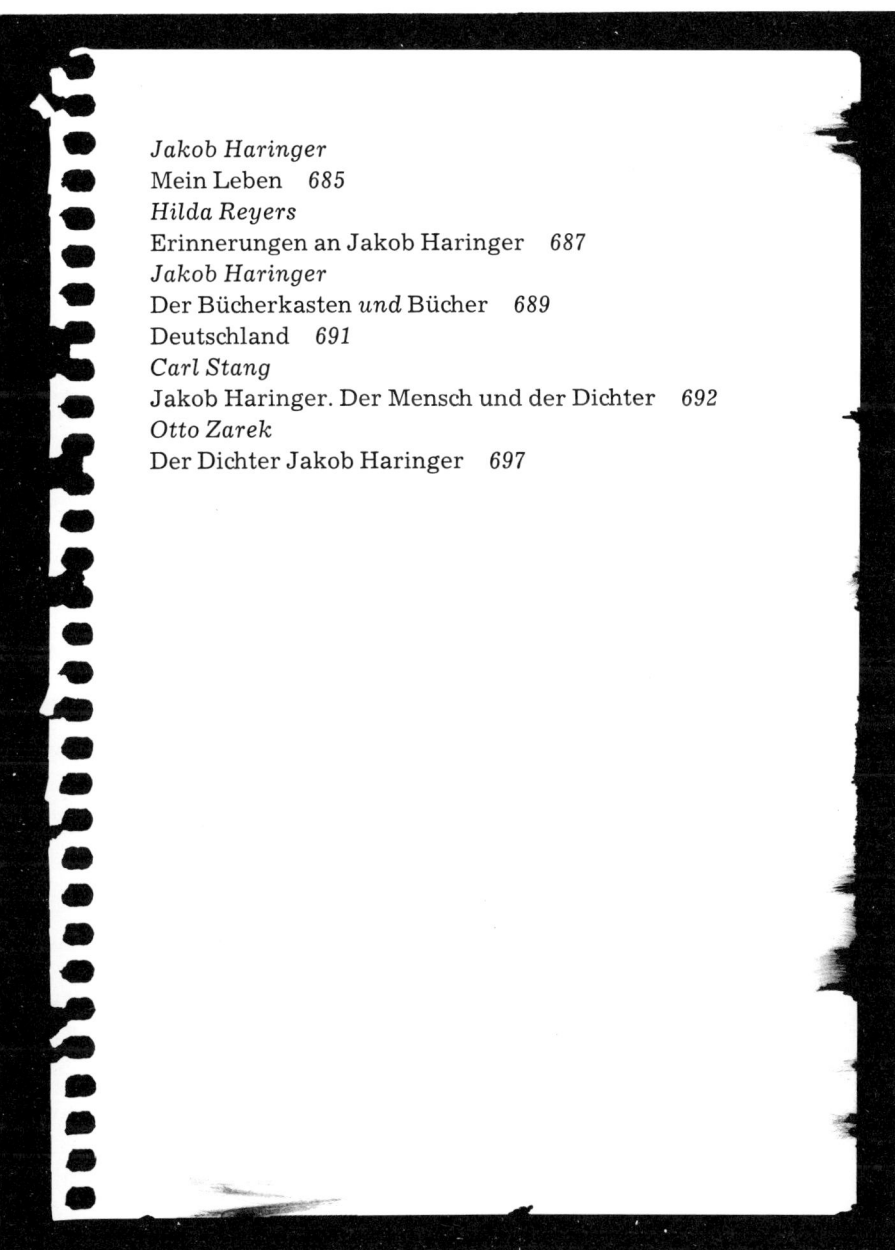

12 ______ Jakob Haringer

Jakob Haringer
Mein Leben

Schließlich muß mich auch eine Mutter geboren haben. Ich weiß es nimmer. Ich bin heimatlos, habe nie auf Erden einen treuen Freund gefunden. Mein einsames Bett verweint in ewiger Erinnerung an die paar kleinen Mädel, die mich auch so bald wieder verlassen. Bei mir schläft keine Frau und ziert mein karges Nachtmahl mit mütterlichen Rosen. Ich habe meine schönsten Verse, Märchen, Erzählungen als Kind geschrieben. Sie wurden alle von einem wütenden Vater vernichtet, denn ich sollte ja lernen, um was Tüchtiges zu werden. Mein Rektor Metschnabel nannte mich immer einen windigen Dichterling. Meine Jugend war unsäglich einsam. Ich habe sie zu Salzburg verbracht, das immer wieder lockt, mich dort begraben zu lassen. Meine einzige Freude war ein Klavier. Ich wurde als Wunderkind bestaunt. Aber ich bekam oft Ohrfeigen, denn der Vater wollte seine Zeitung in Ruhe lesen. Mein ganzes Leben war ein furchtbares Aufschreien, Weinen. Ich habe all mein Leid, mein Unglück in meine Dichtung gepreßt. Wer mein Leben finden will, lese sie. Die Lawinen der Trauer, des Verzweifelns zerdonnern mich. Ich wundere mich, daß ich noch leben darf. Gott hat mich vergessen.

Ich habe über dreißig Werke geschrieben, aber man schickt mir seit Jahren die Gendarmen auf den Hals, denn: »A so a Rotzbua ko do koa Schrifftställa sei, a Schrifftställa müa do a Geld habn, aba der Depp hot do koa Geld.« Die Gendarmerie rät mir immer, eine nützliche Arbeit zu ergreifen. Aber ich bin krank

Jakob Haringer,
Federzeichnung von John Uhl, 1931

und kann nicht wie früher Lastträger, Ausgeher, Fabrikarbeiter sein. Meine Gemeinde möchte mich ins Irrenhaus stecken. Sie fürchtet, ich könne ihr eines Tages zur Last fallen.

In München sagte ich Tor, als nach den herrlichen Stunden der Freiheit wieder die Weißgardisten einmarschiert, einer Rotte Spießer meine Meinung. Sie fielen, an sechzig, über mich her und verprügelten mich. Dann sollte ich erschossen werden. Stand, eine Zigarette rauchend, an der Wand. Welche Teufel nur retteten mich, als bereits geladen war? Damals sagte mein bester Freund, der für mich bürgen sollte: »In diesem Falle ist sich jeder selbst der Nächste.« Ich kam ins Gefängnis. Unter meiner Zelle erschossen sie, um sich zu unterhalten, die roten Helden. Ich litt monatelang auf der Festung, wurde hierauf als ›schuldlos‹ entlassen. Aber der Revolutionär Haringer hat kein Geschäft daraus gemacht.

Es sind nicht zehn Menschen in Deutschland und Österreich, die um mich wissen. Wenn ich heute ganz tot bin, werde ich sicher als einer der größten Dichter ›gefeiert‹. Du lieber Himmel, was feiern die Deutschen nicht alles! Ich bekomme oft monatelang keinen Brief, keine Ansichtskarte. Meine Einsamkeit würgt und steinigt mich jede Sekunde. Wenn ich doch einen schönen Traum hätte. Ich liege im Spital. Betrachte die Tage mit hilflosen Kinder- und Greisenaugen, die grauen Wände des Zimmers und die grauen Wolken des Himmels. In den Gängen schlürfen uralte, elende Männlein und Weiblein. Ein Handwerksbursche, der ein paar Tage bleiben darf, pfeift sich ein Lied. Ich möchte heulen wie ein Hund.

Und das Leben könnte schön sein ...

Hilda Reyers
Erinnerungen an Jakob Haringer

Er war der beste, edelste Mensch, den ich kannte. Seine Güte, sein fortwährendes Helfen war grenzenlos. Wenn ich daran denke, wie man ihm auf Schritt und Tritt das Leben so verbittert, packt mich eine ohnmächtige Wut gegen seine Peiniger. Er konnte noch sowenig besitzen, ständig half er einem noch Ärmeren. Die Verachteten, Bedrängten waren seine Brüder und Schwestern, und es ist leicht begreiflich und natürlich, daß sein herrlicher Glaube auch ausgenutzt wurde. Hatte er Geld, so gab er mit vollen Händen, bis er selbst wieder vor dem Nichts stand. Ich selbst trug, da er ungenannt bleiben wollte, in seinem Auftrage oft größere Beträge zu armen Leuten. Zufällig kam ich dann bei einer älteren Frau auf ihn zu sprechen, sie hatte nur die schmutzigsten Schimpfnamen für ihn übrig. Und öfter passierte es mir, daß fremde Leute mich warnten: der H. H. möchte doch den oder die nicht mehr unterstützen, da die Betreffenden nur schimpften. Andere wieder waren rührend dankbar, zum Beispiel die alte Schmelzl, die in Gmain Telegramme austrug, sprach oft davon, sie wisse schon, warum über den guten Herrn die Leute so bös reden, weil er der einzige hier ist, der ein Herz für die armen Leute hat. Für wieviel Bedrängte zahlte er den Zins, Holz und Kohlen und den Krämer. Er selbst aber bekam oft genug mit dem Gerichtsvollzieher zu tun. Er war ein Liebling der Kinder, die immer ihr bedrängtes Herzchen ihm ausplauderten. Mit welch edler Anmut grüßte er eine arme bucklige Ladnerin! Im Frühjahr brachten ihm arbeitslose Bettler die ersten blühenden Zweige und Blumen. Einige Neider haben ihn verleumdet, er lebe von Bettelbriefen – ich weiß, wie viele Bettelbriefe er wöchentlich bekam, von denen er keinen unbefriedigt ließ. Wenn er half, bedachte er sich nie, wird das Geld auch richtig angewendet? Er ließ sich nichts sagen. »Mein Gott«, sagte er, »der Mensch bittet ja darum, warum soll er's denn nicht haben?« Seine Güte zu allen Angestellten, besonders zu den Kellnern, Musikern, war sprichwörtlich. Es kam oft genug vor, daß Haringer ein Essen sich bestellte, das sich dann der Kellner schmecken ließ. Haringer war zu zerstreut, daß er es nicht bemerkte. – Die Gärtnerburschen erzählten mir oft vom trostlosen Herumirren Haringers von Zimmer zu Zimmer. – In Gmain, seiner alten Wohnung, erzählen sich die Bauern, da oft bis zum frühen Morgen Licht brannte: Haringer müsse mit dem Teufel im Bunde sein. – Manche Leute erzählten: es sei komisch mit dem Haringer, er spricht mit einem, und plötzlich ist einem, als wäre er ein uralter Mann. Manche seiner Bekannten haben ihn zu gleicher Zeit in München, Berlin, Paris gesehen. Bei seinem Klavierspiel sah ich oft die trockensten Menschen weinen. – Mit den armen kleinen Mädchen der Vorstadt saß er in den verwahrlosten Bierkellern und Weinbeiseln. Er lachte, wenn man ihn bestahl. – Ich erinnere mich einer Nacht. Wir saßen in einer kleinen Bude. Die Salzach fließt vorbei. Haringer besaß ein goldenes Zigarettenetui, das er von einer Mutter erhalten, deren Kind er vorm Ertrinken gerettet hat. An einem Nebentisch machte ein halb Besoffener eine abfällige Bemerkung über ›Protzerei‹. Haringer lud ihn zu Speis und Trank ein, und als wir aufbrachen, winkte er ihn ans Ufer der Salzach, darauf schon die frühe Sonne glänzte. Haringer reichte ihm das Etui und sagte: schau her, is a guats Gold. – Hast das gsegn? Joa. – Soo, nacha schau her – nahm das Etui und warfs in weitem Bogen in die Salzach: So, und jetzt woasst, was i für a Protz bi. – Ich weiß um seine Besuche bei armen Schwangeren und daß manche Dirne mitten auf der Straße seine Hand geküßt. Dann saß er wieder allein im Café ›Aufzug‹ und den kleinen armen Nachtkneipen bis in den Morgen hinein, um dann ein Spital, ein Waisenhaus aufzusuchen und die Armen zu beschenken. Oft noch nach Mitternacht brachte er Bettler daher... Er las stets die Gerichtszeitungen, und Hunderte Briefe wanderten in einsame Zellen. Freilich mag auch mancher so einem ›Verbrecher‹ unterschlagen worden sein. Auf den Jahrmärkten zahlte er den Kindern und alten Weibern die Freude eines Kinos, Karussells, einer Schaukel. Fuhr er Auto, immer die fast sprichwörtlich gewordene blutrote Nelke im Knopfloch, saßen stets ein paar zerlumpte Bettelkinder bei ihm, die er mit Eis, Schokolade traktierte. – Das Grab manches vergessenen Kindes und Selbstmörders ließ er herrichten. Es ist Tatsache, daß er oft stundenlang Schnecken vom Weg geräumt, und immer hatte er Brot für die Vögel und Zucker für die Pferde in den Taschen und ein Streicheln für den dreckigsten Hund. In seiner kleinen Wohnung gab tatsächlich oft einer dem anderen die Tür in die Hand. Oft schon früh um vier Uhr hab' ich für einen so alten Herrn Landstreicher ein schönes Frühstück bereitet. Und nie vergesse ich die rührende Liebe des ›Blumenkönigs‹, auch ›Blumenschorschl‹ genannt, der ihm fast täglich die seltensten Gebirgsblumen brachte. Ich weiß noch gut, wie ihm Haringer einmal zwei Stunden lang die Läuse abgesucht... Ich kam abends von Salzburg heim, als er mich vor dem kleinen Hause traf und und mir unter Tränen gestand: seit acht Stunden warte er schon hier aufn Herrn Hering, ich muass ahn do warna, denn i hoab gsegn, wie a Schndarm eini mögn hätt... Dabei rannen ihm die Tränen nur so herunter. Und doch hat, glaube ich, Gott diese Tränen eines alten Bettlers nicht gesehn. Im Café ›Corso‹ erzählte ihm weinend ein kleines Wassermädchen, daß sich gestern ihre Schwester vergiftet hat. Er tröstete sie so, daß sie unter Tränen lächelte. Für alle armen Menschen, die kleinen ringenden Geschäftsleute, keuchende Arbeiter – sie mochten ihn alle gern – hatte er ein gutes witziges Wort, so daß sie oft hell auflachten. In der Unterhaltung mit Menschen, die ihm nicht gleichgültig waren, war er oft von bestrickender Liebenswürdigkeit und stets originell. Ich erinnere mich eines herrlichen Gesprächs mit ihm über die schöne Traurigkeit der alten Herren. Die Halbgebildeten, Alltagsmenschen und sonstigen Spießer waren ihm verhaßt, und er ärgerte sie. – Einmal glaubte ein Bauernbursch, für den Haringer oft mit Erfolg hilfsbereit, seine Liebe an ihm dadurch zu beweisen, daß er den gemeinen Haupthetzer Jupp, den Verfasser der zahlreichen Schmähartikel im Reichenhaller Tagblatt, auf offener Straße verprügelte.

Ich habe das aufgeschrieben, weil ich weiß, wie oft man ihn verleumdet. Die Menschen müssen ja alles in ihren Schmutz zerren.

Jakob Haringer
Der Bücherkasten *und* Bücher

Der Bücherkasten

Die Lebenden gehn von uns, da sie immer bei uns sind.
Die Toten kommen zu uns, da sie uns verlassen.
Menschengeräusche zerbrechen deines Hirns Sommergläser,
Aber des Herzens verbrannte Mühle tröstet ein Vers.
Sei getrost, diese Welt hat keinen einzigen Menschen für dich,
Aber manch toten Dichters verlornes Paradies.
Wage nicht, vom Menschen die Weisheit des Tiers zu verlangen.
Aber die Bücher zaubern uns wieder erloschne Kinderampeln –
Nur noch die Toten erwarten uns mehr.

Bücher

Immer o immer schwör ich's kein
Buch mehr zu lesen,
Ja die Dichter lügen zuviel und dann
Ist doch schad für die Zeit:
Wozu dies Leben verlesen, ist doch
So bald es vorbei!
Aber am Abend dann wenn ich so müd
Und enttäuscht sann,
Und die Uhren der Mitternacht traurig
An's Herz bös hämmern
Immer wieder dann war es ein Buch
Das mir märzsüß
Die steinernen Tränen des Wahnsinns
Wegschmolz

Jakob Haringer um 1930

»Haringer darf sich mit Recht als Nachfahr der armen,
verachteten, dennoch von allen guten Geistern des Außenseitertums,
der Bürgerfronde gebenedeiten Schöpferexistenz fühlen, ein Rechtloser,
Unbehauster, alle Töne Meisternder, Revolutionär . . . ein Dichter und Mensch.«
(Max Herrmann-Neiße)

Jakob Haringer
Deutschland

Heute sah ich einen alten Knecht, der schimpfend aus dem Armenhaus davonlief, weil ihn die Schwestern so schikanierten,
Ich sah zwei Staatsanwälte, die vorher Heilige zermetzgerten und dann Elfjährige verführten,
Ich sah einen Krüppel den Dank des Vaterlands: eine Drehorgel leiernd,
Ich sah eine arme Hauptmannswitwe sich zum abendlichen Strichgang magdlich verschleiernd,
Ich sah eine elende liebe gütige Frau die grauen Haare vor Hunger zerwühlen,
Ich sah einen wirklich edlen Aristokraten in einem Vorstadtkino Klavier spielen,
Ich sah einen verzweifelnden Friseur, der sich vielleicht morgen die Schlinge um den magern Hals legt,
Ich sah eine irre Greisin beim Spiel der Kinder tiefst und schmerzlich bewegt,
Ich sah ein kleins Bubi, den ausgestopften Bären küssend, ach wie traurig es aus Mutters leerer Speisekammer schlich,
Ich sah eine arme Näherin, die für ihre kranken Eltern schuftete, ihnen ein karges Margarinebrot aufstrich,
Ich sah einen Knaben weinend an einem Gartentisch...
Und über dies alles meckerten die patriotischen Henker und Mörder mit hurraischem Natterngezisch.
O Geschichte der kommenden Jahrhunderte, dich beschwör ich wild,
Nachdem die Mitwelt so blöd brandmarke du dieser patriotischen Rotzbuben und Raubmörder Affenbild.
O mein armes blutendes Volk, gehn dir ach nie die Augen auf,
Mußt du vereisen ohne rauschendes Märzgetrauf?
Deutschland, du arme Irre, blutend im Winterwind,
Deutschland, mein Deutschland, ist denn kein Gott mehr, der sich dein erbarmt, dich süß in seine Mutterarme nimmt – – –

Carl Stang
Jakob Haringer. Der Mensch und der Dichter

Vor wenigen Wochen übersandte mir der Verlag Franz Ludwig Habbel in Regensburg ein schmales, unscheinbares Bändchen ›Die Kammer‹, Gedichte von Jakob Haringer. Der Inhalt ließ aufhorchen. Zwei Tage später fragte mich der mir befreundete Verleger Dr. Erich Lichtenstein, ob mir der deutsche Dichter Haringer irgendwie bekannt sei, und wies mir einen auf armselige Fetzen Papier geschriebenen Brief des Unglücklichen vor, der also lautete:

»Innigst verehrter Herr Doktor! Verzeihen Sie bitte diese Fetzen. Aber ich bin ärmer als arm. Mit geht's elender als einem Straßenhund. Ich hab Jahre in Fabriken als Taglöhner gearbeitet. Andauernde Herzkrämpfe machen mir's weiterhin unmöglich. Ich lebe schon Monate von Wasser und Brot. Ich bin nicht mal ein Bettler.
Daß es noch Menschen gibt, die wirklich aufrichtig fragen ›wie geht's‹, hab ich vergessen. Ich bin's ja auch nicht wert.
Vorigs Jahr hab ich für kurze Frist bei barmherzigen Mönchen Mitleid gefunden, dann stand ich wieder auf Bahnhöfen und hab um Brot gebettelt.
Ich habe die zerrissensten Selbstmordmanien hinter mir, ich weiß nur zu gut, daß in Bälde der Leib aufhört. Und wen schert es?? Es war nicht wert zu leben, um in die eiternde Kehrichttone der Sterne zu stürzen. Aber das Schicksal frägt einen so wenig wie der Mensch.
Es ist bloß Nacht und Graun um mich. In meinen Händen zerrinnt alles.
Verzeihn Sie mir diese Offenheit – wenn Sie können. Ich bin zum Sterben zu müde!
Ich kann Ihnen bloß nichts schreiben.
Aber alles – alles, was ich Ihnen zu sagen hätte, finden Sie in den Versen.
Meine Lunge rasselt Militärmärsche.
Ich bin Ihr ärmster, Sie aufrichtig verehrender

Haringer.«

Der Aufschrei dieses Briefes hat symptomatische Bedeutung und ist schroffste, niederschmetternde Anklage gegen die bestehende Gesellschaft! Denn was frommt es, wenn gesättigtes Spießertum an Bierbänken unentwegt davon faselt, daß unser zerquältes deutsches Land von tausendfältigen Wunden nur auf dem Wege der Kulturförderung, durch die Kraft des Geistes genesen könne – derweilen es seiner seltensten Söhne einen, der ein wahrhaft gottbegnadeter, herrlicher Dichter ist, in des Wortes krassester Wahrheit elendiglich verhungern läßt! Und dämmert es denn noch immer nicht, wie trostlos armselig es bei uns – trotz vielem Lärmen und Geschrei – bestellt ist hinsichtlich wirklicher und echter Begabungen?

Titelseite eines handgeschriebenen Gedichtbändchens von Haringer. Ähnliche ›handgemachte‹ Exemplare verschickte Haringer an Freunde und Kollegen, die sich für ihn einsetzten. *(Aus: Deutsches Literaturarchiv Marbach)*

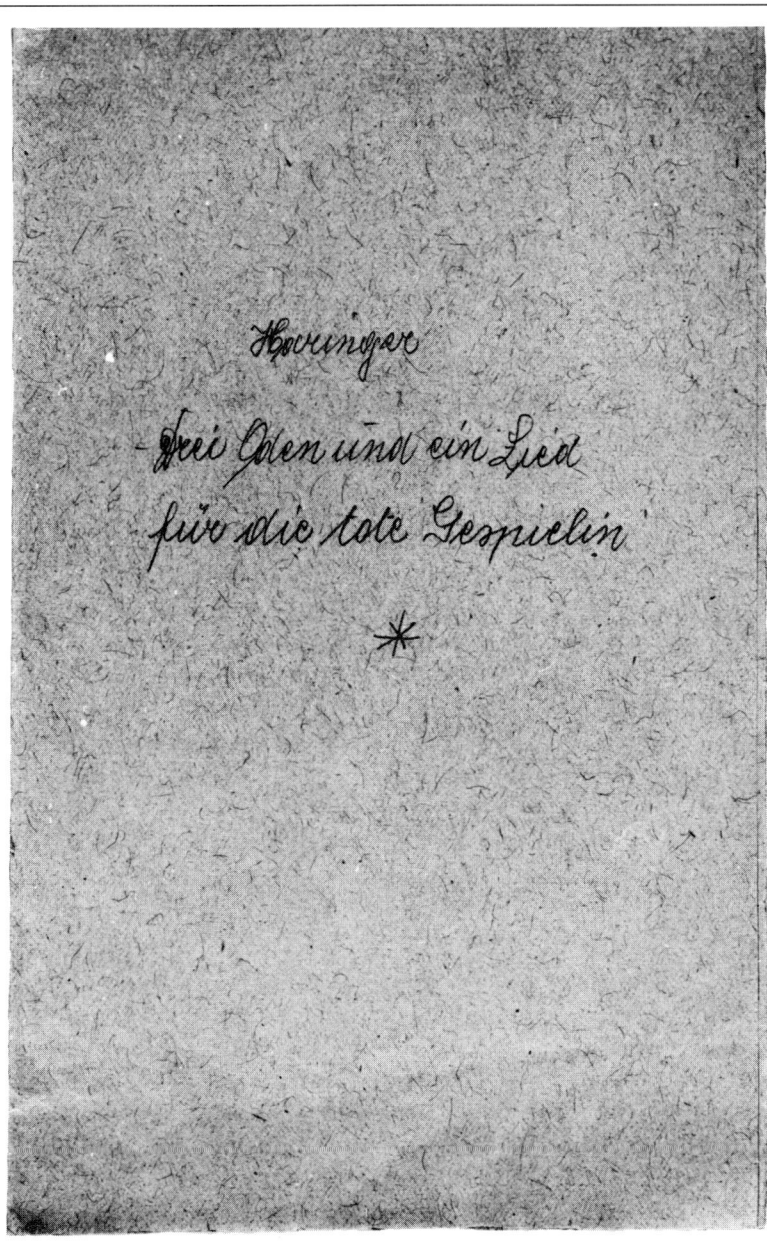

Sofort angestellte Nachforschungen erbrachten den untrüglichen Beweis für die Wahrheit des mit Herzblut geschriebenen Briefes eines der Unglücklichsten, von grenzenlosem Elend Heimgesuchten. Und der um Schutz und sofortige Unterstützung angerufenen deutschen Schillerstiftung und ihrem stets hilfsbereiten Generalsekretär Dr. Heinrich Liliensein gebühren das Verdienst und der aufrichtige Dank, den Menschen und Dichter Haringer vor buchstäblichem Hungertode und aus schlimmster Not zunächst errettet zu haben.
Ein Schicksal voll Elend, Not und Verzweiflung rollt sich vor uns auf.
Jan Jakob Haringer ward am 15. März 1893 zu Dresden geboren. Aber die stolze Vaterstadt scheint sich seiner zu schämen, denn sie versagte ihm die behördliche Bestätigung, als er gelegentlich aus irgendwelchem Grunde darum nachsuchen mußte, mit der Begründung, daß sich ein Haringer in den Geburtsregistern nicht finde, obwohl er einen in Dresden amtlich gestempelten Geburtsschein besitzt! Aber als eigentliche Heimat gilt ihm Salzburg, wo er eine unsäglich schwermütige Kindheit verlebte. Nach dem Besuch der Realschule bekleidete er kaufmännische Stellungen, aus Zwang, um mit den materiellen Bedingnissen des Lebens sich irgendwie abzufinden, derweilen die Seele in reineren, schöneren Gefilden verweilte; litt Not, Not und wieder Not, und arbeitete schließlich in Fabriken. Dann kam der Krieg, der ihn jahrelang in seinen Klauen hielt, ihm die Menschheit vollends entfremdete und ihn endlich körperlich und seelisch zerbrechen ließ. Nach der Räterepublik in München beschuldigte man ihn, Landauer und Levien zur Flucht verholfen zu haben, wollte ihn erschießen lassen und zwang ihn in die weiße Hölle – das Gefängnis zu Stadelheim. Unmittelbar unter seiner Zelle erschoß man Menschen! Hierauf Monate auf der Festung Ingolstadt, bis er endlich als schuldlos entlassen ward. Dann lebte er längere Zeit im Benediktinerkloster zu St. Ottilien, bis ihn Selbstachtung und seine unbeugsame Überzeugung gegen das obwaltende starre Dogma auch von dort wieder vertrieben und er nun dem tiefsten Jammer verfiel.
»Ich glaube kaum, daß es irgendeine Falschheit und Niedertracht geben kann, mit der man mich nicht beehrte. Menschen können schwärzer sein als die Hölle. Aber es gibt doch auch noch Engel und Sterne, an die ich glaube und zu denen ich beten kann«, so schreibt er ein andermal.
Und hier treffen wir auf den Kern seines Wesens, der weltverloren und voll tiefer inbrünstiger Bescheidenheit aus großen tieftraurigen Kinderaugen uns entgegenstaunt: Er ist ein Mensch, erfüllt von reinstem, überzeugtestem Gottglauben, allerdings nicht an einen persönlichen Gott christlicher Auffassung, sondern im pantheistischen Sinne des Goetheschen ›Gott-Natur‹. Ein Gottglauben, der alles Sein, alles Schöne und Erhabene, aber auch alles Niedrige und Gemeine zu begreifen sucht aus der Kraft und dem Walten einer alles umfassenden Natur.
Dieser Glaube bildet den Grundakkord aller seiner Dichtungen, wenn schon gelegentlich andere Formen, wie zum Beispiel die Verehrung des Marienkultes, als Impressionen aus seiner katholischen Jugend anklingen. Daneben aber hämmert in ehernem Takte das Lied vom Jammer der Erde. Eine bleierne Müdigkeit, ein trostloses Verzagen und Verzweifeln, eine unsagbare, tränenerstickte

Beispiel einer Textseite aus dem von Haringer handgeschriebenen Band ›Drei Oden und ein Spiel für die tote Gespielin‹. Freunde, die solche Originalausgaben erhielten, waren u. a. Max Herrmann-Neiße, Franz Blei, Iwan Goll, Alfred Döblin, Hermann Hesse, Klabund, Carl Sternheim. *(Aus: Deutsches Literaturarchiv Marbach)*

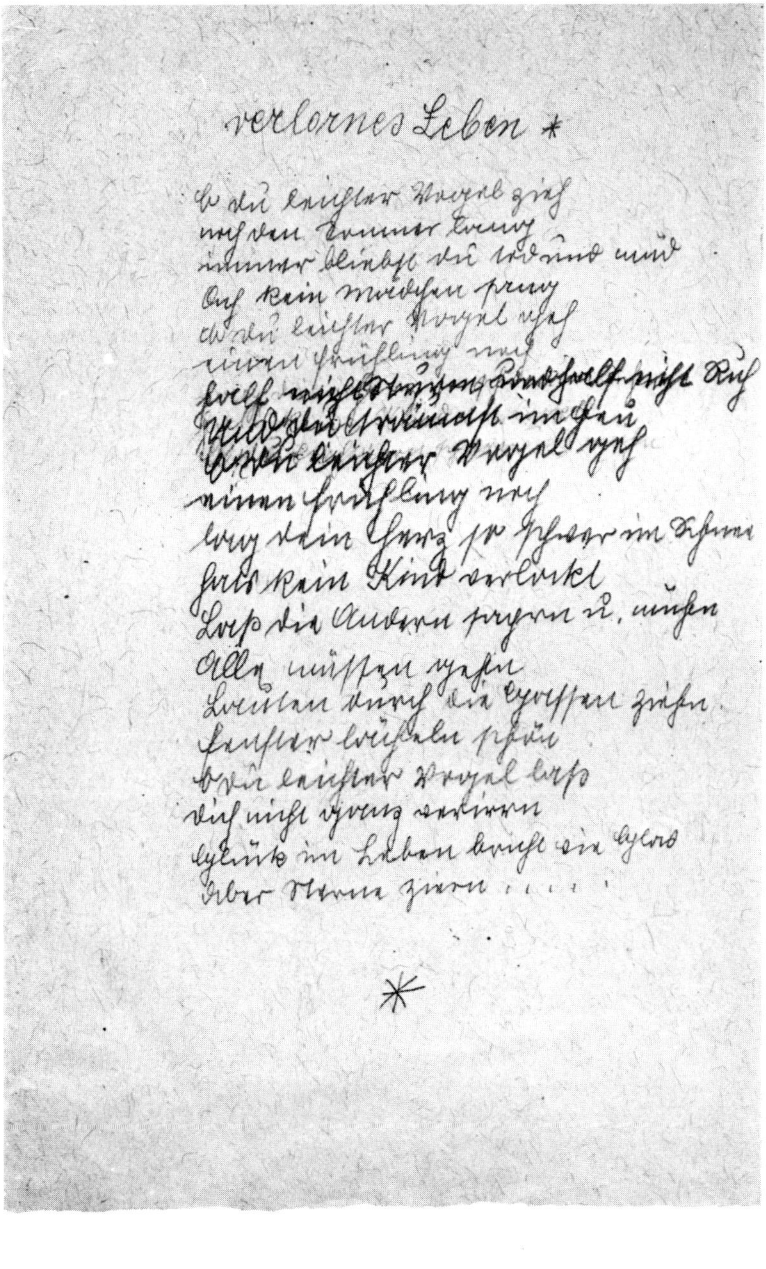

Traurigkeit und Leiden, tiefstes Leiden spricht aus all diesen Versen; und doch hämmert immer wieder der Glaube an glückhaftes Schicksal herauf, sprüht aus unzähligen Bildern, Visionen und Träumen die Freude an der uns umschwingenden Natur.

Alle Schattierungen und Tonarten sind diesem Dichter vertraut. Anspruchslos Volksliedartiges steht neben Dithyrambischem, und strenge Sonette wechseln ab mit freien, breitausladenden Rhythmen, stillverweilende Beschaulichkeit paart sich mit fast dramatisch dahinströmendem Temperament. Neben Versen voll trunkener Schönheit aufschreien jäh grellfarbige Dissonanzen, die schier das Herz zerbrechen und die Seele erschauern lassen in schmerzvollem Weh. Freilich: all diese Verse und Strophen mit ihrem kühnen Satzgefüge und ihren oft absonderlichen, in den knappsten Ausdruck gemeißelten Wortprägungen begehren ein Mitschwingen und unablässig zähes Sichhineinversenken. –

Noch ist es zunächst nur wenig, was in ein paar schmalen Bändchen an Gedichten gesammelt vorliegt. Manches findet sich verstreut in Zeitschriften. Alexander von Bernus sei es unvergessen, daß er als erster frühen Strophen in seinen schönen Viertelsjahresheften (›Das Reich‹, Januar 1917) Raum gab. ›Aktion‹, ›Hochland‹, ›Saturn‹, ›Die weißen Blätter‹, ›Genius‹ und andere brachten vereinzelte Gedichte, die mehr oder minder kaum noch zugänglich sein dürften. 1919 erschien bei Rudolf Kaemmerer (Dresdner Verlag von 1917) eine kleine Sammlung ›Hain des Vergessens‹ im Verlag ›Die Wende‹, München, das ›Abendbergwerk‹, 19 Gedichte »erlitten im Zuchthaus zu Stadelheim«, und 1921, wie eingangs erwähnt, der kleine Band ›Die Kammer‹.

All dies aber bedeutet nur einen winzigen Bruchteil aus der unermeßlichen Fülle kostbarsten, noch ungehobenen Gutes.

Wenn man dann freilich aus Briefen eines nicht unbekannten Berliner Verlages an den Dichter erfahren muß, daß ihm von dort geraten wird, »sich mit nützlicheren Dingen zu beschäftigen, als sinnlos Bogen Papiers vollzuschreiben«, so muß man sich wohl fragen, warum solch überheblicher Anmaßung und bornierter Frechheit nicht längst der Lebensodem ausgeblasen ward.–

Ein ganz großer Dichter, der bedeutendsten einer in deutscher Gegenwart, pocht verlangend an eure Tür; tut ihm auf eure Herzen, auf daß alle ihr, die ihr nicht stumpf seid an Sinnen, innerlich mögt beglückt werden von seinem Wort!

Otto Zarek
Der Dichter Jakob Haringer

Wäre auch nicht ein Ahnen um dieses seltsame Leben zu uns geweht, hätten auch die liebevollen Hände des Alfred Döblin nicht die Gestalt dieses unheimlich-eigenartigen Dichters abgetastet: sein Gedicht spräche doch zu uns die eindringliche Sprache eines verwirrten, wehen, zerrissenen Lebens. Sein Gedicht – denn dieser Band ›Dichtungen‹, den der Gustav Kiepenheuer Verlag als erstes Zeugnis für das Schaffen des Jakob Haringer herausbrachte (three cheers für den mutigen Kiepenheuer!!) ist ein einziges weitgespanntes Gedicht, bald orkanhaft auflohend, bald sanft in wiegender Form gleitend, bald zu epischer Sprache einmündend. Nicht von zwangsläufiger, aber gewollter Einheit der lyrischen Struktur also, nicht von der Originalität des Stigma, das uns sofort den Werfel, die Lasker-Schüler, den Gottfried Benn verrät. Die Einheit dieses Gedichtwerks ist nicht formal, sondern in einer anderen Zone des Innen gelagert: eine Einheit der Sprachmelodie, ein eigener, höchstpersönlicher Zugriff des Dichters, gaukelnde Bilder im Wort zu packen.
Dies ist seine Eigenart: ohne den Umweg über den Symbolgehalt eines Wortes noch nicht gesehene Zusammenhänge herauszustellen; aber nicht klangliche Zusammenhänge, die Rilke findet, sondern Verwandtheiten des sachlichen Bildes. Dieser Lyriker ist ein Lyriker des Auges: er kam, er *sah* – und seine siegreiche Sprachkraft ist ein Seh-Erfolg. Vagabund von Beruf, Wanderer durch Fügung, hat er das Herz der Welt pochen hören; die Landschaft in allen Luftgraden gesehen, im Abendlicht, im Dämmern, im grellen Tag... und diese Fülle, die er in sich auftrank, drängt zu elementarem Ausdruck. Seine Sprache packt den Naturvorgang, um einen Wesensvorgang zu bezeichnen.
Beispielsweise beginnt er ein Poem:

»Nun kommen die großen Traurigkeiten wieder
wie wilde Matrosen.«

Und mit dieser ungeheuren, einzigartigen Zeile leitet er ein Gedicht ein, das ›Strauß, Kaiserwalzer‹ heißt. Und endet: »Verlöscht ist das Gold deiner Blumen und meine grüne Kinderei.«
Man könnte sagen, diese stilistische Haltung sei nicht nur eines originalen Talentes notwendiger Ausdruck, sondern tiefer fundiert, im Wesensgrund, im inneren Aufriß des Menschen. Ja, das ist richtig. Denn wie der ›Zugriff‹ dieses lyrischen Temperamentes strahlenden Vers und flammendes Wortbild aufleuchten läßt, genauso schlägt seine Pranke oft ins Dunstige, ins Gestrüpp und Verworrenheit. Manche Zeilen sind genialisch-dumm, dem Grabbe verwandt, ohne die Klarheit der eroberten Substanz. Oder was heißt dies: »Bist umknospet Julileib« – oder vielleicht: »Der Schwermut Abziehbilder blühen.« Das ist

nicht spätes Expressionistentum, das ist – ganz ›einfach‹ – entgleist, hingehauen, an den Wegrand gespuckt, aufgelesene Brocken der Landstraße. Daneben aber blühen dann Zeilen auf: »Du hörst dein Herz klappern, glucksende Schnapsflasche« – oder: »Über des Herzens Tapete kriechen des Todes Würmer. Die letzte Elektrische der Hoffnung fährt heim ...«
Und wir sind geblendet von der visionären Bildkunst dieses irdischen Vaganten, dem, auf den schlechtgepflasterten Pfaden im Salzburgischen oder im Bayerischen, im Gefängnis oder im Asyl, stilistische Einsicht kam, dem ein Ausdruckswille sich ergab, der korrespondierend mit Utrillo und Lascaut sich als ›Neue Sachlichkeit‹ zeigt.
Nur freilich, daß die Motive dieses Sachlichen, ebenfalls aus der Seh-Sphäre gewonnen, weiter, naturnaher, unmittelbarer wachsen. Die Sentiments sind die beliebtesten Gegenstände, die Haringer nachzeichnend besiegt. Nachzeichnend, ja; er beobachtet sie, bildet sie nach. »Prolog zum Sterben« oder »Sonett am Abend« nennt er diese Poeme.

Man sagt (oder ist dies nicht eine epidemisch verbreitete Ansicht?), die Lyrik sei da, um froh zu machen. Die Melancholie, die Traurigkeit, das Leid, wenn sie besungen werden, erheben uns zu irgendwem und irgendwie. Die verhaltene Klage, die in allen Strophen des Jakob Haringer ist, macht nicht froh. Die unwirkliche Welt des Gedichtes bannt uns nicht vollends, sie ist fadenscheinig, man kann hindurchsehen, ein anderes Lebensbild ist darunter. Der unrealistische Lyriker ist von Realismen behaftet. Die drängen sich vor. Man könnte sagen, sein Leid sei oft Klang im Orchester der Sprachmusik – – oft aber nur eine Reminiszenz an privates Erleben, hineinkonstruiert in das Gedicht-Gebäude.
Im Heineschen Vers trauert die Welt – bei Haringer trauert der Dichter um die Welt. Die verlorene Welt, die dem Vaganten das harte Gesicht zeigt. Dadurch verliert er nicht immer den Charakter der Sentimentalität (»Tätst du nicht weinen über dies süße kleine Donaulied.«)
Wesentlicher als dieser Bruch im Bau des lyrischen Werkes ist der Bruch überhaupt, der Bruch in der Wesenssphäre dieses Dichters. Die eine Hand streckt sich nach den Gebilden des Daseins, kosend, sie streichelnd, mit der Zärtlichkeit eines Whitman-Menschen – – die andere wühlt in den Nachtgesichten und im Schattenspuk, und böse Geschwüre der Seelen brechen auf und speien Eiter. In sein Leben eingeschlossen, grauenvoll beengt durch das Furchtbare seines Schicksals, hat der Dichter kein Organ, die Antithese zu fühlen – und verwirrt sich im Durcheinander der Empfindungen. Wenn dieser ›Bruch‹, dieses chaotische Treiben der Welt des Vaganten entspricht (erinnern wir uns nicht dieser Erscheinung bei Peter Hille?) – dann sei sie hingenommen ohne Vorwurf. Es wäre leicht zu sagen: oft fehle dem Dichter die Furcht, so daß die Wortkatarakte herabstürzen, ohne Formen zu bauen. In eine Versfolge wie den ›Jahrmarkt‹ ist soviel Echtes, Wundervolles, Plastisches, ist soviel Melodie und Sprachenreichtum geschüttet, daß man sich schämt zu sagen: im Grunde bliebe dies Gedicht sinnlos und amorph. Und doch ist es so, und es muß ausgesprochen werden.

Die Größe Haringers ist sein ur-lyrisches Genie: zu sehen und Worte zu haben für das Gesehene. Eine Welt ging in ihn ein. Haringer, der Vagant, ein kranker, nicht mehr junger Mann, hungert in einem Asyl, einem Krankenhaus, in einer Höhle der Berge. Reißt ihn das Buch aus seiner Armut, dann werden seine Verse glätter, seine Gesichte aber blasser werden. Sein Buch ist wie ein Bergpfad, der in großer Höhe durch Kalkgestein führt: spitzes und abgebröckeltes Gestein – und dann wieder Ansiedlungen seltenster Pflanzen, wahre Fundgruben der Form. Es lohnt sich, in diesem Bande zu wühlen, um Oasen der Sprache aufzuwittern. Du findest dann am Wegrand eine Zeile wie diese:

»In den Stunden des Glückes hast du Genossen und Frauen.
In den Gewittern des Narrens weinst du verzweifelt allein.«

13 ______ Rudolf Hartig

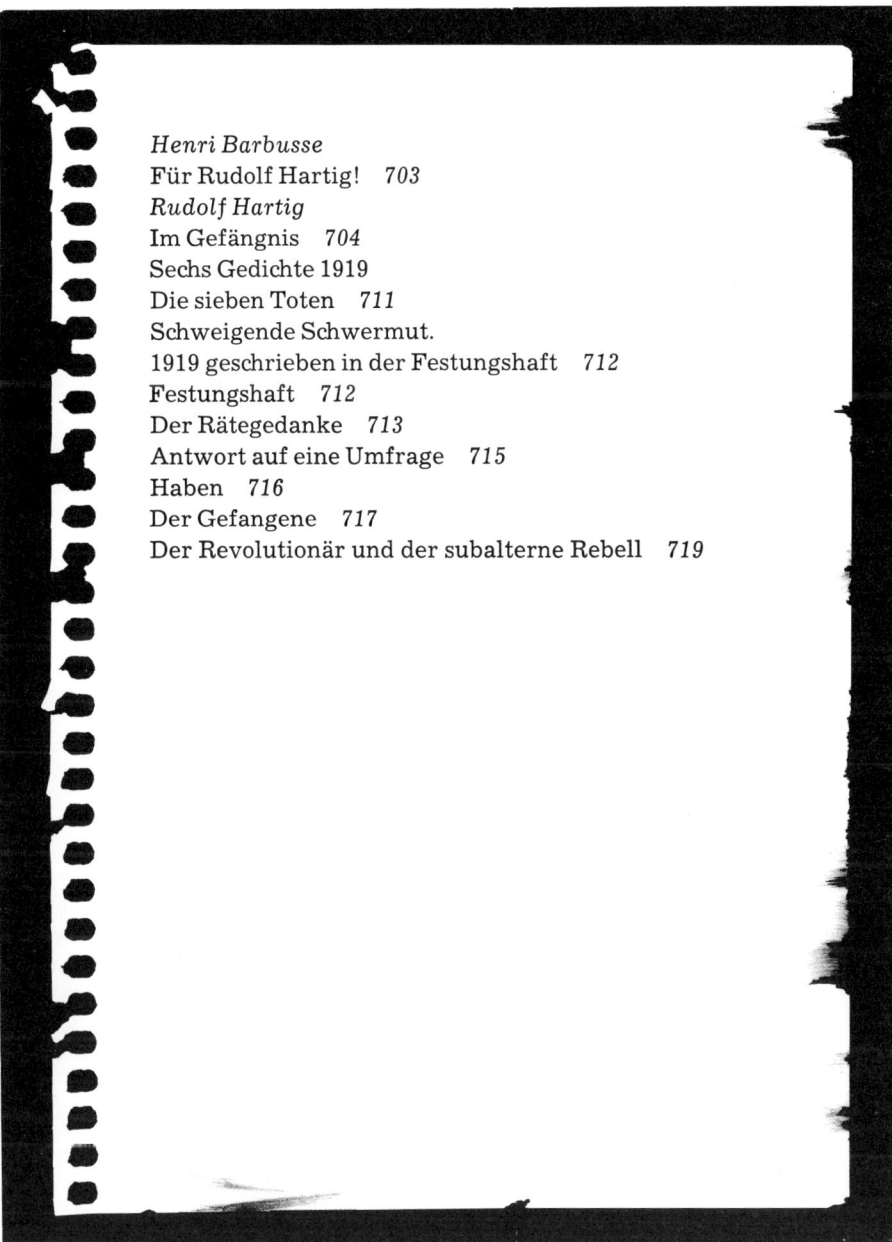

Henri Barbusse
Für Rudolf Hartig!

Ein bayerischer Dichter, Rudolf Hartig, hat uns das Manuskript eines hervorragenden Buches ›Gerechtigkeit!‹ geschickt. Wir haben diese Dichtung, die erfüllt ist von einem Hauch der Menschlichkeit und von höchstem moralischen Ideal, mit um so größerer Bewegung gelesen, da wir erfahren haben, daß der Autor zur Zeit in einen politischen Prozeß verwickelt ist. Rudolf Hartig gehört zu jener Gruppe unabhängiger Schriftsteller, die den Mut und die Kühnheit besitzen, nach ihrem Herzen und Gewissen zu schreiben, was sie leider in Konflikt bringt mit den unentwegten Verteidigern einer ›Zivilisation‹, in der vornehmes Denken häufig harte Prüfungen zu bestehen hat. Wir möchten dennoch hoffen, daß dieser Apostel einer besseren Menschlichkeit nicht wie so viele andre von der Maßlosigkeit der Reaktion getroffen wird. Solche Maßnahmen wären ungeschickt, und diejenigen, welche die Initiative dazu ergreifen würden, würden auf sich mehr Zorn und Bitterkeit häufen, als sie sich vielleicht denken. Denn in allen Ländern wendet im selben Maße, als die Einsicht wächst, die Sympathie des Volkes instinktiv sich jenen zu, die den Frieden und die Sicherheit ihrer Existenz opfern, um loyal die altruistischen Hoffnungen auszudrükken, von denen sie bewegt sind.
Wie viele andere symbolisiert Rudolf Hartig den überlegenen Geist, das glühende Talent, den aufrichtigen Menschen, den jene, denen es keine Freude macht, die Unordnung zu säen, über die Parteien und Gegensätze hinweg überaus hochschätzen müßten.

Im Herbst erscheint:

Rudolf Hartig: Gerechtigkeit!

Gedichte

Preis bei Vorausbestellung etwa Mk. 6.–
Nach Erscheinen wesentlich erhöhter Ladenpreis
Bestellungen direkt an den Verlag erbeten!

Bachmair & Co. ◆ München ◆ Kurfürstenstraße 8

Rudolf Hartig – Ankündigung seines ersten Gedichtbandes

Rudolf Hartig
Im Gefängnis
Zur Zeit Festungsgefängnis Ansbach

Viereinhalb Jahre im Krieg, immer in Gräben, in tiefen und weniger tiefen Unterständen, eingefangen, tagelang auf einem Fleck Erde, der nicht größer als ein Acker ist, gewesen zu sein, wiegt nicht die Haft in Gefängnissen auf.
Denkt euch einen Steinhaufen aus zirka 13 200 Sandsteinen (ich habe es berechnet) daliegen, denkt euch den Baumeister, vertraut mit allen Erfahrungen, allem Wissen und Raffinement der Kunst, einen Menschen einzukerkern, denkt euch das Haus, erbaut mit vierundvierzig vergitterten Fenstern, denkt euch den Blick, der durch dieses Fenster auf die Erde Gottes gehen soll, gehemmt durch eine mit raffinierter Meisterschaft erfundene Zusammenstellung von Milchgläsern, denkt euch dieses Gebäude eingeteilt in Gänge, Fächer (Zellen genannt), diese abgeschlossen, mit drei, vier schweren eisernen Riegeln, wie man Tierkäfige, Geldschränke, Banksafes abschließt! – Das Gefängnis ist das Symbol der ganzen Niedertracht und Grausamkeit, die immer noch in einer Ecke der menschlichen Seele vielfach unbewußt, und nur in unbewußten Momenten hervorbrechend, schlummert. Denkt es euch, laßt euch selbst einsperren, nur einige Tage lang, und ihr werdet den ganzen Unsinn und die Grausamkeit ermessen können, die in der Idee des Gefängnisses liegt, die ganze Lächerlichkeit der Meinung, die glaubt, ein Gefängnis sei ähnlich wie ein Theater, die Kirche, die Schule eine Besserungs-, Erziehungsanstalt, schaut es euch an, wie es finster am Abend daliegt, mitten in einer Stadt, den ›Abschaum der Menschheit‹ einschließend, Menschen, die Menschen sind wie ihr, die nun in langen Stunden des Tages und der Nacht lange Gedankengänge spinnen über das Geheimnis des Rechts, über den Wandel des Rechts in den Zeiten, wäret ihr selbst nur einmal eingesperrt in die Zellen dieses Menschenkäfigs, ihr würdet die Sträflinge mit ganz anderen Augen sehen.
Aber wer denkt an die Sträflinge? Was machen sie? Wie leben sie? Wo leben sie? Woran denken sie? Was fühlen sie? Was beschäftigt ihr Gehirn? Was sehen ihre Augen? Können sie sich freuen, viel weinen, hören sie den Wind?... Wenn trockenes Seufzen die Luft um sie herum in Bewegung setzt, weiten sich ihre Nüstern? Wenn der abgestandene Schweiß mit dem Duft waldlichen Laubes sie versucht, träumen sie des Nachts? Und schwirren ihre Vision-Fetzen zu ihren Tag-Gesichtern hinüber... Ausgejätet aus dem Menschengarten, leben sie dennoch wie die übrigen Menschen? Was machen sie?
Hetzt die Zellengefangenschaft ihre Phantasie? Und in der tösenden Einsamkeit kommen zu ihnen Straßen, Dorf, Eisenbahn, Fluß, Schiff, Laufen, Spaziergang, Sonnenschein, Regen, Umherlungern, Torschließen, Acker, Schlaf, malzduftende Fabriken... kommen mit der entzogenen Freiheit lieblichen, weckenden, fragenden, antwortenden, hadernden, hetzenden, wahnwitzig aufzuckenden Gesichtern?

Weshalb streckt nicht Gott seine Hand vom Firmament herab? Auf daß er sie zueinander führe und das Leid gutmache, was die Menschen ihnen, den Sträflingen, zugefügt?
Kamerad, Bruder und Mensch, weißt du denn, wie es um das Recht, das Recht bestellt ist? Immer hast du es vor dir als ein Ewiges, Unverrückbares, Gleiches. Oh, als ich sah, ich dachte: Wie könnte ich Richter, Rechtsprecher, Verdammer, der Mund des fürchterlichen, strafenden Gottes sein? Das ›Recht‹, es geht nun um mich, Tag und Nacht.
Es ändert sich doch, alle Jahrhunderte. Ein neues Strafgesetzbuch, und der Bruder, der nun zu sechseinhalb Jahren Zuchthaus verurteilt wird, wird freigesprochen. Irgendein Mensch auf dem Ministersessel gibt an: Nun wird ein Verfahren eingeleitet nach dem Standrecht, nach dem Kriegsrecht, nach dem gewöhnlichen Recht, und je nach dem Recht wird zu sechs Jahren, zu drei Jahren, zu zwei Jahren verurteilt.
Das Recht ist wandelbar je nach den herrschenden Moral- und Kulturmeinungen. Wird denn in Frankreich, in England, in Afrika, in Asien, in Japan nach demselben Recht geurteilt?
Wird in Frankreich nicht ein Mensch freigesprochen, wo er in Deutschland zum Tode verurteilt würde. Wird das Recht nicht gebeugt, umgangen, versetzt, ist nicht ein guter Verteidiger mehr wert als die klarsten, ehernsten Paragraphen?
Ist denn nicht schon festgelegt, inwieweit der Mensch, der normalste Mensch für seine Handlungen verantwortlich ist?
Ist es nicht so, daß heute ein Mensch urteilt, der morgen nach demselben Recht verurteilt wird?
Oder umgekehrt, daß dieser Mensch erst durch einen Sturz des Rechts an die Stelle kam, wo er diejenigen verurteilt, die ihn an diese Stelle gesetzt haben?

Oh, wüßte ich alle Gesetzesparagraphen der Welt, ich wollte ein Verdammter des ›Rechts‹ und ein Verteidiger, Wortsprecher des Rechts sein, daß die Menschen erschauerten vor der Gewalt des Rechts und nicht der Gewalt, wie es heute Recht ist!
Aber die Gefängnisse würden dann geleert und die Liebe, die Ehrfurcht gepflanzt in den Herzen der Rechtsbrecher und aller Menschen – die Gefängnisse – in allen Kantonen, fast in jeder Stadt ist ja ein solches Haus, und in jedem sitzen Hunderte – würden zerbrochen – statt dessen würden Häuser gebaut, lieblich, erhaben und schön, und gelehrt würden von morgens bis abends nur die weisesten, erhabensten, schönsten Sätze und Gedanken der edelsten unter uns Menschen. –
Aber ihr sahet ja noch nicht die Kerker, die Menschen gebaut und Menschen ersonnen. Kennt ihr das Gefängnis Illava und Marianosztra auf der schwarzen Bergspitze in Ungarn? Den Gefängnishof, den Greco gemalt, als ihn ungeheuerstes Mitleid ergriff mit den Verfemten der Menschheit?
Aber ihr habt euch ja abgefunden mit dem Gedanken, daß im Gefängnis sein schon ›Verfemtsein‹ bedeutet. Ihr wißt ja kaum mehr, wie die Edelsten darin schmachteten, von Anfang bis heute. Denkt an die, die gegen das Laster schrieen,

wie die Lästerer sie einsperrten! Denkt an die, die gegen den Krieg schrieen, wie die Kriegsfreunde, Kriegsnützer, Kriegsnutznießer sie einsperrten! Denkt an Tolstoi, Krapotkin, Liebknecht, Luxemburg, Jaurès, die Revolutionäre, die Reformatoren zu allen Zeiten, sie wurden eingesperrt, die Schöpfer, die Träger der neuen Ideen, sie wurden getötet, gefesselt, gekettet, gemartert – aber dem Himmel sei Dank, die Idee, den Geist konnten sie nicht töten, fesseln, martern – sie töteten den Geist nicht, ihr Brüder!

Rudolf Hartig
Sechs Gedichte 1919

Welt war nicht mehr

Dann hob es steil mit einem Tage an:
Bewußteres Gefühl und nicht mehr schleiernd deine schmalen Lenden,
Dann war Geruch von deinem Körper mein,
Und hobst du Arme, wußt ich nicht mehr Blumen, Rosengärten, Fliederrausch und Mai-Jasmin.

Dann war Musik, und hingezwungen mußt ich breitgeströmte Kantilenen denken, die spätnächtens noch aus Violinen schwelten –
Stimme, die ganz zärtlich war und hingesagt wie Wind auf braunen Abendsteppen –
Wilde Pferdehaufen rasten auf und Horizonte fielen klirrend auseinander.
Dann war von Brüdern, Freunden, Vater, Mutter keine Spur.

Und Hände, Knöchel, Nacken, Wiegegang am Rande breiter Trottoirs –
O du bläuliches Geäder, mildestes und Glanz der Stirne,
Haarduft wellte, Vögel flirrten auf,
Gebete barsten jäh zu flüstern und verwehten.

Dann war das Heimgehen schwer und Hall der Straßen,
Häuserfronten, Eisenstege, große Schriften stürzten ganz verschachtelt ineinander.
Menschen tappten schräg und wie betrunken fremd an breite Tore,
Welt war nicht mehr, nur Himmel sang und du und du.

Müde Seele

Da war nicht Kälte, hing kein Regen sein Gewand
Und Schwermut in die steilen Lüfte.
Da war auch Sommer nicht und Abend, und kein Waldsaum
Düsterte vor fahlen Röten.
Aber immer schwoll der Festungswall und schwiegen steinerne Kasernen.
Und immer doch wie Regen rann es in die abgebrauchte müde Seele.
O vielleicht ward nun in diesen dunklen Nächten die Geliebte einem andern untertan,
Und die Mutter betete nicht mehr wie sonst.

So mußte man durch halb erblühte Fliedergärten tastend gehen,
Und oft ganz mühsam horchen nach den ausgesteckten Fahnen.
Bäume wollten knospen, schwer nur wußte man, daß Frühling war,
Und Mütter, glühe Bräute und auch Schwestern schmerzlich und sehr angestrengt aus Ferne sehnten.

Aber trüber und schon viel verwaschner Himmel war geballt,
Eisenbrücke starre Silhouette, leer und zwecklos hingespannt am Nachmittage.
Drahtverhaue, Weidenstümpfe, Wächter, der am Pfeiler lehnte
Immer war das da und eingepflanzt in Härte und an strengem Strom.

O warum laufen so viele . . .

Man kann die Höhen beschneien lassen.
Man kann den Eisschollen im treibenden Strome wie ein Gefangener nachsehen.

Aber immer sind Abende, leer und kalt wie alte Hotels und Villen, in Stille, nur Sommers bewohnt.
Immer ist Lachen über Worte und Krampf, dies in Worte zu tun
Und die Gebärden nur Grinsen auf irgendein schnell Hingehuschtes.

Man darf nicht verweilen. Immer hacken ja Krallen stählern und spitz, schon scheppert Hirn und alles verfließt.
O warum laufen so viele die Treppen hinauf und hinunter,
Als ob ein Klang sie erlösen könnte aus Ringen und Mühsal und kaum zu bezwingender Angst,
Ewigem Ruhelossein? Kein Schnee kann ja trösten,
Kein Strom und noch so erhaben geformtes Gebirg.
So losgelöst treibt uns der Strom immer fort von den Müttern,
Kaum ist ein Freund, der zu folgen vermöchte über die klaffenden Gründe,
Ganz einzeln, und kaum noch gehalten von Bildern der Kindheit und Lächeln und lieben Händen,
Schwanken wir weiter das schmale Brett ganz schmalen Daseins.

Oft wehen Frauen

Oft wehen Frauen
(O man konnte ihre Körper leicht und wie in Andacht hingetragen sehen)
Wie aufgebrochene Blüten in die Abende, die bunten Magnolien und die Tulpenbeete.

Oft wehen Frauen – in dem unsagbaren frühen Jahr.
Oft mochte es sehr leicht und rasch geschehn, daß Füße abseits von dem Wege trafen,

Bunte Blumenwiesen und noch frischstes Grün der Gräser selig und ganz zärtlich war und hold geschmiegt – –
Und Hunger stieg nach Fleisch und Rosahaut und trieb:
– o seltsam hinzustürzen – Strom sein, Kraft und hingenommen sein von Männern, Jünglingen und starken Knaben.

Oft wehen Frauen –
O wann wird der Griffel uns gegeben sein, erglühte Berge, tausendfaches Blühen, Duft und Halbhell
Milder Wälder herzutun und sagen, wie das Jahr verwirrte und die fernen seligen und ganz vertrauten
Dinge uns allgegenwärtig in dem Laub und Nachtgestirnen waren?!

Oft wehten Frauen –
Straßenzüge tauten auf, runde Fliederbäume hatten Blau an Hänge einer milden Stadt geworfen.
Und vorgestoßen in die farbnen Labyrinthe trieben wir ganz fern den Violinen,
Mädchenzimmern, Bücherstapeln und den dunklen kühleren Museen.
Und wenn dann abends Heimkehr war, glomm vieles Schweigen. O es retteten nicht mehr die nackten Ziffern
Und das harterzwungene Üben schwerster Terzen und Oktaven. Immer war das sanfte Lächeln der bereiten
Frauen und das unsagbare frühe Jahr.

Mitternächte zerfetzten

Dann warf noch einmal Frühling die maihelle Maske,
Wie sahen wir wieder Frauen, Glanzaugen und Lächeln der Mädchen.
Und selige Kinderspiele am Abend in Straßen der Vorstädte,
Mildes Hinausgehen zerhaderter Familien an Sonntagnachmittagen in Parken und Wäldern,
Betrunkenes Irrsein in Blütengärten und rastloses Gehn in Konzerten der Vögel!
O abendliche Geige zerfleischte!
Und Mitternächte zerfetzten uns, über Klaviere gebeugt.
O als wir reden wollten über ferne Geliebte und sagen wollten, wie Lächeln uns Schwere zerbrach,
Schwieg ganz verhängt zuckender Mund und hilflos schlug uns Begehren.
Dann mußten wir immer nur wieder die halbgelesenen Bücher in Schränke zurückstellen und rastlos die Treppen
In Elternhäusern hinauf- und hinabgehen. –
Linde Güte der Mutter, wie suchten wir dich, da uns Frühling zerbrach,
Scheuestes Schwesternbesorgtsein, wie fächeltest du uns Abende zu!

Konnten wir anderes tun, als uns in Briefen zerfleischen?
Härteste Worte – (o Angst zu versagen!) immer verheerte
Uns Atem der Nächte und immer verspielten wir Anteil und Gabe.

In allen ist Lächeln

I

So sind wir in vielen Wesen, aber Entferntheit der Dinge scheint zu versteinen,
Und Strom rauscht ganz gelb vor Lehm, und Schnee bricht von granitenen Bergen,
Aber ich weiß doch schlankes Fleisch und Vibrato des Fremden in hohen Frauen.
O möchtest du nicht, Bruder, die Hand geben, daß wir dies tiefer noch fühlten und sinnlose Klage nicht bis
An die Kehle heraufspränge und alles Lächelnde wegnähme!

Noch stehen ja blaue Abendstädte, noch sind die Reihen der
Lichter nicht ganz uns geblendet, noch konnte die starre Gewalt nicht alles versteinen. Zerreiße drum nicht,
Schimmernde Luft, berstet nicht, Schatten der Vielen und Hineilenden –
Auch du, Tanzhindin und flinke Gazelle, verweil: auch dein Schreiten ist lächelnde Ewigkeit!

II

O peitsche uns, peitsche die Trägen und kühl sich Beherrschenden auf,
Stürze die Häuser ein, versprenge uns rasend zu atemlosem zerstörendem Brand, wie du schon gehst, wie du schon
Schreitest, o auch dein Schreiten ist lächelnde Ewigkeit.
Knüpfe die Knoten auf, die uns in Starre verbanden, versklavten;
Sieh die geöffneten Arme, wir wollen ja eins sein im seligen Einssein der Leiber und Seelen –
Stürze das schmale Brett ganz schmalen Daseins, gib uns
Selige Plattform des Menschseins und unendlichster Verschwisterung.
Wir sind ja in dir, du auch, schmutzige Hure in dunkler Taverne –
O in allen ist ein Lächeln, brausender Strom und Sturz von den Bergen und Schwinge der Ewigkeit.

Rudolf Hartig
Die sieben Toten

I.

So müßt ihr also nun wie Gegenstände sein, die wir schaudernd wenden, in die Särge tun und dann in Gräber.
So müßt ihr – Menschen, als die Form noch nicht gebrochen war – nun stückweis aufgelesen in der ausgebrannten Kellergruft
In weiter Ferne den geheimnisvollen Schlaf vollenden, und nichts mehr von den Müttern, Vätern, Schwestern und Geliebten wissen.

Und unser Auge – Keiner auch von uns weiß mehr von Glanz der Jugend und den Seligkeiten, die nun aus geliebten Briefen blühn. –
Urewig einsam, abgeschieden und doch tief geheimnisvoll mit euch vermählt
Stehen wir ratlos vor den abgefetzten Beinen, Hirn und Händen – Erde – Staub und Blut und Fleisch.

Und so müßt ihr und wir und Alle, die an Ketten aufgereiht den schweren Lauf in schwarze Länder tun,
Ganz ohne Trost der Erde eng verbunden sein
Und schweigend heimgehen in die mütterliche Furche.

II.

Und da fällt Euch und uns kein Trost, da flüstert keine Lippe mehr von Frieden, Gott und Bruderschaft und seligen Einssein in den Geist der Erde,
Da fällt kein heller Blick mehr auf den starren, leichenfarben und entzündeten Gesichtern,

Da brennen Wunden schon aus Körpern, die die nächsten Martern spüren und Blut pocht ahnend zu dem Fluß bereit.

Und ihr könnt nur in weiter Ferne den geheimnisvollen Schlaf vollenden
Und nichts mehr von den Eltern, Brüdern wissen und Geliebten.

Rudolf Hartig
Schweigende Schwermut
1919 geschrieben in der Festungshaft

Schweigende Schwermut ist wieder geladen ins düstere Haus unsrer Einsamkeit—
Es muß ein Sommerabend vergangen sein, es muß ein Weg in den Wald hineinlaufen,
Es müssen Blätter fallen in Dunkel der Wälder —
Aber in Zellen verschlossen verrinnt unser Dasein.

Nun kommen die vielen Dinge des Lebens zu uns und pochen an die verriegelten Pforten des Raumes unserer Haft.
Sonne kommt, Abend kommt, Licht und Cafés, Waldbaum und Wiese, reichere Gärten der Blumen und Vögel —
O, auch die Massenversammlungen und die Debatten ums Gutsein und Bessere der Menschen,
Oft aber auch jäh: nun heimgehn im Mai mit glühender Frau, verloren sein in die Ohnmacht des Frühlings.

O! Könnten wir ganz dem gegeben sein! Hingehn und sagen: Du Baum, Blütenbaum, seliger,
Mainacht und Wiese, frischschießende Gräser und große, heilige Helligkeit, seid uns gegrüßt!
O, könnten wir dies noch: im Waldhain die Nächte zu liegen und verschwistert zu sein allem Blühen, wie einst der Frau, die uns Mutter war, Liebste und Schwester!

Aber nun werden in Fetzen die Nachtträume den grauen Wänden der Zelle entsteigen—
»Bruderkrieg« wird es schrein, Straßenkampf, Belfern der Minen, Knattern der Gewehre,
Jammer von Barrikaden, Hinschlachten Verführter — Truppen marschieren, Menge zerstiebt und hingemäht sind die Opfer —
Dann schreit es, brüllt es, geifert es: wahnwitzige Bestie Mensch, du, zerstörerisch, peitschend und kerkernd in die Gefängnisse —
Schweigende Schwermut ist wieder geladen ins düstere Haus unsrer Einsamkeit —

Es muß ein Sommerabend vergangen sein, es muß ein Weg in den Wald hineinlaufen —
Es müssen Blätter fallen in Dunkel der Wälder —
Aber in Zellen verschlossen verrinnt unser Dasein.

Rudolf Hartig

Der Rätegedanke

Zur Zeit Festungsgefangener in Ansbach

Der Rätegedanke neuzeitlicher Färbung ist entsprungen aus der von Karl Marx, dem Meister der sozialistischen Literatur, zum erstenmal in all seinen Tiefen und Beziehungen auf das neuzeitliche Wirtschaftsleben dargestellten ›materialistischen Geschichtsauffassung‹, auf der der moderne Sozialismus beruht. Diese Geschichtsauffassung führt in lückenloser Beweisführung zu der Ansicht, daß der ganze Verlauf der Geschichte und Politik (wie sie am deutlichsten in den Wörtern Krieg, Revolution ersichtlich ist) abhängig ist von der ökonomischen volkswirtschaftlichen (Industrie, Handel und Verkehr einschließenden) Entwicklung, kurz ausgedrückt, die Geschichte aller bisherigen Gesellschaft ist die Geschichte von Klassenkämpfen. Diese Anschauung führte notwendigerweise bei einigen besonders konsequenten Marxisten, wie es der Russe Lenin ist, zu der Folgerung, die Politik, die doch eigentlich letzten Endes nichts anderes bezweckt, als dem Staatsbürger eine seiner Anlage als Mensch am meisten entgegenkommende Lebensführung zu ermöglichen, müsse nun auch von diesen wirtschaftlichen Gesichtspunkten geleitet werden und nicht mehr von Interessen absolutistischer Fürsten, privatkapitalistischer Gewinnsucher, an Kriegen und Wirtschaftskrisen sich bereichernder Finanziers und anderer. Eine solche Politik, die sich ständig an der Wirtschaft orientiere, brauche ihre eigenen Vertretungen, die selbständig als Inhaber der Legislative und Exekutive die Geschicke des Landes bestimmen. Das seien die Arbeiterräte.

Diese Arbeiterräte, die dann auch wirklich nach der Novemberrevolution in Rußland im Jahre 1917 und 1918 in Deutschland wie auf einen Schlag entstanden und von der Absicht beseelt waren, sofort den durch die Revolution geschaffenen Wirrwarr durch Organisation einzudämmen, haben geschichtliche Vorbilder, die mittelalterlichen Zünfte, die in den Kämpfen der Kommunen im Jahre 1871 sich bildenden Arbeitersektionen, die in England in den ökonomischen Kämpfen hervorgetretenen Shop Stewards, die in Rußland in der Revolution 1905 schon ans Licht getretenen Arbeiterdeputiertenräte weisen alle darauf hin, daß Ansätze zur Rätebildung schon immer vorhanden gewesen sind.

Diese Räte, die nach einem allgemeinen gleichheitlichen organisatorischen Aufbau die von jeher gewünschte Selbstverwaltung des arbeitenden, wertschaffenden Volkes im weitesten Maße garantieren sollten, wurden nach einem von dem normalen Wahlmodus unterschiedenen gewählt. In ihnen hätten nicht nur die Handarbeiter Platz, auch die Kopfarbeiter, die Angehörigen freier Berufe, die Ärzte, Juristen, Schriftsteller, Künstler, die Gewerbetreibenden, kurz alle diejenigen, die wirklich werteschaffende Arbeit leisten, die nach obenhin abgegrenzt würden nach ihrem Einkommen. Zum Beispiel würden solche, die ein Einkommen von über 9 500 Mark, nach dem Geldwert von 1913, hätten, von dem Wahlrecht keinen Gebrauch machen können, da man annehmen muß, daß

ein solches Einkommen nicht oder nur im Ausnahmefall durch eigene Arbeit, sondern durch die Arbeit anderer möglich ist und im neuen Staat eine jegliche Ausbeutung des Menschen durch den Menschen als oberstes Prinzip und Menschenrecht ausgeschlossen sein müßte. Dadurch wäre jedoch nicht im mindesten ein Terror, eine Regierung einer Minderheit nötig. Die Tatsache, daß die wirtschaftliche Entwicklung, die Konzentration der vielen kleinen Vermögen in die großen, die Aufsaugung in das Großkapital, die Proletarisierung der Massen erwiesenermaßen immer mehr sich vollzieht, würde nur eine Minderheit vom Wahlrecht ausschließen. Man braucht sich nur die Einkommensteuerstatistik von Preußen vom Jahre 1915 anzusehen, darnach betrug die Zahl derjenigen, die ein Einkommen von mehr als 9 500 Mark versteuerten, nur 132 000, während die Zahl derjenigen, die ein geringeres Einkommen hatten, fast 16 Millionen, genau 15 885 006 betrug, und mehr als 15 188 000 nur über ein Einkommen von unter 3 000 Mark verfügten.
Selbstverständlich ließen sich noch andere Gesichtspunkte als die Höhe des Einkommens als leitend bei der Aufstellung des Wahlmodus anführen, je nachdem das politische Bewußtsein im Zeitpunkt der Einführung des Rätesystems als politischer Machtträger entwickelt ist und die übrigen Arbeitsorganisationen (Betriebsorganisation, Gewerkschaft) ihm vorgearbeitet haben. Ich persönlich stehe auf dem Standpunkt, es müsse der Betrieb und die Branche als Keimzelle der Räteorganisation gelten und das Prinzip der Aktivität beachtet werden, wobei noch nicht entschieden werden soll, ob die wahlberechtigten Mitglieder einer und welcher sozialistischen Partei sein sollen, ob die Wahl im Betrieb, in Versammlungen oder an der Urne geschehen soll. Das Schwergewicht liegt ja in der jederzeitigen Abberufbarkeit des Gewählten, dem sogenannten *Recall*! Der Verfasser.
Doch ergeben sich wesentliche Unterschiede zwischen den Räten und den übrigen Vertretungen. In die Räte, die örtlichen und die zentralen, würden nur solche Deputierte gewählt, die tatsächlich in dem tätigen Leben stehen. Es könnten sich keine sogenannten Berufspolitiker entwickeln, wie sie als Krebsschaden die Parlamente bevölkern. Die Deputierten, die durch die ständige Berührung mit dem arbeitenden Volk alle Nöte und Mühsale am eigenen Körper ständig zu erfahren die Möglichkeit hätten, könnten jederzeit, wenn sie das Vertrauen der Wählerschaft nicht mehr genössen, abberufen und durch neue ersetzt werden. Die Deputierten in den zentralen Räten würden nicht unmittelbar durch das Volk, sondern durch die Kreisräte und diese durch die örtlichen Räte gewählt und nicht auf eine bestimmte Wahlperiode, sondern jederzeit ersetzbar.

Rudolf Hartig
Antwort auf eine Umfrage

Dem Kenner der russischen Literatur, die dem Westeuropäer am ehesten die russische Volksseele nahebringt, ist der Bolschewismus die lebendige Verkörperung der Inbrunst eines ganzen, noch nicht von ›Kultur und Zivilisation‹ verdorbenen Volkes.

Sowjetrußland bildet die Hoffnung, das Blickziel eines jeden wahrhaft nach Erneuerung drängenden Menschen, hier wird zum erstenmal versucht, die grauenhafte, Unrecht, Brutalität, Unmenschlichkeit zeugende Kapitalisierung des Menschen in der Wirtschaft zu beseitigen und wirklich den Menschen, rein, jung, gläubig, in den Mittelpunkt der Politik und Kultur zu stellen. Der westeuropäische Rufer nach wahrhafter Kultur im Sinne der gleichmäßigen Befriedigung der Menschenbedürfnisse und aufrichtiger Vergeistigung der Menschenbeziehungen kann an dem sich in Rußland vollziehenden Wunder nicht vorbeisehen. Hier ringt sich aus der Tiefe des ungebrochenen Seins die Lösung der Wirrnis, in der sich der wahrhaft gute Mensch angesichts der Verpflichtung zu wirklicher Hilfe zu seiner Qual verstrickt fühlt. Hier wird versucht, mit gewaltigen Anstrengungen die tragische Schuld, in die sich seit Aufkommen des Geldes Mensch und Materie verflechten mußten, zu lösen. Hier wird allen, die an das Gute im Weltgeschehen glauben, ein gewaltiger Beweis hingehalten, mit dem sie den Skeptikern, Zweiflern am Vorhandensein des Absoluten im Menschen alle Argumente aus den Händen schlagen. Hier wird allen wahrhaft Religiösen eine kostbare Schale geboten, in die das Göttliche, die ewige Sehnsucht nach dem Guten, einmündet. Hier entschimmert dem Erdhaften, Wurzelhaften beglückend, aufreizend, hoffnunggebend goldene Klarheit, hier wird Entwirrung, Entknäuelung, Aufstieg.

Wir erwarten von Sowjetrußland die große Inbrunst, den mystischen Elan. Tiefst verbrüdert ihm fühlt sich der Dichter, der fordert, das Göttliche bejaht, das Teuflische verdammt. Ich wüßte nicht, wie ich das erhabenste Kunstwerk, das lückenloseste philosophische System, die menschlichste Tat bewerten sollte, wüßte ich in ihm, in ihr nicht irgendwelche gemeinsame Grundlage, irgendwelche Beziehungen aufzufinden, die zu diesem östlichen, den Zusammenprall europäischen Tatdrangs und asiatischer Inbrunst darstellenden Ereignis hinleiten.

Sowjetrußland wird in den kommenden Jahrzehnten das Zentrum bilden, zu dem jeder großformatige Geist ein bejahendes Verhältnis haben muß. Ich erwarte von diesem Land den Ausgang einer völkerbewegenden Kraft, die ähnlich wie das Christentum verwandt mit den innersten Quellen des Menschentums der kommenden Zeit die große Erleuchtung sein wird.

Rudolf Hartig
Haben

Haben... haben. O man sagt: Ich habe,
Und du bist mein, unsterblicher Besitz.
Ich aber weiß, du bist die Gabe,
Die von den Sternen fiel wie Blitz.

Wer kann noch sagen: Sieh, ich nahm
Und halte, was ich nahm, aus Kraft—
ICH bin nicht mehr und was da kam,
Kam so wie Kraft die Welten schafft.

Wer kann noch sagen: Sieh, ich halte?
Wie kann man halten, was da bleibt?
Tief aus den Tiefen haben die geballten
Kräfte aus Starre uns in Fluß befreit.

Ich bin nur mehr die Ackererde,
In die der ew'ge Samen fiel.
Du bist der Segen, der vermehrte—
Nun spricht es aus den Sphären: Werde!
Und Früchte reifen wie ein Spiel...

Rudolf Hartig
Der Gefangene

I

Sind wir müde in der abendlichen Ruh,
Spitz entsteigt den Zellenwänden Qual.
Springt ein Mädchensang herauf,
Tönen Lieder von der Kraft der Burschen,
Sind wir einsam in der dunklen Gruft.

Blitzt ein Licht am Abend in dem weißen Haus,
Nahe am Gefängnisberg,
Steht Erinnern auf an Menschengüte,
Wärme und noch nicht erloschnes Sein.

Einmal wird es wieder sein...
Ganz verwundert senkt sich starr und schmerzlich
Der entleerte Blick...
Menschenbrüder, schreit das Herz,
O, wacht auf, und endet dies!...

»Einmal wird es wieder sein...«
O, es hallet keine Antwort.
Jeder Stein des Kerkers schweigt.
So dunkle Nächte gab es nie.

Aber die Stundenuhr schlägt.
Und Sterben der Zeit, die versenkt wird
Und nimmer hinwiederkehrt,
Steht furchtbar im Raum
Und Gutes wird nicht getan.

II

Und blaß geht der Mond um
In Schlafzimmern verlassener Frauen
Und irres Begehren, das aufzuckt aus schwehlendem Blut
Wird Anrufung Gottes, Zittern um rettendes Wort
Und schweren betäubenden Schlaf.

Und lind ist der Wind, der durch Gitter streicht.
Und Geruch von den Bäumen,
Worte Verliebter, Gebell und Geschrei
Und Freiheit, Freiheit, ganz freies Gehn in den Gärten
Am Abend schwingt mild herein.

Und Stimme, die flüstert, flüstert in Qual.
So saß einst über dem reißenden Strom die Schar der Verdammten
Und immer umging sie Gedanke der endlichen Heimkehr
Und immer schrie einer laut und verwundet.

So ist Weltall gebannt...
Heranschwemmend fährt es zurück
Und hungriger Mund ist verbrannt in der Trockenheit.
In der köstlichen Freiheit
Ist unsagbar glücklich der Mensch.

Rudolf Hartig

Der Revolutionär und der subalterne Rebell

I

Dem revolutionären Menschen ist als größtes Erlebnis, das höher steht als das Erlebnis dieser oder jener schönen Form des Seins, die Erkenntnis geworden, im Bestehenden an und für sich bereite sich immer schon das Bessere, Künftige vor (wie das Kind im Schoße der Mutter).

Ihm birgt das Jetzt-Seiende, sobald es unter Zuhilfenahme von Brutalität, Gewalt, Grausamkeit seine Dauer über das Naturgemäße hinauszögern möchte, den Keim des Unlebendigen in sich, jenes starre Prinzip, das – um das neue Leben zu verhindern – den alten, morschen, schon faulenden Leib ins Unendliche konservieren möchte.

Der Revolutionär weiß: Leben als höchste im Menschen ruhende Konzentration der Sehnsucht kann nur sein im ständigen Prozeß des Werdens, des Neubildens. Er weiß aber auch, wie sehr die Kräfte der Starre sich immer gegen den Wind sträuben, der sie bewegen will, immer sich sträuben gegen die aus dem Leben kommende Kraft und Änderungsstrebung. Er weiß, wie ständig das Werden und das starre Sein, Forderung und Zustand, Neues und Altes im leidenschaftlichen Kampfe liegen. Er weiß aber auch trotz des Vertrauens auf endlichen Sieg des Lebens, wie fest die starren Kräfte sich anstemmen und oft es scheinen will, als herrsche die Starre.

So wird der Revolutionär als der lebensnahe Mensch zum Hasser aller von ihr ausgehenden Strebungen: der Brutalität, der Grausamkeit, der Ungerechtigkeit...

Und da er, dessen Schwingendes, Schwebendes sich vor den Ungeheuerlichkeiten nicht beruhigen kann, da er mit viel größerem Schmerz auf die Auswirkungen reagiert, da er empfindsamer ist als der dem werdenden Leben weniger verflochtene Mensch, da ihn tiefstes Verbundensein mit den andern leidenden Menschen erfüllt – zielt er auf die Beschleunigung des Prozesses der Neuwerdung. Er möchte mit der Peitsche antreiben, damit eher die Leiden enden, eher ein Glückszustand werde, eher das Neue, Lebendige siege...

Und da er sieht, wie im Heutigen das Brutale, Unlebendige ausgeht vom Geld und der heutigen Form des Geldes, vom Kapital, ausgeht von der Besitzgier und seiner Organisation, dem Kapitalismus – richtet er den gewaltigen Änderungswillen gegen ihn, den Moloch, den Vampir, den Götzen.

Er sieht die Opfer, die ohne sein Eingreifen noch höher getürmt würden: gemordete Männer, geschändete Frauen, ausgemergelte Menschen, Hunger, Elend, Kerker, Gefängnisse, Zuchthaus – hier hilft kein Zaudern, und letzter Ruck entstößt ihm den Entschluß.

Müßte er nicht schuldig werden vor sich und seinem Gewissen, sähe er zu: tatenlos, mitleidslos, gleichgültig? Das Unlebendige dulden, wenn Möglichkeit

gegeben ist, es zu verhindern, wäre Verbrechen. Er kann nicht leben mit ständigem Blick der blassen Augen – den Schreien aus Kerkern, den Äußerungen dumpfer Hoffnungslosigkeit, Hilflosigkeit, die in Nächten, an Morgen, in allen Stunden ihn mit verdoppelter Wucht überfallen und Hilfe, endliche Hilfe fordern.
So schreitet er hinein in das Wirre, noch ringend, aber ganz gläubig an die Sendung. Wenn er zweifelte an der vollendeten Berechtigung seines Tuns, wenn ihm diese oder jene Lösung, andre Lösung noch möglich dünkte, wenn er nicht geschwellt wäre von Hoffnung auf den Beistand alles Lebendigen – ich wüßte nicht, wie – selbst ein armer Mensch, leidend, zerquält, tragisch zerquält vor der ungeheuren Aufgabe und der Verantwortung stehen sollte; ich wüßte nicht, wie er die Wirrnisse, vor allem angesichts der Tendenz der Zerstörung, der Anwendung von Gewalt, besiegen sollte, um ganz dem Werk sich widmen zu können.
Trotz allem weiß er die Tendenz zur Zerstörung. Er will aber nicht Zerstörung um des Zerstörens willen, nicht des Lebenskräftigen, Gesunden, er will Beseitigung des Morschen, Faulen, der brüchigen Stellen. Ihm liegt der Keim und die Angriffsfläche des zerstörenden Willens durchaus im Vergehenden, im Objekt, nicht im Subjekt, nicht als Trieb, freischwingend etwa in der eigenen Seele. Der Revolutionär ist selbst nicht zerstörerisch – so sehr es auch den Anschein gewinnen könnte, als ob er mitten im Chaos stehend Anstoß gegeben hätte – er ist Ordner für die aus dem ohne sein Zutun entstandenen Chaos sich aufreckenden schöpferischen Kräfte. Er ist aufbauend im Sinne der Freilegung gesunder verdämmter Wachstumskeime.

II

Diesem Typ des menschheitlichen Revolutionärs steht ein anderer gegenüber, der ihn oft in fanatischer Weise bekämpft und gerne die Position, die jener sich im Herzen der Menschen durch die Reinheit seines Strebens errungen, usurpieren möchte: *der Typ des subalternen Rebellen.*
Subalternes Rebellentum finden wir in vielen Menschen der verschiedensten Gruppen und in allen Klassen.
Der subalterne Rebell steht nicht wie der Revolutionär in dem tieferen Konnex zu dem Prinzip des Lebens. Er trägt in sich nicht schicksalsgemäß jenes einheitliche Zentrum, von dem aus wie nach einem Plane seine Lebensereignisse abrollen. Ihm stellt sich das Bestehende dar als zufällige Ursache seiner Unzufriedenheit, aber nicht einmal das ganze Bestehende, nur ein Teil daraus bereitet ihm durch die Nichterfüllung seiner physischen Forderungen mehr eine Stimmung des Mißbefriedigtseins als ewige Unruhe über das Unsein.
Am Anfang seiner rebellären Stimmung steht nicht die Erkenntnis, daß in dem Begriff der Dauer schon ein negatives Prinzip beschlossen liegt, daß aus dem Wesen des Bestehenden schon die Forderung nach Revolution herausspringt.
Seine Stimmung wurde erweckt durch dieses oder jenes oberflächlich beurteilte Einzelerlebnis, durch den häufig aus nichtigen Gründen entstandenen Zusammenprall mit einem Einzelfunktionär der bestehenden Macht, wobei ihm immer im weiteren Verlauf seiner Stellungnahmen dieser Zusammenprall als einzel-

nes abgeschlossenes Erlebnis, nicht als Auswirkung eines im ganzen Bestehenden eingeschlossenen starren Geistes erscheint – er sieht nicht das Allgemeine, nur das Besondere, ihm Begegnete. Er ist unfähig dadurch zu dem Schlusse, das gleiche Ereignis, was ihn in eine Stimmung des Mißvergnügens versetzte, müsse auch anderen Menschen, vielen Menschen begegnet sein, er erkennt deshalb nicht das System der Ungerechtigkeit, Brutalität, Grausamkeit, Unzulänglichkeit, sein Haß richtet sich gegen die zufälligen Träger des Systems, die Ausführungsorgane, die subalternen Funktionäre des Bestehenden, nicht gegen den dahinterstehenden Geist. Er sieht nur die Personen vor sich und nicht die in den Personen wirkende Kraft. Er glaubt, weil er die ungeheure Macht dieser Kraft nicht erkennen kann und immer nur die äußersten Spitzen sieht, sie könne bekämpft und erledigt werden durch Zusammenschluß andrer, weniger, ebenso stimmungsgemäß Unzufriedener in kleinen, lose zusammengefaßten Konventikeln, in denen beraten werden müßte über die Beseitigung dieser oder jener Person nur, Einrichtung nur, nicht des ganzen Systems, nicht der ganzen herrschenden Ordnung. So kann ihm auch nicht die ganze Teuflischkeit der auch wider ihn organisierten Kräfte zum Bewußtsein kommen und nicht der gleiche, aus tiefstem Innern und Wesen kommende Elan, wie ihn der Revolutionär besitzt, erwachsen.

Der subalterne Rebell ist im Grunde ein *unschöpferischer* Mensch. Sein Rebellentum, seine Empörung wider das Bestehende, kommt nicht aus eigener Fülle, nicht aus seelischem Reichtum. Sie ist der Ausfluß einer im Grunde negativen Natur, die die Obstruktion als Selbstzweck, förmlich zum Beweis der eigenen Selbständigkeit, betreibt und doch ständig wie unterbewußt von dem eigenen Mangel weiß und sich davor fürchtet... Sie ersehnt das Chaos, aus dem nach dem Sinn des Revolutionärs die neue Welt erstehen soll, jedoch nur in der stillen Hoffnung, es könnte daraus wie von selbst ihr eine Ergänzung ins Produktive zuströmen, ohne ihr Zutun, wie aus den dem Chaotischen innewohnenden organisativen Kräften...

In diesem Punkte haßt der subalterne Rebell den Revolutionär, der geschlossen vor ihm steht und für seine eigene kleine Natur der Prototyp des schöpferischen Menschen ist, dem er wohl sich annähern möchte, den er aber nicht erreicht, weil ihm selbst das Schöpferische fehlt. Er sucht deshalb das ihm Fehlende durch Betriebsamkeit, Geschäftigkeit zu ersetzen, sucht sich den ihm nicht so wie dem Revolutionär zuwachsenden Anhang zu schaffen, durch Koterienbildung, wobei er dem einen süßlich entgegenkommt, dem andern mit Schlagworten, dem dritten mit kleinen Hilfeleistungen, dem vierten mit untiefer Wissenschaftlichkeit – immer aber mit der Absicht, *sich* alle zu verpflichten.

Dem subalternen Rebellen fehlt das *Kollektivbewußtsein*. Er ist sowohl in seinen Zielen wie in seinen Begründungen und Forderungen Individualist. Es fehlt ihm das dunkle, starke, instinktmäßige Solidaritätsgefühl mit der großen unterdrückten Masse. Er verachtet sie immer ein wenig, weil er hinter die Unvollkommenheiten nicht sehen kann, weil das Ewige der Massensehnsucht ihn nicht ergreift, weil er hochmütig ist.

Es ist ihm das Wesen des Revolutionärseins verschlossen. Sein Rebellentum reicht nur für die Zeit vor Erreichung des Ziels. Danach scheint ihm das Erreichte schon so vollkommen, daß ein weiteres Streben unnütz ist. Er ist nicht fähig zu erkennen, wie auch im Zustand, der sich nach dem Gelingen der Erhebung herausbildet, konservierende Elemente beschlossen liegen, die ihm geradezu beim Fehlen neuer revolutionärer Energien den Charakter des Starren, des Unbewegten geben können, während der Revolutionär gerade dann die neuen Forderungen stellt, die dann gewordene Gegenwart mit dem Aspekt auf die Zukunft betrachtet und niemals ruht, niemals ruhen kann, weil die lebendige Kraft des immer neu Werdenden ihn treibt. Der Revolutionär will immer die Welt aus ihren Angeln heben, der subalterne Rebell möchte aus der starren unbewegten Masse des Bestehenden vor sich nur ein Loch heraushauen, in das er sich und die Winzigkeit der Seinen zu fortan befriedetem Sein hineinstellen möchte.

Er ist wenig zu Opfern bereit. Sobald er Opfer zu bringen hat, die ihn tief treffen, sein Lebensgebäude auseinanderschmettern könnten, wie wird er unzufrieden, unwillig, und nun sucht er die Ursache seiner momentanen Situation nicht in den wirklichen Verhältnissen, sondern in den Personen, die damals mit ihm arbeiteten und die nun vielleicht nicht, so wie er, Opfer bringen müssen. Er beschuldigt sie, klagt sie an, macht sich dabei die Ideologie der Gegner zu eigen, bewirft die ehemaligen Mitarbeiter schließlich sogar mit dem gleichen Schmutz, wie ihn die Gegner gebrauchen, nimmt also allmählich eine Stellung ein, die ähnlich der der Gegner ist, bemäntelt aber diese, eine besondere Art von Psychose bedeutende, Einstellung und unkontrollierte Sucht mit dem Bestreben, zu reinigen, zu sondern, zu klären um der ›Idee‹ willen, um der ›Sache‹ willen – unbewußte Akte der Sabotage, der mit medizinischer Deutlichkeit und Rücksichtslosigkeit entgegengetreten werden muß.

Der subalterne Rebell ist der Revolutionär der Rankûne, der Revolutionär aus plattestem Ressentiment.

14 ——— Alfred Wolfenstein

Margarete Frankenschwerth
Alfred Wolfensteins Verhaftung

Da immer wieder ungenaue oder irrtümliche Angaben über Alfred Wolfensteins Leben erschienen sind, sei es in verschiedenen Büchern, Zeitschriften oder Zeitungen, möchte ich – da Sie seine Verhaftung erwähnen – die Vorgänge berichten, teils wie Alfred sie mir damals erzählte, teils wie ich diese selbst miterlebt habe.

Die Weißgardisten waren bereits in München einmarschiert, wo sie mit lautem Hallo von einem großen Teil der Bevölkerung als ›die Befreier‹ begrüßt und von den Umstehenden mit Zigaretten überschüttet wurden.

Wolfenstein und Friedrich Burschell waren zu einem Freunde unterwegs, der jenseits der Isar wohnte (ich glaube, es war Otto Zoff), als plötzlich auf der Leopoldstraße unweit vom Odeonsplatz eine Alfred völlig unbekannte Frau auf ihn losstürzte, mit ausgestrecktem Finger auf ihn zeigte und dabei ausrief: »Der hat auch mit Rußland korrespondiert.« Trotz Burschells Bemühungen und der Erwähnung, daß er ein früherer Offizier und ein Freund Wolfensteins wäre, wurde Alfred auf der Stelle verhaftet und abgeführt. Er wurde am Königlichen Schloß, mit dem Gesicht zur Wand gekehrt, aufgestellt und schließlich in das Innere des Schlosses gebracht, wo es bereits von Verhafteten wimmelte. Die Weißgardisten hatten es zu ihrem Hauptquartier gemacht.

Was mich betrifft, hatte ich mich erst eine Weile, nachdem Alfred unsere Wohnung verlassen hatte, ebenfalls zu dem geplanten Besuch bei Zoff (?) aufgemacht. Als ich unterwegs aber Horden von Weißgardisten begegnete, kehrte ich nach Hause zurück, und aus gleichen Gründen hatte auch unser Mädchen ihren Spaziergang mit Frank eiligst abgebrochen. Ich fand einen Zettel, der von einer Bekannten eingeworfen worden war, mit der Mitteilung, daß Alfred verhaftet worden sei und sich im Königlichen Schloß befände.

Sofort begab ich mich zu Fuß dorthin, denn die Straßenbahnen fuhren schon nicht mehr. Die Weißgardisten hatten inzwischen an den Zugängen der Hauptstraßen Maschinengewehre aufgestellt.

Als ich im Schloß in dem Gewirr einen Soldaten erwischt hatte, bat ich ihn, nach meinem Mann, Alfred Wolfenstein, zu suchen, da ich ihn dringend sprechen müßte. Während der Soldat sich auf die Suche begab und ich in dem Durcheinander wartend dastand, trat ein Offizier mit weißer Binde auf mich zu und fragte, ob ich nicht die Frau von Alfred Wolfenstein wäre. Als ich dies bejahte, sagte er, daß er uns auf einer Gesellschaft von Alfred Neumann kennengelernt habe und zwischen der Menge der Verhafteten Alfred wiedererkannt hätte. Er habe dann, Gewalt vortäuschend, Wolfenstein abgeführt und ihn in den Englischen Garten entkommen lassen. Ich sollte aber schleunigst verschwinden und mich nach Hause begeben. Mehrfach mußte ich vor dem Maschinengewehrfeuer in Hauseingängen Deckung suchen, ehe ich zu Hause anlangte.

Wolfenstein wurde in der Wohnung seines Freundes Alfred Neumann mehrere Tage verborgen gehalten.
Sehr viele unserer Freunde wurden ebenfalls verhaftet und eingesperrt.
Des öfteren erhielten wir dann noch den ›Besuch‹ von bewaffneten Weißgardisten oder Geheimpolizisten, die bei uns Haussuchung nach Waffen, belastender Literatur oder Briefen unternahmen. Dies geschah, obwohl wir im Besitze eines von einem Weißgardistenoffizier gestempelten Ausweises waren, daß nichts Verdächtiges bei uns gefunden worden wäre. Diese Herren rissen den in unserer Diele an der Wand hängenden Ausweis einfach ab und zerfetzten ihn. Glücklicher- und zufälligerweise war Alfred während solcher Untersuchungen jedesmal nicht zu Haus, und so entkam er wenigstens damals seinem Schicksal.

Alfred Wolfenstein
Zur Erinnerung

Zur Erinnerung an Gustav Landauers Todestag und an die Vorstellungen, die man sich von seiner letzten Lebenszeit machte, sei hier ein Beispiel jener Blüten mitgeteilt, die im Frühling 1919 aus dem eingeschlossenen München nach Berlin gelangten. Eine der größten hiesigen Zeitungen berichtete im April:

Die ›Kommunisierung‹ der Frauen
Der Beschluß in der Münchner Kommunistenversammlung

Vor einigen Tagen haben wir ein Telegramm unsres Sonderberichterstatters... veröffentlicht, worin es hieß, in einer Münchener Kommunistenversammlung sei, nach einem Referat Landauers, ein Beschluß über die Kommunisierung der Frauen angenommen worden. Obgleich diese Mitteilung auch von verschiedenen andern Seiten kam, haben wir unsern Sonderberichterstatter ersucht, nähere Erkundigungen darüber einzuziehen, ob die Darstellung wirklich den Tatsachen entspreche. Über seine Nachforschungen meldet er uns jetzt telegraphisch:

Der Bericht über den Beschluß zur Kommunisierung der Frauen ist dem Ministerium des Innern in Bamberg durch drei Vertrauensleute zugegangen, die der betreffenden Versammlung beiwohnten, ohne voneinander zu wissen. Danach war es eine typische Versammlung unreifer und wirrer Köpfe, in welcher der Vorschlag, die Ehe aufzulösen und die Frauen zu kommunisieren, vorgebracht wurde. Der anwesende Referent, Landauer, bemerkte dazu, das sei natürlich barer Unsinn, aber man müsse die Bourgeoisie ins Herz treffen, und deshalb möge man die Kommunisierung der Frauen beschließen. In diesem Sinne wurde auch gegen starken Widerspruch ein für die Räterepublik unverbindlicher Beschluß gefaßt. Der Beschluß der Versammlung ist auf eine Meldung aus Rußland hin erfolgt, wonach dort die Kommunisierung der Frauen bereits praktisch vorgenommen sein soll. (?) Weiter wird über die Diskussion in der Versamm-
vertraten, verlangten die Darwinisten im Sinne Sontheimers die geschlechtliche Zuchtwahl. Danach ist die Frau nur Gebärmaschine und für die Zucht neutral.
lung noch berichtet: Während die Anhänger Lenins die Theorie der Gewöhnung
Ausschlaggebend für den Wert des Nachwuchses sei nur der Mann. Deshalb dürfe der männliche Bourgeois zur Zeugung nicht mehr zugelassen werden, da seine Produkte nur böse seien. In diesem Sinne hätten die Anhänger Landauers und Sontheimers für die Beseitigung der Ehe gesprochen; die Frau soll Gemeinschaftsgut des Proletariats sein.
Indem wir diese Mitteilungen wiedergeben, wollen wir betonen, daß wir die Rolle, die Landauer in dieser Versammlung gespielt hat, nicht zu beurteilen vermögen. Dieser anarchistische Philosoph scheint ja nach seiner ganzen Handlungs-

weise in einen eigentümlichen Geisteszustand hineingeraten zu sein, aber daß er für die Kommunisierung der Frauen eintreten soll, ist denjenigen, die ihn früher kannten, doch überraschend. –

Ich war in der Münchner Versammlung zugegen und brauche wohl kaum hinzuzufügen, daß in dem ›Bericht‹ kein wahres Wort steht, zumal was Landauer betrifft. Aber der Unsinn ist geglaubt worden, während man über das Sinnvolle, das jener seltsame Frühling, jene letzte Zeit Münchens zutage förderte, hinweggegangen ist. Es müßte einmal ein Buch herausgegeben werden, am besten ein Sammelbuch, in dem die Beteiligten von den Debatten und Entwürfen, von den Geschehnissen und Menschen des Monats April 1919 erzählen würden. Es war viel Jugend dabei, die unbekannt geblieben ist, obwohl sie mehr Mut und Phantasie hatte als die der andern deutschen Revolutionsstädte. Kommunisierung der Frauen allerdings hielten weder Landauer noch die Jugend für Kommunismus.

Alfred Wolfenstein
Über Gustav Landauer

Jenseits der Vermengung von Wort und Tat steht die Dichtung – und jenseits auch die Überwindung des Wortes. Wir haben das Beispiel *Gustav Landauers* erlebt, der am Ende über die Sprache seines Werkes hinausging, in die Wirklichkeit: der Tat, der Opfertat.

Sein Auftreten schien, bis es abschloß, wirkungslos zu bleiben. Nicht nur deshalb, weil er sich schon bald dem Verlauf der Revolution entfremdet fühlte. Steigen hier nicht wieder die allgemeineren Beziehungen auf, mit geheimnisvollerem Anschein: als sei der Jude noch kein Täter, sondern müsse, sofern er als schöpferischer Mensch komme, Künstler sein – oder jener Künstler unter den Tätern: Märtyrer, das Leben formen oder es sterben?

Der Tod des Märtyrers macht sein Leben erst ganz sichtbar. Sein Tod ist sein Dasein. Der Märtyrer ist der leidende Führer. Der Jude als tätiger Führer aber – mythisches Versagen: Moses erblickte das Land, doch er hat auf seinen menschlichen Willen einmal mehr als auf den göttlichen gehört und muß auf dem Gipfel sterben. Marx sieht einen Staat vor Augen, aber er hat in der sozialen Lehre das Göttliche vergessen, die Verwirklichung rückt in die ferne Zukunft, eines anderen Verwirklichung. Erst Josua leitet aus der Wüste, durch das Martyrium ins Paradies.

Der Jude, der innig am Leben hängt, gewinnt sich im Opfertode das größte Volk der Erde, die Menschheit. Als Gustav Landauer in jenem seltsamen Frühling zu München (den noch immer niemand kennt, der ihm nicht beiwohnte) in seiner lebendigen Gestalt unter die Menge trat, blieb er ihr noch fern. Und dies war keineswegs nur die notwendige Ferne des Führers, der über die Seinen hinaus, doch aus ihnen hervorragt; noch weniger der gewollte Abstand eines über sie Erhabenen: Sondern es war die tatsächliche Ferne des Volkes von ihm. Ein Kind stand da, geisterhaft umgeben von den Umrissen eines Meisters – ein Seher der Utopie, doch nur ein Sehnsüchtiger nach Verwirklichung. Sein Versammlungsraum glich einem gespenstisch auf- und absteigenden Meer, darin das Volk bald hilflos unter seinen hochschwebenden Geist hinabsank, bald überlegen an eigner Wirklichkeit die verlorene große Gestalt überwogte.

Dann drängte der sichtbare und unsichtbare Lauf der Dinge diese wundervolle Erscheinung in den Untergang, als sei es der einzige ebenbürtige Aufgang. Das Schweigen des Todes vereinte sich in Wort und Tat. Lautlos wurde er der verständliche selbstverständliche Führer, aus der Unschuld seines Todes.

Es ist die spirituelle Sendung des Juden, deren Schritt über diesen letzten Rand führt.

Die Mörder im Gefängnishof krönten seinen Sinn. Er starb als ›Dichter im Lebendigen‹.

Alfred Wolfenstein
Ernst Toller

Wir haben offenbar in diesen von Verlusten schon überfließenden sechs Jahren noch immer nicht verlernt, Trauer zu empfinden. Daß ein Kämpfer jetzt rascher, jünger, jäher stirbt, wundert uns nicht, und doch berührt uns Ernst Tollers Tod so unmittelbar, als sei ein Lieblingsbruder gestorben. Er gehörte nicht zu den abstrakten Streitern; er war, obwohl der Idee verschworen, zugleich von so dichtem persönlichem Reiz umwittert, daß wir auf dem Wege des Geistes auch immer seine freundschaftliche Hand aus Fleisch und Blut verspürten. Das gibt es nicht häufig, und es ist für die gute Sache überaus förderlich, wenn jemand als ganze Gestalt wirkt. Ist er nun von uns gegangen, in jenem fernen Wolkenkratzer und in derselben Woche Joseph Roth in unserem Quartier Latin, so wird auch die wahre, unabgestumpfte Trauer um sie nur fruchtbar für uns sein. Sie haben nicht umsonst gelebt, und sie sind im Tode nicht erkaltet. Als Mahner zum Schönen, Joseph Roth, und als Mahner zum Guten, Ernst Toller, bleibt ihr uns zur Seite.

Ein dramatisches Leben ist Tollers Leben, sein Dasein und sein Dichten aus einem Guß. Deshalb vor allem ist er eine besondere und für die Zeit wesentliche Erscheinung. Man vergleiche ihn etwa mit dem kühlen Schrifttum Georg Kaisers. Aber hier geht es um das Gegenteil einer ›Rezension‹; hier möchte ich noch einmal so persönlich über ihn sprechen, wie ich fünfundzwanzig Jahre lang zu ihm sprach. In einem Brief vom 1. Mai dieses Jahres schrieb er mir aus dem Mayflowerhaus: »Lieber Freund, wir haben viel Gemeinsames erlebt, und wenn immer ich ein Gedicht oder Prosa von Ihnen in einer Zeitschrift finde, sind mir Ihre Worte ein Gruß, der auch mir gilt. Wahrscheinlich bin ich im Sommer in Europa, dann hoffe ich, Sie zu sehen.« Dies war das letzte, was ich von ihm hörte; zum ersten Mal kam er im Winter 1915 zu mir, nach München, mitten in seiner Wandlung von der Kriegsbegeisterung eines reinen Toren zur Kampfbereitschaft des Wissenden. Er zählte zu den wenigen Menschen mit kräftigem Händedruck; ich spüre ihn noch.

Bald las er mir mit seiner zornig schwermütigen Stimme sein Stück vor, aus dem zwei Szenen in meinem Jahrbuch ›Die Erhebung‹ erschienen, in der Zeit der Räterepublik. In dieser kurzen Spanne der Münchner Revolution hat Toller eine noch nicht genügend gewürdigte Haltung gezeigt, die einer größeren Tat gleichkommt, von zukünftiger Perspektive gesehen. Sie wäre heute nicht möglich, aber sie wird in die Ferne wirken, und sie wirft das klarste Licht auf ihn. Denn damals drängte in ihm eine mächtige Sucht nach Harmonisierung alles Menschlichen, die später nicht immer so unverwirrt bleiben konnte. Nicht das Äußere seiner Aktionen, in jenem Frühling 1919, ist das Bezeichnende – nicht, daß Toller die Kraft hatte, Eisners schwere Nachfolge im Vorsitz der Unabhängigen anzutreten, und die noch bessere Kraft, das höhere Amt eines Volksbeauftragten als Fünfundzwanzigjähriger auszuschlagen; oder daß er den Mut hatte, sich an die Spitze des Dachauer Heeres stellen zu lassen, und den noch gefährlicheren Mut, für Verhandlungen mit den immerhin sozialistischen Teilen der Bamberger Regierung einzutreten – vor allem ehrt ihn das durchgehende Motiv dieser Ansprüche und dieser Verzichte. Er war von dem grenzenlosen, sein ganzes Leben durchziehenden Vorsatz erfüllt, sogar mitten im brudermörderischen Kampf an Humanität festzuhalten. Feurigster Redner unserer letzten Generationen, ein überzeugender, ja bezaubernder Jüngling, den sein Freiwilligentemperament in den Krieg getrieben hatte und von der verhältnismäßig geschützten Artillerie zur Infanterie, und dort zu einer weit vorgeschobenen Maschinengewehrabteilung; dann mit nicht weniger hoch fliegenden Fahnen zum Pazifismus übergegangen – mögen wir heute darüber denken, wie wir wollen oder müssen: wie Toller in München auftrat, das bleibt ein unvergängliches Beispiel des Menschen guten Willens für künftige Zeiten. Es erweist zugleich für die Gegenwart noch einmal, auf welche wahrhaft humane Revolutionsgesinnung der Faschismus gefolgt ist, tragische Folge des Guten. Wie ein nach allen Seiten die Hände ausstreckender vielarmiger Gott rang er in der belagerten Stadt um das Gute, um seine Vereinbarung mit der Umwälzung, als wollte er es gerade in höchster Not weithin sichtbar durchsetzen. Er hat damit so wenig geschadet, er hat damit so dauerhaft genützt wie der gute Ritter Don Quijote. Im Innern kämpfte er um Einigkeit (um die wir heute noch oder wieder kämpfen); und dem Feinde draußen gedachte er in diesem Augenblicke Ehrung des Menschenlebens abzutrotzen (damals war der Feind noch kein Teufel). So schloß er sich der neuen Regierungsproklamation nicht an, weil er zuvor auf Einigung aller freiheitlichen Parteien bestand; so verhinderte er Todesurteile oder die Tötung des sozialdemokratischen Führers Auer, rettete eine Reihe von Geiseln, schützte Dachau vor überflüssiger Bombardierung, ließ die gefangenen Offiziere entgegen dem Verhalten der anderen Seite nicht erschießen. Mit totenblassem Gesicht und blutig zerbissenen Lippen war er wie ein rasender Engel überall zugegen, wo es galt, zur Tapferkeit ebenso wie zur Menschlichkeit zu spornen. Laßt die Kannibalen doch höhnen, solche Sozialisten besiegt zu haben; die Waffen zum endgültigen Sieg sind dadurch nur geschärft worden.

Ja, Ernst Toller hat Übermenschliches versucht – um sich auch dort als Dichter zu bewähren. Denn das ist er in Wahrheit immer gewesen, auch in der Wirklichkeit. Man könnte mit einem Ausdruck Gustav Landauers sagen, er war ein Dichter im Lebendigen. Seine Stücke und Verse erhalten ihren Atem von seinen Handlungen, und seine Handlungen von seinem Dichtertum. Wohl gibt es Poeten genug, die vollendeter als er die Form, die Kunstform beherrschen, und wir wollen betonen, daß gerade das revolutionäre Werk und seine Tendenz formal gestaltet sein müssen, wenn sie wirken sollen. Aber es gibt offenbar eine Ausnahme von dieser berechtigten strengen Forderung: wenn in der Kunst die Tat zu spüren ist. Denn deckt sich eine revolutionäre Kunst mit einem revolutionären Leben, dann wird die Sprache ihre eigne, unmittelbare Form haben. So steht es um Ernst Tollers Dramen und Gedichte. Der Hauch der Tat weht durch ihre Worte. In ihnen begegnen uns alle Fragen, die ihm auf seinem tätigen Wege begegneten. In der ›Wandlung‹ mit ihren fugierten Wirklichkeitsbildern und Traumbildern setzt der Held zuletzt anstelle des unrechten Vaterlandes die Menschheit; die Heimat aller. In ›Masse Mensch‹ ringt der einzelne wieder um seine beseelte Stellung innerhalb der chaotischen Allgemeinheit. ›Hinkemann‹, der in der Schaubude Ratten die Kehle durchbeißen muß, liebt das Brudertum alles Lebendigen; doch er sieht, der Kriegskrüppel, die Verkrüppelung der anderen, und fühlt: »Wer keine Kraft zum Traum mehr hat, hat keine Kraft zum Leben«, und knüpft sich auf.

Nahm Toller sich das Leben, weil er nicht mehr träumen konnte? Oder überkam ihn der Ekel vor dem Lauf der Zeit so tief, daß sein Geist sich verwirrte? Der verpestete Sumpf, in den man die Menschheit hineingeführt hat, ist schwer zu ertragen; im Vergleich dazu ist gewiß selbst ein Gefängnis eine anständige Umgebung:

»Es nähern sich dir all die kargen Dinge:
Die schmale Pritsche kommt, die blauen Wasserkrüge,
Der Schemel flüstert, daß er gern dich trüge,
Die Wintermücken wiegen sich wie kleine Schmetterlinge.
Das Gitterfenster ruft: Nun, Lieber, schaue, schaue,
Wie ich aus Wolken dir ein Paradies erbaue.«

O Ernst Toller, schöner und mutiger Mensch, du wirst uns nun fehlen. Wir dürfen nicht jung sterben wie du, aber zu deiner Gestalt gehört es; und so bleibt sie in unserem Herzen.

15 Materialien

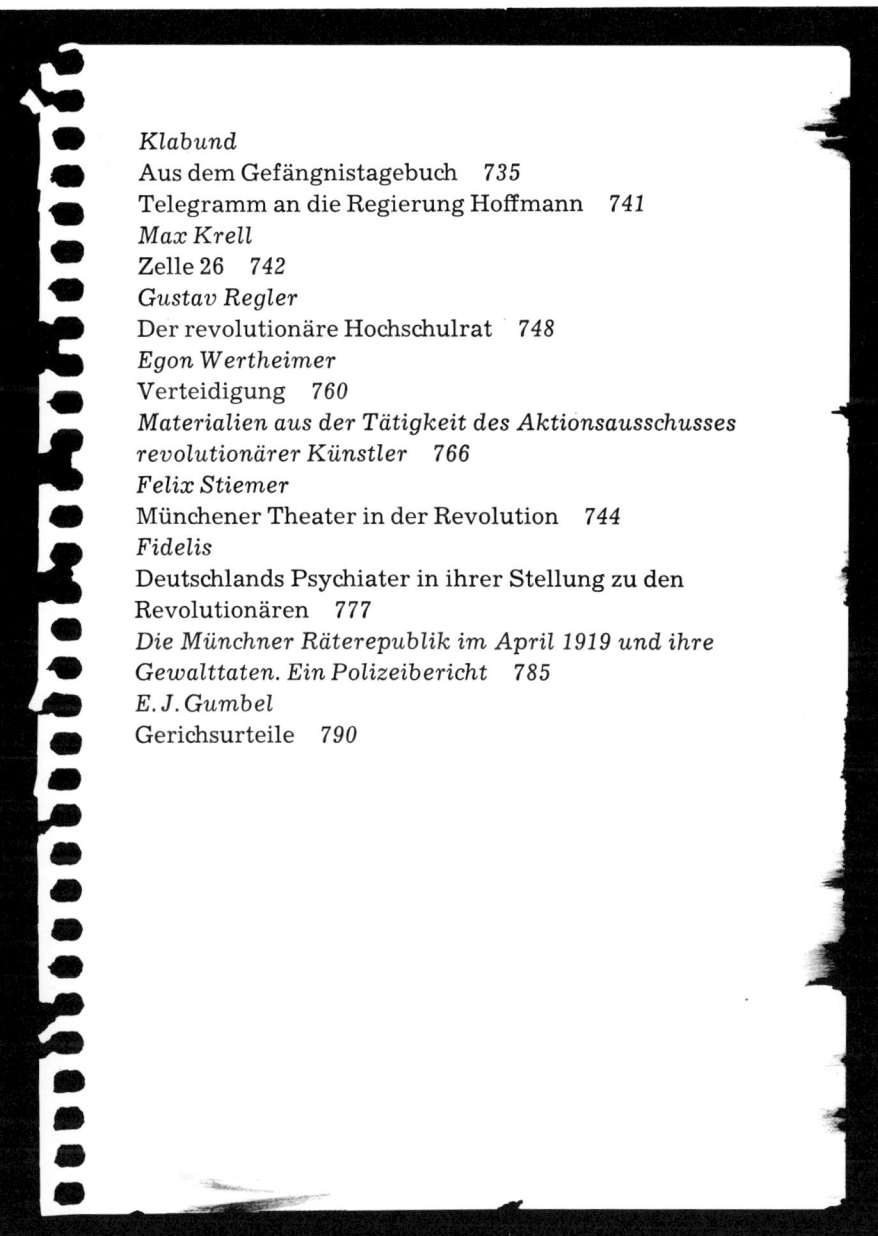

Klabund
Aus dem Gefängnistagebuch

18. April 1919

Es ist elf Uhr. Ich sitze im eiskalten Arrestlokal von Straubing auf der Pritsche und schreibe diesen Brief. Abends soll ich nach Nürnberg, zum III. Armeekorps, aber vielleicht auch erst morgen. Wenn ich daran denke, daß ich diese Nacht hier in dem eiskalten, feuchten Loch, ohne Strohsack selbst, zubringen soll, schaudert es mich. Und ich habe eine böse Nacht schon hinter mir. Man warf mich in Passau in das Arrestlokal, zu ebener Erde, feucht und ganz dunkel. (Auch diese Zelle hat kein Licht . . .) Nur eine Pritsche mit Strohsack darin. Du erinnerst dich, was uns der Offizier versprochen hatte, der mich verhaftete? Er hat ja auch umsonst versprochen, daß ich am nächsten Tage der zivilen Behörde in Passau übergeben werden sollte. (Haben die Offiziere ihren Beruf gewechselt? Sind sie Polizisten geworden?) Um halb drei in der Nacht kam ein offenes Auto und brauste mit mir durch die Nacht nach Plattling. Der Reif lag auf den Feldern wie Schnee. Der Wind fauchte. Ich fror bis ins Rückenmark. In Plattling bestieg ich, einen Posten mit geladenem Gewehr neben mir, den Zug nach Straubing. – Eben bin ich das erstemal vernommen worden, es handelte sich um das Euch bekannte Telegramm. Das ist die ganze Geschichte. Daraufhin beschuldigte man mich, an der Räterepublik teilgenommen zu haben. Du weißt, lieber Vater, wie ich zu ihr stehe, und daß ich nicht lüge, weißt Du auch. Und Du weißt, daß gerade mein Verantwortungsgefühl mich davon abgehalten hat, mich in die Affäre zu mischen. Und jenes Telegramm, das ich ganz privat aufgefaßt habe, soll mich nun zum offiziellen Emissär der Räteregierung stempeln? Denkt Euch: in der Vernehmung wurde mir noch Majestätsbeleidigung von 1917 vorgehalten (im Untersuchungszimmer hingen die Bildnisse dreier Prinzen)! Von einem Beamten der *sozialistischen Republik!* Was ich in den Zellen und durch den Begriff ›Zelle‹ ausstehe, brauche ich Euch nicht zu beschreiben, ich, der ich die innere und äußere Freiheit über alles liebe und, ein Schüler Laotses, jede Macht hasse, weshalb ich ja auch gegen die Diktatur des Proletariats bin, weil sie den gleichen Machtdünkel in ihm züchtet wie einst in den herrschenden Klassen der Imperialismus.

21. April 1919

Heute nacht träumte ich wieder von Irene.
Sie saß in ihrem seidenen Hochzeitskleid in einem Winkel einer Teestube und stickte an einem Kinderhemd. Es ist sechs Uhr. Der Aufseher: »Wachen Sie auf! Wir können auf Sie nicht warten! Nehmen Sie Ihren Jaucheeimer und leeren Sie ihn draußen aus!«

Ich möchte wohl manchmal heftig werden, aber ich sehe ein, daß es vollkommen zwecklos ist. Eine Respektsperson bin ich ja gerade nicht. Ich sehe weder wild noch romantisch aus, wer würde Furcht vor mir haben? Nicht das scheueste Kind. Ich habe ein Knabengesicht, und man hält mich für einen unbesonnenen Gymnasiasten, der aus Spaß den Spartakistenrummel mitgemacht hat.
Die Zigarre habe ich dem Soldaten geschenkt, der gestern so gut zu mir war, und die Orange hab' ich gestern nacht noch aufgegessen. Ich konnte den Drang nicht mehr bezähmen. Meine beiden Wunder von der Welt draußen sind nicht mehr da. Die Orangenschalen hebe ich mir auf. Sie parfümieren die Zelle so süß, und ich kann sie, in Wasser gelegt, vielleicht als Zahntinktur verwenden. Ich habe eine Nordzelle. Ich sah vorhin, als mein Klappfenster offenstand, auf die Zelle gegenüber. Die war offen. Da lag die Sonne drin, wie eine schöne blonde Frau lag sie auf der Pritsche. Wie ich den Mann gegenüber um seine Sonne beneide. Er ist übrigens, ebenfalls in Passau festgenommen, ein Telegraphenbeamter, der angeblich als Telegrammzensor der Räterepublik in Passau gewirkt hat.
Es irrt immer eine vage Dämmerung durch meine Zelle wie vor Sonnenuntergang, als müsse es gerade Abend werden. Es mag sein, daß in dem von Kommunisten besetzten München der rote Terror herrscht. Sicher ist, daß in dem von der Regierung Hoffmann regierten Bayern der weiße Terror um so blinder wütet. Lieber Vater, du rühmst dich immer stolz, daß wir das freieste Wahlrecht der Welt haben. Was nützt mir das freieste Wahlrecht, wenn du selber so unfrei bist, daß die Regierung jederzeit die Macht hat, dich, den Zivilmenschen, vom Militär verhaften und in Schutzhaft führen zu lassen. Noch immer besteht im revolutionären Deutschland die Schutzhaft; eine Einrichtung von wahrhaft mittelalterlicher Barbarei. Ist dies das neue Deutschland? War nicht immer eine der allerersten Forderungen freiheitlicher Männer gewesen, seien es Demokraten oder Sozialisten: daß zu allererst die Schutzhaft fallen müsse? Und sie besteht noch immer! Auch die private Zensur ist noch aufrechterhalten. Was nützt dir, lieber Vater, die schönste Gedankenfreiheit, wenn du deine Gedanken nicht frei zu äußern vermagst? Briefe an dich und von dir werden erbrochen, Telegramme aufgefangen, im Café sitzt ein Spitzel an deinem Tisch: dies, lieber Vater, ist das neue Deutschland, das sich nur dadurch von dem alten unterscheidet, daß an Stelle von Wilhelm II. und Ludendorff andere getreten sind. Eben lese ich in der ›Nürnberger Zeitung‹, die mir ein Soldat durch die Türe schiebt, daß das dritte Armeekorps Nürnberg vorläufig alle Versammlungen verboten hat. Ist dies die sogenannte Versammlungsfreiheit? Mit der Veränderung von Personalien ist nichts getan: wenn nicht der Geist sich wandelt, wenn nicht die Seele rebelliert. Sie ducken sich schon wieder, die Bürger, wie sie gewohnt waren, sich zu ducken, früher. Und schon sehe ich den Schatten einer prinzlichen Gestalt über Bayern heraufkommen ...

»Monsieur«, erwiderte er, »je ne me souviens plus. Berlin ou Pétrograde c'est la même chose comme Jesus et Jehova.«
Waren dies alles Vorahnungen, daß ich in Kreuzlingen in einem Hause war, wo man die Fenster nicht öffnen konnte und die Türklinken sich abschrauben lie-

Überfallenes und demoliertes Büro der KPD

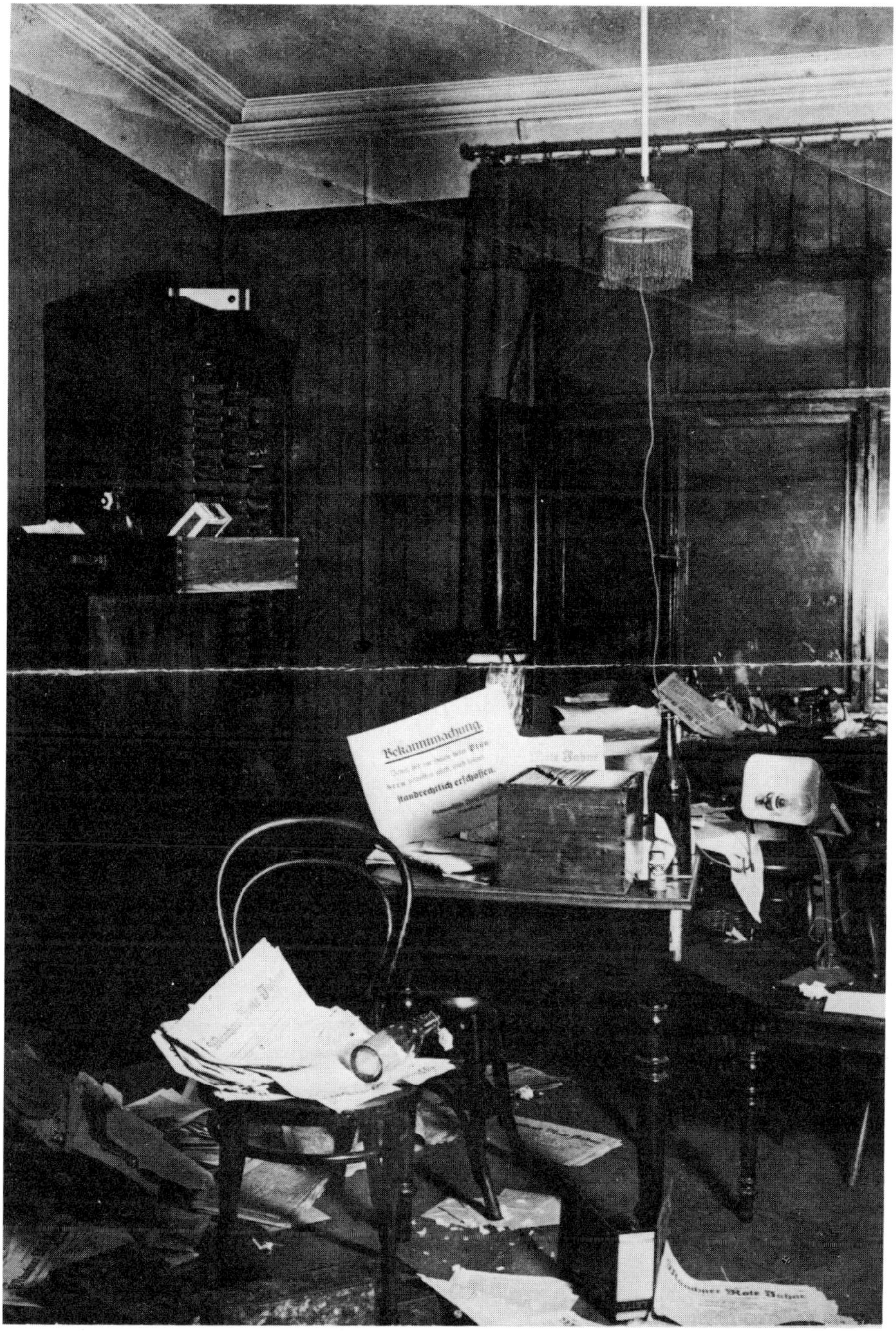

ßen? Zimmer mit kleinen vergitterten Fenstern im Hause waren? Polster an den Wänden? Jene Narren hatten es besser als ich. Sie können sich in einen Zustand der Freiwilligkeit hineinfühlen. Sie sind Pensionäre. Gäste. War dies eine Vorahnung meines jetzigen Zustandes, daß ich am Morgen vor meiner Verhaftung ein mystisches Gedicht begann:
›Der Gefangene‹??

Nürnberg, 24. April 1919

Das Ereignis des heutigen Tages ist dein Brief, liebe Mutter. Ja, wenn alle Menschen so wären und dächten wie du! Vergiß bitte nicht, daß eine uralte Rechtssitte verlangt, vom Angeklagten immer a priori das Ärgste und Schlechteste anzunehmen. Was wußten auch die, die mich vernahmen, von meinen Versen, meinem Werk, meinem Wollen? Sie wußten nicht, daß ich ein Dichter bin, sondern hinlten mich, gemäß gewordener Instruktion, für einen ›Spartakisten‹. Die Vernehmung von dem Eskadronschreiber in Straubing war geradezu von klassischer Lächerlichkeit, und in Nürnberg dauert sie auf 3. A. K. eine halbe Minute. Der Mann sah flüchtig in das Protokoll, sagte: »Das glaubt Ihnen doch kein Mensch, was Sie da sagen?« und »In Untersuchungshaft zu setzen, bis die Sache geklärt.« Das war alles. Liebste Mutter, darum vier Tage durch Bayern geschleppt. Hätte man mich den nächsten Tag sofort in Passau vernommen, wie die Offiziere versprochen hatten, so wäre alles wohl bald erledigt gewesen. Jetzt hat die Affäre schon einen mystischen Schimmer angenommen: durch die Autofahrt, das Zuchthaus und die unendlich vielen Begleitmannschaften (mit schwergeladenen Gewehren, versteht sich). Ich glaube, es sind seit Donnerstag voriger Woche fünfzig bis sechzig Leute völlig überflüssig meinetwegen bemüht worden. Ich war in meinem Protokoll von der Ansicht ausgegangen, daß die bona fides mir wenigstens nicht von vornherein abgestritten werden würde. Hätte ich die Bosheit des ganzen Apparates von vornherein durchschaut: ich hätte nur einen Satz zu Protokoll gegeben.

25. April 1919

Gestern las ich in den Serapionsbrüdern von E. Th. A. Hoffmann. In der Komposition seiner Erzählungen wird er wohl in Deutschland von niemandem erreicht. Die glücklichste Mischung dreier Talente: des Malers, des Musikers vor allem und des Dichters. Und ein viertes Talent, das *alle* anderen drei lenkt und zügelt: er war ein Geisterseher.

Wie der Schneefuchs der Polarnacht
Streif ich einsam durch das Leben,
Keinem künftig hingegeben,
Weil die Einsamkeit nur wahr macht.
Fälschte nicht des Bruders Tritt ich?
Wünscht zum Ziel er meinen Rat sich?
Jeder suche seinen Pfad sich,
Und schon schwirrt des Geiers Fittich.

Ja: verzeiht dem armen Toren,
Daß er focht für seine Brüder.
Hier, die Waffen legt er nieder,
Denn ihr habt ihn nicht erkoren.
Blasser starrt der Mond und gelber,
Felsen folgen seinem Scheine.
Und vergebt mir, daß ich weine,
Denn nichts wollt ich für mich selber.

Heute nacht träumte ich so lebhaft von meiner Heimkehr nach Monti, daß ich, als ich erwachte, in Monti zu sein glaubte.

26. April 1919

Frei! Wieder draußen! Wieder lebendig! Ich bin noch zu erregt und nervös, um die Wogen der Empfindungen, die mich durchströmen, bändigen zu können. Ein alter Bekannter aus München, ehemals Dramaturg hier am Theater, und Frl. Z . . ., die Tochter des Justizrates, nahmen sich meiner an. Wir gingen auf die Festwiese, sahen ›Fausts Höllenfahrt‹ im Kasperltheater, im schönsten bayrischen Dialekt, und fuhren Karussell. Zwischen den Buden gingen Matrosen mit Gewehren, und es hieß, es würde ein neuer Putsch der Kommunisten in Nürnberg vorbereitet. Was Putsch! Was Revolution! Ich will erst wieder einmal atmen und lächeln dürfen.
Ich nahm mir im Königshof ein elegantes Zimmer und bestellte mir sofort ein Bad. Meine Wäsche sieht desolat aus. Schmutzig und zerrissen. Ich habe vor Erregung die ganze Nacht nicht geschlafen. Ich will mit Euch telephonieren, daß ich nicht mehr nach Passau zurückkomme. Die Züge sind eingestellt, es bedürfte vielfacher Bemühung, um auf Güterzügen in Tagen zurückzukommen. Und dann läuft mein Paß bald ab. Soll ich ihn aufs Spiel setzen? Ich brauche Ruhe, Ruhe, Ruhe. Und die habe ich in Monti. Bei den jetzigen Zuständen in Bayern würde ich mir in Passau doch wieder höchst ungemütlich vorkommen. Es geht noch ein Zug ins Württembergische. Sendet meine Papiere und Sachen nach hier, baldigst, expreß.
Heute will ich Nürnberg, dem Hirschvogelsaal und Hans Sachs einen Besuch abstatten, und im Hans-Sachs-Hause werde ich den Hut ziehen, zum ersten Male seit neun Tagen, und in Ehrfurcht *das* Deutschland grüßen, *das* ich liebe.

Sonett auf Nürnberg

Du deutsche Stadt, du deutscheste der Städte,
Mich Wankenden beschützen deine Mauern.
Zart bist du zu dem Zarten, rauh zum Rauhern.
Ich bete deine steinernen Gebete.

O Zeit, da gut und fromm selbst das Geräte!
Ich fühle mich bewegt von edlen Schauern.
Gott, welcher Bild und Giebel ward, wird dauern,
Wenn wir längst Dünger nur für Friedhofbeete.

Sind diese Gräben für den Krieg geschaffen?
Um Scharten blüht der Ginster und der Flieder.
Der Goldschmied, nahm er Gold, um zu erraffen?

Die Zeit war ewig. Lerchen ihre Lieder.
Laß unsre Seele sich zur Einfalt straffen
Und gib uns Dürer, gib Hans Sachs uns wieder!

Klabund
Telegramm an die Regierung Hoffmann

---

regierung hoffmann bamberg

7. 6. 19

keiner partei zugehoerig protestiere ich aus gruenden der gerechtigkeit und menschlichkeit empoert gegen die hinrichtung lewines

klabund locarno monti

Abtransport gefangener Rotgardisten durch Mitglieder der Bürgerwehr, 1919

Max Krell
Zelle 26

Ich übergebe die folgende Schilderung dessen, was mein Mitarbeiter Max Krell während seiner Verhaftung erlebte, nicht gerne der Öffentlichkeit, halte mich aber für verpflichtet, diese über das Los derer zu unterrichten, die jetzt und seit Wochen, schuldig oder unschuldig, in Haft sitzen. Denn auf die Öffentlichkeit, auf das Volk, ob es in den Tagen der Räterepublik trauerte oder jubelte, fällt die Verantwortung dafür, wie die im Interesse seiner Sicherheit festgenommenen Menschen von den in seinem Namen amtierenden Behörden behandelt werden. Es kann daher verlangen, in die Geheimnisse der Polizeigefängnisse eingeweiht zu werden. Diesem Verlangen soll der folgende Bericht Rechnung tragen, der keine ›flammende Anklage‹, sondern lediglich eine Konstatierung von Tatsachen sein will. Hermann Sinsheimer

Ich muß von mir sprechen. Man erlaube es, ohne mich mit dem Vorwurf der Eitelkeit zu bewerfen. Was ich mitteile, scheint zunächst eine sehr persönliche Angelegenheit zu sein. Aber das Erlebnis kann das Erlebnis vieler werden. Man möge, selbst im einzelnen, nicht mich sehen, sondern den allgemeinen Angriff, der abgeschlagen werden muß. Der bayrische Staatsanwalt respektiere die Wahrheit, ohne seine Kommissare auf mich abzuschnellen. Denn dem erlösten München wurde die freie Meinungsäußerung garantiert. Ich vertrete hier weniger als meine Meinung. Ich vertrete einwandfreie Beobachtungen.
Die Technik der politischen Haussuchungen ist hinreichend bekannt. Einschlägige Memoirenwerke vermitteln ihre Eindrücke mit reizvoller Ausschmückung. Ich hatte die Torheit begangen, einem Manne, der sich Metzger Müller nannte, am Telephon zu erklären, daß ich Polizeispitzeln keine Auskunft gäbe. Eine halbe Stunde später durchsuchten vier ziemlich ungewaschene Hände meinen Schreibtisch, meine Korrespondenz, meine Bibliothek, meine Wohnung. Die geistige Maschinerie war unverkennbar; bei Fremdworten geriet die Tourenzahl bereits in Unordnung. Daß Lenz' ›Soldaten‹ keine politische Gefährlichkeit bedeuten, wurde – unter Lächeln – nicht geglaubt. Eine moderne Novelle mißfiel wegen der Röte des Umschlags; sie wurde verhaftet. Verhaftet wurde die ›Neue Rundschau‹, der ›Neue Merkur‹, die ›Neue Erde‹ – sagen wir also: das Wort ›Neu‹, selbst wo die gute Fischersche Verlagstante Oskar Bie dahinterstand. Selbstverständlich das Darmstädter ›Tribunal‹, ferner sämtliche Nummern des ›Wagenlenker‹ und unter Triumph die Verfassung der russischen Sowjetrepublik. Ich sagte: »Sie können das Heft in jeder Buchhandlung kaufen, es kostet fünfzig Pfennige!« – »O gewiß«, und man lächelt zurück, »aber daß Sie es kauften!« Diese Verdachte waren erdrückend. Ich mußte mit ins Polizeipräsidium. »In ein, zwei Stunden ist die Sache erledigt!«
Sie dauerte vier Tage, ohne daß die hämischen Inquisitionen eines Unterbeamten

je ein belastendes Moment des Hochverrats gefördert hätten. Richter und Staatsanwalt hatten nach dreißig Stunden meine Ungefährlichkeit testiert. Danach existierte ich nicht mehr für sie. Niemand konnte zu mir gelangen; denn der Staatsanwalt konnte Besuchsscheine zu einem Nichtmehrexistierenden nicht mehr ausstellen. Der subalterne Amtsschimmel hatte es infolgedessen sehr schwer, mich zu finden. Erst nachdem eine gereizte zehnköpfige Freundschaft ihn vier Tage mit dem Prügel bearbeitet hatte, trug er mich träge auf den Marienplatz hinaus.

Aber das ist das Unwesentliche. Der Polizeistaat ist abgeschafft. Es lebe seine Leiche! Und sie lebt. Ich lernte eine Zelle kennen, in der wechselnd zwischen sechsundzwanzig und einundfünfzig Gefangene aufbewahrt wurden. Alle mehr oder minder verdächtig als Sündenböcke des Rätemonats.

Die Behörde gestand, daß so etwa tausend Delinquenten verwahrt wären. Aus den Anwaltskanzleien erfährt man, daß das dritte Tausend sich schon erfüllt. Die Zelle maß vierundzwanzig Quadratmeter. Theodor Fischer hat sie gebaut und zwei Meter sechzig hoch gemacht . . . Und bis zu einundfünfzig Gefangene! Wir hatten sogar eine Toilette, sozusagen ein WC, zwei Tage lang freilich asthmatisch und in der Verdauung schwer gestört. Wir hatten ein ganzes Waschbecken, eine Wasserleitung, einen Zentralheizkörper mit geschrägter Bedachung: es könnte einem beifallen, sich daraufzusetzen. Und wir hatten vierzehn verlauste Strohsäcke, zehn Pferdedecken, die nicht die Härte des Bodens abschwächten. An sechs Haken schwangen die vielen Mäntel, Röcke, die Kragen . . . Ja, bis zu einundfünfzig Gefangene waren da! Freunde! Menschen! Brüder! Aber wir haben abends gesungen. Es war ein sentimentales Lied. Bald wurde es aus allen Zellen rings um den Hof hin gesungen. Alle Stimmen fielen ein. Der Choral von Leuthen! Niemand dachte an Böses. Einer blies auf dem Kamm, auf der Papiertrompete der andere. Aus einer Hosentasche kroch eine Mundharmonika. Sie saßen herum wie faule Landsknechte auf dem dreckigen Boden, im Mundwinkel pendelnd die Zigaretten, die Knie umschlungen. Einer rezitierte Verse. Es wurde eine bescheidene Bank aufgelegt – Siebzehn und vier, oder noch einfacher, ein billiger Tarock. Es war ein Kunsttänzer da, der die ausgelassensten Pirouetten schlug. Viele hatten dieses noch nicht gesehen und lächelten aus Verlegenheit. Ich hörte einen Galizier das Kolniddere singen. Und er weinte über die Metzeleien, die sein Volk zerstörten. Die Enge wurde schweißig wie in einem überfüllten Wagen vierter Klasse, wie in einem Auswandererschiff. Kein Schimpfwort fiel, keine Zote rötete die Gesichter mit Unwillen. Einmal war – ich weiß nicht, auf welchem wunderbaren Weg – ein kleiner gelber Primelstrauß im Raum. Alle sahen ihn an. Alle schwiegen, als sie ihn sahen, und warteten, als hörten sie ihn dunkel sprechen. Wie von selbst war man organisch in die Gemeinschaft geordnet. Doch das Gute, das da war, will ich für mich bewahren. Es gab anderes, und das muß verantwortet werden.

Wir bekamen am Morgen ein wasserschweres, schwarzes, kleiehaltiges Stück Brot und einen Becher Kaffee; einen Teller Mehlsuppe (oder Sauerkraut) und ein gleiches Brot zu Mittag, und der Abend glich dem Morgen. Das war alles. Wozu auch mehr! Wir taten ja nichts. Wir liefen auf und ab wie die gefangenen

Panther hinter ihren Stäben, denn der Dreck verbot zu sitzen. In vier Tagen wurde ein einziges Mal gesäubert, der Staub, die Zigarettenstummel, die Papierreste. Seife, Handtücher? Nein, wer sollte uns die geben? Die meisten waren weggeholt von ihrer Arbeit und hatten nicht Zeit gehabt, sich auszustatten. Wie mir war es vielen ergangen – ein Tag lief ab, ehe jemand erfuhr, wohin ich gebracht war. Es wurde verboten, Lebensmittel hereinzuliefern. Warum? Was hatten wir getan, daß man uns zermürbte? Wir hatten Kranke unter uns, solche, die am Magen litten oder am Darm. Ich sah einmal, daß ein Suppenteller aufgefüllt einem zweiten Esser zugereicht wurde und auch der schon benutzte Holzlöffel. Vielleicht geschah es oft. Aber dieses eine Mal sah ich es, als ich eben an der Türe stand. Einer aber ging herum und schleckte wie ein Kind die leeren Blechschüsseln aus. Einer hatte ein eiterndes Auge, aber der Wärter brauchte vier Tage, um den Arzt zu benachrichtigen. Einer forderte ein Bad, weil ihn das Ungeziefer plage. Man schlug es ihm ab. Es war ein Geschlechtskranker im Raum. Einer? Vielleicht viele. Aber einen erkannte man. Es geschah nichts, ihn zu isolieren. Drei Nächte wurden gestört durch die Anfälle eines armen Epileptikers. Es gab vielerlei Erscheinungen. Aber nichts geschah, den Betroffenen zu nützen, den Gesunden Schutz zu geben. Eine alte Zeitung lag herum, zertreten und zerfranst. Die las man. Sie ging durch alle Hände. Sie speiste die Stumpfheit. Man erinnerte sich an Bettler in Gassen und Schänken, die mit so besonderem Griff verschollene Zeitungsfetzen aufnahmen.

Weshalb bist du hier? Man erzählt seine Geschichte. Es sind Kleinigkeiten. Kein ordentliches Gericht würde sich um sie bemüht haben. Ein erregtes Wort über einen Soldaten ist gefallen. Der Sprecher wird verhaftet. Ein Pole mit ordnungsmäßig ausgestellten Papieren will nach Österreich reisen. Man greift ihn aus dem Zug, hält ihn an als Ausländer, bis es den Kommissaren gefällt, seine Abschiebung zu verfügen. Einer hat, als die Räte herrschten, ein Rundschreiben unterschrieben, damit ein Café nicht den Betrieb schließen müßte. Und diese und andere Lappalien. Und sie warten vier Tage, fünf Tage, länger, daß man sie wieder in ihren Betrieb, an ihre Arbeit lasse.

Ich werde verhört. Ein Kommissar weist mir an Hand sehr unverfänglicher Äußerungen nach, mein Fall müsse unerhört kompliziert sein. Ich habe einmal mein Bedauern ausgesprochen, daß die Siegessäule nicht zerstört sei. Ich finde sie unschön und erlaube mir diese ästhetische Kritik. »Also«, sagt er, »Sie sind gegen das Bestehende!« Man bietet mir die sofortige Entlassung an, wenn ich die Adresse einer mir unbekannten Kommunistin verrate. Da ich nichts sagen kann, gelte ich als verstockt. Jede vergangene Handlung wird nach ihrer schlechten Möglichkeit beleuchtet, hinter jedem Gedanken muß meine Niedertracht verborgen sein. Das sind vielleicht kriminalistische Usancen. Ich frage mich, während er das Protokoll kritzelt, wie kann man Freude haben an dieser häßlichen Beschäftigung, an dieser Neigung, in der Unterwäsche fremder Seelen herumzustochern! Er wirft mir einen fremden Namen ins Ohr. Ich kenne den Namen nicht.

Er lacht böswillig. »Abführen!«

Ich sage noch: »Ich wünsche den Rechtsanwalt über mein Hiersein und über die

Veranlassung zu unterrichten.« Immerhin – niemand wußte, wohin ich verschollen war.
Der Kommissar erwidert: »Das ist ganz unnötig. Das hat Zeit, bis es zur Verhandlung kommt.«
»Wann wird das sein?«
Er zuckt die Achseln. Gegen eine weitere Frage bleibt er taub. Es ist nicht nur mir so gegangen. Anderen wurde empfohlen: »Sparen Sie den Anwalt.« Ein Eifer brach durch, das Einblicken Dritter zu verhindern. Ich weiß um eine zweiundsiebzigjährige Dame, der vom verhaftenden Kommissar erklärt wurde: »Versuchen Sie nicht, sich mit dem Anwalt zu verständigen.«
Beim Hinaufgehen sehe ich den Schutzmann an. Er hat einen kleinen blonden Schnurrbart und wasserblaue Augen. Gewiß lieben ihn die Frauen. Ich riskiere eine barsche Antwort: »Sie haben jetzt viel zu tun?«
»Sehr viel. Das ist kein Gefängnis mehr. Das ist ein Narrenhaus.«
»Macht Ihnen der Beruf keine Freude?«
»Freude? Man muß doch einen Beruf haben. Es ist ganz gleichgültig, welchen!«
»Sie haben sich aber doch hineingefunden?« Ich biete ihm eine Zigarette an.
»Danke sehr, mein Herr, nein, danke sehr. Ich rauche nicht . . . Ob ich mich hineingefunden habe? Wir sind nicht gut bezahlt, nein, das kann man nicht behaupten. Aber das ginge an, wenn man uns wenigstens achtete. Doch niemand mag uns leiden. Niemand will etwas von uns wissen!«
»Aber Sie haben doch Freunde!«
»Ach, auch zu Hause sind sie mißtrauisch, alle, die auf demselben Korridor wohnen. Es ist nicht sehr schön, mein Herr.«
Ich hatte doch geglaubt, daß ihn die Frauen lieben.
Wir sind vor der Türe. Er reicht mir Feuer für die Zigarette.
»Danke sehr!«
»Adieu, mein Herr!« Er salutiert. Er salutiert!
Am zweiten Abend wird aus irgendeiner Zelle ein Schimpfwort in den Hof gerufen. Nach zwanzig Minuten klirren die Schlüssel an unserer Türe. Ein preußischer Leutnant fuchtelt den schweren Revolver vor unseren Nasen; zehn stahlbehelmte Soldaten setzen das Gewehr bei Fuß.
Der Offizier: »Es ist in den Hof gerufen worden. Wer war das?«
Einer von uns: »Nicht wir, nicht aus dieser Zelle!«
Der Offizier: »Noch ein Wort, und ihr müßt die Nacht über auf dem Hof antreten und werdet morgen nach Ingolstadt abgeführt!«
Einer von uns: »Wir machen darauf aufmerksam, daß hier dreiundvierzig Menschen untergebracht sind bei vierzehn Strohsäcken!«
Der Offizier: »Ihr wollt wohl noch Paradiesbetten? Eine Tracht Prügel könnt ihr haben!«
Die Tür brach ins Schloß. Das Licht wurde ausgeschaltet. Wir lagen eng auf dem kahlen Boden, lauschend nach dem Atem der vielen Menschen. Anderntags wurde verboten, daß wir an das Fenster träten. Es war schon nicht bequem gewesen, sich an den Stäben hinaufzuziehen, um überhaupt hinauszusehen. Aber immerhin war dort Raum und Licht gewesen. Man hatte einzelne Köpfe gesehen,

die zwischen den Stäben anderer Fenster hinauslugten, oder auch nur Hände, die gleich fleischigen Orchideen rosa ins bloße Licht griffen. Manchmal hatten kleine Spiegel in den Händen gelegen und die Umgebung unter und über der Zelle mit silbernem Auge abgetastet. Man hatte auch ein Stück Hof gesehen. Am ersten Tage kampierte dort Militär. Der Hof wurde mit einem großen Schlauch bespritzt. Der grüne Wagen kam und fuhr fort mit seiner schmerzlichen Last. Es waren doch immerhin Farben und Bewegungen gewesen. Nun wurden sie ausgesperrt. Und wir liefen dumpf im engen Raum zwischen den Liegenden hin und her, wartend, wartend. Der Mai strahlte ferne. Mehrfache Zuführungen füllten an diesem Tag die Zelle. Es lag System darin. Man brachte auch Zuchthäusler, die auf Durchtransport waren. Wie uniform schon ihre Gesichter, ihre Bewegungen geworden waren nach den ersten Monaten eines noch sehr langen Gefangenseins. Sie hielten sich dicht zusammen wie eine Herde unter der Peitschendrohung. Der Tag wurde bis tief in den Abend qualvoll heiß. Vielfältige Ausdünstungen verdickten die Schwüle, und der Dampf ungezählter Zigaretten, von Pfeifen mit stinkendem Brennesseltabak machte die armselige Luft grau. Es war eine große Müdigkeit und Passivität. Die Spieler legten die Karten fort. Der Kunsttänzer erzählte flau von einem heißen Unterstand am Jordan. Man hatte die kleine Klappe in der Türe, die allein einen Luftzug ermöglichte, geschlossen. Man hat die Wasserleitung abgesperrt. Man hat – wir konstatieren es, wir lassen Vertrauenswürdige herantreten –, man hat die Zentralheizung in Gang gebracht! Warum das? Warum quält man uns? Nachts gegen elf Uhr erkrankt einer an schweren Herzkrämpfen. Wir setzen die Alarmglocke in Bewegung. Sie repetiert endlos, aber nicht durchdringend. Vergebens. Wir schreien in den Hof, viele Male, wohl eine halbe Stunde lang. Endlich schlurfen zwei Wärter durch den Korridor. Bei Gott, sie haben es nicht eilig. Wir weisen ihnen den Kranken. Sie sagen gleichmütig: »Da können wir nichts machen!« – »Rufen Sie den Arzt!« – »Da kann der auch nichts tun!« – Wir drängen: »Einen Arzt!« Der Arzt wird nicht gerufen. Nach energischem Protest wird wenigstens die Wasserleitung in Gang gebracht. Wir können den Kranken mit feuchten Umschlägen beruhigen. Der Wärter will die Leitung sofort wieder schließen: »Das dauernde Rieseln beunruhigt nur!« Zum Teufel!

Warum das? Ihr wißt nicht, ob diese Menschen schuldig sind. Manche von ihnen sind es nicht und viele nur einer Suggestion, einer Psychose verfallen; viele haben guten Sinnes gehandelt. Aber wenn sie auch schuldig wären, wer gibt euch ein Recht, sie zu quälen, wie man ein Tier nicht quälen darf? Man hat mir später gesagt: Die Polizei ist überlastet; die Polizei wurde nervös von der politischen Hochkonjunktur. Gibt das ein Recht zu jämmerlichen Schikanen? Es sind immer noch Menschen, um die es geht, begreift ihr das nicht? Nehmt denen die Arbeit ab, die sie nicht leisten können. Vermehrt das Hilfspersonal, entfernt die Blinden, Böswilligen, Hämischen. Es geht um Menschen! Wie kann es geschehen, daß einer, dessen Unschuld erwiesen wurde, gleichwohl zwei volle Tage in Haft behalten wird, weil ein paar Kartothekzettel, ein paar Listen nicht schnell genug umgedreht werden, weil das behäbige Auskosten eurer Mittags- und Abendschichten wichtiger ist als die Freiheit eines Menschen! Fürchtet ihr nicht die

Rache eurer Gleichgültigkeit? Noch, daß die gesteigerte Wut manche bisher indifferente Seele infiziert, wie eine Jungfrau wohl vom Gift der Dirne infiziert wird? Jemand, den ich darauf hinwies, wehrte lächelnd ab: das sei nicht so schlimm, das lege sich; die geordneten Verhältnisse würden Sargdeckel über die Erregung knallen. Ludendorff zerbrach (neben anderem), weil er die Menschenware nicht taxieren konnte. Man lernt gleichwohl nicht aus dem Zusammenbruch. Man setzt Seele, Gedanke, Herz, Wille, Zorn, Geduld nicht als Komponenten in die Berechnung. Haben wir eine Revolution gehabt – und die Bürokratie lebt dennoch?

Gustav Regler

Der revolutionäre Hochschulrat

Die Revolution war da über Nacht. Es war März 1919. Ihre wichtigsten Sprecher (es wurde nicht viel mehr als gesprochen) waren Leviné, Landauer und Toller.
Es ist schwer zu sagen, wie sich diese voneinander unterschieden; sie waren alle gegen die rasche Stabilisierung der Verhältnisse; das Gewesene war verdächtig. Sie hatten einen mystischen Glauben in die ›Räte‹, das hieß Unmittelbarkeit des Agierens, tägliches Besprechen mit der Masse, gleichzeitige Nähe zur Urgemeinschaft: eine verschwommene Vorstellung vom Ideal, das die Apostel zu Jesus trieb, eine unkontrollierte Begeisterung für das russische Experiment.
Die offizielle Regierung zog nach Bamberg, als sich in den Versammlungen eine gewisse Resistenz zu ihren Plänen zeigte; es schien Flucht, war aber mehr eine Provokation und eine Vorsicht.
Leviné rief in München die Räterepublik aus. Einige tausend Arbeiter erklärten sich für den Versuch, für das neue Experiment.
Es wurde eine Wiederholung der Berliner Tragödie. Selten sind Menschen so nah den Problemen des Jahrhunderts und so fern den Massen gewesen, denen sie helfen wollten.
Ich ging, einem geheimen Befehl folgend, zur Universität. An der Feldherrnhalle sprach ein Matrose; man sagte mir, er sei einer der Volksbeauftragten; er redete mit großer Überzeugung, versicherte seinen Zuhörern, daß es den ›Großkopfeten‹ an den Kragen gehe, was eine anatomische Unmöglichkeit schien, aber er fand Beifall auch bei anderen ungrammatischen Drohungen. Kurella, ein Mitglied des Studentenrates, war bei mir. Bewaffnete zogen vorbei; in ihrer Mitte gingen Zivilisten, die man gezwungen hatte, die Hände über ihrem Kopf zusammenzulegen. »So wird es allen Schädlingen gehen!« rief der Matrose und fand noch stärkeren Beifall. »Sie bringen sie in die Hofburg«, erklärte mir Kurella; er schien die Parolen der Revolution genau zu kennen. Ich wollte wissen, wen man dahin brächte, da sah ich im Hintergrund, in gleicher Weise begleitet, eine bekannte Schauspielerin aus dem Hofgarten kommen; neben ihr schritt, die Hände auf dem Hinterkopf, der Romanist Karl Vossler.
»Was kann er verbrochen haben?« fragte ich betroffen.
»Wir sieben erst«, sagte Kurella, dann sah er mich schärfer an: »Ist das deine ganze Sorge heute?«
Ich weiß nicht, warum mich der Vorwurf traf, ich schlug verlegen vor, einen Umweg über den Stachus zu machen, wo eine Volksversammlung einberufen sei. Dort sprach dann Kurella zu einer der vielen Gruppen Wartender; die Menge wirkte unruhig. »Sie m-m-müssen Räte b-b-bilden«, sagte er; er hatte immer wieder seinen Zungenfehler tapfer bekämpft; ich fand es bewundernswert, daß er sich sogar in dieser Öffentlichkeit und zu dieser Stunde nicht schrecken ließ. Aber diesmal versagte die Zunge völlig; immer wieder setzte er an: »Wir müs-

sen...«, sagte er und wiederholte es mehrere Male; eine weitere Gruppe wurde auf ihn aufmerksam und wandte sich ihm zu; er kam nicht weiter, alles wurde ein hilfloses Stammeln; die zerstoßenen Sätze machten seine Erklärungen lächerlich; es wurde eine Parodie auf die Einrichtung der »R-r-räte«, die röchelnd in seinem Hals steckenblieben, ebenso wie die Enteignung der großen »F-f-farmen«, die leicht in etwas Obszönes umgedeutet werden konnten; endlich erlöste ihn ein Zuhörer: »Bis du alles rausgewürgt hast, sind wir verhungert.«
Jähe Schamröte überlief mich, als ich das Lachen rings um mich hörte. Kurella stieg von seiner Bank herab und verschwand.
Ich traf ihn noch öfter in meinem folgenden Leben; er blieb ehrgeizig, er war Sekretär berühmter Männer und Agent der Russen, illegaler Reporter in Mussolinis Land und Spion für die Oststaaten, er war immer doppeldeutig und leicht betreten, sein Zungenfehler war das einzig Konsequente in seiner Erscheinung.

Ich kam noch zur rechten Zeit, um in die Universität eingelassen zu werden. Der lang aufgeschossene Sohn eines Spediteurs, dessen Namen ich vergessen habe, schloß gerade mit Strasser, unserem Theaterreferenten, die eisernen Gitter nach der Theatinerstraße hin zu; sie ließen mich noch hineinschlüpfen, dann zogen wir ins Innere, das revolutionäre Werk zu beginnen.
Wir gingen von Zimmer zu Zimmer, und unser Machtgefühl wuchs, je näher wir dem Rektorenzimmer kamen; es war leer wie alle anderen. Wir ließen die Papiere auf den Tischen liegen. Wir erklärten uns gegenseitig, daß Zeugnisse, Prüfungsarbeiten und besonders Manuskripte sakrosant seien. Auch die Kasse der Quästur wurde nicht aufgebrochen. (Unser Sinn für Legalität ist wohl am trefflichsten dokumentiert durch eine wahre Episode jenes Frühlings: Nach Zusammenbruch des Aufstands wurde eine harmlose Schwester unserer Kassiererin abgesandt, um die Schlüssel der Universität der Verwaltung zurückzugeben. Sie erschien zitternd vor dem wieder installierten Rektor und bekannte, auf dem Wege habe sie die Angst gepackt, und sie habe die Schlüssel in den Kleinhesseloher See geworfen.)
Gegen zehn läuteten die Telefone; die Professoren wollten wissen, wie es um die Hochschule bestellt sei; ob sie brenne; ob alle Fenster zerschlagen seien. Wir gaben entrüstete Antworten: Es handle sich um eine innere Umformung; wir seien keine Räuber und Banditen; die Hochschule werde eine Schule fürs Volk werden; nichts werde angerührt; es sei nun Eigentum des Volkes; was sich Herr Professor denke!
Dies war der Ton, bis gegen Mittag G. W. Klein erschien. Er war in einer Fabrik gewesen, hatte verlangt, daß die Arbeiter die nächste Kaserne stürmten, sich Waffen verschafften. Er hatte verlangt, daß sofort aus der reichen Bevölkerung Geiseln genommen würden; es ginge hart auf hart. Dies sei der Augenblick der Roten Armee.
Man hatte ihn belehrt, daß Toller alles schon geregelt habe; er stehe vor der Stadt bei Dachau mit seinen Soldaten. Klein hatte geschäumt: »Er wird eine Heilsarmee daraus machen!« schrie er und verließ die Fabrik.

Er riß mir den Hörer aus der Hand. »Mit wem sprichst du?« Ich sah ihn erstaunt an; es war so ungewohnt, daß G. W. die Beherrschung verlor. G. W. sprach schon in den Hörer: »Wenn Sie sich einbilden, daß wir Sie jemals hier wieder Ihren Unsinn verzapfen lassen, täuschen Sie sich!« Und hängte ein. Dann gab er Befehle.

Sämtliche Akten der Professoren wurden beschlagnahmt und in einem Zimmer des Erdgeschosses zusammengetragen. Die Kasse wurde mit Patronen angegangen, widerstand allerdings. Klein verlor keine Zeit damit und ging daran, die einzelnen Professoren selbst anzurufen. Er machte sich Notizen, während er mit ihnen sprach; er notierte schon das Schicksal, das er ihnen zuteilte; ich sah, daß er auf seinem Papier drei Unterscheidungen machte; es schien, daß er die Mehrzahl erschießen wollte; ein kleiner Teil war zur ›Verwendung‹ begnadigt; in der letzten Sparte stand ›Aushungern‹. Jemand fragte G. W. Klein nach einem Professor; Klein hatte gerade mit demselben gesprochen. »Ich bin der Chef hier«, gab Klein zurück. Ich rannte hinaus; ich wußte, daß ich im nächsten Augenblick dem Unverschämten an den Hals gesprungen wäre.

Ich ging am Gitter auf und ab. Strasser, der Kulturrat unseres Bundes, marschierte mit mir.

»Sie werden kommen«, sagte er, »ich sehe schwarz.«

Ein alter Mann winkte von der anderen Seite des Gitters, aber wir beachteten ihn nicht.

Demonstration in München, April 1919

»Ich hätte nicht hierherkommen sollen«, sagte Strasser; »es war genug am Theater zu tun. Wir könnten heute abend schon irgend etwas aufführen; die Räuber; oder ein Stück von Georg Kaiser; und die Tore offenlassen; kein Eintrittsgeld; du würdest sehen, wie sie die Revolution liebten.«
»Panem et circenses«, sagte ich leise. Ich sagte es ohne Spott.
»Recht«, sagte Strasser, »deshalb halten sich Diktaturen immer länger als Republiken.«
Der alte Mann hinter dem Gitter fuhr fort, Zeichen zu geben; ich ging nun näher. »Was wollen Sie?« fragte ich freundlich.
»Die Experimente«, stotterte der Mann. »Ich habe seit sieben Wochen gemessen; wenn man mich nicht hineinläßt, ist die ganze Arbeit für die Katz.«
»Für die Katz«, wiederholte Strasser lachend. »Lassen wir ihn ein!«
Wir öffneten einen schmalen Spalt der Tür. Der alte Mann drückte sich hindurch, ohne viel auf Würde zu bestehen; es schien ihm wirklich nur um seine Experimente zu gehen.
Ich führte ihn zu G. W. Klein und erklärte ihm sein Begehren. »All Ihre Experimente sind falsch«, sagte G. W. Klein. »Sie zweifeln nicht einmal an den Gravitätsgesetzen, nicht wahr? Wenn Sie könnten, würden Sie wahrscheinlich Planck verbrennen lassen, nicht wahr?«
Es war lächerlich, daß in diesem Augenblick des Umsturzes die neue Quantentheorie von Planck eine Rolle spielen sollte; G. W. Klein wußte von ihr sicher nur so viel, daß sie auf die moderne Wissenschaft einen ähnlichen Einfluß ausüben würde wie die Erkenntnisse Galileis. Es war bezeichnend für die oberflächliche und doch instinktsichere Spengler-Schule, daß G. W. Klein von Fachwissenschaften verblüffend sicher reden konnte, ohne mehr als ihre wahrscheinlichen, neuen Schlußfolgerungen zu ahnen.
Der Professor stand erstaunt vor dem jungen Rebellen. »Ich habe nur mit Experimenten zu tun«, sagte er, »und was herauskommt, kann ich erst am Ende sagen.«
G. W. Klein nickte verächtlich; dann sagte er unvermittelt: »Und wie stehen Sie zur Revolution?«
Es war wie ein Boxschlag unters Kinn; der alte Mann wankte tatsächlich, dann sagte er: »Ich bin unpolitisch; das alles wird vorübergehen; ich habe damit nichts zu tun.«
»Das gibt es nicht!« brüllte G. W. Klein. »Setzen Sie ihn auf die Liste!« Er wandte sich nach rechts zu der kleinen Sächsin, die er zu seiner Sekretärin ernannt hatte.
Ich sah schnell auf das Blatt, das sie beschrieb; sie hatte ein schwarzes Kreuz oben angebracht; sie schrieb nun den Namen des Professors darunter.
»Sie können gehen«, sagte nun G. W. Klein; ich führte den Mann hinaus. Als ich draußen im Korridor stand, fühlte ich mich erleichtert.
»Wo sind Ihre Laboratorien?« fragte ich.
»Nach der Westseite hin«, sagte schüchtern der alte Mann. »Gehen Sie«, sagte ich. Der alte Mann verneigte sich ungebührlich tief und rannte in den Korridor hinein. Mir schien, daß ihm die Tränen in die Augen geschossen waren.

Ich stand noch nachdenklich da, als von dem Gitter der Ostseite her ein wildes Geschrei anschwoll. Ich stürzte die Halle entlang und fand Strasser in homerischem Schimpfgespräch mit einer Horde Studenten, die die Gitter in hilflosen Händen schüttelten.
»Es sind die Weißen«, sagte Strasser. »Du siehst, wie frech sie sind und was sie von uns halten.«
Steine pfiffen durch die Gitter. Strasser hob seine Pistole und schoß in die Decke; der Schuß hallte mit vielen kleinen Echos aus dem Gebäude zurück; die weißen Studenten stoben fluchend auseinander.
»Wir kommen mit Waffen zurück!« schrien sie.
»Warum versuchst du nicht, Landauer zu benachrichtigen?« fragte Strasser. Gustav Landauer war zum Kommissar für Kultur ernannt worden. »Wir brauchen Gewehre; lange können wir unsere Position nicht halten.«
»Ich habe den Schlüssel zur Westseite«, sagte ich. »Ich werde ihn aufsuchen gehen.«
Ich fand Landauer im leeren Wittelsbach-Palais; er hörte mich an, erklärte, daß er uns keine Waffen geben könne; hätten wir nicht andere Instrumente, unsere Altersgenossen zu überzeugen? Ich lief zur Universität zurück. Die Gitter waren immer noch geschlossen. Als ich meinen Schlüssel einlassen wollte, sprangen mehrere Studenten in Mützen heran. Ich starrte sie fassungslos an: Die nationalen Gruppen hatten uns vertrieben! Der alte Physikprofessor hatte ihnen heimlich geöffnet.

Am nächsten Tag begann die Hysterie einer Stadt, die ›befreit‹ wurde.
Es sind viele Städte seitdem ›befreit‹ worden; wenige aber von einem so unbedeutenden Feind, der gleicher Abstammung war. Die Zeitungen nannten es »die Reinigung von dem roten Gesindel«. Die württembergischen Soldaten, die die ›Reinigung‹ vollzogen, brüsteten sich damit, daß es eine biblische Rache war. »Auge um Auge, Zahn um Zahn«, sagte ihr Plakat.
Das Gros der Bevölkerung hätte das kleine Häufchen der Roten vielleicht schalten lassen. Hätten sie gesiegt, so hätte sich die Bevölkerung auch gefügt. Aber nun erschienen die anderen, und das entschied über die Revolution; die tausend Arbeiter, die Toller und Landauer nachgefolgt waren und mit den Gewehren nicht ihre Quartiere, sondern ähnlich wie in Berlin einige offizielle Gebäude verteidigten, waren mit einemmal auf einer Insel, an die von allen Seiten der Sturm tobte. Wenn einer sich aus den besetzten Gebäuden verirrte, konnte er damit rechnen, daß er von einer wartenden Menschenmenge ergriffen und zerstampft wurde; vor einer Woche noch war die Stadt ohne jede Leidenschaft gewesen; aber die Zeitungen hatten das ihre getan.
Ich wurde in der Königinstraße verhaftet; es war entwürdigend, weil es dumm war; die Soldaten bestanden nicht einmal auf einer Leibesvisitation; ich hatte lange Haare – das genügte als Indiz. Aus dem nahen Garten hörte man die Schüsse der Hinrichtungen.
Ich stolperte, von Gewehrkolben gestoßen, bis zur nächsten Ecke, wo ich zu meinem Erstaunen einen ganzen Haufen Gefangener antraf.

Von Weißgardisten gefangengenommene Rotgardisten

Vier Soldaten bewachten sie. »Noch einer!« sagten die Soldaten und stießen mich auf die Gruppe zu.

Wir standen ziemlich gedrückt eine Viertelstunde auf dem Platz, als etwas Merkwürdiges geschah: Es mußte unter den Gefangenen ein Mitglied der roten Regierung gewesen sein. Ich hörte, daß einer flüsterte: »Türme!« Er flüsterte noch drängender: »Los! Ich werfe mich zwischen die Gewehre.« Dann kam ein Wagen um die Ecke gebraust.

Es ging alles sehr schnell. Man konnte denken, ein Betrunkener sitze am Lenker; der Wagen sprang auf den Bürgersteig zu und faßte die erste Wache, torkelte dann zurück auf die Straße und stieß zwei andere nieder. Der letzte Soldat floh, sein Gewehr erschrocken in die Straßenrinne werfend.

Wir stoben auseinander; ich setzte über die kleine Mauer, die mich vom Englischen Garten trennte, und stand vor einem schmalen, aber wasserreichen Bach. Ich watete hindurch und klomm das moosbewachsene Ufer hinauf.

Verblüfft blieb ich dann oben stehen. Der Frühling, o mein Gott, das war der Frühling! Grüne Wiesen weit und breit. Schlüsselblumen, Vergißmeinnicht, Flaum von Blättern an den Bäumen. Stille, auf leichtem Wind treibend.

Ein Mann trat aus einem Busch. Er war in Zivil, hatte aber eine weiße Armbinde an; an seinem Gürtel hing eine Pistole.

»Hier werden Sie erschossen«, sagte er freundlich zu mir. »Sie können hier nicht weiter.«

Ich sah an dem Mann vorbei hinauf zu dem kleinen Tempel griechischen Stils, der einen Grashügel schmückte; Männer wurden eben dort aufgestellt, es ging sehr rasch. Eine Salve bellte, man sah Pulverdampf, man sah die Schützen nicht,

aber die aufgestellten Männer fielen vor den griechischen Säulen nieder wie die Zinnsoldaten.
Die Detonationen waren kurz wie die von Auspuffgasen eines Autos. Siebenmal puffte es.
Der Zivilist mit der Armbinde sagte: »Da kommen neue!«
Ich trat zur Seite und wandte mich um. Sie kamen langsam. In der gleichen halbgeordneten Gehweise kamen sie. Zwanzig hutlose, kragenlose Zivilisten, angeführt von zwei Württembergern im Stahlhelm; auch ein Schornsteinfeger war unter ihnen.
Ich trat in die Wiese hinein. Einen Augenblick war ich entschlossen, nachzugeben und mich dem Zug anzuschließen. Ich weiß noch heute, daß es wie ein Lustgefühl war. Aber da erkannte ich unter den Gefangenen Strasser, den Theaterreferenten und Schriftführer unseres Studentenbundes. Strasser, der das Staatstheater hatte übernehmen wollen, um es ›von Grund auf zu revolutionieren‹. Strasser, der den Hamlet im Smoking und den Geist in preußischer Uniform wollte auftreten lassen. Strasser, der sagte: »Es ist alles Theater, aber es soll kein Schmierentheater sein.« Da ging er nun, und alles war eine blutige Provinzschmiere! Weil er die Hörsäle der Hochschule den Söhnen der Arbeiter hatte öffnen wollen, wurde er nun von denselben Arbeitern über den Haufen geschossen. Schlimmer noch: von den Söhnen selbst.
Ich sah dicht vor mir die Gesichter der vorderen Garden. Der Sohn des Ziegelbrenners. Der Sohn des Drehers. Der Sohn des Bergmannes.
Ich wagte auf Strasser zu schauen. Ich wollte mich vergiften an der Bitterkeit, die im Gesicht des Freundes sein mußte. Aber Strasser überraschte mich durch die aufregendste Geste, die er hätte machen können. Er sah schnell weg von mir, indem er einen Finger an den Mund legte: Vorsicht, Feind in der Nähe – so hieß das. Vorsicht, nichts verraten! Wen verraten? Was verraten? Es war Wahnsinn; es war paradox; und doch war es groß, war römisch, war voll einer gespenstischen Würde.
Ich zog sofort ein gelangweiltes Gesicht; ich wollte Strasser zeigen, daß ich seinen Wunsch achtete. Strasser sollte seinen ›guten Abgang‹ haben – war nicht so das Wort in der Theatersprache? Ich gähnte sogar und hob die Hand vor den Mund. Dann drehte ich mich um und ging langsam zur Stadt zurück.
Meine Ohren waren weit geöffnet; ich wartete auf die Salve, die Strasser töten mußte. Ob es nun ein günstiger Wind war oder eine Verzögerung der Hinrichtung, es kam keine Salve. Ich ging und ging, aber nur der Vogelgesang war in der Luft. Es war Frühling.

Ich saß im ›Donisl‹, einem korridorartigen Bierlokal, das die ganze Nacht geöffnet war und in dem die Münchener ihre Feste gegen Morgen zu beenden pflegten. Es roch nach Urin und Bier. »Es fehlt nur noch das Blut«, sagte ich vor mich hin. Ich dachte an Strasser.
»Denn Brutus war ein Edelmann«, sagte ich in meinen Bierkrug hinein. Ein Mädchen rutschte auf der Bank an mich heran und bat um eine Zigarette.
Ich sah sie mit leerem Blick an.

Für die letzte Aprilwoche des Jahres 1919 geplante und plakatierte Vorlesungsreihe an der ›Proletarischen Übergangshochschule‹. Ein früherer ›vorläufiger Stundenplan‹ für die geplante Arbeiter-Abendschule in der Universität nennt neben Otto Thomas auch Gustav Landauer als Dozenten

Ferienkurse in der Universität

Proletarier!

Die angekündigten Vorträge in der Universität über die wissenschaftlichen Grundlagen des Kommunismus werden fortgesetzt.

Es spricht:

Genosse Bönheim

Mittwoch, den 23. April

Bolschewismus

Genosse Otto Thomas

Die Einführung in die sozialistische Literatur

Donnerstag, den 24. April

1. Methodische Literatur

Samstag, den 26. April

2. Revolutionäre Literatur

Montag, den 28. April

3. Ökonomische Literatur

Genossin Friedjung

Dienstag, den 29. April

Bolschewismus und Demokratie

Alle Vorträge finden statt im Auditorium Maximum abends 7 Uhr.

Der revolutionäre Hochschulrat.

»I came to bury Caesar, not to praise him«, sagte ich in das Gesicht des Mädchens; ich wollte mit dem Zitat den toten Freund ehren. Aber war er denn tot?
»Mir fehlt allerdings die Bahre«, sagte ich. Das Mädchen rückte stirnrunzelnd von mir weg. Ich zahlte und ging. In der Tür hielt ich meinen Kellner an, der gerade ein Bierfaß anstach.
»Wo ist der Weg zum Ostfriedhof?« fragte ich.
»Habense's so eilig?« sagte er ironisch.
»Ich muß Strasser finden«, sagte ich und war mit einem Male wieder nüchtern.

Auf dem Friedhof hatte man die Treibhäuser ausgeräumt, um Platz für die Leichen zu haben, die noch ständig von Lastwagen herbeigefahren wurden.
Man war dabei, die Leichen in die Kästen zu stopfen; einige waren schon gefüllt; rote Rinnsale sickerten durch die Ritzen hindurch. Ein kräftiger Mann mit einem braunen Bart brach den Toten die Gelenke, wenn sie nicht in die Kästen paßten; es war ein harter Ton zuerest, dann ein nasser.
Als er mich erblickte, wischte er sich mit blutigem Handrücken den Schweiß von der Stirn und sagte mit einer tantenhaft freundlichen Stimme: »Wenn's jemand suchen, gehens' dort nach links!«
Ich ging nach links. In langen Reihen lagen sie. Die meisten waren gekrümmt und hoben dem Besucher offene Brüste entgegen. Im Hintergrund standen feierlich die zusammengeschobenen Lorbeerbäume, die normalen Beerdigungen als Hintergrund dienten. Ich sah in der Reihe der Toten eine graue Litewka, wie Strasser sie getragen hatte. Ich ging die Reihe ab, bis ich zu dem Mann mit der Litewka kam; mein Herz schmerzte in einem bitteren Aufwallen, ich grüßte, es war wie eine Entschuldigung; dann neigte ich mich vor, um Strasser ins Gesicht zu sehen.
Strasser hatte kein Gesicht mehr. Der zerrissene Kopf höhnte jedem Namen, den man ihm geben konnte. Ich ließ mich nicht höhnen. Ich wußte, daß Strasser im Krieg zwei Finger der rechten Hand verloren hatte. Ich kniete nieder und hob den rechten Arm, daß er Zeugnis ablege für den Mann, den ich suchte.
Aber auch der Arm höhnte mich. Der Arm hatte keine Hand mehr.
Ich starrte hilflos auf den Stumpen, der aus dem Ärmel herausrutschte, und fühlte mich taub, als wäre ich ein Tier, das zuviel geschlagen worden war. Dies war Teufelswerk! Ich fand, daß man zuviel von mir verlangte.
Im Hintergrund tönte eben die tantenhaft freundliche Stimme des Totengräbers: »Es sind Rote und Weiße; wir haben alles zusammengeworfen; bleibt sich ja auch gleich.«

Am nächsten Tag verließ ich die Stadt. Ich hatte mich erinnert, daß ein Freund von einer Frau gesprochen hatte, die im Isartal eine Siedlung gegründet habe. Nur zwei Schriftsteller habe sie in ihr Waldhaus mitgenommen: Jean-Jacques Rousseau und Tolstoi: sie lebe ihnen nach.
Ich stieg die Hügel des Isartales hinauf; in einem Dorf hielt ich an und fragte nach dem Weg; am Haus des Ortsvorstandes war ein Steckbrief angeschlagen; er galt Toller; 5 000 Mark waren auf seinen Kopf gesetzt.

Eine halbe Stunde später war ich bei dem Haus der Siedlerin. Es war zweistöckig und lag in einer unsauber gerodeten Schneise.
Ein Hund stürzte mir entgegen und fletschte die Zähne, beruhigte sich aber, als ich ihm die Brotkruste hinwarf, an der ich unterwegs gekaut hatte.
Auf die Vortreppe des Hauses trat ein schlankes, dunkelhaariges Mädchen in olivfarbenem Samtkleid, das ihr bis über die Fesseln reichte. Ihr Gesicht war oval und endete in einer hohen Stirn, deren Schönheit beeinträchtigt wurde durch die Haartracht, die wie das olivgrüne Kleid einen fremden Stil nachahmte: etwas Griechisch-Wallendes, zusammengehalten durch ein germanisches Kupferschmuckstück.
Ich sagte »Heil«, wie mein Freund es mir empfohlen hatte; es war der Gruß der deutschen Wandervögel und der aus ihr entstandenen Studentenbewegung, die sich ›freideutsche‹ nannte; sie lasen auf Bergtürmen Nietzsches Zarathustra und neuerdings Spenglers Untergang des Abendlandes; das Mädchen vor mir las, wie ich bald feststellen mußte, die Bhagavad-Gita und Meister Eckart, den deutschen Mystiker.
»Ich heiße Lily«, sagte sie und trat zur Seite, um mich eintreten zu lassen. Es war ein sanftes Unterstreichen in ihrer Geste; sie wollte damit sagen, daß man in diesem Hause nichts auf Formalitäten gebe.
Für den Verfolgten war diese Geste wie Balsam. Ich stieg die Treppe hinauf, und da trat auch schon ›die Siedlerin‹, eine schlanke Vierzigerin mit ergrauendem Haar, auf die Schwelle; ihr Gesicht war bleich; sie trug ein blaugraues Hemd, das von einer braunen, gedrehten Schnur zusammengehalten wurde. Sie sah mich mit jenem gütigen Missionarblick an, der in erster Linie sagen will: »Sieh doch, wie anders ich bin!«
Ich neigte den Kopf. »Ich bin auf der Flucht«, sagte ich und versuchte, soviel Demut wie möglich in meine Stimme zu legen.
»Ich bin die Thierbach«, sagte die Grauhaarige.
»Das Abendbrot ist bereit«, sagte Lily von hinten.
Ich wollte meinen Namen nennen, aber die Thierbach hob beschwörend die Hand: »Du bist der namenlose Gast«, sagte sie. »Es gibt Bohnen mit Honig«, sagte sie, »wir fanden eine Wabe im Wald.« Sie ging feierlichen Schrittes ins Haus.
Ich wollte, daß auch Lily voranginge, aber sie sah mich aus kalten Augen an: »Du kommst von der Räterepublik«, sagte sie streng. »Gesteh's!«
»Sind Sie eine Polizistin?« fragte ich in müdem Ton.
»Eine Tänzerin«, sagte Lily, überrascht von meiner Lethargie.
»Na, also«, sagte ich und ging ins Haus.
Ich kam gerade zurecht, um zu sehen, wie der Hund vom Tisch sprang, wo er die Schüssel mit Bohnen und Honig leergeschleckt hatte.
Die Thierbach sagte vorwurfsvoll: »Pips!« Dann wandte sie sich zu Lily: »Das arme Tier; es muß Hunger haben.«
Ich sah Bitterkeit im Gesicht der Tänzerin und das Aufflammen von Haß. Dann aber sagte sie in einem Ton, der falsch und weich war wie ihr Samtkleid: »Laßt uns meditieren statt dessen! Der moderne Mensch ißt sowieso zuviel!«
Ich sah auf die leere Schüssel, an deren Rand noch zwei braune Bohnen klebten.

Ich war in der Höhle der Falschheit angekommen, aber ich wollte es nicht zugeben. Ich war in Gedanken in München. Ich hatte es zum Garten Eden machen wollen; aber es war der Englische Garten mit Hinrichtungen daraus geworden.
Ich fand auf der Nordseite des Hauses einen dichten Wald. Schon am nächsten Morgen lief ich in seine Tiefen und blieb bis zum Abend. Ich fühlte mich geborgen, solang ich dort umherirrte. Vielleicht lag es an diesen verzweigten Wurzeln, die aus der Erde kamen und soviel Grund umfaßten. Flüchtlinge lieben Bäume; sie sind das Symbol des Halts.
Ich ging langsam und faßte die Stämme an. Einmal lichtete sich der Wald, und ich hörte Glocken läuten. Eine weiße Kirche rief aus einem Wiesengrund, und da waren auch die Stimmen um mich!
Die Revolution war stumm gewesen; keine Fahnen, keine rasenden Tanks; keine Massen vor den Palästen, keine Lenins auf den Balkonen. Nichts als stumme Straßen. Aber nun hörte ich plötzlich die Revolution schreien. Die Männer, die ich hatte fallen sehen wie hilflose Bäume, schrien: »Auch wir waren getauft bei Glockenklang; als wir starben, gab es keine Glocken mehr. Beweist das etwas? Es beweist etwas. Was beweist es? Daß wir dieses Ende verdient haben. Warum haben wir dieses Ende verdient?«
Ich rannte zurück in den Wald. »Ihr habt es nicht verdient«, brüllte ich. Mein Schrei fiel durch die Stämme ins Leere wie durch ein Sieb.

»Toller ist noch immer nicht gefunden«, sagte Lily, als ich heimkam. Ich nickte dankbar. Sie war gütiger, als ich geglaubt hatte.
Sie stieß den Hund beiseite, der nach ihrem Brot geschnappt hatte; dann sagte sie leise: »Leviné ist heute erschossen worden. Er hat in die Gewehre gerufen: ›Es lebe die Räterepublik!‹ Ich frage mich, wann mal einer kommt, der schreit: ›Es war alles Unfug – ist keinen Tod wert!‹ « Sie nahm einen neuen Löffel Suppe. »Es wäre so ungleich tapferer«, sagte sie grimmig.

»Wo ist Landauer?« fragte ich am nächsten Morgen. Lily zuckte nur mit den Schultern; Sätze seines Shakespeare-Buches kratzte ich aus meinem Gedächtnis; es kam mir vor, als könnte ich so des Mannes Unsterblichkeit retten: indem ich seine Weisheit nachsprach, indem ich mit ihm wieder durch den Wald des Sommernachtstraumes ging! Und Landauer ging schließlich wirklich neben mir: eine hohe Gestalt, deren Finger die Blätter der Bäume liebend streichelten.
Als ich am Abend etwas ruhiger zurückkam, erwartete mich Lily an der Außentreppe. Sie spielte Gitarre. Sie tat, als erwachte sie, als ich kam. Sie legte die Gitarre vor sich auf ein Blumenbeet; sehr behutsam tat sie es.
»Es ist ein Lebewesen«, sagte sie. Ich fühlte, daß ich sie verletzen sollte. Ich blickte auf das Instrument. »Ich bin Landauer im Wald begegnet«, sagte ich dann.
»Da mußt du seinem Geist begegnet sein«, sagte sie mit ironisch geschürzten Lippen. »Sie haben ihn gestern gefangen.«
Ich lehnte mich an die Wand, um nicht umzufallen; es war ein zu brutales Erwachen aus dem mühsam erzwungenen Wachtraum, aber Lily gab mir keine

Gnade. »Er hat es wahrscheinlich zuerst gar nicht gemerkt«, sagte sie. »Sommernachtsträumer!«
Ich starrte in den Wald; das Licht der untergehenden Sonne war um uns. Lily fuhr fort: »Plötzlich steht ihr da und wundert euch. Ihr habt euch den Eselskopf der Utopie aufgesetzt. Er hat ihn auch aufgehabt, als sie ihn herumjagten im Gefängnishof von Stadelheim. Er hat ihn sich nicht mehr abreißen können; er war angewachsen. Die andern aber haben an ihm gerissen. Sie haben ihm den Bart ausgerissen, hörst du!« Sie schrie jetzt. »Ich habe es von einem Soldaten, der dabei war. Er sprach am Marktplatz von Pupplinghausen davon. Er war ein guter Erzähler. Willst du mehr wissen?« Ihr Gesicht war nun heiß von ihrem Zorn. »Sie haben ihm die Hose heruntergerissen und ein Gewehr in seinen After gesteckt und das Gewehr in seinen Körper entleert; einige Kugeln sollen zum Gehirn herausgekommen sein.«
»Schweig!« brüllte ich, aber mein Schrei war Öl auf die flammende Seele der Tänzerin.
»Es sind dreitausend Arbeiter mit ihm zusammen erschossen worden. Sie sollen sich beklagt haben, daß man sie im Stich ließ. Sie sollen geschrien haben, daß sie es nicht gewollt haben. Dein Landauer hätte es wissen sollen. Man träumt nicht auf Kosten der Menschen. Wer will Freiheit? Sie wollen ihre Ruhe und ihren Lohn, ihr Bier und ihren Rettich. Und sie wollen ihr Land behalten. Deine großen Männer wollten es anders an ihren Kaffeehaustischen; sie sind Literaten. Ich sage nicht, daß sie alle Juden sind – oder waren. Ich selbst bin Jüdin, aber keine, die träumt, auf Kosten der andern!« Sie bückte sich und nahm ihre Gitarre wieder auf. »Mir ist dieses Land so nah und so fern wie der Nordpol. Ich habe meine Bücher über Indien; dort habe ich gelernt, mich nicht in die Politik zu mischen; das ist auch ein jüdisches Erbe; es sind Tagesdinge; wir sind zu alt dazu. Sag das deinem Toller, wenn du ihn je wiedersiehst!«
Ich unterbrach sie: »Ist er auch …?«
»Noch nicht«, sagte sie und ging langsam ins Haus.

Ich ging ein letztes Mal in meinen Wald. Es wurde eine jener Nächte, die nicht enden, denn mit einemmal wußte ich, was für eine grauenvolle Sache Zeit war.
Zeit war ein Bleigewicht für den, der sich selbst nicht vergessen konnte. Zeit war der Brunnen, in den der Schrei der Eule fiel wie ein schwarzer Blutstropfen. Zeit war das Rascheln der Blätter des Vorjahres, die verfaulend neues Leben schafften. Zeit war der Schritt des Doppelgängers, der Schritt aller verstorbenen Freunde, war das Gelächter der Feinde, war das Rieseln von Sand im Unterstand, war das Zerfasern des eigenen Selbst.
Ich ging viele Stunden. Die Grillen sangen und zersägten mich in kleine Stücke; was blieb da noch übrig von dem jungen Mann, der durch den Wald seiner Verzweiflung lief?
Gegen Morgen fiel ich vor Müdigkeit um und fühlte nur noch, daß sich ein Busch freundlich um mich schloß.

Egon Wertheimer
Verteidigung

An das Rektorat der Universität München

Betreff: *Vergehen des Studierenden der Staatswissenschaften Egon Wertheimer gegen § 54 Abs. 2 der Satzungen für bayrische Universitäten*

Der Termin, der mir zur Verantwortung gestellt war, mußte aus besonderen äußeren Umständen überschritten werden. Zwei darauf bezügliche Mitteilungen gingen dem Rektorate telegraphisch zu. Ich erwarte, daß die Voruntersuchung im Disziplinarverfahren gegen mich nicht abgeschlossen wird, bevor in meine Darstellungen Einsicht genommen werden konnte.

Im folgenden müssen Feststellungen allgemeiner Art mit solchen persönlicher Natur verbunden werden: Verantworten heißt hier Sich-Bekennen. Nicht so mehr, um die Kontinuierlichkeit einer Entwicklung darzustellen, als um der für das spätere zu fordernden Glaubwürdigkeit willen wird eine Darstellung meiner Haltung während des Krieges, so ungern das prinzipiell geschieht, vorausgeschickt.

Als Soldat beinahe ohne Unterbrechung Frontdienst leistend, Offizier seit 1916, eingeordnet in die Gedankenwelt derjenigen, die für eine gerechte Sache zu kämpfen glaubten. Bereit und gläubig, solange Verteidigung letztes Ziel war. Bis vor das Bild des Vaterlands sich eine fremde Ideologie schob, falsches Spiel von Staatsmännern und Lüge von Feldherren sichtbar, die reine Verteidigungsabsicht des Krieges zweifelhaft wurde. Schon machte werdende Hellsichtigkeit vor keiner Konsequenz mehr halt; die Frage nach dem Sinn der Opferung wurde fordernder. Das entgötterte Bild des Staates zertrümmerte. Trotzdem blieb man, setzte sein Leben ein, nicht *mit* dem, was als offizieller amtlicher Apparat des Obrigkeitsstaates über Volk und Vaterland gestellt war, sondern *trotz*dem. In solchem persönlichen Erlebnis lag schon keimhaft Bereitwilligkeit für das Kommende. Das Ende des Jahres 1917 bedeutete Bewußtwerden dieser Antinomie: bluthaftes Ehrgefühl und abstraktes Pflichtgefühl (Kriegsopferung, die von ihrem überindividuellen Sinn nichts abgeben wollte). Andererseits: wachsende Einsicht in die Notwendigkeit des Zusammenbruchs eines Systems, das aus seiner Struktur heraus des Volkes Vertrauen grenzenlos mißbrauchte.

Der solcherart zur Klarheit Findende stand einsam inmitten von Blinden, und seine Abwendung, die nun erfolgte, hatte nichts gemein mit der Gesinnung der aus Verärgerung ins Hinterland Flüchtenden, vom Krieg ermüdet, den Krieg Verfluchenden. Noch war die Kriegsmaschinerie unüberwindlich, man mußte fürchten, einen Untauglicheren hinauszustoßen, wenn man sich in die Heimat schlug. So blieb ich, im Technischen des Krieges mich steigernd, wurde Luftschiffer, Flieger. Erhielt sechste Kriegsauszeichnung, Fliegerabzeichen. Februar

1918 nach München beurlaubt, sah ich, ungeheure Mahnung, unter Eisner streikende Arbeiterbataillone marschieren. Brach schließlich zusammen, verfaßte in Lazaretten ein Manifest gegen den Militarismus, das niemand zu drucken wagte; fühlte zehnfach, zum Schweigen verurteilt, Mitschuld am Verbrechen der immer neu in den Tod gehetzten Brüder hüben und drüben. Indes sahen diejenigen, die bestellt waren, über den Geist zu wachen, von den Denkgewohnheiten vergangener Jahrhunderte umschlossen, nichts von dem Entscheidenden, das in der Tiefe der Nation vor sich ging: aus gesicherten Positionen erließen sie Manifeste, bis zum Endsieg und den damit verbundenen Annexionen auszuharren. Kein Wunder, daß das Volk seither ihrer Legitimität, in Sachen der Zeit mitzureden, aufs tiefste mißtraut. – Herbst 1918 fand ich mich, in München, mit Kriegskrüppeln, Invaliden, vom Krieg seelisch und körperlich mißhandelten Menschen zu dem Zuge der in der Nacht vom 6. auf 7. November das alte Regime stürzte; folgte wenige Tage darauf einer Aufforderung des neuernannten bayerischen Finanzministers Professor E. Jaffé als dessen Sekretär ins Finanzministerium und war dort durch mehr als drei Monate ehrenamtlich tätig.

Die eine der Wurzeln des Umsturzes wurde sichtbar; und wenn auch die Militärrevolte in ihrer Auflehnung gegen sinnloses Morden, ihrer Aufkündigung traditionellen Vertrauens und ihren Zügen von Ressentiment nicht identifiziert zu werden vermag mit dem Klassencharakter der sozialen Revolution – so ist ihr tatsächliches Überschnitten-Sein von ihr und zeitliches Über-Fließen in sie doch Beweis für die tieferen gemeinsamen Wurzeln. Aber der Umfang dieser revolutionären *Periode*, in die wir eingetreten sind, ist damit noch nicht abgesteckt: parallel mit der allmählichen Auflockerung der Lebensverhältnisse, aber weit darüber hinausgehend, von der Treibhausatmosphäre des Krieges begünstigt, ist die tiefe Erschütterung im ganzen Umkreise der geistig-rechtlichen Beziehungen Ereignis geworden. Damit erst tritt diese Revolution in ihr entscheidendes Stadium ein; von überall her strömen ihr Kontingente neuer Menschen zu und verbreitern sie; ohne immer auch von der Ideologie des Klassenkampfes aufgesogen zu werden, haben sie sich doch vom Bürgertum geistig abgewendet und arbeiten, solcherart eingestellt, in Kunst, Wissenschaft, an Volksaufklärung und einer neuen Art von Volksbildung. Daß hier für das Schicksal der Zeit Entscheidendes geschieht, gründet seinen festen Glauben auf einen sicheren Instinkt für geistige Realitäten. Dieser Glaube sieht in den heute in Umschichtungen begriffenen und nicht in den heute beharrenden Kräften diejenigen, welche zukunftweisende Merkmale in sich tragen, sieht somit vielfach dort, wo andere Betrachtungsweise hoffnungslosen Zerfall feststellt, nur notwendigen Sturz, in gewissen entschiedenen Forderungen Umrisse zukünftiger Welt: und nur von hier aus Möglichkeiten neuer menschlicher Beziehungen, die auf neuer Gläubigkeit beruhen.

Zwei große Ströme scheinen zueinander zu fließen; vermeintliche Widersprüche lösen sich in tieferem Zusammenhang: von der Ideologie des Klassenkampfs und ihrer tragenden Idee der Arbeit wird eine Brücke sichtbar zu gewissen geistigen Ballungen der Zeit, die ganz verkürzt und durchaus unzulänglich in einer zusammenfassenden Formulierung mit Ideenwelt des Expressionismus umschrieben werden soll. Gemeinsame Bewegungsrichtung ist deutlich, Einheit letzter Ziele noch nicht erwachsen. Aber wann war je letztes Ziel einer Bewegung den Bewegenden selbst sichtbar? Es gibt unter uns solche, und es sind nicht die Schlechtesten, die glauben, daß dort, wo die Ströme ineinanderfließen, die große religiöse Erneuerung Tatsache geworden sein wird. Nicht um ihres bloßen Vorhandenseins willen wird somit die Zeit-Bewegung bejaht, sondern aus der Überzeugung heraus, daß sie eine kulturell bedeutsame Menschheit-Epoche einleitet.

Für denjenigen, der alle Probleme der Zeit aus solchem Gesichtswinkel beurteilt, wird die Verpflichtung offensichtlich, sich um den Menschen mehr zu kümmern als um seine Verumständung. Eine Auffassung, welche die geistige Form als ein notwendiges Produkt der wirtschaftlichen Grundlage betrachtet, muß ihm geeignet erscheinen, die Verwirrung zu mehren; indem sie dazu führe, die Umgestaltung lediglich auf ökonomischer Basis einzuleiten, züchte sie einen Entwicklungsfatalismus, dessen Folgen nicht abzusehen seien. So schreibt er einen Anteil am inneren Chaos jenes Landes, das als erstes an die Umwandlung der Gesellschaftsordnung geschritten war, dieser Einstellung zu: die neue Form ist durch den zu ihrer Aufrichtung notwendigen Menschen gefährdet, und selbst die ungeheuersten Opfer vermögen nur dann solchen Zirkel, in welchen jede bloß ökonomische Revolution gerät, zu überwinden, wenn außer ökonomischen Notwendigkeiten und den damit zusammenhängenden Massendispositionen noch andere Kräfte aus der Zeit heraus zu (selbst)bewußter Wirksamkeit kamen. Mit Selbstverständlichkeit trafen sich Gleichgesinnte. Aus der sozialen Eingliederung in den Universitätskörper ergab sich die Einstellung auf das *höhere* Bildungswesen. So fanden die Bildungsbestrebungen der sozialistischen Akademiker zu ihrem Kreis, so zu ihrer Aufgabe. Zu persönlicher Ergriffenheit kam entscheidende Aufmunterung aus dem Kreise von Lehrenden aller Art, kam die Verbindung, die mit der ernsten Arbeit der ›Gesellschaft für Neue Erziehung‹ aufgenommen wurde.

Man ging an die Konkretisierung der Forderungen. Das Hochschulprogramm Professor Schmid-Noerrs gab wesentliche Züge. Die Formulierungen, auf die man sich einigte, haben die Bedeutung eines Entwurfs. Sie sind Zeugnisse eines aufs Positive gerichteten Geistes, sind – unabhängig von Parteiprogrammen – Dokumente der Mitverantwortung für das Schicksal der Zeit, der sie entgegengestellt wurden. Dies ist der Umriß des Programms:

Für Zentralisation des gesamten höheren Bildungswesens (Präferenzstellung der geisteswissenschaftlichen Disziplinen), für eine neue grundsätzliche Auseinandersetzung der Beziehungen von Wissenschaft und Lehrbetrieb innerhalb der Gesamthochschule, gegenseitige Durchdringung und Sicherstellung ihrer spezifischen Aufgaben auf neuer Basis –

gegen den Klassencharakter der Hochschule, für gerechte Auslese der Lehrer und Lernenden. Gegen die überlebten Organisationsformen, für die Umformung der Universität zu einer Genossenschaft der Dozenten und Studenten, mit Beteiligung der letzteren an der Verwaltung.

Für unsere Arbeit an der Umgestaltung der höheren Schule sollten Professoren und Studenten gewonnen, die Arbeiter interessiert, in großem Umfang öffentlich agitiert werden. Die Untätigkeit der neuen Regierung auf dem Gebiete des Erziehungswesens war uns Mahnung und Symbol; gewisse Rückbildungserscheinungen zeigten uns, welches Schicksal der deutschen Revolution drohte, wenn nicht alle Kräfte eingesetzt würden. So waren wir entschlossen, jede Gelegenheit zu nutzen, um unseren Forderungen allen möglichen Nachdruck zu verleihen.
In dieses Stadium unserer Bestrebungen fiel die Ausrufung der bayerischen Räteregierung. Der uns verehrungswürdige Schriftsteller und, seit Kurt Eisners Tod, wichtigste Mann der deutschen Revolution, Gustav Landauer, war zum Volksbeauftragten für Unterricht ernannt worden. Ihm stellten wir unser Programm und unsere Kräfte zur Verfügung. Landauer gab uns die gewünschten Vollmachten. Als wir nun unter so ungewissen Umständen an die Verwirklichung gingen, wußten wir, daß Voll-Macht noch nicht gleichbedeutend sei mit Macht, wußten wir, daß Macht, zur Gewalt strebend, deren Verführungen in sich trägt – wußten wir aber auch, daß Geistiges von einem Wollen in den Kreis des Lebens hineingestoßen fortwirkt, wenngleich die sichtbare Verwirklichungsbewegung längst zu Ende kam.
Träger der Aktion war der Revolutionäre Hochschulrat, für dessen Handlungen ich als Mitglied des Sechserrates mit verantwortlich bin. Die Einzeltatsachen sind dem Senat bekannt; im allgemeinen fällt in diesen Abschnitt der vergebliche Versuch, mit Dozenten und Studenten gemeinsam die Umformung der Hochschule einzuleiten, fällt der schließliche Abbruch der Verhandlungen. Meine Mitwirkung ist durchaus zentral bestimmt und läßt nach Gesagtem die Deutung als einmalige Verirrung *nicht* zu.
Als nach dem Sturze Landauers die Führung im Zentralrat an Levien überging, wurde die Hochschulrevolution näher, als es meiner Auffassung von ihrer Aufgabe entsprach, an die politische Sphäre herangetragen. Ich zog die Konsequenzen und schied am 12. oder 13. April aus dem Revolutionären Hochschulrat aus.
Zur Präzisierung meiner Stellung zur Räteregierung muß ich noch folgendes hinzufügen:
Über die Verwirklichungsabsicht eines bestimmten Bildungsprogrammes verband mich Entscheidendes mit der Ideenwelt, die unter Landauer verwirklicht werden sollte. Beteiligung wäre somit auch außerhalb des Rahmens des Revolutionären Hochschulrats möglich, ja wahrscheinlich gewesen. Noch immer ist zu wenig beachtet, daß dieser erste Abschnitt der Münchener Kommune Züge trägt, die keiner der bisherigen Bewegungen dieser Epoche eignen: Eine neue Form von Proletarierdiktatur, die von der russischen Sowjetgestaltung wesentlich verschieden war, wurde in Umrissen sichtbar, der Versuch einer neuen Eingliederung der arbeitenden Menschen in das öffentliche Leben deutlich. Über den zentralisierenden Sozialismus hinaus sollte zur Lebendigkeit kleiner, sich selbst verwaltender Gruppen fortgeschritten und damit der Geist der Bürokratie (der die russische Revolution charakterisiert) von innen heraus gebannt werden. Hinter und über allem stand nicht Wille zur Zerstörung, sondern ethisches Pa-

thos. Verfrühter Versuch, vielleicht, einer Synthese von Elementen, die sich noch nicht gefunden. Darin mag Schuld gesehen werden, wie in jeder revolutionären Betätigung, die nicht zum Ziel gelangt. Jedenfalls lag darin die Tragik eines großen und heroischen Lebens, das an dem Konflikt von Idee und Wirklichkeit zerschellt ist.

Abseits stehen, in einer Zeit, die der Selbsterkenntnis wie keine bedarf, unsere Universitäten, einst die geistigen Brennpunkte der Nation: nicht nur durch das Mißtrauen derer isoliert, die aus den Kräften der Zeit heraus die Welt umgestalten, sondern vielmehr sich selbst isolierend infolge allzu inniger Verflechtung mit der Zivilisationsideologie einer untergehenden Epoche. Ihrer doppelten Aufgabe entsprechend erwuchsen unseren Hochschulen zweifach erhebliche Schwierigkeiten: der Wissenschafts- und Forschungsstätte infolge ihrer vielfachen Wertbezogenheit auf eine in Frage gestellte Weltordnung; der Bildungs- und Lehrstätte infolge ihrer klassenhaft bestimmten Auslese. Wechselseitig einander durchdringend, mußten die beiden Sphären sich gegenseitig stützen und betätigen: Die spezifische wissenschaftliche Atmosphäre wurde durch die Personalunion des Forschers und Lehrers für die geistige Haltung der akademisch Gebildeten maßgebend, das Ausleseprinzip der Studierenden hinwieder für die Qualität und weltanschauliche Einstellung der zukünftigen Forscher und Lehrer entscheidend. So mußte es von verhängnisvoller Wirkung sein, daß das Auswahl- und Zulassungsprinzip, trotz der tiefgreifenden Veränderung, die in der Struktur der Gesellschaft vor sich ging, durch die letzten sieben Jahrzehnte im wesentlichen unverändert erhalten blieb: die zur Klasse anwachsende ungeheure Proletarierschicht wurde generell ausgeschlossen, die Hochschule zum Besitz des Bürgertums, Klasseninstitution. (Man kennt die beschämenden Ziffern über den Prozentsatz der Akademiker, die aus dem Proletariat stammen.)
Die soziale Revolution hat, von Monat zu Monat deutlicher, die bisher latenten Wirkungen der Versäumnisse nach außen projiziert. Wir stehen vor folgender Tatsache. Lehrende und Lernende sind – im Gegensatz zum größeren Teile des Volkes – gegen diese Zeit, konterrevolutionär. Die Lehrenden, welche die Verantwortlichen von morgen erziehen sollen, in tiefer Entfremdung vom Volke; die Lernenden, welche morgen die Verantwortung tragen sollen, in tiefer innerer Gegnerschaft gegen die, welche zu führen sie bestimmt sind.
Es muß Entscheidendes geschehen. Keineswegs darf die Hochschule warten, bis aus einem von unten herauf umgestalteten Bildungswesen neue Menschen in sie einströmen; sondern sie muß Mittel und Wege finden, aus der großen Proletariermasse heraus geeignete auszuwählen und dafür solche, die sich ohne innere Berechtigung in ihr befinden, rigoros abzustoßen.
Sie muß gleichzeitig trachten, alle jene bedeutenden Forscher und Gelehrte, die heute – sei es aus Universitätsverdrossenheit, sei es aus politischen oder verwandten Gründen – außerhalb stehen, in irgendeiner Weise in sich hineinzuziehen.
Es geht in dieser weltgeschichtlichen Stunde um den Bestand alles dessen, was uns europäische Zivilisation und Kultur heißt. Es geht darum, zu entscheiden,

was an Werten in die heraufsteigende Epoche übernommen werden kann. Geringeres, und wäre es relativ noch so wertvoll, muß dem Größeren geopfert werden. Wir alle, die dem Geiste dienen, sind mitverantwortliche Richter. Solcher Überzeugung entsprang der Handstreich, den wir diesen April gegen die Universität führten. Er ist mißglückt. Aber aus seinem Scheitern erwuchs ihm neue Bedeutung. Er wurde zur großen und entscheidenden Warnung an die Universität, sich ihrer inneren Erstarrung bewußt zu werden; zum Appell, die Umgestaltung in letzter Stunde einzuleiten. Sonst wird es geschehen, daß die Ereignisse über sie hinweggehen und von dem Großen an ihrer Tradition (das erhalten werden sollte) nichts mehr gerettet werden kann.
Dies sind die Richtlinien, die unsere Aktion bestimmten; sie mußten gegeben werden, da anders Rechenschaft über die Handlungsweise eines einzelnen heute nicht bestehen kann.

Heidelberg, im Dezember 1919

Aufruf der russischen fortschrittlichen bildenden Künstler an die deutschen Kollegen

Die neue russische Regierung hat alle jungen schöpferischen Kräfte zur Gründung eines neuen Lebens herangezogen und die staatliche Leitung in Sachen der Kunst den neuen Strömungen anvertraut. Denn nur das neue Schaffen, das kurz vor den Welterschütterungen entstanden ist, kann mit dem Rhythmus des neu sich bildenden Lebens im Einklang stehen.

Es ist endlich Aussicht auf eine gemeinschaftliche schöpferische Arbeit, die das engere nationale Bewußtsein überschreiten und einem internationalen Verkehr dienen wird.

Die russischen Künstler wenden sich zuerst an ihre nächsten Nachbarn, ihre deutschen Kollegen, und fordern sie zu Beratungen und Austausch von Nachrichten im Rahmen des künstlerisch Erreichbaren auf. Als praktische Maßregel zur Verwirklichung solcher Beziehungen schlagen wir einen Kongreß der Vertreter der deutschen und russischen Künstlerschaft vor, der den Anfang einer späteren Weltkonferenz der Kunst bilden würde und der sofort einen Verkehr der beiden Völker auf künstlerischem Gebiet im Sinne umfassender Aufgaben, auch des Ausstellungswesens, des Verlagswesens, des Theaters und der Musik, anbahnen soll.

Moskau, den 30. November 1918

Der Vorsitzende des Künstlerkollegiums
in Petersburg und Moskau

gez. D. P. Sterenberg

gez. Unterschriften von Mitgliedern des internationalen Büros der Maler

Obenstehender Aufruf, der erst vor kurzem nach Deutschland gelangte, wird vom Aktionsausschuß revolutionärer Künstler nachfolgend beantwortet:
Wir begrüßen den Aufruf unserer russischen Brüder vom November 1918 zum Aufbau eines neuen Lebens. Mit der Ausrufung der bayrischen Räterepublik wollen wir uns die Möglichkeit schaffen, unsere Pläne, die sich völlig mit den Euren decken, zu verwirklichen.
Wir hoffen auf gemeinsame Arbeit und streben eine baldige Verbindung mit Euch an. Wir wünschen, daß die angekündigte Konferenz stattfinde, und erwarten die baldige Angabe von Ort und Zeit.

Aktionsausschuß revolutionärer Künstler München

Heinrich Bachmair. Max Bethke. Friedrich Burschell. W. Ludwig Coellen. Georg Kaiser. Walt Laurent. Otto Lerchenfeld. Wilhelm Petersen. T. C. Pilartz. Hans Richter. Fritz Schaefler. Georg Schrimpf. Felix Stiemer. Stanislaus Stückgold. Titus Tautz. E. Trautner. Aloys Wach. Alfred Wolfenstein.

Aufklärende Vorträge über Neue Kunst

und Literatur für das Proletariat werden in der Aula der Universität
durch Coellen, Georg Kaiser, Burschell, Wolfenstein und Trautner gehalten.
Reihenfolge und Zeit werden in der Presse durch den Aktionsausschuß
revolutionärer Künstler angezeigt.
Vorlesungen und Zeichenunterricht,
die St. Stückgold für das Proletariat begonnen hat,
sollen im Auftrag des Aktionsausschusses revolutionärer Künstler
weitergeführt werden.

Revolutionäre Künstler

Der Aktionsausschuß Revolutionärer Künstler erklärt hiermit, daß er allein als Vertreter der Künstlerschaft der Stadt München und ganz Bayerns zu betrachten ist. Er stellt sich auf den Boden kommunistischer Prinzipien und erkennt die Diktatur des Proletariats als den wahren und einzigen Weg zur Verwirklichung der proletarischen Räterepublik und des Kommunismus an.
Bethge, Georg Kaiser, Titus Tautz, Schrimpf, Pilartz, Scheffler, Schiner, Burschell, Sachs, Coeln, Wolfenstein, Wolf-Ferrari, Lorrain, Trautner u.a.

Revolutionärer Künstlerrat

Die in den Mitteilungen der Betriebs- und Soldatenräte erschienene Erklärung der ‚revolutionären Künstler' hat in dieser Stilisierung nicht vorgelegen und entspricht nicht dem Willen des Aktionsausschusses revolutionärer Künstler. Wir erklären: Wir sind nicht die ‚Vertreter' der Münchner, der bayrischen oder sonst irgendwelcher Künstler, die zu dem kapitalistischen Zeitalter gehören, wir sind die Vertreter und Bevollmächtigten einer Idee, und unser Ziel ist, an dem Aufbau der neuen Gemeinschaft und deren ideellen Entwicklung praktisch mitzuarbeiten. Wir fordern alle, die gleichen Sinnes sind, auf, uns zu helfen. Das erwarten wir von unserer Generation, nicht von den Vertretern der alten, die uns nicht helfen können.

Der Aktionsausschuß revolutionärer Künstler
i. A.: Richter, Tautz

Die neue Kunst

Ehe die politische Revolution war, war die Revolution der Kunst. Lange bevor das Ende des Weltkrieges dem Geist der neuen Zeit politisch die Bahn frei gemacht hat, war dieser Geist in der neuen Kunst lebendig geworden. Das ist es, was heute das werktätige Volk wissen muß, daß die jungen Künstler und die junge Kunst seine Bundesgenossen sind.

Es ist der Geist der brüderlichen, der alles umfassenden Gemeinsamkeit, es ist der Geist der lebendigen Massenbewegung, der diese Kunst erzeugt hat, der ihre Formen gebiert und sie durchstrahlt. Sie hat sich in bewußten Gegensatz gestellt zu der alten Kunst, der das Individuum, der einzelne Mensch, Grundwert und Ziel war für die Lebensanschauung und die künstlerische Darstellung.

Der Geist einer Kunst spricht sich rein in ihrer Form aus. Gerade weil die neue Kunst sich ihrem Geiste nach völlig der herrschenden Überlieferung entgegenstellte, ist auch ihre Form ein völlig Neues, ein Fremdes, das die Menschen noch seltsam anmutet, das die Vielen des Volkes, welche diese Kunst nicht haben wachsen sehen, noch nicht erkennen als das zu ihnen Gehörige.

Aber die Kunst ist heute, wo ein neuer Kulturzustand geschaffen werden soll, ein unentbehrliches und wesentliches Mittel der äußeren und inneren Organisierung des Gesellschaftslebens. An allen formen der räumlichen Anschauung, in der einzelnen Architektur und im ganzen Städtebau, in den Denkmälern, in der inneren Ausstattung der Wohnräume bis herab zum Gebrauchsgerät, in den Bildern des Buches und der Zeitung und in den freien Schöpfungen soll die Kunst einen Ausdruck schaffen für den herrschenden Geist des Gemeinschaftslebens, damit sich dieses als ein in sich harmonisches Kulturganzes darstelle.

Der hohen Aufgabe ist sich die junge Kunst bewußt. Sie steht notwendig vermöge ihrer eigenen Art im Dienste der revolutionären Gesellschaftsideale, und sie hat nicht gezögert, die Arbeit aufzunehmen, die ihr hier geboten ist. Sie muß dem werktätigen Volke zeigen, daß sie für es arbeitet und mit ihm eines Sinnes ist.

Bald wird die Zeit da sein, wo jeder Volksgenosse fühlt: das ist meine Kunst, das ist die Kunst des Volkes. Habt ein wenig Geduld, und ihr werdet diese Formen, die euch befremden, lieben; ihr werdet euch unter ihnen heimisch fühlen, wenn sie die Formen eures Lebens geworden sind.

Die neue Kunst jubelt der Weltrevolution zu. Sie weiß, daß nun auch der Tag ihres eigenen Sieges gekommen ist.

W. Ludwig Coellen

Die Kunst und das Proletariat

Die Kunst ist das große Mittel. Sie hat keinen Zweck in sich, sie hat dem neuen Leben, das wahre Gemeinschaft sein soll, zu dienen, zu ihm aufzurufen und anzufeuern.

Sie hat die Menschen reif zu machen und ihnen das Gewissen und die reine Schönheit zu geben, die alle menschlichen Beziehungen von nun an lebendig bestimmen sollen.

Endlich ist der Künstler an die Stelle gerückt, die ihm gebührt, in die Mitte und in den fruchtbaren Anschluß an die hilfreich tätige Wirksamkeit und den sinnvollen Plan der allgemeinen Arbeit. Nur *der* Künstler hat Bestand und Recht, der sich dieser verpflichtungsreichen Rolle bewußt ist. Nur der hat ein Recht, sich Künstler zu nennen, dessen Arbeit, sei sie welcher Art sie wolle, notwendig und gut für den Menschen ist, um sich als Mensch zu fühlen, um seine menschliche Aufgabe zu begreifen und stärker und selbstgewisser zur Vollkommenheit aufzustreben.

Kunst ist weder Luxus noch Vergnügen.

Kunst ist Brot; der unterdrückte, leidende, endlich sich befreiende Mensch ist hungrig nach Wahrheit und Schönheit. Nur was diesen Hunger stillt, ist Kunst.

Die Kunst ist allen Menschen zugänglich zu machen. Sie ist rein zu halten von den leeren, überflüssigen, viel zu vielen schlechten und verseuchenden Erzeugnissen der alten Gesellschaft. Das Gute muß durchgesetzt werden.

Aktionsausschuß revolutionärer Künstler Münchens
im Auftrag: Titus Tautz

Bisher blühten nur Papierrosen an den Mauern eurer Mietskasernenräume auf.
Der Lärm und Schrei der Straßen und Höfe gab euch allein Wort und Musik. Höchstens, daß einmal — unter immer bedeutenden Hervorhebungen — die ermäßigte Eintrittskarte zu einer volkstümlichen Veranstaltung eines Vereins wie das große Los unter euch kam.
Die mächtigen Wellen brausender Schönheit wurden durch den Wall des Elends von euch abgehalten.
Aber immer sprachen gewaltige Geister zu euch und für euch. All diese unendlichen Botschaften gingen ungehört an euch vorüber; sie wurden euch unterschlagen. Und doch brannte in euch eine unbewußte Sehnsucht nach Schönheit wie ein Feuer, das eure Not noch schürte.

Jetzt aber soll dieser angehäufte Vorrat des Begehrens ausbrechen, jetzt kann euch Erfüllung werden.

Zur Stunde fordern noch Spannung und Kampf euern Geist und Sinn für lautere Dinge. An nichts sonst lassen sie euch denken; keine Freiheit zur Entspannung und Ruhe können sie geben, bevor das Werk getan ist.
Aber noch eine kleine Weile — und ein weißes, warmes Licht legt sich auf euch, und ihr findet euer Selbst wieder wie die Türen eurer Wohnungen bei Nacht.
Der Schrei der Versammlungssäle und Straßen verklingt in euch. Bisher standet ihr vor Plakatsäulen und starrtet auf das Wort eines Theaterzettels: ‚Parsifal'. Und dann: Zwanzig Mark, vierzig Pfennig. Dies Unerreichbare war zu fern, um auch nur Wunsch zu werden. Und gerade euch wären Parsifalklänge Arzt und Arznei gewesen. So stellte man euch leere Flaschen mit aufgeklebten Zetteln hin.
Jetzt muß euch all das so lange Vorenthaltene nachgegeben werden. Eine große Schuld muß getragen werden. Euer Schuldner — der alte Staat, der immer nur Feste für sich gab und euch nur dann und wann einen Brocken zuwarf — ist zusammengebrochen, weil er noch viel größere und furchtbarere Schuld auf sich lud. Der neue Staat hat sich euch als freiwilliger Gläubiger erklärt. Alle Tore zur Schönheit werden euch geöffnet werden für immer. Der Volkskommissar für Aufklärung und Bildung sorgt dafür.
Vor allem auch das Theater muß euch gehören. Kennt ihr Mozarts sonnige Weisen, die euch in den Himmel heben? Kennt ihr den ‚Faust'? Kennt ihr das Jammerelendslied der ‚Weber'? Kennt ihr die Werke eurer geistig kämpfenden Brüder? Georg Kaisers ‚Vor morgens bis mitternachts'? Und alle ihr, die ihr in der Provinz lebt, ihr Bauern, ihr Kleinstädter! Der Witz vom dummen und tölpelhaften Bauern muß ein Ende nehmen. Auch euch muß die Schönheit, die allen zugedacht ist, nahegebracht werden. Wandertheater müssen in die entlegensten Winkel Bayerns reisen, und ihre Gaben müssen das Beste als gerade gut genug enthalten.

In München wird sich's bald regen; das bisherige Prinz-Regenten-Theater wird als erstes wahres Theater des Volkes in Bayern für euch geöffnet werden.

Der Aktionsausschuß revolutionärer Künstler der sozialistisch-kommunistischen Regierung wird nur für euch arbeiten. Die Schönheiten der Künste — wie die der Natur — gehören allen, allen! Die sie schufen, haben es so erklärt.
Eine Wiese voll Blumen muß die Welt werden, in der jeder seinen Teil pflükken kann — ohne durch Warnungstafeln und Stacheldrahtzaun gehindert zu werden. Noch eine kleine Weile wartet — und das Letzte, das euch noch davor zurückhält — die Vorbereitung — wird getan sein.
Dann kommt alle!

Ernst Hofrichter
Mitglied des Aktionsausschusses revolutionärer Künstler

Aufruf

Wir werden um die Veröffentlichung des folgenden Aufrufs gebeten, den wir auszugsweise bereits im Abendblatt erwähnt haben:

„Wir Unterzeichneten stehen dem Streit der Parteien und dem wirtschaftlichen Interessenkampf der Klassen fern. Uns liegt lediglich das Wohl und die Gesundung des äußeren und inneren Lebens unseres Volkes am Herzen. Nicht nur von der Seite her, die jetzt im Bürgerkriege unterlegen ist, wird dieses Leben bedroht. Das glauben wir gerade in diesem Augenblick dem Bürgertum, dem wir entsprossen sind, zurufen zu müssen.

Es genügt uns nicht, gleich anderen Einsichtigen vor einer harten Gewaltanwendung und einem frivolen Triumphieren in diesem furchtbaren Augenblick zu warnen, sondern wir halten es gerade jetzt für nötig, daß das Bürgertum ernst und ehrlich seinen Sinn darauf richtet, seiner Schicksalsgemeinschaft mit dem arbeitenden Volke innezuwerden. Daß es mit ihm die grundlegende Umwandlung der Gesellschaftsordnung beginnt und daß es seine Erfahrungen und seine Kenntnisse rückhaltlos in den Dienst dieses Neuaufbaus stellt. Müßig ist es jetzt zu fragen, wer als erster Blut und Schrecknis in diesen Kampf getragen hat: wichtig ist einzig, wer aus ihm heraus den Weg in eine für das ganze Volk fruchtbare Zukunft findet.

Genug Fürchterliches hat sich begeben, und es ist wahrlich nicht notwendig, es durch Lüge und Verleumdung noch zu übertreiben, wie das leider in vielen auswärtigen Zeitungen mit Bezug auf die Münchner Ereignisse in den letzten Wochen geschehen ist. Denken wir daran, welches Unglück die Lüge im Kampf der Nationen schon verursacht hat, und verhindern wir mit aller unserer Kraft, daß diese vergiftete Waffe nun auch im Kampf der Brüder desselben Volkes als eine berechtigte betrachtet wird.

Walter Braunfels; Lujo Brentano; Ernst Bach; F. H. Ehmke; Theod. Fischer; Wilhelm Hausenstein; Hermann Horn; Ricarda Huch; Erich v. Kahler; Erwin Kalser; Rud. Kaßner; Georg Kerschensteiner; Ludwig Landshof; Heinrich Mann; Thomas Mann; Friedrich v. Müller; Rud. Oldenbourg; Emil Preetorius; Rich. Riemerschmid; Rainer Maria Rilke; Fr. Strich; Bruno Walter; H. v. Weber“

Felix Stiemer
Münchener Theater in der Revolution

Was und wie in den Tagen des Klassenkampfes gespielt wird, ist unter allen Umständen wichtig, selbst wenn nur wieder wie in den Novembertagen nur Flucht vor der Revolution zu vermerken ist. Ein Theater ausgenommen, ist die Flucht abermals zu bemerken. Revolutionäre Beziehungen sind Zufall – als in der Augustenstraße der Kampf ausbrach, spielte man Shaws Schlachtenlenker –, Richtungslosigkeit wird zum Grundsatz erhoben, wird es darum doch noch nicht.

Die *Kammerspiele* halten sich an das unverpflichtende Prinzip einer angeblich neuen Literatur. Das grandiose Feuerwerk des Bühnenfachmanns *Georg Kaiser* erleuchtet einige wenige Abende: »Der Brand im Opernhaus«. Zeitangabe schlagkräftig, wuchtig: »1763 brannte die Pariser Oper«. Anonym die Personen. Anekdote der Anfang, Kußpeitsche im Höhepunkt, ›stürmend‹, ›mächtige Glokken‹, Brand in ›äußerster Größe‹ und der ›Schrei: Alceste‹ schließen. Fabelhaft, noch keiner gemacht (gemacht!), Richard Wagner verblaßt; leidenschaftlich wie ein Sketch, leuchtend wie ein Öldruck, berauschend wie ein Damenliqueur, spannend wie ein Luftakt im Zirkus Krone. Wer den Konflikt dieses ›Nachtstückes‹ als Dichtung sehen will, nehme die »Jüdische Witwe« von Georg Kaiser: Damals, ja damals .... Miriam Horwitz und Erich Ziegel gaben mehr, als diese Gefühlsakrobatik erfordert hätte. Autoren verlangen gern eine neue Bühne, die beiden Berliner Gäste durften mit Recht einen, wenn nicht neuen, so doch – Dichter fordern.

Den gab der zweite Abend mit *Bernard Shaw*, »Der Arzt am Scheidewege«. Für den, der sehen wollte, revolutionär: Das Hohelied des Entwurzelten, Krönung der Gesetzlosigkeit (anders gesagt: Des Neuen Gesetzes), Spott der Ordnung. Ganz können die Szenen nur von der Frau verstanden werden, ob von den Frauen, die dort anwesend, mag dahingestellt sein. Diese halten sich wohl an den bewährten Namen Shaw und daran, daß schließlich alles doch nur auf der Bühne geschah. Allerdings so, daß man die Distanz vergessen durfte. Horwitz und Kalser wußten, worum es ging, versagten jedem sentimentalen Heroismus den Tribut und lösten die Aufgabe, Shaws Geist ohne fremde Zutat wirken zu lassen. Ebenso Ziegel als Arzt: Er konnte nicht anders, als für das Gesetz entscheiden. Arnold Marlé als Bennington wirkte karikaturistisch etwas zu laut und bot den Ärzten im Parkett zuviel Gelegenheit für betrachtende Distanz, im Gegensatz hierzu der Armendoktor (Richard Kellerhals) letzthin echt als Siechensozialist. – Wer hörte den Aufruf?

Das *Neue Theater* vertrat den Standpunkt, daß das Leben ernst, die Bühne heiter sei (der Grundsatz läßt sich auch umkehren). Ein Dreiakter von *Sloboda* »Am Teetisch« unterhält. Die Aktschlüsse sind vorbildlich, die Darstellung nicht so selbstverständlich liebenswürdig, wie es ein ungroteskes Wien erfordert, mehr Zigarre als Zigarette, mehr Militärmarsch als Walzer.

Anspruchsvoller im Titel tritt der Einakter von *Paul Nikolaus* auf: »Wirtschaft, Horatio (Krebs)« – eine ›Satire‹. Die Bestechlichkeit eines russischen Beamtentumes zu karikieren, sollte den hierfür einzig Zuständigen, den Russen selbst, überlassen bleiben. Manches ließ vermuten, daß es dem Autor nicht auf Rußland, sondern auf *das* Beamtentum ankäme und der außerdeutsche Schauplatz eine Zensorkonzession sei. Das Publikum begrüßte die Premiere herzlich als ein Pamphlet auf die russische Revolution, beruhigte damit sein Gewissen und vergaß den letzten Rest künstlerischer Anfechtung bei den nachfolgenden Tänzen von *Claire Bauroff* und *Jutta von Collande*, die ich im Hinblick auf ihre Erscheinung beide überall lieber gesehen hätte als im Neuen Theater, wo mich die Rampe trennte... denn körperliche Vorzüge sollten doch nur Voraussetzung zum öffentlichen Tanz sein, nicht Anlaß.

Es soll zum Schluß über ein Ereignis berichtet werden: die Aufführung eines *Tolstoi* im *Münchener Schauspielhaus* unter Hermine Körner: »Und das Licht leuchtet in der Finsternis«. Die Bühne wird zur Tribüne, das Parkett und die Ränge zur Angeklagtenbank, der Geist des toten revolutionären Kommunisten richtet. Die Besatzungstruppen klatschen Beifall, die Presse läßt sich begeistern, und man sieht erstaunt um, wer eigentlich das Licht in der Finsternis das letzte Mal erstickt hat – keiner will es gewesen sein...

Was in diesen Tagen gespielt wird, ist unter allen Umständen wichtig: dieses eine Mal war es eine Wiederaufnahme der Revolution.

Der Arbeiter Johann Lehner wird am 3. Mai 1919 ohne Urteil erschossen. Dieses Bild wird nach der Niederschlagung der Räterepublik verbreitet mit der Unterschrift: Der Geiselmörder Seidl. (Mitteilung von Waggi Herz, München)

Fidelis
Deutschlands Psychiater in ihrer Stellung zu den Revolutionären

›Die kleinen gelehrten Lumpereien, das schlaue Benützen und das perfide Verschweigen, die Schlingbeschwerden bei dem unvermeidlichen Worte der Anerkennung und die schiefe Beleuchtung der fremden Leistung bei dieser Gelegenheit zeigen hinlänglich, daß auch der Forscher den Kampf ums Dasein kämpft, daß auch die Wege der Wissenschaft noch zum Munde führen und daß der reine Erkenntnistrieb bei unsern heutigen sozialen Verhältnissen noch ein Ideal ist.‹

Mach

Als Heinrich Mann vor einigen Jahren in seinem Roman ›Die Armen‹ ein unerfreuliches Bild von den Psychiatern zeichnete, beklagten sich nicht wenige in den Fachzeitschriften über seine lieblose Darstellung. Es verletzte sie; sie waren in ihrer Eitelkeit gekränkt, daß die Führer der Modernen (Heinrich Mann ist ja nur einer von vielen) in den Psychiatern, den ›Seelenärzten‹, nur willige Werkzeuge der herrschenden Gesellschaftsordnung sehen.

Im letzten Heft der ›Zeitschrift für die gesamte Neurologie und Psychiatrie‹ (Bd. 52, S. 91) schreibt ein Herr Dr. Eugen Kahn aus Kräpelins psychiatrischer Klinik in München über Psychopathen als revolutionäre Führer, als ob er den Haß gegen die Psychiater als berechtigt erweisen wollte. Sechsundsechzig Leute waren ihm in seiner Eigenschaft als Anstaltsarzt zur Untersuchung vorgeführt worden, und nicht weniger als fünfzehn sind nach ihm ›minderwertig‹. Er folgt ganz den Fußspuren seines Herrn und Meisters Kräpelin. Wenn er nur fünfzehn als defekt ansieht, so entschuldigt er sich, indem er hinzufügt, daß kaum einer »als psychisch völlig intakt erachtet werden kann«.

Hinter leicht durchsichtigen Pseudonymen werden uns die bekannten Führer der bayrischen Revolution vorgeführt. Herr Dr. Eugen Kahn teilt sie in vier Gruppen, und ich möchte aus der Verborgenheit der Fachzeitschrift einen oder den andern hervorholen, um zu zeigen, wie deutsche Psychiater ›unparteiisch und nach bestem Wissen und Gewissen‹ ihr Urteil abgeben.

Als ethisch defekten Psychopathen sieht er an:

»Robert Iglauer, 21 Jahre, ledig, Matrose.

Personalakten vernichtet. Stelzner berichtet über ihn, daß er sich in verschiedenen Berufen versucht, ein Jahr Zuchthaus hinter sich habe und wegen Marinemeuterei zum Tode verurteilt worden sei. Mitbegründer der Kommunistischen Partei München. Hatte schon vor dem Aprilumsturz im geheimen Rote Armee gebildet; plante gegen maßgebende Personen schärfstes Vorgehen. Während der Räterepublik Stadtkommandant, Oberbefehlshaber der Roten Armee. Wilde Erlasse. War einverstanden mit dem Vorschlag, daß für jeden Rotgardisten fünf Geiseln erschossen werden; gab schriftlich sein Einverständnis zum Münchener

Geiselmord. Plante, vor Einzug der Regierungstruppen die Münchener Bürger auf der Theresienwiese zusammenschießen zu lassen. Brutal, herrschsüchtig, eitel, ungebildet, mäßige Intelligenz. Athletisches Äußeres. Bei Fluchtversuch erschossen.
Antisozialer Psychopath.«

Das ist Eglhofer. Wer ihn kannte, weiß, daß er ein mutiger, klarsehender Revolutionär war, der tatkräftig das von ihm als richtig Erkannte verfolgte und sich mit seiner Person dafür einsetzte. Er war gerecht denkend und wollte daher dem Proletariat, dem er entstammte und dessen Leiden er zur Genüge kannte, geben, was es brauchte: den Reichen den Überfluß nehmen und ihn den Armen geben.
›Brutal‹. Er hatte für das Leiden jedes Proletariers ein mitfühlendes Herz.
›Herrschsüchtig‹. Man mußte ihn bitten, bis er einwilligte, die Stadtkommandantur zu übernehmen.
›Eitel‹. Von seinem Wirken ist nur das wenigste bekannt geworden. Er suchte zu hindern, daß er gerühmt wurde.
›Ungebildet‹. Eine formale Bildung hatte er sich allerdings in Deutschlands Volksschulen nicht aneignen können.
›Mäßige Intelligenz‹. Durch seine Klugheit war er den Bürgern einer der Verhaßtesten und Gefürchtetsten, weil Gefährlichsten.
›Bei Fluchtversuch erschossen‹. Mit Verlaub, Herr Kahn: nicht auf der Flucht erschossen, sondern von Ihren Freunden, den Weißgardisten, aufs brutalste mit Gewehrkolben zu Tode gemartert. Wofür genügend Zeugen da sind!

Ein anderer Typ, hysterische Persönlichkeiten. Hierher zählt Herr Kahn den 26jährigen Studenten Sinner. Nur ein Auszug aus der Geschichte:

»Schwer belastet. Sorgenkind ... Lebensüberdruß. Begabter Gymnasiast, schauspielerisches Talent, hohe Meinung von sich ... Aus der jüdischen Gemeinde ausgetreten ... verliest eigenen Aufruf an das deutsche Volk; hetzt in Versammlungen zum Streik. Verhaftet; wegen nervöser Beschwerden bald entlassen ... intelligent; erregbar, gedrückt, enttäuscht, verzweifelt ... gequält, theatralisch, Phrasen ... Menschheitsbeglücker ... viele Erlasse ... gegen Blutvergießen, für Verhandeln ... Als dichterisches Talent lauter, weltfremd bezeichnet.«

Das soll Toller sein. Nicht unser Freund. In ihm den Prototyp ›des intellektuellen hysterischen Dégénérés‹ zu sehen ist albern und blöd.
Auch ich glaube, daß Ernst Toller ein Psychopath ist. Aber was will denn das besagen? Herr Kahn, als Fachmann, könnte doch wissen, daß man endlich auch in psychiatrischen Kreisen so weit ist, einzusehen, daß das Wort ›Psychopath‹ nicht ein Werturteil ist. Der Meister der Neurologie, der jüngst verstorbene Berliner Oppenheim, hat zweifellos recht, wenn er betont, daß hohe geistige Begabung und normale Entwicklung der ethischen Eigenschaften mit psychopathischer Grundlage wohl vereinbar sind. Ja, es gibt sogar eine Höherwertigkeit, die ihre Wurzel in der Psychopathie hat. Solche psychopathischen Personen kön-

nen Gipfel der kulturellen und geistigen Entwicklung darstellen. Ich erinnere an Kleist oder Schopenhauer.
Aus der Gruppe der fanatischen Psychopathen, in der man unter anderen auch Mühsam findet, nur noch ein Beispiel, aber nicht im Auszug, um die ganze hemmungslose Anmaßung des Herrn Kahn zu zeigen:

»Otto Wasner, 51 Jahre, verheiratet, Schriftsteller.
Gymnasialbildung, studierte. War freier Schriftsteller, Journalist, mehrfach auch Redakteur. Dichtete sozialistische Schriften. Verheiratet, geschieden, später wieder geheiratet. Hielt Vorträge und Lehrkurse über soziale und historische Themata für Arbeiter. Januar 1918 nach mißlungenem Streik wegen Landesverrats unter Anklage; lange in Haft. Leitete die Revolution in süddeutschem Bundesstaat, dessen Ministerpräsident er dann wurde. Gewandter Redner, *politischer Dilettant.* Richtete Arbeiter- und Soldatenräte ein; versprach allen Parteien etwas. Belehrte Spartakisten, die eine bürgerliche Zeitung besetzt, zweifelhafte Existenzen, die in eine ausländische Gesandtschaft eingedrungen waren; hielt im Theater Rede an Mittelschüler; inszenierte Revolutionsfeiern. Glaubte, guten Frieden machen zu können. Wurde erschossen. Intelligent, erregbar, phantastisch, fanatisch; eitel bis zur Selbstüberschätzung, großsprecherisch; Phraseur, Poseur; empfindsam (Briefe).«

Das soll Eisners Persönlichkeit sein, des Dichters der Weltbefreiung, des Mannes, der für seine Überzeugung ins Gefängnis ging, des Mannes, der keine Konzessionen machte. Ein Mann, an dessen Bahre Gustav Landauer sagte, das Leben sei verarmt. Nach Herrn Kahn legt ein Mann wie Eisner »bei aller Hingerissenheit für seine Idee den größten Wert darauf, sich selber in Szene zu setzen.«

Herr Kahn ist ein exakter, gewissenhafter Wissenschaftler, und deshalb vergißt er nicht, ›einen alten Schizophrenen zu erwähnen, der mehrere Tage der Roten Armee angehörte und somit die ethische Inferiorität der Armee beweist.
Allen Revolutionsführern gemein ist im allgemeinen der »intellektuelle Tiefstand, primitive, ungehemmte Affektivität, blinde Triebhaftigkeit«. Also Herr Kahn, nach dem diese Leute wie Eisner ›gesellschaftsfeindlich‹ sind. Was braucht Herr Kahn, wenn er Gutachten über ihm anvertraute Menschen abgibt, sich mit Marx zu beschäftigen. Ihm genügt die gute liberale Phraseologie. Gesellschaftsfeindlich, als wenn diese Gesellschaft, die heute herrscht, nicht absterbend ist und den Todesstoß schon allein für den Krieg und die Greuel, die sie in München, Hamburg, Ungarn usw. beging, verdiente.
Noch eins: Herr Kahn liebt die Landfremden nicht; besonders nicht die Juden. Nicht die guten Bajuvaren sind es, die die Revolution ›machten‹. Wir glauben es gern. München, das wir lieben, ist keine Schöpfung engherzigen Lokalpatriotengeistes, sondern die Metropole inter- und antinationaler Dichter und Denker. Aus Levinés grandioser Rede vor dem Militärgericht (das Herr Kahn liebt, nicht aber wir) möchte ich einen Satz hierher setzen: »Wie konnte ich (ein Jude, ein Russe, ein Nicht-Bayer) mir anmaßen, einen Posten anzunehmen, der dem eines

Ministerpräsidenten entsprach? Um das zu verstehen, müssen Sie sich hineinversetzen in die Denkweise der internationalen Arbeiterschaft, in unser Ideal der deutschen Räterepublik und später der internationalen Räterepublik. Wir waren selbstverständlich der Ansicht, daß in jeder Räterepublik jeder mitarbeiten konnte und den Posten übernehmen mußte, den ihm das Proletariat übertrug, wenn er sich ihm gewachsen fühlte.«

Das bayrische Volk, auch die Münchener Arbeiter, stammelten und lallten in den herrlichen Apriltagen; und Norddeutsche, Russen und – horribile dictu – Juden mußten ihnen ihr ihnen kaum bewußtes Fühlen, Denken und Wollen übersetzen und ihre Haut zu Markte tragen: Levien, Leviné, Landauer, Axelrod, um nur einige zu nennen. Bewußt sind sie in den Tod gegangen – für das Volk, von dem sie die Erneuerung erwarten.

Psychiatrisch diese Männer werten kann wohl nur die Leichtfertigkeit eines ganz von bürgerlichen Vorstellungen abhängigen ›Forschers‹. An ihrem Grabe mögen die leer tönenden Worte des Pseudowissenschaftlers schweigen, der sich selbst als Schützer der Gesellschaft bezeichnet und der Prototyp des Arztes ist, wie er nicht sein soll.

Bilder aus der Zeit der Münchner Räterepublik, 1919

Bilder aus der Zeit der Münchner Räterepublik, 1919

Bilder aus der Zeit der Münchner Räterepublik, 1919

Bilder aus der Zeit der Münchner Räterepublik, 1919

Die Münchner Räterepublik im April 1919 und ihre Gewalttaten
Ein Polizeibericht

Daß die Herrschaft der Räteregierung zu einem vollen Fiasko nicht bloß in wirtschaftlicher, sondern vor allem auch in politischer Beziehung führte, hat seine – auch von weiten Teilen des Proletariats anerkannte – Ursache, abgesehen von anderen Momenten namentlich auch in ethischen, psychologischen Mängeln: zwischen den geistigen Urhebern der Aprilrevolution und den Massen, die diese Revolution tragen sollten, insbesondere außerhalb Münchens, fehlte der Wesenskonnex, das Band gemeinsamer völkischer Stammeszugehörigkeit. In politischer Hinsicht hat die Bewegung an ihren Führern gekrankt, ist sie an ihnen zugrunde gegangen; die Idee des Aufbaues deutschen, bayrischen Volkslebens nach dem russischen Sowjetsystem ist nicht urkräftig aus dem revolutionären Sehnen und Drängen des Volkes selbst herausgewachsen, ihre Forcierung ist vielmehr das Werk von Persönlichkeiten, die dem bayrischen Volkscharakter und Volkswesen fremd waren, denen daher auch die Fähigkeit, innere Angelegenheiten des Landes zu beurteilen, abgesprochen werden muß. Daß trotzdem Teile des Proletariats sich für ihre Gedankengänge und Absichten gewinnen ließen, beruhte auf der grenzenlosen, durch keine polizeiliche Maßnahme gehemmten Hetze, die von diesen Agitatoren betrieben werden konnte, auf der maßlosen Aufpeitschung der Massen zum Haß gegen die ›Bourgeois‹, auf der Macht von Schlagworten, vor allem aber auf dem faszinierenden Eindruck, den einzelne dieser mit glänzender Rednergabe ausgestatteten Radikalen bei ihrer zahlreichen Zuhörerschaft zu erreichen verstanden. Die Männer dagegen, die dem Proletariat im Streit um seine Interessen lange Jahre hindurch erprobte und anerkannte Vorkämpfer gewesen waren, bewährte und einsichtige Kenner unseres völkischen Lebens, unserer wirtschaftlichen Verhältnisse und Bedürfnisse, bekamen das ›Kreuzige‹ zu hören und mußten fremden, vielfach persönlich ganz unbekannten Demagogen, Schriftstellern und Studenten Platz machen. Die wenigen bayrischen Volksgenossen, die sich an der Leitung und zielbewußten Vorbereitung der Räteregierung beteiligten und beteiligen durften, taten dies mehr oder weniger unter dem Bann der fremden Demagogen, einzelne vielleicht auch, um zu versuchen, den entfesselten Strom der Leidenschaften nach Möglichkeit einzudämmen und das schlimmste Unheil abzuwenden. Unter den die Bewegung vorbereitenden Männern und unter den eigentlichen Führern, besonders der zweiten Räteregierung, sind rein bayrische Volksgenossen so gut wie nicht. Im übrigen ist aus den inneren Kämpfen dieser Regierungen erkennbar, wie mancher der in ihnen vertretenen Bayern geahnt hat, daß die blinde Übertragung von Einrichtungen, die – vielleicht!! – für ein Land wie Rußland vorübergehend eine Lösung sein mochten, auf deutsche und bayrische Verhältnisse die größte Gefahr für die Zukunft unseres Volkes bilden würde; keiner aber von ihnen war machtvoll genug, um sich gegenüber den diktatorisch-brutal auftretenden

Fremdlingen durchzusetzen. Ein kurzer Hinweis auf die Persönlichkeiten der in Frage kommenden Männer soll das Gesagte noch weiter erläutern.

Hoch über den übrigen Mitgliedern der zweiten Räteregierung stand das Triumvirat Levien–Leviné-Niessen und Axelrod.

Max *Levien,* der vierunddreißigjährige Student der Rechte, geboren in Moskau als Sohn eines Deutschen und einer Russin, war leidenschaftlicher Agitator des russischen Bolschewismus vom ersten Tag der Revolution an. Er war der Gründer der Spartakusgruppe München, saß im Arbeiterrat, in dem er von Anfang an die radikalste Erscheinung bildete und zur Sprengung der Nationalversammlung aufforderte, war dann (bis März) Schriftleiter der seit Mitte Januar erscheinenden ›Roten Fahne‹ und die Seele der kommunistischen Partei Münchens, die ihm als Vorstand und Führer blind folgte und vertraute.

Zu Levien gesellte sich der seit März dieses Jahres als Redakteur der ›Roten Fahne‹ hierhergekommene, 1883 zu Moskau geborene, mit einer Russin verheiratete kommunistische Agitator Eugen *Leviné* (nach dem Namen seiner Frau sich ›Leviné-Niessen‹ nennend). Leviné hatte die russische Revolution 1905 als Mitglied der russischen Sozialdemokratie, der er 1903 beigetreten war, mitgemacht, bekannte sich schon frühzeitig zur Richtung Liebknecht und war seit 1918 Redakteur der ›Rosta‹, der großen Presseagentur für russische Propaganda in Deutschland.

Levien und Leviné selbst besaßen die deutsche – aber nicht bayrische – Staatsangehörigkeit und waren während des Feldzugs eingezogen, ersterer im Jahre 1915 auch verwundet gewesen. In der zweiten Räteregierung war Leviné, der den Wittelsbacher Palast fast nie verlassen haben soll, die eigentlich geistig leitende Person in der Regierung; Leviens Aufgaben bestanden mehr im Verkehr der Regierung mit den Massen; er führte auch das Referat für Volksaufklärung.

Der Russe *Axelrod,* 1887 zu Moskau geboren, war schon im Januar nach München gekommen und bereits in der Eisner-Epoche von Ebenhausen aus, angeblich als Vertreter der russischen Sowjetregierung, tätig. Seine politische Mission – er war der eigentliche Leiter der ›Rosta‹ – war die Propagierung der russischen Sowjetidee in Westdeutschland. Als Propagandist hat er schon öfter Flüge von Wien bis Stuttgart unternommen.

Nach dem 14. April war er offiziell politischer Kommissar für das Finanzwesen. Er trat nur für die radikalsten Maßnahmen ein; bekannt ist sein Antrag vom 26. April auf Beschlagnahme des gesamten Inhalts der Bankschrankfächer. Auch seine Frau betätigte sich – besonders auf dem Gebiet der Geiselverhaftungen – an der Regierung im Wittelsbacher Palais.

Aus dem Stab, von dem diese Männer umgeben waren, wären zu nennen der Berliner Dreher *Duske,* dem möglicherweise im Laufe dieses Jahres die bayrische Staatsangehörigkeit verliehen wurde, was nach der Aktenvernichtung im Polizeigebäude nicht mehr festgestellt werden kann; der aus Dortmund stammende Ewald *Ochel* (auch unter den Namen Mortens, Reeder, Gottschalk auftretend), der aus Metz gebürtige, auch als Unterführer der Roten Armee bekannte Schriftsteller *Klingelhöfer,* das schwer vorbestrafte Vollzugsausschußmitglied *Schürg* aus Düren, der preußische Kunstmaler *Urbas,* der Leipziger Bankbeamte *May,* der aus Aachen gebürtige Mechaniker *Schreiber* (Verkehrskommissar und Vollzugsausschuß), der erst seit Februar 1919 im Besitze der bayrischen Staatsangehörigkeit befindliche Schriftsteller *Schumann,* die neunzehnjährige sächsische Kommunistin Hilde *Kramer,* der aus Nordostpreußen stammende Verkehrsminister *Paulukum,* der österreichische Architekt *Bessati* aus Gornowitz, die Russin *›Friedjung‹* (= Frau Dr. Rubiner) aus *Mariampol,* Mitglied der Propagandakommission, der Agent und Vorstand des Revolutions- und Flüchtlingsbüros *Daudistel* von Frankfurt usw.; auch des Kommandanten des Luitpoldgymnasiums *Seidl,* eines Sachsen, und des aus Nordostdeutschland stammenden Kommunisten *Gröhl,* der sich besonders in der Polizeidirektion bemerkbar machte, wäre in diesem Zusammenhang zu gedenken.

Selbst bei den der Räteregierung angehörenden führenden Persönlichkeiten von bayrischer Abkunft, die mehr die Rollen von Vollzugsorganen spielten, findet sich Beeinflussung durch nichtbayrische Personen. Das gilt zum Beispiel von der brutalsten Erscheinung der Revolutionsepoche, von dem Matrosen und Stadtkommandanten *Eglhofer,* der ganz unter dem Bann der internationalen, russisch orientierten Ärztin *Menzi,* wohnhaft in München, stand.

Auch unter den führenden Männern der ersten Räteregierung, deren politische Ziele und Wege ja in mancher Beziehung von denen der zweiten abwichen, befand sich eine größere Anzahl von Männern nichtbayrischer Herkunft.

So ist der sechsundzwanzigjährige Ernst *Toller,* Student der Rechtswissenschaft und der Philosophie, der in der Öffentlichkeit zuerst im Januar 1918 gelegentlich der Streikunruhen auftrat, zu Samotschin (Posen) geboren; der in München als Führer der anarchosozialistischen Bewegung seit 1908 bekannte Schriftsteller Erich *Mühsam* ist Berliner; Gustav *Landauer,* Mühsams Parteifreund, stammt aus Karlsruhe und hat lange Zeit in Preußen gelebt, *Niekisch,* der Vorsitzende des Zentralrats der ersten Räterepublik, ist der Abstammung nach Schlesier und erst seit nicht zu langer Zeit in Bayern angestellt. Der Kommissar für das Wohnungswesen, Dr. *Wadler,* ist aus Galizien gebürtig und hat sich die deutsche und bayrische Staatsangehörigkeit erst im Krieg durch Eintritt ins deutsche Heer, als Offizier, erworben.

Auch die Männer, wie der Finanzbeauftragte Sylvio *Gesell,* der mit dem Schweizer Dr. *Christen* eintraf, und der als Minister des Äußeren bestimmte Dr. Franz *Lipp,* der die längste Zeit seines Lebens außerhalb Bayerns, in Italien, der Schweiz und Württemberg gelebt hat, und andere mit können nicht als voll legitimiert zur Führung der bayrischen Regierungsgeschäfte angesehen werden. Dazu kommt, daß es sich bei einem auffallend hohen Prozentsatz dieser Volksführer nachgewiesenermaßen um Leute handelt, deren Geisteszustand mehr oder weniger stark zum Pathologischen neigt, und ihnen jedenfalls die Fähigkeit und Berechtigung nimmt, die Verantwortung für die Leitung der Geschicke eines ganzen Volkes zu übernehmen. So gingen über die *geistige Verfassung Leviens* schon bald nach seinem ersten Auftreten im Winter 1918/19 allerhand Gerüchte um; es hieß, er leide an Gehirnsyphilis. Soviel bekannt, wurde diesem Gerücht von keiner Seite entgegengetreten. Ein anerkannter Psychiater hat –

offenbar in Anspielung auf diesen Fall – die Frage der geistigen Hypertrophie einzelner Revolutionsführer in einer Tageszeitung wissenschaftlich behandelt. Auffallend ist, daß die Polizei einen Brief des Vaters Leviens besitzt, in dem dieser erzählt, daß sowohl Leviens Mutter wie seine Schwester wegen Geisteskrankheit in Anstaltsbehandlung stehen. Schon dieser Umstand legt – abgesehen von der Unterstützung durch das obige, durch amtliche Feststellung vorerst nicht begründete Gerücht – im Hinblick auf das besonders exzentrische Gebaren dieses Revolutionsfanatikers die Vermutung anormaler Geistesverfassung nahe. – Der *Volksbeauftragte Dr. Lipp* war schon früher wiederholt in Irrenanstalten und mußte auch nach seiner Wirksamkeit bei der Räteregierung sofort wieder in eine solche geschafft werden; verschiedene seiner amtlichen Verfügungen verraten seine Geistesverfassung nur zu unmittelbar. – Der Vorsitzende der Kommission zur Bekämpfung der Gegenrevolution in der zweiten Räteregierung, der blutrünstige Fanatiker *Max Strobl,* wird von seinen Angehörigen als geistig anormal bezeichnet. – Über *Toller* spricht sich ein im Jahre 1918 anläßlich des gegen ihn eingeleiteten Landesverratsverfahrens abgegebenes ärztliches Gutachten dahin aus, daß er einer von jenen politisch unreifen, ästhetisierenden und übersensitiven jungen Menschen sei, die nur in ihren Ideen leben, dazu erblich belastet und schwerer Hysteriker, der sich interessant machen wollte. Aufgrund dieses Gutachtens hatte der Rechtsanwalt damals die Niederschlagung des Verfahrens beantragt. Auch in dem gegen ihn dieser Tage wegen Hochverrats durchgeführten Verfahren wurde festgestellt, daß er noch im Jahre 1916 wegen Nervenleidens in Anstaltsbehandlung war und deshalb seit Januar 1917 als felddienstuntauglich geführt wurde. – Auch des Anarchosozialisten *Erich Mühsam,* des niemals ernst genommenen Münchner Bohemiens, ist in diesem Zusammenhang zu gedenken. Sich selbst gegenüber ehrlich und wohl auch aus sich heraus überzeugt von der Richtigkeit seiner Ideen, ist er doch der Typ des an Überspannung und Selbstüberhebung krankenden Volksbeglückers, ein Mensch, der nie richtig und planmäßig beruflich gearbeitet hat und – getragen von Eitelkeit und Begriffsverwirrung – ganz in seiner eingebildeten Mission aufgeht, die er bei seiner Verhandlung vor dem Standgericht München in die prahlerischen Worte kleidete: »Ich bin die Revolution.«

Es wäre nicht schwer, die Liste der geistig angekränkelten, psychopatisch veranlagten Führer und Unterführer noch zu erweitern. So geht zum Beispiel eben wieder eine Nachricht durch die Presse, daß der Augsburger Kommunistenführer *Dr. Rothenfelder,* der schon früher einmal im Irrenhause gewesen sei, neuerlich wegen Tobsuchtsanfalls in eine Anstalt überführt wurde. Für manchen anderen werden jetzt von Angehörigen Gründe ins Feld geführt, die beweisen sollen, daß er nur vermindert zurechnungsfähig und daher nicht voll verantwortlich für seine Handlungen sei. Die ganze Frage, wie weit Geisteskranke und Psychopathen in der revolutionären Bewegung seit November 1918 und besonders in der Räterepublik eine führende Rolle spielten, würde eingehende Sachverständigenuntersuchung lohnen. Der Umstand, daß sie sich in so hervorragenden Rollen als Volksbeglücker überhaupt halten konnten, gibt aber sehr zu denken. Der sonst so gesunde Sinn des Volkes, der solche Mängel merken und beanstanden müßte, versagte bei weiten Kreisen der arbeitenden Bevölkerung und bei gewissen Schichten der Intellektuellen, die in ihnen Heilande und Erlöser erkennen wollten, nur weil sie gewissen- oder gedankenlos unter Verkündigung blendender und täuschender Lehren den Massen bessere Zeiten versprachen. Inwieweit das werktätige Volk, durch die Erfahrungen der Aprilrätezeit und ihre Schäden klug geworden, in Zukunft Führer mit derartigen Qualitäten ablehnen oder willig wieder anerkennen wird, muß die Zukunft lehren. Die Wahl, die es in dieser Frage wie in der Frage der Gefolgschaft zu moralisch nicht einwandfreien Persönlichkeiten trifft, bildet den besten Gradmesser für den Fortschritt des Genesungsprozesses, den die durch Kriegs- und Nahrungsnot und Revolutionseinwirkung erkrankte Volkspsyche durchzumachen hat, wie für die geistige Reife unseres Volkes gegenüber dem in siegreichem Fortschreiten begriffenen Sozialisierungsproblem überhaupt.

E. J. Gumbel
Gerichtsurteile gegen Kapp-Putschisten und Räterepublikaner
Eine abschließende Gegenüberstellung

Kappregierung		
Name	Rang	Schicksal
Kapp	Reichskanzler	im Ausland
Bang	Finanzminister	in Freiheit
Dr. Traub	Preuß. Kultusminister	amnestiert
Gottlieb v. Jagow	Minister des Innern	in Freiheit
Zumbroich	Reichsjustizminister	in Freiheit
Trebitsch-Lincoln	Oberzensor	im Ausland
Dr. Schiek	Reichswirtschaftsminister	in Freiheit
v. Falkenhausen	Chef der Reichskanzlei	in Freiheit
Geh. Oberpost-Rat Dr. Sönksen	Reichspostminister	in Freiheit
Frhr. v. Wangenheim (Kl.-Spiegel)	Preuß. Landwirtschaftsminister	in Freiheit
Eduard Meyer	Universitätsrektor	blieb im Amt
Müller-Lohwitz	tätig in der Reichskanzlei	in Freiheit
Stubbendorf	tätig in der Reichskanzlei	in Freiheit
Dr. Bredereck	Pressechef	in Freiheit
Joh. W. Harnisch	Pressechef	in Freiheit
Dr. Grabowski	Propagandist	in Freiheit
Lensch, Kapitänleutnant a. D.	beschäftigt im Presseamt	in Freiheit
v. Knobelsdorff, Oberleutnant	beschäftigt im Presseamt	in Freiheit
Alex de la Croix	beschäftigt im Presseamt	in Freiheit
v. Heimburg, Oberleutnant	beschäftigt im Presseamt	in Freiheit

Bayrische Räteregierung		
Name	Rang	Schicksal
Eugen Leviné	Vorsitzender des Vollzugsrates der Betriebsräte	erschossen
Dr. Tovia Axelrod	Mitglied des Vollzugsrats	15 Jahre Zuchthaus, nach Rußland ausgetauscht
Ewald Ochel	Mitglied des Vollzugsrats	1 Jahr, 5 Monate Festung, d. Schutzhaft
Wilhelm Duske	Mitglied des Vollzugsrats	2 Jahre Festung
Fritz Schürg	Mitglied des Vollzugsrats	2 Jahre Festung
Dr. Arnold Wadler	Wohnungskommissar	7 Jahre Zuchthaus
Ernst Niekisch	Vorsitzender des Zentralrats	2 Jahre Festung
Gustav Landauer	Volksbeauftragter für Volksaufklärung	im Gefängnis erschlagen
Dr. Otto Neurath	Vorsitzender der Sozialisierungskommission	1½ Jahre Festung
Hans Dosch	Polizeipräsident	3 Jahre Festung
Ernst Mehrer	Stadtkommandant	1½ Jahre Festung
Karl Petermaier	Adjutant des Stadtkommandanten	1½ Jahre Festung
Paulukum	Verkehrsminister	2½ Jahre Festung
Zamert, Paul	Propagandist	3 Jahre Festung
Ernst Kiesewetter	Verkehrskommission	2½ Jahre Festung
Daudistel	Kommission z. Unterstützung der politischen Flüchtlinge	6 Jahre Festung
Josef Weigand	Schreiber bei der Komm. z. Bekämpfung d. Gegenrevolution	3 Jahre Festung
Hans Kullmann	Betriebsrat	3 Jahre Festung
Schmidt, Adolf II	im Ministerium für soziale Fürsorge	1 Jahr 6 Mon. Festg.
Karl Götz	Kommission zur Bekämpfung der Gegenrevolution	1 Jahr 3 Mon. Festg.
Frieda Rubiner	Propagandaausschuß K. P. D.	1 Jahr 9 Monate mit Bewährungsfrist
Hans Wiedemann	Propagandist	1 Jahr 3 Mon. Festg.
Frau Reichel	Beihilfe zur Flucht Tollers	2 Monate Festung
Hans Reichel	Beihilfe zur Flucht Tollers	4 Monate Festung
Dr. Trautner	Beihilfe zur Flucht Tollers	5 Monate Gefängnis
Willy Reue	Kommission zur Bekämpfung der Gegenrevolution	1 Jahr 3 Monate Festung
Max Strobl	Leiter der Kommission zur Bekämpfung der Gegenrevolution	7 Jahre Zuchthaus

Fortsetzung Bayrische Räterepublik

Name	Rang	Schicksal
Ferdinand Mair-günther	Polizeipräsident in München	1 Jahr Gefängnis 3 Jahre Festung
Ludwig Mühlbauer	Mitglied des Revolutionstribunals	1¼ Jahre Festungshaft m. Bewährung
Erich Mühsam	Propagandist	15 Jahre Festung
Paul Grassl	Mitglied des Revolutionstribunals	1 Jahr 10 Monate Festung
Siegmund Wiedenmann	Obmann der K. P. D.	4 Jahre Festung
Viktor Baumann	Redakteur der Münchener Roten Fahne	1½ Jahre Festung
Alexander Strasser	revolutionärer Hochschulrat	1½ Jahre Festungshaft m. Bewährung
Otto Hausdorf	revolutionärer Hochschulrat	1½ Jahre Festungshaft m. Bewährung
Zillebiller	revolutionärer Hochschulrat	1½ Jahre Festungshaft m. Bewährung
Gertrud Kestner	revolutionärer Hochschulrat	1½ Jahre Festungshaft m. Bewährung
Wilhelm Hagen	revolutionärer Hochschulrat	1 Jahr 4 Mon. Festungshaft mit Bewährungsfrist
Dr. Rothenfelder	Propagandist	7 Jahre Festung
Wilhelm Gerhards	Betriebsrat	1½ Jahre Festung
Willy Ertl	Sektionsführer der K. P. D.	3 Jahre Festung
Sontheimer	Propagandist	erschlagen
Karl Steinhardt	Betriebsrat	9 Monate Festung
Ferd. Rotter	Vorsitzender der Betriebsobleute	7 Jahre Zuchthaus
Kirmayer	Kommission zur Bekämpfung der Gegenrevolution	4 Jahre Zuchthaus
Hans Schroll	In der Verhaftungskommission	5 Jahre Zuchthaus
Wernich	In der Beschlagnahmekommission	3 Jahre Zuchthaus
Hans Kain	Propagandist in Starnberg	6 Jahre Festung
Hans Seffert	Politischer Leiter, Starnberg	3 Jahre Festung
	Gesamtstrafe:	146 Jahre 4 Monate Einsperrung

Kappregierung

Schicksal von 775 Offizieren, die am Kapp-Putsch beteiligt waren. (Amtliche Ergebnisse des Ausschusses zur Prüfung des Verhaltens der Offiziere während der Märzvorgänge, Landheer und Marine)

Art der Erledigung	Zahl der Offiziere in der Marine	Zahl der Offiziere im Landheer	Gesamtzahl der Offiziere
Einstellung des Verfahrens	119	367	486
Beurlaubung	40	61	91
Versetzung	37	20	57
Dienstenthebung	18	30	48
Disziplinare Erledigung	12	1	13
Noch keine Entscheidung	6	69	74
Verabschiedung	4	2	6
	235	540	775

Gesamtstrafe: Null

Militärische Stellen der Kapp-Regierung		
Name	Rang	Schicksal
Freih. v. Lüttwitz	Reichswehrminister und Oberbefehlshaber	im Ausland
v. Hülsen	Adjutant des Oberbefehlshabers	in Freiheit
v. Klewitz	Stabschef bei v. Hülsen	in Freiheit
v. Trotha	Admiral	in Freiheit
v. Oven*)	General	in Freiheit
v. Dassel	General	in Freiheit
v. Watter	General	in die Ebertregierung übernommen
v. Loßberg	Generalmajor	in Freiheit
Bauer	Oberst	im Ausland
Ehrhardt	Kapitän (Eroberer von Berlin)	mit voller gesetzl. Pension verabsch.
Hpt. Pabst	persönlicher Adjutant Kapps	in Freiheit
Freih. v. Lützow	Freikorpsführer	in Freiheit
Maj. Schulz	Freikorpsführer	in Freiheit
Ltn. Roßbach	Freikorpsführer	in Freiheit
Hpt. Pfeffer v. Salomon	Freikorpsführer	in Freiheit
v. Löwenfeld	Freikorpsführer	in Freiheit
Aulock	Freikorpsführer	in Freiheit
Vaupel	Hauptmann	in Freiheit
v. Kessel	Polizeihauptmann	in Freiheit
v. Puttkamer	Hauptmann	in Freiheit
v. Patow	Hauptmann im Oberkommando	in Freiheit
Reinhardt	Oberst (erschien ohne Befehl bei der Brigade 15)	in Freiheit
Neubarth	Batterieführer	in Freiheit
v. Hülsen junior	Leutnant	in Freiheit
v. Borries	Leutnant	in Freiheit
3000	Soldaten der Marinebrigade Ehrhardt	tägliche Zulage von 7 M. und 50 M. Extrabezahlung für den Sturz der Ebertregierung, von der Kappregierung versprochen, von der Ebertregierung ausgezahlt*.
		Gesamtstrafe: Null

* Vgl. R. Mann: ›Mit Ehrhardt durch Deutschland‹, S. 188 und 206.

Militärische Stellen der Räteregierung		
Name	Rang	Schicksal
Rudolf Eglhofer	Oberkommandierender	erschlagen
Eugen Maria Karpf	Adjutant d. Oberkommandierend.	12 Jahre Festung
Wilhelm Reichart	Mitglied der Militärkommission	4 Jahre Festung
Ernst Toller	Kommandeur i. Abschnitt Dachau	5 Jahre Festung
Gustav Klingelhöfer	Adjutant des Kommandeurs	$5^1/_2$ Jahre Festung
Erich Wollenberg	Kommandeur der Infanterie	2 Jahre Festung
H. F. S. Bachmair	Kommandeur der Artillerie	$1^1/_2$ Jahre Festung
Rudolf Podubecky	Kommand. d. Fernsprechtruppen	3 Jahre Festung
Winkler	Kommandeur eines Abschnitts	4 Jahre Zuchthaus
Gustav Riedinger	Adjut. d. Kommandeurs i. Starnberg	$1^1/_2$ Jahre Festung
Ernst Günther	In der Kommandantur Dachau	1 Jahr 9 Mon. Festg.
Max Schwab	Im Kriegsministerium	4 Jahre Festung
H. Taubenberger	Streckenkommandant in Dachau	3 Jahre Festung
Gottfried Bareth	Rotgardist	$1^1/_2$ Jahre Festung
Max Huber	Rotgardist	3 Jahre Festung
Peter Regler	Rotgardist	2 Jahre Festung
Haßlinger	Rotgardist	5 J. Festg. (begnad.)
Andreas Rauscher	Rotgardist	1 Jahr 4 Mon. Festg.
Markus Reichert	Rotgardist und Propagandist	1 Jahr 3 Mon. Festg.
Jos. Vogl	Rotgardist	3 Jahre Festung
Josef Faust	Rotgardist	3 Jahre Zuchthaus
Rentsch	Rotgardist	5 Jahre Zuchthaus
Zöllner	Rotgardist	3 Jahre Zuchthaus
Karl Zimmet	Soldatenrat	1 Jahr 3 Mon. Festg.
Karl Höhrat	Soldatenrat	6 Jahre Festung
Kuhn	Rotgardist	2 Jahre Festg. u. 2 J. 2 Mon. Gefängnis
Seidel	Rotgardist	4 Jahre Festung
Ernst Bauer	Rotgardist	2 Jahre Festung
Richard Wagner	Rotgardist	2 Jahre Festung
Thekla Egl	Krankenschwest. u. Parlamentärin	1 Jahr 3 Mon. Festg.
Arthur Schinnagel	Arzt der Roten Armee	15 Mon. Festung
70 Angehörige	d. Leibregiments wegen Erstürmung von Rosenheim	$1^1/_4$ J. Festg. (vorzeitig entlassen)
Ziller	Soldatenrat, Eisenbahnabteilung	3 Jahre Zuchthaus
Joh. Tanzmeier	Polizeiwachtmeister	4 Jahre Festung
Murböck	Transportführer	4 J. Zuchthaus
Marschall	Kurier	3 Jahre Festung
Jos. Anreither	Rotgardist	3 Jahre Festung
Jak. Nickl	Rotgardist	$2^1/_2$ Jahre Festung

Gesamtstrafe: 205 Jahre Einsperrung

Anhänger der Kappregierung in der Provinz		
Name	Rang	Schicksal
v. Levetzow	Konteradmiral a. D.	in Freiheit
v. Winterfeld	Leiter der Sipo in Kiel	in Freiheit
Lindemann	Früh. Oberbürgermeister in Kiel	in Freiheit
Frhr. v.u.z. Steinfurth	Landrat	in Freiheit
v. Pauly	Regierungspräsident (Kiel)	in Freiheit
Frhr. v. Wangenheim	Garnisonältester, Oberst (Hamb.)	in Freiheit
Völkers	Oberst (Hamburg)	in Freiheit
Ledebour	Oberst (Hamburg)	in Freiheit
Heide	Hauptmann (Hamburg)	in Freiheit
v. Rauchhaupt	Rittmeister (Hamburg)	in Freiheit
v. Mackensen	Hauptmann (Hamburg)	in Freiheit
Dr. Jakobsohn	Propagandist (Hamburg)	
Rechtsanwalt		in Freiheit
v. Sydow	Major (Hamburg)	in Freiheit
v. Menges	Oberst bei der Sipo (Altona)	in Freiheit
v. Lettow-Vorbeck	Generalmajor (Mecklenburg)	in Freiheit
Dr. Wendthausen	Ministerpräsident (Mecklenburg)	in Freiheit
Ribbentrop	Generalmajor (Mecklenburg)	in Freiheit
v. Estorff	Generalleutnant (Königsberg)	in Freiheit
August Winnig	Oberpräsident (Königsberg)	in Freiheit
Graf Schmettow	Generalleutnant (Breslau)	in Freiheit
v. Friedeburg	General (Breslau)	in Freiheit
Oberst Schwerk	Polizeipräsident (Breslau)	in Freiheit
v. Kessel (Ober-		
Glauche)	Oberpräsident von Schlesien	in Freiheit
v. Grodegg	Propagandist (Magdeburg)	in Freiheit
v. Brüning	früherer Landrat (Darmstadt)	in Freiheit
v. Hagenberg	Generalmajor (Weimar)	in Freiheit
Heims	Major (Gotha)	in Freiheit
v. Schöler	General (Kassel)	in Freiheit
Frhr. v. Schenk	Bezirksbefehlshaber (Marburg)	in Freiheit
	Gesamtstrafe:	Null

Anhänger der Räteregierung in der Provinz		
Name	Rang	Schicksal
Guido Kopp	Bürgermeister von Rosenheim	4 Jahre Zuchthaus
Georg Schumm	Art.-Kommandeur in Rosenheim	6 Jahre Zuchthaus
Josef Renner	Truppenführer in Rosenheim	4 Jahre Festungshaft
Hans Meier	Wirtschaftskommissar	1 Jahr 3 Mon. Festg.
Wilh. Olschewsky	Truppenführer in Augsburg	7 Jahre Festung
Max Weber	Propagandist in Augsburg	1 1/2 Jahre Festung
Karl Marx	Politischer Leiter in Augsburg	4 Jahre Festungshaft
Dr. Arthur Maier	Politischer Leiter in Starnberg	6 Jahre Festungshaft
Toni Waibel	Vors. d. Aktionsausschusses in Würzburg	15 Jahre Festungshaft (entkommen)
Herm. Schuchardt	Mitgl. d. Akt.-Ausschuß., Würzburg	1 1/2 Jahre Festung
Valentin Hartig	Mitglied des Aktionsausschusses	7 Jahre Festungshaft
Rudolf Hartig	Mitglied des Aktionsausschusses	2 Jahre Festungshaft
Fritz Sauber	Propagandist (Würzburg)	12 Jahre Festung
August Hagemeister	Propagandist (Würzburg)	10 Jahre Festung
Ludw. Egensberger	Kommandeur (Würzburg)	7 Jahre Festung
Georg Hornung	Mitgl. d. Akt.-Ausschuß., Würzburg	10 Jahre Festung
Leo Reichert	Soldatenrat (Würzburg)	2 Jahre Festung
Paul Förster	Soldatenrat (Würzburg)	3 Jahre Festung
Aug. Westrich	Korps-Soldatenrat (Würzburg)	6 Jahre Festung
Ludwig Bedacht	Soldatenrat (Würzburg)	5 Jahre Festung
Adolf Schmidt	Mitgl. d. Akt.-Ausschuß., Kempten	3 Jahre Festung
Clemens Schreiber	Mitgl. d. Akt.-Ausschuß., Kempten	2 1/2 Jahre Festung
M. Bonenberger	Mitgl. d. Akt.-Ausschuß., Kempten	1 1/4 Jahre Festung
Heinrich Pfeiffer	Mitgl. d. Akt.-Ausschuß., Landshut	1 1/2 Jahre Festung
Ludwig Vogl	Im Aktionsausschuß Landshut	1 Jahr 4 Mon. Festg.
Franz Müller	Soldatenrat Landshut	1 Jahr 4 Mon. Festg.
Peter Blössl	Aktionsausschuß Augsburg	10 Jahre Festung
Aug. Hoeck	Rev. Arbeiterrat Augsburg	4 Jahre Festung
Ernst Ringelmann	Zensor in Würzburg	5 Jahre Festung
Göpfert	Bürgermeister von Rosenheim	15 Monate Festung
Langenegger	Wohnungskommissar Rosenheim	3 Jahre Festung
Julius Rheinheimer	Stadtkommandant Rosenheim	4 Jahre Festung
Hans Elbert	Propagandist, Aschaffenburg	2 Jahre Festung
Max Schneller	Arbeiterrat Kempten	1 Jahr 3 Monate
Wilh. Schmidt I	Aktionsausschuß Kempten	3 Jahre Festung
Hans Bonenberger	Aktionsausschuß Kempten	6 Monate Festung
Alfred Kleiner	Rev. Arbeiterrat Kempten	1 Jahr 3 Mon. Festg.
	Gesamtstrafe:	168 Jahre 5 Monate Einsperrung

16 Anhang

Anmerkungen

Seite 33 *Eugen Neuberger, Münchener Revolution.*
Aus: Der Revolutionär. Jg. 1919, Nr. 21, S. 22 f.

Seite 35 *Franz Lipp, Bericht zur Lage. Typoskript.*
Aus: Staatsarchiv München.

Seite 41 *Max Zillibiller, Auszüge aus einem Tagebuch. (4. April bis 5. August 1919). Typoskript.*
Aus: Staatsarchiv München.
Max Zillibiller war Mitglied des Revolutionären Hochschulrates.

Seite 51 *Tagebuchnotizen der Reaktion. Eine Textmontage.*
Aus: Max Gerstl, Die Münchener Räte-Republik. München 1919.
Josef Hofmiller, Revolutionstagebuch 1918/19. Aus den Tagen der Münchner Revolution. Leipzig 1939.
Josef Karl, Die Schreckensherrschaft in München und Spartakus im bayrischen Oberland. München 1919
Max Gerstl, ein biederer Münchener Stadtrat, läßt über seinen Standpunkt zu den ›Tagen des Schreckens‹ keinen Zweifel. »Mit Lug und Trug, gestützt auf Maschinengewehre und Handgranaten, haben sie die übergroße Mehrheit der Münchener Bevölkerung vergewaltigt und unterdrückt, so daß diese unter einer seelischen Not zu leiden hatten, viel schlimmer als selbst in den schwersten Tagen des fürchterlichen Weltkrieges.« — Was Gerstl auszeichnet, ist die Fülle an authentischen Materialien, die er in seinem tagebuchartigen Bericht ausbreitet.
Hofmiller war Mitarbeiter der ›Süddeutschen Monatshefte‹ und der ›Münchener Neuesten Nachrichten‹; zugleich Gymnasialprofessor in München. Sein Tagebuch ist von ihm nachträglich ›frisiert‹ worden, gibt aber ein authentisches Stimmungsbild aus reaktionärer Sicht. Hofmiller prägt für die Räterepublik Begriffe wie ›Strizzikratie‹ und ›Rotes Kasperltheater‹.
Der Verleger von Karl schrieb wegen dieser Broschüre an die Regierung Hoffmann und bat um einen finanziellen Zuschuß für seine staatserhaltenden Bemühungen.
(Die Buchstaben G, H, K hinter den Textpassagen verweisen auf den Autor.)

Seite 65 *Eduard Trautner, Terror.*
Trautner, Mitglied des Aktionsausschusses revolutionärer Künstler, hatte Ernst Toller seine Papiere überlassen und ihm bei seiner Flucht vor den Weißen geholfen. Dafür erhielt er fünf Monate Gefängnis. Als Medizinstudent meldete er sich bei der Roten Armee in Dachau als Arzt. Trautner war — wie Erich Wollenberg berichtet — eng mit Marut befreundet; schon in München und dann wieder Ende 1919 in Berlin stellte Trautner eine Verbindung Wollenbergs mit Marut her, der damals auf der Flucht einige Zeit in Berlin untergetaucht war.
Trautner übernahm 1919 die Schriftleitung für Literatur der Zeitschrift ›Der Weg‹.

Seite 69 *Silvio Gesell, Die Revolution in München. Ein Interview.*
Aus: Die Freistatt. Jg. 1919. Nr. 10, S. 73 f.
Das Interview wurde am 20. und 21. April 1919 in München geführt, also knapp eine Woche nach der ›Absetzung‹ Silvio Gesells als Volksbeauftragtem für Finanzen durch den Rechtsputsch vom 13. April 1919. Zusammen mit Mühsam, Hagemeister, Wadler, Hartig u. a. wurde er aus München verschleppt, kam jedoch wieder frei. Der anarchistische Freigeldtheoretiker wird auf Vorschlag Landauers zum Volksbeauftragten ernannt. Vor dem Standgericht ist er der einzige maßgeblich Beteiligte, der freigesprochen wurde. Erich Mühsam schreibt ihm 1930 einen Nachruf im ›Fanal‹. Dort heißt es:
»Gesells theoretische Leistung ist aber mit dieser blamablen Stille um seinen Fortgang nicht abgetan, und wie bedeutungsvoll die Leistung war, wird dann erkannt werden, wenn sie in der Praxis erprobt werden wird. Gustav Landauer wußte, was er tat, als er vor elf Jahren empfahl, die Revolutionierung des Geldwesens

der Räterepublik Bayern dem an Proudhon geschulten, dabei ganz selbständigen Denker Gesell anzuvertrauen. Wäre die bayerische Revolution militärisch siegreich geblieben und hätte sie dem modernen Physiokraten die Verwirklichung seiner Pläne gestattet, so hätte es in Bayern keine Inflation gegeben, und die Enteignung der Kapitalisten wäre vor sich gegangen bei gleichzeitiger Verhinderung der ihnen in Rußland geglückten Schliche, mit Hilfe des wertgesicherten Geldes die Warenzirkulation neuerdings zur Quelle verzinslicher Besitzhäufung zu machen. Gesells-Freilandlehre ist stark anfechtbar, seine Geldtheorie dagegen scheint berufen, nicht, wie er annahm, das Wirtschaftsregulativ der freiheitlichen Gesellschaft zu werden, wohl aber das Übergangsverfahren vom kapitalistischen Währungssystem zum geldlosen Kommunismus zu ermöglichen ... Silvio Gesell war ein sozialer Wegbahner von größtem geistigem Wuchs; der Spott der Börsenpraktiker und das Gelächter der Marxisten können seine Bedeutung als Vorkämpfer gerechter und freiheitlicher Gesellschaftsgestaltung nicht mindern. Die Zeit revolutionärer Verwirklichung wird dem Toten vieles abzubitten haben, was die Zeit dogmatischer Unbelehrbarkeit an dem Lebenden und damit zugleich an sich selbst gesündigt hat ...« *(a. a. O. S. 165)*

Einer, der seinen Spott über Gesell selbstkritisch zurücknahm, war J. M. Keynes.

Seite 81 *Fritz Kunz, Protokolle von Versammlungen Münchner Betriebsräte. Typoskript. Aufgefunden bei der Personalakte Toller des Standgerichts. The Library of Congress, Washington.*

Seite 101 *Oskar Maria Graf, Lebenlauf.*

Seite 102 *Nachdenkender Arbeiter.*
Aus: Das proletarische Schicksal. Ein Querschnitt durch die Arbeiterdichtung der Gegenwart. Gotha 1929, S. 4 und 5.
Die beiden Gedichte waren Originalbeiträge Grafs für diesen Band.

Seite 103 *Oskar Maria Graf, Mach ma hoit a Revoluzion. Textmontage aus seinen autobiografischen Schriften über die Räterepublik.*
1) Der Freund Georg Schrimpf: Maler und Anarchist.
Aus: Mitmenschen. Berlin 1950, S. 183 f.
Mit Schrimpf (1889—1938) war Graf schon um 1909 ein aktives Mitglied der Gruppe ›Tat‹ Erich Mühsams; zusammen waren sie in Ascona in der anarchistischen Siedlung Minusio (1913). Durch Freundschaft zu Franz Jung und Otto Groß Mitarbeiter der ›Freien Straße‹. Heirat mit der Malerin Maria Uhden, die 1918 starb. Mitarbeiter an verschiedenen Zeitschriften: ›Aktion‹, ›Der Weg‹, ›Die Sichel‹ u. a. Nach der Niederschlagung der Räterepublik nur noch Maler. Kunstlehrer in München, 1933—1938 Kunstprofessor in Berlin.
2) Der Palmsonntagsputsch.
Aus: Wir sind Gefangene. Ein Bekenntnis aus diesem Jahrzehnt. München 1927, S. 485 f.
Josef Sontheimer, der als Freidenker und Anarchist schon vor 1914 in der Münchener Arbeiterbewegung eine bekannte Gestalt war, wurde bei den Straßenkämpfen in den ersten Maitagen erschlagen.
3) Räterepublik und Verhaftung.
Aus: Das Leben meiner Mutter. München 1947, S. 738 f.
4) Thule-Gesellschaft und Geiselmord.
Aus: Gelächter von außen. München 1966, S. 91 f.
5) Die Räterepublik und die Bauern.
Aus: Unruhe um einen Friedfertigen. Berlin 1948, S. 105 f.
6) Das Ende.
Aus: Wir sind Gefangene. a. a. O., S. 495 f.
Ado von Achenbach wurde als Literat vom revolutionären Künstlerrat als Zensor für die Presse bestimmt, den Maler Heinrich Davringhausen (der ›Bügelfaltenhengst‹, wie Graf ihn nennt), wie Schrimpf Mitglied der Novembergruppe, kennt Graf schon von Ascona her; Schorsch ist Georg Schrimpf.
7) Im befreiten München.
Aus: Einer gegen alle. Berlin 1932, S. 60 f.

Seite 120 *Oskar Maria Graf, Münchener Revolutionsgeschichten.*
Aus: Tage-Buch. Jg. 1927, S. 1051.

Seite 122 *Oskar Maria Graf, Der Marsch.*
Aus: Oskar Maria Graf, Die Revolutionäre. Dresden 1918, S. 12. (= Heft IV der Reihe ›Das neueste Gedicht‹)

Erster Gedichtband von Graf. In dieser Reihe erschien als Heft 24/25 von Jan Jakob Haringer ›Hain des Vergessens‹.

Seite 123 *Oskar Maria Graf, Die Hassenden.*
Aus: Amen und Anfang. München 1919, S. 13.
Das Buch wurde zur Zeit der Räterepublik in einer Auflage von 300 Exemplaren mit einem Titelholzschnitt von Georg Schrimpf bei Bachmair verlegt.

Seite 124 *Oskar Maria Graf, Der Totschlag.*
Aus: Die Sichel, 1. Jg. (1919), H. 5, S. 82 f.
›Die Sichel‹ wurde in Regensburg von Georg Britting und Josef Achmann herausgegeben. Aus dem Kreis der Räterepublikaner arbeiteten mit: Haringer, Hartig, Schrimpf, Graf.

Seite 127 *Oskar Maria Graf, Spruch.*
Aus: Der Weg. Jg. 1919, Nr. 8/9, S. 10.
Graf und Schrimpf arbeiteten regelmäßig an der monatlich erscheinenden Zeitschrift für Literatur, Kunst und Musik mit, die sich an Pfemferts ›Aktion‹ orientierte. Von Graf erschien: Joch (Gedicht) Nr. 1; Empörung (Gedicht) Nr. 2; Maria Uhden (Nachruf) Nr. 5; Spruch, Hoffnungshymne, Die Entflammten (Gedichte) Nr. 8/9; Manifeststück Nr. 10. Von Schrimpf erschienen Holzschnitte in Nr. 2 und Nr. 5/6.

Seite 128 *Rainer Maria Rilke an Ernst Seidenberger.*
Aus: Stadtbibliothek München, Handschriftenabteilung.

Seite 129 *Oskar Maria Graf, Rilke und die Revolution.*
Aus: Oskar Maria Graf, Rainer Maria Rilke und die Frauen. Rede zu seinem 25. Todestag. Abgedruckt in: Oskar Maria Graf, An manchen Tagen. Frankfurt 1961, S. 172 f.
Alfred Wolfenstein berichtet 1935 in einem Zeitungsartikel (Bohemia), wie er Rilke nach dem Einmarsch der Weißen am 1. Mai aus dem Polizeigefängnis herausholte: »Dorthin hatte man ihn unter der Beschuldigung gebracht, er, Rainer Maria Rilke, habe mit einem Maschinengewehr auf die einrückenden Regierungstruppen geschossen . . .« (Zit. nach dem Rilke-Katalog des Deutschen Literatur-Archivs Marbach, 1975, S. 239.)

Seite 133 *Hanns Arens, Besuch bei Oskar Maria Graf.*
Erschienen unter dem Originaltitel »Oskar Maria Graf. ›Wir sind Gefangene. Ein Bekenntnis aus diesem Jahrzehnt‹.«
Aus: Weltstimmen. Weltbücher in Umrissen, III. Band, Stuttgart 1929, S. 1 f.

Seite 140 *Oskar Maria Graf, Gegen den Dichter von heute.*
Aus: Die Bücherkiste. 1. Jg. (1919), Nr. 3, S. 33 f.

Seite 142 *Fritz Reck-Malleczewen, Die europäische Angelegenheit Oskar Maria Graf.*
Aus: Politische Wochenschrift für Volkstum und Staat. 3. Jg. (1927), Nr. 46, S. 402 f.
Fritz Reck-Malleczewen (1884—1945), besonders bekannt durch seinen Wiedertäuferroman ›Bockelson‹ (1937), die Erzählungen ›Phrygische Mützen‹ (1922), eine historisierende Verarbeitung der Münchener Revolution, und ›Tagebuch eines Verzweifelten‹ (1947), wurde im Februar 1945 im KZ Dachau ermordet. Der Vergleich von Grafs Autobiografie mit dem ›Armen Manne in Tockenburg‹ stammt aus einer Rezension von Bruno Frank, mit der der Dreimasken-Verlag für das Buch von Graf warb. Wer Beruhigung benötigt nach Reck-Malleczewens aus eindeutiger Gegnerschaft zu Graf resultierendem Verriß, lese die positiven Klappentexte des Verlags: »Ich bezeuge, daß seit längerem kein Buch mich so gefesselt, verwundert und beschäftigt hat wie diese Aufzeichnungen.« (Thomas Mann) — »Hier spricht ein Schriftsteller von großer Kraft, ganz ohne Menschenfurcht und ohne Götzenfurcht, ohne Eitelkeit und ohne Vorurteil, von etwas ungeheuer Wichtigem, das er genau kennt: vom Leben des armen Volkes im heutigen Deutschland.« (Bruno Frank) »Grafs Buch ist mir wertvoller als alle Kriegs- und Revolutionsdokumente, Grafs Buch ist alles eher als ein Tendenzwerk. Endlich ist wieder einer da, dem Ehrlichkeit höher gilt als die Scheinwürde der Eitelkeit und Aufgeblasenheit.« (Walter von Molo) »Die erschütternde Autobiografie, die mit verbissenster Ehrlichkeit gegen sich und die Mitmenschen, voll Ekel, Erbitterung, Wut, Hohn und furchtbarer Selbsterkenntnis ein Vagabundendasein zwischen Alkohol, Schwindel, Krieg und Revolution diskussionslos vor Augen stellt, ist ebenso sehr das Dokument eines Menschentums wie einer Zeit.« (Hanns Martin Elster) Die ›Politische Wochenschrift‹ stand nationalkommunistischen Kreisen nahe, zu denen auch Ernst Niekisch Kontakte hatte.

Seite 146 *Oskar Maria Graf, Mühsam's ›Brennende Erde‹.*
Aus: Neue Zeitung, München, 2. Jg. (1920) vom 12. 10. 1920.

Seite 148 *Erich Mühsam, Antwort auf Oskar Maria Grafs Kritik.*
Aus: Neue Zeitung, München, 2. Jg. (1927) vom 13. 11. 1920.
Die Antwort ist adressiert an den Redakteur der Neuen Zeitung, Otto Thomas. Siehe S. 217)

Seite 151 *Klaus Herrmann, Oskar Maria Graf und der ›Nihilismus‹.*
Aus: Neue Bücherschau. Jg. 1929, Bd. 7, S. 190 f.
Über seinen Katholizismus schreibt Graf in der ›Literarischen Welt‹ vom 8. 5. 1931: »Ich werde Ihnen da was erzählen, was Sie sicher sehr ärgern wird. Ich nehme nämlich an, daß Sie — wer könnte denn heute als geistig hochstehender Mensch anders sein! — ein turbulent fortschrittlicher Mensch, ein ›linker Mann‹, ein Marxist, ein Revolutionär, ein Kommunist, ein Nationalsozialist, einer von Jüngers Jüngern oder sonst so was Tüchtiges sind. Sie kennen sicher Ihren Marx, Ihren Lenin, Ihren Krapotkin oder die ganze Makulatur vom ›Dritten Reich‹ so genau wie der Rechtsanwalt seine Finten.
Ich bin Katholik.
Stellen Sie sich sowas vor! Ich war es immer und werde es immer sein . . .« — wobei ›Katholik‹ für ihn das bedeutet, was er schon immer war, ein ehrlicher, rabaukenhafter Ketzer.

Seite 155 *Oskar Maria Graf, Antwort an einen und viele Genossen.*
Aus: Linkskurve. 2. Jg. (1930), H. 1, S. 16 f.
Die Redaktion der Linkskurve schreibt zu diesem Beitrag:
»Wir geben diesem Brief O. M. Grafs gern Platz, trotzdem wir mit ihm nicht einverstanden sind. Allerdings zeigt der Brief, daß der Verfasser des Buches ›Wir sind Gefangene‹ über Revolution, über Literatur, über sein eigenes Schaffen sich Gedanken macht, was sehr wenige deutsche Schriftsteller tun. Wir weisen hier nur auf seinen verschwommenen Begriff ›Volk‹ hin, das ›aus Genossen sich zusammensetzen‹ soll. Ebenso falsch ist seine noch immer bohemische Meinung, daß man Bücher schreibe, weil einen ›die sogenannte Literatur anekelt‹. Meint Graf, daß Bücher Waffen im Klassenkampf sein müssen, so sind wir damit einverstanden. Meint er aber, daß Bücher, mit unliterarischen Absichten des Verfassers geschrieben, bereits keine Literatur mehr wären, sondern als Mauser-Gewehre selbst zu betrachten sind, dann wäre das wieder der Rückfall ins Literatentum, das er, wenn wir ihn richtig verstanden, gerade ablehnen will.« *(a. a. O., S. 18)*

Seite 159 *Erich Mühsam, Selbstbiographie.*
Aus: Erich Mühsam, Sammlung 1898—1928. Berlin 1928, S. 215 f.

Seite 163 *Erich Mühsam, Antwort auf eine Umfrage.*
Aus: Die Lebenden. Flugblätter. 3. Reihe, Nr. 5/6, 1931.
Im Januarheft seiner Zeitschrift ›Die Lebenden‹ gibt Ludwig Kunz einigen Autoren Gelegenheit, über ihre ungedruckten Werke zu berichten. Am Rückblick aus der Schubladenperspektive nehmen teil: Max Herrmann-Neiße, Hermann Kasack, Wilhelm Lehmann, Julius Levin und Erich Mühsam.

Seite 167 *Fabius, Mühsam.*
Aus: Staatsarchiv München, Staatsanw. Nr. 2077/2.
Pseudonymer Artikel eines Mitkämpfers von Erich Mühsam aus den ersten Revolutionstagen. Das Manuskript befindet sich bei den Gerichtsakten Mühsams. Es ist durchaus möglich, daß der Artikel von Gustav Landauer stammt. Unmittelbarer Anlaß des Artikels war der Münchner Zeitungsputsch vom 6. Dezember 1918, wo es unter der Führung Mühsams einer Massendemonstration gelang, fast alle Münchener Zeitungsgebäude zu besetzen. (Vergl. Erich Mühsam, Mein Putsch gegen die Münchener Zeitungen. ›Kain‹, 5. Jg. (1918), Nr. 2. Eine ähnlich weitgehende Würdigung von Mühsams Person gelingt dem Schriftsteller Emil Szittya (1934): »Wir mochten uns nicht sehr. Man führt sinnlose Konflikte untereinander, die eine klare Beurteilung verhindern. Ich habe mehrere Male ablehnend über ihn geschrieben. Jetzt muß ich Abbitte vor diesem Toten leisten, was ich bisher keinem Menschen gegenüber tat, und viele müssen mit mir Abbitte vor diesem Toten leisten. Heute, wo Erich Mühsam tot vor uns liegt, sehen wir endlich klar den Menschen und Kämpfer, was wir während seiner Mitgegenwart nicht taten. Wir haben fast alle aus kleinlichem Egoismus und weil seine Gärkraft zu eruptiv war, ihn mißverstanden.« (Emil Szittya, Erich Mühsam. Eine Rede. Deutsches Literaturarchiv, Marbach.)

Seite 170 *Erich Mühsam, Gewalt und Revolution.*
Aus: Die Abrechnung. Erster Rückblick auf die ›große Zeit‹. Als Teilabdruck erschienen in N. Pawlowa (Hrsg.), Erich Mühsam. Eine Auswahl aus seinen Werken. Moskau 1960, S. 112 f.
Im Frühjahr 1920 notiert Erich Mühsam im Festungsgefängnis Ansbach, daß er diese Abrechnung mit der deutschen Sozialdemokratie trotz des fragmentarischen Charakters des Werkes, zum Teil bedingt durch den ›Eingriff der Staatsgewalt in meine persönliche Freiheit‹, bald erscheinen lassen werde. Dazu ist es nicht mehr gekommen. Das Manuskript befindet sich im Mühsam-Nachlaß in Moskau.

Seite 172 *Erich Mühsam, Proletarier aller Länder vereinigt euch!*
Aus: Kain, Jg. 1919, Nr. 5 vom 25. April 1919.
Aufruf Mühsams, der am 9. April 1919 in Zeitungen, Flugblättern und Plakaten erschien. Mühsam schrieb diesen Aufruf unmittelbar nach seinem ausführlichen Gespräch mit Towias Axelrod, der ihm den ablehnenden Standpunkt der KPD zur Räterepublik vermittelte. Mühsam: »Diese Unterredung und die große Gefahr, die ich für den Frieden unter der Arbeiterschaft selbst aus dem von den Kommunisten ins Volk geworfenen Vorwurf, wir hätten eine ›Scheinräterepublik‹ etabliert, erwachsen sah, veranlaßten mich, aus eigener Initiative mit folgender Proklamation mich ans Proletariat zu wenden . . .« (Erich Mühsam, Von Eisner bis Leviné. Berlin 1929, S. 69.)

Seite 174 *Erich Mühsam, In eigener Sache.*
Aus: Münchener Neueste Nachrichten vom 11. April 1919.
Die Zusammenarbeit Erich Mühsams mit der Münchener KPD war zunächst sehr eng; bis zu vier Reden hielt er an manchen Tagen auf KPD-organisierten Veranstaltungen. Diese Inanspruchnahme durch die KPD hörte in den letzten Märztagen 1919 schlagartig auf, als die Berliner KPD-Zentrale besondere Organisatoren (u. a. Leviné und P. Frölich) nach München schickte. Am 6. April wird Mühsam auf einer Generalversammlung der Münchener KPD von Leviné und Levien zum politischen Gegner erklärt. Auf der gleichen Sitzung denunziert ihn Leviné, gemeinsame Sache mit Schneppenhorst, dem zwielichtigen Staatsminister, gemacht zu haben.

Seite 176 *Erich Mühsam, Von Eisner bis Leviné. (Vorwort 1929).*
Aus: Erich Mühsam, Von Eisner bis Leviné. Berlin 1929, S. 11 f.
Mühsam schrieb diesen persönlichen Rechenschaftsbericht im ersten Jahr seiner Festungshaft — adressiert an Lenin, dem der Bericht auch vorgelegen hat; er drückt Mühsams Hoffnung aus, auch mit der KPD zusammen zu einer Einheitsfront aller Revolutionäre zu gelangen. Seine Desillusionierung über die KPD, der er im September 1919 beitrat, gesteht er bei seinem Austritt kurz darauf öffentlich ein. — Dieser zutreffende Erlebnisbericht endet mit dem 13. April 1919, dem Tag, an dem er – zusammen mit führenden Repräsentanten der ersten Räterepublik — von Rechtsputschisten aus München entführt wurde.

Seite 190 *Erich Mühsam, Aufstieg und Niederlage der Räterepublik.*
Aus: Erich Mühsam, Das Standrecht in Bayern. Berlin 1923, S. 18 f.
Diese Broschüre enthält Mühsams Denkschrift an den sozialdemokratischen Reichsminister Gustav Radbruch über eine Nachprüfung der Rechtsgrundlagen bei der Verhängung des Standrechts in Bayern am 25. April 1919 sowie eine Beschwerde Mühsams an den Reichspräsidenten Friedrich Ebert, die von der Festungsverwaltung Niederschönenfeld wegen ›propagandistischen und beleidigenden Inhalts‹ nicht weitergeleitet wurde. In der von der KPD vertriebenen Broschüre schreibt Paul Frölich im Vorwort: »Mühsams Arbeit . . . zieht den Schleier des Vergessens von den Ereignissen in den Münchener April- und Maitagen von 1919. Das war notwendig. Denn die gegenrevolutionäre Sozialdemokratie fristet zum guten Teil ihr Leben noch davon, daß sie die Vergangenheit der Revolution in das Netz der Lüge einspinnt. Gerade über die bayerische Räterepublik verbreitet sie planmäßig hetzerisch erlogene Darstellungen, und darum muß man Erich Mühsam dankbar sein, wenn er wieder einmal auf das Doppelspiel, die Erbärmlichkeit, Niedertracht und Rachsucht des ›Ehrenmannes‹ Hoffmann und der Räterepublikaner Segitz, Steiner, Endres und auf die Schurkerei des Provokateurs Schneppenhorst hinweist.«

Seite 195 *Erich Mühsam, Räterepublik und sexuelle Revolution.*
Aus: Magnus Hirschfeld (Hrsg.), Zwischen zwei Katastrophen. Hanau 1966, S. 42 f.
Der Antrag der Frauen, auf den sich Erich Mühsam bezieht, der Wortlaut der Be-

gründung durch Anita Augspurg und die Vorgänge um dessen Ablehnung sind abgedruckt im ›Stenographischen Bericht über die Verhandlungen des Kongresses der Arbeiter-, Bauern- und Soldatenräte‹. o. O., o. J., Neudruck Berlin 1978. Ernst Niekisch sprach gegen den Antrag. Am nächsten Tag kritisierte Mühsam im Kongreß gerade an dieser Ablehnung den ›Sachverstand‹ der Delegierten: »Niekisch spricht dagegen, infolgedessen wird der Antrag abgelehnt ... Ich möchte Sie bitten, mit etwas mehr eigenem Urteil an die Anträge heranzutreten, die Ihnen vorgelegt werden.« (a. a. O., S 183)
Das Arbeitermädchen Therese B. ist Therese Burgmeier; sie arbeitete im Vollzugsrat und war mit dem zeitweiligen Stadtkommandanten der Räterepublik Weinberger befreundet, der noch während der Räterepublik einem Fememord zum Opfer fiel.

Seite 201 *Erich Mühsam, O Schneppenhorst, O Schneppenhorst ...*
Aus: Erich Mühsam, Revolution. Kampf-, Marsch- und Spottlieder. (Mit einer Nachbemerkung des Autors.) Berlin 1925, S. 45 f.

Seite 203 *Erich Mühsam, Brief an Albert Reitze in Zürich.*
Aus: Europäische Ideen. Berlin 1974, H. 5/6, S. 64 f.
Albert Reitze war Anfang des Jahres 1919 für einige Wochen in München und half bei der Herstellung und dem Vertrieb des ›Kain‹. Während der Räterepublik arbeitete er bei der Zensur im Presseamt und konnte sich rechtzeitig in Sicherheit bringen. Die persönliche Freundschaft zu Mühsam geht auf die Zeit vor dem ersten Weltkrieg zurück, wo beide an der Anarchistenbewegung in der Schweiz beteiligt waren.
Im September 1919 erklärt Erich Mühsam seinen Eintritt in die KPD. Seinen — bei seinen Freunden mit Verwunderung und Ablehnung aufgenommenen — Entschluß begründete Mühsam mit den aktuellen Erfahrungen der Münchener Räterepublik. Ende Oktober 1919, nach dem zweiten Parteitag der KPD, der mit den Heidelberger Beschlüssen zu einer definitiven Abgrenzung zum Linksradikalismus führte, trat Mühsam wieder aus, arbeitete aber noch bis 1927 in der Roten Hilfe mit.

Seite 205 *Erich Mühsam, Niederschönenfeld. Eine Chronik in Eingaben.*
Aus: Studienbibliothek zur Geschichte der Arbeiterbewegung, Zürich.
Vorwort zu einer von Mühsam geplanten Broschüre über seine Erlebnisse und Erfahrungen während seiner Festungshaft. Die Broschüre ist verschollen. Lediglich das Vorwort ist im Nachlaß von Margarethe Faas-Hardegger, einer aktiven Mitarbeiterin von Mühsam, Landauer und Otto Groß, enthalten.
August Hagemeister, als Repräsentant des linken Flügels der USPD Mitglied im Revolutionären Zentralrat, war Volksbeauftragter für Volkswohlfahrt in der ersten Räterepublik; im Gefängnis zog er sich ein schweres Herzleiden zu, das von der Anstaltsbürokratie und dem Anstaltsarzt bagatellisiert wurde (›er selber und seine Mitgefangenen seien schuld‹) und 1923 zu seinem Tode führte. Im Auftrag der mitgefangenen Räterepublikaner erhob Ernst Toller gegen den Gefängnisarzt Anklage wegen fahrlässiger Tötung, die niedergeschlagen wurde. »Im bayerischen Landtag wurde ein Antrag auf Einsetzung eines Untersuchungsausschusses gestellt. Die Regierung gab, wie immer, Erklärungen ab, bei denen der Vorwurf der Verlogenheit keine billige Phrase ist. Die Majorität des Landtags lehnte die Einsetzung des Untersuchungsausschusses ab. Toller dokumentierte ausführlich den Tod August Hagemeisters in ›Justiz. Erlebnisse‹, Berlin 1927.

Seite 212 *Erich Mühsam, 1919. Dem Andenken Gustav Landauers.*
Dieses Gedicht erschien in einer Auflage von 1000 Exemplaren im Verlag Leon Hirsch mit einem Titelholzschnitt von Walter Petry. Der Erlös war für Mühsam und andere politische Gefangene bestimmt. »Worte des Dichters, des Propheten, den Knirpse, gestrige Menschlein ins Gefängnis schleppten. Fünfzehn Jahre Festung. Dem Künder neuer Wahrheit. Seht, Narren, Kinder: unbesiegbar ist sein Glaube an neue Menschheit. Noch in Fesseln höhnt er Euer Pharisäertum. Und lehrt uns: hoffen, glauben, kämpfen. Helft Brüder, dem Märtyrer.« (Leon Hirsch)

Seite 217 *Erich Mühsam, Lügen um Landauer.*
Aus: Weltbühne, 25. Jg. (1929), I. Band, S. 845 f.
Otto Thomas (Arbeitersekretär der SPD, über USPD 1919 zur KPD, 1923 ausgeschlossen und wieder zurück zur SPD) antwortet in einem Brief an die Weltbühne, den die Herausgeber Ossietzky und Tucholsky auszugsweise zusammen mit einer klaren Stellungnahme für Erich Mühsam abdrucken. (»Herr Thomas

ist ein höchst unerfreulicher Polemiker. Den Plumpheiten gegen Gustav Landauer fügt er jetzt andere gegen Erich Mühsam hinzu.«) ›Otto Thomas‹. In: Weltbühne, 25. Jg. (1929), II. Band, S. 187 f.

Seite 221 *Erich Mühsam. Der Tod des bayerischen Landtagsabgeordneten August Hagemeister (in der Festungshaftanstalt Niederschönenfeld am 16. Januar 1923).*
Aus: Mitteilungsblatt des Vereins sozialistischer Ärzte. Jg. 1925, Nr. 2/3, S. 20 f.
Teilabdruck der von Mühsam verfaßten Eingabe an den bayerischen Landtag über den Tod August Hagemeisters. Mühsam plante, diesen Text in dem Buch ›Niederschönenfeld. Eine Chronik in Eingaben‹ zu veröffentlichen.

Seite 224 *Erich Mühsam, Heroenkult und Selbstkritik. Anmerkungen zur bayerischen Räterepublik.*
Aus: Fanal, 3. Jg. (1929), Nr. 7, S. 145 f.
Der Artikel erschien zum 10. Jahrestag der Räterepublik. In ihm kritisiert Mühsam die bisherige ›Rechthaberei‹ der beteiligten Gruppen ebenso wie die kritiklose Glorifizierung Levinés.

Seite 233 *Erich Mühsam, Verlegerprobleme.*
Aus: Kurt Wolff, Briefwechsel eines Verlegers 1911—1963. Hrsg. v. B. Zeller und E. Otten. Frankfurt 1966, S. 286 f. (Briefe); Weltbühne, XX. Jg. (1924), 1. Band. S. 384 f. und S. 524 f.
Am Beispiel seines Gedichtbandes ›Brennende Erde‹ dokumentieren die Briefe und die beiden Artikel die Schwierigkeiten, denen Mühsam mit seinem Werk bei den Verlegern ausgesetzt war. ›Brennende Erde‹ war nach ›Die Wüste‹ (1904), ›Der Krater‹ (1909) und ›Wüste, Krater, Wolken‹ (1914) der vierte Gedichtband von Erich Mühsam. — Die drei nicht abgedruckten Gedichte zum Tode von Ferrer, Kropotkin und Wedekind erschienen 1928 in der ›Sammlung‹.

Seite 239 *Aus: Die Weltbühne, XX. Jg. 1924. 1. Bd., S. 384.*

Seite 243 *Ernst Toller, Brief an Erich Mühsam zum 50. Geburtstag (am 6. April 1926).*
Aus: Die Furche. Tribüne für junge Kunst und Dichtung. Jg. 1928, H. 2, S. 26.

Seite 244 *Erich Mühsam, Seit sieben Jahren im Zuchthaus*
Aus: Der Rote Helfer. 2. Jg. (1926), Nr. 7, S. 1 f.
Die beiden Gefangenen Guido Kopp und Alois Lindner, von denen Erich Mühsam hier berichtet, wurden 1928 freigelassen — nach neunjähriger Haft. Mühsam begrüßte seine Genossen im ›Fanal‹, wo er wiederholt die Freilassung aller politischen Gefangenen gefordert hatte. (»Zu diesem Zweck verbünde ich mich auch mit dem Teufel« — gemeint war ›Stahlhelm‹ und NSDAP. — Fanal, Jg. 1928, Nr. 4 und Nr. 5.) Kopp und Lindner besuchen nach ihrer Freilassung Mühsam in Berlin-Britz, wo sie der Fotograf August Sander fotografiert.

Seite 248 *Fritz Groß, Erich Mühsam.*
Aus: Kameraden. Zyklen. Morriston 1943, S. 25 f.

Seite 252 *Erich Wollenberg, Für Erich Mühsam*
Aus: Sozialistische Warte, Jg. 1936, S. 458 f.

Seite 257 *Gustav Landauer, Wir brauchen keine Parteiherrschaft.*
Aus: Gustav Landauer, Sein Lebensgang in Briefen. 2. Band. Frankfurt 1929, S. 413 f. zur Neuausgabe des ›Aufruf‹ (Revolutionsausgabe).
Am 18. Dezember 1918 sagte Landauer im Provisorischen Nationalrat: »Diese Revolution kann keine Parteiherrschaft bringen, und die Leute, die sich Bolschewisten und Spartakisten nennen, wenn die uns nicht bald sagen, *was* sie wollen, *wie* sie die menschliche Gesellschaft, das deutsche Volk organisieren wollen, wenn sie uns immer nur bedeuten, sie wollen die Herrschaft haben — denn nichts anderes steckt hinter der Diktatur des Proletariats –, dann gehören sie in denselben Kessel hinein, in dem die stecken, die nur um die Herrschaft von Parteien kämpfen, in anderer Form, in anderen Ausdrücken, aber es ist genau dasselbe. Wir brauchen keine Parteiherrschaft . . .« (Zit. nach Fritz Oerter, Gustav Landauer. In: Die Internationale, Jg. 1 (1925), Nr. 4, S. 27.)

Seite 264 *Gustav Landauer, Briefe aus der Rätezeit.*
Aus: Gustav Landauer, Sein Lebensgang in Briefen. 2. Band. Frankfurt 1929, S. 413 f.
Der letzte Brief Landauers an den Aktionsausschuß ist eine von den Herausgebern der Briefbände durchgeführte Montage aus einem Teilabdruck in den ›Escherichheften Nr. 5‹ und einem fragmentarischen Entwurf aus Landauers Nachlaß.

Seite 272 *Gustav Landauer, Am Vorabend des Putsches gegen die Räterepublik.*
Protokoll einer Rede von Gustav Landauer auf der Sitzung des Revolutionären Zentralrats der Arbeiter-, Bauern- und Soldatenräte vom 12. April 1919.

Aus: Staatsarchiv München, Staatsanw. Nr. 2151.
In der Diskussion geht es zunächst darum, den Rechtsanwalt W. Löwenfeld anzuhören, der einen Bericht über sein Gespräch in Bamberg mit der Regierung Hoffmann geben möchte. Unbekannt war den Mitgliedern des Zentralrats, daß Löwenfeld als Agent der Gegenregierung Hoffmann den Putsch gegen die Räterepublik vom folgenden Tag vorbereitete.

Seite 275 *Fidelis, Gustav Landauers Kulturprogramm.*
Aus: Das Forum. Hrsg. Wilhelm Herzog. 4. Jg. (1920), H. 8, S. 577 f.
Es ist bisher nicht gelungen, das Pseudonym Fidelis zu entschlüsseln. Es könnte sich bei ihm um ein Mitglied des revolutionären Hochschulrates handeln, auf das zuträfe, sowohl mit Landauer als auch mit Leviné guten Kontakt gehabt zu haben. So war Alexander Strasser, ein Neffe Franz Pfemferts, als KPD-Mitglied dem einen, als Bekannter des Aktions-Kreises dem anderen verbunden. Ähnliches gilt von Hans Bloch, der zeitweilig im ›Büro‹ Landauers arbeitete und sich dem drohenden Prozeß durch seine Flucht entzog.
Als Volksbeauftragter für Volksaufklärung kümmerte sich Landauer in der kurzen Zeit seiner Tätigkeit um die Universitäten, um der ›akademischen Gegenrevolution‹ einen Riegel vorzuschieben. Daneben engagierte er sich auch stark fürs Theater. Fechenbach erwähnt in seinem Tagebuch Verhandlungen Landauers mit Schauspielern und Künstlern über eine Selbstverwaltung der Theater. In Zusammenarbeit mit dem ›Aktionsausschuß für bildende Künstler‹ werden Pläne für ein ›wahres Theater des Volkes‹ entworfen.

Seite 290 *Drei Briefe an Auguste Hauschner.*
Aus: Briefe an Auguste Hauschner. Hrsg. Martin Beradt und Lotte Bloch-Zavrel. Berlin 1929, S. 189 f.
Die Schriftstellerin Auguste Hauschner (1850—1924), Frau eines Fabrikanten, führte lange Jahre in Berlin die Tradition literarischer Salons fort. Max Brod, Fritz Mauthner, Martin Buber und Gustav Landauer, den sie auch finanziell unterstützte, gehörten zu ihrem Freundeskreis.
Luise Dumont gründete 1905 das Schauspielhaus in Düsseldorf, das sie — zusammen mit ihrem Mann Gustav Lindemann — leitete; ab 1918 bestanden Pläne, daß Landauer als Dramaturg ins Ensemble eintrat. Durch die Räterepublik zerschlug sich das Projekt. Landauer konnte noch im Herbst 1918 die Redaktion der Hauszeitschrift ›Masken‹ übernehmen, wo er einige Artikel veröffentlichte.

Seite 293 *E. J. Gumbel, Gustav Landauers Ende.*
Aus: Weltbühne, XX. Jg. (1924), 1. Band, S. 191 f.
Erich Mühsam zu Landauers Ermordung: »... die Vergangenheit wehrte sich gegen die Zukunft und massakrierte ihren besten Herold.« (›Fanal‹ 1929)

Seite 297 *Fritz Gross, Gustav Landauer.*
Aus: Fritz Groß, Die letzte Stunde. Legenden vom Tode. Berlin 1929, S. 151 f.

Seite 299 *Erich Mühsam, Gustav Landauer. Gedenkblatt zu seinem 50. Geburtstag: 7. April 1920.*
Aus: Das Forum, 4. Jg. (1920), H. 7, S. 528 f.

Seite 305 *Stefan Großmann, Gustav Landauer.*
Aus: Tage-Buch, 10. Jg. (1929), Band 1, S. 732 f.
In der Autobiografie ›Ich war begeistert‹ berichtet Stefan Großmann ähnlich über Landauer, jedoch nicht mehr über die letzte Begegnung mit ihm während der Rätetage. Am 13. April 1919 schreibt Großmann an Auguste Hauschner: »Anbei ein Bild von Gustav Landauer, der jetzt der wichtigste Mann in München ist, weil er der einzige mit Verantwortungsgefühl und auch mit Einsicht im Ministerium ist. Ich habe vorläufig nur sein Bild gesehen, das ja nur durch den Kneifer und die Masche sich vom Kollegen Christus unterscheidet.« (Briefe an Auguste Hauschner, Berlin 1929, S. 183.)

Seite 314 *Wilhelm Michel, Gustav Landauer.*
Aus: Wilhelm Michel, Essays über Gustav Landauer, Romain Rolland, Friedrich Hölderlin. Hannover/Leipzig 1920, Reihe Silbergäule, S. 3 f.

Seite 318 *Martin Buber, Landauer und die Revolution.*
Aus: Masken. Halbmonatsschrift des Düsseldorfer Schauspielhauses. 14. Jg. (1919) H. 18/19, S. 282 f.
Der jüdische Religionsphilosoph Martin Buber (1878—1965) war einer der engsten und langjährigsten Freunde Landauers, dessen Werke er im letztwilligen Auftrag herausgab. Landauer legte großen Wert darauf, daß Buber nach München kom-

me, um an der Revolution mitzuarbeiten. (»Arbeit gibt es genug.«) Buber hat Landauer einige Male während der Revolutionszeit in München besucht, ein Treffen sozialistischer Zionisten sollte im April 1919 in München stattfinden, wozu es aber nicht mehr gekommen ist.

Seite 331 *Ernst Toller, Lebenslauf.*
Aus: Deutsches Literaturarchiv Marbach. Abgedruckt in: Hans Daiber, Vor Deutschland wird gewarnt. 17 exemplarische Lebensläufe. Gütersloh 1967, S. 90 f.
Den Lebenslauf verfaßte Ernst Toller für eine 1921 von Heinar Schilling für den ›Dresdner Verlag von 1917‹ geplante Anthologie, die jedoch nie erschienen ist. Auf der ersten Seite macht Toller zum Text folgende Anmerkung: »Der Schreibende ist Festungsgefangener in Bayern. Er kann nicht frei schreiben. Darum wählt er diese Form.«

Seite 337 *Ernst Toller, Brief an Gustav Landauer.*
Aus: Der Freihafen. 3. Jg. (1920/21), S. 5 f.
Der Brief stammt aus Tollers Heidelberger Studentenzeit, wo er — unter dem Einfluß Max Webers und der kulturpolitischen Bestrebungen des Eugen-Diederichs-Verlags – einen ›Kulturpolitischen Bund der Jugend Deutschlands‹ mitbegründet.
Ernst Toller war stark von Landauer geprägt. Er besuchte ihn im Frühjahr 1918 in Krumbach, wo Landauer wohnte. In seiner Autobiografie läßt er Landauer sagen: »Ich habe mein Leben lang gearbeitet, daß diese Gesellschaft, die auf Lug und Trug, auf der Ausbeutung und Unterdrückung des Menschen ruht, zusammenbreche, jetzt weiß ich, der Zusammenbruch wird kommen, morgen oder in einem Jahr, ich habe das Recht und den Atem, mich für diese Zeit zu bewahren, wenn die Stunde es fordert, werde ich dasein und arbeiten.« (Ernst Toller, Prosa Briefe Dramen Gedichte. Hamburg 1961, S. 94.) Vgl. auch den in diesem Band abgedruckten Brief Tollers an seinen Neffen Harry.
Landauer schreibt zur gleichen Zeit in einem Brief: »Ich habe die Zuversicht, daß die Welt von immer und ewig ist und daß unsere Leiden ebenso zu ihrer Unvergänglichkeit gehören wie unser Tun. Und wenn ich, leider selten genug, stark genug bin, sehe ich mit Genugtuung, daß die Natur und die Logik der Tatsachen ihrer nicht spotten lassen: die Dummheit wird immer dümmer, die aus ihr folgende Bösartigkeit immer ärger, und die Beherrscher des Erdballs werden immer hilfloser. Die Frage ist bloß, ob man's aushält und überlebt und selber noch an sein Werk kommt.« (Gustav Landauer, Sein Lebensgang in Briefen, Band 2, Frankfurt 1929, S. 234.)

Seite 339 *Ernst Toller, Bayerische Räterepublik.*
Aus: Ernst Toller, Eine Jugend in Deutschland. In: Ernst Toller, Prosa . . . a. a. O., S. 107 f.

Seite 347 *Ernst Toller, Aufrufe und Erklärungen*
Aus: Münchner Neueste Nachrichten; Bayerische Staatszeitung; Max Gerstl, Die Münchner Räterepublik. München 1919.
Diese Dokumente sind lediglich ein kleiner Ausschnitt des vorhandenen Materials. Sie sollen einen Eindruck vermitteln von der Alltagsarbeit der Revolution. So liegen z. B. noch an von Toller gezeichneten Erklärungen vor: Kontrolle der Hotels und Gasthäuser — Neuerung des Bankwesens — Beschlagnahme und Rationierung von Wohnungen — Sozialisierung des Bergbaus — Leitsätze für Betriebsräte — Verordnung gegen Mietwucher.
zu 1) Der Text des Plakates, der auch als Flugblatt verbreitet wurde, stammt höchstwahrscheinlich von Ernst Toller. Plakat und Flugblatt wurden ab 7. April 1919 verteilt.
zu 2) Diese Resolution Ernst Tollers wurde am 7. April abends auf einer Vollversammlung der Betriebsräte im Hofbräuhaus einstimmig angenommen.
zu 4) Es handelte sich hauptsächlich um russische Kriegsgefangene. Erich Mühsam berichtet in ›Von Eisner bis Leviné‹, daß er sich besonders um die Freilassung gekümmert habe. Für den 15. April wird ein Kongreß der russischen Gefangenen vorbereitet, der jedoch nicht mehr stattfinden konnte. Viele von ihnen beteiligten sich an der Räterepublik und kämpften in der Roten Armee. In ›München im Mai 1919‹ berichtet Oskar Maria Graf über das Schicksal der russischen Gefangenen. (In diesem Band abgedruckt.)
zu 5) Vom 9. April 1919
zu 7) Vom 12. April 1919

zu 8) Plakat und Flugblatt vom 13. April 1919, dem Tag des Rechtsputsches gegen die Räterepublik.
zu 9) Toller schrieb diesen Aufruf als Reaktion auf den Putsch. Er wurde abgedruckt in den ›Mitteilungen des Vollzugsrates‹ vom 15. April 1919.
zu 10 und 11) Plakat vom 17. April 1919

Seite 357 *Ernst Toller, Verhaftung. (Aufzeichnungen aus dem Jahre 1919).*
Aus: Tage-Buch. 7. Jg. (1926), I. Band, S. 130 f.
Beim neuerlichen Abdruck in seinem Buch ›Justiz. Erlebnisse‹ fügt Toller folgende Fußnote hinzu: »Ich möchte an dieser Stelle die perfiden Vorwürfe zurückweisen, die immer wieder in Büchern und rechten Zeitungen gegen mich erhoben werden: ich hätte beim Zusammenbruch der Räterepublik, der am 1. Mai 1919 erfolgte, mich feige hinter einer Tapetentüre verborgen, obwohl ich Truppenführer war und die Erklärung abgegeben hätte, ich würde ›bis zum letzten Blutstropfen‹ kämpfen. Die Erklärung, daß wir Dachauer Truppenführer, wenn die Räteversammlung es befehlen würde, zu kämpfen bereit waren, wurde abgegeben als Antwort auf bestimmte parteikommunistische Angriffe. Aber zu gleicher Zeit vertrat ich vor den Räten meine Auffassung, daß die Lage in München — wir waren von etwa 60 000 Soldaten umzingelt — unhaltbar sei und die Räteregierung angesichts unserer Schwäche und der nicht einzudämmenden Desorganisation den Rückzug antreten müßte. Täten wir das nicht, bekäme die Reaktion erwünschte Gelegenheit, niederzuschießen und zu zerstören, was sie hemmte.
Und am 26. April abends legte ich mein Truppenkommando nieder, hatte von dieser Stunde an also keinerlei militärisches Amt mehr inne.
Ich glaube, bis zum letzten Augenblick, bis nach Einzug der weißen Truppen, meine Pflicht als Delegierter der Arbeiterschaft getan zu haben.
Am 30. April, als alles verloren war, ging ich ins Kriegsministerium, um mir die Erlaubnis zu holen, bei den Truppen *als Soldat* zu kämpfen. Ich bekam die Erlaubnis und war schon auf dem Weg, als mich ein Bote des militärischen Kommissars zurückholte, ich müsse umkehren, die Weißen hätten Dachau und die Chaussee nach München besetzt.
Das Haus in Schwabing, in dem ich am 1. Mai morgens, nachdem ich durch Bereitstellen von Lebensmitteln für Flüchtlinge gesorgt, einige Stunden schlief, war von Weißgardisten umgeben, als ich aufwachte. Meine Absicht, zu den jenseits des Stachusplatzes befindlichen Kämpfern zu kommen, war ich gezwungen aufzugeben: der ganze Stadtteil war von weißen Truppen zerniert. Erst als ich das feststellte, billigte ich mir das Recht zu, mich zu verbergen, obwohl die versammelten Münchner Betriebsräte schon am Abend vorher den Beschluß gefaßt hatten, ich und einige andere führende Genossen müßten *sofort* fliehen.
Meine Verhaftung erfolgte fünf Wochen nach dem Zusammenbruch. Die abenteuerlichen Fluchttage zu schildern ist hier nicht die Stelle. Ich hatte es bis zum Tag vor meiner Verhaftung abgelehnt, München zu verlassen.« (Ernst Toller, Justiz. Erlebnisse, Berlin 1927, S. 79 f.)

Seite 361 *Ernst Toller, Protokoll der Vernehmung vor dem Staatsanwalt am 4. Juni 1919.*
Aus: Staatsarchiv München, Staatsanw. Nr. 2242
Die Vernehmung fand am 4. Juni 1919 statt, am Tag von Tollers Verhaftung. Über sie und das Protokoll schreibt Toller später: »Stundenlang werde ich vernommen, Herr Lieberich macht sich kleine Notizen, dann diktiert er ein Protokoll, das manchmal meine Worte wiedergibt, oft ihren Sinn entstellt.« (Ernst Toller, Prosa . . ., a. a. O., S. 142.)

Seite 372 *Stefan Großmann, Der Prozeß gegen Toller.*
Aus: Stefan Großmann, Der Hochverräter Ernst Toller. Die Geschichte eines Prozesses. Berlin 1919, S. 15 f.
Stefan Großmann (1875—1935), Begründer und Herausgeber des ›Tage-Buch‹, schreibt in seinen Erinnerungen ›Ich war begeistert‹ (Berlin 1931): »Am schlimmsten ist der dilettantische Münchener Revolutionsversuch den paar denkenden Leuten bekommen, die im Bewußtsein der Niederlage, nur um unnötiges Blutvergießen zu verhindern, aus einem sehr anständigen Verantwortungsgefühl heraus mittaten. Zu diesen ethischen Naturen, die in verworrenen Zeiten nicht vernünftelnd beiseite stehen konnten, gehörte Ernst Toller . . . Ich habe seinen Prozeß in München mitgemacht und in einer Broschüre bei Rowohlt beschrieben.« (S. 282)

Seite 375 *Ernst Toller, Requiem den erschossenen Brüdern.*

Aus: Unserem Kurt Eisner zu Ehren und Gedächtnis. Hrsg. von der Verlagsgenossenschaft Volkswille Augsburg. Zusammengestellt von W. Thomas unter Mithilfe der bayerischen Festungsgefangenen. Augsburg 1919.

Der Erstdruck weicht ab von späteren Veröffentlichungen. Ab 1920 trägt das Requiem die Widmung: »Dem Andenken Gustav Landauers«.

Seite 380 *Ernst Toller, Gustav Landauer. (Dokumente bayerischer Justiz. VII. Militärjustiz).*
Aus: Weltbühne, XX. Jg. (1924), 2. Band, S. 836 f.
Wiederveröffentlicht in Ernst Toller, Justiz. Erlebnisse. Berlin 1927.

Seite 383 *Ernst Toller, Vier Tage Niederschönenfeld. Aus Tagebuchnotizen.*
Aus: Weltbühne, XX. Jg. (1924), 2. Band, S. 764 f. Dokumente bayerischer Justiz VI.
Wiederveröffentlicht in Ernst Toller, Justiz. Erlebnisse. Berlin 1927.
T = Ernst Toller, D = Albert Daudistel, M = Erich Mühsam, W = Erich Wollenberg, H = Rudolf Hartig.
Die weiteren Namen konnten nicht entschlüsselt werden.
Bei Daudistels Roman handelt es sich um ›Die lahmen Götter‹, der 1922 im Verlag Die Schmiede erschien.

Seite 386 *Ernst Toller, Bemerkungen zu meinem Drama ›Die Wandlung‹.*
Aus: Der Freihafen, 2. Jg. (1919/1920), S. 145 f.
Tollers erstes Drama erschien 1919. In Niederschönenfeld entstand noch: Masse Mensch (1922), Die Maschinenstürmer (1922), Der deutsche Hinkemann (1923), Hinkemann (1924) und Der entfesselte Wotan (1924). Alle Stücke sind Auseinandersetzungen mit der geschlagenen Revolution.
Über Masse Mensch, das Toller in wenigen Tagen in seiner Zelle herunterschreibt, teilt er Theodor Lessing — programmatisch — mit: »›Masse Mensch‹ war nach Erlebnissen, deren Wucht der Mensch vielleicht nur einmal ertragen kann, ohne zu zerbrechen, Befreiung von seelischer Not, Befreiung, die den Zweispalt nicht selbstrügerisch durch irgendeine Formel aus der Welt verbannte, sondern die zum Zwiespalt ›Ja‹ und ›Schicksal‹ sagte. Der einzelne Mensch kann den Tod wollen. Die Masse muß das Leben wollen. Und da wir Menschen und Masse in einem sind, wählen wir Tod und Leben.« (Ernst Toller, Briefe aus dem Gefängnis. Amsterdam 1935, S. 43.)

Seite 387 *Alfred Kerr, Ernst Toller: ›Die Wandlung‹. Rezension.*
Aus: Berliner Tageblatt vom 1. Oktober 1919.
»Toller, der ekstatische Volkstribun (tobt) durch die 13 Stationen seines Dramas, abgeschnellt wie ein Pfeil gegen den Kriegstod ... Nur der politische Wille schafft hier der Sprache der Freiheit eine Gasse.« (Bernhard Diebold, Anarchie im Drama. Frankfurt 1921, S. 428.)

Seite 390 *Ernst Toller, Drei Briefe aus dem Gefängnis.*
Aus: Ernst Toller, Briefe aus dem Gefängnis. Amsterdam 1935.
Dem damals (1921) 11 Jahre alten Neffen Harry widmete Ernst Toller 1933 seine im Exil erschienene Autobiografie ›Eine Jugend in Deutschland‹. »Dem Andenken meines Neffen Harry, der 1928, mit 18 Jahren, sich erschoß.«
Mathilde Wurm, die langjährige Freundin Rosa Luxemburgs, kannte Toller als USPD-Mitglied. Nach 1922 trat sie wieder der SPD bei, war Reichstagsabgeordnete und nahm sich 1935 das Leben.

Seite 395 *Der Prozeß Egl am Volksgericht.*
Aus: Neue Zeitung, München, 28. 8. 1919.

Seite 397 *Thekla Egl, Protokoll vor dem Standgericht.*
Aus: Staatsarchiv München, Staatsanw. 2428.
Thekla Egl, als Krankenschwester und Parlamentärin der Roten Armee wegen Hochverrats zu einem Jahr und drei Monaten Festungshaft verurteilt, war mit Ernst Toller seit Dezember 1918 befreundet. Sie war Delegierte des Bundes Sozialistischer Frauen im Rätekongreß, aktiv in der pazifistischen Bewegung und Mitglied der USPD. Am 30. April 1919 versuchte sie als Parlamentärin bei den Weißen weiteres Blutvergießen zu verhindern. Im Herbst 1920 wurde sie aus der Haft entlassen, »unsere prachtvolle Genossin Thekla Egl, die einzige weibliche Festungsgefangene Deutschlands, die die angebotene ›Bewährungsfrist‹ zurückwies«. (Erich Mühsam)
In einer Broschüre der KPD von 1922 (Spitzel. Aus dem Sumpf der politischen Polizei. Berlin 1922) wird sie als Agentin denunziert, die sich durch ihre Verurteilung durch das Standgericht ›Vertrauen verschaffte‹! Weitere Belege für ihre Spitzeltätigkeit aus der Sicht der KPD: sie sammelte Geld für die Befreiung Müh-

sams, bot Arbeitern Waffen an und versuchte, Sprengstoff nach Niederschönenfeld einzuschmuggeln. Der Arzt Arthur Schinnagel, der wegen seiner Tätigkeit in der Roten Armee ebenfalls zu 1¼ Jahren Festungshaft verurteilt wurde, hält diesen Vorwurf gegenüber Thekla Egl für jenes typische Verfahren, politische Gegnerschaft unter Genossen zu ›bewältigen‹.

Seite 405 *Ernst Friedrich, Ernst Toller als Mensch und Dichter.*
Aus: Freie Jugend. Blatt der jungen Anarchisten. 5. Jg. (1923), H. 1/2, S. 2 f.
Ernst Friedrich widmete diese Ausgabe seiner Zeitung dem Menschen und Dichter Ernst Toller. Der von ihm zitierte Brief Tollers an Landauer ist in diesem Band vollständig abgedruckt.

Seite 413 *Eugen Leviné, Die Geweihten.*
Aus: Eugen Leviné, Skizzen, Reden vor Gericht. Berlin 1925, S. 14 f.

Seite 417 *Eugen Leviné, Auch eine Räterepublik!*
Aus: Rote Fahne München vom 6. April 1919.
Der Artikel ist nicht von Leviné gezeichnet, läßt sich aber anhand der Berichte von Rosa Leviné als sein Artikel identifizieren.

Seite 421 *Paul Werner, An der Spitze der Diktatur.*
Aus: Paul Werner, Eugen Leviné. Berlin 1922, S. 40 f.
Wie auch schon in seinem Buch ›Die Bayerische Räterepublik. Tatsachen und Kritik‹, Leipzig 1920, vermittelt P. Werner (= Paul Frölich) den Standpunkt der KPD. Ausdrücklich gegen Frölichs Heroenkult schrieb Erich Mühsam seinen Bericht über die Räterepublik. Der Pazifist Richard Grelling, maßgeblicher Mitarbeiter an der Freien Zeitung (Bern), Verfasser von ›J'accuse‹, ›Der springende Punkt‹ und ›Das Verbrechen‹, gelegentlicher Mitarbeiter an der ›Weltbühne‹, hatte sich schriftlich bei Franz Lipp um einen Posten im Auswärtigen Amt der Räteregierung beworben. Dieses Angebot machte er auch der Leviné-Regierung.
Werners Aversion gegen Toller und Klingelhöfer drückt die parteikommunistische Position aus; ähnlich argumentiert auch Rosa Meyer-Leviné in ihren 1925 und 1972 erschienenen Büchern über Eugen Leviné. Die zentrale Auseinandersetzung zwischen den ›autoritären Zentralisten‹ der KPD und den ›antiautoritären Pazifisten‹ der Betriebsräte und der USPD, personifiziert durch Leviné und Toller, fand statt auf der Betriebsräte-Vollversammlung am 26. und 27. April 1919 im Hofbräuhaus. Dort fielen die – von da ab öfters – aus dem Zusammenhang herausgerissenen Sätze Tollers: »Immer wenn landfremde Elemente an die Spitze einer Revolution gelangen, dann kommt die Diktatur.« Und: »Wir Bayern sind keine Russen . . .«
Kritik an Leviné gab es auch innerhalb der eigenen Reihen. Hans Kain, 1919 Parteisekretär der Münchener KPD und in dieser Funktion intimer Kenner der Parteientwicklung in München, schreibt in einem Geheimbrief aus dem Gefängnis über die interne Situation: »Levinés Einfluß beseitigt dann (im April 1919 – HV) durch die intrigante Ausspielung der Gegensätze zwischen den politisch unfähigen Sektionsführern und den alten arbeitenden Ausschußmitgliedern die letzteren . . . Unwissend, aber ehrgeizig machte er den Ausschuß zu seinem willenlosen Werkzeug. Mit politisch unreifen Menschen . . . und mit auswärtigen Genossen . . . beherrschte er die Partei und forcierte bewußt die Aprilereignisse. Später spielte er mit infamen Betrügereien dasselbe Spiel mit dem Aktionsausschuß der Betriebsräte.« Durch seinen Einfluß kamen in der KPD München »die unfähigsten und zum anderen Teil demoralisiertesten Leute obenauf.« (Staatsarchiv München, Staatsanw. Nr. 2119.)

Seite 432 *Leviné zu seiner Kontroverse mit Toller.*
Auszug aus dem Protokoll der Sitzung des Vollzugsrates der Arbeiter-, Bauern- und Soldatenräte vom 17. April 1919.
Aus: Staatsarchiv München, Staatsanw. Nr. 2106/1.

Seite 434 *Polizeimitteilung zur Kontroverse Leviné—Toller (vom 4. Juni 1919).*
Aus: Staatsarchiv München, Staatsanw. Nr. 2106/2.

Seite 435 *Eugen Leviné, Der Alltag der Revolution.*
Aus: Staatsarchiv München, Staatsanw. Nr. 2106.
Eugen Leviné berichtet vor der Vollversammlung der Betriebs- und Soldatenräte am 16. April 1919. Aus dem Protokoll.
An diesem Tag übernimmt Eglhofer das Oberkommando der Roten Armee; Toller und Klingelhöfer werden Abschnittskommandanten. Die Rote Armee siegt bei Dachau über die Weißen. Im Zuchthaus Ebrach tritt Mühsam in einen Hunger-

streik, um gegen seine Verhaftung durch die Putschisten zu protestieren. Landauer distanziert sich in einem Brief an den Vollzugsrat von der Praxis der neuen Räteregierung, nachdem er sie zunächst unterstützt hatte.

Seite 439 *Eugen Leviné, Protokoll der Vernehmung vor dem Staatsanwalt (am 14. Mai 1919).*
Die Vernehmung wurde, wie auch die von Mühsam, Toller, Daudistel etc., vom Staatsanwalt Lieberich geleitet.

Seite 443 *Eugen Leviné, Schlußrede vor Gericht.*
Aus: Rosa Leviné, Aus der Münchener Rätezeit. Berlin 1925, S. 67 f.
Im Schlußsatz der Rede muß es natürlich heißen: »... unsere Pflicht zu tun für die Internationale ...«; aus unverständlichen Gründen heißt es in allen Veröffentlichungen dieser Rede immer »... gegen die Internationale ...« So auch in der Roten Fahne vom 18. Juni 1919. In der Aktion vom 5. Juni 1919 heißt der Schlußsatz Levinés: »... wir haben alle versucht, mit bestem Wissen und Gewissen unsere Pflicht zu tun gegen das Proletariat und die internationale kommunistische Weltrevolution.«

Seite 452 *Drei Dokumente zur Erschießung von Eugen Leviné.*
Geheimes Staatsarchiv München, MA 102 017 a
Am 17. April 1919 findet in Berlin unter Vorsitz Noskes eine Besprechung im Kriegsministerium statt, in der ein hartes Vorgehen gegen München beschlossen wird; Noske überträgt Generalleutnant von Oven den Oberbefehl. Nach Niederschlagung der Räterepublik, nach der Ermordung von über 1000 Menschen, telegrafiert Noske an von Oven: »Für die umsichtige und erfolgreiche Leitung der Operation in München spreche ich Ihnen meine volle Anerkennung aus und der Truppe herzlichen Dank für ihre Leistung.«
Über das Urteil schreibt Rosa Leviné: »Das Urteil war am Dienstagabend, dem 3. Juni, verkündet worden. Gemäß dem Kriegsrecht mußte das Urteil innerhalb von 24 Stunden vollstreckt werden. Da es aber die erste große politische Hinrichtung des Jahrhunderts war, wollte die Regierung die Reaktion der Arbeiter abwarten. In München war kein ernst zu nehmender Widerstand zu erwarten. Als weitere Vorsichtsmaßnahmen wurden am Morgen nach dem Prozeß weitere 150 Arbeiter verhaftet. Alles hing nun vom Reich ab ... Als am Donnerstagmorgen klar war, daß es im Land ruhig blieb, war Levinés Schicksal besiegelt. Am Donnerstag, 5. Juni, gab die Regierung folgende Bekanntmachung heraus: ›Das Gesamtministerium hat keinen Anlaß gefunden, die gegen Eugen Leviné vom standrechtlichen Gericht wegen Hochverrat erkannte Todesstrafe im Wege der Gnade zu mildern.‹ Das Urteil wurde um 1.45 Uhr mittags in aller Eile vollstreckt.« (Rosa Meyer-Leviné, Leviné. Leben und Tod eines Revolutionärs. Frankfurt 1974, S. 151 f.)

Seite 457 *Karl Jakob Hirsch, Über Eugen Leviné.*
Auszüge aus dem unveröffentlichten Manuskript der Autobiografie ›Quintessenz meines Lebens‹ (1950).

Seite 459 *Ludwig Bäumer, Eugen Leviné.*
Aus: Die Aktion. 9. Jg. (1919), Nr. 26/27, Sp. 428 f.
Ludwig Bäumer (1888—1928), ab 1912 in Worpswede, Freundschaft mit Heinrich Vogeler, Mitarbeiter an der ›Aktion‹ seit 1913, führendes Mitglied der Bremer Linksradikalen (IKD), Gründungsmitglied der KPD, Bremer Räterepublik (Januar 1919). Ab 1924 Berlin.
Obwohl Bäumer im April 1919 in München war, hat er keine Resolutionen des Revolutionären Künstlerrats unterzeichnet.

Seite 462 *Kurt Kersten, Der Tote auf Urlaub.*
Aus: Die neue Bücherschau. Jg. 1925, S. 40 f.

Seite 465 *Frida Rubiner, Eugen Leviné zum Gedächtnis. Zum achten Jahrestag seiner Ermordung.*
Aus: Neue Zeitung, München, Nr. 129 vom 5. Juni 1927.
Frida Rubiner (1897–1952), die Frau von Ludwig Rubiner, stand als Mitglied der Räterepublik (Propagandaausschuß und Verkehrskommission) vor Gericht und erhielt ein Jahr und neun Monate auf Bewährung. Als Berichterstatterin der KPD-Presse nahm sie an einigen Prozessen gegen Räterepublikaner teil. Machte Übersetzungen und schrieb Reportagen. Als ›Genossin Friedjung‹ vom Revolutionären Hochschulrat für einen Vortrag ›Bolschewismus und Demokratie‹ im Rahmen der Proletarischen Hochschule am 29. April 1919 angekündigt.

Seite 469 *Erich Mühsam, Eugen Leviné zum Gedächtnis.*
Aus: Fanal, 3. Jg. (1929), Nr. 9, S. 216.

Seite 473 *Erich Mühsam, Wo ist der Ziegelbrenner?*
Aus: Fanal, 1. Jg. (1926/27), Nr. 7, S. 112.
Nach Erscheinen des Romans ›Das Totenschiff‹ (Berlin 1926) war Freunden und Mitkämpfern Ret Maruts sofort klar, daß es sich bei dem Autor B. Traven um den Herausgeber des ›Ziegelbrenner‹ und Mitarbeiter Landauers während der Räterepublik handeln müsse. So dachte auch Erich Mühsam. Ob sich Traven/Marut auf den Aufruf hin gemeldet hat, ist nicht bekannt. (Ein im August 1928 im ›Fanal‹ erschienener Aufsatz über Mexiko stammt sicher nicht vom in Mexiko lebenden ›Ziegelbrenner‹, könnte jedoch auf die eine oder andere Art mit Mühsams Aufruf zusammenhängen.)
»Mein Lebenslauf würde nicht enttäuschen. Aber mein Lebenslauf ist meine Privatangelegenheit, die ich für mich behalten möchte. Nicht aus Egoismus. Vielmehr aus dem Wunsch heraus: in meiner eigenen Sache mein eigener Richter zu sein ... Wenn der Mensch in seinen Werken nicht zu erkennen ist, dann ist entweder der Mensch nichts wert, oder seine Werke sind nichts wert. Darum sollte der schöpferische Mensch keine andere Biografie haben als seine Werke.« (B. Traven, 1926)
»Ich will zu meinem Teil dazu beitragen, daß Autoritäten und Autoritätenverehrung verschwinden, daß jeder Mensch das Bewußtsein in sich stärkt, daß er genauso wichtig und unentbehrlich ist für die Menschheit wie jeder andere, ganz gleich, was er tut, und ganz gleich, was er getan hat.« (B. Traven, 1926)

Seite 475 *Ret Marut, Pressefreiheit oder Befreiung der Presse. (Manuskript).*
Aus: Staatsarchiv München, Staatsanw. Nr. 2077/2
Manuskript eines nicht erschienenen Artikels vom März 1919, der mit dem unter dem gleichen Titel veröffentlichten Artikel vom 10. April 1919 (Münchener Neueste Nachrichten) nicht identisch ist. Transkription der Handschrift nach Armin Richter, Ret Marut und die Sozialisierung der Presse. In: Publizistik, 1971, H. 3, S. 289 f.

Seite 479 *Pressefreiheit oder Befreiung der Presse.*
Aus: Münchener Neueste Nachrichten vom 10. April 1919 (Morgen-Ausgabe)
Marut schrieb diesen grundsätzlichen Artikel als Mitglied der Presse-Abteilung (P. A.) des Zentralrats, der inhaltlich hinter seinen Sozialisierungsplänen stand.

Seite 493 *Ret Marut, Sozialisierungsplan für die Presse.*
Aus: Münchener Neueste Nachrichten vom 10. April 1919.
Der Artikel erschien im Zusammenhang mit einem von Toller unterzeichneten Aufruf des Revolutionären Zentralrats über die ›Sozialisierung der Presse‹.
Im Vorspann zum Bericht Maruts heißt es: »In der Sitzung von Presse-Vertretern, die am Dienstag (also am 8. April 1919 – HV) im Ministerium für Handel und Gewerbe stattfand, wurde vom Genossen Marut ein *Sozialisierungsplan für die Presse* verlesen, dessen hauptsächlichste Punkte hier bekanntgegeben werden sollen.«
Ret Marut engagierte sich während der Revolutionszeit für eine radikale Veränderung der Presse. Er war Vertreter des Presseamtes des Revolutionären Zentralrats, außerdem Mitglied der Presse-Sozialisierungs-Kommission, die ein praktikables Konzept ausarbeiten sollte. Am 8. April tagt die Kommission und diskutiert verschiedene vorgelegte Entwürfe. Obwohl Marut in dieser Sitzung auf eine schnelle Einigung drängt, kommt lediglich eine Presseerklärung heraus, in der die ›gesellschaftliche Wirtschaftskontrolle über die Presse‹ mitgeteilt wird. Auf einer Sitzung vor Pressevertretern legt Marut seinen — mit dem Zentralrat abgesprochenen — Sozialisierungsplan vor.

Seite 496 *Ret Marut, Im freiesten Staat der Welt.*
Aus: Der Ziegelbrenner, 3. Jg. (1919), H. 18/19, S. 9 f.
In diesem Artikel schildert Marut ausführlich die Umstände seiner Verhaftung und Flucht am 1. Mai 1919.

Seite 509 *Ret Marut, Briefe an M ...*
Aus: Der Ziegelbrenner, 4. Jg. (1920), H. 20/22.

Seite 510 *Ret Marut, Zum Andenken!*
Aus: Der Ziegelbrenner, 4. Jg. (1920), H. 23/25, S. 1 f.
Im September 1919 wurden im ›Geiselmord-Prozeß‹ sechs Rotgardisten zum Tode und sieben zu langjährigen Zuchthausstrafen verurteilt. Als ›Geiselmord‹ ist bis heute die Erschießung von sieben verhafteten Mitgliedern der rechtsradikalen Thule-Gesellschaft, zwei Weißgardisten und einem festgenommenen Professor

eine der gängigsten Assoziationen zur Münchener Räterepublik. In einem Artikel zum Geiselmord betont Erich Mühsam die ›furchtbare Erregung‹, die am 30. April im Luitpoldgymnasium aufgrund von Berichten über die Bestialität der vorrükkenden Weißen herrschte. Gefangene Rotgardisten werden ›ohne weiteres niedergemacht‹, sogar unter dem Schutz des Roten Kreuzes stehende Sanitäter. »Viele hundert Arbeiter wurden von den einrückenden Noskehorden in München außerhalb der Kämpfe umgebracht; von ihnen wird nicht geredet. Aber daß mit zweien der massenhaft gefangenen Weißgardisten im Affekt so verfahren wurde, wie sie mit allen gefangenen Rotgardisten in kühler Überlegung; daß von haufenweise festgenommenen überführten Konterrevolutionären sieben Leute, deren Wirken der Revolution ungeheuren Schaden zugefügt hat, so behandelt wurden wie hundertmal so viele Arbeiter von der anderen Seite ...« — das wird in der Geschichtsschreibung der Sieger bis heute zur ›Entschuldigung‹ für alles ...
Zur Thule-Gesellschaft, einer Keimzelle der NSDAP, gehörten 1919 in München schon Alfred Rosenberg, Rudolf Hess, Hans Frank und Rudolf von Sebottendorff. Letzterer organisierte schon am 10. April 1919 bewaffnete Bürgerwehrgruppen gegen die Räterepublik. Die Nazis waren nie skrupellos bei der Instrumentalisierung des ›Geiselmordes‹. In den Zuchthäusern und Konzentrationslagern, in denen Erich Mühsam gequält wurde, ließ Goebbels an die Wachmannschaften Bilder des kahlgeschorenen Mühsam verteilen mit der Unterschrift ›Der Geiselmörder Mühsam‹. Der Redakteur einer großen Berliner Tageszeitung teilte der Frau Erich Mühsams mit, daß es sich dabei um eine ›Anordnung aus dem Propagandaministerium‹ handle.

Seite 521 *Ret Marut, Gegensatz.*
Aus: Der Ziegelbrenner, 5. Jg. (1921), H. 35/40, S. 9 f.
Wohl der programmatischste Artikel von Ret Marut: erlebte und erlittene Konklusion der deutschen Revolution und zugleich einer der eindrucksvollsten Texte des deutschen Anarchismus.

Seite 530 *Ret Marut, Warnung.*
Aus: Der Ziegelbrenner. 4. Jg. (1920), H. 23/25, S. 40.

Seite 531 *Johannes Schönherr, Wer ist B. Traven? — B. Traven und die Büchergilde Gutenberg.*
Aus: Karl Dietz (Hrsg.), Der Greifen-Almanach auf das Jahr 1964. Rudolstadt, 1964, S. 238 f.
Johannes Schönherr, neben Ernst Preczang und Erich Knauf einer der leitenden Lektoren der Büchergilde Gutenberg, hatte diesen Artikel schon Anfang 1960 abgeschlossen. Inzwischen gibt es an der Identität von Traven-Marut keine Zweifel mehr.

Seite 539 *Robert Bek-Gran, Vom Wesen der Anarchie.*
Aus: Robert Bek-Gran, Vom Wesen der Anarchie. Nürnberg 1920, S. 11 f.
Unter Pseudonym verfaßte Broschüre. Geschrieben im Mai 1919. »Freunde, bekennen wir uns dem Worte Gustav Landauers, den sie erschlugen: Sozialismus ist die Willenstendenz geeinter Menschen, um eines Ideals willen Neues zu schaffen.« (S. 62)
Uli Bohnen und Dirk Backes, die Herausgeber des Werkes des Marut-Freundes Franz W. Seiwert (Berlin 1978) vermuten hier eine Co-Produktion von Marut und Seiwert, was inhaltlich und stilistisch möglich wäre.

Seite 545 *Ernst Niekisch, Die Räterepublik.*
Aus: Ernst Niekisch, Gewagtes Leben. Begegnungen und Begebnisse. Köln 1958, S. 63 f.
Ernst Niekisch (1889—1967), seit dem 21. Februar 1919 Vorsitzender des Zentralrats der Arbeiter- und Soldatenräte, war im März 1919 Kultusminister im Kabinett Segitz; in der entscheidenden Nachtsitzung zur Ausrufung der Räterepublik wird er zum Vorsitzenden des Revolutionären Zentralrats bestimmt, einem Posten, auf den ihm zwei Tage darauf Ernst Toller folgt. Die ersten Aufrufe der Räteregierung tragen seine Unterschrift mit. — Am 23. Juni 1919 wird er zu zwei Jahren Festungshaft verurteilt, die er in Niederschönenfeld absitzt. Noch während der Festungshaft wird er für die USPD in den bayerischen Landtag gewählt. 1922 tritt er zur SPD über, gerät aber bald darauf mit ihr in Konflikt. 1926 tritt er der Altsozialistischen Partei (ASP) bei und gibt die Zeitschrift ›Widerstand‹ heraus. 1927 folgt der Verlag ›Widerstand‹. Um Zeitschrift und Verlag bildet sich ein fester Kreis von nationalkommunistischen Antifaschisten. 1932 erscheint — ver-

geblich — die Warnung ›Hitler ein deutsches Verhängnis‹. 1937 verhaftet, wird Niekisch in einem Geheimprozeß vor dem Volksgerichtshof wegen Vorbereitung zum Hochverrat zu lebenslänglicher Haft verurteilt. 1945 aus dem Zuchthaus Brandenburg befreit, 1948–1954 Professor für Soziologie an der Humbold-Universität und Volkskammerabgeordneter in Ostberlin; nach seiner Übersiedlung nach Westberlin kämpft er jahrelang — erfolglos — um Wiedergutmachung für seine erlittenen Verfolgungen in der Nazizeit.

Seite 563 *Ernst Niekisch, Brief an den Genossen Rauch.*
Aus: Staatsarchiv München, Staatsanw. Nr. 2140

Seite 565 *Ernst Niekisch, Protokoll des Verhörs vor dem Amtsrichter.*
Aus: Staatsarchiv München, Staatsanw. Nr. 2140

Seite 570 *Anna Niekisch, Amnestiegesuch . . . (für Ernst Niekisch).*
Aus: Staatsarchiv München, Staatsanw. Nr. 2140

Seite 575 *Ernst Niekisch, Eisner als Staatsmann.*
Aus: Unserem Kurt Eisner zu Ehren und Gedächtnis! Hrsg. von der Verlagsgenossenschaft Volkswille Augsburg. Zusammengestellt von W. Thomas unter Mithilfe der bayerischen Festungsgefangenen. Augsburg 1919.
Mit Aufsätzen von Ernst Niekisch, Ernst Toller, Gustav Klingelhöfer u. a.

Seite 580 *Ernst Niekisch, Erinnerungen an Ernst Toller.*
Aus: Theater der Welt. Ein Almanach. Hrsg. Herbert Ihering. Berlin 1949, S. 22 f.

Seite 589 *Ernst Niekisch, Tollers ›Schwalbenbuch‹.*
Aus: Die Glocke. Hrsg. Parvus. 9. Jg. (1923), Nr. 30, S. 791 f.
Im Anschluß an diesen Artikel waren vier Gedichte aus dem Schwalbenbuch abgedruckt. In seiner Autobiografie schreibt Niekisch über Niederschönenfeld: »Hier traf ich Ernst Toller, Erich Mühsam, Gustav Klingelhöfer, die Brüder Hartig aus Aschaffenburg und alle die Männer, die führende Rollen während der Räterepublik gespielt hatten. Zwischen Toller, Hartig und mir entwickelte sich ein Freundschaftsverkehr.« (Gewagtes Leben. Köln 1958, S. 94.)

Seite 595 *Albert Daudistel, Das Leben eines Arbeiterdichters.*
Aus: Die Welt am Abend vom 8. Januar 1929. Zit. nach: Alfred Klein, Im Auftrag ihrer Klasse. Weg und Leistung der deutschen Arbeiterschriftsteller. Berlin 1972, S. 666 f.
Im Auszug aus seinem Strafregister heißt es zu Daudistels Vagabundenleben und zur Meuterei lakonisch: »10. November 1910 vier Tage wegen Bettelns in Weilheim — 8. Februar 1912 fünf Tage wegen Bettelns in Landstuhl — 6. November 1915 zehn Jahre und einen Tag wegen tätlichem Angriff auf seinen Vorgesetzten, Feldgericht Wilhelmshaven.« Während seiner Festungshaft erhält Daudistel noch zwei längere Gefängnisstrafen wegen Beleidigung.
Nachzutragen zum Lebenslauf ist noch Daudistels Ausschluß aus dem Bund Proletarischer Schriftsteller am 20. Mai 1930 (abgedruckt in der ›Linkskurve‹, 2. Jg. (1930), Nr. 6, S. 32); 1935 emigriert er nach Prag, 1936 nach Kopenhagen und 1938 nach Island, wo er 1953 in Reykjavik stirbt.

Seite 599 *Albert Daudistel, Verhörprotokoll vor der Fahndungsabteilung München (vom 24. Mai 1919).*
Aus: Staatsarchiv München, Staatsanw. Nr. 1970
A. D. wurde am 30. April festgenommen und in das Staatsgefängnis eingeliefert.

Seite 613 *Albert Daudistel, Aussagen vor der Polizei.*
Aus: Staatsarchiv München, Staatsanw. Nr. 2106/2

Seite 619 *Das Urteil: Sechs Jahre Festungshaft.*
Aus: Staatsarchiv München, Staatsanw. Nr. 1970.

Seite 622 *Albert Daudistel, Protest.*
Aus: Neue Zeitung, München, vom 27. August 1919.
Bei einem späteren Transport nach München (Juli 1921) heißt es in Daudistels Begleitpapieren: »Ich weise darauf hin, daß bei Daudistel ganz besondere Vorsicht erforderlich ist und ersuche bei seiner Unterbringung und Bewachung die erforderlichen Vorkehrungen zu treffen, daß weder ein Verkehr mit Mitgefangenen, insbesondere dem wegen Sprengstoffverbrechen jüngst Verurteilten, noch mit der Außenwelt möglich ist.«

Seite 624 *Albert Daudistel, Die Festungskommune Ebrach.*
Aus: Albert Daudistel, Die lahmen Götter, Berlin 1922, S. 46 f.
Albert Daudistel schrieb seinen ersten Roman in Niederschönenfeld. In einer Vorbemerkung von Rudolf Leonhard heißt es: »Wenn Albert Daudistel, Schlachter-

meisterssohn, Matrose, Agent, Kriegsteilnehmer, sozialer Revolutionär, Festungsgefangener in Niederschönenfeld, nach dem allen und auf Grund dieses allen seine Schicksale verkürzend und zusammendrängend aufzeichnet, so ist das nicht eine Privatangelegenheit, sondern eine Sache, welche die Öffentlichkeit weit und weidlich interessieren muß und wird. Er verlangt Gehör — und wird es erhalten müssen –, einer aus den Reihen derer, die kommen werden, die schon unterwegs sind.« Muck ist Daudistel selbst, Hurtig Valentin Hartig, der Bruder des Schriftstellers Rudolf Hartig, Ernisch Ernst Niekisch, Sanfthofer ist Gustav Klingelhöfer, unter Wampelmaier verbirgt sich August Hagemeister und unter Kropoter Erich Mühsam. Über die ›Festungskommune Ebrach‹ kam es zu einer Kontroverse im bayerischen Landtag. In einem Antwortschreiben an den Landtag äußert sich das bayerische Justizministerium: »Ebrach war auf dem besten Wege, eine richtige Kommunistenhochschule zu werden. Die dortige Festung wurde alsbald nach ihrer Belegung mit Mühsam, Klingelhöfer und Genossen der Brennpunkt der wütendsten staats- und regierungsfeindlichen Agitation. Die Abhaltung von Diskussionsabenden kommunistischer Art, die Bildung von Gefangenenräten . . . machte der Justizverwaltung ein rasches und energisches Eingreifen zur unabweislichen Pflicht.« (Zit. nach Richard Förster, Erich Mühsam. Ein ›Edelanarchist‹. Berlin 1919, S. 34.)

Seite 631 *Leo Rein, Der Roman des Revolutionärs.*
Aus: Heimstunden. Proletarische Tribüne für Kunst, Literatur und Dichtung. Hrsg. Arthur Wolf. Leipzig, 4. Jg. (1926), S. 116 f.

Seite 633 *Albert Daudistel, Stoßtrupp der Revolution.*
Aus: Albert Daudistel, Das Opfer. Berlin 1925, S. 284 f.
Am 24. Dezember wird die Volksmarine-Division in Berlin von Weißen angegriffen. Albert Daudistel beschreibt den Kampf in seinem 1925 erschienenen Roman mit stellenweise deutlichen autobiografischen Zügen.
Heinrich Hölzel ist die Hauptfigur des Romans. Der Führer der Volksmarine-Division war Heinrich Dorrenbach.

Seite 637 *Albert Daudistel, Die Waffen des Geistes.*
Aus: Albert Daudistel, Der Bananenkreuzer. Berlin 1935, S. 117 f.
Der Roman behandelt die Geschichte des deutschen Kapitäns Hartmann, der in eine südamerikanische Revolutionsintrige verwickelt wird.
Auch noch 1935 kann Daudistel seine Haupterkenntnis aus der politischen Bewegung thematisieren: »Wo Menschen sind menschelt's«. Den Protagonisten seines Revolutionsromans läßt er ausrufen: »Ja, das Rätesystem ist wunderbar! Aber: diese verfluchten Menschen versagten.« (Das Opfer, a. a. O., S. 313.)

Seite 639 *Albert Daudistel, Offener Brief an die Geschäftsleitung der ›Volksstimme‹ in Schwenningen am Neckar.*
Aus: Der Schriftsteller. Zft. des Schutzverbandes deutscher Schriftsteller. 14. Jg. (1927), Nr. 1, S. 9 f.

Seite 643 *H. F. S. Bachmair, Der Verlag Heinrich F. S. Bachmair.*
Aus: H. F. Bachmair, Bericht des ersten Verlegers (1911—1914). In: Sinn und Form. Zweites Sonderheft J. R. Becher. Berlin o. J., S. 97 f.
Heinrich F. S. Bachmair (1889—1960), Herausgeber und Verleger expressionistischer Zeitschriften (Die Revolution; Die Neue Kunst), der in seinem Verlag Erstdrucke von Johannes R. Becher, Else Lasker-Schüler, Hugo Ball und Karl Otten herausbrachte, war während der Rätezeit Mitglied des Aktionsausschusses der USPD. Ernst Toller, mit dem Bachmair schon aus der Kriegszeit bekannt war, berief ihn zum Leiter der Artillerie am Dachauer Frontabschnitt. Unter seinem literarischen Pseudonym Sebastian Scharnagel veröffentlichte er 1917 in Straßburg einen Gedichtband mit einer Titelzeichnung seines Freundes Richard Bampi. Bampi war ebenfalls Artilleriekommandant der Roten Armee in Dachau. Nach seiner Verurteilung zu zwei Jahren Festungshaft gelang ihm die Flucht.

Seite 649 *Polizeibericht über die Aktivitäten Bachmairs während der Revolution.*
Aus: Staatsarchiv München, Staatsanw. Nr. 2304.

Seite 651 *Oskar Maria Graf, Mein Freund Heinrich F. S. Bachmair.*
Aus: Oskar Maria Graf, Gelächter von außen. München 1966, S. 108 f.
Grafs zweiter Gedichtband (›Amen und Anfang‹) erschien im Verlag Bachmair. Den hier vorangestellten Dokumenten über Bachmairs Festnahme ist zu entnehmen, daß sein Untertauchen im weißen Kittel in der väterlichen Apotheke eine heitere Erfindung von Graf war.

Seite 653 *Amtlicher Bescheid über die Festnahme Bachmairs (in Rothenburg am 5. Juni 1919). Aus: Staatsarchiv München, Staatsanw. Nr. 2304.*

Seite 656 *Heinrich F. S. Bachmair, Protokoll der Vernehmung in Rothenburg. Aus: Staatsarchiv München, Staatsanw. Nr. 2304.*

Seite 662 *Ernst Toller, Zwei Postkarten an Heinrich F. S. Bachmair. Aus: Deutsches Literaturarchiv, Marbach, Handschriftenabteilung*

Die erste Postkarte wendet sich noch an den Festungsgefangenen Bachmair. Toller bezieht sich auf die überaus positiven Rezensionen zur Uraufführung der ›Wandlung‹ in Berlin im September 1919. Das neue Stück ist ›Masse Mensch‹. Podu ist der zu drei Jahren verurteilte gemeinsame Freund Rudolf Podubecky, Graßl, Bonenberger und Spörer sind Mithäftlinge von Bachmair in Ansbach.

Die zweite Postkarte Tollers ist an den Buchladen Bachmairs in Schwabing adressiert, nachdem Bachmair eine Reststrafe erlassen worden war. Gustav K = Gustav Klingelhöfer.

Seite 667 *Erich Wollenberg ,Offener Brief an Ministerpräsident Hoffmann. Aus: Staatsarchiv München, Staatsanw. Nr. 3046/I.*

Erich Wollenberg (1892—1976) trat nach seiner Teilnahme als Kriegsfreiwilliger am 1. Weltkrieg 1919 in die KPD ein; während der Räterepublik Kommandant der Roten Armee, Ende 1919 zu zwei Jahren Festungshaft verurteilt, 1923 Leiter des bewaffneten Aufstandes in Bochum, ab 1924 in Moskau, verschiedentlich illegal in Deutschland im Auftrag der KPD, 1931 Leiter des illegalen Roten Frontkämpferbundes (RFB), 1933 Ausschluß aus der KPD wegen ›Trotzkismus‹, 1934 Prag, 1938 Paris, seit 1946 Journalist in Deutschland und Frankreich. (Autobiografische Artikel Wollenbergs in ›Schwarze Protokolle‹, Berlin 1973, Nr. 6.)

Seite 671 *Erich Wollenberg, Offener Brief an Ministerpräsident Hoffmann. Aus: Erich Wollenberg, Als Rotarmist vor München. Reportage aus der Münchener Räterepublik. Berlin 1929, S. 41 f.*

Wollenberg, Kommandeur der Infanterie der Roten Armee, bezeichnet Ernst Toller als ›Spießbürger im Gewande römischer Feldherren‹ und macht ihn hauptverantwortlich für den Zusammenbruch der Front. Für ihn ist Toller ›ein durch die Greuel des Krieges vorübergehend an seiner gutbürgerlich-anständigen Weltanschauung irre gewordener Poet‹. —

1972, anläßlich der Neuherausgabe dieses Bandes, steht er ausdrücklich zu dieser Verurteilung Tollers und seines Freundes und Stellvertreters Klingelhöfer, wenn er auch in der Form etwas zurückstecken würde.

»In der Sache dagegen würde ich heute ihr Handeln, ihr Hin- und Herschwanken, ihre ganze Politik, die objektiv den Tatbestand des Verrats an der Revolution bedeutete, noch schärfer verurteilen. In einer akuten revolutionären Situation sind Schwärmer, wie es Toller war, eine tödliche Gefahr, so integer er auch in seinem Wollen und Sinnen, in seinen Ansichten und Absichten zweifellos gewesen ist.« (S. IV)

In seinem Lebenslauf schreibt Erich Wollenberg: »Ab Februar 1919 Fortsetzung des Medizinstudiums an der Universität München. Mitglied der KPD/Spartakusgruppe. Intensive politische Massenagitation. Während der bayerischen Räterepublik (April 1919) militärischer Führer der Bayerischen Nordarmee (Dachau). Teilnahme an den Straßenkämpfen 1. und 3. Mai. Fluchten (drei geglückte), Verhaftungen, zu zwei Jahren Festung verurteilt. Dazwischen (auf den Fluchten) Gast in Berlin bei Ret Marut . . .« (unveröffentlichtes Manuskript).

Seite 677 *Ernst Toller, Antwort auf Erich Wollenbergs Angriffe. Aus: Neue Bücherschau, Jg. 1929, Bd. 7, S. 542 f.*

Ernst Toller wollte zunächst auf die Angriffe Wollenbergs nicht eingehen. An die ›Weltbühne‹ schreibt er nach Erscheinen des Buches: »›Als Rotarmist vor München‹ nennt der frühere Leutnant Erich Wollenberg eine Broschüre, die den Untertitel ›Reportage‹ trägt. Der Verlag preist sie in verschiedensten Zeitschriften mit großer Reklame an. Als Lockmittel dient ihm der fettgedruckte Satz: ›Ernst Toller in Dachau‹. Diese Broschüre ist ein Sammelsurium von historisch falschen Berichten, lächerlichen Behauptungen und dümmsten Verleumdungen, die sich besonders gegen mich richten. Um sie zu widerlegen, müßte ich Seite um Seite, oft Satz um Satz, richtigstellen. Dazu ist meine Zeit zu kostbar. Pamphlete wie diese soll man niedriger hängen.« (Weltbühne, 25. Jg. 1929, 1. Band.)

Der ›Internationale Arbeiter-Verlag‹ schreibt in seinem Werbeinserat: »Ernst Toller in Dachau. Klingelhöfer an seiner Seite, beide als ›siegreiche Feldherrn‹

einer Roten Armee! Darüber interessante Einzelheiten in dem Buch Erich Wollenbergs ... Diese aufsehenerregende Reportage aus der bayerischen Räterepublik sollte jeder Zeitgenosse kennenlernen.« (Tage-Buch, 10. Jg. [1929], 1. Band.)

Seite 679 *Erich Mühsam, Kritik an Erich Wollenberg.*
Aus: Fanal, 4. Jg. (1929), Nr. 3, S. 65 f.

Seite 681 *Jakob Haringer, Brief an Erich Wollenberg.*
Aus: Staatsarchiv München, Staatsanw. Nr. 3046/1
Haringer lernte Wollenberg während der Räterepublik in München kennen. Er schreibt den Brief an Wollenberg nach seiner Entlassung aus dem Gefängnis an eine Deckadresse nach Berlin, da Wollenberg nach seiner Flucht aus dem Gefängnis Ingolstadt untergetaucht war.
(Vgl. den in diesem Band abgedruckten Offenen Brief Wollenbergs an Hoffmann.)
Bei ›Maria Dolze‹ handelt es sich um ein Lyrikwerk von Wollenberg, über das er Haringer berichtet hatte.

Seite 685 *Jakob Haringer, Mein Leben.*
Aus: Die neue Bücherschau, Jg. 1925, S. 41 f.
Jakob Haringer (1898—1948) verschickte diesen Lebenlauf auch in hektografierter Form und als Einlageblatt zu seinen Büchern. Im selben Jahr, als der Lebenslauf gedruckt erschien, veröffentlichte der Kiepenheuer-Verlag auf Drängen Alfred Döblins eine Sammlung ›Dichtungen‹, Haringer erhielt den Gerhart-Hauptmann-Preis, 1926 den Kleist-Preis, im Zsolnay-Verlag kamen 1928 und 1931 je ein Gedichtband heraus. Die Nazis verfemten ihn, er lebte in Wien und Prag, 1936 wird er ausgebürgert. Zwischendurch war er in Stuttgart beim Treffen der Kunden und Vagabunden 1929. 1938 gelingt es ihm, in die Schweiz zu entkommen, wo er ärmlich und abenteuerlich lebt. Ab 1941 wird er in verschiedenen Schweizer Arbeitslagern interniert, die beiden letzten Kriegsjahre lebt er als ›Privat-Internierter‹. Die drei letzten Lebensjahre wohnte er in Köniz bei Bern, am 3. April 1948 starb Haringer. Professor Hans Zbinden, der sich während der Internierungszeit um ihn kümmert, erhält von der Schweizer Polizeibehörde ein Schreiben, in dem es heißt: »Die neuerliche Prüfung der Akten hat den Eindruck, den wir bisher schon von Haringer hatten, nicht zu verbessern gewußt. Es scheint sich bei ihm um einen zwar intelligenten aber völlig asozialen und bis zu einem gewissen Grad gefährlichen Menschen zu handeln« (Zit. in ›Die Tat‹ vom 8. Juli 1967) – aus diesen Kreisen doch eher als Lob zu lesen. Adorno nennt Haringers Dichtungen ›eine Mixtur aus Verlaine und Infantilismus‹, Arnold Schönberg vertont ein paar Gedichte von ihm.

Seite 687 *Hilda Reyers, Erinnerungen an Jakob Haringer.*
Aus: Die Einsiedelei. Ein Stundenblatt. Nr. XXXI, Berlin 1929, S. 14 f.
Herbert Fritsche, der Herausgeber dieser Blätter, schreibt: »Dieses wahre Märchen, das die todkranke Hilda Reyer auf ihrem Sterbebett niederschrieb, wird hier zum ersten Mal veröffentlicht. Wohl kaum ein literarischer Bericht, eine Kritik, ein Freundesbrief ist so geeignet, uns neben das Bild des großen Dichters Jakob Haringer das Bild des großen Menschen zu stellen. Was hier ein einfaches Landmädchen schreibt, muß ewig überzeugend sein für jeden, der noch einen reinen Blick und ein heißes Herz hat. Jakob Haringer dankte seiner toten Geliebten in vielen unsterblichen Gedichten. Ich übergebe dieses Dokument über den goldenen einsamen Dichter all seinen Freunden — und als Gruß den ruhelosen Kameraden auf der Landstraße des Lebens.«

Seite 689 *Jakob Haringer, Der Bücherkasten.*
Aus: Jakob Haringer, Die Dichtungen. Potsdam 1925, S. 236.
Jakob Haringer, Bücher.
Aus: Die Einsiedelei. Ein Stundenblatt. Nr. XIX, Berlin.

Seite 691 *Jakob Haringer, Deutschland.*
Aus: Jakob Haringer, Die Dichtungen. Potsdam 1925, S. 182.

Seite 692 *Carl Stang, Jakob Haringer. Der Mensch und der Dichter.*
Aus: Weimarer Blätter. 3. Jg. (1921), H. 12, S. 631 f.

Seite 697 *Otto Zarek, Der Dichter Jakob Haringer.*
Aus: Tage-Buch, 7. Jg. (1926), 1. Band.

Seite 703 *Henri Barbusse, Für Rudolf Hartig!*
Aus: Die Bücherkiste. Jg. 1920, H. 3/4, S. 27.

Seite 704 *Rudolf Hartig, Im Gefängnis.*
Aus: Neue Zeitung, München, vom 31. Oktober 1919.

Seite 707 *Rudolf Hartig, Sechs Gedichte 1919.*
Aus: Neue Blätter für Kunst und Dichtung. Dresden, Jg. 1919, S. 10 f.

Seite 711 *Rudolf Hartig, Die sieben Toten.*
Aus: Die Sichel. Jg. 1919, H. 5, S. 82.

Seite 712 *Rudolf Hartig, Schweigende Schwermut. 1919 geschrieben in der Festungshaft.*
Aus: Neue Blätter für Kunst und Dichtung. Dresden, Jg. 1919, S. 96.
Im gleichen Jahrgang erschienen Gedichte von Jakob Haringer und Oskar Maria Graf.

Seite 713 *Rudolf Hartig, Der Rätegedanke.*
Aus: Neue Zeitung, München, vom 3. November 1919.

Seite 715 *Rudolf Hartig, Antwort auf eine Umfrage.*
Aus: Die Bücherkiste, Jg. 1920, Nr. 1/2, S. 6.
Die Frage der Bücherkiste lautete: Was erwarten wir von Sowjetrußland?

Seite 716 *Rudolf Hartig, Haben.*
Aus: Das Gegenspiel. Monatsblätter für neue Dichtung. 1. Jg. (1925), H. 11/12, S. 354.

Seite 717 *Rudolf Hartig, Der Gefangene.*
Aus: Heimstunden. 3. Jg. (1925), S. 135.

Seite 719 *Rudolf Hartig, Der Revolutionär und der subalterne Rebell. (Ein psychologischer Versuch).*
Aus: Heimstunden. 3. Jg. (1925), S. 183 f.

Seite 725 *Margarethe Frankenschwerth, Alfred Wolfensteins Verhaftung.*
Originalbericht an den Herausgeber.
Alfred Wolfenstein (1888—1945) nahm an Sitzungen des Revolutionären Künstlerrats teil, dessen Aufrufe er mitunterschrieb. In diesem Zusammenhang standen auch Vorträge von Georg Kaiser, Eduard Trautner und Alfred Wolfenstein über ›Neue Kunst‹, die angekündigt (Münchener Neueste Nachrichten vom 12. April 1919), aber nicht mehr durchgeführt wurden. Der erste Band der von Wolfenstein herausgegebenen beiden Jahrbücher ›Die Erhebung‹ erschien zur Rätezeit. Landauer ließ das Vorwort zum ersten Band in den Münchener Neuesten Nachrichten auf der Titelseite abdrucken (10. April 1919). Wolfensteins pazifistischer Aufsatz ›Aufruf gegen ein Gift‹ erschien während der Räterepublik als Flugschrift. In seinem Lebenslauf von 1921 schreibt er über München: »Hier habe ich erlebt, wie die Guten gemordet wurden. Gustav Landauer wollte ein Helfer, nicht nur ein Dichter sein, und beides verschmolz für ihn: zum Opfer.« (Abgedruckt bei Daiber, a. a. O., S. 117.) Über Wolfensteins Verhaftung schreibt Robert Musil in seinem Tagebuch: »Wolfenstein geht an lagernden Weißtruppen vorbei und sagt: wenn Christus heute lebte, würde er wie jeder anständige Mensch Kommunist sein. Sie stellen ihn mit ausgebreiteten Armen an die Wand, wenn er sich rührt, soll auf ihn geschossen werden, und lassen ihn so stehen.« (Robert Musil, Prosa, Dramen, Späte Briefe. Hamburg 1957, S. 687.)

Seite 727 *Alfred Wolfenstein, Zur Erinnerung.*
Aus: Weltbühne, Jg. 1928, S. 806 f.
Die ›Kommunisierung der Frauen‹ spielte bei der Propaganda und Hetze gegen die Räterepublik eine große Rolle. In fast allen Tageszeitungen tauchten solche Berichte auf. Vgl. hierzu Mühsams Bericht über ›Sexuelle Revolution‹ in diesem Band. Gerade gegen Landauer entfesselte die Presse eine Hetzkampagne, so daß er von sich selber in seinen Briefen an Freunde und Bekannte ironisch vom ›Zeitungslandauer‹ sprach, den er selber nicht ›mit der Feuerzange anfassen würde‹.

Seite 729 *Alfred Wolfenstein, Über Gustav Landauer.*
Aus: Alfred Wolfenstein, Jüdisches Wesen und Dichtertum. In: Der Jude. Eine Monatsschrift. Hrsg. Martin Buber. Jg. 1923, Nr. 7, S. 433 f.

Seite 730 *Alfred Wolfenstein, Ernst Toller.*
Aus: Die neue Weltbühne. Jg. 1939, Nr. 22, S. 677 f.

Seite 735 *Klabund, Aus dem Gefängnistagebuch.*
Aus: Guido von Kaulla, Brennendes Herz Klabund. Legende und Wirklichkeit. Zürich/Stuttgart 1969, S. 119 f. (Eintragung vom 18. April 1919.)
Klabund, Tagebuch aus dem Gefängnis. Hrsg. Leopold Spitzegger. Wien 1946, S. 10 f.
Die Eintragung vom 18. April 1919 fehlt in der 1946 erschienenen Buchausgabe. G. von Kaulla vermutet fehlende ›Linientreue‹. Klabund kennt Mühsam seit seiner Studentenzeit 1909 in München. Als Mühsam am 13. April 1919 festgenommen und aus München verschleppt wurde, erhält Klabund von einem ungenannten Mühsam-Freund ein Telegramm nach Locarno mit der Aufforderung, sich um Müh-

sam zu kümmern. Klabund fährt sofort Richtung München, wird auf dem Weg dorthin festgenommen. Das bei ihm gefundene Telegramm »soll mich nun zum offiziellen Emissär der Räteregierung stempeln«. In seiner autobiografischen Notiz von 1921 schreibt er über sich: »Er bekannte sich zur Zeit der größten deutschen (Militär-)Erfolge zum radikalen Pazifismus. Frühjahr 1910, während der bayerischen Revolution, machte er infolgedessen mit Zuchthaus und Gefängnis Bekanntschaft.« (Zit. nach Daiber, a. a. O., S. 71.)
Nach der Festnahme in Nürnberg am 16. April 1919 sitzt er vom 17. April bis zum 26. April in Schutzhaft.

Seite 741 *Klabund, Telegramm an die Regierung Hoffmann (vom 7. Juni 1919).*
Aus: Staatsarchiv München.

Seite 742 *Max Krell, Zelle 26.*
Aus: Der Wagenlenker. Organ des Reichsbundes geistiger Arbeiter München. 1. Jg. (1919), S. 116 f.
Der mit dem Expressionismus verbundene Dichter und Übersetzer Max Krell (1887 bis 1962) unterstützte Erich Mühsam in seiner Eigenschaft als Vorsitzender des Schutzverbandes Deutscher Schriftsteller (SDS), als dieser 1918 im Gefängnis saß.
Hermann Sinsheimer war der Herausgeber des ›Wagenlenker‹.

Seite 748 *Gustav Regler, Der revolutionäre Hochschulrat.*
Aus: Gustav Regler, Das Ohr des Malchus. Eine Lebensgeschichte. Köln 1958, S. 101 f.
Reglers Erinnerungen an die Räterepublik, mehr Dichtung als Wahrheit, bedürfen einiger Einschränkungen, die insgesamt die athmosphärische Dichte, das Stimmungsbild der damaligen Situation, nicht schmälern.
Landauer war nicht bis zum Einmarsch der Weißen Kultusminister, Alex Strasser überlebte die Räterepublik, Alfred Kurella war kein Mitglied des revolutionären Hochschulrats und G. W. Klein kein blutdürstiger Möchtegernkiller.
Alfred Kurella (1895–1975), Wandervogel, aktiver Antimilitarist, Kontakte zur illegalen Freien Sozialistischen Jugend (FSJ), deren Ortsguppe er in München gründete. Mitbegründer der Kommunistischen Jugendinternationale. Mitte April 1919 fährt Kurella nach Moskau. Kulturfunktionär der KPD, dann SED; Schriftsteller.
Alex Strasser (1895–1948), von 1911–1916 Wandervogel in München, 1916–1918 Kriegsteilnehmer, 1918 Studium in München, Mitglied des revolutionären Hochschulrates, Zusammenarbeit mit Gustav Landauer. 1920 zu 1½ Jahren verurteilt, nach drei Monaten auf Bewährung entlassen.
G. W. Klein, Gründungsmitglied der ›Gesellschaft für neue Erziehung‹ und der ›Gruppe sozialistischer Akademiker Münchens‹. Als Hochschulratsmitglied an der ›Proletarischen Übergangshochschule‹ beteiligt. Reglers Einschätzung von Klein deckt sich in etwa mit der des Standgerichts, das bei seiner Verurteilung zu 1½ Jahren Festungshaft feststellt: »Klein ... hat kaltberechnenden Verstandes, unbeeinflußt von Gemütswallungen, hinter den Kulissen wirkungsvoll geschürt und gehetzt, sowie Akteure vorgeschoben.« (Staatsarchiv München, Staatsanw. Nr. 2652).

Seite 760 *Egon Wertheimer, Verteidigung.*
Aus: Das Tribunal. Hessische radikale Blätter. 1. Jg. 1919, H. 12, S. 129 f.
Der Herausgeber der Zeitschrift, Carlo Mierendorff (1897—1943), leitet den Rechenschaftsbericht von Egon Wertheimer so ein: »Während der Räterepublik in München übernahm ein aus Studenten gebildeter *›Revolutionärer Hochschulrat‹* die Leitung der Universität. Jetzt, nach acht Monaten, zieht man die Mitglieder dieses Direktoriums zur Verantwortung. Dies hier ist die Verteidigungsschrift des Studenten Egon Wertheimer, der während der Präsidentschaft Eisner Privatsekretär des Finanzministers Jaffé war. In ausgezeichneter Weise ist in ihr jener Entwicklungsprozeß eines bedeutenden Teiles der jungen deutschen Intelligenz dargestellt, der vom Kriegsfreiwilligen zum entschiedenen Revolutionär führte. Weil die psychologische Erklärung dieser Erscheinung so überaus kompliziert ist, herrscht auch bei anderen als solchen, die aus Böswilligkeit und purem Unverstand immer nur Beschimpfungen haben, noch viel Mißverstehen. So wird diese persönliche Verteidigung zu einer Verteidigung der *revolutionären* Jugend, indem sie ihre veränderte Haltung begründet und die Motive darlegt, die sie zu revolutionärem Handeln bestimmen. Das heißt, sie ist ein *wertvolles Dokument der deutschen Revolution.*

Seite 766 *Materialien aus der Tätigkeit des Aktionsausschusses revolutionärer Künstler.*
Nur am Rande berücksichtigt wurden für diesen Band die Aktivitäten des ›Aktionsausschusses Revolutionärer Künstler‹. An ihm nahmen während der Räterepublik bedeutende Repräsentanten der Münchner Schriftsteller, Maler und Musiker teil. Um einen Eindruck seiner Aktivitäten zu vermitteln, folgen einige gedruckte Aufrufe und typische Artikel von weniger bekannten Mitgliedern des Aktionsausschusses.

1.) *Zustimmung des Aktionsausschusses Revolutionärer Künstler zum Aufruf russischer Künstler.*
Aus: Münchner Neueste Nachrichten vom 9. April 1919.

2.) *Ankündigung von Vorträgen über Neue Kunst.*
Aus: Münchner Neueste Nachrichten vom 12. April 1919.

Zur Durchführung der Vorträge kam es nicht mehr.

3.) *Zustimmungserklärung der revolutionären Künstler zum neuen Zentralrat.*
Aus: Mitteilungen des Vollzugsrates der Betriebs- und Soldatenräte vom 15. April 1919.

4) *Erklärung von Hans Richter und Titus Tautz zur Zustimmungserklärung vom 15. April 1919.*
Aus: Max Gerstl, a. a. O., S. 70.

5.) *W. Ludwig Coellen, Die neue Kunst.*
Aus: Münchner Neueste Nachrichten vom 9. April 1919.

6.) *Titus Tautz, Die Kunst und das Proletariat.*
Aus: Münchner Neueste Nachrichten vom 9. April 1919.

7.) *Ernst Hoferichter, Proletariat — Kunst — Theater.*
Aus: Münchner Neueste Nachrichten vom 10. April 1919.

8.) *Aufruf der Unbeteiligten.*
Aus: Münchner Neueste Nachrichten vom 9. April 1919.

Seite 774 *Felix Stiemer, Münchener Theater in der Revolution.*
Aus: Bücherkiste, 1. Jg. (1919), Nr. 4, S. 51 f.
Ab März 1919 verlegt H. F. S. Bachmair die Zeitschrift ›Die Bücherkiste. Monatsschrift für Literatur, Graphik und Buchbesprechung‹. Die Mitarbeiterliste liest sich wie die Fahndungsliste der Polizei nach der Niederschlagung der Räterepublik: Toller, Landauer, Graf, Trautner, Haringer; Zeichnungen von Schrimpf, Wach und Seiwert. Insgesamt erschienen bis zum August 1920 16 Hefte, die letzten in Doppelt- und Dreifachnummern.
Während der Revolution arbeitete Bachmair im ›Aktionsausschuß revolutionärer Künstler‹ mit, deren Proklamationen und Erklärungen er mitunterschreibt. (So zum Beispiel die Solitaritätserklärung mit den russischen revolutionären Künstlern am 9. April 1919.)

Seite 777 *Fidelis, Deutschlands Psychiater in ihrer Stellung zu den Revolutionären.*
Aus: Das Forum, Jg. 1920, H. 5, S. 397 f.
Vgl. zu diesem Thema Hans-Dieter Heilmann, Revolutionäre und Irre — die wahnsinnige Revolution und das normale Auschwitz. In: Schwarze Protokolle, Berlin 1976, Nr. 14.

Seite 785 *Die Münchner Räterepublik im April 1919 und ihre Gewalttaten. (Offizieller Polizeibericht 1919).*
Aus: Staatsarchiv München.

Seite 790 *E. J. Gumbel, Gerichtsurteile gegen Kapp-Putschisten und Räterepublikaner. Eine Gegenüberstellung.*
Aus: E. J. Gumbel, Zwei Jahre Mord. Berlin 1921.
Über dieses Buch schreibt Paul Levi, zur Zeit der Räterepublik 1. Vorsitzender der KPD, in einem 1924 erschienenen Aufsatz: »Dieses schauerliche Buch konnte erscheinen, und eigentlich keiner hat davon Notiz genommen. Keine bürgerliche Zeitung, kein demokratisches, kein ›christliches‹ Organ. Ein Buch, das in jedem anderen Lande die Revolution bedeuten würde, ein Schandmal, das kein anderes Land, kein Niggerstaat auf sich sitzen lassen würde; die Deutschen nehmen es hin; es ist das Buch von der deutschen Ordnung. Fürwahr: sie sind einander wert: diese Justiz und die Klasse, zu deren Schutz sie ›das Recht spricht‹.« (Paul Levi, Zwischen Spartakus und Sozialdemokratie. Frankfurt 1969, S. 255 f.)

zu Seite 169:

An das bayerische Volk.
Die Entscheidung ist gefallen.

Über alle Parteigegensätze hinweg, die es von nun an nicht mehr geben darf, sind sich die revolutionäre Arbeiterschaft und Bauernschaft Bayerns einig, die Geschicke der Völker in die eigene Hand zu nehmen.

Bayern ist Räterepublik.

Das Volk ist von jetzt ab Herr seines Landes. Bis auf die letzten Reste werden sofort Ausbeutung und Unterdrückung abgeschafft werden:

Der freie Volksstaat Bayern wird ein sozialistisches Gemeinwesen. *Eine Form der gerechten Wirtschaft, mag sie sich Sozialismus oder Kommunismus nennen, soll sich in voller Freiheit entfalten.*
Der Landtag, der sich zu keinerlei ersprießlichen Arbeit fähig gezeigt hat, ist aufgelöst. Damit ist auch das von ihm eingesetzte Ministerium zurückgetreten. An seine Stelle tritt eine einheitlich zusammenarbeitende Genossenschaft von Volksbeauftragten . . .

zu Seite 382:

Sehr verehrter Herr Wolff,

mir fiel ein vergriffener Erstlingsroman Gustav Landauers in die Hände: ›Der Todesprediger‹ (Verlag Heinrich Minden Dresden und Leipzig). Ein politischer Roman. Künstlerische Schwächen. Trotzdem: Gustav Landauers Atem.*

Soll ich Ihnen das Buch schicken? Ich nehme an, daß Sie ›Verlegerinteresse‹ haben.

In herzlichem Gedenken,

Ihr Ihnen sehr ergebener
Ernst Toller.

Niederschönenfeld 2.9.20.

** Er soll ihn mit etwa 20 Jahren geschrieben haben. Man erzählt mir, daß der Verlag nicht mehr besteht.*

zu Seite 409:

Liebe Frau Änne Schickele,
da freue ich mich nun den langen Winter auf meine Schwalben, und dann heißt es plötzlich »Umziehen«. Obwohl meine neue Zelle größer ist (die alte Arbeitszelle war nur ein Meter sechzig breit), gefällt sie mir gar nicht. Ich bin so traurig, daß ich die Schwalben nicht mehr beherbergen kann. Denn in die neue Zelle ziehen sie kaum. Die liegt nach Westen. Das wollte ich Ihnen nur erzählen, weil ich neulich in meinem Brief selbstherrlich tat, als ob es »Dinge« gebe, die keiner mir nehmen könne. Und auch weil sie mich trösten sollen. Mit einem schönen Brief. Denn einen Menschen, der seine liebsten Gefängnisfreunde verloren hat, tröstet man doch, nicht wahr? Obs viel ausrichten wird, weiß ich nicht. Schreiben Sie dennoch

Ihrem
Ernst Toller.

Vor einigen Wochen mußte ich von einem andern lieben Kameraden Abschied nehmen. In einem alten Lehnstuhl von mir saß der tote Mann. Um ihn die Leere, die Verl. einer Zelle – Liebe Frau Änne Schickele.

Fest. Niederschönenfeld, 15. Febr. 23.

Zu Seite 560, 561, 562:

Augs. 18.4.19.

In meinem Arbeitszimmer wieder: eine gestürzte Größe. Sogar von der Verhaftung bedroht. Staatsverbrechen gegen Regierung Hoffmann. Ich muß mich in Augsburg verbergen.

Die Kommunisten in München: reine Parteiherrschaft. Eine Reihe ausgezeichneter Einzelmaßnahmen. Die Organisation der roten Garde ihr bestes Werk. Ich, mit meiner Ehrfurcht vor dem Menschenleben, wäre zu dieser Schöpfung nie entschlossen genug gewesen. Wo es um Menschenleben geht, getraue ich mich nicht, unbeirrt an der Idee festzuhalten.

Die Herrschenden selbst, teils Gesindel – furchtbares Chaos in den Arbeitsräumen – (die bisher die meinen waren). Kein wirklich führender Kopf; kein geschlossenes Programm.

Hoffmann scheint wirklich die Kraftprobe wagen zu wollen. Proletarierherrschaft bedeutet Vernichtung der Kultur, darum Hoffmanns Paktieren mit Bürgertum. Kommunisten u. Hoffmann auf falschem Wege. Wir brauchen eine Neugestaltung des Lebens vom Standpunkt aller Arbeitnehmer aus. Damit Beseitigung aller Herrschafts- u. Ausbeutungsverhältnisse. Und doch Heranziehung fast des ganzen Volkes: Demokratie:

Das mein Z i e l. Hoffmann hat durch seinen Putsch u. seine Feindseligkeit alles verdorben. Mein Ziel hätte sich verwirklichen lassen nur gemeinsam mit der Sozialdemokratie.

Die Zukunftsaussichten furchtbar. Wieviel Hungersnot, Zerstörung, Tod, Blutvergießen steht uns noch bevor!

Ich sehe vor mir das Gespenst der grauenvollsten Armut.

Es ist ein bitterer Kelch, den die europäische Menschheit noch wird leeren müssen.

Wehe uns armen lebenden Individuen!

Die ersten Gefechte zwischen roter Garde u. Hoffmanntruppen Sieg der ersteren. Ihr Führer: Toller: junger, eitler, ehrgeiziger Student, Judenbengel, der aber voll Zerfahrenheit gänzlich unfähig ist.

Quellenvermerk

Texte und Dokumente sind nach den Originalvorlagen oder den Erstausgaben unverändert abgedruckt worden; Interpunktionen und Schreibweisen von Eigennamen wurden behutsam vereinheitlicht.
Für die Bereitstellung von Bildern oder Dokumenten danken wir Herrn Will Wyatt, London; der Stadtbibliothek München, dem Deutschen Literaturarchiv Marbach, dem Süddeutschen Bildarchiv, München.

Inhaltsverzeichnis

Literaten an der Wand

Oskar Maria Graf. Erich Mühsam.
Gustav Landauer. Ernst Toller.
Eugen Leviné. Ret Marut.
Ernst Niekisch. Albert Daudistel.
H. F. S. Bachmair. Erich Wollenberg.
Jakob Haringer. Rudolf Hartig.
Alfred Wolfenstein.